DIDEROT

Pour en savoir plus
sur les Éditions Perrin
(catalogue, auteurs, titres,
extraits, salons, actualité…),
vous pouvez consulter notre site internet :
www.editions-perrin.fr

Gerhardt Stenger

DIDEROT

Le combattant de la liberté

Ouvrage publié avec le concours
du Centre national du livre

PERRIN
www.editions-perrin.fr

Ouvrage publié avec le concours de l'Équipe d'Accueil 4276,
L'AMo (L'Antique, le Moderne), université de Nantes

ISBN : 978-2-262-03633-1

Avant-propos

« L'œuvre de Diderot ne préexiste pas à l'histoire de son interprétation. » C'est par cette phrase énigmatique, voire paradoxale, que l'un des meilleurs spécialistes de Diderot, Jacques Proust, a naguère commencé son ouvrage sur les *Lectures de Diderot*[1]. La raison en est « qu'elle s'est constituée en grande partie après sa mort », et qu'elle s'accroît encore : sans parler de nouvelles lettres qu'on ne cesse de découvrir, le corpus diderotien s'est vu augmenter au XXe siècle d'un conte inachevé, *Mystification*, d'un important commentaire en marge de la *Lettre sur l'homme et ses rapports* du philosophe hollandais Hemsterhuis, des quatre états manuscrits de l'*Apologie de l'abbé Galiani*, d'un pamphlet politique contre Frédéric II connu sous le titre *Pages contre un tyran*, des *Observations sur le Nakaz*, véritable règlement de comptes politique avec Catherine II, sans parler des richesses du fonds Vandeul – les papiers légués par Diderot à sa fille – qui n'a fait son entrée dans la Bibliothèque nationale qu'en 1952, après des péripéties dignes d'un roman d'aventure. Mais cet accroissement progressif de l'œuvre, qui débuta dès la mort de l'auteur en 1784 et ne cessera peut-être jamais, ne justifie pas à lui tout seul la remarque déroutante de Jacques Proust citée plus haut. L'œuvre de Diderot est aussi un peu le produit de la postérité dans la mesure où, parmi les écrits attribués à notre auteur à tort ou à raison, l'idée que les éditeurs se faisaient de « leur » Diderot – sans-culotte avant l'heure ou girouette de Langres, quand ce n'était pas l'humaniste indécrottable effrayé de ses propres thèses audacieuses – a opéré une sélection selon des critères qui ressortissent toujours en dernière analyse à un « parti pris idéologique[2] ». Un exemple ? Au début des années 1960, Jacques Proust a complètement renouvelé les études sur les contributions de Diderot à l'*Encyclopédie* en commençant par examiner de manière critique l'attribution à l'encyclopédiste de certains articles qu'un savant du XIXe siècle, Jules Assézat, a effectuée dans son édition d'*Œuvres complètes* de Diderot : « Le choix qu'il donne reflète simplement l'idée qu'il se faisait lui-même, ou celle qu'on se faisait en son temps, de la personnalité de Diderot, et le moins qu'on puisse dire est que cette idée était très confuse, sinon tout à fait incohérente. Une partie non négligeable de tout ce qui a pu être écrit depuis trois quarts de siècle sur la tête langroise de Diderot et sur ses prétendues contradictions a incontestablement pour origine le choix d'Assézat, lui-même conditionné de façon plus ou moins consciente par une certaine imagerie traditionnelle[3]. » Résultat des courses : une édition d'*Œuvres politiques* de Diderot parue en 1963 présentait encore un échantillon de six articles tirés de l'*Encyclopédie* dont quatre ne sont pas de Diderot ! Quelques années plus tard, un recueil allemand[4] publia trente-cinq articles dont quinze seulement peuvent lui être attribués avec certitude.

L'explication de cette situation singulière est tout d'abord à chercher dans la biographie intellectuelle de Diderot dont le présent livre a l'ambition de retracer les contours. On y apprendra que rarement écrivain fut plus méconnu de son vivant que le codirecteur de l'*Encyclopédie*. « M. Diderot, écrivit un journaliste en 1784, sera plus connu de la postérité un peu éloignée à raison de la célébrité de ses amis et de ses partisans, que par les ouvrages sortis de sa plume souvent obscure et glacée, lorsqu'elle a voulu dogmatiser et paraître étincelante[5]. » Plume obscure et glacée ? On a du mal à reconnaître l'auteur de *Jacques le Fataliste* ou du *Neveu de Rameau* dans ce jugement peu amène. Mais le critique hargneux ne connaissait pas – et ne pouvait pas connaître ! – ces deux chefs-d'œuvre, ni la plupart de ceux que nous apprécions aujourd'hui. Pour la grande majorité de ses contemporains, le nom de Diderot évoquait avant tout le premier architecte de l'*Encyclopédie*, l'auteur de deux drames bourgeois ainsi que le protégé de la tsarine Catherine II. Certains, qui s'intéressaient plus particulièrement au mouvement des idées et qui fréquentaient les salons parisiens, avaient sans doute entendu parler de ses traductions, des *Mémoires de mathématiques* et des *Pensées sur l'interprétation de la nature* ; ils savaient en outre que Diderot était l'auteur anonyme d'écrits contre la religion et du roman libertin *Les Bijoux indiscrets*, qui lui avaient valu la prison en 1749. L'intéressé, de son côté, ne fit rien pour corriger cette image floue et par trop superficielle ; n'avait-il pas juré, avant d'être relâché, « de ne plus rien faire à l'avenir qui puisse être contraire en la moindre chose à la religion et aux bonnes mœurs[6] » ? Après un silence de plusieurs décennies, Diderot ne reprit son habit d'écrivain engagé que dans un âge avancé, lorsqu'il se croyait assez en sûreté pour publier, en 1779, l'apologie du philosophe romain Sénèque, que la postérité jugeait sévèrement à cause de ses rapports ambigus avec Néron ; les accents autobiographiques de la *Vie de Sénèque* étaient non moins manifestes que les allusions fort critiques au siècle de Louis XV. Quatre ans plus tard, le philosophe publia une deuxième version augmentée et remaniée de son *Sénèque*, puis s'éteignit. Le plumitif de *L'Année littéraire*, foncièrement hostile à Diderot, pouvait alors écrire non sans vraisemblance que l'encyclopédiste était « déjà presque oublié. *Le Père de famille* est la seule production qui lui survive et c'est à ce drame chétif que ce grand chef du parti philosophique doit encore un reste d'existence[7] ». Il ignorait probablement que Diderot avait laissé quarante volumes de manuscrits, pour lesquels on offrait à sa fille une somme importante[8].

Si Diderot fut le grand absent de la Révolution, loin derrière Rousseau, Voltaire, Montesquieu, Raynal et Mably, c'est que l'essentiel de sa production philosophique et littéraire resta inconnue en France jusqu'à sa mort et même au-delà : ce n'est que dans les dernières années du siècle finissant que furent d'abord publiés *Jacques le Fataliste* et *La Religieuse*, quelques *Salons*, le *Supplément au Voyage de Bougainville* et l'*Entretien d'un philosophe avec la maréchale de* ***, puis une première édition d'*Œuvres complètes*… fort incomplètes, car elles ne comprenaient ni *Le Rêve de d'Alembert*, ni *Le Neveu de Rameau*, ni le *Paradoxe sur le comédien*, pour n'en citer que les plus connus. Pendant que la France post-révolutionnaire découvrait un autre Diderot, seuls deux ou trois initiés survivants auraient pu révéler qu'à l'exception du *Neveu de Rameau*, les autres œuvres avaient déjà paru, du vivant de Diderot, dans un périodique littéraire diffusé exclusivement en dehors de la France : il s'agit de la *Correspondance littéraire* de Friedrich Melchior Grimm, qui fut adressée sous forme manuscrite à un très petit nombre d'abonnés choisis, presque tous des têtes couronnées d'Europe. Grâce à l'intermédiaire de cette gazette semi-publique, près de deux cents textes de Diderot, de longueur et d'importance très variables, furent divulgués entre 1753 et 1801. Deux siècles plus tard, l'édition des œuvres de Diderot mobilise toujours près de quatre-vingts spécialistes et des disciplines aussi « exotiques » que la bibliographie matérielle, la codicologie et la bêtagraphie. Éditer Diderot aujourd'hui, c'est plonger d'abord dans un dédale de manuscrits : manuscrits remis à Grimm pour être publiés comme article ou en feuilleton ; manuscrits copiés pour l'édition que projetait Diderot peu avant sa mort ; manuscrits copiés pour sa fille, Mme de Vandeul, et son gendre ; manuscrits enfin copiés pour Catherine II de Russie à qui Diderot avait, dès 1765, vendu sa bibliothèque. C'est choisir ensuite un texte fiable, « fondé sur celui qu'a admis ou aurait admis l'auteur, quelles que soient, s'il en existe plusieurs, les versions sous lesquelles il se présente[9] ». Le constat est sans appel : publiées le plus souvent dans l'ignorance des exigences scientifiques en vigueur de nos jours, la plupart des œuvres de Diderot parues avant les années 1960 sont désormais sans valeur. Après la création, en 1964, du Comité national d'édition des *Œuvres* de Diderot, sous l'impulsion de Julien Cain, le premier volume de la « grande » édition scientifique et critique, dont le sigle DPV s'est progressivement imposé[10], a vu le jour en 1975 aux éditions Hermann à Paris. Maintenant que la fin en approche[11], il est devenu indispensable de présenter une nouvelle biographie intellectuelle de l'esprit le plus universel de son temps, notre compagnon du XXIe siècle.

Nos remerciements les plus vifs vont à Yves Ansel qui a bien voulu relire ce livre avec patience et précision et m'a suggéré de nombreuses corrections. Ma reconnaissance va également à Jean d'Hendecourt pour son soutien.

PREMIÈRE PARTIE

NAISSANCE D'UN PHILOSOPHE

1

Une famille langroise

Il y a exactement un siècle, le 19 octobre 1913, l'astronome Camille Flammarion évoquait à Langres, à l'occasion du bicentenaire de la naissance de Diderot, la méconnaissance de l'illustre enfant du pays par ses concitoyens : « C'est dans son propre pays, c'est ici même, à Langres, qu'il fut le moins apprécié, et le plus désavoué. [...] Loin de le reconnaître, on le vouait aux gémonies [...]. On pourrait littéralement appliquer à Diderot le proverbe : Nul n'est prophète dans son pays[1]. » Ce constat n'est pas faux, loin s'en faut : une trentaine d'années plus tôt, au lendemain de la célébration du 95e anniversaire de sa mort, on pouvait lire dans le journal très catholique *La Haute-Marne* : « Au milieu, s'élevait, environné de fleurs, le buste de l'impudique Diderot. Tout autour de l'hémicycle, on lisait, placés sous la protection d'autant de drapeaux tricolores, les titres des ouvrages les plus immondes du philosophe langrois[2]. » Le reste est à l'avenant... Jusqu'au milieu du XXe siècle, Diderot n'occupait pas une place bien enviable dans l'idée que l'on se faisait de la littérature française. Sa personnalité a visiblement révulsé MM. Lagarde et Michard, auteurs d'un célébrissime manuel scolaire toujours réédité dans lequel le « grand mangeur et grand buveur » était maintenu au purgatoire où l'avait consigné la critique bien-pensante de la Belle Époque. La haine vouée à la jeune république a certainement joué son rôle dans cette exécration, renforcée par l'hostilité des notables langrois au matérialisme athée professé par le philosophe. Or un siècle plus tôt, le caractère subversif de ses écrits était encore largement ignoré des Langrois, ce qui explique que Diderot avait connu la considération, quoique tardive, de sa ville natale dès son vivant : quatre ans avant sa mort, rapporte sa fille, le maire et les échevins sollicitèrent de l'encyclopédiste l'envoi de son portrait. Diderot « leur envoya son buste en bronze exécuté par M. Houdon. [...] Le jour où il fut posé, ils donnèrent un dîner de corps, placèrent le buste au bout de la table et burent à sa santé. Ces détails donnés par le maire à mon père lui ont fait passer des moments fort doux[3]. » Diderot fut sans doute aux yeux des bourgeois langrois un personnage respectable, quoique peu fréquentable ; on lui préférait maître Didier Diderot, son père, « homme d'un excellent jugement, mais homme pieux[4] », aux dires de son fils. L'estime tiède fut réciproque. En 1759, Diderot s'exprimait sans indulgence à l'endroit de ses compatriotes, « des prêtres, des moines, des avocats, des juges, des animaux de toute espèce et de toute couleur[5] ». À peine arrivé dans sa ville natale, il s'ennuie ferme au milieu d'eux : « Tout ce qui m'environne me lasse, m'attriste et me déplaît[6]. » Avant de repartir pour Paris, il brosse le célèbre portrait des Langrois que voici :

> Les habitants de ce pays ont beaucoup d'esprit, trop de vivacité, une inconstance de girouettes. Cela vient, je crois, des vicissitudes de leur atmosphère qui passe en vingt-quatre heures du froid au chaud, du calme à l'orage, du serein au pluvieux ; il est impossible que ces effets ne se fassent sentir sur eux, et que leurs âmes soient quelque temps de suite dans une même assiette. Elles s'accoutument ainsi dès la plus tendre enfance à tourner à tout vent. La tête d'un Langrois est sur ses épaules comme un coq d'église au haut d'un clocher. Elle n'est jamais fixe dans un point, et si elle revient à celui qu'elle a quitté, ce n'est pas pour s'y arrêter. Avec une rapidité surprenante dans les mouvements, dans les désirs, dans les projets, dans les fantaisies, dans les idées, ils ont le parler lent. [...] Pour moi, je suis de mon pays ; seulement le séjour de la capitale, et l'application assidue m'ont un peu corrigé. Je suis constant dans mes goûts[7].

Cette analyse du tempérament des Langrois a fait couler beaucoup d'encre depuis sa première publication en 1830. On prétendait que Diderot y peignait à la fois le climat de la ville, ses compatriotes et lui-même : « Spontanéité médiocre, réactions prodigieuses, voilà son mécanisme mental », estimait Lanson à la fin du XIXe siècle[8]. On se demanda par la suite, mais toujours dans le même esprit, si Diderot n'avait pas projeté son propre caractère sur les Langrois : doués comme lui de vivacité, d'esprit et de fantaisie, tout en marquant une propension à l'infidélité ! La réponse à ce genre d'interrogations dépend essentiellement de l'idée qu'on se fait de la nature d'un texte. Qu'on veuille trouver l'homme à travers le texte ou expliquer le texte à travers l'homme, on postule à chaque fois un rapport entre l'œuvre et l'histoire qui passe nécessairement par l'individualité de l'auteur. Or n'en déplaise aux tenants de la critique traditionnelle : en négligeant la situation d'énonciation dans laquelle le passage sur les gens de Langres est ancré[9], ils ont confondu une correspondance amoureuse et privée avec un document historique et autobiographique. Au désavantage, hélas, de l'intéressé : touche-à-tout qui n'approfondit rien, lit-on dans un manuel qui exerça longtemps une autorité sur les professeurs et les étudiants en littérature française, Diderot est « un grand écrivain par rencontre et comme par boutade, et il trouve une belle page comme il trouve une grande idée, avec je ne sais quelle complicité du hasard. C'est un homme d'humeur, et par conséquent un écrivain inégal[10] ». Arrêtons là le massacre et, à défaut de pouvoir interroger les Langrois du XVIIIe siècle sur leur caractère versatile, entrons dans la cité qui a vu naître le plus grand philosophe français du siècle des Lumières.

Ville-citadelle battue des vents, à l'écart des grandes voies de communication bien qu'à la jonction de trois provinces (Bourgogne, Franche-Comté et Lorraine), sans grand rôle administratif, Langres a toujours été d'une fidélité sans faille au catholicisme et à la royauté. En 1770, Diderot rapporte que la ville s'est accrue, depuis une vingtaine d'années, de deux mille âmes, passant à 14 000 habitants, évaluation sans doute fortement exagérée[11]. Quant au portrait des Langrois, il n'est plus question de leur inconstance de girouettes ; les habitants de Langres, note-t-il de manière lapidaire, « ont de l'esprit, de l'éducation, de la gaieté, de la vivacité et le parler traînant ». Diderot regrette que l'unique commerce langrois, celui de la coutellerie, soit tombé « par la jalousie des ouvriers des autres provinces et surtout de Paris qui gâtent de propos délibéré les ouvrages en coutellerie de Langres ». Autre exagération ? Un demi-siècle plus tard, Stendhal verra encore « de toutes parts des boutiques de couteliers » en courant « les rues assez jolies de Langres[12] ». Fils de coutelier, Diderot avait des raisons particulières de s'intéresser à la réputation de son pays. Du côté paternel, des couteliers figurent, depuis 1628, à l'enseigne de *La Perle*, marque des Diderot à laquelle le philosophe resta attaché toute sa vie : « Quand je deviendrais le plus haut et le plus puissant seigneur du monde, s'exclama-t-il un jour, [...] j'aurais beau faire, je ne serais toujours que Deniseu Didereut, fei de maître Didier Didereut, raigusou ai l'enseigne de lai perle ai Langres[13]. » Didier « Didereut », le père de Denis, avait acquis en ce métier une renommée quasi hors pair. « Il y a tel ouvrier, déclare Diderot en songeant visiblement à son père, honnête et tellement jaloux de sa réputation, qu'on lui offrirait inutilement de l'argent pour faire un mauvais ouvrage. J'en ai connu un qui excellait dans l'art de travailler les instruments de la chirurgie dont les opérations lui étaient familières. Quoique sa fortune fût peu considérable, et qu'il y eût beaucoup plus à gagner à se prêter aux visions d'un mauvais chirurgien qu'à fabriquer un bon instrument, une forte somme d'argent ne l'y aurait pas déterminé. Il se serait regardé comme le complice d'une opération funeste ; il ne faisait aucune différence entre un ouvrier qui aurait fabriqué un pareil instrument, contre ses lumières et sa conscience, et celui qui aurait fabriqué un poignard destiné à tuer le malade[14]. » Le portrait est juste, sauf en ce qui concerne la fortune du coutelier, qui laissa à ses enfants près de deux cent mille livres – une somme assez coquette pour l'époque. Le père de Diderot était un bourgeois cossu et fort considéré dont ses pairs requièrent, à l'occasion, les sages avis : « Mon père était renommé dans sa province pour sa probité rigoureuse. Il fut plus d'une fois choisi pour arbitre entre ses concitoyens, et des étrangers qu'il ne connaissait pas lui confièrent souvent l'exécution de leurs dernières volontés. Les pauvres pleurèrent sa perte lorsqu'il mourut ; pendant sa maladie les grands et les petits marquèrent l'intérêt qu'ils prenaient à sa conservation. Lorsqu'on sut qu'il approchait de sa fin, toute la ville fut attristée[15]. » D'autres souvenirs encore – nous ne pouvons pas tout citer – évoquent ce bon père respectable et respecté ; l'un d'entre eux, couché sur papier dans la maison paternelle en 1770, retient particulièrement notre attention. Après s'être rappelé avec émotion la bonne réputation dont son père jouissait dans la société langroise, Diderot se remémore les moments douloureux que ses parents ont traversés lorsqu'il débutait à Paris :

> Il est minuit. Je suis seul, je me rappelle ces bonnes gens, ces bons parents ; et mon cœur se serre, quand je pense qu'ils ont eu toutes les inquiétudes qu'ils devaient éprouver sur le sort d'un jeune homme violent et passionné, abandonné sans guide à tous les fâcheux hasards d'une capitale immense, le séjour du crime et des vices, sans avoir recueilli un instant de la douceur qu'ils auraient eue à le voir, à en entendre parler, lorsqu'il eut acquis par sa bonté naturelle et par l'usage de ses talents, la considération dont il jouit ; et souhaitez après cela d'être père ! J'ai fait le malheur de mon père, la douleur de ma mère, tandis qu'ils ont vécu, et si, je suis un des enfants les mieux nés qu'on puisse se promettre. Je me loue moi-même ; cependant je ne suis rien moins que vain ; car une des choses qui m'ait fait le plus de plaisir, c'est le propos bourru que me tint un provincial quelques années après la mort de mon père. Je traversais une des rues de ma ville ; il m'arrêta par le bras, et me dit : Monsieur Diderot, vous êtes bon ; mais si vous croyez que vous vaudrez jamais votre père, vous vous trompez. Je ne sais si les pères sont contents d'avoir des enfants qui valent mieux qu'eux ; mais je fus ravi de m'entendre dire que mon père valait mieux que moi[16].

Tout cela sent bon l'attendrissement de l'adulte assagi devant les incartades de ses années jeunes, imaginant rétrospectivement les soucis que son inconscience passée a dû causer à sa famille. Or n'est-ce pas le lot de presque tous les parents de reprocher à leur progéniture les frasques de leur propre jeunesse ? « Lorsque vous avez voulu ma mère, s'écrie Saint-Albin devant son père ; lorsque toute la famille se souleva contre vous ; lorsque mon grand-papa vous appela enfant ingrat, et que vous l'appelâtes au fond de votre âme père cruel, qui de vous deux avait raison[17] ? » Mais l'essentiel n'est pas là. Diderot regrette surtout que ses parents n'aient pas eu l'occasion de se réjouir, plus tard, de la réputation de leur fils devenu célèbre grâce à ses mérites. Cela est effectivement vrai pour sa mère, décédée en 1748, avant le début de sa gloire. Or son père ne mourra que onze ans plus tard, au moment où l'encyclopédiste avait déjà acquis une solide renommée nationale et internationale. Après des débuts difficiles et pas toujours fort honnêtes, son fils pouvait se flatter de compter parmi ses amis et protecteurs les personnages les plus éminents du pays, de diriger une entreprise éditoriale d'une envergure inconnue jusqu'alors, sans compter ses œuvres qui commençaient à asseoir sa réputation d'homme de lettres. La plupart des pères, hier comme aujourd'hui, se contenteraient de bien moins pour éprouver de la fierté vis-à-vis de leur fils ! S'il était difficile d'être le père de Diderot, il était non moins difficile d'être le fils de Diderot père ! Imbu des enseignements de l'Église, condamnant sévèrement l'irréligion de son fils aîné, le coutelier de Langres n'a jamais voulu reconnaître le philosophe pour ce qu'il était. Avec un père pareil, mieux valait ne pas discuter et rester à Paris. Jusqu'à la mort de son géniteur, Diderot évita les sujets de friction tout en essayant désespérément de regagner son estime. Peine perdue ! Dès la publication du premier volume de l'*Encyclopédie*, se dresse contre lui le parti des dévots – dont son propre frère – auquel le patriarche de Langres prête volontiers une oreille complaisante. « Je suis bien fâché, lui mande Diderot, d'avoir fait quelque chose qui vous ait déplu ; mais ne vous en rapportez pas trop à ceux qui vous environnent. On grossit les objets et l'on réussit de cette manière à vous tourmenter et moi aussi[18]. » La mort du père survenue le 5 juin 1759 mit fin à ces tracasseries. Un mois avant son décès, Diderot écrivit à Grimm : « Mon père mourra sans m'avoir à côté de lui. Dans dix ans d'ici je chercherai dans ma mémoire son image, et je ne l'y trouverai plus. Ah ! mon ami, que fais-je ici ? Il me désire, il touche à ses derniers moments, il m'appelle, et je reste[19]. » On n'épiloguera pas sur les raisons, impérieuses ou non, qui ont motivé cette absence. Onze ans plus tard, quand Diderot retournera à Langres pour un bref séjour, il écrira non seulement l'éloge posthume qu'on vient de lire, mais réglera en même temps ses comptes avec son père dans l'*Entretien d'un père avec ses enfants*, où l'homme au-dessus de tout reproche apparaît – à condition de lire le texte attentivement – sous un jour particulièrement odieux.

Denis Diderot, son fils aîné[20], naquit à Langres le 5 octobre 1713, au n° 9 de la place Chambeau ; il vécut ses années de jeunesse à côté, au n° 6[21]. Sa mère Angélique Vigneron, fille d'un marchand tanneur[22], donnera encore naissance à trois autres enfants avant de décéder, le 19 octobre 1748, à l'âge de soixante et onze ans. Diderot ne la mentionne quasiment jamais dans ses écrits et les lettres qui nous sont parvenues : nous sommes contraints de respecter son silence. Deux ans après Denis, sa sœur Denise voit le jour le 27 janvier 1715 ; une deuxième sœur, Angélique, naît le 3 avril 1720. Le 21 mars 1722, la famille s'agrandit encore de Didier-Pierre ; c'est dans la douceur de ce foyer pieux, où toutes les actions sont consacrées à Dieu, que Denis va passer les quinze premières années de sa vie.

La première victime de la piété – pour ne pas dire bigoterie – familiale fut la jeune Angélique. Alors que le philosophe est déjà à Paris, elle entre, au plus tard en 1739, chez les Ursulines de Langres, où elle mourra folle au cours de l'année 1748. Le destin tragique de cette malheureuse sœur bouleversa profondément son frère aîné : maintes pages de *La Religieuse* dénonceront plus tard les terribles dangers des excès de rigueur et du surmenage contre nature auxquels les religieux des deux sexes sont exposés dans les couvents. La deuxième victime de la dévotion « mal entendue », comme on disait au XVIIIe siècle, fut Didier-Pierre. Doté d'un caractère rigide, intraitable sur les moindres articles de la foi, il était entré au séminaire de Langres dès novembre 1742, puis avait reçu la prêtrise à Paris en 1746 – l'année même où l'aîné de la famille publia les très peu chrétiennes *Pensées philosophiques*. Revenu à Langres, il remplit d'abord la charge de secrétaire de l'évêché, puis devint chanoine de la cathédrale en 1767. Victime de la religion lui aussi, car son respect absolu des dogmes, son horreur de l'incrédulité, l'ont éloigné de son frère et émaillé leur relation de disputes de plus en plus violentes jusqu'à la rupture définitive en 1772. « L'abbé est né sensible et serein, écrit Diderot dans un accès de bienveillance. Il aurait eu de l'esprit ; mais la religion l'a rendu scrupuleux et pusillanime. Il est triste, muet, circonspect et fâcheux. Il porte sans cesse avec lui une règle incommode à laquelle il rapporte la conduite des autres et la sienne. Il est gênant et gêné. […] Il parle peu. Il écoute beaucoup, et il est rarement satisfait[23]. » Ajoutons que les torts entre les frères étaient largement partagés. Si le cadet avait des convictions tranchées, l'aîné ne cessait de le provoquer, voire de l'invectiver dans ses lettres : les termes de « fanatique », de « barbare », de « bête féroce » [*sic*], d'« homme vil, injuste », de « despote » et bien d'autres encore reviennent constamment sous sa plume.

Le portrait que Diderot brosse de sa sœur dans la même lettre à Sophie Volland la pose en femme de tempérament capable de toutes les vivacités, de comportement comme de langage : « Sœurette est vive, agissante, gaie, décidée, prompte à s'offenser, lente à revenir, sans souci ni sur le présent ni sur l'avenir, ne s'en laissant imposer ni par les choses ni par les personnes ; libre dans ses actions, plus libre encore dans ses propos ; c'est une espèce de Diogène femelle[24]. » Demeurée célibataire, très pieuse elle aussi, Denise avait décidé de rester à la maison pour s'occuper de la famille. Elle soigna le vieux coutelier pendant quinze mois jusqu'à son dernier soupir, puis partagea la maison avec son frère cadet durant trois ans. Après leur séparation en septembre 1762, elle continua à mener une vie infatigable, discrète et dévouée, malgré les maux qui l'accablaient dans sa vieillesse. À l'« âge critique », rapporte sa nièce, il lui vint un « bouton au nez qui devint un cancer et qui détruisit entièrement cette partie de son visage[25] ». Elle porta alors un faux nez. Puis elle souffrit de rhumatismes et de douloureuses loupes aux genoux qui l'obligeaient à se déplacer avec des cannes ou des béquilles. En dépit de ces infirmités, elle consacrait la moitié de ses journées aux offices et à la prière…

Nous ne savons presque rien de l'enfance du petit Denis : on est loin avec Diderot des *Confessions* de Rousseau. Songeons bien qu'au XVIIIe siècle, on ne voyait en l'enfant qu'un petit homme, on ne s'intéressait à lui que dans la mesure où le langage et la raison de l'adulte commençaient à se substituer aux démarches de l'enfance. L'enfance est l'âge ingrat, sans signification, qu'il faut traverser au plus vite pour accéder à l'état d'homme. Rousseau, quant à lui, a pris la position inverse : l'enfant, s'il est infiniment plus simple que l'adulte, n'est pas élémentaire, il est déjà structuré. Chaque enfant a ses particularités, il conquiert son identité dans la durée, source de la conscience de soi. C'est avant l'âge de six ou sept ans, estime-t-il, « que commence proprement la vie de l'individu : c'est alors qu'il prend la conscience de lui-même. La mémoire étend le sentiment de l'identité sur tous les moments de son existence, il devient véritablement un, le même, et par conséquent déjà capable de bonheur ou de misère. Il importe donc de commencer à le considérer ici comme un être moral[26]. » C'est donc à ce moment crucial de la vie d'un homme que le jeune Denis a fait deux expériences bouleversantes. La première nous est parvenue grâce à sa fille, Mme de Vandeul : « Il donna dès l'âge le plus tendre une preuve de profonde sensibilité : on le mena à trois ans voir une exécution publique ; il revint malade et fut attaqué d'une violente jaunisse[27]. » La deuxième expérience est relatée par Diderot lui-même dans une lettre non datée dont on ignore le destinataire : « Plus je m'examine moi-même, plus je reste convaincu qu'il y a dans notre jeunesse un moment décisif pour notre caractère. Je ne sais à quoi cela tient, à un mot peut-être, à une circonstance, à un petit malheur ou à un petit succès ; à un souffle, à un léger coup de vent qui jette ces plumes-là du bon ou du mauvais côté et presque sans retour. C'est ce hasard de rien qui résout l'enfant bien né à suivre son cœur, l'enfant mal né à lutter contre le sien ; voilà la première ligne de l'histoire de leur vie écrite, et tout le reste tiendra quelque chose de sa couleur. Une petite fille jolie comme un cœur me mordit à la main, son père à qui je m'en plaignis, lui troussa sa jaquette devant moi, et ce petit cul-là m'est resté et me restera dans la tête tant que je vivrai. Qui sait son influence sur mes mœurs[28] ? » Comment ne pas penser, en lisant ce récit émouvant, aux deux épisodes racontés par Rousseau dans les *Confessions* qui ont eux aussi marqué sa vie à jamais ? Une faute mineure, une accusation, une fessée[29] : même si les situations ne sont pas identiques, on ne peut s'empêcher de les rapprocher. La fillette « jolie comme un cœur » avait certes mordu son camarade de jeu, mais la brutalité de la punition infligée – la jaquette troussée, le « petit cul » mis à nu, et tout ce qui s'ensuivit – a imprégné l'imagination du jeune Diderot pour toujours. Ce « petit cul-là » – le mot est ici tout sauf vulgaire – n'est pas perçu comme un objet de désir, il représente l'humanité souffrante dans sa chair : *ecce homo*. Les deux fessées reçues par Rousseau vers l'âge de huit ans de la part de Mlle Lambercier, loin d'être vécues comme une humiliation pénible et douloureuse, lui ont fait découvrir une forme intense de sensualité. Le châtiment corporel, suivi de l'apparition du désir, a mis fin à l'innocence de l'enfance, laissant la place au sentiment adulte de la culpabilité, dans un univers religieux puritain où le sexe est lié au péché. L'épisode traumatisant du peigne cassé lui révèle l'injustice de ce monde : il est considéré comme coupable sans être responsable du forfait dont il est accusé. Coupable dans sa chair, mais innocent dans ses actes : éternel révolté contre les injustices, supposées ou réelles, commises à son égard, Rousseau passait sa vie à se lamenter sur son sort, en faisant tout par ailleurs pour donner aux autres des verges pour se faire battre.

Avant de s'éveiller à l'étude, l'enfant Denis fréquente l'atelier de son père dont il imaginera plus tard le portrait au travail : « Un jeune homme fut consulté par sa famille sur la manière dont on voulait qu'on fît peindre son père ; c'était un ouvrier en fer. Mettez-lui, dit-il, son habit de travail, son bonnet de forge, son tablier ; que je le voie à son établi avec une lancette à la main ou autre ouvrage qu'il éprouve ou qu'il repasse, et surtout n'oubliez point de lui faire mettre ses lunettes sur le nez[30]. » Quand il ne traîne pas dans l'atelier, Denis joue dehors, et parfois à des jeux fort violents : à plus de cinquante ans de distance, le philosophe se souvient encore de son « front cicatrisé de dix coups de fronde reçus de la main de ses camarades » tout en se vantant d'avoir mieux su « donner un coup de poing que faire une révérence ». Et d'évoquer, devant l'impératrice de Russie, cette scène qui semble être sortie tout droit de *La Guerre des boutons* : « Deux cents enfants se partageaient en deux armées. Il n'était pas rare qu'on en rapportât chez leurs parents de grièvement blessés[31]. »

Au mois de novembre 1723, le maître coutelier confie l'éducation de son fils aîné aux jésuites. Denis fréquentera leur collège, dont les bâtiments vétustes et insalubres étaient situés place Chambeau, entre dix et quinze ans ; pour y être admis, il fallait non seulement savoir lire, écrire et compter, mais aussi comprendre et utiliser le latin. Contrairement à Voltaire, Diderot n'a jamais manifesté de reconnaissance pour les jésuites langrois, bien au contraire. Comme en témoigne cette confidence tardive, il a très sévèrement jugé les méthodes éducatives de ses anciens maîtres :

> J'ai passé les premières années de ma vie dans les écoles publiques, et j'ai vu quatre ou cinq élèves, supérieurs à tous les autres, se succéder pendant le cours entier de l'année, dans les places d'honneur, et décourager le reste de la classe.
>
> J'ai vu tous les soins du professeur se concentrer dans ce petit nombre de sujets d'élite, et tous les autres enfants négligés.
>
> J'ai vu ces cinq ou six sujets merveilleux occupés pendant six ou sept ans de l'étude des langues anciennes qu'ils n'avaient point apprises.
>
> Je les ai vus tous sortir du collège sots, ignorants et corrompus.
>
> Je les ai vus passer successivement sous six professeurs, dont chacun avait sa manière d'enseigner.
>
> J'ai vu l'instruction générale des élèves négligée, pour en préparer deux ou trois à des actes publics.
>
> J'ai vu cette règle, inflexible pour les enfants des pauvres, se prêter à toutes les petites fantaisies des enfants des riches.
>
> J'ai vu les enfants de ces derniers aller chercher deux fois la semaine dans la maison paternelle, le dégoût des études, et le répandre parmi leurs camarades.
>
> Et je me suis écrié : « Malheur au père qui peut faire élever son enfant à côté de lui et qui l'envoie dans une école publique[32]. »

Le collège fréquenté par Diderot réunissait les enfants des riches et des pauvres, c'est-à-dire issus de familles modestes, car ceux des plus pauvres commençaient généralement à travailler vers douze ans. L'enseignement était gratuit, mais les frais occasionnés par la scolarité n'étaient pas négligeables, surtout si les garçons venaient des campagnes avoisinantes. Diderot se souvient avec émotion d'un ancien condisciple, un certain Garnier, qui eut plus de mal que les autres à suivre en classe : « Tes parents étaient indigents. Tu te faisais renfermer dans les églises de la ville. Tu descendais la lampe qui éclairait nos autels. La sainte table te servait de pupitre.

Tu t'épuisais les yeux et la santé pendant toute la nuit. Cependant je dormais profondément, et tu n'emportas jamais la place de dignité ni sur moi ni sur trois ou quatre autres[33]. » Le brassage social, aujourd'hui comme hier, avait ses limites. Sans l'intelligence supérieure qu'il apporta en naissant, le fils du coutelier ne serait peut-être pas allé bien loin dans son cursus scolaire.

Vers l'âge de quinze ans, Diderot commence à se sentir à l'étroit place Chambeau, entre la maison paternelle et le collège des jésuites. Tonsuré à douze ans, il devait succéder à la prébende lucrative que son oncle maternel, le chanoine Didier Vigneron, occupait à la cathédrale de la ville, mais le chapitre élut un autre candidat[34]. C'est alors que – c'est Mme de Vandeul qui rapporte le fait[35] – les jésuites lui font miroiter « l'appât de la liberté » pour le convaincre de prendre la poudre d'escampette et de s'installer à Paris afin d'y continuer ses études. Le projet tourne court mais le coutelier comprend peut-être que son fils, dont il n'est pas peu fier[36], a besoin de changer d'air. C'est ainsi qu'un jour de 1728 ou 1729, il s'embarque avec Denis pour Paris afin qu'il y termine ses études[37]. Il ne se doutait certainement pas qu'il ne devait le revoir avant très longtemps.

2

Un bohémien à Paris

Arrivé dans la capitale, l'écolier prend immédiatement logis au collège d'Harcourt[1], tandis que son père s'installe à son insu dans une auberge. « Le bonhomme – c'est Mme de Vandeul qui parle – aimait trop chèrement cet enfant pour l'abandonner sans être tout à fait tranquille sur son sort ; il eut la constance de rester quinze jours de suite à tuer le temps et à périr d'ennui dans une auberge sans voir le seul objet pour lequel il y séjournait. » Au bout de ce temps, il se rend au collège pour prendre congé de son fils : « Mon ami, lui dit-il, je viens savoir si votre santé est bonne, si vous êtes content de vos supérieurs, de votre logement, de vos aliments, des autres et de vous-même. Si vous n'êtes pas bien, si vous n'êtes pas heureux, nous retournerons ensemble auprès de votre mère. Si vous aimez mieux rester ici, je viens vous prêcher, vous embrasser et vous bénir... » Avant de repartir, il s'enquiert aussi auprès du principal, qui lui répond : « C'est un excellent écolier ; mais il y a huit jours que nous l'avons vertement chapitré, et s'il continuait, on ne pourrait le garder bien longtemps. » La raison de l'ire du principal est révélée par Mme de Vandeul : « Il avait trouvé dans ses nouveaux camarades un jeune homme assez triste, il lui avait demandé le sujet de son souci ; celui-ci lui avoua que l'on devait composer le lendemain et qu'il était fort embarrassé de sa besogne. Mon père lui proposa de la faire à sa place. En effet, le jeune homme déposa son papier dans une garde-robe, mon père l'y suivit, fit le devoir, et les professeurs le trouvèrent parfaitement bien. Mais ils ajoutèrent que jamais ce devoir ne pouvait être l'ouvrage de celui qui le présentait et le forcèrent d'en nommer l'auteur ou de sortir sur-le-champ du collège. Le jeune homme avoua que le nouveau venu s'en était chargé ; ils furent tous les deux très houspillés, et mon père renonça à la besogne des autres pour ne s'occuper que de la sienne[2]. »

Désormais, l'écolier espiègle se tient coi ; il obtient son diplôme de maître ès arts le 2 septembre 1732. Avec l'attestation que l'Université lui délivre trois jours plus tard, il va entreprendre l'étape suivante de sa formation, l'étude de la théologie.

Diderot théologien ? La question peut paraître incongrue quand on se souvient des démêlés de l'encyclopédiste avec les autorités religieuses, et de son athéisme qui effarouchait un Voltaire. Mais n'a-t-il pas avoué, dans le *Paradoxe sur le comédien*, avoir balancé « entre la Sorbonne et la Comédie[3] » ? On sait depuis les recherches de Blake T. Hanna que Diderot a effectivement étudié la théologie à la Sorbonne jusqu'en 1735[4]. Ses convictions religieuses devaient cependant être fort minces, étant donné qu'il avait en même temps envisagé de devenir comédien. N'oublions pas dans ce contexte que la carrière ecclésiastique représentait à cette époque le mode de promotion sociale le plus habituel pour les jeunes gens de la petite bourgeoisie et de l'artisanat ; l'état d'abbé, que son frère cadet embrassera avec fanatisme, était tout d'abord « destiné » à Denis, le brillant élève des jésuites de Langres puis de Paris. Rien n'empêchait, par la suite, qu'il « entre aux jésuites » pour devenir révérend père, professeur à la Sorbonne ou missionnaire chez les sauvages. On peut aussi penser que Diderot visait moins haut en frottant les vénérables bancs de la Sorbonne. Être abbé, au XVIIIe siècle, n'était pas sans désagréments : quand les Anglais apprennent, ricanait Voltaire, que « de jeunes gens connus par leurs débauches, et élevés à la prélature par des intrigues de femmes, font publiquement l'amour, s'égaient à composer des chansons tendres, donnent tous les jours des soupers délicats et longs, et de là vont implorer les lumières du Saint-Esprit, et se nomment hardiment les successeurs des apôtres, ils remercient Dieu d'être protestants[5] ». Toujours est-il que le 6 octobre 1735, un mois après l'obtention de sa maîtrise ès arts, Diderot sollicite sa présentation à l'évêque de Langres et, le 13, obtient le statut de « gradué nommé », qui ne devient effectif que s'il demande l'inscription sur le registre du greffe des insinuations ecclésiastiques de son diocèse. Or il n'a plus jamais donné signe de vie : « Au dernier moment, il a choisi Paris contre Langres[6]. »

Mis devant le fait accompli, le père de Diderot fait une croix sur ses rêves de voir son fils embrasser une carrière d'Église. Il le loge d'abord chez un coutelier d'origine langroise, Foucou, puis le place comme pensionnaire chez un procureur, probablement François Clément de Ris, originaire de Langres lui aussi, pour qu'il fasse son apprentissage de droit. Mais rien n'est plus éloigné de ses préoccupations. Dégoûté des « frivolités de la scholastique[7] », Diderot passe son temps à se perfectionner en latin et en grec, à étudier les mathématiques et à apprendre l'italien et l'anglais. Quand son père le presse de s'engager enfin dans une carrière réputée honorable, il explique au procureur « que l'état de médecin ne lui plaisait pas, qu'il ne voulait tuer personne ; que celui de procureur était trop difficile à remplir délicatement ; qu'il choisirait volontiers la profession d'avocat, mais qu'il avait une répugnance invincible à s'occuper toute sa vie des affaires d'autrui ». À la question désespérée du procureur : « Que voulez-vous donc être ? », il répond simplement : « Ma foi, rien, mais rien du tout. J'aime l'étude ; je suis fort heureux, fort content ; je ne demande pas autre chose[8] », et s'en va. C'est ainsi que les dés furent jetés. Nous sommes en 1737.

Enfin libre ! Plus de famille à la piété oppressante, plus d'école ni de maîtres à la pédagogie vétuste et stérile, plus de travail routinier et fastidieux. Libre comme un oiseau sur la branche, avec la différence que les oiseaux n'ont pas besoin d'argent pour vivre et chanter. Muni des quelques sous qui lui restent, Diderot s'installe dans une chambre garnie et s'adonne à son occupation favorite : s'instruire. On dirait qu'il n'a rien appris jusqu'alors. Passons sur ses études de théologie et autres « billevesées de la métaphysique[9] ». Mais ses années passées au collège ? L'enseignement des jésuites visait à la formation d'humanistes ; à en croire Diderot, il était parfaitement inutile : « Que reste-t-il dans le monde, de cette institution de collège ? Rien. Les connaissances qui distinguent dans les lettres quelques hommes élevés dans les collèges, où les ont-ils puisées ? À qui les doivent-ils ? à leurs études particulières. Combien de fois n'ont-ils pas regretté dans leur cabinet le temps qu'ils avaient perdu sur les bancs d'une école[10] ? » La critique peut sembler excessive, voire injuste, mais le bilan de l'enseignement secondaire dressé par d'Alembert au milieu du siècle est tout aussi négatif : « Un jeune homme, après avoir passé dans un collège dix années, qu'on doit mettre au nombre des plus précieuses de sa vie, en sort, lorsqu'il a le mieux employé son temps, avec la connaissance très imparfaite d'une langue morte, avec des préceptes de rhétorique et des principes de philosophie qu'il doit tâcher d'oublier ; souvent avec une corruption de mœurs dont l'altération de la santé est la moindre suite ; quelquefois avec des principes d'une dévotion mal entendue ; mais plus ordinairement avec une connaissance de la religion si superficielle, qu'elle succombe à la première conversation impie, ou à la première lecture dangereuse[11]. » L'enseignement des sciences était indigent, celui des langues modernes inexistant ; mais les élèves apprenaient le latin comme une deuxième langue maternelle. Devinette : quel était le sujet que l'élève peu doué pour la rhétorique avait refilé à Diderot au collège d'Harcourt ? Mme de Vandeul nous l'apprend : « Le discours que le serpent tint à Ève quand il veut la séduire[12]. » Et en vers, s'il vous plaît !

Diderot essaie donc de rattraper le temps perdu. Il s'adonne aux mathématiques, qu'il adore, et à l'anglais, dont il espère peut-être faire plus tard son gagne-pain. On a du mal à imaginer aujourd'hui comment on peut assimiler une langue étrangère dans son cabinet, sans professeur, sans laboratoire, sans mettre les pieds au pays. Diderot a recours à la seule méthode qui vaille dans ce cas selon lui : il apprend l'anglais dans un dictionnaire anglais-latin[13] ! Gageons que son excellente connaissance du latin y est pour beaucoup. De quoi vit-il ? Son père, irrité de son insubordination, vient de lui supprimer sa pension mais sa mère lui envoie en cachette quelques louis que la servante de la famille, Hélène Brûlé, lui apporte à Paris en faisant plusieurs fois le voyage (600 km aller-retour) à pied. Il extorque sans scrupule de l'argent à un carme déchaussé originaire de Langres et parent éloigné des Diderot, le frère Ange, en lui promettant – sans y songer un instant – d'entrer dans les ordres. Le père de Diderot est obligé de rembourser le moine ; il s'en souviendra dans son testament[14] ! Puis il fait ce que font tous les étudiants nécessiteux : il donne des cours particuliers, qu'il abandonne cependant si l'élève n'est pas assez doué[15]. Dans *Le Neveu de Rameau*, Diderot confessera avoir enseigné les mathématiques « sans en savoir un mot[16] » : aveu passablement exagéré car les *Mémoires sur différents sujets de mathématiques* publiés en 1748[17] portent témoignage de sa compétence. Ce qui est vrai en revanche, c'est qu'il faisait alors « une assez triste figure » : le Neveu lui rappelle cruellement comment il se promenait au Luxembourg en redingote de pluche grise, élimée par un des côtés, avec la manchette déchirée et les bas de laine noirs et recousus par-derrière avec du fil blanc. Ce portrait de l'artiste en bohémien évoque une réalité parisienne bien connue, le « pauvre diable » brocardé par Voltaire dans un poème du même nom :

> Dans mon grenier, entre deux sales draps,
> Je célébrais les faveurs de Glycère,
> De qui jamais n'approcha ma misère ;
> Ma triste voix chantait d'un gosier sec
> Le vin mousseux, le frontignan, le grec.
> Buvant de l'eau dans un vieux pot à bière,
> Faute de bas, passant le jour au lit,
> Sans couverture, ainsi que sans habit [...][18]

Même si Diderot n'est jamais tombé aussi bas que le Neveu de Rameau et bien d'autres « Rousseau du ruisseau » (Robert Darnton[19]), sa situation matérielle fut parfois extrêmement précaire. Mais il préférait la liberté avant tout. Quelquefois, raconte sa fille, « il ne possédait pas un écu. Plongé alors dans une tristesse profonde, cherchant la solitude, il se promettait d'abandonner ses occupations. » Un jour, il toucha le fond. « Un mardi-gras, il se lève, fouille dans sa poche : il n'avait pas de quoi dîner ; il ne veut point aller troubler des amis qui ne l'ont point invité. Ce jour, qu'il avait tant de fois passé dans son enfance au milieu de parents qui l'adoraient, devient plus triste encore. Il ne peut travailler ; il croit en se promenant dissiper sa mélancolie ; il va aux Invalides, au Cours, à la Bibliothèque du roi, au Jardin des Plantes. L'on peut calmer l'ennui, mais l'on ne peut tromper la faim. Il revient à son auberge ; en entrant, il s'assied et se trouve mal. L'hôtesse lui donne un peu de pain grillé dans du vin ; il put se coucher. "Ce jour-là, me disait-il, je jurai, si jamais je possédais quelque chose, de ne refuser de ma vie un indigent, de ne point condamner mon semblable à une journée aussi pénible." Jamais serment ne fut plus souvent et plus religieusement observé[20]. »

Diderot se fait alors engager comme précepteur chez un riche financier. Il obtient quinze cents livres par an et s'installe dans la maison de ses élèves. Ses journées sont rythmées par l'enseignement, les repas, les promenades. Au bout de trois mois, Diderot se présente chez le père : « Je viens, Monsieur, vous prier de chercher une personne qui me remplace ; je ne puis rester chez vous plus longtemps. – Mais, monsieur Diderot, quel sujet de mécontentement avez-vous ? Vos appointements sont-ils trop faibles ? Je les doublerai. Êtes-vous mal logé ? Choisissez un autre appartement. Votre table est-elle mal servie ? Ordonnez votre dîner : rien ne me coûtera pour vous conserver. » La réponse du précepteur malheureux est superbe : « Monsieur, regardez-moi ; un citron est moins jaune que mon visage. Je fais de vos enfants des hommes, mais chaque jour je deviens un enfant avec eux. Je suis mille fois trop riche et trop bien dans votre maison, mais il faut que j'en sorte ; l'objet de mes désirs n'est pas de vivre mieux, mais de ne pas mourir[21]. »

L'indépendance avant tout : jamais Diderot ne dérogera à ce principe sacré. Jusqu'à la fin de ses jours, il vivra de sa plume, d'abord mal, puis assez passablement, et enfin dans un relatif confort. Réduit à la misère comme tant d'autres jeunes sous-privilégiés, il consentit parfois à vendre ses talents, mais jamais pour la mauvaise cause. Ainsi, rapporte sa fille, il lui arrivait d'écrire des sermons pour un missionnaire en mal d'inspiration[22] – peut-être ses premiers pas d'homme de lettres. En janvier 1739, le *Mercure de France*, l'une des gazettes les plus réputées de l'époque, publie sa première œuvre connue, l'*Épître à M. Bas*[23], un pastiche de poésie médiévale : la sortie du tunnel est en vue. Cette pièce fugitive en vers connut même un certain succès : publiée à nouveau en 1742 par un périodique allemand, reprise en 1764 dans un florilège de poésie, elle reparaît encore en 1787 dans la *Correspondance littéraire*. Souvenir de sa misère passée, le grenier, lieu de résidence de base pour la « basse littérature », se trouve en bonne place :

> Puisse la déesse volage,
> Qui sourit sans discernement
> Souvent aux fols et rarement au sage,
> Se corriger ce nouvel an
> Et tourner à votre avantage,
> Le temps de son aveuglement,
> Dont je dis cent fois peste et rage
> Quand je vis au dernier étage
> Apollon logé tristement,
> Apollon, dieu de l'enjouement,
> Chantre ennemi de l'indigence,
> Et qui dans un peu plus d'aisance,
> Fredonnerait bien autrement [...]

Poésie de circonstance, dira-t-on avec raison, en haussant les épaules. Diderot rimaillera toute sa carrière sans autre prétention que de s'amuser. Mais le tournant est pris. Il collabore aux *Observations sur les écrits modernes* de l'abbé Desfontaines[24] et à un ouvrage de mathématiques, puis s'attelle à un commentaire sur Newton, qu'il abandonne sagement après la publication d'un ouvrage faisant autorité en la matière. En 1740, il se lie avec le graveur allemand Wille, son colocataire, qui laissera de lui le premier témoignage connu : « Un jeune homme fort affable qui, dans la conversation, m'apprit qu'il cherchait à devenir bon littérateur et encore meilleur philosophe s'il était possible ; il ajoutait qu'il serait bien aise de faire connaissance avec moi, d'autant plus qu'il estimait les artistes et aimait les arts, qu'il pensait que nous étions du même âge, et de plus qu'il savait déjà que nous étions voisins. Je lui donnai la main, et en ce moment nous étions amis. Ce jeune homme était M. Diderot, devenu célèbre par la suite ; il occupait l'entresol au-dessous de moi, y possédait une jolie bibliothèque, et me prêtait avec plaisir des livres[25]. » Diderot habitait alors rue de l'Observance. Ayant déménagé rue Boutebrie, il fait la connaissance d'une jeune fille, « grande, belle, pieuse et sage[26] », dont il s'amourache immédiatement. Ce n'est pas sa première amourette, loin s'en faut : « Combien de fois, raconte-t-il sans vergogne quarante ans plus tard, un ciel qui fondait en eau ne m'a-t-il pas été favorable ? Le bruit d'un lit que le plaisir fait craquer se perd, se dérobe, ou est mis par une mère qui se réveille sur le compte du vent. C'est alors qu'on peut sortir de sa chambre sur la pointe du pied ; qu'une porte peut crier en s'ouvrant ; se fermer durement[27]. » Anne-Toinette Champion habite dans la même rue que Diderot, où elle tient avec sa mère un commerce de lingerie et dentelles depuis une dizaine d'années. Au bout de quelques ruses et détours, il vint à bout de la résistance des deux femmes : « Ma mère – c'est Mme de Vandeul qui parle, sa fille – ne lui fit que les objections de la raison ; à côté de leur tendresse, elles avaient peu de poids. Ma grand-mère trouvait qu'il était très déraisonnable de se marier à une tête aussi vive, à un homme qui ne faisait rien, et dont tout le mérite était, disait-elle, une *langue dorée* avec laquelle il renversait la cervelle de sa fille. Mais cette mère qui prêchait si bien aimait elle-même mon père à la folie[28]. » Désireux de troquer son indépendance de célibataire contre une vie de famille plus régulière, Diderot a hâte de conclure le mariage. Il ne restait plus qu'une petite formalité à accomplir avant de passer devant l'autel : obtenir l'autorisation de son père.

3

Orages non désirés

Malgré l'éloignement et la vie dissolue qu'il mène à Paris, les relations ne sont pas rompues entre Diderot et ses parents. L'année où il s'éprend d'Anne-Toinette Champion, un vieil ami de son père, de passage dans la capitale, fait parvenir quelques nouvelles à la famille. « Monsieur leur fils » a besoin de linge propre, mais plutôt sous forme de toile que des chemises toutes faites – quel meilleur moyen de courtiser les femmes lingères que de leur donner du travail de raccommodage à faire ! « Au reste, mande-t-il, il se porte très bien et persévère dans ses promesses. Saint-Sulpice sera sa demeure au 1er janvier prochain. Dieu lui en fasse la grâce pour la satisfaction de sa famille, puisque c'est l'état qu'il choisit, et que personne ne lui a inspiré de prendre par préférence à tout autre[1]. » Une fois de plus, Diderot a menti en promettant d'entrer au séminaire. On imagine la lassitude du coutelier quand il apprend que son fils inconstant n'honorera pas sa promesse. « Je viens de recevoir une lettre du papa, écrit Diderot avec désinvolture à sa bien-aimée. Après un sermon de deux aunes plus long qu'à l'ordinaire, liberté plénière de faire tout ce que je voudrai, pourvu que je fasse quelque chose. » Il est alors question d'entrer – à nouveau – chez un procureur : « Ordre donné de m'en chercher un bon, et de payer le premier quartier *sonica*. Mais c'est à des conditions tout à fait comiques : que je ne manquerai pas préalablement d'invoquer le Saint-Esprit et d'approcher du très saint sacrement de l'Eucharistie[2]. » Diderot n'en fera rien, évidemment. Peut-être parce qu'on lui a entre-temps proposé un vrai travail, c'est-à-dire un travail qui l'intéresse : la traduction en français de *The Grecian History* du savant anglais Temple Stanyan, ouvrage en trois volumes paru en 1739. La besogne est finie au printemps 1742 et l'heureux traducteur de l'*Histoire de Grèce* empoche cent écus, une somme assez coquette pour ce genre de travail (la publication n'aura lieu qu'un an plus tard). Malgré ce premier succès, quand Diderot arrive à Langres à la fin de l'année, il sait que la partie sera rude.

Le retour de l'enfant prodigue suscite la joie dans la maison Diderot : cela faisait bien quatorze ans que le jeune Denis avait quitté le foyer ! Mais son projet de retourner rapidement à Paris suscite l'étonnement, et pour cause : venu pour demander l'autorisation de se marier, Diderot n'a pas encore osé parler de sa fiancée – ou plutôt, comme il s'en explique à sa chère Anne-Toinette : il n'a « pas encore jugé à propos de déceler » le vrai motif de son séjour à Langres[3]. Celle-ci, de Paris, met la pression sur son fiancé, qui se trouve littéralement pris entre le marteau et l'enclume dans la maison du coutelier. Son plan est apparemment de faire croire à ses parents à une imminente carrière dans les lettres. Témoin sa traduction de l'*Histoire de Grèce* dont il corrige les épreuves devant leurs yeux ébahis : « Ces épreuves de mon livre qu'on m'envoie trois fois la semaine font merveille. Mon père et ma mère, qui ne me paraissaient pas trop disposés à me laisser revenir, seront incessamment les premiers à hâter mon retour, convaincus que je m'occupe là-bas à quelque chose d'utile. » Mieux encore : pour calmer les craintes légitimes de sa fiancée, qui jauge sans doute mieux le caractère de son futur beau-père que Diderot, il l'assure être « bientôt revêtu de toutes les pièces nécessaires à notre union, car ils me semblent plus encore pressés de me voir établi que moi de l'être[4] ». Plus dure sera la chute. Le 14 janvier – il avait promis d'être de retour avant les Rois ! – il avoue sa défaite, en faisant élégamment porter à sa fiancée une partie de la responsabilité de son échec : « Me voilà dans les grandes douleurs. J'avais caché jusqu'à présent avec assez d'adresse le vrai sujet de mon voyage. Mais ton impatience, que je ne peux que louer puisqu'elle est une preuve de ton amour, vient de hâter ma déclaration. » La suite est un chef-d'œuvre, on voit que Diderot est passé par les jésuites :

« On me fait de terribles menaces, je ne te le cèle point. Mais je t'avouerai en même temps qu'elles sont si grandes qu'elles ne m'effraient point. Si mes parents me disaient tout simplement : “Tiens, voilà le consentement que tu demandes et nous te déshéritons”, je leur répondrais : “Grand merci, c'est tout ce que je demande. Ce que j'obtiens de vous suffit pour me consoler de ce que je perds.” Mais leur emportement va plus loin, et c'est là ce qui me rassure[5] ». On admire la dialectique !

Les événements nous sont connus par la lettre que le père adressera quinze jours plus tard à la mère de la fiancée. Il l'informe d'abord que son fils est passé « si brusquement des sollicitations aux menaces, et des menaces aux effets », qu'il a dû « prendre des précautions » contre son emportement. Puis il la met en garde contre une éventuelle union : « Que fera-t-elle d'un homme qui n'a point d'état et qui n'en aura peut-être jamais ? A-t-elle assez de bien pour les deux ? Si j'en crois ses discours, la nature lui a été plus prodigue de ses faveurs que la fortune. Non, Madame, je ne souffrirai point qu'il fasse une malheureuse et qu'il se rende malheureux. » Si la liaison avec son fils continue, prévient-il, « elle achèvera de le ruiner, car vous n'ignorez pas que l'exhérédation est la suite ordinaire des engagements semblables à celui qu'il me dicte. » Pour preuve de sa détermination, il lui révèle qu'il a fait enfermer son enfant indocile : « Si Mademoiselle votre fille est aussi bien née et l'aime autant qu'il croit, elle l'exhortera à renoncer à sa main ; car ce n'est qu'à ce prix qu'il recouvrera la liberté, car à l'aide de mes amis qui ont été indignés de sa hardiesse, je l'ai fait mettre en lieu de sûreté, et nous aurons, je crois, plus de pouvoir qu'il n'en faut pour l'y conserver jusqu'à ce qu'il ait changé de sentiment[6]. »

Arrêtons-nous un instant pour comprendre. Selon un spécialiste en la matière, la situation est claire du point de vue juridique : « Denis Diderot, âgé d'un peu plus de vingt-neuf ans, n'avait pas encore atteint l'âge de la majorité matrimoniale alors fixé à trente ans et il devait, en cas de refus de ses parents, solliciter solennellement leur consentement au moyen d'une *sommation respectueuse* signifiée par un notaire conformément aux dispositions de l'édit de mars 1697. En l'absence d'une sommation ou en cas de refus des parents, le mariage contracté par un garçon âgé de plus de vingt-cinq ans et de moins de trente ans révolus était valable canoniquement mais exposait l'époux à être exhérédé ; cette exhérédation n'avait d'ailleurs pas lieu de plein droit mais devait être demandée en justice par les père et mère à qui les tribunaux donnaient raison en pareil cas[7]. » En revanche, la séquestration de Diderot était parfaitement illégale. Il est à peu près certain que le fils récalcitrant fut enfermé au couvent des Carmes de Langres, nonobstant toutes les règles de droit[8], d'où il réussit à s'échapper trois jours plus tard. Le récit qu'il fait en chemin de son aventure singulière est édifiant : « Après avoir essuyé des tourments inouïs, me voilà libre. Te le dirai-je ? Mon père avait porté la dureté jusqu'à me faire enfermer chez des moines qui ont exercé contre moi tout ce que la méchanceté la plus déterminée pouvait imaginer. Je me suis jeté par les fenêtres la nuit du dimanche au lundi. J'ai marché jusqu'à présent, que je viens d'atteindre le coche de Troyes qui me transportera à Paris. Je suis sans linge. J'ai fait une route de trente lieues à pied par un temps détestable. J'ai [été] assez mal reçu, parce que, ne pouvant suivre la route ordinaire, dans la crainte qu'on ne me poursuivît, je suis tombé dans des villages où j'ai à peine trouvé du pain et du vin. Mais heureusement j'ai quelque argent, dont j'avais eu soin de me pourvoir avant que de déclarer mes desseins. Je l'ai sauvé des mains de mes geôliers, en l'enfermant dans un des coins de ma chemise. » Le P.S. est savoureux, sauf pour l'intéressé : « J'oubliais de te dire qu'afin que je ne pusse me sauver, on avait pris l'incivile précaution de me couper les cheveux à moitié », c'est-à-dire sur la moitié de la tête. Mais ce n'est sûrement pas à cause de ce détail esthétique que « Nanette » décide de s'éloigner de son « Ninot » : elle refusait, expliquera sa fille, d'entrer « dans une famille qui ne la verrait pas de bon œil[9] ». Sans doute la mère a-t-elle pris assez mal l'allusion du patriarche langrois à l'indigence dans laquelle elle vivait avec sa fille. Toujours l'argent !

Au moment des faits, la situation matérielle d'Anne-Toinette Champion, à La Ferté-Bernard dans la Sarthe le 4 janvier 1710 – elle a près de trois ans de plus que Diderot – n'est effectivement pas fort brillante. C'est la fille cadette d'un manufacturier d'étamines ruiné par des spéculations et décédé l'année de la naissance de Diderot, et de Marie de Malleville, fille d'un gentilhomme du Mans qui s'était ruiné au service. Ce qui signifie que le coutelier Diderot a repoussé une femme qui, malgré sa condition modeste, était d'origine noble. Fille cadette de six enfants, Anne-Toinette avait été mise en pension au couvent des Miramiones à Paris, où elle reçut une éducation plutôt sommaire. À partir de 1726, elle vivait avec sa mère de leur petit commerce quand la fortune leur envoya le fougueux Diderot, qui n'était pas moins dans le besoin qu'elles à l'époque. On connaît la suite, que Diderot résumera à sa manière trente ans plus tard : « J'arrive à Paris. J'allais prendre la fourrure et m'installer parmi les docteurs de la Sorbonne. Je rencontre sur mon chemin une femme belle comme un ange. Je veux coucher avec elle. J'y couche. J'en ai quatre enfants ; et me voilà forcé d'abandonner les mathématiques que j'aimais, Homère et Virgile que je portais toujours dans ma poche, le théâtre pour lequel j'avais du goût ; trop heureux d'entreprendre l'*Encyclopédie* à laquelle j'aurai sacrifié vingt-cinq ans de ma vie[10]. »

De retour à Paris, Diderot tombe malade dans son nouveau logis situé rue des Deux-Ponts, dans l'île Saint-Louis. Aussitôt que Nanette l'apprend, elle envoie un ami savoir de ses nouvelles. « On lui dit que sa chambre était un vrai chenil, qu'il était sans bouillon, sans soins, maigre, triste[11]. » Mademoiselle Champion, « jaune comme une orange », prend alors son parti et promet de l'épouser. Le mariage semi-clandestin – Mme Champion assistait à la cérémonie et avait donc donné son consentement – est célébré le 6 novembre 1743 en l'église Saint-Pierre-aux-Bœufs, à l'emplacement actuel de l'Hôtel-Dieu. Le jeune ménage s'installe rue Saint-Victor ; Diderot ne se doute pas alors que, libéré de la tutelle paternelle, il est en train de commettre la plus grosse bêtise de sa vie.

4

Le modèle anglais : Shaftesbury

Au lendemain de leur mariage, les Diderot s'installent rue Saint-Victor, près de la place Maubert, et font comme tous les nouveaux mariés, ou presque : ils mettent au monde des enfants. Une première fille, Angélique, naît le 13 août 1744 ; elle sera enterrée fin septembre. Le 22 mai 1746 naît François-Jacques-Denis ; il mourra le 30 juin 1750, âgé de quatre ans. Le 29 octobre de la même année, Mme Diderot accouche de Denis-Laurent. Le lendemain, rapporte Mme de Vandeul, l'enfant est baptisé en l'église Saint-Étienne-du-Mont. Lors de la cérémonie, il tombe des bras de la femme qui le portait sur les marches de l'Église et meurt peu après des suites de cette chute malencontreuse[1]. Seul le quatrième enfant, né en 1753, survivra : ce sera Marie-Angélique, la future Mme de Vandeul, qui mourra quarante ans après son père.

Un an après la parution de l'*Histoire de Grèce* en 1743, Diderot est de nouveau sollicité comme traducteur. Trois libraires – Briasson, David l'aîné et Durand, les futurs éditeurs de l'*Encyclopédie* avec Le Breton – se sont réunis pour publier en français le monumental *Medicinal Dictionary* de Robert James en six volumes in-folio. Diderot s'adjoint deux collaborateurs, Marc-Antoine Eidous et François-Vincent Toussaint, afin de mener à bien cette entreprise dont les derniers volumes ne paraîtront qu'en 1748. Financièrement à l'abri pour un certain temps, il s'attelle immédiatement à une nouvelle tâche, autrement plus passionnante qu'un dictionnaire de médecine : la traduction de l'*Inquiry concerning Virtue or Merit* du philosophe anglais Shaftesbury[2], qui paraîtra anonymement début 1745 sous le titre *Principes de la philosophie morale, ou Essai de M. S*** sur le mérite et la vertu avec Réflexions*.

La traduction de Shaftesbury n'est pas de la besogne ordinaire destinée à nourrir son auteur et sa famille. Nous sommes en présence du premier ouvrage personnel de Diderot, et c'est à ce titre que l'*Essai sur le mérite et la vertu* fait partie dès 1772 de ses *Œuvres complètes*. On objectera qu'une traduction, quelle que soit sa liberté, reste une traduction ; au mieux elle devient une adaptation. En toute rigueur, seuls le *Discours préliminaire* et la *Lettre à mon frère* figurant en tête du volume proviennent de la plume de Diderot, car les nombreuses notes infrapaginales, signées du traducteur, sont le plus souvent tirées d'autres écrits de Shaftesbury. Or Diderot lui-même, à la fin de son *Discours préliminaire*, a revendiqué la paternité de l'ouvrage : « Il ne me reste qu'un mot à dire sur la manière dont j'ai traité M. S... Je l'ai lu et relu : je me suis rempli de son esprit, et j'ai, pour ainsi dire, fermé son livre lorsque j'ai pris la plume. On n'a jamais usé du bien d'autrui avec tant de liberté. J'ai resserré ce qui m'a paru trop diffus, étendu ce qui m'a paru trop serré, rectifié ce qui n'était pensé qu'avec hardiesse ; et les réflexions qui accompagnent cette espèce de texte sont si fréquentes que l'*Essai* de M. S..., qui n'était proprement qu'une démonstration métaphysique, s'est converti en éléments de morale assez considérables[3]. » L'*Essai sur le mérite et la vertu* est donc une traduction sans en être une. Diderot est intellectuellement très proche de l'auteur de l'*Inquiry*, au point de s'identifier totalement, dit-on, au contenu du texte qu'il a devant lui. Mieux encore : Diderot a pris soin d'accompagner sa traduction d'une cinquantaine de notes personnelles, plus ou moins longues, qui engagent un véritable dialogue avec le texte anglais. *Last but not least*, la traduction de Diderot, personnelle et animée, ne ressemble pas beaucoup à l'original : sans lui être infidèle, écrit John S. Spink, le traducteur « a épousé la pensée » de Shaftesbury, mais « il lui arrive d'abonder dans le sens de son partenaire, de renchérir sur ses affirmations, d'ajouter de temps en temps une image propre à frapper l'imagination du lecteur ». Pour l'essentiel, les différences entre les deux textes seraient d'ordre purement stylistique : « Les modifications qu'il apporte à l'original intéressent des détails et, le plus souvent, s'expliquent parfaitement dans la perspective de l'art de la traduction[4]. »

S'il est sans doute légitime de considérer la traduction de Shaftesbury comme le point de départ de la philosophie de Diderot, il est plus difficile d'admettre que sa pensée soit rigoureusement identique à celle de Shaftesbury. Lorsqu'on examine à la loupe certains passages de sa traduction, on découvre que Diderot est loin de faire entièrement siennes les prémisses philosophiques de son modèle. Il suffit pour s'en convaincre d'examiner l'extrait suivant tiré du début de l'*Essai* où Shaftesbury traite de la nature. Si Diderot semble reprendre, pour l'essentiel, les thèses de l'*Inquiry*, il modifie, moyennant quelques retouches, la base optimiste du philosophe anglais et présente, sous le couvert de Shaftesbury, quelques échantillons de son orientation philosophique future :

> When we reflect on any ordinary frame or constitution, either of art or nature, and consider how hard it is to give the least account of a particular part without a competent knowledge of the whole, we need not wonder to find ourselves at a loss in many things relating to the constitution and frame of nature herself. For to what end in nature many things, even whole species of creatures, refer or to what purpose they serve will be hard for any one justly to determine. But to what end the many proportions and various shapes of parts in many creatures actually serve, we are able, by the help of study and observation, to demonstrate with great exactness[5].

Et voici la traduction de Diderot :

> Lorsque je tourne les yeux sur les ouvrages d'un artiste ou sur quelque production ordinaire de la nature, et que je sens en moi-même combien il est difficile de parler avec exactitude des *parties* sans une connaissance profonde du *tout* ; je ne suis point étonné de notre insuffisance dans les recherches qui concernent le monde, le chef-d'œuvre de la nature. Cependant, à force d'observations et d'étude, à force de combiner les proportions et les formes dont la plupart des créatures qui nous environnent sont revêtues, nous sommes parvenus à déterminer quelques-uns de leurs usages. Mais quelle est la fin de ces créa-

tures en particulier ? En général même, à quoi sert l'espèce entière de quelques-unes d'entre elles ? C'est ce que nous ne connaîtrons peut-être jamais[6].

Selon Shaftesbury, la nature est composée de « choses » *(things)* et d'« espèces de créatures » *(species of creatures)* parmi lesquelles on distingue des « proportions » *(proportions)* et des « formes » *(shapes of parts)*, ce qu'il appelle ailleurs la constitution (physique) des créatures. S'il est difficile de connaître la fin de la nature en général et des créatures en particulier (les hommes, les animaux, etc.), nous pouvons comprendre, en revanche, à quoi servent les différentes parties des créatures (les yeux, les poumons, etc.).

Diderot, dans sa traduction, remplace la conception shaftesburienne de la nature par la distinction scolastique, popularisée par Spinoza[7], entre *natura naturans* (« nature naturante ») et *natura naturata* (« nature naturée »). Contrairement à Shaftesbury, qui compare la nature ou la Création à une œuvre d'art, son traducteur infidèle laisse clairement entendre que l'ensemble des différentes espèces de créatures, autrement dit la nature naturée, est une production de la nature naturante, son « chef-d'œuvre[8] ». La nature n'est pas semblable à une œuvre d'art créée par un artisan suprême ; la nature est son propre artisan, mais un artisan qui, on le devine, n'est pas « intelligent ». À force d'étude et d'observations, conclut Diderot, l'homme peut parvenir à comprendre les « usages » de quelques proportions et formes, mais le tout, le dessein de l'ensemble lui échappe.

À comparer de près la traduction à l'original, on se rend compte que nous avons affaire à deux conceptions radicalement différentes de la nature. Alors que Shaftesbury suppose un ordre divin dans la Création, Diderot est résolument antifinaliste : c'est la nature, si l'on peut dire, qui a créé le monde, mais sans plan précis, car elle n'est pas intelligente comme seul Dieu peut l'être. Pour le déiste Shaftesbury, la nature, c'est-à-dire le monde, a été créée dans un but précis, mais ce but échappe le plus souvent à l'homme. Dans la traduction de Diderot, le monde apparaît comme le produit d'une puissance aveugle, où l'homme ne peut que péniblement (« à force de combiner ») comprendre quelques usages des proportions et des formes qu'il rencontre dans les créatures. Shaftesbury dirait que les yeux ont été faits pour voir ; Diderot, lui, constate que certaines créatures ont des yeux qui leur permettent de voir, mais ne se prononce pas sur la cause finale de cet organe. Dès le départ, les deux philosophes partent dans deux directions opposées : selon Shaftesbury, la nature est l'œuvre d'un Être supérieur, merveilleux artisan d'harmonie, animé par-dessus tout d'une universelle bienveillance envers les hommes et les choses ; selon Diderot, la nature est une force autonome qui rend Dieu inutile mais lui reprend son pouvoir créateur. Dès lors, il devient difficile de ranger Diderot du côté de l'enthousiasme déiste de Shaftesbury, qui écarte de la nature le désordre : il est déjà engagé sur la voie qui le conduira à affirmer l'organisation spontanée de la matière par opposition aux arguments en faveur de la finalité de l'univers.

Cette vision différente de la nature est peut-être la raison principale pour laquelle Diderot a bouleversé l'ordonnance de la deuxième phrase. En effet, il commence par désigner ce qui est connaissable à l'homme (les usages de quelques proportions et formes) puis déplore que la fin des créatures et du tout reste inconnaissable. Shaftesbury, lui, parcourt le chemin inverse : il commence par noter que la fin des créatures est inconnaissable, mais souligne ensuite qu'à l'intérieur des choses et des créatures, l'homme peut parfaitement déterminer la raison d'être des *various shapes of parts*. Autrement dit, Shaftesbury achève le premier paragraphe sur une note optimiste – sur ce que l'homme peut connaître – alors que Diderot, lui, l'achève sur une note pessimiste – sur ce qu'il ne connaîtra jamais.

L'examen minutieux d'un passage particulièrement significatif de la traduction de l'*Inquiry concerning Virtue or Merit* remet sérieusement en question la conviction, partagée par de nombreux critiques, que Diderot a adhéré, pendant un certain temps, au déisme à la manière de Shaftesbury. De l'*Essai sur le mérite et la vertu* (1745) à la *Lettre sur les aveugles* (1749), en passant par les *Pensées philosophiques* (1746) et deux textes impossibles à dater et oubliés de nos jours, *De la suffisance de la religion naturelle* et *La Promenade du sceptique*, Diderot aurait navigué entre la religion naturelle et un scepticisme plus ou moins radical avant d'embrasser un athéisme sans concessions. Cette versatilité en matière religieuse devient encore plus problématique lorsque l'on envisage la chronologie généralement admise des écrits cités. *De la suffisance de la religion naturelle* parut pour la première fois en 1770 au tome I du *Recueil philosophique* publié par Naigeon, où le texte est attribué à… Vauvenargues. Le même Naigeon en dévoila la véritable paternité en l'insérant dans le premier tome des œuvres de Diderot éditées sous sa responsabilité, précisant qu'il fut rédigé en 1747. Une référence, dans le texte, aux *Pensées philosophiques*, semble constituer le *terminus post quem* de l'opuscule. Quant à *La Promenade du sceptique*, dont Diderot assuma la paternité face au lieutenant général Berryer en 1749, l'existence de l'ouvrage est attestée dès 1748 sur une fiche de police, où il est signalé sous le titre *L'Allée des idées*.

Peut-on sérieusement penser qu'entre 1745 et 1749, Diderot soit d'abord passé du déisme shaftesburien au scepticisme déiste, qu'il ait ensuite effectué un retour à la religion naturelle avant d'embrasser un scepticisme franchement agnostique pour atteindre, enfin, une position d'athéisme déclaré ? Quand on lit les textes avec des yeux non prévenus, les perspectives changent. Nous avons déjà pu constater que Diderot a adapté l'*Essai* déiste de Shaftesbury dans un sens anticréationniste et antifinaliste, autrement dit athée. Nous verrons plus loin que les *Pensées philosophiques* sont également l'œuvre d'un athée, et non les derniers feux d'un déisme sceptique. Il serait logique, dans ce contexte, de considérer *De la suffisance de la religion naturelle* comme le premier texte philosophique de Diderot : composé avant 1745, il témoigne mieux que ceux qui suivent de sa rupture avec la religion de sa famille[9].

Manifeste éclatant d'un ancien étudiant en théologie converti au déisme, le court traité de Diderot démontre sur une vingtaine de pages l'inutilité et le caractère néfaste des religions révélées, et particulièrement du christianisme. « Il est d'expérience, lit-on, que les religions prétendues révélées ont causé mille malheurs, armé les hommes les uns contre les autres et teint toutes les contrées de sang. Or la religion naturelle n'a pas coûté une larme au genre humain. » Dieu, estime Diderot, a de tout temps donné aux hommes le moyen d'obéir à sa loi : « Cette religion est préférable à toutes les autres qui ne peut faire que du bien et jamais de mal.

Or telle est la loi naturelle gravée dans le cœur de tous les hommes : ils trouveront tous en eux-mêmes des dispositions à l'admettre, au lieu que les autres religions, fondées sur des principes étrangers à l'homme, et par conséquent nécessairement obscurs pour la plupart d'entre eux, ne peuvent manquer d'exciter des dissensions[10]. » Rédigé probablement sous l'influence du déiste anglais Tindal, *De la suffisance de la religion naturelle* fait la transition idéale avec l'*Inquiry* de Shaftesbury dans lequel Diderot a cru trouver les bases d'une morale universelle et laïque, sans caution transcendante. Car telle est bien la question la plus importante aux yeux d'un athée vivant sous l'Ancien Régime : si Dieu n'existe pas, les notions de bien et de mal ont-elles encore un sens ? Chaque homme est capable, répond Diderot avec Shaftesbury dans l'*Essai sur le mérite et la vertu*, de distinguer le bien et le mal sans le secours de la religion : « Quand nous dirons qu'une créature a perdu tout sentiment de droiture et d'injustice, nous supposerons au contraire qu'elle est toujours capable de discerner le bien et le mal relatifs à son espèce, mais qu'elle y est devenue parfaitement insensible[11]. »

Qu'est-ce qui fait la valeur d'une conduite du point de vue moral ? La conformité au bien public, à l'intérêt général de l'espèce : « Tout ce qui tend à attacher la créature à son rôle dans la société et à l'animer d'un zèle plus qu'ordinaire pour le bien général de son espèce, est sans contredit en elle le germe d'une vertu peu commune[12]. » Cependant, ce n'est pas la matérialité de l'acte ni son résultat qui lui confèrent une valeur morale, mais l'*intention* qui préside à la décision : un homme qui fait du bien à ses proches, mais par un calcul purement égoïste, est comme un avocat qui plaide une juste cause uniquement en vue des honoraires. En vertu de cet intellectualisme éthique, il ne suffit pas de *faire le bien* pour être considéré comme *vertueux* : « Quelque avantage que l'on ait procuré à la société, le motif seul fait le mérite. Illustrez-vous par de grandes actions, tant qu'il vous plaira ! Vous serez vicieux, tant que vous n'agirez que par des principes intéressés[13]. »

Pour mériter le titre de vertueux, il faut faire le bien sans motif intéressé, sans espoir d'une récompense ou par crainte d'un châtiment. La croyance en un Dieu rémunérateur et vengeur rend les conduites serviles et mercenaires, alors que la vertu doit être sa propre récompense : la qualité essentielle de l'homme de bien est d'être « vertueux par principes[14] » ! Anticipant sur Kant, Diderot distingue entre l'acte moral et l'acte pseudo-moral, entre une action *conforme au devoir* et une action *faite par devoir*. L'homme de bien, estime-t-il, n'est pas vertueux parce qu'il y a quelque chose à gagner ; il n'obéit pas non plus à une maxime du type « Fais à autrui comme tu veux qu'on te fasse », précepte caractéristique d'une morale basée sur le sentiment, la sympathie ou la pitié. Ce qui est « moralement bon » n'est pas ce qui est « empiriquement bon », autrement dit : l'acte moral ne dépend pas de notre capacité de *ressentir* ce qu'autrui ressent, mais est fondé sur la *connaissance* du bien et du mal moral.

L'auteur de l'*Essai sur le mérite et la vertu* prend bien soin de prévenir son lecteur que la vertu ne s'identifie pas à la bienfaisance. L'homme vertueux ne fait pas le bien indistinctement : « Dans des circonstances particulières, les affections sociales deviennent quelquefois excessives et se portent à un point qui les rend vicieuses[15]. » La vertu, estime Diderot, se distingue de la simple bonté en ce qu'elle procède de la *réflexion* : « Point de vertu morale, point de mérite, sans quelques notions claires et distinctes du bien général, et sans une connaissance réfléchie de ce qui est moralement bien ou mal, digne d'admiration ou de haine, droit ou injuste. [...] Qu'une créature soit généreuse, douce, affable, ferme et compatissante ; si jamais elle n'a réfléchi sur ce qu'elle pratique et voit pratiquer aux autres ; si elle ne s'est fait aucune idée nette et précise du bien et du mal [...] : son caractère n'est point vertueux par principes ; elle en est encore à acquérir cette connaissance active de la droiture qui devait la déterminer, cet amour désintéressé de la vertu qui seul pouvait donner tout le prix à ses actions[16]. »

L'*Essai sur le mérite et la vertu* attribue ainsi à l'homme en général la capacité de reconnaître le bien et le mal par ses propres forces, sans le secours d'aucune autorité extérieure, qu'elle soit religieuse ou politique. Selon Diderot, la connaissance morale a le même fondement que la connaissance esthétique et ce fondement, c'est la perception des rapports, faculté dont l'exercice constitue, comme il dira quelques années plus tard dans la *Lettre sur les sourds et muets*, « un des premiers pas de notre raison[17] ». L'*Essai sur le mérite et la vertu* nous présente la version originelle de cette fameuse théorie qui occupe une place tout à fait essentielle dans la philosophie de Diderot. Voyons-en la signification première.

Aussitôt que nous naissons, nous percevons, dans les objets qui nous entourent, des rapports de proportion et de symétrie qui réveillent en nous des idées d'ordre, de convenance et de disconvenance, de beauté et de laideur. Or la perception des rapports ne s'effectue pas seulement dans les objets corporels, mais également dans les objets moraux, par exemple les sentiments et les pensées. De même que les formes et proportions des objets agissant sur nos sens sont immédiatement éprouvées et jugées selon leur beauté ou laideur, de même notre esprit ressent la beauté ou laideur des objets moraux dès qu'il se les représente. Les esprits, déclare Diderot, « aperçoivent des proportions ; ils sont sensibles à des accords ; ils mesurent, pour ainsi dire, les sentiments et les pensées. [...] Les sens ne sont ni plus réellement ni plus vivement frappés soit par les nombres de la musique, soit par les formes et les proportions des êtres corporels, que les esprits par la connaissance et le détail des affections[18]. » C'est ainsi que Diderot peut récuser toute transcendance irrationnelle et démontrer l'inutilité pratique de la religion, voire sa nocivité latente : « Qu'il soit possible qu'une créature ait été frappée de la laideur et de la beauté des objets intellectuels et moraux, et conséquemment que la distinction de la droiture et de l'injustice lui soit familière, longtemps avant que d'avoir eu des notions claires et distinctes de la divinité : c'est une chose presque indubitable[19]. »

À ce stade de la démonstration, Diderot fait intervenir un deuxième élément constitutif de l'homme de bien : la vertu, ou « bonté raisonnée[20] », procède non seulement de la réflexion, mais également d'un *choix*. Or tout choix intentionnel en faveur de la vertu ou du vice suppose... le libre arbitre, c'est-à-dire un jugement libre sur la valeur morale des actes et sur leurs conséquences possibles. En effet, si, comme on l'a vu, « le motif seul fait le mérite » d'une action[21], l'homme ne peut être appelé vertueux ou vicieux que s'il agit librement, autrement dit si son action n'est pas déterminée par des motifs indépendants de sa volonté. Nous sommes ici très loin – et Diderot insiste lui-même sur ce point dans une note personnelle – « du sentiment impie et bizarre de ceux qui donnent tout au tempérament, vices et vertus[22] ». L'homme se distingue de l'animal en sa qualité d'agent libre : « Les créatures qui ne sont affectées que par les objets sensibles sont bonnes ou mauvaises, selon que leurs affections sensibles sont bien ou mal ordonnées. Mais c'est tout autre chose, dans les créatures capables de trouver dans le bien ou le mal moral, des motifs raisonnés de tendresse ou d'aversion ; car dans un individu de cette espèce, quelque déréglées que soient les affections sensibles, le caractère sera bon et l'individu vertueux, tant que ces penchants libertins demeureront subordonnés aux affections réfléchies[23]. »

On aurait tort de sous-estimer la portée du premier écrit de Diderot en le réduisant à une sorte de poussée de fièvre métaphysique rapidement surmontée dans la suite. Force est de constater que la morale intellectualiste de l'*Essai sur le mérite et la vertu* se retrouve encore dix ans plus tard dans l'article *Droit naturel* de l'*Encyclopédie*[24]. Diderot y commence par affirmer que la liberté de l'homme, autrement dit la possibilité de raisonner et de choisir « dans le silence des passions[25] », constitue le fondement de la morale. Relisons attentivement avec des yeux non prévenus ce passage que l'on a souvent pris pour une ruse de l'encyclopédiste : « Il est évident que si l'homme n'est pas libre, ou que [...] son choix n'est point l'acte pur d'une substance incorporelle et d'une faculté simple de cette substance ; il n'y aura ni bonté ni méchanceté raisonnées, [...] ni bien ni mal moral, ni juste ni injuste, ni obligation ni droit. » Après ces préliminaires, Diderot s'en prend violemment à celui qui fut l'un de ses principaux adversaires tout au long de sa vie : le philosophe anglais Hobbes. L'auteur du *Léviathan* niait précisément l'existence d'une morale *raisonnée*, et par conséquent le caractère universel et absolu de la justice. Avant l'établissement de la société civile, chaque homme a droit à tout, même au détriment de son prochain. La nature, résume Diderot, « a donné à tous le droit à tout, même avec offense d'un autre ; car on ne doit à personne autant qu'à soi. [...] Le droit naturel n'est autre chose que la liberté à chacun d'user de son pouvoir de la manière qui lui paraîtra la plus convenable à sa propre conservation[26]. » Dernier point essentiel que Diderot ne manque pas de critiquer : la malfaisance, estime Hobbes, n'est point répréhensible, car l'homme n'est pas libre. Voici comment se justifie le méchant hobbiste lorsque Diderot lui donne la parole dans l'article *Droit naturel* : « Qu'on ne me reproche point cette abominable prédilection ; elle n'est pas libre. C'est la voix de la nature qui ne s'explique jamais plus fortement en moi que quand elle me parle en ma faveur[27]. »

Tout au long de sa réfutation, Diderot s'efforce de rétablir l'antériorité de la justice sur l'établissement de la société et la réalité de la liberté humaine. Ce qui disparaît dans l'argumentation, c'est l'idée de laideur et beauté morales, autrement dit la capacité de l'esprit humain de discerner dans les objets moraux. Diderot insiste en revanche sur la deuxième condition nécessaire à la vertu, qui est la connaissance de l'intérêt général. L'homme, explique-t-il, n'est pas une bête farouche, c'est « un animal qui raisonne ». Le méchant, en privilégiant son intérêt sur celui de la société, est parfaitement conscient de sa méchanceté : « À tout moment l'homme injuste et passionné se sent porter à faire à autrui ce qu'il ne voudrait pas qu'on lui fît à lui-même. C'est un jugement qu'il prononce au fond de son âme, et qu'il ne peut se dérober. » Le fondement de la morale n'est plus à chercher dans la perception des rapports, il réside désormais dans la volonté générale de l'espèce humaine que chaque homme peut connaître grâce à « un acte pur de l'entendement qui raisonne dans le silence des passions sur ce que l'homme peut exiger de son semblable, et sur ce que son semblable est en droit d'exiger de lui[28] ».

Résumons-nous. Jusqu'en 1755, Diderot veut que l'homme fasse le bien par désintéressement, en vue de la volonté générale. Il est vrai que le deuxième livre de l'*Essai sur le mérite et la vertu* est en grande partie consacré à la démonstration classique que l'exercice de la vertu fait le bonheur de l'individu, ou plutôt que les passions antisociales sont contraires à sa félicité. Mais on sent bien que l'homme vertueux selon Diderot ne fait pas le bien parce qu'il y trouve son compte. L'homme de bien, le citoyen pense d'abord aux intérêts généraux de son espèce avant de penser à ses intérêts particuliers, car « si ces motifs ont une influence prédominante dans la conduite d'une créature que l'amour désintéressé devrait principalement diriger, la conduite est servile et la créature n'est pas encore vertueuse[29] ». Toute cette argumentation, déclare Diderot à la fin de l'article *Droit naturel*, est évidente « pour celui qui raisonne, et [...] celui qui ne veut pas raisonner, renonçant à la qualité d'homme, doit être traité comme un être dénaturé[30] ».

5

Un auteur subversif

On ne sait pas comment Diderot a pu concilier ces hautains principes de morale avec les frasques de sa vie privée. Toujours est-il qu'entre deux enfants qu'il fait à sa femme, il trouve le loisir d'entretenir une maîtresse, Mme de Puisieux, née Madeleine d'Arsant, la femme d'un ancien avocat au parlement de Paris avec laquelle il ne rompra qu'en 1750… pour se jeter dans les bras de Sophie Volland deux ans après la naissance de sa dernière fille. Celle-ci a laissé un portrait peu amène de la première maîtresse de son père, prétendant qu'elle lui extorquait tout l'argent que lui versaient les libraires[1]. C'est elle, ou plutôt son besoin d'argent, qui serait à l'origine des *Pensées philosophiques*, que Diderot aurait jetées sur le papier en 1746, « dans l'intervalle du vendredi saint au jour de Pâques », selon les précisions de Mme de Vandeul. Vrai ou faux, le petit ouvrage avait sans doute longuement mûri dans la tête de Diderot ; dès sa sortie, il est condamné par les autorités « à être lacéré et brûlé par l'exécuteur de la Haute-Justice, comme scandaleux et contraire à la religion et aux bonnes mœurs[2] ». La paternité des *Pensées* devient vite un secret de polichinelle : un an plus tard, le curé de Saint-Médard – les Diderot sont installés rue Mouffetard maintenant – dénonce son paroissien, « ce misérable Didrot [*sic*] », au lieutenant général de police comme auteur de l'ouvrage. Désormais, notre philosophe est sous haute surveillance : le curé veut la peau de cet « homme très dangereux » qui parle « des saints mystères de notre religion avec mépris » et qui « corrompt les mœurs ».

La condamnation au feu des *Pensées philosophiques* a de quoi surprendre les contemporains de Diderot, peu habitués à ce qu'on brûle des livres place de Grève ; du moins cela les change des sempiternelles querelles entre jansénistes et jésuites qui ont alimenté la première moitié du siècle[3]. Depuis la malencontreuse bulle *Unigenitus* (1713) – appelée couramment « Constitution » – condamnant comme hérétique la pensée janséniste, la controverse religieuse est plus que jamais à l'ordre du jour : en vingt ans, plus de mille brochures, libelles et feuilles publiés contre la bulle soulèvent les sujets les plus loyaux de la couronne et sapent les bases mêmes du pouvoir royal. La tentative de répression du jansénisme n'a fait qu'aboutir à une déflagration inouïe qui semble échapper à tout contrôle. Face à l'Église officielle, prisonnière de sa collusion avec le pouvoir politique, une Église sauvage voit le jour, qui se fonde sur l'Évangile ainsi que sur une hagiographie populaire qui ne se lasse plus d'enfanter les saints et les miracles. Après l'enterrement du très populaire diacre janséniste François de Pâris au cimetière de Saint-Médard en 1727, des guérisons miraculeuses et autres crises de dévotion commencent à se produire autour de sa tombe. À partir de 1731, les guérisons se multiplient de manière spectaculaire ; incrédule, Diderot décrira cette hystérie née de la dévotion populaire dans la Pensée LIII :

> Un faubourg retentit d'acclamations : la cendre d'un prédestiné y fait en un jour plus de prodiges que Jésus-Christ n'en fit en toute sa vie. On y court ; on s'y porte ; j'y suis la foule. J'arrive à peine que j'entends crier : « Miracle ! miracle ! » J'approche, je regarde, et je vois un petit boiteux qui se promène à l'aide de trois ou quatre personnes charitables qui le soutiennent ; et le peuple qui s'en émerveille, de répéter : « Miracle ! miracle ! » Où donc est le miracle, peuple imbécile ? Ne vois-tu pas que ce fourbe n'a fait que changer de béquilles ? Il en était, dans cette occasion, des miracles comme il en est toujours des esprits. Je jurerais bien que tous ceux qui ont vu des esprits les craignaient d'avance, et que tous ceux qui voyaient là des miracles, étaient bien résolus d'en voir[4].

Lorsqu'en 1731, l'archevêque de Paris publie un mandement contre le culte du défunt diacre, les miracles abondent. Après la fermeture, par la police, du cimetière en 1732, la dévotion populaire ne fait que redoubler de ferveur. Non seulement on se rend plus que jamais en pèlerinage sur la tombe du diacre Pâris, mais les extases s'accompagnent désormais de « convulsions », surenchère spectaculaire du processus de guérison, attestation qui se veut éclatante et irrécusable de l'action de Dieu sur les corps. Le phénomène échappe alors aux responsables jansénistes les plus éclairés. Voici le témoignage de l'avocat Edmond-Jean-François Barbier, qui note dans son journal en février 1733 : « Les jansénistes fanatiques continuaient de faire parade de leurs prétendus miracles de M. Pâris, par des convulsionnaires, plus en femmes qu'en hommes, à qui l'on faisait des choses qui semblaient surnaturelles pendant leurs convulsions. Ainsi, étant couchées par terre, on leur montait sur l'estomac à trois ou quatre personnes, et on leur mettait les pieds sur la gorge, pour faire voir que rien ne pouvait les blesser, qu'ensuite elles étaient tranquilles comme auparavant. Cela les soulageait même. Il y en avait qu'on étranglait presque en apparence. D'autres prophétisaient sur les personnes présentes, et faisaient des exhortations magnifiques pendant leurs convulsions[5]. »

En 1734, la publication des *Lettres philosophiques* de Voltaire éclate comme une bombe. Le parlement de Paris, qui est pieux et janséniste, ordonne que l'ouvrage soit lacéré et brûlé « comme scandaleux, contraire à la religion, aux bonnes mœurs et au respect dû aux puissances » ; son auteur échappe de peu à l'arrestation. Mais dix ans plus tard, le même Voltaire rentre en grâce à la cour grâce au marquis d'Argenson, son ancien condisciple. Alors que reprend la répression anti-huguenote, marquée par des exécutions de pasteurs, Voltaire est nommé historiographe du roi ainsi que gentilhomme ordinaire de la Chambre du roi. Jusqu'au milieu du siècle, les autorités ne se préoccupent pas des philosophes mais des jansénistes. Et quand le siècle aborde sa seconde moitié, ceux-ci sont combattus par ceux-là, qui, à l'instar de Diderot, réhabilitant la nature humaine, font peu de cas du pessimisme pascalien et de la pénitence.

Au milieu du siècle, une nouvelle génération fait en effet son entrée sur la scène, et la littérature devient essentiellement militante : les attaques contre la religion, l'Église et le caractère sacré de la monarchie française se font désormais plus nombreuses, plus insistantes et surtout plus ouvertes. Dans l'espace de cinq ans, une foule d'auteurs presque inconnus auparavant publie des ouvrages qui vont marquer le siècle ; ils sont publiés presque tous en contrebande, soit en Hollande, soit en France, sous un nom fictif d'éditeur. Citons entre autres l'*Histoire naturelle de l'âme* (1745) de La Mettrie, l'enfant terrible du siècle, brûlée en même temps que les *Pensées philosophiques* de Diderot[6] ; l'*Essai sur l'origine des connaissances humaines* (1746) de Condillac ; *L'Homme-machine* (1748) de La Mettrie, publié sur la route de l'exil ; *Les Mœurs* de Toussaint (1748), frappées d'interdiction dès leur parution ; les trois premiers volumes de l'*Histoire naturelle* (1749) de Buffon, qui devra bientôt se justifier devant la Sorbonne ; la *Lettre sur les aveugles* (1749) de Diderot, qui le conduira en prison ; enfin, au début de la décennie, le *Prospectus de l'Encyclopédie* rédigé par Diderot et le *Discours sur les sciences et les arts* de Rousseau. Sans oublier, bien sûr, les aînés : en 1748, Montesquieu publie *De l'Esprit des lois* et Voltaire se lance dans la rédaction des premiers contes philosophiques. En brûlant l'*Histoire naturelle de l'âme* de La Mettrie et les *Pensées philosophiques* de Diderot, le pouvoir a voulu mettre un frein à « l'excès où se porte la licence des écrits dont une impression clandestine inonde depuis quelque temps le public[7] ». Mais cette mesure répressive produisit le résultat inverse de l'effet escompté, lui garantissant même une large publicité « souterraine » : à en juger par le nombre d'ouvrages critiques vis-à-vis des *Pensées philosophiques*, par les nombreuses allusions contenues dans les livres et les journaux, l'opuscule de Diderot, qui accède du jour au lendemain au statut de libelliste antireligieux, a été tenu pour un événement important par ses contemporains. Un nouveau ton s'est fait soudain entendre, une nouvelle manière aussi de s'adresser au public. Un lecteur attentif comme Turgot ne s'y est pas trompé :

> On inonde la presse d'écrits contre la religion. Depuis quelque temps il en paraît un qui, par la légèreté et l'élégance du style, par le tour brillant et spécieux que l'auteur sait donner aux objections, par sa forme même (il est écrit en pensées détachées) et peut-être par la

> petitesse de son volume, est plus propre qu'aucun autre à séduire les personnes peu accoutumées à réfléchir sur ces matières. Les Toland et les Collins ne peuvent se lire sans une application pénible : l'érudition ennuie ; la métaphysique rebute. Un bon mot se retient et passe de bouche en bouche : son poison, si j'ose le dire, plus volatil, se répand dans l'air et s'insinue par la simple respiration. Celui qu'on trouve dans ce livre est d'autant plus dangereux qu'il est joint aux agréments de l'imagination la plus riante et de l'esprit le plus délicat. L'ouvrage est intitulé *Pensées philosophiques* et n'est, comme je l'ai dit, qu'un assemblage de pensées détachées les unes des autres quoiqu'on y trouve un certain ordre[8].

En ouvrant le petit volume in-12 intitulé *Pensées philosophiques*, le lecteur est confronté à de nombreux indices ou pistes destinés à orienter – ou plutôt à désorienter – sa lecture. Avant la page de titre, Diderot, ou l'éditeur, a placé un frontispice sans légende – il s'agit d'une gravure allégorique qui montre une jeune femme nue (la vérité ?) arrachant son masque à une vieille femme renversée sur une sphynge[9] (la théologie ?) ; son sceptre est brisé, sa couronne est par terre, et de sa robe jaillissent des serpents représentant la discorde civile causée par l'intolérance religieuse. Le titre de l'ouvrage n'est pas neutre non plus. Pour le lecteur du XVIIIe siècle, il renvoie aux *Pensées* de Pascal, l'éminent représentant, au XVIIe siècle, du jansénisme pessimiste et fanatique ; mais l'épithète accolée au nom fait allusion aux sulfureuses *Lettres philosophiques* de Voltaire dont la XXVe et dernière est entièrement consacrée à une critique de Pascal, ce « misanthrope sublime[10] »... Le combat entre la religion et la philosophie promet d'être saignant, d'où l'avertissement sous forme d'épigraphe au-dessous du titre : *Piscis hic non est omnium* (« ce poisson n'est pas pour tout le monde[11] »), suggérant que ce livre n'est pas destiné à n'importe qui, mais à un cercle de privilégiés. Le lieu d'édition et l'éditeur fictifs – « À La Haye, aux dépens de la Compagnie » – signalent au lecteur averti que de toute façon, le livre qu'il a entre les mains n'aurait jamais passé la censure.

Quand on arrive enfin au texte, on est d'abord arrêté par un exergue tiré des *Satires* de Perse : *Quis leget hæc ?* (« Qui lira ça ? ») Après avoir éveillé sa curiosité, l'auteur prend maintenant un malin plaisir à décourager son lecteur ! Puis vient ce préambule, écrit en lettres italiques : « *J'écris de Dieu. Je compte sur peu de lecteurs, et n'aspire qu'à quelques suffrages. Si ces pensées ne plaisent à personne, elles pourront n'être que mauvaises ; mais je les tiens pour détestables si elles plaisent à tout le monde*[12]. » Ces trois lignes, dont l'outrecuidance ou insolence a été vivement critiquée, résument bien le titre : à l'instar des *Pensées* de Pascal, celles de Diderot ont Dieu pour objet ; mais à l'instar de Voltaire, ses *Pensées* sont philosophiques, c'est-à-dire critiques, et ce que l'auteur a à dire de Dieu ne sera pas au goût de tout le monde.

En terminant son recueil des *Lettres philosophiques* par une réfutation de cinquante-sept *Pensées* de Pascal, Voltaire obéissait à une stratégie précise. L'efficacité critique des vingt-quatre premières *Lettres* se fonde sur une confrontation obligatoire entre deux mondes, l'Angleterre et la France, l'un explicitement décrit par l'auteur et l'autre implicitement présent à l'esprit du lecteur. Face à la description bienveillante de la réalité anglaise, la France de ce début du XVIIIe siècle apparaissait du coup à bien des égards comme terriblement en retard par rapport à sa voisine. Après avoir vanté la sagesse des quakers, la tolérance religieuse et le parlementarisme anglais, Voltaire s'en prenait, dans la XXVe *Lettre* contre Pascal, directement à la religion de son lecteur français, le catholicisme. En 1734, le prestige de l'auteur des *Pensées* était encore intact même si peu de personnes se reconnaissaient, en réalité, dans sa vision tragique de la condition terrestre. Pascal était donc une cible de choix pour Voltaire : en jetant le discrédit sur une version particulièrement sombre du catholicisme, il pouvait espérer attirer les catholiques français dans son camp tout en égratignant, en passant, le catholicisme « officiel ».

Douze ans après Voltaire, Diderot dirige lui aussi une partie de ses *Pensées philosophiques* contre le jansénisme pascalien, inacceptable à ses yeux. En publiant cet ouvrage fort irrespectueux vis-à-vis du christianisme, Diderot a sans doute voulu régler aussi un lourd contentieux. L'ancien étudiant en théologie n'a pas encore oublié les trois années passées en Sorbonne à étudier la théologie scolastique et la controverse. Est-ce à ce moment-là qu'il a perdu ce qui lui restait de la foi de ses pères ? Un an plus tôt, il avait placé au début de sa traduction de Shaftesbury une épître dédicatoire *À mon frère* dans laquelle il affirmait la nécessité d'une « religion bien entendue et pratiquée avec un zèle éclairé[13] », tout en préconisant que l'incrédulité valait mieux que le fanatisme religieux. Se faisait-il des illusions sur les convictions de Didier-Pierre, qui s'apprêtait au même moment à prendre les ordres ? Le conflit perpétuel entre les deux frères a commencé au plus tard avec la publication de l'*Essai sur le mérite et la vertu* : les annotations du futur chanoine écrites en marge de l'exemplaire, sans doute offert par son aîné, montrent un catholique intransigeant, totalement fermé à une conception plus ouverte et moins intolérante de la religion à laquelle l'épître dédicatoire l'invitait[14]. Quelle outrecuidance d'adresser cette impiété à son pieux frère !

> À qui écrit-il ? À un frère qui méprise toute philosophie qui ne conduit pas à Dieu et à la vertu, qui est chrétien et catholique et qui se fait gloire de l'être ; qui soumet sa raison à sa foi et qui, sans confondre les objets de l'une et de l'autre, et sans aspirer à l'honneur de les concilier, reconnaît avec humilité les bornes de l'esprit humain, et croit avec fermeté les choses mêmes qu'il ne comprend pas, dès qu'elles sont révélées ; persuadé que si l'homme ne peut approfondir et connaître ce qui se passe sous ses yeux, et même au milieu de lui, la manière dont se fait l'union de son corps et de son âme, le flux et le reflux de la mer, il n'est pas surprenant qu'il ne puisse voir et savoir ce qui se passe dans le sein même de la Divinité.

Nous ne savons pas si Didier a communiqué ses remarques critiques à son frère. Il est fort possible qu'il lui en ait fait part d'une manière ou d'une autre, car les *Pensées philosophiques* semblent être aussi une réponse directe à ses réflexions.

Didier commence par prendre la défense des hommes et femmes qui renoncent par religion aux douceurs de la société « en se retirant dans le désert et dans le cloître où ils mènent une vie dure et pénitente » : « Ce sont cependant ces derniers dont la vie est approuvée et canonisée par l'Église et proposée pour modèle aux fidèles. » L'« auteur », comme il appelle dédaigneusement son frère aîné, ne cesse d'attaquer « la vertu de pénitence, les austérités et la vie des religieux » ; « les jeûnes, les veilles, les cilices et les fouets sont suivant l'auteur des choses mauvaises de la nature ». À quoi fait écho la Pensée VII :

> Quelles voix ! Quels cris ! Quels gémissements ! Qui a renfermé dans ces cachots tous ces cadavres plaintifs ? Quels crimes ont commis tous ces malheureux ? Les uns se frappent la poitrine avec des cailloux ; d'autres se déchirent le corps avec des ongles de fer ; tous ont les regrets, la douleur et la mort dans les yeux. Qui les condamne à ces tourments ?... *Le Dieu qu'ils ont offensé*... Quel est donc ce Dieu ?... *Un Dieu plein de bonté*... Un Dieu plein de bonté trouverait-il du plaisir à se baigner dans les larmes ? Les frayeurs ne feraient-elles pas injure à sa clémence ? Si des criminels avaient à calmer les fureurs d'un tyran, que feraient-ils de plus[15] ?

Dans l'*Essai sur le mérite et la vertu*, Diderot avait subtilement glissé une distinction entre « un Dieu [...] vainement honoré du titre de bon » et un Dieu « qui le soit en effet[16] ». « On demande à l'auteur de quel Dieu il veut parler », commente aigrement le frère. La réponse, dans les *Pensées philosophiques*, ne se fait pas attendre : « Il y a des gens dont il ne faut pas dire qu'ils craignent Dieu, mais bien qu'ils en ont peur[17]. » Le Dieu visé par Diderot, c'est le Dieu de Pascal, le Dieu terrible de l'Ancien Testament, juge aussi injuste que cruel. Car là est bien le scandale du christianisme selon Diderot : avoir imaginé un Dieu jaloux et vindicatif qui, à cause d'une faute légère commise au paradis par les premiers hommes, a voué la plus grande partie de l'humanité au malheur et à la damnation éternelle. La doctrine du péché originel, formulée par saint Augustin à la fin du IVe siècle, stipule en effet que, transmis de génération en génération par le coït, cette souillure essentielle, qui condamne chaque enfant venant au monde à hériter du péché d'un ancêtre lointain, n'est effacée que par le baptême, autrement dit : parmi tous les hommes qui vécurent et vivront sur terre jusqu'au Jugement dernier, seuls les chrétiens, pour qui le Christ est mort sur la croix, sont susceptibles d'être sauvés. « S'il y a cent mille damnés pour un sauvé, ricane Diderot, le diable a toujours l'avantage, sans avoir abandonné son fils à la mort[18]. » Mieux encore. Persuadés de la corruption absolue de la nature humaine suite à la faute commise par Adam et Ève, certains courants rigoristes, empreints de pessimisme augustinien[19], préconisent que le chrétien est uniquement sauvé par la pure grâce de Dieu qui *prédestine* au salut, excluant toute possibilité d'intervention humaine dans le salut personnel de chacun. On est loin du Dieu de bonté qui se réjouit du retour du pécheur et récompense les « bonnes œuvres », à savoir l'observation des lois divines et des commandements de l'Église.

Or il se trouve que la doctrine du péché originel est au centre de l'apologie pascalienne de la religion chrétienne. Tout le monde connaît les éloquentes pages des *Pensées* dans lesquelles Pascal décrit superbement la déchéance de l'homme, sa disproportion, son besoin de divertissement. L'explication et le remède à ces maux sont connus : c'est la religion chrétienne, la doctrine du péché originel, et Jésus-Christ. Sans la chute, la nature de l'homme telle que Pascal l'analyse, est inexplicable :

> Quelle chimère est-ce donc que l'homme ? Quelle nouveauté, quel monstre, quel chaos, quel sujet de contradictions, quel prodige ? Juge de toutes choses, imbécile ver de terre, dépositaire du vrai, cloaque d'incertitude et d'erreur, gloire et rebut de l'univers.
>
> Qui démêlera cet embrouillement ? [...] La nature confond les pyrrhoniens, et la raison confond les dogmatiques. Que deviendrez-vous donc, ô homme ! qui cherchez quelle est votre véritable condition par votre raison naturelle ? Vous ne pouvez fuir une de ces sectes, ni subsister dans aucune.
>
> Connaissez donc, superbe, quel paradoxe vous êtes à vous-même. Humiliez-vous, raison impuissante ! Taisez-vous, nature imbécile : apprenez que l'homme passe infiniment l'homme, et entendez de votre maître votre condition véritable que vous ignorez. Écoutez Dieu.
>
> Car enfin, si l'homme n'avait jamais été corrompu, il jouirait dans son innocence et de la vérité et de la félicité avec assurance. Et si l'homme n'avait jamais été que corrompu, il n'aurait aucune idée ni de la vérité ni de la béatitude. Mais, malheureux que nous sommes, et plus que s'il n'y avait point de grandeur dans notre condition, nous avons une idée du bonheur, et ne pouvons y arriver ; nous sentons une image

de la vérité, et ne possédons que le mensonge : incapables d'ignorer absolument et de savoir certainement, tant il est manifeste que nous avons été dans un degré de perfection dont nous sommes malheureusement déchus[20] !

C'est contre ce genre de considérations que s'est révolté l'auteur impie des *Pensées philosophiques* : « Le beau projet que celui d'un dévot qui se tourmente comme un forcené pour ne rien désirer, ne rien aimer, ne rien sentir, et qui finirait par devenir un vrai monstre, s'il réussissait[21] ! » Gageons que Diderot avait autant en vue Pascal que son frère.

Celui-ci, en tout cas, a bien compris que l'éloge des passions humaines à laquelle se livre son frère aîné dans l'épître dédicatoire de l'*Essai sur le mérite et la vertu* est indissociable de son mépris de l'ascétisme : « Qu'on examine de près l'ouvrage, note-t-il furieusement, [...] on se convaincra que l'auteur attaque généralement la vertu de pénitence, les austérités et la vie des religieux. » Pour le frère de Diderot, les pénitences et les austérités valent cent fois mieux que les passions et les plaisirs qu'elles procurent : « L'homme n'est-il fait que pour passer sa vie dans les plaisirs, quelque innocents, quelque honnêtes qu'ils soient ? L'homme de plaisir peut-il se flatter d'avoir une mort aussi douce que celui qui s'est préparé péniblement pendant toute sa vie à ce dernier moment ? » La réponse de Diderot est connue, c'est l'apologie des passions et de la nature humaine qui ouvre les *Pensées philosophiques* : « On déclame sans fin contre les passions ; on leur impute toutes les peines de l'homme, et l'on oublie qu'elles sont aussi la source de tous ses plaisirs. [...] Il n'y a que les passions, et les grandes passions, qui puissent élever l'âme aux grandes choses. Sans elles, plus de sublime, soit dans les mœurs, soit dans les ouvrages[22]. » Ce que Diderot nomme passions, ce sont les « affections sociales » vantées pas Shaftesbury dans l'*Essai sur le mérite et la vertu*. « J'ai des passions, commente Diderot dans une note à sa traduction, et je serais bien fâché d'en manquer : c'est très passionnément que j'aime mon Dieu, mon roi, mon pays, mes parents, les amis, ma maîtresse et moi-même[23]. » Les passions n'ont donc rien à voir avec le péché : constitutives de l'être humain, les passions fortes permettent à l'homme de s'élever au-dessus de la médiocrité alors que les passions « amorties » – par la morale chrétienne, s'entend, nommée ici « superstition » – « dégradent les hommes extraordinaires ». L'idéal de l'ascète, de la sainteté, engendre l'aigreur, la mélancolie, le ressentiment et la misanthropie. Il faut contraindre la vilaine nature, disent les ascétiques ; il faut laisser s'épanouir la nature, répond Diderot. Tant que les passions sont « à l'unisson », autrement dit si la raison introduit entre elles une « juste harmonie », elles rendront les hommes vertueux. Pourquoi ? « Si l'espérance est balancée par la crainte, répond Diderot, le point d'honneur par l'amour de la vie, le penchant au plaisir par l'intérêt de la santé, vous ne verrez ni libertins, ni téméraires, ni lâches[24]. »

Cette polémique contre le rigorisme religieux d'inspiration janséniste n'atteint que partiellement son but. Mis à part quelques fanatiques intransigeants sur le dogme comme son frère, peu de chrétiens sont prêts à se reconnaître dans ce qu'ils doivent considérer comme une caricature de leur religion. Diderot en était d'ailleurs parfaitement conscient quand il écrivait : « Je sais que les idées sombres de la superstition sont plus généralement approuvées que suivies ; qu'il est des dévots qui n'estiment pas qu'il faille se haïr cruellement pour bien aimer Dieu, et vivre en désespérés pour être religieux[25]. » Il est cependant non moins vrai que l'extrémisme de Pascal, aujourd'hui comme hier, peut encore compter sur des partisans inconditionnels… Diderot non seulement a été témoin des convulsions au cimetière de Saint-Médard, mais il a pu observer, au sein même de sa famille, les ravages causés par la dévotion. Dans une lettre écrite à son père le 6 janvier 1755, l'irritation contre la « piété mal entendue » du vieux coutelier, qui avait l'habitude de passer des heures à se geler à l'église, est palpable : « Je vous l'ai déjà dit cent fois, et je me crois obligé de vous le répéter : votre piété est mal entendue, si vous êtes pieux au dépens de vos jours. S'il était certain que la pratique la plus rigoureuse du christianisme abrégeât la vie, le christianisme serait démontré faux en lui-même et indigne du Dieu qui a créé l'homme et qui a voulu qu'il se conservât. Prenez donc garde que, si l'on vient à juger des maximes de l'Évangile par votre conduite, on ne les accuse d'être homicides ; ou que, si l'on vient à juger de votre conduite par les maximes de l'Évangile, on ne la trouve répréhensible[26]. »

Alors que Pascal cherchait à prouver la vérité de la religion chrétienne, Diderot s'emploie, quant à lui, à en saper les bases. Les *Pensées philosophiques* écartent les faits religieux comme les miracles et l'histoire des martyrs, car ces témoignages, souvent indirects et déformés par le parti pris de l'historien ou la crédulité du peuple, n'ont pas une crédibilité suffisante pour convaincre la raison : « Moins un fait a de vraisemblance, plus le témoignage de l'histoire perd de son poids. Je croirais sans peine un seul honnête homme qui m'annoncerait que *sa Majesté vient de remporter une victoire complète* sur les alliées ; mais tout Paris m'assurerait qu'un mort vient de ressusciter à Passy, que je n'en croirais rien[27]. » Le philosophe écossais David Hume dira de manière encore plus percutante deux ans plus tard : « Nul témoignage ne suffit à établir un miracle, à moins que ce témoignage ne soit de telle sorte que sa fausseté serait plus miraculeuse que ne l'est le fait qu'il s'efforce d'établir[28]. » Si les faiseurs de miracles redressent des boiteux, font parler des muets, rendent la vue à des aveugles, guérissent des paralytiques et ressuscitent même des morts, il ne s'en trouve pourtant aucun qui restitue aux estropiés les membres qui leur manquent[29] ; il semble plus difficile de redonner un bras à un manchot que de sortir un homme de son tombeau trois jours après son enterrement. « Tous les peuples ont de ces faits à qui, pour être merveilleux, il ne manque que d'être vrais ; avec lesquels on démontre tout mais qu'on ne prouve point ; qu'on n'ose nier sans être impie, et qu'on ne peut croire sans être imbécile[30]. »

Pour ne pas être « à la merci du premier saltimbanque[31] », il faut apprendre à raisonner. À poser des questions. À ne pas se contenter de réponses toutes faites. Et l'on n'apprend pas à raisonner en répétant le credo de toutes les religions. « On doit exiger de moi que je cherche la vérité, mais non que je la trouve[32]. » Or la religion chrétienne, comme toutes les religions, prétend posséder la vérité. Au mieux, elle plaint ceux qui la cherchent encore ; au pire, elle condamne ceux qui doutent que l'on puisse un jour la trouver. L'intolérance religieuse réprouve celui qui cherche ou se trompe de bonne foi : le rejet d'une autorité infaillible, l'acceptation des erreurs de bonne foi ont conduit les protestants à tolérer toutes les opinions sans distinction. Comme l'écrit l'abbé Claude Yvon : « Le principe une fois admis que les erreurs sont l'apanage de l'humanité, on doit avoir une indulgence tolérante les uns pour les autres. » Or tolérer toutes les religions, c'est, « à proprement parler, n'en avoir aucune[33] ». Bref, la tolérance entraîne automatiquement l'impiété.

Venons-en aux deux dernières Pensées, la « pesée finale[34] ». Contre toute attente, soudain la balance « pencha du côté du chrétien, mais avec le seul excès de sa pesanteur, sur la résistance du côté opposé[35] ». Méfions-nous : Diderot ne parle pas pour ne rien dire. La phrase a l'air d'exprimer une évidence – c'est toujours un excès de pesanteur qui fait pencher la balance d'un côté de préférence à l'autre – mais la bizarrerie de la formulation suggère qu'il faut pousser plus loin notre réflexion. Qu'est-ce que cet « excès de pesanteur » ? Ne serait-ce pas plutôt l'*inertie*, notion voisine, qui fait persévérer un corps dans son état de repos ou de mouvement, ou, en clair, le poids de toutes les forces sociales qui font « persévérer » un homme dans le culte « qu'il a reçu par éducation », dans le culte du pays où il est né et dans lequel il vit ? Diderot garde le froc du pays où il est, autrement dit il conserve extérieurement la religion de ses pères sans pourtant y croire : « moine en France, sauvage dans Tahiti[36] ». Dans la dernière Pensée, Diderot établit un « classement » entre les différentes sortes de religion *en dehors de l'athéisme et du scepticisme* : la compétition ne se déroule plus qu'entre tous ceux qui ont en commun de croire en un Dieu. Tout naturellement, la première place revient au déisme, au détriment des autres religions, donc du christianisme. Est-ce le dernier mot de Diderot ?

Quels sont les arguments du déisme ? Ils sont essentiellement fondés sur ce qu'on appelle alors la physico-théologie, autrement dit l'idée que le spectacle ou l'ordre de la nature suppose un artisan suprême. D'où viennent tout cet ordre et cette beauté que nous voyons dans le monde ? Le mouvement des planètes autour du Soleil dans des orbites concentriques à celle du Soleil et situées presque dans le même plan, en un mot toute l'admirable ordonnance de notre système solaire ne peut s'être développée de façon naturelle. Ce n'est que de façon surnaturelle que les masses, les distances, les vitesses et les densités des différents corps célestes peuvent être convenablement organisées, et une force surnaturelle peut seule expliquer que les planètes tournent en cercle, au lieu de suivre la pesanteur et de tomber sur le Soleil. Bref, l'ordre du monde suppose une intelligence ordonnatrice ; cet ordre n'est pas un simple arrangement issu d'on ne sait où et comment, il obéit à des lois universelles, chacun de ses éléments fonctionne en vue d'une fin. « C'est à la connaissance de la nature qu'il était réservé de faire de vrais déistes », s'exclame le déiste dans la Pensée XIX[37]. Ce n'est pas la métaphysique ou la théologie qui peuvent convaincre de l'existence de Dieu mais les dernières découvertes de la science : « Ce n'est que dans les ouvrages de Newton, de Musschenbroek, de Hartsoeker, et de Nieuwentijt, qu'on a trouvé des preuves satisfaisantes de l'existence d'un Être souverainement intelligent. » La nouvelle physique expérimentale dont Newton est le héraut a découvert que l'univers fonctionne comme une machine « qui a ses roues, ses cordes, ses poulies, ses ressorts et ses poids[38] ». L'univers est devenu mécanique, à l'instar d'une horloge, et toute horloge suppose un horloger…

Certes, l'argument n'est pas nouveau : c'est l'idée biblique, reprise par Cicéron, que la beauté de l'univers chante la gloire de Dieu (*Cœli enarrant gloriam Dei*, Ps 18 ou 19). Grâce à la théorie mécaniste, elle acquiert une nouvelle force au XVIIIe siècle. Les progrès dus aux nouveaux instruments d'observation – lunette optique, microscope – et de mesure ont permis de révéler l'ordre là où on ne l'avait pas soupçonné auparavant : l'infiniment grand et l'infiniment petit. La Divinité, demande le déiste dans la Pensée XX, « n'est-elle pas aussi clairement empreinte dans l'œil d'un ciron, que la faculté de penser dans les ouvrages du grand Newton ? […] L'intelligence d'un premier être ne m'est-elle pas mieux démontrée dans la nature par ses ouvrages, que la faculté de penser dans un philosophe par ses écrits[39] ? » On a compris que ce Dieu-là, organisateur, architecte, n'est en rien le Dieu spécifique des chrétiens. La preuve physico-théologique n'est pas de soi chrétienne : elle peut offrir ses arguments aux mahométans comme à n'importe quelle confession. Mais passons. L'argument du déiste ne semble pas manquer de pertinence, du moins aux yeux de ceux qui pensent que les phénomènes de la nature doivent leur existence à un Créateur. Pas plus que les ouvrages de Newton ne sont tombés du ciel, les êtres vivants ne sont apparus sur terre par hasard : les uns et les autres témoignent d'un dessein intelligent. De nos jours, il a été remis en honneur par Fred Hoyle[40]. Imaginez, disait-il qu'un ouragan passe sur une décharge publique et soulève tous les déchets et pièces mécaniques. Il est extrêmement improbable, une fois la tempête passée, que ces déchets s'assemblent spontanément pour former un Boeing 747. Selon cet argument, ce qui est complexe – un Boeing 747, l'œil d'un ciron, les *Principia* de Newton – n'a pas pu apparaître par hasard, c'est-à-dire *sans dessein délibéré*. On est confronté ici à un problème de probabilité conditionnelle qui peut être résolu de façon suivante : la probabilité d'apparition spontanée *ex nihilo* d'un organisme complexe est certes infinitésimale, voire nulle ; en revanche, il semble concevable d'imaginer comment l'évolution peut créer des structures complexes, une fois qu'existent un support de l'information génétique et des protéines pour traiter cette information. Il va de soi que le hasard n'est pas le concepteur de l'avion ou de l'œil du ciron, mais le dessein intelligent n'est pas la bonne alternative au hasard. La véritable alternative, c'est la sélection naturelle[41] : « Darwin et ses successeurs ont montré comment, avec une improbabilité statistique et une apparence de dessein spectaculaires, des créatures vivantes ont évolué par degrés lents et progressifs à partir de débuts simples[42]. »

On cite souvent pour preuve du déisme de Diderot la longue série des Pensées XIII à XX dans lesquelles l'auteur parle à la première personne, en lieu et place du déiste. « Le déiste seul peut faire tête à l'athée », lit-on au début de la Pensée XIII[43]. Pourquoi ? parce que la physique expérimentale a prouvé de manière irréfutable l'idée d'un Dieu ingénieur, concepteur et technicien de cette machine complexe et subtile qu'est l'univers. Dans la Pensée XIX, Diderot prétend que les récentes découvertes – ou plutôt théories – scientifiques permettent de réfuter l'athéisme :

> Les subtilités de l'ontologie ont fait tout au plus des sceptiques : c'est à la connaissance de la nature qu'il était réservé de faire de vrais

déistes. La seule découverte des germes a dissipé une des plus puissantes objections de l'athéisme. Que le mouvement soit essentiel ou accidentel à la matière, je suis maintenant convaincu que ses effets se terminent à des développements : toutes les observations concourent à me démontrer que la putréfaction seule ne produit rien d'organisé. Je puis admettre que le mécanisme de l'insecte le plus vil n'est pas moins merveilleux que celui de l'homme, et je ne crains pas qu'on en infère qu'une agitation intestine des molécules étant capable de donner l'un, il est vraisemblable qu'elle a donné l'autre. Si un athée avait avancé, il y a deux cents ans, qu'on verrait peut-être un jour des hommes sortir tout formés des entrailles de la terre, comme on voit éclore une foule d'insectes d'une masse de chair échauffée, je voudrais bien savoir ce qu'un métaphysicien aurait eu à lui répondre[44].

La difficulté de ce passage, l'un des plus hermétiques de tout l'ouvrage, provient de la coexistence de deux théories concernant la formation des êtres vivants qui semblent contradictoires à première vue, la préexistence des germes et la génération spontanée. Cette dernière fut longtemps défendue par des philosophes et savants que tout opposait par ailleurs, à commencer par Aristote et Épicure[45]. Jusqu'au milieu du XVIIe siècle, on admettait que tout ce qui fermente ou pourrit pouvait devenir un foyer de nouvelle vie ; il fallut attendre les expériences contradictoires de Redi et les observations de Malpighi[46] pour voir triompher la théorie de la préexistence des germes sur celle des générations spontanées. La découverte des germes finit par imposer l'idée qu'un germe unique contient l'animal même « en raccourci » : l'être vivant existe déjà entièrement formé dans un œuf (ou un spermatozoïde), son « développement » n'étant qu'un grossissement successif de ses parties[47]. Or il est évident que la *découverte* des germes n'implique pas nécessairement leur *préexistence* depuis la Création, et encore moins leur emboîtement. L'existence des germes est un *fait* alors que leur préexistence est une *hypothèse* selon laquelle les germes, créés par Dieu même au commencement du monde, se sont conservés depuis jusqu'au moment de leur développement individuel. En 1746, Diderot convient volontiers que tous les êtres vivants se développent à partir d'un germe et que, par voie de conséquence, la putréfaction *seule* ne produit rien d'organisé. L'hypothèse de l'athée prônant la génération spontanée d'organismes hautement complexes par analogie à celle de quelques animaux inférieurs n'est pas recevable : tous les êtres vivants, concède Diderot, naissent à partir de germes. Mais ces germes, d'où viennent-ils ? Furent-ils créés par Dieu ou sont-ils le produit de la combinaison fortuite des atomes ?

Une précision s'impose : malgré son affinité avec l'épicurisme, Diderot n'a jamais cru à l'atomisme classique. Il rejette catégoriquement l'idée qu'une combinaison d'atomes (il dit particules) insensibles puisse produire un être vivant. L'agitation des atomes peut rendre compte de la formation des corps inorganisés, elle ne peut pas expliquer l'origine de la vie[48]. L'objection principale contre l'atomisme reste valable tant que l'on considère l'atome à l'image d'un grain de sable : dur et solide. Elle se réduit à néant si l'on y substitue une entité capable de s'organiser jusqu'à produire des formes : la *molécule* sensible et vivante.

Ce n'est sans doute pas un hasard si Diderot a employé, dans la Pensée XIX, le terme de « molécule » de préférence à ceux, beaucoup plus courants, de « corpuscule », de « particule » ou d'« atome ». En effet, le mot est encore très rare dans les textes scientifiques avant 1750. Il a été forgé au XVIIe siècle par Pierre Gassendi[49] pour désigner les principes des choses organisées. Or contrairement à l'épicurisme antique, celui-ci imaginait ces semences (ou *semina rerum*) sous la forme de groupements d'atomes imperceptibles représentant un niveau intermédiaire entre le niveau atomique et celui des réalités sensibles : « De petites masses, ou petites molécules d'une petitesse extrême et insensible qui soient comme les semences des choses[50]. » Les molécules de Gassendi ne se réduisent pas à de simples groupements atomiques stables et structurés, constitutifs des éléments des chimistes ; le livre VII de l'*Abrégé* consacré à la génération des animaux laisse clairement apparaître que le modèle sous-jacent aux *semina* moléculaires est résolument *biologique*. Gassendi est hostile à l'idée de l'atomisme antique que des êtres organisés puissent sortir *tout formés* des entrailles de la Terre. Point de génération spontanée : tout corps qui est engendré vient d'une semence préexistante, à moins que, sous l'influence d'un certain milieu (la chaleur, la putréfaction, etc.), quelques atomes épars, en agitation perpétuelle, se regroupent pour créer de nouvelles semences. Et pour ne laisser planer aucun doute sur ce système, Bernier intervient personnellement à la fin du livre VII pour expliciter la théorie de son maître qui ressemble peu ou prou à la théorie de la préformation des germes : « Notre auteur croit que non seulement il se fait tous les jours de nouvelles semences soit dans les plantes, soit dans les animaux, mais qu'il s'en peut même encore faire dans la terre ; Dieu ayant déterminé les atomes par la figure particulière qu'il a donnée aux uns et non pas aux autres, et par le mouvement continuel qu'il leur a imprimé, à se mêler entre eux, à s'arranger, et à se disposer d'une telle manière qu'ils deviennent telles et telles semences, ou les principes de telles et de telles actions particulières[51]. »

Il est facile de reconnaître tout le profit que Diderot a pu tirer de la théorie gassendienne des molécules. La découverte des germes ne réfute pas le matérialisme, elle le rénove. L'organisation merveilleuse des insectes ne chante pas les louanges du Créateur, elle est plutôt la preuve que des corps vivants hautement complexes ont pu se développer à partir de la même origine qu'eux : les germes produits par la matière en fermentation. Le meilleur commentaire qui ait peut-être jamais été écrit sur la Pensée XIX se trouve dans les *Éléments de physiologie*, qui ne peuvent être soupçonnés d'aucune complaisance envers le déisme :

> Il n'est pas nécessaire que ce qu'on appelle le germe ressemble à l'animal. C'est un point de conformation donnée dont le développement produit un tel animal.
>
> Les molécules éparses, qui doivent former le germe, se rendent là nécessairement. Rendues, elles forment un pépin ; ce pépin n'a qu'un développement nécessaire : c'est un arbre. Ainsi de l'animal, ainsi de l'homme[52].

La comparaison des deux textes ne laisse place à aucune équivoque : Diderot n'a jamais prétendu que la vie naissait spontanément de la matière en décomposition, que les vers surgissaient de la boue, et les mouches de la viande avariée. Ce n'est pas le vermisseau qui naît tout formé de la farine, mais son germe, produit subit de la fermentation. Conscient que la physique atomistique d'Épicure et de Lucrèce, prisonnière de sa conception des atomes comme éléments solides, indécomposables et immuables, est incapable d'expliquer la naissance et le développement de la vie, Diderot coupe le cordon ombilical avec l'atomisme antique pour se tourner vers le modèle moléculaire de Gassendi. L'abandon des atomes ne va cependant pas de pair avec un retour au créationnisme. Avant de passer à autre chose, Diderot termine sa démonstration par la réfutation de l'argument le plus rebattu contre l'atomisme antique.

La Pensée XXI[53] s'ouvre sur une attaque contre l'athée mais consomme, à la fin, la défaite du déiste. Diderot donne d'abord la parole à un professeur célèbre qui prétend qu'aucun ordre ne peut sortir du hasard : « J'aimerais autant que vous me dissiez que l'*Iliade* d'Homère ou *La Henriade* de Voltaire est un résultat de jets fortuits de caractères. » L'argument apparemment imparable du déiste porte contre l'idée selon laquelle l'ordre actuel de l'univers résulte d'un désordre initial : si Dieu n'existe pas, si aucune intelligence supérieure n'a présidé à la création de l'univers, il faut que le monde résulte de la combinaison fortuite d'atomes qui se sont rencontrés par hasard. La réponse de l'athée fait appel au calcul des probabilités (« analyse des sorts ») découvert par Fermat et Pascal pour invalider l'objection : « Je me garderai bien de faire ce raisonnement à un athée. Cette comparaison lui donnerait beau jeu. Selon les lois de l'analyse des sorts, me dirait-il, je ne dois point être surpris qu'une chose arrive lorsqu'elle est possible, et que la difficulté de l'événement est compensée par la quantité des jets. » Autrement dit, la probabilité de tomber sur les six bons chiffres du Loto est quasiment nulle si on ne joue qu'une fois par an (et généralement une vie entière n'y suffit pas), mais si l'on joue pendant une éternité, on finira par gagner le gros lot : « Je vais supposer [...] que la possibilité d'engendrer fortuitement l'univers est très petite, mais que la quantité des jets est infinie, c'est-à-dire que la difficulté de l'événement est plus que suffisamment compensée par la multitude des jets. Donc si quelque chose doit répugner à la raison, c'est la supposition que la matière s'étant mue de toute éternité, et qu'y ayant peut-être dans la somme infinie des combinaisons possibles un nombre infini d'arrangements admirables, il ne se soit rencontré aucun de ces arrangements admirables dans la multitude infinie de ceux qu'elle a pris successivement. Donc l'esprit doit être plus étonné de la durée hypothétique du chaos que de la naissance réelle de l'univers. » À partir du moment où, parmi les jeux infinis et éternels du mouvement de la matière, une série de coïncidences exceptionnelles a réussi à créer quelque chose, cette création amorce une transformation du hasard en loi. La chance que l'ordre naisse du désordre est infiniment petite, mais si « le temps n'est rien pour la nature », une combinaison heureuse d'atomes engendra l'univers. Mais – il y a un grand *mais* – passer de la matière, d'une combinaison d'atomes à la vie, à la sensation, à la pensée, c'est un pas qu'on ne peut pas franchir à la légère. Voltaire l'a bien compris en écrivant en marge de la Pensée XXI : « Paralogisme. Vous supposez l'existence de ces dés – il est clair que rafle de six doit arriver ; mais la question est : s'il y aura des dés. Point de dés, point d'arrangement, point d'ordre sans intelligence. Remuez du sable pendant une éternité, il n'y aura jamais que du sable. Certainement ce sable ne produira pas des perroquets, des hommes, des singes. Tout ouvrage prouve un ouvrier[54]. » Donc le calcul des probabilités ne prouve rien : on a beau faire un monde avec de la matière et du mouvement, cela ne produit pas encore la vie. Le grand problème du matérialisme, c'est la naissance de la vie.

6

Érotisme et philosophie

S'il faut en croire Mme de Vandeul, *Les Bijoux indiscrets* doivent leur naissance à une gageure : « Les romans de Crébillon étaient à la mode. Mon père causait avec Mme de Puisieux sur la facilité de composer ces ouvrages libres ; il prétendait qu'il ne s'agissait que de trouver une idée plaisante, cheville de tout le reste, où le libertinage de l'esprit remplacerait le goût. Elle le défia d'en produire un de ce genre ; au bout de quinze jours, il lui porta *Les Bijoux indiscrets* et cinquante louis[1]. » À en croire son ami Naigeon, qui n'appréciait pas l'ouvrage, Diderot se serait plus tard repenti d'avoir écrit les *Bijoux* : « Il n'entendait parler de ce livre, même en bien, qu'avec chagrin et avec cet air embarrassé que donne le souvenir d'une faute qu'on se reproche tacitement. Il m'a souvent assuré que, s'il était possible de réparer cette faute par la perte d'un doigt, il ne balancerait pas d'en faire le sacrifice à l'entière suppression de ce délire de son imagination[2]. » Repenti sincère de l'homme assagi face à ses incartades de jeune homme ? Voire. Bien longtemps après la publication de son roman en 1748, Diderot ne trouva rien de mieux que de composer trois chapitres additionnels aussi gaulois, sinon plus, que les précédents, que le même Naigeon révélera dans l'édition posthume des *Œuvres* de Diderot en 1798. Ne jugeons donc pas trop vite ce premier essai du romancier débutant, surtout à l'aune de *La Religieuse* et de *Jacques le Fataliste*, conçus dans une optique très différente, et essayons plutôt de l'apprécier dans le cadre strict du genre dans lequel il se situe.

Dans *Les Bijoux indiscrets*, Diderot a combiné la féerie érotico-orientalisante à la mode de Crébillon et la tradition gauloise du fabliau médiéval et du conte licencieux. Le résultat est une fiction débridée où un anneau magique permet au sultan du Congo Mangogul d'arracher aux dames de la cour de Banza, contraintes de s'exprimer par leur « bijou » (c'est-à-dire par leur sexe), les secrets de leur vie amoureuse. Armé de son anneau, Mangogul se déplace en un clin d'œil d'un point à un autre, et peut observer sans être vu ce qui est généralement caché. Une géographie fantaisiste cache mal ce que le lecteur averti prend aussitôt pour le milieu français de son temps : on reconnaît Louis XV sous les traits du sultan, Mme de Pompadour sous ceux de la favorite Mirzoza, et le duc de Richelieu derrière le personnage du vieux courtisan Sélim. Diderot se contente de ces rapprochements qui piquaient l'attention du lecteur sans faire le moins du monde une satire politique ou sociale qui eût pu nuire au succès de l'ouvrage : après la bataille de Fontenoy (1745), Louis le « Bien-Aimé » est au faîte de sa gloire, que l'entrée en scène de Mme de Pompadour n'a pas encore ternie. Au milieu des histoires grivoises, Diderot n'oublie pas de glisser la bonne parole dans les têtes légères des gens du monde. La dispute entre Olibri (Descartes) et Circino (Newton) à l'Académie des sciences rappelle au lecteur les discussions scientifiques entre partisans et adversaires de l'attraction universelle ; Utmiutsol et Uremifasolasiututut désignent respectivement Lulli et Rameau dans la querelle des lullistes et des ramistes dont le chapitre sur l'Opéra se fait l'écho ; l'affaire du *penum* n'est pas sans rapport avec la querelle des jansénistes et des jésuites au sujet des billets de confession, et ainsi de suite.

« Polissonnerie sans esprit », « plate ordure », voire « exhalaison pestilentielle d'un cloaque » aux yeux du XIXe siècle[3], le premier roman de Diderot a bousculé quelques tabous en vigueur mais ne choque plus les lecteurs contemporains affranchis de préjugés pudibonds. Les amateurs de pornographie en seront cependant pour leurs frais : contrairement aux classiques du genre, les bijoux, chez Diderot, ne font que parler ; le seul chapitre du livre qui soit franchement obscène est celui du « Bijou voyageur », mais pour en apprécier toute la saveur il faut comprendre l'anglais, l'espagnol, l'italien et le latin. La vérité sort de la bouche des enfants… et des bijoux, mais tous les bijoux ne tiennent pas le même langage. Il en est dont le verbe irrépressible dénonce l'hypocrisie de leur maîtresse : celui de Fatmé avoue sa duplicité, celui de Fulvia confesse de nombreuses fréquentations, etc. D'autres respectent le langage d'une profession ou d'une manie, comme le bijou joueur ou les bijoux lyriques que Mangogul fait chanter un soir à l'Opéra : « On en était au IVe acte lorsque le sultan s'avisa, dans le milieu d'un chœur qui durait trop à son gré, et qui avait déjà fait bâiller deux fois la favorite, de tourner sa bague sur toutes les chanteuses. On ne vit jamais sur la scène un tableau d'un comique plus singulier. Trente filles restèrent muettes tout à coup : elles ouvraient de grandes bouches et gardaient les attitudes théâtrales qu'elles avaient auparavant. Cependant leurs bijoux s'égosillaient à force de chanter, celui-ci un pont-neuf, celui-là un vaudeville polisson, un autre une parodie fort indécente, et tous des extravagances relatives à leurs caractères. On entendait d'un côté : *Oh ! vraiment ma commère, oui* ; de l'autre : *Quoi, douze fois !* ; ici : *Qui me baise ? Est-ce Blaise ?* ; là : *Rien, père Cyprien, ne vous retient*[4]. » La nature des confidences des bijoux a changé, maintenant qu'ils chantent au lieu de parler : ils ne révèlent plus leurs aventures mais leurs désirs, et au moyen de citations empruntées à ce fonds de chansons libertines que le lecteur de Diderot connaît aussi bien que lui.

Au gré des péripéties, le roman se charge d'une vigoureuse satire des conventions, de l'autorité et de la tradition, mais également d'une enquête sur les sciences, la philosophie, la musique, le théâtre et le roman. Le narrateur africain glisse rapidement mais non sans causticité sur les premières années du sultan Mangogul. La présence d'une armée de maîtres en tout genre aboutit à ce qu'il sût « à l'âge de vingt ans boire, manger et dormir aussi parfaitement qu'aucun potentat de son âge ». Son père abdique, « pressé par des sentiments de religion, pronostics certains de la mort prochaine ou de l'imbécillité des Grands[5] ». Parfois, la parodie frôle le blasphème : la plume sacrilège du narrateur transforme les « bijoux » en « autels » sur lesquels les amants ont « sacrifié[6] ». D'autres chapitres comme « Échantillon de la morale de Mangogul », « Métaphysique de Mirzoza » ou « Entretien sur les Lettres » annoncent les futures orientations de la pensée philosophique et esthétique de Diderot. Si les femmes avaient une âme, plaisante Mangogul, qui a fait ses classes chez les cartésiens, celle-ci n'est certainement pas située dans la glande pinéale – « je vous dispense de m'en instruire[7] », l'interrompt la favorite, avant de développer sa propre théorie selon laquelle l'âme se déplace dans le corps selon les âges de la vie pour aller se loger dans l'organe correspondant à la passion dominante de l'individu. Le paradoxe de Mirzoza, derrière sa forme burlesque, pose la question grave de l'existence de l'âme. Dire que l'âme vient indifféremment habiter les organes du corps, localiser l'âme des femmes dans leur bijou, ou accorder aux bijoux une âme, c'est dissoudre l'âme dans le corps et railler la prééminence de la tête comme lieu présumé de l'âme : il s'agit là d'une illusion introspective infirmée par l'expérience.

Sans vouloir amoindrir la richesse thématique des *Bijoux indiscrets*, il nous semble que la véritable originalité du roman éclate d'abord dans la complexité de son système narratif. En effet, il est impossible de décider qui parle dans le texte, car Diderot s'est ingénié à multiplier ce que les linguistes appellent instances d'énonciation, autrement dit les voix ou locuteurs qui prennent en charge la production du texte. Le récit à proprement parler est précédé d'une dédicace adressée à un personnage fictif appelé Zima, la première figure de lecteur qui apparaît dans le texte. À ce lecteur – ou plus exactement lectrice – du roman, qui profite de l'absence de ses parents pour s'y plonger librement, s'adresse un narrateur anonyme, un personnage vivant en Afrique. Celui-ci annonce à Zima qu'il s'est fait aider par une dénommée Aglaé, une des femmes les plus vertueuses et les plus spirituelles du Congo. La relation entre ces deux instances auctoriales est une relation d'adjuvant : Aglaé « n'a pas dédaigné de mettre la main à l'ouvrage que vous rougissez d'accepter » ; elle « me fournissait le peu de traits qui me plaisent dans l'histoire de Mangogul, la revoyait et m'indiquait les moyens de la rendre meilleure[8] ». Puis commence l'histoire qui se présente comme une sorte de chronique écrite par l'auteur africain, qui a apparemment le don d'être omniprésent (les confessions intimes des femmes ont le plus souvent lieu dans le secret, entendues seulement par un Mangogul rendu invisible grâce à la magie de l'anneau) et même de rapporter de longs passages dans des langues qu'il ne comprend pas. Au chapitre IX, une grande rupture intervient subitement dans la machinerie narrative : « Ici l'ignorance des traducteurs nous a frustrés d'une démonstration que l'auteur africain nous avait conservée sans doute. À la suite d'une lacune de deux pages ou environ, on lit : [...][9]. » Un autre « je » vient de faire son apparition dans la narration : il s'agit d'un éditeur qui prend comme base le texte du narrateur traduit par des traducteurs anonymes et qui en parle comme d'un objet qu'il adapte en quelque sorte. Désormais, c'est cette figure d'éditeur qui dit « je » et qui rapporte une histoire préalablement racontée par le narrateur dont il n'est, comme il le dit lui-même, que le « caudataire[10] ». Plus loin, on apprendra que cette chronique de l'auteur africain est en réalité un journal, lui-même apparemment commenté par ses traducteurs anonymes : « Mangogul était aujourd'hui, dit l'auteur africain dont nous traduisons le journal, à neuf heures et demi chez Fanni[11]. » Dans cette machinerie à plusieurs étages superposés l'éditeur contemple – et quelquefois d'un œil critique – les récits qu'il présente : « En cet endroit, l'auteur africain remarque avec étonnement que la modicité du prix et la roture des muselières n'en firent point cesser la mode au sérail. [...] Une réflexion aussi commune ne valait pas la peine qu'il se répétât : mais il m'a semblé que c'était le défaut de tous les anciens auteurs du Congo, de tomber dans des redites[12]. » Comme plus tard dans *Jacques le Fataliste*, il est fait état, dans le texte, de plusieurs lacunes et autres corruptions. La première lacune est présentée comme la marque d'une incapacité des traducteurs à restituer en français la démonstration d'un académicien congolais ; plus loin, un chapitre se termine sur une « lacune considérable » que l'éditeur commente avec le plus grand sérieux possible : « Nous invitons les savants [...] à voir si cette lacune ne serait point une omission volontaire de l'auteur, mécontent de ce qu'il avait dit, et qui ne trouvait rien de mieux à dire[13]. » À plusieurs reprises, l'auteur se laisse intégrer dans son propre texte : « Frénicol partit ; cependant Zélide embrassait son amie et la remerciait de son expédient. Et moi, dit l'auteur africain, j'allais me reposer en attendant qu'il revînt[14]. » Une autre fois, il envoie « son prince » chez la favorite : « Et de son prince, qu'en fait-il ? me demandez-vous. Il l'envoie dîner chez la favorite ; du moins c'est là que nous le trouverons dans le chapitre suivant[15]. » On aura remarqué que l'éditeur s'est mis à dialoguer avec un lecteur qui n'est plus Zima. Ce nouveau lecteur, c'est évidemment le lecteur européen auquel le roman est en réalité adressé.

Voilà la machine, déjà passablement compliquée, que nous présente *Les Bijoux indiscrets* dont l'intention est évidemment, quoique non exclusivement, parodique[16]. Diderot avait peu d'estime pour le roman contemporain au caractère fortement stéréotypé, qui prétendait pourtant, en multipliant les témoins directs ou indirects, à authentifier la vérité des faits rapportés. Quand Mangogul déclare à sa favorite : « Voilà, Madame, [...] comme les romans vous ont gâtée. Vous avez vu là des héros respectueux et des princesses vertueuses jusqu'à la sottise, et vous n'avez pas pensé que ces êtres n'ont jamais existé que dans la tête des auteurs[17] », tout est dit. Le genre romanesque est synonyme de mensonge, à la fois par son contenu – il décrit des situations invraisemblables –, et par sa forme – il a recours à des procédés convenus comme par exemple les portraits, une mode littéraire à laquelle le XVIIIe siècle a volontiers sacrifié[18]. Comment faire vrai, vu qu'« il n'y a que le vrai qui plaise et qui touche[19] » ? Selon Odile Richard, le coup de génie de Diderot consiste à s'être emparé du motif des bijoux parlants pour faire entendre à Mangogul, qui cherche son plaisir dans les récits, les récits du plaisir, et de la source la plus autorisée qui soit : « Authentiques puisque de première main si l'on peut dire, ces témoignages ne pourront que satisfaire son intransigeance en matière de vérité, puisque c'est le grand reproche que l'on fait au conte : le conte "vrai" serait ici le conte parfait[20]. » Contrairement aux bouches, les bijoux, qui sont censés ne jamais mentir, mettent à mal les réputations usurpées et font tomber les masques. Comme le remarque Mirzoza : « un bijou parle sans passion, et n'ajoute rien à la vérité ». Les paroles qui sortent de la bouche ne racontent pas toujours les faits tels qu'ils se sont passés : elles enjolivent, en oublient, les déforment ou mentent carrément. Le caquet des bijoux n'offusque que parce qu'il dit la vérité. Quand Mangogul tourne sa bague sur Monima, son bijou contredit ouvertement ce qu'elle vient de dire par la bouche : « N'en croyez rien, elle ment », s'écrie-t-il. Les bijoux ne sont pas entravés par les préjugés ou les tabous ; porteurs d'une vérité détachée des contraintes sociales, ils font entendre la voix de la nature sans passer par le crible de la conscience ; « tant qu'ils auront la prudence de ne parler de ce qu'ils entendent », conclut un courtisan, « je les croirai comme des oracles[21] ». L'intérêt de la fable des bijoux indiscrets, qui ne sauraient dire que la vérité, réside dans la transparence de leur langage qui dit les choses et les phénomènes sans les habiller de la fausse rhétorique de la pudeur. À travers leur bavardage situé en dehors du système normatif, s'exprime une nature non étouffée, affranchie des conventions d'une société sclérosée, nourrie d'interdits, de tabous et de bienséances.

Après avoir terminé *Les Bijoux indiscrets*, Diderot se lance, dans l'hiver 1748-1749, dans la rédaction d'un conte de fées, *L'Oiseau blanc, conte bleu*. La caractérisation « conte bleu » fait référence aux célèbres fascicules de la Bibliothèque bleue de Troyes, des livres de petits formats à la couverture bleue imprimés sur du mauvais papier avec des caractères usés, destinés à être vendus très bon marché. On y trouvait des almanachs, des prédictions astrologiques et des conseils en tous genres, des vies de saints regorgeant de miracles, le monde enchanté des contes de fées et des romans de chevalerie qui charmaient les lecteurs populaires par leur naïveté. Suite abâtardie des *Bijoux indiscrets* dont il reprend le cadre général et certains noms, ce conte ne brille guère par son inventivité. Interrogé par la police un an plus tard, Diderot l'attribuera même à sa maîtresse du moment, Mme de Puisieux : « Quant à *L'Oiseau blanc, conte bleu*, il n'est point de moi. Il est d'une dame que je pourrais nommer, puisqu'elle ne s'en cache pas. Si j'ai quelque part à cet ouvrage, c'est peut-être pour en avoir corrigé l'orthographe contre laquelle les femmes qui ont le plus d'esprit, font toujours quelque faute. Il n'est point imprimé et je ne pense pas qu'il le soit jamais[22]. » Ce désaveu mérite d'être pris en compte, même si l'ouvrage porte indubitablement sa marque, d'après Jean-Louis Leutrat[23]. Écrit très certainement en collaboration avec Mme de Puisieux, *L'Oiseau blanc* ne sera publié que trente ans plus tard dans la *Correspondance littéraire*.

L'histoire, ouvertement inspirée des *Mille et une nuits*, est vite racontée : pendant sept nuits consécutives, une sultane affligée d'insomnie tente de trouver le sommeil en se faisant raconter par quatre narrateurs différents les aventures soporifiques du prince Génistan, fils de l'empereur du Japon, qu'un mauvais génie a transformé en pigeon et qui ne retrouvera sa forme humaine qu'après avoir touché la baguette de la fée Vérité. La couleur orientale est pur prétexte littéraire ; l'Orient de pacotille n'a pas plus de consistance que dans *Les Bijoux indiscrets*. On retrouve aussi quelques lieux communs sur la vie de cour et les couvents, des railleries sur la prétention des auteurs à l'authenticité historique et à la vérité, sans oublier quelques piques irrévérencieuses contre la religion. Alertée par les allusions plus que transparentes des *Bijoux indiscrets*, la police soupçonna que *L'Oiseau blanc* renfermait également des sous-entendus désobligeants pour le roi et sa favorite. C'était faire beaucoup d'honneur à cette allégorie désincarnée dont le peu de venin qu'elle recèle n'est guère corrosif.

Il n'en est pas de même d'un autre ouvrage, bien plus propre à susciter la curiosité de la police, et qui est aujourd'hui connu sous le titre *La Promenade du sceptique*. La genèse en est entourée de mystère. Interrogé par le lieutenant général Berryer en 1749, Diderot avouera être l'auteur d'un manuscrit intitulé *Le Sceptique ou l'Allée des idées*, mais affirmera en même temps l'avoir brûlé. Cet aveu suppose qu'il n'était pas alors au courant que son brûlot, déjà mentionné dans les fiches de l'inspecteur de la Librairie Joseph d'Hémery sous le titre *L'Allée des idées*[24], venait d'être saisi par le même d'Hémery au moment de son arrestation. Selon le témoignage ultérieur de sa fille, Diderot « avait un petit ouvrage tout prêt à publier, intitulé *La Promenade du sceptique*. Un exempt, nommé d'Hémery, vient lui faire une visite et fouiller partout ; il trouve le manuscrit, le met dans sa poche en disant : "Voilà qui est bien, c'est cela que je cherche...". Mon père a fait plusieurs démarches pour le rattraper, mais elles ont été infructueuses[25]. » Malheureusement, Mme de Vandeul ne mentionne pas la date de la fouille qui, comme on l'a établi, peut avoir eu lieu entre 1749 et 1752. On peut aussi se demander si l'ouvrage qu'elle mentionne correspond exactement au manuscrit qui aurait été détruit par son père en 1749. On a remarqué que la version finale de *La Promenade*, rédigée probablement en 1747, présentait deux méthodes radicalement différentes de ponctuation, ce qui pourrait donner à penser que sa partie centrale, « L'Allée des marronniers », correspond à une version antérieure du texte, impossible à dater[26]. Si cette hypothèse est juste, le premier titre de l'œuvre, *Le Sceptique ou l'Allée des idées*, désignerait la seule Allée des marronniers, dans laquelle le sceptique Cléobule passe en revue les différentes philosophies sans se fixer sur aucune. Diderot aurait ultérieurement ajouté les deux autres Allées et le *Discours préliminaire*. Quoi qu'il en soit, l'ouvrage tel qu'il se présente aujourd'hui semble être le résultat de rédactions successives que Diderot n'a jamais pu couler dans un tout, faute de disposer du manuscrit saisi par d'Hémery à son domicile. Ce manuscrit a cependant fait une réapparition quasi miraculeuse lors d'une vente en 1830. Un an plus tard, l'éditeur Paulin publie *La Promenade du sceptique ou les Allées* au tome IV des *Mémoires, correspondance et ouvrages inédits de Diderot* (1830-1831) ; il est probable qu'il s'est servi de ce manuscrit disparu aujourd'hui pour le texte de son édition.

L'affabulation de *La Promenade du sceptique* – des personnages allégoriques discutent dans un site indéterminé – est passablement maladroite et pesante. Elle commence par un assez long *Discours préliminaire*[27] où le narrateur Ariste, un militaire en convalescence à la campagne, se présente en disant : « Le hasard m'a mis la plume à la main ; et trop de dégoûts accompagnent la condition d'auteur, pour que dans la suite je me fasse une habitude d'écrire. » Il décrit ensuite la retraite où vit le sage Cléobule[28], philosophe tolérant et bienfaisant qui accueille et réconcilie les différentes sectes philosophiques. En racontant l'une de ses visites chez Cléobule, Ariste explique pourquoi et comment il a retranscrit et publié les propos de Cléobule. « En moins de deux heures que nous passâmes à nous promener de l'Allée des épines dans celle des marronniers, et de l'Allée des marronniers dans son parterre, il épuisa l'extravagance des religions, l'incertitude des systèmes de la philosophie et la vanité des plaisirs du monde. Je me séparai de lui, pénétré de la justesse de ses notions, de la netteté de son jugement et de l'étendue de ses connaissances ; et, de retour chez moi, je n'eus rien de plus pressé que de rédiger son discours [...]. C'est ce discours que je donne aujourd'hui sous le titre de *La Promenade du sceptique*, ou de l'*Entretien sur la religion, la philosophie et le monde.* » Cléobule approuve l'idée de son ami mais l'avertit que les hommes ne désirent pas vraiment être éclairés : « Ariste, vous n'avez pas seulement affaire à des gens qui ne savent rien, mais à des gens qui ne veulent rien savoir. » Rien ne sert, dit-il en substance, de vouloir éclairer des hommes aveuglés par leurs préjugés et un faux savoir qu'ils respectent sans jamais oser le remettre en question. Ils reçoivent la vérité comme les hiboux la lumière : elle blesse leurs yeux et excite leurs cris. Faire profession publique de philosophe n'est pas sans danger, car « la religion et le gouvernement sont des sujets sacrés auxquels il n'est pas permis de toucher ». Mieux vaut se taire et ne communiquer le manuscrit qu'à des amis sûrs. Son interlocuteur n'est point convaincu de ce sage conseil. « Imposez-moi silence sur la religion et le gouvernement, et je n'aurai plus rien à dire », s'exclame-t-il non sans emphase. Mais Cléobule enfonce le clou. Encore si Ariste écrivait dans le style gothique des réformateurs du XVIe siècle, son ouvrage passerait inaperçu. Mais emprunter le ton de Montaigne, de Voltaire et de Montesquieu lui coûtera cher, car « les dévots n'entendent point raillerie [...]. Ils prennent tout au sérieux, et ils vous pardonneraient plutôt cent raisonnements qu'un bon mot. » Ariste est sur le point de céder au bon sens de Cléobule lorsque survient le jeune sceptique Alcyphron, qui se prononce en faveur de la publication du manuscrit controversé, mais à une condition : c'est de le faire publier à l'étranger, dans le royaume de Frédéric II. « Cet avis s'accordait avec ma tranquillité, mes intérêts et mes vues ; et je le suivis », raconte Ariste.

Dans la suite du texte, c'est Cléobule qui occupe la parole pour décrire sa promenade philosophique dans trois grandes avenues, l'Allée des épines, celle des marronniers et celle des fleurs, qui figurent trois attitudes humaines devant la vie : foi religieuse, réflexion philosophique et insouciance mondaine. Sommairement évoquée, l'Allée des fleurs, lieu de vie mondaine où l'hédonisme est roi, illustre le thème de la vanité des plaisirs mondains ; les têtes folles qui l'habitent n'intéressent guère l'auteur, ni le lecteur. L'Allée des épines symbolise l'univers des croyants : ils se promènent avec un bandeau sur les yeux parmi les ronces en remerciant Dieu de les guider si bien et refusent obstinément qu'on leur enlève ce qui les empêche de voir par eux-mêmes. Diderot raille en particulier la religion catholique qu'il présente comme une armée dont les soldats sont enrôlés dès la prime enfance ; leur devoir se limite à porter en permanence un bandeau autour des yeux (symbole de la foi) et à ne pas tacher leur robe blanche (symbole de l'âme pure). Dieu est le « gouverneur en chef », les archevêques les « gouverneurs », le pape le « vice-roi », l'Église un « conseil de guerre », ses prescriptions le « code militaire ». L'Allée des marronniers est habitée par les philosophes, au sens restrictif donné au mot selon l'usage du temps : ils s'en tiennent aux lumières de leur raison – encore que certains d'entre eux sont comme aveuglés par l'esprit de système. On a parfois regretté, et non sans raison, la lourdeur de ces fastidieuses allégories, bien loin de la force violente des *Pensées philosophiques*. Toujours est-il que Diderot, une fois de plus, s'y donne à cœur joie pour lancer ses sarcasmes contre le rigorisme religieux, les grandes figures de la Bible et les dogmes jugés absurdes du christianisme, sans parler de l'intolérance et du fanatisme des habitants de l'Allée des épines dont la vie se passe dans les ténèbres :

> Au sortir du profond sommeil pendant lequel on a été enrôlé, on se trouve dans le sentier des épines, habillé de la casaque blanche, et la tête affublée du bandeau. On conçoit combien il est peu commode de se promener à tâtons parmi des ronces et des orties. Cependant il y a des soldats qui bénissent à chaque pas la Providence de les y avoir placés, qui se réjouissent sincèrement des égratignures continuelles qu'ils ont à souffrir, qui succombent rarement à la tentation de tacher leur robe, jamais à celle de lever ou de déchirer leur bandeau ; qui croient fermement que moins on voit clair, plus on va droit, [...] persuadés que le prince leur saura autant de gré du peu d'usage qu'ils auront fait de leurs yeux, que du soin particulier qu'ils auront pris de leur robe.
>
> Qui le croirait ? Ces frénétiques sont heureux ; ils ne regrettent point la perte d'un organe dont le prix leur est inconnu ; ils tiennent le bandeau pour un ornement précieux ; ils verseraient jusqu'à la dernière goutte de leur sang, plutôt que de s'en défaire ; ils se complaisent dans

> le soupçon qu'ils ont de la blancheur de leur robe : l'habitude les rend insensibles aux épines, et ils font la route en chantant, en l'honneur du prince, quelques chansons qui, pour être fort vieilles, n'en sont pas moins belles[29].

Effrayé par tant de fanatisme aveugle, Cléobule change de site et passe dans l'Allée des marronniers, où l'armée des philosophes et des sages passe la vie dans l'étude de la nature et pratique la morale de la tolérance. Loin d'être harmonieuse, leur communauté regorge de cloisonnements, d'écoles et de doctrines, qui se livrent une guerre sans trêve, mais aussi sans violence. Cléobule y rencontre successivement des pyrrhoniens faisant profession de douter de tout, des athées, des déistes, des spinozistes, et enfin la secte bizarre des égotistes dont chacun croit être tout et son contraire. Un jour, il assiste à une conversation entre un habitant de l'Allée des épines et un dénommé Athéos, un athée vertueux de l'Allée des marronniers. Le débat s'engage rapidement sur l'existence de Dieu et l'immortalité de l'âme. Les arguments fusent : l'« aveugle » de l'Allée des épines invoque Pascal et Descartes, le « marronnier » les contre sans trop de peine avec les principes du matérialisme athée. Dieu, objecte-t-il à son interlocuteur, est une hypothèse sans fondement, l'âme n'est qu'« un effet de l'organisation », c'est-à-dire d'origine purement physiologique : « Tant que l'économie des organes dure, nous pensons ; nous déraisonnons quand elle s'altère. Lorsqu'elle s'anéantit, que devient l'âme ? D'ailleurs, qui vous a dit que, dégagée du corps, elle pouvait penser, imaginer, sentir[30] ? » La confrontation s'envenime rapidement. Lorsque l'aveugle appelle au secours « des guides furieux, un fagot sous le bras et la torche à la main[31] », Athéos se retire sur la pointe des pieds du champ de bataille. Les habitants de l'Allée des marronniers décident alors de convoquer une assemblée générale pour mettre les choses au point. Les athées sortent victorieux du premier round. Au cours de la dispute suivante, le narrateur Cléobule, qui s'était rangé sous la bannière du déisme, attaque Athéos avec les arguments classiques en faveur d'un Être suprême : l'ordre et les merveilles de la nature qui supposent la main d'un créateur intelligent et bienveillant. Le ciel étoilé chante la gloire de Dieu, disait déjà le psalmiste[32] ; quelle main bienfaisante a allumé les étoiles et entretient leur lumière afin que nous en jouissions ? En examinant un objet comme une montre, ne décèle-t-elle pas le dessein de l'horloger qui l'a construite ? Le bel ordre de l'univers permet de conclure à l'existence d'un grand architecte divin, le Dieu de Clarke et de Newton dont Voltaire se faisait le héraut depuis son retour d'Angleterre. Mais son adversaire n'a aucune peine à défendre sa cause. Imaginer que le ciel étoilé, ce prétendu « spectacle » de la nature a été fait pour nous et notre confort, c'est ressembler à ce spectateur présomptueux débarqué pour la première fois à Paris de sa province natale, qui croit que les décors de l'opéra ont été spécialement conçus pour lui. Rien de plus trompeur que ce préjugé finaliste qui consiste à regarder la nature comme une œuvre pensée et faite *pour l'homme* : « Nous avons devant nous une machine inconnue sur laquelle on a fait des observations qui prouvent la régularité de ses mouvements, selon les uns, et son désordre au sentiment des autres. Des ignorants qui n'en ont examiné qu'une roue, dont ils connaissent à peine quelques dents, forment des conjectures sur leur engrainure dans cent mille autres roues dont ils ignorent le jeu et les ressorts, et pour finir comme les artisans, ils mettent sur l'ouvrage le nom de son auteur. » Lorsque nous parlons de l'ordre admirable de l'univers, nous disons seulement que le monde dans lequel nous vivons nous convient, nous ne disons rien sur le monde lui-même, que nous ne connaissons guère. « Qui vous a dit, demande Athéos, que cet ordre que vous admirez ici ne se dément nulle part ? Vous est-il permis de conclure d'un point de l'espace à l'espace infini[33] ? » La joute finale oppose le matérialiste Athéos, le déiste Philoxène et le spinoziste Oribaze. L'athée a certes triomphé sur le déiste mais n'a aucun moyen de prouver que la matière organisée a pu produire la nature, la vie et la pensée. « Nos autres compagnons, rapporte Cléobule, témoins de son embarras, lui disaient pour le consoler que peut-être il avait raison, mais que la vraisemblance était de mon côté[34]. » Le spinoziste Oribaze prend la parole à son tour. Il ne suffit pas de répéter, dit-il, que la matière est organisée, encore faut-il démontrer que la matière et son arrangement sont éternels pour sortir victorieux du combat. Son discours est présenté dans le pur style géométrique de l'*Éthique* de Spinoza mais s'inspire en réalité d'un passage des *Moralistes* de Shaftesbury, comme Paolo Casini l'a montré[35]. Oribaze montre l'impossibilité et l'incompréhensibilité de toute forme de dualisme, donc d'un ouvrier distinct de son ouvrage, d'une intelligence suprême distincte du monde matériel, de toute action de deux substances radicalement hétérogènes – la matière et l'esprit – l'une sur l'autre. Dieu n'a plus d'existence autonome, il se confond avec l'univers : « l'univers est Dieu », formule qui peut également se lire ainsi : Dieu est l'univers, autrement dit il n'y a que l'univers qui existe. « Je ne divinise rien », ajoute Oribaze avec un clin d'œil : « Si vous m'entendez un peu, vous verrez, au contraire, que je travaille à bannir du monde la présomption, le mensonge et les dieux[36]. » Le déiste Philoxène auquel cette remarque est personnellement adressée s'apprête à répliquer quand un orage interrompt nos beaux parleurs : le ciel s'obscurcit et un épais nuage dérobe le spectacle de la nature, ôtant au déiste l'appui de son argument. La discussion s'arrête là. La décision est reportée à un terme infini, tous les protagonistes sont renvoyés sans qu'il y ait ni vainqueur ni vaincu, ni solution au problème débattu. De retour chez lui, Athéos trouve sa femme enlevée, ses enfants égorgés et sa maison pillée. On soupçonne, mais sans preuves, l'habitant de l'Allée des épines avec qui il avait disputé et qui, devenu athée à son tour, se serait cru être libre désormais de tout devoir vis-à-vis de Dieu et la société. Si Dieu n'existe pas, tout est permis, dira plus tard en substance Dostoïevski. À l'époque de *La Promenade du sceptique*, Diderot ne semble pas encore avoir trouvé la riposte à ceux qui affirment que les athées « cherchent à justifier leurs désordres par leur incrédulité[37] ».

Quelle que soit la forme définitive qu'aurait prise l'œuvre si elle avait été achevée, il serait fort imprudent de vouloir débusquer, dans ce « musée imaginaires des Idées philosophiques[38] », la position défendue par Diderot. Jacques Proust est sans doute le plus près de la vérité quand il déclare que « ce qui compte dans le dialogue du déiste avec le pyrrhonien, du spinoziste avec l'athée, c'est la volonté ostensible de l'auteur, non pas d'en dégager une doctrine commune, encore moins de faire triompher l'une des tendances sur l'autre, mais de retenir de chaque système les arguments qui paraissent les plus aptes à s'opposer efficacement à ceux de l'adversaire[39] ». Ajoutons simplement à cette analyse que premièrement, Diderot n'est pas plus déiste ici que dans les *Pensées philosophiques* ; que, deuxièmement, il n'est pas plus spinoziste que son prétendu porte-parole Oribaze qui, n'ayant rien compris à la philosophie de Spinoza, l'a interprétée comme un athéisme, selon l'usage du temps ; et que troisièmement, Diderot a bien compris que le matérialisme athée dont il se sent le plus proche n'est qu'une hypothèse vraisemblable, du moins à ses yeux. Pour donner davantage de poids à une explication du monde sans Dieu, pour dépasser Lucrèce et Spinoza, il lui faudra faire preuve d'inventivité.

7

Critique de la raison aveugle

Grâce à la publication des *Pensées philosophiques*, Diderot a acquis une respectabilité – non pas auprès des autorités, mais dans le milieu des hommes de lettres – qui lui permet d'envisager plus sereinement l'avenir. L'époque où il traînait ses savates comme un pauvre diable n'est plus qu'un mauvais souvenir : bientôt, il sera un gros monsieur et mettra du foin dans ses bottes[1]. Peu avant son mariage, vers la fin de 1742, il a fait la connaissance de Jean-Jacques Rousseau, probablement au Café de la Régence. Les deux hommes, encore de parfaits inconnus, ressentirent immédiatement une vive sympathie mutuelle, renforcée par la similitude de leurs situations respectives et leur rêve commun de réussite. Rousseau est subjugué : timide et introverti, il se laisse peu à peu dominer par le savoir de Diderot et sa perpétuelle exubérance intellectuelle. Il se dédommage en le battant régulièrement aux échecs, comme en témoignera Diderot : « Jean-Jacques Rousseau, qui me gagnait toujours aux échecs, me refusait un avantage qui rendît la partie plus égale. – Souffrez-vous à perdre, me disait-il ? – Non, lui répondais-je ; mais je me défendrais mieux, et vous en auriez plus de plaisir. – Cela se peut, répliquait-il ; laissons pourtant les choses comme elles sont[2]. »

Après son retour de Venise en 1744, Rousseau présente Diderot à l'abbé de Condillac, avec qui il s'était lié à Lyon deux ans plus tôt, lorsqu'il séjournait dans la famille du frère de l'abbé, Jean Monnot de Mably, en tant que précepteur. Devenus rapidement amis, tous trois se réunissent chaque semaine pour dîner au Panier fleuri, près du Palais-Royal. Condillac composait alors sa première œuvre philosophique, l'*Essai sur l'origine des connaissances humaines*, qui devait sortir des presses en 1746. Considéré comme l'interprète français de Locke, Condillac prétendait étudier, à la suite de l'*Essai philosophique concernant l'entendement humain* de son modèle anglais[3], les mécanismes de l'opération de l'esprit. Depuis près d'un demi-siècle, la philosophie empiriste anglaise récusait le rationalisme cartésien qui s'appuyait essentiellement sur la raison pour connaître la vérité : n'est vrai que ce qui peut être démontré, et seule la raison peut démontrer quelque chose. En déplaçant la question fondamentale de la philosophie de l'être des choses au sujet humain, l'empirisme pose le problème de la connaissance : qu'est-ce que connaître ? Comment connaissons-nous ? Que pouvons-nous connaître avec certitude ?

En observant l'homme concret dans la réalité de ses expériences, Locke a découvert que c'est de l'*expérience sensible* (le fait de voir, d'entendre, de toucher, etc.) que l'homme tire le matériau de toutes ses connaissances. Avant de percevoir quelque chose, notre conscience était aussi vide et nue qu'une feuille de papier vierge : « Supposons que l'esprit soit, comme on dit, du papier blanc, vierge de tout caractère, sans aucune idée. Comment se fait-il qu'il en soit pourvu[4] ? » La réponse est vieille comme le monde : de l'expérience[5]. Sorte de terre vierge au départ, l'esprit humain acquiert, par des expériences successives, tout ce qu'il sait. Seule est postulée une capacité en quelque sorte innée de l'esprit à coordonner, comparer, confronter le fruit de ses expériences.

La philosophie de Condillac, appelée sensualisme à partir du XIXe siècle, se distingue de l'empirisme lockéen pour n'avoir reconnu qu'une seule source à toutes les idées. En effet, Condillac reproche à son maître d'avoir reconnu deux sources de nos connaissances, la sensation et la réflexion, propriété inhérente à l'âme : « Toutes les facultés de l'âme lui ont paru des qualités innées et [...] il n'a pas soupçonné qu'elles pourraient tirer leur origine de la sensation même[6]. » La mémoire, l'attention, le raisonnement, l'imagination, le doute, mais aussi la volonté et les passions sont donc pour Condillac un produit du processus sensationniste : pour penser, l'homme doit d'abord sentir. Ajoutons que le sensualisme condillacien ne conduit pas nécessairement au matérialisme, car la sensation n'est pas un fait matériel mais mental. Les sensations, écrit Condillac dans l'introduction au *Traité des sensations*, « sont les modifications propres de l'âme[7] » : nous éprouvons une sensation dans notre âme à chaque fois qu'un organe de notre corps est ébranlé. Le corps ne peut pas être sujet de la pensée : c'est l'âme, modifiée par les impressions, qui « sent » ce qui se produit en elle[8].

Une question se pose alors : est-ce que nous percevons le monde « tel qu'il est » ? Les impressions sensorielles parviennent-elles sans altération dans l'âme ou le cerveau ? « Quand l'eau courbe un bâton, ma raison le redresse[9] », observait La Fontaine. Par voie de conséquence, la transformation d'une perception en idée ne peut se réduire à une traduction mécanique ou automatique, mais comporte un élément « intentionnel » dont nous ne sommes pas toujours conscients.

Dans l'*Essai sur l'origine des connaissances humaines*, Condillac affirme que « l'âme n'a point de perception dont elle ne prenne connaissance[10] ». Ainsi la vue, comme toute sensation, se livre à nous telle qu'elle est et l'espace, comme la couleur, est une donnée immédiate : « Il est d'abord bien certain que rien n'est plus clair et plus distinct que notre perception, quand nous éprouvons quelques sensations. [...] Quelle que soit la nature de ces perceptions, et de quelque manière qu'elles se produisent, si nous y cherchons l'idée de l'étendue, celle d'une ligne, d'un angle, et de quelques figures, il est certain que nous l'y trouverons très clairement et très distinctement. [...] Il n'y a ni erreur, ni obscurité, ni confusion dans ce qui se passe en nous[11]. » Condillac contredit ici en passant son modèle Locke qui avait soutenu que l'espace n'était pas perçu immédiatement, que l'idée de la distance ne nous est pas fournie par le seul sens de la vue. Au début du livre II de l'*Essai*, le philosophe anglais remarquait en effet que « les idées qui viennent par voie de sensation sont souvent altérées par le jugement dans l'esprit des personnes faites, sans qu'elles s'en aperçoivent ». Les idées produites en nous par l'application de nos sens à des objets particuliers ne sont pas le seul produit de la sensation, mais également du jugement. Autrement dit, nous ne percevons pas le monde exactement tel qu'il est ; celui-ci est en partie le résultat d'une construction de notre esprit :

> Quand on met devant les yeux un globe rond de couleur uniforme, [...] il est certain que l'idée imprimée ainsi dans l'esprit est celle d'un cercle plat diversement ombragé, avec plusieurs niveaux de luminosité et de brillance parvenant à l'œil. Mais à la longue nous nous sommes habitués à percevoir quel type de manifestation les corps convexes produisent habituellement sur nous, quelles transformations sont produites sur les reflets lumineux par la variation de forme sensible des corps ; d'où le jugement, par habitude acquise, transforme aussitôt les manifestations en leurs causes ; de sorte que, saisissant la forme dans ce qui n'est en réalité qu'ombres et couleurs variées, le jugement prend cette réalité pour une marque de la forme et il se donne la perception d'une forme convexe de couleur uniforme, alors que l'idée que nous en recevons n'est que celle d'une surface diversement colorée, ce qui est évident en peinture[12].

Ce que Locke veut démontrer à l'aide de cet exemple, c'est que les *figures solides* ou tridimensionnelles ne peuvent pas être les objets immédiats de la vue, parce que ces figures ne tracent au fond de l'œil que des *surfaces planes*. Pour consolider les figures plates, nous sommes obligés de recourir au seul sens qui, selon Locke, nous donne l'idée de la solidité, et donc de l'espace, à savoir au toucher. C'est du toucher combiné avec la vue que naîtrait ce jugement de l'esprit qui nous fait apercevoir des reliefs là où la vue seule ne nous montre que des plans.

Là-dessus, Locke présente le « problème de Molyneux », qu'il considère manifestement comme une application particulière du problème général de la perception de l'espace : « À ce propos, j'introduirai ici un problème posé par le docte et éminent Molyneux [...] ; il a bien voulu m'envoyer il y a quelques mois la lettre que voici : "Supposez un homme né aveugle puis devenu maintenant adulte ; par le toucher il a appris à distinguer un cube et une sphère du même métal et approximativement de la même taille, de sorte qu'il arrive à dire, quand il sent l'un et l'autre, quel est le cube et quelle est la sphère. Supposez ensuite qu'on place le cube et la sphère sur une table et que l'aveugle soit guéri. Question : est-ce que par la vue, avant de les toucher, il pourra distinguer et dire quel est le globe et quel est le cube ?” » Locke approuve la réponse négative donnée par le mathématicien irlandais Molyneux, qui soutenait que l’aveugle serait incapable de savoir si ce qui touche son sens tactile d’une certaine manière doit toucher sa vue de telle ou telle manière : « Bien qu’il ait acquis l’expérience de la façon dont un globe et un cube affectent son toucher, il n’est pas encore parvenu à l’expérience que ce qui affecte de telle manière son toucher doit affecter de telle manière sa vision ; ou qu’un angle saillant du cube qui a appuyé sur sa main de façon inégale apparaîtra à son œil comme il le fait avec le cube[13]. »

Quels sont les enjeux du « problème de Molyneux » ? Ils concernent les principaux systèmes philosophiques en présence, le rationalisme et l’empirisme : « Si l’aveugle pouvait reconnaître à la vue les objets connus au toucher, cela signifiait que l’entendement était une faculté autonome qui ne nécessitait pas l’expérience et le temps pour se former, et les rationalistes avaient raison. En revanche, si l’aveugle se trouvait dans l’incapacité de répondre, cela prouvait que les notions et le jugement dérivaient de l’expérience sensible, et les empiristes avaient raison[14]. »

Le « problème de Molyneux » n’était alors qu’une hypothèse impossible à vérifier, lorsque la médecine vint au secours de la philosophie. Les observations effectuées sur un garçon aveugle-né opéré par le chirurgien Cheselden en 1728 semblèrent confirmer la thèse empiriste. Il s’avérait que le malade, en recouvrant la vue, n’avait nullement gagné d’emblée la faculté de voir : « Il ne distingua de longtemps, rapporte Voltaire, ni grandeur, ni situation, ni même figure. Un objet d’un pouce, mis devant son œil, et qui lui cachait une maison, lui paraissait aussi grand que la maison. » Cette expérience donna raison à Locke et Molyneux : « Il ne pouvait distinguer d’abord ce qu’il avait jugé rond à l’aide de ses mains, d’avec ce qu’il avait jugé angulaire, ni discerner avec ses yeux, si ce que ses mains avaient senti être en haut ou en bas, était en effet en haut ou en bas[15]. » Résultat des courses : entre les données spatiales du sens du toucher et celles de la vue, il n’y a aucune parenté ; la notion de distance ne s’acquiert que par un long travail de l’esprit.

Quand Condillac aborde de son côté le problème de Molyneux dans son *Essai sur l’origine des connaissances humaines*, il affirme, contre Locke et Molyneux, que l'aveugle-né peut distinguer le globe du cube en vertu de l'identité des idées transmises par la vue et par le toucher :

> Certainement tout n'est pas devant lui comme un point. Il aperçoit donc une étendue en longueur, largeur et profondeur. Qu'il analyse cette étendue, il se fera les idées de surface, de lignes, de point et de toutes sortes de figures, idées qui seront semblables à celles qu'il a acquises par le toucher : car de quelques sens que l'étendue vienne à notre connaissance, elle ne peut être représentée de deux manières différentes. Que je voie ou que je touche un cercle et une règle, l'idée de l'un ne peut jamais offrir qu'une ligne courbe, et celle de l'autre qu'une ligne droite. Cet aveugle-né distinguera donc à la vue le globe du cube, puisqu'il y reconnaîtra les mêmes idées qu'il s'en était faites par le toucher[16].

Si Condillac prétend, d'un côté, que l'aveugle pourra distinguer le globe du cube après l'opération, il convient, de l'autre, que celui-ci sera incapable de *prouver* son jugement : « Ce corps, lui dirait-on, vous paraît à la vue un globe, cet autre vous paraît un cube [...]. Que savez-vous si celui qui paraît un globe à vos yeux ne sera pas le cube, quand vous y porterez la main[17] ? » Condillac avoue que ce n'est que l'expérience du toucher qui apporterait cette preuve, mais contrairement à Diderot, il ne poursuit pas plus loin cette idée[18].

La *Lettre sur les aveugles* de Diderot doit son origine à une impolitesse du naturaliste Réaumur. Selon Mme de Vandeul, elle est adressée à Mme de Puisieux, mais il est fort possible que la dame dont il s'agit soit un personnage de convention. En 1782, Diderot composera des *additions* dans lesquelles il précisera certains aspects de sa pensée et corrigera sur des points de détail des conclusions formulées auparavant. Au début de la *Lettre*, Diderot rapporte que Réaumur venait de rendre la vue, par une opération de la cataracte, à une aveugle de naissance, et qu'il n'avait pas permis à Diderot d'assister à l'intervention chirurgicale dont les implications philosophiques n'échappaient à personne. Forcé de se passer de l'expérience, Diderot se résigna à jeter sur papier des idées que le monde des aveugles lui inspirait, sans ordre démonstratif apparent et n'hésitant pas à s'écarter de son sujet suivant son humeur.

La *Lettre* est en trois parties. S'appuyant sur des conversations avec un aveugle, sur des observations personnelles et des témoignages imprimés, Diderot s'efforce, dans la première partie, de comprendre la formation et la nature des idées chez les non-voyants. Il s'inscrit ainsi dans la tradition de Locke et de Condillac, mais sa démarche est originale dans la mesure où il part d'un cas limite pour arriver à des conclusions générales : en examinant la naissance des idées chez un homme dépourvu du sens de la vue, Diderot découvre la nature et le mécanisme de la suppléance des sens qui lui permettra d'élaborer une théorie empiriste tout à fait originale.

L'aveugle anonyme auquel Diderot rend visite au Puiseaux (une petite ville dans le Gâtinais) semble bien à plaindre : il a du mal à recouvrer les choses égarées et la beauté, pour lui, n'est qu'un mot. « Combien de choses admirables perdues pour eux ! », s'exclame Diderot[19]. Tout cela est peu original, mais très vite Diderot se rend compte de la supériorité de l'aveugle dans de nombreux domaines : « Il a la mémoire des sons à un degré surprenant [...]. [Ils] ont pour lui une infinité de nuances délicates qui nous échappent[20]. » L'infériorité des clairvoyants vient du fait qu'ils ont plus de sens que les aveugles ; plus de sens, moins de finesse dans la perception : « Les secours que nos sens se prêtent mutuellement les empêchent de se perfectionner[21]. »

Cette dernière remarque est le point de départ d'une véritable *critique*[22] *de la raison aveugle* : en s'efforçant de comprendre la formation et la nature des idées chez les aveugles, Diderot entreprend en réalité un examen critique de la capacité de connaître de l'esprit humain. Et le premier résultat auquel il vient d'aboutir, on l'a vu, est accablant. La multiplicité des sens ne garantit pas une meilleure perception. Plus l'homme dispose de sens, plus il est sujet à se tromper, car les sens s'entremêlent au lieu de se compléter : « Je conclus de là que nous tirons sans doute du concours de nos sens et de nos organes de grands services. Mais ce serait tout autre chose encore, si nous les exercions séparément, et si nous n'en employions jamais deux dans les occasions où le secours d'un seul nous suffirait. Ajouter le toucher à la vue, quand on a assez de ses yeux, c'est à deux chevaux, qui sont déjà fort vifs, en atteler un troisième en arbalète, qui tire d'un côté, tandis que les autres tirent de l'autre. » Diderot ajoute que, d'une certaine manière, nous sommes aussi « aveugles » que les vrais aveugles, car notre sens du toucher n'est guère mieux formé que celui de la vue chez eux. Nous sommes des aveugles parmi les aveugles, et nous aurions tort de nous croire supérieurs à eux : « Notre aveugle nous dit [...] qu'il aurait été tenté de nous regarder comme des intelligences supérieures, s'il n'avait éprouvé cent fois combien nous lui cédions à d'autres égards[23]. »

Le témoignage de l'aveugle n'a pas pour principale fonction de confirmer une évidence : tout le monde sait en effet que les aveugles sont capables de perfectionner les sens qui leur restent pour vivre à peu près normalement comme les clairvoyants. Diderot essaie bien plutôt de nous faire comprendre que, si la vue dont nous jouissons nous confère certains avantages dans la vie de tous les jours, il ne faut pas en conclure qu'elle nous garantit une meilleure perception de la réalité. Comme le dit si justement l'aveugle lorsqu'on lui demande s'il aimerait avoir des yeux : « J'aimerais bien autant avoir de longs bras : il me semble que mes mains m'instruiraient mieux de ce qui se passe dans la lune que vos yeux ou vos télescopes [...]. Il vaudrait donc bien autant qu'on perfectionnât en moi l'organe que j'ai, que de m'accorder celui qui me manque[24]. »

La leçon de tout cela ? Pour mieux connaître la nature, le philosophe ou homme de science a parfois intérêt à adopter une attitude d'aveugle, c'est-à-dire à se méfier de ce que voient ses yeux, car le « spectacle » de la nature risque de lui en imposer. C'est parce qu'ils ont succombé au pouvoir de l'image, et notamment de l'image microscopique, que tant de physiciens ont essayé de démontrer l'existence de Dieu par les merveilles de la nature. En revanche, « ce grand raisonnement qu'on tire des merveilles de la nature est bien faible pour des aveugles[25] ». Les aveugles, qui ne sont pas arrêtés par la *superficie* des choses, sont capables de pousser plus loin leurs conjectures, ce que, on le verra plus loin, le faux aveugle Saunderson prouvera de manière éclatante dans la deuxième partie de la *Lettre*.

La discussion avec l'aveugle du Puiseaux réserve bien d'autres surprises au visiteur. Son hôte déteste le vol, mais ce n'est pas pour amour de l'honnêteté ou par respect de la propriété d'autrui. Son aversion « naissait en lui de deux causes : de la facilité qu'on avait de le voler sans qu'il s'en aperçut ; et plus encore, peut-être, de celle qu'on avait de l'apercevoir quand il volait[26]. » Nos exigences en matière de morale, suggère Diderot, naissent de nos faiblesses : les aveugles ont horreur du vol parce qu'ils sont facilement volables et difficilement voleurs. En revanche, l'aveugle du Puiseaux est naturellement impudique. Les vêtements ont pour unique fonction de protéger du froid et du chaud : « Sans les injures de l'air, dont les vêtements le garantissent, il n'en comprendrait guère l'usage. » Le corps humain, prétend-il, ne comporte pas de zones nobles ou ignobles ; non seulement il n'y a aucune raison de couvrir les parties génitales, mais il y a bien des raison pour ne pas les couvrir : « Il avoue franchement qu'il ne devine pas pourquoi l'on couvre plutôt une partie du corps qu'une autre ; et moins encore par quelle bizarrerie on donne entre ces parties la préférence à certaines que leur usage et les indispositions auxquelles elles sont sujettes demanderaient qu'on les tînt libres[27]. » Ainsi, la pudeur est relative à la vue et à un certain type de culture, mais elle est contre nature, sans valeur universelle. On voit par là combien nos organes influencent nos idées, même celles qui sont les moins organiques, si l'on peut dire, comme les idées relatives à la morale.

Dans la troisième partie de la *Lettre sur les aveugles*, Diderot spécule de son côté sur le célèbre « problème de Molyneux ». Après avoir rappelé les différentes positions des uns et des autres, il se propose d'examiner trois questions[28] :

1. L'aveugle-né verra-t-il aussitôt après l'opération ?
2. Discernera-t-il les figures (le globe et le cube) ?
3. Si oui, pourra-t-il à chacune donner le nom qu'il lui donne par le toucher ?

En ce qui concerne la première question, Diderot se place résolument du côté de ceux qui ont nié que l'aveugle opéré fût à même de distinguer les distances, les grandeurs et les figures : « Aussitôt que l'aveugle-né jouit de la faculté de se servir de ses yeux, toute la scène qu'il a en perspective vient se peindre dans le fond de son œil. Cette image composée d'une infinité d'objets rassemblés dans un fort petit espace, n'est qu'un amas confus de figures qu'il ne sera pas en état de distinguer les unes des autres. On est presque d'accord qu'il n'y a que l'expérience qui puisse lui apprendre à juger de la distance des objets. » Notre organe, pour fonctionner correctement, a besoin d'exercice : il faut que « l'œil apprenne à voir, comme la langue à parler[29] ».

Contrairement à Condillac, Diderot ne croit pas au caractère immédiat de la perception. L'image qui se forme dans notre cerveau n'est point identique à celle qui s'imprime sur la rétine, reflet bidimensionnel du monde extérieur. De la rétine au cerveau, les impressions dont l'œil est affecté sont *transformées* par l'attention, la réflexion et l'expérience du toucher :

> Il faut donc convenir que nous devons apercevoir dans les objets une infinité de choses que l'enfant ni l'aveugle-né n'y aperçoivent point, quoiqu'elles se peignent également au fond de leurs yeux ; que ce n'est pas assez que les objets nous frappent, qu'il faut encore que nous soyons attentifs à leurs impressions ; que par conséquent on ne voit rien la première fois qu'on se sert de ses yeux ; qu'on n'est affecté dans les premiers instants de la vision que d'une multitude de sensations confuses qui ne se débrouillent qu'avec le temps et par la réflexion habituelle sur ce qui se passe en nous ; que c'est l'expérience seule qui nous apprend à comparer les sensations avec ce qui les occasionne ; [...] en un mot, on ne peut douter que le toucher ne serve beaucoup à donner à l'œil une connaissance précise de la conformité de l'objet avec la représentation qu'il en reçoit[30].

Ce passage est d'une importance capitale, car il témoigne du rejet de la thèse condillacienne concernant le caractère clair et distinct des perceptions. Diderot en arrive aux mêmes conclusions que le philosophe anglais George Berkeley qui, dans son *Essai sur une nouvelle théorie de la vision* (1709), avait défendu l'idée audacieuse que, pour le voyant lui-même, les grandeurs et les distances ne sont pas données à la vue, mais résultent d'une *construction* ultérieure : « Si grande que puisse sembler, pour nous, une inégalité entre [...] deux choses, c'est à cause de la connexion étroite et habituelle qui s'est développée dans nos esprits entre les objets de la vue et ceux du toucher, connexion par laquelle les idées très différentes et très distinctes de ces deux sens sont si mélangées et si confondues les unes avec les autres qu'elles sont prises par erreur pour une seule et même chose[31]. »

Pour bien comprendre la position de Diderot par rapport à Condillac et à Berkeley, il faut revenir à la première partie de la *Lettre*, où l'auteur se demande comment un aveugle-né se forme des idées des corps. Selon Condillac, celui-ci se forme « des idées de l'étendue, des grandeurs, etc. en réfléchissant sur les différentes sensations qu'il éprouve[32] » ; Diderot, quant à lui, estime que l'aveugle a « par des expériences réitérées du toucher la mémoire des sensations éprouvées en différents points ; il est maître de combiner ces sensations ou points et d'en former des figures ». Le mécanisme de la vision, remarque Diderot presque en passant, ne fonctionne pas autrement : « Nous combinons des points colorés ; il ne combine, lui, que des points palpables ou, pour parler plus exactement, que des sensations du toucher dont il a mémoire[33]. » La conclusion qui s'impose est lourde de conséquences pour le sensualisme. Contrairement à Condillac selon lequel la perception est la résultante immédiate d'un ensemble de sensations « pures », Diderot tient que la perception d'un objet se fait de manière plus ou moins *abstraite* : « Mais si l'imagination d'un aveugle n'est autre chose que la faculté de se rappeler et de combiner des sensations de points palpables ; et celle d'un homme qui voit, la faculté de se rappeler et de combiner des points visibles ou colorés ; il s'ensuit que l'aveugle-né aperçoit les choses d'une manière beaucoup plus abstraite que nous[34]. »

C'est à ce moment-là, dans l'affirmation du caractère *plus ou moins abstrait* de la perception, que Diderot rejoint Berkeley. Si percevoir consiste à combiner des points, nous ne percevons pas l'*objet* même mais des *signes*, palpables ou visibles. Diderot le dit à sa manière, mais il le dit et se range, contre Condillac, du côté de Berkeley : « Les sensations n'ayant rien qui ressemble essentiellement aux objets, c'est à l'expérience à nous instruire sur des analogies qui semblent être de pure institution[35]. »

Si Diderot s'était rangé du côté de Berkeley dans l'examen du fonctionnement de la perception, il ne le suit cependant pas jusqu'au bout. Le toucher, estime-t-il, n'est pas *absolument* nécessaire pour s'assurer de l'existence et de la forme des phénomènes.

Diderot revient alors à Condillac pour lui emprunter la fiction d'un œil vivant et animé qui finirait par apprendre l'existence des objets extérieurs et de l'espace sans le secours du sens du toucher : « Un œil vivant et animé aurait sans doute de la peine à s'assurer que les objets extérieurs ne font pas partie de lui-même ; qu'il en est tantôt voisin, tantôt éloigné ; qu'ils sont figurés, qu'ils sont plus grands les uns que les autres ; qu'ils ont de la profondeur, etc. mais je ne doute nullement qu'il ne les vît à la longue, et qu'il ne les vît assez distinctement pour en discerner au moins les limites grossières. » L'œil, souligne Diderot, n'est pas un instrument inanimé construit par un opticien suprême dans le but de voir, mais un organe vivant capable de *s'adapter* à son environnement. Diderot rejette l'explication finaliste selon lequel l'œil *a été fait* pour voir. Apparu au cours de l'évolution, l'œil s'est éduqué tout seul, il *s'est fait* pour voir ; nier que l'œil puisse s'instruire de lui-même, « ce serait perdre de vue la destination des organes[36] ». Derrière cette formulation ambiguë se cache la conviction que l'évolution, une fois que la rencontre fortuite des atomes a produit les premières molécules, n'est pas si « aveugle » que ça. La nature crée au hasard des êtres vivants mais seuls survivent ceux qui peuvent s'adapter à leur milieu, c'est-à-dire développer ce dont ils ont besoin – des yeux pour voir, par exemple – pour se maintenir en vie. Dans ce sens, la « destination » de l'œil est bien d'assurer la vision. « Il ne s'agit pas d'une destination finale, commente Colas Duflo, sinon tout s'exécuterait d'emblée et toujours bien, mais d'une destination construite, avec ses approximations et ses corrections[37]. »

Après cette importante mise au point, Diderot revient au problème de Molyneux. Il concède volontiers, nous l'avons vu, que l'aveugle opéré est incapable de bien voir tout de suite après l'opération, mais pour des raisons purement *physiologiques*. Par voie de conséquence, Diderot estime que ce dernier sera capable, après un certain temps d'acclimatation, de distinguer grossièrement les objets, y compris le globe et le cube : « Je pense que la première fois que les yeux de l'aveugle-né s'ouvriront à la lumière, il n'apercevra rien du tout ; qu'il faudra quelque temps à son œil pour s'expérimenter ; mais qu'il s'expérimentera de lui-même et sans le secours du toucher, et qu'il parviendra non seulement à distinguer les couleurs, mais à discerner au moins les limites grossières des objets[38]. » Quant à la troisième question – l'aveugle, ayant distingué les deux figures après l'opération, sera-t-il en état de les identifier par la vue seule ? – Diderot répond que cela dépend des types d'aveugles-nés opérés. Si l'on fait l'expérience avec des « personnes grossières, sans éducation, sans connaissances, et non préparées », leur jugement n'a aucune valeur heuristique : certains se tromperont peut-être, d'autres pas, en tout cas ils prononcent sans réfléchir. Un philosophe comme Locke, en revanche, trouverait la bonne réponse, sans pouvoir cependant être sûr de son jugement : « Ce corps me semble le carré, celui-ci le cercle ; mais je n'ai aucune science qu'ils soient tels au toucher qu'à la vue[39]. » La philosophie spéculative est incapable de prouver la conformité des perceptions avec la réalité !

Enfin, Diderot imagine la réponse du professeur de mathématiques aveugle de naissance Saunderson, auquel nous reviendrons. Comme le philosophe, celui-ci trouverait la bonne réponse ; comme lui, il s'interrogerait sur son jugement, mais après un moment de scepticisme, il conclurait avec certitude : « Ceux à qui je démontrais les propriétés du cercle et du carré n'avaient pas les mains sur mon abaque, et ne touchaient pas les fils que j'avais tendus et qui limitaient mes figures ; cependant ils me comprenaient. Ils ne voyaient donc pas un carré, quand je sentais un cercle ; sans quoi nous ne nous fussions jamais entendus[40]. » Le professeur aveugle se sert de cercles et carrés tactiles que ses étudiants clairvoyants peuvent voir. Par conséquent, ce qu'il dit sur ces figures géométriques qu'il touche avec ses doigts est vrai pour ceux que les spectateurs dessinent sur leur papier. Même si, sur le plan des sensations, il n'y a rien de commun entre les cercles et carrés des voyants et ceux de l'aveugle, leurs propriétés mathématiques sont les mêmes. La géométrie est bien la même pour les uns et les autres.

Le mathématicien aveugle est assuré de la justesse de son jugement car il peut se référer à l'instance supérieure de ses étudiants clairvoyants, alors que le philosophe en est réduit à ses spéculations. Privé d'instance supérieure, on l'a vu, il suspend son jugement : « Je serais fort tenté de croire que c'est ce corps que j'ai toujours nommé cercle, et que c'est celui-ci que j'ai toujours appelé carré ; mais je me garderai bien de prononcer que cela est ainsi[41]. » Or qu'en est-il des clairvoyants ? Qui est-ce qui leur garantit la conformité de leurs perceptions avec la réalité ? Qui est-ce qui leur dit que les perceptions de la vue et celles du toucher ne se contredisent jamais ? « Qui nous a dit, demande Diderot, que nous n'avons point affaire à de faux témoins[42] ? » Contrairement à Saunderson, nous ne pouvons pas faire appel à une quelconque instance supérieure. Comme le disait Condillac au début de son *Essai* : nous ne percevons que notre propre pensée, mais Diderot rappelle que cette thèse est aussi celle du solipsisme : « Que dirai-je à celui qui prétendant que, quoi qu'il voie, quoi qu'il touche, qu'il entende, qu'il aperçoive, ce n'est pourtant jamais que sa sensation qu'il aperçoit ? [...] Il faudrait, pour le confondre, que je pusse sortir de la nature, l'en tirer, et raisonner de quelque point hors de lui et de moi, ce qui est impossible[43]. » Condamnés à rester à l'intérieur de la nature, nous ne saurons jamais si les idées que nous avons grâce à nos perceptions nous restituent fidèlement la réalité.

Ce n'est sans doute pas par hasard que la *Lettre sur les aveugles* se termine par l'évocation de Montaigne. Le « sensualisme » de Diderot est un sensualisme profondément sceptique : non seulement la multiplicité de nos sens constitue un avantage autant qu'une infirmité, mais les sens pris particulièrement, et notamment ceux de la vision et du toucher, ne nous restituent pas la réalité telle qu'elle est. Nous ne faisons que combiner des points visibles et/ou palpables ; la réalité nous échappe, ou plus précisément nous ne pouvons pas comparer nos perceptions, toutes plus ou moins abstraites, avec les objets qui ébranlent nos sens.

La *Lettre sur les aveugles* – à l'usage de ceux qui voient – met enfin en garde les philosophes et hommes de science de trop accorder à l'image, à la surface des choses. L'image, première puissance trompeuse[44] qui altère le jugement, présente un état instantané du monde, un ordre admirable qui semble être sans histoire. Diderot reproche aux scientifiques comme Newton – qui est expressément nommé dans le texte[45] – de ne prendre en compte que l'état actuel de l'univers, et de le considérer comme statique. Mais le spectacle de la nature vanté par le déiste dans les *Pensées philosophiques* ne prouve que pour ceux qui voient. Pour comprendre que la nature est en évolution constante et que l'ordre actuel du monde qui nous entoure n'est que momentané, il faut remonter à un état antérieur de l'univers, où les yeux ne sont « d'aucune ressource[46] ». Le philosophe clairvoyant ne doit pas s'en tenir aux phénomènes visibles : le modèle de l'homme de science clairvoyant, c'est l'aveugle Saunderson.

On se doute bien que ce ne sont pas les réflexions parfois assez hermétiques de la première et troisième partie de la *Lettre* qui ont valu des ennuis à son auteur. Quelques passages sur la morale des aveugles étaient certes fort peu chrétiens, mais *Les Mœurs* de l'ancien collaborateur de Diderot, François-Vincent Toussaint, dûment brûlées en 1748, n'avaient pas conduit leur auteur en prison. La partie vraiment scandaleuse aux yeux du pouvoir était glissée, comme en passant, au milieu de ces débats arides autour de la connaissance chez les aveugles et le problème de Molyneux : il s'agit de la fiction, peut-être inspirée du *Phédon* de Platon, des derniers moments du mathématicien aveugle Saunderson qui, sur son lit de mort, avoue au pasteur Holmes venu le confesser qu'il ne croit pas en Dieu, puis présente, à l'instar du *Rêve de Scipion* de Cicéron, un magnifique tableau des premiers instants de l'univers où nul plan divin ne préside à la naissance des êtres et des choses.

L'entretien entre Saunderson et Holmes[47] commence par une boutade de l'aveugle mourant : « Si vous voulez que je croie en Dieu, il faut que vous me le fassiez toucher. » L'argument est un peu court et le bon pasteur n'a aucune peine à le réfuter : « Monsieur, reprit habilement le ministre, portez les mains sur vous-même, et vous rencontrerez la divinité dans le mécanisme admirable de vos organes. » Faux, rétorque Saunderson : recourir à Dieu pour expliquer une difficulté n'est pas de la bonne philosophie. Mieux vaut alors avouer son ignorance : « Si la nature nous offre un nœud difficile à délier, laissons-le pour ce qu'il est, et n'employons pas à le couper la main d'un Être qui devient ensuite pour nous un nouveau nœud plus indissoluble que le premier. » Il ne sert à rien, dit Diderot en substance, de remplacer une difficulté par une autre, le mécanisme de l'univers-horloge ne suppose pas forcément un horloger suprême. La plus grande erreur des déistes et autres partisans du Dieu-horloger consiste précisément à supposer un admirable mécanisme là où il n'y en a pas. Les merveilles de la nature ? Un beau spectacle, assurément, mais qui vous dit qu'il est sorti tout formé des mains de Dieu ? Consentez, pendant quelques minutes, à fermer les yeux, rendez-vous aveugle aux merveilles qui vous en imposent, oubliez-les. Essayez maintenant de remonter en arrière, aux premiers instants de l'univers, sur lequel vous êtes aussi aveugle qu'un vrai aveugle, car vos yeux, qui ne voient que l'image présente et fixe, ne vous sont plus d'aucune ressource. Rêvons un peu. Ne peut-on pas imaginer que, « si nous remontions à la naissance des choses et des temps, et que nous sentissions la matière se mouvoir et le chaos se débrouiller, nous rencontrerions une multitude d'êtres informes, pour quelques êtres bien organisés » ? S'inspirant étroitement du célèbre poème philosophique de Lucrèce[48], Saunderson-Diderot tente d'imaginer comment, dans sa profusion première, la nature a produit de façon aléatoire des combinaisons non stables, des animaux, sans les organes nécessaires à la survie. Après bien des tâtonnements, les malformations non-viables se sont anéanties et « il n'est resté que celles où le mécanisme n'impliquait aucune contradiction importante et qui pouvaient subsister par elles-mêmes et se perpétuer ».

En déroulant à l'envers le film de l'évolution, Saunderson montre comment notre monde apparemment ordonné a pu émerger lentement du chaos primitif de molécules animées d'un mouvement intestin et éternel. La matière organique naît de l'inorganique, par degrés, mais les conditions de ce développement sont des circonstances fortuites, non un dessein préconçu par un quelconque Être suprême. Parmi ces monstres surgis des agitations irrégulières de la matière en mouvement, l'homme a fait son apparition, et il ne doit sa survie qu'à l'heureuse conformation de ses organes et à un milieu favorable. Car « si le premier homme eût eu le larynx fermé, eût manqué d'aliments convenables, eût péché par les parties de la génération, n'eût point rencontré sa compagne, ou se fût répandu dans une autre espèce, M. Holmes, que devenait le genre humain ? » L'homme, le centre de l'univers, l'image de Dieu, « eût été enveloppé dans la dépuration générale de l'univers, [...] dissous et dispersé entre les molécules de la matière[49] » ! L'affirmation est brutale : l'espèce humaine est le résultat de circonstances fortuites, et non d'une finalité providentielle qui l'aurait désignée comme fin et couronnement de la création.

En quelques mots, Saunderson a ruiné l'argument déiste du spectacle de la nature, déjà fort malmené par l'athée de la Pensée XXI dans les *Pensées philosophiques*. Rejetant l'ancienne conception statique de l'univers inspiré du premier chapitre de la Genèse suivant lequel les animaux et les humains ont été créés dans leur forme actuelle, Diderot esquisse l'évolution biochimique d'une matière primitive vers des organismes complexes dotés d'une stabilité provisoire, vision hardie que la biologie moderne a confirmée deux siècles plus tard[50]. Au moment où écrit Diderot, la pilule passe encore mal, non seulement auprès des tenants de l'orthodoxie religieuse la plus stricte, mais aussi auprès des philosophes comme Voltaire ou Rousseau. Ce dernier n'était pas moins ennemi que Diderot des religions révélées auxquelles il reproche de soumettre la raison aux dogmes et de réprimer ceux qui doutent. Cependant, il n'a cessé de ferrailler contre le matérialisme athée, incarné notamment par Diderot et Helvétius. Pour Rousseau, il existe une cause première à l'origine de la matière, une intelligence à l'origine de l'ordre du monde : « Si la matière mue me montre une volonté, la matière mue selon de certaines lois me montre une intelligence. » Son porte-parole dans l'*Émile*, le Vicaire savoyard, rejette vigoureusement l'antifinalisme de la *Lettre sur les aveugles* au profit de l'ordre cosmique : « Si les corps organisés se sont combinés fortuitement de mille manières avant de prendre des formes constantes, s'il s'est formé d'abord des estomacs sans bouches, des pieds sans têtes, des mains sans bras, des organes imparfaits de toute espèce qui sont péris faute de pouvoir se conserver, pourquoi nul de ces informes essais ne frappe-t-il plus nos regards[51] ? » Rousseau, une fois n'est pas coutume, est de mauvaise foi car Diderot a bien proposé une réponse dans le discours de Saunderson, son porte-parole à lui. La preuve des tâtonnements de l'évolution, affirme-t-il, c'est l'existence, ici-bas, de « monstres » comme lui : l'« ordre » actuel n'est pas si parfait « qu'il ne paraisse encore de temps en temps des productions monstrueuses ». Puis, dans un élan visionnaire, l'aveugle-né invite son interlocuteur clairvoyant à fermer ses yeux devant l'ordre qui l'éblouit, à transporter ses regards au loin :

> Je conjecture donc que, dans le commencement où la matière en fermentation faisait éclore l'univers, mes semblables étaient fort communs. Mais pourquoi n'assurerais-je pas des mondes ce que je crois des animaux ? Combien de mondes estropiés, manqués, se sont dissipés, se reforment et se dissipent peut-être à chaque instant dans des espaces éloignés où je ne touche point, et où vous ne voyez pas, mais où le mouvement continue et continuera de combiner des amas de matière jusqu'à ce qu'ils aient obtenu quelque arrangement dans lequel ils puissent persévérer ? Ô philosophes, transportez-vous donc avec moi sur les confins de cet univers, au-delà du point où je touche et où vous voyez des êtres organisés ; promenez-vous sur ce nouvel océan, et cherchez à travers ses agitations irrégulières quelques vestiges de cet être intelligent dont vous admirez ici la sagesse !

C'est alors que la conclusion tombe comme un couperet : « Mais à quoi bon vous tirer de votre élément ? Qu'est-ce que ce monde, M. Holmes ? Un composé sujet à des révolutions, qui toutes indiquent une tendance continuelle à la destruction ; une succession rapide d'êtres qui s'entre-suivent, se poussent et disparaissent ; une symétrie passagère ; un ordre momentané. »

Un ordre momentané : voilà les mots-clés du discours de Saunderson et en même temps l'une des thèses les plus fondamentales de la pensée de Diderot. Le mathématicien aveugle est tout prêt à admettre l'existence d'un ordre, et même d'un ordre admirable, dans une partie de l'univers, mais à une condition importante : « Je vous le cède sur l'état actuel de l'univers, pour obtenir de vous en revanche la liberté de penser ce qu'il me plaira, de son ancien et premier état sur lequel vous n'êtes pas moins aveugle que moi. » Le monde dans lequel nous vivons est bien régi par un certain ordre, que la science moderne a pour but de décrire en langage mathématique, mais cet ordre n'est ni parfait, ni universel, ni éternel. Supposer le monde qui nous entoure ordonné, et en conclure à l'ordre de l'univers, relève du même sophisme que celui des roses de Fontenelle qui voient toujours le même jardinier[52] : « On remplit un vaste terrain de décombres jetés au hasard, mais entre lesquels le ver et la fourmi trouvent des habitations fort commodes. Que diriez-vous de ces insectes, si […] ils s'extasiaient sur la beauté de cette architecture souterraine, et sur l'intelligence supérieure du jardinier qui a disposé les choses pour eux[53] ? » Du point de vue du ver et de la fourmi, les décombres qu'ils habitent sont aussi ordonnés que le monde l'est pour l'homme, qui ne voit guère plus loin que le bout de son nez. Tous deux, l'homme et les animaux de l'apologue, sont confortablement installés dans cet « ordre » qui suffit à leurs besoins et semble intelligible. En réalité, l'ordre du monde est une vue de l'esprit, une pure façade, et les productions monstrueuses de la nature, quoique rares, en sont la preuve. En effet, si le monstre est défini par son incapacité à survivre et/ou à se reproduire, il va de soi qu'on ne rencontre plus guère de monstres aujourd'hui. L'évolution génère de l'ordre à partir d'un chaos initial : en supprimant les êtres inaptes à la vie, la « dépuration générale de l'univers » ne laisse subsister que ceux qui peuvent donner l'illusion d'être sortis tout droit des mains du Créateur. Mais pour le voir, il faut d'abord se faire un peu aveugle…

Diderot précurseur de Darwin ? La question ne peut pas être posée en ces termes car toute préoccupation proprement *scientifique* est rigoureusement absente du texte que nous venons de lire. La *Lettre sur les aveugles* est un ouvrage purement *spéculatif* où Diderot, dans l'espace de quelques pages, s'en prend au créationnisme ambiant, sans avoir aucun moyen de prouver ou même rendre plausibles ses hypothèses. Mais dès le départ, nous l'avons vu, toute sa réflexion philosophique est bâtie sur la négation de Dieu, sur le rejet du finalisme et du créationnisme ; or si l'on considère que le monde actuel n'a pas été créé par Dieu à partir de rien, il faut qu'il y ait *évolution*, à partir d'une matière informe en mouvement, vers les formes complexes que nous connaissons aujourd'hui, même si le mécanisme de l'évolution échappe complètement aux hommes de science[54]. La *Lettre sur les aveugles* affirme deux choses essentielles : que l'univers n'a pas été créé selon un plan divin, et que la matière en mouvement a engendré une multitude d'êtres plus ou moins informes dont seuls les plus aptes ont survécu et mis en place un ordre que rien ne vient apparemment contredire. Diderot n'a effectivement pas pressenti que de la première cellule jusqu'à l'homme, les animaux descendent les uns des autres en se modifiant au fil du temps par des variations successives et par une sélection naturelle. En revanche, il a parfaitement compris l'autre intuition fondamentale de Darwin, qu'avant même l'apparition de la vie et la naissance des cellules, la Terre primitive – l'univers entier selon Diderot – devait avoir connu une évolution des molécules. Tiré du règne du hasard, l'événement initial – la formation des germes suite à la rencontre féconde de molécules composées d'atomes – ouvrant la voie à l'évolution du système, entre dans celui de la nécessité. Ainsi, le désordre produit de l'ordre sans que celui-ci ne concrétise aucune intention préexistante à l'origine de sa manifestation.

Jusqu'au milieu du XIXe siècle, la plupart des hommes de science ont défendu « tout naturellement » une vision fixiste et providentialiste de l'univers selon laquelle Dieu a créé notre monde tel qu'il se présente aujourd'hui. La nature n'avait pas d'histoire : les espèces étaient fixes, chaque type végétal, animal ou humain a été créé individuellement, et adapté à l'avance au climat où il devait vivre. Un siècle avant Darwin, Diderot s'apprête à démolir ce bel ordre de l'univers créé par Dieu avec une parfaite sagesse. L'ordre, proclame-t-il hardiment, n'est pas une propriété de la réalité mais une projection de notre esprit. La régularité de la nature ne saurait être que provisoire, et l'on ne saurait fonder sur elle une connaissance définitive. Le « spectacle de la nature » qui chante la gloire de Dieu n'est qu'une réduction mathématique commode destinée à édifier une science *provisoire*.

8

Inversions

Deux ans à peine après la parution de la *Lettre sur les aveugles*, Diderot récidive avec l'étude d'un autre cas limite, celui des sourds-muets. L'occasion lui en est fournie par un certain abbé Charles Batteux, qui connut son heure de gloire grâce surtout à son ouvrage *Les Beaux-Arts réduits à un même principe* (1746), dans lequel il essaya de démontrer que tous les arts peuvent se ramener à l'imitation de la belle nature. On ne sait pas pourquoi Diderot s'en prend, assez méchamment parfois, à celui qu'il s'est choisi comme adversaire direct dans sa *Lettre sur les sourds et muets à l'usage de ceux qui entendent et qui parlent*, qui sort des presses au mois de février 1751 en pleine fièvre encyclopédique (le tome I de l'*Encyclopédie* paraîtra le 28 juin[1]). S'il est d'accord avec Batteux pour considérer que « le poète, le musicien, le peintre, le sculpteur, le graveur, etc. imitent ou contrefont la nature[2] », il se montre plus réservé sur le principe même de l'esthétique classique défendu par Batteux, selon lequel l'artiste a pour tâche d'imiter la *belle* nature. Comme il l'affirme avec force à la fin de sa diatribe, est belle toute nature qui est « à sa place », y compris dans ses manifestations les plus irrégulières[3] : rien d'étonnant venant de quelqu'un qui a pris comme point de départ de sa philosophie une réflexion sur les monstres !

La *Lettre sur les sourds et muets* est précédée d'une « Lettre de l'auteur à M. B[auche] son libraire », dans laquelle Diderot s'explique sur sa manière fort peu « philosophique » d'écrire la philosophie : « Quant à la multitude des objets sur lesquels je me plais à voltiger, sachez [...] que ce n'est point un défaut dans une lettre, où l'on est censé converser librement, et où le dernier mot d'une phrase est une transition suffisante[4]. » L'apparent décousu de cette œuvre foisonnante et d'une richesse difficilement épuisable n'est pas le fait d'une incapacité foncière d'écrire avec ordre et méthode, à la manière des *Essais* de Condillac ou de Locke par exemple. Les écarts et autres digressions sont une image vivante du « grand travail de nature », qui ne procède pas à la manière d'un géomètre, fût-il divin. On y reviendra.

Dans la lettre liminaire adressée à son libraire, Diderot affirme que sa *Lettre sur les sourds et muets* est destinée « à l'auteur des *Beaux-Arts réduits à un même principe*[5] » ; or la suite montre clairement qu'elle vise en réalité une autre œuvre de l'abbé Batteux, ses *Lettres sur la phrase française comparée avec la phrase latine*, que son auteur avait publiées en appendice à son *Cours de belles-lettres* en 1748. S'interrogeant sur les avantages et les désavantages comparés du français et du latin, en particulier sur l'ordre des mots adopté par l'une et l'autre langue, Batteux y prenait position dans la « guerre des inversions » qui divisa les hommes de lettres français au milieu du XVIIIe siècle : d'un côté les partisans d'un soi-disant « ordre naturel » qui estimaient que les successions grammaticales « sujet-verbe-complément d'objet » ou « substantif-adjectif » sont identiques à l'ordre de la pensée même ; de l'autre côté les philosophes comme Condillac selon lesquels l'ordre naturel est celui qui va des sensations aux idées, et par conséquent de l'objet au verbe et de l'adjectif au substantif. Les premiers tiennent que c'est le français qui respecte le mieux l'ordre naturel, car les inversions – le fait de présenter les mots dans un ordre différent – y sont rares[6] ; les seconds prétendent que les langues comme le latin, qui placent les mots d'une manière beaucoup plus libre, sont plus proches du langage primitif des premiers hommes, et que les véritables inversions se produisent dans le français et non dans le latin.

Dans la *Lettre sur les sourds et muets*, le débat sur les inversions est mené en plusieurs temps, et à plusieurs niveaux. Comme hors-d'œuvre, Diderot présente une réflexion sur les différentes étapes qui ont présidé à l'invention des mots. Le plat de résistance est composé de deux ingrédients : une analyse du processus perceptif et une autre de l'ordre logique du discours. Pour le dessert, le lecteur a droit à des considérations sur l'inadéquation du langage à représenter la nature. La facture du repas est plutôt salée, même si, pour notre consolation, elle ne sera présentée que dans le *Salon de 1767* : la nature ne se laisse pas décrire ; le philosophe qui emploie, pour en parler, le langage abstrait du raisonnement analytique, « forme aussi barbare qu'infidèle[7] », passe à côté d'une autre nature, qui ne peut être dévoilée que par un langage poétique.

Au début de la *Lettre*, Diderot commence par reproduire l'hypothèse formulée précédemment par Locke et Condillac, que dans la formation du vocabulaire, les hommes ont créé d'abord les mots pour désigner les objets ou individus qui revêtaient une importance vitale pour eux[8]. Puis ils ont inventé les termes pour caractériser les qualités sensibles des objets, à savoir les adjectifs. Enfin, ils ont créé les mots abstraits, résultat d'un travail intellectuel qui n'a pu se développer que plus tard : « Les objets sensibles ont les premiers frappé les sens, et ceux qui réunissaient plusieurs qualités sensibles à la fois ont été les premiers nommés ; ce sont les différents individus qui composent cet univers. On a ensuite distingué les qualités sensibles les unes des autres, on leur a donné des noms ; ce sont la plupart des adjectifs. Enfin, abstraction faite de ces qualités sensibles, on a trouvé ou cru trouver quelque chose de commun dans tous ces individus, comme l'impénétrabilité, l'étendue, la couleur, la figure, etc., et l'on a formé les noms métaphysiques et généraux, et presque tous les substantifs[9]. » Diderot, on le voit, insiste particulièrement sur l'idée que les substantifs abstraits n'ont été formés qu'après les adjectifs. Il pense en particulier à certains concepts métaphysiques qui ne correspondent à aucune réalité sensible et ne doivent leur naissance qu'à une opération de l'esprit, l'abstraction. D'où le reproche adressé à certains philosophes – aux péripatéticiens nommés plus loin – de prendre les concepts abstraits pour les choses : « Peu à peu on s'est accoutumé à croire que ces noms représentaient des êtres réels : on a regardé les qualités sensibles comme de simples accidents ; et l'on s'est imaginé que l'adjectif était réellement subordonné au substantif, quoique le substantif ne soit proprement rien, et que *l'adjectif soit tout*[10]. » Cette remarque est tout sauf anodine. L'air de rien, Diderot sape ici les bases mêmes de la philosophie aristotélicienne, revue et corrigée par la scolastique, suivant laquelle les choses de la nature – objets matériels ou êtres vivants – sont composées d'un support immuable appelé substance ainsi que de différentes qualités, les accidents. Quand on vous demande – c'est Diderot qui apostrophe l'abbé Batteux – « ce que c'est qu'un corps, vous répondrez que c'est *une substance étendue, impénétrable, figurée, colorée et mobile*. Mais ôtez de cette définition tous les adjectifs, que restera-t-il pour cet être imaginaire que vous appelez *substance* ? » Voilà une première inversion avérée, et elle est d'ordre philosophique : « Si on voulait ranger dans la même définition les termes, suivant l'ordre naturel, on dirait : *colorée, figurée, étendue, impénétrable, mobile, substance*. C'est dans cet ordre que les différentes qualités des portions de la matière affecteraient, ce me semble, un homme qui verrait un corps pour la première fois[11]. » Être purement imaginaire, la notion scolastique de substance, suggère Diderot, est vide de sens, donc parfaitement inutile. On peut se demander ce que devient, dans cette supposition, la doctrine catholique de la transsubstantiation, qui n'est concevable que dans le cadre de la philosophie péripatéticienne[12]. Proclamé au XVIe siècle lors du concile de Trente, le dogme de la transsubstantiation dans l'Eucharistie prône un changement miraculeux de *substance* alors que les *accidents* ou apparences (la texture, le goût, la couleur,...) restent celle du vin et celle de l'hostie. Si l'on en croit l'historien Pietro Redondi[13], l'affaire Galilée a vraiment été déclenchée par la dénonciation de la doctrine atomiste, annoncée dans *Il Saggiatore* (1623), qui semblait aux théologiens renverser la doctrine de la transsubstantiation[14]... Ayant appris à ses dépens qu'il ne faut pas trop s'aventurer sur le terrain glissant de la théologie, Diderot s'attaque alors à un autre cas d'inversions, d'ordre purement grammatical, moins susceptible par conséquent de provoquer l'ire des théologiens.

On se souvient que dans ses *Lettres sur la phrase française comparée avec la phrase latine*, l'abbé Batteux avait inversé les données couramment admises et avancé, *contre* les tenants de l'ordre naturel du français, l'hypothèse que l'ordre syntaxique dépendait du point de vue de l'énonciateur : en nommant d'abord un objet, le locuteur le met en valeur, en fait l'élément hiérarchique le plus intéressant.

L'ordre des termes dans la langue française fait apparaître une hiérarchie trompeuse qui part de l'abstrait pour arriver au concret, quand l'ordre naturel des idées impose de procéder en sens contraire. Quand Diderot écrit que « nous renversons souvent l'ordre naturel des idées », il partage, sur ce point, l'avis de Batteux ; cependant, il ne s'en tient pas là et propose une distinction qui le conduira insensiblement à relativiser le concept même d'ordre naturel :

> Je dis *l'ordre naturel* des idées ; car il faut distinguer ici *l'ordre naturel* d'avec *l'ordre d'institution* et pour ainsi dire *l'ordre scientifique* : celui des vues de l'esprit, lorsque la langue fut tout à fait formée.
>
> Les adjectifs, représentant pour l'ordinaire les qualités sensibles, sont les premiers dans l'ordre naturel des idées ; mais pour un philosophe, ou plutôt pour bien des philosophes qui se sont accoutumés à regarder les substantifs abstraits comme des êtres réels, ces substantifs marchent les premiers dans l'ordre scientifique, étant, selon leur façon de parler, le support ou le soutien des adjectifs[15].

Diderot convient avec Condillac et Batteux que l'ordre soi-disant naturel de la phrase n'est autre chose qu'un ordre dans les mots identique à celui du processus perceptif : de la même manière qu'on est d'abord frappé par les propriétés extérieures d'un objet (forme, couleur, odeur, etc.) avant d'en conclure à son essence (une rose), les adjectifs qualificatifs devraient se placer avant les substantifs dans un énoncé « naturel ». Ce n'est donc pas dans les langues comme le latin que se rencontrent les inversions, mais dans une langue « perfectionnée » comme le français du XVIIIe siècle. Les grammairiens rationalistes ont tort, selon Diderot et Batteux, d'établir une équivalence entre la progression analytique du langage et les opérations de l'esprit. L'ordre didactique du français n'est pas naturel, il est « d'institution » ; c'est un « ordre scientifique » ou « didactique » qui exprime les choses « comme l'esprit est forcé de les considérer en quelque langue qu'on écrive », c'est-à-dire selon la linéarité linguistique imposée : le sujet, le verbe, l'objet, les conditions et ainsi de suite. Et Diderot d'écrire sans sourciller que « Cicéron a pour ainsi dire suivi la syntaxe française, avant que d'obéir à la syntaxe latine[16] ».

Cette dernière remarque est l'indice que l'accord entre Diderot et son adversaire Batteux n'est que provisoire. Quand Cicéron commençait une phrase par un génitif (complément de nom) commandé par un verbe placé une, voire plusieurs lignes plus loin, sa construction syntaxique n'était pas du tout déterminée par l'ordre naturel. Il convient de distinguer entre l'ordre des sensations dans le processus perceptif et l'ordre des idées dans le discours, dans la manière de communiquer la pensée. Parler dans ce cas d'inversions n'a aucun sens, car lorsqu'il s'agit d'exprimer ses pensées, c'est l'intérêt subjectif du locuteur qui détermine l'ordre des idées, et l'ordre des idées celui de l'expression : « L'inversion proprement dite, ou l'ordre d'institution, l'ordre scientifique et grammatical, n'étant autre chose qu'un ordre dans les mots contraire à celui des idées, ce qui sera inversion pour l'un, souvent ne le sera pas pour l'autre. Car dans une suite d'idées, il n'arrive pas toujours que tout le monde soit également affecté par la même. Par exemple, si de ces deux idées contenues dans la phrase *serpentem fuge*, je vous demande quelle est la principale, vous me direz, vous, que c'est le serpent ; mais un autre prétendra que c'est la fuite, et vous aurez tous deux raison[17]. »

Quand on parle d'inversions, il faut d'abord s'entendre sur le cadre référentiel à l'intérieur duquel on se situe. Eu égard au processus perceptif, il est peut-être plus « naturel » de placer les adjectifs avant les substantifs, mais cette manière de voir les choses présente l'inconvénient de faire abstraction du locuteur, qui a aussi son mot à dire. L'ordre énonciatif suivant lequel les mots sont distribués selon leur importance – forcément subjective – dans l'esprit de l'individu qui parle, n'est-il pas au moins aussi « naturel » que l'autre ? Pour échapper à ce dilemme, faut-il couper le nœud gordien et remettre en question le concept même d'ordre naturel ? Diderot n'hésite pas un instant : « Mais allons plus loin : je soutiens que quand une phrase ne renferme qu'un très petit nombre d'idées, il est fort difficile de déterminer quel est l'ordre naturel que ces idées doivent avoir par rapport à celui qui parle. Car si elles ne se présentent pas toutes à la fois, leur succession est au moins si rapide, qu'il est souvent impossible de démêler celle qui nous frappe la première. Qui sait même si l'esprit ne peut pas en avoir un certain nombre exactement dans le même instant[18] ? »

Arrivé à ce stade de la démonstration, Diderot a fini par complètement ruiner la thèse de l'abbé Batteux et de Condillac à laquelle il semblait souscrire au début. En fin de compte, la généalogie du vocabulaire esquissée au début de la *Lettre* est trompeuse : l'ordre d'invention supposé des adjectifs et des substantifs ne reproduit pas la perception des objets, qui est globale. Nos sens sont frappés par un objet appelé pomme, et non par un ensemble de qualités ou propriétés que notre esprit – Diderot dit parfois âme, par pure convention et pour ne froisser personne – identifie après mûre réflexion à une pomme : « Le fruit et la qualité s'aperçoivent en même temps[19]. » Les impressions sensibles s'imposent à nous dans leur simultanéité, et c'est cette simultanéité même qui nous permet de penser[20] : en revanche, la logique du discours est linéaire, elle s'inscrit dans la succession et la durée (la succession orale dans le temps, ou écrite sur la page). Par voie de conséquence, « le langage n'est que la traduction successive d'un état de l'âme instantané[21] » : toute succession de termes dans une phrase, pour exprimer une pensée, est artificielle. Le problème des inversions est devenu caduc. Le problème essentiel, ce n'est pas l'antinomie entre l'ordre naturel et l'ordre d'institution, entre sensation et abstraction, mais la divergence entre la simultanéité des sensations et la linéarité du discours. Et Diderot de citer les Anciens qui, dans une seule « parole énergique », synthétique, disaient tout, sans être obligés de décortiquer les idées l'une après l'autre :

> Car quoique tous ces jugements : *le beau fruit ! j'ai faim, je mangerais volontiers icelui*, soient rendus chacun par deux ou trois expressions, ils ne supposent tous qu'une seule vue de l'âme ; celui du milieu : *j'ai faim*, se rend en latin par le seul mot *esurio*. Le fruit et la qualité s'aperçoivent en même temps ; et quand un Latin disait *esurio*, il croyait ne rendre qu'une seule idée. *Je mangerais volontiers icelui*, ne sont que des modes d'une seule sensation. [...] La sensation n'a point dans l'âme ce développement successif du discours ; et si elle pouvait commander

à vingt bouches, chaque bouche disant son mot, toutes les idées précédentes seraient rendues à la fois[22].

Au fur et à mesure du développement de la civilisation, ce langage énergique a été remplacé par le discours analytique qui décompose en éléments distincts et successifs la multiplicité d'idées, de sentiments, de perceptions qui occupent l'âme simultanément : « L'état de l'âme dans un instant indivisible fut représenté par une foule de termes que la précision du langage exigea, et qui distribuèrent une impression totale en parties ; et parce que ces termes se prononçaient successivement, et ne s'entendaient qu'à mesure qu'ils se prononçaient, on fut porté à croire que les affections de l'âme qu'ils représentaient avaient la même succession ; mais il n'en est rien[23]. » Faute de distinguer clairement entre pensée réelle et pensée discursive, entre l'existence simultanée des idées et des sentiments dans l'âme et leur énoncé analytique, on a introduit la notion d'inversion.

Revoyons les étapes parcourues. Un : processus perceptif du concret à l'abstrait. Deux : dans l'invention des mots, l'adjectif vient avant le substantif. Trois : à ce prétendu ordre naturel s'est substitué l'ordre logique. Quatre : il n'y a pas d'ordre naturel, car le locuteur, dans sa subjectivité, exprime avant tout son rapport au monde et aux autres.

Et les sourds-muets dans tout ça ? Le rôle que Diderot leur attribue est primordial dans sa démonstration, car ce sont eux qui doivent valider le dernier point, qui sépare Diderot de Condillac et de Batteux.

Pour trancher la question des inversions et de l'ordre naturel des éléments syntaxiques d'une phrase, demandons à un sourd-muet d'exprimer ses idées par des gestes corporels. Comme il ne connaît aucune langue, l'ordre de son discours doit être considéré comme le plus authentique, sinon le plus naturel. Après avoir étudié de près un sourd-muet de sa connaissance, Diderot conclut en faveur de l'ordre logique : « Sur quelque étude du langage par gestes, il m'a donc paru que la bonne construction exigeait qu'on présentât d'abord l'idée principale ; parce que cette idée manifestée répandait du jour sur les autres, en indiquant à quoi les gestes devaient être rapportés. Quand le sujet d'une proposition oratoire ou gesticulée n'est pas annoncé, l'application des autres signes reste suspendue. C'est ce qui arrive à tout moment dans les phrases grecques et latines ; et jamais dans les phrases gesticulées, lorsqu'elles sont bien construites[24]. » D'où la supériorité du français sur les langues comme le latin et le grec : « La communication de la pensée étant l'objet principal du langage, notre langue est de toutes les langues la plus châtiée, la plus exacte et la plus estimable [...]. Le français est fait pour instruire, éclairer et convaincre[25]. »

Ce bel éloge du français est-il le dernier mot de Diderot ? Point du tout. Tout en reconnaissant les qualités communicatives de la langue française, qualités provenant en particulier « de la netteté, de la clarté, de la précision » permettant la compréhension des idées, il regrette dans le même mouvement qu'elle ait perdu « de la chaleur, de l'éloquence et de l'énergie[26] ». Notre philosophe n'a pas manqué d'observer, à propos du sourd-muet, qu'il existe « des gestes sublimes que toute l'éloquence oratoire ne rendra jamais[27] ». Quand Lady Macbeth avance somnambule sur scène imitant l'action d'une personne qui se lave les mains (on sait qu'elle avait essayé de tuer le roi Duncan), il n'y a rien, s'exclame Diderot, « de si pathétique en discours que le silence et le mouvement des mains de cette femme[28] ». Il y a donc des mots et des gestes que le discours analytique est incapable de rendre. L'excellence de la langue de Descartes consiste dans son aptitude à énoncer, dans un ordre logique et didactique, une analyse philosophique ou scientifique : le français est une langue qui décompose une sensation en un maximum de parties. Or aussi perfectionné qu'il soit, le discours « se traîne sans cesse après l'esprit[29] ». Pour la première fois, Diderot révèle ici son sentiment de l'impuissance foncière du langage à rendre présent ce qui se vit simultanément :

> Autre chose est l'état de notre âme, autre chose le compte que nous en rendons soit à nous-mêmes, soit aux autres ; autre chose la sensation totale et instantanée de cet état, autre chose l'attention successive et détaillée que nous sommes forcés d'y donner pour l'analyser, la manifester et nous faire entendre. Notre âme est un tableau mouvant d'après lequel nous peignons sans cesse. Nous employons bien du temps à le rendre avec fidélité, mais il existe en entier et tout à la fois : l'esprit

> ne va pas à pas comptés comme l'expression. Le pinceau n'exécute qu'à la longue ce que l'œil du peintre embrasse tout d'un coup. La formation des langues exigeait la décomposition ; mais *voir* un objet, le *juger* beau, *éprouver* une sensation agréable, *désirer* la possession, c'est l'état de l'âme dans un même instant, et ce que le grec et le latin rendent par un seul mot. Ce mot prononcé, tout est dit, tout est entendu[30].

Ce n'est pas le discours philosophique ou scientifique qui rend le mieux compte de nos idées et de nos sentiments mais la langue poétique, qui ne décompose pas mais dit le multiple dans l'unité, la variété dans l'immédiateté. La langue poétique s'affirme par négation de la logique discursive, elle ne décompose pas mais donne à entendre des expressions énergiques, des « hiéroglyphes » ou « emblèmes » de nature sonore, caractérisés par leur brièveté et par leur capacité à condenser plusieurs idées, sensations ou perceptions à la fois : « Il passe alors dans le discours du poète un esprit qui en meut et vivifie toutes les syllabes. [...] C'est lui qui fait que les choses sont dites et représentées tout à la fois ; que dans le même temps que l'entendement les saisit, l'âme en est émue, l'imagination les voit, et l'oreille les entend ; et que le discours n'est plus seulement un enchaînement de termes énergiques qui exposent la pensée avec force et noblesse, mais que c'est encore un tissu d'hiéroglyphes entassés les uns sur les autres qui la peignent. Je pourrais dire en ce sens que toute poésie est emblématique[31]. »

La *Lettre sur les sourds et muets* annonce une opposition entre le poète et le philosophe qui va s'accentuant par la suite. Éclairer les hommes est une chose, mais la philosophie, l'interprétation de la nature, en est une autre. Le langage philosophique, estime Diderot, est frappé d'une infirmité radicale : inadéquat à représenter son objet, il ne peut fonctionner qu'en vertu d'un système de conventions. Le philosophe, par conséquent, aurait grand tort de négliger l'harmonie de la syntaxe et la ressource particulière des mots, car c'est le langage poétique qui, en restituant les qualités, seul parvient à représenter la nature dans sa totalité. La nature ne se laisse pas décrire, et le philosophe qui en parle dans le langage descriptif et abstrait de la science ne décrit pas toute la nature ; il passe à côté d'une nature qui ne peut être dévoilée que par le langage poétique. Au milieu du siècle, Diderot récuse le système, voie royale de la philosophie, et détruit ses deux piliers principaux, l'analyse et la déduction, préférant désormais traiter des thèmes philosophiques sous forme littéraire. La plupart des œuvres de Diderot – son théâtre, ses *Salons*, ses romans et contes sans oublier la somme du *Rêve de d'Alembert* – témoignent de l'impossibilité d'encadrer la totalité du réel dans un système univoque et rigide. La liberté des formes littéraires – et les libertés prises par Diderot avec les formes littéraires – constitue une critique de l'intransigeance du discours rationnel et abstrait qui a fondé les grands systèmes philosophiques du siècle précédent. En mettant en évidence la désagrégation du langage philosophique traditionnel, Diderot a donné accès à un nouveau type de connaissance, à une forme de logique qui comprend le décousu, le rire et le rêve. Le mérite revient à Jacques Proust d'avoir pour la première fois attiré l'attention sur l'importance fondamentale de cette attitude pour la philosophie et la poétique de Diderot : « Il s'agit ici d'opposer, non seulement au style, mais à la démarche intellectuelle ordinaire du philosophe, un autre style, une autre démarche. Le philosophe et l'orateur ne s'opposent pas comme un homme qui pense à un homme qui sait discourir, mais comme deux penseurs d'égale force dont l'un voit son raisonnement nécessairement limité par la mise en forme convenue qu'il lui donne (le syllogisme) quand l'autre, insoucieux des contraintes formelles et attentif à la seule suggestion des “idées accessoires”, peut donner libre carrière à sa capacité d'invention[32]. » Diderot a brisé la cohérence des anciens discours, il a introduit le désordre dans la philosophie au niveau de la forme qui en a désorienté plus d'un. Or « si Diderot écrit *autrement* la philosophie, c'est qu'il écrit une *autre* philosophie », selon la belle formule d'Éric-Emmanuel Schmitt[33]. Diderot écrit une autre philosophie parce que non seulement il conçoit, pense et dit autrement les choses, mais parce que les choses sont elles-mêmes radicalement différentes de ce qu'on les a imaginées jusqu'alors.

DEUXIÈME PARTIE

L'ENCYCLOPÉDISTE

1

Diderot en prison

En 1728, l'Anglais Ephraïm Chambers publie à Londres un ouvrage intitulé *Cyclopædia, or an Universal Dictionary of Arts and Sciences*. Il s'agit d'une sorte de répertoire bien documenté en deux volumes qui accorde une place importante aux arts et aux métiers. Devant le grand succès que connaît cette publication, l'éditeur parisien André-François Le Breton flaire une bonne affaire, s'associe à deux hommes de lettres, l'Allemand Sellius et l'Anglais Mills, et obtient, au début de l'année 1745, un privilège, autrement dit une autorisation officielle, pour publier une traduction révisée et augmentée de la *Cyclopædia* de Chambers, revue, élargie et augmentée par des matériaux du *Lexicon technicum* (1704) de John Harris et d'autres sources. Un *Prospectus* est diffusé annonçant une *Encyclopédie, ou Dictionnaire universel des arts et des sciences*, en cinq volumes dont un de planches. Cependant ce projet ne voit pas le jour car les trois associés finissent par se quereller entre eux. Pour réanimer le projet, Le Breton doit chercher des renforts ailleurs. Au mois d'octobre, il s'associe à trois libraires-éditeurs parisiens, Antoine-Claude Briasson, Laurent Durand et David l'aîné, qui sont sur le point de publier le *Dictionnaire universel de médecine* de Robert James, dans la traduction de Diderot, Eidous et Toussaint. En juin 1746, les quatre libraires associés confient à un certain abbé Jean-Paul De Gua de Malves, mathématicien et homme de lettres, le soin de diriger la publication de l'*Encyclopédie*. Il sera assisté par Diderot ainsi que le jeune et déjà célèbre mathématicien Jean Le Rond d'Alembert, déjà unis à l'entreprise depuis quelques mois.

Pour une raison difficile à élucider, l'abbé De Gua de Malves démissionne de ses fonctions en août 1747[1] ; deux mois plus tard, Diderot et d'Alembert deviennent les nouveaux directeurs de l'*Encyclopédie*. Le contrat stipule que Diderot recevra une somme forfaitaire de 7 200 livres, dont 1 200 payables à la sortie de presse du premier volume ; le reste à raison de 144 livres par mois. Les deux nouveaux directeurs abandonnent l'idée de limiter leur travail à une traduction révisée de la *Cyclopædia* en deux volumes de Chambers, car ils envisagent une œuvre beaucoup plus importante et novatrice que l'original anglais. Pour faire face à ce changement d'orientation, ils engagent des collaborateurs, commencent à rassembler des informations nouvelles, à accumuler livres de référence, dessins et gravures. C'est alors qu'en 1749, en pleine préparation, la machine s'arrête brutalement. Suite à la publication de la *Lettre sur les aveugles*, Diderot est arrêté et incarcéré au donjon de Vincennes au mois de juillet.

Depuis que le curé de Saint-Médard, Pierre Hardy de Levaré, a dénoncé, le 22 juin 1747, son paroissien comme auteur des *Pensées philosophiques*, Diderot est surveillé par les autorités. Fin janvier 1748, un mouchard de la police, l'imprimeur Louis-François Bonin, avertit le lieutenant général Nicolas-René Berryer que le « sieur Dridot [*sic*] travaille à un ouvrage qui, au jugement de cet athée, sera plus fort que tout ce qu'il a fait jusqu'à présent[2] ». C'est alors qu'une fiche est établie à son nom par l'inspecteur de la Librairie Joseph d'Hémery, qui comporte les renseignements suivants :

> Âge : 36 ans.
> Pays : Langres.
> Signalement : Moyenne taille et la physionomie assez décente.
> Demeure : Rue de l'Estrapade chez un tapissier.
> Histoire : Il est fils d'un coutelier de Langres.
> C'est un garçon plein d'esprit mais extrêmement dangereux.
> Il a fait les *Pensées philosophiques*, *Les Bijoux [indiscrets]* et d'autres livres de ce genre.

Il a fait aussi *L'Allée des idées*, qu'il a chez lui en manuscrit, et qu'il a promis de ne point faire imprimer.

Il travaille à un *Dictionnaire encyclopédique* avec Toussaint et Eidous[3].

Quelques mois plus tard, la fiche s'enrichit d'une nouvelle notice :

Le 9 juin 1749. Il a donné un livre intitulé *Lettre sur les aveugles à l'usage de ceux qui voient*.

Le 24 juillet. Il a été arrêté et conduit à Vincennes à ce sujet.

Il est marié et a eu cependant Mme de Puisieux pour maîtresse pendant assez de temps.

L'arrestation de Diderot a lieu le 24 juillet 1749. Munis d'une lettre de cachet, le commissaire Miché de Rochebrune et l'inspecteur d'Hémery se présentent le matin à son domicile rue de la Vieille-Estrapade, au deuxième étage. Après perquisition et interrogatoire, Diderot est mené au donjon de Vincennes ; à sa femme, il explique « qu'il sortait pour quelques affaires relatives à l'*Encyclopédie*, qu'il ne reviendrait sûrement pas dîner[4] ». Informés des malheurs de leur employé, les libraires associés adressent le jour même une supplique au comte d'Argenson[5], pour solliciter l'élargissement du directeur de l'*Encyclopédie*, « homme de lettres d'un mérite et d'une probité reconnus », le seul « capable d'une aussi vaste entreprise, et qui possède seul la clef de toute cette opération », dont la détention peut entraîner leur ruine[6]. Tout au long de son arrestation, ils continuent de s'agiter pour le faire libérer, non par humanité, bien sûr, ou pas seulement, mais parce que trop d'argent est déjà engagé dans la future *Encyclopédie*. Dans leur lettre, ils font état de 80 000 livres déjà dépensés et prévoient une dépense totale de 250 000 livres. Même si les chiffres sont un peu exagérés, il est clair qu'une mise hors circuit prolongée de Diderot aurait entraîné la ruine des libraires[7].

Cette interruption mérite qu'on s'y arrête un instant. On se souvient que jusqu'à l'apparition de l'*Encyclopédie*, ou presque, c'est la lutte entre jansénistes et jésuites qui occupa principalement l'opinion. Les grands philosophes de la première moitié du siècle, les Fontenelle, Voltaire et Montesquieu, ne font guère parler d'eux.

Les *Lettres persanes* (1721), la première œuvre marquante de la littérature d'idées, ont connu un succès immense auprès du public : on n'y a vu qu'un badinage romanesque où la fiction orientale, pimentée d'une licence érotique de bon ton, était prétexte à une satire piquante de la société française[8]. En 1734, les *Lettres philosophiques* de Voltaire ont autrement scandalisé le pouvoir. L'auteur a pu se sauver *in extremis* à Cirey en Lorraine auprès de Mme du Châtelet, mais dix ans plus tard, on le retrouve à Versailles, nommé historiographe du roi et gentilhomme ordinaire de la Chambre. Mais au moment où Voltaire rentre (provisoirement) dans le rang et se voit couvert d'honneurs, une nouvelle génération fait son entrée et la littérature devient essentiellement militante[9]. Dans l'espace de cinq ans, le parti des philosophes – quelles que soient leurs dissensions par ailleurs – lance quelques-uns de ses brûlots les plus agressifs. Les attaques contre la religion, l'Église et le caractère sacré de la monarchie française se font plus nombreuses, plus insistantes et surtout plus ouvertes. Le pouvoir ne manque pas de s'alarmer de ce climat nouveau et d'intervenir à l'occasion[10]. Quand Diderot est enfermé à Vincennes sur ordre du comte d'Argenson, son frère note qu'il s'agissait bien d'un coup de semonce, de portée plus générale : « On a arrêté ces jours-ci quantité d'abbés, de savants et de beaux esprits, et on les a mis à la Bastille, comme le sieur Diderot, quelques professeurs de l'université, docteurs de Sorbonne, etc. Ils sont accusés d'avoir fait des vers contre le roi, de les avoir récités, débités, d'avoir frondé contre le ministère, d'avoir écrit et imprimé pour le déisme et contre les mœurs ; à quoi l'on voudrait donner des bornes, la licence en étant devenue très grande[11]. » Depuis quelque temps, les rapports de police, alimentés par les informations des mouchards et par les dénonciations du curé de Saint-Médard, s'étaient multipliés au sujet de Diderot. Arrivé au château de Vincennes, une forteresse médiévale convertie en prison, il ignore combien de temps il y passera. La lettre de cachet est une condamnation à l'oubli. Diderot a peur de demeurer indéfiniment dans son trou, sans jugement aucun.

L'interrogatoire a lieu une semaine après l'arrestation. Diderot n'est pas encore à bout et tient bon face à ses geôliers : il nie fermement la paternité des *Pensées philosophiques*, de la *Lettre sur les aveugles* et des *Bijoux indiscrets*, mais reconnaît avoir écrit *La Promenade du sceptique* dont il aurait brûlé le manuscrit[12]. Le lieutenant général de la police Berryer sait que le temps joue contre son prisonnier : le libraire Durand a déjà reconnu avoir imprimé les trois œuvres incriminées. Il suffit donc d'attendre. Quinze jours plus tard, Diderot craque : ses peines, écrit-il à Berryer le 13 août, « sont poussées aussi loin qu'elles peuvent l'être » ; son corps « est épuisé, l'esprit abattu, et l'âme pénétrée de douleurs[13] ». Si jamais Diderot a entrepris une démarche humiliante, c'est celle qu'il s'impose face au lieutenant-général à qui il écrit, la mort dans l'âme : « Je cède donc à la haute opinion que j'ai conçue de vous avec tout le monde éclairé ; à l'ascendant que vous prendrez toujours sur les esprits bien faits par vos talents supérieurs et par vos qualités singulières de cœur et d'esprit ; à ces sentiments de probité délicate que vous professez, et dont il n'est permis ni au grand ni au petit de s'écarter ; enfin à l'extrême confiance que j'ai dans la parole d'honneur que vous me donnez que vous aurez égard à mon repentir et à la promesse sincère que je vous fais de ne plus rien écrire à l'avenir sans l'avoir soumis à votre jugement. » On a rarement parlé de manière aussi déférente à un lieutenant de police. Mais il fallait passer aux aveux. Diderot s'exécute : « Je vous avoue donc comme à mon digne protecteur ce que les longueurs d'une prison et toutes les peines imaginables ne m'auraient jamais fait dire à mon juge : que les *Pensées*, les *Bijoux* et la *Lettre sur les aveugles* sont des intempérances d'esprit qui me sont échappées. » Après des aveux aussi complets, Diderot est autorisé à recevoir des visites ; sorti du donjon, il a désormais la liberté de se promener dans le parc du château. D'après le témoignage de sa fille, il passa le mur un soir pour surprendre sa maîtresse qu'il soupçonnait, non sans raison, d'infidélité. Il rompit peu de temps après avec elle[14].

Une semaine plus tard, les libraires associés rendent visite au prisonnier et conduisent sa femme auprès de lui. Aux environs du 25 août, Diderot reçoit la visite de Rousseau. À la grande déception de ce dernier, son ami se trouve en compagnie de d'Alembert et du trésorier de la Sainte-Chapelle, celui de Paris ou celui de Vincennes, on ne sait. Qu'importe ! « En entrant je ne vis que lui, je ne fis qu'un saut, un cri, je collai mon visage sur le sien, je le serrai étroitement sans lui parler autrement que par mes pleurs et par mes sanglots ; j'étouffais de tendresse et de joie[15]. » Sacré Jean-Jacques ! On imagine bien la scène – le saut, le cri, les sanglots –, à moins que l'auteur des *Confessions* ne l'ait un peu enjolivée en donnant libre cours à son imagination. Tous les deux jours désormais, raconte Rousseau, il se rend soit seul, soit avec Toinette, à la prison de Vincennes afin de passer les après-midi en compagnie de son malheureux ami dont le moral est au plus bas.

Le château est situé à environ sept kilomètres de Paris. Rousseau marche à pied quand il n'est pas accompagné, car les fiacres sont chers. Obligé par la chaleur de ralentir son pas, il s'arrête un jour sous un chêne pour se reposer. Voici comment il retrace, à douze ans de distance, ce qui lui est arrivé un après-midi de l'automne 1749 :

> J'allais voir Diderot alors prisonnier à Vincennes ; j'avais dans ma poche un *Mercure de France* que je me mis à feuilleter le long du chemin. Je tombe sur la question de l'Académie de Dijon qui a donné lieu à mon premier écrit. Si jamais quelque chose a ressemblé à une inspiration subite, c'est le mouvement qui se fit en moi à cette lecture ; tout à coup je me sens l'esprit ébloui de mille lumières ; des foules d'idées vives s'y présentèrent à la fois avec une force et une confusion qui me jeta dans un trouble inexprimable ; je sens ma tête prise par un étourdissement semblable à l'ivresse. Une violente palpitation m'oppresse, soulève ma poitrine ; ne pouvant plus respirer en marchant, je me laisse tomber sous un des arbres de l'avenue, et j'y passe une demi-heure dans une telle agitation qu'en me relevant j'aperçus tout le devant de ma veste mouillé de mes larmes sans avoir senti que j'en répandais. Oh ! Monsieur, si j'avais jamais pu écrire le quart de ce que j'ai vu et senti sous cet arbre, avec quelle clarté j'aurais fait voir toutes les contradictions du système social, avec quelle force j'aurais exposé tous les abus de nos institutions, avec quelle simplicité j'aurais démontré que l'homme est bon naturellement et que c'est par ces institutions seules que les hommes deviennent méchants. Tout ce que j'ai pu retenir de ces foules de grandes vérités qui dans un quart d'heure m'illuminèrent sous cet arbre, a été bien faiblement épars dans les trois principaux de mes écrits, savoir ce premier Discours, celui sur l'inégalité, et le traité de l'éducation, lesquels trois ouvrages sont

inséparables et forment ensemble un même tout. Tout le reste a été perdu, et il n'y eut d'écrit sur le lieu même que la prosopopée de Fabricius. Voilà comment lorsque j'y pensais le moins je devins auteur presque malgré moi[16].

La suite, Rousseau l'a racontée dans ses *Confessions* : « Arrivant à Vincennes, j'étais dans une agitation qui tenait du délire. Diderot l'aperçut ; je lui en dis la cause, et je lui lus la prosopopée de Fabricius écrite en crayon sous un chêne. Il m'exhorta de donner l'essor à mes idées et de concourir au prix. Je le fis, et dès cet instant je fus perdu[17]. »

Cette célèbre scène de l'« illumination de Vincennes », qui a donné naissance au *Discours sur les sciences et les arts*, a été racontée à plusieurs reprises par Rousseau, mais des doutes sérieux subsistent sur l'entière véracité de ses dires. Le concours proposé par l'Académie de Dijon pour le prix de morale de l'année 1750 avait pour sujet : « Si le rétablissement des sciences et des arts a contribué à épurer les mœurs ». Or le numéro du *Mercure* portant l'annonce du concours a paru au mois d'octobre, et il n'a pas fait chaud à cette époque-là[18]. Mieux encore : sans connaître les divers récits fournis par Rousseau de son inspiration sur la route de Vincennes, Diderot a donné une tout autre version des événements, qui contredit formellement celle de Rousseau : « J'étais alors au château de Vincennes. Rousseau vint m'y voir, et par occasion me consulter sur le parti qu'il prendrait dans cette question. Il n'y a pas à balancer, lui dis-je. Vous prendrez le parti que personne ne prendra. Vous avez raison, me répondit-il ; et il travailla en conséquence[19]. » On n'est pas loin de penser, de nos jours, que Rousseau a en quelque sorte reconstitué son aventure d'après le modèle classique des vies de saints[20].

Malgré les visites qu'il reçoit, Diderot ne voit pas grand monde en dehors du personnel de la prison. Comment cet esprit bouillonnant, ce caractère extraverti occupa-t-il alors son temps libre ? Il était entré dans sa cellule avec un volume de Platon dans sa poche, que le gardien lui avait laissé parce qu'il le croyait incapable de lire le grec. À l'aide d'un cure-dent et d'un morceau d'ardoise qu'il broya et délaya dans du vin, Diderot se fabriqua une plume et de l'encre afin de traduire l'*Apologie de Socrate*, qui était visiblement en rapport avec sa propre situation ; trois brefs passages de cette traduction faite en prison passeront directement dans le *Discours sur les lettres et les arts* de Rousseau. Si l'original et le support sur lequel elle fut exécutée ont malheureusement disparu, les copies qui subsistent du travail effectué par Diderot permettent non seulement d'apprécier la connaissance que Diderot avait du grec, mais également son talent de traducteur[21]. En un siècle où la langue d'Homère n'était plus guère enseignée – on se souvient de la sensation qu'un certain Vadius provoqua dans la maison des *Femmes savantes* parce qu'il savait le grec – la performance de Diderot, s'il est permis de s'exprimer ainsi, mérite tout notre respect. Traduire sans commettre trop de fautes plusieurs dizaines de pages de Platon privé de grammaire et de dictionnaire n'est pas une mince affaire, même si le texte devait être fort familier au prisonnier.

Toute sa vie, Diderot fut hanté par la mort de Socrate. Le sage Athénien condamné par ses concitoyens pour avoir « corrompu la jeunesse » apparaît en martyr de la vérité, victime exemplaire de toutes les persécutions. Quand l'*Encyclopédie* et ses rédacteurs sont attaqués de toutes parts, Diderot fait remarquer à Voltaire que « les Athéniens n'ont jamais été plus méchants qu'au temps de Socrate[22] » ; quelques mois plus tard, il esquisse deux ébauches dans le *Discours sur la poésie dramatique* mettant en scène les derniers instants de Socrate en prison[23]. Quand Rousseau est aux abois suite à la condamnation de l'*Émile* et du *Contrat social*, Diderot se serait exclamé : « Socrate, au moment de sa mort, était regardé à Athènes comme on nous regarde à Paris. [...] Mes amis, puissions-nous en tout ressembler à Socrate, comme sa réputation ressemblait à la nôtre au moment de son supplice[24]. » C'était oublier un peu vite le rôle que lui-même avait joué une douzaine d'années plus tôt devant le lieutenant de police Berryer à Vincennes ; conscient de ses aspirations et de sa faiblesse, il avouera cependant dans l'article *Socratique* de l'*Encyclopédie* : « Ah ! Socrate ! je te ressemble peu ; mais du moins tu me fais pleurer d'admiration et de joie[25]. »

Le Socrate de Vincennes fut brutalement ramené à la réalité par une lettre de son père datée du 3 septembre[26]. C'est un mélange de tendresse et de reproches qui rend un témoignage éloquent du caractère borné (Voltaire dirait : fanatique) de son géniteur. Si le prisonnier malheureux s'était attendu à un sentiment de compassion de la part du vieux coutelier, il ne fut pas déçu : « J'ai reçu les deux lettres que vous m'avez écrites en dernier lieu, qui m'apprennent votre détention et le motif d'icelle, mais je ne saurais m'empêcher de vous dire qu'il faut absolument qu'il [y] ait eu d'autres raisons que celles que vous m'alignez dans une de vos lettres pour vous avoir fait mettre entre quatre murailles. Tout ce qui vient de la part du souverain est bien respectable, et il faut y obéir dans tous les cas. » Après cette entrée en matière encourageante, qui montre que la confiance règne entre les deux hommes, le père explique à son fils pourquoi il est triplement coupable. Non seulement parce que, comme il vient de le dire, le souverain a toujours raison contre ses sujets. Son fils mérite la prison pour le simple fait que « rien n'arrive sans la permission de Dieu » ; enfin, circonstance aggravante, parce que le clergé condamne ses ouvrages : « Songez que si le Seigneur vous a donné des talents, ce n'est pas pour travailler à affaiblir les dogmes de notre sainte religion, qu'il faut de nécessité que vous ayez attaqués, puisqu'un nombre de personnes ecclésiastiques semblent se soulever contre quelques-uns de vos ouvrages, du moins contre ceux que l'on vous impute. » En réalité, Diderot père n'est au courant ni de l'accusation exacte, ni du contenu des livres incriminés, il doit même avouer que leur paternité n'est pas établie. Il n'empêche : puisque des hommes d'Église *semblent* l'accuser, le fils a automatiquement tort.

Il se peut, concède-t-il cependant, qu'on lui impute des ouvrages auxquels il n'a point de part ; d'où ce conseil qui, rétrospectivement, ne manque pas de cocasserie : « Pour donner des preuves du contraire aux personnes de considération que vous connaissez, donnez au public quelque production chrétienne de votre façon, qui puisse démentir cette plume de tout ce qu'on peut penser de contraire sur votre compte, je veux dire sur votre façon de penser. » Diderot père n'était apparemment pas encore au courant des sentiments fort peu chrétiens de son fils. En revanche, il a appris par indiscrétion que son fils était marié et père de famille : « Cet ouvrage attirera la bénédiction du Ciel et [je] vous conserverai dans mes bonnes grâces, quoique je vous préviens que vous n'en recevrez jamais des preuves de ma façon que vous ne m'ayez marqué au vrai et sans équivoque si vous êtes marié, comme on l'a écrit de Paris, et que vous avez deux enfants. Si ce mariage est légitime et que la chose soit, j'en suis content. Je compte que vous ne refuserez pas à votre sœur le plaisir de les élever et [à] moi celui de les voir sous mes yeux[27]. »

Après la main tendue, les sarcasmes. Voici un coutelier qui savait ménager ses effets : « Vous me demandez de l'argent. Quoi ! un homme comme vous, qui travaillez à des ouvrages immenses, comme vous faites, peut-il en avoir besoin ? Voilà vingt-huit jours écoulés dans un endroit où il ne vous en a rien coûté ; d'ailleurs je sais que Sa Majesté, par un effet de sa bonté, fait donner une subsistance honorable à ceux qui, en exécution de ses ordres, sont traduits où vous êtes. Vous m'avez mandé avoir du papier, de l'encre et des plumes. Je vous invite à en faire un meilleur usage que du passé. » Le reste de la lettre est plus conciliant. Didier Diderot joint de l'argent en souhaitant une libération prochaine. Celle-ci interviendra deux mois plus tard, jour pour jour : le 3 novembre, Diderot est élargi, non pas sans avoir donné la promesse d'être plus sage dorénavant. Avant de sortir, il promet par écrit « de ne rien faire à l'avenir qui puisse être contraire en la moindre chose à la religion et aux bonnes mœurs[28] ». Et cette promesse, Diderot l'a tenue jusqu'à la fin de sa vie.

C'est sans doute l'*Encyclopédie* qui a sauvé Diderot d'un emprisonnement plus long. Dans une lettre écrite au comte d'Argenson, il avait fait valoir d'illustres protecteurs et proposé même de lui dédier l'*Encyclopédie*, à laquelle il travaillait lorsqu'on l'a jeté en prison et qui sera, à n'en pas douter, un monument « à la gloire de la France et à la honte de l'Angleterre[29] ». Les pétitions réitérées des libraires associés[30] eurent également leur effet. L'*Encyclopédie*, plaidaient-ils, ne peut pas se passer de son maître d'œuvre : le laisser croupir plus longtemps à Vincennes, c'est compromettre le succès d'une affaire où étaient engagés des capitaux considérables. Et le gouvernement ne fut point insensible à leurs arguments. Les deux volumes du dictionnaire de Chambers avaient connu un succès non négligeable en Angleterre, ce qui prouvait l'existence d'un public qui s'intéressait aux divers domaines du savoir. Tout un courant favorable existait déjà, et jusque dans les plus hautes sphères du pouvoir, pour que le projet du « grand dictionnaire » ne soit pas abandonné et qu'il soit réalisé en France... « à la honte de l'Angleterre » !

2

Les débuts de l'*Encyclopédie*

Sorti de prison après un peu plus de trois mois de captivité, Diderot essaie de rattraper le temps perdu. Il travaille comme un acharné au premier volume de l'*Encyclopédie* et publie, à la fin de 1750, le *Prospectus* du futur dictionnaire dont il est loin de soupçonner la dimension finale. En effet, ce *Prospectus* proposait en souscription un ouvrage en dix volumes, dont deux de planches, au prix de 280 livres. À l'arrivé, l'*Encyclopédie* comptera 28 volumes, dont 17 de textes et 11 de planches, avec un prix qui a augmenté en conséquence.

Lorsque Diderot lance le *Prospectus de l'Encyclopédie*, le succès de l'entreprise est encore loin d'être garanti. Il ne s'en montre que plus résolu, plus ambitieux et plus péremptoire : il s'agit de séduire une clientèle encore potentielle. Si l'ouvrage de Chambers fournit le canevas de départ, l'*Encyclopédie* est conçue comme une œuvre collective qui réunira les meilleurs spécialistes dans les matières les plus diverses : savants et artistes, chimistes et médecins, grammairiens et ingénieurs seront sollicités, en attendant que d'autres experts apportent spontanément leur collaboration au grand édifice en train de se construire. À une époque encore embourbée dans quantité d'archaïsmes, l'*Encyclopédie* se présente comme l'image d'une France moderne, à la pointe du progrès, en même temps que la somme de toutes ses compétences.

Dans le *Prospectus*, Diderot souligne aussi le but et l'utilité de la future *Encyclopédie*. Tout d'abord, il commence par définir le mot :

« Le mot *encyclopédie* signifie enchaînement des sciences. Il est composé de ἐν *en*, de κύκλος *cercle*, et de παιδεῖα *institution* ou *science*[1]. » L'*Encyclopédie* est présentée comme un travail d'information, indispensable, sur l'état des connaissances : « On ne peut disconvenir que depuis le renouvellement des lettres parmi nous, on ne doive en partie aux dictionnaires les lumières générales qui se sont répandues dans la société, et ce germe de science qui dispose insensiblement les esprits à des connaissances plus profondes. Combien donc n'importait-il pas d'avoir en ce genre un livre qu'on pût consulter sur toutes les matières, et qui servît autant à guider ceux qui se sentiraient le courage de travailler à l'instruction des autres, qu'à éclairer ceux qui ne s'instruisent que pour eux-mêmes[2]. » Mais le lecteur n'a pas seulement besoin de faire le point sur les sciences et les arts, il doit encore maîtriser ce savoir, c'est-à-dire voir l'ordre du cercle ou plutôt de la chaîne des connaissances. Le but d'une encyclopédie, explique Diderot, n'est pas d'empiler des notions hétéroclites, mais de dresser un « arbre généalogique de toutes les sciences et de tous les arts, qui marquât l'origine de chaque branche de nos connaissances, les liaisons qu'elles ont entre elles et avec la tige commune[3] ». C'est ici qu'intervient le « Système figuré des connaissances humaines » (presque entièrement repris du philosophe anglais Francis Bacon) qui doit permettre de se retrouver dans l'immense chantier du savoir humain. En principe – mais ce principe connaît beaucoup d'exceptions[4] – chaque article est précédé d'une référence le rattachant à tel ou tel domaine du savoir, savoir dont le rang est assigné dans l'ordre encyclopédique par le Système figuré des connaissances. Afin de faciliter la circulation entre les savoirs, les auteurs ont imaginé un système de renvois qui, placés dans le corps ou à la fin de l'article, ont pour fonction de mettre en relation des articles autour d'un même sujet et d'indiquer la liaison logique des connaissances que l'ordre alphabétique ne permet pas d'expliciter. Voici, par exemple, comment se présente le début de l'article *Physique* de d'Alembert : « PHYSIQUE, s. f. (*Ordre encyclopédique : Entendement, Raison, Philosophie ou Science, Science de la nature, Physique*). Cette science, que l'on appelle aussi quelquefois *philosophie naturelle*, est la science des propriétés des corps naturels, de leurs phénomènes et de leurs effets, comme de leurs différentes affections, mouvements, etc. Voyez *Philosophie* et *Nature*[5]. » Contrairement aux encyclopédies et dictionnaires modernes, qui ne proposent qu'une accumulation de connaissances parcellaires, l'*Encyclopédie* y introduit une vision, un regard, qui repense les faits, qui les analyse et les ordonne. Loin de se résumer à une pure compilation, à un simple catalogue du monde naturel, le Dictionnaire universel a aussi pour ambition de montrer la liaison entre les différents savoirs, leurs sources communes, l'ordre sous-jacent au monde dont il serait l'image fidèle. Mais cet ordre-là, où le trouver ? Pour la plupart des contemporains de Diderot, la réponse ne fait aucun doute : c'est Dieu qui est le garant de la logique du monde, la science suprême étant par voie de conséquence la théologie ou la métaphysique. Descartes n'avait-il pas comparé, un siècle plus tôt, la philosophie à un arbre « dont les racines sont la métaphysique, le tronc est la physique, et les branches qui sortent de ce tronc sont toutes les autres sciences, qui se réduisent à trois principales, à savoir la médecine, la mécanique et la morale[6] » ? Pas de physique sans métaphysique : selon Descartes, les sciences du monde matériel n'assurent pas de manière autonome la validité de leurs résultats. Lorsqu'on abandonne l'idée d'une métaphysique capable de parvenir à des vérités inébranlables, que peut-on encore prétendre savoir ?

Chez Diderot, l'ordre et l'enchaînement des connaissances n'est pas fondé sur une métaphysique, qu'elle soit révélée ou rationnelle. L'arbre encyclopédique est construit à partir des trois facultés de l'entendement humain que sont la mémoire, la raison et l'imagination. À chacune de ces divisions correspond un ensemble de disciplines portant respectivement le nom d'Histoire, de Philosophie et de Poésie. Chaque ensemble se subdivise en sous-ensembles – la Philosophie est par exemple composée de Métaphysique générale, Science de Dieu, Science de l'homme et Science de la nature[7] – ; chaque sous-ensemble en d'autres sous-ensembles et ainsi de suite. Le « Système figuré des connaissances humaines[8] » n'est plus métaphysiquement garanti par l'existence de Dieu mais puise son origine dans l'empirisme anglais fondé par Bacon et Locke. Ce n'est pas par rapport à Dieu mais par rapport à l'Homme, par rapport à la structure de son esprit, qu'il faut bâtir un système encyclopédique des connaissances humaines. C'est que sans la présence de l'Homme, l'univers n'a plus aucun intérêt :

> Une considération surtout qu'il ne faut point perdre de vue, c'est que si l'on bannit l'homme ou l'être pensant et contemplateur de dessus la surface de la Terre, ce spectacle pathétique et sublime de la nature n'est plus qu'une scène triste et muette. L'univers se tait ; le silence et la nuit s'en emparent. Tout se change en une vaste solitude où les phénomènes inobservés se passent d'une manière obscure et sourde. C'est la présence de l'homme qui rend l'existence des êtres intéressante [...]. Pourquoi n'introduirons-nous pas l'homme dans notre ouvrage, comme il est placé dans l'univers ? Pourquoi n'en ferons-nous pas un centre commun ? Est-il dans l'espace infini quelque point d'où nous puissions avec plus d'avantage faire partir les lignes immenses que nous nous proposons d'étendre à tous les autres points ? [...] Voilà ce qui nous a déterminés à chercher dans les facultés principales de l'homme, la division générale à laquelle nous avons subordonné notre travail. Qu'on suive telle autre voie qu'on aimera mieux, pourvu qu'on ne substitue pas à l'homme un être muet, insensible et froid. L'homme est le terme unique d'où il faut partir, et auquel il faut tout ramener, si l'on veut plaire, intéresser, toucher jusque dans les considérations les plus arides et les détails les plus secs. Abstraction faite de mon existence et du bonheur de mes semblables, que m'importe le reste de la nature[9] ?

L'histoire mouvementée de l'*Encyclopédie* se situe, dès sa naissance, dans le cadre d'un affrontement entre partisans et ennemis des Lumières, affrontement dont l'enjeu est le pouvoir intellectuel sur la société et le sujet une conception du monde. Les éditeurs s'y attendaient sans doute : dès le moment où le caractère de l'ouvrage consistait, selon la formule de Diderot, à « changer la façon commune de penser[10] », il devait se heurter aux tenants des idées reçues et déranger le confort intellectuel. Dieu est au centre de tout, martèlent les gardiens de l'orthodoxie ; l'homme est la mesure de toutes choses, réplique Diderot. La bataille va durer quinze ans ; elle commence par une escarmouche entre Diderot et les jésuites précisément au sujet du système figuré des connaissances humaines. Le père Guillaume-François Berthier, directeur des *Mémoires de Trévoux*, le périodique littéraire des jésuites, publie en janvier 1751 une analyse mi-figue mi-raisin du *Prospectus*. Il n'attaque pas de front l'entreprise encyclopédique mais tend à la déprécier en montrant que le « Système des connaissances humaines » reprenait, et parfois mot pour mot, celui de Bacon, tout en lui demeurant inférieur. Diderot riposte aussitôt par une lettre caustique envoyée aux *Mémoires*[11], à laquelle il joint un article, rédigé par lui-même, destiné au premier volume de l'*Encyclopédie*. Il s'agit de l'article *Art*, un de ceux auxquels il tient le plus, car on y trouve quelques idées-forces de sa pensée et du projet encyclopédique. Il n'y a pas, proclame-t-il, de cloisons ni de hiérarchies entre les savoirs ; les barrières entre les arts libéraux (peinture, architecture, sculpture) et les arts mécaniques (les métiers manuels) sont artificiellement construites, les arts mécaniques ne sont pas moins nobles que les arts libéraux. Le père Berthier n'était pas homme à se laisser faire. Dès le numéro de février, en réponse à cette première lettre de Diderot, il abandonne le ton traditionnellement très mesuré et fait entendre un avertissement sérieux : « M. Diderot est homme d'esprit, et il y a plaisir à recevoir de ses lettres, quand elles roulent simplement sur la littérature. D'autres matières sont trop dangereuses ; et il le sait bien. » L'intéressé dégaine immédiatement : « Je ne doute point que *Messieurs de l'Encyclopédie* que vous connaissez ne soient fort bons chrétiens ; il est bien difficile que cela soit autrement, quand on est de vos amis ; et c'est pour cela que j'ambitionne d'être du nombre[12]. » Les choses en restèrent là.

Toute cette polémique entretient la curiosité des lecteurs à venir. Les souscriptions affluent : 1 002 à la date du 29 avril 1751, environ 2 000 neuf mois plus tard. Le tome I paraît enfin le 28 juin 1751. Ce n'est pas Diderot mais son coéquipier d'Alembert qui se charge de présenter l'ouvrage par un *Discours préliminaire*, sorte de manifeste intellectuel de l'entreprise et celui du « parti » philosophique qui est en train de se constituer. Cette ample et justement célèbre dissertation explique de nouveau le but et le plan de l'ouvrage présenté comme l'expression de la nouvelle manière de penser, puis développe une histoire générale de la culture où l'esprit des Lumières, après des siècles de ténèbres, coupés par quelques âges privilégiés, a fini par s'imposer ; la troisième partie reprend avec quelques ajustements le *Prospectus* paru en octobre 1750. Diderot a quant à lui fourni des centaines de petits articles de géographie, souvent de deux ou trois lignes, un certain nombre d'articles de chimie, d'histoire naturelle et de médecine. Diderot profita de l'article *Agnus scythicus*, qui décrit la genèse du merveilleux dans le cas d'une plante rare, pour s'interroger sur la légitimité de la croyance et critiquer le principe d'autorité. Dans *Aius Locutius*, il rompit une lance en faveur de la liberté de penser et d'imprimer. Tout cela passa inaperçu, ou presque ; on ne s'avisa pas de chercher le poison dans des articles aux titres aussi improbables. En revanche, le supplément éditorial ajouté par Diderot à l'article *Âme* de l'abbé Yvon fut sévèrement critiqué, car il s'y interrogeait sur le siège de l'âme dans des termes qui n'étaient pas sans rappeler certains chapitres des *Bijoux indiscrets*. Mais c'est surtout l'article *Autorité politique* en fin de volume qui déclencha les réactions hostiles. Diderot y attaque vigoureusement la tradition absolutiste en proclamant hardiment que l'autorité des rois est fondée sur le consentement des peuples, autrement dit sur un contrat tacite entre le souverain et ses sujets : « Le prince tient de ses sujets mêmes l'*autorité* qu'il a sur eux ; et cette *autorité* est bornée par les lois de la nature et de l'État[13]. »

Cette fois-ci, les jésuites abandonnent la polémique feutrée et passent à l'attaque frontale. Le père Berthier, toujours dans les *Mémoires de Trévoux*, reproduit l'article de Diderot dans la livraison de mars 1752 et le réfute paragraphe par paragraphe. Après une exhortation à peine déguisée à la répression, il rappelle la doctrine officielle : toute puissance, toute autorité sont d'origine divine. Cette fois-ci, Diderot n'ose répondre. Depuis un mois, l'*Encyclopédie* est sous le coup d'une interdiction.

Aussi incroyable que cela puisse paraître, c'est une thèse de doctorat intitulée *À la Jérusalem céleste : quel est celui sur la face duquel Dieu a répandu le souffle de la vie ?* qui a mis le feu aux poudres. Un contemporain, Barbier, a raconté le début de l'affaire dans son *Journal* :

> Il a été soutenu une thèse en Sorbonne, dans le mois de décembre dernier, par un bachelier nommé l'abbé de Prades, qui est, dit-on, un

> garçon de beaucoup d'esprit et de beaucoup d'érudition. Cette thèse est très longue, d'une impression très fine et d'un latin parfait. Elle a été visée et reçue par le syndic de Sorbonne, approuvée par plusieurs docteurs et soutenue en pleine Sorbonne pendant douze heures. Mais [...] quelques-uns de la Sorbonne se sont avisés d'examiner de plus près cette thèse et de faire remarquer qu'elle était pernicieuse, dangereuse, et qu'elle contenait plusieurs propositions qui tendaient au déisme. [...] On dit communément que ce n'est pas l'ouvrage de l'abbé de Prades mais du sieur Diderot, qui a été, il y a quelque temps, enfermé à Vincennes pour quelque livre un peu hardi sur la morale, et qui est éditeur du fameux dictionnaire de l'*Encyclopédie*, dont il n'a paru encore que le premier tome, ce qui fait craindre qu'on ne l'examine plus scrupuleusement sur les choses qui peuvent regarder la religion[14].

Au moment où Barbier écrit cette notice, le tome II de l'*Encyclopédie* vient de sortir des presses. Comme prévu, on se jette sur les contributions de l'abbé, et notamment sur l'article *Certitude*. On y trouve ce qu'on veut absolument découvrir : des erreurs et des impiétés. L'archevêque de Paris, Christophe de Beaumont, et quelques autres hauts dignitaires de l'Église fulminent contre la thèse de l'abbé de Prades et contre l'*Encyclopédie*. L'ancien évêque de Mirepoix, Jean-François Boyer, précepteur du dauphin et grand aumônier de la dauphine, met en garde le roi contre les tendances inquiétantes du *Dictionnaire*. Pour la première fois, peut-être, l'hypothèse d'un complot est publiquement évoquée, en particulier par les jansénistes qui rapportent dans leur journal clandestin : « La thèse du sieur de Prades était l'effet d'une conspiration formée par de prétendus esprits forts pour glisser jusque dans la Faculté de théologie leurs monstrueuses erreurs, et pour donner encore, s'il était possible, ce nouveau relief à l'irréligion et à l'impiété qu'ils affichent[15]. » Le 7 février, un arrêt du Conseil d'État interdit la vente des deux premiers volumes et suspend l'impression des tomes III et IV : « Sa Majesté a reconnu que dans ces deux volumes on a affecté d'insérer plusieurs maximes tendant à détruire l'autorité royale, à établir l'esprit d'indépendance et de révolte, et, sous des termes obscurs et équivoques, à élever les fondements de l'erreur, de la corruption des mœurs, de l'irréligion et de l'incrédulité[16]. » Rayé de la licence, l'abbé de Prades s'enfuit en Prusse auprès du roi Frédéric II ; Diderot préfère retourner chez sa famille à Langres qu'il n'a plus revue depuis une dizaine d'années.

Heureusement, l'*Encyclopédie* peut compter sur de puissants protecteurs. Il y a d'abord Chrétien-Guillaume de Lamoignon de Malesherbes, le nouveau directeur de la Librairie, qui sauve l'entreprise en avertissant Diderot au mois de février d'une imminente descente de police chez le libraire Le Breton ; il aurait même caché dans son propre hôtel – ou dans celui de son père, le vieux chancelier Lamoignon – les manuscrits déjà rédigés pour les prochains volumes de l'*Encyclopédie* afin qu'ils échappent aux perquisitions policières[17]. Il y a ensuite Mme de Pompadour[18] et son entourage, des ministres et fonctionnaires éclairés, qui sollicitent Diderot et d'Alembert de se remettre au travail. « Le gouvernement a paru désirer, écrivent-ils fièrement en tête du tome III, qu'une entreprise de cette nature ne fût point abandonnée. » On charge simplement trois théologiens d'exercer désormais leur surveillance sur tous les articles, et pas seulement sur ceux dont le sujet pouvait avoir un rapport avec la religion.

Ce compromis provoque la colère de d'Alembert. Il pense d'abord poursuivre le travail à l'étranger, chez le roi de Prusse, puis songe à se retirer complètement de l'entreprise ; enfin il consent à continuer à s'occuper de la seule partie mathématique de l'*Encyclopédie*[19].

Le retrait de d'Alembert a pour conséquence de placer Diderot seul au premier rang. Depuis son emprisonnement à Vincennes, c'est un écrivain dont on parle beaucoup. Avant même que l'*Encyclopédie* eût commencé à paraître, l'Académie de Berlin a honoré ses deux directeurs en leur conférant le titre de membre. En 1752, Diderot devient une vedette : il est l'homme à qui l'on demande de continuer l'*Encyclopédie*.

Enhardi par le succès, Diderot prend sa revanche. Fin mai, le très janséniste évêque d'Auxerre, Mgr de Caylus, a fait paraître une *Instruction pastorale sur la vérité et la sainteté de la religion chrétienne méconnue et attaquée en plusieurs chefs par la thèse soutenue en Sorbonne le 18 novembre 1751*, dans laquelle le prélat s'en prenait ouvertement à l'*Encyclopédie*. Quelques semaines plus tard, Diderot réplique par une *Suite de l'Apologie de M. l'abbé de Prades*[20] dans laquelle il donne libre cours à son talent de polémiste. Ce faisant, il défend autant son ancien collaborateur que l'esprit même de l'*Encyclopédie*. Mon *Apologie*, écrit-il sous le nom de l'abbé de Prades, « est autant la défense du *Discours préliminaire* de l'*Encyclopédie*, d'où j'ai tiré ma première position, que la défense de ma thèse[21] ». En rédigeant la *Suite de l'Apologie*, Diderot persiste et signe, puis passe à l'offensive. Pourquoi, demande-t-il, s'acharne-t-on contre la raison ? « Je ne connais rien de si indécent et de si injurieux à la religion, que ces déclamations vagues de quelques théologiens contre la raison. On dirait, à les entendre, que les hommes ne puissent entrer dans le sein du christianisme que comme un troupeau de bêtes entre dans une étable, et qu'il faille renoncer au sens commun soit pour embrasser notre religion, soit pour y persister[22]. » L'évêque d'Auxerre avait confondu, dans ses anathèmes, les encyclopédistes, Montesquieu et Buffon, auxquels il reprochait de s'être écartés du dogme. « Quoi donc ? Parce que Josué aura dit au Soleil de s'arrêter, il faudra nier, sous peine d'anathème, que la Terre se meut[23] ? » L'évêque, visiblement, ne comprend rien à la science moderne, à laquelle il oppose le récit de la Genèse. Si à la première découverte, objecte Diderot, « nous devons renouveler, dans la personne de l'inventeur, l'injure faite autrefois à la philosophie, dans la personne de Galilée, allons, brisons les microscopes, foulons aux pieds les télescopes, et soyons les apôtres de la barbarie[24] ». La science est indépendante de la théologie : l'homme de science, ose-t-il écrire, « doit faire, dans ses recherches, une entière abstraction de l'existence de Dieu, poursuivre son travail en bon athée, et laisser aux prêtres le soin d'appliquer ses découvertes à la démonstration d'une providence et à l'édification des peuples[25] ». Quelques lignes plus loin, Diderot porte l'estocade : « Ces principes sont faits pour effrayer les petits génies ; [...] ils trouvent du danger à toute méthode de raisonner qui leur est inconnue ; ils flottent à l'aventure entre des vérités et des préjugés qu'ils ne discernent point et auxquels ils sont également attachés, et toute leur vie se passe à crier ou au miracle, ou à l'impiété[26]. » On peut affirmer sans risquer de se tromper que jamais Diderot ne s'est aventuré aussi loin dans un écrit publié de son vivant.

L'abbé de Prades avait ébauché, dans sa thèse, une anthropologie complète et une histoire de l'homme. Son contradicteur lui reproche, non sans raison, de défendre des positions peu chrétiennes : « On traite de l'homme dans la thèse, et après avoir dit que Dieu répandit sur son visage un souffle de vie, on ne lui donne que des idées brutes et informes qui naissent des premières sensations, ou qui ne se développent que par les sensations. [...] Ce n'est point là l'homme dont la création nous est décrite dans la Genèse[27]. » L'évêque d'Auxerre argumente en faveur de la « véritable religion » au moyen d'une sorte de cartésianisme basique : le corps est une substance étendue, l'âme une substance immatérielle qui pense, qui réfléchit, qui raisonne et qui forme des desseins. Alors que l'homme décrit par l'abbé de Prades est « comme une bête brute, un automate, une machine mise en mouvement[28] » ! L'accusation est claire : soutenir que sans sensations l'homme est privé de connaissances, c'est professer le matérialisme. Rappelons dans ce contexte la définition de ce mot, encore fort rare à l'époque[29], donnée en 1752 par le *Supplément au Dictionnaire de Trévoux* : « Dogme très dangereux suivant lequel certains philosophes, indignes de ce nom, prétendent que tout est matière, et nient l'immortalité de l'âme. Le *matérialisme* est un pur athéisme, ou pour le moins un pur déisme ; car si l'âme n'est point esprit, elle meurt aussi bien que le corps ; et si l'âme meurt, il n'y a plus de religion. Monsieur Locke disputait pour le matérialisme. » On se souvient comment Descartes avait déduit du *cogito* qu'il existait deux différentes formes de réalité ou substances : l'esprit ou l'âme d'une part, l'étendue ou la matière de l'autre. Ces deux réalités, spirituelle et matérielle, sont tout à fait indépendantes l'une de l'autre : la pensée est entièrement libre par rapport à la matière, et inversement les processus matériels peuvent se produire indépendamment de la pensée. En 1734, la publication des *Lettres philosophiques* marqua une véritable rupture avec le spiritualisme cartésiano-chrétien dominant en faisant basculer l'opinion éclairée du côté de l'empirisme anglais représenté par la trinité Bacon, Locke et Newton. À l'égard du cartésianisme, le brûlot de Voltaire, immédiatement condamné, met au point une sorte de vulgate : d'Alembert y puisera à pleines mains pour rédiger le *Discours préliminaire* de l'*Encyclopédie*, dont la base philosophique passera dans la thèse de l'abbé de Prades. Le premier mérite de Locke, estime Voltaire, est d'être revenu au vieil axiome que toutes les idées nous viennent par les sens ; sorte de terre vierge au départ, l'esprit humain acquiert, par des expériences successives, tout ce qu'il sait. Puis Voltaire exploite la célèbre hypothèse de Locke suivant laquelle Dieu a pu doter la matière de la faculté de penser. Suivant cette conception, l'âme humaine n'est plus qu'une simple faculté de la matière et des organes, et non le souffle de vie répandu par Dieu sur la face de l'homme ; une propriété et non une substance spirituelle et immortelle[30].

Diderot joue dangereusement avec ces références lorsqu'il se réclame, sous le couvert de l'abbé de Prades, de la philosophie de Locke : « Oui, monseigneur, je pense très sincèrement, sans m'en croire moins chrétien, que l'homme n'apporte en naissant ni connaissances, ni réflexions, ni idées. Je suis sûr qu'il resterait comme une bête brute, un automate, une machine en mouvement, si l'usage de ses sens matériels ne mettait en exercice les facultés de son âme. C'est le sentiment de Locke ; c'est celui de l'expérience et de la vérité[31]. » Le combat mené par l'évêque est absurde, insinue Diderot, car la philosophie empiriste réhabilitée par Locke propose une théorie de la connaissance qui n'est pas sans rapport avec l'ancienne scolastique : « Quel jugement eût-il fallu porter alors de ceux qui liaient indivisiblement la croyance de Dieu avec le sentiment d'Aristote, et que devons-nous penser aujourd'hui de ceux qui traitent d'impie le vieil axiome *nil est in intellectu, quod non prius fuerit in sensu*[32] [Il n'est rien dans l'intellect qui n'ait auparavant été dans la sensation.] » ? Diderot, on le voit, s'empare habilement de l'objection de l'évêque d'Auxerre en affirmant que le « vieil axiome » d'Aristote entraîne nécessairement une vision mécaniste de l'homme telle que l'avait défendue, avec le scandale que l'on sait, La Mettrie dans *L'Homme-machine* quelques années plus tôt. Il se garde en revanche de contester ouvertement l'existence de l'âme spirituelle, l'un des points qui avaient provoqué la censure de la thèse. Quelques années plus tard, Diderot ne manquera pas de rappeler, dans l'article qu'il consacrera à la philosophie de Locke, les conséquences qu'il est possible de tirer, selon lui, des principes de l'empirisme :

> Il renouvela l'ancien axiome : il n'y a rien dans l'entendement qui n'ait été auparavant dans la sensation [...]. D'où il aurait pu tirer une autre conséquence très utile : c'est que toute idée doit se résoudre, en dernière décomposition, en une représentation sensible [...]. De là une grande règle en philosophie : c'est que toute expression qui ne trouve pas hors de notre esprit un objet sensible auquel elle puisse se rattacher est vide de sens. [...]
>
> Locke avait dit dans son *Essai sur l'entendement humain* qu'il ne voyait aucune impossibilité à ce que la matière pensât. Des hommes pusillanimes s'effrayeront de cette assertion. [...] Quand la sensibilité serait le germe premier de la pensée, quand elle serait une propriété générale de la matière, [...] quelle conséquence fâcheuse en pourrait-on tirer ? *aucune*. L'homme serait toujours ce qu'il est, jugé par le bon et le mauvais usage de ses facultés[33].

Diderot semble oublier que l'hypothèse de la matière pensante constitue pour Locke seulement une possibilité métaphysique, en rapport avec la toute-puissance divine, et non expérimentale, déduite d'une analyse, même rapide, du corps et des facultés que ses structures ou fonctions laissent entrevoir. Mais Voltaire avait montré la voie et, malgré les protestations de l'abbé de Prades, l'analyse de l'homme proposée dans sa thèse contenait bel et bien en germe une interprétation matérialiste du monde. Mais pour le moment, l'affaire est close. Jusqu'en 1757, les tomes III à VII de l'*Encyclopédie* paraîtront sans déclencher de nouvelles hostilités. Seul d'Alembert se verra attaqué par les Jésuites en 1754 pour avoir critiqué leur enseignement dans l'article *Collèges* paru au tome III. Il fut néanmoins élu à l'Académie française le 30 novembre.

3

Une querelle et de nouveaux amis

Parmi les encyclopédistes les plus fidèles et dévoués qui soutenaient Diderot dès la première heure se trouvait un philosophe et homme de science d'origine allemande, le baron Paul Thiry d'Holbach. Né en 1723 à Edesheim dans le Palatinat, il fut protégé par son oncle Franciscus-Adam d'Holbach qui avait fait fortune à Paris et avait été anobli avec le titre de baron du Saint-Empire en 1720. Dès l'âge de douze ans, Paul Thiry fut amené à Paris où il reçut une éducation soignée. En 1744, il partit faire des études à Leyde, dans une université célèbre pour sa recherche scientifique. De retour à Paris en 1748, il se fit naturaliser un an plus tard puis épousa la fille aînée de sa cousine germaine Suzanne d'Aine, qui devint ainsi sa belle-mère. En 1753, il hérita de son oncle le titre de baron ainsi qu'une partie de ses biens. Après la mort de son beau-père, d'Holbach racheta sa succession comme conseiller-secrétaire du Roi, une sinécure qui lui procurait l'accession à la noblesse et à la cour et un revenu global de 60 000 livres. Grâce à ces ressources financières considérables, d'Holbach a la possibilité de recevoir à Paris plusieurs fois par semaine quinze à vingt personnes et d'avoir de nombreux invités au château de Grandval (près de Sucy-en-Brie), propriété de la truculente Mme d'Aine, sa cousine et belle-mère. Les conversations y sont très libres et les femmes y participent volontiers ; Mme d'Aine, particulièrement affranchie, est parfois l'objet de scènes scabreuses au-delà de la bienséance[1]. Après la mort de sa femme survenue en 1754, d'Holbach épouse Charlotte-Suzanne d'Aine, sœur cadette de la défunte, deux ans plus tard, puis achète un hôtel particulier rue Royale, butte Saint-Roch, qui va devenir un des salons parisiens les plus renommés. Le jeudi et le dimanche, il offre de grands dîners où se réunissent tous les philosophes de l'époque, mais aussi des célébrités de passage, des savants et des artistes. De ces réunions, l'abbé Morellet a fait un tableau sympathique :

> Une grosse chère, mais bonne, d'excellent vin, d'excellent café, beaucoup de dispute, jamais de querelle ; la simplicité des manières, qui sied à des hommes raisonnables et instruits, mais qui ne dégénérait point en grossièreté ; une gaieté vraie sans être folle : enfin, une société vraiment attachante, ce qu'on pouvait reconnaître à ce seul symptôme, qu'arrivés à deux heures, c'était l'usage de ce temps-là, nous y étions souvent encore presque tous à sept et huit heures du soir.
>
> Or, c'est là qu'il fallait entendre la conversation la plus libre, la plus animée et la plus instructive qui fût jamais. Quand je dis libre, j'entends en matière de philosophie, de religion, de gouvernement, car les plaisanteries libres dans un autre genre en étaient bannies.
>
> Cicéron a dit en quelque endroit qu'il n'y a point d'opinion si extravagante qui n'ait été avancée par quelque philosophe. Je dirai de même qu'il n'y a point de hardiesse politique et religieuse qui ne fût là mise en avant et discutée *pro et contra*, presque toujours avec beaucoup de subtilité et de profondeur.
>
> Souvent un seul y prenait la parole, et proposait sa théorie paisiblement et sans être interrompu. D'autres fois, c'était un combat singulier en forme, dont tout le reste de la société était tranquille spectateur : manière d'écouter que je n'ai trouvée ailleurs que bien rarement[2].

Ce qui a le plus frappé les contemporains dans le salon de d'Holbach, c'est la position que les convives prennent à l'égard de la religion. Quand Hume, arrivant à Paris, déclare qu'il n'a jamais rencontré de véritable athée, d'Holbach lui présente comme tels quinze de ses dix-huit invités. Seul Rousseau, qui dépeindra d'Holbach sous les traits de M. de Wolmar dans *La Nouvelle Héloïse*, s'éloignera du groupe et critiquera durement la « coterie holbachique » dans les *Confessions*. À partir de 1761, le baron commence à mener dans le secret de son cabinet une besogne clandestine[3].

Avec le concours de Naigeon, il publie clandestinement toute une série d'écrits antireligieux, matérialistes, mais aussi traitant de politique et de morale : des éditions de manuscrits inédits comme les *Recherches sur l'origine du despotisme oriental* de Nicolas-Antoine Boulanger (1761), des traductions de l'anglais comme *De l'imposture sacerdotale* (1767), *Les Prêtres démasqués* (1768) ou *De la cruauté religieuse* (1769). À cela s'ajoutent les œuvres personnelles du baron : des brûlots antichrétiens comme *Le Christianisme dévoilé* (1766), *La Contagion sacrée*, *Lettres à Eugénie*, *Théologie portative* (tous trois de 1768), des écrits matérialistes comme le retentissant *Système de la nature* sur lequel nous reviendrons, enfin des ouvrages politiques comme *La Politique naturelle* (1773), *Éthocratie* et *La Morale universelle* (1776). Il y exprime sa conviction que l'émancipation de la raison assurera, avec la ruine des religions, le bonheur du genre humain qu'il conçoit dans l'accomplissement de la destinée naturelle de l'homme et de ses devoirs de citoyen envers la collectivité. Après la mort de Diderot, d'Holbach reçoit de moins en moins mais continue à s'intéresser aux progrès de ses idées. Il meurt en janvier 1789 sans un mot de confidence, en respectant jusqu'à la fin l'anonymat absolu qu'il s'était imposé. Le rôle capital pour l'histoire de la philosophie que d'Holbach a joué pendant la deuxième moitié du XVIIIe siècle tient tout à la fois à l'importance décisive de l'appui financier qu'il prodigua à l'*Encyclopédie*, à la force théorique des écrits qu'il aida à diffuser, à l'envergure de sa propre pensée ainsi qu'à l'action politique et théorique aux débuts de la Révolution de ceux qui furent ses amis, ses collaborateurs ou ses jeunes protégés.

Diderot rencontra d'Holbach peu de temps après sa sortie de prison, et tout de suite le baron est enrôlé dans la grande entreprise encyclopédique. Dans l'avertissement au tome II, les éditeurs de l'*Encyclopédie* présentent leur nouveau collaborateur avec force éloges et beaucoup d'admiration :

> Mais nous devons surtout beaucoup à une personne dont l'allemand est la langue maternelle et qui est très versée dans les matières de minéralogie, de métallurgie et de physique. Elle nous a donné sur ces différents objets une multitude prodigieuse d'articles, dont on trouvera

déjà une quantité considérable dans ce second volume. Ces articles sont extraits des meilleurs ouvrages allemands sur la chimie, que la personne dont nous parlons a bien voulu nous communiquer. On sait combien l'Allemagne est riche en ce genre, et nous osons en conséquence assurer que notre ouvrage contiendra sur une si vaste matière un grand nombre de choses intéressantes et nouvelles qu'on chercherait en vain dans nos livres français.

Ce savant ne s'est pas contenté de nous rendre un si grand service. Il nous a fourni encore plusieurs articles sur d'autres matières, mais il a exigé que son nom demeurât inconnu ; c'est ce qui nous empêche de faire connaître au public le nom de ce philosophe citoyen qui cultive les sciences sans intérêt, sans ambition et sans bruit, et qui, content du plaisir d'être utile, n'aspire pas même à la gloire si légitime de le paraître.

L'anonymat de cette présentation sera levé dans la préface du tome III, où les éditeurs révèlent au public que l'auteur des articles signés (–) est « M. le baron d'Holbach ». On en compte plus de quatre cents auxquels il faut ajouter plusieurs centaines d'articles anonymes, parmi les plus audacieux concernant la politique et la religion. Parallèlement à son activité d'encyclopédiste, d'Holbach traduisit en français une dizaine d'ouvrages allemands sur la chimie métallurgique, la minéralogie, l'art des mines et la géologie. Il a lui-même justifié l'utilité de ses traductions en invoquant l'indifférence des Français pour leurs propres richesses : « Malgré les grands avantages qui peuvent en résulter, la France, d'ailleurs si favorisée par la nature, ne s'est encore occupée que faiblement des trésors qu'elle peut renfermer dans son sein. [...] Les Allemands, qui depuis plusieurs siècles cultivent la minéralogie avec le plus grand soin, ne manquent point d'ouvrages en ce genre ; ce goût fondé sur les avantages qu'ils en retirent, loin de se ralentir chez eux, semble prendre un accroissement perpétuel[4]. »

Quand Diderot propose à d'Holbach de collaborer à l'*Encyclopédie*, il recrute bien plus qu'un faiseur d'articles. Dans les moments de crise où le Dictionnaire avait à affronter de nombreuses attaques, il a pu compter sûrement sur son ami. Comparée à l'éloge des éditeurs, la contribution du baron d'Holbach dans le domaine des sciences est cependant assez décevante. Beaucoup d'articles ne sont que de simples notices de dictionnaire, des références techniques. Mais certains autres comme *Fossiles* ou *Couches de la Terre* sont des exposés de plus grande importance, car ils touchent à des questions capitales des sciences naturelles, particulièrement à la géologie, qui lance à l'époque le premier défi de la science aux traditions de la Genèse. La virulence du baron éclate surtout dans les articles consacrés à des problèmes politiques et religieux, qui sont parmi les plus osés de tout l'ouvrage (*Représentants*, *Prêtres*). À côté de sa contribution matérielle à l'*Encyclopédie*, d'Holbach a joué un rôle déterminant dans l'orientation et la réussite de l'entreprise. Un cinquième environ des 139 collaborateurs connus de l'*Encyclopédie* fut reçu chez lui à Paris ou au Grandval. D'après l'analyse pénétrante de Frank A. Kafker, ces invités du baron « formaient un groupe d'une importance cruciale, car ils constituaient la majorité de ceux qui ont écrit les articles dont le dessein était de réformer les pratiques de l'Église et de l'État. L'*Encyclopédie*, considérée comme une œuvre de réforme, aurait été beaucoup plus conservatrice sans l'apport de ces vingt-huit collaborateurs. On peut même aller jusqu'à dire qu'elle aurait changé de caractère[5] ».

Les rencontres chez d'Holbach exercèrent une influence certaine sur les progrès de l'*Encyclopédie*. À certains moments, Diderot voit le baron tous les jours, quand il ne fait pas au Grandval de longs séjours de plusieurs mois. À partir de 1759, Diderot informe ses correspondants de manière très détaillée de la vie quotidienne en compagnie du baron et de ses invités. « On m'a installé dans un petit appartement séparé, bien tranquille, bien gai et bien chaud. C'est là qu'entre Horace et Homère et le portrait de mon amie, je passe des heures à lire, à méditer, à écrire et à soupirer. C'est mon occupation depuis six heures du matin jusqu'à une heure. À une heure et demie, je suis habillé et je descends dans le salon où je trouve tout le monde rassemblé. J'ai quelquefois la visite du baron ; il en use à merveille. S'il me voit occupé, il me salue de la main et s'en va. S'il me trouve désœuvré, il s'assied et nous causons. La maîtresse de la maison ne rend point de devoirs et n'en exige aucun. On est chez soi, et non chez elle[6]. » Tout en travaillant pour l'*Encyclopédie*, Diderot ne reste pas insensible aux joies d'une table toujours abondamment fournie de victuailles et de bons vins :

Nous dînons, bien et longtemps. La table est servie ici comme à la ville, et peut-être plus somptueusement encore. Il est impossible d'être sobre, et il est impossible de n'être pas sobre et de se bien porter. Après dîner, les dames causent, le baron s'assoupit sur un canapé, et moi je deviens ce qu'il me plaît. Entre trois et quatre, nous prenons nos bâtons et nous allons promener ; les femmes de leur côté, le baron et moi du nôtre. Nous faisons des tournées très étendues. Rien ne nous arrête, ni les coteaux, ni les bois, ni les fondrières, ni les terres labourées. Le spectacle de la nature nous plaît à tous deux. Chemin faisant, nous parlons ou d'histoire, ou de politique, ou de chimie, ou de littérature, ou de physique, ou de morale. Le coucher du soleil et la fraîcheur de la soirée nous rapprochent de la maison où nous n'arrivons guère avant sept heures. [...] Nous nous reposons un moment, ensuite nous commençons un piquet. Le baron nous fait la chouette. Il est maladroit, mais il est heureux. Ordinairement le souper interrompt notre jeu. Nous soupons. Au sortir de table, nous achevons notre partie. Il est dix heures et demie. Nous causons jusqu'à onze. À onze heures et demie, nous sommes tous endormis ou nous devons l'être. Le lendemain nous recommençons[7].

Diderot est comme chez lui au Grandval. « Nous nous sommes bien embrassés, Mme d'Aine et moi, raconte-t-il après un départ. Je l'ai remerciée de mon mieux. Elle m'a dit que la chambre que j'occupais serait dorénavant appelée la mienne, et que je ne pourrais jamais m'installer ni trop tôt, ni trop longtemps. Nous avons eu, le baron et moi, deux moments fort doux : l'un en nous retrouvant, quand j'arrivai au Grandval, l'autre en nous séparant aujourd'hui. Il avait, ces deux jours-là, l'air touché : la première fois de plaisir, la seconde fois de peine[8]. » Quand il y séjourne, les matinées sont généralement réservées au travail. À côté de sa besogne encyclopédique, Diderot rédige au Grandval son premier *Salon* et corrige comme il peut les publications clandestines du baron, non sans s'en plaindre parfois. De caractère inégal, d'Holbach avait la parole vive et n'aimait pas perdre au jeu. Plus d'une fois, il se dispute avec ses hôtes, sans oublier de se réconcilier avec eux une fois la colère passée. « Mais à propos du baron, écrit Diderot, le lendemain de son incartade, il entra chez moi le matin, et il me dit : "Il est une mauvaise qualité que j'ai, parmi beaucoup d'autres que vous me connaissez déjà ; c'est que, sans être avare, je suis mauvais joueur. Je vous ai brusqué hier bien ridiculement. J'en suis fâché"[9]. » Mais d'autres froissements et d'autres difficultés l'attendent encore. Confronté aux caprices de son hôte, Diderot s'exclame devant Sophie Volland : « Il est sûr que ce baron ne sent pas la valeur d'un ami. Je prédis qu'un jour cet homme sera seul ! Quelle vieillesse, quelle triste vieillesse l'attend ! Que je plaindrai ceux qui ne pourront s'éloigner de lui. [...] Le baron pèche par quelque endroit du fond. Son cœur n'a pas assez de tenue. Je ne sais si la richesse ne l'a pas un peu gâté. Il n'a de la bonté que dans la tête. Pour faire le bien, il faut qu'il s'argumente. Ce n'est pas un besoin qu'il sente[10]. » Malgré tout, ces fâcheries sont de courte durée et ne sauraient altérer l'exceptionnelle communauté d'idées qui réunit pendant près de trente ans les deux hommes au sein du mouvement philosophique et de ses luttes.

Un autre homme de lettres allemand, qui ne deviendra baron du Saint-Empire que sur le tard, a joué un rôle au moins aussi important que d'Holbach dans la vie de Diderot. Né à Ratisbonne en 1723, la même année que son compatriote d'Holbach, Frédéric Melchior Grimm[11] a fait des études de littérature, d'histoire, de philosophie et de droit public à l'Université de Leipzig, dont l'enseignement était alors de haut niveau. En janvier 1749, il arrive à Paris en tant que précepteur du fils cadet du comte de Schomberg (Schönberg). Introduit dans les milieux allemands de la capitale, il y devient secrétaire du comte de Friesen et commence à fréquenter l'entourage du jeune prince héréditaire de Saxe-Gotha, Frédéric, auquel il donne des cours d'allemand et de latin en vue de devenir son précepteur. C'est dans la maison du prince Frédéric que Grimm rencontre un autre étranger encore inconnu, Jean-Jacques Rousseau, et se lie avec lui à cause de leurs goûts musicaux. « Nous musiquâmes tout le jour au clavecin du prince, racontera Rousseau dans ses *Confessions*. Et ainsi commença cette amitié qui d'abord me fut si douce, enfin si funeste[12]. » Au début, les deux hommes ne se quittent plus : ils chantent des airs italiens et des barcarolles, se promènent ou vont au spectacle. En 1751, leur amitié connaît un fléchissement qui s'accentuera par la suite. Pris de passion pour une cantatrice, Mlle Fel, mais éconduit par elle, Grimm est tombé dans une étrange maladie de langueur :

> Il passait les jours et les nuits dans une continuelle léthargie, les yeux bien ouverts, le pouls bien battant, mais sans parler, sans manger, sans bouger, paraissant quelquefois entendre, mais ne répondant jamais, pas même par signe, et du reste sans agitation, sans douleur, sans fièvre, et restant là comme s'il eût été mort. L'abbé Raynal et moi nous partageâmes sa garde. L'abbé, plus robuste et mieux portant, y passait les nuits, moi les jours, sans le quitter jamais ensemble ; et l'un ne partait jamais que l'autre ne fût arrivé. Le comte de Friesen, alarmé, lui amena Senac, qui, après l'avoir bien examiné, dit que ce ne serait rien, et n'ordonna rien. Mon effroi pour mon ami me fit observer avec soin la contenance du médecin, et je le vis sourire en sortant. Cependant le malade resta plusieurs jours immobile, sans prendre ni bouillon, ni quoi que ce fût, que des cerises confites que je lui mettais de temps en temps sur la langue, et qu'il avalait fort bien. Un beau matin il se leva, s'habilla, et reprit son train de vie ordinaire, sans que jamais il m'ait reparlé, ni, que je sache, à l'abbé Raynal, ni à personne, de cette singulière léthargie, ni des soins que nous lui avions rendus tandis qu'elle avait duré.

Cette belle passion était-elle feinte, comme Rousseau semble le suggérer ? Quoi qu'il en soit, elle « mit Grimm à la mode ; bientôt il passa pour un prodige d'amour, d'amitié, d'attachement de toute espèce. Cette opinion le fit rechercher et fêter dans le grand monde, et par là l'éloigna de moi, qui jamais n'avais été pour lui qu'un pis-aller. Je le vis prêt à m'échapper tout à fait, car tous les sentiments vifs dont il faisait parade étaient ceux qu'avec moins de bruit j'avais pour lui[13] ».

Grâce à Rousseau, Grimm est introduit chez le baron d'Holbach, dont il deviendra un familier, et c'est encore par l'intermédiaire de Rousseau qu'il fait la connaissance de Diderot : « Je les liai ; ils se convinrent, et s'unirent encore plus étroitement entre eux qu'avec moi », rapporte-t-il non sans aigreur rétrospective[14]. On possède peu d'informations sur leurs relations avant 1756, mais de nombreux témoignages attestent le fort attachement qui liait les deux hommes. Une lettre de Grimm prouve l'estime extrême qu'il porte à son ami : « Vous êtes mon ami, vous êtes mon maître, vous me rendez compte de ce que je pense, et vous m'y confirmez. Il faut donc aimer les hommes, ne fût-ce que parce qu'ils se tiennent sur deux pieds comme vous[15]. » L'affection de Diderot pour son cadet de dix ans n'est pas moins chaleureuse : « J'aime Grimm. Dans d'autres circonstances mon cœur aurait tressailli à la seule pensée que j'allais le recouvrer et l'embrasser ; avec quelle impatience n'aurais-je pas attendu cet homme si cher[16] ! » L'ami de cœur de Diderot, ce sera toujours Grimm. Avec d'Holbach, les relations restent essentiellement intellectuelles ; avec Grimm, il peut être tendre et n'a pas de secrets. Quand on compare les lettres que Diderot adressa à la femme de sa vie, Sophie Volland, avec celles expédiées à Grimm, on est parfois frappé par la similitude du ton, par l'ambiguïté des termes employés pour l'un et pour l'autre. Un jour, il confie à sa maîtresse que Grimm « est arrivé sur le champ de la Briche. Avec quels plaisirs nous nous sommes embrassés. Je les ai baisés, n'en soyez point jalouse ; oui, comme si c'eût été les vôtres, je les ai baisés cent fois, ces yeux si beaux[17] ». Une autre lettre donne d'une des retrouvailles des deux amis un tableau plus passionné encore :

> Quel plaisir j'ai eu à le revoir et à le recouvrer ! Avec quelle chaleur nous nous sommes serrés ! Mon cœur nageait. Je ne pouvais lui parler, ni lui non plus. Nous nous baisions sans mot dire, et je pleurais. Nous ne l'attendions pas. Nous étions encore au dessert quand on l'annonça : « C'est monsieur Grimm. » – « C'est monsieur Grimm ! », repris-je avec un cri ; et je me levai et je courus à lui, et je sautai à son col. Il s'assit, il dîna mal je crois. Pour moi, je ne pus desserrer les dents ni pour manger ni pour parler. Il était à côté de moi. Je lui tenais la main et je le regardais. [...] Après dîner, notre tendresse reprit, mais elle fut un peu moins muette. Je ne sais comment le baron, qui est un peu jaloux et qui peut-être était un peu négligé, regardait cela. Je sais seulement que ce fut un spectacle bien doux pour les autres, car ils me l'ont dit. [...] On en a usé avec nous comme avec un amant et une maîtresse pour qui on aurait des égards. On nous a laissés seuls dans le salon. On s'est retiré, le baron même. Comment cet homme a-t-il eu la délicatesse de sentir qu'il était lui-même de trop ? Il faut que notre entrevue l'ait singulièrement frappé[18].

On se doute bien que les rapports entre les deux amis ne furent pas sans points de friction et refroidissements passagers, jusqu'à la rupture en 1781[19]. Dévoré d'ambition, calculateur, dominateur et dévorant, Grimm avait des ambitions politiques et diplomatiques qu'il faisait parfois passer devant ses amitiés. Dès 1760, Diderot et Mme d'Épinay, la compagne de Grimm, constatent chez lui des changements inquiétants : « Nous passâmes la soirée tête-à-tête. Elle se plaignit bien amèrement de mon ami, et des larmes bien abondantes et bien vraies accompagnaient ses plaintes. Il s'ennuie. Il ne lui parle point quand il la voit. Il ne la voit qu'à son corps défendant. Il lui fait de petits mensonges qui abusent sa confiance. Il va passer à l'opéra ou à la comédie des heures qu'il pourrait lui donner. Il devient vain. Il aime la parure. Il cherche la dissipation. Il se fait des distractions qui emploient toutes ses journées. La sévérité de ses principes se perd. Il distingue deux justices : l'une à l'usage des particuliers, l'autre à l'usage des souverains. Je vois tout cela comme elle ; cependant je l'excuse tant que je puis. À chaque reproche, j'ajoute en refrain : "Mais il est jeune, mais il est fidèle, mais vous l'aimez" ; et puis elle rit[20]. »

Après avoir noué des contacts avec les écrivains et intellectuels français les plus importants, Grimm essaie de se faire connaître dans le monde littéraire en publiant dans le prestigieux *Mercure de France* en 1750 et 1751 deux modestes *Lettres sur la littérature allemande*. La reprise à l'Opéra de la tragédie lyrique d'*Omphale* (paroles de Lamotte, musique de Destouches, 1701) lui inspire en 1752 une brochure intitulée *Lettre de M. Grimm sur Omphale*, dans laquelle il attaque le genre de l'opéra français, représenté par Lulli, tout en faisant l'éloge de la musique italienne ; Rameau seul, auquel il rend un hommage appuyé, marque selon lui un renouveau de la musique française. Un anonyme ayant répliqué par des *Remarques au sujet de la lettre de M. Grimm sur Omphale*, Rousseau intervient à ses côtés avec une *Lettre à M. Grimm au sujet des Remarques ajoutées à sa Lettre sur Omphale*, parue sous l'anonymat, où il agresse Rameau et oppose, avec son habituelle véhémence, la grâce et la légèreté de la musique italienne aux lourdeurs de la musique française. Le 1er août 1752, les « Bouffons », une troupe italienne d'opéra bouffe (*opera buffa*), donne à l'Académie royale de musique leur premier spectacle, *La Serva padrona* (*La Servante maîtresse*), intermède de Pergolèse qui, *dixit* Rousseau, « déboucha les oreilles françaises[21] ». La Querelle des Bouffons est lancée.

On a dit avec raison que le débat, sur le plan purement théorique, était vicié à l'origine car il se bornait à vouloir opposer un genre noble (la tragédie lyrique française) non pas à l'*opera seria* des Italiens mais à une farce musicale, l'opéra-bouffe, comme si on avait prétendu mettre en parallèle les tragédies de Racine et les comédies de Goldoni[22]. Mais l'essentiel n'est pas là. Les discussions sur la musique, la lutte pour la rénovation du goût musical, font partie intégrante de l'assaut général livré par les philosophes contre l'Ancien Régime. Peut-être Rousseau a-t-il exagéré la netteté du clivage, mais il n'eut pas entièrement tort, loin s'en faut, lorsqu'il disait que « tout Paris se divisa en deux partis plus échauffés que s'il se fût agi d'une affaire d'État ou de religion. L'un plus puissant, plus nombreux, composé des grands, des riches et des femmes, soutenait la musique française ; l'autre plus vif, plus fier, plus enthousiaste, était composé des vrais connaisseurs, des gens à talents, des hommes de génie. Son petit peloton se rassemblait à l'Opéra, sous la loge de la reine. L'autre parti remplissait tout le reste du parterre et de la salle ; mais son foyer principal était sous la loge du roi. Voilà d'où vinrent ces noms de partis célèbres dans ce temps-là, de *Coin du roi* et de *Coin de la reine*[23]. » Les philosophes et leurs partisans trouvaient l'opéra italien plus riche et plus varié en inventions musicales, plus mélodieux, mieux à même de rendre les émotions ; par contre, la musique de l'opéra français leur semblait raide et monotone, chargée de récitatifs longs et ennuyeux, insistant trop sur l'harmonie aux dépens de la mélodie. L'admiration du Coin de la reine pour la musique italienne était également déterminée par la volonté de s'opposer aux formes admises et traditionnelles de l'opéra français, genre « noble » par excellence. Sous l'Ancien Régime, l'opéra (comme la tragédie) se mouvait de préférence dans l'Antiquité et sa mythologie héroïque et galante. Jusqu'à Rameau, la place de la musique était passablement réduite ; l'opéra donnait à voir avant de donner à entendre. Ses caractéristiques principales étaient la majesté, la pompe et la solennité, mais aussi une sensibilité très raffinée, très contenue, une émotion proprement *aristocratique* qui éprouve répugnance à toute expression accusée, laquelle semblerait presque une grossièreté. Tout autre était la situation en Italie où les musiciens, par leur souci exclusif de la mélodie, retrouvaient, dans la tradition de la *commedia dell'arte*, un certain naturel dans l'expression des sentiments. Le répertoire des Bouffons apparut ainsi en France comme un brusque retour à la vérité, à la simplicité, à la « nature » : les philosophes se mettent à rêver d'une musique qui, dans la violence d'une émotion unanime, transforme le public en une communauté unie. Personne n'a mieux analysé que d'Alembert cet aspect politique du goût musical quand il observait, en 1759, qu'il fallait respecter en France la musique autant que la religion et le gouvernement :

> Je m'étonne d'abord que dans un siècle où tant de plumes se sont exercées *sur la liberté du commerce, sur la liberté des mariages, sur la liberté de la presse, sur la liberté des toiles peintes,* personne n'ait encore écrit sur *la liberté de la musique*. Être esclave dans nos divertissements, ce serait, pour employer l'expression d'un écrivain philosophe, dégénérer non seulement de la liberté, mais de la servitude même. *Vous avez la vue bien courte*, répondent nos grands politiques ; *toutes les libertés se tiennent, et sont également dangereuses. La liberté de la musique suppose celle* de sentir*; la liberté de sentir entraîne celle* de penser*, la liberté de penser celle* d'agir*, et la liberté d'agir est* la ruine des États. *Conservons donc* l'Opéra *tel qu'il est, si nous avons envie de conserver* le royaume, *et mettons un frein à la licence* de chanter*, si nous ne voulons pas que celle* de parler *la suive bientôt.* [...] On aura peine à le croire, mais il est exactement vrai que dans le dictionnaire de certaines gens, *bouffoniste*, *républicain*, *frondeur*, *athée*, j'oubliais *matérialiste*, sont autant de termes synonymes[24].

En novembre 1752, d'Holbach reprend, dans sa *Lettre à une dame d'un certain âge sur l'état présent de l'opéra*, les remarques acerbes de Grimm contre *Omphale* et l'opéra français et dénonce une « musique gothique et barbare qui a fait assez longtemps notre ennui et la risée des étrangers ». Au mois de janvier 1753, Grimm enfonce le clou avec un pamphlet caustique, *Le Petit Prophète de Boehmischbroda*, dans lequel il persifle, en style biblique, le Coin du roi et la tragédie lyrique à la française. Le petit prophète, musicien affamé vivant dans un grenier à Prague, a été transporté par magie pendant son sommeil à l'Opéra de Paris, et ce qu'il y voit et entend l'ennuie terriblement. « Le *Prophète* a eu un succès prodigieux à Paris, se vante Grimm. On en a fait trois éditions en un mois[25]. » L'attaque n'est pas restée sans réponse. Parmi les pamphlets écrits pour soutenir le crédit de l'opéra français figure une *Réponse du Coin du roi au Coin de la reine* qui se termine par un trait contre Grimm et d'Holbach sous forme d'*Avis au public* : « Vous êtes avertis que le Goût a été perdu sur la place du Palais-Royal. Il a été trouvé par deux Allemands ; ils sont priés de le rendre lorsqu'on leur aura demandé compte de ce qu'ils ont cru trouver. » D'Holbach réplique par un *Arrêt rendu à l'amphithéâtre de l'Opéra*, qui reflète les positions du groupe des philosophes, puis Diderot entre dans la danse avec une adresse *Au petit prophète de Boehmischbroda*, suivie des *Trois Chapitres ou la Vision de la nuit du Mardi gras au mercredi des Cendres*, où il reprend le style biblique de Grimm pour un éloge enthousiaste de l'opéra de Rousseau, *Le Devin du village*, qui, après deux représentations triomphales à Fontainebleau au mois d'octobre précédent, venait d'être repris avec un même succès à l'Opéra. « Le côté conventionnel et moralisateur des personnages du *Devin*, remarque Pierre Citron avec justesse, devait plaire à celui qui allait bientôt se faire le panégyriste de Greuze et l'apôtre du drame bourgeois[26]. » Les deux brochures de Diderot, bien que divertissantes, sont œuvres éphémères de circonstance et ne méritent pas de retenir l'attention du lecteur moderne. Il ne veut surtout pas se brouiller avec Rameau, sous lequel il a étudié la composition[27] et dont il a fait l'éloge dans *Les Bijoux indiscrets* sous le nom de Utremifasolasiututut. Non seulement le musicien du roi est puissant, mais Diderot lui a demandé de rédiger quelques articles sur la musique pour l'*Encyclopédie*. Voulant prendre de la hauteur et se placer en arbitre, il attaque dans ses libelles moins l'opéra français qu'il ne se moque de ses dogmatiques partisans.

Toute cette multitude de petits pamphlets ne portait pas de coups sérieux : avec l'entrée de Rousseau dans l'arène, le débat allait changer de visage. Voulant dépasser les disputes stériles, il aborde le problème en technicien : son argumentation se fonde sur les rapports du langage musical et de la langue. L'italien, langue sonore, a pu engendrer un art musical à sa mesure alors que le français, langue sourde, se prête mal – c'est Rousseau qui le prétend – à la mélodie. La conclusion de sa *Lettre sur la musique française* (1753) est connue : « Je crois avoir fait voir qu'il n'y a ni mesure ni mélodie dans la musique française, parce que la langue n'en est pas susceptible ; que le chant français n'est qu'un aboiement continuel, insupportable à toute oreille non prévenue ; que l'harmonie en est brute, sans expression, et sentant uniquement son remplissage d'écolier ; que les airs français ne sont point des airs ; que le récitatif français n'est point du récitatif. D'où je conclus que les Français n'ont point de musique, et n'en peuvent avoir ; ou que, si jamais ils en ont une, ce sera tant pis pour eux[28]. » On comprend sans peine que cette sortie valut à Rousseau la gloire d'être brûlé en effigie par l'orchestre de l'Opéra et interdit d'entrée à la scène de l'Académie royale de musique ! Après le départ de la troupe des Bouffons, le 7 mars 1754, sur ordre du roi excédé par le tumulte provoqué, la Querelle se termina peu après au milieu de l'indifférence générale. En ruinant définitivement la tragédie lyrique qui avait jusqu'alors triomphé sur la scène française, elle assurait le triomphe d'un genre hybride destiné à un brillant avenir : l'opéra-comique.

Grâce au *Petit Prophète de Boehmischbroda*, Grimm a désormais sa place dans les milieux intellectuels de la capitale. Il décide alors de s'installer à Paris d'où il commence à envoyer, à partir de mai 1753, les premières feuilles de sa *Correspondance littéraire, philosophique et critique* qu'il dirigera de main de maître pendant les vingt ans à venir. Situées à mi-chemin entre la lettre privée ou érudite et le journal littéraire, de nombreuses correspondances littéraires, le plus souvent écrites à la main, furent envoyées, depuis les années 1730, en province et à l'étranger à un ou plusieurs destinataires en échange d'une somme plus ou moins considérable. Leur contenu était très divers : échos mondains, nouvelles de la Cour et de la Ville, faits divers, informations sur le théâtre et les livres qui viennent de paraître. On sait qu'à l'époque, la France fait figure de modèle pour de nombreux princes et aristocrates européens dont le mode de vie et les préoccupations intellectuelles s'inspirent de la France de Louis XIV et de Louis XV. Grâce aux missives envoyées par leurs correspondants français, Paris, centre de la République des lettres, est tout proche. La *Correspondance littéraire* de Grimm fut sans conteste le chef-d'œuvre du genre. Au rythme d'une lettre tous les quinze jours, puis d'une par mois, ses abonnés recevaient, par courrier diplomatique et sous la promesse du secret absolu, toutes les nouvelles littéraires, dramatiques, philosophiques, politiques et mondaines, le jugement et l'analyse de toutes les publications importantes. Parfois, Grimm se chargeait aussi de leur expédier des rubans, des montres ou des meubles. Ses « pratiques » (au sens de clients), tous des princes souverains étrangers, se comptaient d'abord sur les doigts d'une main, puis leur réputation en augmenta le nombre : près de vingt souscripteurs étaient abonnés, plus ou moins durablement, entre 1753 et 1793 aux feuilles de Grimm. Aux fidèles de la première heure comme la duchesse Louise-Dorothée de Saxe-Gotha et la « Grande landgravine » Caroline de Hesse-Darmstadt se joignirent, au fil du temps, la reine Louise-Ulrique et le roi Gustave III de Suède, l'impératrice de Russie Catherine II, le roi de Prusse Frédéric II et Stanislas II Auguste Poniatowski, roi de Pologne, pour n'en citer que les plus connus. Lorsqu'il passe la main à son successeur, Grimm se trouve à la tête d'une entreprise lucrative : avec une douzaine d'abonnés réguliers, la *Correspondance littéraire* lui rapporte alors 9 000 livres par an, voire plus. En 1773, il engage un remplaçant à plein-temps, le Zurichois Jacques-Henri Meister, auquel il confie l'entière responsabilité rédactionnelle deux ans plus tard. Installé à Zurich à partir de 1793, Meister continuera encore durant vingt ans, jusqu'en 1813, à rapporter l'actualité parisienne à ses lecteurs. Publiée pour la première fois en 1813 en 17 volumes, la *Correspondance littéraire* de Grimm et de Meister connut plusieurs rééditions au cours du XIXe siècle ; en raison de son contenu documentaire, elle reste encore de nos jours l'une des plus importantes sources d'information sur le siècle des Lumières, sa littérature, le théâtre en particulier, les publications nouvelles, les expositions de peinture, et ainsi de suite.

Par sa fonction de correspondant ou d'agent littéraire, Grimm est lié aux milieux diplomatiques de la capitale. À partir de 1759, il s'engage dans une carrière de « factotum » et de diplomate qui finira par l'emporter sur sa carrière journalistique. En 1769, le duc de Saxe-Gotha lui accorde le titre de conseiller privé de légation avec une pension de 1 600 livres ; six ans plus tard, il devient son ministre plénipotentiaire à Paris. Anobli en 1772, Grimm est fait baron du Saint-Empire par la cour de Vienne en 1777. Après avoir abandonné ses feuilles à Meister, il poursuit inlassablement sa seconde carrière d'agent international culturel entre la France et la grande aristocratie européenne. À partir de 1776, il est au service de Catherine II, avec des appointements d'environ 10 000 livres. Obligé de quitter Paris en 1792, il s'installe à Gotha en 1793, où il tient la caisse d'aide aux émigrés français. En 1797, on le trouve à Hambourg. Devenu presque aveugle, Grimm retourne à Gotha pendant l'été 1800 où il meurt dans l'oubli le 19 décembre 1807.

Rédigée dans l'intention d'éclairer les princes étrangers sur la vie intellectuelle parisienne, la *Correspondance littéraire* est rapidement devenue le porte-parole des Lumières et l'écho durable des idées de Voltaire, des encyclopédistes, et surtout de Diderot. Celui-ci aide volontiers son ami dans son travail de rédacteur, surtout quand Grimm est en voyage et que lui manquent les nouveautés littéraires de Paris. En 1759, il lui écrit par exemple à Genève : « Voici encore un volume pour vous ; pourvu que cela vous serve. C'est l'analyse de la tragédie de *Dom Carlos* de M. de Chimène ; c'est l'analyse de *La Suivante généreuse*, qu'on vient de jouer au Français ; c'est un feuillet volant sur la brochure de Chaumeix. Faites de ce bavardage ce qu'il vous plaira, mais surtout supprimez partout mon nom[29]. » Si le travail de journaliste s'avère parfois être un véritable fardeau – car Grimm n'hésite pas à exploiter son ami même jusqu'à son extrême limite –, Diderot y trouve aussi son compte. Le destin des *Pensées philosophiques*, brûlées sur un bûcher, l'incarcération à Vincennes et les tracas autour de l'*Encyclopédie* lui ont révélé avec éclat le danger de s'exprimer sans retenue ; en revanche, les abonnés princiers de la *Correspondance littéraire*, tous favorables aux Lumières (du moins si elles ne devenaient pas trop menaçantes pour l'ordre établi), n'ont pas les mêmes scrupules que les magistrats ou les hommes d'Église en France. Obligé de se taire dans sa patrie où il est soumis à la tyrannie de la censure, Diderot peut (presque) tout dire dans le périodique de Grimm, et c'est l'élite de l'Europe qui le lit. En dehors des articles journalistiques, il lui confie ses *Salons* puis, à partir de 1770, les grandes œuvres de la maturité, en particulier ses contes et ses romans (sauf *Le Neveu de Rameau*, resté inédit au XVIIIe siècle), mais aussi des textes politiques et philosophiques. Quelle eût été sa surprise de lire, dans une lettre de son ancien compagnon d'armes à Catherine II, cette appréciation peu amène portée sur lui deux ans après sa mort avec une condescendance insultante : « Quant à Diderot d'indiscrète mémoire, il m'a prouvé toute sa vie qu'il y a une providence pour les fous et pour les enfants ; il est resté mineur toute sa vie, mais hors de tutelle. J'ai cru pouvoir me charger de cette tutelle pendant un certain temps, et j'ai pensé en mourir de chagrin. » Après cette entrée en matière, Grimm s'en prend à « ce philosophe », comme il dit, qui avait osé critiquer les idées politiques de l'impératrice dans ses *Observations sur le Nakaz* : « Après cela, j'aime bien que Votre Majesté me défende son *Instruction* contre les rêvasseries d'un imbécile : car Diderot qui avait une tête d'aigle quand il restait dans sa sphère, l'était lorsqu'il en sortait. Cela lui arrivait souvent avec sa souveraine et immortelle bienfaitrice, et l'admiration qu'elle m'a inspirée pour sa sublime sagesse et sa bonté imperturbable pendant le séjour de ce philosophe à Pétersbourg, restera ineffaçable dans mon cœur tant que je vivrai[30]. » S'étant peu à peu abaissé à la triste condition de serviteur des grands, Grimm a vu son esprit se rétrécir et se fermer à ce qu'autrefois il admirait. C'est qu'il n'était pas de la trempe d'un d'Holbach défiant la censure : il ne songeait qu'à faire sa cour et à avancer ses affaires.

4

De l'interprétation de la nature

Grâce à son travail pour l'*Encyclopédie*, Diderot est amené à fréquenter Jean Le Rond d'Alembert, de quatre ans et demi son cadet. Fils naturel de la célèbre salonnière Mme de Tencin et du chevalier Destouches, celui-ci fut trouvé exposé et abandonné sur les marches de la chapelle de Saint-Jean-Le-Rond ; plus tard il prit le nom de Daremberg puis D'Alembert ou Dalembert. Âgé d'à peine 22 ans, il publia en 1739 un *Mémoire sur le calcul intégral* qui assura sa réputation. Admis comme adjoint géomètre à l'Académie des sciences en 1741, il fit ensuite paraître de nombreux mémoires qui consolidèrent sa position dans les milieux scientifiques. En 1743, l'année même où Diderot publia sa traduction de l'*Histoire de Grèce*, d'Alembert donna son *Traité de dynamique* dans lequel il énonça, pour la première fois, l'un des principes essentiels de la mécanique classique connu de nos jours sous le nom de « principe de d'Alembert ». Ami de Voltaire et de Diderot – d'après Condorcet et Naigeon, les deux codirecteurs de l'*Encyclopédie* se connaissaient depuis leur jeunesse –, d'Alembert devient grâce au *Discours préliminaire* une figure marquante des Lumières. Publié en tête du premier volume du Dictionnaire, le *Discours* apparaît comme une admirable synthèse des orientations philosophiques des encyclopédistes. Reconnaissant en Descartes le fondateur de la nouvelle méthodologie scientifique, d'Alembert le congédie cependant en faveur de l'empirisme anglais : les conceptions d'après lesquelles il délimite le cadre des connaissances humaines et leurs rapports entre elles dérivent directement de l'*Essai philosophique concernant l'entendement humain* de Locke. À la fin de la première partie du *Discours*, d'Alembert procède à une nouvelle présentation du « Système figuré des connaissances humaines » à laquelle Diderot s'était déjà livrée dans le *Prospectus de l'Encyclopédie* un an plus tôt. Au bout d'une longue analyse, d'Alembert conclut que le monde de la science est un monde abstrait : les mathématiques « s'imposent par leur simplicité ; mais la simplicité est un acte de méthode et la nature est immensément diversifiée. La dualité des sciences physiques, mathématiques d'un côté, empiriques de l'autre, livre cet écart entre la raison humaine et l'être des choses[1] ». Cette dualité dynamique devient divorce chez Diderot.

L'intérêt de Diderot pour les mathématiques est ancien. Dans la *Réfutation d'Helvétius*, il raconte le cas d'un garçon – lui – qui fut envoyé jeune par ses parents à l'université « où ses maîtres ne purent jamais vaincre son dédain pour les frivolités de la scolastique. On lui mit entre les mains des cahiers d'arithmétique, d'algèbre et de géométrie qu'il dévora[2] ». Vers 1740, Diderot travaille à un commentaire des *Principes mathématiques de la philosophie naturelle* de Newton et, dans la *Lettre sur les aveugles*, il s'intéresse aux machines construites par l'aveugle Saunderson pour calculer et construire des figures. En 1748 – *Les Bijoux indiscrets* sont à peine sortis des presses – il publie cinq *Mémoires sur différents sujets de mathématiques* dans lesquels il prétend corriger Euler et Newton sur des points précis d'acoustique et de physique. Le travail de Diderot est loin d'être négligeable : il reçut un bon, voire très bon accueil de la part des autorités scientifiques comme les rédacteurs spécialisés du *Journal des savants* et des *Mémoires de Trévoux*. Sans avoir révolutionné les mathématiques, les *Mémoires* de Diderot sont l'ouvrage d'un habile amateur ou, comme l'écrivit le journaliste Pierre Clément dans *Les Cinq années littéraires* du 20 avril 1749, d'un « mathématicien bel esprit, bon Français, tour à tour solide et frivole[3] ».

Au XVIIIe siècle, les mathématiques comportent un enjeu philosophique qui a été formulé au début du siècle précédent. Avant Kepler, Galilée et Descartes, la nature était expliquée par des forces occultes, des « entéléchies » et autres « formes substantielles » que les philosophes sortaient de leur chapeau chaque fois qu'ils étaient incapables d'expliquer un phénomène. On se souvient comment Fontenelle avait raillé la pseudoscience des Anciens dans son célèbre apologue de l'Opéra. Incapables de rendre compte d'une prouesse technique réalisée sur une scène de théâtre – faire voler le char du Soleil conduit par son fils Phaéton –, ils échafaudaient des théories plus farfelues les unes que les autres : « L'un d'eux disait : *C'est une certaine vertu secrète qui enlève Phaéton.* L'autre : *Phaéton est composé de certains nombres qui le font monter.* L'autre : *Phaéton a une certaine amitié pour le haut du théâtre ; il n'est point à son aise quand il n'y est pas.* L'autre : *Phaéton n'est pas fait pour voler, mais il aime mieux voler que de laisser le haut du théâtre vide.* » Grâce aux Modernes, explique Fontenelle, l'univers et la philosophie sont devenus « mécaniques » : « À la fin Descartes et quelques autres modernes sont venus, qui ont dit : *Phaéton monte, parce qu'il est tiré par des cordes, et qu'un poids plus pesant que lui descend*[4]. » Descartes considère la nature tout entière comme une machine et propose des explications mécanistes non seulement des propriétés de la matière, mais également des actions des animaux et même des passions de l'homme.

La nouvelle représentation du réel induit la recherche exclusive de relations quantifiables, traduisibles en formules mathématiques, entre les phénomènes. Le XVIIe siècle voit alors naître des projets grandioses d'explication totale de la nature au moyen de la géométrie. Dès 1596, Kepler annonce, dans son *Mysterium cosmographicum* (« le secret de l'univers »), une grande découverte : la structure du système planétaire suit un ordre géométrique. Le Dieu créateur est mathématicien, car il a employé les principes de la géométrie pour établir les distances des planètes entre elles. Autrement dit : la nature *obéit* aux lois mathématiques parce que Dieu les a utilisées pour la créer. Une vingtaine d'années plus tard, Galilée fait valoir que la philosophie naturelle doit prendre une tournure mathématique parce que la nature même a une structure mathématique : « La philosophie est écrite dans cet immense livre qui se tient toujours ouvert devant nos yeux, je veux dire l'univers, mais on ne peut le comprendre si l'on ne s'applique d'abord à en comprendre la langue et à connaître les caractères avec lesquels il est écrit. Il est écrit dans le langage mathématique et ses caractères sont des triangles, des cercles et autres figures géométriques, sans le moyen desquelles il est humainement impossible d'en comprendre un mot. Sans eux, c'est une errance vaine dans un labyrinthe obscur[5]. » Galilée compare la Nature à un livre, que la science a pour but de déchiffrer. Mais l'alphabet qui permettrait de lire cet ouvrage, d'arracher à l'univers ses secrets, ce sont les mathématiques. Désormais, les mathématiques apparaissent comme la forme la plus sûre de la connaissance ; elles seules peuvent garantir la rectitude de nos raisonnements.

La révolution scientifique du XVIIe siècle inaugurée par Galilée – dont les recherches astronomiques et physiques furent en grande partie entreprises afin de conférer plus de crédibilité au nouveau modèle physique de l'univers préconisé par Copernic – fut accompagnée par une révolution non moins importante en philosophie. En France, Descartes remplace les forces occultes des scolastiques par des explications mécanistes, ne faisant intervenir que matière et mouvement. Le monde tout entier est fait d'une même et unique matière inerte et inaltérable, étendue en longueur, largeur et profondeur. Les phénomènes les plus divers, des mouvements astronomiques aux propriétés biologiques ou chimiques des corps, s'expliquent par les mêmes principes mécaniques, très simples et peu nombreux. La nature est homogène et sans dynamisme propre, elle se résume à un mécanisme entièrement réductible au langage mathématique et, par conséquent, offert à l'exploration de l'entendement humain, ce qui ouvre la voie à la science et à la maîtrise de la nature. Après une courte période de rejet, le cartésianisme s'impose progressivement dans la deuxième partie du XVIIe siècle. Certaines voix s'élèvent cependant ici ou là contre la nouvelle philosophie. Dès 1686, Leibniz critique la physique cartésienne dans sa « Brève démonstration d'une erreur mémorable de M. Descartes » publiée dans les *Nouvelles de la République des lettres*. C'est le coup d'envoi d'une polémique sur les forces, d'où le cartésianisme sortira vaincu dans sa prétention à construire une physique mathématisée. À la nature homogène et lisse de Descartes, faite d'une matière toujours identique à elle-même, Leibniz oppose une conception dynamique de la matière, un univers caractérisé par un processus constant de transformation et irréductible à des composantes algébriques : tout se suit dans l'univers, il n'y a pas de discontinuités dans la nature. Diderot saura s'en souvenir.

On associe souvent Descartes à Galilée, mais il convient de ne pas oublier Francis Bacon dont l'importance dans ce changement d'esprit est au moins aussi grande en Angleterre que celle de Descartes en France. C'est à Bacon que nous devons la première théorie de la science expérimentale ; Diderot s'en souviendra, tout comme de sa classification des sciences qui le hissait en quelque sorte au rang de père spirituel de l'*Encyclopédie*[6]. L'entendement, disait Bacon, dispose non seulement de trois facultés (mémoire, raison, imagination) mais aussi de trois manières de travailler. Il peut, comme l'araignée, tout tirer de son propre fond : c'est ainsi qu'opèrent les dogmatiques – ainsi que les rationalistes cartésiens. Il peut aussi, comme la fourmi, se contenter d'amasser ce qu'il trouve çà et là : on reconnaît la manière des empiristes qui vont parfois jusqu'à s'interdire de « forger des hypothèses ». Enfin, il peut faire comme l'abeille, c'est-à-dire élaborer son miel à partir de ce qu'il trouve, et telle est, aux yeux de Bacon, la méthode supérieure qui effectue une synthèse habile des deux précédentes[7]. Bacon, écrira Voltaire dans la XIIe *Lettre philosophique*, « ne connaissait pas encore la nature, mais il savait et indiquait tous les chemins qui mènent à elle[8] ». Il voulait qu'on observât les faits avec les précautions les plus minutieuses, et que dans toutes sortes d'expériences, on parvînt à constater les lois générales de la nature. C'est ce qu'il appelait, par opposition à la déduction des scolastiques, la méthode inductive. Cette méthode présentée dans le *Novum Organum* s'avéra autrement plus féconde que l'esprit de système de la philosophie cartésienne fondée sur une méthode purement déductive qui, partant de principes irrécusables, est censée permettre à toutes les sciences de parvenir à la connaissance vraie. Descartes, ricane Voltaire, « inventa de nouveaux éléments, il créa un monde, il fit l'homme à sa mode[9] », tandis que les héritiers immédiats de Bacon – Newton et Locke – ont fondé une nouvelle science de l'homme et de la nature. Moins sévère que Voltaire, Fontenelle avait souligné auparavant que Descartes et Newton avaient chacun appliqué avec une grande précision les mathématiques à la connaissance des phénomènes naturels, que chacun a révolutionné les mathématiques en inventant, l'un la géométrie analytique, l'autre le calcul infinitésimal : « Tous deux ont fondé leur physique sur une géométrie qu'ils ne tenaient presque que de leurs propres lumières[10]. » Qu'elle soit expérimentale ou rationaliste, la nouvelle philosophie naturelle remplace, au XVIIe siècle, l'ancienne conception aristotélicienne par la métaphore mécanique de l'univers horloge et son association avec les méthodes mathématiques d'appréhension de la nature.

Au milieu du XVIIIe siècle, le modèle scientifique de l'âge classique commence à être battu en brèche. Des questions cruciales se posent à ceux qui étudient la nature : comment, de quelles façons et jusqu'à quel point convient-il d'appliquer les méthodes mathématiques à l'interprétation de processus physiques réels ? Dans son apologie de l'abbé de Prades, Diderot ne manque pas de relever l'accusation d'incrédulité lancée par l'évêque d'Auxerre à l'encontre de Buffon pour avoir prétendu que les vérités mathématiques n'étaient que des abstractions de l'esprit. Sous le manteau de l'abbé de Prades, il réplique qu'il n'y a ni point sans dimension, ni surface sans profondeur, ni ligne sans largeur dans la nature. Par voie de conséquence, « les vérités démontrées sur ces objets hypothétiques ne peuvent exister que dans l'entendement de celui qui les a supposés tels qu'ils ne sont nulle part hors de lui [...]. Ce sont des précisions dans le géomètre, mais ce ne sont que des approximations dans la nature[11]. » Deux ans plus tard, Diderot se réfère explicitement à la critique formulée par l'auteur de l'*Histoire naturelle* à l'égard des mathématiques et des mathématiciens auxquels il reproche de soumettre la nature à l'abstraction géométrique. À l'instar de Buffon, il doute que les représentations mathématiques puissent rendre compte des contingences et de la complexité des processus naturels réels : « Une des vérités qui aient été annoncées [...] qu'un bon physicien ne perdra point de vue, et qui aura certainement les suites les plus avantageuses, c'est que la région des mathématiciens est un monde intellectuel, où ce que l'on prend pour des vérités rigoureuses perd absolument cet avantage quand on l'apporte sur notre terre. [...] D'où l'on voit que les mathématiques, transcendantes surtout, ne conduisent à rien de précis sans l'expérience ; que c'est une espèce de métaphysique générale où les corps sont dépouillés de leurs qualités individuelles[12]. »

Les *Pensées sur l'interprétation de la nature* furent imprimées, mais non commercialisées[13], en même temps que le tome III de l'*Encyclopédie*, au mois de novembre 1753 sous le titre *De l'interprétation de la nature*. Une édition augmentée de cette première version, devenue rarissime aujourd'hui, parut en janvier de l'année suivante, avec son titre définitif. C'est le dernier ouvrage philosophique personnel publié par Diderot avant longtemps. Jusqu'à la fin de la publication de l'*Encyclopédie*, il ne donnera plus guère que des articles destinés au grand Dictionnaire. Son testament philosophique, l'*Essai sur les règnes de Claude et de Néron*, ne sera publié que trente ans plus tard alors que son chef-d'œuvre philosophique, *Le Rêve de d'Alembert*, ne sera connu que longtemps après sa mort.

L'ouvrage déconcerta le public par une affectation excessive de désordre ainsi que par l'obscurité de ses propos. Le journaliste Clément, que nous avons déjà rencontré plus haut, regrettait que Diderot « soit encore si merveilleux, si hérissé, si désespérément métaphysicien ». Les *Pensées sur l'interprétation de la nature*, juge-t-il, sont « tantôt un verbiage ténébreux aussi frivole que savant, tantôt une fausse suite de réflexions *à bâtons rompus*, et dont la dernière va se perdre à cent lieues à gauche de la première ; il n'est presque intelligible que lorsqu'il devient trivial[14] ». Derrière des formulations délibérément obscures se cache un nouveau *Discours préliminaire*, anti-newtonien et inspiré de Buffon, qui rejette la prétention de la philosophie mécanique ou rationnelle à expliquer la nature moyennant un modèle mathématique. L'unité secrète du livre, son fil d'Ariane, est à chercher dans l'orchestration d'une problématique que Roseline Rey a formulée de la façon suivante : « La philosophie implique un lien intime entre la méthode à suivre dans la recherche de la vérité, la conception que l'on se fait de la nature, et l'expression qu'on en donne. En ce sens, le fil tendu entre le commencement et la fin des *Pensées* représenterait une trajectoire orientée, allant de la réflexion sur la nature à l'interrogation sur la matière, et plus précisément sur le problème de son hétérénogeité[15]. »

Au début des *Pensées sur l'interprétation de la nature*, Diderot polémique contre les mathématiciens et physiciens qui prétendent que la nature obéit à l'ordre souverain des lois dites « naturelles », exprimées sous forme d'équations universellement valables : « La *chose* du mathématicien » est aussi arbitraire que les règles d'un jeu, « c'est de part et d'autre une affaire de conventions[16] ». On ne peut donc prétendre recomposer les choses par calcul. Les termes abstraits des mathématiques et de la physique mathématique, instruments fondamentaux de certaines découvertes scientifiques, se révèlent inadéquats à décrire la nature dans sa complexité, sinon au prix d'un appauvrissement inacceptable. Le modèle mathématique convient tant qu'on considère la nature sous un angle abstrait ; il est moins pertinent quand il s'agit de l'infinie variété des phénomènes de la nature, à ce point qu'on doit travailler à une physique expérimentale qui en fasse l'économie. Le verdict prononcé par Diderot est sévère et injuste : « Les sciences abstraites ont occupé trop longtemps et avec trop peu de fruit les meilleurs esprits. Ou l'on n'a point étudié ce qu'il importait de savoir, ou l'on n'a mis ni choix, ni vues, ni méthode dans ses études. Les mots se sont multipliés sans fin, et la connaissance des choses est restée en arrière[17]. » Les sciences de la nature, ce que Diderot appelle la physique expérimentale par opposition à la physique rationnelle d'essence galiléenne, doivent divorcer d'une mathématique victime du formalisme qui constitue sa nature.

Cette attaque en règle a de quoi surprendre de la part de Diderot. Il croit peut-être sincèrement que le règne des mathématiques est fini et « qu'avant qu'il soit cent ans, on ne comptera pas trois grands géomètres en Europe[18] ». Il est sans doute convaincu que les sciences modèles sont maintenant les nouvelles sciences de la nature vivante et organisée, la chimie et la biologie, où la raison géométrique n'est d'aucun secours. Mais la dépréciation des mathématiques au début des *Pensées* a quelque chose d'ostentatoire, à tel point que Diderot se croit obligé de caresser dans le sens du poil, dans un passage extrêmement flatteur[19], son collègue et ami d'Alembert. La polémique contre la domination des mathématiques, qui risque tout au plus de froisser quelques savants, ne cache-t-elle pas une autre polémique, susceptible celle-là de lui mettre à dos une bonne partie de la communauté scientifique ?

Au milieu du XVIIIe siècle, nous l'avons vu, toute l'Europe croit que la mécanique newtonienne représente la vérité ultime du monde. Aux yeux de Diderot et de quelques autres comme Leibniz, elle n'avait qu'un défaut : elle accordait une part trop belle à l'horloger divin. « Un catéchiste annonce Dieu aux enfants, déclare Voltaire, et Newton le démontre aux sages[20]. » Dans les *Éléments de la philosophie de Newton* (1738), il va jusqu'à affirmer que le newtonianisme n'est pas un système scientifique parmi d'autres, mais véritablement une religion. Inutile d'invoquer les merveilles de la nature pour chanter les louanges du créateur ; la physique de Newton prouve mieux l'existence de Dieu que tout le spectacle de l'univers : « Toute la philosophie de Newton conduit nécessairement à la connaissance d'un Être suprême qui a tout créé, tout arrangé librement. Car si selon Newton (et selon la raison) le monde est fini, s'il y a du vide, la matière n'existe donc pas nécessairement, elle a donc reçu l'existence d'une cause libre. Si la matière gravite, comme cela est démontré, elle ne gravite pas de sa nature, ainsi qu'elle est étendue de sa nature : elle a donc reçu de Dieu la gravitation. Si les planètes tournent en un sens plutôt qu'en un autre, dans un espace non résistant, la main de leur créateur a donc dirigé leur cours en ce sens d'une liberté absolue[21]. » Newton tenait en effet que l'ordre actuel de l'univers n'était qu'un arrangement particulier de la matière, choisi par Dieu parmi bien des possibles. Bien plus, la toute-puissance divine est seule en mesure d'assurer le maintien du bel ordre que nous admirons : pour comprendre la permanence du système planétaire, il faut que Dieu vienne le réparer de temps à autre[22], Dieu qui, dans l'esprit de Newton, n'est pas un lointain et abstrait Premier Moteur, mais se révèle omniprésent en tenant l'univers sous sa constante domination.

Au milieu du XVIIIe siècle, le mécanisme newtonien implique nécessairement l'existence de Dieu ; ce n'est qu'un demi-siècle plus tard qu'un Laplace répondra à l'empereur lui demandant quelle place il réservait à Dieu dans son système : « Sire, je n'ai pas eu besoin de cette hypothèse. » Or Diderot ne peut accepter une explication de l'univers reposant sur la libre volonté de Dieu.

L'expérience montre en outre que la réalité est plus complexe que ce que le mécanisme veut bien en montrer : « Quand on vient à comparer la multitude infinie des phénomènes de la nature avec les bornes de notre entendement et la faiblesse de nos organes, peut-on jamais attendre autre chose de la lenteur de nos travaux [...] que quelques pièces rompues et séparées de la grande chaîne qui lie toutes choses[23] ? » Le réel ne se plie pas à nos schémas issus de notre perception incomplète du monde : « On en a conclu que c'était à la philosophie expérimentale à rectifier les calculs de la géométrie[24]. » Aux yeux de Diderot, « les mathématiques sont essentiellement imprécises relativement à la réalité physique, à ce point qu'on doit travailler à une physique expérimentale qui en fasse l'économie[25] ». On avouera qu'au moment où la France se convertit à Newton, la proposition ne manque pas d'audace.

Pour interpréter la nature, les *Pensées* opposent deux approches radicalement différentes : la démarche descriptive et prescriptive des sciences abstraites, adoptée par les mathématiciens et les classificateurs comme Linné, qui tente d'assujettir les phénomènes observés à un ordre ; et la démarche interprétative de la « physique expérimentale », qui ne veut pas dominer la nature, la nombrer, mais s'affronter à sa complexité. Rejetant l'imagination hors du domaine de la connaissance vraie, le rationalisme de l'âge classique a excessivement privilégié, dans sa démarche philosophique et scientifique, le raisonnement par analyse qui réduit les phénomènes composites à leurs unités élémentaires et conçoit l'ensemble comme une addition du caractère des unités. Or ce modèle de la philosophie et de la science qui ramène un matériau complexe à un matériau simple est complètement étranger à l'esprit de Diderot. L'interprétation de la nature n'est pas l'affaire d'un esprit purement géométrique, car les faits ne sont pas liés entre eux à l'image d'un raisonnement abstrait. La nature, estime Diderot, est irréductible à toute classification, à toute systématisation absolues. « Ayez un système, j'y consens, recommande-t-il aux philosophes ; mais ne vous en laissez pas dominer[26]. »

Dans la *Lettre sur les aveugles*, Diderot avait mis dans la bouche de Saunderson une vision de l'univers radicalement opposée à la conception géométrique traditionnelle. Aucun ordre, aucune loi n'y préside à l'apparition successive des êtres issus des molécules de la matière sans cesse en mouvement. Mais cette cosmogonie n'avait aucune assise scientifique sérieuse, et d'ailleurs elle n'y prétendait pas. Elle était portée par une fiction ingénieuse, celle de l'« aveugle clairvoyant » qui déroulait le film de l'évolution par la force d'une imagination puissante sur laquelle la soi-disant beauté de l'univers n'avait pas de prise. Les *Pensées sur l'interprétation de la nature*, véritable manifeste antimécaniste, présentent une nature *complexe* qui dément constamment les théories simplistes auxquelles les philosophes et hommes de science l'assujettissent. La mathématisation de la nature est une impasse, déclare Diderot, favorisée par un trop grand crédit accordé aux mathématiques. Ce n'est pas la physique newtonienne, science de la *quantité*, qu'il convient de prendre comme modèle pour reconstruire l'univers, mais la chimie, science de la *qualité* : « Il n'y a qu'une manière possible d'être homogène. Il y a une infinité de manières différentes possibles d'être hétérogène. Il me paraît aussi impossible que tous les êtres de la nature aient été produits avec une matière parfaitement homogène, qu'il le serait de les représenter avec une seule et même couleur. [...] J'appellerai donc *éléments* les différentes matières hétérogènes, nécessaires pour la production générale des phénomènes de la nature ; et j'appellerai *la nature* le résultat général actuel, ou les résultats généraux successifs de la combinaison des éléments[27]. » La chimie à laquelle Diderot se réfère ici n'est pas encore la chimie moderne fondée par Lavoisier ; celle du XVIIIe siècle est encore largement tributaire des travaux de Georg Ernst Stahl. Le chimiste allemand et ses successeurs préconisaient une théorie de la matière diamétralement opposée à celle des cartésiens en interprétant la combinaison des atomes par une propriété mystérieuse, l'affinité, l'attraction du semblable par le semblable. Malgré son statut académique et une certaine popularité dont elle jouit auprès des gens cultivés grâce aux cours et démonstrations publics, la chimie traîne encore la mauvaise réputation des alchimistes, dans le monde clair et distinct de la mécanique rationnelle. À peine mérite-t-elle de figurer dans la philosophie naturelle : c'est tout en bas du tableau que le Système figuré des connaissances humaines lui a réservé une place dans l'*Encyclopédie*. Mais dès 1753, la discipline prend de l'envergure. Diderot recrute un jeune chimiste de Montpellier, Gabriel-François Venel, qui ne rédigera pas moins de 770 articles sur la chimie et la médecine. Son article *Chimie*, d'une longueur exceptionnelle (près de soixante colonnes !), est contemporain des *Pensées sur l'interprétation de la nature* de Diderot ; on s'aperçoit à sa lecture que les deux hommes ont développé une forme de complicité. Venel y plaide pour la réhabilitation de la chimie et polémique contre les physiciens auxquels il reproche de « ramener tous les phénomènes de la nature aux lois mécaniques[28] ». La physique, écrit-il, étudie les propriétés générales de la matière, celles qui ne dépendent pas de la nature particulière des substances ni de leurs réactions les unes sur les autres. Or nombre de ses lois ne sont valides que dans le cas d'homogénéité parfaite, laquelle n'existe pas dans la nature :

> Cette question si importante roule sur ces *premiers principes*, savoir s'il y a plusieurs corps qui soient véritablement et essentiellement élémentaires, ou s'il n'y a qu'une matière unique ou homogène qui constitue par ses diverses modifications tous les corps, même réputés les plus simples.
>
> L'observation bien résumée ou le système de tous les faits chimiques démontre qu'une pareille matière est un pur *concept*, un être abstrait, que non seulement on admet gratuitement et inutilement, mais même dont la supposition a jeté dans des erreurs manifestes tous les philosophes qui l'ont défendue, [...] mais nul corps de la nature n'est de la matière proprement dite[29].

La chimie, explique Venel, va plus loin dans l'explication de la nature car elle affronte les corps dans leur complexité alors que la physique mathématique passe à côté de la nature. Pour déchiffrer la nature, il faut suivre le chemin inverse de celui qu'ont pris les rationalistes, architectes orgueilleux qui échafaudent sur papier des modèles algébriques et ne voient dans la science chimique qu'un empirisme aveugle. La chimie, en revanche, est une science de travailleur, le laboratoire est un lieu où l'on peine. Dans les *Pensées sur l'interprétation de la nature*, Diderot présente le chimiste comme un humble « manœuvre » ou « manouvrier » qui se salit les mains mais réussit, au bout d'une longue expérience, à rencontrer des choses précieuses : « Recueillir et lier les faits, ce sont deux occupations bien pénibles ; aussi les philosophes les ont-ils partagées entre eux. Les uns passent leur vie à rassembler des matériaux, manœuvres utiles et laborieux ; les autres, orgueilleux architectes, s'empressent de les mettre en œuvre. Mais le temps a renversé jusqu'aujourd'hui presque tous les édifices de la philosophie rationnelle. Le manœuvre poudreux apporte tôt ou tard des souterrains où il creuse en aveugle, le morceau fatal à cette architecture élevée à force de tête[30]. » Au XVIIe siècle, les hommes de science ont appris que la seule façon de progresser dans la connaissance de la nature est l'observation et l'expérimentation. Il faut, pour trouver les explications, bannir les idées reçues et les raisonnements théoriques du genre « la nature a horreur du vide ». On n'avance qu'à travers l'analyse des faits et en se méfiant des théories tant qu'elles ne sont pas confirmées par des faits. Diderot valorise la connaissance approchée, tâtonnante et qualitative de ce qu'il appelle la « physique expérimentale », c'est-à-dire toute démarche scientifique qui ne se contente pas de constructions purement rationnelles mais pratique également l'observation et l'expérience : « Nous avons trois moyens principaux : l'observation de la nature, la réflexion et l'expérience. L'observation recueille les faits, la réflexion les combine, l'expérience vérifie le résultat de la combinaison. Il faut que l'observation de la nature soit assidue, que la réflexion soit profonde, et que l'expérience soit exacte. On voit rarement ces moyens réunis. Aussi les génies créateurs ne sont-ils pas communs[31]. » Mieux encore : l'interprète de la nature, proclame Diderot, doit parfois mettre en veilleuse sa raison et s'abandonner aux « rêveries », à l'inspiration du moment, les seules vraies conditions de l'invention et de la découverte. Nous assistons alors à un renversement complet des valeurs. Pour parvenir à certaines découvertes, l'interprète de la nature abandonne la méthode rationnelle qui procède à pas comptés pour se laisser guider par le « délire philosophique », une espèce de « déraison » ou « art de procéder de ce qu'on ne connaît point à ce qu'on connaît moins encore[32] ». Diderot ne préconise point l'existence, chez l'homme, d'un principe intérieur, surnaturel et divin qui l'élève aux connaissances les plus sublimes. Il fait plutôt l'éloge d'une sorte d'enthousiasme rationnel qu'il a repris plusieurs fois dans son œuvre et qu'il explique comme il suit dans l'article *Théosophes* de l'*Encyclopédie* :

> Nous avons tous des pressentiments, et ces pressentiments sont d'autant plus justes et plus prompts que nous avons plus de pénétration et d'expérience. Ce sont des jugements subits auxquels nous sommes entraînés par certaines circonstances très déliées. Il n'y a aucun fait qui ne soit précédé et qui ne soit accompagné de quelques phénomènes. Quelque fugitifs, momentanés et subtils que soient ces phénomènes, les hommes doués d'une grande sensibilité, que tout frappe, à qui rien n'échappe, en sont affectés, mais souvent dans un moment où ils n'y attachent aucune importance. Ils reçoivent une foule de ces impressions. La mémoire du phénomène passe, mais celle de l'impression se réveillera dans l'occasion. [...] Ils se croient inspirés, et ils le sont en effet, non par quelque puissance surnaturelle et divine, mais par une prudence particulière et extraordinaire[33].

Le rapprochement entre les théosophes et la physique expérimentale n'est pas gratuit. « Les *théosophes* ont tous été chimistes, note Diderot. [...] Il n'y a aucune science qui offre à l'esprit plus de conjectures déliées, qui le remplisse d'analogies plus subtiles que la chimie[34]. » Moyennant des analogies éloignées et fortuites, des rapports bizarres, le « grand manouvrier » en physique expérimentale dévoile *une autre nature* derrière l'ordre des phénomènes observables, irréductible à toute mathématisation, à toute mise en système. D'où vient notre émerveillement devant le spectacle de la nature ? De ce qu'il nous semble que celle-ci est composée d'une infinité de phénomènes plus extraordinaires les uns que les autres. « Songez donc, s'exclame le déiste face à l'athée dans les *Pensées philosophiques*, que je ne vous objectais qu'une aile de papillon, qu'un œil de ciron, quand je pouvais vous écraser du poids de l'univers[35]. » L'ordre admirable de l'univers est issu d'un désordre initial, rétorque Saunderson, il n'a pas été *créé* mais s'est en quelque sorte *auto-organisé* en éliminant progressivement les « imperfections » non viables. Cessons de comparer l'univers à une immense machine assemblée par un ingénieur divin. Même si comparaison n'est pas raison, ne faut-il pas plutôt l'imaginer comme une sorte d'organisme ? On fait comme si la nature comportait « autant d'actes particuliers qu'on nombre de phénomènes, tandis qu'elle n'a peut-être jamais produit qu'un seul acte[36] » ! La nature est une force créatrice, suggère Diderot dans les *Pensées sur l'interprétation de la nature*, qui se développe comme un corps humain ou animal après la fécondation, avec la différence que rien, dans la nature, n'est dirigé vers un but. S'inspirant peut-être d'une idée trouvée chez Buffon, Diderot se plaît à spéculer sur la transformation des organismes vivants à partir d'un être primitif appelé « prototype » qui aurait produit, en se complexifiant, toutes les races des animaux, y compris l'homme : « Il semble que la nature se soit plu à varier le même mécanisme d'une infinité de manières différentes. [...] Quand on considère le règne animal, et qu'on s'aperçoit que, parmi les quadrupèdes, il n'y en a pas un qui n'ait les fonctions et les parties, surtout intérieures, entièrement semblables à un autre quadrupède, ne croirait-on pas volontiers qu'il n'y a jamais eu qu'un premier animal prototype de tous les animaux, dont la nature n'a fait qu'allonger, raccourcir, transformer, multiplier, oblitérer certains organes[37] ? » Sans imaginer un mécanisme de filiation entre les espèces vivantes comme le feront plus tard Lamarck et Darwin, Diderot n'hésitait pas à rejeter le dogme de la fixité des espèces. Dès l'article *Animal* de l'*Encyclopédie*, il osa écrire : « S'il est vrai, comme on n'en peut guère douter, que l'univers est une seule et unique machine, où tout est lié et où les êtres s'élèvent au-dessus ou s'abaissent au-dessous les uns des autres par des degrés imperceptibles, [...] il nous sera bien difficile de fixer les deux limites entre lesquelles l'animalité, s'il est permis de s'exprimer ainsi, commence et finit[38]. » Mais pourquoi s'arrêter en chemin ? Si la nature n'a produit qu'un seul acte, si l'on introduit la perspective temporelle, il n'y a pas non plus d'étanchéité entre les différents règnes : « L'observateur est forcé de passer d'un individu à l'autre, mais l'historien de la nature est contraint de l'embrasser par grandes masses ; et ces masses, il les coupe dans les endroits de la chaîne où les nuances lui paraissent trancher le plus vivement ; et il se garde bien d'imaginer que ces divisions soient l'ouvrage de la nature[39]. » En réalité, Diderot ne fait que développer une idée déjà annoncée dans le *Prospectus* de l'*Encyclopédie* et reprise cinq ans plus tard dans l'article *Encyclopédie* : « La nature ne nous offre que des choses particulières, infinies en nombre et sans aucune division fixe et déterminée. Tout s'y succède par des nuances insensibles. Et sur cette mer d'objets qui nous environne, s'il en paraît quelques-uns, comme des pointes de rochers, qui semblent percer la surface et dominer les autres, ils ne doivent cet avantage qu'à des systèmes particuliers, qu'à des conventions vagues, et qu'à certains événements étrangers à l'arrangement physique des êtres et aux vraies institutions de la philosophie[40]. » Diderot explique que les choses que nous appelons improprement objets particuliers ne sont *en réalité* pas moins liées entre elles que les récifs coralliens dont on ne perçoit que les pointes qui émergent de l'eau. Le découpage des phénomènes complexes en unités simples, érigé en méthode par Descartes, nous a habitués à concevoir la nature comme un assemblage d'éléments primitifs, comme n'importe quel automate aux mécanismes régis par des lois immuables. Cette nature, que Diderot appellera plus tard « nature subsistante », n'est cependant pas *la* nature, elle n'est qu'une sorte de cadre rationnel découpé dans un ensemble plus vaste, résultat d'une technique d'observation particulière, d'un système classificatoire inventé par les hommes de science. La science classique limite ses investigations aux objets de la nature subsistante, aux pointes des récifs coralliens, elle détruit les ensembles et les totalités en isolant les objets de leur environnement. Aux yeux du philosophe expérimental, les choses individuelles qui composent la nature « subsistante » n'ont pas d'existence propre, *individuelle*, mais sont intégrées dans une unité complexe, un « tout » ou « ordre général » qui ne se réduit pas à la somme de ses parties constitutives. La nature est complexe dans la mesure où elle dément constamment, pour ceux qui savent voir, les théories simplistes par lesquelles des philosophes ou hommes de sciences prétendent l'expliquer[41].

Les *Pensées sur l'interprétation de la nature* annoncent pour la première fois l'idée, développée dans les œuvres ultérieures, qu'il n'y a pas une mais deux « natures » qui s'offrent à notre interprétation. D'un côté, il y a la nature qui se trouve « à la portée de nos sens[42] », que l'homme de science observe avec ses instruments ; mais l'image qui s'en offre à lui n'est qu'une apparence grossière, une réduction qui permet de bâtir des systèmes, d'établir des classifications. Si certains phénomènes semblent se conformer à des lois, il convient d'y voir l'effet d'une perspective mal choisie, la conséquence d'une observation partiale effectuée par un chercheur désireux de vérifier à tout prix une hypothèse préconçue. En revanche, l'interprète de la nature qui, ayant posé ses instruments, sait donner libre cours à son « esprit de divination », s'élève à « l'essence même de l'ordre », cette grande chaîne où tout est lié, où les êtres sont reliés les uns aux autres par des « degrés imperceptibles ». Cette nature, au contraire d'une machine, est en évolution constante. Or cette « vicissitude perpétuelle », pour parler comme Diderot, où les phénomènes sont sans permanence, rend caduc le concept de loi naturelle universellement valable, et donc impossible une science exacte de la nature. Tout compte fait, la représentation de la nature proposée par le rationalisme classique n'est qu'un jeu avec des mots : « Si l'état des êtres est dans une vicissitude perpétuelle ; si la nature est encore à l'ouvrage ; malgré la chaîne qui lie les phénomènes, il n'y a point de philosophie. Toute notre science naturelle devient aussi transitoire que les mots. Ce que nous prenons pour l'histoire de la nature, n'est que l'histoire très incomplète d'un instant[43]. » Nous comprenons mieux maintenant les dernières paroles de la vision de Saunderson : l'évolution ne génère pas *un* ordre durable mais *des* ordres ou états momentanés plus ou moins stables, mais réduits à la durée d'un instant sous le regard de l'éternité.

Les *Pensées sur l'interprétation de la nature* témoignent de l'hostilité de Diderot envers les hommes de science qui géométrisent l'univers et prétendent l'assujettir à un ordre immuable ; elles annoncent non pas le positivisme scientifique d'un Claude Bernard mais bien plutôt certaines tendances de la physique actuelle. On sait que les lois prétendument universelles de la physique classique sont de nos jours déclarées sans valeur dans le domaine de la micro- et macrophysique, et l'on se rend compte que la nature n'obéit pas toujours aux lois édictées par les hommes. Il ne s'ensuit pas, aux yeux de Diderot, que toute science – et par voie de conséquence l'*Encyclopédie* qui en est la représentation – est vouée à l'échec : il y a de l'ordre dans la nature qui – même s'il ne dure qu'un « instant » – peut faire l'objet de l'investigation scientifique.

Le travail incessant de la nature condamne toute tentative de systématisation exhaustive et totale mais ne rend pas impossible la constitution de sciences ou savoirs particuliers qui ne concernent que les individus en tant qu'ils sont circonscrits par le temps et le lieu.

Après avoir publié les *Pensées sur l'interprétation de la nature*, Diderot s'attelle à l'étude de la chimie : de 1754 jusqu'en 1757, il suit les cours publics qu'un certain Guillaume-François Rouelle donnait alors au Jardin du roi. On peut juger de son assiduité par cette phrase d'une lettre à Rousseau : « Vous savez que je n'ai que les mercredis et les samedis, et que les autres jours sont à la chimie[44]. » Les notes qu'il prend – 1 258 pages ! – se trouvent de nos jours à la Bibliothèque municipale de Bordeaux et furent partiellement publiées dans ses *Œuvres complètes*. Elles confirment avec éclat le constat de Jean-Claude Guédon : « Diderot, aussi bien par son vocabulaire, que par les formes de raisonnement qu'il emprunte, montre bien qu'il prend [...] la chimie comme modèle pour reconstruire l'univers[45]. » Diderot s'est approprié la chimie parce que cette science lui offrait un modèle tout fait pour sa conception matérialiste de l'univers. Ne restait plus que la morale.

5

Sophie Volland

La vie conjugale de Diderot avec celle qu'il nommait au début tantôt « Nanette », tantôt « Tonton », voire « Maman », ne fut pas une union heureuse. L'amante séduisait, l'épouse lassa. Pour Jean-Jacques Rousseau, c'était une créature épouvantable : elle était « pie-grièche et harengère » et « ne montrait rien aux yeux des autres qui pût racheter la mauvaise éducation[1] ». Mme de Vandeul, l'unique fille du couple, a protesté contre ce jugement de Jean-Jacques. Elle admet, certes, que sa mère était grondeuse, mais elle attribue ce défaut à des circonstances auxquelles son père n'était pas étranger : « La solitude, les détails domestiques où la condamnait la plus étroite fortune, le chagrin des liaisons de mon père, l'ignorance des formes du monde, avaient aigri son humeur ; et gronder était devenu une habitude. » Mme Diderot avait donc de bonnes raisons d'être grondeuse. Confinée dans son mariage, préoccupée des tâches domestiques, fatiguée par plusieurs maternités, elle voyait son mari se détacher d'elle. Évoquant le souvenir de sa mère, Mme de Vandeul n'avait sans doute pas tort de conclure : « Le tort de mon père fut de ne point la former pour le monde, parce que, né jaloux, il ne souhaitait pas qu'elle le vît. [...] L'âme très noble, très fière, une franchise qui ignorait la dissimulation de la politesse. Pieuse sans bigoterie et ayant de l'esprit assez pour lire avec grand plaisir tragédies, comédies et romans[2]. »

À la mésentente depuis longtemps consommée entre les époux, s'ajoutèrent bientôt la jalousie et autres « orages domestiques ». En

1745 ou 1746, Diderot avait entamé une liaison avec Mme de Puisieux qui, selon Mme de Vandeul, « commença à troubler pour jamais son intérieur[3] ». Si l'on en croit un fait divers croustillant, rapporté en 1751 par le journal hollandais *La Bigarrure*, Mme de Puisieux serait un jour passée devant la fenêtre de la femme de son ancien amant, l'invectivant : « Tiens, maîtresse guenon, regarde ces deux enfants : ils sont de ton mari, qui ne t'a jamais fait l'honneur de t'en donner autant ». Ces propos blessants, continue le journaliste, furent « comme le signal et l'annonce du plus vigoureux combat qu'il y ait peut-être jamais eu entre deux femelles. Peu s'en fallut qu'en l'entendant, la dame Diderot, qui était à sa fenêtre, ne se jetât dans la rue [...] Dans son transport, elle ne fit presque qu'un saut de son escalier en bas, et courut, comme un mégère, à son ennemie qui l'attendait de pied ferme. [...] Devinez, Monsieur, à quel expédient il a fallu avoir recours... À celui dont on se sert, en Angleterre, pour contraindre les dogues, acharnés sur leurs prises, à les lâcher. Trois ou quatre seaux d'eau qu'on leur a jetés sur le corps en ont fait l'affaire. » Pendant tout ce temps, Diderot, toujours d'après le journaliste, se gardait bien d'intervenir : « Enfermé dans son cabinet, et n'osant paraître aux yeux d'un millier de spectateurs qui ne l'auraient pas plus épargné qu'ils n'avaient fait sa femme et sa prétendue maîtresse, il faisait des réflexions morales et philosophiques sur les agréments du mariage, sur le caractère des femmes[4]. »

Pendant que l'affaire de l'abbé de Prades bat son plein et que la Querelle des Bouffons s'envenime, les Diderot quittent leur logement au second étage d'un immeuble rue de la Vieille-Estrapade au coin de la rue Neuve-Sainte-Geneviève où ils habitent depuis 1748 pour emménager, vers mars-avril 1752, rue de la Vieille-Estrapade au coin de la rue des Poules. Au mois de mai, Diderot part pour Langres où il n'est pas retourné depuis son séjour malheureux de 1742-1743, et où il reste une quinzaine de jours. Il y retourne en juillet afin de « prendre le lait pour se remettre d'un crachement de sang[5] ». C'est sans doute à ce moment-là qu'il convient de situer le premier voyage de Mme Diderot à Langres, que sa fille date de 1746, ce qui est impossible. Les égards de la belle-fille pour le patriarche ne tardèrent pas à montrer leur effet :

« Son respect et ses caresses charmèrent un vieillard sensible et bon. Descendue dans l'intérieur du logis, elle se mit à travailler, ne se refusa à rien de ce qui pouvait plaire à une famille qu'elle ne craignait pas et dont elle voulait être aimée. Sa conduite fut la seule excuse qu'elle donna du choix de son époux. Sa figure les avait prévenus en sa faveur ; sa simplicité, sa piété, ses talents pour l'économie domestique lui assurèrent leur tendresse[6]. »

Après trois maternités malheureuses, la famille s'agrandit, le 2 septembre 1753, de l'unique enfant qui survivra, Marie-Angélique Diderot. Ayant arraché aux libraires associés un traité plus avantageux, les Diderot peuvent s'installer, le 1er juillet 1755, au quatrième étage d'un immeuble de la rue Taranne, où ils resteront près de trente ans (le cinquième étage était occupé par la bibliothèque du philosophe[7]) ; ils y accueilleront, à partir de 1766, la sœur aînée de Nanette après son veuvage. Le nouvel appartement n'empêche pas Diderot de déserter de plus en plus souvent le domicile conjugal. Quand il ne travaille pas dans son « grenier » ou passe son temps auprès de ses amis parisiens, il fait de longs séjours au Grandval, parfois pendant plusieurs semaines de suite, ou à La Chevrette chez Mme d'Épinay, la maîtresse de Grimm. On se doute que la communication entre les époux sera pendant longtemps réduite au strict minimum indispensable. Rentrant un jour du Grandval, Diderot trouve sa femme malade mais n'ose pas s'informer de sa santé car, avoue-t-il, « les questions les plus obligeantes amènent des réponses si dures de sa part, que je ne lui parle jamais sans une extrême nécessité[8] ». Un mois plus tard, il écrit du Grandval : « Il y a vingt jours que je n'ai entendu parler de Mme Diderot, ni elle de moi. [...] Je me suis un peu catéchisé sur son compte ; encore une promenade avec moi et je réponds que, quoi qu'elle fasse et dise, elle ne m'arrachera pas un mot d'impatience[9]. » Nouvelles tensions un an plus tard : « Depuis le dernier orage domestique, nous mangeons séparés. On me sert dans mon cabinet. Lorsque nous ne nous verrons plus qu'en passant, il faut espérer que nous n'aurons ni l'occasion ni le temps de quereller. Ô la cruelle vie[10] ! » À partir de 1760, l'état de santé de Mme Diderot commence à se dégrader et Diderot reste à son chevet quand elle est malade. Le mot de la fin est celui de la résignation : « On se marie, on prend un emploi, on a une femme, des enfants, avant que d'avoir le sens commun. Ah ! si c'était à recommencer ! C'est un mot de repentir qu'on a perpétuellement à la bouche, et que j'ai dit de tout ce que j'ai fait[11]. »

On suppose généralement que c'est au cours de l'automne 1755 que Diderot rencontra Louise-Henriette Volland, rebaptisée Sophie par son amant, prénom évoquant la sagesse, cette muse dont rêvent les philosophes[12]. Un jour de 1759, il lui écrivit : « Il y a quatre ans que vous me parûtes belle ; aujourd'hui je vous trouve plus belle encore[13]. » De cette femme qui avait alors trente-huit ans, nous ne savons ni l'allure ni le visage. Diderot en possédait deux portraits qu'il ne jugea pas utile de décrire. Quand on met bout à bout tous les détails mentionnés par son correspondant, on obtient un portrait qui n'est pas loin d'une caricature : lunettes au nez, elle devait être maigre et même assez décharnée, puisque Diderot parle de sa « méchante poitrine de chat » et de sa « menotte sèche[14] ». Pour caractériser son état général, son amant l'appelle une « volaille morte » et un « tissu de chènevottes[15] ». Elle devait faire très attention à son régime car le moindre excès la rendait malade. Ses maladies, en particulier sa prédisposition au rhume, font l'objet d'allusions répétées. De constitution faible, de commerce libre mais sérieux, les grâces de Sophie sont celles de l'ouverture d'esprit, de l'humour et d'une invincible franchise qui font l'admiration de son amant. Les lettres que celui-ci lui adressa montrent clairement l'étendue et la diversité de ses connaissances, et qu'elle avait remédié par ses lectures personnelles aux lacunes que l'éducation des femmes de son époque rendait inévitables. Plus surprenant encore, elle savait assez d'anglais pour lire *Clarissa Harlowe* dans la version originale.

Louise-Henriette Volland était la fille d'un inspecteur général des fermes, Jean-Robert Volland, « seigneur d'Isle-sur-Marne et autres lieux » (près de Vitry-le-François), mort en 1750. Sa mère, née Élisabeth-Françoise Brunel de La Carlière, était une femme de tête et d'affaires. Sophie avait deux sœurs : l'aînée, Marie-Jeanne, mariée au receveur des finances du duc d'Orléans, Pierre Vallet de Sallignac[16] ; la cadette, Marie-Charlotte, beaucoup plus jeune, était l'épouse d'un ingénieur du roi, Jean-Gabriel Legendre (ou Le

Gendre). Si Louise-Henriette n'est pas encore mariée au moment où elle rencontre Diderot, c'est vraisemblablement parce qu'elle y répugne, à moins que quelque scandale obscur ait compromis ses chances matrimoniales. Mlle Volland, malgré son âge, mène une vie étriquée dans la dépendance et sous le joug de sa mère, gardienne de sa réputation sinon de sa vertu.

Il est beaucoup question dans les lettres de Diderot à Sophie de Morphyse, surnom de Mme Volland. L'amant a vite compris le pouvoir que cette mère tyrannique exerçait sur ses filles : « Leurs yeux sont sans cesse attachés sur elle ; et c'est à qui sera la plus intelligente à connaître ses volontés et la plus prompte à les satisfaire. Il ne tiendrait qu'à cette femme d'être adorée. Mais au lieu de nous rapprocher autour d'elle, elle s'éloigne de nous, nous écarte les uns des autres, et ne jouit que d'un culte partagé[17]. » Diderot lui reproche de faire de ses filles des femmes pleines de dissimulation et de duplicité : « Ce sont perpétuellement des ruses, des réticences, des mystères, des secrets, des méfiances[18]. » Quant à Mme Legendre, la sœur cadette de Sophie, elle occupe, jusqu'à sa mort précoce en 1767, une grande place dans la correspondance des amants. Surnommée Uranie par Diderot[19], celui-ci la soupçonnait, peut-être non sans raison, d'avoir du « goût » pour certaines femmes, à commencer par… sa propre sœur. Il confesse qu'il est jaloux et qu'il souffre d'entendre Sophie louer sa sœur. En post-scriptum à une lettre, Diderot, visiblement bouleversé, s'écrie : « Mme Legendre est ou sera incessamment avec vous. Je suis devenu si ombrageux, si injuste, si jaloux ; vous m'en dites tant de bien ; vous souffrez si impatiemment qu'on lui remarque quelque défaut, que… je n'ose achever ; je suis honteux de ce qui se passe en moi, mais je ne saurais l'empêcher. Madame votre mère prétend que votre sœur aime les femmes aimables, et il est sûr qu'elle vous aime beaucoup ; et puis cette religieuse pour laquelle elle a eu tant de goût ; et puis cette manière voluptueuse et tendre dont elle se penche quelquefois sur vous ; et puis ces doigts singulièrement pressés entre les vôtres[20] ! » Le thème de la jalousie[21] devient obsédant dans les lettres : « Où êtes-vous ? Est-ce à Chalons ? M'oubliez-vous là dans le tumulte des fêtes et dans les bras de votre sœur ? Madame, ménagez un peu sa santé, et songez que le plaisir a aussi sa fatigue[22]. » Deux semaines plus tard, il revient à la charge : « Uranie ne veut donc pas croire que je la haïsse ; absolument elle ne le veut pas. J'en ai pourtant bien des raisons, et quand il n'y aurait que celle de m'humilier souvent aux yeux de celle que j'aime, c'en serait bien assez pour me faire croire. [...] Et je ne la haïrais pas ?... Hélas ! non[23]... » Cette sœur bien-aimée, trop aimée, de Sophie, Diderot ne la hait pas, loin s'en faut. Tout en faisant allusion au prétendu saphisme des deux sœurs, il rêve de s'interposer entre elles : « Nous nous rapprocherons, mon amie, nous nous rapprocherons ; et ces lèvres se poseront encore sur celles que j'aime. En attendant, je ne permets votre bouche qu'à votre sœur. Je ne souffre point, je dirais presque que j'aime, à lui succéder. Il me semble qu'alors je presse son âme entre la vôtre et la mienne. C'est un flocon de neige qui se résoudra peut-être entre deux charbons ardents[24]. » S'il est amant déclaré de l'une, il est aussi amoureux de l'autre, à tel point que, par moments, elle paraît éclipser sa sœur. « Je vous aime de tout mon cœur, écrit-il à Sophie, et votre sœur aussi. De quelque manière que vous entendiez cette dernière ligne, elle est vraie[25]. » Peut-on mesurer quel écho pouvait avoir dans l'âme de Sophie l'« inconsciente cruauté[26] » de Diderot cultivant à souhait l'ambiguïté dans ses rapports avec les deux sœurs ? Peu de temps après, la légèreté d'Uranie, trop gâtée, foncièrement égoïste, capricieuse, ne connaissant que son intérêt et son plaisir, finira par éloigner Diderot d'elle. Il lui reproche surtout son insupportable coquetterie : Uranie aime « écouter des propos galants, faire briller les regards amoureux et naître les faux espoirs, causer de cruelles déceptions[27] ». On est frappé du silence qui entoure et suit la mort de Mme Legendre en août 1768. La disparition d'Uranie dans les lettres est peut-être plus éloquente que le récit ou la déploration de sa mort.

Pendant les premières années, leur liaison était assurément tout sauf platonique. « Je te baise partout, écrit Diderot à son amante. [...] Le jour de la naissance d'un joli enfant[28]. » Deux semaines plus tard, rêvant au retour de Sophie : « Je me précipiterais sur vous. Je vous embrasserais de toute ma force, et je demeurerais le visage attaché sur le vôtre, jusqu'à ce que le battement fût revenu à mon cœur, et que j'eusse recouvré la force de m'éloigner pour vous regarder. [...] J'éprouve, à vous entretenir de ce moment et à l'imaginer, un frissonnement dans toutes les parties de mon corps, et presque la défaillance. Ah ! chère amie, combien je vous aime, et combien vous le verrez, lorsque nous serons rendus l'un à l'autre[29] ! » Mais la plus belle déclaration d'amour se trouve assurément dans ce billet superbe, griffonné dans le noir au domicile des dames Volland rue des Vieux-Augustins : « J'écris sans voir. Je suis venu. Je voulais vous baiser la main et m'en retourner. Je m'en retournerai sans cette récompense. Mais ne serais-je pas assez récompensé si je vous ai montré combien je vous aime ? Il est neuf heures. Je vous écris que je vous aime, je veux du moins vous l'écrire ; mais je ne sais si la plume se prête à mon désir. [...] Voilà la première fois que j'écris dans les ténèbres. Cette situation devrait m'inspirer des choses bien tendres. Je n'en éprouve qu'une, c'est que je ne saurais sortir d'ici. L'espoir de vous voir un moment m'y retient, et je continue de vous parler, sans savoir si je forme des caractères. Partout où il n'y aura rien, lisez que je vous aime[30]. » Trêve de romantisme. L'écriture de Diderot, d'après l'éditeur de la lettre, est parfaitement lisible, et les lignes sont droites. Et que penser de la liberté avec laquelle le philosophe lui raconta un de ses rêves :

> Quelle nuit, que la nuit dernière ! Il y avait longtemps que je ne connaissais ni ce plaisir, ni cette douleur. Mais n'est-ce pas une chose bien bizarre que le songe n'offre presque jamais à mon imagination que l'espace étroit et nécessaire à la volupté ; rien autour de cela ; un étui de chair et puis c'est tout.
>
> Adieu, ma tendre, mon unique amie. Rapportez-moi le reste ; venez me faire des jours heureux ; venez me dire que vous m'aimez ; venez me le prouver[31].

On l'a compris : l'amour éveille en Diderot toutes les puissances de la sensibilité et du cœur. Des cuistres et des biographes peu délicats ont pu se demander jusqu'où allaient leurs caresses. Diderot prétend retrouver Sophie plus tard au paradis des amants, mais parmi les vierges « et cela pour cause que vous savez[32] ». Conclurent-ils ? Ne conclurent-ils pas ? Sophie avait-elle des relations intimes avec sa sœur ? Et si oui, jusqu'à quel point ? Ce genre de questions oiseuses tient davantage du voyeurisme que de l'histoire littéraire. Quoi qu'il en soit, l'ardeur du tempérament s'éteint peu à peu avec les années qui passent. Un froid « mademoiselle » finit par remplacer le « tendre amie » du début : « Adieu mon amie... ; mademoiselle, je voulais dire[33]. » C'est que le cœur n'y est plus, soit parce que Diderot a peur d'ennuyer Sophie, soit parce qu'il veut au contraire « aiguiser sa frustration par ressentiment ou vengeance[34] », soit tout simplement par lassitude. À partir du 15 mars 1768, ses lettres s'adressent à « Mesdames et bonnes amies » : l'heure n'est plus « à la dévotion amoureuse, mais à celle, un peu bigote, que l'on doit par amitié à un cercle de vieilles amies avides de distraction[35] ».

Mme Diderot fut sans doute au courant de leur liaison assez vite. Diderot raconte qu'un soir il était si malade que Sophie et sa sœur envoyèrent demander comment il avait passé la nuit. « L'écriture de la carte fut reconnue. On reconnut aussi le laquais ; et il s'ensuivit de là un incendie domestique qui jette encore des étincelles[36]. » La famille Volland, quant à elle, aimait la respectabilité. On commença par s'arranger, grâce à un « petit escalier » que Diderot empruntait à la tombée de la nuit pour rejoindre son amante dans sa chambre. Un soir, on frappe à la porte. « Eh bien, mon ami, celle qui frappait, c'était elle ; oui, elle, sa mère. Je ne vous dirai rien du reste. Je ne sais ce que nous devînmes tous les trois. Nous restâmes debout, Sophie et moi ; sa mère ouvrit un secrétaire, prit un papier, et s'en retourna. Depuis, elle parle d'aller à sa terre ; et pour cette fois, l'enfant est du voyage. On va l'entraîner là pour la faire périr d'ennui. Quel avenir[37] ! » À partir de l'été 1760, Sophie suit chaque année sa mère pour un long séjour de plusieurs mois à Isle-sur-Marne, où la compagnie est rare : quelques voisins avec lesquels ces dames discutent des nouveautés littéraires que Diderot leur fait parvenir, un certain abbé Marin dont il prendra ombrage, le soin des récoltes...

Nous ne connaissons aucune lettre de Sophie Volland, pas plus que les premières lettres adressées par Diderot entre 1755 et 1759, et de nombreux fragments de l'ensemble nous font défaut. Cent quatre-vingt-sept lettres de Diderot ont traversé le temps, mais pour une raison restée inconnue jusqu'à nos jours, il manque les 134 premières lettres – près de la moitié de l'ensemble ! – ainsi que la totalité des lettres de Sophie Volland. Si l'on fait le calendrier de la correspondance, on trouve trois lacunes : les cinq premières années, les années 1763 à 1764 et 1771 à 1772. C'est en été et surtout en automne que l'on trouve le plus de lettres, quand la famille Volland séjourne dans sa propriété à Isle. Leurs lettres sont numérotées et souvent régulières. La cadence fit très probablement l'objet d'une convention entre Diderot et Sophie, et s'établit sur la base de deux lettres en moyenne par semaine, écrites, en ce qui concerne Diderot, le jeudi et le dimanche. Quand il écrit à Sophie, il a visiblement sa lettre sous les yeux et y répond point par point. Tantôt il revient sur l'idée émise et la discute, tantôt il reproduit textuellement, en la soulignant, une phrase de Sophie. L'impression qui s'en dégage, a-t-on remarqué, est celle « que produit une conversation téléphonique dont on n'entend qu'un des interlocuteurs[38] ». La voix de Sophie se fait parfois entendre à travers les réponses de Diderot, et plus précisément dans les citations qu'il donne de certains passages des lettres qu'elle lui envoie : « Écrivez tant qu'il vous plaira : *Je pars, je suis partie ; j'arriverai mercredi, jeudi, vendredi*. Quand vous serez ici, que je vous y aurai vue, que je vous y aurai mille fois embrassée, que je me serai assuré de votre présence par tous les moyens que l'amour le plus incrédule et le plus violent m'inspirera, je vous y croirai[39]. » Ainsi, malgré l'absence des manuscrits qui pourraient éclairer le mystère Sophie, cet anneau brisé que sont les lettres de Diderot à Sophie Volland forme, selon l'expression de Jacques Chouillet, l'aventure épistolaire d'un « dialogue à une voix[40] ».

En faisant la connaissance de Louise-Henriette Volland, Diderot a rencontré la femme qui réunissait des qualités de cœur et d'esprit exceptionnelles. À la fois confidente et interlocutrice privilégiée, « Sophie » était destinée à occuper pendant trente ans une place centrale dans la vie du philosophe. Grâce à elle, nous possédons une riche collection de lettres dans lesquelles Diderot bavarde à bâtons rompus comme s'il était à ses côtés. Les lettres à Sophie Volland, que Proust tenait pour « le chef-d'œuvre de Diderot[41] », apparaissent comme l'une des plus belles correspondances du

XVIIIe siècle. Une symphonie amoureuse dans laquelle on trouve, *dixit* Grimm, « une grande bigarrure d'idées, de sentiments, de philosophie et de chaleur de tête[42] ». Il va de soi que nous trouvons sous sa plume des déclarations, des soupirs, des promesses et des serments que la séparation d'avec celle qu'il aime lui arrache et que bien d'autres amants ont répétés avant et après lui. Sans grande originalité, Diderot assure Sophie qu'elle occupe une place unique dans sa vie, qu'« il n'y a et il n'y aura jamais qu'une femme au monde » pour lui[43] ; il lui promet évidemment fidélité et amour éternels – on verra plus loin ce qu'il en sera. Mais le premier effet de cette correspondance est d'inspirer à Diderot le seul souci autobiographique qu'il ait jamais manifesté. Pour Sophie, il se rend attentif à tous les moments de la journée et s'observe scrupuleusement. Diderot veut penser et vivre *sous ses yeux* : « Je ne me suis soucié que de les faire longues ; j'ai voulu vous occuper longtemps ; j'ai voulu que vous me suivissiez pas à pas ; j'ai voulu vivre sous vos yeux. Je ne tuerai pas non plus une puce sans vous en rendre compte[44]. » L'attente des correspondants, note Odile Richard-Pauchet, peut se résumer dans cette formule : « intimité et exhaustivité[45] ». L'exigence d'exhaustivité, qui va à l'encontre de la règle classique qui veut qu'on ne noie pas son destinataire sous un flot de paroles, entraîne une longueur parfois excessive des lettres. Qu'on en juge par cette réflexion de Diderot : « Je me dis : quel plaisir elle aura quand elle recevra ce paquet. D'abord elle le pèsera de la main. Elle le serrera, pour quand elle sera seule ; il lui tardera bien d'être seule. Seule, elle l'ouvrira avec empressement, croyant y trouver au moins une brochure. Point de brochure, mais un volume de mon écriture en feuilles séparées. On rangera ces feuilles. On lira presque toute la nuit ; il en restera la moitié encore pour le lendemain. Le lendemain, on achèvera[46]. » Odile Richard-Pauchet n'a pas tort de relever « la valeur érotique de cet objet que l'on ne confie à personne et que l'on conserve pour un usage nocturne[47] ». Sophie, en revanche, était moins encline à respecter les exigences de Diderot, d'après les maints reproches que celui-ci a formulés à son égard. Voici un reproche parmi d'autres : « Vous ne faites rien du tout, tendre amie, de ce que je vous ai demandé. Je voulais un détail circonstancié de votre voyage. Vous me l'aviez promis ; et vous vous croyez quitte en m'écrivant : *Nous sommes arrivées à deux heures du matin à Châlons. La belle dame a un peu dormi ; maman a été tourmentée de sa colique.* Réparez ce laconisme-là, s'il vous plaît[48]. »

On a souvent dit que Diderot ne concevait pas l'échange épistolaire comme un aveu d'éloignement vis-à-vis de Sophie, bien au contraire : l'écriture lui sert de compensation imaginaire à la réalité frustrante. Écrire à Sophie, c'est « manifester la volonté de réunion et de fusion, c'est avoir pour objectif premier de combler cette distance, c'est même *nier* cette distance[49] ». « Je cause en vous écrivant, écrit Diderot, comme si j'étais à côté de vous, un bras passé sur le dos de votre fauteuil et que je vous parlasse. Je vous dis sans ordre, sans réflexion, sans suite, tout ce qui se passe dans l'espace que je remplis et hors de cet espace[50]. » Dans beaucoup de lettres, c'est lui qui occupe le devant de la scène, comme dans cette évocation d'un repas donné par sa femme (« Madame ») à leur domicile : « Nous dînâmes hier en grande compagnie. Madame avait rassemblé toutes ses amies. Je fus très gai. Je bus, je mangeai. Je fis à merveille les honneurs de ma table. Au sortir de table, je jouai. Je ne sortis point. Je reconduisis tout le monde entre onze et minuit. Je fus charmant, et si vous saviez avec qui ! Quelles physionomies ! Quelles gens ! Quels discours ! Quelle joie[51] ! » Diderot fait revivre tout le milieu qu'il fréquentait alors qu'elle s'absentait de la capitale. Il informe Sophie de l'avancement de ses travaux, en particulier des progrès de l'*Encyclopédie*. Il l'associe à ses réflexions, commente les controverses morales qu'elle lui soumet, partage avec elle ses lectures. Sophie apparaît comme une figure estimée à la fois pour ses qualités morales, mais aussi son jugement : « Faisons en sorte, mon amie, que notre vie soit sans mensonge. Plus je vous estimerai, plus vous me serez chère. Plus je vous montrerai de vertus, plus vous m'aimerez. Combien je redouterais le vice, quand je n'aurais pour juge que ma Sophie[52]. »

Modèle de vertu pour Diderot, Sophie prend un certain plaisir aux histoires scandaleuses. C'est elle qui réclame davantage de détails sur des personnages un peu excentriques et des anecdotes un peu salées. Elle spécule sur les relations compliquées entre Mme d'Holbach et Mme d'Épinay, elle demande la suite de l'histoire entre Bertin et la petite Hus, elle veut avoir des détails sur la maîtresse du compte de Lauragais, Mlle Arnould, elle rappelle à Diderot ses aventures avec la « Vénus des carrefours », elle voudrait connaître la fin de l'histoire de M. de la Villemenu qui a refusé de coucher avec sa femme, procédé qu'elle juge inhumain. Affaires du cœur, affaires du monde, petite chronique de la vie ordinaire : les lettres à Sophie ne sont pas détachées de la vie. Souvent, il y est question d'excès de table et d'indigestions ; pour retranscrire les couleurs de la vie, Diderot n'hésite pas à se livrer à des détails piquants : « Si je souffre ! Plus que jamais, et je le mérite bien. Je mangeai comme un louveteau, ou comme notre ami M. Gaschon, quand le dîner est délicat. Je bus des vins de toutes sortes de noms ; un melon d'une perfidie incroyable m'attendait là ; et croyez-vous qu'il fût possible de résister à un énorme fromage glacé ? Et puis des liqueurs, et puis du café, et puis une indigestion abominable qui m'a tenu sur pied toute la nuit, et qui m'a fait passer la matinée entre la théière et un autre vaisseau qu'il n'est pas honnête de nommer. Dieu merci, me voilà purgé pour dix ans[53]. » Tout cela est de nature à faire des lettres à Sophie Volland un document de première importance pour les biographes de Diderot. La conversation du salon d'Holbach est l'occasion de dialogues rapportés où Diderot restitue le mouvement même de la vie. De ce point de vue, la chronique ou la « gazette » du Grandval donne lieu à des morceaux particulièrement achevés.

On a parfois minimisé l'originalité et l'unité littéraire des lettres à Sophie Volland en les diluant dans l'ensemble du corpus épistolaire de Diderot. Rien n'est plus erroné. Lues à la suite, elles donnent l'impression d'un ouvrage composé, alors qu'elles ont toujours été dictées par les circonstances. Il n'est pas impossible que Diderot ait songé à tirer de ses lettres la matière d'un ouvrage distinct, car il a relu, revu et corrigé le manuscrit de ses lettres à Sophie comme si, conscient de la valeur littéraire de sa prose, il s'agissait d'une œuvre à part entière. Certaines de ses « grandes lettres » sont de véritables essais soumis au jugement de la postérité au même titre que les œuvres capitales qu'il conservait dans ses tiroirs avant de les donner à la *Correspondance littéraire*. Quels qu'aient été les projets de publication de Diderot, la « voix » qui s'adresse à Sophie, la femme qu'il s'est choisie comme dépositaire presque exclusive de ses états d'âme, est « unique, profonde, cohérente[54] ». Il faut toutefois se garder de confondre le personnage qui écrit à Sophie avec le « véritable » Diderot, un Diderot mis à nu. Le correspondant de Sophie n'écrit pas ses *Confessions*, il n'est pas égocentrique à la façon de Rousseau, et encore moins égotiste à la manière romantique. Si la lettre est souvent, chez Diderot, l'espace d'un discours autobiographique, celui qui dit « je » dans ses lettres à Sophie est en partie un personnage construit au même titre que celui qui s'appelle MOI dans *Le Neveu de Rameau*. Ne cherchons donc pas un Diderot plus intime ou authentique dans ces lettres, car bien souvent il n'y quitte la pose du personnage public pour endosser l'habit d'un autre personnage, l'amant de Sophie, et de manière plus générale d'un « héros de roman tantôt picaresque, tantôt sentimental, dont la pantomime privilégie autant *l'effet de réel* que la sensualité [...]. Il importe de donner le maximum de *chair* au personnage dont Sophie lira les lettres[55]. » Certains critiques ont mis l'accent sur le caractère *romanesque* des lettres de Diderot. Forme hybride mêlant tous les styles et tous les tons, elles élaborent des contes, composent des scènes et des portraits et font exister de véritables personnages. « Il est grand temps de s'en persuader, conclut Jacques Chouillet : la relation amoureuse de Denis Diderot à Sophie Volland est d'abord et surtout un acte de littérature[56]. »

6

Pour une morale sans Dieu

Depuis sa traduction de l'*Essai sur le mérite et la vertu* de Shaftesbury, Diderot n'est plus guère revenu à la morale. Quelques remarques éparses ne laissent planer aucun doute sur ses sentiments, comme lorsqu'il laisse tomber, dans la *Lettre sur les aveugles*, que « tant de nos vertus dépendent de notre manière de sentir et du degré auquel les choses extérieures nous affectent ». Il n'y a pas une morale pour tout le monde : celle des aveugles est différente non seulement de celle des clairvoyants mais aussi de celle des sourds et muets. Et Diderot de s'exclamer malicieusement : « Qu'un être qui aurait un sens de plus que nous trouverait notre morale imparfaite, pour rien dire de pis[1] ! » Le sujet, on s'en doute, est sensible dans la France toute chrétienne du XVIIIe siècle. Tout le monde se souvient encore de l'immense polémique déclenchée par Pierre Bayle en 1683 lorsqu'il affirmait qu'un athée pouvait être un homme de bien comme n'importe quel autre croyant. Pourquoi ? Parce que la vertu n'est pas une affaire de croyance. Bayle tient que « l'homme n'agit pas selon ses principes[2] ». L'expérience quotidienne prouve suffisamment que l'athéisme n'est pas plus préjudiciable à la vertu que la religion… bien au contraire, serait-on tenté d'ajouter. L'opinion commune veut que les hommes qui craignent Dieu évitent de pécher autant qu'il est possible, alors que ceux qui n'y croient pas n'ont aucun motif qui les empêche de s'adonner à tous les vices imaginables. Grave erreur, réplique Bayle : « Quand on compare les mœurs d'un homme qui a une religion avec l'idée générale que l'on se forme des mœurs de cet homme, on est tout surpris de ne trouver aucune conformité entre ces deux choses. L'idée générale veut qu'un homme qui croit un dieu, un paradis et un enfer, fasse tout ce qu'il connaît être agréable à Dieu, et ne fasse rien de ce qu'il sait lui être désagréable. Mais la vie de cet homme nous montre qu'il fait tout le contraire. [...] Il s'accommode presque toujours à la passion dominante du cœur, à la pente du tempérament, à la force des habitudes contractées et au goût ou à la sensibilité que l'on a pour certains objets[3]. » Ces remarques, qui semblent aujourd'hui frappées au coin du bon sens, déchaînèrent les passions. Le protestant Pierre Jurieu, son ancien ami devenu ennemi, s'étrangle : « Il pose ce méchant principe que *l'athéisme ne conduit pas nécessairement à la corruption des mœurs*, et le prouve dans tous les articles suivants avec un très grand scandale. Car si cela est, les magistrats n'ont pas raison de chasser les athées et de les faire mourir[4]. »

Diderot est cependant loin de balayer d'un coup de plume la question de l'athéisme vertueux. Le « paradoxe de Bayle », comme on l'appelle couramment, compte peu de sectateurs au XVIIIe siècle. Voltaire, qui ne croit qu'en un Dieu impersonnel, sorte de premier moteur qui a mis en marche l'univers, préfère que ses concitoyens croient en un Dieu « rémunérateur et vengeur », allant jusqu'à écrire : « Si Dieu n'existait pas, il faudrait l'inventer[5]. » Les hommes sont-ils prêts à se passer de Dieu ? Il n'y a qu'un problème philosophique vraiment sérieux pour Diderot, pourrait-on paraphraser Camus, c'est la réponse à la proposition : « Dieu n'existe pas, donc tout est permis. » Quelle morale pour l'athée ? Comment persuader les hommes de préférer l'intérêt général, ou celui de leur prochain, à leurs intérêts particuliers et égoïstes ? Quelles valeurs pour une société qui ne s'appelle pas encore laïque ? La soixantaine passée, Diderot fera un aveu curieux pour un philosophe dont la préoccupation la plus importante a été la morale :

> Je n'ai pu trouver la vérité, et je l'ai cherchée avec plus de qualités que vous n'en exigez. Je vous dirai plus : s'il y a des questions en apparence assez compliquées qui m'ont paru simples à l'examen, il y en a de très simples en apparence que j'ai jugées au-dessus de mes forces.

> Par exemple, je suis convaincu que, dans une société même aussi mal ordonnée que la nôtre, où le vice qui réussit est souvent applaudi, et la vertu qui échoue presque toujours ridicule, je suis convaincu, dis-je, qu'à tout prendre, on n'a rien de mieux à faire pour son bonheur que d'être un homme de bien. C'est l'ouvrage, à mon gré, le plus important et le plus intéressant à faire ; c'est celui que je me rappellerais avec le plus de satisfaction, dans mes derniers moments. C'est une question que j'ai méditée cent fois et avec toute la contention d'esprit dont je suis capable ; j'avais, je crois, les données nécessaires. Vous l'avouerai-je ? Je n'ai pas même osé prendre la plume pour en écrire la première ligne. Je me disais : si je ne sors pas victorieux de cette tentative, je deviens l'apologiste de la méchanceté. J'aurai trahi la cause de la vertu. J'aurai encouragé l'homme au vice. Non, je ne me sens pas bastant pour ce sublime travail. J'y consacrerais inutilement toute ma vie[6].

En 1762, Diderot composa à l'occasion de la lecture d'un manuscrit clandestin intitulé *Objections diverses contre les écrits de différents théologiens*, une *Addition aux Pensées philosophiques* dans laquelle il réitère de manière bien plus mordante qu'en 1746 tous les griefs à l'encontre du christianisme[7]. En soixante-douze très courts et très cinglants aphorismes, tout y passe : la critique de la soumission de la raison à la foi : « Si la raison est un don du Ciel, et qu'on en puisse dire autant de la foi, le Ciel nous a fait deux présents incompatibles et contradictoires » ; le rejet des miracles : « Prouver l'évangile par un miracle, c'est prouver une absurdité par une chose contre nature » ; l'irrationalité des dogmes : « Il y a longtemps qu'on a demandé aux théologiens d'accorder le dogme des peines éternelles avec la miséricorde infinie, et ils en sont encore là » ; l'absurdité du Dieu judéo-chrétien : « Il n'y a point de bon père qui voulût ressembler à notre père céleste » ; l'absurdité du dogme de la Trinité : « Il est dit qu'il se retira sur le mont des Oliviers, et qu'il pria. Et qui pria-t-il ? Il se pria lui-même ? », du péché originel : « Le Dieu des chrétiens est un père qui fait grand cas de ses pommes, et fort peu de ses enfants », et de la rédemption, réservée aux seuls chrétiens (et encore !) : « S'il y a cent mille damnés pour un sauvé, le diable a toujours l'avantage sans avoir abandonné son fils à la mort[8]. » Une mention spéciale à ce coup de patte bien senti destiné aux jansénistes : « S'il faut encore une grâce pour bien faire, à quoi a servi la mort de Jésus-Christ ? », ainsi qu'à cette cruelle parabole : « Égaré dans une forêt immense pendant la nuit, je n'ai qu'une petite lumière pour me conduire. Survient un inconnu qui me dit : “Mon ami, souffle ta bougie pour mieux trouver ton chemin.” Cet inconnu est un théologien. »

L'aphorisme le plus long est placé à la fin. Après s'être attaqué au dogme chrétien, il veut dire « un mot de sa morale » :

> C'est que pour un catholique père de famille, convaincu qu'il faut pratiquer à la lettre les maximes de l'Évangile sous peine de ce qu'on appelle l'enfer ; attendu l'extrême difficulté d'atteindre à ce degré de perfection que l'Évangile exige, et que la faiblesse humaine ne comporte point, je ne vois d'autre parti que de prendre son enfant par un pied, et de l'écacher contre la terre, ou de l'étouffer immédiatement après le baptême. Par cette action il le sauve du péril de la damnation, et lui assure une félicité éternelle ; et je soutiens que cette action, loin d'être criminelle, doit passer pour infiniment louable, puisqu'elle est fondée sur le motif de l'amour paternel, qui exige que tout bon père fasse pour ses enfants tout le bien possible.

Voilà l'essence de la morale chrétienne au XVIIIe siècle : la vie terrestre n'a pas de valeur, elle est dangereuse pour le salut car la tentation est partout. L'homme est « programmé » pour pécher, tout le porte à enfreindre la loi d'un Dieu jaloux, vengeur, misogyne, tyrannique et intolérant. Un théologien qui passe pour éclairé, l'abbé Nicolas-Sylvestre Bergier, explique en quoi consiste l'*offense* faite à Dieu : l'homme « peut faire ce que Dieu défend, braver ses menaces, [...] déplaire à Dieu, provoquer sa colère, être son ennemi, etc.[9] ». C'est alors qu'il commet le *péché*, mot qui désigne « une désobéissance à Dieu ou une transgression de la loi de Dieu[10] ». Un péché est dit mortel quand il nous plonge dans « un état de mort spirituelle ; on dit de l'homme dans cet état qu'il est ennemi de Dieu, esclave du démon, sujet à la damnation éternelle » ; le péché dit véniel, en revanche, ne mérite qu'un « châtiment temporel ». Pour distinguer si tel acte contraire à la volonté de Dieu est un péché véniel ou mortel, « il faut faire attention à l'importance du précepte violé, à la tentation plus ou moins forte, à la faiblesse plus ou moins grande de celui qui l'a commis, au scandale et au préjudice qui peut en résulter pour le prochain ou pour la société, etc. ». Suivant des auteurs modernes, le péché mortel est un « acte conscient et prémédité, avec volonté de faire le mal, qui détourne l'homme de Dieu et le mène à la damnation », alors que le péché véniel ne consiste qu'en une « transgression de la morale sur des points secondaires[11] ».

On comprend qu'il est très facile à l'homme d'offenser Dieu au cours d'une vie, surtout quand on considère que nous naissons tous avec le péché originel, « qui tire son origine du péché de notre premier père Adam[12] » et auquel seul le baptême peut remédier. « On conçoit bien, note l'abbé Bergier, que ce dogme ne pouvait pas manquer de déplaire aux incrédules de notre siècle » ; cependant, « cette triste vérité est clairement enseignée dans l'Écriture sainte ». Les incrédules, comme il dit, ne conçoivent pas « que Dieu ait voulu confier à nos premiers parents le sort éternel de leur postérité, surtout en prévoyant que l'un et l'autre violeraient la loi qui leur serait imposée, et rendraient malheureux le genre humain tout entier ; l'on comprend encore moins que Dieu puisse punir [...] un péché qui ne nous est ni libre ni volontaire ». Quant au baptême, explique Bergier, s'il nous rend « le droit à la béatitude éternelle, il nous laisse le penchant au mal et la nécessité de souffrir et de mourir, parce que l'un et l'autre rendent la vertu plus méritoire et digne d'une plus grande récompense ». Mais la sévérité de la peine infligée par Dieu à Adam par rapport à la faute commise ? Et la damnation des enfants innocents morts sans baptême ? L'abbé Bergier, docteur en théologie, termine par cette belle déclaration qui vaut son pesant d'or : « Lorsque les incrédules viennent nous fatiguer par des objections, nous pouvons nous borner à leur répondre avec saint Augustin : "Quoique je ne puisse pas réfuter tous leurs arguments, je vois cependant qu'il faut s'en tenir à ce que l'Écriture nous enseigne clairement : savoir, qu'aucun homme ne peut parvenir à la vie et au salut éternel, sans être associé avec Jésus-Christ, et que Dieu ne peut condamner injustement personne ou le priver injustement de la vie et du salut[13]." »

Dans sa polémique contre Julien, saint Augustin répète à satiété que sous un Dieu juste, nul ne peut souffrir sans l'avoir mérité. Mais dans quelle mesure l'homme est-il réellement responsable de ses actes ? Autrement dit : l'homme est-il libre quand il choisit entre le bien et le mal, entre la vertu et le vice ? Pour mériter la punition divine, il faut avoir péché volontairement ; or si nos actes ne sont pas libres, si nous sommes toujours déterminés par un motif qui nous entraîne invinciblement, notre responsabilité morale est très fortement limitée, voire nulle : nous devrions au moins avoir droit à des circonstances atténuantes, à l'instar de n'importe quel accusé qui peut faire valoir des causes indépendantes de sa volonté qui l'ont poussé au crime. C'est ce qui a fait dire à Bergier que le dogme de la nécessité « ne tend à rien moins qu'à justifier tous les crimes[14] ».

Cette vision est opposée à la doctrine officielle de l'Église catholique qui affirme l'existence, dans l'homme, du *libre arbitre*, c'est-à-dire de la faculté d'agir ou de ne pas agir, d'opter pour A ou B sans que la volonté soit soumise à aucune « nécessité secrète dont notre âme ne s'aperçoit pas[15] ». Tout en faisant partie de la nature en raison de sa réalité corporelle, l'homme occupe une position privilégiée, car, en raison de son libre arbitre, il est capable de s'arracher aux choses naturelles. Écoutons Bossuet : « Ainsi j'ai trouvé en moi-même une action où, n'étant attiré par aucun plaisir, ni troublé par aucune passion, ni embarrassé d'aucune peine que je trouve en l'un des partis plutôt qu'en l'autre, je puis connaître distinctement, surtout y pensant comme je fais, tous les motifs qui me portent à agir de cette façon, plutôt que de la contraire. Que si, plus je recherche en moi-même la raison qui me détermine, plus je sens que je n'en ai aucune autre que ma seule volonté ; je sens par là clairement ma liberté, qui consiste uniquement dans un tel choix[16]. » Le libre arbitre signifie la liberté totale de l'homme au moment où il opère un choix, et par conséquent sa responsabilité entière envers Dieu. Cette doctrine, qui fut contestée par les protestants et par les jansénistes, accorde aux hommes la possibilité d'opérer eux-mêmes leur salut : il suffit de mener sa vie selon les préceptes de l'Église, qui sont la foi en la religion catholique et l'obéissance aux pouvoirs spirituels et séculiers. S'il en était autrement, si l'homme n'était pas responsable de ses actes, il n'y aurait plus d'ordre. Pourquoi ? L'article *Liberté* de l'*Encyclopédie* résume les arguments les plus couramment ressassés :

> Si les hommes ne sont pas libres dans ce qu'ils font de bien et de mal, le bien n'est plus bien et le mal n'est plus mal. Si une nécessité inévitable et invincible nous fait vouloir tout ce que nous voulons, notre volonté n'est pas plus responsable de son vouloir qu'un ressort de machine est responsable du mouvement qui lui est imprimé : en ce cas, il est ridicule de s'en prendre à la volonté, qui ne veut qu'autant qu'une autre cause, distinguée d'elle, la fait vouloir. [...] Ôtez la liberté, vous ne laissez sur la terre ni vice, ni vertu, ni mérite ; les récompenses sont ridicules et les châtiments sont injustes : chacun ne fait que ce qu'il doit, puisqu'il agit selon la nécessité [...]. La ruine de la liberté renverse avec elle tout ordre et toute police, confond le vice et la vertu, autorise toute infamie monstrueuse, éteint toute pudeur et tout remords, dégrade et défigure sans ressource tout le genre humain. Une doctrine si énorme ne doit point être examinée dans l'école, mais punie par les magistrats[17].

Où l'on voit que philosophie, théologie et politique sont encore intimement liées au XVIIIe siècle. L'enjeu du débat que nous allons exposer est précisément le suivant : existe-t-il une morale indépendante de la religion et qui ne soit pas destructrice de l'intérêt général ?

Depuis que le mécanisme s'est imposé en philosophie et en sciences, une question importante taraude les esprits : les facultés de notre âme sont-elles soumises aux mêmes lois mécaniques que celles qui assurent la marche de notre corps ? Selon Descartes, l'organisme humain et animal fonctionne comme une machine parfaitement réglée, en sorte que tous les membres du corps sont mus « en même façon que le mouvement d'une montre est produit par la seule force de son ressort et la figure de ses roues[18] ». Cependant, l'homme n'est pas entièrement réductible à la machine corporelle : son esprit est complètement soustrait à la servitude de l'automate. Mais d'autres philosophes ne l'entendent pas de la même oreille. Dans la tradition de Hobbes et de Spinoza, ils affirment que la liberté au sens de libre arbitre, qui équivaut à l'absence de détermination, est tout simplement inconcevable. Le sentiment que nous avons de notre liberté s'explique par notre ignorance des causes ou motifs qui nous font agir. En réalité, l'homme n'a pas la faculté de choisir librement entre A et B ; chaque acte volontaire est déterminé par deux séries de causes. Les unes sont externes : notre inclination naturelle à rechercher le plaisir et le bonheur nous fait pencher vers l'objet qui semble nous donner la plus grande satisfaction. Les autres sont internes : sur notre choix influent « les différentes dispositions de notre esprit, nos opinions, nos préjugés, notre tempérament, nos passions, nos habitudes et notre situation actuelle ». Si bien que « la moindre circonstance ajoutée à la chaîne des causes qui précèdent chaque effet, suffit pour la modifier ou pour en produire un nouveau[19] ». Dans l'article *Liberté* de l'*Encyclopédie* (longtemps attribué à Diderot), l'auteur anonyme réplique au raisonnement de Bossuet cité plus haut :

> Il est question de choisir entre A et B. Vous dites que, toutes choses mises à part, vous pouvez choisir l'un ou l'autre. Vous choisissez A. Pourquoi ? Parce que je le veux, dites-vous. Mais pourquoi voulez-vous A plutôt que B ? Vous répliquez : parce que je le veux. Dieu m'a donné cette faculté. Mais que signifie : *je veux vouloir*, ou *je veux parce que je veux* ? Ces paroles n'ont d'autre sens que celui : *je veux A*. Mais vous n'avez pas encore satisfait à ma question : pourquoi ne voulez-vous point B ? Est-ce sans raison que vous le rejetez ? Si vous dites : A me plaît parce qu'il me plaît, ou cela ne signifie rien, ou doit être entendu ainsi : A me plaît à cause de quelque raison qui me le fait paraître préférable à B[20].

D'Alembert, quant à lui, s'en est expliqué avec une précision de mathématicien : « L'homme est libre en ce sens que, dans les actions non machinales, il se détermine de lui-même et sans contrainte ; mais il ne l'est pas en ce sens que, lorsqu'il se détermine, même volontairement et par choix, il y a toujours quelque cause qui le porte à se déterminer et qui fait pencher la balance pour le parti qu'il prend[21]. » Jacques Proust a bien montré qu'un important débat opposait, de 1754 à 1759, quelques représentants les plus en vue parmi les philosophes français. Ouvert par la *Dissertation sur la liberté* de Condillac, il fut mené notamment dans le deuxième *Discours* de Rousseau et le *Traité des animaux* de Condillac ; ravivé par le tremblement de terre de Lisbonne (1755), il fut clos par la publication de *Candide* de Voltaire[22]. Au milieu, Diderot fit paraître sa *Lettre à Landois* dans laquelle il expose sa propre doctrine de la nécessité.

La lettre adressée par Diderot au dramaturge Paul Landois le 29 juin 1756, et reproduite par Grimm dans la *Correspondance littéraire* du 1er juillet, prend une place notable dans son œuvre et sa philosophie. Le destinataire de ce petit traité de morale pratique, que l'ingratitude et l'agressivité ont rendu « triste, mélancolique, inquiet, injurieux, vagabond, moribond[23] », était collaborateur de l'*Encyclopédie* ; d'après le contexte de la lettre, il semble avoir sollicité Diderot pour la révision et l'impression d'un ouvrage de morale assez dangereux pour exposer le philosophe à de graves ennuis avec la justice. « Vous n'ignoriez pas que j'avais femme et enfant ; que j'étais noté ; que vous me mettiez dans le cas des récidives », lui reproche Diderot, avant de s'en prendre au traité de Landois, dont il ne subsiste rien : « C'est de la petite morale, moitié vraie, moitié fausse et étroite aux yeux du philosophe » et détestable « aux yeux du peuple ». La réponse de Diderot se situe sur deux plans. Il commence par prendre le ton du « prédicateur », d'un « homme à sermons et à messes », puis continue avec celui du « philosophe ». Le manuscrit de Landois que Diderot a refusé de faire imprimer comprenait une critique de la notion de vertu[24]. Or en niant la réalité de la vertu, l'auteur tendait non seulement à abolir toute règle de conduite, ce que Diderot ne pouvait évidemment pas accepter ; il apportait en même temps de l'eau au moulin de ses ennemis qui reprochaient à la philosophie des Lumières d'être destructrice de la morale.

Qu'est-ce que la vertu ? « Bienfaisance envers le prochain », répondra Voltaire en accord avec tous les philosophes. « Je suis indigent, tu es libéral. Je suis en danger, tu me secours. On me trompe, tu me dis la vérité. On me néglige, tu me consoles. Je suis ignorant, tu m'instruis. Je t'appellerai sans difficulté vertueux[25]. » Voltaire néglige cependant de répondre à la question essentielle, de celle qui taraude Diderot : comment convaincre les hommes de préférer la vertu au vice, la bienfaisance envers autrui à l'égoïsme ?

Que répondre à celui qui « aime mieux la destruction du monde qu'une égratignure de son doigt[26] » ? Hume entendait montrer par cette formule que la raison est totalement étrangère aux motifs de nos actions : il est effectivement plus « raisonnable », eu égard à notre bien-être, de souhaiter, par exemple, la mort d'un inconnu si cela pouvait nous éviter une blessure, aussi légère soit-elle. Ce n'est que la crainte de Dieu qui pourrait contenir nos égoïsmes, mais l'argumentation de Bayle visant à démontrer que l'athéisme n'est pas plus dangereux que la foi en un Dieu rémunérateur et vengeur était *aussi* basée sur l'idée que « ce ne sont pas les opinions générales de l'esprit qui nous déterminent à agir, mais les passions présentes du cœur[27] ». Ce n'est pas la connaissance pure qui nous pousse à agir, mais nos passions plus ou moins raisonnables. La morale, estime Diderot de son côté, doit tenir compte de nos passions. Une morale ascétique, qui contrarie les passions, est aussi inhumaine qu'une morale égoïste, destructrice de la société. « Ma vertu ne détruit point mes passions, lance Diderot à Landois. Elle les tempère seulement et les empêche de franchir les lois de la droite raison. » La raison ne doit ni ne peut s'opposer aux passions, elle doit les éclairer. Nos passions peuvent être fondées sur des suppositions fausses : si je désire un champignon croyant qu'il est comestible et qu'on m'assure qu'il est venimeux, je cesse de le désirer. Notre passion peut choisir des moyens inappropriés pour se satisfaire, et la raison le dévoiler : lorsque je sais que le crime ne paie (presque) jamais, je m'abstiendrai de voler et préfèrerai obtenir les objets que je désire par des moyens légaux et honnêtes. Dans tous les cas, nos erreurs ne sont pas dans nos passions (le fait de désirer manger tel champignon ou de posséder tel objet), mais dans le jugement qui l'accompagne.

Tout cela reste cependant fort abstrait, c'est une morale pour sages qui trouvent « une égale répugnance à mal raisonner et à mal faire » ; il n'est pas sûr du tout que Landois ou un autre y soient également sensibles. *Je vois le bien et je l'approuve ; mais je fais le mal*, disait Médée chez Ovide ; « les lois sont plus souvent enfreintes par la méchanceté que par l'ignorance », commenta Diderot[28]. Nous sommes livrés à deux puissances dont l'une nous montre le bien tandis que l'autre nous incline vers le mal. Le combat de la raison contre les mauvaises passions est « cruel », surtout au début ; mais « la peine s'affaiblit avec le temps », et la récompense est loin d'être négligeable. Rien ne nous flatte autant que la pratique de la vertu : « On en prend à ses propres yeux tant de grandeur et de dignité ! » Malheur à vous, apostrophe Diderot son correspondant, « si vous n'êtes pas assez en fonds de bonnes actions pour en être vain, pour vous en complimenter sans cesse, pour vous enivrer de cette vapeur, et pour en être fanatique » !

La vertu enivre, elle rend même fanatique – l'emploi mélioratif de ce mot honni est suffisamment rare parmi les philosophes des Lumières pour être souligné ici. Mais Diderot exclut toute idée de mérite : être vertueux, ce n'est pas se priver, c'est… se faire plaisir ! Landois prétend que nous recevons la vertu « comme le malade reçoit un remède auquel il préférerait […] toute autre chose qui flatterait son appétit ». Détrompez-vous, réplique Diderot. Les hommes vertueux ne sont pas des insensés, bien au contraire : « Tout ce que nous faisons, c'est pour nous. Nous avons l'air de nous sacrifier, lorsque nous ne faisons que nous satisfaire. » La vertu ne se justifie donc pas par elle-même mais vaut par le bonheur dont elle nous comble. Diderot n'en démordra jamais : il n'est pas de bonheur personnel sans le bonheur de tous. « J'étais bien jeune, écrira-t-il en 1769, lorsqu'il me vint en tête que la morale entière consistait à prouver aux hommes qu'après tout, pour être heureux, on n'avait rien de mieux à faire dans ce monde que d'être vertueux ; tout de suite je me mis à méditer cette question et je la médite encore[29]. » Diderot veut croire, et surtout faire croire, que l'alliance entre le bonheur et la vertu est le fondement de toute morale, que la vertu est la base la plus solide du bonheur. Or s'il médite encore la question en 1769 – et on a vu qu'il en était toujours à ses réflexions quelques années plus tard, sans être parvenu à un résultat probant –, c'est que l'équation vertu égale bonheur n'est pas aussi simple qu'il veut bien le dire dans la *Lettre à Landois*. Mais n'anticipons pas.

Dans la *Lettre à Landois*, Diderot écrit en substance que la pratique de la vertu – une conduite conforme aux lois, respectueuse d'autrui, pour le dire en langage moderne – est toujours « payante ». Il s'ensuit que l'action morale n'est pas désintéressée mais procède d'un calcul égoïste : « Mais si vous voulez bien peser les avantages que [les hommes vertueux] se procurent, et surtout les inconvénients qu'ils évitent, vous aurez bien de la peine à prouver qu'ils sont déraisonnables. Si jamais vous l'entreprenez, n'oubliez pas d'apprécier la considération des autres et celle de soi-même, tout ce qu'elles valent. N'oubliez pas non plus qu'une mauvaise action n'est jamais impunie ; je dis jamais, parce que la première que l'on commet dispose à une seconde, celle-ci à une troisième, et que c'est ainsi qu'on s'avance peu à peu vers le mépris de ses semblables, le plus grand de tous les maux. » Les retombées d'un sacrifice initial sont sans commune mesure avec les suites d'un bien mal acquis. Le méchant, qui croit être plus malin que les autres, non seulement connaît mal son intérêt, mais en outre fait un mauvais calcul.

Arrivé à ce point de sa démonstration, Diderot devrait être content. Il a prouvé que la vertu n'était pas une potion amère mais le plus sûr chemin vers un maximum de bonheur. « L'homme le plus heureux, écrira-t-il peu de temps après, est celui qui fait le bonheur d'un plus grand nombre d'autres[30]. » C'est alors qu'il quitte, comme il le dit lui-même, le ton de prédicateur pour prendre celui de philosophe. On n'est pas bon ou méchant à volonté ; on ne peut pas opter pour la vertu après avoir pratiqué le vice trop longtemps : « Le pli est pris, il faut que l'étoffe le garde. » Méfions-nous de l'éclat du vice : on ne s'y frotte pas impunément. Une fois tombés dans le gouffre, rien n'arrêtera notre chute ; le vice nous entraîne malgré nous. C'est bien mal connaître le cœur humain que de prétendre que l'homme choisit librement entre le bien et le mal. La liberté est « un mot vide de sens », proclame Diderot, car l'homme est assujetti au déterminisme de causes purement extérieures qui agissent sur lui : « Nous ne sommes que ce qui convient à l'ordre général, à l'organisation, à l'éducation, et à la chaîne des événements. Voilà ce qui dispose de nous invinciblement. On ne conçoit non plus qu'un être agisse sans motif, qu'un des bras d'une balance se meuve sans l'action d'un poids ; et le motif nous est toujours extérieur, étranger, attaché ou par la nature, ou par une cause quelconque qui n'est pas nous. »

Ce passage, dans lequel Diderot rejette de façon catégorique la liberté de la volonté qu'il avait encore défendue un an auparavant au début de l'article *Droit naturel*[31], a fait couler beaucoup d'encre. Il a surtout été mal compris. Premièrement parce qu'on l'a rapproché d'un passage semblable dans *Jacques le Fataliste*, roman énigmatique sur l'interprétation duquel la critique s'est longtemps arraché les cheveux. Deuxièmement et surtout parce qu'il a été lu – tout comme *Jacques le Fataliste* d'ailleurs – à la lumière d'une hypothèse (pour ne pas dire fantasme) scientifique connue sous le nom de démon de Laplace, suivant laquelle un observateur omniscient, connaissant parfaitement l'état du monde en un instant donné, serait capable de prédire l'état du monde en un moment ultérieur quelconque. Nous y reviendrons[32]. Pour l'instant, contentons-nous de souligner ce que le texte ne dit pas quand on le lit avec des yeux non prévenus. Diderot n'affirme nullement que l'univers est régi par un déterminisme implacable ; il ne prétend pas davantage que l'homme n'est qu'une marionnette, un automate soumis à un mécanisme aveugle. Qu'est-ce que Diderot nous dit en réalité ? Nos actions ne sont pas libres mais dépendantes d'un ou plusieurs *motifs*. Ces motifs nous sont extérieurs, c'est-à-dire indépendants de notre volonté. Notre volonté de faire ou de ne pas faire telle ou telle chose dépend de nos passions, de nos plaisirs et nos peines, de notre intérêt réel ou présumé, et ainsi de suite. Dès lors, nous ne sommes pas moralement coupables du bien ou du mal que nous pouvons faire, pas plus que ne l'est le bras d'une balance qui se lève ou baisse en fonction des poids placés dans le plateau. Tout ce que nous faisons ou pensons, nous le faisons et le pensons nécessairement. Nous avons seulement ou non le pouvoir d'agir selon nos désirs dont le plus constant est celui d'être heureux. Lorsqu'il y a possibilité de choix, le motif qui l'emporte est celui qui paraît devoir rendre le plus heureux. Par voie de conséquence, la notion de péché n'a aucun sens, pas plus que celles de vice et de vertu. S'il n'y a pas de liberté, « il n'y a point d'action qui mérite la louange ou le blâme ; il n'y a ni vice, ni vertu, rien dont il faille récompenser ou châtier ». Il s'ensuit que Dieu aurait aussi tort de punir un homme pour ses péchés qu'une tuile qui, s'étant détachée d'un toit, aurait fracassé le crâne d'un passant.

N'y a-t-il donc pas de différence entre une tuile qui tombe sur la tête d'un promeneur et un brigand qui lui fracasse le crâne à coups de gourdin au coin d'une rue ? Diderot s'en est expliqué dans la lettre à Voltaire déjà citée. Selon les athées, dit-il, « un homme qui les offense ne les offense pas plus librement que ne les blesse une tuile qui se détache et qui leur tombe sur la tête. Mais ils ne confondent point ces causes, et jamais ils ne s'indignent contre la tuile[33]. » Si le résultat est le même dans les deux cas – un crâne défoncé –, les causes qui ont produit cet effet ne sont pas de même nature. On peut imaginer que la tuile est tombée parce que la toiture était mal entretenue par le propriétaire de la maison : c'est donc lui qui sera tenu pour responsable de l'accident par n'importe quel juge. Même chose pour le coup de gourdin : on sait quels individus sont généralement portés à ce genre d'actions, et quels sont leurs motifs. On les rencontre rarement parmi les millionnaires (qui, eux, ont parfois recours à d'autres expédients pour se procurer de l'argent). Si l'on veut éviter que des tuiles nous tombent sur la tête ou que des voyous dévalisent les passants, le plus sûr est d'intervenir en amont : réparer le toit avant qu'il ne tombe en ruine, prévenir les crimes au lieu de se contenter de mettre en prison les criminels. C'est le sens du mot célèbre attribué à Victor Hugo : ouvrir une école, c'est fermer une prison.

Si notre volonté est sous l'emprise de causes qui nous sont extérieures, si le milieu joue un rôle déterminant dans la formation de l'individu, la morale devient une simple question d'éducation : « Mais quoique l'homme bien ou malfaisant ne soit pas libre, l'homme n'en est pas moins un être qu'on modifie. » L'homme est modifiable parce qu'il n'agit jamais sans motifs, parmi lesquels il faut inclure l'exhortation, les exemples, l'attrait des récompenses ou la crainte des sanctions. C'est précisément parce que l'homme n'est pas libre qu'il est possible d'agir sur lui par l'intermédiaire des causes qui déterminent ses actions : « De là les bons effets de l'exemple, des discours, de l'éducation, du plaisir, de la douleur, des grandeurs, de la misère, etc. » En imprégnant le cerveau de vrais principes, en éclairant l'intelligence avec des lois justes, en formatant la conscience avec de bonnes règles, on crée des habitudes, on agit sur les motifs avec de nouveaux motifs qui déterminent les individus à désirer leur bonheur plutôt que leur malheur. Le rôle répressif et disciplinaire que la morale chrétienne traditionnelle a jusqu'alors attribué à l'autorité fait place, chez Diderot comme chez d'autres penseurs, à l'idée que le maintien de l'ordre dépend plus de peines correctives et préventives que de punitions féroces.

Bien loin d'être fatale à la vertu, la négation de la liberté fonde au contraire une nouvelle morale qui n'a plus besoin de Dieu. Selon la morale traditionnelle, où le bien et le mal résident dans l'*intention* qui préside à l'action, Dieu récompense et punit ceux qui ont librement choisi d'obéir ou de désobéir à ses commandements. Dans l'*Addition aux Pensées philosophiques*, Diderot écrira malicieusement que « l'homme est comme Dieu, ou la nature, l'a fait : et Dieu et la nature ne font rien de mal[34]. » Par nature, les hommes ne sont ni bons ni méchants, ni vicieux ni vertueux. Qu'un homme soit ambitieux, cruel, jaloux, cela s'explique de la même façon qu'on explique la chute des corps ou qu'un chien à la rage. On ne blâme pas un chien parce qu'il a la rage, on ne blâme pas la pierre parce qu'elle tombe quand on la lâche : on tente de comprendre, par les causes, pour prévenir et pour guérir. La morale traditionnelle se contente de condamner, d'imposer des normes : voilà où est le Bien, voilà où est le Mal. Impuissante à expliquer ses actes, la morale réussit merveilleusement bien à culpabiliser l'être humain. La morale « laïque » (mais le mot n'existe pas du temps de Diderot) prônée dans la *Lettre à Landois* ne culpabilise pas les hommes mais cherche à les conduire, à inhiber leurs mauvaises tendances et à valoriser les bonnes, à les persuader que l'exercice de la bienfaisance est généralement accompagné de plaisir. Cette éducation à la bienfaisance n'est pas prise en charge par les prêtres mais par les artistes : « Ô quel bien il en reviendrait aux hommes, s'écrie Diderot, si tous les arts d'imitation se proposaient un objet commun, et concouraient un jour avec les lois pour nous faire aimer la vertu et haïr le vice[35] ! » C'est le moment où le philosophe se lance dans la carrière d'auteur dramatique afin de donner aux spectateurs d'utiles leçons de morale.

7

L'invention du drame bourgeois

Après des débuts mouvementés qui ont vu la défaite de ses ennemis, l'*Encyclopédie* atteint sa vitesse de croisière à partir du tome IV, sorti au mois d'octobre 1754. En février, les libraires ont dû procéder à un retirage des trois premiers volumes. Le Dictionnaire, qui se vend désormais à 4 225 exemplaires, a conquis une importance nationale ; dans l'article *Droit de copie*, prévu pour le tome V, le libraire David écrit qu'elle « appartient à la France ». Fin novembre, malgré une attaque violente des jésuites de Lyon à propos de l'article *Collège* de d'Alembert, celui-ci est reçu à l'Académie française. Un an plus tard, au mois de novembre 1755, le cinquième tome paraît dans un calme relatif. Il contient l'article *Encyclopédie* de Diderot et marque les débuts de la collaboration de Voltaire, qui vient de s'installer à Lausanne après son retour de Prusse ; en tête de volume, d'Alembert a placé un *Éloge de Montesquieu*, qui vient de décéder[1]. Après la parution du tome VI au milieu de l'année 1756, les deux coéditeurs prennent des vacances. Tandis que d'Alembert rend visite à Voltaire installé aux Délices (sa maison à Lausanne), Diderot part se reposer à la campagne.

« Le sixième volume de l'*Encyclopédie* venait de paraître, raconte Diderot, et j'étais allé chercher à la campagne du repos et de la santé, lorsqu'un événement [...] devint l'étonnement et l'entretien du canton. On n'y parlait que de l'homme rare qui avait eu, dans un même jour, le bonheur d'exposer sa vie pour son ami, et le courage de lui sacrifier sa passion, sa fortune et sa liberté[2]. » C'est ainsi que débute le drame romancé, ou plutôt le roman théâtral, à moins qu'il ne s'agisse d'un roman-drame[3], du *Fils naturel*, publié par Diderot en février 1757. Cette œuvre multiforme, qu'on désigne habituellement, en le coupant en deux, par les titres *Le Fils naturel* et *Entretiens sur le Fils naturel*, comporte en réalité quatre textes plus ou moins distincts mais qu'il convient de lire à la suite pour l'intelligence de l'ensemble :

1. Une sorte de prologue ou préambule explicatif, désigné par le sous-titre de la page de titre comme « l'histoire véritable de la pièce », dans lequel Diderot raconte, après le paragraphe introductoire qu'on vient de lire, sa rencontre avec Dorval, le héros du jour.
2. *Le Fils naturel, ou les épreuves de la vertu*, drame en cinq actes dont la première représentation a lieu six jours plus tard.
3. La reprise du récit sous forme d'épilogue où Diderot, après la représentation de la pièce à laquelle il a assisté caché dans un coin, remercie Dorval de la « soirée délicieuse et cruelle[4] ».
4. Trois entretiens intitulés « Dorval et moi », au cours desquels les deux protagonistes débattent de la pièce rédigée par Dorval, l'analysent, comparent le texte à sa représentation scénique, formulent des hypothèses sur l'enchaînement des actions, sur la vraisemblance des situations, sur la cohérence des personnages, et, chemin faisant, sont conduits à ouvrir de nouvelles voies pour un théâtre à venir.

L'ensemble hétéroclite que nous venons de décrire se présente comme le compte rendu fidèle d'un séjour à la campagne d'une dizaine de jours passé en compagnie de Dorval. Tout au long du siècle, de nombreux romanciers ont voulu rendre vraisemblables leurs récits en les travestissant en mémoires véridiques, autobiographies, échanges épistolaires et autres « histoires véritables ». Les lecteurs n'étaient pas dupes car les œuvres n'étaient souvent que fantaisies extravagantes, féeries orientales et voyages imaginaires. En revanche, on n'avait jamais encore tenté de persuader les spectateurs de la vérité d'une pièce de théâtre – jusqu'au moment où Diderot entre en scène. Le dispositif ingénieux du *Fils naturel* a d'abord pour fonction d'authentifier l'action de la pièce (totalement invraisemblable par ailleurs) et ses personnages, dont les propos et les sentiments se situent à mille lieues de la réalité. Diderot n'espérait pas duper son lecteur mais lui faire sentir que le temps d'un nouveau théâtre était venu.

Ce n'est pas pour rien que la postérité s'est montrée sévère pour la production théâtrale du XVIIIe siècle français. Les pièces de Voltaire, de Destouches, de Régnard, de Crébillon, de Sedaine et de mille autres auteurs dramatiques (y compris Diderot) ne sont plus jouées, et nous ne considérons plus comme œuvres véritablement vivantes que les comédies de Marivaux et de Beaumarchais. Diderot n'avait donc pas tout à fait tort de critiquer le théâtre de son époque. Mais reprenons le prologue où nous l'avons laissé.

On comprend que Diderot ait voulu connaître un homme aussi extraordinaire que Dorval. Bien que sa bonté eût été mise à rude épreuve, il restait fortement épris de la vertu ; il se transfigurait quand il en parlait, et son discours devenait pathétique. Ayant reconnu en Diderot une âme sœur, il lui raconte volontiers l'histoire qui vient d'arriver à sa famille. Son visiteur la trouve tellement touchante et exemplaire qu'il la verrait bien faire l'objet d'un ouvrage dramatique. C'est fait, réplique Dorval, car mon père a eu la même idée. Si tu voulais, m'a-t-il dit, « ce serait la morale d'une pièce dont une partie de notre vie serait le sujet, et que nous représenterions entre nous. [...] Il ne s'agit point d'élever ici des tréteaux, mais de conserver la mémoire d'un événement qui nous touche, et de le rendre comme il s'est passé... Nous le renouvellerions nous-mêmes, tous les ans, dans cette maison, dans ce salon. Les choses que nous avons dites, nous les redirions[5] ». C'est ainsi que Dorval a transposé la mémorable journée qu'il venait de vivre en une pièce en cinq actes, ni tragédie ni comédie, mais transcription fidèle d'un événement extraordinaire : le drame bourgeois était né.

Lorsque Diderot apprend l'existence de la pièce, et qu'elle sera interprétée pour la première fois, quelques jours plus tard, par les personnes « réelles » dont elle est supposée raconter l'histoire, il obtient de Dorval de se faire inviter, à l'insu des autres protagonistes, à la représentation. Le jour J, il se rend à la maison de son nouvel ami. « J'entrai dans le salon par la fenêtre ; et Dorval qui avait écarté tout le monde me plaça dans un coin, d'où, sans être vu je vis et entendis ce qu'on va lire, excepté la dernière scène[6]. »

Le rideau se lève alors sur Dorval qui attend seul dans le salon. Nous sommes dans la maison de Clairville, ami de Dorval et amant de Rosalie. Voici la première scène :

DORVAL, *seul.*
Il est en habit de campagne, en cheveux négligés ; assis dans un fauteuil, à côté d'une table sur laquelle il y a des brochures. Il paraît agité. Après quelques mouvements violents, il s'appuie sur un des bras de son fauteuil, comme pour dormir. Il quitte bientôt cette situation. Il tire sa montre, et dit :
À peine est-il six heures.
Il se jette sur l'autre bras de son fauteuil ; mais il n'y est pas plus tôt qu'il se relève, et dit :
Je ne saurais dormir.
Il prend un livre qu'il ouvre au hasard, et qu'il referme presque sur-le-champ, et dit :
Je lis sans rien entendre.
Il se lève. Il se promène, et dit :
Je ne peux m'éviter… Il faut sortir d'ici… Sortir d'ici ! Et j'y suis enchaîné ! J'aime… (*comme effrayé*) et qui aimé-je ?… J'ose me l'avouer ; malheureux, et je reste. (*Il appelle violemment*) Charles ! Charles[7] !

Jamais une pièce de théâtre n'avait été publiée avec un tel luxe de didascalies et autres indications scéniques. Diderot décrit précisément le décor, règle minutieusement tous les mouvements de ses acteurs et emploie un langage pathétique qui fait plutôt sourire aujourd'hui. Mais l'heure est grave. Dorval aime Rosalie, alors que Clairville, son ami, l'aime aussi. Pour ne pas trahir leur amitié, Dorval veut s'éloigner. Là-dessus Clairville, qui ignore évidemment tout des sentiments de son ami, le prie d'intervenir en sa faveur auprès de Rosalie. Dorval accepte cette mission, mais c'est pour entendre Rosalie lui avouer son amour… pour lui ! Dorval lui confesse alors le sien, puis décide de s'éloigner et écrit une lettre dans laquelle il lui annonce son départ. Cette lettre tombe entre les mains de la sœur de Clairville, Constance, qui conclut que Dorval est amoureux d'elle. Sur ces entrefaites, arrive le domestique du père de Rosalie, André, qui annonce la ruine de son maître. Pour sauver l'amour de Clairville et lui permettre d'épouser Rosalie, Dorval décide de transférer à celle-ci la moitié de sa fortune sans qu'elle puisse s'en douter. L'acte IV se termine sur un monologue dans lequel Dorval constate avec satisfaction qu'il vient de tout sacrifier : sa fortune, sa passion et sa liberté. C'est alors que le père de Rosalie apparaît ; aussitôt Dorval le reconnaît pour son vieux père, Lysimond. Dès lors, Rosalie et lui sont frère et sœur. Clairville peut épouser celle qu'il aime tandis que Dorval épousera Constance.

Dans l'épilogue, Diderot explique pourquoi il n'a pas pu assister à la dernière scène de la pièce. Le vieux Lysimond étant mort, un autre vieillard avait tenu son rôle, mais l'émotion avait empêché que la représentation aille jusqu'au bout. Quelques jours plus tard, Diderot revoit Dorval et se fait remettre le manuscrit de la pièce pour l'examiner d'un œil critique dramatique. La discussion entre Diderot et Dorval sur la pièce constitue le sujet des trois *Entretiens* sur lesquels se termine le livre.

Qu'est-ce qui a pu motiver chez Diderot cette subite poussée de fièvre dramatique au milieu de son travail pour l'*Encyclopédie* ? Parmi les différentes explications alléguées, la propagande philosophique n'est certainement pas la moins pertinente. Le grand dictionnaire raisonné, nous l'avons vu, s'adressait à l'élite intellectuelle de l'Europe, sans sortir des cercles éclairés. Comme l'écrira Voltaire : « Jamais vingt volumes in-folio ne feront de révolution ; ce sont les petits livres portatifs à trente sous qui sont à craindre. Si l'Évangile avait coûté douze cents sesterces, jamais la religion chrétienne ne se serait établie[8]. » L'œuvre dramatique de Diderot continue par d'autres moyens son combat pour les Lumières : alors que l'*Encyclopédie* diffuse avant tout des connaissances, le théâtre a pour vocation de relayer le sermon dominical par une « pédagogie de la vertu[9] ». Tel est le but de Diderot dramaturge : mettre en scène le discours aride du philosophe dans un tableau attendrissant et édifiant afin d'établir un rapport secret entre le sujet du drame et le spectateur. Diderot est convaincu que la peinture touchante d'un malheur domestique provoquera par sympathie un attendrissement, une émotion forte, et l'homme sensible auquel elle s'adresse en deviendra meilleur : « Il n'y a point d'exemple qui captive plus fortement que celui de la vertu, pas même l'exemple du vice… Ah, Dorval, combien de moyens de rendre les hommes bons[10] ! »

La fortune de l'œuvre fut mitigée. Sur la scène, la pièce n'a jamais réussi à s'imposer : ni en 1757, lors de deux représentations privées à Saint-Germain-en-Laye, ni à la Comédie-Française, où elle ne connut, en 1771, qu'une seule représentation. En revanche, elle a connu de nombreuses publications et traductions, car la théorie théâtrale qu'elle défend et illustre a frayé la voie à un nouveau genre, le « drame bourgeois ». L'ambition de Diderot est de faire du théâtre un miroir du monde, de la pièce une « tranche de vie », portée à la scène. Le plaisir du spectateur est d'y retrouver la spécificité de la vie, dans un temps et lieu déterminé. Diderot a été précédé dans cette voie par des auteurs comme Destouches et Nivelle de la Chaussée en France et Goldoni en Italie, dont les pièces proposaient aux spectateurs un modèle théâtral en quelque sorte intermédiaire entre la tragédie et la comédie classiques. On a reproché à Diderot d'avoir passé sous silence ses prédécesseurs pour se poser en inventeur et théoricien d'un genre entièrement nouveau. Quelques ressemblances et points de rencontre ne suffisent cependant pas à affirmer que Diderot n'a fait que suivre les innovations de ses contemporains. Sa réforme théâtrale s'appuie explicitement sur un programme idéologique intégrant l'art dramatique au projet philosophique des Lumières. Au milieu du siècle, au moment même où l'*Encyclopédie* triomphe auprès du public, il s'agit pour Diderot de faire du théatre un moyen d'éclairer la société, en mettant en action un certain nombre d'idées chères aux philosophes. Rien n'illustre mieux cet encrage du drame dans l'esprit des Lumières que la réplique de Bartholo du *Barbier de Séville* dans laquelle il énumère, parmi les « sottises de toute espèce » enfantées par son siècle, « la liberté de penser, l'attraction, l'électricité, le tolérantisme, l'inoculation, le quinquina, l'*Encyclopédie*, et les drames[11] ».

La question du nouveau genre, qu'on a coutume d'appeler « drame » par facilité critique – Diderot, lui, parle de drame bourgeois ou de genre sérieux – est profondément liée à celle de l'illusion théâtrale. Le drame vise à abolir la distance entre la scène et la salle : la scène doit offrir une copie conforme au spectacle de la vie, car seul nous touche, prétend-on, ce qui nous est proche. Cette tendance est particulièrement nette dans l'ensemble du *Fils naturel*, où Diderot a réduit au maximum la distance entre le théâtre et la vie : dès le prologue, il rapporte les paroles du vieux Lysimond communiquant son désir de voir son fils Dorval préserver « nos propres idées, nos vrais sentiments » en écrivant une pièce qui représenterait à l'identique la réalité vécue : « Les choses que nous avons dites, nous les redirions. Tes enfants en feraient autant, et les leurs, et leurs descendants. Et je me survivrais à moi-même, et j'irais converser ainsi, d'âge en âge, avec tous mes neveux[12]. » Or dans les *Entretiens sur le Fils naturel*, le personnage Diderot fait remarquer à Dorval qu'il a pris des libertés avec la vérité : « Mais je suis bien trompé, ou vous ne vous êtes pas attaché à répondre scrupuleusement aux intentions de monsieur votre père. Il vous avait recommandé, ce me semble, de rendre les choses comme elles s'étaient passées ; et j'en ai remarqué plusieurs qui ont un caractère de fiction qui n'en impose qu'au théâtre, où l'on dirait qu'il y a une illusion et des applaudissements de convention[13]. » Dorval a été obligé de remodeler la réalité vécue, il a retranché, rajouté, taillé et façonné selon les règles de l'art et les désirs des acteurs. Chassez l'art, il revient au galop : dès 1757, Diderot a compris qu'un décalque de la réalité n'est ni possible ni au fond souhaitable, que l'authenticité de l'illusion est garantie par une certaine dose de stylisation dramatique. L'argument principal des *Entretiens sur le Fils naturel* consiste dans la confrontation entre les exigences de la scène que le personnage Diderot se charge d'opposer à Dorval et une simple condensation des faits authentiques que ce dernier défend après l'avoir représentée dans la drame. En passant, Diderot nous fait part de considérations sur le théâtre en général, les différents genres et en particulier le genre sérieux. À l'exception du théâtre grec, dont le drame doit retrouver les vertus, il récuse le théâtre du passé, de même qu'une bonne partie du théâtre français de son temps, au profit d'un nouveau théâtre qui correspond véritablement au présent et inaugure un avenir grandiose pour des spectacles moraux et civiques.

Un an après *Le Fils naturel*, Diderot revient à la charge avec une nouvelle pièce et un deuxième texte théorique : *Le Père de famille* accompagné du *Discours sur la poésie dramatique*. Annoncée dès les *Entretiens sur le Fils naturel*, ce qui prouve qu'elle était prévue de longue date, la pièce fut mise en vente en novembre 1758 après un court démêlé avec la censure. Elle est précédée d'une dédicace adressée à la princesse de Nassau-Saarbruck, dans laquelle Diderot exprime ses idées sur l'éducation des enfants. Après plusieurs représentations en province, *Le Père de famille* est joué à Paris le 18 février 1761. « La pièce n'a eu que six ou sept représentations, médiocrement applaudies », rapporte *L'Année littéraire* le 2 juin[14], ce qui ne devait pas être très loin de la réalité. Diderot, qui n'assista probablement qu'aux répétitions, incrimine le relatif insuccès à la nouveauté de sa pièce, qui avait rebuté les comédiens : « Ce genre d'ouvrage leur était si étranger, que la plupart m'ont avoué qu'ils tremblaient en entrant sur la scène comme s'ils avaient été à la première fois. [...] Si le jeu des acteurs eût un peu plus répondu au caractère de la pièce, j'aurais été ce qu'ils appellent aux nues[15]. » Repris en août 1769, *Le Père de famille* connaîtra enfin le triomphe et vaudra à Diderot la consécration d'auteur dramatique : « On l'a donc joué, ce *Père de famille* ! [...] L'ouvrage est si rapide, si violent, si fort qu'il est impossible de le tuer. Enfin, il a été senti, et il a obtenu les applaudissements : je ne sais quelle épithète leur donner à ces applaudissements. Ç'a été, et c'est à toutes les représentations un monde et un tumulte épouvantables. On n'a pas mémoire d'un succès pareil, surtout à la première représentation où la pièce était, pour ainsi dire, presque nouvelle. [...] Duclos disait, en sortant, que trois pièces comme celle-là par an tueraient la tragédie[16]. » Le succès tardif du *Père de famille* témoigne de la victoire que le drame a définitivement remportée sur les genres classiques dans la deuxième moitié du XVIIIe siècle. « Le temps de la révolution est arrivé, écrira Mercier en 1778, elle est commencée depuis quelque temps dans tous les bons esprits[17]. »

Le Père de famille est l'œuvre la plus personnelle de Diderot. Fait notable, la pièce fut dédiée à une femme, une « mère tendre » selon l'expression de l'auteur. On se souvient que la relation que celui-ci entretenait avec son propre père était des plus conflictuelles et pesa durablement sur lui tout au long de sa vie. Longtemps le Père présenta pour Diderot le Juge devant lequel il devait se disculper d'être ce qu'il était. Au plus fort de la cabale anti-encyclopédique, *Le Fils naturel* et *Le Père de famille* exprimaient à leur manière le désir de leur auteur d'être reconnu publiquement comme homme de bien, *et d'abord par le père.*

Resté veuf avec deux enfants qu'il affectionne, M. d'Orbesson, le père de famille, est prêt à tout sacrifier aux préjugés de son monde. Il refuse en effet que son fils Saint-Albin épouse Sophie, une lingère pauvre et sans famille. Au cours d'une entrevue avec elle, il obtient qu'elle renonce à son amour. Saint-Albin s'oppose alors violemment à son père ainsi qu'à son oncle, appelé « le commandeur ». Il décide d'enlever Sophie, menacée d'une lettre de cachet. Tout se terminera bien lorsqu'on découvre que la jeune fille est en réalité la nièce du commandeur. La fin pourrait directement sortir d'un tableau édifiant de Greuze. On y voit M. d'Orbesson étendre ses mains sur les fiancés qui s'inclinent respectueusement pour recevoir sa bénédiction :

> LE PÈRE DE FAMILLE – [...] (*À Sophie*) Ma fille, votre bonheur sera désormais l'occupation la plus douce de mon fils. Apprenez-lui, à votre tour, à calmer les emportements d'un caractère trop violent. Qu'il sache qu'on ne peut être heureux, quand on abandonne son sort à ses passions. Que votre soumission, votre douceur, votre patience, toutes les vertus que vous nous avez montrées en ce jour, soient à jamais le modèle de sa conduite, et l'objet de sa plus tendre estime...
>
> SAINT-ALBIN (*avec vivacité*) – Ah oui, mon papa !
>
> LE PÈRE DE FAMILLE – [...] Je ferai, si je puis, le bonheur de tous... Sophie, il faut appeler ici votre mère, vos frères. Mes enfants, vous allez faire, au pied des autels, le serment de vous aimer toujours. Vous ne sauriez en avoir trop de témoins... Approchez, mes enfants [...]. Une belle femme, un homme de bien, sont les deux êtres les plus touchants de la nature. Donnez deux fois, en un même jour, ce spectacle aux hommes... Mes enfants, que le Ciel vous bénisse, comme je vous bénis !
>
> (*Il étend ses mains sur eux, et ils s'inclinent pour recevoir sa bénédiction.*)
>
> Le jour qui vous unira sera le jour le plus solennel de votre vie. Puisse-t-il être aussi le plus fortuné !... Allons, mes enfants...
>
> Oh qu'il est cruel... qu'il est doux d'être père[18] !

Il est évident que l'intrigue du *Père de famille* est nourrie de l'expérience personnelle de son auteur. Cependant Diderot a fait mieux que de transposer dans la pièce le conflit qui l'opposait jadis à sa famille. La dureté du père Diderot se rencontre bien plus chez le commandeur que chez M. d'Orbesson dont la bonté exemplaire est mise à rude épreuve par son fils rebelle. D'autre part, la stratégie de dissimulation adoptée par celui-ci face à Sophie et à sa famille contraste avec l'attitude du jeune Diderot parti pour Langres afin de mettre sa famille au courant de ses projets matrimoniaux. Enfin, les raisons de ne pas vouloir consentir au mariage de leur fils diffèrent d'un père à l'autre. Alors que M. d'Orbesson se réfère tout naturellement aux « lois du monde » qui proscrivent l'alliance avec une roturière, le père de Diderot, bourgeois aisé, convoqua sans complexe le manque de fortune de Nanette la lingère. Or si Diderot s'accommodait bon gré mal gré de la hiérarchie sociale d'Ancien Régime, il méprisait profondément le pouvoir de l'argent et les actes motivés par des considérations bassement financières.

On aurait bien tort d'interpréter *Le Père de famille* comme une attaque en règle contre les préjugés nobiliaires. Ce n'est pas l'absurdité de l'ordre social qui forme le sujet principal du drame, mais la rébellion d'un fils de bonne famille contre son père, ou plus précisément l'attitude du père dans un conflit de générations déclenché par la perspective d'une mésalliance. On peut certes épiloguer sur la défaite de l'ancien ordre et de la morale d'autorité incarnés par le vilain commandeur ; il n'en reste pas moins que la hiérarchie sociale n'est pas mise en question mais présentée comme une donnée immuable contre laquelle il serait vain de s'insurger. Le dénouement heureux de la pièce fait disparaître le conflit, sans le résoudre : grâce à l'origine nobiliaire de Sophie, M. d'Orbesson peut consentir au mariage de son fils sans céder sur ses principes, tandis que Saint-Albin n'est pas obligé de renoncer à la femme qu'il aime. Or après la restauration de l'unité familiale sous la houlette de M. d'Orbesson, une question se pose : Saint-Albin avait-il le « droit » de se révolter contre l'autorité paternelle ?

Il est significatif qu'au cours des années 1757-1760, le mot « innocence » revient sans cesse sous la plume de l'auteur du *Père de famille*. En feuilletant les innombrables libelles dont furent alors bombardés les encyclopédistes, on devine aisément que Diderot ne pouvait rester insensible aux accusations portées contre lui-même et son entreprise par les ennemis des philosophes. Il est assez naturel qu'il ait pu être amené alors à se poser d'inquiétantes questions non seulement sur la valeur de son œuvre, mais aussi sur le droit qu'il s'arrogeait de s'appeler « homme de bien ». Au milieu de la tempête, Diderot éprouvait la situation difficile de combattre seul contre tous : contre son père respecté par tous les honnêtes gens ; contre les attaques de ses nombreux ennemis qui ne cessaient de dénigrer ce qu'il faisait. Dans *Le Père de famille*, le problème de l'innocence est traité avec une insistance particulière. Tous les protagonistes, à l'exception de Sophie, semblent tantôt bons, tantôt méchants, tantôt innocents, tantôt coupables : le commandeur respectable, qui se révèle être un « homme sans principes », M. d'Orbesson, qui met les préjugés au-dessus du bonheur de son fils ; mais surtout Saint-Albin, qui entre ouvertement en lice contre les lois du monde que défendent l'honorable commandeur ainsi que, quoique du bout des lèvres, M. d'Orbesson. Celui-ci est aussi le premier à se demander si son fils est bon ou méchant, car la vertu et le dérèglement existent côte à côte en lui. En effet, Saint-Albin n'hésite pas à avoir recours aux mensonges et se déclare prêt à sacrifier le bonheur de sa famille à sa passion pour Sophie. En se révoltant contre le *statu quo* social, il introduit le désordre dans la maison, manque de respect à son père et met ses amis dans une situation difficile. Quoique la catastrophe puisse être évitée *in extremis* par le dénouement artificiel, Saint-Albin se sent innocent et irresponsable de ce qui vient de se passer : « Mon père, ma sœur, mon ami, je vous ai tous affligés. Mais voyez-la [il montre Sophie], et accusez-moi, si vous pouvez[19]. » M. d'Orbesson ne le peut. Certes, le « caractère trop violent » de son fils a failli briser l'unité de la famille, mais sa révolte est pardonnée : Saint-Albin est un « homme de bien ».

Allons plus loin. Souvenir lointain du conflit qui opposa jadis Diderot à son père, *Le Père de famille* répond en réalité aux calomnies diffusées contre les encyclopédistes et leur chef de file. Il y a un parallèle certain entre la passion de Saint-Albin qui lui attire les foudres de son bon père encore respectueux de l'idéologie nobiliaire, et l'entreprise de Diderot, réputée subversive, au service des

Lumières. La maison du père de famille reflète fidèlement la base sociale du milieu encyclopédique, à l'exception du commandeur qui est lié à la partie improductive de la société, attachée à la défense exclusive de ses privilèges. Sans que le rang qu'ils occupent dans la hiérarchie sociale soit précisé, on peut supposer que M. d'Orbesson et ses enfants font partie de la noblesse commerçante, proche de la grande bourgeoisie, qui pèse d'un poids considérable dans les secteurs décisifs de l'activité de la nation. Le pouvoir se trompe d'ennemi, insinue Diderot, en s'attaquant aux encyclopédistes, honnêtes citoyens qui cherchent avant tout à améliorer la condition de l'humanité. Si le roi veut assurer le bonheur et la prospérité de ses sujets, il lui faut abandonner les valeurs surannées de la caste privilégiée dont il est entouré et soutenir de toutes ses forces la diffusion des idées nouvelles. Radicaux dans l'usage de la critique, combattant le dogmatisme, l'esprit d'orthodoxie et l'intolérance, les encyclopédistes ont pour seul but d'« instruire utilement » (article *Espèce* de l'*Encyclopédie*), ils n'entendent point ébranler les fondements de la société d'Ancien Régime. Le dénouement surprenant du *Père de famille*, qui légitime après coup la révolte de Saint-Albin en même temps qu'il marque la défaite du commandeur, exprime sur la scène l'ambition des encyclopédistes : l'éviction des conservateurs, la fusion des classes possédantes, bourgeoisie capitaliste et aristocratie foncière, sous l'égide d'une monarchie contrôlée ou même absolue pourvu que le monarque gouverne suivant la raison et l'équité. En 1811, se réjouit Barbey d'Aurevilly dans son pamphlet contre Diderot, l'intention politique du *Père de famille* n'a pas échappé aux spectateurs victimes de la Révolution : « Ce drame est tombé avec la philosophie qui l'avait mis en crédit. Nous avons reconnu par une funeste expérience que quarante ans de déclamation et de pathos sur l'humanité, la sensibilité, la bienfaisance, n'avaient servi qu'à préparer les cours à tous les excès de la barbarie[20]. » En écrivant *Le Père de famille*, Diderot ne s'est pas reposé de son labeur de l'*Encyclopédie*, il a justifié son action devant lui-même, le pouvoir et la postérité.

Telles sont, sans tenir compte d'une foule de détails qui ne laisseraient pas d'égayer le lecteur, les deux drames de Diderot. On se demande depuis longtemps comment les rares spectateurs qui eurent le privilège d'y assister ont pu écouter jusqu'au bout ces sermons dialogués en cinq actes. Mais le fait est là : quelques années après *La Nouvelle Héloïse* de Rousseau, *Le Père de famille* eut un grand succès de larmes auprès du public[21]. « On comptait autant de mouchoirs que de spectateurs, apprend-on lors de sa reprise en 1769. Des femmes se sont trouvées mal, et jamais orateur chrétien n'a produit en chaire d'effet aussi théâtral[22]. » Rien ne saurait mieux caractériser le but du nouveau théâtre que Diderot veut promouvoir au milieu du siècle. Le vieux théâtre se meurt, estime-t-il. Fait pour une société révolue, issu d'une culture dépassée, il s'épuise dans une imitation médiocre des pièces classiques. Place au drame bourgeois et à la comédie sérieuse !

Pour aborder les conceptions dramatiques nouvelles que Diderot cherche à imposer dans ses deux pièces et les textes théoriques qui les accompagnent, il faut commencer par méditer cette remarque que leur auteur a mise dans la bouche de Dorval : « Une pièce est moins faite pour être lue que pour être représentée[23]. » À une époque où les acteurs disposaient d'une aire d'évolution extrêmement réduite et où le public se trouvait placé dans des conditions déplorables d'écoute et de vision[24], les tragédies ne s'adressaient guère aux yeux et aux oreilles ; elles cherchaient bien plutôt à susciter un plaisir pur ou intellectuel qu'à remuer les entrailles des spectateurs. D'où l'importance des règles dramaturgiques, déduites pour l'essentiel de la *Poétique* d'Aristote, qui rendaient les pièces conformes au goût et aux principes de la raison. Contre cette optique classique qui privilégie le texte sur la représentation, Diderot renverse radicalement la relation. Dès 1748, dans un long chapitre des *Bijoux indiscrets* intitulé « Entretien sur les Lettres », Mirzoza s'était insurgée contre la prédominance de ce modèle dépassé où l'illusion de la vérité est subordonnée au respect de traditions surannées et pesantes : « Je n'entends point les règles, continua la favorite, et moins encore les mots savants dans lesquels on les a conçues ; mais je sais qu'il n'y a que le vrai qui plaise et qui touche. Je sais encore que la perfection d'un spectacle consiste dans l'imitation si exacte d'une action que le spectateur, trompé sans interruption, s'imagine assister à l'action même. Or, y a-t-il quelque chose qui ressemble à cela dans ces tragédies que vous nous vantez ? » Suit une attaque en règle contre les conventions de la tragédie classique qui montre que les idées iconoclastes de Diderot sur le théâtre étaient déjà fort anciennes. La condamnation prononcée par la favorite est sans appel :

> En admirez-vous la conduite ? Elle est ordinairement si compliquée que ce serait un miracle qu'il se fût passé tant de choses en si peu de temps. La ruine ou la conservation d'un empire, le mariage d'une princesse, la perte d'un prince, tout cela s'exécute en un tour de main. S'agit-il d'une conspiration ? On l'ébauche au premier acte ; elle est liée, affermie au second ; toutes les mesures sont prises, tous les obstacles levés, les conspirateurs disposés au troisième ; il y aura incessamment une révolte, un combat, peut-être une bataille rangée. Et vous appellerez cela conduite, intérêt, chaleur, vraisemblance ! [...] Et puis a-t-on jamais parlé comme nous déclamons ? Les princes et les rois marchent-ils autrement qu'un homme qui marche bien ? Ont-ils jamais gesticulé comme des possédés ou des furieux ? Les princesses poussent-elles en parlant des sifflements aigus[25] ?

La recherche du naturel est la grande loi du drame bourgeois. Diderot est l'un des premiers à reconnaître la dimension proprement scénique du théâtre, à pressentir l'importance de la mise en scène, faite pour émouvoir le public[26]. Pour toucher la sensibilité, le théâtre doit reproduire la réalité au plus près : les sujets sont empruntés à la vie quotidienne de la bourgeoisie et du peuple, les personnages évoluent dans un cadre vraisemblable et s'expriment en prose. Une grande importance est accordée aux décors, aux costumes, à tout ce qui recrée un contexte parfaitement imité du réel. L'ensemble du dispositif théâtral est orienté vers une dramaturgie des passions : « Nous parlons trop dans nos drames, observe Dorval, et conséquemment nos acteurs n'y jouent pas assez. » Les comédiens doivent traduire l'émotion des personnages qu'ils représentent par les variations de la voix et une gestuelle expressive appelée « pantomime » : des soupirs, des cris, des paroles entrecoupées et des jeux de physionomie. « La voix, le ton, le geste, l'action, voilà ce qui appartient à l'acteur ; et c'est ce qui nous frappe surtout dans le spectacle des grandes passions. C'est l'acteur qui donne au discours tout ce qu'il a d'énergie[27]. » Ce parti pris de réalisme implique la substitution de la peinture des caractères abstraits et généraux par celle des conditions sociales et des relations familiales, où les personnages vivent les inquiétudes familières et les malheurs coutumiers de la vie quotidienne : les problèmes que son commerce pose à un marchand, les soucis créés à un père fortuné par son fils qui veut épouser une jeune fille pauvre. « Jusqu'à présent, dans la comédie, le caractère a été l'objet principal, et la condition n'a été que l'accessoire [...]. C'est la condition, ses devoirs, ses avantages, ses embarras qui doivent servir de base à l'ouvrage. » La condition a, en raison de son universalité, une portée immédiatement éthique, elle accule le spectateur à se reconnaître : « Il ne peut se cacher que l'état qu'on joue devant lui ne soit le sien ; il ne peut méconnaître ses devoirs. Il faut absolument qu'il s'applique ce qu'il entend[28]. » Héros d'une nouvelle aristocratie de la fortune et de la pensée, le négociant jouit d'un rôle privilégié dans un genre dramatique où sont exaltées les valeurs et les vertus bourgeoises.

Il n'est guère exagéré de dire que le mot « vertu », la bienfaisance envers autrui, est au centre du théâtre de Diderot. Les pièces de 1757 et 1758 sont d'abord nées de l'ambition de substituer aux vertus chimériques de la morale chrétienne la morale laïque esquissée dans la *Lettre à Landois* suivant laquelle, on l'a vu, le plus grand bonheur réside dans le bonheur qu'on fait à autrui. La vertu, dit Constance dans *Le Fils naturel*, « est la chose dans l'univers la mieux connue et la plus révérée. Mais, Dorval, on s'y attache plus encore par les sacrifices qu'on lui fait que par les charmes qu'on lui croit ! Et malheur à celui qui ne lui a pas assez sacrifié pour la préférer à tout, ne vivre, ne respirer que pour elle, s'enivrer de sa douce vapeur, et trouver la fin de ses jours dans cette ivresse[29]. » Mais le drame bourgeois doit surtout son existence à la conviction de son créateur que seul le théâtre peut durablement et profondément *agir sur* les spectateurs et les modifier. L'art, estime Diderot, peut changer le cœur des hommes, alors que les préceptes de la religion ne l'émeuvent guère : « Le méchant sort de sa loge moins disposé à faire le mal que s'il eût été gourmandé par un orateur sévère et dur[30]. » Deux ans après la *Lettre à Landois*, Diderot écrit dans le *Discours sur la poésie dramatique* :

> En effet, qu'est-ce qui nous affecte comme le récit d'une action généreuse ? Où est le malheureux qui puisse écouter froidement la plainte d'un homme de bien ?
>
> Le parterre de la Comédie est le seul endroit où les larmes de l'homme vertueux et du méchant soient confondues. Là, le méchant s'irrite contre des injustices qu'il aurait commises, compatit à des maux qu'il aurait occasionnés, et s'indigne contre un homme de son propre caractère. Mais l'impression est reçue, elle demeure en nous, malgré nous [...]. Le poète, le romancier, le comédien vont au cœur d'une manière détournée, et en frappent d'autant plus sûrement et plus fortement l'âme qu'elle s'étend et s'offre d'elle-même au coup. [...] C'est au philosophe [...] à s'adresser au poète, au peintre, au musicien, et à leur crier avec force : « Hommes de génie, pourquoi le Ciel vous a-t-il doués ? » S'il en est entendu, bientôt les images de la débauche ne couvriront plus les murs de nos palais ; nos voix ne seront plus des organes du crime, et le goût et les mœurs y gagneront[31].

La théorie dramatique de Diderot est inséparable de sa philosophie matérialiste. Dans les *Entretiens sur le Fils naturel*, Diderot rêve d'une société où les comédiens remplissent la fonction sacerdotale et où, chaque « sabbat », « on représentera une belle tragédie, qui apprenne aux hommes à redouter les passions ; une bonne comédie, qui les instruise de leurs devoirs et qui leur en inspire le goût[32] ». Le discours du prêtre – et du philosophe ! – reste souvent sans effet parce qu'il n'atteint pas le cœur de l'homme. Au théâtre, les spectateurs entendent les « vraies voix de la passion[33] ». Les moments forts de l'action ne sont pas les effets de coups de théâtre, toujours assez artificiels, mais des tableaux fixant un moment caractéristique ou particulièrement intense. Sur scène, c'est le geste qui triomphe du discours : « Ce qui émeut toujours, ce sont des cris, des mots inarticulés, des voix rompues, quelques monosyllabes qui s'échappent par intervalles, je ne sais quel murmure dans la gorge, entre les dents[34]. » Le rôle de l'homme de théâtre est de provoquer des effets physiologiques forts, de pousser parfois à son paroxysme le pathétique d'une scène déchirante. « C'est alors, s'écrie Dorval, qu'on tremblerait d'aller au spectacle, et qu'on ne pourrait s'en empêcher ; c'est alors qu'au lieu de ces petites émotions passagères, de ces froids applaudissements, de ces larmes rares dont le poète se contente, il renverserait les esprits, il porterait dans les âmes le trouble et l'épouvante[35]. » Ainsi s'opérera la « catharsis » : nous sortirons du spectacle meilleurs que nous n'y sommes entrés, grâce à notre émotion. Le drame bourgeois, on l'a compris, ne veut pas frapper à la tête mais au ventre. Quand Diderot, dans les *Entretiens sur le Fils naturel*, avoue à Dorval qu'à la lecture de la pièce il conçut « qu'il n'y avait rien qu'on ne pût sur le cœur humain, avec de la vérité, de l'honnêteté et de l'éloquence[36] », tout est dit.

Le théâtre de Diderot, malgré l'oubli dans lequel ses pièces sont tombées aujourd'hui, a fourni au théâtre européen un apport considérable. Beaumarchais en France, Lessing et Schiller en Allemagne en ont fait largement leur profit. Influant sur la comédie et la tragédie, puis recueilli par les théâtres des boulevards, le drame bourgeois n'a pas eu de succès durable et ne survivra qu'en changeant de caractère. Parmi les nombreuses raisons qui ont contribué au déclin puis à la disparition du drame dont rêvait Diderot, citons celle-ci : le théâtre est une fête, et l'on ne va pas dans une salle de spectacles pour y retrouver ses soucis quotidiens.

8

Dans la tourmente

Fin 1752, l'affaire de l'abbé de Prades s'est soldée par un échec cuisant des ennemis de l'*Encyclopédie*. Au mois d'octobre de l'année suivante, le tome III est précédé d'un « Avertissement des éditeurs » rédigé par d'Alembert dans lequel il exprime publiquement sa satisfaction devant « l'empressement que l'on a témoigné pour la continuation de ce *Dictionnaire* », à commencer par le gouvernement qui « a paru désirer qu'une entreprise de cette nature ne fût point abandonnée ». Belle revanche ! Un an plus tard, d'Alembert est élu à l'Académie française alors que le tome IV vient de paraître au mois d'octobre. L'année 1754 se termine pour Diderot par un contrat plus avantageux avec les libraires : il recevra deux mille cinq cents livres par volume à partir du cinquième et vingt mille livres à partir du dernier. Début juillet 1755, Diderot déménage avec sa famille dans un appartement situé au quatrième étage de la rue Taranne ; au mois de novembre, l'article *Encyclopédie* contenu dans le tome V qui vient de paraître fait l'admiration de tout Paris suivant Rousseau[1]. C'est l'occasion, pour Diderot, de faire le point sur le travail déjà réalisé et de répondre aux reproches qui ont été adressés à l'entreprise qu'il codirige. Quelques piques lancées par les ennemis des encyclopédistes ne peuvent pas empêcher le tome VI de paraître normalement au milieu de l'année 1756. Avant que ne se produise, le 1er novembre 1755, le terrible tremblement de terre de Lisbonne, Diderot n'est peut-être pas loin de penser avec Leibniz et Pope qu'il habite dans le meilleur des mondes possibles.

En 1757, l'*Encyclopédie* en arrive au tome VII, à la lettre G. Tout le monde a certainement compris entre-temps que l'ouvrage comportera plus de dix volumes, comme cela avait été annoncé dans le *Prospectus* sept ans auparavant. Mais les ennemis de l'*Encyclopédie* ne désarment pas, et cette foi-ci la conjoncture leur est plus favorable. Au début de l'année, un déséquilibré, Robert-François Damiens, tente d'assassiner le roi, et cet attentat va servir de prétexte à une répression accrue contre les philosophes qui, dit-on, sapent la religion, se moquent de l'autorité et répandent dans la société des idées dangereuses qui perturbent les esprits faibles et fomentent la révolte. Le 21 avril, le Parlement prend un *Édit concernant l'impression et la vente des ouvrages imprimés sans permission* – c'est-à-dire sans être passés par la censure – qui prévoit la peine de mort ou les galères pour les auteurs, imprimeurs et revendeurs de livres tendancieux et clandestins. Les ennemis de l'*Encyclopédie* sentent alors que le temps est venu de donner l'assaut final. Celui-ci commence par la publication d'un nouveau périodique, *La Religion vengée*, qui dénonce, dans l'Épître dédicatoire au dauphin, ces « auteurs impies », ces « esprits orgueilleux et pervers qui ne voudraient dans l'univers ni sceptres ni autels, qui supportent impatiemment toute espèce d'autorité, dont les pernicieux principes ménagés avec art et débités avec audace, portent avec eux le germe de la licence et de l'anarchie[2] ». Le 30 juin, le journaliste Élie Fréron exécute dans ses feuilles *Le Fils naturel*, drame publié par Diderot au mois de février[3]. Trois mois plus tard, un autre périodique, le *Mercure de France*, publie un pamphlet anonyme intitulé « Avis utile », qui popularise le sobriquet de « Cacouacs » donné aux encyclopédistes. La combinaison de l'adjectif grec *kakos* (méchant) avec la syllabe humoristique « couac » est une belle trouvaille ; dans ce siècle du bel esprit, cela fait mouche et mal. À la fin de l'année, Jacob-Nicolas Moreau, un ancien avocat devenu journaliste, prend la plume pour écrire une suite, le *Nouveau Mémoire pour servir à l'histoire des Cacouacs*, dans lequel il dénonce le jargon précieux des philosophes et leurs idées. Ce sont des empoisonneurs, suggère-t-il, des destructeurs qui exercent sur leurs victimes une séduction dangereuse. La parution du tome VII de l'*Encyclopédie* au mois de novembre coïncide avec la publication des *Petites lettres sur de grands philosophes* dirigée par Charles Palissot.

C'est dans ce contexte tendu que la catastrophe s'abat sur l'*Encyclopédie* au début de 1758. Le tome VII contenait un article de d'Alembert consacré à la ville de Genève. Au détour d'une phrase, il y avait déclaré imprudemment que « plusieurs pasteurs de Genève n'ont d'autre religion qu'un socinianisme parfait[4] ». Ne pouvant laisser passer ce qu'elle ressent comme une provocation, la Vénérable Compagnie des pasteurs et professeurs de l'Église et de l'Académie de Genève publie, le 10 février, une *Déclaration de principes* dans laquelle elle demande à d'Alembert de rétracter ses propos. D'Alembert se vexe une fois de plus et confirme son intention de « renoncer pour jamais à ce maudit travail[5] ». Tandis que l'orage gronde, Diderot continue son travail comme si de rien n'était. À Voltaire qui lui conseille de poursuivre l'*Encyclopédie* à l'étranger, il explique que ce serait « tourner le dos sur la brèche et faire ce que désirent les coquins qui nous persécutent[6] ». Mais se doute-t-il que les « coquins » sont dans son propre camp ? Au moment où d'Alembert accepte finalement de ne pas abandonner l'entreprise, Rousseau, l'ami de quinze ans, porte l'estocade au *Dictionnaire encyclopédique* dans une lettre ouverte à d'Alembert, véritable déclaration de guerre contre l'*Encyclopédie* en général et Diderot en particulier. Jusqu'à présent, le parti philosophique avait offert l'image d'un mouvement dont l'unité profonde légitimait l'ambition de jouer un rôle dans la cité. La dissidence de Rousseau porte un coup très grave au camp des Lumières, c'est un revers qui le menace dans ses fondements. Mais que s'était-il passé ?

Le différend entre les « frères ennemis » Diderot et Rousseau ne date pas d'hier. Rousseau a soigneusement noté le jour de la première dispute qui l'avait opposé à Diderot : le 21 octobre 1752, ainsi que le motif de leur altercation : son refus de retourner à Fontainebleau pour y recevoir, des mains du roi, la pension qui lui était promise, au lendemain du triomphe à la cour du *Devin du village*. « Quoique je fusse touché de son zèle, commente Rousseau dans les *Confessions*, je ne pus goûter ses maximes, et nous eûmes à ce sujet une dispute très vive, la première que j'aie eue avec lui ; et nous n'en avons jamais eu que de cette espèce, lui me prescrivant ce qu'il prétendait que je devais faire, et moi m'en défendant, parce que je croyais ne le devoir pas[7]. » Le conflit entre les deux hommes éclatera quatre ans plus tard, lorsque Rousseau s'installe à l'Ermitage au mois d'avril 1756. Diderot, qui a besoin d'agitation, comprend mal le besoin de retraite et de calme de son ami qui, de surcroît, a l'air de tenir l'*Encyclopédie* en piètre estime. Dix fois au moins, Diderot promet de lui rendre visite, sans jamais tenir parole. « Il y a loin de sa porte à la mienne, se plaint l'ermite, et bien des gens à gratter en chemin[8]. » En mars 1757, Rousseau reçoit un exemplaire du *Fils naturel*. À la scène 3 de l'acte IV, Dorval prononce ces paroles : « Je hais le commerce des hommes, et je sens que c'est loin de ceux-mêmes qui me sont chers que le repos m'attend ». À quoi Constance répond : « Dorval, vous vous trompez. Pour être tranquille, il faut avoir l'approbation de son cœur, et peut-être celle des hommes. Vous n'obtiendrez point celle-ci, et vous n'emporterez point la première, si vous quittez le poste qui vous est marqué. Vous avez reçu les talents les plus rares, et vous en devez compte à la société. Que cette foule d'êtres inutiles qui s'y meuvent sans objet, et qui l'embarrassent sans la servir, s'en éloignent, s'ils veulent. Mais vous, j'ose vous le dire, vous ne le pouvez sans crime. [...] Vous, renoncer à la société ! J'en appelle à votre cœur, interrogez-le, et il vous dira que l'homme de bien est dans la société, et qu'il n'y a que le méchant qui soit seul[9]. »

À la lecture de cette réplique, le sang de Rousseau ne fait qu'un tour. C'est lui qui est visé derrière Dorval, lui le solitaire qui a quitté Paris pour s'installer loin de la société des hommes ! Il écrit immédiatement à Diderot – la lettre est perdue – qui lui adresse, le 10 mars, une réponse blessante : « Diderot m'a écrit une lettre qui m'a percé l'âme. Il m'y fait entendre que c'est par grâce qu'il ne me regarde pas comme un scélérat, et qu'*il y aurait bien à dire là-dessus*, ce sont ses termes[10]. » Tout cela est fortement exagéré, mais Rousseau a le talent de s'emballer pour rien. Dans les échanges qui suivent, tous les coups font mal. Diderot se fâche à son tour, le moindre mot est miné. Début avril, le philosophe se rend pourtant à l'Ermitage, puis Rousseau passe plusieurs nuits chez les Diderot en juillet. Dès la mi-octobre, la réconciliation vole en éclats. Une lettre de Diderot l'accusant d'ingratitude vis-à-vis de Mme d'Épinay met Rousseau en fureur, et il répond durement[11]. Fin février 1758, Diderot se fait annoncer à Montmorency où Rousseau s'est installé après sa brouille avec Mme d'Épinay, mais oublie de venir. Le 2 mars, Rousseau fait une dernière tentative : « Il faut, mon cher Diderot, que je vous écrive encore une fois en ma vie », lui mande-t-il. « Vous ne m'en avez que trop dispensé ; mais le plus grand crime de cet homme que vous noircissez d'une si étrange manière est de ne pouvoir se détacher de vous[12]. » La lettre est restée sans réponse, Diderot ayant d'autres chats à fouetter au milieu de la tempête déclenchée contre l'*Encyclopédie*. Début septembre, Rousseau publie sa *Lettre sur les spectacles* ; dans la préface, quelques lignes terribles contre Diderot annoncent publiquement sa rupture avec son ancien ami. Étreint par l'indignation, Diderot rédige sur son carnet de réflexions appelé *Tablettes* une « Note sur la désunion de Diderot et de J.-J. Rousseau » dans laquelle il détaille les « sept scélératesses » de « l'infâme Rousseau » qui « ont éloigné de lui tous ses amis ». Tout y passe : l'ingratitude de Jean-Jacques vis-à-vis de Mme d'Épinay, son hypocrisie envers Grimm, et surtout l'accusation de trahison jetée à la face de son ancien ami devant le monde entier dans la *Lettre sur les spectacles*. Sans retenue, Diderot exhale sa rancune :

> J'ai vécu quinze ans avec cet homme-là. De toutes les marques d'amitié qu'on peut donner à un homme, il n'y en a aucune qu'il n'ait reçu de moi, et il ne m'en a jamais donné aucune. Il en a quelquefois eu honte, dans l'occasion j'ai pâli sur ses ouvrages, et il en convient à moitié, mais non de tout. Il ne dit pas ce qu'il doit à mes soins, à mes conseils, à mes entretiens, à tout, et son dernier ouvrage est fait en partie contre moi. Il y fait l'éloge de d'Alembert qu'il n'estime ni comme homme de lettres ni comme homme. [...] Il contrefait le dévot, parce que je ne le suis pas, il traîne la comédie dans la boue, parce que j'ai dit que j'aimais cette profession. Il dit qu'il a cru que l'on pouvait avoir de la probité sans religion, mais que c'est un préjugé dont il est revenu, parce que méprisé de tous ceux qui le connaissent et surtout de ses amis, il ne serait pas fâché de les faire passer pour des coquins. Il suit de là que cet homme est faux, vain comme Satan, ingrat, cruel, hypocrite et méchant ; toutes ses apostasies du catholi-

cisme au protestantisme, et du protestantisme au catholicisme, sans rien croire ne le prouvent que trop.

Une chose m'avait toujours offensé dans sa conduite avec moi, c'est la manière légère dont il me traitait devant les autres et les marques d'estime et de docilité qu'il me donnait dans le tête-à-tête ; il me suçait, il employait mes idées, et il affectait presque de me mépriser.

En vérité cet homme est un monstre[13].

Diderot n'a jamais publié cette invective, mais les deux hommes ne devaient plus se revoir, ni s'écrire.

Comme le titre complet de l'œuvre l'indique, la *Lettre sur les spectacles* s'adresse en réalité à d'Alembert, qui s'en déclara flatté : *J. J. Rousseau, citoyen de Genève, à Monsieur d'Alembert, de l'Académie française, sur son article* Genève, *dans le septième volume de l'*Encyclopédie, *et particulièrement sur le projet d'établir un théâtre de comédie en cette ville.* L'article incriminé du codirecteur de l'*Encyclopédie* n'avait pas seulement indisposé les pasteurs de la ville. Sous l'influence de Voltaire, d'Alembert en avait profité pour déplorer l'absence de théâtres et de spectacles dans la cité de Calvin et pour s'élever contre le sort fait aux comédiens, considérés comme des parias : au XVIIIe siècle, l'Église considère toujours les comédiens comme impies, allant jusqu'à leur refuser l'inhumation en terre consacrée. Après avoir fait l'éloge de la petite république et de ses pasteurs, d'Alembert exprimait le souhait qu'on établisse dans la ville un théâtre afin de permettre aux habitants une plus large connaissance du monde. Le théâtre n'est pas qu'un divertissement : des « spectacles décents et réguliers » enseigneraient le beau langage, la politesse, le raffinement des mœurs et des rapports humains ; ils formeraient à Genève le goût de citoyens vertueux mais un peu rustres et leur donneraient « une finesse de tact, une délicatesse de sentiment » qui sont les indices de la civilisation.

C'est contre cette proposition-là que Rousseau réagit dans sa *Lettre*, texte d'une rare violence contre le théâtre qui le place dans la lignée des représentants les plus intransigeants du catholicisme qui se sont déchaînés contre les spectacles depuis le Moyen Âge jusqu'à Massillon. Le théâtre est l'agent le plus pernicieux de la corruption, proclame Rousseau, sa force est dans l'illusion qui substitue les signes aux choses, il est l'expression la plus achevée de la mascarade qui installe les hommes dans l'artifice et désagrège le corps social. Pour le prouver, Rousseau s'attaque au plus grand des auteurs comiques français, Molière. Sa comédie du *Misanthrope* ridiculise Alceste, « un homme de bien qui déteste les mœurs de son siècle et la méchanceté de ses contemporains », et rend sympathique l'accommodant Philinte, le sage de la pièce. Qui est le héros de Molière ? C'est « un de ces honnêtes gens du grand monde dont les maximes ressemblent beaucoup à celles des fripons ; de ces gens si doux, si modérés, qui trouvent toujours que tout va bien, parce qu'ils ont intérêt que rien n'aille mieux. » Arrêtons les dégâts. En lançant cette polémique, Rousseau a publiquement manifesté son désaccord profond avec les idéaux des Lumières et s'est placé, objectivement parlant, dans le camp des adversaires de Diderot et de l'*Encyclopédie*, et ceci au moment où son ami et l'entreprise qu'il dirige traversent leurs pires difficultés.

Après la défection de Rousseau, le coup de grâce vient d'un ami imprudent qui, parce que haut placé, croyait jouir d'une immunité totale à l'intérieur de l'État. Au moment où d'Alembert, désigné comme censeur par Malesherbes, approuve la *Lettre à d'Alembert sur les spectacles*, le philosophe et ancien fermier général Claude-Adrien Helvétius publie (fin juillet 1758) un gros traité intitulé *De l'esprit* qui non seulement cache mal son inspiration athée et matérialiste mais donne aussi un fondement théorique à un type d'État nouveau, déchristianisé et affranchi des servitudes féodales. S'étant conformé aux règles en sollicitant – et obtenant – la censure officielle, Helvétius s'estimait sans doute à couvert. Maître d'hôtel de la reine, il avait poussé la naïveté jusqu'à offrir son ouvrage à la famille royale. Il arriva ce qui devait arriver. Le dauphin, particulièrement dévot et hostile à la philosophie nouvelle, lit le livre ; fou de colère, il exige que les autorités sévissent. Le scandale causé par *De l'esprit* devient l'une des affaires les plus considérables du siècle. On le juge comme le résultat des doctrines de l'*Encyclopédie* et Diderot est même accusé (à tort) d'en avoir écrit certains passages. Dès le mois d'août, un arrêt du Conseil d'État du roi révoque le privilège accordé au livre *De l'esprit*, défend de le vendre et de l'éditer. Début 1759, le pape Clément XIII condamne le livre et prohibe sa lecture en toute langue. Le 10 février, *De l'esprit* est solennellement lacéré et brûlé au pied du grand escalier du Palais de Justice. On chante alors à Paris[14] :

Admirez cet écrivain-là
Qui *De l'esprit* intitula
Un livre qui n'est que matière.
Lère, lère, lère, lan, lère,
Lère, là, lère, lan, là.

Le censeur qui l'examina
Par habitude imagina
Que c'était affaire étrangère.
Lère, etc.

La Sorbonne censurera
Et le Parlement brûlera.
Jugez quelle terrible affaire !
Lère, etc.

En souriant il écouta
Mais la vanité l'emporta
Il perdit l'honneur pour la gloire.
Lère, etc.

Deux fois il se rétracta,
Deux fois sans honte il mentira
Par complaisance pour sa mère.
Lère, etc.
[...]

Suite à l'affaire *De l'esprit*, l'*Encyclopédie* est littéralement bombardée de tous côtés. Dès le 23 janvier 1759, le parlement de Paris condamne le livre d'Helvétius et l'*Encyclopédie* avec six autres brochures dont un *Almanach des esprits forts*, qui n'est rien d'autre qu'une édition revue des *Pensées philosophiques* de Diderot. Voici comment le procureur général Omer Joly de Fleury expliquait sa décision[15] : « La société, l'État et la religion se présentent aujourd'hui au tribunal de la justice pour lui porter ses plaintes. Leurs droits sont violés ; leurs lois sont méconnues. L'impiété, qui marche le front levé, paraît en les offensant promettre l'impunité à la licence qui s'accrédite de jour en jour. » Après cette entrée en matière fracassante, il continue : « L'humanité frémit, le citoyen est alarmé ; on entend de tous côtés les ministres de l'Église gémir à la vue de tant d'ouvrages que l'on ne peut affecter de répandre et de multiplier que pour ébranler, s'il était possible, les fondements de notre religion. » Il faut donc sévir : « De pareils excès n'exigent-ils pas les plus grands remèdes ? La justice ne devrait-elle pas se montrer dans toute sa sévérité, prendre le glaive en main et frapper sans distinction des auteurs sacrilèges et séditieux que la religion condamne, et que la patrie désavoue ? » Le procureur enchaîne ensuite sur l'examen détaillé de *De l'Esprit*, qui ne contient en réalité « que les principes et les détestables conséquences de beaucoup d'autres ouvrages qui ont paru dans des temps plus reculés, et en particulier du *Dictionnaire encyclopédique* ». Le livre d'Helvétius, continue-t-il, « est comme l'abrégé de cet ouvrage trop fameux, qui dans son véritable objet devrait être le livre de toutes les connaissances, et qui est devenu celui de toutes les erreurs ». Après ce réquisitoire, l'arrêt des Chambres assemblées du 6 février condamne *De l'esprit* et les autres ouvrages dénoncés à être lacérés et brûlés par la main du bourreau. Les sept volumes déjà parus de l'*Encyclopédie* devront être soumis à une sévère censure de théologiens et d'avocats[16].

Au mois de mars, un arrêt du Conseil d'État du roi révoque le privilège accordé à l'*Encyclopédie*, puis ordonne aux éditeurs de rembourser les souscripteurs pour les volumes non encore parus, ce qui va inévitablement entraîner leur ruine. L'*Encyclopédie* a cessé d'exister.

Le même mois, Diderot décide, contre l'avis de d'Alembert qui préfère se retirer, de poursuivre l'entreprise dans la clandestinité. Or tous les collaborateurs qui possèdent une responsabilité officielle ou qui ont un nom dans le monde, les Turgot, les Marmontel, les Duclos, les Morellet, sans parler de Voltaire et de d'Alembert, ont quitté le navire, et Diderot doit reconstituer une équipe de nouveaux collaborateurs qui, à quelques exceptions près, ne valent pas ceux d'avant l'interdiction. Cette *Encyclopédie* qu'il avait entreprise dans l'ardeur, il va la poursuivre mais comme une charge, un esclavage dont il n'attend plus que l'heure de la délivrance.

Une fois de plus, il est soutenu dans sa tâche par Malesherbes, le directeur de la Librairie et chef de la censure. Malesherbes autorise les éditeurs à rembourser les souscripteurs non pas avec de l'argent mais par les volumes de planches dont la publication était de toute façon prévue après celle des discours. Alors que le 3 septembre 1759, le pape Clément XIII condamne à son tour l'*Encyclopédie* et interdit aux catholiques, sous peine d'excommunication, de garder les exemplaires en leur possession, le 8 septembre, Le Breton obtient, de la manière la plus officielle, une autorisation pour un *Recueil de mille planches [...] sur les sciences, les Arts libéraux et les Arts mécaniques*. Ainsi la publication de l'*Encyclopédie* continue avec les planches, en attendant un moment plus favorable pour publier les volumes de discours qui sont interdits.

En septembre 1760, au début d'une décennie qui s'annonce agitée, Diderot se fait tirer le portrait à La Chevrette en compagnie de Mme d'Épinay. « On refait de moi un portrait admirable, écrit-il à Sophie Volland. Je suis représenté la tête nue, en robe de chambre, assis dans un fauteuil, le bras droit soutenant le gauche, et celui-ci servant d'appui à la tête, le col débraillé, et jetant mes regards au loin, comme quelqu'un qui médite. Je médite en effet sur cette toile. J'y vis, j'y respire, j'y suis animé ; la pensée paraît à travers le front[17]. » Ce Garand s'est montré un peintre habile, car, dans le *Salon de 1767*, Diderot se souviendra encore de lui : « Je n'ai jamais été bien fait que par un pauvre diable appelé Garand, qui m'attrapa comme il arrive à un sot qui dit un bon mot. Celui qui voit mon portrait par Garand me voit[18]. » Si Diderot se montre aussi enthousiaste de la toile de Garand, c'est qu'il fut peint dans une tenue familière, propice aux épanchements : « La tête est tout entière hors de la toile. Elle est nue [c'est-à-dire sans perruque] ; vous seriez tentée d'aller passer vos bras par-derrière pour l'embrasser et la baiser. Ces yeux pleins de feu, regardent au loin[19]. » Diderot se doute-t-il que ses ennuis seront bientôt terminés ?

TROISIÈME PARTIE

LE BON, LE VRAI ET LE BEAU

1

De la scène au roman

« La réponse de M. le marquis de C***, s'il m'en fait une, me fournira les premières lignes de ce récit[1]. » Ainsi commence l'histoire de la vie de sœur Suzanne Simonin, alias Marguerite Delamarre, adressée sous forme de lettre à un proche ami de Diderot pour implorer son aide après s'être enfuie de son couvent. Marc-Antoine-Nicolas de Croismare, marquis de Lasson, surnommé « le philosophe » parce qu'il avait « de bonne heure renoncé aux vues d'ambition[2] », s'était vivement intéressé, vers 1757-1758, au destin tragique de cette religieuse qui, âgée alors d'une quarantaine d'années (elle était née en 1717), avait essayé de faire résilier ses vœux à partir de 1752[3]. L'affaire fit, semble-t-il, grand bruit à Paris, et le marquis de Croismare aurait même intercédé en sa faveur auprès de Parlement. Déboutée malgré tout au mois de mars 1758, Marguerite Delamarre dut réintégrer son couvent de Longchamp d'où elle fut transférée, un an plus tard, au couvent Saint-Eutrope, près d'Arpajon[4].

Au commencement de l'année 1759, le marquis de Croismare décida de quitter Paris, au grand dam de Diderot et de ses amis du cercle de Mme d'Épinay, afin de s'installer dans ses terres en Normandie. Pour l'engager à revenir, ceux-ci inventèrent un stratagème diabolique : ils supposèrent qu'ayant perdu son procès, sœur Suzanne s'était échappée de son couvent ; seule à Paris sans protection, avec la police à ses trousses, elle aurait alors songé à s'adresser au marquis pour demander sa protection. Et c'est

Diderot qui fut choisi pour rédiger, sous le nom de la religieuse évadée, une lettre bien pathétique pour attendrir la victime de la mystification. Pris au jeu, le philosophe, qui se souvenait sans doute de sa sœur Angélique morte folle au couvent en 1748, conçut l'idée de composer une longue lettre dans laquelle il faisait narrer par son héroïne sous forme de mémoires les principaux événements de sa vie. Voilà le point de départ de *La Religieuse* qui, au cours de l'année 1760, devint peu à peu le roman que nous connaissons. « Je vais à tire-d'aile, écrit Diderot à Mme d'Épinay début novembre. Ce n'est plus une lettre, c'est un livre. Il y aura là-dedans des choses vraies, de pathétiques, et il ne tiendrait qu'à moi qu'il y en eût de fortes. Mais je ne m'en donne pas le temps. Je laisse aller ma tête ; aussi bien ne pourrais-je guère la maîtriser[5]. » Puis il n'est plus question ni du roman, apparemment terminé, ni du marquis de Croismare.

En 1770, la *Correspondance littéraire* publie un savoureux échange de lettres introduit et commenté par Grimm, qui raconte en détail l'histoire de la mystification du marquis de Croismare. Après avoir expliqué l'origine et le but de la « fourberie » destinée à ramener le cher ami à Paris, il rapporte non sans cruauté les réponses aux lettres fictives de la fausse religieuse envoyées par le « loyal et charmant marquis de Croismare » qui, apparemment, ne se douta pas un instant qu'on lui faisait prendre des vessies pour des lanternes. « Nous passions alors, écrit-il, nos soupers à lire, au milieu des éclats de rire, des lettres qui devaient faire pleurer notre bon marquis, et nous y lisions avec ces mêmes éclats de rire les réponses honnêtes que ce digne et généreux ami lui faisait[6]. » Malheureusement, le marquis ne songe pas du tout à revenir à Paris, bien au contraire : il offre spontanément à la religieuse une place de gouvernante… dans son château de Lasson[7]. Les conjurés sont alors obligés de la faire tomber malade ; puis ils recrutent un troisième personnage, Mme Madin, qui doit jouer le rôle d'une amie chez laquelle elle habite et qui prend la relève de sœur Suzanne quand celle-ci est trop faible pour tenir la plume. C'est elle qui relatera sa mort peu de temps après, lorsqu'il sera devenu patent que le marquis ne reviendra pas à Paris. C'est Diderot, raconte Grimm, qui « prit le parti de la faire mourir, préférant de causer quelque chagrin au marquis au danger évident de le tourmenter plus cruellement peut-être en la laissant vivre plus longtemps[8]. » Ainsi se termina la mystification. Bien plus tard, le marquis en fut informé, il en a ri et n'en a pas tenu rigueur à ses amis – du moins selon Grimm. Celui-ci ajoute, pour terminer, une anecdote savoureuse concernant la gestation du roman qui sommeillait encore dans les tiroirs de Diderot : « Une circonstance qui n'est pas la moins singulière, c'est que, tandis que cette mystification échauffait la tête de notre ami en Normandie, celle de M. Diderot s'échauffait de son côté. Celui-ci, persuadé que le marquis ne donnerait pas un asile dans sa maison à une jeune personne sans la connaître, il se mit à écrire en détail l'histoire de notre religieuse. Un jour qu'il était tout entier à ce travail, M. d'Alainville, un de nos amis communs, lui rendit visite, et le trouva plongé dans la douleur et le visage inondé de larmes. – Qu'avez-vous donc ? lui dit M. d'Alainville ; comme vous voilà ! – Ce que j'ai ? lui répondit M. Diderot ; je me désole d'un conte que je me fais[9]... »

Et le roman dans tout ça ? Ce n'est que le 27 septembre 1780 que Diderot se décidera à le publier dans la *Correspondance littéraire*, où il paraît en neuf livraisons entre 1780 et 1782. Il en subsiste – fait exceptionnel pour ses œuvres de fiction – un manuscrit autographe, impossible à dater, mais qui pourrait remonter au premier jet du roman, vers 1760. Puis Diderot a, comme c'était son habitude, modifié son texte de nombreuses fois, avant, pendant et encore après sa publication dans la *Correspondance littéraire*. « C'est la contrepartie de *Jacques le Fataliste*, promet Diderot à son éditeur. Il est rempli de tableaux pathétiques. Il est très intéressant, et tout l'intérêt est rassemblé sur le personnage qui parle. Je suis bien sûr qu'il affligera plus vos lecteurs que Jacques ne les a fait rire ; d'où il pourrait arriver qu'ils en désireront plus tôt la fin[10]. » On se souvient de l'auteur pleurant sur le livre qu'il était en train d'écrire... Mais quelle n'est pas la surprise du lecteur lorsqu'il découvre, après le mot FIN qui interrompt le récit de la religieuse plus qu'il ne le clôt et laisse présager une fin tragique de l'héroïne, un nouveau texte, d'une vingtaine de pages, intitulé « Préface du précédent ouvrage, tirée de la *Correspondance littéraire* de M. Grimm, année 1770 ». Étant donné que Meister était alors responsable de la *Correspondance littéraire*, c'est lui qui est censé avoir ajouté ces feuilles publiées déjà une première fois douze ans plus tôt. Il s'agit de l'histoire de la mystification relatée par Grimm et accompagnée de l'échange de lettres entre la fausse religieuse et le marquis de Croismare ! Cette révélation pour le moins surprenante force immédiatement le lecteur à opérer une deuxième lecture de l'œuvre, lecture démystifiante qui démolit l'illusion romanesque si savamment créée par le texte. L'histoire tragique de Suzanne s'efface et disparaît, diluée dans le bain acide de l'ironie moqueuse de Grimm, qui ramène lestement la tragédie au niveau de la bagatelle. Après cette démystification brutale du lecteur, l'auteur termine par cette remarque désinvolte : « On conviendra que s'il y eut jamais une préface utile, c'est celle qu'on vient de lire, et que c'est peut-être la seule dont il fallait renvoyer la lecture à la fin de l'ouvrage[11]. » Est-il nécessaire d'ajouter que c'est évidemment Diderot qui est derrière toute cette mise en scène ? C'est lui qui a repris l'histoire de la mystification publiée en 1770, l'a dûment corrigée pour l'adapter au roman que le lecteur vient de lire, puis a ajouté de sa main la phrase attribuée à Meister. Jamais auteur n'a si volontairement et si brutalement détruit l'illusion romanesque qu'il venait de créer ! Pourquoi ? On trouvera peut-être une réponse dans la « Question aux gens de lettres » qui vient après cette curieuse « Préface » appelée fort judicieusement « Préface-annexe » par Assézat en 1875, et par laquelle Diderot clôt l'ensemble du roman : « M. Diderot, après avoir passé des matinées à composer des lettres bien écrites, bien pensées, bien pathétiques, bien romanesques, employait des journées à les gâter en supprimant, sur les conseils de sa femme et de ses associés en scélératesse, tout ce qu'elles avaient de saillant, d'exagéré, de contraire à l'extrême simplicité et à la dernière vraisemblance ; en sorte que si l'on eût ramassé dans la rue les premières, on eût dit : "Cela est beau, fort beau…", et que si l'on eût ramassé les dernières, on eût dit : "Cela est bien vrai…" Quelles sont les bonnes ? Sont-ce celles qui auraient peut-être obtenu l'admiration ? ou celles qui devaient certainement produire l'illusion[12] ? » Nous tenterons de répondre plus tard à cette question[13], mais voyons pour commencer le récit fictif de la religieuse.

Lorsqu'elle a seize ans et demi, Suzanne Simonin, fille d'un avocat à Paris, s'attend à être mariée comme ses deux autres sœurs avant elle. On imagine sa déception lorsqu'elle apprend que ses parents veulent l'enfermer définitivement dans le couvent de Sainte-Marie où elle est en train de terminer son éducation. Née d'une liaison coupable (comme elle l'apprendra plus tard), Suzanne est repoussée par sa mère à qui elle ne cesse de rappeler sa faute, et mal aimée de son père putatif qui la soupçonne d'être illégitime. Rejetée par sa famille, elle en vient jusqu'à regretter et maudire ses qualités physiques et intellectuelles qui la distinguent avantageusement de ses sœurs : « Ô combien j'ai pleuré de fois de n'être pas née laide, bête, sotte, orgueilleuse, en un mot avec tous les travers qui leur réussissaient auprès de nos parents[14] ! » Au couvent, Suzanne se laisse séduire par la mère des novices qui lui rend la vie monastique attrayante par « un cours de séduction la plus subtile et la mieux apprêtée[15] ». Vers la fin de son noviciat, elle est pourtant réveillée de sa stupeur en vivant l'expérience cruciale de sa vie. C'est le spectacle d'une religieuse folle échappée de sa cellule : « Je n'ai jamais rien vu de si hideux. Elle était échevelée et presque sans vêtement ; elle traînait des chaînes de fer ; ses yeux étaient égarés ; elle s'arrachait les cheveux ; elle se frappait la poitrine avec les poings ; elle courait, elle hurlait ; elle se chargeait elle-même et les autres des plus terribles imprécations ; elle cherchait une fenêtre pour se précipiter[16]. » Le charme est rompu. Suzanne se ressaisit et se promet de ne prendre l'habit sous aucun prétexte. Sa naïveté, qui était réelle tant qu'elle ne connaissait pas les noirs desseins de ses parents, disparaît d'un coup et cède la place à une lucidité et une prise de conscience aiguës. Quand elle découvre, après coup, que tout est fausseté autour d'elle, Suzanne apprend à son tour à se dissimuler ; après avoir arraché le masque aux autres, elle décide d'en porter un elle-même. Le point culminant de sa tactique est le scandale qu'elle provoque délibérément et avec préméditation au pied de l'autel en refusant, au cours de la cérémonie solennelle, de prononcer les vœux définitifs. L'esclandre est tel que ses parents sont obligés de la reconduire à la maison familiale. Elle y est traitée plus durement encore par eux qu'au couvent.

C'est au moment où sa cause semble être gagnée définitivement que Suzanne apprend, par la bouche d'un moine, le père Séraphin, la vérité sur sa naissance. Elle comprend alors que son refus d'entrer au couvent trouble l'ordre familial, dénature les successions et empêche sa mère d'expier sa faute. Émue par la détresse de cette dernière, Suzanne consent, à contrecœur, à entrer au couvent Sainte-Marie de la Visitation, à Longchamp. Ce monastère était depuis longtemps l'une des maisons les plus illustres de France, et un endroit fort mondain : on y venait en carrosse écouter les plus belles voix de Paris. C'est là que Suzanne, dans un état physiquement aliéné, va prononcer ses vœux.

La mère supérieure du couvent de Longchamp, la mystique Mme de Moni, est une femme pleine de bonté et de piété qui offre à Suzanne un substitut de l'amour maternel qu'elle n'a jamais connu. Or peu de temps après ses vœux, la mère de Moni et les deux parents de Suzanne décèdent au cours de la même année. Celle-ci est désormais affranchie de l'emprise de la supérieure ainsi que de ses obligations envers sa famille. La nouvelle supérieure, sœur Sainte-Christine, est une femme hargneuse et vindicative qui ne tarde pas à la prendre en aversion. Suzanne, qui a entre-temps oublié toute idée de sacrifice, renonce à vivre saintement, comme le lui avait demandé sa mère dans un billet rédigé avant sa mort[17], et se rebelle aussitôt contre l'ordre quasi carcéral imposé par la nouvelle supérieure. La riposte ne se fait pas attendre : traitée de façon inhumaine par sœur Sainte-Christine et ses acolytes, Suzanne tombe bientôt « dans l'abattement, le chagrin et la mélancolie[18] ». Sur le point de mettre fin à ses jours, elle imagine la satisfaction des religieuses liguées contre elle et renonce à son projet. « Quand on s'ôte la vie, note-t-elle, peut-être cherche-t-on à désespérer les autres, et la garde-t-on quand on croit les satisfaire. [...] En vérité, je ne vivais que parce qu'elles souhaitaient ma mort[19]. » Cette découverte lui rend sa fermeté habituelle ; elle décide d'entreprendre une action en justice afin de faire résilier ses vœux. Usant de ruse et de dissimulation pour faire sortir du cloître un mémoire sur sa condition déplorable, elle réussit à gagner les sympathies de l'avocat Manouri, qui accepte de plaider sa cause devant les tribunaux.

Apprenant la trahison de la religieuse rebelle, la mère supérieure entre dans une fureur qui ne connaîtra plus de limites. Une série quasiment ininterrompue d'injustices, d'outrages et de sévices s'abat sur sa victime : jetée au cachot comme une criminelle, piétinée aux portes de l'église, l'existence de Suzanne devient un enfer de tous les jours. « On en vint, raconte-t-elle, jusqu'à me voler, me dépouiller, m'ôter mes chaises, mes couvertures et mes matelas ; on ne me donnait plus de linge blanc, mes vêtements se déchiraient, j'étais presque sans bas et sans souliers. J'avais peine à obtenir de l'eau, j'ai plusieurs fois été obligée d'en aller chercher moi-même au puits [...]. On me cassa mes vaisseaux : alors j'en étais réduite à boire l'eau que j'avais tirée, sans en pouvoir emporter. Si je passais sous des fenêtres, j'étais obligée de fuir, ou de m'exposer à recevoir les immondices des cellules. Quelques sœurs m'ont craché au visage. J'étais devenue d'une malpropreté hideuse. Comme on craignait les plaintes que je pouvais faire à nos directeurs, la confession me fut interdite[20]. » Pendant toute la durée de son procès, les sévices infligés à Suzanne deviennent de plus en plus atroces. Sans l'intervention du grand vicaire M. Hébert, elle aurait vraisemblablement succombé à son interminable calvaire. Appelé au monastère pour exorciser sœur Suzanne, celui-ci comprend rapidement la situation et s'en prend violemment à la supérieure sadique : « "Vous êtes indigne de vos fonctions ; vous mériteriez d'être déposée. J'en porterai mes plaintes à monseigneur. Que tout ce désordre soit réparé avant que je sois sorti." Et continuant de marcher, et branlant sa tête, il ajoutait : "Cela est horrible. Des chrétiennes ! Des religieuses ! Des créatures humaines ! Cela est horrible[21]." »

Pendant ce temps, l'avocat Manouri n'était pas resté inactif. Il avait publié un premier mémoire qui n'a eu que peu de succès. « Il y avait trop d'esprit, commente Suzanne, pas assez de pathétique, presque point de raisons[22]. » Un deuxième mémoire fait plus d'effet, mais la plaignante perd quand même son procès. Du moins son avocat obtient-il son transfert dans un autre couvent, à Sainte-Eutrope[23], où Suzanne est accueillie et traitée avec toutes les attentions imaginables. Le nouveau couvent est l'exacte antithèse de Longchamp : la règle y est relâchée, la vie est beaucoup plus détendue et la nouvelle supérieure, dont le nom n'est jamais révélé, s'éprend rapidement d'elle. Elle fait preuve envers la nouvelle venue d'une tendresse équivoque dont la nature ne laisse bientôt aucun doute au lecteur averti. Mais Suzanne, innocente et naïve malgré ses vingt-cinq à vingt-six ans qu'elle doit logiquement avoir, ne comprend pas la passion dont elle est l'objet, même lorsque la supérieure, tenant la religieuse sur ses genoux, parvient au comble du plaisir. Voici le passage le plus osé du récit, qui a sans doute contribué à classer le roman entier parmi la littérature dite obscène :

> Cependant elle avait levé son linge de cou et elle avait mis une de mes mains sur sa gorge. Elle se taisait, je me taisais aussi ; elle paraissait goûter le plus grand plaisir. Elle m'invitait à lui baiser le front, les joues, les yeux et la bouche, et je lui obéissais ; je ne crois pas qu'il y eût du mal à cela. Cependant son plaisir s'accroissait ; et comme je ne demandais pas mieux que d'ajouter à son bonheur d'une manière aussi innocente, je lui baisais encore le front, les joues, les yeux et la bouche. La main qu'elle avait posée sur mon genou se promenait sur tous mes vêtements, depuis l'extrémité de mes pieds jusqu'à ma ceinture, me pressant tantôt dans un endroit, tantôt dans un autre ; elle m'exhortait en bégayant, et d'une voix altérée et basse, à redoubler mes caresses, je les redoublais. Enfin il vint un moment, je ne sais si ce fut de plaisir ou de peine, où elle devint pâle comme la mort ; ses yeux se fermèrent, tout son corps s'étendit avec violence, ses lèvres se fermèrent d'abord, elles étaient humectées comme d'une mousse légère ; puis sa bouche s'entrouvrit, et elle me parut mourir en poussant un grand soupir. Je me levai brusquement, je crus qu'elle se trouvait mal ; je voulais sortir, appeler. Elle entrouvrit faiblement les yeux, et me dit d'une voix éteinte : « Innocente, ce n'est rien ; qu'allez-vous faire ? Arrêtez… » Je la regardais avec de grands yeux hébétés, incertaine si je resterais ou si je sortirais. Elle rouvrit encore les yeux, elle ne pouvait plus parler du tout ; elle me fit signe d'approcher et de me replacer sur ses genoux. Je ne sais ce qui se passait en moi ; je craignais, je tremblais, le cœur me palpitait, j'avais de la peine à respirer, je me sentais troublée, oppressée, agitée, j'avais peur ; il me semblait que les forces m'abandonnassent et que j'allais défaillir ; cependant je ne saurais dire que ce fût de la peine que je ressentisse[24].

La narratrice témoigne d'une remarquable ingénuité et ne semble jamais soupçonner le caractère équivoque des manœuvres séductrices de la supérieure. Mise en garde par son confesseur bien moins naïf qu'elle, Suzanne doit désormais tâcher d'éviter le contact avec elle. Celle-ci devient la proie de terribles désordres : « Elle se levait la nuit et se promenait dans les corridors, surtout dans le mien ; je l'entendais passer et repasser, s'arrêter à ma porte, se plaindre, soupirer[25]. » Elle pratique diverses mortifications comme le jeûne et les macérations, et finit par sombrer dans la folie. Enfin, elle se croit damnée sans espoir de rédemption et meurt convaincue de son crime. C'est alors que Suzanne s'enfuit avec son nouveau confesseur, un prêtre sans vocation. Poursuivie des assiduités d'un jeune moine, elle échappe de justesse à un viol. Après quelques douloureuses expériences, elle se cache chez une blanchisseuse. C'est de là qu'elle lance son appel de détresse au marquis de Croismare et qu'elle rédige cette longue lettre-témoignage qui se termine par un curieux post-scriptum dans lequel elle s'inquiète de la peinture qu'elle vient de faire de sa personne et de ses malheurs passés : « Ces mémoires que j'écrivais à la hâte, je viens de les relire à tête reposée, et je me suis aperçue que sans en avoir eu le moindre projet, je m'étais montrée à chaque ligne aussi malheureuse à la vérité que je l'étais, mais beaucoup plus aimable que je ne le suis. […] Si le marquis, à qui l'on accorde le tact le plus délicat, venait à se persuader que ce n'est pas à sa bienfaisance mais à son vice que je m'adresse, que penserait-il de moi ? Cette réflexion m'inquiète. En vérité, il aurait bien tort de m'imputer personnellement un instinct propre à tout mon sexe. Je suis une femme, peut-être un peu coquette, que sais-je ? Mais c'est naturellement et sans artifice[26]. »

Selon la *Préface-annexe* de 1770, le roman, prétendu perdu, « était la plus cruelle satire qu'on eût jamais faite des cloîtres[27] ». Lorsque *La Religieuse* paraît enfin en 1796, la critique ne manque pas de souligner l'aspect militant et anti-monastique du roman de Diderot dont les œuvres commencent à paraître au compte-gouttes. « Ce singulier et attachant ouvrage, s'exclame un journaliste, restera comme un monument de ce qu'étaient autrefois les couvents, fléau né de l'ignorance et du fanatisme en délire, contre lequel les philosophes avaient si longtemps et si vainement réclamé, et dont la Révolution française délivrera l'Europe d'ici à peu d'années, si l'Europe ne s'obstine pas à vouloir faire des pas rétrogrades vers la barbarie et l'abrutissement[28]. » Généralisation abusive de quelques cas isolés ? Anticléricalisme primaire ? Voire. En 1758-1759, deux ans à peine avant la mystification du marquis de Croismare, les *Nouvelles ecclésiastiques*, le célèbre périodique clandestin des jansénistes, ont révélé que, dans certains couvents, les religieux soupçonnés de jansénisme étaient l'objet de maltraitances pouvant aller jusqu'à la torture. À la lecture de ces récits, commente Jacques Proust, qui les a exhumés, on a « l'impression que la prétendue fiction de Diderot est restée très en deçà du réel[29] ». La seule invraisemblance du roman, de ce point de vue, consiste dans l'accumulation des maux subis par Suzanne, mais « ces maux en eux-mêmes sont d'une rigoureuse vraisemblance[30] ». Certes, les sévices subis par son héroïne sont déconnectés de ce qui dans la réalité historique prétend les justifier ; si Suzanne est maltraitée dans son couvent, ce n'est pas pour des questions religieuses mais parce qu'elle se révolte contre la vie monastique et qu'elle pousse la rébellion jusqu'à vouloir résilier ses vœux. Il n'en reste pas moins que la cruauté de la mère supérieure et de ses acolytes confine à l'inhumanité : Suzanne est affamée, battue, emprisonnée et couverte d'immondices ; on laisse des morceaux de verre sur son passage qui lui ensanglantent les pieds, une pincette chauffée à blanc posée devant elle lui arrache la peau. On dit l'office des morts sur son corps allongé par terre dans le chœur : « Marchez sur elle, dit la supérieure en sortant, ce n'est qu'un cadavre[31]. » Pour pousser au paroxysme les épreuves physiques et morales de Suzanne, les religieuses sadiques vont jusqu'à simuler sa mise à mort, allusion explicite aux cas évoqués par les *Nouvelles ecclésiastiques*. Au couvent de Sainte-Eutrope, Diderot utilise son personnage pour remplacer sa critique d'une institution inhumaine par ce que le très pudique Naigeon appela une « peinture très fidèle sans doute mais aussi très dégoûtante des amours infâmes de la supérieure[32] ». Des scènes d'anthologie comme le « déshabiller » de Suzanne par la nouvelle mère supérieure, la leçon de clavecin au cours de laquelle celle-ci place ses doigts sur la gorge de Suzanne puis défaille, la scène où les baisers dociles de Suzanne aboutissent à l'orgasme de la supérieure lesbienne, n'ont, d'après Georges May, aucun antécédent dans la littérature[33]. Ajoutons que la réalité décrite par les journalistes des *Nouvelles ecclésiastiques*, dans ce domaine aussi, « passe infiniment la *fiction*[34] »... Or lorsqu'en 1966 Jacques Rivette tira un film du roman de Diderot, les associations religieuses et les ligues familiales s'émurent et en obtinrent l'interdiction avant même que quiconque ait vu le film. La décision était grotesque, qui renvoyait à l'obscurantisme clérical de Vichy ou du Second Empire. André Malraux, ministre de la Culture, fit savoir qu'il ne s'opposerait pas à la présentation du film à Cannes. Le film fut immédiatement sélectionné. On assista alors à ce paradoxe humiliant : la France était représentée au festival par une œuvre interdite au public français ! Finalement, le film fut autorisé un an plus tard sous le titre *Suzanne Simonin, la Religieuse de Diderot*, ce qui avait, pensa-t-on, le double avantage de réduire à un cas individuel ce que Diderot avait voulu représentatif d'une condition et de rejeter tout cela dans un passé révolu vieux de deux siècles. La censure, comme souvent, eut comme heureux effet de gagner de nouveaux lecteurs à *La Religieuse* : le roman de Diderot connut des tirages de prix Goncourt !

Roman de l'enfermement, *La Religieuse* est l'étude clinique des ravages causés sur les hommes – qui sont ici des femmes[35] – par la réclusion perpétuelle et forcée derrière les murs d'un couvent. Les supérieures qui gouvernent tour à tour les destinées de Suzanne peuvent être mystiques, cruelles ou dépravées, elles n'en sont pas moins toutes également des victimes, et, le plus souvent des victimes innocentes du milieu malsain des cloîtres, baigné d'une atmosphère de mysticité, de terreur ou de sensualité inassouvie. En imposant aux individus un conditionnement contre nature, la claustration conventuelle a des conséquences désastreuses sur les corps et les esprits des reclus(es) : elle détruit les sentiments naturels, entraîne des intrigues, des haines féroces et favorise les déviations sexuelles. L'institution monastique est proprement *inhumaine*, car elle est foncièrement incompatible avec la nature sociable de l'homme, la liberté individuelle, la liberté du corps aussi et son besoin de satisfaire l'instinct sexuel. La claustration et le célibat, déclare M. Manouri, l'avocat de Suzanne, dans son plaidoyer passionné, sont une violence faite à la nature, qui s'oppose à toute forme d'anéantissement du corps :

> Toutes ces cérémonies lugubres qu'on observe à la prise d'habit et à la profession, quand on consacre un homme ou une femme à la vie monastique et au malheur, suspendent-elles les fonctions animales ? Au contraire, ne se réveillent-elles pas dans le silence, la contrainte et l'oisiveté avec une violence inconnue aux gens du monde, qu'une foule de distractions emportent ? Où est-ce qu'on voit des têtes obsédées par des spectres impurs qui les suivent et qui les agitent ? Où est-ce qu'on voit cet ennui profond, cette pâleur, cette maigreur, tous ces symptômes de la nature qui languit et se consume ? Où les nuits sont-elles troublées par des gémissements, les jours trempés de larmes versées sans cause et précédées d'une mélancolie qu'on ne sait à quoi attribuer ? Où est-ce que la nature, révoltée d'une contrainte pour laquelle elle n'est point faite, brise les obstacles qu'on lui oppose, devient furieuse, jette l'économie animale dans un désordre auquel il n'y a plus de remède ? En quel endroit le chagrin et l'humeur ont-ils anéanti toutes les qualités sociales ? Où est-ce qu'il n'y a ni père, ni mère, ni frère, ni sœur, ni parents, ni amis ? Où est-ce que l'homme, ne se considérant que comme un être d'un instant et qui passe, traite les liaisons les plus douces de ce monde comme un voyageur les objets qu'il rencontre, sans attachement ? Où est le séjour de la gêne, du dégoût et des vapeurs ? Où est le lieu de la servitude et du despotisme ? Où sont les haines qui ne s'éteignent point ? Où sont les passions couvées dans le silence ? Où est le séjour de la cruauté et de la curiosité[36] ?

L'enfermement ne fait qu'exaspérer ce que Diderot considère comme une partie essentielle de la nature féminine : l'hystérisme. La femme, expliquera-t-il plus tard, « porte au-dedans d'elle-même un organe susceptible de spasmes terribles, disposant d'elle et suscitant dans son imagination des fantômes de toute espèce [...]. C'est de l'organe propre à son sexe que partent toutes ses idées extraordinaires[37] ». La spécificité de la femme, c'est l'utérus. Cet organe la domine, il est l'essence de la femme. Et moins la femme s'épanouit, plus elle est sujette à l'hystérisme, ce dérèglement sauvage du corps. Dans le délire hystérique, la femme devient étrangère à elle-même : sa chevelure est défaite, ses vêtements déchirés, ouverts, elle frissonne, pleure, défaille, se convulse. « Mon premier mouvement, écrit Suzanne après avoir été jetée dans l'*in-pace* du couvent, fut de me détruire. Je portai mes mains à ma gorge, je déchirai mon vêtement avec mes dents ; je poussai des cris affreux, je hurlais comme une bête féroce. Je me frappai la tête contre les murs, je me mis toute en sang, je cherchai à me détruire jusqu'à ce que les forces me manquassent, ce qui ne tarda pas[38]. » La claustration féminine, le refus fait aux femmes d'avoir droit à un corps et de devenir mères, pousse l'aliénation hystérique à la folie : « Voilà ce qui en arrive tôt ou tard, quand on s'oppose au penchant général de la nature : cette contrainte la détourne à des affections déréglées, qui sont d'autant plus violentes qu'elles sont moins fondées ; c'est une espèce de folie[39]. » Dans *La Religieuse*, toutes les femmes sont plus ou moins hystériques ; plusieurs d'entre elles développent des tendances à l'homosexualité, que Diderot attribue à la solitude, l'oisiveté et la société exclusive des femmes. Quatre nonnes perdent la raison. On ne saurait jouer impunément, commente Christophe Martin, avec les « fonctions animales » de l'homme : « À vouloir, dans les couvents, effacer les corps pour le salut des âmes, le corps se venge en s'emparant des âmes par l'hystérie ascétique, le lesbianisme, la folie, le désespoir[40]. »

Lorsqu'en 1765 une kyrielle de bénédictins tentent d'obtenir leur sécularisation, Diderot peste contre le ministère qui les éconduit, alors que « cet exemple aurait encouragé les carmes, les augustins à solliciter le défroc ; et sans aucune violence, la France en moins de vingt ans aurait été délivrée d'une vermine qui la ronge, et qui la rongera jusqu'à son extinction[41]. » *La Religieuse* est principalement écrite contre les vœux monastiques : non pas seulement contre les vœux forcés, mais contre le principe même d'un acte d'aliénation irrévocable qui conduit un individu à résilier volontairement le premier des droits naturels. Cependant, il est non moins vrai que la plus grande force du roman, qui passe pour antichrétien, c'est d'avoir présenté la défense de l'homme et de la liberté individuelle, non du point de vue du matérialisme athée, mais du point de vue même d'un christianisme évangélique épuré, que représente et défend l'héroïne. Même ses pires ennemies sont obligées d'en convenir : il n'existe pas de meilleure religieuse qu'elle ! Personne ne remplit plus exactement ses devoirs, et sa foi n'est jamais ébranlée par les humiliations qu'elle subit. Alors qu'il tenait une occasion magnifique de requérir contre le fanatisme et l'intolérance, Diderot a refusé d'écrire un roman à thèse à la manière de certains romans de Sade où l'auteur se rabat sur la caricature sommaire et les dissertations plaquées. La « plus effrayante satire des couvents[42] » eût certainement moins porté si Diderot eût consenti à la caricature.

Au milieu des pires épreuves, la foi de Suzanne donc reste inébranlable : animée d'une « dévotion angélique[43] », elle prie sans cesse et se tourne vers Dieu lorsque les hommes l'abandonnent, sans s'insurger un instant contre sa religion. En revanche, Suzanne se révolte contre son destin et lutte pour la liberté, « la prérogative inaliénable de l'homme[44] ». Suzanne Simonin, la « femme révoltée » ? En effet, son attitude n'est pas sans rappeler la principale caractéristique de l'homme révolté selon Camus, le pouvoir de dire non : c'est « un homme qui dit non. […] Ce non affirme l'existence d'une frontière[45]. » Ce non, Suzanne le répète avec insistance devant la supérieure de Sainte-Marie : « Voulez-vous faire profession ? – Non, Madame. – Vous ne vous sentez aucun goût pour l'état religieux ? – Non, Madame. – Vous n'obéirez point à vos parents ? – Non, Madame. – Que voulez-vous donc devenir ? – Tout, excepté religieuse. Je ne le veux pas être, je ne le serai pas[46]. » Pour Suzanne, il existe aussi une frontière à ne pas transgresser : sa liberté naturelle, le droit de disposer de sa personne comme elle l'entend. Le motif de sa révolte est à chercher dans sa personnalité qui ne peut s'épanouir à l'intérieur des murs conventuels : « Je ne demande que la liberté », s'exclame-t-elle, « je ne veux être enfermée ni ici ni ailleurs[47] ». Aussitôt libérée de ses obligations morales vis-à-vis de sa mère, Suzanne s'insurge contre l'autorité du couvent, représentée par la supérieure Sainte-Christine. Elle ne cesse de louer la défunte mère de Moni, jette au feu son cilice, se défait de sa discipline et exhorte ses amies à suivre son exemple. Ce mouvement de révolte est spontané, sans autre dessein que celui de contrecarrer les ordres de la supérieure. « J'eus bientôt l'air et peut-être un peu le jeu d'une factieuse », avoue-t-elle ingénument[48]. Malgré cela, Suzanne rejette l'entière faute de ses malheurs consécutifs sur la mère Sainte-Christine et ses acolytes. Face aux bourreaux sadiques, la victime innocente : « elle se compare à Jésus-Christ et elle nous compare aux Juifs qui l'ont crucifié[49] », s'exclame une de ses tortionnaires. Si Suzanne essuie des persécutions à Longchamp, c'est parce qu'elle essaie par tous les moyens d'y déranger l'ordre. Les punitions qui lui sont infligées apparaissent sans aucun doute inhumaines et disproportionnées ; il faut néanmoins admettre que la victime les a bien cherchées. Ce n'est pas la mère supérieure mais Suzanne qui a déclenché les hostilités, et qui les a continuées après une première réconciliation.

Rien ne serait plus faux que de voir en Suzanne la victime innocente des religieuses de Longchamp : elle est « seulement » la victime d'un ordre social qui permet la réclusion perpétuelle, dans un cloître, de jeunes filles indésirables. Suzanne ne paraît pas pour autant coupable, du moins à l'auteur anonyme de l'article *Infidélité* de l'*Encyclopédie* : « Moins il y a eu de consentement, de liberté, de choix dans un engagement, plus il est difficile d'en remplir les conditions, et moins on est coupable, aux yeux de la raison, d'y manquer[50]. » Éprise de liberté, la révolte de Suzanne contre son état de recluse n'est motivée ni par des principes philosophiques ni par aucun désir charnel, aucune passion secrète[51]. À la demande de la supérieure : « L'esprit séducteur qui nous environne sans cesse et qui cherche à nous perdre, aurait-il profité de la liberté trop grande qu'on vous a accordée depuis peu, pour vous inspirer quelque penchant funeste ? », Suzanne répond fermement : « Non, Madame, [...] j'atteste Dieu que mon cœur est innocent et qu'il n'y eut jamais aucun sentiment honteux[52]. » Cette innocence ou ignorance en matière sexuelle, jusqu'au bout maintenue, ne cesse de revenir sous la plume de Suzanne. Naïveté extrême d'une jeune adolescente qui refuse de grandir[53] pour se maintenir dans une zone entre l'enfance et l'âge adulte ? Ou plutôt « symptôme d'une forme d'inhumanité produite par la claustration conventuelle, ainsi que d'une infirmité affective liée au rejet de la mère », comme le propose Christophe Martin[54] ? Il n'est pas totalement impossible que son cœur pur reste aveugle jusqu'à la fin aux familiarités, caresses et gestes non équivoques de la supérieure de Sainte-Eutrope ; il n'est pas impossible non plus qu'elle fasse montre d'une fermeté d'esprit et d'une raideur affective exceptionnelles vis-à-vis de la sensualité et du langage des sens – les tortures subies à Longchamp n'ont-elles pas tué en elle toute forme de désir corporel ? Ce qui pose réellement problème, dans ce roman-mémoires, c'est qu'*au moment où elle écrit*, elle se permet d'ignorer ce qu'elle doit savoir. Après avoir surpris au parloir la confession de la supérieure lui apprenant sans ambiguïté la véritable nature des tendres sentiments de cette « abominable femme[55] », l'ingénuité originelle de Suzanne n'a plus de raison d'être. S'il est hors de doute que Diderot n'a pas désiré peindre une religieuse d'autant plus perverse qu'elle jouerait la naïve, il est en même temps vrai et certain que son héroïne, insensible à tout désir et même à toute curiosité sexuelle, apparaît d'autant plus séductrice qu'elle feint de n'éprouver d'amour que pour Dieu[56].

Les malheurs de Suzanne auxquels nous compatissons ne doivent pas nous faire oublier qu'au regard de la justice religieuse et civile, et même aux yeux de la société bien-pensante, sa révolte contre la vie conventuelle et son combat pour la liberté n'ont rien de légitime, bien au contraire : « Ces sortes d'affaires ne se suivent point sans des discussions scandaleuses[57] », l'avertit non sans raison la mère supérieure Sainte-Christine. En sollicitant de l'aide auprès du marquis de Croismare, elle doit non seulement justifier ses actions vis-à-vis d'un homme qui ne la connaît pas mais aussi se présenter, sans en avoir l'air, sous son jour le plus favorable. Tantôt journal écrit sur le vif, tantôt récit rétrospectif façonné en fonction des attentes du destinataire, la longue lettre de Suzanne doit être lue pour ce qu'elle est : une autojustification habile d'une religieuse en fuite, destinée à la sauver de sa misère en touchant une corde sensible de son lecteur, le marquis de Croismare. Et c'est bien ainsi qu'elle présente son entreprise au tout début de la lettre : « Il n'est pas à présumer qu'il se détermine à changer mon sort sans savoir qui je suis ; et c'est ce motif qui me résout à vaincre mon amour-propre et ma répugnance, en entreprenant ces mémoires où je peins une partie de mes malheurs sans talent et sans art, avec la naïveté d'un enfant de mon âge et la franchise de mon caractère[58]. » Dans la mesure où son intérêt vital consiste à toucher par l'écriture le marquis, elle ne doit pas présenter les faits passés froidement mais les arranger avec art, orchestrer avec complaisance les thèmes les plus chers à son lecteur. On l'a souvent remarqué : Suzanne s'emploie constamment à faire spectacle et se décrit (pour un destinataire masculin) à travers le regard des religieuses. Toute la narration, souligne Jacques Rustin, « est conduite comme une “entreprise de séduction” à caractère érotique, où la jeune femme [...] ne manque pas de détailler complaisamment, sous le couvert d'une candeur problématique, tous les charmes de son corps supplicié ou convoité[59]. » Le récit des malheurs de Suzanne est censé produire des effets si sensibles que son destinataire se laissera petit à petit gagner à sa cause.

L'entreprise de séduction menée par Suzanne sur le marquis de Croismare est conduite de main de maître. Jamais Diderot n'a écrit un récit aussi bouleversant. Son héroïne est un personnage extrêmement attachant et pathétique, malheureuse uniquement par la faute des autres (c'est du moins ce qu'elle réussit à faire croire) ; ses interminables souffrances morales et physiques s'enchaînent dans une succession de scènes et de tableaux hallucinés, parfois atroces de cruauté, destinés à se graver dans la mémoire du lecteur. *La Religieuse*, dira Diderot plus tard, « est un ouvrage à feuilleter sans cesse par les peintres[60] ». Après le quasi-échec de son théâtre[61], le dramaturge déçu s'est tourné vers le genre romanesque en y injectant, si l'on peut dire, le meilleur du théâtre et de la peinture afin de subjuguer son lecteur. En somme, toutes les qualités qu'il attendait jadis du drame sérieux, tous les espoirs qu'il avait placés dans cette forme de pathétique moderne, Diderot les a réunis et accomplis dans la picturalité romanesque de *La Religieuse*. Cette nouvelle orientation, il s'empresse de la théoriser dans un essai critique consacré... à un romancier anglais, Samuel Richardson, auteur de trois gros romans à succès que Rousseau utilisa en 1761 comme modèle de sa *Nouvelle Héloïse* – du moins selon les dires de Diderot[62]. « Par un roman, déclare Diderot sans sourciller, on a entendu jusqu'à ce jour un tissu d'événements chimériques et frivoles, dont la lecture était dangereuse pour le goût et pour les mœurs. Je voudrais bien qu'on trouvât un autre nom pour les ouvrages de Richardson, qui élèvent l'esprit, qui touchent l'âme, qui respirent partout l'amour du bien, et qu'on appelle aussi des romans[63]. » Et contrairement à un Voltaire, qui goûtait fort peu les romans prolixes et grandiloquents de l'Anglais[64], l'auteur de *La Religieuse* fut totalement conquis par le « divin Richardson » auquel il rendit hommage en 1762 dans un *Éloge* retentissant.

Qu'est-ce que Diderot a pu trouver dans les très volumineux romans de Richardson considérés comme pratiquement illisibles de nos jours[65] ? D'abord une *morale en action*. Alors qu'une règle de conduite générale « n'imprime par elle-même aucune image sensible dans notre esprit », la fiction, explique Diderot, fait passer les vérités abstraites des moralistes dans les zones profondes de notre sensibilité : « Celui qui agit, on le voit, on se met à sa place ou à ses côtés ; on se passionne pour et contre lui ; on s'unit à son rôle, s'il est vertueux ; on s'en écarte avec indignation, s'il est injuste et vicieux[66]. » La lecture de Richardson produit un choc émotif semblable à celui que Diderot a voulu créer dans ses drames : « On se sent porter au bien avec une impétuosité qu'on ne se connaissait pas[67] », avoue-t-il. Cette participation émotive à l'action est non seulement au cœur de son théâtre et, on l'a vu, de *La Religieuse* ; elle fonde aussi, au moment même où il écrit l'*Éloge de Richardson*, sa critique picturale. La réussite d'un tableau, quel qu'il soit, se mesure principalement en termes d'effet sur le spectateur ou le lecteur. La vérité, ou plutôt l'illusion de la réalité, doit être si parfaite que celui-ci oublie, en quelque sorte, qu'il est en train de regarder un tableau ou une pièce de théâtre, ou de lire un roman. « Ô Richardson ! s'écrie Diderot, on prend, malgré qu'on en ait, un rôle dans tes ouvrages, on se mêle à la conversation, on approuve, on blâme, on admire, on s'irrite, on s'indigne[68]. » On se souvient que dans la maison de Dorval, la représentation du *Fils naturel* « avait été si vraie qu'oubliant en plusieurs endroits que j'étais spectateur, et spectateur ignoré, j'avais été sur le point de sortir de ma place et d'ajouter un personnage réel à la scène[69] ». En revanche, le *Jason et Médée* de Carle Vanloo déçoit fortement le visiteur du Salon de 1759. Bien que la scène mobilise tous les ressorts du pathétique, le tableau sombre par manque de vérité dans un grotesque qui laisse le spectateur de marbre : « C'est une décoration théâtrale avec toute sa fausseté. [...] Point de désordre ; point de terreur. On regarde, on est ébloui, et l'on reste froid[70]. »

Après un premier engouement pour la scène, Diderot a fini par se rendre compte que le romancier était plus sûr que le dramaturge d'emporter l'adhésion du public. Certes, un roman est souvent moins prompt à agir qu'un spectacle, qui arrache même au méchant des larmes de compassion pour la vertu persécutée. Mais les effets d'un roman à la Richardson sont bien plus puissants. Si tenté qu'il soit de sortir de sa place et d'ajouter un personnage réel à la scène, le spectateur du *Fils naturel* demeure un spectateur. Si impressionné qu'il soit par le drame, il ne s'y incorpore pas vraiment. Roger Kempf l'a souligné : « L'œuvre dramatique est chose *vue*, tandis que le roman, chose *imaginée*, requiert pour s'accomplir un regard intérieur[71]. » Si le roman l'emporte sur le théâtre, c'est parce que la narration s'adresse non pas aux yeux mais à l'« œil intérieur[72] » du spectateur, l'*imagination*. Voir une scène ou l'imaginer dans sa tête n'est pas du tout la même chose : « Il y a bien de la différence, explique Dorval, entre peindre à mon imagination, et mettre en action sous mes yeux. On fait adopter à mon imagination tout ce qu'on veut ; il ne s'agit que de s'en emparer. Il n'en est pas ainsi de mes sens[73]. » Le roman à la Richardson bénéficie d'un plus grand effet d'immédiateté que le théâtre puisque l'écrivain peut communiquer directement l'émotion qu'il se donne au moment de l'acte créateur et se dispenser de la médiation des acteurs. Du roman *La Religieuse* ou du long métrage que Jacques Rivette en a tiré, le plus poignant est certainement le premier. Recréées par l'œil intérieur du lecteur, les scènes lugubres puissamment évoquées par Diderot acquièrent un maximum d'efficacité alors que les images du film – en couleur ! – y perdent beaucoup de leur force suggestive.

De manière générale, Diderot a trouvé chez Richardson l'équivalent narratif de ses conceptions théâtrales. L'un et l'autre ont fréquemment recours au langage de l'affectivité ; l'action des personnages, fréquemment présentée sous forme de scènes ou de tableaux sérieux et pathétiques, incite à la vertu en attendrissant sur les infortunes et en nous faisant applaudir à son triomphe. Le théâtre de Diderot représente des hommes ordinaires dont la psychologie et le comportement sont dictés par leur état social et familial. Richardson excelle dans la description délicate et minutieuse des mœurs, des événements et des passions de son époque. Pour être efficace, le théâtre doit émouvoir par un jeu scénique capable de reproduire la réalité au plus près ; le décor et les costumes, les mimiques et les pantomimes servent à recréer un contexte parfaitement imité du réel. Les romans de Richardson mènent des investigations profondes, fouillées, complexes, sur les personnages et les lieux dont ils traitent. On a reproché au romancier anglais ses longueurs, ses innombrables détails, ses descriptions communes et ennuyeuses ; son premier traducteur, l'abbé Prévost, s'est cru obligé de faire – à son grand regret par ailleurs – des coupes sombres dans le texte anglais pour l'adapter au goût du public français[74]. Diderot s'insurge contre cette censure du petit goût (pense-t-il en même temps à l'insuccès de son théâtre et aux déboires de l'*Encyclopédie* ?) : « Malheur à l'homme de génie qui franchit les barrières que l'usage et le temps ont prescrites aux productions des arts, et qui foule au pied le protocole et ses formules ! Il se passera de longues années après sa mort, avant que la justice qu'il mérite lui soit rendue[75]. » Certes, il ne goûte pas plus que Prévost ou Voltaire les « fatras d'inutilités » si fréquents dans la littérature romanesque. Mais avec Richardson, c'est autre chose. Les longueurs, les détails même les plus communs, font la force de ses romans : « Sachez que c'est à cette multitude de petites choses que tient l'illusion : [...] ce sont toutes ces vérités de détail qui préparent l'âme aux impressions fortes des grands événements. Lorsque votre impatience aura été suspendue par ces délais momentanés qui lui servaient de digues, avec quelle impétuosité ne se répandra-t-elle pas au moment où il plaira au poète de les rompre ! C'est alors qu'affaissé de douleur ou transporté de joie, vous n'aurez plus la force de retenir vos larmes prêtes à couler, et de vous dire à vous-même : *Mais peut-être que cela n'est pas vrai.* Cette pensée a été éloignée de vous peu à peu ; et elle est si loin qu'elle ne se présentera pas[76]. » L'une des plus hautes ambitions du « vrai roman », suggère Diderot, est d'explorer les arcanes du cœur humain par le moyen d'un récit attaché au vrai et au vraisemblable, c'est-à-dire illusionniste au bon sens du terme.

Au moment où il écrit ces lignes, Diderot n'a pas de mots assez durs pour fustiger les maîtres d'une peinture frivole destinée à orner les boudoirs des riches. Boucher est de ceux-là : « Cet homme a tout, excepté la vérité[77]. » Diderot estime qu'il existe une vérité spécifique de l'art, et du roman en particulier, qui permet d'aller plus loin dans la connaissance de l'homme et du monde que ne le font les approches superficielles de l'histoire. L'histoire ment, affirme-t-il, tandis que le roman est vrai : « Ô Richardson !

J'oserai dire que l'histoire la plus vraie est pleine de mensonges, et que ton roman est plein de vérités. L'histoire peint quelques individus, tu peins l'espèce humaine ; l'histoire attribue à quelques individus ce qu'ils n'ont ni dit, ni fait ; tout ce que tu attribues à l'homme, il l'a dit et fait ; l'histoire n'embrasse qu'une portion de la durée, qu'un point de la surface du globe ; tu as embrassé tous les lieux et tous les temps. Le cœur humain, qui a été, est et sera toujours le même, est le modèle d'après lequel tu copies. [...] J'oserai dire que souvent l'histoire est un mauvais roman, et que le roman, comme tu l'as fait, est une bonne histoire. Ô peintre de la nature ! C'est toi qui ne mens jamais[78]. » Contrairement à la doctrine réaliste qui définit l'histoire – ou la réalité – comme le modèle que le romancier se doit d'imiter aussi fidèlement que possible, la vérité de l'art nous est présentée par Diderot comme la forme essentielle de la vérité, tandis que l'histoire ne nous en montre que la forme accidentelle. Le poète, disait déjà Aristote, raconte plutôt le général, l'historien le particulier[79] ; le poète représente *un* Socrate alors que l'historien raconte la vie de Socrate. Les personnages de Richardson sont ancrés dans la société de leur temps, mais leurs caractères et les passions qu'ils vivent sont universels. Bien que Diderot ait qualifié *La Religieuse* de « la plus effrayante satire des couvents », Suzanne n'y fait pas l'histoire de ses malheurs afin de témoigner des conditions de vie effroyables dans les monastères. Son héroïne n'est pas seulement une religieuse sans vocation, comme tant d'autres. Sous la plume de Diderot, elle est devenue *la* religieuse, car elle aura assumé, jusqu'à l'impossible, le sort de toutes les religieuses – de tous les emprisonnés, et la prison n'est pas forcément de pierre – qui n'ont pas su, ou pu, résister comme elle.

Dans l'*Éloge de Richardson*, Diderot poursuit sa réflexion sur l'esthétique qui le mènera, en passant par les *Salons* et le *Paradoxe sur le comédien*, jusqu'à la postface du conte *Les Deux Amis de Bourbonne*[80]. Fidèle à l'esthétique du pathétique, il continue d'affirmer que le but du romancier et du conteur n'est pas (seulement) de plaire mais d'émouvoir ; l'auteur de *La Religieuse* n'a que faire d'une littérature passe-temps, aussitôt consommée qu'oubliée. L'auteur doit s'adresser à la sensibilité et à l'émotion : le réalisme didactique du théâtre, le pathétique du roman transforment les idées en « images sensibles » capables, par l'intermédiaire des sens, de s'imprimer dans l'esprit du lecteur ou du spectateur. Dans un passage significatif de l'*Éloge de Richardson*, Diderot a raconté comment la lecture de *Clarisse Harlowe* a agi sur la sensibilité d'un ami : « Le voilà qui s'empare des cahiers, qui se retire dans un coin et qui lit. Je l'examinais : d'abord je vois couler des pleurs, bientôt il s'interrompt, il sanglote ; tout à coup il se lève, il marche sans savoir où il va, il pousse des cris comme un homme désolé, et il adresse les reproches les plus amers à toute la famille des Harlowe[81]. » En faisant verser des larmes, le roman montre, mieux encore que le théâtre, le plaisir éprouvé à pratiquer la vertu et l'horreur du vice. Le lecteur ne peut s'empêcher de pleurer et de prendre violemment parti pour l'héroïne injustement persécutée, et de se révolter contre la méchanceté des hommes : « On éprouve à l'aspect de l'injustice une révolte qu'on ne saurait s'expliquer à soi-même[82]. » C'est dans la mesure où l'illusion romanesque est totale que la morale devient efficace : secrètement, sans qu'il s'en aperçoive, le lecteur séduit se transforme, il se place dans le camp des victimes, la lecture a changé sa vie.

Diderot disciple de Richardson ? S'il paraît indubitable que Rousseau ait composé sa *Nouvelle Héloïse* sous l'influence de l'auteur anglais, on voit mal, en revanche, qu'un écrivain aussi concis, aussi nerveux et aussi serré que l'était le plus souvent l'auteur de *La Religieuse* ait pu prendre comme modèle à imiter des œuvres aussi prolixes que les trois gros romans au sentimentalisme exagéré de Richardson. En élaborant sa dramaturgie bourgeoise en 1757-1758, Diderot a peut-être rêvé d'être le Richardson des lettres françaises. En dépit des apparences, *La Religieuse* ne doit pas grand-chose au romancier britannique. L'œuvre romanesque de Diderot se caractérise en fait par une grande parcimonie de détails. Les lieux sont mentionnés plus que décrits, il n'y a de description qu'amenée par une nécessité dramatique. Le décor n'est là qu'en fonction des personnages ; lorsqu'on en a besoin, on le fait apparaître, sinon il reste absent. La cellule de Suzanne, par exemple, n'est décrite que lorsque les modifications qui y sont apportées permettent à Diderot d'en faire une peinture dynamique. Pas ou peu d'analyses psychologiques et de portraits physiques : les personnages sont le plus souvent présentés par une série de mouvements et d'attitudes. Les œuvres romanesques de Diderot sont des récits du comportement où les gestes doublent le langage oral et le corps devient un moyen d'expression et de communication. En fin de compte, Diderot, dans l'*Éloge de Richardson*, formule non pas tant les principes esthétiques de Richardson que les siens propres, qui l'ont guidé dans la composition du *Fils naturel*, du *Père de famille* et de *La Religieuse*.

Quel rôle, se demande-t-on, vient jouer la *Préface-annexe* ajoutée à la fin du roman lors de sa publication dans la *Correspondance littéraire* ? Abasourdi et envoûté par le récit tragique, incertain du sort de Suzanne, le lecteur est brutalement réveillé de sa stupeur par ce récit, parfois assez sarcastique, qui lui révèle l'histoire de la mystification du marquis de Croismare. En 1760, l'œuvre littéraire de Diderot s'adresse à la sensibilité et à l'émotion : le réalisme didactique de son théâtre, le pathétique de *La Religieuse* transforment les idées en « images sensibles » capables, par l'intermédiaire des sens, de s'imprimer dans l'esprit du lecteur ou du spectateur. C'est dans la mesure où l'illusion romanesque est totale que la morale devient efficace : secrètement, sans qu'il s'en aperçoive, le lecteur séduit se transforme, il se place dans le camp des victimes, la lecture a changé sa vie. Le lecteur ne peut s'empêcher de pleurer et de prendre violemment parti pour l'héroïne injustement persécutée, et de se révolter contre la méchanceté des hommes : « On éprouve à l'aspect de l'injustice une révolte qu'on ne saurait s'expliquer à soi-même[83]. » En faisant verser des larmes, le roman montre, mieux encore que le théâtre, le plaisir éprouvé à pratiquer la vertu et l'horreur du vice.

Souvenons-nous de la *Lettre à Landois* : l'homme, y disait Diderot en substance, n'est pas « libre » de choisir entre une bonne ou une mauvaise action, car sa volonté obéit toujours à des motifs soit intérieurs soit extérieurs. Aux détracteurs de cette philosophie, qui y voyaient la fin de toute morale, Diderot répliquait que l'homme est « modifiable » : mais au lieu d'agiter des peines et récompenses futures qui n'ont que peu d'effet sur sa conduite présente, il faut le persuader qu'il est de son intérêt d'agir conformément au bien général. Dans cette perspective, Diderot assigne au drame bourgeois et au roman richardsonien des missions à la fois morales et civiques. Le spectacle de la vertu persécutée doit s'emparer du spectateur ou du du lecteur, l'enrôler dans la pièce ou le roman et l'associer, frappé et subjugué, aux infortunes des personnages. « S'il importe aux hommes, conclut Diderot dans l'*Éloge de Richardson*, d'être persuadés qu'indépendamment de toute considération ultérieure à cette vie, nous n'avons rien de mieux à faire pour être heureux que d'être vertueux, quel service Richardson n'a-t-il pas rendu à l'espèce humaine ? Il n'a point démontré cette vérité, mais il l'a fait sentir : à chaque ligne il fait préférer le sort de la vertu opprimée au sort du vice triomphant. Qui est-ce qui voudrait être Lovelace avec tous ses avantages ? Qui est-ce qui ne voudrait pas être Clarisse, malgré toutes ses infortunes[84] ? » Or cette esthétique de la participation, que nous retrouvons encore dans les premiers *Salons*, Diderot finit par l'abandonner au milieu des années 1760. L'homme est certes modifiable, mais ce n'est pas un automate : les malheurs de la vertu ne changent pas le lecteur ou le spectateur, ils n'ouvrent qu'une parenthèse dans l'activité du méchant. Le spectacle suspend l'exercice du mal sans convertir au bien : « Nous nous associons volontiers, en idée, au héros opprimé. L'homme le plus épris de la fureur de la tyrannie laisse là le tyran et le voit tomber avec joie dans la coulisse, mort d'un coup de poignard. [...] Nous allons au théâtre chercher de nous-mêmes une estime que nous ne méritons pas, prendre bonne opinion de nous, partager l'orgueil de grandes actions que nous ne ferons jamais[85]. » Nous versons certes des larmes, mais ce sont des « larmes délicieuses[86] », autrement dit superficielles. Diderot a fini par comprendre que l'art n'améliorait pas nécessairement les hommes, que le public avait la faculté de se dédoubler, en quelque sorte, devant une émotion artificiellement créée, que l'artiste, en somme, n'en « disposait » pas à sa guise, mais seulement, pour quelques instants, de ses entrailles. Dans le *Paradoxe sur le comédien*, la condamnation de la sensibilité est sans appel : « La sensibilité [...] incline à compatir, à frissonner, à admirer, à craindre, à se troubler, à pleurer, à s'évanouir, à secourir, à fuir, à crier, à perdre la raison, à exagérer, à mépriser, à dédaigner, à n'avoir aucune idée précise du vrai, du bon et du beau, à être injuste, à être fou[87]. »

Diderot, on le voit, rejette désormais l'esthétique des larmes, des tableaux pathétiques, des émotions violentes créées sur scène ou dans le roman. Certes, le lecteur de *La Religieuse* s'attendrit sur l'histoire de la pauvre Suzanne Simonin, il prend même ardemment parti, mais l'écrivain n'aura réussi qu'à toucher son *cœur*, et non pas son *esprit*. On se souvient comment Diderot en est venu luimême à oublier momentanément, comme un enfant au spectacle, que l'histoire qu'il était en train d'écrire n'était qu'un roman sorti de son imagination[88]. La *Préface-annexe* détruit l'illusion romanesque et brise le charme d'un récit envoûtant qui ensommeille l'esprit critique et le jugement du lecteur. La morale, estime Diderot maintenant – et en totale contradiction avec la *Lettre à Landois* de 1756 –, n'est pas une question de sensibilité ou d'autosatisfaction mais de réflexion et de jugement. C'est en réfléchissant qu'on devient juste, pas en réagissant avec ses tripes. Toutes les techniques narratives que Diderot met en œuvre dans les grands romans et contes à partir de 1770 ont ceci en commun qu'elles arrachent le consommateur de fiction à une fascination engluante et le contraignent à prendre ses distances et à assurer le sens de ce qu'il lit. Dans son étude sur *La Religieuse*, Georges May avait noté que l'art de Diderot consistait à empêcher de réfléchir[89]. La *Préface-annexe*, en revanche, produit l'effet d'une douche froide : en forçant le lecteur à reprendre ses distances par rapport au texte dans lequel il a eu la faiblesse et le plaisir de se perdre, en dénonçant les mécanismes qui le font fonctionner, elle l'arrache à ses rêveries en lui rappelant qu'un roman n'est qu'un roman. Au-delà de l'histoire, chaque lecteur est contraint à réfléchir et à s'interroger sur les émotions qu'il vient d'éprouver. Pour que la leçon porte ses fruits, l'esprit doit parler après le cœur.

2

Diderot critique d'art

Après avoir profondément renouvelé l'art théâtral, Diderot continue sa carrière d'homme de lettres dans un genre littéraire qu'il a quasiment inventé et dont il devient le représentant le plus illustre au XVIIIe siècle : la critique d'art[1]. À la demande de son ami Grimm, il se rend, en 1759, à l'exposition de peinture au Louvre pour en rendre compte dans la *Correspondance littéraire*. Alors que rien ne semblait le disposer à endosser l'habit de critique d'art, il devient, au fil des *Salons*, un amateur de beaux-arts suffisamment éclairé pour donner des avis compétents en la matière.

Diderot n'est certes pas le premier écrivain à décrire des œuvres d'art, mais il a donné à ses critiques une physionomie unique qui les différencie radicalement de tous les autres comptes rendus des Salons contemporains. Jamais il ne s'est senti aussi libre dans son écriture : « Voilà, mon ami, écrit-il à Grimm au début du *Salon de 1761*, les idées qui m'ont passé par la tête à la vue des tableaux qu'on a exposés cette année au Salon. Je les jette sur le papier sans me soucier ni de les trier ni de les écrire[2]. » Diderot est à l'aise dans l'impromptu, le décousu, l'irrégulier, et il répugne aux règles ; quand il s'en impose, son talent est comme brimé et il déçoit. Relisons les aphorismes de ses *Pensées philosophiques* et même de son *Interprétation de la nature*, ses *Bijoux indiscrets* ou ses deux *Lettres* sur les aveugles et sur les sourds et muets, voire son *Apologie de M. l'abbé de Prades* : Diderot semble improviser, suivre ses pensées comme les jeunes dissolus de Paris marchent sur les pas des catins du Palais-Royal : « Quitter celle-ci pour une autre, les attaquant toutes et ne s'attachant à aucune[3]. » Quand il formule les principes du drame bourgeois dans les *Entretiens sur le Fils naturel*, Diderot est plus à l'aise dans ces trois dialogues à bâtons rompus que lorsqu'il les reprend de manière didactique dans son traité *De la poésie dramatique* ou qu'il tâche de les appliquer à la lettre dans ses deux drames. Ni sa pesante allégorie de *La Promenade du sceptique*, ni son *Oiseau blanc, conte bleu* écrit dans le style oriental, et encore moins ses poésies de circonstance, n'emportent l'adhésion. Si Diderot avait écrit *La Religieuse* à la manière de Richardson, on peut gager que le récit de Suzanne serait vite devenu indigeste, et quasiment illisible aujourd'hui. Mais heureusement, il a fait autre chose que son modèle anglais, et lorsqu'il se lance dans l'écriture des *Salons*, Diderot s'engage définitivement sur le chemin qui le mènera aux grandes œuvres des années 1760-1780.

La première exposition publique de peinture à Paris ouvrit ses portes en 1667, sur l'initiative de l'Académie royale de peinture et de sculpture fondée presque vingt ans plus tôt, en 1648[4]. Dans l'esprit de Colbert, l'événement constituait une vitrine de la politique culturelle de la monarchie. D'autres expositions suivirent à intervalles irréguliers, avec une longue coupure entre 1704 et 1725. À partir de 1725, la présentation se tint au Salon carré du Louvre, d'où leur vint par la suite le nom de « Salon[5] ». L'exposition ne devint pérenne qu'en 1737 ; l'usage d'une manifestation bisannuelle ne s'institua qu'en 1751. Les Salons commençaient en général le 25 août, jour de la fête du roi, et duraient quelques semaines. Exposants et visiteurs étaient officiellement les invités du roi. Contrairement aux habitudes muséographiques modernes, les toiles n'étaient pas accrochées de manière à les mettre en valeur : disposées du sol au plafond sans laisser le moindre espace entre elles, près de cent cinquante œuvres (!) se suivaient sans ordre hiérarchique ou logique, sans titre ni nom d'artiste, un simple numéro renvoyant le spectateur à un livret vendu par l'Académie. Les comptes rendus critiques des Salons parus dans des périodiques de grand renom et autres fascicules, libelles et opuscules publiés plus ou moins anonymement se proposaient d'éclairer et de sanctionner à la fois le jugement du public[6].

L'exposition n'était pas vraiment représentative de l'état de la peinture en France ; c'était en fait un privilège exclusif que s'arrogeait l'Académie royale, puisqu'elle réservait à ses seuls membres le droit d'être exposés. Un « Jury d'admission au Salon officiel du Louvre » décidait si le travail remis par un débutant était d'une qualité telle qu'il pouvait être considéré comme une « pièce d'agrégation » satisfaisante ; deux ans plus tard, un second tableau, dit de « réception », faisait de l'artiste un académicien à part entière. Un peintre était admis à l'Académie sous l'une des étiquettes suivantes : peintre d'histoire, portraitiste, paysagiste, peintre de ruines, peintre de genre. Seuls les peintres d'histoire (aristocratique et religieuse) pouvaient espérer atteindre les positions académiques les plus élevées ; la hiérarchie officielle plaçait ensuite la peinture de genre (scènes de la vie commune) puis, au bas de l'échelle, la peinture décorative (paysages, natures mortes) et les portraits. Or la réalité économique du marché avait depuis longtemps bouleversé ce schéma : quand Diderot commence à s'intéresser à la peinture, ce sont les pastorales légères, les paysages et les portraits, très éloignés des exigences classiques de grandeur et de sublime, qui occupent l'essentiel du marché de l'art.

À l'automne de l'année 1759, Diderot est pour la première fois chargé de décrire pour la *Correspondance littéraire* le Salon qui s'achève. Au début, Grimm avait lui-même assuré les comptes rendus des Salons dans sa feuille, mais il s'était borné à quelques observations bien générales portant seulement sur les œuvres les plus importantes des expositions. Initié par Grimm à la critique d'art, Diderot tient à régler sa dette envers son ami dans le prologue du *Salon de 1765* : « Si j'ai quelques notions réfléchies de la peinture et de la sculpture, c'est à vous, mon ami, que je les dois[7]. » Pendant une dizaine d'années, Diderot fréquente régulièrement les expositions de l'Académie dont il rend compte non moins régulièrement sous forme de lettre adressée à son ami Grimm, et Grimm y insère pour ses lecteurs de nombreux commentaires. De 1759 à 1771, ses *Salons* sont publiés sans interruption dans la *Correspondance littéraire*, puis la veine se tarit. En 1773, Diderot est absent de Paris. Il recommence en 1775, mais déclare forfait en 1777 et 1779. Le dernier *Salon* est celui de 1781, rédigé trois ans avant sa mort.

La critique d'art de Diderot est longtemps restée privée. De son vivant, aucun des *Salons* n'est imprimé même si certains ont été communiqués « sous le manteau » à de rares privilégiés. C'est un des chagrins de Grimm, disait Diderot, « que de voir enfouir dans sa boutique, comme il l'appelle, une chose qui certainement ne paraît pas avoir été faite pour être ignorée[8] ». Il se consolait à la pensée que du moins ses critiques ne blesseraient pas les artistes, puisqu'ils ne les liraient pas. Mais le cadre de la *Correspondance littéraire* donne à Diderot non seulement une grande liberté dans l'expression de ses jugements, il lui permet en outre une grande liberté dans l'écriture. En effet, c'est une impression prodigieuse de diversité qu'on retire de la lecture des *Salons*. Tour à tour plaisant, familier et exalté, le style de Diderot échappe à la monotonie qui menace ce genre d'ouvrages. Diderot était lui-même très fier de ses *Salons*. À propos de celui de 1765, il a écrit à son amie Sophie Volland : « C'est certainement la meilleure chose que j'ai faite depuis que je cultive les lettres, de quelque manière qu'on la considère, soit par la diversité des tons, la variété des objets et l'abondance des idées qui n'ont jamais, j'imagine, passé par aucune tête que la mienne. C'est une mine de plaisanteries tantôt légères, tantôt fortes. Quelquefois c'est la conversation toute pure comme on la fait au coin du feu ; d'autres fois, c'est tout ce qu'on peut imaginer ou d'éloquent ou de profond. [...] Je me suis convaincu qu'il me restait pleinement, entièrement toute l'imagination et la chaleur de trente ans, avec un fonds de connaissance et de jugement que je n'avais point alors[9]. »

Diderot avait quelque peine à remettre ses comptes rendus dans les délais ; entre le moment où l'exposition fermait ses portes et celui où les abonnés à la *Correspondance littéraire* étaient à même d'en lire la critique, il pouvait s'écouler plusieurs mois. Au fur et à mesure qu'il se passionne pour sa tâche, ses *Salons* s'allongent pour devenir des œuvres – voire des chefs-d'œuvre – à part entière. En principe et au début, la tâche de Diderot est essentiellement journalistique : il s'agit de rendre compte des tableaux exposés au Salon carré du Louvre à l'intention des abonnés à la feuille de Grimm. En cela, l'exercice se rapproche des comptes rendus des derniers ouvrages parus que Diderot écrit au même moment pour la même *Correspondance littéraire*. Aujourd'hui comme hier, ces comptes rendus permettent aux lecteurs de se tenir informés des grands et petits événements culturels, de faire leur choix parmi les livres publiés, les pièces de théâtre représentées, les expositions du moment, etc. Les comptes rendus de livres, surtout, tiennent une place irremplaçable dans la vie intellectuelle et culturelle d'une société : comme personne n'est en mesure de tout lire, ils nous orientent dans la jungle des nouveautés en proposant des résumés substantiels et en distribuant éloge ou blâme. Or l'intérêt de ce genre d'exercice paraît plus limité lorsqu'il s'agit de tableaux que les lecteurs des descriptions ne verront de toute façon jamais. Le premier *Salon*, très court, ressemble encore assez aux comptes rendus publiés au même moment dans les autres périodiques. Si Diderot réinvente le genre de la critique d'art, c'est parce qu'il fait fondamentalement autre chose que de décrire fidèlement des tableaux.

Les *Salons* sont à mille lieues d'un discours cohérent sur la peinture, ou même des tableaux, qui souvent ne semblent être là que pour fournir à Diderot l'occasion de rapporter des ragots sur les artistes, de raconter des anecdotes, de réfléchir à voix haute ou de débattre avec des interlocuteurs fictifs. Autrement dit, les tableaux décrits par Diderot sont bien des fois des occasions pour aborder des sujets légers ou graves, à l'instar du *Dictionnaire philosophique* de Voltaire, qui paraît au même moment (1764-1769) et offre, au fil des articles qui se suivent sans ordre logique autre que le désordre alphabétique, un vaste panorama des idées philosophiques, religieuses et politiques de leur auteur. Diderot tire lui aussi profit des ressources qu'offre la forme brève : tout y est, depuis la plus haute méditation jusqu'à la polissonnerie la plus crue – la grivoiserie est parfois telle que Grimm se sent obligé de la censurer. Constamment, Diderot est à la recherche d'une présentation nouvelle : d'un tableau à l'autre, il fait alterner non seulement tous les tons, mais tous les genres littéraires – le discours, la satire, la narration, la prosopopée – avec une inépuisable ingéniosité. Sa critique est nourrie d'humour et d'ironie, sources de connivence avec le lecteur. Comme l'a remarqué Sainte-Beuve, Diderot se crée une langue pour chacun des artistes[10]. Les *Salons* ont permis à Diderot d'apprendre son métier d'écrivain tout en précisant sa réflexion sur l'art et sa place dans la société.

Lorsqu'il écrit un *Salon*, Diderot s'appuie sur le livret publié par l'Académie où les œuvres exposées sont inventoriées, numérotées et classées selon le rang occupé par l'artiste à l'Académie[11]. Il déchiffre les griffonnages qu'il y a portés, se remémore les impressions que les œuvres lui ont procurées ou encore les conversations engagées avec des interlocuteurs rencontrés au Salon. Le compte rendu d'un tableau comporte au moins une des trois parties suivantes : une description plus ou moins minutieuse, un commentaire esthétique, une réflexion d'ordre général sur un sujet quelconque. Stéphane Lojkine a bien mis en évidence que ce que nous croyons lire sous la plume de Diderot ne sont pas des descriptions de tableaux à proprement parler, « des images textuelles qui seraient des transpositions d'images picturales[12] », mais bien plutôt un exercice proche de l'*ekphrasis* antique[13]. La description de l'époque classique, explique-t-il, « n'est pas à strictement parler l'imitation textuelle d'une image », elle ne vise pas, comme c'est le cas pour la description, de rendre présent le tableau, mais, « par son truchement, de faire acte de parole, la toile peinte n'étant que le support d'une amplification oratoire [...]. L'*ekphrasis* est d'abord un exercice scolaire de virtuosité dans le maniement de la langue ; c'est ensuite une performance de rhéteur, où la puissance oratoire pure du conférencier doit éclater. » On aurait tort, conclut-il, de vouloir chercher les toiles réelles derrière les textes qui les décrivent : « Il ne s'agit pas simplement pour Diderot de donner un aperçu sommaire, de porter quelques jugements, mais bien d'accomplir une performance créatrice, de produire textuellement les images vues[14]. » L'objet peint n'est plus qu'un prétexte où l'écriture reproduit le travail créateur du peintre et le prolonge. Malgré la gageure que cela représente, Diderot semble s'approcher à bien des moments de cet objectif. Reprochant à Boucher, en 1761, le désordre de sa composition et l'incongruité de ses figures, il énumère sans lien de coordination lesdites figures, sur plusieurs lignes, dans une phrase dont la syntaxe mime en quelque sorte le désordre du tableau : « Quel sujet a jamais rassemblé dans un même endroit, en pleine campagne, sous les arches d'un pont, loin de toute habitation, des femmes, des hommes, des enfants, des bœufs, des vaches, des moutons, des chiens, des bottes de paille, de l'eau, du feu, une lanterne, des réchauds, des cruches, des chaudrons ? » « Quel tapage d'objets disparates[15] », finit-il par conclure comme pour rendre au lecteur, par une métaphore auditive, toute la dissonance visuelle du tableau. Les comptes rendus des *Salons* ne se veulent pas réalistes, Diderot ne songe à aucun moment à produire devant son lecteur une description objective et neutre des tableaux qu'il a (eu) devant les yeux, bien au contraire : souvent il lui arrive de refaire lui-même le tableau, de décrire le tableau que l'artiste aurait dû exécuter s'il avait eu du génie. « Lorsque la peinture rate son effet, commente Lojkine, l'écriture la supplée et, par la critique même qu'elle en fait, accomplit la performance que le peintre avait manquée. Le compte rendu diderotien, même dans ses formes critiques les plus provocantes, les plus radicales, demeure une sorte d'*ekphrasis* malgré tout, restaurant textuellement l'image idéale qui sur la toile du Salon fait défaut[16]. »

À l'origine, l'*ekphrasis* antique consistait à faire la description d'une œuvre d'art sur le mode de l'éloge. Diderot dépasse cette conception en mêlant l'*ekphrasis* au blâme : ses *Salons* décrivent des tableaux non pas objectivement excellents mais subjectivement plaisants ou ratés, surtout ratés d'ailleurs car l'expérience de la peinture est généralement une expérience décevante, comme le montrent par exemple les premiers mots du premier *Salon* : « Beaucoup de tableaux, mon ami, beaucoup de mauvais tableaux[17]. » Or n'y a-t-il pas quelque outrecuidance de la part du philosophe de s'improviser critique d'art et de juger de la valeur de tableaux sans la moindre notion de peinture ? Le critère d'évaluation le plus important n'est pas d'ordre esthétique : c'est l'*idée*, la mise en œuvre poétique du sujet, le dessein de l'artiste qui préside à l'exécution de la toile. Et dans ce domaine, Diderot estime qu'il a son mot à dire. Dès 1759, Diderot constate que l'idée du peintre se révèle presque toujours décevante : « Ces gens-ci croient qu'il n'y a qu'à arranger des figures. Ils ne savent pas que le premier point, le point important, c'est de trouver une grande idée. Qu'il faut se promener, méditer, laisser là les pinceaux et demeurer en repos jusqu'à ce que la grande idée soit trouvée[18]. » Puis, au lieu de décrire la *Vénus aux forges de Lemnos demandant à Vulcain des armes pour son fils* de La Grenée, Diderot refait le tableau d'après sa propre idée : « Si j'avais eu à peindre la descente de Vénus dans les forges de Lemnos, on aurait vu les forges en feu sous des masses de roches ; Vulcain debout, devant son enclume, les mains appuyées sur son marteau ; la déesse toute nue lui passant la main sous le menton ; ici le travail des Cyclopes suspendu ; quelques-uns regardant leur maître que sa femme séduit, et souriant ironiquement ; d'autres cependant auraient fait étinceler le fer embrasé[19]. »

Diderot cherche d'abord dans la peinture la « grande idée », l'ensemble des moyens les plus propres à provoquer l'émotion : arrangement des figures, choix du moment, expressivité. Lorsque cette idée manque, ou s'il constate un trop grand écart entre l'idée et sa réalisation, le philosophe est tout prêt à fournir sa propre interprétation de tel ou tel sujet. La description des tableaux laisse alors la place à des images qui évincent les œuvres originales. C'est ainsi que le salonnier décrit parfois au lecteur non pas le tableau qu'il a vu, mais un autre, idéalisé, qu'il a composé lui-même.

Diderot n'a pas attendu de visiter les Salons au Louvre pour s'intéresser aux tableaux. Dans les *Entretiens sur le Fils naturel*, Dorval rejette les coups de théâtre conventionnels au profit des tableaux, qu'il définit comme « une disposition de ces personnages sur la scène, si naturelle et si vraie, que, rendue fidèlement par un peintre, elle me plairait sur la toile[20] ». Diderot pense sans cesse la peinture par rapport au théâtre, et inversement. *Ut pictura poesis*, disait Horace[21] : l'art poétique – au sens plus général de littérature – doit prendre pour modèle la peinture. Diderot élargit le précepte en l'inversant : la peinture doit s'inspirer de la réalité, ou plus précisément de la représentation de la réalité telle qu'il la préconise pour le drame bourgeois, d'une réalité capable de bouleverser le spectateur, l'atteindre aux viscères. Fidèle à son esthétique théâtrale, Diderot attaque et dénonce dans ses *Salons* ce qui, au théâtre, ruine sa crédibilité et ce qui, en peinture, condamne le tableau à l'artifice et à la fausseté : la convention du code classique.

Le *Salon de 1759* fait partie intégrante d'une lettre à Grimm rédigée au Grandval, dans la demeure du baron d'Holbach, et à Paris. Diderot commence par raconter le voyage qu'il a effectué en compagnie de Sophie Volland et de sa mère, puis leur retour à Paris, où il est allé visiter avec elles le Salon : « Nous allâmes, sa mère, Mme Le Gendre, Mlle Boileau, elle et moi, aux tableaux[22]. » Quelques lignes plus loin commence le compte rendu du Salon à proprement parler, que Grimm a publié dans la *Correspondance littéraire* sous le titre *Salon de 1759*. Après quoi, Diderot continue sa lettre avec quelques potins parisiens avant de rectifier, sas doute après la relecture de la lettre, le titre de deux tableaux.

Sur les cent quarante-six tableaux présents à l'exposition, seuls quarante-cinq et trois sculptures sont cités par Diderot et cela tient sur une petite quinzaine de pages. Les *Salons* suivants présenteront également à peu près le même nombre d'œuvres mais elles seront la source d'analyses beaucoup plus longues et de digressions sur l'art. Le premier volet de la série reste plutôt timide et trahit en réalité un manque de sûreté dans les assertions. Les commentaires de Diderot font plus souvent état de critères généraux comme la composition, la force, l'expression, la nature, la vérité que de considérations techniques comme le dessin ou la couleur. Cependant le *Salon* établit déjà fermement certains grands principes de la critique d'art. D'abord Diderot exige de l'œuvre plastique une stimulation intellectuelle : le choix d'une « grande idée » est la condition de toute peinture, et c'est en partant de là que la critique prend un sens. Puis elle doit éveiller les sens, mettre le spectateur dans une situation où l'affectivité physique, voire physiologique, est engagée. En cela, le *Salon* s'inscrit dans le contexte pathétique des années 1757 à 1760, dont l'aboutissement littéraire est *La Religieuse*.

Dès 1759, le « cas Boucher » est évoqué – Diderot est attiré par ses toiles précisément à cause des « défauts » qu'il y trouve – et son affection pour Chardin est solidement établie. Quant à Vernet, il incarne alors le pouvoir du peintre : il est celui à qui la mer et le ciel obéissent, celui qui peut nous faire entendre « tout ce qu'il lui plaît[23] ». Tout cela sera développé par la suite. Malgré son manque d'envergure, le *Salon de 1759* met clairement en évidence les critères d'appréciation de son auteur. Devant un tableau le philosophe veut être touché par la double force de l'intelligence et des sens. Si l'un de ces éléments manque, il le remplace par une image plus puissante, plus expressive, que celle du peintre.

Le *Salon de 1761* marque une transition entre les tâtonnements du début et l'éclosion de 1763. En deux ans, la critique de Diderot a pourtant fait de grands progrès. Grâce aux artistes qu'il fréquente, il a désormais acquis un certain nombre de connaissances techniques qui lui permettent de critiquer en toute sûreté telle maladresse dans le dessin, telle inexactitude dans le choix des couleurs ou telle invraisemblance quant à l'instant choisi par le peintre. Les ateliers de Chardin, La Tour, Falconet et Greuze lui ont ouvert leurs portes, et il a tiré son profit des leçons des maîtres. On commence à apprécier les compétences de Diderot en matière d'art ; bientôt il sera consulté par le prince Golitsyn, l'ambassadeur de Catherine II, sur les achats des tableaux que la tsarine et lui-même ont l'intention d'effectuer en France. Si l'attention aux détails techniques de la peinture s'est accrue chez Diderot, son goût va toujours et d'abord aux grands genres, aux grands sujets, aux grandes compositions. Deux symptômes en témoignent : sa préférence marquée pour Deshays, ses réserves vis-à-vis de Boucher. Deshays, élevé par Diderot au rang de « premier peintre de la nation[24] », lui rappelle les grands artistes du siècle passé. La grandeur de ce peintre d'histoire, dont le nom est complètement oublié aujourd'hui, repose sur sa capacité d'invention : « Il imagine des choses frappantes. Son imagination est pleine de grands caractères. » Deshays choisit soigneusement ses sujets, il porte son attention sur le moment et sur les accessoires que Diderot qualifie de beaux parce qu'ils concourent à l'émotion du spectateur : « On souffre beaucoup à le voir », s'exclame le critique devant le tableau du martyre de saint André. « Il est impossible de regarder longtemps sans terreur cette scène d'inhumanité et de fureur[25]. » L'essentiel de l'art, on le voit, est toujours de suggérer la violence de la situation et le paroxysme de l'émotion afin d'ébranler profondément le spectateur. « J'aime bien les tableaux de ce genre dont on détourne la vue ; pourvu que ce ne soit pas de dégoût, mais d'horreur », avoue-t-il à propos de *La Décollation de saint Jean-Baptiste* du peintre Pierre[26]. Dans ce contexte, il est intéressant de constater que Diderot, qui a préconisé le tableau au théâtre, emploie à plusieurs reprises le mot « scène », voire l'expression « mouvement de la scène » à propos du *Saint André* de Deshays[27]. C'est qu'un tableau, qui pourtant ne représente qu'un instant, doit essayer de dramatiser celui-ci en élargissant sa temporalité : même si « le peintre n'a qu'un instant », écrit Diderot dans les *Essais sur la peinture*, il peut tâcher « de rappeler l'instant qui n'est plus ou d'annoncer l'instant qui va suivre[28] ». Le choix du moment scénique est dès lors crucial. Quel est l'instant le plus dramatique que le peintre Challe aurait dû choisir pour représenter la mort de Cléopâtre ? Certainement pas quand le suicide est consommé, mais lorsque la reine d'Alexandrie « se découvre la gorge, sourit au serpent [...] et se fait mordre le sein[29] ». S'adressant au peintre Hallé, il laisse tomber : « Il n'y a que deux mauvais moments, et c'est précisément l'un des deux que vous prenez[30]. » Il est très facile, dans le genre de la peinture historique, d'être ennuyeux et insipide. Pour s'en prémunir, Diderot conseille aux artistes de réfléchir longtemps à leur sujet : « Avant que de prendre son pinceau, il faut avoir frissonné vingt fois de son sujet, avoir perdu le sommeil, s'être levé pendant la nuit et couru en chemise et pied nu jeter sur le papier ses esquisses, à la lueur d'une lampe de nuit[31]. »

Ce qui se précise, dans ce *Salon*, c'est le discrédit de Boucher[32], même si, avoue Diderot, personne n'entend comme lui « l'art de la lumière et des ombres ». Avec Boucher, qui est alors au sommet de sa gloire, Diderot récuse son public, « les petits-maîtres, les petites femmes, les jeunes gens, les gens du monde, la foule de ceux qui sont étrangers au vrai goût, à la vérité, aux idées justes, à la sévérité de l'art ». On retiendra cette expression : « la sévérité de l'art », qui a la valeur d'un manifeste. Diderot a pressenti la fin du style rococo, c'est-à-dire du « libertinage », des « pompons », des « tétons », des « fesses », et il a opéré son ralliement à ce qu'il appelle le « grand goût ». C'est sous cet angle qu'il faut considérer aussi l'immense faveur à laquelle est parvenue la peinture de Greuze en 1761, dans laquelle Diderot trouve l'application du nouveau genre théâtral auquel il vient de donner forme.

On peut encore voir au Louvre le tableau le plus célèbre du Salon, *L'Accordée de village* de Greuze, aussi connu sous le titre « Un mariage, et l'instant où le père de l'accordée délivre la dot à son gendre » – pour un peu, on se croirait à une représentation du *Père de famille* ! La toile enthousiasme le public et assure à son créateur un succès définitif. *L'Année littéraire* rapporte combien l'exposition fut un succès populaire : « Je ne puis vous rendre la sensation de plaisir vive et générale que fait surtout le tableau de M. Greuze. [...] On s'y porte en foule ; on se presse, on s'écrase, et ce n'est pas sans peine qu'on perce le rempart des badauds qui empêchent qu'on ne le voie bien, et qui le voient très mal eux-mêmes, en le regardant de trop près[33]. » La composition de Greuze, véritable morale en image, apparaît non seulement comme la présentation picturale d'un drame bourgeois, mais répond parfaitement au programme énoncé un an plus tôt par Daniel Webb dans *An Inquiry into the Beauty of Painting* : « Que plusieurs personnes soient présentes à une action à laquelle elles prennent intérêt, cette action excitera naturellement en elles certains mouvements ; et ces mouvements seront analogues au caractère et aux affections de chacune d'elles ; la colère, l'amour ou l'étonnement seront exprimés avec précision par chacun des personnages séparés, tandis que les autres se rassembleront par groupes pour se communiquer leurs craintes, leurs doutes et leurs sentiments[34]. » Le tableau a tout pour plaire à Diderot. Il en a fait une foisonnante description[35], s'attardant sur chaque expression du visage, chaque attitude du corps, et même sur les vêtements des personnages, afin de montrer leur parfaite adéquation à l'occasion et au moment particulier choisi pour la représentation. Tout y est, jusqu'à l'arquebuse pendue à la muraille et la poule avec ses cinq poussins qu'on voit au premier plan. Chaque personnage est désigné par la place dans la famille représentée : le père, la sœur aînée, les fiancés, la mère, la sœur cadette. C'est alors que Diderot « anime » le tableau, soit par les paroles qu'il suppose aux personnages, soit par leurs mouvements, pour montrer comment l'artiste a su donner vie, sur la surface de la toile, aux états d'âme et aux attitudes des différentes figures. Voici le père : « Les bras étendus vers son gendre, il lui parle avec une effusion de cœur qui enchante. Il semble lui dire : Jeannette est douce et sage ; elle fera ton bonheur, songe à faire le sien... ou quelque autre chose sur l'importance des devoirs du mariage... Ce qu'il dit est sûrement touchant et honnête. » Pour la mère, « une bonne paysanne qui touche à la soixantaine », il imagine ses pensées intérieures : « Elle est assise. Elle regarde sa fille de bas en haut ; elle a bien quelque peine à la quitter, mais le parti et bon. Jean est un brave garçon, honnête et laborieux. Elle ne doute point que sa fille ne soit heureuse avec lui. » Les personnages du peintre répondent aux exigences diderotiennes pour le théâtre : ce sont des conditions plutôt que des caractères. La scénographie des vertus familiales est comparable au pathétique moralisateur visé par le drame : « Le sujet est pathétique, et l'on se sent gagner d'une émotion douce en le regardant. » À partir de 1761, la religion de Diderot est faite : Greuze est non seulement « un peintre savant dans son art », mais aussi un « homme d'esprit et de goût » dont les sujets sont empreints de « sensibilité » et de « bonnes mœurs[36] ». « C'est vraiment là mon homme que ce Greuze », s'exclamera-t-il en 1763, et : « Quoi qu'on en dise, Greuze est mon peintre[37]. » Deux ans plus tard encore, dans le *Salon de 1765*, Diderot consacrera à Greuze ses développements les plus significatifs.

À partir du *Salon de 1763*, Diderot se montre de plus en plus au courant des problèmes que pose la technique de la peinture. En causant avec les artistes dans leurs ateliers, son vocabulaire s'est enrichi d'une foule de termes qu'il manie avec un enthousiasme visible : « Lorsque le peintre a presque achevé son ouvrage, il le glace. Glacer, c'est passer sur le tout une couche légère de la couleur et de la teinte qui convient à chaque partie. Cette couche peu chargée de couleur et très chargée d'huile fait la fonction et a le défaut d'un vernis ; l'huile se sèche, et jaunit en se séchant ; et le tableau s'enfume plus ou moins, selon qu'il a été peint plus ou moins franchement[38]. » Ces questions purement matérielles de l'art pictural sont loin d'être anodines, bien au contraire : en réfléchissant sur ce qu'il appelle le « faire » du peintre, Diderot a pris conscience des contraintes particulières inhérentes au travail de l'artiste. Car contrairement au dramaturge qui fait agir sur la scène des hommes et des femmes en chair et en os, le peintre ne travaille pas avec « de la chair, du sang, de la laine, la lumière du soleil, l'air de l'atmosphère » ; les couleurs de sa palette sont des substances chimiques, douées chacune d'une nuance particulière : « des terres, des sucs de plantes, des os calcinés, des pierres broyées, des chaux métalliques[39]. » Dans la nature, observe Diderot, les objets les plus disparates – « du linge, des fruits, des liqueurs, du papier, des livres, des étoffes et des animaux » – s'accordent *naturellement* par des reflets imperceptibles : il ne viendrait à l'idée de personne de constater entre les fruits, les roses et les livres posés sur une table une quelconque dysharmonie de couleurs. Demandons maintenant à un peintre de représenter ces objets sur une toile. Inévitablement, il y aura entre l'assemblage sur la table et l'assemblage sur le tableau un certain nombre de discordances dues aux couleurs de la palette : « De là, constate Diderot, l'impossibilité de rendre les reflets imperceptibles des objets les uns sur les autres ; il y a pour lui des couleurs ennemies qui ne se réconcilieront jamais. » Le « faire » ou « technique » du peintre consiste alors à « sauver un certain nombre de dissonances », autrement dit à faire accepter comme vrais des rapports approchés, de telle façon que le rapport entre une couleur fausse *a* et une autre couleur fausse *b* soit identique au rapport qui unit une couleur vraie *A* et une autre couleur vraie *B*. Il s'ensuit que le meilleur tableau n'est qu'« un tissu de faussetés qui se couvrent les unes les autres. Il y a des objets qui gagnent, d'autres qui perdent, et la grande magie consiste à approcher tout près de nature, et à faire que tout perde ou gagne proportionnellement. Mais alors ce n'est plus la scène réelle et vraie qu'on voit ; ce n'en est, pour ainsi dire, que la traduction[40] ».

Une imitation rigoureuse, photographique en quelque sorte, de la nature n'est donc ni possible, ni même souhaitable. Diderot apprécie la « magie » de l'artiste qui réussit à donner, par des valeurs fausses, l'illusion de l'objet vrai.

Dans le *Salon de 1763*, le grand magicien, c'est Chardin[41] : « C'est celui-ci qui est un peintre, c'est celui-ci qui est un coloriste. » Voici ses natures mortes : « C'est la nature même. Les objets sont hors de la toile et d'une vérité à tromper les yeux. » Contrairement à ce qu'on pourrait croire, Diderot ne vante pas une virtuosité du *trompe-l'œil*, que Chardin ne recherche d'ailleurs pas. La magie de ses tableaux, dans le rendu presque tactile des objets représentés, procure l'aspect de la *nature même* : « C'est que ce vase de porcelaine est de la porcelaine. C'est que ces olives sont réellement séparées de l'œil par l'eau dans laquelle elles nagent. C'est qu'il n'y a qu'à prendre ces biscuits et les manger ; cette bigarade, l'ouvrir et la presser ; ce verre de vin, et le boire ; ces fruits, et les peler ; ce pâté, et y mettre le couteau. » Chardin sait parfaitement manier la couleur et l'harmonie, il fait passer le spectateur d'un ordre à un autre, des rapports de la nature aux rapports de la peinture. Mieux encore, il semble contredire tout ce que Diderot vient précisément d'expliquer quelques pages plus haut sur les rapports entre nature et peinture : « Ô Chardin ! Ce n'est pas du blanc, du rouge, du noir que tu broies sur ta palette ; c'est la substance même des objets, c'est l'air et la lumière que tu prends à la pointe de ton pinceau, et que tu attaches sur la toile. » Une dernière précision, qui n'est pas sans importance : Chardin révèle non seulement le pouvoir exorbitant du peintre mais aussi l'insignifiance du sujet. Contrairement à Greuze, Chardin se moque de la moralité en peinture mais parvient à transcender la banalité des objets usuels en leur insufflant une vie propre. Peu importe qu'il représente une *Raie dépouillée*, Diderot est fasciné : « L'objet est dégoûtant ; mais c'est la chair même du poisson. C'est la peau. C'est son sang. L'aspect même de la chose n'affecterait pas autrement. »

Chardin a démontré que le grand artiste était l'égal des dieux, c'est-à-dire qu'il possédait le pouvoir créateur de la nature : « Il a volé à la nature son secret : tout ce qu'elle produit, il peut le répéter. » Ce n'est pas de Chardin qu'il s'agit ici mais de Joseph Vernet, dont Diderot loue également la vérité, la magie et l'effet[42] : « S'il suscite une tempête, vous entendez siffler les vents, et mugir les flots ; vous les voyez s'élever contre les rochers et les blanchir de leur écume. » L'illusion de la nature dans les tableaux de Vernet paraît si intense que le spectateur se sent transporté pour de bon sur les lieux : « Regardez le *Port de La Rochelle* avec une lunette qui embrasse le champ du tableau, et qui exclut la bordure ; et oubliant tout à coup que vous examinez un morceau de peinture, vous vous écrirez, comme si vous étiez placé au haut d'une montagne, spectateur de la nature même : Ô le beau point de vue ! »

Diderot, encore une fois, ne considère pas les toiles de Vernet ou de Chardin, de Loutherbourg ou de Casanove, comme une simple décalcomanie de la nature : n'oublions pas que ce n'est pas la « scène réelle » que l'artiste reproduit, c'est sa « traduction ». À l'aide de sa palette personnelle, le peintre *recrée* la nature, et son génie consiste en ce qu'il fait oublier au spectateur cette « fausseté », en ce qu'il lui procure l'illusion du vrai. Désormais Diderot a pris conscience de l'autonomie du peintre et de sa création.

Quant à l'attitude de Diderot vis-à-vis de Boucher, elle est toujours aussi ambivalente. En 1759, le salonnier avait failli « oublier » le tableau du peintre qui pourtant l'a fortement séduit : « Avant que de passer à la sculpture, il ne faut pas que j'oublie une petite *Nativité* de Boucher[43]. » Diderot apprécie la Vierge « si belle, si amoureuse et si touchante », qui fait oublier la fausseté et l'éclat du coloris, le rose de l'enfant et le ridicule du lit galant en baldaquin. En 1761, son verdict est sans appel : « Cet homme a tout, excepté la vérité. » Boucher sature la toile du plus grand nombre d'objets possible, multipliant les plans, les accessoires, les détails insignifiants. Telle pastorale est absurde et extravagante, *mais* : « Avec tout cela, on ne saurait quitter le tableau. Il vous attache. On y revient. C'est un vice si agréable. C'est une extravagance si inimitable et si rare. Il y a tant d'imagination, d'effet, de magie et de facilité[44]. » Boucher, on l'a compris, est à sa manière un magicien : tout comme Chardin ou Vernet il nous séduit et l'on a du mal à résister à l'attrait diabolique de ses « culs joufflus et vermeils[45] ». Les tableaux de Boucher sont remplis de faussetés, mais Diderot concède, à demi-mot, que ces faussetés ne les empêchent pas de (lui) plaire : le peintre, avoue-t-il réticent et gêné, a « toujours le même feu, la même facilité, la même fécondité, la même magie et les mêmes défauts qui gâtent un talent rare[46] ». La théorie du philosophe condamne les productions de Boucher, mais le plaisir du spectateur la dément. Diderot se sent certainement coupable de céder à la séduction exercée par son art. Deux ans plus tard, la modération de la critique cède le pas à une violence sans retenue.

Dans le *Salon de 1765*, le chapitre consacré à Boucher[47] commence par une hésitation feinte : « Je ne sais que dire de cet homme-ci. » Vraiment ? Dans les propos qui suivent immédiatement, le peintre devient la victime d'une attaque tous azimuts : « La dégradation du goût, de la couleur, de la composition, des caractères, de l'expression, du dessin a suivi pas à pas la dépravation des mœurs. » L'essentiel réside ici dans la double condamnation, esthétique et morale, de l'œuvre de Boucher. Condamnation esthétique : « Je vous défie de trouver dans toute une campagne un brin d'herbe de ses paysages. Et puis une confusion d'objets entassés les uns sur les autres, si déplacés, si disparates, que c'est moins le tableau d'un homme sensé que le rêve d'un fou. » Condamnation morale : « Cet homme ne prend le pinceau que pour me montrer des tétons et des fesses. Je suis bien aise d'en voir, mais je ne veux pas qu'on me les montre. » Peintre hors pair mais artiste complaisant, Boucher appartient à l'univers de la mondanité frivole, sa peinture pèche par l'artifice du coloris de ses chairs et l'indécence de ses nus, dont le fard séduisant ne saurait plaire qu'à des gens corrompus.

Il n'est pas impossible que la virulence des critiques à l'encontre de Boucher s'explique entre autres par la récente promotion de l'artiste au statut de premier peintre du roi, ce qui lui permet désormais d'exercer une influence considérable sur le mouvement artistique. Diderot s'en étrangle : « Eh bien, mon ami, c'est au moment où Boucher cesse d'être un artiste qu'il est nommé premier peintre du roi. » Boucher n'est qu'un faux bon peintre que le faux goût admire. Face à cet affront contre le « grand goût », Diderot rêve d'en appeler à la censure : « Mon ami, est-ce qu'il n'y a point de police à cette Académie ? » Les sujets lascifs de Boucher sont rien moins qu'attentatoires à la morale publique, ses tableaux n'ont rien à faire dans un Salon : « Est-ce qu'au défaut d'un commissaire aux tableaux qui empêchât cela d'entrer, il ne serait pas permis de le pousser à coups de pied le long du Salon sur l'escalier, dans la cour, jusqu'à ce que le berger, la bergère, la bergerie, l'âne, les oiseaux, la cage, les arbres, l'enfant, toute la pastorale fût dans la rue ? » La peinture de Boucher peut certes séduire les gens du monde par sa mignardise et les artistes par sa maîtrise technique, mais elle consacre le triomphe de l'antinature. Profondément fausse car radicalement opposée à l'esthétique de la vérité réclamée par Diderot, elle offre au spectateur l'évasion dans l'imagerie indécente ou fantastique : « Hors du Salon, hors du Salon ! », s'écrie Diderot devant deux pastorales. S'il faut jeter les tableaux de Boucher dans la rue, ce n'est pas pour les mêmes raisons que ceux d'Hallé, de

Pierre et tant d'autres peintres médiocres que Diderot exécute sans pitié dans ses *Salons*. La rare violence de ses propos s'explique par des motifs plus essentiels à l'art, qui n'ont rien à voir avec la partie technique de la peinture, à laquelle Diderot reconnaît des qualités extraordinaires. « C'est bien dans la conception même de la peinture que Boucher est dans l'erreur, ou pire dans la mauvaise volonté », commente Colas Duflo[48]. La fausseté de la peinture de Boucher est preuve d'une mauvaise volonté picturale, elle témoigne d'une décision de se détourner de la nature et du grand goût au profit du petit goût des petits-maîtres. L'œuvre d'art, estime Diderot, doit servir à l'éducation de la nation. Son but n'est pas de refléter les divertissements insouciants et galants de l'aristocratie ; elle a une fonction éducative et nationale qui ne se confond ni avec le plaisir, ni avec la licence, ni avec le divertissement. Boucher est « le tenant d'une esthétique en laquelle se résume tout ce que Diderot refuse, tant dans le roman que dans le théâtre ou dans la peinture[49] ».

Là où Boucher peint des pastorales romanesques[50], Greuze évoque des mœurs paysannes et patriarcales et confère une nouvelle dignité à des scènes d'apparence ordinaire. En 1765, Diderot a voué un véritable culte à Greuze, dont la peinture correspond parfaitement à l'idéal de l'art tel qu'il le décrit dans les *Essais sur la peinture* : « Rendre la vertu aimable, le vice odieux, le ridicule saillant, voilà le projet de tout honnête homme qui prend la plume, le pinceau ou le ciseau[51]. » Devant *La Mère bien-aimée*, *Le Fils ingrat* et *Le [Mauvais] Fils puni*, Diderot donne libre cours à des effusions lyriques où il salue un genre de peinture qui exalte et proclame les simples vertus, les joies et les drames de la vie familiale. Le souci du réel, de la vie observée dans le peuple, allié au souci moral, voilà ce qui excite l'enthousiasme de Diderot. Il est transporté d'aise par le spectacle de *La Mère bien-aimée* : « Cela est excellent et pour le théâtre et pour les mœurs. Cela prêche la population, et peint très pathétiquement le bonheur et le prix inestimable de la paix domestique. Cela dit à tout homme qui a de l'âme et du sens : entretiens ta famille dans l'aisance, fais des enfants à ta femme, fais-lui-en tant que tu pourras, n'en fais qu'à elle, et sois sûr d'être bien chez toi[52]. » Ce genre de déclarations à la limite de la niaiserie peut facilement induire en erreur le lecteur non averti. En réalité, Diderot était tout sauf prude. Après avoir vertement critiqué la peinture licencieuse de Boucher dans les *Essais sur la peinture*, il s'empresse d'ajouter : « Je ne suis pas scrupuleux. [...] Les petits madrigaux infâmes de Catulle, j'en sais les trois quarts par cœur. Quand je suis en pique-nique avec mes amis, et que la tête s'est un peu échauffée de vin blanc, je cite sans rougir une épigramme de Ferrand. Je pardonne au poète, au peintre, au sculpteur, au philosophe même un instant de verve et de folie ; mais je ne veux pas qu'on trempe toujours là son pinceau, et qu'on pervertisse le but des arts[53]. » Diderot ne s'attache point ou peu au côté mièvre et larmoyant de Greuze, il est surtout sensible à l'aspect moral et didactique de son œuvre qui, on l'a vu, a son équivalent dans les « peintures morales » du drame bourgeois. Les compositions théâtrales de Greuze, peuplées de personnages aux physionomies et aux attitudes pathétiques, semblent s'inspirer d'une réalité dramatisée et y découper un morceau, un instantané, un « arrêt sur image » ; le moment dépeint dans ses scènes s'inscrit dans le mouvement de la vie, formant un maillon dans une chaîne d'événements et relevant implicitement la trame entière de l'histoire. La scène tragique du *Mauvais Fils puni* rend à merveille cette dimension « romanesque » (au bon sens du terme) de la peinture de Greuze :

> Il a fait la campagne. Il revient ; et dans quel moment ? Au moment où son père vient d'expirer. Tout a bien changé dans la maison. C'était la demeure de l'indigence, c'est celle de la douleur et de la misère. Le lit est mauvais et sans matelas. Le vieillard mort est étendu sur ce lit. Une lumière qui tombe d'une fenêtre n'éclaire que son visage, le reste est dans l'ombre. On voit à ses pieds, sur une escabelle de paille, le cierge bénit qui brûle et le bénitier. La fille aînée, assise dans le vieux confessionnal de cuir, a le corps renversé en arrière, dans l'attitude du désespoir, une main portée à sa tempe, et l'autre élevée et tenant encore le crucifix qu'elle a fait baiser à son père. Un de ses petits enfants, effrayé, s'est caché la tête dans son sein. L'autre, les bras en l'air et les doigts écartés, semble concevoir les premières idées de la mort. La cadette, placée entre la fenêtre et le lit, ne saurait se persuader qu'elle n'a plus de père : elle est penchée vers lui, elle semble chercher ses derniers regards, elle soulève un de ses bras, et sa bouche entr'ouverte

crie : mon père, mon père, est-ce que vous ne m'entendez plus ?… La pauvre mère est debout, vers la porte, le dos contre le mur, désolée, et ses genoux se dérobant sous elle.

Voilà le spectacle qui attend le fils ingrat. Il s'avance. Le voilà sur le pas de la porte. Il a perdu la jambe dont il a repoussé sa mère ; et il est perclus du bras dont il a menacé son père.

Il entre. C'est sa mère qui le reçoit. Elle se tait ; mais ses bras tendus vers le cadavre lui disent : tiens, vois, regarde : voilà l'état où tu l'as mis !… Le fils ingrat paraît consterné ; la tête lui tombe en devant, et il se frappe le front avec le poing.

Quelle leçon pour les pères et pour les enfants !

Ce n'est pas tout. Celui-ci médite ses accessoires aussi sérieusement que le fond de son sujet.

À ce livre placé sur une table, devant cette fille aînée, je devine qu'elle a été chargée, la pauvre malheureuse, de la fonction douloureuse de réciter la prière des agonisants.

Cette fiole qui est à côté du livre contient apparemment les restes d'un cordial.

Et cette bassinoire qui est à terre, on l'avait apportée pour réchauffer les pieds glacés du moribond.

Et puis, voici le même chien, qui est incertain s'il reconnaîtra cet éclopé pour le fils de la maison, ou s'il le prendra pour un gueux.

Je ne sais quel effet cette courte et simple description d'une esquisse de tableau fera sur les autres ; pour moi, j'avoue que je ne l'ai point faite sans émotion[54].

Si Diderot aime Greuze pour son didactisme et donne des descriptions enthousiastes de ses scènes édifiantes, il n'a cependant pas manqué de remarquer la sensibilité équivoque de certaines toiles du peintre. En effet, nombre de portraits féminins chez Greuze abondent en sous-entendus licencieux, mêlant une sournoise libidinosité à un gros faux-semblant d'innocence. À la fin de son élogieux compte rendu de *La Jeune Fille qui pleure son oiseau mort*, Diderot ne manque pas de relever l'ambiguïté du sens de la toile : « Le sujet de ce petit poème est si fin que beaucoup de personnes ne l'ont pas entendu ; ils ont cru que cette jeune fille ne pleurait que son serin. […] Cette enfant pleure autre chose, vous dis-je[55]. » Diderot décrit complaisamment le corps de la jeune fille offert à son regard, il apprécie en connaisseur les larmes qui coulent. Le critique est tellement fasciné par le tableau – ou plus précisément par l'attitude équivoque de la jeune fille qui pleure, on l'a compris, la perte de son pucelage – qu'il se met à l'apostropher :

> Mais, petite, votre douleur est bien profonde, bien réfléchie ! Que signifie cet air rêveur et mélancolique ? Quoi, pour un oiseau ! [...] Ça, petite, ouvrez-moi votre cœur, parlez-moi vrai : est-ce la mort de cet oiseau qui vous retire si fortement et si tristement en vous-même ?... Vous baissez les yeux, vous ne me répondez pas. Vos pleurs sont prêts à couler. Je ne suis pas père, je ne suis ni indiscret ni sévère. Eh bien, je le conçois, il vous aimait, il vous le jurait, et le jurait depuis si longtemps ! Il souffrait tant : le moyen de voir souffrir ce qu'on aime !... Eh ! laissez-moi continuer ; pourquoi me fermer la bouche de votre main ?... Ce matin-là, par malheur votre mère était absente. Il vint. Vous étiez seule ; il était si beau, si passionné, si tendre, si charmant ! Il avait tant d'amour dans les yeux, tant de vérité dans les expressions ! Il disait de ces mots qui vont si droit à l'âme ! [...] Votre mère ne revenait toujours point. Ce n'est pas votre faute, c'est la faute de votre mère... Mais voilà-t-il pas que vous pleurez ! [...] Et pourquoi pleurer ? Il vous a promis ; il ne manquera à rien de ce qu'il vous a promis. Quand on a été assez heureux pour rencontrer une enfant charmante comme vous, pour s'y attacher, pour lui plaire, c'est pour toute la vie. – Et mon oiseau ? – [...] Eh bien, votre oiseau ? Quand on s'oublie soi-même, se souvient-on de son oiseau ? Lorsque l'heure du retour de votre mère approcha, celui que vous aimez s'en alla. Qu'il était heureux, content, transporté ! Qu'il eut de peine à s'arracher d'auprès de vous !... Comme vous me regardez ! Je sais tout cela. Combien il se leva et se rassit de fois ! combien il vous dit, redit adieu sans s'en aller ! combien de fois il sortit et rentra ! Je viens de le voir chez son père : il est d'une gaieté charmante, d'une gaieté qu'ils partagent tous, sans pouvoir s'en défendre. – Et ma mère ? – Votre mère ? À peine fut-il parti qu'elle rentra : elle vous trouva rêveuse, comme vous l'étiez tout à l'heure. On l'est toujours comme cela. Votre mère vous parlait, et vous n'entendiez pas ce qu'elle vous disait ; elle vous commandait une chose et vous en faisiez une autre. Quelques pleurs se présentaient au bord de vos paupières ; ou vous les reteniez, ou vous vous détourniez pour les essuyer furtivement. Vos distractions continues impatientèrent votre mère. Elle vous gronda ; et ce vous fut une occasion de pleurer sans contrainte et de soulager votre cœur. [...]

> Votre bonne mère se reprocha de vous avoir contristée ; elle s'approcha de vous, elle vous prit les mains, elle vous baisa le front et les joues, et vous en pleurâtes bien davantage. [...] Cependant votre serin avait beau chanter, vous avertir, vous appeler, battre des ailes, se plaindre de votre oubli ; vous ne le voyiez point, vous ne l'entendiez point : vous étiez à d'autres pensées. Son eau ni sa graine ne furent point renouvelées ; et ce matin l'oiseau n'était plus... Vous me regardez encore ; est-ce qu'il me reste encore quelque chose à dire ? [...] Parlez, je ne saurais vous deviner. – Et si la mort de cet oiseau n'était que le présage... Que ferais-je ? Que deviendrais-je ? S'il était ingrat ? – Quelle folie ! Ne craignez rien : cela ne sera pas, cela ne se peut[56].

Ce morceau de bravoure littéraire[57], qui aurait mérité d'être cité en entier, montre la maîtrise à laquelle Diderot est parvenu dans son *Salon de 1765*. Jamais la forme de sa critique n'a été aussi variée : Diderot utilise la lettre, le discours, le récit, le dialogue et le rêve, avec une spontanéité et une verve inégalées jusqu'alors, pour faire de ses comptes rendus une œuvre d'art éblouissante.

Le mot « esthétique », nous apprend un célèbre dictionnaire philosophique dans l'article consacré à cette notion, désigne une science qui a pour objet « le jugement d'appréciation en tant qu'il s'applique à la distinction du Beau et du Laid ». Au sens général du terme, dont l'étymologie grecque renvoie au seul phénomène de la sensation, l'esthétique « se propose de déterminer quel caractère ou quel ensemble de caractères communs se rencontrent dans la perception de tous les objets qui provoquent l'*émotion esthétique*[58] ». S'il est vrai qu'une réflexion sur l'art existe en Occident depuis l'Antiquité, la science de l'esthétique moderne est indissociablement liée au philosophe allemand Alexander Gottlieb Baumgarten, auteur du traité *Æsthetica* (1750-58), qui créa le terme et fournit à la science qu'il nomme une place à part entière, indépendante de la métaphysique, dans le domaine du savoir philosophique. On chercherait cependant en vain le mot dans l'*Encyclopédie* : peu répandu en France avant le début du XIXe siècle, le contenu qu'il désigne est néanmoins vivement discuté depuis le début du siècle, au point qu'on a pu parler naguère d'une *esthétique des Lumières*[59]. Il faut attendre les volumes de *Supplément* de l'*Encyclopédie* pour y lire cette définition : « Ce mot est pris du terme grec αγσθησις, qui signifie le sentiment. Ainsi l'*esthétique* est proprement la science des sentiments. Le grand but des beaux-arts est d'exciter un vif sentiment du vrai et du bon. Il faut donc que leur théorie soit fondée sur celle des sentiments, et des notions confuses que nous acquerrons à l'aide de sens[60]. » Au siècle de l'empirisme triomphant, la théorie du goût est désormais centrée sur le sujet connaissant et l'activité de ses sens, plutôt que sur la qualité intrinsèque de l'objet artistique. L'ultime critère de la beauté, c'est le plaisir esthétique procuré par l'œuvre d'art, autrement dit, ce n'est plus l'œuvre qui fait le plaisir mais le plaisir qui fait le mérite de l'œuvre : « Le dessein de la poésie et de la peinture étant de toucher et de plaire, il faut que tout homme qui n'est pas stupide puisse sentir l'effet des bons vers et des bons tableaux[61]. »

On aurait pu s'attendre à ce que Diderot s'engouffrât dans cette brèche ouverte par l'empirisme lorsqu'il commença à méditer sur les principes de l'art. En l'absence de norme, divine ou métaphysique, absolue, insinue-t-il dans la *Lettre sur les aveugles*, le beau ne dépend-il pas, comme le bon, « de notre manière de sentir, et du degré auquel les choses extérieures nous affectent[62] » ? En réalité, les choses sont moins simples. Dès le début de la *Lettre*, Diderot affirme que « la beauté, pour un aveugle, n'est qu'un mot, quand elle est séparée de l'utilité », puis s'exclame : « Les aveugles ne sont-ils pas bien à plaindre de n'estimer beau que ce qui est bon ! Combien de choses admirables perdues pour eux[63] ! » Il y a dans les choses une beauté qui ne se réduit pas à l'utilité mais résulte d'un rapport harmonique de ses parties au tout qui le composent. Ce rapport n'est pas purement subjectif ou déterminé par l'utilité, il est de nature... mathématique. En 1739, le mathématicien Leonhard Euler avait suggéré que le plaisir musical naissait « de la perception des rapports qu'ont entre eux plusieurs nombres, parce que la durée des vibrations peut s'exprimer en nombres[64] ». Cette théorie, commente Jacques Chouillet, « qui combine harmonieusement le principe de relativité et le principe d'objectivité », fait du mathématicien suisse le précurseur direct de Diderot[65]. L'auteur des *Mémoires sur différents sujets de mathématique* fondera effectivement dans son premier mémoire, intitulé

Principes généraux d'acoustique, le plaisir esthétique sur la perception des rapports, entendons par là une certaine proportion numérique que nous apercevons entre les différentes parties d'un même objet : « Le plaisir en général consiste dans la perception des rapports : ce principe a lieu en poésie, en peinture, en architecture, en morale, dans tous les arts et dans toutes les sciences. Une belle machine, un beau tableau, un beau portique ne nous plaisent que par les rapports que nous y remarquons. [...] Les choses qui nous paraissent les plus arbitraires ont été suggérées par des rapports : et ce principe doit servir de base à un essai philosophique sur le goût[66]. » Diderot dépasse, on le voit, l'esthétique purement empiriste d'un abbé Du Bos, esthétique du plaisir basée sur le subjectivisme du sentiment : du moment où il y a perception, le jugement esthétique est une opération de l'esprit ; mais le plaisir ne varie pas selon les personnes, il naît d'une qualité intrinsèque, qui est dans les choses. La beauté, par voie de conséquence, est dotée d'un caractère objectif et mesurable ; la science de l'esthétique a un « fondement réel dans la nature » qui nous interdit de « regarder la succession des sons et des consonances comme arbitraire[67] ».

Diderot avait-il déjà l'intention, en 1748, d'écrire un essai philosophique sur le goût qu'il semblait alors appeler de ses vœux ? On ne sait. Toujours est-il qu'il composa peu de temps après un très long article *Beau* paru au tome II de l'*Encyclopédie* (1752) et imprimé, vingt ans plus tard, sous le titre *Traité du Beau* dans la première édition des *Œuvres philosophiques* de Diderot. Cet essai ou traité développe en détail les principes esquissés dans le premier *Mémoire de mathématiques*. Après avoir longuement analysé les différentes théories du beau de Platon à Shaftesbury, Diderot aborde l'esthétique ou science des sensations par une profession de foi d'inspiration empiriste : « Nous naissons avec la faculté de sentir et de penser. Le premier pas de la faculté de penser, c'est d'examiner ses perceptions, de les unir, de les comparer, de les combiner, d'apercevoir entre elles des rapports de convenance et disconvenance, etc. » Joint à nos besoins, poursuit-il, l'exercice de ces deux facultés nous donne aussitôt que nous naissons « des idées d'ordre, d'arrangement, de symétrie, de mécanisme, de proportion, d'unité » ; ces notions ou idées, précise-t-il, « viennent des sens, et sont factices », c'est-à-dire qu'elles ne sont pas innées ou ont une existence en dehors des choses. Comment les avons-nous donc acquises ? « Nous avons passé de la notion d'une multitude d'êtres artificiels et naturels, arrangés, proportionnés, combinés, symétrisés, à la notion positive et abstraite d'ordre, d'arrangement, de proportion, de combinaison, de rapport, de symétrie, et à la notion abstraite et négative de disproportion, de désordre et de chaos[68]. » Diderot ne cite pas ses sources mais il est probable que ses réflexions furent inspirées par les théories esthétiques des Grecs. Dans l'*Hippias majeur*, Platon avait proclamé que la beauté ne se manifestait que grâce à un apport formel de *convenance*, ce que Diderot traduira plus tard par : « L'unité du tout naît de la subordination des parties ; et de cette subordination naît l'harmonie qui suppose la variété[69]. » La convenance s'exprime d'abord sous la forme de la régularité ou de la répétition d'un même élément, puis de la symétrie. La symétrie est la mesure de quelque chose par comparaison avec autre chose ; la section dorée, par exemple, définit le rapport commun entre celui d'un petit segment (AC) et un grand segment (BC) et celui de l'ensemble (AC + BC) et le grand (BC). Diderot a retenu la leçon : avec les Grecs et les théoriciens et artistes de la Renaissance, il affirme que la beauté du monde réside dans le sentiment d'harmonie que procure la juste proportion.

Après ces prémisses philosophiques qui tirent toute leur valeur du fait qu'elles évitent les présupposés métaphysico-théologiques qui fondaient les définitions du beau que la première partie de l'article vient de passer en revue, Diderot affirme que le jugement de beauté n'a d'autre fondement que la perception des rapports : est beau « tout ce qui contient en soi de quoi réveiller dans mon entendement l'idée de rapports[70] ». Une symétrie est un rapport. Percevoir une symétrie, c'est percevoir un rapport. Cette première définition est peu après complétée par une deuxième, dans laquelle Diderot réunit deux principes qui semblent contradictoires : le principe d'objectivité et le principe de relativité. À défaut d'un beau absolu, c'est-à-dire essentiel, éternel et immuable, il existe un *beau réel* qui concerne l'objet considéré en lui-même, isolément des autres objets, et un *beau relatif* qui concerne l'objet par rapport à d'autres objets de la même catégorie : « Quand je prononce d'une fleur qu'elle est belle, ou d'un poisson qu'il est beau, qu'entends-je ? Si je considère cette fleur ou ce poisson solitairement, je n'entends pas autre chose, sinon que j'aperçois entre les parties dont ils sont composés, de l'ordre, de l'arrangement, de la symétrie, des rapports [...] : en ce sens toute fleur est belle, tout poisson est beau. Mais de quel beau ? de celui que j'appelle beau réel. » À l'inverse, le beau relatif résulte du jugement par lequel nous établissons un rapport entre plusieurs objets différents de la même catégorie : « Si je considère la fleur et le poisson relativement à d'autres fleurs et d'autres poissons ; quand je dis qu'ils sont beaux, cela signifie qu'entre les êtres de leur genre, qu'entre les fleurs celle-ci, qu'entre les poissons celui-là, réveillent en moi le plus d'idées de rapports, et le plus de certains rapports ; car je ne tarderai pas à faire voir que tous les rapports n'étant pas de la même nature, ils contribuent plus ou moins les uns que les autres à la beauté. Mais je puis assurer que sous cette nouvelle façon de considérer les objets, il y a beau et laid. Mais quel beau, quel laid ? celui qu'on appelle relatif[71]. »

Le beau, dans l'esprit de Diderot, n'est pas autre chose qu'une application de la théorie des rapports. Dans le cas du beau relatif, on compare un objet donné à d'autres objets ; dans celui du beau réel, on compare entre elles les parties d'un seul objet. Dans l'un et l'autre cas, l'esprit compare et classe, il établit des hiérarchies, qui se traduisent ensuite par des jugements : « Selon la nature d'un être, selon qu'il excite en nous la perception d'un plus grand nombre de rapports, et selon la nature des rapports qu'il excite, il est *joli*, *beau*, *plus beau*, *très beau* ou *laid* ; *bas*, *petit*, *grand*, *élevé*, *sublime*, *outré*, *burlesque* ou *plaisant*[72]. » Ainsi le « Qu'il mourût » de Corneille est sublime dans la bouche du vieil Horace ; il serait burlesque ou plaisant dans celle de Scapin et, séparé de tout contexte, il laisserait indifférent.

C'est alors que Diderot est amené à constater un fait surprenant : ce qu'il appelle le « beau réel » est exclusif de la laideur, car l'opération qui consiste à isoler un objet écarte toute idée de comparaison. Si on le rapprochait d'autres objets de la même catégorie, il perdrait son aptitude au « beau réel », deviendrait susceptible de plus ou de moins et rentrerait dans la catégorie commune du « beau relatif ». Toute chose, conclut Diderot, est belle par rapport à elle-même. La laideur est entrée dans le monde avec l'institution du jugement de relation, elle est un phénomène artificiel et tardif. Il s'ensuit que le monde n'est en soi « ni bon ni mauvais, ni beau ni laid[73] ». Un vieux chêne « gercé, tordu, ébranché », serait devant un palais une faute de goût ; il contribuera au contraire à la beauté du tableau s'il s'y trouve placé devant une chaumière, car il n'y a « de laide nature que celle qui n'est pas à sa place[74] ». Si tout aspect du réel est ainsi susceptible de devenir pour l'art une belle nature, il convient de repenser le sacro-saint concept d'imitation de la nature, qui règne encore en maître incontesté au XVIIIe siècle. Depuis Aristote, on a en effet l'habitude de dire que c'est la nature qui donne à l'art ses modèles, et que la reproduction habile d'objets tels qu'ils existent dans la nature est une source de plaisir : « Selon la doctrine d'Aristote, écrivait le P. Bouhours, tout ce qui sera imité parfaitement sera agréable, quand même ce serait quelque chose d'affreux. Le plaisir qu'on a de voir une belle imitation ne vient pas précisément de l'objet, mais de la réflexion que fait l'esprit, qu'il n'y a rien en effet de plus ressemblant[75]. » Diderot confirme : « La nature est toujours vraie ; l'art ne risquera donc d'être faux dans son imitation que quand il s'écartera de la nature, ou par caprice ou par l'impossibilité d'en approcher d'assez près[76]. » En 1766 encore, les *Essais sur la peinture* s'ouvrent sur cette déclaration de principe : « La nature ne fait rien d'incorrect. Toute forme belle ou laide a sa cause, et de tous les êtres qui existent, il n'y en a pas un qui ne soit comme il doit être. [...] Si les causes et les effets nous étaient évidents, nous n'aurions rien de mieux à faire que de représenter les êtres tels qu'ils sont. Plus l'imitation serait parfaite et analogue aux causes, plus nous en serions satisfaits. » Diderot, on le voit, n'est pas loin d'identifier l'imitation de la nature à une reproduction aussi fidèle que possible de la réalité, aboutissant à une ressemblance entière et scrupuleuse de l'objet représenté avec son modèle : « Nous disons d'un homme qui passe dans la rue, qu'il est mal fait. Oui, selon nos pauvres règles ; mais selon la nature ? C'est autre chose. Nous disons d'une statue qu'elle est dans les proportions les plus belles. Oui, d'après nos pauvres règles ; mais selon la nature[77] ? »

On comprend l'enjeu de la polémique engagée par Diderot en 1751 contre le concept de « belle nature » défendu par l'abbé Batteux. Selon ce dernier, « le génie ne doit point imiter la nature telle qu'elle est[78] » ; à toutes les époques, explique-t-il dans *Les Beaux-Arts réduits à un même principe*, les grands artistes durent « faire un choix des plus belles parties de la nature pour en former un tout exquis, qui fût plus parfait que la nature elle-même, sans cependant cesser d'être naturel[79] ». Diderot ne peut accepter ce qu'il considère alors comme une dépréciation de la nature au profit de conventions forcément arbitraires. Pour parler efficacement de la « belle nature », objecte-t-il, il faudrait d'abord prouver que toute nature n'est pas belle : « M. l'abbé Batteux rappelle tous les principes des beaux-arts à l'imitation de la belle nature : mais il ne nous apprend point ce que c'est que la *belle nature*[80]. » Pour Diderot, on l'a vu, est belle toute nature qui est à sa place, y compris ses formes les plus irrégulières. Ce n'est que plus tard, dans le *Salon de 1767*, qu'il effectuera un renversement complet de ses conceptions esthétiques défendues jusqu'alors et se rapprochera, tout en le dépassant, du système de l'abbé Batteux.

On se souvient que la *Lettre sur les sourds et muets* commence par interpeller l'abbé Batteux sur un point précis de rhétorique et de grammaire, celui des inversions. Après quoi, Diderot élargit le débat vers le problème de l'origine des langues, concluant que le français, la langue la plus éloignée de la « *balbutie* des premiers âges[81] », est devenu l'idiome de la philosophie et de la science par excellence. C'est alors que la *Lettre* change subitement de terrain. Ce n'est pas le discours philosophique ou scientifique, affirme Diderot, qui rend le mieux compte de nos idées et de nos sentiments ; c'est la langue poétique, qui ne décompose pas ce qui est uni dans l'esprit mais dit tout à la fois. Contrairement à ce qui se passe dans le langage analytique de la philosophie, les éléments successifs du langage poétique se rassemblent de manière à former une superposition de sens[82] à l'instar des hiéroglyphes, où plusieurs choses sont représentées au moyen d'une seule figure : « Il passe alors dans le discours du poète un esprit qui en meut et vivifie toutes les syllabes. [...] C'est lui qui fait que les choses sont dites et représentées tout à la fois ; que dans le même temps que l'entendement les saisit, l'âme en est émue, l'imagination les voit, et l'oreille les entend ; et que le discours n'est plus seulement un enchaînement de termes énergiques qui exposent la pensée avec force et noblesse, mais que c'est encore un tissu d'hiéroglyphes entassés les uns sur les autres qui la peignent. Je pourrais dire en ce sens que toute poésie est emblématique[83]. » La poésie – Diderot pense en particulier au « haut style » de l'ode et de l'épopée[84] – n'est pas une simple succession de mots, c'est-à-dire un discours[85] : à l'instar du langage gestuel[86], ses hiéroglyphes ou emblèmes peignent l'objet dont elle parle en restituant au langage cette capacité perdue depuis l'époque primitive de l'histoire humaine d'exprimer la simultanéité multiple et complexe des mouvements de l'âme. Prenons ces vers de Voltaire : « Et des fleuves français les eaux ensanglantées / Ne portaient que des morts aux mers épouvantées[87]. » La plupart des lecteurs éprouvent confusément l'impression de beauté, mais ne peuvent décrypter les emblèmes poétiques : « Mais qui est-ce qui voit dans la première syllabe de *portaient*, les eaux gonflées de cadavres, et le cours des fleuves comme suspendu par cette digue ? Qui est-ce qui voit la masse des eaux et des cadavres s'affaisser et descendre vers les mers à la seconde syllabe du même mot ? L'effroi des mers est montré à tout lecteur dans *épouvantées* ; mais la prononciation emphatique de sa troisième syllabe me découvre encore leur vaste étendue[88]. »

Grâce aux expressions hiéroglyphiques qui transforment le langage analytique en instrument d'expression synthétique, le langage poétique, déclare Diderot, est capable de réaliser des tableaux qu'un peintre « imiterait avec succès[89] ». Si les beaux-arts peuvent être « réduits à un même principe », comme le veut l'abbé Batteux, ce n'est pas à celui de l'imitation de la belle nature mais aux moyens de son imitation, le hiéroglyphe ou l'emblème. La fin de la *Lettre sur les sourds et muets* est consacrée à une analyse comparée des hiéroglyphes propres utilisés par la poésie, la peinture et la musique pour exprimer analogiquement le même sujet : la mort d'une femme. Il y souligne les différences importantes qui séparent les trois arts. Tout d'abord, le peintre est assujetti à la règle de l'unité du temps et doit rassembler sur un effet unique tout l'effet de son tableau ; contrairement au musicien et au poète, qui peignent la mort d'une femme sur plusieurs vers et au moyen de plusieurs intervalles de notes, le peintre est obligé de choisir dans la durée un instant privilégié. L'autre différence tient à la conception diderotienne de la « réalité » en peinture : « C'est la chose même que le peintre montre », note-t-il de manière fort laconique[90]. En 1751, Diderot a de la peinture une idée encore assez simpliste : elle donne à voir en une image ou tableau unique ce que la musique et la poésie peignent au moyen de signes abstraits qui se succèdent selon un certain ordre. Dans les *Essais sur la peinture*, qui font suite au *Salon de 1765*, le critique d'art pourra s'appuyer sur son expérience de salonnier pour en parler de manière moins expéditive.

Après avoir rédigé son *Salon* en respectant l'ordre du catalogue, Diderot éprouve le besoin de faire la « métaphysique » de l'art pictural en faisant suivre son *Salon* d'un *Essai sur la peinture*, qu'il introduit par les lignes suivantes : « Après avoir décrit et jugé quatre à cinq cents tableaux, finissons par produire nos titres [...]. Pour cet effet nous oserons donner un petit *Traité de peinture*, et parler à notre manière et selon la mesure de nos connaissances du dessin, de la couleur, de la manière, du clair-obscur, de l'expression et de la composition[91]. » Publiés pour la première fois en 1796, les *Essais* furent accueillis avec ferveur non seulement en France mais aussi en Allemagne où ils devaient exercer une influence profonde. « C'est un magnifique ouvrage, écrivit Gœthe à Schiller, qui parle plus utilement encore au poète qu'au peintre, quoique pour ce dernier il soit un puissant flambeau[92]. »

Les *Essais sur la peinture* présentent au lecteur l'essentiel des conceptions artistiques, lentement élaborées, de Diderot au cours des premiers *Salons*. Dès les premières pages, il ne trouve pas de mots assez durs contre les règles, les conventions, l'académisme, la manière. La nature, aime-t-il à répéter, est le modèle parfait qu'il faut prendre comme point de départ et auquel il faut sans cesse revenir pendant la réalisation de l'œuvre. Depuis ses premiers pas dans le domaine de l'esthétique, Diderot a cependant fini par s'apercevoir que la nature est si variée qu'il est impossible de l'imiter de manière « naturaliste ». Incapable d'en saisir le mécanisme profond, que l'artiste doit cependant s'efforcer de connaître le mieux possible, il en est réduit à une copie approximative : « Une figure humaine est un système trop composé pour que les suites d'une inconséquence insensible dans son principe ne jettent pas la production de l'art la plus parfaite à mille lieues de l'œuvre de la nature[93]. » Prenons par exemple une femme qui a perdu la vue dans sa jeunesse. Diderot décrit admirablement comment cette infirmité a petit à petit affecté tout son visage : « L'accroissement successif de l'orbe n'a plus distendu ses paupières. Elles sont rentrées dans la cavité que l'absence de l'organe a creusée ; elles se sont rapetissées. Celles d'en haut ont entraîné les sourcils ; celles d'en bas ont fait remonter légèrement les joues. La lèvre supérieure s'est ressentie de ce mouvement et s'est relevée. » Si la description est exacte, l'observation est banale. Mais, demande Diderot, l'altération s'est-elle arrêtée au visage ? Oui, répond-il, « pour vos yeux et les miens. Mais appelez la nature, présentez-lui le col, ces épaules, cette gorge ; et la nature vous dira : cela c'est le col, ce sont les épaules, c'est la gorge d'une femme qui a perdu les yeux dans sa jeunesse[94]. » Puisque chaque forme créée par la nature a une cause, la déficience du sens de la vue a entraîné avec elle une multitude de transformations liées les unes aux autres que l'artiste ne doit pas ignorer.

Afin de pallier l'ignorance des causes et des effets qui sont à l'œuvre dans la nature, on a inventé des règles de convention, « toutes ces positions académiques, contraintes, apprêtées, arrangées » que les élèves doivent apprendre à l'Académie[95]. Pour éviter l'académisme, Diderot invite les élèves à quitter l'école et à se promener dans les jardins, les marchés et les maisons où ils apprendront les vrais mouvements dans les actions de la vie. « Tenez, leur lance-t-il, regardez vos deux camarades qui disputent. Voyez comme c'est la dispute même qui dispose à leur insu de la position de leurs membres. Examinez-les bien, et vous aurez pitié de la leçon de votre insipide professeur. » Diderot les met aussi en garde contre l'étude exclusive de l'écorché et du modèle : « Qu'ont de commun l'homme qui tire de l'eau dans le puits de votre cour et celui qui, n'ayant pas le même fardeau à tirer, simule gauchement cette action, avec ses deux bras en haut, sur l'estrade de l'école ? » Les activités journalières de l'être agissent sur son corps et le transforment ; par conséquent, la proportion d'un muscle du bras sera différente suivant qu'il s'agit d'un magistrat ou d'un portefaix. À défaut de pouvoir rigoureusement imiter la nature, l'artiste doit découvrir les rapports que les différentes parties ou les objets ont entre eux pour s'en approcher aussi près que possible : « Je n'ai jamais entendu accuser une figure d'être mal dessinée, lorsqu'elle montrait bien dans son organisation extérieure, l'âge et l'habitude ou la facilité de remplir ses fonctions journalières. Ce sont ces fonctions journalières qui déterminent et la grandeur entière de la figure, et la vraie proportion de chaque membre et leur ensemble[96]. »

Amateur de peinture, Diderot se montre assez peu sensible à la magie du dessin. Un bon dessin, estime-t-il, peut toujours s'apprendre, tandis que la couleur est un don de la nature : c'est elle qui révèle le plus sûrement le caractère d'un peintre. La couleur est pour Diderot le propre de la peinture même, ce par quoi elle est capable d'imiter la nature. Le dessin donne la forme aux êtres, mais la couleur leur donne la vie : « Voilà le souffle divin qui les anime[97]. » La loi fondamentale du coloris, c'est l'accord. Il y a des accords simples, faciles, agréables à voir mais attendus, qui sont le propre des peintres médiocres. Les peintres de génie se reconnaissent au contraire à leur « pinceau intrépide », qui cherche inlassablement et crée les accords les plus nouveaux et les plus difficiles, et joue sur les contrastes les plus audacieux. Dans un passage passablement osé, Diderot va jusqu'à comparer le peintre de génie au créateur de la Bible. À l'instar de Dieu, le grand coloriste tire un monde du chaos de sa palette : « C'est dans ce chaos qu'il trempe son pinceau, et il en tire l'œuvre de la création[98]. » Le grand artiste recrée la nature, non pas en imitant à la perfection chaque élément qu'il a devant les yeux, car – Diderot l'avait déjà constaté dans le *Salon de 1763*[99] – il y a des couleurs ennemies sur la palette « qui s'allient si difficilement, qui tranchent tellement les unes à côté des autres que l'air et la lumière, ces deux harmoniques universels, peuvent à peine nous en rendre le voisinage immédiat supportable[100] ». Il réussit à recréer la nature en *harmonisant* les rapports entre les couleurs de la toile conformément au rapport que les objets peints ont dans la nature : « Voilà sur une toile une femme vêtue de satin blanc. Couvrez le reste du tableau, et ne regardez que le vêtement. Peut-être ce satin vous paraîtra-t-il sale, mat, peu vrai. Mais restituez cette femme au milieu des objets dont elle est environnée, et en même temps le satin et sa couleur reprendront leur effet. C'est que tout le ton est trop faible ; mais chaque objet perdant proportionnellement, le défaut de chacun vous échappe : il est sauvé par l'harmonie[101]. »

Dans un chapitre intitulé « Tout ce que j'ai compris de ma vie du clair-obscur », Diderot approfondit davantage le concept d'imitation en le poussant à ses limites extrêmes[102]. Dans le tableau *Corésus et Callirhoé* de Fragonard, auquel il a consacré son compte rendu le plus délirant du *Salon de 1765*, la distribution des ombres et de la lumière est un « moment poétique qui vous arrête et vous étonne ». La vérité des couleurs et de la lumière dans un tableau médiocre peut détourner l'attention de ses défauts, du moins dans un premier temps : « On oublie tout ; on demeure extasié, surpris, enchaîné, enchanté. » Grâce à la magie de Chardin basée sur les effets de lumière et la force des couleurs, Diderot va jusqu'à accorder une dimension picturale à… la nature. Le grand artiste ne copie pas servilement la nature réelle, il crée une nature artificielle qui en est l'équivalent : devant une masse touffue d'arbres que traversent les rayons du soleil sur la fin d'un beau jour, les jeux de lumière paraissent si merveilleux que le promeneur qui passe devant ce spectacle s'arrête, contemple cette « toile magique » puis s'écrie : quel tableau ! Il semble alors considérer « la nature comme le résultat de l'art ». La nature ressemble parfois à la peinture comme la peinture à la nature : « Ce n'est pas au salon, c'est dans le fond d'une forêt, parmi les montagnes que le soleil ombre et éclaire, que Loutherbourg et Vernet sont grands. » C'est que leurs œuvres sont aussi vraies que la nature même : « L'art et l'artiste sont oubliés. Ce n'est plus une toile, c'est la nature, c'est une portion de l'univers qu'on a devant soi. »

Dans les chapitres suivants, Diderot traite d'abord de l'expression, « l'image du sentiment » comme il dit joliment[103], qui doit traduire le caractère profond des individus, leur état social et leur profession. Les habitudes de corps et les physionomies ne sont pas les mêmes chez un artisan, un noble, un homme de lettres, un ecclésiastique ou un militaire. Reprenant la célèbre distinction de Montesquieu[104] entre les trois formes de gouvernement – république, monarchie et despotisme – ainsi que les principes qui les caractérisent – vertu, honneur et crainte –, Diderot exige du peintre qu'il fasse apparaître l'influence du régime politique sur les personnages de ses tableaux :

> Chaque société a son gouvernement, et chaque gouvernement a sa qualité dominante, réelle ou supposée, qui en est l'âme, le soutien et le mobile.
>
> La république est un état d'égalité. Tout sujet se regarde comme un petit monarque. L'air du républicain sera haut, dur et fier.
>
> Dans la monarchie, où l'on commande et l'on obéit, le caractère, l'expression sera celle de l'affabilité et de la grâce, de la douceur, de l'honneur, de la galanterie.
>
> Sous le despotisme, la beauté sera celle de l'esclave. Montrez-moi des visages doux, soumis, timides, circonspects, suppliants et modestes. L'esclave marche la tête inclinée ; il semble toujours la présenter à un glaive prêt à le frapper[105].

Diderot appelle ensuite à une peinture d'action et de mouvement. Dénonçant les postures et les actions apprêtées du théâtre et de la peinture, sans parler des mignardises polissonnes d'un certain art rococo, il se met à rêver d'un pathétique sanglant ou convulsif, « quelque chose de sauvage, de brut, de frappant et d'énorme ». Interpellant le peintre, Diderot s'écrie : « Touche-moi, étonne-moi, déchire-moi, fais-moi tressaillir, pleurer, frémir, m'indigner[106] ! » Pour toucher, pour bouleverser le spectateur, il ne suffit pas de trouver une grande idée, il faut encore réfléchir à l'ordonnance ou la composition[107] de la scène qu'on présente. Pour composer une scène pathétique, l'observation de la nature ne suffit plus ; l'imitation rigoureuse d'une scène réelle peut même nuire à la qualité du tableau. Dès 1758, Diderot avait remarqué dans le *Discours sur la poésie dramatique* : « Dans une action réelle à laquelle plusieurs personnages concourent, toutes se disposeront d'elles-mêmes de la manière la plus vraie ; mais cette manière n'est pas toujours la plus avantageuse pour celui qui peint, ni la plus frappante pour celui qui regarde. De là, la nécessité pour le peintre d'altérer l'état naturel, et de le réduire à un état artificiel : et n'en sera-t-il pas de même sur la scène[108] ? » Comment atteindre à cette stylisation du réel ? Par une « balance rigoureuse », répond Diderot, de l'enthousiasme et de la raison : « L'ordonnance, en poésie ainsi qu'en peinture, suppose un certain tempérament de jugement et de verve, de chaleur et de sagesse, d'ivresse et de sang-froid. » Si l'équilibre entre ces deux qualités contradictoires fait défaut, « selon que l'enthousiasme ou la raison prédomine, l'artiste sera extravagant ou froid[109] ».

Cette tension entre sensibilité et intellect réapparaît à la fin des *Essais*, après le chapitre consacré à l'architecture qui, selon Diderot, a engendré les beaux-arts. Pourquoi ? Pour la simple raison qu'il fallut d'abord construire des temples et des palais avant de les orner de tableaux et de statues. Mais « si c'est l'architecture qui a donné naissance à la peinture et à la sculpture, c'est en revanche à ces deux arts que l'architecture doit sa grande perfection[110] ». C'est que l'objet de l'architecte n'a aucun modèle subsistant dans la nature[111] : pour construire un édifice, quel qu'il soit, les hommes ne purent recourir qu'à leur seule imagination. Après des premières tentatives fort rudimentaires, les architectes se sont formé l'œil et ont pris « le sentiment exquis des proportions » au contact de la peinture et de la sculpture. Cependant l'architecture ne fait pas partie des beaux-arts – du moins selon Diderot –, car son but reste avant tout utilitaire : « Tout l'art est compris sous ces trois mots : solidité ou sécurité, convenance et symétrie. » Conçue sous cet angle, elle ne semble être faite « que pour conduire à la monotonie et étouffer le génie[112] ». Prenons l'église grandiose Saint-Pierre de Rome. Le respect des proportions a pour conséquence d'enlever à l'édifice, au premier regard, tout l'effet de sa grandeur et de son étendue, alors que le sacrifice des proportions aurait abouti au résultat contraire. Cet exemple semble aller à l'encontre de tous les principes esthétiques énoncés auparavant. D'un côté, la « magie de l'art » nous en impose ; de l'autre, l'« intelligence des proportions » repose notre œil. Qu'est-ce que l'architecte doit préférer ? Vaut-il mieux réduire un édifice « à un effet ordinaire et commun par l'observation rigoureuse des proportions », ou vaut-il mieux lui conférer « un aspect étonnant par une ordonnance moins sévère et moins régulière » ? Arrivé à la fin de ses *Essais sur la peinture*, l'auteur semble avoir perdu ses repères les plus sûrs : « Qu'est-ce qu'un accord qui empêche l'effet général ? Qu'est-ce qu'un défaut qui fait valoir le tout[113] ? » À travers ces deux questions, Diderot définit en réalité deux styles d'architecture : le gothique, irrégulier et imposant, qui touche notre sensibilité, et la tranquillité majestueuse de l'antique, moins tapageuse mais qui suscite l'admiration du connaisseur.

Allons plus loin. Pas plus que les maisons, les temples et les palais, les proportions ne sont « dans la nature ». L'homme bien proportionné est une « chimère », car nous sommes tous marqués par notre âge, notre condition, nos fonctions habituelles, etc. : « Il n'y a que les dieux et l'homme sauvage dans la représentation desquels on puisse s'assujettir à la rigueur des proportions[114]. » La nature n'est pas ordonnée, affirmait Diderot dans la *Lettre sur les aveugles* ; elle n'est pas non plus régulière, ajoute-t-il maintenant, on n'y rencontre que très rarement, voire jamais, les admirables femmes que le peintre Raphaël a immortalisées sur ses toiles. S'assujettir à des proportions artificielles revient à idéaliser la nature, non pas à l'imiter strictement. « Un bossu est bossu de la tête aux pieds », déclare Diderot. Sa représentation sera sublime, « non pas quand j'y remarquerai l'exactitude des proportions, mais quand j'y verrai tout au contraire un système de difformités bien liées et bien nécessaires[115] ».

« La nature ne fait rien d'incorrect », lisait-on au début des *Essais sur la peinture*. Plus l'imitation serait parfaite, plus nous en serions satisfaits[116]. Dans la suite du livre, Diderot s'attache à montrer qu'une imitation rigoureuse est en réalité impossible, car l'artiste ne connaîtra jamais assez la structure infiniment complexe de la nature. Les beaux-arts ne sont pas pour autant condamnés. Plus d'une fois, Diderot avoue que l'art peut faire oublier la nature, que le grand artiste, l'artiste de génie devient « le créateur d'une nature idéale et poétique[117] » qui n'a rien à envier à celle qu'il a devant les yeux. C'est la nature de Vernet et de Chardin dont « l'intrépide pinceau se plaît à entremêler avec la plus grande hardiesse, la plus grande variété et l'harmonie la plus soutenue, toutes les couleurs de la nature avec toutes leurs nuances[118] ». L'affaire se complique toutefois avec la représentation de l'être humain. Étant donné que là aussi, il est impossible d'imiter la nature « telle qu'elle est », on a inventé des proportions de convention, et l'on a fini par forger une chimère, « celle d'un homme de vingt-cinq ans [...] formé subitement du limon de la terre, et qui n'aurait encore rien fait[119] ». Le bel homme, expliquait déjà Diderot à Sophie Volland, « est celui que la nature a formé pour remplir le plus aisément qu'il est possible les deux grandes fonctions : la conservation de l'individu, qui s'étend à beaucoup de choses, et la propagation de l'espèce, qui s'étend à une[120] ». Cet homme de nature, aux proportions parfaites, ne se rencontre que parmi les sauvages et les dieux ; les autres humains sont plus ou moins marqués par leur état de la société. Il faut alors délaisser les proportions reçues au profit de l'observation minutieuse : l'artiste doit « choisir l'individu le plus rare, ou celui qui représente le mieux son état, et se soumettre ensuite à toutes les altérations qui le caractérisent[121] ». C'est ainsi qu'« un dos devenu voûté, des épaules devenues larges, des bras raccourcis et nerveux, des jambes trapues et fléchies, des reins vastes à force de porter des fardeaux, feront le beau crocheteur[122] ». D'un côté l'Apollon antique, qui ne montre aucun état particulier mais paraît propre à tout ; de l'autre côté l'Hercule Farnèse, un « tueur d'hommes », un « écraseur de bêtes[123] ». D'un côté les madones de Raphaël, de l'autre les Rembrandt ou Rubens qui vous attachent « par une si forte, si frappante imitation de la nature que vous ne pouvez plus en arracher les yeux[124] ». D'un côté Saint-Pierre de Rome, de l'autre côté Notre-Dame de Paris. Pourquoi, demande Diderot, s'attache-t-on plus facilement aux seconds qu'aux premiers – du moins dans un premier temps ? Le goût serait-il « une chose de caprice » ?

Dans les dernières pages des *Essais sur la peinture*, Diderot commence par écarter la tentation relativiste. Le goût n'est pas une chose purement arbitraire, car il existe une « règle éternelle, immuable, du beau[125] ». La voici : « Le vrai, le bon et le beau se tiennent de bien près. Ajoutez à l'une des deux premières qualités quelque circonstance rare, éclatante : et le vrai sera beau, et le bon sera beau[126]. » Le vrai et le bon ne sont pas beaux *per se*, ils ne le deviennent qu'à condition d'être réunis à des circonstances exceptionnelles. Un grand phénomène physique, quelque grand trait moral font naître, au fond de l'âme, des « émotions délicieuses » et « forcent de nos yeux les pleurs de la joie, de la douleur, de l'admiration[127] ». Qui plus est, le plaisir esthétique s'accroît « à proportion de l'imagination, de la sensibilité et des connaissances. La nature et l'art qui la copie ne disent rien à l'homme stupide ou froid ; peu de chose à l'homme ignorant[128] ». Le plaisir esthétique n'est pas immédiat, il dépend des dispositions du spectateur : « L'un vous dira froidement : cela est beau ; l'autre sera ému, transporté, ivre. » Mais Diderot ajoute : « Le plus heureux est sans contredit ce dernier. Le meilleur juge ? C'est autre chose[129]. » Quel est le plus grand peintre, demande Diderot : celui qui nous arrête parce qu'il nous touche, ou celui auquel nous revenons parce qu'il nous arrache des cris d'admiration[130] ? Une chose paraît acquise : pour qu'une œuvre soit considérée comme belle, il ne suffit pas qu'elle nous émeuve : le plaisir esthétique doit aussi – voire surtout – être intellectuel. Gare à la sensibilité à outrance : « La sensibilité, quand elle est extrême, ne discerne plus ; tout l'émeut indistinctement. » Le plaisir esthétique n'est pas un plaisir des sens, mais de l'intellect : « La raison rectifie quelquefois le jugement rapide de la sensibilité ; elle en appelle. De là tant de productions presque aussitôt oubliées qu'applaudies ; tant d'autres ou inaperçues ou dédaignées qui reçoivent du temps, du progrès de l'esprit et de l'art, d'une attention plus rassise, le tribut qu'elles méritaient[131]. »

3

La fin de l'*Encyclopédie*

Pendant que Diderot écrit ses *Salons*, il n'oublie pas pour autant l'*Encyclopédie*. En 1759, les encyclopédistes ont perdu une bataille, mais ils n'ont pas perdu la guerre. La révocation du privilège, note Jacques Proust, « mettait l'*Encyclopédie* hors de l'atteinte légale de ses ennemis, sans pour autant empêcher sa continuation, pour peu qu'on usât bien de la permission tacite[1] ». Après l'arrêt du 21 juillet ordonnant le remboursement des souscripteurs pour les volumes non parus, les éditeurs obtiennent, le 8 septembre, que la publication des planches de l'*Encyclopédie* soit autorisée à un prix préférentiel pour les souscripteurs ; en échange, le principe d'un remboursement partiel des souscriptions est abandonné. Grâce à cette astuce et à la bienveillance de Malesherbes, Diderot peut continuer son travail en préparant les planches qui seront distribuées aux souscripteurs à partir de 1760 à raison d'un volume par an.

Cette nouvelle tournure des événements ne fait pas l'affaire des ennemis des philosophes. À la fin de l'année, un ancien collaborateur de l'*Encyclopédie*, Pierre Patte, directeur pour la gravure entre 1757 et 1759, dénonce Diderot et les éditeurs comme ayant plagié un grand nombre de gravures préparées par feu le savant Réaumur pour l'Académie des sciences. Une première enquête, rapidement menée, conclut à un non-lieu. Début 1760, Patte revient à la charge en proférant des accusations plus précises. Une seconde visite de contrôle effectuée par les académiciens à l'imprimerie de Briasson est plus orageuse selon le témoignage de

Diderot : « Ces commissaires de l'Académie sont revenus sur leur premier jugement. Ils s'étaient arraché les yeux à l'Académie. Ils se sont dit hier toutes les pouilles de la halle[2]. » Finalement, un second rapport de l'Académie lave les intéressés de tout soupçon. En octobre 1761, la censure donne son approbation pour le premier volume des planches, qui est publié en janvier 1762, avec privilège du roi, mais sans faire référence, dans le titre, à l'*Encyclopédie* qui, officiellement, n'existe plus.

Entre-temps, Diderot n'a pas encore fini de souffrir. La querelle se poursuit d'abord à l'Académie française où le successeur de Maupertuis, le marquis Jean-Jacques Lefranc (ou Le Franc) de Pompignan, frère de l'évêque du Puy et auteur de *Poésies sacrées* (1751) – ses vers sont tellement sacrés, disait Voltaire[3], que personne n'y touche –, prononce le 10 mars, dans son discours de réception, une attaque en règle contre l'*Encyclopédie* et l'esprit philosophique, accusés de saper le trône et l'autel. S'il était vrai, avertit-il solennellement ses auditeurs, « que dans le siècle où nous vivons, dans ce siècle enivré de l'esprit philosophique et de l'amour des arts, l'abus des talents, le mépris de la religion et la haine de l'autorité fussent le caractère dominant de nos productions, n'en doutons pas, Messieurs, la postérité, ce juge impartial de tous les siècles, prononcerait souverainement que nous n'avons eu qu'une fausse littérature, et qu'une vaine philosophie[4] ». Voltaire réplique par ses « Pompignades », un déluge de pamphlets appelés respectivement *Les Quand*, *Les Pour*, *Les Que*, *Les Qui*, *Les Quoi*, *Les Oui*, *Les Non*, *Les Car*, *Les Ah ! ah !* (1760-1761[5]). Devant cette avalanche d'écrits satiriques et de bons mots, Lefranc battra en retraite et se réfugiera dans son château sans oser reparaître à l'Académie.

Le 2 mai 1760, les comédiens du Théâtre-Français donnent *Les Philosophes* de Charles Palissot de Montenoy, une comédie en trois actes et en vers dans laquelle les encyclopédistes, Diderot, Helvétius, Rousseau sont littéralement traînés dans la boue[6]. C'est, écrit le chansonnier et dramaturge Charles Collé dans son *Journal*, « la satire la plus amère, la plus sanglante, et la plus cruelle qui ait jamais pu être autorisée ». Autorisé ? Plutôt commandée en haut lieu ! « Non seulement il est sûr qu'il y a eu des ordres supérieurs, pour la faire jouer, mais il est encore à présumer que c'est un ouvrage de commande et qu'il n'a pas pu entrer dans l'esprit de l'auteur que cette pièce pût supporter la représentation, à moins qu'on ne lui eût dit auparavant qu'on la ferait jouer d'autorité[7]. » Ce Palissot n'était pas à son coup d'essai. En 1757, il avait lancé ses *Petites Lettres sur de grands philosophes* dans lesquelles il brocardait les esprits forts en général et Diderot en particulier. L'accusation de plagiat s'y trouve déjà : les *Pensées philosophiques* seraient presque mot pour mot tirées de Shaftesbury et les *Pensées sur l'interprétation de la nature* seraient en entier dans Bacon : quant au *Fils naturel*, il ne serait qu'une copie défigurée d'une pièce de Goldoni. Mais c'est dans la comédie *Les Philosophes* que Diderot, sous le nom de l'anagramme latinisé Dortidius, est le plus malmené. Tout d'abord il y fait preuve d'antipatriotisme quand il déclare, en pleine guerre de Sept Ans : « Je m'embarrasse peu du pays que j'habite, / Le véritable sage est un cosmopolite[8]. » C'est ensuite le portrait peu flatteur qu'en dresse Damis qui a dû être ressenti comme une gifle en plein visage :

> Je l'ai connu, vous dis-je ; excusez ma franchise :
> Apparemment qu'alors il cachait bien son jeu ;
> Mais ce n'était qu'un sot, presque de son aveu.
> Quelqu'un me le fit voir, et malgré sa grimace,
> Et les plats compliments qu'il vous adresse en face,
> Et le sucre apprêté de ses propos mielleux,
> Je ne lui trouvai rien de si miraculeux.
> Malgré son ton capable, et son air hypocrite,
> Je ne fus point tenté de croire à son mérite,
> Et je ne vis en lui pour le peindre en deux mots,
> Qu'un froid enthousiasme imposant pour les sots[9].

L'intrigue, librement inspirée des *Femmes savantes* de Molière et des *Académistes* de Saint-Évremond, est simple : Cydalise, derrière laquelle on a cru reconnaître Mme Geoffrin, hôtesse d'un des plus célèbres salons de l'époque et partisane des encyclopédistes[10], est tombée sous l'influence d'un groupe de philosophes dont l'un a l'intention d'épouser sa fille afin de s'emparer de sa fortune. Ses domestiques Marton et Crispin, sa fille Rosalie ainsi que son amant Damis, savent à quoi s'en tenir : ces philosophes sont des charlatans qui se moquent de Cydalise derrière son dos en flattant devant elle ses sottes prétentions. Crispin aide à démasquer les philosophes en se faisant passer pour un disciple de Rousseau. Vers la fin de la pièce, il arrive à quatre pattes, expliquant :

> Je ne me règle plus sur les opinions,
> Et c'est là l'heureux fruit de mes réflexions.
> Pour la philosophie un goût à qui tout cède,
> M'a fait choisir exprès l'état de quadrupède :
> Sur ces quatre piliers mon corps se soutient mieux,
> Et je vois moins de sots qui me blessent les yeux[11].

Au dénouement, l'hypocrisie des philosophes éclate au grand jour et Cydalise bénit l'union de Rosalie et de Damis.

La pièce fait rire et courir tout Paris. Décourage et déprimé, Diderot ne répond pas à Palissot directement ; c'est un proche des encyclopédistes, l'abbé Morellet, qui lance la riposte. Il publie une *Préface de la comédie des* Philosophes, *ou la Vision de Charles Palissot*, qui le conduit à la Bastille. Morellet s'y gaussait non seulement de l'auteur des *Philosophes* mais aussi de deux dames de la cour, la comtesse La Marck et la princesse de Robecq, protectrice de Palissot et maîtresse du duc de Choiseul que la phtisie devait emporter quelques plus jours tard. Désargenté et prêt à toutes les infamies, Palissot entend une voix anonyme qui lui commande d'écrire une comédie contre les philosophes. « Et tu peindras de couleurs odieuses la philosophie, lui enjoint la voix, et tu accuseras les philosophes de n'avoir ni mœurs ni probité, d'exciter la sédition et de haïr le gouvernement, et je ferai taire en ta faveur les lois qui proscrivent la calomnie. » Une fois la comédie écrite, « on verra une grande dame bien malade désirer pour toute consolation avant de mourir d'assister à ta première représentation et dire : *c'est maintenant, Seigneur, que vous laissez aller votre servante en paix, car mes yeux ont vu la vengeance*[12]. » Pour prévenir la rumeur qui commence à lui attribuer le pamphlet, Diderot se croit obligé d'écrire à Malesherbes : « J'apprends que des personnes mal instruites ou mal intentionnées m'attribuent une brochure intitulée *Préface à la Comédie des* Philosophes. Je crois devoir vous prévenir que je n'ai aucune part, quelle qu'elle puisse être, ni directe ni indirecte, à cet ouvrage, et que je n'en connais ni n'en soupçonne l'auteur. [...] Je n'ai point été à la pièce des *Philosophes*. Je ne l'ai point lue. Je n'ai point lu la *Préface* de Palissot, et je me suis interdit tout ce qui a trait à cette indignité[13]. » Ce n'est que plus tard que Diderot exhalera sa rancœur contre l'auteur des *Philosophes*, « un homme souillé de toutes sortes d'infamies, [...] qui n'a ni foi ni loi ni sentiment ; [...] qui compte ses jours par ses scélératesses[14] ».

Ennemi de Diderot et des encyclopédistes, Palissot voua cependant une grande admiration à Voltaire avec lequel il entretenait un commerce épistolaire. Or la représentation des *Philosophes* mit le patriarche dans une situation embarrassante vis-à-vis du protégé de Choiseul. Il prit cependant la défense de Diderot et sermonna l'auteur de la pièce, sans peut-être y mettre toute l'ardeur souhaitée par l'intéressé. « Je ne connais point M. Diderot, écrit-il à Palissot le 4 juin, je ne l'ai jamais vu. Je sais seulement qu'il a été malheureux et persécuté ; cette seule raison devait vous faire tomber la plume des mains. » Palissot lui avait fait croire que la *Vision* était de celui qu'il avait appelé « Dortidius » dans *Les Philosophes*. « Vingt personnes m'ont assuré, déclare Voltaire, que M. Diderot a une très belle âme. Je serais affligé d'être trompé, mais je souhaite d'être éclairé. » Palissot fut incapable de fournir les preuves exigées et Voltaire ne lui pardonna jamais d'avoir voulu lui en faire accroire. Pour venger Diderot de tous ces affronts, Voltaire décide alors de le faire entrer à l'Académie française, sans même lui en parler. Pendant plusieurs mois, il assaillit ses correspondants de demandes et de propositions en ce sens. Diderot, n'appréciant pas cette initiative intempestive, lui fait savoir qu'il n'accepterait jamais d'être candidat.

La comédie des *Philosophes* fut le dernier triomphe des adversaires de l'*Encyclopédie*. En 1761, Diderot fait jouer *Le Père de famille* dont le succès efface un peu l'impression produite par la comédie de Palissot. « Il s'est élevé, rapporte-t-il non sans satisfaction à Voltaire, du milieu du parterre des voix qui ont dit : quelle réplique à la satire des *Philosophes* ! Voilà le mot que je voulais entendre[15]. » Au mois d'octobre, une nouvelle extraordinaire court dans Paris : à Lisbonne, soixante-dix personnes ont été condamnées par l'Inquisition, parmi eux le père Gabriel Malagrida. Ce jésuite d'origine italienne avait passé plus de trente ans au Brésil à évangéliser les Indiens. De retour au Portugal, il profita du terrible tremblement de terre de Lisbonne en 1755 pour ajouter à l'exaltation populaire en évoquant une punition divine contre l'impiété des hommes. Agacé par l'explication des causes naturelles de la catastrophe qui circule dans une brochure publiée à la demande du puissant ministre du roi, le marquis de Pombal, il écrit un petit texte intitulé *Jugement sur la véritable cause du tremblement de terre* dans lequel il parle de punition divine et prétend apaiser le malheur des délogés avec des processions et des chants religieux. Exilé par Pombal, il est jugé responsable, avec deux autres jésuites et une partie de la noblesse, d'une tentative d'assassinat contre le roi du Portugal. Le 7 septembre 1759, les jésuites sont expulsés du Portugal et du Brésil ; dénoncé comme faux prophète, imposteur et hérétique, le père Malagrida est brûlé vif avec d'autres prétendus conspirateurs deux ans plus tard.

L'événement a un grand retentissement en France où l'aversion contre les jésuites grandit de jour en jour depuis l'affaire La Valette[16]. Ennemis implacables des jésuites, les parlementaires entreprennent une offensive de grande envergure en procédant à un examen détaillé des statuts de la Compagnie. Il en résulte qu'ils sont contraires aux lois du royaume de France, car un homme qui s'affilie à cet ordre cesse d'être sujet du roi. Le 23 avril 1762, avec l'aval du roi, le parlement de Paris supprime l'ordre des jésuites, convaincu d'enseigner une doctrine morale et pratique « perverse, destructive de tout principe de religion et même de probité, injurieuse à la morale chrétienne, pernicieuse à la société civile, séditieuse, attentatoire aux droits et à la nature de la puissance royale, et à la sûreté même de la personne sacrée des souverains, et à l'obéissance des sujets, propre à exciter les plus grands troubles dans les États, à former et à entretenir la plus profonde corruption dans le cœur des hommes[17] ». « Voilà, mon amie, le billet d'enterrement des jésuites », commente Diderot en envoyant la brochure de l'arrêt à Sophie Volland. « Me voilà délivré d'un grand nombre d'ennemis puissants. Qui est-ce qui aurait deviné cet événement il y a un an et demi[18] ? » L'arrêt condamne les jésuites à « vider toutes les maisons, collèges, séminaires, maisons professes, noviciats, résidences, missions ou autres établissements » et leur interdit d'exercer des fonctions publiques, en particulier dans l'enseignement. La France assiste alors à une espèce de psychose collective savamment entretenue par les jansénistes, ennemis implacables des membres de la Société de Jésus. Témoin de l'impitoyable proscription dont les jésuites sont les victimes, cette annonce publiée dans le *Mercure historique et politique* en janvier 1763 : « Par sentence de la sénéchaussée de Brest, le frère d'Ambrin, prêtre de la Société soi-disant de Jésus, a été condamné à faire amende honorable au roi et à la justice, tête et pieds nus, corde au col, en chemise, ayant en main une torche du poids de deux livres, et à être ensuite pendu et étranglé jusqu'à ce que mort s'ensuive. Son crime est d'avoir avancé en chaire les propositions suivantes : tout bon chrétien ne doit reconnaître sur terre d'autre roi que Jésus-Christ ; quiconque veut exercer quelque droit de la royauté entreprend sur l'autorité indéniable de Jésus-Christ[19]. » Le 26 novembre 1764, un décret de Louis XV dissout la Compagnie de Jésus[20]. Avec les jésuites disparaissent les adversaires les plus acharnés de l'*Encyclopédie* et Diderot peut refuser la proposition de Catherine II qui lui offrait d'achever l'*Encyclopédie* à Saint-Pétersbourg.

Au XVIIIe siècle, de nombreux philosophes non seulement s'intéressent à la politique mais entretiennent un commerce épistolier avec plusieurs têtes couronnées de l'Europe, jusqu'à se mettre au service des princes dits éclairés. Ceux-ci sont heureux de suivre les progrès de l'esprit et s'entourent volontiers de philosophes ; ceux-là sont attirés par l'espoir d'influencer une politique, voire d'aider à l'exercer. On sait les rapports, parfois houleux mais jamais rompus, entre Voltaire et Frédéric II de Prusse (mais quand l'empereur Joseph II vint en France, il dédaigna de visiter le patriarche de Ferney). Plus à l'est, l'accession au trône de Catherine II et de Stanislas Poniatowski favorise la pénétration des Lumières en Russie et en Pologne. On a souvent ironisé, non sans raison, sur les déclarations humanitaires des souverains, sans cesse démenties par les guerres et les partages, sur les espoirs naïfs aussi que les philosophes réformateurs mettaient dans un prince instruit et ouvert au progrès. La réalité est bien plus nuancée : que ce soit au Portugal, en Espagne ou en Suède, sans parler des cours d'Allemagne, des princes acquis aux idées nouvelles ont procédé à des réformes qui firent l'admiration de l'Europe des Lumières. Il n'en reste pas moins que le « Salomon du Nord » (Frédéric II) et la « Sémiramis du Nord » (Catherine II) ont utilisé certaines idées philosophiques dans la mesure où, leur servant de caution, elles favorisaient la grandeur de leurs États. Comme le montre l'exemple des relations entre Frédéric II et Voltaire, entre Catherine II et Diderot, le désenchantement a souvent succédé à l'euphorie des premières rencontres.

Au mois de juillet 1762, l'épouse du tsar de Russie Pierre III fait assassiner son mari et s'installe sur le trône sous le nom de Catherine II. Princesse allemande d'extraction modeste, elle acquit très tôt une culture d'autodidacte très étendue et se révélera plus tard étonnamment préparée à ses responsabilités. Dès le 20 août de la même année, le chambellan de la nouvelle tsarine, le comte Ivan Chouvalov, propose à Diderot de venir achever l'*Encyclopédie* en Russie. On imagine facilement la satisfaction ressentie par ce dernier quand il lut ces mots flatteurs :

> Comme votre réputation est aussi étendue que la République des Lettres, l'éloignement ne porte aucun préjudice à l'admiration universelle que vous méritez à juste titre.
>
> L'Impératrice, ma souveraine, protectrice zélée des sciences et des arts, a pensé depuis longtemps aux moyens propres à encourager le fameux ouvrage auquel vous avez tant de part. C'est par son ordre, Monsieur, que j'ai l'honneur de vous écrire pour vous offrir tous les secours que vous jugerez nécessaires pour en accélérer l'impression. En cas qu'elle trouvât des obstacles ailleurs, elle pourrait se faire à Riga ou dans quelque autre ville de cet empire.
>
> L'*Encyclopédie* trouverait ici un asile assuré contre toutes les démarches de l'envie. S'il faut de l'argent pour subvenir aux frais, parlez sans détour, Monsieur. J'attends impatiemment votre réponse pour en faire rapport à ma souveraine.

La lettre de Chouvalov parvint à Diderot par l'intermédiaire de Voltaire, qui le pressait d'accepter l'offre généreuse de la tsarine. À quoi celui-ci répondit : « Non, très cher et très illustre frère, nous n'irons ni à Berlin ni à Pétersbourg achever l'*Encyclopédie* ; et la raison, c'est qu'au moment où je vous parle on l'imprime ici et que j'en ai des épreuves sous mes yeux. Mais chut[21] ! »

Après cet échec, la nouvelle souveraine, qui sait qu'elle est diplomatiquement en porte-à-faux vis-à-vis des princes européens et moralement contestée par l'opinion publique, se tourne vers le deuxième éditeur de l'*Encyclopédie*, d'Alembert, à qui elle propose le poste de précepteur du grand-duc de Russie. Malgré l'offre alléchante de 10 000 livres de pension, d'Alembert refuse. Il s'en explique dans une lettre à Voltaire, rappelant la raison officielle de la mort de Pierre III, une colique hémorroïdale : « Je suis trop sujet aux hémorroïdes, elles sont trop dangereuses en ce pays-là, et je veux avoir mal au derrière en toute sûreté[22]. »

Deux ans plus tard, l'impératrice tient enfin sa chance. Informée par Grimm que Diderot souhaitait vendre sa bibliothèque pour doter sa fille, elle lui propose d'en faire l'acquisition au prix de 15 000 livres, « à cette seule condition que M. Diderot, pour son usage, en sera le dépositaire jusqu'à ce qu'il plaise à sa Majesté de la faire demander[23] ». Ayant accepté cette proposition, Diderot accède au rang de « bibliothécaire » de Catherine II de Russie tout en permettant à la tsarine d'imposer à l'opinion l'image prestigieuse d'une souveraine éclairée, figure exemplaire de l'Europe des Lumières. « Jamais je n'aurais cru, s'étonnera-t-elle dans une lettre à Voltaire, que l'achat d'une bibliothèque m'attirerait tant de compliments[24]. » Le projet de constituer avec ses livres un fonds dont il pourrait tirer profit était venu à Diderot au cours de l'été 1759[25]. Entre 1760 et 1763, il s'adresse sans succès à plusieurs acquéreurs potentiels, mais comme il ne sait pas marchander, il se lasse vite. En 1762, un libraire estime la valeur de sa bibliothèque à 13 185 livres très exactement, probablement bien au-dessus de sa valeur réelle. En la payant 15 000 livres, Catherine II faisait un cadeau royal à son possesseur, sans compter qu'elle lui en laissait l'usufruit jusqu'à la fin de sa vie. À cet acte de mécénat éclatant, elle ajoutait des appointements de 1 000 livres par an, avec comme seule contrepartie la charge pour Diderot de conserver le fonds, et pour ses héritiers d'en assurer le transfert à Saint-Pétersbourg. Et quand, un an plus tard, l'impératrice oublie de lui verser la rente promise, elle compense cet oubli (?) en lui donnant d'un coup 50 000 livres, à valoir sur les cinquante années à venir.

En acceptant ce marché, Diderot s'engagea à être le « laudateur appointé de la tsarine » (Jacques Proust) jusqu'à la fin de ses jours. La perspective de quitter les chaînes des libraires pour celles de l'impératrice ne le réjouit cependant que très modérément. « J'avais une fortune bornée, se plaint-il à Sophie Volland ; la nécessité de la partager au temps où une fille nubile me demanderait sa dot, et l'impossibilité de ce partage sans aller chercher l'aisance en province, ou sans ressentir la disette à Paris, m'inquiétaient et semblaient me condamner au travail jusque dans l'âge des infirmités et du repos. Un événement inattendu m'enrichit et ne me laisse aucun souci sur l'avenir. En ai-je été plus heureux ? Aucunement[26]. » Thuriféraire de la tsarine à l'occasion[27], Diderot devient un de ses agents les plus actifs. Dès le mois d'avril 1765, il lui recommande le sculpteur Falconet pour l'érection du monument à la gloire de Pierre le Grand. Puis il envoie le physiocrate Lemercier de La Rivière, engage des gouverneurs pour l'École des Cadets et filtre des candidatures à l'émigration. Attaché culturel ou courtier en tableaux, il achète pour le compte de l'impératrice de grandes collections d'œuvres d'art, signe des contrats notariés et veille même à l'emballage et à l'expédition par mer de ses achats. Le philosophe réussit sa plus belle opération avec la fabuleuse collection Crozat de Thiers. En 1772, il achète près de cinq cents tableaux payés 460 000 livres. À Falconet il écrit : « Nous vendons nos tableaux et nos statues au milieu de la paix ; Catherine les achète au milieu de la guerre. Les sciences, les arts, le goût, la sagesse remontent vers le Nord, et la barbarie avec tout son cortège descend au Midi[28]. » Un an plus tard, à l'âge de soixante ans, Diderot se met en route pour Saint-Pétersbourg pour remercier sa bienfaitrice, au risque de s'y briser les os. Il porte dans ses valises le plan d'une *Encyclopédie* russe qu'il compte réaliser là-bas. Dans la tête de Diderot, il ne s'agit pas moins que de porter chez un peuple jeune et non policé par le véhicule d'un dictionnaire de langue bien fait, tout l'héritage d'une nation civilisée – la France – dans l'ordre de la science et des arts[29].

Élu associé étranger à l'Académie impériale des arts de Pétersbourg en 1767, le chef de file des encyclopédistes français se met à rêver à voix haute devant Falconet : « Je suis aimé, estimé de tous les savants de ce pays, de tous les hommes de lettres, de tous les artistes. [...] À mesure que j'exécuterai en français, d'autres s'emploieront à traduire en russe. [...] Par le moyen du latin qui nous servira de truchement commun, nous donnerons à la version toute la conformité possible avec l'original, et nous publierons le tout sous les auspices de la souveraine[30]. » Arrivé en Russie, Diderot vante son projet auprès de la tsarine. Il l'assure de retrouver pour cette nouvelle entreprise tous ses « coopérateurs » de la première édition, y compris d'Alembert, et prétend la mener à son terme dans un espace de six ans environ. Outre la direction générale, il a l'intention de se réserver, « toute la partie des arts mécaniques, discours et planches, l'histoire de la philosophie ancienne et moderne et tout ce qui tient à la langue usuelle[31] ». Il n'en fut cependant rien, et Diderot dut déchanter. « Il est probable, conjecture Jacques Proust, que Catherine, qui connaissait bien maintenant les principes du philosophe, ne désirait pas qu'ils fussent divulgués[32]. »

Au moment où Diderot se mettait à rêver à une *Encyclopédie* russe, la publication du grand *Dictionnaire* en France était sur le point de s'achever. Après la disgrâce suivie de l'expulsion des jésuites, le vent a enfin tourné. Et pourtant, le sort de l'*Encyclopédie*, après son interdiction en 1759, ne tenait plus qu'à un fil. Lors d'un dîner chez l'éditeur Le Breton, d'Alembert s'était violemment opposé à la continuation de l'œuvre, puis avait fini par accepter de fournir sa partie mathématique en deux ans. « Il est sûr, commente amèrement Diderot, que l'*Encyclopédie* n'a point d'ennemi plus décidé que cet homme-là[33]. » On décide de reprendre le travail, quitte à imprimer les volumes restants en Hollande – trois ans plus tard, on l'a vu, il ne sera plus question de s'expatrier. Mais la police peut frapper à tout instant : « Les verrous de ma porte, raconte Diderot, étaient fermés depuis six heures du matin jusqu'à deux heures après-midi, et la besogne avançait, lorsqu'un de ces événements auxquels on ne s'attend point m'a précipité dans les alarmes. Il a fallu tout à coup enlever pendant la nuit les manuscrits, se sauver de chez soi, découcher, chercher un asile, et songer à se pourvoir d'une chaise de poste et à marcher tant que la terre me porterait[34]. »

Là-dessus, le père de Diderot tombe sérieusement malade. « Je suis un mauvais fils, écrit-il à Grimm qui venait de faire la connaissance du patriarche à Langres. Je ne saurais m'arracher d'ici. Non, je ne saurais, ni relire certaines lignes de votre première lettre. Elles me déchirent et ne me déterminent pas[35]. » Didier Diderot meurt en l'absence de son fils aîné le 3 juin 1759. « Voilà le dernier coup qui me restait à recevoir », gémit-il lorsqu'il apprend la nouvelle[36]. Deux semaines plus tard, il raconte dans une lettre émouvante les derniers instants de son père[37], puis avoue que son souvenir l'obsède au moment d'écrire : « Vous eussiez trouvé l'ouvrage tout fait, sans... J'étais au milieu des prêtres, des bourreaux, des malheureux ; la tête s'était échauffée ; des spectres de toute espèce voltigeaient autour de moi, lorsque[38]... » Diderot s'en explique dans une autre lettre. La pièce qu'il médite alors (et qu'il ne terminera jamais) s'intitule *Le Juge de Kent* (ou *Le Shérif*) et doit comporter des « circonstances terribles », des « choses très pathétiques ». L'action se situe en Angleterre, après l'accession au trône de Jacques II. Pour mener la répression contre les révoltés, un shérif est envoyé dans un petit hameau de la province de Kent. Il s'était vu jadis refuser en mariage la fille d'un juge, qu'il retrouve aujourd'hui et dont il s'est juré la perte. Cette jeune fille a été promise à un jeune homme qu'elle est sur le point d'épouser. Arrivé sur place, le shérif commence par arrêter le juge, puis annonce à la jeune fille qu'elle ne peut sauver son père qu'en se donnant à son persécuteur. Elle finit par céder. Mais le shérif ne tient pas sa promesse : malgré le sacrifice de la fille, il fait exécuter le père. Le peuple soulevé par le fiancé se révolte et le shérif est assassiné. Ce qui empêche Diderot de terminer sa pièce, c'est que son esprit s'égare, « et que ce n'est plus le juge de Kent, mais le coutelier de Langres » qu'il voit[39]...

Dans l'*Entretien d'un père avec ses enfants*, rédigé après un nouveau séjour à Langres, le portrait moral du coutelier[40] est complété par l'émouvante énumération de tous ceux qui, au village comme dans les environs, venaient le consulter et pleurèrent sa perte après son décès. « Son image, soupire Diderot, sera toujours présente à ma mémoire ; il me semble que je le vois dans son fauteuil à bras, avec son maintien tranquille et son visage serein ; il me semble que je l'entends encore. » Curieux ressouvenir de la part d'un fils qui craignait, avant même la mort du père, de ne plus se rappeler sa figure dix ans plus tard ! Bien plus que d'un père aimant et chaleureux, on se croit en présence d'un juge qui dit la loi sans jamais douter de soi, tranquille et serein car imbu de son jugement infaillible. Les véritables sentiments de ce père vis-à-vis de son fils percent immédiatement après, dans cette plaisanterie, bonne ou mauvaise selon le point de vue, illustrant les inconvénients de la célébrité : « Mon fils, nous avons fait tous les deux du bruit dans le monde, avec cette différence que le bruit que vous faisiez avec votre outil vous ôtait le repos, et que celui que je faisais avec le mien ôtait le repos aux autres[41]... » La boutade du « vieux forgeron » est effectivement une jolie trouvaille : premièrement, elle place sur le même niveau le père et le fils, gommant quelque peu la différence entre la renommée locale du premier et la célébrité européenne du second ; deuxièmement et surtout en ce qu'elle semble jeter le blâme sur le métier exercé par le père alors qu'en réalité elle condamne moralement l'activité bien moins bruyante du fils. « L'homme heureux a son sommeil », affirme le Neveu de Rameau à propos de son oncle ; il s'endort « au doux murmure de l'éloge » et a l'air satisfait même en dormant[42]. Si le plaisir musical procure un si doux sommeil, combien est doux et tranquille le sommeil de l'homme juste qui n'a rien à se reprocher en fermant les yeux sur son mol oreiller ! Ce n'est pas le cas, insinue le père Diderot, des perturbateurs de la société comme son fils, comme de manière plus générale de tous ceux qui, comme le chapelier, n'ont pas la conscience tranquille pour avoir enfreint la loi : « Maître un tel, lui dit-il, vous nous avez confessé que depuis que vous aviez spolié la succession de votre femme, vous aviez perdu le repos ; et à quoi vous sert donc cet argent qui vous a ôté le plus grand des biens ? » Puis, se tournant vers sa famille : « Mes enfants, les jours du méchant sont remplis d'alarmes, le repos n'est fait que pour l'homme de bien, c'est lui seul qui vit et meurt tranquille[43]. » Le message adressé par le père à son fils est sans équivoque : nonobstant son métier bruyant, le coutelier de Langres était unanimement apprécié par ses concitoyens alors que l'encyclopédiste rebelle vis-à-vis des autorités religieuses et civiles vivait à Paris dans la crainte continuelle d'une nouvelle descente de police.

Diderot ne part que le 25 juillet pour régler la succession dans sa ville natale. Après deux longues journées d'un voyage pénible, avec seulement quatre heures de repos sur trente-six, il arrive à Langres. Mais plus que le trajet, ce sont les soucis passés qui ont laissé des traces sur son visage. Diderot a l'air « si changé, si défait », que la vieille servante de la famille fait remarquer qu'il devait être venu se faire enterrer à côté de son père[44]. L'accueil réservé par les Langrois au célèbre enfant du pays est envahissant. « Ce sont des visites à recevoir et à rendre sans fin, et des repas qui commencent le plus tôt et qui durent le plus tard qu'on peut. [...] On est si aise de m'avoir, si flatté, si honoré[45]. » Et contrairement à Paris où il a essuyé un orage domestique d'une rare violence avant son départ, les relations avec son frère et sa sœur sont au beau fixe. Le 13 août, l'acte de partage après décès du père est signé chez le notaire[46], puis Diderot quitte Langres le 16, dans l'attendrissement général. Au retour, il apprend l'ordonnance du 21 juillet condamnant les libraires à rembourser les souscripteurs. Le 3 septembre, le pape Clément XIII publie un bref rappelant que l'*Encyclopédie* avait été mise à l'index en mars de la même année. Cinq jours plus tard, les libraires se voient accorder le privilège pour les volumes de planches.

En même temps que la publication officielle des planches, Diderot prépare les volumes restants de textes dans la clandestinité. Après la défection des collaborateurs les plus prestigieux, il est obligé de recruter de nouveaux auxiliaires, qui ne valent pas toujours les premiers. L'un des plus efficaces, et même le principal artisan de l'*Encyclopédie* à partir de 1759 au dire de son biographe[47], est le chevalier de Jaucourt. Après avoir étudié les lettres, les sciences et la théologie à Genève puis à Cambridge, il obtint son doctorat de médecine à Leyde. Installé en Hollande, il renonça à exercer la médecine pour se consacrer à des travaux littéraires, puis rentra en France en 1736 ou 1737 où il poursuivit sa carrière d'érudit. Il collabore à l'*Encyclopédie* dès le tome II, déchargeant Diderot du soin de rédiger, dans toutes les matières, les articles manquants. Son information universelle et son dévouement indéfectible (il s'est notamment ruiné pour payer ses secrétaires) en firent un remarquable collaborateur, auteur de plus de seize mille articles (à peu près le quart du total !) auquel l'*Avertissement* du tome VIII a rendu un vibrant hommage : « Que n'a-t-il pas fait pour nous, surtout dans ces derniers temps ? Avec quelle constance ne s'est-il pas refusé à des sollicitations tendres et puissantes qui cherchaient à nous l'enlever ? Jamais le sacrifice du repos, de l'intérêt et de la santé ne s'est fait plus entier et plus absolu. Les recherches les plus pénibles et les plus ingrates ne l'ont point rebuté. Il s'en est occupé sans relâche, satisfait de lui-même s'il pouvait en épargner aux autres le dégoût. Mais c'est à chaque feuille de cet ouvrage à suppléer ce qui manque à notre éloge ; il n'en est aucune qui n'atteste et la variété de ses connaissances et l'étendue de ses secours[48]. »

Mais Diderot, surchargé de travail et de soucis, souvent au bord de l'épuisement, laisse parfois passer des articles « faute de mieux », et après des corrections hâtives. Après avoir signé plusieurs milliers d'articles dans les sept premiers volumes, il n'en écrit presque plus – quelques centaines pour les dix derniers : les tâches d'administration et d'édition qu'il doit désormais assurer seul mangent toute l'énergie qu'il consent à investir dans l'*Encyclopédie*. En 1763, il se charge en outre d'une besogne ingrate afin de soutenir la corporation des libraires auprès du nouveau directeur de la Librairie[49], le lieutenant général de la police Antoine-Raymond de Sartine, que Diderot connaît depuis ses années de collège. L'estime entre les deux hommes était réciproque, et c'est grâce à la bienveillante compréhension de Sartine qu'en ces années 1763-1764, les dix derniers volumes de l'*Encyclopédie* achevaient de s'imprimer en plein Paris. À la demande du libraire Le Breton, principal éditeur de l'*Encyclopédie* et syndic de la chambre des libraires et des imprimeurs, Diderot prend la plume pour défendre les privilèges d'impression en faveur des libraires et imprimeurs parisiens. Ce mémoire de près de 80 pages, que Diderot mentionnera plus tard sous le titre *Sur la liberté de la presse*[50], ne fut pas publié – du moins dans la version préparée par Diderot – avant 1861 ; il sera soumis à Sartine en 1764 sous une forme remaniée et sensiblement différente, car ni l'esprit ni la forme de l'original rédigé par leur

« nègre » ne convenaient aux desseins de Le Breton et ses adjoints. Ce point ressort bien du titre donné au travail de Diderot par les libraires : *Représentations et observations en forme de mémoire sur l'état ancien et actuel de la librairie et particulièrement sur la propriété des privilèges.* La *Lettre* de Diderot *sur la liberté de la presse* est plus politique, résume Jacques Proust, alors que le mémoire transmis par les libraires est plus juridique et moins polémique, plus conservateur aussi[51].

La *Lettre sur le commerce de la librairie* s'insère dans la longue bataille autour du livre que mènent entre eux libraires parisiens, libraires de province et auteurs depuis le XVIe siècle. Pour paraître légalement, un manuscrit doit parcourir un long chemin à travers la bureaucratie de l'Ancien Régime, passant des censeurs à la Direction de la librairie, à la chancellerie et à la Chambre syndicale de la communauté des libraires et des imprimeurs. Quand il paraît enfin sous forme de livre, celui-ci est non seulement légal mais privilégié, c'est-à-dire qu'il bénéficie d'une grâce octroyée par le roi qui garantit sa conformité avec les principes religieux et monarchiques du temps[52]. Ce privilège, acheté très cher, donne à son détenteur un monopole sur l'ouvrage pour une durée limitée mais renouvelable. Dès son arrivée à la Direction de la librairie, Malesherbes a développé la pratique de la « permission tacite[53] ». Apparue vers 1718, cette nouvelle forme d'approbation n'a aucun caractère officiel et contribue à relâcher la sévérité de la censure. Parallèlement, de nombreuses œuvres, susceptibles d'être rejetées parce qu'attentatoires – ou supposées telles – à la religion, au pouvoir royal et aux bonnes mœurs, sont imprimées à l'étranger, dans les pays et villes protestants comme Londres, Genève, La Haye ou Amsterdam, puis introduites en France par voie de contrebande et distribuées sous le manteau. « Les pensées des hommes, notait Voltaire en 1733, sont devenues un objet important du commerce. Les libraires hollandais gagnent un million par an, parce que les Français ont eu de l'esprit[54]. » Enfin, des ouvrages à succès sont vendus sous forme de contrefaçons fabriquées en Avignon ou ailleurs.

Consternés de voir ainsi ruiné le commerce de la librairie sur le territoire national, les plus lucides des administrateurs reconnaissent la nécessité de préserver l'édition française, sans compter que certaines interdictions sont non seulement vaines mais produisent, par un mécanisme psychologique bien connu, un effet inverse à celui escompté : « La proscription, plus elle est sévère, plus elle hausse le prix du livre, plus elle excite la curiosité de le lire ; plus il est acheté, plus il est lu. [...] Combien de fois le libraire et l'auteur d'un ouvrage privilégié, s'ils avaient osé, n'auraient-ils pas dit aux magistrats de la grande police : "Messieurs, de grâce, un petit arrêt qui me condamne à être lacéré et brûlé au bas de votre grand escalier" ? Quand on crie la sentence d'un livre, les ouvriers de l'imprimerie disent : "Bon, encore une édition[55]." » Mais l'objet principal du mémoire adressé à Sartine est ailleurs. Aussi curieux que cela puisse paraître eu égard aux relations parfois houleuses entre le directeur de l'*Encyclopédie* et ceux qu'il appelle des « corsaires » à cause de leur rapacité[56], Diderot y plaide en faveur du maintien du monopole commercial détenu par la corporation des libraires parisiens en matière de livres à succès contre les « prétentions » des provinciaux qui, eux, se battaient pour l'extension du domaine public. La grande affaire, pour les libraires parisiens, est bien de fonder juridiquement la notion de propriété littéraire dans le but d'empêcher les libraires de province de rééditer des ouvrages publiés par leurs confrères de la capitale et tombés dans le domaine public[57].

Après avoir fait l'histoire de la Librairie depuis l'établissement de l'imprimerie en France, Diderot examine le droit de propriété des ouvrages. En tant qu'écrivain, il revendique tout naturellement la spécificité du livre, qui n'est pas un produit manufacturé comme un autre ; il exige, à ce titre, un régime spécial de protection, voire de protectionnisme : « Une bévue que je vois commettre sans cesse à ceux qui se laissent mener par des maximes générales, c'est d'appliquer les principes d'une manufacture d'étoffes à l'édition d'un livre[58]. » Un livre n'est pas un morceau de chiffon ! La concurrence excessive entraîne la dégradation de la qualité des éditions et la spoliation des libraires ayant établi, à grands frais, le texte original : « Sans doute la concurrence excite l'émulation ; mais dans les affaires de commerce et d'intérêt, pour une fois qu'elle excite l'émulation de bien faire, cent fois c'est celle de faire à moins de frais[59] », et donc à moindre qualité. La spoliation des libraires entraîne celle des auteurs, lésés de leurs droits et dépouillés de tout revenu par les contrefacteurs[60]. Les intérêts de l'auteur et du libraire, estime Diderot, sont absolument indissociables. Son argumentation, telle que la résume Denis Malo, est simple : « L'auteur, propriétaire de son œuvre à perpétuité, la cède par contrat à un libraire qui en devient légitimement propriétaire à son tour et à perpétuité. Si cette perpétuité est remise en cause (par le non-renouvellement du privilège), les conséquences sur l'exploitation commerciale de l'œuvre sont évidentes et le libraire, conscient que la propriété ne lui durera pas ou refusera l'œuvre ou ne la paiera qu'une somme dérisoire[61]. » Diderot va jusqu'à réclamer un strict contrôle du nombre des libraires à Paris, car « moins il y aura de contrefaçons, plus les libraires privilégiés seront protégés, donc riches, et plus ils paieront cher les auteurs[62] ». Le manuscrit, explique-t-il, est une marchandise appartenant à son auteur puis à son acquéreur, une légitime possession qui doit être respectée et protégée comme tout autre bien dans la société : « Je le répète, l'auteur est maître de son ouvrage, ou personne dans la société n'est maître de son bien[63]. » La propriété littéraire a les caractères de toute propriété, elle s'acquiert, se garde et se transmet, comme tout autre bien mobilier ou immobilier. Parce que les droits de l'auteur sur son manuscrit sont imprescriptibles, le sont aussi les droits du libraire qui l'a acheté. Diderot préconise par conséquent la lutte contre les contrefaçons – aujourd'hui on y inclurait aussi le piratage et le partage de fichiers *via* internet – dont les auteurs et les libraires (aujourd'hui : les artistes et leurs producteurs) sont les victimes. Les contrats entre auteur et libraire « n'ont quelque avantage pour l'auteur qu'en vertu des lois qui assurent au commerçant la possession tranquille et permanente des ouvrages qu'il acquiert. Abolissez ces lois. Rendez la propriété de l'acquéreur incertaine, et cette police mal entendue retombera en partie sur l'auteur. Quel parti tirerai-je de mon ouvrage, surtout si ma réputation n'est pas faite, [...] lorsque le libraire craindra qu'un concurrent, sans courir le hasard de l'essai de mon talent, sans risquer les avances d'une première édition, sans m'accorder aucun honoraire, ne jouisse incessamment, au bout de six ans, plus tôt s'il l'ose, de son acquisition[64] ? »

Denis Malo a bien mis en évidence que Diderot ne songe absolument pas à fixer la propriété littéraire « en amont du libraire », *dans la personne de l'auteur*[65]. C'est la voie qui conduira en 1777 à la fondation de la Société des auteurs dramatiques sous l'impulsion de Beaumarchais, premier embryon de la Société des gens de lettres chargée de défendre les intérêts matériels et moraux des écrivains. Diderot, quant à lui, ravale la production artistique au rang d'objet de commerce dont chaque propriétaire – d'abord l'auteur qui l'a créé, puis le libraire qui le lui a acheté – doit pouvoir disposer à son gré. Le privilège tel que Diderot le défend n'est pas une *grâce* royale mais un *droit* acquis légalement : « Le libraire acquiert par un acte un manuscrit. Le ministère par une permission autorise la publication de ce manuscrit, et garantit à l'acquéreur la tranquillité de sa possession. Qu'est-ce qu'il y a en cela de contraire à l'intérêt général ? Que fait-on pour le libraire qu'on ne fasse pour tout autre citoyen[66] ? » Diderot défend ici les fondements même de la société bourgeoise basée sur le droit de propriété qui est conféré à chacun selon le travail – de quelque nature qu'il soit qu'il fournit.

Quand Diderot fut engagé comme codirecteur de l'*Encyclopédie*, il était à peu près comme l'aiglon qui « déploie ses ailes et se confie au vague de l'air », comme il l'écrit plaisamment dans la *Lettre sur le commerce de la librairie*[67]. Accédant au statut de salarié, il cessait enfin de travailler à la petite semaine, en vendant au fur et à mesure le produit de son activité littéraire. Au début et pendant de nombreuses années, Diderot a cependant reçu un salaire de misère des libraires, alors que ceux-ci tiraient un bénéfice considérable de l'*Encyclopédie*. Quand il prit la relève de l'abbé De Gua de Malves, le contrat passé avec les libraires le 16 octobre 1747 lui accordait une somme forfaitaire de 7 200 livres, payables à raison de 1 200 livres à la sortie du premier volume, et le reste par mensualité de 144 livres[68]. En 1754, Diderot se rebiffe avec succès, probablement, conjecture Jacques Proust, après avoir discuté lors de son voyage à Langres avec des personnes avisées[69]. Désormais, le codirecteur de l'*Encyclopédie* touchera 2 500 livres par volume et les ouvrages qui lui furent fournis par les libraires pour son travail lui sont laissés en toute propriété – c'est cette donation qu'il mettra à profit quelques années plus tard pour doter sa fille. Diderot commence à s'embourgeoiser même s'il vit toujours dans une aisance toute relative. La crise de 1758 ne met pas en péril ses rentrées d'argent, bien au contraire. En décidant de continuer l'*Encyclopédie* dans la clandestinité, Diderot fait chèrement payer aux libraires son courage. En même temps, les libraires tirent du dictionnaire un profit substantiel. Quelqu'un comme Voltaire, qui s'y connaissait, n'avait pas tort de s'interroger : « Est-il vrai que de cet ouvrage immense et de douze ans de travaux, il reviendra vingt-cinq mille francs à Diderot, tandis que ceux qui fournissent du pain à nos armées gagnent vingt mille francs par jour[70] ? » Indigné qu'un homme de lettres comme Diderot acceptât d'être traité comme un larbin, il laissait exhaler sa colère : « Plus il est bon homme, et plus je le plains d'être dépendant des libraires, qui ne sont point du tout bonnes gens [...]. C'est une chose pitoyable que des associés de mérite ne soient ni maîtres de leur ouvrage ni maîtres de leurs pensées. [...] Si vous voyez ce bon Diderot, dites à ce pauvre esclave que je lui pardonne d'aussi bon cœur que je le plains[71]. » Diderot, de son côté, ne se faisait pas non plus d'illusions sur ses employeurs. « Mon arrangement avec les libraires est à peine conclu, répondit-il à Voltaire. Nous avons fait ensemble un beau traité, comme celui du Diable et du paysan de La Fontaine. Les feuilles sont pour moi ; le grain est pour eux[72]. » En 1762, Diderot signe un dernier contrat avec les libraires, le plus favorable de tous ceux qu'il a obtenus. Avec ce salaire, « on pouvait vivre honnêtement à Langres, quand on était célibataire, comme Denise Diderot. À Paris, c'était une misère, pour un homme marié, qui avait le goût du luxe et qui fréquentait des gens cossus[73]. » Sans les largesses de Catherine II, Diderot serait probablement resté l'« esclave » d'un ou plusieurs libraires jusqu'à la fin de sa vie.

Au moment où Diderot défendait la cause des libraires auprès de Sartine, l'un d'entre eux, Le Breton, trahissait gravement sa confiance en censurant certains textes qui lui semblaient sentir le soufre. Voici comment Grimm raconta les événements en janvier 1771 aux abonnés de la *Correspondance littéraire* :

On les imprimait tels que les auteurs les avaient fournis ; mais quand M. Diderot avait revu la dernière épreuve de chaque feuille, et qu'il avait mis au bas l'ordre de la tirer, M. Le Breton et son prote[74] s'en emparaient, retranchaient, coupaient, supprimaient tout ce qui leur paraissait hardi ou propre à faire du bruit et à exciter les clameurs des dévots et des ennemis, et réduisaient ainsi, de leur chef et autorité, le plus grand nombre des meilleurs articles à l'état de fragments mutilés et dépouillés de tout ce qu'ils avaient de précieux, sans s'embarrasser de la liaison des morceaux de ces squelettes déchiquetés, ou bien en les réunissant par les coutures les plus impertinentes. On ne peut savoir au juste jusqu'à quel point cette infâme et incroyable opération a été meurtrière, car les auteurs du forfait brûlèrent le manuscrit à mesure que l'impression avançait, et rendirent le mal irrémédiable. [...]

L'impression de l'ouvrage tirait à sa fin, lorsque M. Diderot, ayant besoin de consulter un de ses grands articles de philosophie de la lettre S[75], le trouva entièrement mutilé. Il resta confondu ; cet instant lui découvrit toute l'atrocité de l'imprimeur. Il se mit à revoir les meilleurs articles tant de sa main que de ses meilleurs aides, et trouva presque partout le même désordre, les mêmes vestiges du meurtrier absurde qui avait tout ravagé. Cette découverte le mit dans un état de frénésie et de désespoir que je n'oublierai jamais[76].

Le premier réflexe de Diderot est de tout abandonner et de dénoncer publiquement la trahison de Le Breton. Mais Grimm lui fait judicieusement remarquer qu'il s'expose alors au danger de « mettre entre les mains de ses ennemis une preuve juridique comme quoi il continuait l'*Encyclopédie* malgré la suppression qui en avait été ordonnée. C'était se condamner à quitter la France, que d'imprimer publiquement cet aveu[77] ». Pressé aussi par Briasson, l'un des associés de Le Breton, Diderot finit par consentir à assurer l'achèvement de l'*Encyclopédie*. De la longue lettre qu'il écrit alors à l'« ostrogoth » Le Breton, où la douleur se mêle à la colère, chaque phrase mériterait d'être citée. Nous nous contenterons d'en donner à lire les passages les plus poignants :

Ne m'en sachez nul gré, Monsieur ; ce n'est pas pour vous que je reviens. Vous m'avez mis dans le cœur un poignard que votre vue ne peut qu'enfoncer davantage. Ce n'est pas non plus par attachement à l'ouvrage, que je ne saurais que dédaigner dans l'état où il est. Vous ne me soupçonnez pas, je crois, de céder à l'intérêt. [...] Je me rends à la sollicitation de M. Briasson. Je ne puis me défendre d'une espèce de commisération pour vos associés, qui n'entrent pour rien dans la trahison que vous m'avez faite, et qui en seront peut-être avec vous les victimes. Vous m'avez lâchement trompé deux ans de suite. Vous avez massacré ou fait massacrer par une bête brute le travail de vingt honnêtes gens qui vous ont consacré leur temps, leurs talents et leurs veilles gratuitement, par amour du bien et de la vérité, et sur le seul espoir de voir paraître leurs idées et d'en recueillir quelque considération qu'ils ont bien méritée, et dont votre injustice et votre ingratitude les aura privés.

Mais songez bien à ce que je vous prédis : à peine votre livre paraîtra-t-il, qu'ils iront aux articles de leur composition et que, voyant de leurs propres yeux l'injure que vous leur avez faite, ils ne se contiendront pas, ils jetteront les hauts cris. Les cris de MM. Diderot, de Saint-Lambert, Turgot, d'Holbach, de Jaucourt et autres, tous si respectables pour vous et si peu respectés, seront répétés par la multitude. Vos souscripteurs diront qu'ils ont souscrit pour mon ouvrage, et que c'est presque le vôtre que vous leur donnez. Amis, ennemis, associés élèveront leur voix contre vous. On fera passer le livre pour une plate et misérable rapsodie. Voltaire, qui nous cherchera et ne nous trouvera point, ces journalistes et tous les écrivains périodiques, qui ne demandent pas mieux que de nous décrier, répandront dans la ville, dans la province, en pays étranger, que cette volumineuse compilation, qui doit coûter encore tant d'argent au public, n'est qu'un ramas d'insipides rognures. [...] Vous serez traîné dans la boue avec votre livre, et l'on vous citera dans l'avenir comme un homme coupable d'une infidélité et d'une hardiesse auxquelles on n'en trouvera point à comparer. [...] Au demeurant, disposez du peu qui vous reste à exécuter comme il vous plaira ; cela m'est de la dernière indifférence. Lorsque vous me remettrez mon volume de feuilles blanches, je vous donne ma parole d'honneur de ne le pas ouvrir que je n'y sois contraint pour l'explication de vos planches. Je m'en suis trop mal trouvé la première fois : j'en ai perdu le boire, le manger et le sommeil. J'en ai pleuré de rage en votre présence ; j'en ai pleuré de douleur chez moi, devant votre associé, M. Briasson, et devant ma femme, mon enfant, et mon domestique. J'ai trop souffert, et je souffre trop encore pour m'exposer à recevoir la même peine.

Et puis, il n'y a plus de remède. Il faut à présent courir tous les affreux hasards auxquels vous nous avez exposés. Vous m'aurez pu traiter avec une indignité qui ne se conçoit pas ; mais en revanche vous risquez d'en être sévèrement puni. Vous avez oublié que ce n'est pas aux choses courantes, sensées et communes que vous deviez vos premiers succès ; qu'il n'y a peut-être pas deux hommes dans le monde qui se soient donné la peine de lire une ligne d'histoire, de géographie, de mathématiques et même d'arts, et que ce qu'on y a recherché et ce qu'on y recherchera, c'est la philosophie ferme et hardie de quelques-uns de vos travailleurs. Vous l'avez châtrée, dépecée, mutilée, mise en lambeaux, sans jugement, sans ménagement et sans goût. Vous nous avez rendus insipides et plats. Vous avez banni de votre livre ce qui en a fait, ce qui en aurait fait encore l'attrait, le piquant, l'intéressant et la nouveauté. [...]

Voilà donc ce qui résulte de vingt-cinq ans de travaux, de peines, de dépenses, de dangers, de mortifications de toute espèce ! Un inepte, un ostrogoth détruit tout en un moment. Je parle de votre boucher, de celui à qui vous avez remis le soin de nous démembrer. Il se trouve, à la fin, que le plus grand dommage que nous ayons souffert, que le mépris, la honte, le discrédit, la ruine, la risée, nous viennent du principal propriétaire de la chose ! Quand on est sans énergie, sans vertu, sans courage, il faut se rendre justice, et laisser à d'autres les entreprises périlleuses. Votre femme entend mieux vos intérêts que vous ; elle sait mieux ce que nous devons aux persécutions et aux arrêts qu'on a criés dans les rues contre nous ; elle n'eût jamais fait comme vous. [...]

Au reste, ne manquez pas d'aller remercier M. Briasson de la visite qu'il me rendit hier. Il arriva comme je me disposais à aller dîner chez M. le baron d'Holbach, avec la société de tous ses amis et les miens. Ils auraient vu mon désespoir (le terme n'est pas trop fort) ; ils m'en auraient demandé la raison, que je n'aurais pas eu la force de la leur celer, et votre ouvrage serait décrié et perdu. [...]

Je fais si peu de cas de mon exemplaire que, sans une infinité de notes marginales dont il est chargé, je ne balancerais pas à vous le faire jeter au milieu de votre boutique[78].

C'est certainement le coup le plus dur porté à Diderot depuis qu'il assure la direction de l'*Encyclopédie*. Il a le sentiment qu'une part importante de sa vie vient d'être anéantie. Après sa mort, sa fille racontera : « Jamais je ne l'ai entendu parler froidement à ce sujet ; il était convaincu que le public savait comme lui ce qui manquait à chaque article, et l'impossibilité de réparer ce dommage lui donnait encore de l'humeur vingt ans après. Il exigea pourtant que l'on tirât un exemplaire pour lui avec les colonnes où le tout était rétabli : cet exemplaire est en Russie avec sa bibliothèque[79]. » Mme de Vandeul se trompait : ce n'est pas un nouvel exemplaire comportant le texte rétabli qui fut envoyé en Russie. En 1933, un chercheur américain, Douglas H. Gordon, a pu acheter à Berlin un exemplaire de l'*Encyclopédie* ayant certainement appartenu à Le Breton. Cette collection, qui porte l'ex-libris de l'état-major général de la Russie tsariste, comporte un volume supplémentaire qui contient entre autres les épreuves originales avant mutilation : il s'agit peut-être du texte rétabli mentionné par la fille de Diderot. Publiés après la Deuxième Guerre mondiale, les textes restitués montrent que les altérations infligées par l'« ostrogoth » à quarante-quatre articles furent somme toute peu nombreuses[80]. À titre d'exemple, il supprima cette phrase dans l'article *Périr* : « Dieu laisse périr tous les jours une infinité d'âmes faute d'une lumière qui peut-être les sauverait, qu'il leur refuse et qu'il n'y a que lui qui puisse leur donner[81]. » Rien ne confirme toutefois que le volume en question contient *toutes* les mutilations opérées par Le Breton. C'est, expliquent les éditeurs, un recueil « intentionnellement choisi[82] », et il reste peu de chances, de nos jours, de pouvoir reconstituer le texte original des articles censurés.

Avec peu d'enthousiasme, Diderot termine sa tâche. Le 25 juillet 1765, il voit le bout du tunnel : « Je n'y viendrai plus guère dans ce maudit atelier [de Le Breton] où j'ai usé mes yeux pour des faquins qui ne me donneraient pas un bâton pour me conduire. Il ne nous reste plus que quatorze cahiers à imprimer ; c'est l'ouvrage de huit ou dix jours[83]. » Trois semaines plus tard, tout en se lamentant du « massacre de notre ouvrage » par le perfide Le Breton, Diderot estime que tout sera fini dans une semaine, « après laquelle je m'écrierai : *Terre ! Terre*[84] *!* » Puis c'est la délivrance : « Le grand et maudit ouvrage est fini, et les associés, plus honnêtes que je ne l'espérais, ont souscrit aux demandes que j'avais à leur faire[85]. » Au début de 1766, les dix derniers volumes de discours paraissent en France sans que personne ne s'en émeuve outre mesure : la mort du dauphin a affaibli le parti dévot à la cour. Le 23 avril, Le Breton est embastillé pour huit jours, coupable d'avoir livré, à Versailles même, une certaine quantité d'exemplaires des derniers volumes. Six ans plus tard, en 1772, les volumes V à XI des *Planches* voient le jour. Simultanément et symboliquement, les souscripteurs reçoivent une gravure de Cochin représentant *Le Triomphe de la Vérité dévoilée par la Raison*. En voici la description par Diderot : « On voit en haut la Vérité entre la Raison et l'Imagination : la Raison qui cherche à lui arracher son voile, l'Imagination qui se prépare à l'embellir. Au-dessous de ce groupe, une foule de philosophes spéculatifs ; plus bas la troupe des artistes. Les philosophes ont les yeux attachés sur la Vérité ; la Métaphysique orgueilleuse cherche moins à la voir qu'à la deviner ; la Théologie lui tourne le dos et attend sa lumière d'en haut[86]. » L'aventure de l'*Encyclopédie*, avec ses dix-sept volumes de discours et onze volumes de planches, est terminée. Du point de vue pécuniaire, on l'a vu, Diderot n'en a pas tiré grand bénéfice : pendant vingt ans, l'*Encyclopédie* lui a tout juste assuré la subsistance. Elle se révéla bien plus profitable pour les libraires : Jacques Proust a évalué leur bénéfice à 2 400 000 livres[87].

L'*Encyclopédie* a occupé une place essentielle dans la vie et dans l'œuvre de Diderot. Contrairement à ce qu'on a dit longtemps, les années passées au service du dictionnaire n'ont point été une perte de temps, un sacrifice de l'œuvre personnelle, mais des années de méditation, de préparation et de maturation. Le travail matériel fourni par Diderot pendant le temps de sa collaboration au dictionnaire fut beaucoup moins écrasant qu'on ne l'a cru parfois. Sa correspondance ne donne jamais l'impression qu'il dut se surmener, et passer les jours et les nuits à son bureau. C'est le chevalier de Jaucourt, on l'a vu, qui y perdit non seulement beaucoup de temps mais aussi sa fortune. Diderot fut d'abord codirecteur du dictionnaire, à égalité avec d'Alembert, qui en écrivit le *Discours préliminaire* ainsi que les *Avertissements* donnés en préface aux sept premiers volumes. Après la retraite de d'Alembert en 1759, il en resta le seul responsable.

En tant que directeur, le rôle de Diderot était surtout de veiller à l'économie générale de l'ouvrage : recruter les collaborateurs les plus compétents, leur répartir les tâches et en contrôler l'exécution.

Plus d'une fois, il dut refaire ou compléter des articles mal faits. Pour les deux premiers volumes, il a rédigé environ 3 000 articles (dont certains sont très courts) ; dans les volumes III à VII, ce chiffre baisse brutalement à 1 750 ; dans les dix derniers volumes (VIII à XVII), on ne trouve plus que 500 articles qu'on peut lui attribuer avec certitude. Comme auteur, Diderot se consacra d'abord presque exclusivement à la *Description des arts*, la partie technique de l'*Encyclopédie* qui devait en constituer l'originalité majeure. On sait de nos jours que Diderot ne s'est que rarement déplacé dans les ateliers. Son information, il l'a essentiellement puisée dans les *Mémoires de l'Académie des sciences* et dans les traités techniques existants. Quand la matière imprimée faisait défaut, il demandait à des spécialistes de lui fournir des mémoires manuscrits. Après 1757, ce fut une véritable armée de techniciens, de dessinateurs et de graveurs qu'il eut à diriger. À côté de la description des arts, Diderot apporta à l'*Encyclopédie* une autre contribution majeure, l'*Histoire de la philosophie*. Le soin de cette partie avait d'abord été confié à de jeunes ecclésiastiques, les abbés Yvon, Pestré, de Prades, qui se distinguaient par leur indépendance d'esprit vis-à-vis des théologiens de la Sorbonne. La condamnation de l'abbé de Prades[88] et la dispersion de l'équipe en question obligeaient Diderot d'y suppléer à partir de 1754. Pour ce faire, il eut recours au volumineux ouvrage écrit en latin d'un pasteur allemand, Jacob Brucker, intitulé *Historia critica philosophiæ* paru à Leipzig entre 1742 et 1744, qui lui fournissait les faits, les textes et les références qui lui permettaient d'en faire, dans ses propres articles (une cinquantaine), une arme de guerre redoutable contre la métaphysique et la religion. En traduisant d'une certaine façon, en développant ici, en résumant là, en élaguant un peu partout, en multipliant les commentaires et les digressions, Diderot a fait de son modèle non pas une adaptation de Brucker, mais un dialogue avec Brucker. La matière est celle de l'érudit allemand, mais l'ensemble porte indiscutablement la marque du philosophe français. celle du matérialisme et de l'athéisme. Le travail fourni par Diderot pour l'*Encyclopédie* est une étape importante entre les *Pensées sur l'interprétation de la nature* et *Le Rêve de d'Alembert*.

4

L'originalité du *Salon de 1767*

Après l'enthousiasme des *Salons* précédents, voici la lassitude et l'ennui : « Ne vous attendez pas », commence Diderot dans sa « Lettre » à Grimm, « que je sois aussi riche, aussi varié, aussi sage, aussi fou, aussi fécond cette fois que j'ai pu l'être aux Salons précédents. Tout s'épuise[1]. » Et pourtant, ce *Salon* est le plus long de tous. Diderot y travailla plus d'un an : sa rédaction s'étale du mois de septembre 1767 à la fin de 1768, la révision se prolonge jusqu'en novembre 1769. La raison de sa prétendue « stérilité », la voici : contrairement aux artistes qui peuvent varier leurs compositions à l'infini, « les règles de l'art, ses principes et leurs applications resteront bornés[2] ». Autrement dit, Diderot a fait le tour de la question, il ne lui reste plus rien à dire de nouveau après les *Essais sur la peinture*. Pour progresser dans sa critique d'art, il aurait fallu faire le voyage d'Italie plusieurs fois envisagé avec Grimm, il lui aurait fallu les conseils avisés de Falconet parti pour la Russie. Mais à défaut de tout cela, seule une « forme originale » aurait pu sauver ce *Salon*, une nouvelle manière d'écrire que Diderot n'a pas trouvée – c'est du moins ce qu'il prétend. L'une des originalités du *Salon de 1767*, qui n'a peut-être pas d'équivalent dans la littérature, est précisément sa forme littéraire, cette « nouvelle manière d'écrire » que Diderot expérimente pour la première fois ici.

Comme tous les autres *Salons*, celui de 1767 se présente comme une lettre adressée à Grimm. Après un assez long préambule sur lequel nous reviendrons, Diderot commence la description. Dès le premier tableau, il engage une conversation, comme c'est son habitude, avec un personnage anonyme qui pourrait être Grimm. Or un peu plus loin, Diderot a l'air d'oublier qu'il est en train d'écrire personnellement à Grimm, car il se met à parler de Grimm à la troisième personne. En parlant de son propre portrait exécuté par Michel Van Loo, il écrit : « M. Grimm l'a fait graver, mais il ne le communique pas[3]. » À ce moment, on entend dans le texte une voix qui se met à dialoguer avec le narrateur : il s'agit maintenant d'un lecteur qui n'est plus Grimm, puisque c'est de Grimm que l'on parle. Puis Diderot rend compte d'un tableau et subitement se met à apostropher les personnages comme s'ils étaient présents : « Vous êtes mauvais, parfaitement mauvais ; vous êtes plats, mais parfaitement plats. Au garde-meuble ! [...] Princesse, dites-moi ne sentez-vous pas combien ce rideau que vous tirez est lourd[4] ? » Trois pages plus loin, Diderot interpelle le peintre, comme s'il était là : « M. Hallé, si vous n'en savez pas davantage, allez-vous-en[5]. » Peu après, Diderot semble être retourné au Salon. Placé devant le *Scilurus, roi des Scythes* du même Hallé, il discute du tableau avec un visiteur anonyme : « Mais dites-moi, je vous prie, qui est cet homme maigre, ignoble, sans expression, sans caractère, couché sous cette tente ? – C'est le roi Scilurus. – Cela, c'est un roi[6] ! » Après avoir exécuté le tableau devant son interlocuteur, Diderot termine en s'adressant à... Grimm : « Mon ami, ce pauvre Hallé s'en va tant qu'il peut[7]. » La description du tableau *César débarquant à Cadix* de Vien atteint un degré de complexité supplémentaire. Après avoir sévèrement jugé la toile, Diderot doit faire face à des contradicteurs dont l'identité sera révélée au cours du débat :

> « Mais n'est-il pas harmonieux et d'un pinceau spirituel ? »... Je le veux, plus harmonieux même et plus vigoureux que le saint Denis. Après. « N'est-ce pas une jolie figure que César ? »... Et oui, bourreau ; et c'est ce dont je me plains... « Cet ajustement n'est-il pas riche et bien touché ? [...] Ces femmes sur le devant bien coloriées ? »... Bien coloriées ! mais ne les faudrait-il pas peintes plus fièrement, puisqu'elles sont au premier plan ? Voilà les propos des artistes. Intarissables sur la technique qu'on trouve partout ; muets sur l'idéal qu'on ne trouve nulle part. [...] « Eh

bien, gens de l'Académie, c'est donc pour vous une belle chose que ce tableau ? »... Très belle ; et pour vous ? Pour moi, ce n'est rien.

Arrivé à *La Chaste Suzanne* de La Grenée, Diderot raconte une histoire quelque peu ordurière au sujet de l'ancienne maîtresse du régent, la comtesse de Sabran, pour bien faire sentir sa critique du tableau[8]. Ensuite, ça se complique encore. Diderot se revoit au Salon où il rencontre Naigeon, avec lequel il se met à discuter des tableaux exposés. À ce moment précis, la lettre de Diderot à Grimm devient un récit dans lequel est enchâssé un dialogue entre deux personnages, Diderot et Naigeon :

> Je m'approche donc de Naigeon ; et lui frappant un petit coup sur l'épaule : Eh bien, lui dis-je, que pensez-vous de tout cela ?
> NAIGEON – Rien.
> DIDEROT – Comment rien ?
> NAIGEON – Non, rien, rien du tout. Est-ce que cela fait penser ?
> Puis il allait sans mot dire d'une des compositions de La Grenée à une autre[9].

Cinq pages plus loin, les deux personnages quittent le Salon. Naigeon « part comme un éclair » tandis que Diderot, qui parle de nouveau à la première personne, s'apprête à rendre visite à d'Holbach. En marchant, il commence une rêverie qui n'est pas sans danger, comme il l'avoue à Grimm : « Rassurez-vous. Je crains la Bastille, et je m'arrêterai là tout court[10]. » Diderot revient alors au peintre La Grenée en engageant un dialogue avec Grimm : « Mais quoi, me direz-vous, dans ce grand nombre de tableaux peints par la Grenée, il n'y en a pas un beau ? Non, mon ami. Ils sont tous agréables pour moi ; mais ils ne sont pas beaux[11]. »

Là-dessus se produit une rupture dans le texte. Nous sommes de nouveau transportés au Salon où nous assistons, en direct, à un dialogue entre deux personnages, Diderot et Grimm, ayant pour sujet l'influence du luxe sur les beaux-arts. Grimm est maintenant présent dans la lettre que Diderot est censé lui écrire pour raconter le Salon ! À la fin la conversation, qui s'arrête aussi brutalement qu'elle a commencé, la description des tableaux reprend comme avant. Quand c'est le tour de Vernet, Diderot ouvre une parenthèse dans la description des tableaux : « J'avais écrit le nom de cet artiste au haut de ma page et j'allais vous entretenir de ses ouvrages, lorsque je suis parti pour une campagne voisine de la mer et renommée pour la beauté de ses sites[12]. » Diderot a donc quitté la ville, il est allé se promener en compagnie d'un abbé, précepteur dans une grande maison et accompagné de ses élèves. La mise en scène nous montre l'abbé discutant avec ses élèves, leur donnant la récréation ; plus tard, on voit Diderot, l'abbé et les petits élèves pique-niquer à l'ombre d'un arbre lorsqu'il fait trop chaud. Successivement, l'abbé *cicerone* fait découvrir à Diderot sept sites renommés : un bord de mer surmonté de rochers et de montagnes, un lac et une chute d'eau, une anse de mer et un château fort, une rivière et des pêcheurs, un bord de mer au soleil couchant, un phare et une « échappée de mer », et enfin un clair de lune sur la mer. « Les enfants précédaient leur instituteur, raconte Diderot, et moi je fermai la marche. Nous allions par des sentiers étroits et tortueux, et je m'en plaignais un peu à l'abbé[13]. » Tout au long de leur randonnée, Diderot et l'abbé s'entretiennent de différents sujets : d'art, de philosophie, de morale et de politique. Vers la fin de la sixième partie de la promenade, la fiction se déchire : « Ce n'est point un port de mer que l'artiste a voulu peindre. Oui, mon ami, l'*artiste*. Mon secret m'est échappé, et il n'est plus temps de recourir après. Entraîné par le charme du *Clair de lune* de Vernet, j'ai oublié que je vous avais fait un conte jusqu'à présent : que je m'étais supposé devant la nature, et l'illusion était bien facile[14]. » Le lecteur – sans doute Grimm – auquel Diderot donne la parole n'en revient pas : « Quoi, me direz-vous, l'instituteur, ses deux petits élèves, le déjeuner sur l'herbe, le pâté, sont imaginaires ? » Ce qui précédait était un conte : Diderot était en train de décrire une série de tableaux de Vernet. Le septième tableau, en revanche, sera décrit pour lui-même, comme un tableau et non comme un site fictif. Après quoi Diderot… va se coucher : « Bonsoir, mon ami », écrit-il. « En voilà bien suffisamment sur Vernet. Demain matin, si je me rappelle quelque chose que j'aie omis et qui vaille la peine de vous être dit, vous le saurez[15]. » Nous sommes donc dans le cabinet de travail de Diderot, il est très tard, l'auteur est fatigué, il va se coucher et remet au lendemain la suite de sa description. Le lecteur est prêt à admettre cette fiction qui paraît peut-être un peu banale, et continue sa lecture.

« J'ai passé la nuit la plus agitée[16]. » Le lecteur a maintenant droit au récit d'un rêve fait précisément cette nuit-là par Diderot. Et comme le lecteur n'est pas un imbécile, il a compris l'astuce du narrateur dans la promenade : il décèle très vite que ce rêve, c'est encore une description de tableaux (il s'agit effectivement de deux *Naufrages* de Vernet). Après la description du rêve, Diderot n'est pas au bout de ses peines, et le lecteur non plus. « Mais je vous vois froncer le sourcil, dit-il à Grimm. De quoi s'agit-il encore ? Que me demandez-vous ?... J'entends. Vous ne laissez rien en arrière. J'avais promis à l'abbé quelque radoterie sur les idées accessoires des ténèbres et de l'obscurité. Allons, tirons-nous vite cette dernière épine du pied, et qu'il n'en soit plus question[17]. » Le beau morceau sur le sublime qui suit est donc présenté comme l'accomplissement d'une promesse que Diderot avait faite à l'abbé au cours de la promenade dont il avait dit quelques pages plus haut qu'elle était fictive... Pour terminer, l'écrivain, qui est fatigué, a envie d'aller se coucher : « Adieu, mon ami. Bonsoir et bonne nuit[18]. » Arrivé à ce stade du récit, le pauvre lecteur ne sait plus du tout si la nuit qui arrive maintenant est une nouvelle nuit ou si c'est, en fait, celle mentionnée plus haut. Il a l'impression d'avoir complètement perdu le fil, et Diderot aussi.

Après une nouvelle nuit – supposons que c'est effectivement une nouvelle nuit –, le *Salon* reprend. Diderot écrit à Grimm et de nouveau, comme au début, nous voyons apparaître des personnages de peintres avec lesquels il engage un dialogue. À un certain moment, Diderot se met à parler de lui à la troisième personne : il raconte comment « le pauvre philosophe » (c'est lui) s'est démené pendant près d'un an en faveur d'une peintre prussienne, Mme Therbouche[19]. Quand ce très long mais passionnant *Salon* approche de la fin, il y a naturellement de fausses sorties. « Mais je me lasse, écrit Diderot, je m'ennuie moi-même, et je finis de peur de vous ennuyer aussi[20]. » Suite à quoi, il reprend la parole : « Mon ami, faisons toujours des contes. Tandis qu'on fait un conte, on est gai ; on ne songe à rien de fâcheux. Le temps se passe, et le conte de la vie s'achève sans qu'on s'en aperçoive[21]. » Le voilà reparti avec une anecdote autobiographique concernant deux Anglais qu'il avait à promener. Au milieu de ce récit, Diderot se met à raconter une anecdote qui concerne les « quarante oies » de l'Académie française. « Et tout cela n'est pas un conte, assure-t-il, et ce qui suit non plus[22]. » Ce qui suit, c'est encore un dialogue entre deux personnages bien réels, Chamfort et Marmontel. Après de nouvelles anecdotes, le *Salon* s'achève enfin. Nul doute que Diderot, dans ce *Salon de 1767*, a voulu explorer toutes les possibilités imaginables de la forme dialoguée, et surtout de l'emboîtement des formes dialoguées les unes dans les autres. On a même quelquefois l'impression que cette présentation dialoguée est le véritable objet du *Salon* et que, sous prétexte de décrire des tableaux, Diderot s'est plu à expérimenter une machinerie narrative nouvelle.

Au début des *Essais sur la peinture*[23], Diderot recommandait à l'artiste de « représenter les êtres tels qu'ils sont », c'est-à-dire de produire une copie fidèle de la nature qu'il a sous les yeux. Conscient du caractère irréalisable de cette exigence, il enjoignait au peintre de créer une nature artistique : non pas la nature telle qu'elle est, mais « un système de difformités bien liées et bien nécessaires[24] ». Le *Salon de 1767* présente une nouvelle théorie esthétique suivant laquelle l'impossibilité d'imiter rigoureusement la nature est devenue un atout : « Dans l'impossibilité reconnue et peut-être heureuse de la rendre avec une précision absolue, il y a une lisière de convention sur laquelle on permet à l'art de se promener »[25]. La conclusion de ce constat est encore plus audacieuse : l'art, en certaines circonstances, peut *surpasser* la nature, l'artiste devenant l'égal du Créateur. Le mot n'est pas sans surprendre, mais les termes employés par Diderot ne laissent place à aucune équivoque. Vernet-Dieu n'a pas parfaitement imité la nature, son art est supérieur à la nature, car ses toiles « prêchent plus fortement la grandeur, la puissance, la majesté de nature que la Nature même. Il est écrit : *Cœli enarrant gloriam Dei*, mais ce sont les cieux de Vernet ; c'est la gloire de Vernet[26] ».

L'une des nouveautés du *Salon de 1767* consiste en ce que Diderot place l'œuvre d'art géniale au-dessus de son modèle, la Nature. Certes, « la nature ne fait rien d'incorrect[27] », mais elle n'est pas parfaite. La nature est *perfectible*, affirme-t-il, grâce à l'artiste. L'idée est plus qu'insolite, et l'abbé fictif de la « promenade Vernet » n'en revient pas : « Monsieur, l'ouvrage de l'homme est quelquefois plus admirable que l'ouvrage de Dieu[28] ! » Mais Diderot, impavide, renchérit : « C'est sans contredit une grande chose que cet univers. Mais quand je le compare avec l'énergie de sa cause productrice, si j'avais à m'émerveiller, c'est que son œuvre ne soit pas plus belle et plus parfaite encore. C'est tout le contraire, lorsque je pense à la faiblesse de l'homme, à ses pauvres moyens, aux embarras et à la courte durée de sa vie, et à certaines choses qu'il a entreprises et exécutées[29]. » Nous sommes en présence d'une nouvelle métaphysique de l'art, exposée avec force dans le préambule du *Salon* où Diderot prend le risque de faire bondir les plus grands spécialistes : « Ces gens qui parlent sans cesse de l'imitation de la belle nature, croient de bonne foi qu'il y a une belle nature subsistante, qu'elle est, qu'on la voit, quand on veut, et qu'il n'y a qu'à la copier. Si vous leur disiez que c'est un être tout à fait idéal, ils ouvriraient de grands yeux, ou ils vous riraient au nez[30]. »

Il n'y a pas *une* nature à imiter, affirme Diderot, mais *deux*. Il y a la nature qui nous environne, la *nature subsistante*, l'ensemble des « choses individuelles » que l'on observe. L'artiste qui se contenterait d'imiter cette nature-là en exécuterait un *portrait* plus ou moins fidèle, plus ou moins ressemblant. Mais ce n'est pas cette nature-là que le grand artiste, qui cherche à représenter la beauté, doit prendre pour modèle. La nature subsistante, écrit Diderot dans le *Salon de 1767*, « produit tous ses ouvrages viciés[31] ». Elle « ne fait rien de parfait, dira-t-il encore plus tard, rien n'y est régulier et rien n'y est déplacé[32] ». La nature brute ne comporte que des êtres individualisés, c'est-à-dire qui présentent des déformations et des altérations subies au cours de leur existence, et le beau de cette nature « consiste dans un enchaînement rigoureux d'imperfections. On peut accuser le tout, mais dans ce tout, chaque partie est parfaitement ce qu'elle doit être[33] ». La *belle nature*, en revanche, n'est pas directement observable, elle est *idéale* : c'est une nature recréée et corrigée par le génie du grand artiste. L'abbé Batteux, on s'en souvient, l'avait dit avant Diderot[34] : la « belle nature » est plus parfaite que la nature elle-même parce qu'elle est formée de « traits séparés de plusieurs beautés existantes ». Ayant choisi au préalable les plus belles parties de la nature, l'artiste se forme dans sa tête une « idée factice » résultant de tous ces traits séparés, et c'est ce « prototype » (dans le sens de premier exemplaire), et non la nature brute, qui lui sert de modèle à imiter[35].

Sans le nommer expressément, Diderot fait visiblement référence à la « belle nature » de Batteux dans le préambule du *Salon de 1767*, mais pour s'en démarquer immédiatement. Le rassemblement des plus belles parties en un seul tout ou prototype, estime-t-il, restera toujours en deçà de la Beauté : « Ce n'est point à l'aide d'une infinité de petits portraits isolés qu'on s'élève au modèle original et premier ni de la partie, ni de l'ensemble et du tout[36]. » Assembler sur la toile ou dans une statue, à la manière du docteur Frankenstein, les plus belles cuisses, gorges et visages observés chez les plus belles femmes du monde, n'est qu'un premier pas vers la Beauté, car le résultat obtenu, quoique factice ou idéal (c'est-à-dire sans équivalent réel dans la nature), n'est qu'une imitation de beautés réellement existantes. De manière plutôt inattendue, Diderot s'inspire d'un passage de *La République*[37] où Platon distingue entre trois sortes de lits : un lit « en apparence » peint par un artiste, un lit « réel » fabriqué par un ouvrier, et enfin l'idée ou la vérité du lit, dont Dieu est l'auteur. Dans cette hiérarchie, l'artiste occupe la dernière place, car il n'est que l'imitateur d'une imitation, étant donné que le lit fabriqué par l'artisan n'est lui-même qu'une copie particulière de l'idée ou de l'essence du lit. Diderot retient de Platon cette tripartition sans le suivre jusqu'au bout. Tout d'abord, il y a deux sortes d'artistes : le « portraitiste », celui qui copie servilement la nature subsistante, et le « grand artiste », qui crée d'après un modèle idéal[38]. Contrairement au premier, ce dernier n'occupe pas le troisième rang sur l'échelle de la création, car son œuvre n'est pas une « copie de copie », un « fantôme subsistant », mais une « copie de la vérité[39] » ; il ne représente pas tel bel homme qui existe réellement, fût-il le plus beau du monde, mais *un bel homme d'après le modèle idéal du bel homme*, un bel homme qui « n'est emprunté directement d'aucune image individuelle de nature[40] ». À l'instar des formes idéales de la géométrie[41], le modèle du grand artiste n'est pas dans la nature, il est purement idéal, il a été forgé dans son imagination par voie d'abstraction, d'épuration et de généralisation. Comment ? Par les mêmes étapes que les Anciens ont parcourues avant de parvenir à réformer la nature à partir de ses éléments déformés : « Imitateur scrupuleux, il la rendit d'abord telle qu'il la voyait. Bientôt il mit du discernement entre les modèles. Les principales fonctions des membres lui en indiquèrent les vices les plus grossiers qu'il corrigea. Il en sentit ensuite les moindres imperfections, qu'il corrigea encore ; et ce fut ainsi qu'il s'éleva peu à peu au beau idéal, c'est-à-dire au concept d'un être qui est possible peut-être, mais qui n'existe pas[42]. » Ce beau idéal, appelé « prototype » ou « modèle premier » dans le *Salon de 1767*[43], n'a pas été créé par Dieu, comme le voulait Platon, mais par l'artiste lui-même. Il est idéal dans le sens où il représente une nature purifiée, mais aussi dans le sens où il existe dans l'esprit des artistes avant d'être matérialisé dans l'œuvre d'art. L'artiste « a dans l'imagination quelque chose d'ultérieur à nature », un modèle idéal ou intérieur auquel le sculpteur Duquesnoy faisait allusion en répondant à un amateur éclairé qui lui reprochait de gâter son ouvrage à force de le reprendre : « Vous avez raison, vous qui ne voyez que la copie. Mais j'ai aussi raison, moi qui poursuis l'original qui est dans ma tête[44]. » Grâce à son imagination créatrice, l'artiste de génie s'élève au second degré de l'échelle platonicienne : plus que simple reproducteur ou copiste, il devient par conséquent *créateur* à l'image de Dieu. « Votre cheval, écrit Diderot à Falconet, n'est point la copie du plus beau cheval existant, non plus que l'Apollon du Belvédère n'est la copie rigoureuse du plus bel homme. Ce sont, l'un et l'autre, des ouvrages du Créateur et de l'Artiste[45]. »

Dans le *Salon de 1767*, c'est surtout le peintre Vernet qui satisfait entièrement aux exigences esthétiques de Diderot. Dans la promenade fictive qu'il effectue, en compagnie d'un abbé tout aussi fictif, à travers quelques-uns de ses tableaux[46], il souligne que Vernet ne copie pas la nature mais s'ingénie à la rendre pour ainsi dire plus vraie que nature : « Si vous aviez un peu plus fréquenté l'artiste, il vous aurait peut-être appris à voir dans la nature ce que vous n'y voyez pas. Combien de choses vous y trouveriez à reprendre ? Combien l'art en supprimerait qui gâtent l'ensemble et nuisent à l'effet ; combien il en rapprocherait qui doubleraient notre enchantement… » Son compagnon reste dubitatif : « Vous avez beau dire Vernet, Vernet ; je ne quitterai point la nature pour courir après son image. Quelque sublime que soit l'homme, ce n'est pas Dieu. » Diderot acquiesce volontiers car il ne croit pas en Dieu. Il n'y a que la nature, mais face à cette nature brute il y a le grand artiste qui l'embellit. Laquelle doit arracher l'admiration ? La nature subsistante, imparfaite, produit fortuit de la combinaison des molécules, ou la nature recréée par le génie de l'artiste, débarrassée de ses scories ? La nature brute, lieu de la nécessité aveugle, « travaille » sans dessein et sans intelligence : « Il y a une loi de nécessité qui s'exécute sans dessein, sans effort, sans intelligence, sans progrès, sans résistance dans toutes les œuvres de nature. » Diderot va jusqu'à dire que les ouvrages de la nature, véritable machine imitatrice, ne sont pas vraiment beaux parce que communs et nécessaires. Aussi dit-il avec dédain : « Ce bel ordre qui vous enchante dans l'univers ne peut être autre qu'il est. » Si la feuille de chêne peinte par Raphaël est unique et par là supérieure à toutes les feuilles produites par la nature, c'est que le peintre n'est pas une machine imitatrice « peignant nécessairement et sans cesse », mais une « machine » créatrice, une machine individualisée par « une volonté, une intelligence, un dessein, une liberté ». La nature subsistante est un « amas de molécules » qui agissent et réagissent de manière strictement nécessaire, et dont les mouvements semblent programmés jusqu'au moindre détail. Pourquoi ? Parce que « les dés sont pipés » : « Ce monde n'est qu'un amas de molécules pipées en une infinité de manières diverses. » Même l'épais tourbillon de poussière qui aveugle momentanément l'abbé fictif de la promenade est parfaitement ordonné, n'en déplaise à son compagnon qui n'y voit qu'un chaos de molécules dispersées au hasard. Ce tourbillon, lui explique Diderot, est tout aussi ordonné que le monde : « Si toutes les forces qui animaient chacune des molécules qui formaient celui qui nous a enveloppés étaient données, un géomètre vous démontrerait que celle qui est engagée entre votre œil et sa paupière est précisément à sa place[47]. » Si l'on considère la nature sous son aspect « subsistant », on découvre un mécanisme réglé selon une causalité strictement linéaire : en connaissant son état initial on pourrait, au moins en principe, connaître son développement.

On lit souvent que Diderot professe ici la doctrine du déterminisme, appelé fatalisme faute de mieux au XVIIIe siècle. On appelle déterministes les systèmes scientifiques et philosophiques qui considèrent que non seulement tous les phénomènes de l'univers et en particulier les actes humains sont causés par leurs antécédents, mais surtout qu'ils dépendent si étroitement de ceux qui précèdent qu'il n'y a qu'une résultante possible. La catégorie du déterminisme, écrit Louis de Broglie, est donc essentiellement définie par sa prévisibilité : « Pour le physicien, il y a déterminisme lorsque la connaissance d'un certain nombre de faits observés à l'instant présent ou aux instants antérieurs, jointe à la connaissance de certaines lois de la Nature, lui permet de prévoir rigoureusement que tel ou tel phénomène observable aura lieu à telle époque postérieure. Cette définition du déterminisme par la prévisibilité rigoureuse des phénomènes paraît la seule que le physicien puisse accepter, parce qu'elle est la seule qui soit réellement vérifiable[48]. » La grande machine de l'univers, telle que la conçoit la science classique, a trouvé, au début du XIXe siècle, son expression la plus parfaite dans le texte célèbre de l'astronome Laplace sur le déterminisme : « Nous devons donc envisager l'état présent de l'univers comme l'effet de son état antérieur, et comme la cause de celui qui va suivre. Une intelligence qui pour un instant donné connaîtrait toutes les forces dont la nature est animée et la situation respective des êtres qui la composent, si d'ailleurs elle était assez vaste pour soumettre ces données à l'analyse, embrasserait dans la même formule les mouvements des plus grands corps de l'univers et ceux du plus léger atome : rien ne serait incertain pour elle, et l'avenir comme le passé serait présent à ses yeux[49]. » Si ce « démon de Laplace », comme on l'appelle souvent, est capable de connaître l'avenir et le passé, ce n'est pas parce qu'il serait omniscient comme Dieu, mais parce que l'univers dans son essence est soumis à des lois dont la seule connaissance permet de prévoir l'avenir avec une absolue certitude, mais aussi chaque élément de cet univers, du plus fin grain de sable dans un tourbillon jusqu'à la plus lointaine galaxie.

Diderot s'est-il converti à la physique mathématique et à l'univers horloge d'inspiration newtonienne ? Lorsqu'on se souvient des critiques adressées une douzaine d'années plus tôt à la géométrisation abusive de l'univers[50], on a du mal à imaginer que l'auteur des *Pensées sur l'interprétation de la nature* ait jamais pu souscrire à un déterminisme de type laplacien. Mais les faits sont là. Contrairement au modèle évolutionniste de l'univers élaboré dans la *Lettre sur les aveugles*, où les choses naissent, vivent et meurent dans les aléas d'une prolifération sans but, la nature subsistante telle qu'elle est décrite dans le *Salon de 1767* est un monde *en ordre* dans lequel un tourbillon de poussière n'est désordre et confusion qu'en apparence. Dans les *Essais sur la peinture*, Diderot avait déjà souligné l'ordre fondamental de la nature (subsistante) en affirmant qu'elle pourrait reconstruire un être humain sur la seule vue de son pied[51]. S'il n'en était pas ainsi, l'homme se débattrait éternellement dans un chaos inextricable qu'il ne serait jamais à même de démêler. Des lois constantes et immuables régissent l'univers, les rapports de cause à effet sont infaillibles et constants, la nécessité est absolue dans le moindre comme dans le plus vaste des effets. L'aveugle Saunderson en convenait sans difficulté : « Je ne vois rien ; cependant j'admets en tout un ordre admirable[52]. » Ce que Saunderson – et Diderot – contestaient, c'est d'abord l'hypothèse que la parfaite régularité du mécanisme universel soit le reflet de la sagesse divine. C'est ensuite le postulat que l'ordre présent ait toujours été tel que nous croyons l'observer aujourd'hui : l'ordre du monde, affirmait Saunderson, est issu d'un désordre initial, il n'est que momentané. Le beau spectacle de la nature n'est pas sorti des mains du Créateur comme Athéna de la tête de Jupiter, il n'est pas exempt de troubles variés : si parfait qu'il soit dans son principe, sa régularité offre en fait d'assez nombreuses exceptions.

Ce travail de… sélection naturelle – il s'agit en fait d'un mécanisme d'élimination du pire – a abouti au cours d'un très long temps à la constitution d'un ordre provisoire dans lequel tout est « enchaîné à sa place », où « il n'y a pas un seul être qui n'ait dans sa position, sa production, son effet, une raison suffisante ignorée ou connue[53] ». C'est la raison pour laquelle nous avons aujourd'hui l'impression, en observant les phénomènes naturels, que « les dés sont pipés ». Les molécules ne se combinent pas au hasard, jamais un poirier ne portera des pommes, jamais une chienne n'accouchera d'un lapin : « Les molécules éparses, qui doivent former le germe, [...] forment un pépin. Ce pépin n'a qu'un développement nécessaire, c'est un arbre. Ainsi de l'animal, ainsi de l'homme[54]. » Du point de vue de l'homme de science, qui prend pour objet de recherche la nature subsistante, la nature telle qu'elle s'offre à lui, celle-ci produit toujours le même ouvrage, ses opérations sont prévisibles. Du point de vue du philosophe, la nature « est encore à l'ouvrage[55] », elle marche toujours en tâtonnant ; la notion de monstre est vide de sens. Loin de représenter des êtres contradictoires, l'existence des monstres relativise bien plutôt notre concept d'ordre en le dénonçant comme momentané sinon illusoire. La notion de monstruosité s'applique à un ordre présent, actuel, pas à l'ordre général qui est en changement perpétuel. C'est donc faire un étrange contresens sur la pensée profonde de Diderot que de supposer, comme on l'a fait quelquefois, que le monde apparaîtrait en désordre mais recèlerait au fond un ordre caché. Diderot a toujours cru dans les possibilités des sciences de la nature ; ce qu'il contestait, ce contre quoi il s'insurgeait, c'était leur prétention à l'universalité. La science est possible dans l'ordre subsistant ; dans l'ordre général ou le Tout, ses lois perdent leur caractère déterministe, car elles ont à composer avec l'aléatoire et le hasard.

Dans le *Salon de 1767*, la réflexion sur le modèle idéal a amené Diderot à distinguer entre la nature subsistante et ce qu'il appelle, faute de mieux, la belle nature, une nature transréelle qui n'existe que dans l'imagination de l'artiste qui la prend pour modèle de création. Cette distinction en a amené une autre, celle entre l'ordre subsistant et l'ordre général. Elle sera au centre du *Rêve de d'Alembert*.

Une autre thématique importante de la « promenade Vernet » concerne les questions de morale. On se souvient que la morale matérialiste esquissée dans la *Lettre à Landois* reposait sur deux propositions : les notions de vice et de vertu désignent les actes de malfaisance et de bienfaisance, et la pratique de la vertu conduit au bonheur. La morale universelle préconisée par Diderot est l'expression du lien nécessaire qui unit entre eux les êtres d'une même espèce, d'une solidarité biologique qui les oblige à confondre, pour leur conservation, leur intérêt particulier et le bien général de leur espèce. Or dans le *Salon de 1767*, un changement important intervient par rapport à la doctrine professée dans la *Lettre à Landois*, et il va même faire s'écrouler tout le bel édifice : Diderot est amené à constater que la pratique de la vertu ne conduit pas nécessairement au bonheur. En clair, il n'y a pas une morale pour tout le monde : « Je pensais que s'il y avait une morale propre à une espèce d'animaux, et une morale propre à une autre espèce ; peut-être dans la même espèce, y avait-il une morale propre à différents individus, ou du moins à différentes conditions ou collections d'individus semblables ; [...] une morale propre aux artistes ou à l'art, et que cette morale pourrait bien être le rebours de la morale usuelle[56]. »

Deux catégories d'hommes se dessinent alors : les médiocres et les êtres d'exception comme les artistes, ces « rares et divins insensés [qui] font de la poésie dans la vie[57] ». Parmi les premiers, Diderot évoque un certain M. Baliveau dont le bonheur tranquille ne semble pas dépourvu de charmes : « Heureux, cent fois heureux, m'écriai-je encore, M. Baliveau, capitoul de Toulouse ! C'est M. Baliveau qui boit bien, qui mange bien, qui digère bien, qui dort bien. C'est lui qui prend son café le matin, qui fait la police au marché, qui pérore dans sa petite famille, qui arrondit sa fortune, qui prêche à ses enfants la fortune, qui vend à temps son avoine et son blé, qui garde dans son cellier ses vins, jusqu'à ce que la gelée des vignes en ait amené la cherté, qui sait placer sûrement ses fonds, qui se vante de n'avoir jamais été enveloppé dans aucune faillite, qui vit ignoré et pour qui le bonheur inutilement envié d'Horace, le bonheur de mourir ignoré fut fait. M. Baliveau est un homme fait pour son bonheur, et pour le malheur des autres[58]. » En face de cet imbécile inerte et engourdi, il y a les hommes hors du commun qui souvent se rendent malheureux en poursuivant leur bonheur : « Oui, mon ami, j'ai bien peur que l'homme n'allât droit au malheur par la voie qui conduit l'imitateur de nature au sublime. Se jeter dans les extrêmes, voilà la règle du poète. Garder en tout un juste milieu, voilà la règle du bonheur. Il ne faut point faire de poésie dans la vie. [...] Il est d'expérience que la nature condamne au malheur celui à qui elle a départi le génie, et celle qu'elle a douée de la beauté. C'est que ce sont des êtres poétiques[59]. »

La rupture entre le bonheur et la vertu est enfin consommée lorsqu'on considère le cas de personnages capables de grandes passions et de sentiments exaltés, tels que Diderot les mettra bientôt en scène dans ses romans et ses contes. Qu'il s'agisse du Neveu de Rameau, du père Hudson ou de Mme de la Pommeraye, nous sommes chaque fois en présence d'âmes fortes dont la volonté est tendue vers un seul but, la satisfaction de leur ego. Ces hommes et femmes vivent pour leurs passions et goûtent d'un bonheur incompréhensible à la multitude. Tel est dorénavant le dilemme qui obsède Diderot : une morale « laïque » ne peut remplacer la morale chrétienne basée sur les châtiments divins que si elle réussit par ailleurs à convaincre les hommes que leur bonheur réside dans la bienfaisance envers autrui. Du moment où il est évident que le bonheur est indépendant de la vertu, sur quoi fonder une loi morale qui n'a plus Dieu pour garant ?

Avec le *Salon de 1767*, Diderot pressent qu'il est arrivé à un moment décisif pour l'ensemble de son œuvre. L'important *Salon* qu'il vient de terminer a été pour lui l'occasion, non seulement de donner leur forme la plus achevée à ses idées sur l'art, mais aussi de mettre à l'épreuve des thèmes nouveaux, de nouvelles façons d'écrire, de nouveaux modes de pensée. Le peintre Michel Van Loo vient de faire son portrait, qui est exposé dans le Salon de 1767 : belle occasion de réfléchir sur lui-même, sur la façon dont il se perçoit et veut être perçu. Mais quand il se voit en face, Diderot est déçu, car Van Loo a privilégié un moment où il ne veut pas se reconnaître. « Ce n'est pas moi », avertit-il son lecteur ; et pour mieux marquer toute la distance qui sépare son portrait peint de son « moi véritable », il commence par parler de lui à la troisième personne : « Très vivant. C'est sa douceur, avec sa vivacité. Mais trop jeune, tête trop petite. Joli comme une femme, lorgnant, souriant, mignard, faisant le petit bec, la bouche en cœur ; [...] et puis un luxe de vêtement à ruiner le pauvre littérateur, si le receveur de la capitation vient l'imposer sur sa robe de chambre. [...] Pétillant de près, vigoureux de loin, surtout les chairs. Du reste, de belles mains, bien modelées, excepté la gauche qui n'est pas dessinée. On le voit de face. Il a la tête nue. Son toupet gris, avec sa mignardise, lui donne l'air d'une vieille coquette qui fait encore l'aimable. La position d'un secrétaire d'État et non d'un philosophe. La fausseté du premier mouvement a influé sur tout le reste. C'est cette folle de Mme Van Loo qui venait jaser avec lui, tandis qu'on le peignait, qui lui a donné cet air-là et qui a tout gâté. [...] Il fallait le laisser seul et l'abandonner à sa rêverie. Alors sa bouche se serait entrouverte, ses regards distraits se seraient portés au loin, le travail de sa tête fortement occupée se serait peint sur son visage, et Michel eût fait une belle chose. Mon joli philosophe, vous me serez un témoignage précieux de l'amitié d'un artiste, excellent artiste, plus excellent homme. Mais que diront mes petits-enfants, lorsqu'ils viendront à comparer mes tristes ouvrages avec ce riant, mignon, efféminé, vieux coquet-là[60] ? » Ce que Diderot reproche à Van Loo, c'est d'avoir laissé à la postérité une image de lui peu fidèle, sinon totalement fausse : ce n'est pas ce Diderot-là qui est le vrai. S'il avait choisi un autre instant, il aurait fait un portrait plus conforme à l'image destinée au public ; au lieu de faire un joli philosophe qui ressemble à un secrétaire d'État, ce qu'il n'est pas, le peintre aurait mieux fait de peindre son modèle dans une attitude méditative, de brosser le portrait d'un homme de lettres digne de passer à la postérité. Mais il n'aurait fait qu'un portrait, il n'aurait peint que la nature subsistante, une attitude particulière du genre « Diderot en train de méditer », il n'aurait pas peint Diderot tel qu'il est réellement. À partir du moment où il évoque ses enfants et ses petits-enfants, Diderot s'attache à brosser, en creux du portrait de Van Loo, un autoportrait plus réaliste, plus vrai, ou du moins plus conforme à l'image qu'il aime avoir de lui-même : « J'avais en une journée cent physionomies diverses, selon la chose dont j'étais affecté. J'étais serein, triste, rêveur, tendre, violent, passionné, enthousiaste. Mais je ne fus jamais tel que vous me voyez là. J'avais un grand front, des yeux très vifs, d'assez grands traits, la tête tout à fait du caractère d'un ancien orateur, une bonhomie qui touchait de bien près à la bêtise, à la rusticité des anciens temps. [...] J'ai un masque qui trompe l'artiste, soit qu'il y ait trop de choses fondues ensemble, soit que les impressions de mon âme se succédant très rapidement et se peignant toutes sur mon visage, l'œil du peintre ne me retrouvant pas le même d'un instant à l'autre, sa tâche devienne beaucoup plus difficile qu'il ne la croyait[61]. » Un des défauts du portrait est qu'il fixe un moment, à l'exclusion des autres. L'art du portraitiste, c'est de choisir le bon moment ou, mieux encore, de capter en un instant unique toutes les physionomies caractéristiques d'un personnage, car on appauvrit beaucoup le portrait en fixant sur la toile un seul aspect de la physionomie. Le grand portraitiste ne fait pas le portrait d'un instant mais un portrait qui rassemble plusieurs instants à la fois.

Le jugement sévère que donne Diderot de son portrait apparaît isolé car tel ne fut pas, en effet, l'avis des salonniers qui célébrèrent à l'envi la toile de Van Loo, reconnaissant dans les traits de Diderot « l'esprit et le feu du génie[62] ». Ce qui gêne Diderot avant tout, c'est que le peintre ait mis en relief un aspect qu'il ne prise pas trop : l'allure aristocratique, le port, le vêtement. Considérant qu'il s'agit là d'une trahison, ne voulant point apparaître sous cette enveloppe à ses descendants, il substitue la plume au pinceau et refait le portait. Deux ans plus tard, une nouvelle occasion se présente de rectifier le tir. Fin 1768, Grimm rendit visite à Diderot en compagnie d'un prince polonais, Adam Czartoriski. « Je le menai, raconte-t-il, dans le réduit simple, modeste et élevé du philosophe. Nous le trouvâmes paré d'une robe de chambre de ratine d'écarlate, neuve du jour[63] », un cadeau de l'envahissante Mme Geoffrin pour des services rendus. Grimm représente alors à son ami les dangers du luxe et lui tient un « sermon pathétique et gai » ; quelques jours plus tard, Diderot réplique par ses *Regrets sur ma vieille robe de chambre.*

Dans ce petit texte qui est aujourd'hui un peu oublié mais occupait pendant longtemps une place de choix dans les collections des « plus belles pages de Diderot », le philosophe laisse libre cours à sa verve et à son humour. « C'est un morceau que j'aime, dira-t-il lui-même non sans fierté, quoiqu'un peu bavard. Mais ce bavardage est sauvé par la gaîté d'un homme qui s'amuse et qui a résolu d'écrire tant que cela l'amusera[64]. » Le bavardage de Diderot est cependant tout sauf innocent. Affublé d'une robe de chambre dont l'allure lui était aussi étrangère que le « luxe de vêtement » critiqué dans le portrait de Van Loo, il avait une réputation à sauver : « Pourquoi ne l'avoir pas gardée ? Elle était faite à moi, j'étais fait à elle. Elle moulait tous les plis de mon corps, sans le gêner. J'étais pittoresque et beau. L'autre, raide, empesée, me mannequine. Il n'y avait aucun besoin auquel sa complaisance ne se prêtât, car l'indigence est presque toujours officieuse. Un livre était-il couvert de poussière ? Un de ses pans s'offrait à l'essuyer. L'encre épaisse refusait-elle de couler de ma plume ? Elle présentait le flanc. On y voyait tracés en longues raies noires les fréquents services qu'elle m'avait rendus. Ces longues raies annonçaient le littérateur, l'écrivain, l'homme qui travaille. À présent, j'ai l'air d'un riche fainéant. On ne sait qui je suis[65]. » On découvre ici la même hantise de Diderot de passer pour un mondain, un aristocrate désœuvré, un traître de son ancien état. Ayant cédé aux attraits du luxe, il en serait devenu esclave : « J'étais le maître absolu de ma vieille robe de chambre ; je suis devenu l'esclave de la nouvelle. » Mais ce n'est pas fini : avec l'arrivée de la nouvelle robe de chambre, tout le cabinet de travail a subi une transformation de fond : « La chaise de paille reléguée dans l'antichambre par le fauteuil de maroquin. [...] Une grande glace s'emparait du manteau de ma cheminée. [...] La table de bois disputait encore le terrain, à l'abri d'une foule de brochures et de papiers entassés pêle-mêle, et qui semblaient devoir la dérober longtemps à l'injure qui la menaçait. Un jour elle subit son sort et, en dépit de ma paresse, les brochures et les papiers allèrent se ranger dans les serres d'un bureau précieux. » Et ce fut ainsi, termine Diderot, « que le réduit édifiant du Philosophe se transforma dans le cabinet scandaleux du publicain ».

Nous savons par ailleurs que tous ces changements dans l'intérieur du philosophe sont dus à Mme Geoffrin et à son « humeur donnante », selon son propre mot rapporté par l'abbé Morellet[66]. Curieusement, Diderot n'en souffle mot. Souci d'affirmer son indépendance, en particulier vis-à-vis d'une femme qu'il n'appréciait guère ? Voire. Au lieu de se lamenter sur la perte de ses anciens meubles, il se présente en père de famille envahi par le goût des belles choses tout en restant sur ses gardes : « Instinct funeste des convenances ! Tact délicat et ruineux ! Goût sublime qui change, qui déplace, qui édifie, qui renverse, qui vide les coffres des pères, qui laisse les filles sans dot, les fils sans éducation, qui fait tant de belles choses et de si grand maux. » Diderot est loin de rejeter le luxe sans autre forme de procès, bien au contraire. L'essentiel est d'en jouir sans en être esclave : avec le temps, « le remords s'apaisera ; et j'aurai une jouissance pure. Ne craignez pas que la fureur d'entasser de belles choses me prenne. [...] J'ai Laïs, mais Laïs ne m'a pas. Heureux entre ses bras, je suis prêt à la céder à celui que j'aimerai et qu'elle rendrait plus heureux que moi ».

« Denis le philosophe » ne s'est donc pas transformé en endossant sa nouvelle robe de chambre. Le changement reste purement extérieur : l'habit, chez lui, ne fait pas le moine. Tous les matins, il aperçoit en entrant dans son cabinet son ancien tapis de lisières qui lui rappelle son premier état, et l'orgueil s'arrête à l'entrée de son cœur. « Non, mon ami, rassure-t-il Grimm, je ne suis point corrompu. Ma porte s'ouvre toujours au besoin qui s'adresse à moi ; il me trouve la même sensibilité ; je l'écoute, je le conseille ; je le secours ; je le plains. Mon âme ne s'est point endurcie. » Mais il assume son nouvel état. Diogène a quitté son tonneau et il ne s'en trouve pas plus mal. L'*Encyclopédie* est achevée, sa fortune est assurée par l'impératrice de Russie. L'honnête bourgeois qu'il est devenu pense jouir d'une estime méritée. Le *Salon de 1767* lui a montré toute la gamme de son talent. D'autres chefs-d'œuvre suivront.

5

L'ordre de la nature

À la fin de l'année 1768, au moment où il est en train de mettre la dernière main au *Salon de 1767*, Diderot informe sa maîtresse qu'« il pleut des bombes dans la maison du Seigneur[1] ». De quoi s'agit-il ? D'ouvrages subversifs français et anglais, traduits et publiés par les bons soins du baron d'Holbach, comme les *Lettres philosophiques* de John Toland[2], mais aussi d'œuvres antichrétiennes de son cru : les *Lettres à Eugénie* et *La Contagion sacrée* – une trentaine de volumes en dix ans ! Et lorsque Diderot ajoute qu'il « tremble toujours que quelqu'un de ces téméraires artilleurs-là ne s'en trouve mal », ses craintes ne sont pas sans fondement, loin s'en faut. Deux mois plus tôt, le pouvoir avait cruellement sévi contre trois colporteurs, comme le rapporte Bachaumont :

> On a exécuté ces jours-ci un arrêt du Parlement qui condamne Jean-Baptiste Jossevand, garçon épicier, Jean Lecuyer, brocanteur, et Marie Suisse, femme dudit Lecuyer, au carcan pendant trois jours consécutifs ; condamne en outre ledit Jossevand à la marque et aux galères pendant neuf ans, ledit Lecuyer aussi à la marque et aux galères pendant cinq ans et ladite Marie Suisse à être renfermée pendant cinq ans dans la maison de force de l'Hôpital général, pour avoir vendu des livres contraires aux bonnes mœurs et à la religion. Ces livres sont : *Le Christianisme dévoilé*, *L'Homme aux quarante écus*, *Éricie ou la Vestale*, lesquels ont été lacérés et brûlés par l'exécuteur de la haute justice, lors de l'exécution des coupables[3].

Diderot se doutait bien que la défaite des jésuites ne constituait qu'une victoire provisoire. Au lendemain de leur expulsion, les parlementaires jansénistes dirigèrent leurs attaques contre les philosophes en général et contre Voltaire en particulier, avec ce fanatisme implacable qui les distinguait de leurs ennemis d'hier auxquels ils reprochaient depuis toujours leur sens de l'accommodation doctrinale et de l'accommodement politique. L'année même de la publication des derniers volumes de texte de l'*Encyclopédie*, ils condamnèrent le jeune chevalier de La Barre à avoir la langue coupée et la tête tranchée pour avoir chanté des chansons impies. Le 1er juillet 1766, la sentence est exécutée à Abbeville, devant des fenêtres noires de monde : après la décapitation en face de l'église, le corps meurtri par plusieurs séances de torture sauvage est précipité dans les flammes… accompagné d'un exemplaire du *Dictionnaire philosophique* de Voltaire.

La barbarie de la procédure et de l'exécution crée un climat de panique chez les philosophes. Grimm rapporte l'arrêt du Parlement, « qu'il faut conserver comme le monument d'une cruauté horrible au milieu d'un siècle qui se vante de sa philosophie et de ses lumières[4] ». Diderot apostrophe « certains chefs des Hottentots, infâmes bêtes féroces », qui ont arraché la langue et coupé le poing et la tête d'un enfant « pour une sottise qui mériterait à peine une réprimande paternelle[5] ». Il n'a échappé à personne que c'est Voltaire qu'à travers le chevalier de La Barre on voulait chercher à atteindre. Brûler un livre ne relève pas que du symbole : on se souvient que la déclaration royale de 1757 punit de mort les auteurs et imprimeurs d'écrits réputés subversifs. D'après une lettre de d'Alembert, le conseiller Pasquier, un habitué des réquisitoires implacables, avait non seulement plaidé la sévérité vis-à-vis de l'accusé mais suggéré, dans son rapport oral, qu'on brûlât, à côté des livres, les auteurs « que Dieu demandait en sacrifice[6] ». Le châtiment effroyable du chevalier de La Barre a un sens éminemment politique : le rôle de la religion a servi d'écran à un assassinat légal qui ressortit essentiellement à la raison d'État. Après l'expulsion des jésuites, ordonné par ses soins, le Parlement a voulu donner au roi un gage de conservatisme tout à la fois politique et religieux. Le sacrifice du chevalier autorisait le Parlement à se poser devant l'opinion non seulement en mainteneur de la foi catholique, mais encore en ennemi du parti philosophique duquel la victime eut l'imprudence de se réclamer. Diderot ne s'y est pas trompé qui écrivit à Voltaire : « Je sais bien que, quand une bête féroce a trempé sa langue dans le sang humain, elle ne peut plus s'en passer. Je sais bien que cette bête manque d'aliment, et que, n'ayant plus de jésuites à manger, elle va se jeter sur les philosophes. [...] Je sais bien qu'un d'entre eux a l'atrocité de dire qu'on n'avancera rien, tant qu'on ne brûlera que des livres[7]. » Il se sait visé par la bête immonde (c'est-à-dire le Parlement), mais refuse de s'exiler, comme Voltaire le lui suggère. C'est que la contre-offensive s'organise dans le secret du cabinet de d'Holbach, la « synagogue de la rue Royale[8] », d'où le baron et un jeune admirateur de Diderot, Jacques-André Naigeon, ont commencé à envoyer leurs « bombes » contre l'Église. Né en 1738, Naigeon avait environ vingt-six ans lorsqu'il fut présenté à Diderot. Celui-ci lui confia en 1765 l'article *Unitaires* pour l'*Encyclopédie* qui allait devenir, sous sa plume, l'un des plus radicaux du Dictionnaire. Sous le prétexte de décrire, puis de décrier les principes de base de l'unitarisme, Naigeon s'en prenait en réalité à la croyance en la Trinité, au péché originel, à la grâce, à la prédestination, aux sacrements, au Ciel et à l'enfer, à l'organisation ecclésiastique de l'Église catholique, à la divinité du Christ, et même à Dieu. Compagnon fidèle, voire ami intime de Diderot dans les vingt dernières années de sa vie, Naigeon sera le gardien du temple de la philosophie diderotienne – « le singe de Diderot », selon le mot railleur de La Harpe[9] – ainsi que le légataire universel de ses manuscrits, chargé d'en préparer une édition. En 1770, il publia le *Recueil philosophique, ou Mélange de pièces sur la religion et la morale, par différents auteurs* en deux volumes qui contenaient, entre autres textes « subversifs », deux inédits de Diderot : *De la suffisance de la religion naturelle* et une *Addition aux Pensées philosophiques*. Quant à sa participation aux travaux de son protecteur d'Holbach, chez lequel il vécut pendant plus de vingt ans, nous ne pouvons l'apprécier avec exactitude, car Naigeon ne se mettait jamais en avant. Inaugurée en 1766 par *Le Christianisme dévoilé*, la publication d'ouvrages antichrétiens, matérialistes et athées que d'Holbach assure en collaboration avec Naigeon[10] vient renforcer la campagne « Écrasez l'Infâme » lancée par Voltaire au début des années 1760 et obliger ce dernier à engager une controverse contre le matérialisme athée dont les échos se retrouvent dans *Le Rêve de d'Alembert*.

En 1765, Étienne-Noël Damilaville, ami commun de Voltaire et de la coterie holbachique, fait à Ferney une visite de plus d'un mois où il tente en vain de convertir le patriarche à l'athéisme. « Je lui soutenais qu'il y avait dans la nature intelligence et matière ; il me niait intelligence, et nous étions bons amis », se souviendra-t-il plus tard[11]. Mais l'athéisme auquel il est initié par son hôte l'exaspère. Au fur et à mesure que l'atelier du baron jette sur le marché du livre antireligieux des ouvrages de plus en plus virulents, la volonté de Voltaire de se démarquer des athées tourne presque à l'obsession. Cependant, il n'est pas encore au bout de ses peines. En 1770 paraît sous le pseudonyme de Mirabaud, mort en 1760, le *Système de la nature*, véritable somme du matérialisme athée en deux volumes que d'Holbach avait gardée dans ses tiroirs pendant plusieurs années avant de se décider à la publication. Premier grand traité matérialiste depuis l'Antiquité, l'ouvrage rompt délibérément avec les déguisements et les artifices habituels dans l'expression de la pensée subversive, et présente, sous la forme austère d'un exposé didactique, un résumé de tous les arguments que la philosophie matérialiste est capable de produire à cette époque. L'univers, ou le « grand Tout », est à base de matière et de mouvement ; la matière n'est pas inerte mais possède des propriétés d'ordre physico-chimique, de sorte que la vie et la pensée ne sont que les effets d'actions et de relations des molécules chimiques. La Nature est une, la distinction des trois règnes est illusoire : de la pierre au soleil, en passant par l'homme, « nous voyons une progression non interrompue, une chaîne perpétuelle de combinaisons et de mouvements[12] ». La nature, tant physique que morale, est régie par des rapports inéluctables de causalité en vertu desquels « tout est lié » : par conséquent, « il n'est pas un atome qui ne joue un rôle important et nécessaire[13] ». L'homme ne constitue pas un corps étranger au grand système physico-chimique de la nature, c'est « un être purement physique[14] » qui reste soumis aux lois de la matière. Toutes les fonctions intellectuelles ne sont que des effets produits par l'être matériel. Dépourvu d'âme, l'homme ne saurait jouir du libre arbitre. Être libre, c'est agir conformément à sa nature propre, spécifique et individuelle. Capable d'action concertée, l'homme peut se modifier et agir sur son environnement en s'appuyant sur la constance des lois physiques. La morale se borne à l'utilité sociale, « pierre de touche des systèmes, des opinions et des actions des hommes[15] ». Au nom de cette utilité, et s'appuyant sur le matérialisme exposé dans la première partie du *Système de la nature*, d'Holbach attaque, dans la seconde partie, la religion et la croyance en Dieu parce qu'il y voit un obstacle au bonheur individuel et social. La thèse fondamentale de d'Holbach peut se résumer en quelques mots : l'histoire et l'expérience prouvent que les religions sont sans utilité morale, politiquement dangereuses, contraires au progrès de la raison. La théologie est une vaste duperie, destinée à tenir en tutelle la raison humaine. Le dogme chrétien est un tissu de contradictions, de légendes d'impostures, de traits barbares. S'adressant aux théologiens chrétiens, d'Holbach leur lance à la fin de son livre : « Sous quelque point de vue que l'on vous envisage, c'est vous qui bâtissez des systèmes en l'air, et vous êtes les plus absurdes de tous les systématiques [...]. Quelles idées de morale nous présente votre divinité, sur les volontés et sur l'exemple de laquelle vous fondez toutes les vertus ? Toutes vos révélations ne nous la montrent-elles pas sous les traits d'un tyran qui se joue du genre humain, qui fait le mal pour le plaisir de mal faire, qui ne gouverne le monde que d'après les règles de ses injustes caprices que vous nous faites adorer ? [...] Enfin n'est-ce pas en son nom que vous troublez l'univers, que vous persécutez, que vous exterminez tous ceux qui refusent de souscrire aux rêveries systématiques par vous décorées du nom pompeux de religion[16] ? » Il y a chez d'Holbach une horreur sincère pour les méfaits de la religion en général et du christianisme en particulier, une aversion profonde qui s'indigne des absurdités de la Bible et des puérilités de la superstition. Le projet du baron, on l'a compris, vise à éliminer radicalement la notion de Dieu et à lui substituer la vision d'un univers intégralement rationnel, d'où seraient exclus le mystère, le hasard, l'inexplicable et l'ineffable.

Quand Voltaire lit le *Système* à la fin de mai 1770, il est atterré : pendant qu'il s'échine à combattre l'Infâme pour instaurer le déisme, d'autres combattent les religions pour justifier l'athéisme. Sa réaction ne se fait pas attendre : c'est la brochure *Dieu. Réponse au Système de la nature*. Voltaire y reproche d'abord à l'auteur du *Système de la nature*, dont il ignore l'identité, de ne pas tenir compte de l'utilité de la croyance en Dieu : « Vous craignez l'abus, et moi aussi. Unissons-nous pour le prévenir ; mais ne condamnons pas l'usage quand il est utile à la société[17]. » Voltaire attaque ensuite le *Système*, non quant au fond, mais quant à sa méthode, en tentant de prouver la fragilité de ses thèses, qui ne peuvent rien démontrer, étant fondées sur une mauvaise physique et des arguments quasi dogmatiques. Pour Voltaire, le premier devoir du philosophe et du savant, c'est le scepticisme. Les spéculations de l'auteur du *Système de la nature* ne sont que des hypothèses sans fondement scientifique : « Vous attribuez à la seule matière le pouvoir de la gravitation, le pouvoir de communiquer le mouvement, etc. ; mais c'est ce que vous supposez, et non pas ce que vous démontrez. Il me semble que vous tombez dans le défaut que vous reprochez avec raison à tant de théologiens, de commencer par admettre ce qui est en question. Il faut savoir s'il est possible que la matière s'organise elle-même, qu'elle fasse à la fois des bouches pour manger, des dents pour broyer, un estomac pour digérer, un cœur pour recevoir le sang des veines et pour le rendre aux artères, une matrice pour recevoir et pour nourrir un fœtus qui en sort dans le temps marqué, etc., etc.[18]. » Voltaire réfute en particulier la théorie des générations spontanées basée sur la prétendue découverte d'un prêtre catholique anglais, John T. Needham, selon laquelle des animaux microscopiques baptisés « anguilles » peuvent naître de matière morte : « Est-il possible, Monsieur, qu'un philosophe tel que vous ait pu se laisser séduire par l'expérience aussi ridicule que fausse de Needham ? [...] Ce pauvre Needham prit bonnement de petits rouleaux de farine de seigle gâtée pour des anguilles. Un physicien, qui avait de la réputation, ne douta pas que ce Needham ne fût un profond athée. Il conclut que puisque l'on faisait des anguilles avec de la farine de seigle, on pouvait faire des hommes avec de la farine de froment, que la nature et la chimie produisaient tout ; et qu'il était démontré qu'on peut se passer d'un Dieu formateur de toutes choses[19]. » L'ordre du monde, objecte Voltaire, suppose une intelligence ordonnatrice, comme une horloge suppose un horloger ; cet ordre n'est pas un simple arrangement, il obéit à des lois universelles, chacun de ses éléments organisés fonctionne en vue d'une fin. N'importe quoi ne peut naître de n'importe quoi, la matière se compose d'atomes irréductibles, inaltérables, différents, qui ne sauraient se transmuer l'un dans l'autre – voilà ce que Voltaire oppose à l'auteur du *Système de la nature* qui veut mettre la nature à la place de Dieu.

Peu de temps après, les pouvoirs religieux et civils passent à l'attaque. L'Assemblée du clergé publie un solennel Avertissement « sur les dangers de l'incrédulité » en date du 6 août 1770. Quelques jours plus tard, l'avocat-général au parlement de Paris, Antoine-Louis Séguier, prononce un violent Réquisitoire offrant à ses auditeurs un effrayant tableau des maux causés par l'irréligion : « Il s'est élevé au milieu de nous une secte impie et audacieuse ; elle a décoré sa fausse sagesse du nom de philosophie ; sous ce titre imposant, elle a prétendu posséder toutes les connaissances. Ses partisans se sont élevés en précepteurs du genre humain. *Liberté de penser*, voilà leur cri, et ce cri s'est fait entendre d'une extrémité du monde à l'autre. D'une main, ils ont tenté d'ébranler le trône ; de l'autre, ils ont voulu renverser les autels. Leur objet était d'éteindre la croyance, de faire prendre un autre cours aux esprits sur les institutions religieuses et civiles ; et la révolution s'est pour ainsi dire opérée. Les prosélytes se sont multipliés, leurs maximes se sont répandues : les royaumes ont senti chanceler leurs antiques fondements ; et les nations, étonnées de trouver leurs principes anéantis, se sont demandées par quelle fatalité elles étaient devenues si différentes d'elles-mêmes. » Le Réquisitoire aboutit à une condamnation au feu de sept ouvrages philosophiques réputés subversifs, parmi lesquels le *Système de la nature*, « le comble du scandale, et [qui] couronne tous les attentats dont l'impiété est coupable envers l'État et la religion[20] ». Le 9 novembre, le *Système* est mis à l'Index de l'Église. Malgré, ou à cause de cela, l'ouvrage connaîtra une trentaine de rééditions et des traductions en anglais, en espagnol, en américain et en allemand jusqu'en 1823, avant de se voir éclipsé par le matérialisme marxiste et… *Le Rêve de d'Alembert.*

Sur la foi de plusieurs témoignages, on a cru longtemps que Diderot avait activement collaboré au *Système de la nature*. Dans son article nécrologique sur d'Holbach, Jacques-Henri Meister, le successeur de Grimm à la tête de la *Correspondance littéraire*, fit savoir à ses lecteurs qu'il y a « des pages entières […] où l'on reconnaît aisément la plume d'un écrivain supérieur, et cela est fort simple, car ces pages sont de Diderot[21] ». Au frontispice d'une édition du *Système de la nature* publiée en 1820 et rééditée en 1966, on lit la mention « avec des notes et des corrections par Diderot ». Après avoir minutieusement examiné la question, Alain Sandrier a conclu que sa contribution se réduisait essentiellement à un travail de correction et de rectification, vécu par ailleurs comme un devoir fastidieux, dû à l'amitié, et non à une écriture à deux mains[22]. « Tout mon temps au Grandval, se plaint en effet Diderot, s'en va à blanchir les chiffons sales du baron[23] », sans parvenir à en éliminer la lourdeur : « On corrige une faute, mais non un vice général du style[24]. » Cette prétendue collaboration étroite entre Diderot et d'Holbach a donné naissance à une autre idée reçue, bien plus lourde de conséquence, que rien ne distinguait au fond les philosophies des deux amis, sinon leur style. Diderot professait les mêmes idées que le baron, écrivait par exemple Pierre Naville, mais « avec plus d'imagination et de vivacité[25] » ; pour Yves Benot, le *Système de la nature* « est, avant tout, le développement, la mise en forme » du *Rêve de d'Alembert*, allant jusqu'à conclure que, « bien qu'il ne l'ait pas écrit, le *Système de la nature* fait partie intégrante de l'œuvre même de Diderot[26] ». Comme on le verra, il n'en est rien.

La première mention du *Rêve de d'Alembert* apparaît dans une lettre à Sophie Volland du 31 août 1769 :

> J'ai fait un dialogue entre d'Alembert et moi. Nous y causons assez gaiement et même assez clairement, malgré la sécheresse et l'obscurité du sujet. À ce dialogue il en succède un second, beaucoup plus étendu, qui sert d'éclaircissement au premier. Celui-ci est intitulé *Le Rêve de d'Alembert*. Les interlocuteurs sont d'Alembert rêvant, Mlle d'Espi-

> nasse [*sic*], l'amie de d'Alembert, et le docteur Bordeu. Si j'avais voulu sacrifier la richesse du fond à la noblesse du ton, Démocrite, Hippocrate et Leucippe auraient été mes personnages ; mais la vraisemblance m'aurait renfermé dans les bornes étroites de la philosophie ancienne, et j'y aurais trop perdu. Cela est de la plus haute extravagance et tout à la fois de la philosophie la plus profonde. Il y a quelque adresse à avoir mis mes idées dans la bouche d'un homme qui rêve. Il faut souvent donner à la sagesse l'air de la folie, afin de lui procurer ses entrées. J'aime mieux qu'on dise : Mais cela n'est pas si insensé qu'on croirait bien, que de dire : Écoutez, mais voici des choses très sages[27].

Le 10 septembre, il annonce à Sophie un troisième dialogue : « J'y ai ajouté après coup cinq ou six pages capables de faire dresser les cheveux à mon amoureuse ; aussi ne les verra-t-elle jamais. Mais ce qui va bien vous surprendre, c'est qu'il n'y a pas un mot de religion, et pas un seul mot déshonnête. Après cela, je vous défie de deviner ce que ce peut être[28]. » Les trois dialogues intitulés respectivement *La Suite d'un entretien entre M. d'Alembert et M. Diderot*, *Le Rêve de d'Alembert* et *Suite de l'entretien précédent*, que nous avons aujourd'hui coutume d'appeler par abrégé *Le Rêve de d'Alembert*, ne paraîtront en France qu'en 1830. Mais même parmi ses amis, l'œuvre fit scandale. Mis au courant de son existence, et du rôle qu'il y jouait, d'Alembert somma Diderot de jeter le manuscrit au feu en sa présence[29]. Diderot s'exécuta, mais il avait auparavant pris le soin d'en conserver une copie. Jusqu'à la fin de sa vie, il enrichit ses dialogues dont il laissa un manuscrit à Catherine II lors de son passage à Saint-Pétersbourg ; les protagonistes s'y appellent Du Marsais, Boindin, La Mettrie et Mlle Boucher. Ce n'est qu'en 1782 que Diderot accepte que son œuvre soit publiée dans la *Correspondance littéraire* ; le dernier état du *Rêve*, revu et corrigé par Diderot, se trouve aujourd'hui à Saint-Pétersbourg, où il fut envoyé avec sa bibliothèque et ses autres manuscrits après sa mort.

Comme il l'avait écrit dans sa lettre à Sophie Volland citée plus haut, Diderot avait projeté, dans un premier temps, de mettre en scène trois personnages de l'Antiquité, le philosophe matérialiste grec Démocrite, sa maîtresse Leucippe et le médecin Hippocrate.

Après réflexion, Diderot abandonna la fiction antiquisante, car il lui fallait des personnages contemporains pour la philosophie qu'il allait exposer : outre Diderot lui-même, le mathématicien et homme de lettres d'Alembert, sa maîtresse Julie de Lespinasse, et le docteur Bordeu. Les liens qui unirent Diderot à l'ancien codirecteur de l'*Encyclopédie* ne furent jamais faciles. L'abandon de d'Alembert au milieu de l'entreprise en 1758, rapporte Mme de Vandeul, « lui fit un chagrin amer. [...] Cet événement ne diminua ni l'estime de mon père pour la personne de M. d'Alembert, ni la justice qu'il rendait à ses rares talents, mais il s'éloigna de sa société. Toutes les fois qu'ils se retrouvaient, ils se traitaient comme s'ils ne se fussent jamais quittés, mais ils étaient quelquefois deux ans sans se voir[30]. » De son côté, d'Alembert s'était rapproché de Julie de Lespinasse, nièce et ancienne demoiselle de compagnie de la célèbre salonnière Mme Du Deffand, et avait pris pension chez elle en 1766, en tout bien et en tout honneur, semble-t-il[31]. Après la rupture avec sa tante, Julie de Lespinasse avait ouvert son propre salon où elle brillait par son art consommé de la conversation et sa remarquable culture philosophique. Même si Diderot ne la fréquentait guère, et encore moins, paraît-il, son salon où elle se distinguait par « son talent de jeter en avant la pensée et de la donner à débattre [...], son talent d'amener de nouvelles idées et de varier l'entretien[32] », l'auteur du *Rêve de d'Alembert* ne pouvait guère trouver mieux que Julie de Lespinasse pour servir d'interlocutrice au docteur Bordeu, l'autre personnage central du *Rêve*. Savant et médecin de l'école vitaliste de Montpellier, pionnier de l'endocrinologie moderne[33], Théophile de Bordeu avait fourni un très long article *Crise* à l'*Encyclopédie*, consacré aux jours critiques dans l'évolution des maladies. Dans les années 1760, il fut consulté par Diderot à plusieurs reprises, comme à l'occasion de la grossesse de sa fille. Ses travaux lui valurent de devenir le médecin de Mme Du Barry et d'assister Louis XV dans son ultime maladie.

Contrairement à ce que l'histoire de sa genèse pourrait faire croire, *Le Rêve de d'Alembert* ne fut pas le fruit d'une inspiration brusque et fortuite, mais le résultat d'une lente maturation. Tout, ou presque, se trouve déjà en germe dans la *Lettre sur les aveugles*, où son porte-parole aveugle Saunderson essaie d'imaginer, sur les bases d'une philosophie athée, antifinaliste et matérialiste, l'évolution de l'univers à partir d'un « océan de matière » vers des êtres vivants dotés d'une stabilité relative[34]. En 1749, Diderot aurait pu présenter ces idées, qui lui valurent l'enfermement au château de Vincennes, sous la forme d'un entretien entre le matérialiste Démocrite, le médecin Hippocrate et une demoiselle Leucippe sans tomber dans l'invraisemblance. La genèse du monde décrite par Saunderson n'est pas fondamentalement différente de celle élaborée par le matérialisme antique. Au moins deux tiers de son discours expriment des idées de Lucrèce[35] : l'univers s'est formé naturellement à partir de la multiplicité illimitée des atomes agités à travers un espace et un temps également sans bornes, et en vertu d'un principe d'organisation et de vie inhérent à la matière. Dans sa profusion première, la nature a produit de façon hasardeuse des animaux inaptes à la survie, qui disparaissaient sans se reproduire. Pour expliquer l'ordre du monde, il n'est pas nécessaire de recourir à un Être suprême. Non seulement l'ordre actuel résulte d'un désordre initial, mais il n'est lui-même que « momentané » : la nature est encore à l'ouvrage, l'évolution continue à produire des êtres viables et des monstres. Par voie de conséquence, il n'y a pas de dessein, pas de finalité, l'homme est un produit de l'évolution aveugle, et non d'une finalité providentielle qui l'aurait désigné comme fin de la création.

Toute cette philosophie allait si bien à un cadre antique que Voltaire y eut recours pour la réfuter. Dans les *Dialogues entre Lucrèce et Posidonius* (1756), qui ressemblent fort à un entretien imaginaire entre Diderot et lui-même, son porte-parole, le stoïcien Posidonius, oppose à l'hypothèse matérialiste de son interlocuteur selon laquelle la matière se combine, par un processus continu, à des niveaux toujours plus élevés d'organisation, un simple argument tiré de l'expérience quotidienne : « Vous aurez beau remuer dans un tonneau, pendant toute votre vie, tous les matériaux de la terre mêlés ensemble, vous n'en tirerez pas seulement une figure régulière, vous ne produirez rien. [...] Il faudrait avoir vu naître des hommes et des animaux du sein de la terre, et des blés sans germe, etc., etc., pour oser affirmer que la matière toute seule se donne de telles formes ; personne, que je sache, n'a vu cette opération : personne ne doit donc y croire[36]. » Selon Voltaire, les structures, les propriétés et le comportement des êtres vivants ne sont pas dus au hasard mais semblent répondre à un dessein. Si l'on considère un organisme un peu complexe, avec l'évidente finalité de tous ses organes, comment ne pas conclure qu'il a été produit par la volonté d'un créateur ? « Je vois un dessein admirable, objecte-t-il à Lucrèce, et je dois croire qu'un être intelligent a formé ce dessein[37]. »

Au milieu du siècle, la position de Voltaire semble inattaquable. Il est d'ailleurs tout à fait prêt à concéder aux matérialistes que la matière est éternelle, voire qu'elle est douée de la faculté de sentir et de penser. Mais cette faculté, et l'évidente finalité des différentes parties du corps humain et animal, ne sont pas le fait d'une évolution aveugle : contrairement à ce que prétendent les athées, Voltaire tient qu'elles proviennent de Dieu.

Diderot est lui aussi parfaitement conscient de cette difficulté majeure du matérialisme athée. L'article *Naître* de l'*Encyclopédie* témoigne clairement de son refus de considérer le vivant comme le simple produit de la combinaison des molécules : « La vie ne peut être le résultat de l'organisation. Imaginez les trois molécules, *A*, *B*, *C* ; si elles sont sans vie dans la combinaison *A*, *B*, *C*, pourquoi commenceraient-elles à vivre dans la combinaison *B*, *C*, *A*, ou *C*, *A*, *B* ? Cela ne se conçoit pas. Il n'en est pas de la vie comme du mouvement, c'est autre chose. Ce qui a vie a mouvement ; mais ce qui se meut ne vit pas pour cela[38]. » Voltaire avait raison : la vie et la pensée ne peuvent naître du mouvement des molécules. Diderot ne croit pas qu'elles viennent de Dieu mais qu'elles sont des propriétés de la matière elle-même, comme il s'en explique à Damilaville dans une lettre adressée à un certain Duclos, son supérieur hiérarchique : « Si j'ai dit [...] que la pensée ne pouvait résulter de la transposition des molécules, c'est que la pensée est le résultat de la sensibilité, et que, selon moi, la sensibilité est une propriété universelle de la matière ; propriété inerte dans les corps bruts, comme le mouvement dans les corps pesants arrêtés par un obstacle ; propriété rendue active dans les mêmes corps par leur assimilation avec une substance animale vivante[39]. » On se souvient que Damilaville venait de faire un séjour chez Voltaire au cours duquel il a tenté en vain de convertir le patriarche au matérialisme athée. Il n'est d'ailleurs pas interdit de voir derrière le personnage appelé d'Alembert dans le premier volet de la trilogie du *Rêve de d'Alembert* la figure du patriarche de Ferney dont il fut le disciple élu et avec lequel Diderot a voulu reprendre le dialogue sur le matérialisme commencé dès la *Lettre sur les aveugles*.

La *Suite d'un entretien entre M. d'Alembert et M. Diderot* commence *in medias res*. Les premiers mots de d'Alembert résument un débat qui précède et que le lecteur n'a pas sous les yeux : « J'avoue qu'un être qui existe quelque part et qui ne correspond à aucun point de l'espace ; un être qui est inétendu et qui occupe de l'étendue ; qui est tout entier sous chaque partie de cette étendue ; qui diffère essentiellement de la matière et qui lui est uni ; qui la suit et qui la meut sans se mouvoir ; qui agit sur elle et qui en subit toutes les vicissitudes ; un être dont je n'ai pas la moindre idée, un être d'une nature aussi contradictoire est difficile à admettre. » Le concept d'âme spirituelle, principe de vie (l'âme est ce qui anime) et siège de la pensée, pose un certain nombre de difficultés au philosophe, mais sa négation, poursuit-il, conduit à des « obscurités[40] ». Face au scepticisme de son interlocuteur qui préconise la suspension de jugement[41], le personnage Diderot va essayer de montrer en quoi la supposition de l'existence de l'âme – et de Dieu, cela va de soi – engendre en réalité « une multitude infinie de difficultés et [...] n'en résout aucune ». Depuis la *Lettre sur les aveugles*, Diderot adopte lui aussi une position sceptique quant à la connaissance du monde « tel qu'il est ». Il estime cependant que la « galimatias métaphysico-théologique » sur l'âme que d'Alembert se refuse à rejeter ne mérite aucun crédit philosophique. Certes, sa propre hypothèse ne résout pas non plus toutes les difficultés, mais elle a l'avantage de remplacer une « cause qui ne se conçoit pas, dont la liaison avec l'effet se conçoit encore moins » par « une cause qui est et qui explique tout[42] ». Il s'agit donc d'une alternative entre deux hypothèses : dans ce cas, on doit préférer celle qui présente le moins de difficultés, qui est la plus simple, et qui explique le plus de choses.

Cette cause, ou plutôt cette « supposition simple qui explique tout », c'est la *sensibilité*, « une qualité générale et essentielle de la matière[43] ». Diderot s'oppose ici à la métaphysique d'inspiration cartésienne suivant laquelle la matière possède comme qualité ou essence d'être « étendue » en longueur, largeur et profondeur. Un corps matériel, vivant ou non, n'est pas doté d'un principe de mouvement interne mais reçoit son mouvement d'une force extérieure qui s'exerce sur lui. Le monde selon Descartes est le règne de la passivité : un corps en mouvement en pousse un autre, et ainsi de suite. Seules les lois de la mécanique régissent les mouvements vitaux. Les animaux sont des « machines » mues par des rouages analogues à ceux d'une horloge : « Les bêtes [...] agissent naturellement et par ressorts ainsi qu'une horloge[44]. » L'homme n'échappe pas à cette théorie générale de la matière. Comme celui des animaux, son corps n'est qu'une portion de matière, ayant une forme et susceptible de recevoir du mouvement ; une sorte d'automate dont les fonctions vitales (manger, respirer) tout comme celles qui semblent procéder de la volonté (marcher) ne relèvent pas d'une âme conçue comme principe vital mais sont explicables de façon purement mécanique : « Je suppose que le corps n'est autre chose qu'une statue ou machine de terre que Dieu forme toute exprès pour la rendre la plus semblable à nous qu'il est possible : en sorte que non seulement il lui donne au-dehors la couleur et la figure de tous nos membres, mais aussi qu'il met au-dedans toutes les pièces qui sont requises pour faire qu'elle marche, qu'elle mange, qu'elle respire et enfin qu'elle imite toutes celles de nos fonctions qui peuvent être imaginées procéder de la matière et ne dépendre que de la disposition des organes[45]. » Mais contrairement à l'animal, l'homme n'est pas entièrement réductible à la machine corporelle : il possède aussi une âme qui assure toutes les opérations conscientes dans lesquelles l'esprit est impliqué. L'âme selon Descartes est « une chose qui doute, qui conçoit, qui affirme, qui nie, qui veut, qui ne veut pas, qui imagine aussi et qui sent[46] ». Substance immatérielle dont l'essence est de « penser » (au sens très large de la citation qui précède), l'âme est complètement soustraite à la servitude de l'automate. L'une des principales difficultés de ce système, à laquelle d'Alembert a peut-être songé au début de l'*Entretien*, c'est l'union entre ces deux substances qui s'excluent absolument, l'âme et le corps : comment expliquer que le corps obéit à la pensée, qu'une sensation corporelle affecte l'âme ? Comment deux substances radicalement différentes et étrangères l'une à l'autre peuvent-elles agir l'une sur l'autre ? Descartes s'en est d'abord tiré par une image : l'âme n'est pas comme « un pilote en son navire », car si tel était le cas, les blessures du corps n'engendreraient aucune douleur ; je me contenterais de les apercevoir comme « un pilote aperçoit par la vue si quelque chose se rompt dans son vaisseau[47] ». Plus tard, quand Burman lui demanda comment l'âme peut être affectée par le corps et réciproquement, il se contenta de répondre : « C'est la chose la plus difficile à expliquer, mais il suffit ici de l'expérience si claire dans ce cas qu'elle ne peut être contestée en aucune façon[48]. »

Face au dualisme radical de Descartes, le matérialisme de l'âge classique nous invite à croire que la vie et la pensée pourraient s'expliquer de façon « mécanique ». « Le corps humain est une machine, écrit La Mettrie, qui se monte elle-même ses ressorts[49]. » La Mettrie est évidemment loin d'identifier un être vivant, homme ou animal, à un robot inanimé. À l'instar de Descartes, il a recours à une *image* prise dans le mécanisme : l'homme peut être comparé à un automate comme ceux construits par l'ingénieur Vaucanson en ce qu'il ne possède pas d'âme spirituelle, principe de vie et siège de la pensée. L'esprit, explique-t-il dans *L'Homme-machine*, est aussi de nature matérielle : c'est le cerveau, organe matériel, qui est la source de nos pensées : « Il est la source de tous nos sentiments, de tous nos plaisirs, de toutes nos passions, de toutes nos pensées : car le cerveau a ses muscles pour penser, comme les jambes pour marcher. » Pour expliquer la présence de la vie dans les corps organisés, La Mettrie a recours à une propriété découverte un siècle plus tôt : l'irritabilité, qu'il illustre par de nombreux exemples comme celui-ci : « Un soldat ivre emporta d'un coup de sabre la tête d'un coq d'Inde. Cet animal resta debout, ensuite il marcha, courut ; venant à rencontrer une muraille, il se tourna, battit des ailes en continuant de courir, et tomba enfin[50]. » Ce cas comme bien d'autres montre clairement qu'il n'est nul besoin de supposer une âme spirituelle, un principe vital extérieur à la machine corporelle pour rendre raison du fonctionnement des organismes vivants.

Malgré son hostilité vis-à-vis de l'auteur, Diderot souscrit entièrement aux présupposés de la philosophie matérialiste de La Mettrie. Malheureusement, tout médecin qu'il était, il n'a pas montré comment la vie et la pensée pouvaient naître d'un amas de molécules, il s'est contenté de formuler des hypothèses vraisemblables. La Mettrie n'a point résolu l'objection de Voltaire : on peut remuer du sable pendant une éternité, jamais il n'en sortira un être vivant ou une pensée. D'où sa conclusion : « Après nous être traînés de doute en doute, et de conclusion en conclusion, [...] [il faut] regarder cette proposition : *il y a un Dieu* comme la chose la plus vraisemblable que les hommes puissent penser[51]. » L'existence de Dieu s'impose à Voltaire parce que l'opinion contraire lui paraît moins vraisemblable : « Dans l'opinion qu'il y a un Dieu, il se trouve des difficultés ; mais dans l'opinion contraire il y a des absurdités. » Le métaphysicien en est réduit à accumuler des probabilités, ou plus précisément à défendre des hypothèses jugées vraisemblables contre des suppositions déraisonnables. La dernière parole est laissée au lecteur : « Qu'on juge seulement avec équité [...] quelle est l'opinion la plus probable[52]. »

Si, comme le prétend son interlocuteur, la sensibilité est une propriété générale de la matière, d'Alembert n'a pas tort d'arguer qu'« il faut que la pierre sente[53] ». Cette objection est parée par Diderot par le recours à l'analogie. À l'instar des physiciens qui distinguent entre forces vives et forces mortes[54], il n'est pas interdit de distinguer entre une sensibilité active (végétaux, animaux) et une sensibilité inerte (minéraux), ce que d'Alembert comprend sans difficulté : « Ainsi la statue n'a qu'une sensibilité inerte ; et l'homme, l'animal, la plante même peut-être sont doués d'une sensibilité active. » Et de même qu'il est facile de concevoir le passage d'une force morte à l'état de force vive, de même il devrait être très facile d'admettre le passage de la sensibilité inerte ou latente à la sensibilité active. Comment ? demande d'Alembert. Toutes les fois qu'on mange, répond Diderot, « car en mangeant, que faites-vous ? Vous levez les obstacles qui s'opposaient à la sensibilité active de l'aliment ; vous l'assimilez avec vous-même ; vous en faites de la chair ; vous l'animalisez ; vous le rendez sensible[55] ». Ainsi la matière inerte se fait chair vivante par assimilation, processus très commun effectivement que Diderot n'hésite pas à généraliser pour montrer comment on peut rendre « sensible » le minéral. Une statue de marbre n'est pas douée de sensibilité active, mais, réduite en poudre, cette poudre mélangée à de l'humus avec de l'eau va devenir de l'humus à la longue dans lequel on fait pousser des légumes. « Les plantes se nourrissent de la terre, et je me nourris des plantes », conclut Diderot. Cette expérience fictive a la même valeur heuristique qu'une analogie ou comparaison : elle montre, mais ne démontre pas[56], que la sensibilité générale de la matière postulée au début du texte est une supposition acceptable, et même moins absurde que l'explication de la vie par une âme immatérielle d'origine divine. Il n'y a pas de différence *substantielle* entre la statue et la chair, seulement des différences *qualitatives* : « La matière n'est pas essentiellement différente de la pierre à la chair, elle est simplement dans un état différent[57]. »

Ayant résolu le problème du passage de l'inanimé à l'animé, « d'un morceau de marbre à un être qui sent », il faut maintenant expliquer l'apparition de la pensée, car « l'être sensible n'est pas encore l'être pensant[58] ». Diderot fait alors la description en accéléré de la vie de son propre interlocuteur, « un des plus grands géomètres de l'Europe », de l'acte sexuel accompli par ses géniteurs jusqu'à sa mort. D'Alembert, devenu « grand de corps et d'esprit », est le résultat d'une série d'opérations purement mécaniques : digestion et assimilation. L'homme est une machine dans le sens où il n'y a aucun élément immatériel qui contribue à sa formation, soit physique, soit intellectuelle. Son origine est la même que celle des animaux, il est fait de la même étoffe matérielle qu'eux, avec la différence que la « machine » homme devient un être pensant et même un génie, alors que les animaux ne dépassent pas le stade de l'instinct.

Pour expliquer la faculté de penser, il convient de s'interroger d'abord sur la pensée elle-même. Diderot commence par aborder la conscience d'exister propre à l'homme, « la conscience d'avoir été lui, depuis le premier instant de sa réflexion jusqu'au moment présent ». Comment puis-je dire que je suis moi ? Comment ce moi s'est-il constitué ? Comment son unité peut-elle se maintenir à travers le temps, à travers les variations et les changements ? Selon la philosophie spiritualiste, l'identité personnelle, le moi, doit être identifié à l'âme, une et indivisible, contrairement au corps qui, lui, est soumis au changement. L'être sentant, répond Diderot, prend conscience de son existence personnelle grâce à la mémoire. C'est la mémoire qui constitue le soi ; sans la mémoire, la vie « serait une suite interrompue de sensations que rien ne lierait ». La mémoire à son tour est la conséquence d'une organisation physiologique spécifique du cerveau humain, et en tant que telle condition de possibilité de la pensée : « Si donc un être qui sent et qui a cette organisation propre à la mémoire, lie les impressions qu'il reçoit, forme par cette liaison une histoire qui est celle de sa vie, et acquiert la conscience de lui, il nie, il affirme, il conclut, il pense. » L'homme qui pense, qui associe ou confronte plusieurs idées, est comparable à un instrument de cordes comme le clavecin ; les fibres organiques du cerveau correspondent aux cordes vibrantes, leurs vibrations et les sons à nos idées : « La corde vibrante sensible oscille, résonne longtemps encore après qu'on l'a pincée. C'est cette oscillation, cette espèce de résonance nécessaire qui tient l'objet présent, tandis que l'entendement s'occupe de la qualité qui lui convient. Mais les cordes vibrantes ont encore une autre propriété, c'est d'en faire frémir d'autres ; et c'est ainsi qu'une première idée en rappelle une seconde, ces deux-là une troisième, toutes les trois une quatrième, et ainsi de suite, sans qu'on puisse fixer la limite des idées réveillées, enchaînées, du philosophe qui médite ou qui s'écoute dans le silence et l'obscurité. » L'intérêt de cette nouvelle analogie réside dans la propriété des cordes, due au phénomène de la résonance acoustique, de vibrer longtemps après leur stimulation et de faire résonner d'autres cordes. Imaginons un clavecin sensible, c'est-à-dire doué de sensibilité et de mémoire, instrument et musicien en même temps : « Comme sensible, il a la conscience momentanée du son qu'il rend ; comme animal, il en a la mémoire. Cette faculté organique, en liant les sons en lui-même, y produit et conserve la mélodie. Supposez au clavecin de la sensibilité et de la mémoire, et dites-moi s'il ne saura pas, s'il ne se répétera pas de lui-même les airs que vous aurez exécutés sur ses touches[59]. » Si ce clavecin sensible avait la faculté de se nourrir et de se reproduire, il serait parfaitement opératoire pour expliquer tous les phénomènes de la vie, y compris la pensée.

À la fin de ce parcours, Diderot pense avoir réussi son pari : faire pencher la balance du côté du matérialisme dans l'esprit sceptique de d'Alembert, montrer que l'athéisme est plus plausible que l'hypothèse spiritualiste ou déiste. Sa démarche n'est pas sans rappeler celle du pari de Pascal : la démonstration de Pascal ne prouve pas que Dieu existe, mais seulement que l'incroyant calcule mal son intérêt, et qu'un homme raisonnable, s'il pouvait se donner la foi, aurait tout avantage à choisir la vie chrétienne. La démonstration de Diderot – ou plutôt les analogies auxquelles il a recours – ne prouvent pas que les choses se passent réellement ainsi, mais seulement que, du point de vue philosophique, on doit préférer l'hypothèse matérialiste à l'hypothèse spiritualiste, ou, pour paraphraser le mot de Voltaire cité plus haut : si le matérialisme comporte des difficultés, dans l'opinion contraire il y a des absurdités.

Maintenant que l'esprit de d'Alembert – et du lecteur ! – est préparé à considérer avec bienveillance le matérialisme, Diderot peut mettre en place, dans l'*Entretien*, les ingrédients du deuxième dialogue qui suivra bientôt. Qu'on n'imagine cependant pas que la démonstration avance aussi régulièrement que nous la décrivons ici. Les entretiens philosophiques de Diderot sont des dialogues à bâtons rompus qui brisent délibérément les modèles canoniques du genre. Rédigé dans un discours sobre et dépouillé, le dialogue philosophique constitue généralement un système clos, refermé sur lui-même, où, partant d'une question, l'esprit progresse, à travers les objections qu'il s'adresse, de difficulté résolue en difficulté résolue jusqu'à la conclusion, réponse à la question initiale. Au XVIIIe siècle, il est presque devenu le support pédagogique par excellence, parce qu'« à mesure qu'il forme des nuages, il les dissipe ; qu'à chaque pas il ne présente une nouvelle difficulté qu'afin de l'aplanir lui-même ; et que son but est la solution de toutes celles que l'ignorance, l'habitude, l'opinion opposent à la vérité[60] ». Par rapport à cette conception classique du dialogue philosophique où l'interlocuteur, l'adversaire existe moins en lui-même qu'il ne se définit et ne se constitue en fonction de la pensée principale, à laquelle, bien souvent, il finit par s'intégrer, la position de Diderot apparaît à la fois différente et semblable. Semblable parce que les personnages Diderot et d'Alembert discutent dans un cadre et une mise en scène à peine esquissés. Ils pourraient s'appeler Lucrèce et Posidonius comme chez Voltaire, ou même tout simplement A et B. Différente surtout parce que les deux interlocuteurs ne défendent pas chacun une thèse précise. Diderot n'a pas créé un dialogue entre un matérialiste et un spiritualiste, mais entre un matérialiste et un sceptique qui, dans un entretien antérieur dont le début du dialogue présente la conclusion, sont d'accord pour dire que le spiritualisme présente des difficultés insurmontables. Diderot et d'Alembert examinent donc ensemble le système opposé, le matérialisme, qui supprime le principe spirituel et la distinction des deux substances. Qu'il s'agisse de la trilogie du *Rêve*, du *Neveu de Rameau* ou de l'*Entretien d'un philosophe avec la maréchale de* ***, le lecteur n'est pas confronté à un entretien dirigé de main de maître mais bien plutôt à une conversation amicale ou mondaine décousue. La composition des dialogues n'est certes pas abandonnée à la fantaisie, mais Diderot y a remplacé l'ironie socratique et le jeu de fantoches à la Voltaire par un mélange de sérieux et de burlesque bien du cru du philosophe, mélange qui est à lire non seulement comme un procédé secondaire du récit mais comme sa force animatrice : pour être vraisemblable, le dialogue doit restituer les apparences hasardeuses et les méandres capricieux de la conversation. C'est par sa vertu orale – la digression, l'écart, le vagabondage – que le dialogue philosophique de Diderot l'emporte sur celui de Fontenelle ou de Voltaire, cette oralité qui fait hélas ! cruellement défaut à ses drames.

Après la démonstration métaphysique servie en hors-d'œuvre, Diderot prépare maintenant les grands thèmes du deuxième dialogue. Cela commence par un rappel des principales thèses de la *Lettre sur les aveugles*. Mais au lieu de remonter à la naissance de l'univers à partir d'un océan de matière informe et mouvant, Diderot propose à son interlocuteur de se projeter dans le futur. Imaginons, dit-il à d'Alembert, que notre soleil s'éteigne dans quelques milliers d'années. « Le soleil éteint, qu'en arrivera-t-il ? Les plantes périront, les animaux périront, et voilà la terre solitaire et muette. Rallumez cet astre, et à l'instant vous rétablissez la cause nécessaire d'une infinité de générations nouvelles entre lesquelles je n'oserais assurer qu'à la suite des siècles, nos plantes nos animaux d'aujourd'hui se reproduiront ou ne se reproduiront pas. » La vie sur terre, suggère Diderot, n'a pas commencé par le *fiat lux* divin, mais grâce à la chaleur du soleil. De la matière sensible et de la chaleur : voilà les ingrédients de la vie qui naît spontanément dans des organismes surgis au hasard de la combinaison des molécules. Car on ne peut imaginer qu'après l'extinction du soleil, les mêmes êtres vivants qui existent actuellement réapparaissent une deuxième fois. Pourquoi ? Parce que « tout tient dans la nature, et que celui qui suppose un nouveau phénomène ou ramène un instant passé, recrée un nouveau monde[61] ». L'homme et les autres êtres vivants, affirme Diderot, ne résultent d'aucun projet préétabli, leur évolution tient du hasard[62]. Vous supposez, reproche-t-il à son interlocuteur, « que les animaux ont été originairement ce qu'ils sont à présent ; quelle folie ! On ne connaît ni on ne sait non plus ce qu'ils ont été qu'on ne sait ce qu'ils deviendront. Le vermisseau imperceptible qui s'agite dans la fange s'achemine peut-être à l'état de grand animal ; l'animal énorme qui nous épouvante par sa grandeur, s'achemine peut-être à l'état de vermisseau[63] ». Ainsi, l'aventure de la vie, l'aventure humaine en particulier, est un accident. L'homme n'était pas prévu dans l'univers et s'apprête peut-être déjà à en disparaître : « Qui sait si tout ne tend pas à se réduire à un grand sédiment inerte et immobile[64] ? »

En 1749, l'univers décrit par Saunderson dans la *Lettre sur les aveugles* était directement issu de l'imagination du mathématicien aveugle. Vingt ans plus tard, Diderot essaie, dans *Le Rêve de d'Alembert*, d'apporter une caution scientifique à sa vision. La religion a introduit une différence essentielle entre l'homme et l'animal et explique que la vie est un don de Dieu. Diderot récuse le spiritualisme : l'homme et l'animal ont la même origine, il n'existe qu'une seule substance, la matière sensible. La preuve ? Elle est quotidiennement devant nos yeux : « Voyez-vous cet œuf ? C'est avec cela qu'on renverse toutes les écoles de théologie et tous les temples de la terre. Qu'est-ce que cet œuf ? Une masse insensible avant que le germe y soit introduit ; et après que le germe y est introduit, qu'est-ce encore ? Une masse insensible, car ce germe n'est lui-même qu'un fluide inerte et grossier. Comment cette masse passera-t-elle à une autre organisation, à la sensibilité, à la vie ? Par la chaleur[65]. » Fécondée, la matière inerte acquiert vie et sensibilité sous l'action de la chaleur et, à partir de là, « de la mémoire, de la conscience, des passions, de la pensée ». Si l'homme est doté d'une organisation supérieure à celle de l'animal, la différence est de degré, non essentielle : « Il n'y a plus qu'une substance dans l'univers, dans l'homme, dans l'animal. La serinette est de bois, l'homme est de chair. Le serin est de chair, le musicien est d'une chair diversement organisée ; mais l'un et l'autre ont une même origine, une même formation, les mêmes fonctions et la même fin[66]. » N'y a-t-il pas de différence entre l'instrument philosophe et l'instrument clavecin, entre le serin et la serinette ? Bien sûr que si. La différence essentielle entre un être vivant et une machine, c'est sa faculté d'autodétermination. L'homme n'est pas une machine comme l'instrument sur lequel un musicien exécute une mélodie, il est l'instrument et le musicien en même temps, capable de s'auto-organiser dans l'espace et dans le temps. L'environnement ne contient aucune information à proprement parler ; c'est l'organisme, c'est le système nerveux qui informe, c'est-à-dire qui donne un sens à ce qui vient de l'environnement.

Dans le deuxième dialogue, le docteur Bordeu s'expliquera à la place de Diderot sur le « fonctionnement » du clavecin sensible. Le cerveau n'est pas un automate qui enregistre et rend ensuite de façon rigoureuse « la chose qui s'est passée[67] ». Non seulement parce que la perception de la réalité n'est jamais entière et parfaite, mais surtout parce que le cerveau est un musicien qui interprète à sa façon la mélodie à exécuter : « Le spectacle d'une scène, d'un objet monte nécessairement l'instrument sensible d'une certaine manière ; il se remonte ou de lui-même ou il est remonté par quelque cause étrangère. [...] Le fait est un motif donné que chaque musicien sent à sa guise[68]. » L'environnement participe à l'auto-organisation de la machine vivante appelée homme sans pour autant lui imposer son destin. Tout comportement auto-organisé est un comportement à liberté (ou autonomie) variable, mais jamais prédéterminé. La liberté à laquelle pense Diderot n'est pas le libre arbitre dont tous les hommes seraient dotés à tout jamais, mais un état qualitatif qui varie d'un individu à l'autre, voire d'un moment à l'autre dans le même individu. Selon le « rapport de l'origine du faisceau à ses ramifications[69] », c'est-à-dire entre le cerveau et le système nerveux, il y a beaucoup de manières d'être plus ou moins libre. À la fin du *Rêve*, Bordeu dresse une véritable échelle de la liberté qui va des brutes aux philosophes, en passant par les imbéciles, les artistes et les fous. Au plus bas degré se trouve l'anarchie des ramifications, lorsque l'homme n'est plus *mentis compos*, c'est-à-dire lorsqu'il a perdu tout contrôle de ses actions, à l'instar de cette femme vaporeuse : « C'étaient des pleurs et des ris involontaires, des étouffements, des convulsions, des gonflements de gorge, du silence morne, des cris aigus, tout ce qu'il y a de pis[70]. » Au-dessus de cet état lamentable, on trouve les imbéciles, les hommes automates qui passent leur vie « à rêver les yeux ouverts et à agir sans vouloir » parce qu'ils sont plongés dans une méditation profonde[71]. La liberté est une conquête perpétuelle, elle est réservée aux « êtres sensibles » comme Julie de Lespinasse lorsqu'ils dominent l'influence de leur sensibilité, et plus encore aux « êtres tranquilles et froids » comme le grand comédien : « Alors il se possédera au milieu des plus grands dangers. [...] Il régnera sur lui-même et sur tout ce qui l'environne [...] affranchi de toutes les tyrannies du monde[72]. » Ce serait pourtant une erreur de croire que les autres hommes agissent comme des marionnettes. Ils n'ont pas perdu leur faculté de s'autodéterminer, ce sont aussi des clavecins sensibles. Leur liberté est soi-disant mise en veilleuse, mais non éteinte : la vaporeuse décrite par Bordeu a fini par guérir parce qu'elle le voulait. L'homme possède la faculté de s'autodéterminer, quoique le plus souvent sa liberté soit entravée par des déterminations qui lui viennent de l'extérieur ou de l'intérieur.

Mais n'anticipons pas. À la fin du premier dialogue, d'Alembert n'est pas convaincu : « Sceptique je me serai couché, sceptique je me lèverai[73] », assure-t-il à Diderot. Celui-ci lui prédit alors qu'il rêvera à leur entretien...

La deuxième partie de la trilogie, *Le Rêve de d'Alembert*, s'ouvre sur la chambre de d'Alembert dans les appartements de Mlle de Lespinasse. Après avoir passé la nuit la plus agitée, il dort tranquillement dans son lit et ne s'aperçoit même pas que le docteur

Bordeu, appelé au petit matin par son amie, est en train de l'examiner superficiellement. Julie lui fait part des propos étranges qu'il a tenus pendant son délire et qu'elle a scrupuleusement notés, sans toutefois en comprendre un mot. Intrigué, Bordeu demande à les voir ; Mlle de Lespinasse commence alors la lecture des « folies qui ne s'entendent qu'aux Petites-Maisons[74] » et que son interlocuteur va décrypter pour elle au cours de sa visite.

Diderot, on l'a vu plus haut, n'était pas peu fier de son idée d'avoir mis de la philosophie la plus haute dans la bouche d'un philosophe qui rêve. Il s'agit pourtant d'une tradition littéraire déjà ancienne, particulièrement vivace au Moyen Âge et à la Renaissance, et dont le modèle remonte au *Songe de Scipion* de Cicéron. Plus près du *Rêve*, Diderot a pu lire en 1768 les *Songes philosophiques* de Louis-Sébastien Mercier, le futur auteur des *Tableaux de Paris*, ou encore, vingt ans plus tôt, d'autres *Songes philosophiques* du marquis d'Argens parus en 1746. Ici et ailleurs, le genre de la fiction onirique n'est souvent qu'un ornement ou un artifice pédagogique plus ou moins réussi de présentation des idées. Ajoutons qu'au XVIIIe siècle, le mot « songe » garde encore des traces d'un emploi faisant référence à une communication du divin à l'homme tandis que le mot « rêve » a une acception purement physique, associé parfois à la maladie et au délire[75]. Chez Diderot, loin de revêtir une fonction purement ornementale ou didactique, la fiction du rêve a une vertu heuristique qui l'apparente à la démarche de la méthode expérimentale exposée dans les *Pensées sur l'interprétation de la nature*[76]. Au contraire de la méthode rationnelle qui procède à pas comptés, l'interprète de la nature, y lisait-on, se laisse parfois guider par un « délire philosophique » pour aboutir à un « enchaînement de conjectures fondées sur des oppositions ou des ressemblances si éloignées, si imperceptibles, que les rêves d'un malade ne paraissent ni plus bizarres ni plus décousus[77] ». Dans *Le Rêve de d'Alembert*, les propos de son ami endormi sont qualifiés de délire et de folie par Mlle de Lespinasse. Ces extravagances n'étonnent pourtant pas le docteur Bordeu, qui non seulement s'avère capable de les « interpréter », c'est-à-dire de montrer leur cohérence du point de vue de la science, mais va même jusqu'à compléter les prétendus délires du rêveur que Julie ne réussit pas à déchiffrer sur son brouillon – si bien qu'elle finit par croire qu'un des domestiques a déjà porté ces notes à sa connaissance. On comprend que Mlle de Lespinasse s'exclame à la fin : « Je puis donc assurer à présent à toute la terre qu'il n'y a aucune différence entre un médecin qui veille et un philosophe qui rêve[78]. » L'intervention du médecin Bordeu, qui désormais manifeste la présence de la science, doit être comprise comme la caution apportée par le savant, du point de vue des acquis de la science, aux spéculations d'un rêveur qui délire.

Après s'être couché, d'Alembert rêve donc, comme Diderot le lui a prédit, sur son oreiller à l'entretien précédent. L'hypothèse de la sensibilité de la matière est désormais acquise (du moins en rêve) ; il s'agit maintenant de savoir comment on passe de la matière sensible à l'être vivant et à son unité. Dans son rêve rapporté par Julie de Lespinasse au docteur Bordeu, d'Alembert commence par reprendre l'image des cordes vibrantes apparue dans le premier dialogue. Le processus dont il s'agit de rendre compte n'est plus celui du passage de la matière inerte à la matière vivante (faire de l'homme avec de la pierre), mais celui de l'embryogenèse au cours de laquelle on passe d'un point vivant – l'œuf fécondé ou zygote ? – à un être vivant : « Un point vivant… À ce point vivant il s'en applique un autre, encore un autre ; et par ces applications successives il résulte un être un […]. Mais comment cette unité s'est-elle faite ? » Comment expliquer le passage de la contiguïté à la continuité ? Démocrite et Épicure s'étaient contentés de supposer que les atomes étaient crochus ; Diderot, lui, est obligé de trouver autre chose. De nouveau, il a recours au raisonnement par analogie : « Comme une goutte de mercure se fond dans une autre goutte de mercure, une molécule sensible et vivante se fond dans une molécule sensible et vivante… D'abord, il y avait deux gouttes ; après le contact il n'y en a plus qu'une… Avant l'assimilation il y avait deux molécules, après l'assimilation il n'y en a plus qu'une… La sensibilité devient commune à la masse commune[79]. »

L'image employée par Diderot pour illustrer son idée de la fusion des molécules – les gouttes de mercure – indique que le modèle d'explication auquel il a recours est un modèle fluide. Voltaire avait raison de dire qu'on peut remuer du sable pendant une éternité sans jamais y voir apparaître un être vivant. Le malentendu, explique d'Alembert, vient de la « fausse idée » qui consiste à supposer « de la contiguïté où il y a continuité[80] ». Depuis les *Pensées philosophiques*, Diderot refuse de comparer les molécules qui s'unissent pour former un être vivant aux grains de sable ou aux atomes des matérialistes antiques[81]. L'atome, concept physique, est indivisible, donc solide et immuable. La molécule, en revanche, concept chimique, est une entité provisoire, donc sujette à une dissolution et une recomposition perpétuelles. Avec l'atome se construit une mécanique des solides, tandis que la mécanique des fluides est basée sur les molécules vivantes et leurs formes changeantes. Lorsque les corps vivants, soumis aux lois de la continuité, entrent en contact, ils peuvent se combiner et se confondre pour former un nouveau corps vivant. « Il est certain, affirme d'Alembert, que le contact de deux molécules vivantes est tout autre chose que la contiguïté de deux masses inertes : [...] un réseau homogène, entre les molécules duquel d'autres s'interposent et forment peut-être un autre réseau homogène ; un tissu de matière sensible ; un contact qui assimile ; de la sensibilité active ici, inerte là, qui se communique comme le mouvement. » Mais comment s'établit l'union des fibres, des tissus et de toutes les différentes parties d'un corps vivant entier ? On l'aura deviné : par un nouveau recours à l'analogie. Considérons un essaim d'abeilles, constitué d'une « longue grappe de petits animaux ailés, tous accrochés les uns aux autres par les pattes ». Observé de loin, cet essaim donne l'impression de former une seule unité vivante, formée de plusieurs unités diverses. En réalité, son mode d'union n'en fait encore qu'un assemblage ; mais il suffirait de fondre ensemble les pattes des abeilles pour donner naissance à un « seul et unique animal ». Entre les abeilles dispersées et l'essaim, il n'y a pas changement de nature mais d'état : « Entre ce nouvel état de la grappe et le précédent, il y a certainement une différence marquée ; et quelle peut être cette différence sinon qu'à présent c'est un tout, un animal un, et qu'auparavant ce n'était qu'un assemblage d'animaux. » Ne peut-on pas comparer, suggère alors Bordeu, un corps vivant à cet essaim d'abeilles continues ? Tous nos organes « ne sont que des animaux distincts que la loi de continuité tient dans une sympathie, une unité, une identité générale[82] ». Parcourons maintenant le chemin inverse : coupons par les pattes des abeilles l'essaim en deux, en trois, en plusieurs essaims. Que se passe-t-il ? Nous obtenons plusieurs essaims vivants sans tuer les abeilles qui les constituent. Malheureusement, pareille opération n'a jamais réussi sur un corps vivant sans le tuer, mais l'analogie n'est pas condamnée pour autant : « La différence de la grappe d'abeilles continues et de la grappe d'abeilles contiguës est précisément celle des animaux ordinaires tels que nous, les poissons, et des vers, des serpents et des animaux polypeux[83]. » Le polype ou hydre d'eau douce auquel Bordeu fait allusion ici est un très petit animal qu'on peut décapiter, mutiler, couper en morceaux, affamer ou retourner comme un gant : chaque partie se régénère pour devenir un animal complet et en état de se reproduire. Située à la frontière entre le végétal et l'animal, l'existence du polype, appelé « plante animale » par La Mettrie[84], tend à prouver que la matière vivante est douée de son propre pouvoir vital. Dès 1759, Diderot l'avait affirmé dans une lettre à Sophie Volland : « Nous jugeons de la vie des éléments par la vie des masses grossières. Peut-être sont-ce des choses bien diverses. [...] Lorsque le polype est divisé en cent mille parties, l'animal primitif et générateur n'est plus ; mais tous ses principes sont vivants[85]. »

Après avoir illustré, par le biais du rêve de d'Alembert, la formation du germe ou de la semence à partir des éléments de la seule matière, sans intervention surnaturelle, Diderot confie à Julie de Lespinasse et au docteur Bordeu la tâche d'imaginer le processus de génération des êtres vivants. Comment rendre compte de la croissance d'un organisme à partir de l'œuf fécondé ? Celui-ci, explique Bordeu, se développe « par l'apposition successive de plusieurs molécules sensibles[86] ». S'adressant directement à son interlocutrice, il lui raconte ensuite en accéléré l'histoire de sa vie au point de vue physiologique : « D'abord vous n'étiez rien. Vous fûtes, en commençant, un point imperceptible, formé de molécules plus petites, éparses dans le sang, la lymphe de votre père ou de votre mère ; ce point devint un fil délié, puis un faisceau de fils[87]. » Chacun des brins du faisceau de fils se transforma, ensuite, ou bien en différents organes, ou bien en chair. L'origine du faisceau se trouve un recoin de la tête, dans le cervelet ou les méninges : tous les fils partent d'elles et toutes les sensations y aboutissent. Le vivant n'est en somme qu'un réseau sensible dont chaque brin rapporte les sensations qu'il éprouve à son origine ; la mémoire de ces impressions fait pour chaque animal l'histoire de sa vie, et constitue la conscience de soi ; la pensée et le raisonnement naissent de la comparaison de ces différentes impressions rendues possibles par la mémoire qui les conserve[88].

Mlle de Lespinasse propose alors une nouvelle image de l'homme, ou plutôt de la constitution de son système nerveux, qu'elle compare à une araignée au centre de sa toile : le corps est la toile dont les fils sont les terminaisons sensorielles, et le point originaire de tous les fils, c'est l'araignée. Bordeu abonde immédiatement dans son sens :

> Celui qui ne connaît l'homme que sous la forme qu'il nous présente en naissant, n'en a pas la moindre idée. Sa tête, ses pieds, ses mains, tous ses membres, tous ses viscères, tous ses organes, son nez, ses yeux, ses oreilles, son cœur, ses poumons, ses intestins, ses muscles, ses os, ses nerfs, ses membranes, ne sont, à proprement parler, que les développements grossiers d'un réseau qui se forme, s'accroît, s'étend, jette une multitude de fils imperceptibles. [...] Les fils sont partout ; il n'y a pas un point à la surface de votre corps auquel ils n'aboutissent ; et l'araignée est nichée dans une partie de votre tête que je vous ai nommée, les méninges, à laquelle on ne saurait presque toucher sans frapper de torpeur toute la machine.
>
> MLLE DE LESPINASSE – Mais si un atome fait osciller un des fils de la toile de l'araignée, alors elle prend l'alarme, elle s'inquiète, elle fuit ou elle accourt. Au centre elle est instruite de tout ce qui se passe en quelque endroit que ce soit de l'appartement immense qu'elle a tapissé[89].

C'est alors que Mlle de Lespinasse pose une question importante : « Pourquoi est-ce que je ne sais pas ce qui se passe dans [...] le monde, puisque je suis un peloton de points sensibles, que tout presse sur moi et que je presse sur tout ? » Puisque tout se tient dans l'univers, l'univers entier n'est-il pas une immense toile d'araignée ? Non, réplique Bordeu, car l'univers est constitué de matière et de vide. En revanche, si l'univers était plein, si tous les phénomènes étaient reliés entre eux et au corps de l'araignée,

> vous seriez Dieu. Par votre identité avec tous les êtres de la nature vous sauriez tout ce qui se fait ; par votre mémoire vous sauriez tout ce qui s'y est fait.
>
> MLLE DE LESPINASSE – Et ce qui s'y fera.
>
> BORDEU – Vous formeriez sur l'avenir des conjectures vraisemblables, mais sujettes à erreur[90].

Cette dernière phrase du docteur Bordeu mesure tout l'espace qui sépare Diderot des autres philosophes de son siècle. Souvenons-nous du tourbillon de poussière qui logea un grain de sable dans l'œil de l'abbé *cicerone* dans la « promenade Vernet » du *Salon de 1767* : « Dans un tourbillon de poussière qu'élève un vent impétueux, quelque confus qu'il paraisse à nos yeux ; dans la plus affreuse tempête excitée par des vents opposés qui soulèvent les flots, il n'y a pas une seule molécule de poussière ou d'eau qui soit placée au hasard, qui n'ait sa cause suffisante pour occuper le lieu où elle se trouve, et qui n'agisse rigoureusement de la manière dont elle doit agir. Un géomètre qui connaîtrait exactement les différentes forces qui agissent dans ces deux cas, et les propriétés des molécules qui sont mues, démontrerait que, d'après les causes données, chaque molécule agit précisément comme elle doit agir, et ne peut agir autrement qu'elle ne fait. » Or les lignes qu'on vient de lire ne proviennent pas du *Salon de 1767*. Elles ne furent écrites ni par Diderot ni par Laplace ; elles figurent dans le *Système de la nature* de d'Holbach[91] et offrent un des plus beaux énoncés de la thèse du déterminisme universel qu'on puisse trouver dans la philosophie du XVIIIe siècle. Ce n'est pas là, contrairement à ce qu'on a longtemps pensé, la position de Diderot.

Depuis la *Lettre sur les aveugles*, Diderot est convaincu que le monde dans lequel nous vivons est bien régi par un certain ordre, mais cet ordre n'est ni parfait, ni universel, ni éternel. L'ordre que nous apercevons dans le beau spectacle de la nature n'est en réalité qu'un équilibre précaire entre des forces anarchiques, il n'est qu'apparent. Les notions d'ordre et de désordre ne sont pas inconciliables dans l'esprit de Diderot : la première s'applique à la nature subsistante où « les dés sont pipés[92] », la seconde au grand tout, ou ordre général, qui est au centre du rêve de d'Alembert. Nous avons évoqué plus haut les principales étapes qui ont mené Diderot de la *Lettre* au *Rêve* : les articles *Animal* et *Encyclopédie* de l'*Encyclopédie*, les *Pensées sur l'interprétation de la nature*. Il y décrit une nature qui ne ressemble pas à une machine ordonnée, composée de parties nettement délimitées, à une mécanique triviale obéissant à l'ordre souverain des lois dites naturelles en vertu desquelles tout phénomène peut être prédit à condition de connaître sa position initiale et sa vitesse ; continue et complexe, elle résiste à toute tentative de l'assujettir à un ordre. La nature est *complexe* dans la mesure où elle dément constamment, pour ceux qui savent voir, les théories simplistes par lesquelles les hommes de science à la suite de Galilée, de Descartes et de Newton prétendent l'expliquer : « Une des principales différences de l'observateur de la nature et de son interprète, c'est que celui-ci part du point où les sens et les instruments abandonnent l'autre ; il conjecture, par ce qui est, ce qui doit être encore ; il tire de l'ordre des choses des conclusions abstraites et générales, qui ont pour lui toute l'évidence des vérités sensibles et particulières ; il s'élève à l'essence même de l'ordre[93]. » Nous trouvons ici une première trace de la distinction, établie quinze ans plus tard dans le *Salon de 1767*, entre la nature ou l'ordre subsistant, et l'ordre général. L'*ordre subsistant*, c'est la nature qui est à la portée de nos sens, objet de description et de classification scientifiques. Mais au-delà de cette nature ordonnée, Diderot a pressenti une autre nature, l'*ordre général*, qui ne se révèle qu'aux « génies créateurs », « aux grands manouvriers » en physique expérimentale[94], ou bien à un mathématicien qui rêve :

> MLLE DE LESPINASSE – Ensuite il s'est mis à marmotter je ne sais quoi de graines, de lambeaux de chair mis en macération dans de l'eau, de différentes races d'animaux successifs qu'il voyait naître et passer. Il avait imité avec sa main droite le tube d'un microscope, et avec sa gauche, je crois, l'orifice d'un vase. Il regardait dans le vase par ce tube et il disait : « Voltaire en plaisantera tant qu'il voudra, mais l'Anguillard a raison. J'en crois mes yeux, je les vois, combien il y en

a ! Comme ils vont ! Comme ils viennent ! Comme ils frétillent !... » Le vase où il apercevait tant de générations momentanées, il le comparait à l'univers ; il voyait dans une goutte d'eau l'histoire du monde. Cette idée lui paraissait grande, il la trouvait tout à fait conforme à la bonne philosophie qui étudie les grands corps dans les petits. Il disait : « Dans la goutte d'eau de Needham, tout s'exécute et se passe en un clin d'œil. Dans le monde, le même phénomène dure un peu davantage ; mais qu'est-ce que notre durée en comparaison de l'éternité des temps ? Moins que la goutte que j'ai prise avec la pointe d'une aiguille, en comparaison de l'espace illimité qui m'environne. Suite indéfinie d'animalcules dans l'atome qui fermente, même suite indéfinie d'animalcules dans l'autre atome qu'on appelle la Terre. Qui sait les races d'animaux qui nous ont précédés ? Qui sait les races d'animaux qui succéderont aux nôtres[95] ?... »

Au début de ce monologue rapporté par Julie, d'Alembert fait allusion au processus de fermentation dont il sera à nouveau question plus loin et qui remonte au matérialisme antique, comme Diderot l'a expliqué dans l'article *Épicuréisme* de l'*Encyclopédie* : « La combinaison des atomes forma d'abord les semences générales ; ces semences se développèrent, et tous les animaux, sans en excepter l'homme, furent produits seuls, isolés. Quand les semences furent épuisées, la terre cessa d'en produire, et les espèces se perpétuaient par différentes voies de génération[96]. » On reconnaît aussi la vision de Saunderson selon laquelle la « matière en fermentation » a combiné « des amas de matière » d'où sont sortis tous les êtres vivants[97]. Dans le *Rêve*, Diderot dépasse le stade de la vision en appelant à son secours la fameuse expérience scientifique de Needham qui semble prouver l'existence d'une activité chimique spontanée dans la matière. Si d'Alembert, dans son délire philosophique, refait avec succès l'expérience de Needham, on aurait cependant tort de croire que Diderot prend son rêve pour la réalité. La vision de d'Alembert reste une vision qui demande à être vérifiée de manière irréfutable. Diderot fait un beau rêve mais il sait qu'il n'a pas les moyens de prouver scientifiquement ce qu'il avance.

Après l'expérience imaginaire, le rêveur a recours au raisonnement par analogie, comme le veut la « bonne philosophie ». De la goutte d'eau où il vient d'apercevoir l'apparition spontanée de la vie[98], d'Alembert passe à l'univers infini dans l'espace et dans le temps. Depuis les *Pensées philosophiques*, le postulat infinitiste est aux yeux de Diderot une condition essentielle pour expliquer la naissance de l'ordre à partir du chaos : si l'univers est sans limites spatiales et temporelles, la nature amène avec le temps tout ce qui est possible[99]. Or il se trouve que d'Alembert, au début des années 1760, a émis de sérieux doutes au sujet du calcul des probabilités dont se réclamait Diderot. En effet, il proposait de traiter la probabilité d'un événement, quand elle est très petite, comme nulle et considérait que la supposition d'une probabilité égale pour toutes les combinaisons possibles était contraire à l'expérience. Cela revenait donc à dire qu'il était impossible que le monde se forme à partir de la seule combinaison des atomes. Pour Diderot, en revanche, le calcul des probabilités « est proprement la science *physico-mathématique* de la vie ». Contrairement à d'Alembert, il estime qu'« avec le temps tout ce qui est possible dans la nature, est[100] ». À quoi fera écho le docteur Bordeu dans *Le Rêve de d'Alembert* : « La nature amenant avec le temps tout ce qui est possible, elle formera quelque étrange composé[101]. » La matière en fermentation contient les diverses possibilités qui finissent par se réaliser. Il s'agit, comme dans la vision de Saunderson, d'exclure toute finalité, toute intelligence ordonnatrice : les espèces animales, et l'homme avec elles, naissent spontanément, se transforment et disparaissent avec le temps.

Tout ce qui précède est, faut-il le rappeler, en totale contradiction avec l'enseignement de l'Église et dépasse largement l'état de la science à cette époque. Mais il y a mieux encore. Le discours du mathématicien rêveur se termine par des idées parfaitement contraires à nos habitudes de pensée et à notre intuition : « Tout change, tout passe, il n'y a que le tout qui reste. Le monde commence et finit sans cesse ; il est à chaque instant à son commencement et à sa fin ; il n'en a jamais eu d'autre, et n'en aura jamais d'autre. Dans cet immense océan de matière, pas une molécule qui ressemble à une molécule, pas une molécule qui ressemble à elle-même un instant : *Rerum novus nascitur ordo,* voilà son inscription éternelle[102]. » Tout passe et rien ne demeure : la vieille thèse d'Héraclite que Diderot reprend à son compte révèle une réalité changeante comme l'eau des fleuves. Tout s'écoule sans trêve ni repos, l'« immense océan de matière » est un fleuve qui ne cesse jamais. L'univers n'est pas une mécanique douée de stabilité et construite dans un but précis ; c'est au contraire un système fluctuant qui intègre le changement perpétuel. Le tout, c'est l'univers incommensurable dans l'espace et dans le temps, il ne connaît pas de début ni de fin, autrement dit, l'espace et le temps ont cessé d'être *absolus*. Diderot n'était pas Einstein, *Le Rêve de d'Alembert* ne préconise pas l'espace-temps, une conception de l'espace complexe et non euclidienne où le temps n'est ni complètement séparé ni indépendant de l'espace mais couplé à lui. Mais qu'on relise attentivement la citation qui précède : nous sommes bien plus éloignés encore du cadre spatio-temporel de l'univers newtonien qui implique un espace infini, homogène, isotrope, dont les propriétés sont celles de la géométrie euclidienne, et un temps absolu qui permet d'établir une chronologie universelle de tous les événements. Diderot l'exprime avec ses mots à lui, mais il affirme de manière on ne peut plus claire que la mécanique céleste d'inspiration newtonienne n'est qu'une illusion. Ce que l'humanité a pu percevoir, durant sa brève existence, c'est un instant de la longue durée de l'univers, un point minuscule dans l'océan sans fin de la matière en mouvement. Le monde qui nous environne n'est rien d'autre qu'une minuscule tranche découpée dans le tout selon une perspective purement subjective, à côté d'une infinité d'autres tranches possibles, toutes aussi arbitraires les unes que les autres.

L'ordre, chez Diderot, a cessé d'être un : il y a de l'ordre dans l'univers, mais il n'y a pas *un* ordre sous-jacent de l'univers. Autrement dit, l'« ordre » du tout, ou ordre général, n'est pas ordonné, car l'ordre, au sens courant du mot, a besoin de stabilité et de régularité. Tout découpage spatial ou temporel (par exemple la France, le continent européen, la Terre, notre système solaire, un siècle, dix mille ans, etc.) est arbitraire : il restera toujours un résidu, une incorrection dans le résidu découpé. Chaque tranche ou « ordre » a ses lois qui sont opératoires dans un espace et dans un temps déterminés, c'est-à-dire choisis par l'observateur, mais elles perdent leur prétendue validité universelle lorsqu'elles sont replacées dans la perspective du tout. Si la nature paraît obéir à un enchaînement de causes et d'effets de type déterministe, c'est que l'homme prend l'état actuel du tout pour un ordre immuable sans se rendre compte que cet état n'est qu'un chaînon dans la série des états ou ordres subséquents. Ce que nous appelons « ordre du monde » est une réduction mathématique commode destinée à édifier une science provisoire, mais vide de sens pour l'interprète de la nature.

Le Rêve de d'Alembert pousse à ses ultimes conséquences la conviction de Diderot, formulée dès les *Pensées sur l'interprétation de la nature*, que les soi-disant lois de la nature sont des lois purement mathématiques conçues et valables dans l'abstrait, mais imparfaitement applicables au monde réel. Loin d'être immuables et universelles, elles sont sujettes à des variations aléatoires, à certaines circonstances particulières qui échappent à tout calcul. « Quelques philosophes, écrivait-il en 1761, ont beau vanter la simplicité des lois de la nature, il est certain que plusieurs de ces lois souffrent des variations et des modifications considérables[103]. » L'univers géométrique du mathématicien, déclarait-il dans un court texte de 1765, pèche par abstraction éliminant tout désordre : « Si le calcul s'applique si parfaitement à l'astronomie, c'est que la distance immense à laquelle nous sommes placés des corps célestes réduit leurs orbes à des lignes presque géométriques. Mais prenez le géomètre par la main, et approchez-le de la lune d'une cinquantaine de demi-diamètres terrestres, alors effrayé des balancements énormes et des terribles aberrations du globe lunaire, il trouvera qu'il y a autant de folie à lui proposer de tracer sa marche dans le ciel, que de tracer celle d'un vaisseau sur nos mers, lorsqu'elles sont agitées d'une tempête[104]. » L'ordre stable, le beau spectacle de la nature, n'est pas une propriété de la réalité mais une projection de notre esprit. L'ordre du tout est un ordre qui change sans cesse, un ordre profondément instable, chaotique et flou.

Si Diderot a conservé le terme d'ordre, qui semble peu approprié et qui induit en erreur, c'est peut-être faute de mieux, mais surtout parce qu'il récuse l'idée de désordre, qu'il identifie à l'absence de causalité. Or Diderot n'a jamais mis en question la causalité, l'idée d'une connexion indissoluble entre les existences et les événements, mais dans la perspective d'un ordre fluctuant et changeant, une cause n'est pas toujours définissable en termes mathématiques univoques. Il n'y a pas d'effet sans cause, mais l'effet ne peut pas toujours être déduit de sa cause précédente : même Dieu, ou tout autre intelligence suprême, n'en déplaise à Laplace ou à Leibniz, ne peut pas prédire exactement l'évolution du tout[105]. La complexité du tout exclut le déterminisme universel et introduit l'aléatoire, l'imprévisible, le hasard et la contingence. On sait qu'au début du XXe siècle, l'indétermination deviendra un principe constitutif de la physique quantique. Mais Einstein ne l'admettra jamais. En décembre 1926, mis au courant des recherches d'Heisenberg, il écrivit à Max Born : « La mécanique quantique force le respect. Mais une voix intérieure me dit [...] qu'elle nous approche à peine du secret du Vieux. De toute façon, je suis convaincu que Lui, au moins, ne joue pas aux dés. » Aux yeux d'Einstein, le principe d'incertitude ne peut correspondre qu'à une description incomplète de la réalité physique. La soumission à l'incertitude lui paraissant être une régression de l'idéal scientifique, il réagissait de la même manière que les savants français imprégnés de cartésianisme face à la gravitation newtonienne deux siècles plus tôt. L'« hérésie » quantique n'a évidemment pas été prévue par l'auteur du *Rêve de d'Alembert*, qui n'était même pas un scientifique. Il a bien compris en revanche que le déterminisme universel prôné par d'Holbach et érigé plus tard au statut de dogme par Laplace n'était qu'une chimère. L'abandon du modèle mécaniste au profit d'un modèle relationnel et complexe a conduit Diderot à concevoir un autre modèle de causalité que celui qui postule que A est cause de B si un événement de la classe B se produit chaque fois que se produit un événement de la classe A :

> On ne peut rien prononcer sur la marche d'un phénomène compris entre une seule cause et un seul effet ; parce qu'il ne peut être que le résultat d'une infinité de causes, et la cause d'une infinité d'effets.
>
> Tout phénomène dépend de l'état actuel du tout[106].

Dans l'ordre subsistant, la causalité est linéaire : un chêne produit toujours un chêne, car les dés ou plutôt les molécules sont « pipés ». Or l'évolution du système relationnel de l'ordre général ne peut pas être prévue dans son détail, car elle consiste en une fluctuation particulière, imprévisible parmi un grand nombre de possibles. Le principe de causalité tel que Diderot l'entendait défend que n'importe quoi puisse naître de n'importe quoi à n'importe quel moment : la causalité suit des lois, mais ces lois sont parfois autres que celles imaginées par les fondateurs de la physique classique.

Quelle est la place de l'homme dans cet univers infini et fluctuant ? Depuis la *Lettre sur les aveugles*, il est logé à la même enseigne que les autres êtres vivants : enfanté fortuitement dans l'immense océan de matière au cours d'une évolution aveugle, le prétendu « couronnement de la création » ne doit pas son existence à une quelconque intelligence ordonnatrice mais à un arrangement de la matière qui l'a doté d'une organisation lui permettant de survivre et de se perpétuer. Dans *Le Rêve de d'Alembert*, Diderot pousse plus loin encore ce que Jean-Claude Bourdin a appelé la « subversion complète de l'idée d'ordre anthropocentré[107] ». Dans l'océan du grand tout, rien n'est isolable, rien n'est fixe ou déterminé, la nature continue relie sans interruption les productions les plus rudimentaires de la vie aux animaux supérieurs et à l'homme :

> D'ALEMBERT – Je suis donc tel, parce qu'il a fallu que je fusse tel. Changez le tout, vous me changez nécessairement ; mais le tout change sans cesse… L'homme n'est qu'un effet commun, le monstre qu'un effet rare ; tous les deux également naturels, également nécessaires, également dans l'ordre universel et général… Et qu'est-ce qu'il y a d'étonnant à cela ?… Tous les êtres circulent les uns dans les autres, par conséquent toutes les espèces… tout est en un flux perpétuel… Tout animal est plus ou moins homme ; tout minéral est plus ou moins plante ; toute plante est plus ou moins animal. Il n'y a rien de précis en nature […]. Toute chose est plus ou moins une chose quelconque, plus ou moins terre, plus ou moins eau, plus ou moins air, plus ou moins feu ; plus ou moins d'un règne ou d'un autre… Donc rien n'est de l'essence d'un être particulier… Non, sans doute, puisqu'il n'y a aucune qualité dont aucun être ne soit participant… et que c'est le rapport plus ou moins grand de cette qualité qui nous la fait attribuer à un être exclusivement à un autre… Et vous parlez d'individus, pauvres philosophes ! Laissez là vos individus ; répondez-moi. Y a-t-il un atome en nature rigoureusement semblable à un autre atome ?…

> Non… Ne convenez-vous pas que tout tient en nature et qu'il est impossible qu'il y ait un vide dans la chaîne ? Que voulez-vous donc dire avec vos individus ? Il n'y en a point, non, il n'y en a point… Il n'y a qu'un seul grand individu, c'est le tout. Dans ce tout, comme dans une machine, dans un animal quelconque, il y a une partie que vous appellerez telle ou telle ; mais quand vous donnerez le nom d'individu à cette partie du tout, c'est par un concept aussi faux que si, dans un oiseau, vous donniez le nom d'individu à l'aile, à une plume de l'aile… Et vous parlez d'essences, pauvres philosophes ! Laissez là vos essences. Voyez la masse générale, ou si, pour l'embrasser, vous avez l'imagination trop étroite, voyez votre première origine et votre fin dernière[108]…

Ces propos de d'Alembert rêvant « en direct » devant Bordeu et Julie de Lespinasse, décrivent la progression d'une pensée qui s'élabore, en quelque sorte, devant nos yeux, une pensée qui est faite d'interrogations, d'allers et retours, d'hésitations, etc. Le débit est inégal, discontinu et abrupt, traversé par de brusques oscillations entre le silence et l'enthousiasme, ponctué d'apartés inattendus, d'interrogations multipliées, de propositions nominales, de digressions et de plaisanteries. Diderot s'est ingénié à briser le discours philosophique traditionnel et sa démarche déductive réglée par la structure de la logique aristotélicienne en multipliant les parataxes, ces constructions à base d'énoncés disparates et morcelés, liés uniquement par des points de suspension ou des points virgules. Au lieu d'affirmer péremptoirement, il utilise un système de double négation, des modalisations comme « peut-être » ou « sans doute », des conditionnels, des exclamations, des apostrophes et des répétitions. Dans certains endroits, on ne sait plus qui parle, il n'y a plus d'êtres circonscrits, plus de ligne de démarcation entre Diderot et d'Alembert, entre d'Alembert et Bordeu. La parole ne cesse de *circuler* entre les personnages comme entre les êtres qui circulent les uns dans les autres. Au dialogue philosophique traditionnel s'est substituée une autre forme de dialogue, une conversation polyphonique sans bords fixes où chaque personnage rêve ou délire à un moment donné. La forme du *Rêve* montre que l'univers de la métaphysique traditionnelle s'est désagrégé : il n'y a plus d'individus, il n'y a que le tout et dans ce tout, les mots et les pensées circulent librement d'un personnage à l'autre. L'individu est non seulement le produit d'une longue évolution qui n'est pas encore terminée ; non seulement il n'y a pas de différence essentielle entre les êtres normaux et les monstres, mais les notions d'individu et d'essence elles-mêmes sont des cloisonnements artificiels et illusoires imposés à la continuité de la matière. L'essence, c'est le fond permanent d'un être, d'une espèce, d'un règne, par opposition aux modifications ou accidents qui ne l'atteignent que superficiellement. L'essence d'un être particulier, c'est ce qui constitue son individualité, ce qui le distingue d'un autre être particulier. Or dans le tout décrit par d'Alembert, il n'y a plus d'essences, plus d'êtres particuliers ou individus : la nature progresse par nuances insensibles, du minéral plus ou moins mort à l'animal plus ou moins pensant, de l'animal à l'homme et de l'homme ordinaire à l'homme de génie. De l'inanimé à la vie, de la vie au sentiment, du sentiment à la pensée, il y a passage graduel, sans solution de continuité. Par voie de conséquence, toutes les tentatives de classification sont des constructions de l'esprit, des béquilles qui peuvent servir dans la pratique, mais qui n'ont aucune réalité dans le tout. Classifier, c'est juxtaposer des éléments bien délimités, séparés par du vide ou des barrières (comme celles qui existent entre les espèces et les règnes), alors qu'il y a toujours des formes intermédiaires, comme le polype évoqué plus haut, qui permettent la circulation entre les êtres. La division en trois règnes – symbole même de toute classification – et en quatre éléments – archétypes de la représentation de la matière – ne tient plus. Le tout est indivisible, inclassable, il n'y a que des nuances, des rapports plus ou moins évidents entre ce qu'on nomme improprement les « êtres » ou les « parties » de l'univers. L'individu, cet être prétendument indivisible qui possède certains caractères précis dont il a le monopole et l'exclusivité, n'est en réalité qu'une forme transitoire au contour fragile et en perpétuelle transformation. Ce qui fait qu'une chose est plutôt une chose et pas une autre, c'est une question de prépondérance d'une ou plusieurs qualités. En considérant l'univers comme un tout infini, continu et relationnel, Diderot renonce au découpage d'unités élémentaires qui caractérisent le modèle physique de son temps. Rejetant le modèle mécaniste de l'âge classique, il propose un modèle liquide et relationnel de la nature : l'immense océan de matière est un fleuve qui ne cesse jamais, où tout est lié et constamment en relation avec tout, où il n'y a ni objets ni individus, mais seulement des relations et des relations de relations. On comprend alors les derniers mots de d'Alembert rêvant sur son oreiller : « La vie [est] une suite d'actions et de réactions… vivant, j'agis et je réagis en masse… mort, j'agis et je réagis en molécules… Je ne meurs donc point ?… Non, sans doute, je ne meurs point en ce sens, ni moi, ni quoi que ce soit… Naître, vivre et passer, c'est changer de formes[109]… »

L'excursion de d'Alembert dans les hautes sphères de la philosophie spéculative ne doit pas faire oublier que l'homme vit d'abord dans la nature ou l'ordre subsistant, où il est doté d'un moi, d'une conscience de son individualité grâce à laquelle il se croit supérieur aux animaux. Détrompons-nous, nous avertit Diderot. Notre prétendue « individualité », nos caractères mentaux et moraux, dépendent de facteurs extérieurs, notamment de l'espace et du temps :

> Pourquoi suis-je tel ? C'est qu'il a fallu que je fusse tel… Ici, oui, mais ailleurs ? au pôle ? mais sous la ligne ? mais dans Saturne ?… Si une distance de quelque mille lieues change mon espèce, que ne fera point l'intervalle de quelques milliers de diamètres terrestres ?… Et si tout est en flux général, comme le spectacle de l'univers me le montre partout, que ne produiront point ici et ailleurs la durée et les vicissitudes de quelques millions de siècles ? Qui sait ce qu'est l'être pensant et sentant en Saturne ?… Mais y a-t-il en Saturne du sentiment et de la pensée ?… Pourquoi non ?… L'être sentant et pensant en Saturne aurait-il plus de sens que je n'en ai ?… Si cela est, ah ! qu'il est malheureux le Saturnien !… Plus de sens, plus de besoins[110].

Cette intuition de d'Alembert, qui anticipe sur le transformisme de Lamarck, est immédiatement confirmée par Bordeu qui explique que l'une des conditions premières de l'évolution est la capacité qu'ont les êtres vivants de s'adapter à leur environnement : « Il a raison. Les organes produisent les besoins, et réciproquement les besoins produisent les organes[111]. » Pas plus que l'œil n'est *fait pour* voir, nos extrémités, explique Bordeu, se sont développées suite à des besoins spécifiques : « Au défaut de deux bras qui manquaient, j'ai vu deux omoplates s'allonger, se mouvoir en pince, et devenir deux moignons. [...] Supposez une longue suite de générations manchotes, supposez des efforts continus, et vous verrez les deux côtés de cette pincette s'étendre, s'étendre de plus en plus, se croiser sur le dos, revenir par-devant, peut-être se digiter à leurs extrémités, et refaire des bras et des mains. La conformation originelle s'altère ou se perfectionne par la nécessité et les fonctions habituelles[112]. » Mais d'Alembert va encore plus loin. L'homme pourrait-il, comme le polype, se reproduire à partir d'un morceau de lui-même ? Il n'est peut-être pas impossible que ce type de procréation existe déjà quelque part, par exemple sur Jupiter ou Saturne, avec un développement de type entomologique, « les mâles se résolvant en mâles, les femelles en femelles ». Il s'agit là d'une intuition scientifique remarquable, car Diderot décrit en réalité ce que l'on appelle aujourd'hui le clonage. Ce mode de procréation ne produit cependant pas des copies identiques au modèle cloné ; le développement des débris donne un résultat différent selon l'organe à partir duquel il sera prélevé : « La dissolution de différentes parties n'y donne-t-elle pas des hommes de différents caractères ? La cervelle, le cœur, la poitrine, les pieds, les mains, les testicules [...]. Une chambre chaude tapissée de petits cornets, et sur chacun de ces cornets une étiquette : guerriers, magistrats, philosophes, poètes, cornet de courtisans, cornet de catins, cornet de rois[113]. » La science moderne a donné un nom à ce type d'expérience, l'eugénisme, qu'Aldous Huxley a imaginé dans une fiction[114] et que les nazis ont essayé de mettre en pratique quelques années plus tard. Rien de tel chez Diderot. Pierre Hartmann a raison de souligner que « ce n'est pas un prurit eugéniste qui s'empare *in petto* de l'homme de science, mais tout au contraire un rire salutaire et communicatif [...], le rire même du philosophe devant ses propres imaginations[115] ».

Étonné devant tant d'audace, le lecteur n'est pas encore au bout de sa surprise. Dans le troisième dialogue, la *Suite de l'entretien précédent*, Julie de Lespinasse et le docteur Bordeu débattent de questions aussi brûlantes que la chasteté, la masturbation, l'homosexualité et même le mélange des espèces, autrement dit l'hybridation. Diderot revient à une thématique qui lui est chère depuis au moins *Les Bijoux indiscrets*, la réglementation de la sexualité par les lois civiles et religieuses. Dès le départ, le ton est donné : « Je pense, déclare Bordeu, que les hommes ont mis beaucoup d'importance à l'acte de la génération et qu'ils ont eu raison ; mais je suis mécontent de leurs lois tant civiles que religieuses. [...] On les a faites sans équité, sans but et sans aucun égard à la nature des choses et à l'utilité publique[116]. » Ajoutons que six mois plus tôt, Diderot s'était occupé de l'éducation sexuelle de sa fille Angélique (elle avait quinze ans en 1768), comme il le raconta non sans fierté dans une lettre à Sophie Volland[117]. En 1769, Diderot a entamé une relation amoureuse avec une ancienne connaissance, Mme de Maux, qui durera pendant plus d'un an. Il en tira un surcroît d'inspiration nécessaire pour se lancer dans la rédaction de ses histoires et dialogues les plus réussis, tous centrés sur l'amour et le sexe, les relations entre les hommes et les femmes, l'organisation sociale des pratiques amoureuses et sexuelles, la pathologie et la norme. Mais jamais, sauf dans le *Supplément au Voyage de Bougainville*, Diderot n'a abordé ces questions d'un point de vue purement théorique, comme il l'a fait dans la *Suite de l'entretien précédent.*

Comme on pouvait s'en douter, Diderot envisage la sexualité indépendamment de toute considération religieuse. *La Religieuse* l'a montré : les rapports sexuels sont nécessaires à la nature humaine, ils contribuent à son équilibre qui fait la santé, alors que la privation sexuelle peut devenir source de toutes sortes de désordres. La raison en est que le corps de l'homme et de la femme produit une humeur surabondante dont il doit se débarrasser. Si l'évacuation ne se fait pas, la rétention du fluide séminal risque de nuire à l'organisme. Au rebours de la morale traditionnelle, Bordeu rejette la chasteté et la continence comme inutiles à la société, contraires à l'intérêt de l'espèce et nuisibles au bien-être, puis prononce un éloge de la masturbation qui n'a guère son pareil dans la littérature (honnête) :

> C'est un besoin, et quand on n'y serait pas sollicité par le besoin, c'est toujours une chose douce. Je veux qu'on se porte bien, je le veux

> absolument, entendez-vous ? Je blâme tout excès, mais dans un état de société tel que le nôtre, il y a cent considérations raisonnables pour une, sans compter le tempérament et les suites funestes d'une continence rigoureuse, surtout pour les jeunes personnes ; le peu de fortune, la crainte parmi les hommes d'un repentir cuisant, chez les femmes celle du déshonneur, qui réduisent une malheureuse créature qui périt de langueur et d'ennui, un pauvre diable qui ne sait à qui s'adresser, à s'expédier à la façon du Cynique. [...] Et quoi, parce que les circonstances me privent du plus grand bonheur qu'on puisse imaginer, celui de confondre mes sens avec les sens, mon ivresse avec l'ivresse, mon âme avec l'âme d'une compagne que mon cœur se choisirait, et de me reproduire en elle et avec elle, parce que je ne puis consacrer mon action par le sceau de l'utilité, je m'interdirai un instant nécessaire et délicieux ! [...] La nature ne souffre rien d'inutile ; et comment serais-je coupable de l'aider, lorsqu'elle appelle mon secours par les symptômes les moins équivoques[118] ?

Julie en frissonne, puis aborde l'homosexualité – un « crime » qui pouvait encore être puni du bûcher au XVIIIe siècle – que Bordeu admet aussi sans hésiter, la préférant même aux actions solitaires : « Je vous demanderai donc, de deux actions également restreintes à la volupté, qui ne peuvent rendre que du plaisir sans utilité, mais dont l'une n'en rend qu'à celui qui la fait et l'autre le partage avec un être semblable mâle ou femelle, car le sexe ici, ni même l'emploi du sexe n'y fait rien, en faveur de laquelle le sens commun prononcera-t-il[119] ? »

Quel est le lien entre ce plaidoyer inattendu en faveur d'une nouvelle morale sexuelle et la philosophie matérialiste des dialogues précédents ? Mlle de Lespinasse a fait revenir le docteur après sa visite auprès de d'Alembert afin d'avoir son avis sur une question précise : le mélange des espèces. Il s'agit d'un sujet à la mode que Bordeu replace dans le contexte plus large de la génération, et donc des rapports sexuels entre les êtres vivants, hommes et animaux. Insérée dans un contexte plus large, la question posée par Julie est d'abord d'ordre moral : qu'est-ce qui nous permet de considérer certaines actions comme meilleures que d'autres ? Dans sa réponse, Bordeu se réclame d'un précepte esthétique bien connu d'Horace qui veut que le mérite suprême est de joindre l'utile à l'agréable.

N'envisageant la sexualité que selon ces deux critères, il distingue entre actions ni utiles ni agréables (l'abstinence sexuelle), les actions seulement agréables (la masturbation et les rapports entre des personnes du même sexe) et les actions utiles et agréables (celles qui contribuent à la propagation de l'espèce). Le mélange des espèces pourrait contribuer au progrès des sciences… et de la société : si l'on réussissait, proclame-t-il avec un sérieux non dépourvu de malice, à croiser l'homme et la chèvre, on pourrait tirer de cette hybridation « une race vigoureuse, intelligente, infatigable et véloce dont nous ferions d'excellents domestiques ». Moralement, l'expérience serait bénéfique car « nous ne dégraderions plus nos frères en les assujettissant à des fonctions indignes d'eux et de nous[120] ». Ces chèvre-pieds sont-ils une nouvelle espèce ? Sont-ce encore des hommes ? Et tout d'abord, peut-on sérieusement envisager le croisement d'un homme et d'un animal ?

Cette dernière question rejoint les propos visionnaires que d'Alembert a tenus pendant son rêve dans le dialogue précédent. Puisque tout est en flux perpétuel, les espèces et les règnes n'ont aucune stabilité, ils ne semblent immuables qu'à une certaine échelle temporelle, autrement dit au niveau de la nature subsistante. L'hybridation est donc possible en théorie. Est-elle envisageable en pratique ? Si « la circulation des êtres est graduelle » comme le dit Bordeu[121], il n'est pas impossible, grâce à des tentatives suivies pendant une très longue période, de rapprocher petit à petit les espèces entre elles[122]. N'imaginons pas que Diderot ait réellement songé, dans cette « biologie-fiction[123] » du troisième dialogue, à prôner l'eugénisme dans le but de créer des créatures mi-hommes mi-bêtes, corvéables et malléables à merci. Il estime que du point de vue scientifique, l'expérience est envisageable car les espèces n'ont rien de permanent, tout s'inscrit dans un continuum où certaines formes subsistent et d'autres pas. Prenons les Lapons : « Qui sait, demande d'Alembert en rêvant, si ce bipède déformé qui n'a que quatre pieds de hauteur, qu'on appelle encore dans le voisinage du pôle un homme, et qui ne tarderait pas à perdre ce nom en se déformant un peu davantage, n'est pas l'image d'une espèce qui passe[124] ? » Qu'est-ce qui distingue les hommes des femmes ? La femme a toutes les parties génitales de l'homme, explique Bordeu, elles ne sont que diversement arrangées : l'anatomie comparée nous apprend que la femme a « une bourse retournée en dedans » et un membre viril qui « ne s'oblitère jamais au point de perdre sa première forme » ; que l'homme a, « depuis l'anus jusqu'au scrotum, intervalle qu'on appelle le périnée, et du scrotum jusqu'à l'extrémité de la verge, une couture qui semble être la reprise d'une vulve faufilée ». Dans une nature en perpétuelle mutation, la différenciation des sexes est peut-être un phénomène récent : « L'homme n'est peut-être que le monstre de la femme, ou la femme le monstre de l'homme[125]. » Enfin, il arrive à certains de changer « naturellement » de sexe comme les eunuques qui, « en perdant l'organisation caractéristique d'un sexe, [...] semblent s'en retourner à la conformation caractéristique de l'autre ». On a observé le même phénomène chez les Arabes habitués que la pratique excessive de l'équitation a châtrés : ils « perdent la barbe, prennent une voix grêle, s'habillent en femmes, se rangent parmi elles sur les chariots, s'accroupissent pour pisser, et en affectent les mœurs et les usages[126] ». Après tous ces exemples, comment rejeter la possibilité de mélanger les espèces ?

Reste l'objection morale. Du point de vue matérialiste, l'homme n'est qu'un animal plus perfectionné que les autres – Diderot n'aurait pas été surpris d'apprendre que l'*Homo sapiens* partage la quasi-totalité de ses gènes avec le chimpanzé[127] ; l'espèce humaine n'introduit aucune discontinuité, aucune différence qualitative dans la nature. Faudra-il baptiser les futurs chèvre-pieds ? demande Julie de Lespinasse en plaisantant. La question est laissée en suspens : cela dépend de la Sorbonne, si elle leur attribue une âme spirituelle. La boucle est bouclée : commencée autour de la question de l'âme, la trilogie se termine par l'évocation plaisante du baptême des chèvre-pieds.

Un an après *Le Rêve de d'Alembert*, d'Holbach publie enfin son *Système de la nature*, ce « ramas de blasphèmes et d'absurdités » selon le très antiphilosophique journal *L'Année littéraire*[128]. Nous avons déjà mentionné la controverse concernant la collaboration de Diderot à cet ouvrage souvent nommé le code ou la Bible du matérialisme athée des Lumières, dont on ne se figure pas aujourd'hui le succès de scandale qu'il a connu. Or rien n'indique que l'auteur du *Rêve de d'Alembert* ait réellement travaillé au *Système de la nature* ; tout au plus peut-on supposer une révision stylistique du texte avec, pourquoi pas, quelques phrases ou passages de son cru. Ce qui est sûr, en revanche, c'est que d'Holbach et Diderot ont beaucoup discuté ensemble, au Grandval et à Paris, et l'ouvrage du baron s'en ressent fortement. Tel qu'il se présente, le *Système de la nature* ne tient pas vraiment ce que le titre promet, mais a plutôt l'air d'un fourre-tout non seulement de toutes les pensées hardies qui ont cours en France depuis un siècle, mais aussi et surtout de presque toutes les idées évoquées dans *Le Rêve de d'Alembert* – quoique sans cohérence interne, de manière entassée. La tendance générale de l'ouvrage reste mécaniste, même si la chimie prélavoisienne a remplacé le géométrisme cartésien ; quelques fusées qui jaillissent çà et là ne doivent pas nous tromper sur le présupposé fondamental de l'ouvrage : la nature est une machine. Compliquée certes, mais intelligible… et prévisible.

Dès le premier chapitre, d'Holbach esquisse un tableau général de ce qu'il appelle, comme Diderot, le « grand tout » : « Ainsi la nature, dans sa signification la plus étendue, est le grand tout qui résulte de l'assemblage des différentes matières, de leurs différentes combinaisons, et des différents mouvements que nous voyons dans l'univers[129]. » Mais contrairement à Diderot, d'Holbach ne distingue jamais entre ordre général et ordre subsistant. Le Tout de d'Holbach est la nature qu'il a actuellement sous les yeux, et non l'ensemble de l'univers dans sa totalité spatiale et temporelle. Si les propos des deux philosophes sont similaires de part et d'autre, les conséquences qu'ils tirent de leurs réflexions sont fondamentalement différentes. Alors que l'auteur du *Rêve de d'Alembert* affirme que même Dieu serait incapable de prévoir exactement l'avenir, le futur « démon de Laplace », symbole du déterminisme universel, est déjà présent dans le *Système de la nature*[130]. On se souvient que l'exemple du tourbillon de poussière se retrouve dans les mêmes termes dans le *Salon de 1767*. Mais Diderot y parle pour l'ordre subsistant, dont il oppose la nécessité aveugle au finalisme de son accompagnateur, et non pour le Tout ou ordre général.

Les différences fondamentales entre les conceptions de Diderot et de d'Holbach se manifestent surtout à propos des notions d'ordre et de désordre. Selon le premier, le mot « désordre » est en réalité vide de sens, il sert seulement à désigner le « passage à un ordre nouveau, à une nouvelle façon d'exister[131] » ; dans un Tout essentiellement en ordre, le désordre, qui n'est donc qu'une vue de l'esprit, est tout au plus passager, générateur d'un nouvel ordre. Diderot, quant à lui, estime que les deux notions, ordre *et* désordre, sont une vue de l'esprit, c'est-à-dire des conceptions humaines ; dans un Tout en vicissitude perpétuelle, où rien n'est stable, c'est l'« ordre » qui est passager, et le « désordre » une donnée fondamentale. L'ordre est un concept commode pour l'homme, l'aidant à bâtir un *système* de la nature à des fins utiles – les arts mécaniques, par exemple – mais sans prétention philosophique. L'erreur est de prendre ces béquilles conceptuelles pour authentiquement naturelles. C'est l'erreur que commet chaque faiseur de système, y compris d'Holbach.

Malgré ces divergences, Diderot n'a pas hésité à défendre le *Système de la nature* lorsque l'ouvrage de son ami fut attaqué par ses adversaires. En 1771, l'abbé Nicolas-Sylvestre Bergier fit paraître son *Examen du matérialisme*, dans lequel il essaya de réfuter « ce monstrueux système[132] ». Diderot réfuta cette réfutation en rédigeant un court texte intitulé *Principes philosophiques sur la matière et le mouvement* qui ne vit le jour qu'en 1792, au milieu du long article *Diderot* que Naigeon a consacré à son idole dans l'*Encyclopédie méthodique*. « Cet écrit, informe-t-il son lecteur, n'a jamais été imprimé ; une dissertation publiée en 1770, par un anonyme en a été l'occasion. Un ami de l'auteur [Naigeon lui-même], et qui l'était aussi de Diderot, le pria d'examiner cette dissertation, et de lui en dire franchement son avis. Cet examen a produit les réflexions qu'on va lire[133]. » La « dissertation » en question correspond exactement au premier chapitre de l'*Examen du matérialisme*, que Bergier a eu l'ingénuité de montrer, en l'état de manuscrit, à ses amis philosophes. Il s'en était ouvert à son correspondant, l'abbé Trouillet : « Diderot et d'Holbach ont vu le premier cahier et le plus essentiel : ils ont répondu que cet ouvrage serait regardé comme victorieux dans mon parti, mais que je n'entendais pas leur langage, et qu'il n'y a pas cinquante personnes à Paris qui soient en l'état de l'entendre[134]. » Le bon abbé ne se doutait pas un instant qu'il venait de s'adresser à l'auteur du livre qu'il était en train de réfuter ! Ayant pris connaissance du manuscrit de l'abbé Bergier, Diderot esquisse sa réfutation dans laquelle il en profite pour souligner les principes fondamentaux du matérialisme : l'autodynamisme de la matière et son hétérogénéité.

Malgré son caractère lapidaire et très polémique, l'opuscule de Diderot sur la matière et le mouvement n'est pas à négliger. Selon le témoignage de Naigeon, on peut reconnaître dans ce texte « combien l'étude de la chimie dont Diderot s'était occupé pendant plusieurs années avec cette aptitude qu'il avait pour toutes les sciences, lui avait été utile[135] ». Il ajoutait que s'il avait fréquenté plus tôt la chimie, il n'aurait même pas posé les questions qui terminent les *Pensées sur l'interprétation de la nature* « car une grande partie de ces doutes, si difficiles à éclaircir par la métaphysique même la plus hardie, se résolvent facilement par la chimie ». Dans les questions auxquelles Naigeon fait allusion, Diderot s'interrogeait en particulier sur la distinction de la matière vivante et de la matière morte ; il se demandait si la matière seule suffisait à produire la variété des choses, et si, le cas échéant, la distinction du mort et du vivant ne serait qu'une distinction d'états ou de formes provisoires[136].

Prenant la chimie comme modèle pour décrire l'univers, les *Principes philosophiques sur la matière et le mouvement* s'ouvrent sur une critique de la physique mathématique qui considère la matière sans action et sans force, recevant le mouvement de l'extérieur. La nature, objecte Diderot, ne se réduit pas à ce que la mécanique rationnelle nous en apprend. Si on l'étudie avec les méthodes mathématiques de la géométrie classique, elle sera géométrique ; mais si on la considère en chimiste, elle sera vivante et sensible. Chaque interprète de la nature opère avec une grille de lecture préfabriquée, véritable lit de Procruste qui plie la nature à ses présupposés. Diderot reproche aux tenants de la physique mathématique d'avoir radicalement brisé toute solidarité entre le sensible et le matériel, d'avoir fait du corps matériel un pur objet de l'intelligence en le dégageant de toute référence aux sens : « S'ils ne conçoivent pas plus de tendance au repos qu'au mouvement dans un corps quelconque, c'est qu'apparemment ils regardent la matière comme homogène ; c'est qu'ils font abstraction de toutes les qualités qui lui sont essentielles ; c'est qu'ils la considèrent comme inaltérable [...] ; c'est qu'ils anéantissent par la pensée, et le mouvement général qui anime tous les corps, et leur action particulière des uns sur les autres qui les détruit tous[137]. » À l'instar de Rouelle, qui lui a enseigné une chimie de la circulation des corps et de leurs réactions, Diderot voit les corps en évolution constante, se muant en des dissolutions et combinaisons successives, agitée éternellement du mouvement imprévisible des molécules : « Il ne faut jamais dire, quand on est physicien, *le corps comme corps* ; car ce n'est plus faire de la physique, c'est faire des abstractions qui ne mènent à rien. » À quelque niveau qu'on envisage la matière, elle est toujours habitée par un mouvement qui lui est « essentiel », c'est-à-dire dont elle ne peut se départir et qui ne peut lui venir du dehors : à chaque instant, « les corps gravitent les uns sur les autres », et chaque instant, « les particules des corps gravitent les unes sur les autres[138] ». Le repos, affirme Diderot après d'Holbach[139], n'est qu'une forme de mouvement. Tous les corps qui nous semblent en repos, au sens où ils occupent le même lieu pendant un certain temps, ne le font qu'en exerçant un mouvement appelé *nisus* (effort) qui leur permet de résister, pendant tout ce temps, aux forces qui tendent à les en déloger. Tous les paralogismes de la métaphysique du repos tiennent à la fausse supposition de la matière homogène, réduite à l'étendue géométrique, alors que dans la nature, la matière est essentiellement hétérogène, animée d'actions et de réactions : « Mais j'arrête mes yeux sur l'amas général des corps ; je vois tout en action et en réaction ; tout se détruisant sous une forme, tout se recomposant sous une autre ; des sublimations, des dissolutions, des combinaisons de toutes les espèces, phénomènes incompatibles avec l'homogénéité de la matière : d'où je conclus qu'elle est hétérogène ; qu'il existe une infinité d'éléments divers dans la nature ; que chacun de ces éléments, par sa diversité, a sa force particulière, innée, immuable, éternelle, indestructible ; et que ces forces intimes au corps ont leurs actions hors du corps : d'où naît le mouvement ou plutôt la fermentation générale dans l'univers[140]. »

Sous l'effet de forces internes (en « fermentation »), la nature est en agitation permanente : tout se meut incessamment, il n'y a pas de repos, tout change de forme à tout moment. Les *Pensées sur l'interprétation de la nature* présentaient encore l'hypothèse de la « vicissitude perpétuelle » des êtres avec un point d'interrogation. Maintenant Diderot est sûr : la nature n'est pas réductible à la plus simple expression de quelques lois générales, toujours calculables, toujours prévisibles. La « fermentation générale dans l'univers », où les molécules agissent et réagissent d'après des lois particulières de rapports chimiques, s'oppose du tout au tout au cadre étroit d'une vision purement mécaniste de la nature. Ce monde moléculaire de mouvement n'est pas un monde de bords fixes et de transparence, c'est un monde où les choses naissent et meurent sans cesse, et où l'ordre n'est qu'une vue de l'esprit. C'est le monde dont rêve d'Alembert.

Dans *Le Rêve de d'Alembert*, Diderot fait étalage d'un savoir scientifique qui était encore totalement absent de la *Lettre sur les aveugles*. Il se contentait alors d'y esquisser une théorie de l'évolution de l'univers et des êtres vivants sans apporter la moindre preuve à ses spéculations. Vingt ans plus tard, le docteur Bordeu demandera à son interlocutrice non pas de remonter plusieurs millions de siècles en arrière, mais seulement d'imaginer le fœtus à ses premiers instants : « Vous voyez que dans une question où il s'agit de la formation première de l'animal, c'est s'y prendre trop tard que d'attacher son regard et ses réflexions sur l'animal formé ; qu'il faut remonter à ses premiers rudiments, et qu'il est à propos de vous dépouiller de votre organisation actuelle, et de revenir à un instant où vous n'étiez qu'une substance molle, filamenteuse, informe, vermiculaire, plus analogue au bulbe et à la racine d'une plante qu'à un animal[141]. » De ce point originaire, peu à peu se tissent les fils qui en arrivent à former un être complet. Il n'est pas rare, remarque-t-il alors, que des accidents arrivent durant cette période de développement embryonnaire, puis confirme ses observations par son expérience de médecin. Le dernier cas recensé est celui d'un charpentier de Troyes, Jean-Baptiste Macé. Après sa mort, on a découvert qu'il avait « les viscères intérieurs de la poitrine et de l'abdomen dans une situation renversée : le cœur à droite précisément comme vous l'avez à gauche, le foie à gauche ; l'estomac, la rate, le pancréas à l'hypocondre droit ; la veine-porte au foie du côté gauche ce qu'elle est au foie du côté droit ; même transposition au long canal des intestins ; les reins adossés l'un à l'autre sur les vertèbres des lombes, imitaient la figure d'un fer à cheval. Et qu'on vienne après cela nous parler de causes finales[142] ! » L'autorité de la science sert de caution aux spéculations du rêveur tout en conférant au matérialisme une base empirique incontestable.

Le savoir apporté par Bordeu n'est pas tombé du ciel : il est le fruit d'intenses lectures dont la trace se trouve non seulement dans le *Rêve* mais dans un carnet ou plutôt dossier de feuilles volantes qui ne nous a pas été conservé. L'ouvrage final, intitulé *Éléments de physiologie*, existe aujourd'hui sous deux formes radicalement différentes. Un premier manuscrit, confectionné probablement vers 1780 et conservé à Saint-Pétersbourg, présente la transcription, sous la forme d'un texte suivi, de l'immense recueil de notes prises par Diderot depuis plusieurs années. Si cette copie ne constitue pas encore un ouvrage organisé, on peut y voir mieux qu'un simple dossier de lecture : le plan général décèle un itinéraire philosophique menant de la matière vivante à l'animal, à l'organisation, et finalement à l'évolution des espèces et de l'univers même. Dans l'état définitif de la copie Vandeul qui en est issue, l'ancien recueil de notes à usage personnel apparaît méconnaissable. « Certains passages sont récrits, commente Jean Mayer, des répétitions éliminées, des épithètes redistribuées ; parfois les développements qui font double emploi sont refondus, combinés pour n'en faire plus qu'un, sans rien laisser perdre de leur substance. L'auteur précise ou atténue, selon les cas, ses affirmations scientifiques[143]. » Divisé en trois parties qui regroupent trente-sept chapitres, l'ouvrage est pourvu d'une table des matières qui signale que l'organisation interne des fragments a changé dans une perspective nettement didactique. Avec cette nouvelle version des *Éléments de physiologie*, nous nous trouvons en face d'un travail de marqueterie dont la littérature n'offre pas d'autre exemple aussi poussé. Et comme les autographes sur lesquels il a été accompli sont perdus, aucun élément externe ne peut nous éclairer sur le travail de recomposition effectué par l'auteur qui relie les deux états du texte[144].

L'intérêt de Diderot pour la physiologie – ce mot désigne, au XVIIIe siècle, la science qui traite des phénomènes de la vie et des fonctions des organes – remonte au moins aux *Pensées sur l'interprétation de la nature*. Accaparé par l'*Encyclopédie* et d'autres travaux, il fut ensuite contraint de limiter ses études biologiques et médicales aux conversations avec des savants comme Tronchin et Bordeu. En 1766, le célèbre médecin, naturaliste et poète suisse Albrecht (ou Albert) von Haller, auquel La Mettrie avait naguère osé dédier son *Homme-machine*[145], achève de publier son grand traité de physiologie en quatre mille pages[146] ; libéré de la tâche encyclopédique, Diderot ne tarda guère à en prendre connaissance. En 1769, il étudie *La Médecine de l'esprit* d'Antoine Le Camus, dans la seconde édition qui vient de paraître : l'ouvrage du médecin, que Diderot connaissait personnellement[147], stimule sa réflexion biologique tout en lui fournissant une anecdote pour *Le Rêve de d'Alembert*. Entre 1778 et 1780, Diderot dresse une liste d'auteurs et de livres qu'il a l'intention d'étudier une fois que son ouvrage sera terminé[148]. « Pas de livres que je lise plus volontiers que les livres de médecine, pas d'hommes dont la conversation soit plus intéressante pour moi que celle des médecins », confie-t-il dans les *Éléments*[149]. C'est alors qu'il confie son dossier au copiste Girbal afin de pouvoir plus facilement recomposer l'ensemble des notes à partir d'un manuscrit « propre ». La copie terminée, Diderot coule ses *Éléments* dans le moule d'une forme rigoureuse : bouleversant profondément l'ordre des quelque seize cents fragments accumulés durant quinze ans, il élimine environ huit pour cent de ses matériaux et récrit fréquemment, phrase par phrase, un texte dont il modifie la perspective, quelquefois même l'esprit ou la teneur.

Sous l'allure d'un traité de physiologie, cette accumulation de notes foisonnantes et dispersées qu'on a longtemps considérée à tort comme l'ébauche d'un projet plus ambitieux et finalement abandonné par un auteur fatigué, a non seulement pour tâche de dresser un tableau précis et presque complet de la science de l'époque, mais aussi de situer l'homme dans son milieu biologique ainsi que de définir sa nature d'être vivant et pensant. Oscillant entre comptes rendus d'observations, paraphrases des *Éléments* de Haller, descriptions anatomiques et affirmations purement spéculatives, Diderot mêle à la physiologie animale et humaine des vues audacieuses et profondes de psychologie, de médecine, de morale et de métaphysique ; malgré les nombreux emprunts, il réussit parfois à être brillant et à faire preuve d'une prescience peu commune du développement futur de la science. Dans la première partie intitulée sobrement « Des êtres », Diderot examine les phénomènes de la vie, la chaîne des êtres, le passage du végétal à l'animal, la génération spontanée et le rôle de la sensibilité. La deuxième, « Éléments et parties du corps humain », s'inspire étroitement des *Éléments* de Haller, que Diderot suit avec plus ou moins de fidélité sans toutefois adopter les convictions religieuses du savant. Pour décrire les fonctions du corps, il a recours au « triumvirat » de Bordeu : le cerveau, le cœur et l'estomac. Aux fonctions cérébrales se rattachent l'étude des nerfs et celle des muscles. L'appareil circulatoire, avec les sécrétions, et la respiration, complétée par la voix et la parole, viennent ensuite. La description des principaux viscères se groupe autour de la digestion. Enfin, les organes et fonctions de reproduction occupent plusieurs chapitres importants et développés. La troisième partie, intitulée « Phénomènes du cerveau », où Diderot aborde la mémoire, l'imagination, le sommeil, la volonté, les passions et les maladies sous l'angle purement biologique, dévoile clairement l'orientation non spiritualiste des *Éléments de physiologie* : l'activité cérébrale se range parmi les autres fonctions de l'être, sans distinction de nature : l'homme forme un tout, et sa division en corps et âme ne correspond à aucune réalité scientifique. L'ouvrage de Diderot, on l'a dit, est mieux qu'un carnet de notes dans lequel il a puisé pour écrire *Le Rêve de d'Alembert* : trente ans après les *Pensées sur l'interprétation de la nature*, il y propose de nouveau, à partir d'observations purement scientifiques, une vision philosophique de la nature, complexe et dynamique qui tourne résolument le dos au récit de la Genèse.

Depuis la *Lettre sur les aveugles*, Diderot accorde une importance capitale à l'existence des « monstres » qui, comme l'étymologie du nom semble l'indiquer, est de nature à « montrer » quelque chose d'extraordinaire. Privé de la vue, l'aveugle Saunderson nous montre l'origine de l'univers, c'est-à-dire le chaos, les mondes estropiés, dénonçant au passage la fausse métaphysique basée sur l'ordre prétendu de la nature. La nature a commencé son ouvrage par des combinaisons monstrueuses, dues à des assemblages fortuits d'éléments ; seules auraient survécu les formes viables, harmonieuses. Diderot ne s'est jamais défait de cette préoccupation par la suite : les monstres jouent également un rôle très important dans les *Éléments de physiologie*, où « la tournure de son esprit, tout autant que le sujet traité, lui fait envisager la physiologie sous l'angle de la pathologie[150] ». L'intérêt de Diderot pour les cas limites et les anomalies de la nature y affleure presque à chaque page, et il n'est pas rare de lire sous sa plume des réflexions comme celle-ci :

> Tous les animaux n'ont pas le cœur de la même figure.
> Il y a des animaux en qui cet organe manque. Nous avons cent exemples de fœtus monstrueux qui en ont manqué. On a disséqué un rat en qui l'on n'en a point trouvé. Homme sans cœur, et sans veines[151].

Dans l'esprit de Diderot, les monstres ne sont pas quelque chose de contraire à l'ordre habituel des choses, ils constituent une irruption palpable de l'ordre général (le tout du *Rêve de d'Alembert*) dans l'ordre subsistant, cette portion de l'univers qui est à notre portée.

Il est significatif que les *Éléments* d'une science dont l'objet est en principe l'état sain d'un être normal, s'ouvrent sur la question des monstres : « On appelle êtres contradictoires ceux dont l'organisation ne s'arrange pas avec le reste de l'univers. La nature aveugle qui les produit, les extermine. Elle ne laisse subsister que ceux qui peuvent coexister supportablement avec l'ordre général[152]. » Les monstres apparaissent comme des formations exceptionnelles et inexplicables si l'on se place au niveau de l'*ordre subsistant*, cette portion de l'ordre général isolée dans l'espace et dans le temps où « les dés sont pipés[153] ». Le monstre, concède Diderot, est « un être dont la durée est incompatible avec l'ordre subsistant[154] ». Pour d'Holbach, « le corps humain est dans l'ordre, lorsque les différentes parties qui le composent agissent d'une manière dont résulte la conservation du tout, ce qui est le but de son existence actuelle » ; il est en désordre « dans l'état de maladie » qui « ne fait que produire en lui une nouvelle suite, un nouvel ordre de mouvements et de choses[155] ». La conception de Diderot est radicalement différente. Du point de vue du tout, chaque individu, homme, animal, plante, n'est qu'une formation monstrueuse, tout homme est plus ou moins malade, la santé parfaite, c'est-à-dire l'ordre de la machine humaine, n'existe tout simplement pas[156].

La notion de monstruosité s'applique à un ordre présent, actuel ; dans la perspective de l'*ordre général* en « vicissitude perpétuelle », les êtres et les espèces ne sont que des organisations plus ou moins éphémères. À la fin de la deuxième partie des *Éléments*, Diderot va jusqu'à présenter l'anomalie comme la loi générale et la normalité comme exception : « Pourquoi l'homme, pourquoi tous les animaux ne seraient-ils pas des espèces de monstres un peu plus durables ? Pourquoi la nature, qui extermine l'individu en peu d'années, n'exterminerait-elle pas l'espèce dans une longue succession de temps ? L'univers ne semble quelquefois qu'un assemblage d'êtres monstrueux[157]. » L'animal « normal », suggère Diderot entre les lignes, n'existe pas, pas plus que l'homme sain[158] ; l'écart, plus ou moins grand, est la règle universelle. Dès lors, la notion d'être normal devient relative, voire arbitraire, et les soi-disant monstres peuvent être assimilés à de pures différences hasardeuses : entre le normal et le monstrueux, conclut Henri Coulet, « la différence est seulement statistique[159] ».

Après cette entrée en matière fracassante, Diderot s'interroge sur l'origine des êtres vivants. L'idée d'un prototype commun à toutes les espèces, exposée dès les *Pensées sur l'interprétation de la nature*, figure en bonne position dans les *Éléments de physiologie*, à savoir au tout début de l'ouvrage : « La nature n'a fait qu'un très petit nombre d'êtres qu'elle a variés à l'infini, peut-être qu'un seul par la combinaison, mixtion, dissolution duquel tous les autres ont été formés[160]. » Plus loin, Diderot imagine une chaîne des êtres allant de la molécule inerte jusqu'à l'homme, de l'inanimé au vivant : « La végétation, la vie ou la sensibilité, et l'animalisation sont trois opérations successives. Le règne végétal pourrait bien être, et avoir été la source première du règne animal, et avoir pris la sienne dans le règne minéral, et celui-ci émaner de la matière universelle hétérogène. » Reste à prouver le passage de l'inanimé à l'animé, à découvrir dans la nature les traces de cette opération. Qu'à cela ne tienne ! Diderot cite les expériences sur le gluten qui tendent à démontrer son caractère organique, et par conséquent susceptible de « s'animaliser » : « En pétrissant longtemps la pâte, et l'arrosant souvent d'eau, on lui ôte la nature végétale, et on l'approche tellement de la nature animale, que par l'analyse elle en donne les produits[161]. » L'existence de plantes-animaux et d'animaux-plantes vont dans le même sens : tout est lié dans la nature, « depuis la molécule inerte, s'il en est, jusqu'à la molécule vivante, à l'animal-plante, à l'animal microscopique, à l'animal, à l'homme[162] ». On ne peut s'empêcher de songer, en lisant ces lignes, à cette remarque du naturaliste Lamarck : « En considérant d'abord l'organisation animale la plus simple, pour s'élever ensuite graduellement jusqu'à celle qui est la plus composée, comme depuis la monade qui, pour ainsi dire, n'est qu'un *point animé*, jusqu'aux animaux à mamelles, et parmi eux jusqu'à l'homme, il y a évidemment une gradation nuancée dans la composition de l'organisation de tous les animaux et dans la nature de ses résultats, qu'on ne saurait trop admirer et qu'on doit s'efforcer d'étudier, de déterminer et de bien connaître[163]. »

Pour se fixer (provisoirement !) à partir du stade hypothétique de prototype, dans les grands groupes de la classification, les êtres ont dû passer par des transformations ou métamorphoses dont il subsiste encore quelques traces aujourd'hui : « Le papillon est ver, chenille, et papillon. L'éphémère est chrysalide pendant quatre ans ; la grenouille commence par être têtard. Combien de métamorphoses nous échappent[164] ! » Diderot ne cherche pas à faire de cette idée un système général, vraisemblablement parce que les moyens scientifiques pour en imaginer les mécanismes lui faisaient totalement défaut. S'il avait bien compris que la nature a eu besoin de plusieurs millions d'années pour perfectionner et diversifier les formes vivantes, de la plus simple à la plus achevée, il n'a jamais songé à faire dériver les espèces les unes des autres et à concevoir, comme le feront Lamarck et Darwin, une évolution arborescente avec des ramifications. Il n'était pourtant pas loin de l'intuition principale de Lamarck, qui écrira à peine une génération plus tard que l'histoire de la vie a débuté avec « les animaux les plus imparfaits, les plus simplement organisés, ceux en un mot qu'on soupçonne à peine doués de l'animalité, ceux peut-être par lesquels la nature a commencé, lorsqu'à l'aide de beaucoup de temps et de circonstances favorables, elle a formé tous les autres[165] ». Comme

Diderot, Lamarck est convaincu que « le temps n'est rien pour la nature[166] », quand la doctrine officielle datait encore la création en l'an 4004 avant notre ère. Et contrairement à ce que l'on croit souvent, il n'a jamais prétendu qu'une caractéristique acquise par un individu contraint de s'adapter à son milieu se retrouverait immédiatement léguée en héritage à ses descendants. Lamarck insiste au contraire très lourdement sur le fait que ce n'est pas en une génération, mais après de très nombreuses générations, après des temps très longs, hors de portée de l'observation humaine, que la pression de divers environnements physiques peut modifier par petites touches les habitudes, puis l'organisme des animaux[167]. Il ne se doutait toutefois pas que dès les années 1770, l'auteur des *Éléments de physiologie* a anticipé sur sa théorie transformiste fondée sur l'adaptabilité du vivant en réfléchissant sur le rapport entre fonction et besoin relativement au développement des organes animaux : « L'organisation de chacun détermine ses fonctions, ses besoins, et quelquefois les besoins influent sur l'organisation. [...] L'influence des besoins sur l'organisation peut aller jusqu'à produire des organes, ou du moins jusqu'à les transformer[168]. » Selon Lamarck, les êtres vivants transforment leur corps si les conditions climatiques, géologiques, changent durablement : un organe peut se modifier pour répondre à un besoin. Pour étayer sa thèse de l'action morphogène des habitudes et des besoins, il cite en exemple le cou de la girafe qui s'est allongé pour atteindre les branches hautes des arbres[169]. On se souvient, dans ce contexte, du *Rêve de d'Alembert* où le docteur Bordeu avait prétendu voir « deux omoplates s'allonger, se mouvoir en pince, et devenir deux moignons[170] »... Si Lamarck avait connu les écrits de Diderot, nul doute qu'il eût salué le philosophe pour la hardiesse de sa pensée et la perspicacité de ses conjectures !

Jusqu'au milieu du XIXe siècle, l'idée que les êtres vivants ne sont pas sortis tout formés au moment de la création, comme l'enseignent les Écritures, mais ont subi des transformations au cours d'une longue évolution, est encore propre à susciter le scandale. Au moment où Diderot rédige les *Éléments de physiologie*, la Sorbonne reproche aux *Époques de la nature* de Buffon d'être en contradiction formelle avec la Bible : « L'ensemble du système proposé dans l'ouvrage des *Époques de la nature* ne s'accorde en rien avec ce qui est rapporté dans le premier chapitre de la Genèse[171]. » Buffon se soumet, comme en 1751, lorsque la Sorbonne incrimina plusieurs passages des trois premiers volumes de l'*Histoire naturelle* qui avaient paru deux ans plus tôt. Au début du XIXe siècle, le lamarckisme divise les « bien-pensants » et les « mal-pensants », non seulement en France mais aussi en Angleterre où la théorie transformiste est considérée, par l'*establishment* politique et religieux, comme une abomination. Le géologue britannique Adam Sedgwick la rejette avec dégoût, la dénonçant comme « un matérialisme froid et irrationnel » qui exclut « tout argument d'intention et toute notion d'une Providence créatrice[172] ». En introduisant l'idée d'évolution et de transformation dans la nature, les penseurs comme Diderot et Lamarck s'en prennent au fixisme créationniste imposé comme vérité irréfutable par l'Église. On veut faire de l'homme, raille Diderot, « le chef-d'œuvre d'un être infiniment sage et tout-puissant : cela n'a pas le sens commun. Que font donc ces préconiseurs ? Ils félicitent la Providence de ce qu'elle n'a pas fait : ils supposent que tout est bien, tandis que relativement à nos idées de perfection, tout est mal. Pour qu'une machine prouve un ouvrier, faut-il qu'elle soit parfaite ? Assurément, si l'ouvrier est parfait[173] ». L'ordre actuel doit être conçu, non comme la réalisation d'une intention originelle et bienveillante, mais comme le résultat provisoire d'une évolution aveugle.

Comme on pouvait s'y attendre, les *Éléments de physiologie* couvrent un large éventail de phénomènes, de fonctions et de parties du corps – le cœur, l'appareil circulatoire, le sang, les vaisseaux, la lymphe, la bile, les muscles, les organes, etc. Diderot suit souvent de près les ouvrages de Haller, à commencer par le premier chapitre des *Elementa* qui étudie la structure élémentaire du corps humain : la fibre, le tissu conjonctif qu'il appelle tissu cellulaire, les membranes, la graisse. Diderot est particulièrement intéressé par la notion d'irritabilité (c'est-à-dire la contractilité), une propriété caractéristique de la matière vivante d'après Haller. D'après ses nombreuses expérimentations sur la contraction des muscles, le savant suisse a distingué l'« irritabilité », qu'il attribuait aux fibres musculaires, d'une autre faculté, propre aux fibres nerveuses, qu'il appelait « sensibilité ». La première est une force mécanique par laquelle les muscles se contractent sous l'effet d'une stimulation physique, sans en éprouver de douleur, alors que la seconde désigne la faculté par laquelle les fibres nerveuses transmettent les stimulations à l'âme et en reçoivent la perception de la douleur. Cette distinction entre l'irritabilité et la sensibilité, qui fait de l'âme l'unique centre de perception des sensations, fut vivement rejetée par les médecins de l'école de Montpellier, dont Bordeu était l'un des représentants les plus illustres. Contrairement à Haller, celui-ci a tenté d'établir une continuité entre irritabilité et sensibilité et de voir dans les phénomènes de motricité spontanée la manifestation d'une vie partout présente dans la nature. « Certaines parties du corps, note Diderot dans les *Éléments*, conservent après la mort plus ou moins longtemps leur irritabilité, ou vie propre. Leur dernière décomposition est en vers, etc.[174]. » L'irritabilité des fibres organiques est responsable de certains phénomènes physiques – le cœur qui bat, le muscle qui se contracte après qu'ils ont été séparés de l'organisme – qui attestent l'existence d'une force de survivance de la matière vive après la mort. « Je ne crois pas, confesse-t-il, au manque absolu de sensibilité d'une partie animale quelconque[175]. » La théorie de l'irritabilité remplace avantageusement l'ancienne doctrine des esprits animaux ou vitaux qui étaient supposés jouer le rôle intermédiaire entre le corps et l'âme. Mieux encore : en assimilant, en quelque sorte, l'irritabilité à la sensibilité et en posant cette dernière comme unique principe de la vie, Diderot est en mesure de faire l'économie d'un principe transcendant, l'âme spirituelle, censée exister séparément du corps et produire tous les mouvements du corps ainsi que la pensée.

Si Diderot ne polémique que peu contre la science traditionnelle dans les *Éléments de physiologie*, il s'en prend radicalement à toute hypothèse explicative des fonctions mentales qui s'appuie sur le concept d'une âme purement spirituelle jointe au corps et déterminant des effets physiologiques en lui. « Un habile homme a commencé son ouvrage par ces mots : “L'homme, comme tout animal, est composé de deux substances distinctes, l'âme et le corps. Si quelqu'un nie cette proposition, ce n'est pas pour lui que j'écris.” J'ai pensé fermer le livre, car si j'admets une fois ces deux substances distinctes, l'auteur n'a plus rien à m'apprendre. [...] D'après les définitions qu'on nous donne des deux substances, elles sont essentiellement incompatibles. Quelle liaison peut-il donc y avoir entre elles ? Y a-t-il quelque chose de plus absurde que le contact de deux êtres, dont l'un n'a point de parties et n'occupe point d'espace ? [...] La vie reste dans les organes séparés du corps. Où l'âme est-elle alors[176] ? » Diderot, on l'a compris, se fait fort d'expliquer tous les phénomènes de la vie animale et végétale, et même de la vie et de la pensée humaines, d'un point de vue strictement matérialiste. « Marat ne sait ce qu'il dit quand il parle de l'action de l'âme sur le corps. S'il y avait regardé de plus près, il aurait vu que l'action de l'âme sur le corps est l'action d'une portion du corps sur une autre, et l'action du corps sur l'âme, l'action d'une autre partie du corps sur une autre[177]. » D'où viennent alors la sensibilité et la pensée ? de l'assemblage et de la coordination de molécules matérielles, qui sont elles-mêmes douées d'une sorte de sensibilité confuse : « Depuis la molécule jusqu'à l'homme, il y a une chaîne d'êtres qui passent de l'état de stupidité vivante jusqu'à l'état d'extrême intelligence[178]. »

Dans la troisième partie des *Éléments de physiologie*, Diderot rabat les fonctions intellectives et volitives du cerveau sur l'organisation complexe de l'appareil organique. Les différentes opérations de l'esprit sont expliquées comme autant de fonctions du cerveau, qui ont pour origine les sensations corporelles des objets extérieurs ou intérieurs, perçues par les organes des sens et communiquées au cerveau par les nerfs : « Les objets agissent sur les sens ; la sensation dans l'organe a de la durée ; les sens agissent sur le cerveau, cette action a de la durée. Aucune sensation n'est simple ni momentanée, car s'il m'est permis de m'exprimer ainsi, c'est un faisceau. De là naît la pensée, le jugement[179]. » L'idée directrice en est la réduction des faits psychiques à la biologie : toutes les opérations cognitives et les états de conscience manifestes qui suivent, sont des effets nécessaires de la machine corporelle. Diderot conçoit le cerveau comme un appareil enregistreur – un disque dur, comme nous dirions aujourd'hui – qui garde toutes les impulsions reçues. La mémoire permet de retenir l'enchaînement des sensations reçues et de former la conscience de soi, l'identité personnelle. L'imagination est la faculté de se représenter les objets absents, à l'aide des images empruntées aux objets sensibles. Le rêve est le produit de l'imagination abandonnée à la disposition des impressions des sens. La volonté, qui est l'effet du commandement involontaire des sensations et des passions sur la machine corporelle, n'est elle aussi qu'une fonction corporelle du cerveau. Les passions sont déterminées par l'organisation : le physique influe sur le moral et inversement. Ainsi, la psychologie doit-elle se fonder sur la physiologie, qui n'est qu'un chapitre de la science de la vie, laquelle fait elle-même partie de la science de la matière. Lorsque Diderot essaie de ramener tous les phénomènes biologiques, et même psychologiques, aux propriétés générales de la matière, il contribue certainement à frayer la voie où devait s'engager la science moderne. Qu'on ne voie aucune exagération dans cette affirmation. Nous savons que Claude Bernard lut les *Éléments de physiologie* que l'édition Assézat-Tourneux venait de révéler au public et projeta aussitôt de les éditer avec un commentaire. Sa mort en 1878 interrompit l'ouvrage au tiers de sa réalisation[180].

6

L'art de la mystification

Pendant que les volumes de l'*Encyclopédie* sont distribués en France et à l'étranger, Diderot est au chevet de Mme Legendre, tombée sérieusement malade. Grâce aux connaissances du philosophe, elle est soignée par plusieurs médecins célèbres : le Genevois Théodore Tronchin, qui venait d'être nommé premier médecin du duc d'Orléans et deviendra le médecin de famille des Diderot, le chirurgien Antoine Petit le fils, qui jouissait d'une réputation européenne, et surtout le docteur Théophile de Bordeu, qui occupera bientôt la place que l'on sait dans *Le Rêve de d'Alembert*. Diderot envoie régulièrement des bulletins de santé à Isle et exhorte Sophie et sa mère à rentrer au plus vite si elles veulent revoir la malade. Pour des raisons à nous inconnues, la mère d'Uranie s'obstine à demeurer avec Sophie, que Diderot accuse même d'indifférence vis-à-vis de sa sœur souffrante. Son état de santé lui inspire de vives inquiétudes. Adoptant le ton scientifique et professionnel qui est déjà celui des *Éléments de physiologie*, Diderot envoie à sa famille des descriptions extrêmement précises qui semblent être sorties tout droit d'un ouvrage médical : « Dans un accès de fièvre, vendredi passé, il se fit sentir au côté droit, une douleur si vive, si poignante, que la malade croyant qu'il s'y formait un dépôt, désespéra de sa vie. [...] Ses urines sont âcres, louches, en petite quantité, et la vessie paraît souffrir. [...] Il est survenu depuis cinq à six jours un dévoiement qui a affaibli la fièvre et rendu l'expectoration plus abondante et plus facile[1]. » On ne connaît pas la suite de la maladie puisque les lettres s'interrompent entre mars 1766 et septembre 1767. Tout ce qu'on sait, c'est que Mme Legendre décédera en août 1768 des suites d'une nouvelle maladie.

Au cours de l'été 1768, un autre intime de Diderot, Étienne-Noël Damilaville, tombe lui aussi sérieusement malade. Premier commis au bureau du Vingtième au Contrôle général des Finances, il dispose du sceau ministériel pour affranchir sa correspondance – ainsi que celle de ses camarades de combat, en particulier Diderot, Voltaire et d'Alembert, qui profitent largement de ses services de factotum et de diffuseur pour envoyer des lettres compromettantes, à l'abri du regard de la police. Entre 1760 et 1768, Voltaire écrivit plusieurs fois par mois à son homme de confiance, souvent plusieurs fois par semaine, ponctuant ses lettres du cri de guerre : « Écrasez l'Infâme ». À titre d'exemple, l'une des missives ayant court-circuité les postes officielles est celle qui fut envoyée à d'Alembert en 1761. Sa clandestinité permit à Voltaire non seulement de se moquer de notre « foutue académie » et de s'emporter contre le chancelier d'Aguesseau, ce « persécuteur de toute vérité, mauvais cartésien, ennemi de Newton, faux savant et faux honnête homme » ; elle a autorisé une violence sans détours : « Si on ne peut étrangler le dernier moliniste avec les boyaux du dernier janséniste, rendons du moins ces perturbateurs du repos public si ridicules aux yeux des honnêtes gens qu'ils n'aient plus pour eux que le faubourg Saint-Marceau et les Halles[2]. » Lorsque Damilaville est atteint d'un cancer à la gorge en 1765, Voltaire s'inquiète de sa santé : « Je vous prie au nom de tous les frères d'avoir grand soin de votre santé. C'est vous qui tenez l'étendard auquel nous nous rallions. C'est vous qui êtes le lien des philosophes[3]. » Quand son état s'aggrave, il réitère ses vœux de santé : « Conservez votre santé, elle est précieuse aux gens qui pensent, et surtout à moi qui attache une partie de mon existence à la vôtre[4]. » Voltaire lui propose d'aller à sa rencontre à Lyon, et de l'emmener faire une cure à Barèges. Or Damilaville n'est même plus en état de répondre. Il mourra peu après dans une affreuse agonie le 13 décembre 1768.

En dehors de son engagement auprès de Voltaire et des encyclopédistes, Damilaville servit à Diderot de « poste restante » et de bureau expéditeur dans son commerce de lettres avec Sophie Volland. Dans ses derniers instants, Diderot lui rend visite à plusieurs reprises, ce qui nous vaut des descriptions morbides et des réflexions désabusées sur l'indigence de la médecine de son temps : « Il est plus faible et plus maigre que jamais. La fièvre est continue. Les douleurs sans rémission. Les glandes plus enflées. Il y en a même sous le menton de nouvelles. Les axillaires si grosses qu'il ne peut baisser les bras. Bordeu dit tant pis. Tronchin dit tant mieux. J'ai bien peur que Bordeu ne soit un grand médecin[5]. » Un mois plus tard, Diderot a perdu tout espoir : « Il ne peut plus marcher du tout. Si Tronchin le tire de là, je crois à la médecine et aux miracles[6]. » Le 15 novembre, Damilaville est moribond, le 30, « il ne passera peut-être pas la semaine, peut-être pas la journée ». Il mourra le 13 décembre, au début de sa quarante-sixième année. Mais à quelque chose malheur est bon : au chevet du malade, Diderot a fait plus amplement connaissance avec la maîtresse et garde-malade de ce dernier, Mme de Maux, dont il allait devenir l'amant quelque mois plus tard.

Au moment où Damilaville se meurt à petit feu, Diderot est chargé d'une affaire délicate par son ami le prince Galitzine (Dmitri A. Golitsyn), ancien ministre plénipotentiaire de Catherine de Russie auprès de la cour de France qui avait servi d'intermédiaire dans l'achat de sa bibliothèque par l'impératrice en 1762. Comme les relations entre la France et la Russie en arrivaient à une quasi-rupture en 1767, le prince dut abandonner ses fonctions à Paris et quitter la capitale ainsi que sa maîtresse Mlle Dornet, une danseuse de l'Opéra aussi sotte – paraît-il – que jolie. Arrivé en Allemagne, il s'éprit de la comtesse Amalia de Schmettau. « En huit jours de temps, rapporte Diderot, il en devint amoureux ; il le dit, il est écouté, il est époux[7]. » Après le mariage, il se souvient d'avoir laissé des portraits à son ancienne maîtresse ; désireux d'effacer les traces de son précédent attachement, il souhaite se les faire restituer, probablement par peur d'un éventuel chantage, et s'adresse à Diderot pour récupérer, d'une manière ou d'une autre, les portraits compromettants.

La demoiselle Dornet, qui s'appelait en réalité Sire, n'est pas une inconnue dans les années 1760. Grâce aux rapports adressés par l'inspecteur Marais au lieutenant de police Sartine et intitulés *Anecdotes galantes*[8], on sait qu'elle était entrée à l'Opéra comme figurante en 1759 grâce à la protection d'un receveur général des finances ; deux ans plus tard, elle fut introduite à la Société des Élégantes. Cette société, qui groupait les filles les plus brillantes de l'Opéra, organisait des soupers auxquels participaient des hommes du monde, et jouait le rôle d'une véritable mutuelle, ayant pour but d'assurer un protecteur à chacune de ses adhérentes. En 1765, Mlle Dornet fit la connaissance du prince Golitsyn mais continuait à se faire entretenir par d'autres protecteurs. En 1767, elle vivait sur le pied de 24 000 livres de rente et possédait un mobilier considérable. Comme elle était cupide, elle acceptait aussi les passes à dix louis, malgré sa mauvaise santé. « La plus légère accointance avec les hommes », précise le rapport de police, l'expose à des pertes considérables. Après 1771, on n'entend plus parler d'elle.

Diderot connaissait fort bien Mlle Dornet, qu'il appelle « la belle dame » ou « la belle mademoiselle d'Ornet » dans sa correspondance. Le départ annoncé de son protecteur l'inquiète : « Voici un moment critique pour la belle dame », écrit-il à Sophie[9]. Mais il croit savoir qu'elle n'aime pas réellement le prince : « Elle a l'estime la plus vraie pour lui ; elle le ménage autant et plus peut-être que si elle avait de la passion ; mais elle n'en a point[10]. » Pour lui extorquer les portraits sans éveiller ses soupçons, il invente un stratagème diabolique : « Vous savez bien, écrit-il à Sophie Volland le 21 septembre 1768, ces portraits du prince qu'on me chargeait de retirer. Cela est devenu une mystification dont il y a déjà un demi-volume d'écrit. Je réserve tout cela pour les mortes saisons. L'histoire des portraits, que je les obtienne ou non, vous fera dire que je suis quelquefois un grand scélérat[11]. » Que faut-il comprendre ? Diderot est-il occupé à échafauder une mystification réelle ou plutôt à écrire l'histoire d'une mystification fictive ? À moins que ce ne soit les deux à la fois car début octobre, il informe Sophie Volland que « notre mystification va toujours son train[12] ». Pour connaître le stratagème employé par Diderot pour mystifier sa victime, il faut se reporter au conte *Mystification*, dont le sous-titre, ajouté par les Vandeul sur le manuscrit autographe, est précisément

« Histoire des portraits ». On y apprend que Diderot avait engagé un aventurier nommé Desbrosses pour jouer le rôle d'un médecin turc auprès de Mlle Dornet afin de « tirer parti des inquiétudes qu'elle avait sur sa santé[13] ». Secondé par Mme Therbouche, de son vrai nom Anna-Dorothea Liszewska, une artiste peintre prussienne logée dans la maison du sculpteur Falconet parti pour Saint-Pétersbourg pendant plusieurs années, le faux médecin s'efforce de persuader l'ancienne protégée du prince Golitsyn de se séparer de tout ce qui avait touché, de près ou de loin, à son amant : bibelots, portraits, etc. La raison en est « qu'il s'échappe des choses qui ont appartenu, qui ont touché à un objet aimé, des écoulements imperceptibles [...]. Qu'une bague, un portrait, une lettre, un billet tendre qu'on aura reçu vienne à tomber sous les yeux, et voilà le simulacre perfide qui s'attache à la rétine ». Rien n'est plus dangereux, poursuit impitoyablement le faux médecin, que ces influences pernicieuses : le malade passe de l'ennui « à la tristesse, à la mélancolie, à l'attendrissement, aux larmes, au chagrin, à l'indigestion, à l'insomnie, à la douleur, aux nerfs agacés, aux vapeurs ». Et d'illustrer de façon impressionnante la dégradation progressive du corps : son amaigrissement spectaculaire, le noircissement de la peau qui colle aux os, le squelette rongé jusqu'à la consomption finale. Comme tous les malades crédules qui ont une confiance excessive dans les charlatans, Mlle Dornet ne manque pas de se reconnaître dans ce faux diagnostic dont l'absurdité saute pourtant aux yeux : « C'est moi, c'est moi, s'écrie-t-elle, comme si ma femme de chambre vous l'avait dit[14]. » Rendez-vous est pris pour un souper chez l'imposteur. Diderot imagine alors une mise en scène rocambolesque avec un buste du prince et de sa femme enduits de phosphore et placés au fond d'un petit appartement tendu de noir et rempli de vapeur de camphre. « La belle dame serait entrée, une petite bougie allumée à la main ; la vapeur du camphre se serait enflammée, elle aurait mis feu au phosphore ; le phosphore brûlant aurait éclairé les visages du prince et de la princesse. Elle aurait reconnu le prince, et en un instant les deux fantômes auraient disparu par le moyen d'une trappe qui se serait enfoncée sous leurs pieds et refermée sur eux[15]. » Mais dit laconiquement le conte, « cela ne devint rien ». Poursuivie par ses créanciers,

Mme Therbouche doit quitter en catastrophe la maison qu'elle y occupait, coupant court à la mise en scène projetée. Le 26 octobre, à Sophie qui réclame des nouvelles de l'histoire des portraits, Diderot répond : « *Les portraits ! les portraits !* L'hourvari de la petite maison que nous avons évacuée, notre installation dans un hôtel garni, ont un peu dérangé les suites de notre mystification », ajoutant : « Ce volume, c'est moi qui l'ai écrit. C'est la chose comme elle s'est passée[16]. » Enfin, le 15 novembre, la mystification est à l'eau : « Les embarras d'un départ prochain ont tout suspendu ; et le départ, tout réduit à rien. Il ne nous reste de cela qu'une scène excellente, l'attente trompée de trois ou quatre autres, mais point de portraits[17]. »

Il est impossible de démêler de nos jours le vrai du faux dans cette affaire. Dès le départ, nous assistons à l'élaboration d'une mystification réelle, mettant en scène des personnages réels que Diderot a personnellement connus, ainsi qu'à l'écriture d'une « histoire des portraits » dont le conte *Mystification* n'est peut-être que l'avatar. La correspondance avec Sophie Volland abonde en anecdotes qui auraient pu donner lieu à des contes, mais pour la première fois, nous sommes les témoins directs d'un conte en gestation. Car *Mystification* est bien un conte et non une anecdote ou histoire authentique. La preuve en est que la mystification réelle n'aboutit pas pour des raisons fortuites, alors que son échec est lié, dans le conte, au suicide réel de faux médecin turc : « Mais Desbrosses, quelques jours avant cette singerie, se cassa la tête de deux coups de pistolet, et la suite bien ou mal projetée n'eut pas lieu[18]. » Ce qui mit fin à la farce, c'est le départ précipité de Mme Therbouche ; le suicide de Desbrosses n'eut lieu… qu'un an plus tard, au mois de novembre 1769. C'est sans doute à cette occasion qu'il a repris l'histoire de la mystification pour la clore par un événement dramatique imprévu et violent. En réunissant artificiellement deux faits également vrais – la mystification de Mlle Dornet et le suicide de Desbrosses – sans aucun rapport effectif entre eux, Diderot a dramatisé sa supercherie : la mort de son complice donne au conte une fin plus nette que le déménagement de Mme Therbouche, qui constitue le dénouement réel – et fort plat – de la mystification.

Le conte n'a pas été donné à la *Correspondance littéraire* ; peut-être Diderot ne le considérait-il que comme une esquisse, un exercice de style pas tout à fait abouti. Il est resté inédit jusqu'en 1954, où il fut publié par Yves Benot aux Éditeurs Français Réunis, avec une préface de Pierre Daix et des illustrations de Picasso.

Avant Mlle Dornet, on se souvient, le marquis de Croismare avait déjà fait les frais d'une mystification avortée, une assez mauvaise plaisanterie en fait qui donna naissance au roman *La Religieuse*[19]. Les spécialistes de Diderot ont cependant de sérieux doutes concernant la véracité des faits racontés par Grimm dix ans après les faits dans la *Correspondance littéraire*. La seule chose dont on puisse être à peu près sûr, en dehors de l'existence de la religieuse Marguerite Delamarre (Suzanne Simonin dans le roman), c'est qu'il y a eu une tentative de mystification. Après avoir reçu la première réponse du marquis, Diderot écrivit à Mme d'Épinay, l'un des conspirateurs : « Le marquis a répondu ! Et cela est bien vrai ? Son cœur est-il bien fou ? Sa tête est-elle bien en l'air ? » Il avait probablement du mal à y croire lui-même car il ajouta aussitôt : « N'y a-t-il point là quelque friponnerie ? Car je me méfie un peu de vous tous[20]. » En effet, il n'est pas avéré du tout que le charmant marquis se soit laissé abuser longtemps par ses amis. Le motif même de la conspiration est plus qu'invraisemblable, surtout que ni Suzanne ni Mme Madin n'exhortent jamais le marquis à venir à Paris, bien au contraire : c'est Suzanne, la prétendue religieuse évadée, qui demande à son protecteur de lui trouver une place de femme de chambre, à Caen ou ailleurs[21]. On se demande comment les vaillants conspirateurs pouvaient espérer le voir arriver en toute diligence ! Quant à la religieuse, elle ne s'appelle pas Marguerite mais Suzanne dans la correspondance ; s'il est vrai que le marquis a remué ciel et terre en sa faveur quelques années auparavant, il est plus que probable qu'il connaissait et se souvenait de son vrai nom. Enfin, quoique la vraie Marguerite Delamarre ait eu la quarantaine lors de son procès, les lettres fictives réduisent l'âge de Suzanne de façon considérable : « Je ne lui crois pas vingt-deux ans accomplis », dit Mme Madin[22]. Il n'est donc pas impossible du tout qu'à cause de toutes ces approximations, la mystification ait rapidement échoué.

Quelles sont les raisons qui ont motivé en 1770 la publication de cette correspondance entre un charmant marquis et une fausse religieuse ? Une première réponse se trouve sans doute dans la publication de la tragédie de Jean-François de La Harpe intitulée *Mélanie, ou la Religieuse*. C'est l'affaire la plus importante du moment et, à côté du *Système de la nature* de d'Holbach, le texte le plus subversif de l'année. Grimm, en principe favorable à la pièce, émet cependant quelques réserves, notamment sur le personnage même de l'héroïne : « En général, le caractère de Mélanie est celui de toute la pièce qui est le moins décidé. Est-elle dévote ? Est-elle esprit fort ? On n'en sait rien. [...] Son caractère devait être un chef-d'œuvre de douceur, de dévotion, de passion, d'énergie et de fermeté[23]. » Et pendant que La Harpe lit sa pièce dans tous les salons de Paris (il était impossible, vu le sujet, de la faire représenter), Diderot reste dans l'ombre. Il a *La Religieuse* dans ses tiroirs, mais sait qu'il est impossible de la publier sans déclencher un scandale sans précédent. A-t-il voulu lancer un ballon d'essai en vue d'une publication ultérieure ? Ou bien s'est-il inspiré du succès de La Harpe pour écrire un conte à sa façon, une *Mystification* bis, plus diabolique que le conte du même nom qu'il venait d'ébaucher ? Car si la mystification du marquis a rapidement échoué en 1760, la plupart des lettres prétendues véridiques du marquis sont forcément fausses[24] ! Et dans ce cas, l'échange de lettres publié par son ami Grimm dans la *Correspondance littéraire* n'est pas le témoignage plus ou moins véridique d'une mystification réelle, mais une sorte de conte épistolaire écrit (presque) d'un bout à l'autre par Diderot. Encore une mystification...

Le mot « mystification » est un néologisme apparu dans la deuxième moitié du XVIIIe siècle. Dans son récit des *Mystifications du petit P****, Jean Monnet, un ancien directeur de l'Opéra, en proposa la définition suivante : « On entend par *mystifications* les pièges dans lesquels on fait tomber un homme simple et crédule[25]. » Dans le *Paradoxe sur le comédien*, Diderot avouera qu'il s'amuse parfois à mystifier son entourage, « et même avec assez de vérité pour en imposer aux hommes du monde les plus déliés. Lorsque je me désole de la mort simulée de ma sœur dans la scène avec l'avocat bas-normand ; lorsque dans la scène avec le premier commis de la

Marine je m'accuse d'avoir fait un enfant à la femme d'un capitaine de vaisseau, j'ai tout à fait l'air d'éprouver de la douleur et de la honte. Mais suis-je affligé ? Suis-je honteux ? Pas plus dans ma petite comédie que dans la société où j'avais fait ces deux rôles avant de les introduire dans un ouvrage de théâtre[26] ». Cet aveu figure dans une révision ultérieure du *Paradoxe*, ajoutée après 1777. Diderot vient d'écrire une pièce en un acte appelée *La Pièce et le prologue, ou Celui qui les sert tous et qui n'en contente aucun*[27], dans laquelle le protagoniste, M. Hardouin, après avoir joué un tour à un avocat bas-normand, réussit à mystifier M. Poultier, premier commis de la Marine, en se déclarant père de l'enfant d'une veuve, Mme Bertrand, désireuse d'obtenir la réversion sur la tête de son fils de la pension qu'elle a obtenue du ministère :

> M. HARDOUIN – Madame Bertrand estimait fort le brave capitaine Bertrand, mais elle n'en avait pas la tête tournée ; et cet enfant pour lequel elle sollicite la réversibilité de la pension, cet enfant…
>
> M. POULTIER – Vous en êtes le père ?
>
> M. HARDOUIN – Je le suppose.
>
> M. POULTIER – Et pourquoi, diable, lui faire un enfant ?
>
> M. HARDOUIN – En vérité, je n'y tâchais pas. […] Je ne suis pas riche. Vous connaissez ma façon de penser et de sentir : dites-moi, si cette femme venait à mourir, croyez-vous que je pusse supporter les dépenses de l'éducation d'un enfant, ou me résoudre à l'oublier, à l'abandonner ? Le feriez-vous ?
>
> M. POULTIER – Non ; mais est-ce à l'État à réparer les sottises des particuliers ?
>
> M. HARDOUIN – Ah ! si l'État n'avait pas fait et ne faisait d'autres injustices que celle que je vous propose ! […] Permettez-moi de vous le dire, mon ami, vous êtes d'une probité trop stricte ; vous craignez d'ajouter une goutte d'eau à un océan[28].

À l'instar du conte *Mystification*, les deux scènes de *La Pièce et le prologue* sont fondées sur des épisodes réels. Fin 1765, Diderot s'était inventé un fils illégitime afin de solliciter l'intendant de la Marine André-Julien Rodier – le modèle de M. Poultier – en faveur d'une certaine Mme Dubois, veuve d'un brave capitaine de vaisseau mort en mer. L'intendant, se vanta-t-il alors auprès de Sophie Volland, « paraît aussi fâché que moi de prolonger à mes dépens la petite pension de cet enfant que j'ai fait à une femme que je n'ai jamais vue, bien par l'opération du Saint-Esprit ; et je vous assure qu'il ne demande pas mieux que de m'en soulager, et qu'il n'y manquera pas[29] ». Diderot a vu juste : « J'ai fait le voyage de Versailles, informe-t-il Sophie en janvier, et obtenu de M. Rodier le serment de doter incessamment ce petit bâtard que j'ai fait de concert avec vous, votre sœur et maman[30]. » Trois ans plus tard, au moment même où la mystification de Mlle Dornet est sur le point d'échouer, il essaya de même d'aider une amie riche, Mme Geoffrin, aux prises avec un avocat bas-normand procédurier : là aussi, on peut suivre le déroulement de l'affaire dans ses lettres à Sophie Volland.

Une mystification réussie non seulement abuse de la victime en lui en faisant accroire ; elle la dispose surtout à agir au gré du mystificateur. On conviendra qu'il est plus facile de mentir que de mener les hommes comme des pantins : même Mlle Dornet, qui passait pour passablement sotte, ne se serait peut-être pas laissé berner par le dispositif grotesque imaginé par Diderot. Comment endormir la méfiance de la victime ? En la faisant participer activement à sa propre mystification : l'art du mystificateur consiste à solliciter l'imagination de sa victime de telle sorte qu'elle crée elle-même le mensonge auquel elle croira bien plus sûrement que si on le lui avait servi sur un plateau. Dans *Mystification*, c'est Mlle Dornet qui fait le premier pas et met ainsi la mystification en marche : devant le silence ostentatoire de Desbrosses, elle l'interpelle sur son attitude expectative, puis le presse de donner son diagnostic. Comme tout éternel malade qui se respecte, elle boit les paroles du faux médecin pendant que celui-ci lui annonce son verdict : « La demoiselle Dornet était si curieuse de faire dire la vérité au docteur, qu'à mesure qu'il parlait et que Mme Therbouche la regardait, son visage prenait l'expression de la tristesse. » L'imposteur n'a presque pas besoin d'inventer : s'appuyant sur la maladie bien réelle de la « belle dame », il se contente d'ajouter au bon moment la fiction : « À la suite d'un assez long détail, il lui prescrivait un régime propre à rétablir une machine usée par la peine et par le plaisir, mais à laquelle il y avait encore de l'étoffe ;

des aliments sains, de la distraction, de l'exercice, mais surtout la soustraction de tout ce qui pouvait lui rappeler de certaines idées, comme meubles, lettres, bijoux, portraits. Et la demoiselle Dornet [...] s'écriait : Cela est à confondre[31]. » Maintenant que la victime a mordu à l'hameçon, elle est préparée à l'épreuve suprême : le doute. C'est Diderot en personne qui va essayer d'ébranler sa confiance : « Ce prétendu médecin turc, lui lance-t-il, est un sot ou un fripon » ; il va même jusqu'à lui suggérer que Desbrosses pourrait avoir obtenu des renseignements sur elle grâce à Mme Therbouche : « Il connaît quelqu'un qui vous connaît, et cela revient au même. » Mais Mlle Dornet est déjà tellement empêtrée dans ses convictions qu'elle ne veut plus écouter. Tout en faignant comprendre ses hésitations à se séparer des portraits du prince, Diderot se contente alors de se ranger docilement à l'opinion du prétendu médecin turc : « Je pense qu'on n'a rien de mieux à faire que de se détacher de tous les objets qui réveillent en nous un souvenir fâcheux. C'est plus sûr[32]. » Ce n'est pas Desbrosses mais sa propre imagination qui a fait la plus grande partie du travail, et quoique les portraits du prince Golitsyn ne soient pour rien dans ses maladies, il ne fait aucun doute que Mlle Dornet en fera dorénavant dépendre sa guérison – à moins que quelqu'un ne lui révèle le mauvais tour qu'on lui a joué. Rien dans l'histoire qui soit mensonge, et pourtant tout est faussé. Ou s'il y a mensonge, il s'agit d'une combinaison frauduleuse de faits intrinsèquement vrais, arrangement fantaisiste que le mystifié a lui-même transformé en vérité *pour lui*.

Début août 1770, Diderot se rend à Langres pour conférer avec son frère et sa sœur du projet de mariage d'Angélique avec un fils d'amis langrois, Abel Caroillon de Vandeul. Il voyage en compagnie de Grimm qui le quitte le lendemain de leur arrivée pour se rendre à Bourbonne, la ville d'eaux voisine, où séjournent Mme de Maux, dont la liaison avec Diderot est en train de se terminer, et sa fille souffrante, Mme de Prunevaux. Une semaine plus tard, Diderot rejoint à son tour les deux curistes. La suite des événements nous est racontée par Grimm dans la *Correspondance littéraire* du 15 décembre 1770 :

> L'année qui va finir a été fatale aux *Deux Amis*. Ils se sont montrés sur la scène comme deux financiers ou deux commerçants de Lyon, en conte comme deux Iroquois, en romans comme deux je ne sais quoi, et Dieu merci, ils ont été sifflés partout. Deux amis, affligés de voir de quelle manière on traitait en France leurs semblables par la faute de nos faiseurs de drames, de nos faiseurs de contes et de nos faiseurs de romans, s'en allèrent au mois d'août dernier passer quinze jours aux bains de Bourbonne près de Langres pour y voir deux amies dont l'une, mère de l'autre, avait mené à ces bains sa fille jeune, fraîche, jolie et cependant malade, dans l'espérance de lui rendre la santé altérée par les suites d'une première couche. Les deux amis – c'était Denis Diderot le philosophe et moi – trouvèrent les deux amies faisant des contes à leurs correspondants de Paris, pour se désennuyer. Parmi ces correspondants il y en avait un d'une crédulité rare ; il ajoutait foi à tous les ragots que ces dames lui contaient, et la simplicité de ses réponses amusait autant les deux amies que la folie des contes qu'elles lui faisaient. Le philosophe voulut prendre part à cet amusement. Il fit quelques contes que la jeune amie malade inséra dans ses lettres à son ami crédule, qui les prit pour des faits avérés et assura sa jeune amie qu'elle écrivait comme un ange : ce qui était d'autant plus plaisant qu'une de ses prétentions favorites est de reconnaître entre mille une ligne échappée à la plume de notre philosophe. Denis Diderot essaya entre autres de réhabiliter les *Deux Amis*, et il croira les avoir vengés de toutes les injures que leurs historiens leur ont attirées cette année, si le conte que vous allez lire, peut mériter votre suffrage[33].

L'allusion de Grimm aux *Deux Amis* concerne le thème des deux amis traité dans des œuvres littéraires parues au cours de l'année. Il prétend ensuite que Diderot a prêté sa plume à Mme de Prunevaux pour mystifier un ami parisien – il s'agit en fait de Naigeon. Après ce préambule, on lit l'histoire d'une amitié exceptionnelle de deux habitants des environs de Bourbonne, Olivier et Félix. Surnommé « le Balafré » à cause d'une estafilade qu'il a reçue en sauvant la vie à son ami Olivier, Félix s'efface devant son ami lorsqu'il s'aperçoit qu'il aime la même femme que lui. Devenu contrebandier par chagrin, il est condamné à mort. Au milieu de la nuit, Olivier court à Reims où l'exécution doit avoir lieu et suscite une véritable émeute au cours de laquelle Félix peut s'enfuir. Mais Olivier lui-même succombe sous les coups de la maréchaussée. La fin est remarquable par sa concision et sa « farouche vigueur » (Pierre Chartier[34]) : « Il gagna la porte de la ville, mais ne put aller plus loin ; des voituriers charitables le jetèrent sur leur charrette, et le déposèrent à la porte de sa maison un moment avant qu'il expirât. Il n'eut que le temps de dire à sa femme : "Femme, approche, que je t'embrasse ; je me meurs, mais le Balafré est sauvé[35]." »

Après la mort tragique d'Olivier, Diderot apprend à ses lecteurs l'origine de son histoire : « Un soir que nous allions à la promenade, selon notre usage, nous vîmes au-devant d'une chaumière une grande femme debout, avec quatre petits enfants à ses pieds ; sa contenance triste et ferme attira notre attention, et notre attention fixa la sienne. Après un moment de silence, elle nous dit : "Voilà quatre petits enfants ; je suis leur mère, et je n'ai plus de mari." Cette manière haute de solliciter la commisération était bien faite pour nous toucher. Nous lui offrîmes nos secours, qu'elle accepta avec honnêteté. C'est à cette occasion que nous avons appris l'histoire de son mari Olivier, et de Félix son ami. Nous avons parlé d'elle, et j'espère que notre recommandation ne lui aura pas été inutile. Vous voyez, petit frère, que la grandeur d'âme et les hautes qualités sont de toutes les conditions et de tous les pays ; que tel meurt obscur, à qui n'a manqué qu'un autre théâtre, et qu'il ne faut pas aller jusque chez les Iroquois pour trouver deux amis[36]. » Grimm reprend alors la parole pour expliquer l'allusion de Diderot aux Iroquois : « Le petit frère avait envoyé à la petite sœur à Bourbonne le petit conte iroquois de *Deux Amis*, par M. de Saint-Lambert, qui venait d'être imprimé, et la petite sœur, en ripostant par le petit conte des *Deux Amis de Bourbonne*, échappé sans effort à la plume du philosophe, voulut faire sentir au petit frère qu'il y avait plus de prétention et de fatigue que d'effet dans le conte iroquois. Le petit frère, au lieu de sentir cette critique indirecte, crut l'histoire des *Deux Amis de Bourbonne* véritable et voulut en savoir la suite. La petite sœur fut donc obligée d'avoir de nouveau recours à l'imagination du philosophe qui compléta l'histoire des *Deux Amis de Bourbonne* ainsi qu'il suit[37]. » La suite des *Deux Amis de Bourbonne* – les aventures de Félix après sa libération – a donc été amenée par la curiosité de Naigeon. Pour connaître l'histoire du fugitif, il faut faire semblant de solliciter d'autres sources : on pense d'abord au curé du village, mais « maman » (Mme de Maux, la mère de Mme de Prunevaux censée tenir la plume) préfère finalement s'adresser à un certain subdélégué Aubert. Après s'être renseigné auprès de plusieurs personnes, celui-ci envoie une longue lettre dans laquelle il raconte ce qu'il a pu apprendre du destin de Félix. Réfugié dans les bois après la mort de son ami Olivier, il provoqua involontairement la mort d'un charbonnier ancien complice d'Olivier ; tombé dans un abattement immense, il fut soigné par la femme du charbonnier et par celle d'Olivier. Devenu le garde d'un seigneur, il le défendit contre des rivaux, fut mis en prison mais s'évada grâce à la fille du geôlier. Félix, qui continue à mener une vie aventureuse, n'oublie jamais, où qu'il se trouve, d'envoyer des secours aux veuves des deux hommes qui se sont sacrifiés pour lui. Le subdélégué scrupuleux ajoute même quelques ragots à son rapport, tout en insistant sur le peu de fiabilité qu'on peut leur accorder. Enfin, il joint à son rapport une lettre du curé du village, M. Papin, à qui il s'était également adressé, et dont les propos odieux concernant Félix et Olivier confirment le peu d'estime que le subdélégué a pour lui. Les deux dames avaient bien raison de se méfier de son témoignage !

Après la lettre du curé Papin auquel la chanoine de Langres et frère du philosophe, Didier-Pierre Diderot, semble avoir servi de modèle, Grimm reprend encore une fois la parole : « Ici finit l'histoire d'Olivier et de Félix, telle que la petite sœur l'a mandée au petit frère ; mais il a plu depuis au philosophe, premier conteur de tous ces malheurs, de leur donner le dénouement suivant, accompagné d'un petit bout de poétique[38]. » Mme de Prunevaux remercie le subdélégué Aubert de ses attentions et envoie ses aumônes à M. Papin avec un billet fort révérencieux. Pour terminer, Diderot livre la poétique du conte à laquelle nous nous intéresserons au prochain chapitre. Voilà comment se présentent *Les Deux Amis de Bourbonne* pour les lecteurs de la *Correspondance littéraire*, et pour eux seulement. Pour tout autre lecteur, qui ne connaît pas les explications et commentaires de Grimm, l'histoire de Félix et Olivier n'est pas une anecdote inventée de toutes pièces par Diderot dans le but de mystifier Naigeon, mais un récit adressé par un narrateur anonyme à un « petit frère » qui ne peut être que… le lecteur. Le passage de la forme épistolaire à la narration suivie aboutit à deux lectures possibles du conte. La première possibilité de lecture est conditionnée par le commentaire de Grimm : le lecteur de la *Correspondance littéraire* sait parfaitement que l'histoire qu'il a devant les yeux n'est pas authentique ; son attention est plutôt portée sur une *performance littéraire*, la réussite de la mystification. La deuxième lecture, en revanche, est « innocente » : pas plus que Naigeon, le lecteur trompé par une narration hautement vraisemblable n'a de raisons de mettre en doute la véracité de l'histoire, du moins avant d'aborder la postface des *Deux Amis* dans laquelle Diderot dévoile les recettes d'un bon conte.

En 1985, la Bibliothèque nationale a acquis un manuscrit contenant la version primitive des *Deux Amis de Bourbonne*. Il se présente sous la forme de deux lettres : la première comporte l'histoire d'Olivier et de Félix, la seconde celle de Félix après sa libération. Mais contrairement à la version ultérieure du conte, l'histoire de Félix n'est pas racontée par le subdélégué Aubert mais par le curé Papin, qui ne se gêne pas de commenter son récit avec beaucoup d'aigreur. « La fureur de Félix tomba avec l'épuisement de ses forces, et la raison lui revint, si l'on peut appeler raison, l'instinct féroce de ces hommes-là », écrit-il par exemple[39]. Il est plus que probable que ces deux lettres, qui sont pourtant sensiblement différentes de la version du conte telle qu'elle fut présentée aux lecteurs de la *Correspondance littéraire*, sont une copie des lettres authentiques envoyées de Bourbonne à Naigeon. Dans ce cas, Diderot aurait non seulement mystifié Naigeon mais également ses premiers lecteurs en leur faisant croire que les récits ayant servi à la mystification de Naigeon étaient identiques à l'histoire poignante des deux amis dont la perfection littéraire faisait leur admiration.

7

Le paradoxe du « mentir-vrai »

Le goût de Diderot pour la mystification, le plaisir qu'il prenait à monter de petites supercheries entre amis, s'est exercé avec un succès inégalé dans le domaine de la littérature. L'illusion parfaite de la réalité qu'une bonne mystification réussit à créer dans l'esprit de la victime est à la base même de la création artistique : le roman, le théâtre, et même la peinture ont pour mission de captiver l'attention des lecteurs et des spectateurs afin de provoquer pitié pour les malheureux et indignation envers les méchants. C'est du moins l'esthétique défendue par Diderot à l'époque de l'*Encyclopédie*, quand il écrivait pour le théâtre et se promenait dans le Salon carré du Louvre pour juger des tableaux. Ce programme, on se souvient, avait trouvé son expression la plus concise dans l'*Éloge de Richardson*, véritable manifeste d'une esthétique de la participation jeté sur le papier en 1761 après la mort du romancier anglais. Diderot y décrit l'enthousiasme qui s'est emparé de Damilaville à la lecture de Richardson : subjugué par un « transport », un « enchantement », un « charme » inexprimables, il ne s'appartenait plus, il pleurait, il s'interrompait, il sanglotait, il poussait des cris comme un homme désolé[1]. Voilà la magie de Richardson, comparable à celle du peintre Chardin : maniant l'illusion avec un art consommé, leur pouvoir est tel qu'il nous prend envie d'attraper le fruit peint sur le tableau et de le croquer, ou de nous rendre vertueux par mimétisme : « Combien j'étais bon ! combien j'étais juste ! que j'étais satisfait de moi[2] ! » À l'instar d'une mystification réussie, la frontière entre vérité et mensonge, entre réalité et fiction s'efface. Il faut, et c'est là le comble de l'art, mentir pour être cru, enchanter l'imagination du public en lui faisant recevoir comme vraie une histoire truquée.

Le premier devoir du romancier et de l'homme de théâtre – de l'auteur dramatique comme du comédien – est de produire une fiction véridique. Quels sont, se demande Diderot, les procédés littéraires propres à accréditer le mensonge, à rendre vraisemblable une histoire ou scène fictive ? Comment toucher les spectateurs d'une pièce de théâtre par ce qui se passe sur scène ? Les lecteurs d'un récit alors qu'ils sont confortablement installés dans un fauteuil ? Une histoire racontée en société émeut celui qui la raconte et son émotion se propage facilement à ceux qui l'écoutent. Or l'univers de la littérature et du théâtre est un univers qui a ses lois propres et ne constitue pas un double du monde réel. L'histoire racontée dans un salon ne peut pas être retranscrite mot à mot dans un conte ou représentée à l'identique sur scène, où les personnages sont plus grands que nature et parlent selon un système de déclamation codifié : « Portez au théâtre votre ton familier, votre expression simple, votre maintien domestique, votre geste naturel, et vous verrez combien vous serez pauvre et faible. Vous aurez beau verser des pleurs, vous serez ridicule, on rira[3]. » Qu'est-ce qu'on appelle *être vrai* au théâtre, demande Diderot dans le *Paradoxe sur le comédien* : « Est-ce y montrer les choses comme elles sont en nature ? Aucunement. Le vrai en ce sens ne serait que le commun. Qu'est-ce donc que le vrai de la scène ? C'est la conformité des actions, des discours, de la figure, de la voix, du mouvement, du geste, avec un modèle idéal imaginé par le poète. » L'art qui commettrait la faute de tout ramener à l'imitation rigoureuse de la nature se condamnerait à la mesquinerie : « Le gladiateur ancien, comme un grand comédien, un grand comédien, ainsi que le gladiateur ancien, ne meurent pas comme on meurt sur un lit, mais sont tenus de nous jouer une autre mort pour nous plaire, et le spectateur délicat sentirait que la vérité nue, l'action dénuée de tout apprêt serait mesquine et contrasterait avec la poésie du reste[4]. »

Le *Paradoxe sur le comédien* n'est connu que depuis 1830, date à laquelle il fut édité à Paris par le libraire Sautelet. Cette circonstance a même entraîné, en 1902-1903, une polémique suscitée par la réédition d'Ernest Dupuy, qui contestait l'authenticité d'au moins la moitié du texte connu. Joseph Bédier fit justice de cette contestation hasardeuse, et plus personne aujourd'hui ne doute plus que cet ouvrage célèbre soit effectivement issu de la plume de Diderot. La première allusion à ce qui allait devenir le *Paradoxe* se trouve dans une lettre à Grimm du 14 novembre 1769. Celui-ci lui avait confié, pour la *Correspondance littéraire*, quelques ouvrages nouveaux à analyser, et Diderot rend compte de son travail : « J'ai jugé tous ces gredins que vous m'avez envoyés. Celui intitulé *Garrick, ou du jeu théâtral*, m'a fait faire un morceau qui mériterait bien d'être mis dans un meilleur ordre. Mais je l'ai donné à M. Henaut tel qu'il est, sauf à y revenir sur sa copie. Avec un peu de soin, je n'aurais peut-être jamais rien écrit où il y eût plus de finesse et de vue. C'est un beau paradoxe. Je prétends que c'est la sensibilité qui fait les comédiens médiocres ; l'extrême sensibilité, les comédiens bornés ; le sang-froid et la tête, les comédiens sublimes[5]. » Ce n'est qu'un 1773 que, comme il l'écrit de Hollande, « un certain pamphlet sur l'art de l'acteur est presque devenu un ouvrage[6] ». On s'accorde à voir dans cette phrase l'annonce de la première version du *Paradoxe* proprement dit. Un ultime remaniement du texte interviendra dans les dernières années de la vie de Diderot.

Le point de départ du *Paradoxe*[7] est l'ouvrage intitulé *Garrick, ou les Acteurs anglais*, traduction par Michel Sticotti d'un ouvrage anglais, *The Actor*, de l'auteur dramatique Aaron Hill[8], lui-même adapté du livre français *Le Comédien* du journaliste Rémond de Sainte-Albine (1747). Diderot critique l'ouvrage de Sticotti sans ménagement, ou plutôt il le refait en exposant sa propre théorie sur l'art du comédien, n'hésitant pas à heurter de front les idées reçues. « Ô combien de choses que je n'ose confier qu'à vous ! s'exclame-t-il à l'adresse de Grimm. Je serais lapidé dans les rues si l'on me savait coupable de ce blasphème, et je ne me soucie point du tout de la couronne du martyre[9]. » Le *Paradoxe* soutient une thèse paradoxale dans la mesure où ses contemporains évaluent le talent d'un comédien à l'émotion qu'il éprouve réellement en jouant : un bon comédien ne peut toucher le public que s'il est lui-même en proie aux passions qu'il exprime. Faux, répond Diderot : puisque rien ne se passe rigoureusement sur la scène comme dans la vie réelle, le comédien ne doit pas se laisser prendre par le rôle ou engager dans son personnage une part de sa sensibilité propre. Il agit sur scène sans rien sentir, autrement dit il *n'est pas* le personnage qu'il joue, mais il le *joue* si bien que les spectateurs le prennent pour tel. Tandis que l'homme sensible ne rend que le cri de son cœur, le grand comédien est dénué d'émotion au moment où il joue ; il reproduit froidement les signes extérieurs du sentiment élaborés à l'avance, mais de telle manière que le spectateur s'y trompe et les croit produits par un « sentiment actuel[10] ». Diderot proclame que la qualité essentielle du grand comédien est le jugement, c'est-à-dire l'intelligence ; qu'il n'a nul besoin de sensibilité ; bien mieux, que la sensibilité, l'émotivité, risque d'être défavorable à son jeu. Le jeu d'un acteur sensible, qui « joue d'âme » – c'est-à-dire avec ses tripes – est inégal ; seul celui qui joue « de réflexion », en contenant ses propres émotions est capable d'endosser tous les personnages et de remplir tous les rôles[11].

Pendant plus d'un siècle, le *Paradoxe sur le comédien* a été une des œuvres de Diderot les plus fréquemment citées, et plusieurs générations de comédiens l'ont prôné ou décrié. On a reproché à l'auteur de juger en spectateur et non en acteur, oubliant que Diderot connaissait bien le comportement et les réactions des comédiens comme un auteur qui a suivi les répétitions de ses pièces, et ce dès la mise en scène du *Père de famille* en 1761. Si la doctrine de Diderot a révolté tous les comédiens qui tirent fierté de se jeter émotionnellement corps et âme dans leurs rôles, il n'est pas moins frappant de constater que la plupart des comédiens qui prétendent rejeter en bloc les propos de Diderot – Sarah Bernhardt, Ludmilla Pitoëff, Pierre Brasseur… – sont conduits à les reconduire, et bien plus fortement qu'ils ne sauraient l'admettre. Béatrix Dussane prétendait que Diderot ne savait pas de quoi il parlait et jurait ses grands dieux que jamais il n'avait compris quoi que ce soit à l'art dramatique. Mais dans le courant de son discours, sans vraiment qu'elle s'en rende compte, elle abonde à plusieurs reprises dans le sens du *Paradoxe*[12]. Il en va de même pour Louis Jouvet qui, non sans contradictions ni ambiguïtés, s'est souvent référé au texte controversé de Diderot. Alors que celui-ci pensait la distance paradoxale de l'acteur comme la condition nécessaire de l'émotion des spectateurs, Jouvet n'y voit qu'une des techniques possibles, au même titre que l'art de savoir bien respirer. Pour Jouvet, l'émotion est à l'origine de la représentation, mais il affirme en même temps qu'une actrice qui s'oublie est une actrice qui échoue : « Dès qu'elle ouvre la bouche, elle est dans un état de congestion émotive. Elle craint de n'être pas assez sensible pour le dire. C'est un émoi monstrueux qui dit les mots ; elle en perd le sens et l'intelligence[13]. » Le débat continuera sans doute encore longtemps ; concluons-le provisoirement par cette remarque d'une grande comédienne du XVIIIe siècle, Mlle Clairon, qui n'a pas eu l'occasion de lire le *Paradoxe* de Diderot : « J'ai souvent ri des sottises qu'on disait, en me reprochant d'avoir de l'art. Eh ! que voulait-on que j'eusse ? Étais-je en effet Roxane, Aménaïde ou Viriate ? Devais-je prêter à ces rôles mes propres sentiments et ma façon d'être habituelle ? Non, sans doute. Que pouvais-je substituer à mes idées, mes sentiments, mon être enfin ? L'art, parce qu'il n'y a que cela ; et si jamais il m'est arrivé d'avoir l'air vraiment naturel, c'est que mes recherches, jointes à quelques dons heureux que m'avait faits la nature, m'avaient conduite au comble de l'art[14]. »

Pour bien comprendre le *Paradoxe* de Diderot, il est capital de jeter un coup d'œil sur les dates : la critique de l'ouvrage de Sticotti fut rédigée en novembre 1769, deux mois seulement après la trilogie du *Rêve de d'Alembert* et un an après le *Salon de 1767*. La base proprement philosophique du *Paradoxe sur le comédien* se trouve dans le *Rêve* : Diderot, on l'a vu, y présente la sensibilité, c'est-à-dire la faculté de sentir, de recevoir des impressions sensibles du monde extérieur, comme la propriété fondamentale du vivant. Jointe à la mémoire, elle suffit pour expliquer tous les phénomènes de l'animal et de l'homme, y compris la pensée. L'état normal de l'individu suppose l'équilibre de la tête et du ventre, le diaphragme jouant le rôle d'un balancier. Mais lorsque l'un domine trop l'autre, la machine se dérègle, et le tout est affecté. Au grand scandale de Julie, Bordeu lui conseille de se méfier de la sensibilité psychique, cette « qualité dominante des êtres médiocres » qui affaiblit les capacités de l'individu. Aux yeux du médecin, la compulsion sentimentaliste est la conséquence funeste d'un dérèglement physiologique caractérisé par un cortège de symptômes : « Qu'est-ce qu'un être sensible ? Un être abandonné à la discrétion du diaphragme. Un mot touchant a-t-il frappé l'oreille ? Un phénomène singulier a-t-il frappé l'œil ? Et voilà tout à coup le tumulte intérieur qui s'élève, tous les brins du faisceau qui s'agitent, le frisson qui se répand, l'horreur qui saisit, les larmes qui coulent, les soupirs qui suffoquent, la voix qui s'interrompt, l'origine du faisceau qui ne sait ce qu'il devient ; plus de sang-froid, plus de raison, plus de jugement, plus de ressource[15]. » Une personne trop sensible est sans maîtrise de soi, livrée aux divers mouvements de ses sentiments contradictoires ; sa capacité à céder facilement à l'émotion annihile sa faculté de juger convenablement par manque de distance. En revanche, « le grand homme, s'il a malheureusement reçu cette disposition naturelle, s'occupera sans relâche à l'affaiblir, à la dominer, à se rendre maître de ses mouvements et à conserver à l'origine du faisceau tout son empire. [...] Il sera grand roi, grand ministre, grand politique, grand artiste, surtout grand comédien, grand philosophe, grand poète, grand musicien, grand médecin[16] ». La biologie éclaire ici l'esthétique théâtrale : le jeu de l'acteur, comme l'action du grand homme, est commandé par une « origine du réseau » plus forte que les « filets », et particulièrement le diaphragme. Contrairement au public qu'il tente d'émouvoir, le comédien reste de sang-froid, calculateur, maître de lui-même.

Il peut paraître étonnant que Diderot, qui s'est souvent targué, au cours de sa vie, d'avoir une âme sensible, se fût soudainement mis à réfléchir sur les dangers et les excès de ses sentiments impulsifs. La condamnation de la sensibilité le concerne personnellement au premier chef, lui qui n'a jamais manqué l'occasion de narrer à son lecteur les larmes d'émotion que lui a arrachées le spectacle d'une belle œuvre ou d'une belle action : « Au reste, lorsque j'ai prononcé que la sensibilité était la caractéristique de la bonté de l'âme et de la médiocrité du génie, j'ai fait un aveu qui n'est pas trop ordinaire, car si Nature a pétri une âme sensible, c'est la mienne[17]. » Il ne faut sans doute pas accorder trop d'importance à ce petit morceau d'autocritique. Diderot était parfaitement capable, quand il le fallait, de contenir sa sensibilité, de « tempérer le délire de l'enthousiasme[18] » lorsqu'il s'agissait de prendre la plume. Le poète n'est point insensible, bien au contraire, mais il pleure *avant*, pas *pendant* l'acte créateur : « Est-ce au moment où vous venez de perdre votre ami ou votre maîtresse que vous composerez un poème sur sa mort ? Non. Malheur à celui qui jouit alors de son talent ! C'est lorsque la grande douleur est passée, quand l'extrême sensibilité est amortie, lorsqu'on est loin de la catastrophe, que l'âme est calme, qu'on se rappelle son bonheur éclipsé, qu'on est capable d'apprécier la perte qu'on a faite, que la mémoire se réunit à l'imagination, l'une pour retracer, l'autre pour exagérer la douceur d'un temps passé ; qu'on se possède et qu'on parle bien. On dit qu'on pleure, mais on ne pleure pas lorsqu'on poursuit une épithète énergique qui se refuse ; on dit qu'on pleure, mais on ne pleure pas lorsqu'on s'occupe à rendre son vers harmonieux. Ou si les larmes coulent, la plume tombe des mains, on se livre à son sentiment et l'on cesse de composer[19]. » Dans tous les arts, la maîtrise de soi est la condition *sine qua non* de toute grande réalisation. Le créateur, qu'il soit poète, peintre ou acteur, doit être capable d'observer froidement le théâtre du monde : « Les hommes chauds, violents, sensibles, sont en scène ; ils donnent le spectacle, mais ils n'en jouissent pas. C'est d'après eux que l'homme de génie fait sa copie. Les grands poètes, les grands acteurs, et peut-être en général tous les grands imitateurs de la nature, quels qu'ils soient, doués d'une belle imagination, d'un grand jugement, d'un tact fin, d'un goût très sûr, sont les êtres les moins sensibles[20]. » Le vocabulaire employé par Diderot ne doit pas nous induire en erreur : à l'instar du grand peintre, le grand comédien n'exécute pas un *portrait*, mais cherche à reproduire un *modèle idéal*, résultat d'une épuration de la nature au cours de laquelle n'ont été retenus que les éléments les plus vrais : « Le grand comédien observe les phénomènes. L'homme sensible lui sert de modèle ; il le médite, et trouve de réflexion ce qu'il faut ajouter ou retrancher pour le mieux[21]. »

Dans sa réforme du théâtre entreprise en 1757-1758, Diderot insista beaucoup sur l'effet que la nouvelle esthétique dramatique devait produire sur les émotions du spectateur, mais ne prêta qu'une attention fort réduite au rôle du comédien. Une actrice, même bornée, n'a besoin que « d'une grande sensibilité » pour saisir « l'accent qui convient[22] » ; l'identification émotionnelle de l'acteur au personnage suffit à provoquer l'adhésion du spectateur. Dix ans plus tard, l'image du comédien a totalement changé dans l'esprit de Diderot : « Je lui veux beaucoup de jugement ; il me faut dans cet homme un spectateur froid et tranquille, j'en exige par conséquent de la pénétration et nulle sensibilité[23]. » Comment un comédien peut-il jouer les grands rôles du théâtre classique avec sa seule sensibilité ? Le rôle d'Andromaque déchirée entre l'amour maternel et la fidélité conjugale exige plus qu'un cœur sensible ; l'« accent vrai » de la comédienne, affirme Diderot, provient d'un modèle idéal que son imagination a créé et auquel elle conforme son jeu[24]. Autrement dit, si la Clairon se contentait, à l'instar des acteurs qui « jouent d'âme », de jouer les émotions qu'elle ressentirait face aux drames auxquels ses personnages sont confrontés, autrement dit de reproduire sur scène le « petit modèle » qui est en elle[25], elle rabaisserait Agrippine ou Mérope au niveau d'une femme ordinaire. Mais les Agrippine et Mérope de la tragédie n'ont jamais existé : le poète qui les a créées a forgé des caractères « hors normes » qui n'ont aucun équivalent dans la nature. Que fait donc la Clairon quand elle apprend son rôle ? Elle imite « le mouvement, les actions, les gestes, toute l'expression d'un être fort au-dessus d'elle », si bien qu'en l'entendant dans une de ses pièces, Voltaire se serait écrié : « Est-ce bien moi qui ai fait cela ? » Dans ce moment, commente Diderot, le modèle idéal de la comédienne « était bien au-delà du modèle idéal que le poète s'était fait en écrivant, mais ce modèle idéal n'était pas elle[26] ».

En fin de compte, le théâtre, la poésie et la réalité sont incommensurables l'un à l'autre. Des caractères comme Agrippine sont des « spectres de la façon de tel ou tel poète », des créations artistiques composées « d'après un certain système de principes[27] ». Une représentation théâtrale ne reproduit pas la vie de tous les jours, elle relève d'un protocole qui date de deux mille ans. Transposés dans un salon, les comédiens parleraient un langage artificiel et ridicule qui semblerait venir d'un autre monde : « On se demanderait à l'oreille : Est-ce qu'il est en délire ? [...] Quelle est la planète où l'on parle ainsi[28] ? » On mesure le chemin parcouru par

Diderot depuis l'époque du *Fils naturel* où il exigeait des auteurs dramatiques et des comédiens d'imiter scrupuleusement la vie quotidienne des spectateurs ! Mais le *Paradoxe sur le comédien* n'a pas grand-chose à voir avec la réforme du théâtre initiée dix ans plus tôt. Rédigé à l'occasion de l'ouvrage de Sticotti, il participe en réalité de la réorientation de la pensée philosophique et esthétique de Diderot dont le *Salon de 1767* est le témoignage le plus éclatant. Vue sous cette perspective, la thèse centrale défendue dans le *Paradoxe* sur l'insensibilité du grand comédien ne se réduit pas, comme le pensent certains comédiens indignés, à une agression gratuite et provocante échappée à un philosophe épris de paradoxes mais ignorant de l'art du comédien ; elle apparaît en réalité comme la conséquence logique de la doctrine du modèle idéal élaborée dans le préambule du *Salon* et transposée de la peinture au théâtre. On notera que l'art théâtral était dès le départ lié aux beaux-arts dans l'esprit de Diderot. En effet, à la fin du préambule, il n'a pas manqué de citer en faveur de sa thèse les conseils que le célèbre comédien anglais Garrick aurait donnés au chevalier de Chastellux : « Si vous ne jouez que d'après vous-même, ou la nature subsistante la plus parfaite que vous connaissiez, vous ne serez que médiocre. [...] C'est qu'il y a pour vous, pour moi, pour le spectateur tel homme idéal possible qui, dans la position donnée, serait bien autrement affecté que vous. Voilà l'être imaginaire que vous devez prendre pour modèle. Plus fortement vous l'aurez conçu, plus vous serez grand, rare, merveilleux et sublime[29]. » Pour atteindre au sublime, le comédien ne doit pas montrer « les choses comme elles sont en nature » : les comédiens font impression sur le public, « non lorsqu'ils sont furieux, mais lorsqu'ils jouent bien la fureur[30] ». Imiter scrupuleusement la réalité (la « nature subsistante »), assimiler la scène à la vie, jouer son propre caractère n'aboutit qu'à jouer « petitement, mesquinement »... et à trahir le poète par-dessus le marché : « Vous êtes un tartuffe, un avare, un misanthrope, vous jouerez un misanthrope, un avare, un tartuffe, et vous le jouerez bien. Mais vous ne ferez rien de ce que le poète a fait ; car il a fait, lui, *le Tartuffe*, *l'Avare* et *le Misanthrope*. » D'où la distinction : « La satire est d'un tartuffe, et la comédie est du Tartuffe. La satire poursuit un vicieux, la comédie poursuit un vice[31]. »

On l'a compris : le *Paradoxe sur le comédien* enrichit la théorie du modèle idéal d'une dimension supplémentaire en l'appliquant à l'univers théâtral. « Mon ami, explique Diderot, il y a trois modèles : l'homme de la nature, l'homme du poète, l'homme de l'acteur. Celui de la nature est moins grand que celui du poète, et celui-ci moins grand encore que celui du grand comédien, le plus exagéré de tous[32]. » En d'autres termes : quand Molière a imaginé son religieux hypocrite, il n'a pas fait la copie fidèle d'un tartuffe particulier, il a d'abord créé le modèle idéal du Tartuffe, *le* Tartuffe, puis un tartuffe d'après ce modèle idéal. Or ce Tartuffe-là n'existe que sur le papier. Pour donner corps à cet être de papier, le comédien doit lui aussi créer *le* Tartuffe exactement comme le peintre ou le sculpteur représentent sur la toile ou dans le marbre une figure particulière d'après le modèle idéal du bel homme ou de la belle femme qu'ils ont auparavant créé dans leur imagination. Le poète crée des personnages et les fait parler et agir ; au comédien de *donner corps* au texte. Jamais un rôle ne sera joué de la même manière par deux acteurs différents, « puisque dans l'écrivain le plus clair, le plus précis, le plus énergique, les mots ne sont et ne peuvent être que des signes approchés d'une pensée, d'un sentiment, d'une idée ; signes dont le mouvement, le geste, le ton, le visage, les yeux, la circonstance donnée, complètent la valeur[33] ». Jouer la comédie est un art comparable aux autres : le grand comédien, promu au rang d'artiste, est aux yeux de Diderot un homme rare, « aussi rare, et peut-être plus rare que le grand poète[34] ». L'acte créateur du comédien rejoint par là celui de tout artiste qui est – et c'est là l'idée fondamentale de l'esthétique de Diderot – de dévoiler une autre nature derrière la nature subsistante. Jamais – il convient de le souligner à l'encontre des détracteurs du *Paradoxe* – on n'a montré plus de respect pour le travail de l'acteur dont l'« œuvre » n'est pas moins unique et irremplaçable que celle de l'artiste qu'il recrée.

Le *Paradoxe sur le comédien* constitue un tournant dans la pensée esthétique de Diderot. D'abord parce qu'il étend la théorie du modèle idéal à l'art théâtral, rehaussant du coup le comédien au rang de créateur au même titre que le sculpteur, le peintre et le poète. Mais surtout parce qu'il bouleverse profondément ses conceptions antérieures concernant la finalité même de l'art. L'un des principaux buts de la réforme théâtrale prônée par Diderot en 1757-1758 était l'édification, voire l'endoctrinement des spectateurs. Grâce à identification totale du public avec l'action qui lui était présentée sur scène, le théoricien du drame bourgeois espérait atteindre l'émotion maximale propice à recevoir la leçon de l'auteur. Or cette esthétique du pathos, que nous retrouvons encore dans les premiers *Salons*, n'a plus cours maintenant. L'homme est certes modifiable, comme il le proclamera encore dans *Jacques le Fataliste*, mais ce n'est pas un automate : les malheurs de la vertu ne changent pas le lecteur ou le spectateur, ils n'ouvrent qu'une parenthèse dans l'activité du méchant. Le spectacle suspend l'exercice du mal sans convertir au bien : « Nous nous associons volontiers, en idée, au héros opprimé. L'homme le plus épris de la fureur de la tyrannie laisse là le tyran et le voit tomber avec joie dans la coulisse, mort d'un coup de poignard. [...] Nous allons au théâtre chercher de nous-mêmes une estime que nous ne méritons pas, prendre bonne opinion de nous, partager l'orgueil de grandes actions que nous ne ferons jamais[35]. » Nous versons certes des larmes, admet Diderot, mais ce sont des « larmes délicieuses », autrement dit superficielles. Diderot a fini par comprendre que l'art n'améliorait pas nécessairement les hommes, que le public avait la faculté de se dédoubler, en quelque sorte, devant une émotion artificiellement créée[36], que l'artiste, en somme, n'en « disposait » pas à sa guise, mais seulement, pour quelques instants, de ses entrailles. Les larmes des spectateurs auront séché avant qu'ils aient quitté le théâtre : « Le citoyen qui se présente à l'entrée de la Comédie y laisse tous ses vices pour ne les reprendre qu'en sortant. Là il est juste, impartial, bon père, bon ami, ami de la vertu ; et j'ai vu souvent à côté de moi des méchants profondément indignés contre des actions qu'ils n'auraient pas manqué de commettre s'ils s'étaient trouvés dans les mêmes circonstances où le poète avait placé le personnage qu'ils abhorraient[37]. » Le *Paradoxe* de Diderot recèle entre les lignes un paradoxe sur le spectateur qui n'est pas moins important que celui sur le comédien. Le but du théâtre, comme de l'art en général, n'est pas seulement de procurer des sensations fortes. Pour être efficace, l'homme de théâtre doit s'adresser autant au jugement du public qu'à sa sensibilité. C'est grâce au modèle idéal créé par le poète et incarné par le grand comédien que la scène peut enfin devenir cette « institution morale » dont rêvait Schiller : « Qu'est-ce donc que le vrai talent ? Celui de bien connaître les symptômes extérieurs de l'âme d'emprunt, de s'adresser à la sensation de ceux qui nous entendent, qui nous voient, et de les tromper par l'imitation de ces symptômes, par une imitation qui agrandisse tout dans leurs têtes et qui devienne la règle de leur jugement ; car il leur est impossible d'apprécier autrement ce qui se passe au-dedans de nous. [...] Celui donc qui connaît le mieux et qui rend le plus parfaitement ces signes extérieurs d'après le modèle idéal le mieux conçu, est le plus grand comédien[38]. »

Le discrédit dont la sensibilité est frappée dans *Le Rêve de d'Alembert* se manifeste pour la première fois à la fin des *Essais sur la peinture* où Diderot reconnaît que le vrai plaisir esthétique n'est pas seulement un plaisir des sens mais également de l'intellect[39]. Une sensibilité excessive, souligne-t-il dans *Le Rêve de d'Alembert*, caractérise les êtres de petit goût, qui confondent émotion et jouissance esthétique et pleurent à toutes les tragédies, si mauvaises soient-elles. L'erreur consiste à ne pas séparer le plaisir de l'émotion : « Je sais jouir aussi, affirme Bordeu, je sais admirer, et je ne souffre jamais, si ce n'est de la colique. J'ai du plaisir pur ; ma censure en est beaucoup plus sévère, mon éloge plus flatteur et plus réfléchi[40]. » L'émotion brute, irréfléchie, est stérile ; c'est comme un feu de paille qui ne laisse aucune trace à la sortie du spectacle. L'art doit remuer les entrailles, c'est entendu, mais pas seulement. Pour laisser une trace durable, l'artiste – et le comédien – doivent susciter une « émotion réflexive » selon l'expression heureuse du comédien et metteur en scène Michel Valmer, une forme de distanciation qui fait du théâtre « un théâtre de l'affect et de la pensée. Le travail de l'acteur y est central. Le spectateur ne pourra comprendre ce que lui montre l'acteur que s'il est atteint de manière sensible. Mais, si l'émotion est trop forte, ce que doit comprendre le spectateur est alors occulté[41] ».

On se souvient comment la lecture des romans de Richardson à la fin des années 1750 avait convaincu Diderot de la supériorité du genre romanesque sur le théâtre[42]. Le roman nous invite à une participation plus active que la scène, car il s'adresse directement à notre imagination : le lecteur se crée « une image des personnages que l'auteur a mis en scène[43] ». Un bon roman est comme une mystification car il réussit à nous persuader de la vérité des personnages et de leurs actions que nous imaginons à sa lecture. Au théâtre, il n'y a que les enfants qui croient à ce qu'ils voient, alors que le roman, art du « mentir-vrai » (Aragon[44]) qui fait participer le lecteur par l'imagination, peut rendre véridique une fiction : « Combien de fois ne me suis-je pas surpris, comme il est arrivé à des enfants qu'on avait menés aux spectacles pour la première fois, criant : *Ne le croyez pas, il vous trompe… si vous allez là, vous êtes perdu*. Mon âme était tenue dans une agitation perpétuelle[45]. » Ne prenons toutefois pas ces déclarations enthousiastes pour de l'argent comptant. En vérité, la fiction romanesque implique un pacte tacite entre l'auteur et son lecteur : la fiction est connue comme fiction, mais éprouvée comme une transposition véridique du réel. Il n'en est pas moins vrai que Diderot a constamment cherché à contourner le pacte tacite, à « concilier le mensonge avec la vérité[46] », afin de dissiper la méfiance naturelle du lecteur et de le forcer à croire – ne fût-ce qu'un instant – à la vérité de l'histoire qu'il vient de lire. Le naturel est le comble de l'artifice, un mélange de vrai et de faux que Diderot a pour la première fois théorisé dans l'important post-scriptum ou postface de son conte des *Deux Amis de Bourbonne*[47].

La postface présente une réflexion sur le statut de la fiction et sur les ressorts de la crédulité du lecteur ; elle ne concerne pas seulement *Les Deux Amis de Bourbonne*, mais concerne l'art du conte en général. Au début, Diderot présente sa propre typologie des contes, avec trois catégories envisagées successivement : le conte merveilleux, le conte plaisant, le conte historique[48]. Le conte merveilleux, autrement dit l'épopée, et le conte plaisant ont un trait commun pour Diderot : ils sont essentiellement fantaisistes, on est dans le domaine de l'invraisemblance. L'épopée exagère la nature : les héros d'Homère sont des surhommes, les dieux combattent à côté des mortels, « tout se fait en grand ». Avec le conte plaisant, on est dans le domaine imaginaire, qui peut même être extravagant : le lecteur est transporté dans un pays peuplé de châteaux enchantés, de tapis volants, d'animaux qui parlent, etc. La grande distinction que Diderot a introduite dans sa typologie, c'est entre le conte merveilleux et le conte plaisant d'une part, et le conte historique d'autre part. Le conte historique qu'affectionne Diderot s'efface comme fiction pour toucher directement le lecteur.

Pour créer un semblant d'illusion romanesque, beaucoup d'auteurs sont tombés dans le piège de l'invraisemblance. « Au diable le conte et le conteur historique ! C'est un menteur plat et froid », s'exclame une voix anonyme dans la postface. Oui, rétorque Diderot, s'il ne sait pas son métier :

> Celui-ci se propose de vous tromper. Il est assis au coin de votre âtre ; il a pour objet la vérité rigoureuse ; il veut être cru, il veut intéresser, toucher, entraîner, émouvoir, faire frissonner la peau et couler les larmes ; effets qu'on n'obtient point sans éloquence et sans poésie. Mais l'éloquence est une sorte de mensonge, et rien de plus contraire à l'illusion que la poésie ; l'une et l'autre exagèrent, surfont, amplifient, inspirent la méfiance. Comment s'y prendra donc ce conteur-ci pour vous tromper ? Le voici. Il parsèmera son récit de petites circonstances si liées à la chose, de traits si simples, si naturels, et toutefois si difficiles à imaginer, que vous serez forcé de vous dire en vous-même : Ma foi, cela est vrai ; on n'invente pas ces choses-là. C'est ainsi qu'il sauvera l'exagération de l'éloquence et de la poésie ; que la vérité de la nature couvrira le prestige de l'art, et qu'il satisfera à deux conditions qui semblent contradictoires, d'être en même temps historien et poète, véridique et menteur.

En inscrivant son lecteur dans la fiction du récit pour renforcer l'illusion du vrai, Diderot situe sa poétique du conte historique dans la pratique, encore fort répandue au XVIIIe siècle, du conte oral. « Lorsqu'on fait un conte, explique-t-il au début de *Ceci n'est pas un conte*, c'est à quelqu'un qui l'écoute ; et pour peu que le conte dure, il est rare que le conteur ne soit interrompu quelquefois par son auditeur[49]. » Diderot était lui-même un conteur remarquable, et dans sa poétique du conte historique, il a fait passer l'essentiel de la technique du conte oral.

Quel est l'essentiel du conte oral ? C'est une relation directe et immédiate, ente le conteur et son auditoire. Si les auditeurs sont captivés, ils interviennent tôt ou tard : ils posent des questions, ils font des plaisanteries, et si le conteur sait son métier, il prendra appui sur ces interventions, soit pour relancer son histoire, soit pour la dévier. En revanche, si le conteur est mauvais, s'il n'arrive pas à intéresser le public à son histoire, il provoquera l'ennui et suscitera la raillerie. Il faut que l'auditoire soit réellement captivé par l'histoire racontée, il faut qu'il se dise : « On n'invente pas ces choses-là », ou : « Ceci n'est pas un conte ». S'il devine en revanche que l'histoire racontée n'est qu'un conte en l'air, le conteur a raté son but : le récit qu'on va lire, prévient Diderot au début de *Ceci n'est pas un conte*, « n'est pas un conte ou [...] un mauvais conte si vous vous en doutez[50] ».

Dans son esthétique de la vérité du conte historique, Diderot insiste beaucoup sur les relations affectives qui doivent s'instaurer entre le conteur et son destinataire. Le narrateur doit, par tous les moyens possibles, provoquer des réactions affectives chez le lecteur : il faut que celui-ci se croie transporté dans l'action même, à côté les personnages du récit ; il faut qu'il souffre, réagisse avec les personnages. Pour captiver le public, pour obtenir son adhésion émotive, le conteur utilise certains moyens, ce qu'on appelle couramment la rhétorique. De quelle rhétorique s'agit-il ? Il y a deux façons possibles de concevoir la rhétorique : la façon traditionnelle qui exagère, qui surfait, qui amplifie. Cette rhétorique-là, pour Diderot, est négative, car loin de provoquer la participation du lecteur, la surcharge esthétique dans la représentation des faits provoque au contraire le rejet : le lecteur se méfie, il n'entre pas dans l'histoire. Il suffit pour s'en convaincre de comparer *Les Deux Amis de Bourbonne* avec le conte iroquois rédigé sur le même thème par Saint-Lambert, une histoire fort insipide, pétrie d'un faux primitivisme et truffée d'invraisemblances au niveau de l'intrigue. Oubliant ce qu'il a dit du caractère taciturne des Iroquois, les héros de Saint-Lambert sont proprement intarissables, contrastant avec le quasi-mutisme des protagonistes du conte de Diderot qui s'expriment par des phrases entrecoupées, des soupirs, des gestes frénétiques. La postface ne dit pas en quoi consiste l'autre rhétorique, mais elle est omniprésente dans l'histoire de Félix et d'Olivier : c'est l'exact opposé de l'enflure, de l'amplification et de l'exagération. La rhétorique qui est à l'œuvre dans *Les Deux Amis de Bourbonne* est une rhétorique interne, extrêmement discrète, avant tout basée sur le rythme. C'est le rythme haché, haletant et coupé du texte, le rythme même de la passion ou de l'action qui doit emporter le lecteur. Qu'on en juge par cet extrait : « Olivier, transporté de fureur, se lève, décharge sur la nuque du cou au juge Coleau un énorme coup de bâton, dont il l'étend presque mort ; court vers la place, arrive, crie, frappe le bourreau, frappe les gens de la justice, soulève la populace indignée de ces exécutions. Les pierres volent ; Félix délivré s'enfuit[51]. » C'est le rythme seul qui fait ici d'un banal fait divers un moment d'épopée.

L'amitié que se vouent l'un à l'autre Félix et Olivier force l'admiration, tant elle transcende toute contrainte sociale. Les deux amis du conte sont beaux et vrais dans la mesure où ils représentent l'idée qu'ils sont le *modèle idéal* de l'amitié parfaite. À l'instar du peintre, le conteur a corrigé la réalité pour en rendre l'impression plus réelle : « Un peintre exécute sur la toile une tête. Toutes les formes en sont fortes, grandes et régulières ; c'est l'ensemble le plus parfait et le plus rare. J'éprouve, en le considérant, du respect, de l'admiration, de l'effroi. J'en cherche le modèle dans la nature, et ne l'y trouve pas ; en comparaison, tout y est faible, petit et mesquin. C'est une tête idéale, je le sens, je me le dis[52]. » On reconnaît, dans ces lignes de la postface, la théorie du modèle idéal telle qu'on la trouve exprimée dans le *Salon de 1767* et le *Paradoxe sur le comédien*. La tête idéale du peintre – et du conteur – n'est pas dans la nature, elle ne reproduit pas celle d'un homme ou d'une femme qu'on connaît ; c'est la nature idéalisée, la nature reconstruite. Mais le peintre et le conteur ne peuvent pas s'arrêter à ce stade de la création artistique. Rappelons-nous la « Question aux gens de lettres » qui termine *La Religieuse*[53]. Diderot y prétend qu'après avoir rédigé des lettres « bien écrites », il les gâtait pour les rendre vraies, car les bonnes lettres ne sont pas tant celles qui suscitent l'admiration que celles qui produisent l'illusion. Comment « gâter » la tête idéale sans toutefois la défigurer ? Le voici : « Que l'artiste me fasse apercevoir au front de cette tête une cicatrice légère, une verrue à l'une de ses tempes, une coupure imperceptible à la lèvre inférieure, et d'idéale qu'elle était, à l'instant la tête devient un portrait ; une marque de petite vérole au coin de l'œil ou à côté du nez, et ce visage de femme n'est plus celui de Vénus ; c'est le portrait de quelqu'une de mes voisines. » La tête idéale procure au spectateur et au lecteur un plaisir purement esthétique ; c'est la verrue à la tempe, la coupure à la lèvre, tous ces petits détails qui font que les visages vivent réellement : « Je dirai donc à nos conteurs historiques : Vos figures sont belles, si vous voulez ; mais il y manque la verrue à la tempe, la coupure à la lèvre, la marque de petite vérole à côté du nez, qui les rendraient vraies[54]. »

Comme la postface insiste sur l'ancrage du conte dans une réalité concrète, on a cru parfois que Diderot faisait l'apologie de ce qu'on appellera au XIXe siècle le « réalisme ». Le réalisme, en littérature ou en peinture, c'est l'attitude qui consiste à peindre la réalité observable aussi fidèlement que possible. Mais ce n'est pas de cela que parle Diderot. S'il loue Richardson d'avoir soigné les détails dans ses romans, ce n'est pas parce qu'ils font joli, mais parce qu'ils contribuent à renforcer la vérité des personnages et des situations dans lesquelles ils évoluent : « Pensez de ces détails ce qu'il vous plaira ; mais ils seront intéressants pour moi, s'ils sont vrais, s'ils font sortir les passions, s'ils montrent les caractères[55]. » Le détail « réaliste » en lui-même n'a aucune importance, sans compter que trop de détails ne manquent pas de tuer l'ensemble. L'image artistique dont il est question plus haut n'est pas le portrait hyperréaliste, « photographique », du visage de la voisine, c'est une tête idéale à la manière des Grecs, mais il y a un détail discret qui renvoie au visage d'une femme du XVIIIe siècle, qui inscrit l'individu dans une condition sociale, dans un lieu et une histoire. Les emprunts à la réalité concrète – la balafre de Félix, mais aussi la cabane au fond des bois, l'allusion à la bataille d'Hastenbeck, le tristement célèbre juge Coleau et la tête étroite du curé Papin – sont garants d'illusion romanesque plus que de vérité sociale : « Sachez que c'est à cette multitude de petites choses que tient l'illusion : il y a bien de la difficulté à les imaginer, il y en a bien encore à les rendre[56]. » *Les Deux Amis de Bourbonne* ne prétendent pas être un documentaire sur la vie des familles pauvres dans la région de Bourbonne au milieu du XVIIIe siècle. Diderot se sert du crédit de la vérité historique pour faire recevoir une vérité d'un autre ordre, la vérité psychologique de Félix et d'Olivier. D'abord le vrai, accessoirement des circonstances, c'est-à-dire quelques précisions factuelles qui renvoient à une référence historique ou réaliste.

Le premier but visé par le conteur est l'identification du lecteur avec les personnages de la fiction. Nous sommes en présence d'une esthétique de la participation, le contraire même de la fameuse esthétique de la distanciation brechtienne. On sait que le théâtre de Brecht refuse les mensonges de l'art, l'illusion parfaite de la vie. Il faut laisser du jeu à la représentation, prendre vis-à-vis d'elle ses « distances » : distance entre l'auteur et l'histoire racontée, distance entre l'histoire et l'acteur qui la transmet, distance entre la représentation et le spectateur qui la reçoit[57]. En empêchant le spectateur de se laisser prendre au jeu de l'intrigue, le dramaturge allemand le pousse à se concentrer sur la leçon qu'il veut lui donner. Homme de théâtre engagé, Brecht veut délivrer un message alors que les contes de Diderot cherchent – et c'est le deuxième but poursuivi par le conteur – à susciter une réflexion morale. Est-il bon ? Est-il méchant ? Comment juger un individu et ses actes et selon quels critères ? La sensibilité extrême, la compassion non réfléchie avec les personnages est la source d'un jugement faux, voire « l'excuse de toutes sortes d'injustices[58] ». La morale n'est pas affaire de cœur mais d'intelligence et de jugement, donc de maîtrise et de lucidité. L'esthétique de la participation ne sert même qu'à ça : impliquer affectivement le lecteur afin de le pousser à s'interroger sur ce qu'il vient de lire. Diderot a élaboré différentes techniques dans ce but.

Dans *Ceci n'est pas un conte*, le narrateur commence par introduire un interlocuteur à qui il va raconter les histoires de deux couples. Or quand on regarde de plus près le récit de l'histoire du premier couple, on s'aperçoit que l'interlocuteur connaît déjà une partie de l'histoire puisque, par moments, il ajoute des détails que le narrateur avait oubliés ou ignorait complètement. Le conte de Diderot rompt délibérément avec le schéma habituel qui met en scène un narrateur, qui connaît l'histoire, et un auditeur, qui ne la connaît pas. Nous sommes en présence de deux interlocuteurs qui connaissent également l'histoire, ou plus précisément l'un sait une partie de l'histoire, ou une version de l'histoire, l'autre sait d'autres parties de la même histoire, ou une autre version de la même histoire. Ce qui s'échange entre le narrateur et l'auditeur, ce ne sont pas des informations mais des *interprétations* : les deux interlocuteurs sont également informés, mais ils interprètent différemment. Du coup, et c'est le but visé par Diderot, le lecteur est invité à entrer lui aussi dans le jeu. Il apprend les événements au fur et à mesure que les deux interlocuteurs parlent, mais en même temps qu'il apprend les informations, il apprend aussi à s'interroger sur les informations, à se demander comment il doit interpréter ce qu'il est en train de lire. Après avoir pleuré sur le sort de deux créatures malheureuses, le lecteur du conte doit dépasser ce premier stade de réaction affective pour entamer une réflexion morale. C'est ce que Diderot explique très bien après l'histoire de Mme de la Pommeraye dans *Jacques le Fataliste* : « Vous entrez en fureur au nom de Mme de la Pommeraye et vous vous écriez : Ah ! la femme horrible ! Ah ! l'hypocrite ! Ah ! la scélérate !... Point d'exclamation, point de courroux, point de partialité ; raisonnons[59]. » Diderot confronte son lecteur non seulement à une histoire qui est déjà fort compliquée à juger, mais en plus lui donne à entendre successivement et simultanément différents avis qui se complètent, voire se contredisent. Les contes de Diderot, on l'a compris, sont tout sauf reposants pour le lecteur : au lieu de pouvoir s'abandonner au divertissement, celui-ci est bousculé, tiré à hue et à dia et forcé d'intervenir dans l'enchevêtrement des discours. Cette mise en forme qui introduit de gré ou de force le lecteur dans une interrogation, dans une réflexion morale, est une technique tout à fait spécifique de Diderot conteur.

Une autre manière de lier émotion et réflexion consiste à mystifier le lecteur pour le démystifier ensuite. L'histoire pathétique des *Deux Amis de Bourbonne* se termine par la postface dans laquelle Diderot dévoile les ficelles avec lesquelles on écrit un bon conte. Même chose dans la préface-annexe ajoutée à la fin de *La Religieuse* qui raconte avec une bonne dose de cynisme comment s'est inventée l'histoire tragique de Suzanne Simonin[60]. Abasourdi et envoûté par le récit tragique, incertain du sort de Suzanne, le lecteur est brutalement réveillé de sa stupeur par ce récit, parfois assez sarcastique, qui lui révèle l'histoire de la mystification du marquis de Croismare. Mais c'est dans *Jacques le Fataliste* que Diderot est allé le plus loin dans la refonte du genre romanesque.

8

Le roman de la liberté

On ne sait pas grand-chose de la genèse de *Jacques le Fataliste,* si ce n'est que Diderot a lu une partie ou première mouture de son « conte charmant » au mois de septembre 1771 devant quelques amis[1]. Le roman entier fut publié, sous le titre *Jacques le Fataliste et son maître*, en quinze livraisons, d'une moyenne de 13 à 14 pages chacune, dans la *Correspondance littéraire* entre novembre 1778 et juin 1780. Dès le mois de juillet 1780, les abonnés eurent droit à des « Additions faites à *Jacques le Fataliste* depuis la copie que nous avons eu l'honneur de vous envoyer », précédées de l'avertissement suivant : « Nous osons présumer que détachés même de la liaison où il convenait de les placer, ces fragments ne paraîtront pas sans intérêt. On y reconnaîtra toujours la touche originale de l'homme célèbre à qui nous devons ce précieux manuscrit. Il ne le fit dans l'origine que pour remplir le vide de nos nouveautés littéraires, et lorsqu'il en écrivit la première ligne, il ne savait pas encore ce qu'il dirait dans la seconde ; la seule loi qu'il crut devoir s'imposer fut de ne rien inventer et de ne rien peindre qui ne lui parût de la plus extrême vérité. C'est aux lecteurs qu'il a désiré d'amuser à juger comment lui a réussi un projet qui semblait si propre à développer toute la verve et toute la liberté de son génie[2]. » Rédigée ou non avec la caution de Diderot, cette notice de Meister, qui a remplacé Grimm à la tête de la *Correspondance littéraire* en 1773, oriente abusivement notre lecture du roman dans le sens d'une improvisation au fil de la plume. Certes, les études ont montré que l'ensemble du texte était le résultat d'un bricolage sans véritable plan préétabli, que l'unité et l'ordre de *Jacques* proviennent d'un aménagement tardif. Cela dit, il n'est guère non plus douteux que les grandes lignes du plan autour des trois principaux thèmes – l'amour, le fatalisme, le roman – étaient arrêtées assez tôt. Depuis que Diderot a pris la décision de garder par-devers lui ses œuvres les plus subversives (ou susceptibles d'être considérées comme telles), beaucoup de ses textes s'élaborent au cours d'une période de plusieurs années : tout événement, toute discussion peut lui servir pour s'y greffer. Une première version en est généralement destinée aux abonnés de la *Correspondance littéraire* ; puis Diderot continue d'allonger et de compliquer ses textes, par la technique toute particulière du « bourrage[3] », jusqu'à la grande entreprise de mise au net de ses œuvres de 1780-1783.

L'histoire de la composition de *Jacques le Fataliste*, on l'aura deviné, ne s'arrête pas en 1780. Dans la livraison d'avril 1786, donc deux ans après la mort de Diderot, la *Correspondance littéraire* offre de nouveau vingt « lacunes » à ses lecteurs : ces fragments, qui constituent cette fois-ci près de 40 % (!) du roman, avaient été écartés auparavant par Meister – sans doute avec l'assentiment de Diderot – principalement, pense-t-on, pour des raisons de bienséance. Grâce à la copie confectionnée pour Catherine II, nous savons où ces fragments avaient leur place dans la version d'origine. Cette copie, conservée aujourd'hui à Saint-Pétersbourg, constitue le dernier état de *Jacques* : Diderot y a ajouté de sa main quelques passages supplémentaires, et notamment le dernier paragraphe du roman.

Au mois d'avril 1780, Gœthe se fait prêter une copie de *Jacques le Fataliste* qu'il lit sans interruption – mais aussi sans les lacunes publiées en 1786 – pendant toute une demi-journée. Sa réaction est enthousiaste : « C'est un festin énorme et très délicat, préparé et servi avec beaucoup d'intelligence pour la gueule d'une seule idole. Je me suis mis à la place de ce Baal et j'ai dévoré pendant six heures ininterrompues tous les plats et tous les hors-d'œuvre, dans l'ordre et suivant l'intention de ce cuisinier et officier de bouche plein d'art[4]. » En 1785, Schiller traduit et publie en allemand dans le premier numéro de sa revue *Thalie rhénane* l'histoire de Mme de La Pommeraye sous le titre *Exemple singulier de la vengeance d'une femme (tiré d'un manuscrit de feu Diderot).* Cet épisode sera retraduit en français en 1793, trois ans avant que le roman entier ne soit publié en France pour la première fois[5]. La réception en est plus que mitigée. « Ce n'est pas un de ces livres, écrit un critique, qu'un père ou une mère de famille puisse laisser traîner sur leur cheminée ; [...] sans approuver cette espèce de livres, sans la condamner, contentons-nous de dire aux hommes mûrs de n'en pas trop faire de bruit devant la jeunesse, et de ne pas les laisser trop exposés à sa curiosité. [...] L'auteur a poussé aussi loin qu'il est possible l'art de tourmenter la curiosité sans l'affaiblir, et de s'en jouer sans la lasser ; art qui suppose sans doute beaucoup d'esprit, mais au fond peu louable, et dont l'exemple même peut être dangereux[6]. » Un siècle plus tard, Barbey se déchaîne encore contre Diderot et son roman : « Son *Jacques le fataliste* est, doctrine à part, le *Tristram Shandy* de Sterne, sans l'adorable génie de Sterne, sans les grâces de son récit. [...] Ce gourd et lourd Diderot a-t-il chiffonné, en le volant, ce merveilleux point d'Angleterre[7] ! »

L'accusation de plagiat formulée par Barbey à l'encontre de l'auteur de *Jacques le Fataliste* n'est pas sans fondement, bien au contraire. En 1762, la lecture des six premiers livres de la *Vie et opinions de Tristram Shandy*, que Laurence Sterne lui avait fait parvenir, l'a enthousiasmé : « Je me suis enfourné depuis quelques jours dans la lecture du plus fou, du plus sage, du plus gai de tous les livres », écrivait-il alors à Sophie Volland[8]. Trois ans plus tard, les livres VII et VIII, de *Tristram Shandy*, parus en 1765, fourniront à Diderot le point de départ explicite de ce qui deviendra le récit des amours de Jacques : deux passages sont, de l'aveu même de l'auteur, empruntés aux chapitres 19, 20 et 22 du livre VIII. Plagiat avoué, plagiat pardonné. Surtout que l'influence de Sterne se fait sentir dans la facture même de *Jacques le Fataliste* ; en citant son modèle, Diderot n'a fait que régler sa dette envers cette œuvre déroutante, profondément anti-richardsonienne qui procède à une déconstruction de ce qui faisait jusque-là le principe même du genre romanesque : héros, scène, conduite d'une intrigue. En dépit du titre, la personne dont on parle le moins dans le roman est le héros. Quand on est parvenu à la moitié de l'ouvrage, il est sur le point de naître ; lorsqu'on le termine, il est au seuil de l'enfance. Sterne bavarde avec son lecteur et se perd dans des digressions sans fin ; il commence à raconter un épisode sans jamais le finir ; il insère la dédicace et la préface au milieu du livre ; ça et là, on trouve des pages entières laissées en blanc, des passages remplacés par une suite d'astérisques, des ratures et autres bizarreries. Au milieu du XXe siècle, les auteurs du Nouveau Roman postuleront eux aussi l'agonie du roman traditionnel et pratiqueront volontiers le bouleversement du rapport entre lecteur et le livre en détruisant la confiance passive, fondée sur l'identification qui reliait le lecteur au personnage romanesque, au profit d'une attitude plus critique. L'instabilité du statut de la narration dans *Tristram Shandy* et *Jacques le Fataliste* donne au lecteur le sentiment d'avoir affaire à des textes modernes. Mais ni Sterne ni Diderot ne sont les précurseurs du Nouveau Roman ; ils ont redécouvert dans le genre romanesque la liberté illimitée d'invention formelle de ses débuts pour y trouver d'immenses possibilités susceptibles d'ouvrir une voie nouvelle à l'évolution du roman ; ils n'ont pas cherché à réinventer le genre.

Jacques le Fataliste s'ouvre par une série de questions et de réponses dont la désinvolture donne le ton du roman entier : « Comment s'étaient-ils rencontrés ? Par hasard, comme tout le monde. Comment s'appelaient-ils ? Que vous importe ? D'où venaient-ils ? Du lieu le plus prochain. Où allaient-ils ? Est-ce que l'on sait où l'on va ? Que disaient-ils ? Le maître ne disait rien, et Jacques disait que son capitaine disait que tout ce qui nous arrive de bien et de mal ici-bas était écrit là-haut[9]. » De qui proviennent les questions ? Qui est-ce qui donne les réponses, ou plutôt refuse de répondre, de qui et de quoi l'on parle ? Que nous apprend ce dialogue, supposé par l'auteur, entre son lecteur et lui ? D'abord, nos personnages voyagent, mais on ne sait pas vers quel but. Nous connaissons le prénom de l'un et la qualité de l'autre : Jacques, le maître, qui sont de condition inégale. Conversation insolite, au cours de laquelle non seulement les personnages de roman, mais aussi l'auteur et le lecteur se donnent la réplique ! (S'il est courant, au XVIIIe siècle, que l'auteur s'adresse au lecteur, il est exceptionnel que le lecteur s'exprime dans le roman.) On notera que la relation entre les deux derniers n'est pas dépourvue d'ambivalence. D'un côté, l'auteur multiplie les attaques contre son lecteur : il l'interpelle, le provoque, secoue sa torpeur, joue diaboliquement avec sa curiosité, lui reproche sa crédulité, son conformisme, et ainsi de suite. De l'autre côté, il engage une conversation familière, détendue et pleine de sollicitude avec un lecteur à qui il propose même une participation active au récit, voire d'achever le roman à sa place.

En donnant une participation active au lecteur à l'intérieur de son œuvre, Diderot efface les frontières habituellement bien définies entre un auteur omniscient et tout-puissant, et des personnages fictifs. Cette atteinte à l'illusion romanesque, qui empêche le lecteur de céder à ce qui constitue habituellement le charme d'un roman, et qui consiste à croire réelle une histoire fictive, est clairement assumée par l'auteur : « Il est bien évident que je ne fais pas un roman, avertit-il son lecteur dès le départ, puisque je néglige ce qu'un romancier ne manquerait pas d'employer[10]. » Et d'inventer, sous forme d'hypothèses, différents « hasards » qui lui plairaient, pour aussitôt nier ces solutions possibles et les tourner en dérision : « Vous voyez, lecteur, que je suis en beau chemin et qu'il ne tiendrait qu'à moi de vous faire attendre un an, deux ans, trois ans, le récit des amours de Jacques, en le séparant de son maître et en leur faisant courir à chacun tous les hasards qu'il me plairait. Qu'est-ce qui m'empêcherait de marier le maître et de le faire cocu ? d'embarquer Jacques pour les Îles ? d'y conduire son maître ? de les ramener tous les deux en France sur le même vaisseau ? Qu'il est facile de faire des contes[11] ! » *Jacques le Fataliste* n'est pas un roman « classique » dans la mesure où il constitue une critique du genre romanesque auquel Diderot adresse quatre reproches[12]. Premièrement, l'auteur qui sait toujours tout de ses personnages, agit comme s'il était Dieu, ce qui est invraisemblable. Deuxièmement, l'étude psychologique des personnages fait croire au lecteur qu'on peut comprendre les raisons des actions humaines, ce qui est faux. Troisièmement, les intrigues des romans sont bien trop « romanesques », c'est-à-dire qu'elles n'ont pas d'équivalent dans la vie réelle. Quatrièmement, les événements racontés sont trop souvent à la limite du crédible. Bref, le roman « romanesque » est synonyme de mensonge, à la fois par son contenu et par sa forme. « Un ouvrage sera romanesque, lisait-on déjà dans *Le Discours sur la poésie dramatique*, si le merveilleux naît de la simultanéité des événements ; si l'on y voit les dieux ou les hommes trop méchants, ou trop bons ; si les choses et les caractères y diffèrent trop de ce que l'expérience ou l'histoire nous les montre ; et surtout si l'enchaînement des événements y est trop extraordinaire ou trop compliqué[13]. » Dans *Jacques le fataliste*, Diderot rejette tout ce qui serait merveilleux, et quand un caractère semble trop extraordinaire pour être vrai, il intervient pour cautionner son récit. La technique romanesque qu'il emploie a pour but non pas de créer mais de détruire l'illusion : le récit sans cesse interrompu, les digressions de l'auteur, son dialogue avec le lecteur nous interdisent l'attitude habituelle des consommateurs de romans. On comprend la réaction exaspérée du lecteur, constamment trompé dans son attente : « Votre *Jacques* n'est qu'une insipide rhapsodie de faits, les uns réels, les autres imaginés, écrits sans grâce et distribués sans ordre[14]. » C'est peut-être le mot *rhapsodie* qui caractérise le mieux ce roman enchevêtré et truculent qui ne comporte ni chapitres ni intrigue suivie, où les incidents et les rencontres, les récits et les digressions s'emboîtent comme des poupées gigognes et qui compte une soixantaine de personnages et vingt et une histoires. Réagissant contre cette extrême dispersion du texte, la critique contemporaine ne cesse d'y déceler une prétendue armature secrète, un principe unificateur derrière son allure volontairement débridée et anarchique. « Il fallait d'abord établir, écrit Robert Mauzi, qu'avant d'être une œuvre perpétuellement rompue et désarticulée, *Jacques le Fataliste* est d'abord une œuvre construite, et que les ruptures ou les digressions n'ont de sens que par rapport à sa structure et non comme une suite linéaire d'événements et de discours se succédant au hasard et n'entrant dans aucune forme[15]. » On s'est plu à repérer quelques lignes de force qui domineraient l'ensemble : le voyage, les amours, la fatalité ; la parodie romanesque, l'impossibilité de porter des jugements moraux sur les actions des hommes ; la quête philosophique menant de l'état de nature à l'état social dépravé ; optimisme, pessimisme, sagesse. Toutes ces tentatives sont légitimes, à condition de ne pas les tenir pour exclusives. Le roman diderotien se prête avec une facilité concertante à toutes les lectures, à toutes les interprétations (ou presque), son inépuisable richesse échappe, en fin de compte, à toute approche qui enfermerait le texte dans un ou des parcours privilégiés. Essayons malgré tout d'en décrire le plan d'ensemble.

À l'ouverture du roman, nous avons l'impression d'être en présence d'un narrateur qui nous raconte, d'après un « texte original[16] » qu'il a devant les yeux, l'histoire d'un voyage entrepris par Jacques et son maître[17]. Les dates et le lieu exacts du voyage ne sont jamais précisés[18] ; son but n'est révélé que lorsqu'il est atteint. Tout en rapportant fidèlement ce qu'il est en train de lire, le narrateur discute avec son lecteur-interlocuteur de la manière de conduire son récit, sans oublier de le taquiner de temps à autre : « Lecteur, si je faisais ici une pause, et que je reprisse l'histoire de l'homme à une seule chemise parce qu'il n'avait qu'un corps à la fois, je voudrais bien savoir ce que vous en penseriez. Que je me suis fourré dans une impasse [...] d'où je ne sais comment sortir, et que je me jette dans un conte fait à plaisir pour gagner du temps et chercher quelque moyen de sortir de celui que j'ai commencé. Eh bien, Lecteur, vous vous abusez de tout point. Je sais très bien comment Jacques sera tiré de sa détresse, et ce que je vais vous dire de Gousse, l'homme à une seule chemise à la fois parce qu'il n'avait qu'un corps à la fois, n'est point du tout un conte[19]. » Ce dispositif se désagrège petit à petit – il arrive par exemple que Jacques et son maître commentent une digression du narrateur – jusqu'à la fin du texte où celui-ci convie son lecteur à rendre lui-même visite au héros, prendre la plume et poursuivre l'histoire : « Et moi, je m'arrête, parce que je vous ai dit de ces deux personnages tout ce que j'en sais. – Et les amours de Jacques ? – Jacques a dit cent fois qu'il était écrit là-haut qu'il n'en finirait pas l'histoire, et je vois que Jacques avait raison. Je vois, Lecteur, que cela vous fâche ; eh bien, reprenez son récit où il l'a laissé, et continuez-le à votre fantaisie, ou bien faites une visite à mademoiselle Agathe, sachez le nom du village où Jacques est emprisonné, voyez Jacques, questionnez-le, il ne se fera pas tirer l'oreille pour vous satisfaire ; cela le désennuiera[20]. » Le narrateur révèle ensuite l'existence de plusieurs mémoires permettant de connaître le dénouement du récit. Il demande à son lecteur un délai de huit jours pour les examiner afin d'éviter toute erreur. Finalement, sur les trois paragraphes supplémentaires qu'il possède, le premier et le troisième lui semblent authentiques, le second étant un plagiat de *Tristram Shandy*.

À l'intérieur de ce cadre narratif s'imbriquent de multiples histoires racontées soit par les deux protagonistes, soit par le narrateur, soit par les personnages rencontrés au cours du voyage. Trois d'entre elles dominent : les amours de Jacques, récit maintes fois différé et fragmenté, fait par le valet lui-même ; l'histoire de Mme de La Pommeraye et du marquis des Arcis, racontée par la patronne d'une auberge où les voyageurs ont fait halte ; les amours du maître et ses déboires de jeunesse. Mais au lieu de traiter tous ces éléments les uns après les autres, Diderot s'est amusé à les combiner entre eux, y ajoutant un grand nombre d'épisodes « secondaires » comme l'histoire du père Hudson, la perte du pucelage de Jacques, le passage d'un mystérieux convoi funèbre et d'une troupe armée, la récupération d'une montre oubliée et d'une bourse volée, et ainsi de suite. À côté de ces aventures et mésaventures sans grande importance pour le récit mais très instructives quant aux personnages principaux, l'histoire de la vie et des amours de Jacques ainsi que les récits annexes illustrent les grands thèmes philosophiques du roman. Car *Jacques le Fataliste et son maître* est aussi un roman – ou un anti-roman – sérieux.

Avec *Jacques le Fataliste*, c'est toute la société d'Ancien Régime qui est évoquée. Les deux protagonistes sont désignés par leur rapport social, mais n'ont pas de patronyme. Contrairement à de nombreux romanciers, Diderot ne campe pas le portrait de ses personnages[21] ; on ne sait sur eux que ce qui est nécessaire à la compréhension de l'action. Il s'agit de faire vrai[22], et non pas d'approfondir les personnages. Le maître est d'extraction noble, il refuse de se mésallier avec la jeune Agathe : « J'ai des parents, un nom, un état, des prétentions, et je ne me résoudrai jamais à enfouir tous ces avantages dans le magasin d'une petite bourgeoise[23]. » Face à Jacques, son attitude est contradictoire. Il peut se révéler parfaitement humain, frémissant d'indignation quand il apprend comment son serviteur a été dépouillé par des bandits après avoir commis une action généreuse. En d'autres circonstances, il n'hésite pas à le traiter de façon assez violente, comme c'était d'ailleurs l'usage à cette époque : il le bastonne, l'injurie et lui fait sentir qu'il n'est que son valet. Bien loin d'être homogène, la figure de Jacques[24], quant à elle, éclate en une multiplicité de rôles : soldat, valet, paysan, disciple de Spinoza, etc. Contrairement à son maître, il est courageux, capable d'action et efficace. Homme de discours, infatigable raisonneur, génie inspiré, il acquiert progressivement la stature d'un philosophe, sinon du philosophe porte-parole de Diderot. Tantôt le rapport hiérarchique est effacé et les deux hommes semblent être sur un pied d'égalité ; tantôt il est réaffirmé avec force par le maître et contesté tout aussi fermement par son valet :

> JACQUES – Un Jacques ! Un Jacques, Monsieur, est un homme comme un autre.
>
> LE MAÎTRE – Jacques, tu te trompes, un Jacques n'est point un homme comme un autre.
>
> JACQUES – C'est quelquefois mieux qu'un autre.
>
> LE MAÎTRE – Jacques, vous vous oubliez. Reprenez l'histoire de vos amours, et souvenez-vous que vous n'êtes et ne serez jamais qu'un Jacques[25].

Il s'ensuit une dispute, au cours de laquelle le maître ordonne à son valet de quitter la chambre et de descendre au rez-de-chaussée. Celui-ci refuse de le faire : son maître ne l'a-t-il pas bien souvent traité en égal ? Le monde extérieur ne reconnaît-il pas d'ailleurs la supériorité réelle du domestique puisqu'on a coutume de dire « Jacques et son maître » ? La querelle s'envenime et le ton monte tellement que l'hôtesse accourt et propose son arbitrage. Imitant le langage et l'attitude d'un juge, elle reconnaît des torts aux deux parties et leur propose un compromis honorable : « Jacques descendra, et quand il aura descendu, il remontera, il rentrera dans toutes les prérogatives dont il a joui jusqu'à ce jour. [...] Voulons que l'un ordonne et que l'autre obéisse, chacun de son mieux, et qu'il soit laissé entre ce que l'un peut et ce que l'autre doit, la même obscurité que ci-devant. » Malgré une certaine résistance, Jacques se décide à quitter la pièce quand son maître se précipite sur lui, l'embrasse et lui avoue humblement que c'est bien lui le véritable supérieur. Une fois l'hôtesse partie, Jacques profite de sa position de force et lui impose un contrat inédit, qui n'a plus rien à voir avec la soumission vécue comme une évidence d'inspiration divine. Il s'énonce en termes de droit, et comme tous les accords d'inspiration humaine, il est susceptible d'être révisé : « Stipulons : 1° qu'attendu qu'il est écrit là-haut que je vous suis essentiel, et que je sens, que je sais que vous ne pouvez pas vous passer de moi, j'abuserai de ces avantages toutes et quantes fois que l'occasion s'en présentera. [...] Stipulons : 2° qu'attendu qu'il est aussi impossible à Jacques de ne pas connaître son ascendant et sa force sur son maître, qu'à son maître de méconnaître sa faiblesse et de se dépouiller de son indulgence, il faut que Jacques soit insolent, et que, pour la paix, son maître ne s'en aperçoive pas. » Aux termes de ce contrat, Jacques a le droit de tout dire et de tout faire, alors que son maître n'a que celui de tout supporter ; il doit admettre que son pouvoir est purement formel : « Il fut arrêté, proclame son serviteur, que vous auriez le titre et que j'aurais la chose[26]. » Les rôles stables du dominant et du dominé s'inversent, puisque le valet se révèle être le plus fort et le maître le plus faible. Cette relation dans laquelle chacun des partenaires est à la fois maître *et* valet est soulignée ironiquement dans le passage où le maître révèle au marquis des Arcis qui le complimente sur son serviteur, l'étrange nature de ses rapports avec son valet : « Un serviteur ! vous avez bien de la bonté : c'est moi qui suis le sien ; et peu s'en est fallu que ce matin, pas plus tard, il ne me l'ait prouvé en forme[27]. » Deux réalités opposées coexistent dès lors : celle des apparences, où le maître domine, et celle de la vérité, dans laquelle le valet détient le pouvoir effectif. La contradiction entre les apparences et la vérité, porteuse de conflit, est apaisée par le consensus entre les deux hommes sur cette contradiction. Mais s'ils en venaient au conflit, c'est-à-dire pour le maître à vouloir mettre la réalité en conformité avec l'apparence et pour le valet à vouloir mettre l'apparence en conformité avec la vérité, l'attelage ne tiendrait plus.

C'est ainsi que l'on voit ici poindre, chez Diderot, deux approches de cet attelage qui vont sous-tendre, à partir du XIXe siècle, toutes les conceptions des rapports de domination sociale. Pourquoi le maître et le valet restent-ils ensemble, quand apparence et réalité tirent à hue et à dia ? Parce que la marche de l'histoire l'exige, répondra Hegel dans la *Phénoménologie de l'esprit* (1807) ; parce que les conditions de la révolution mondiale ne sont pas encore réunies, répondront Marx et Engels. Pour Hegel, l'attelage du maître et de l'esclave est le moteur de l'histoire. La première étape historique est déterminée par la domination du maître, la deuxième apparaît au moment où l'esclave prend conscience de son existence servile, et le processus s'achève dans un troisième temps, comme chez Diderot, par une synthèse des deux premiers états. La lutte entre le maître guerrier et l'esclave travailleur marque le début de l'histoire. Et l'histoire s'arrête quand disparaît cette opposition : on atteint alors à la fin de l'histoire, qui se réalise quand les guerres s'arrêtent et que l'État rationnel assure la reconnaissance de toutes les consciences. À la fin du XXe siècle, le philosophe américain Francis Fukuyama s'est souvenu de Hegel quand il proclama, après la chute du mur de Berlin, que la progression de l'histoire humaine touchait à sa fin[28]. Le début du siècle suivant devait infliger un démenti cinglant à sa thèse.

Non content de renverser les rapports hiérarchiques entre son maître et Jacques, et de faire consentir le maître à ce renversement, Diderot ne manque pas de déplorer que tout, dans la société, se réduit invariablement à un antagonisme de forces, à des rapports de dépendance. L'obéissance du plus faible au plus fort semble être inscrite dans l'ordonnance même de l'univers :

> Jacques demanda à son maître s'il n'avait pas remarqué que, quelle que fût la misère des petites gens, n'ayant pas de pain pour eux, ils avaient tous des chiens [...]. D'où il conclut que tout homme voulait commander à un autre, et que l'animal se trouvant dans la société immédiatement au-dessous de la classe des derniers citoyens commandés par toutes les autres classes, ils prenaient un animal pour commander aussi à quelqu'un. Eh bien, dit Jacques, chacun a son chien. Le ministre est le chien du roi, le premier commis est le chien du

ministre, la femme est le chien du mari, ou le mari le chien de la femme. [...] Les hommes faibles sont les chiens des hommes fermes[29].

La société hiérarchisée dans laquelle évoluent Jacques et son maître se caractérise par deux notions : ordre et autorité, qui se retrouvent à tous les échelons de l'organisation de l'État et dans chacun de ses domaines, mais qui régissent également la vie privée, et notamment les rapports entre les membres de la famille. L'homme, le chef de la famille, peut se permettre toutes les frasques sans que la contrepartie soit possible à la femme ; les épouses, qu'elles soient paysannes ou grandes dames, doivent obéissance et même soumission absolue à leur mari. Pour se défendre, elles emploient les mensonges, la ruse ou l'appel à la tendresse. Trompée par son amant auquel elle a sacrifié sa réputation, Mme de La Pommeraye a recours à une vengeance terrible : le jeter dans les bras d'une ancienne prostituée. Et Diderot de prendre la défense de la femme bafouée : « Un homme en poignarde un autre pour un geste, pour un démenti, et il ne sera pas permis à une honnête femme perdue, déshonorée, trahie, de jeter le traître entre les bras d'une courtisane ? Ah ! Lecteur, vous êtes bien léger dans vos éloges, et bien sévère dans votre blâme. [...] J'approuverais fort une loi qui condamnerait aux courtisanes celui qui aurait séduit et abandonné une honnête femme : l'homme commun aux femmes communes[30]. »

Dans cette société figée, le hasard de la naissance d'un homme et la condition dans laquelle il a été élevé pèsent de façon presque insurmontable sur le cours de sa vie. Quand Jacques envisage, dans les dernières pages du roman, que le fils naturel de Saint-Ouen joue un rôle révolutionnaire qui bouleversera l'histoire, le maître écarte naturellement cette hypothèse trop inquiétante pour l'ordre du monde auquel il est attaché. Peu de temps après, les choses rentrent dans leur « ordre habituel » : c'est le maître qui tue Saint-Ouen, c'est Jacques qui est arrêté à sa place et conduit en prison. Pour terminer, il devient concierge du château de Desglands son bienfaiteur, seule promotion qu'il puisse espérer dans un monde social statique. Loin de s'en plaindre, il s'accommode fort bien de son nouvel état : être aimé de Desglands et chéri de son maître suffit amplement à son bonheur présent et futur. Le renversement n'a donc pas en lieu, chacun est resté prisonnier de sa condition. Jacques est tout sauf un valet révolté : il désire préserver le *statu quo* et s'y maintenir, il n'envisage jamais l'échange des rôles qui l'affranchirait de sa condition de serviteur : « Restons comme nous sommes, nous sommes fort bien tous deux[31]. » Plutôt qu'au modèle proposé par Hegel, Jacques se rattache à l'ancienne tradition du *picaro* du roman espagnol, il critique une société en décadence, mais en accepte les règles.

Jacques le Fataliste se présente comme une vaste fresque où est représentée une grande diversité de conditions sociales – le monde paysan, la société nobiliaire, les prêtres, le monde de l'usure et des trafics douteux, les militaires et les femmes. La vision que Diderot donne du clergé n'est pas édifiante. L'exemple du père Hudson en est représentatif : débauché, aimant les femmes, le luxe et la bonne chère, il exige des moines dont il est le supérieur des vertus qu'il est loin de pratiquer lui-même. Piégé un instant par ses subordonnés, il refuse d'assumer ses actes et préfère faire condamner son secrétaire innocent pour monter plus vite en grade. Les religieux, de façon générale, sont des ambitieux ; le frère de Jacques lui-même, par ailleurs capable de vertu, se montre fort condamnable quand il falsifie des documents à des fins personnelles. Et quand les prêtres ne sont pas immoraux et scandaleux, ils sont dépeints comme ridicules. Le curé du village qui surprend les ébats amoureux de Jacques et de Suzon est un poltron bègue que Jacques punit de sa curiosité malsaine en l'enfermant dans un grenier. Quant aux représentants de la bourgeoisie, Diderot s'en prend essentiellement à deux catégories : les usuriers et les médecins. Les premiers sont des escrocs sans scrupule, des « faiseurs d'affaires » qui profitent des tourments amoureux des fils bien nés pour les délester – *L'Avare* de Molière n'est pas loin. La satire non moins virulente du corps médical rappelle également le théâtre de Molière. Imbus de leur rôle, les chirurgiens de campagne exploitent leurs malades et pillent les paysans pauvres. « L'année est mauvaise, dit le paysan à sa femme qui a charitablement recueilli Jacques, à peine pouvons-nous suffire à nos besoins et aux besoins de nos enfants[32]. » Le monde de la paysannerie est saisi dans toute sa pauvreté. Aux lourds impôts à payer s'ajoutent, les mauvaises années, de maigres récoltes. Diderot en sait quelque chose : de son voyage de l'été 1770, à travers des campagnes frappées par des années de disette, il est revenu bouleversé. La misère des campagnes entraîne l'endettement chronique, l'exode rural, la mendicité et la délinquance. Certains versent dans la criminalité : au début du roman, Jacques et son maître traversent « une contrée peu sûre en tout temps, et qui l'était moins encore alors que la mauvaise administration et la misère avaient multiplié sans fin le nombre des malfaiteurs[33] ». Diderot va jusqu'à excuser la fureur du peuple qui, dit-il, est terrible mais ne dure pas, parce que « sa misère propre l'a rendu compatissant[34] ». C'est parmi les humbles que se trouve la plus grande générosité : une pauvre paysanne recueille Jacques, l'aubergiste bourru prête sans intérêt de l'argent à un paysan dans le besoin. Contrairement aux grands, les petites gens ont le sens de la solidarité : personne ne le savait mieux que le roturier Diderot, fils d'un coutelier de Langres.

Quelle philosophie Jacques professe-t-il ? Est-il le porte-parole de Diderot ? Ou plutôt une caricature du destin, qui a réponse à tout ? Le mot « fatalisme » (du latin *fatum*, destin), qui donne son surnom à Jacques, fait référence aux grands débats où sont en cause Dieu, l'ordre du monde, la liberté de la créature et la signification du mal. *Stricto sensu*, il désigne une croyance selon laquelle la vie de chaque individu est fixée de toute éternité par le destin, indépendamment de ce qu'il peut vouloir et faire. Dans la religion gréco-romaine, le destin était une puissance anonyme et suprahumaine, au-dessus des dieux eux-mêmes[35]. Chez les musulmans, tout ce qui se passe dans l'univers a déjà été prédéterminé depuis l'éternité par Allah : « C'est Lui qui [...] connaît ce qui est sur la terre et dans la mer. Nulle feuille ne tombe sans qu'Il le sache. Il n'y a pas un grain dans les ténèbres de la terre, ni rien de vert ou de desséché qui ne soit mentionné dans le Livre explicite[36]. » Le passé, le présent et le futur sont écrits sur un Livre : « Nul malheur n'atteint la terre ni vos personnes qui ne soit enregistré dans un Livre[37]. » Ce qui est « écrit là-haut » se réalisera toujours, que les hommes en soient d'accord ou non. Ce Livre où tout est écrit semble correspondre au « grand rouleau » évoqué à chaque instant par le valet fataliste : « Tout ce qui nous arrive de bien et de mal ici-bas est écrit là-haut[38]. » Jacques ne sait ni qui l'a rédigé ni ce qui y est rédigé, mais il lui semble qu'une sorte de puissance supérieure décide du moindre de ses actes. Quand il tombe amoureux, quand il est emprisonné à la place de son maître, il répète le même refrain : « Il fallait que cela fût, cela était écrit là-haut. » Croire en la fatalité, c'est être convaincu que premièrement, tel événement doit arriver, et deuxièmement, que c'est cet événement futur qui détermine la série qui mènera jusqu'à lui. *Mektoub* : chaque balle a son billet. Convaincu que ceux qui mourront au combat sont en quelque sorte désignés d'avance, le capitaine de Jacques allait au feu comme au bal[39].

Si tout arrive par une nécessité fatale et inévitable, il serait vain de vouloir s'y opposer. Le fatalisme exclut catégoriquement la liberté de la volonté, le libre arbitre : l'homme ne se détermine pas par lui-même, il ne se décide pas librement pour A ou pour B, mais opte nécessairement pour ce qui est inscrit sur le grand rouleau :

> JACQUES – Est-ce qu'on est maître de devenir ou de ne pas devenir amoureux ? Et quand on l'est, est-on maître d'agir comme si on ne l'était pas ? […]
>
> LE MAÎTRE – Mais en raisonnant à ta façon, il n'y a point de crime qu'on ne commît sans remords.
>
> JACQUES – Ce que vous m'objectez là m'a plus d'une fois chiffonné la cervelle ; mais avec tout cela, malgré que j'en aie, j'en reviens toujours au mot de mon capitaine : Tout ce qui nous arrive de bien et de mal ici-bas est écrit là-haut. Savez-vous, Monsieur, quelque moyen d'effacer cette écriture ? Puis-je n'être pas moi ? Et étant moi, puis-je faire autrement que moi ? Puis-je être moi en un autre ? Et depuis que je suis au monde, y a-t-il eu un seul instant où cela n'ait été vrai[40] ?

Les ennemis des fatalistes le répètent à satiété : si l'homme ne choisit pas librement, comment peut-il opter pour le bien ou le mal ? Comment peut-il être tenu pour responsable de ses actes ? A-t-on le droit de le punir ? Ces questions qui chiffonnent la cervelle de Jacques ont-elles également tourmenté celle de Diderot ? Tous ceux qui le pensent citent volontiers un fragment de lettre célèbre à l'appui de leur thèse :

> Votre question sur la comète m'a fait faire une réflexion singulière ; c'est que l'athéisme est tout voisin d'une espèce de superstition presque aussi puérile que l'autre. Rien n'est indifférent dans un ordre de choses qu'une loi générale lie et entraîne ; il semble que tout soit également important. Il n'y a point de grands ni de petits phénomènes. La constitution *Unigenitus* est aussi nécessaire que le lever et le coucher du soleil. Il est dur de s'abandonner aveuglément au torrent universel ; il est impossible de lui résister. Les efforts impuissants ou victorieux sont aussi dans l'ordre. Si je crois que je vous aime librement, je me trompe. Il n'en est rien. Ô le beau système pour les ingrats ! J'enrage d'être empêtré d'une diable de philosophie que mon esprit ne peut s'empêcher d'approuver, et mon cœur de démentir[41].

Ces propos de Diderot ont longtemps fait le désespoir – ou le miel – de nombreux commentateurs qui y ont vu l'annonce d'un dilemme insurmontable. Diderot, a déclaré par exemple Paolo Casini, « ne s'est jamais résigné à un système déterministe rigide. Ou mieux, il a *vécu* au niveau émotionnel et existentiel un malaise qui dépendait de ses maximes de déterministe ». Tout en réaffirmant sa foi déterministe, le philosophe aurait été incapable de se défaire du sentiment intérieur de la liberté : « Tantôt en se révoltant contre lui, tantôt en s'y soumettant, Diderot montre l'emprise que ce sentiment a sur son esprit[42]. » Mal content d'un matérialisme qui le condamnait à un déterminisme aussi total, il n'aurait cessé, en fin de compte, de penser contre lui-même.

Le problème posé par le couple antagoniste déterminisme-liberté est donc de ceux auxquels Diderot n'aurait jamais trouvé de solution rationnelle. La solution empirique, à laquelle il aurait fini par se ranger, et qui serait implicite dans un roman comme *Jacques le Fataliste*, ne serait pas en accord avec les prémisses philosophiques qu'il acceptait d'ordinaire. D'où le recours à la fiction : en donnant vie à des concepts, en les incarnant dans des personnages mi-réels mi-fictifs, Diderot aurait déplacé le dilemme de l'arène de la philosophie abstraite et systématique au plan de l'expérience du sujet pratique. Si la question reste irrésolue au plan de la controverse métaphysique, elle se trouve dénouée au niveau du récit romanesque. *Jacques le Fataliste*, conclut Éric Walter, « n'apporte pas de réponse à l'interrogation philosophique [...]. Ce texte de fiction a précisément pour rôle d'organiser une coexistence narrative entre des discours hétérogènes, contradictoires, qu'aucune théorie englobante ne parviendrait à concilier[43] ». Essayons de voir si le fatalisme est incompatible avec la liberté.

En 1756, l'article *Fatalité* de l'*Encyclopédie*, le premier exposé méthodique de la doctrine fataliste[44], distingue *grosso modo* entre deux sortes de doctrines, le fatalisme théologique et le fatalisme athée. Étant donné que Jacques, pas plus que Diderot, ne croit en Dieu, le grand rouleau invoqué à toute occasion ne représente pas le fatalisme religieux devant lequel l'homme s'incline, abdiquant ses facultés rationnelles au profit d'une foi métaphysique. Il symbolise, pense-t-on alors, le *déterminisme* ou, pour parler comme l'auteur de l'article *Fatalité*, l'abbé Morellet, l'« action d'un rigide mécanisme » dans lequel « l'enchaînement des causes détermine infailliblement l'existence de l'événement *fatal*[45] ». Le 1er juillet de la même année, dans un contexte marqué par la publication du poème de Voltaire *Sur le désastre de Lisbonne*[46], la *Correspondance littéraire* publie la *Lettre à Landois* de Diderot accompagnée d'un commentaire enthousiaste de Grimm et, deux mois plus tard, une importante mise au point de Grimm lui-même dans laquelle on peut lire :

> Le dogme de la fatalité, envisagé philosophiquement et dégagé de toute erreur populaire, est le même que celui de la nécessité, qui exclut la liberté de l'homme et tout ce qui est arbitraire, et qui assujettit l'univers dans son immensité et dans sa durée, à des lois invariables sans lesquelles il ne saurait subsister. [...] Je crois que chacun peut se convaincre par le sentiment intime qui est en lui et par le souvenir qu'il conserve de ses actions, que sa conduite a toujours été le résultat nécessaire des différentes modifications occasionnées par le concours des circonstances, et qu'il n'a jamais véritablement disposé de lui un instant. Cette certitude de sentiment auquel j'en appelle, se lie merveilleusement avec l'opinion de la fatalité. De la nécessité à la prédestination, il n'y a qu'un pas à faire, et notre amour-propre est trop ingénieux pour ne point trouver le fil des décrets du destin, soit dans les succès, soit dans les catastrophes[47].

Le fatalisme moderne est d'essence non religieuse. Il exclut tout arbitraire divin et fonde l'univers sur des lois invariables et intelligibles. C'est la doctrine par excellence des matérialistes ainsi que, d'une certaine façon, de tous les philosophes éclairés du XVIIIe siècle, athées ou pas. Au siècle suivant, il donnera naissance au déterminisme laplacien que l'auteur de *Jacques le Fataliste* aurait anticipé sous le nom de fatalisme dans son roman.

Jacques et son maître semblent voyager dans l'ordre fondamental de la nature. Tout phénomène s'inscrit nécessairement dans l'enchaînement des causes ; les mêmes causes produisant les mêmes effets dans les mêmes circonstances, la nécessité, loin de produire une fatalité insupportable, fournit au contraire un moyen de la lever. Même si nous ne déchiffrons jamais entièrement l'organisation rigoureuse de la nature, nous en connaissons souvent assez pour être en mesure d'en comprendre la marche. Dans cette perspective, le mot « hasard » n'est que l'expression de notre méconnaissance de la nécessité ; la liberté humaine se résout dans la « nécessité bien comprise », qui n'est pas indépendance à l'égard des lois de la nature, mais la connaissance de ces lois et la possibilité donnée par là même de les mettre en œuvre méthodiquement à des fins déterminées. L'activité de l'esprit humain est d'origine purement physiologique ; soumise aux lois de la mécanique, la conduite des hommes est sujette au même déterminisme que celle de n'importe quelle particule matérielle, idéalement calculable et prédictible comme l'est la trajectoire d'une boule qui roule sur un plan incliné. Jacques, qui recourt volontiers à des images pour exprimer sa pensée, en est convaincu : « Il croyait qu'un homme s'acheminait aussi nécessairement à la gloire ou à l'ignominie qu'une boule qui aurait la conscience d'elle-même suit la pente d'une montagne ; et que, si l'enchaînement des causes et des effets qui forment la vie d'un homme depuis le premier instant de sa naissance jusqu'à son dernier soupir nous était connu, nous resterions convaincus qu'il n'a fait que ce qu'il était nécessaire de faire[48]. » Ces lignes font écho, on s'en souvient, à la *Lettre à Landois* dans laquelle Diderot déclarait que toute action était déterminée par des causes purement physiques qui disposent nécessairement les uns au bien, les autres au mal. La mécanique des causes et des effets qui gouvernent notre destinée est si complexe que nous ne pouvons jamais en apercevoir tous les rouages. Mais, pour une intelligence qui serait capable de percevoir à la naissance d'un homme toutes les causes qui vont agir sur sa destinée et de prévoir la succession de tous les effets qu'elles vont engendrer, toute la vie à venir de cet homme serait en quelque sorte déjà écrite devant ses yeux. En fin de compte, l'homme n'est pas plus libre d'agir qu'une marionnette ; il est comme prédestiné à vivre et à agir de telle ou telle manière. Voilà le dilemme auquel Diderot aurait été confronté.

L'origine du prétendu dilemme est à situer dans l'identification abusive du fatalisme à la doctrine du déterminisme universel de type laplacien. Il s'agit là, rappelons-le, d'une thèse particulière sur la structure causale du monde qui attribue à cette structure une force telle qu'il est possible, à partir d'une description complète de l'état global du monde en un instant donné, de calculer, à l'aide des lois, n'importe quel événement passé ou futur. Jamais Diderot n'a prétendu pareille chose. La lettre à Mme de Maux s'insurge précisément contre cette espèce de « superstition » que la conception mécaniste de Newton semble cautionner aux yeux de certains athées comme Naigeon. Il faut être singulièrement aveugle pour attribuer à l'auteur du *Rêve de d'Alembert* et des *Principes philosophiques sur la matière et le mouvement* une thèse, fortement tributaire de la physique classique, qu'il aurait combattue avec la dernière vigueur s'il l'avait connue. Les phénomènes de la nature, y compris nos actions, s'expliquent par des causes antécédentes, mais ils ne sont pas pour autant soumis à des lois causales qui permettraient de les prédire. Jacques est tombé amoureux de Denise à la suite d'une blessure au genou : « Dieu sait, commente-t-il, les bonnes et mauvaises aventures amenées par ce coup de feu. Elles se tiennent ni plus ni moins que les chaînons d'une gourmette. Sans ce coup de feu, par exemple, je crois que je n'aurais été amoureux de ma vie, ni boiteux[49]. » Il y a un lien évident qui relie les événements qui mènent de la blessure au baiser : sans le coup de feu initial, la vie de Jacques aurait certainement pris une autre tournure.

Faut-il conclure pour autant que Jacques était *destiné* à rencontrer Denise, qu'il a épousé Denise *à cause* de cet événement aussi futile qu'éloigné dans le temps ? Sans sa blessure au genou, il n'aurait certainement pas rencontré sa future femme, mais les différentes étapes qui ont abouti à leur rencontre au château de Desglands étaient dues au *hasard*. Ne l'oublions pas : *Jacques le Fataliste* représente, sous forme de roman picaresque, l'errance d'un valet et de son maître, dans un monde régi par la contingence et le hasard qui n'est pas sans évoquer le mouvement désordonné des atomes dans le vide qui a fini par accoucher de notre monde d'après la philosophie d'Épicure. Si l'on convient que le propre de tout roman, la base sur laquelle il se construit, consiste dans le récit de l'extraordinaire, de ce qui est imprévu car non prévisible, de ce qui ne devrait pas se passer et se passe pourtant, il ne fait point de doute que *Jacques le Fataliste* s'acquitte à merveille de cette fonction-là. La narration du roman procède par parataxe, en juxtaposant sans rapport causal une succession fortuite – « une insipide rhapsodie[50] » – de faits donnant lieu à des enchaînements absurdes ou cocasses. En ce monde, nous dit et répète le texte de Diderot, *tout se tient comme les chaînons d'une gourmette* : les chaînons sont entrelacés les uns dans les autres, mais la position exacte occupée par un chaînon n'est pas déterminée par le chaînon précédent ; l'événement B découle de l'événement A, mais B n'est pas déterminé par A, l'événement B n'est pas rigoureusement prédictible à partir de l'événement A. Puisque l'ordre (apparent) de la nature est issu du désordre, il est impossible de lui donner une forme déterministe comme celle-ci : « Si telles grandeurs ont certaines valeurs, alors telles autres grandeurs ont certaines autres valeurs exactement. » Quand le maître dit : « J'espère que Jacques va reprendre le récit de ses amours, et que le ciel, qui veut que j'aie la satisfaction d'en entendre la fin, nous retient ici par le mauvais temps », Jacques réplique immédiatement : « Le ciel qui veut ! On ne sait jamais ce que le ciel veut ou ne veut pas, et il n'en sait peut-être rien lui-même[51]. » En réalité, ni Dieu ni le destin ou le grand rouleau ne connaissent l'avenir :

> LE MAÎTRE – Je rêve à une chose : c'est si ton bienfaiteur eût été cocu parce qu'il était écrit là-haut ; ou si cela était écrit là-haut parce que tu ferais cocu ton bienfaiteur ?

> JACQUES – Tous les deux étaient écrits l'un à côté de l'autre. Tout a été écrit à la fois. C'est comme un grand rouleau qui se déploie petit à petit[52].

Le grand rouleau ne contient aucune inscription préalable, tout s'y inscrit au fur et à mesure que les événements se déroulent dans le temps. Aucune volonté divine, aucun destin ou force inexorable ne gouverne la vie des hommes. Chaque balle a son billet ? Dans la perspective du fatalisme moderne, la vie ou la mort ne sont pas décidées d'avance par le grand ordonnateur de l'univers, ce qui laisse une importante marge de manœuvre à l'action humaine. Un soldat qui essaie d'évaluer le danger auquel il va s'exposer ou non a davantage de chances de rester en vie que celui qui avance imprudemment en direction des batteries ennemies. Aller au feu comme au bal n'est pas synonyme d'imprudence : « Mon capitaine croyait que la prudence est une supposition, dans laquelle l'expérience nous autorise à regarder les circonstances où nous nous trouvons comme cause de certains effets à espérer ou à craindre pour l'avenir[53]. » Alors que le fatalisme musulman affirme une détermination *inconditionnelle* des événements et incite par là à la témérité ou à l'inaction, le fatalisme moderne désigne leur détermination *conditionnelle*, qui n'exclut pas l'efficacité de l'action humaine. Personne ne l'a jamais mieux expliqué que Leibniz :

> Si ce que je demande doit arriver, il arrivera, quand je ne ferais rien ; et s'il ne doit point arriver, il n'arrivera jamais, quelque peine que je prenne pour l'obtenir. On pourrait appeler cette nécessité qu'on s'imagine dans les événements détachée de leurs causes, *fatum mahometanum*, [...] parce qu'on dit qu'un argument semblable fait que les Turcs n'évitent point les lieux où la peste fait ravage. Mais la réponse est toute prête : [...] votre paresse fera peut-être que vous n'obtiendrez rien de ce que vous souhaitez, et que vous tomberez dans les maux que vous auriez évités en agissant avec soin. L'on voit donc que *la liaison des causes avec les effets*, bien loin de causer une fatalité insupportable, fournit plutôt un moyen de la lever. Il y a un proverbe allemand qui dit que la mort veut toujours avoir une cause ; et il n'y a rien de si vrai. Vous mourrez ce jour-là [...] oui, sans doute ; mais ce sera parce que vous ferez ce qui vous y conduira[54].

Ses convictions fatalistes ne poussent pas Jacques à l'inaction et à l'indifférence. Le héros de Diderot se montre actif dans l'adversité, attentif au monde, rusé dans l'occasion. Le fatalisme moderne affirme que ce qui arrive ici-bas arrive nécessairement, mais que le destin de l'homme et du monde n'est ni fixé de toute éternité, ni prédictible. Même Dieu, ou toute autre intelligence supérieure, ne peut connaître le destin de tous les soldats engagés dans un combat ; s'il existait, il en serait réduit à former sur l'avenir des « conjectures vraisemblables, mais sujettes à erreur[55] ». Il n'y a pas d'effet sans cause, mais l'effet ne peut pas toujours et infailliblement en être déduit. La complexité du tout, de l'ordre général décrit dans *Le Rêve de d'Alembert* exclut le déterminisme laplacien et introduit l'aléatoire, l'imprévisible, le hasard et la contingence. Jacques Chouillet a dit de *Jacques le Fataliste* que, malgré le titre, il « se présente, par certains côtés, comme un roman de la liberté[56] ». Essayons d'expliquer ce paradoxe apparent.

L'homme peut-il choisir entre différents actes possibles, ou bien le sentiment qu'il a d'être libre de choisir est-il une illusion ? Le maître de Jacques tire argument de son expérience personnelle pour défendre l'existence de son libre arbitre : « Il me semble que je sens au-dedans de moi-même que je suis libre, comme je sens que je pense [...] en dépit de ton capitaine et de toi, je croirai que je veux quand je veux[57]. » Son valet n'a pas de peine à lui prouver qu'il agit la plupart du temps sans vouloir. Depuis la *Lettre à Landois*, Diderot tient que la notion de libre arbitre est dénuée de sens : ce qu'on fait parce qu'on le veut est volontaire mais pas libre. L'homme, étant matière, est une « machine[58] » en qui la pensée et la volonté sont des sortes de ressorts issus, comme le moindre de ses organes, de la coordination de molécules sensibles. Les ressorts de la vie psychique et intellectuelle relèvent de processus automatiques qui vont de la cause à l'effet. « L'homme libre est un être abstrait, un ressort isolé », affirme-t-il ailleurs ; « Dieu n'a pu créer l'homme libre. Car on n'agit point sans motif déterminant ; on n'a pas le choix de son motif[59]. » L'homme est libre d'agir quand aucun obstacle ne se dresse face à lui, mais il n'est pas libre de vouloir agir, parce que tout en lui dépend d'une cause, d'un donné biologique initial.

La négation du libre arbitre ne signifie pas pour autant que l'homme n'est pas responsable de ses actes. On dit couramment qu'un individu qui a enfreint une loi s'est rendu coupable et mérite punition. Or si l'on considère que les hommes agissent selon leurs dispositions et non selon leur libre volonté, ils ne sont pas plus « coupables » qu'un déséquilibré qui agit sous une pulsion incontrôlable. Inutile de lui parler de bien ou de mal, il est imperméable à ces notions. De nos jours, il n'est pas puni comme n'importe quel autre criminel mais enfermé dans un hôpital psychiatrique. Le fatalisme atténue les « fautes » des hommes en transformant la notion religieuse de culpabilité, qui ne connaît pas de nuances, en celle de responsabilité, qui peut être plus ou moins engagée. Cette nouvelle manière de voir les choses est à la base de notre jurisprudence moderne. Contrairement aux doctrines qui, fondées sur le postulat du libre arbitre, font dépendre la mesure du délit de l'intention, le célèbre juriste italien Cesare Beccaria considérait, au milieu du XVIIIe siècle, que la volonté était déterminée par une série de facteurs variables, impossibles à mesurer : « La seule mesure des délits est le tort fait à la nation, et non, comme certains le pensent par erreur, l'intention du coupable. Celle-ci dépend de l'impression momentanée causée par les objets et de l'état d'esprit antérieur ; or l'une et l'autre varient chez tous les hommes et en chacun d'eux, au gré de la succession rapide des idées, des passions et des circonstances[60]. » Lorsqu'il abordait la question de l'infanticide, Beccaria accusait les juges de rejeter sur la mère infanticide une faute qui n'est en réalité, d'après lui, que le résultat de l'incapacité d'une société à prévenir la misère. L'infanticide étant fille de la nécessité, on ne saurait imputer une quelconque responsabilité à celle qui en est la principale victime : son crime « est le résultat inéluctable de l'alternative où est placée une femme qui a succombé par faiblesse ou qui a été victime de la violence. Entre la honte et la mort d'un être incapable d'en ressentir les atteintes, comment ne choisirait-elle pas ce dernier parti, plutôt que d'être exposée, avec son malheureux enfant, à une misère certaine[61] ? » Beccaria suggérait qu'on ne pouvait envisager de punir ce genre de délits que si la société avait, au préalable et par ses lois, mis tout en œuvre pour faire cesser les causes sociales du délit, à savoir la misère et la pauvreté.

On comprend maintenant ce que Diderot veut dire quand il écrit, dans la *Lettre à Landois* et dans *Jacques le Fataliste*, que les mots vice et vertu sont « vides de sens ». Le bien et le mal ne résident pas dans l'intention qui préside à l'action, mais dans les conséquences de l'acte au sein de la communauté. Il n'y a pas de norme absolue, c'est l'homme vivant en société qui crée ses propres normes, ce qu'il juge ici et maintenant acceptable ou inacceptable vis-à-vis des autres membres de la communauté. Toute société a effectivement besoin, pour s'organiser et pour se maintenir, d'un code moral, ne serait-ce que pour condamner et punir ce qu'elle appelle bien des délits et des crimes. Aussi, ce que la société considère comme juste ou injuste, comme bien ou mal, ne repose-t-il pas sur des critères philosophiques ou religieux abstraits, mais sur une évaluation concrète de ce qui porte tort ou non à la collectivité. « Animal social », l'homme se définit dans la pratique par rapport à autrui ; et c'est cette relation à autrui qui seule permet de préciser si un acte est juste ou injuste, légal ou illégal, moral ou immoral. Un chien qui a mordu le facteur ne peut pas être appelé méchant, pas plus qu'une tuile qui lui tombe sur la tête. On ne « punit » pas un chien parce qu'il a enfreint une loi du type : « Tu ne mordras pas le facteur. » Ou bien on le dresse ou bien on le tue. Même chose pour l'homme : le malfaiteur, qui dérange l'ordre de la société, n'est pas coupable de son méfait, mais n'en doit pas moins être puni : les punitions sont justifiées par l'élimination des membres nuisibles à la société, par l'effet dissuasif et formateur de l'exemple. La morale fataliste est basée sur l'encouragement au bien et la défense du mal : Jacques « remerciait son bienfaiteur pour qu'il lui fît encore du bien ; il se mettait en colère contre l'homme injuste, et quand on lui objectait qu'il ressemblait alors au chien qui mord la pierre qui l'a frappé : "Nenni, disait-il, la pierre mordue par le chien ne se corrige pas ; l'homme injuste est modifié par le bâton[62]." ». Quand on dit que nous ne sommes pas libres, cela signifie tout simplement que nous sommes façonnés par notre nature – notre caractère, notre tempérament, etc. – et par notre histoire, c'est-à-dire notre éducation et l'influence du milieu. Nous sommes « heureusement » ou « malheureusement nés », dit Jacques après Diderot : les uns ont eu la chance de naître avec une volonté forte, avec des talents, artistiques ou intellectuels, dans un milieu qui est propice à leur développement ; d'autres n'ont pas eu cette chance-là. Chacun de nous est le résultat de caractères innés et acquis, et nous agissons, nous choisissons en fonction de notre nature et de notre histoire.

Déterminé par sa nature et son histoire, l'homme-machine n'est pas pour autant un robot. Un robot fait ce qu'on lui ordonne de faire, il obéit aveuglément à n'importe quelle instruction ou programme. C'est cette obéissance inconditionnelle qui le distingue des humains, qui sont loin de toujours agir ou réagir de manière prédictible. Une machine a été construite dans un but précis, elle est artificielle, alors que la machine humaine est le produit d'une évolution aveugle, non téléologique ; rien ni personne ne tire les ficelles. La fabrique humaine est d'une telle complexité qu'elle résiste à toute pression de l'environnement, qu'elle est toujours cause en même temps qu'effet : alors qu'un instrument de musique est purement passif, « l'instrument philosophe est sensible : il est en même temps le musicien et l'instrument [...]. Nos sens sont autant de touches qui sont pincées par la nature qui nous environne, et qui se pincent souvent elles-mêmes[63] ». L'homme est en petit ce que l'ordre général est en grand : tout est constamment en relation avec tout, il n'y a aucune partie dont on puisse affirmer qu'elle existe de façon isolée, sans rapport avec les autres. Contrairement à une machine artificielle, qui n'est qu'un assemblage de pièces distinctes produisant, grâce à des moyens combinés, un effet attendu, la machine vivante de l'homme présente un enchevêtrement quasi infini d'éléments divers en une unité qui devient unité complexe, dotée de la faculté de s'auto-organiser. L'environnement ne contient aucune information ; c'est l'organisme qui informe, c'est-à-dire qui *donne un sens* à ce qui vient de l'environnement : « Pour expliquer le mécanisme de la mémoire il faut regarder la substance molle du cerveau comme une masse d'une cire sensible et vivante, mais susceptible de toutes sortes de formes, n'en perdant aucune de celles qu'elle a reçues, et en recevant sans cesse de nouvelles qu'elle garde. Voilà le livre. Mais où est le lecteur ? Le lecteur c'est le livre même. Car ce livre est sentant, vivant, parlant ou communiquant par des sons, par des traits l'ordre de ses sensations. Et comment se lit-il lui-même ? En sentant ce qu'il est, et en le manifestant par des sons[64]. »

La connaissance est organisatrice : connaître, ce n'est pas enregistrer une information mais produire une traduction des réalités du monde extérieur. Le cerveau n'est pas un automate qui enregistre et rend ensuite de façon rigoureuse « la chose qui s'est passée » ; non seulement parce que la perception de la réalité n'est pas parfaite, mais surtout parce que le cerveau est un lecteur qui interprète à sa façon le texte qu'il lit, qui recrée à chaque lecture un nouveau texte.

Les analogies du livre-lecteur et de l'instrument sensible sont à mille lieues d'une conception mécaniste qui réduit la liberté humaine à celle d'une marionnette. L'homme-machine est cause et effet en même temps, ce que Jacques appelle une « cause une[65] » : ses actions dépendent de facteurs qui *conditionnent* sa volonté, non qui la *déterminent infailliblement* dans un sens prédictible d'avance. L'homme, estime Diderot, porte en soi un germe d'autonomie, plus ou moins développé selon les individus. Diderot considère la liberté non pas comme une qualité essentielle de l'âme spirituelle mais comme un état changeant qui varie d'un individu à l'autre, voire d'un moment à l'autre dans le même individu : il y a beaucoup de manières d'être plus ou moins libre, plus ou moins autonome.

Dans *Jacques le Fataliste*, mais aussi dans ses romans et contes, Diderot a mis en scène des hommes et femmes dont l'autonomie est plus ou moins développée selon les passions et les préjugés auxquels ils sont soumis. Diderot s'est surtout plu à relever l'empire des diverses forces qui agissent sur l'individu, car le plus souvent dans la vie, notre liberté est entravée par des déterminations qui viennent de l'extérieur ou de l'intérieur[66]. Au bas de l'échelle se trouvent les imbéciles, les hommes automates comme le maître de Jacques, purement passifs, incapables d'initiative : « Il se laisse exister, c'est sa fonction habituelle. » Dès le début, il est présenté comme un automate dont toute la maîtrise s'évanouit s'il lui manque sa montre, sa tabatière ou Jacques, « les trois grandes ressources de sa vie[67] ». Après les automates, il y a les doux maniaques, excentriques inoffensifs que leur idée fixe voue à une sorte de compulsion de répétition : Le Pelletier, maniaque de la charité, le poète de Pondichéry, maniaque de mauvais vers. Il y a ensuite les « originaux sans principes » comme Gousse, imprévisible dans son amoralité de sauvage. À l'autre bout de l'échelle, la plus grande autonomie est réservée à ceux qui savent utiliser la nécessité à leur profit : Jacques, actif et rusé, capable de prévoir les événements et de manipuler, s'il le faut, son entourage : non seulement son maître, mais aussi son ami Bigre et sa petite amie Justine, dames Suzon et Marguerite, etc. Mme de La Pommeraye et le père Hudson, en particulier, apparaissent comme de véritables dramaturges en ce qu'ils prévoient par avance ce que se diront les personnes dont ils manipulent et anticipent les comportements. Mme de La Pommeraye « écrit » les gestes et les répliques des mère et fille d'Aisnon, et elle « écrit » du même coup les surprises, les désirs, les frustrations et le destin du marquis des Arcis qui mord à l'hameçon qu'elle lui tend à travers les d'Aisnon. Cependant, sa machination ne se termine pas comme prévu : une fois de plus, la prévoyance a montré ses limites.

Rien de plus prévisible dans le roman que les amours du maître de Jacques avec Agathe : le maître se comporte de manière tellement naïve que son valet n'a aucune peine à deviner l'issue du récit. Nous faisons beaucoup de choses de manière prévisible pour les autres, nous passons la moitié de notre temps à agir comme des automates, mais nous ne sommes pas pour autant des marionnettes dont un destin anonyme tire les ficelles. C'est souvent dans les circonstances extraordinaires, peu communes ou extrêmes, que notre personnalité se révèle et que nous faisons preuve d'originalité. Le paradoxe de la liberté fataliste nous dit que l'homme peut être libre dans un environnement où tout est nécessaire. La liberté est une possibilité que favorise le développement anthropo-social.

QUATRIÈME PARTIE

LE BOURGEOIS RÉVOLUTIONNAIRE

1

L'ordre de la société

« Chaque siècle a son esprit qui le caractérise. L'esprit du nôtre semble être celui de la liberté. » C'est par ces paroles que Diderot commente en 1771 la lutte du chancelier Maupeou et de la cour contre le parlement de Paris, sans se douter le moins du monde qu'à peine vingt ans plus tard, un formidable vent de liberté va balayer l'Ancien Régime et l'alliance entre le trône et l'autel qui en est le fondement. Encore que… En lisant la suite de son analyse, on se dit que Diderot n'est pas loin de prévoir le bouleversement de 1789 : « La première attaque contre la superstition a été violente, sans mesure. Une fois que les hommes ont osé d'une manière quelconque donner l'assaut à la barrière de la religion, cette barrière, la plus formidable qui existe comme la plus respectée, il est impossible de s'arrêter. Dès qu'ils ont tourné des regards menaçants contre la majesté du Ciel, ils ne manqueront pas, le moment d'après, de les diriger contre la souveraineté de la terre. Le câble qui tient et comprime l'humanité est formé de deux cordes ; l'une ne peut céder sans que l'autre vienne à rompre[1]. »

Diderot fait ici allusion au combat des Lumières contre la toute-puissance de l'Église catholique, ses dogmes jugés ridicules et absurdes, son clergé et les pratiques religieuses. Quelques années auparavant, la propagande des philosophes avait commencé à porter ses fruits lorsque les jésuites furent chassés de France, et même de partout en Europe, à partir de 1764. Le 9 mars 1765, trois ans, jour pour jour, après la condamnation à mort de Jean Calas, l'arrêt des juges de Toulouse fut cassé grâce à l'intense campagne menée par Voltaire en faveur de leur réhabilitation ; la victime et sa famille furent déclarées innocentes à l'unanimité. Le patriarche de Ferney a remporté une victoire décisive contre l'« hydre du fanatisme[2] ». À la fin de l'année, les dix volumes de texte restants de l'*Encyclopédie* peuvent enfin paraître[3]. Mais les parlementaires jansénistes, bien plus fanatiques que leurs ennemis jésuites, veillent au grain. La magistrature se dresse contre le courant du siècle, contre les réformes institutionnelles, contre les protestants et contre la philosophie. Pendant plusieurs années, les parlementaires jansénistes tiennent tête au roi, encouragés par l'inertie des ministres Choiseul et Saint-Florentin, puis, brusquement, l'initiative énergique d'un ministre les brise. Le 24 décembre 1770, Choiseul est renvoyé ; le duc d'Aiguillon, bête noire des parlementaires, forme avec le nouveau chancelier Maupeou et le contrôleur général des finances, l'abbé Terray, un triumvirat antiparlementaire qui va renforcer la prérogative royale. Dans la nuit du 19 janvier 1771, le couperet monarchique tombe : 130 magistrats sont destitués de leurs charges et exilés (ils seront remis en selle par Louis XVI). Maupeou, par l'édit du 23 février 1771, amorce une profonde réforme judiciaire. La vénalité des charges judiciaires est abolie ; un nouveau Parlement est créé, formé de juges révocables et salariés par le pouvoir ; enfin, grâce à la suppression des « épices », c'est-à-dire des redevances que les plaideurs versaient à leurs juges, la justice est rendue gratuitement.

La réforme, d'une importance capitale, fut bien accueillie par le public, à commencer par Voltaire qui, bien plus anti-janséniste qu'ennemi des jésuites ses anciens maîtres, se félicita de la défaite des parlementaires assassins de Calas et de La Barre. Partisan d'un pouvoir monarchique fort et de la centralisation, il met sa plus belle plume au service de la réforme Maupeou : « J'aime mieux obéir à un beau lion qui est né beaucoup plus fort que moi, qu'à deux cents rats de mon espèce[4]. » Tout en réclamant le retour des parlementaires exilés, il souligne tous les avantages que le public peut attendre de l'abolition de la vénalité des charges, tout comme de la gratuité de la justice. Bien qu'alerté à plusieurs reprises, notamment par d'Alembert et Condorcet que les tentatives absolutistes de Maupeou inquiètent, Voltaire continue obstinément à le soutenir jusqu'au moment où le jeune Beaumarchais dénonce, en 1773, la vénalité du parlementaire Goezman, jetant ainsi l'opprobre sur le fonctionnement des nouveaux juges.

Et Diderot ? Contrairement à l'attitude de Voltaire vis-à-vis de la révolution Maupeou, sa position dans la lutte entre la royauté et le Parlement est nettement en faveur de ce dernier. Malgré ses convictions absolutistes et nonobstant son hostilité envers les tendances les plus réactionnaires des parlementaires[5], il semble avoir envisagé le Parlement comme un corps politique représentant la nation qui partage le pouvoir législatif avec le monarque et limite ainsi son arbitraire. Plus sensible que Voltaire à la crise constitutionnelle, Diderot estime que malgré leurs méfaits et leurs vices évidents, les parlements représentent la seule protection offerte au citoyen français contre la tyrannie. Le coup d'État de Maupeou risque par conséquent d'entraîner la monarchie sur la voie du despotisme. Diderot s'en ouvre à la princesse Dachkov dans la lettre déjà citée plus haut. La réforme parlementaire, lui confie-t-il sous le sceau du secret, « a produit une grande émotion parmi tous les ordres de l'État. [...] Les têtes s'échauffent ; ce feu se répand par degrés, les principes de liberté et d'indépendance, autrefois cachés dans le cœur de quelques gens qui pensent, s'établissent à présent et sont ouvertement avoués ». Cette situation de crise, combien confuse, engendrera l'esclavage ou la liberté. Diderot termine sa lettre par une considération qui reviendra comme un leitmotiv dans sa pensée politique après l'*Encyclopédie* : « Il est mille fois plus facile, j'en suis persuadé, pour un peuple éclairé de retourner à la barbarie, que pour un peuple barbare d'avancer d'un seul pas vers la civilisation. Il semble en vérité que toute chose, le bien comme le mal, ait son temps de maturité. Quand le bien atteint son point de perfection, il commence à tourner au mal ; quand le mal est complet, il s'élève vers le bien[6]. »

Deux ans plus tard, Diderot revient aux événements dans un long « Essai historique sur la police de la France depuis son origine jusqu'à son extinction actuelle » rédigé à l'intention de Catherine II de Russie auprès de laquelle il se trouve alors. Il commence par dire tout le mal qu'il pense des parlements, puis conclut de nouveau que la suppression de ce corps presque unanimement méprisé ne lui apparaît pas comme la meilleure solution. Le nouveau Parlement ne le satisfait pas, car on vient de remplacer « des gens illustres » par « une misérable canaille ». Ces nouveaux parlementaires sont des salariés obligés de « s'avilir par toutes sortes de bassesses » afin de conserver leur place dont ils peuvent être chassés comme des valets. Diderot se déchaîne en particulier contre la réforme de Maupeou parce qu'elle a entraîné la ruine de vingt mille familles (mais Diderot exagère fortement le chiffre), annonçant à toute la nation « qu'il n'y avait plus aucune propriété sacrée[7] ». Et ça, Diderot ne pouvait pas le souffrir.

On a souvent souligné l'évolution importante qui a conduit Diderot à s'écarter, au cours des années 1760, des principes politiques qu'il avait énoncés au début de l'entreprise encyclopédique, quand il exprimait peu ou prou les aspirations de ses collaborateurs et de son public, c'est-à-dire celles de la bourgeoisie active et éclairée de son temps. Les premiers articles politiques de Diderot esquissaient le tableau d'un État idéal fondé sur le principe de la souveraineté nationale, où le pouvoir émane du peuple entier et se concentre entre les mains d'une autorité centrale absolue et non partagée, où l'absence de liberté politique est compensée par une totale liberté civile, le respect du libre jeu des lois économiques, enfin l'audience permanente donnée aux représentants de l'opinion publique éclairée, « gens de savoir et de mérite[8] ». Loin de critiquer l'absolutisme, Diderot dessinait le projet d'une alliance entre les philosophes, qui défendent l'intérêt général, et l'autorité royale entravée par une multitude d'obstacles traditionnels. Programme et pensée en fin de compte assez timides : même Saint-Lambert et d'Holbach allaient plus loin lorsqu'ils réclamaient l'instauration d'une sorte de monarchie constitutionnelle, sinon d'une démocratie représentative. Paradoxalement, c'est de Rousseau que Diderot reste le plus proche, par le souci qu'il garde de l'unité du corps social et de la suppression de tout intermédiaire entre l'expression de la volonté générale, conçue comme la volonté idéale de la nation, et son exécution. C'est quand il découvrira les réalités concrètes de l'économie, de la colonisation et du despotisme soi-disant éclairé que Diderot pourra mesurer qu'il y a loin de la politique systématique à l'application.

Les années 1765-1770, entre l'achèvement de l'*Encyclopédie* et le voyage à Langres qui a dû le marquer plus qu'il ne l'a dit, marquent le véritable apprentissage en politique de Diderot. En août et septembre 1765, d'Holbach avait fait un voyage outre-Manche dont il revint fort déçu. Ses observations désabusées sur la société et le régime politique anglais dissipèrent un mythe : « Le monarque paraît avoir les mains libres pour le bien, et liées pour le mal ; mais il est autant et plus maître de tout qu'aucun autre souverain. Ailleurs la cour commande et se fait obéir. Là elle corrompt et fait ce qui lui plaît, et la corruption des sujets est peut-être pire à la longue que la tyrannie. [...] L'or qui afflue dans la capitale et les provinces de toutes les contrées de la terre, porte la main-d'œuvre à un prix exorbitant, encourage la contrebande et fait tomber les manufactures[9]. » Loin d'apporter un espoir, l'exemple de l'Angleterre exaspère le scepticisme de Diderot : « Ne croyez pas sur cette merveilleuse balance des trois états de la nation, que ces gens-là soient mieux gouvernés que nous. » En Angleterre, les mots patriotisme, république, amour de la patrie, sont vides de sens ; ils ne servent que de prétexte « pour pallier l'intérêt personnel, couverture qu'on ne manque jamais de tirer à soi quand on peut ». La conclusion pessimiste tombe comme un couperet : « C'est du pâtre et non du troupeau que la loi est la sauvegarde, avec cette différence que le pâtre de bestiaux a l'attention de mener dans de gras pâturages le bœuf qu'il doit dévorer, au lieu que le souverain pâtre nous conduit étiques à la boucherie[10]. »

Quelques semaines plus tard, Diderot découvre le célèbre ouvrage du marquis Cesare Beccaria, *Traité des délits et des peines*, un réquisitoire implacable contre la justice de l'Ancien Régime que le jeune auteur milanais avait publié en 1764. Fils spirituel des encyclopédistes, il y dénonçait les erreurs judiciaires, les irrégularités de la procédure, la disproportion et la cruauté des peines, puis proposait des réformes concrètes afin d'humaniser la justice. Le livre avait aussitôt remporté un succès européen, car un peu partout sévissaient les mêmes maux. En septembre 1766, Voltaire publia un *Commentaire*, ajoutant aux exemples donnés par Beccaria une série de condamnations à des châtiments scandaleusement cruels par rapport aux fautes commises. Il terminait son livre en proposant quelques réformes adaptées à la situation française : supprimer la vénalité des charges judiciaires ; unifier la législation dans tout le royaume ; abolition de la question, etc. Il faut, comme le réclame Beccaria, réformer la loi chaque fois qu'elle est pernicieuse, injuste ou inhumaine.

Diderot et ses amis n'avaient bien entendu que sympathie pour Beccaria, mais certains d'entre eux ne manquèrent pas d'exprimer leurs réticences vis-à-vis de son *Traité*. Au début de l'année 1766, le peintre écossais Allan Ramsay, fils du poète du même nom, adresse à Diderot une longue lettre dans laquelle il exprime une critique radicale de l'ouvrage. L'essentiel de ses critiques porte sur le manque de réalisme de Beccaria. La sensibilité et la pitié, affirme-t-il, n'ont rien à faire dans un domaine où seules la raison et les lois doivent parler : « Les questions de politique ne se traitent point par abstraction, comme les questions de géométrie et d'arithmétique. Les lois ne se formèrent nulle part *a priori*, sur aucun principe général, essentiel à la nature humaine. Partout elles découlèrent des besoins et des circonstances particulières des sociétés[11]. » Ramsay ne se situe pas sur le terrain du droit ni sur celui de la philosophie. Partant d'une situation de fait, il rejette les propositions humanitaires de l'ouvrage de Beccaria au nom des lois implacables de la réalité sociale. Les gouvernements, explique-t-il, s'appuient nécessairement sur la force ; l'abolition de la torture et de la peine de mort ne feraient que « les priver des meilleurs moyens de sécurité, et abandonneraient l'administration à la discrétion de la première poignée de déterminés qui aimeraient mieux commander qu'obéir[12] ». Diderot fut vivement impressionné par cette dure leçon de réalisme politique et en resta longtemps marqué. Il jugea la réfutation de Ramsay suffisamment importante pour se donner la peine de traduire sa lettre en français afin de l'envoyer à Beccaria. Mais ayant entendu parler de la sensibilité presque maladive de l'Italien, il y renonça. Elle fut cependant communiquée à l'auteur du *Traité des délits et des peines* par l'abbé Morellet, le traducteur français de Beccaria.

Diderot ne souffrit pas longtemps de voir ses chimères déchirées par d'Holbach et Ramsay. En 1767, il lit *L'Ordre naturel et essentiel des sociétés politiques* du physiocrate Pierre-Paul Le Mercier (ou Lemercier) de La Rivière qui devient pour un temps son livre de chevet. « Jetez-vous bien vite sur ce livre, enjoint-il à ses amis. Dévorez-en toutes les lignes, comme j'ai fait. Sentez bien toute la force de sa logique ; pénétrez-vous bien de ses principes, tous appuyés sur l'ordre physique et l'enchaînement général des choses. [...] C'est celui-là qui a découvert le secret, le véritable secret, le secret éternel et immuable de la sécurité, de la durée et du bonheur des empires[13]. » Même le vénéré Montesquieu est détrôné pour un temps : « Je vous déclare que pour les bons penseurs, il n'y a nulle comparaison à faire de son ouvrage à celui de Montesquieu. Je vous déclare que cent mille pointes et autant de phrases ingénieuses de celui-ci n'équivaudront jamais à une ligne solide, pleine de sens, et grave du premier[14]. » Quand Catherine II entendit parler de l'économiste et de son merveilleux système, elle l'invita à Saint-Pétersbourg, sans doute pour des raisons de publicité. C'est Diderot lui-même qui organise le voyage de l'économiste en Russie. Mais le séjour de Le Mercier de La Rivière se passa mal, pour des raisons essentiellement liées à des querelles de personnes. L'échec du nouveau Montesquieu à la cour de la tsarine ne convainquit pas Diderot de hâter son départ pour Saint-Pétersbourg où il devait, tôt ou tard, se rendre pour y remercier sa bienfaitrice.

La doctrine professée par Le Mercier de La Rivière est aujourd'hui connue sous le nom de physiocratie. La pensée ou science économique apparut pour la première fois au début du XVIIe siècle. Appelée « économie politique », elle rentre dans l'art du gouvernement, et plus spécialement dans cette branche qui s'occupe du ménage, qui vise à procurer au peuple et à la nation la prospérité matérielle. Les uns, qui s'appelaient des mercantilistes, enseignaient que, pour enrichir un État, il fallait, tout comme pour les individus, lui assurer le plus possible d'or ou d'argent. D'autres, moins nombreux, enseignaient déjà que le peuple ne trouverait le bonheur que dans une répartition plus égale des richesses, voire dans l'abolition ou la restriction de la propriété privée, dans la création d'une société nouvelle par un nouveau contrat social ou par la réalisation d'une cité d'Utopie. C'est alors qu'au milieu du XVIIIe siècle, François Quesnay, médecin de profession, écrit dans l'*Encyclopédie* les articles *Fermiers* et *Grains* où les grands thèmes de sa nouvelle doctrine sont rassemblés. Il y déclare qu'il n'y a rien à chercher ni à inventer, car tous les rapports entre les hommes sont gouvernés par des lois, lois admirables dont l'évidence s'impose à quiconque a une fois ouvert les yeux et dont aucun esprit raisonnable ne peut contester l'autorité, pas plus que pour les lois de la géométrie : il suffit de les comprendre pour leur obéir. L'école des physiocrates, dont Quesnay est le fondateur, est la première qui a eu une vision d'ensemble de la science sociale en affirmant que les faits sociaux sont liés par des rapports nécessaires et que les individus et les gouvernements n'ont qu'à les apprendre pour y conformer leur conduite.

Les physiocrates s'intéressent avant tout aux droits économiques, et au premier d'entre eux, le droit de propriété. L'« ordre essentiel » des sociétés, proclame Le Mercier de La Rivière, est fondé sur le droit de propriété[15]. Ce que les physiocrates appellent, après Locke, droit de propriété, c'est le droit pour tout homme de « pourvoir à sa conservation » ; sans ce droit, la condition de l'homme serait pire que celle des animaux. Le droit de pourvoir à sa conservation implique le « droit d'acquérir », c'est-à-dire le droit de se procurer grâce à son travail « les choses utiles à son existence ». Prenons l'exemple d'un individu de l'état de nature qui part en quête de nourriture. Arrivé devant un pommier, il cueille des pommes et les mange, autrement dit *il se les approprie.* Locke, à qui cet exemple est emprunté[16], affirme que l'individu a le droit de manger ces pommes car, s'il ne le faisait pas, il mourrait. Ce droit est donc indépendant de tout consentement des autres individus : si chacun avait dû attendre le consentement des autres pour s'approprier les fruits de la terre, l'humanité aurait disparu depuis longtemps. La question décisive est : à partir de quand, à partir de quel acte les pommes que l'homme mange commencent-elles à lui appartenir en propre ? Qu'est-ce qui distingue les pommes cueillies de celles qui sont restées sur l'arbre ? Il n'y a rien, répond-il, qui puisse les rendre siennes que le soin et la peine qu'il prend de les cueillir et de les amasser : « Son travail distingue et sépare alors ces fruits des autres biens qui sont communs ; il y ajoute quelque chose de plus que la *nature*, la mère commune de tous, n'y a mis et, par ce moyen, ils deviennent son bien particulier. » La propriété entre dans le monde par le travail, et chaque individu a en lui-même la grande source de la propriété car il est travailleur et propriétaire de lui-même, donc de son travail. Aux yeux de Locke, le sens de la « justice » ne peut être que de garantir la propriété : il est absurde de s'interroger sur la justice du droit de propriété, puisque l'idée même de justice présuppose la propriété. Le Mercier lui aussi lie la justice au droit de propriété : « Pour que chaque homme puisse remplir le premier devoir auquel il est assujetti par la nature, pour qu'il puisse subsister enfin, il est d'une nécessité *absolue* qu'il ait le droit de pourvoir à sa conservation ; pour qu'il puisse jouir de ce droit, il est d'une nécessité *absolue* que les autres n'aient pas le droit de l'en empêcher. La propriété *exclusive* de sa personne [...] est donc pour chaque homme un droit d'une nécessité *absolue* ; et comme cette propriété personnelle *exclusive* serait nulle sans la propriété *exclusive* des choses acquises par ses recherches et ses travaux, cette seconde propriété *exclusive* [...] est d'une nécessité *absolue* comme la première dont elle émane[17]. »

Comment expliquer l'engouement soudain de Diderot pour l'ouvrage, aujourd'hui bien oublié, de Le Mercier de La Rivière ? Pour les physiocrates, la nature détermine un ordre absolu, immuable et universel, institué par l'Être suprême dont on a vite fait d'oublier l'existence. Proches de l'anthropologie matérialiste et sensualiste défendue par La Mettrie, Helvétius, Diderot et d'Holbach, leur science peut être qualifiée d'utilitariste avant la lettre. Pour Le Mercier, il n'existe que « deux mobiles qui sont en nous les premiers principes de tous nos mouvements : l'un est l'appétit des plaisirs, et l'autre est l'aversion de la douleur ». Le bonheur, cette « idée neuve en Europe » selon le célèbre mot de Saint-Just, n'est pas dans un au-delà hypothétique mais se trouve ici-bas, dans la satisfaction des désirs, à commencer par le plus élémentaire, la satisfaction des besoins physiques. « Nous ne pouvons exister sans consommer, écrit Le Mercier de La Rivière ; notre existence est une consommation perpétuelle[18]. » On est cependant encore loin de notre société de consommation actuelle : menacée par des disettes plus ou moins régulières, la plus grande partie du peuple cherche tout simplement à gagner de quoi subsister et à se reproduire. « Humainement parlant, affirme Le Mercier, le plus grand bonheur possible consiste pour nous *dans la plus grande abondance possible d'objets propres à nos jouissances, et dans la plus grande liberté possible d'en profiter*[19]. » Pas d'abondance sans liberté, et pas de propriété sans liberté : « Le droit de propriété considéré par rapport au propriétaire n'est autre chose que le *droit de jouir* ; or il est évident que *le droit de jouir ne peut exister sans la liberté de jouir*. [...] Telle est l'idée qu'on doit se former de la liberté sociale, de cette liberté qui est tellement inséparable du droit de propriété qu'elle se confond avec lui, et qu'il ne peut exister sans elle, comme elle ne peut exister sans lui. [...] *Désir de jouir et liberté de jouir, voilà l'âme du mouvement social* ; voilà le germe fécond de l'abondance, parce que cet ensemble précieux est le principe de tous les efforts que les hommes font pour se la procurer[20]. » Et Le Mercier de conclure : « Voulez-vous qu'une société parvienne à son plus haut degré possible de richesse, de population, et conséquemment de puissance ? Confiez ses intérêts à la liberté ; faites que celle-ci soit générale ; au moyen de cette liberté, [...] le désir de jouir irrité par la concurrence, éclairé par l'expérience et l'exemple, vous est garant que chacun agira toujours pour son plus grand avantage possible, et par conséquent concourra de tout son pouvoir au plus grand accroissement possible de cette somme d'intérêts particuliers dont la réunion forme ce qu'on peut appeler l'intérêt général du corps social, ou l'intérêt commun du chef et de chacun des membres dont ce corps est composé[21]. »

On sait que pour les physiocrates, l'agriculture est seule créatrice de richesses. Le commerce ne produit selon eux aucune richesse réelle, mais seulement un gain, ce qui est bien différent, car ce qui est gagné par l'un est perdu par l'autre. Ils considèrent le commerce comme un « mal nécessaire[22] » tout en préconisant le libre-échange, parce que l'ordre naturel implique la liberté pour chacun de vendre ou acheter comme il lui plaît afin d'augmenter ses jouissances. Le meilleur état possible d'une nation, affirme Le Mercier, est celui « auquel est attachée la plus grande somme possible de jouissances » ; il consiste, par voie de conséquence, « dans la plus grande masse possible de valeurs *disponibles* ; car ce sont les seules dont nous puissions toujours jouir ». La richesse des nations « ne peut être que le résultat de la *plus grande abondance possible des productions nationales, jouissant constamment de leur meilleur prix possible* ; prix qui ne peut régner dans une nation que par le moyen de la plus grande liberté possible dans son commerce[23] ». On connaît la formule : « laisser faire, laisser passer[24] ». Le pouvoir, affirment les physiocrates, ne doit pas intervenir dans l'économie. La raison en est qu'« il est de l'essence de l'ordre que l'intérêt particulier d'un seul ne puisse jamais être séparé de l'intérêt commun de tous. Nous en trouvons une preuve bien convaincante dans les effets que produit naturellement et *nécessairement* la plénitude de la liberté qui doit régner dans le commerce, pour ne point blesser la propriété. L'intérêt personnel, encouragé par cette grande liberté, presse vivement et perpétuellement chaque homme en particulier de perfectionner, de multiplier les choses dont il est vendeur ; de grossir ainsi la masse des jouissances qu'il peut procurer aux autres hommes afin de grossir, par ce moyen, la masse des jouissances que les autres hommes peuvent lui procurer en échange. *Le monde* alors *va de lui-même* ; le désir de jouir et la liberté de jouir ne cessant de provoquer la multiplication des productions et l'accroissement de l'industrie, ils impriment à toute la société un mouvement qui devient une tendance perpétuelle vers son meilleur état possible[25] ».

La libre concurrence dans les échanges prônée par les physiocrates est censée assurer le maximum d'utilité finale pour chaque partie. Un demi-siècle après Locke, le père du libéralisme classique, l'idée d'autorégulation de la société basée sur l'harmonie des intérêts individuels vient de faire son entrée dans la pensée des Lumières. Le législateur n'a pas d'autre rôle que de reconnaître et de manifester les lois naturelles : en clair, supprimer les entraves artificiellement créées, assurer le maintien de la propriété et de la liberté et punir ceux qui y porteraient atteinte. Leur théorie politique est ce que Le Mercier de La Rivière appelle le « despotisme légal » : ni une tyrannie ou dictature totalitaire ni le régime du bon despote qui doit faire les hommes heureux, malgré eux. Le despotisme des physiocrates n'est autre que celui de l'ordre naturel auquel tout homme raisonnable ne peut faire autrement que de se conformer. Non moins éloigné de l'absolutisme monarchique que de la démocratie moderne, le despotisme légal des physiocrates n'est autre que celui de l'évidence qui s'impose.

Voltaire s'est longuement moqué des physiocrates dans *L'Homme aux quarante écus* (1766), et Grimm accabla la « secte » de ses sarcasmes dans la *Correspondance littéraire*. Économiquement et politiquement, la pensée des physiocrates est cependant proche des encyclopédistes : même culte de la nature et de la propriété, même souci d'augmentation la production et la richesse, mêmes préoccupations démographiques, même respect d'une autorité éclairée. Avec un peu de bonne volonté, Diderot pouvait rapprocher leurs présupposés philosophiques des principales thèses matérialistes qu'il était alors en train de mettre au point. Son admiration enthousiaste pour l'auteur de *L'Ordre naturel et essentiel des sociétés politiques* s'est exprimée dans un éloge dithyrambique qui vaudrait la peine d'être cité *in extenso* s'il ne faisait près de trois pages. En voici l'essentiel :

> Personne ne me paraît avoir vu, comme lui, que l'ordre des sociétés était donné essentiellement par l'ordre de nature, et que vouloir une bonne société et s'écarter de cet ordre, c'était vouloir une impossibilité. [...] Personne, je crois, n'avait ni vu ni prouvé que toute législation bonne ou mauvaise se résolvait en dernier lieu par favoriser et attaquer la propriété. Grand critérium de toute loi. [...] Il est le seul qui m'ait donné des idées claires, nettes et vraies du commerce tant intérieur qu'extérieur, et de la nature du commerce en général. [...] Sans doute il y a des idées dans Montesquieu, dans Mirabeau et les autres ; mais voilà le premier, voilà le seul qui ait fait un livre. [...] Je ne puis juger les ouvrages que par le plaisir qu'ils m'ont fait et l'utilité que j'en ai tirée. Ce livre m'a fait plus de plaisir et m'a été cent fois plus utile que *L'Esprit des lois*. [...] En un mot, voilà à mon sens le seul auteur démonstratif en ce genre ; et si démonstratif qu'il faut lier l'ordre de nature, ou convenir de son ordre des sociétés[26].

En juillet, Diderot vante Le Mercier de La Rivière, qu'il vient de recommander à Catherine II, auprès de Falconet : « C'est l'apôtre de la propriété, de la liberté et de l'évidence. De la propriété, base de toute bonne loi ; de la liberté, portion essentielle de la propriété, germe de toute grande chose, de tout grand sentiment, de toute vertu ; de l'évidence, unique contre-force de la tyrannie et source du repos[27]. »

Les théories des physiocrates reçurent une consécration légale par l'édit de 1764, supprimant toute entrave au commerce des blés à l'exception de la capitale et de son arrière-pays. En autorisant, quoique de façon limitée, la libre exportation des grains et des farines, le décret faisait de la loi du marché le régulateur naturel de l'économie. Les philosophes ne s'y opposaient guère, car la cause de la libre concurrence apparaissait alors indissociable de celle des Lumières, du progrès et de la raison, contre les privilèges, les monopoles et l'égoïsme corporatif. Malheureusement, Dame Nature se montra fort ingrate en déchaînant aussitôt plusieurs années de disettes successives que le peuple imputa au régime et aux physiocrates qui l'avaient inspiré. Dans des dizaines de villes et de villages, les émeutes frumentaires, nombreuses, flambèrent entre 1764 et 1770 – pendant cette période, les cours du blé étaient passés en moyenne du simple au double. La libéralisation ne semble avoir entraîné d'égalisation des prix ni dans le temps ni dans l'espace, ni aucun équilibre, contrairement aux espérances des partisans du libre-échange. Dès lors, s'ouvre dans la République des lettres une « lutte interne de l'encyclopédisme français », « véritable guerre de succession entre les physiocrates, les encyclopédistes de tel ou tel courant et les groupes liés à d'Holbach, à Necker, à d'autres encore[28] ». Une fraction des Lumières va se retourner contre la libéralisation, c'est-à-dire aussi contre la montée en puissance des physiocrates.

Parmi les chefs d'orchestre de cette recomposition, il y a Diderot et son ami napolitain, l'abbé Galiani. Secrétaire à l'ambassade du royaume de Naples à Paris, Ferdinando Galiani s'était fait remarquer à l'âge de vingt-deux ans par un *Traité de la monnaie* (1750), aujourd'hui considéré comme un classique italien, qui s'inscrivait dans le débat des grands principes économiques de l'époque et servit au gouvernement napolitain à la réformation de son système monétaire. Arrivé en France en 1759, Galiani devint rapidement l'une des principales vedettes des salons parisiens. Il y fit la connaissance de Diderot et se lia avec lui. Au Grandval, le petit abbé spirituel et drôle par ses anecdotes et sa mimique se révèle être « un trésor dans les jours pluvieux[29] ». Diderot ne cesse de raconter à Sophie les histoires débitées par Galiani pour amuser la société, tout en se désolant de ne faire que les transcrire du mieux qu'il peut. « Ce n'est pas moi, regrette-t-il, c'est l'abbé qu'il faudrait entendre. Le fonds est misérable en lui-même, mais il prend entre ses mains la couleur la plus forte et la plus gaie et devient une source inépuisable de bonne plaisanterie et même quelquefois de morale[30]. »

Galiani abordait les questions économiques de manière concrète, empirique. Il n'était pas précisément hostile au laisser-faire : « Il ne faut rien défendre, disait-il, autant qu'il est possible[31]. » Mais il se déclarait contre tout système général qui négligeait d'appliquer les principes « au temps, aux lieux, aux circonstances[32] ». Les physiocrates ont construit un système qui ignore la réalité, ou une partie de la réalité. Les lois du libre-échange sont justes quand les récoltes sont bonnes et que le grain abonde, mais leur foi optimiste en l'harmonie naturelle s'avère catastrophique quand la production est faible. Dans une économie de pénurie, la loi de la nature chère aux physiocrates – et à tous ceux qui font de l'autorégulation des marchés une religion – devient la loi du fort et du riche. Galiani n'a cependant rien d'un révolutionnaire en herbe, bien au contraire ; son point de vue est le même que celui de la police et de son lieutenant général Sartine qui craint les dangers d'une crise révolutionnaire entraînant le changement de la forme du gouvernement. Foncièrement conservateur, Galiani envisage un possible « renversement de la machine politique » dans son entier, renversement lié à la politique de libéralisation du commerce des blés : « Si vous touchez trop à l'administration des blés en France, vous altérerez la forme et la constitution du gouvernement, soit que ce changement soit la cause, ou qu'il soit l'effet de la liberté entière d'exportation. Or le changement de la forme du gouvernement est une bien belle chose quand elle est faite, mais fort vilaine à faire[33]. »

En novembre 1768, quand le prix du blé atteint son pic, Galiani réussit à convaincre Diderot. « Enfin l'abbé Galiani s'est expliqué net. Ou il n'y a rien de démontré en politique, ou il l'est que l'exportation est une folie. [...] Je me suis prosterné devant lui pour qu'il publiât ses idées[34]. » L'abbé se met effectivement au travail et rédige, en français, ses huit *Dialogues sur le commerce des blés*. Mais l'ouvrage est à peine achevé que son auteur est soudain rappelé par son gouvernement au mois de mai 1769 – il s'agit d'une expulsion déguisée, motivée par la politique napolitaine secrètement hostile à Choiseul. Le 25 juin, Galiani quitte définitivement Paris, laissant à Diderot et à Mme d'Épinay son manuscrit en vue de l'impression. Diderot est alors surchargé de besognes, d'autant que Grimm, en voyage, lui a confié sa « boutique », la *Correspondance littéraire* : « L'édition de l'abbé Galiani, mes planches [de l'*Encyclopédie*], la corvée de Grimm, le *Salon* [de 1769] et mes petites affaires particulières m'accablent. Le soir, je suis quelquefois si las que je n'ai pas la force de manger. Cela est à la lettre[35]. » L'ouvrage du Galiani, dûment corrigé, paraît dans les premiers jours de janvier 1770[36].

Le succès des *Dialogues* est immédiat : la première édition est épuisée en trois mois. Les physiocrates, lui écrit Mme d'Épinay, « ont perdu cent pour cent depuis votre livre et surtout depuis qu'on meurt de faim. On se moque partout de leurs écrits[37] ». Pour tenter de limiter les effets du livre de Galiani, le directeur du Commerce Trudaine de Montigny commande une réfutation à l'abbé Morellet, un ami des « économistes » malmenés. Composée à la hâte, la *Réfutation de l'ouvrage qui a pour titre Dialogues sur le commerce des blés* de Morellet est prête dès le mois de mars. Ironie du sort, le lieutenant de police, Sartine, s'empresse de la confier à un censeur aussi averti que... Diderot. Celui-ci répond après la lecture du manuscrit : « Vous désirez savoir mon sentiment sur l'ouvrage que vous avez bien voulu me confier et que je vous renvoie. Le voici. Je le trouve dur, sec, plein d'humeur et pauvre d'idées. » Diderot critique sévèrement l'ouvrage de Morellet, qu'il estime peu, puis conclut : « Cette réfutation nuira beaucoup à M. l'abbé Morellet, qui ne doit s'attendre ni à l'indulgence du public ni à celle de ses amis. Et c'est ce que je me ferais un devoir de lui dire, si je pouvais m'en expliquer avec lui sans manquer à la confiance dont vous m'honorez. [...] Mais toute réflexion faite, je me persuade que l'abbé Morellet ne publiera pas ses guenillons recousus. Quoi qu'il en soit, comme censeur, je n'y vois rien qui doive en empêcher l'impression[38]. » Le 18 mars, Mme d'Épinay envoie à Galiani une copie de la lettre de Diderot en lui rapportant que Sartine l'avait trouvée « bien forte et bien dure ». À quoi Diderot aurait répondu : « C'est pour que vous la montriez à l'auteur, Monsieur, que je l'ai écrite. Je l'ai signée pour qu'il la voie et qu'il sache qu'elle est de moi[39]. » L'édition de l'ouvrage de Morellet imprimée, Sartine la bloque néanmoins et la fait transporter à la Bastille, où les exemplaires attendront jusqu'en 1774 pour pouvoir être mis en vente. Entre-temps, la loi libérale a été abrogée en 1770, pour être rétablie en 1774 par Turgot et abrogée de nouveau en 1777 par Necker, va-et-vient qui révèle bien les hésitations de l'opinion publique.

On aimerait connaître les arguments employés par l'abbé Galiani fin 1768 pour convaincre Diderot que la libéralisation du commerce des grains était une « folie ». Plus tard, quand il retournera à Langres et à Bourbonne au cours de l'été 1770 en pleine crise des céréales, il verra de près « toute l'horreur de la disette[40] ». Mais la conversion du philosophe aux vues de Galiani devait être motivée par des raisons solides. Selon les physiocrates, on l'a vu, les phénomènes économiques et sociaux obéissent à des lois ou principes prétendument universels dérivant de la nature même des choses. Diderot avait un temps souscrit à cette proposition, sans doute parce qu'elle lui semblait liée au mouvement philosophique des Lumières. En réalité, la physiocratie se rattachait encore à des courants de pensée antérieurs aux Lumières, dominés par une conception théologique et providentialiste de l'univers : l'ordre naturel, c'est l'ordre voulu par Dieu pour le bonheur des hommes. Nous sommes loin du Tout ou « ordre général » du *Rêve de d'Alembert* que Diderot esquissera quelques mois plus tard, un « ordre » profondément instable, en réorganisation permanente qui n'a rien de commun avec l'« ordre subsistant », c'est-à-dire le monde immuable de la science classique[41]. Au moment où Diderot met la dernière main au *Salon de 1767*, où il introduit la distinction entre nature subsistante et modèle idéal, Galiani lui a peut-être fait comprendre que cette distinction était également valable dans le monde concret. Galiani distingue l'« ordre naturel » et l'ordre réel, qui s'en écarte toujours selon les circonstances locales comme les mœurs, la qualité du terrain, les aléas climatiques et la contingence historique. L'erreur des physiocrates, due à leur esprit de système, est de ramener la pratique économique uniquement aux règles qui découlent de l'ordre supposé naturel et gomme la temporalité dans laquelle sont pris les agents économiques :

LE PRÉSIDENT

Je croyais que la Nature laissée en liberté amenait tout à l'équilibre qui est l'état naturel des choses et le plus convenable à l'homme ; qu'il y avait un ordre nécessaire et enchaîné qui se présenterait de lui-même, et qui serait aisé à retrouver, si les hommes ne lui avaient pas fait toujours violence et ne l'avaient barré par mille inventions. Qu'ainsi par ces trois points fondamentaux seuls, nature, liberté, équilibre, on pouvait espérer de parvenir au bonheur.

LE CHEVALIER

Rien n'est si vrai ; rien n'est si faux. Que la Nature en liberté tende à l'équilibre, c'est une vérité lumineuse dans la tête d'un métaphysicien [...] ; c'est une vérité, parce qu'on voit les causes et les effets ; mais on ne tient pas compte de la durée des époques du retour, on balance les inégalités par des compensations, et on prend des termes moyens qui n'existent jamais ailleurs que dans la méditation. Mais ce que vous dites est très faux sous la main d'un praticien, parce que l'homme, lorsqu'il agit, devient aussi petit, aussi faible qu'un animal de cinq pieds doit être, parce qu'il sent alors le frêle de sa structure, le court espace de sa vie, l'instantanéité de ses besoins, le raboteux des plus petites inégalités, et qu'il ne peut rien compenser, rien rabattre sans souffrir ou sans mourir. Je veux appliquer ces principes à la théorie des blés. Rien n'est si vrai que les prix des blés laissés en liberté se mettent en équilibre. Rien n'est si vrai que le commerce rendu libre répandra du blé partout où il y aura de l'argent et des consommateurs. Rien n'est si vrai en théorie, parce que tous les hommes courent après le gain, ce qui était à démontrer. Mais prenez garde en pratique qu'il faut un temps physique à la poste des lettres pour envoyer la nouvelle du défaut de blé d'une ville à un pays qui en a. Il faut un autre espace de temps pour que le blé arrive ; et si cet espace de temps est de quinze jours, et que vous n'ayez des provisions que pour une semaine, la ville reste huit jours sans pain, et cet insecte appelé homme n'en a que trop de huit jours de jeûne pour mourir, ce qui n'était pas à

> faire. Ainsi le théorème va bien, le problème va fort mal. Concluons donc de ne pas laisser à la Nature le soin de nos petites guenilles. Elle est trop grande dame pour cela. Laissons-lui le soin des grands mouvements, des grandes révolutions des empires, des longues époques, comme elle a celui du mouvement des astres et des éléments. La politique n'est autre chose que la science de prévenir ou de parer les mouvements instantanés qui se font par des causes extraordinaires, et elle ne va pas plus loin[42].

Galiani s'oppose au naturalisme optimiste et simpliste des physiocrates. Leurs conceptions sont « métaphysiques », c'est-à-dire déconnectées de la réalité en ce qu'elles confondent le temps des hommes et celui de la Nature. À la manière de Diderot dans *Le Rêve de d'Alembert*, Galiani distingue entre une nature « grande dame » – l'ordre général ou le Tout – et une nature ou ordre subsistant, le monde ici et maintenant, et il est clair que l'ordre de la nature « grande dame » n'est pas celui des hommes. Identifier l'ordre réel à un ordre naturel et voulu par Dieu, c'est méconnaître la fragilité et la relativité de l'ordre subsistant, c'est faire abstraction de la précarité de la condition humaine. La Nature n'est pas ordonnée dans un sens finaliste et providentiel, elle est aveugle : « Comparons-nous. Sans doute la nature revient fidèlement toujours aux lois que son auteur lui a données pour durer un temps indéfini. Sans doute elle remet toutes les choses en équilibre ; mais nous n'avons que faire d'attendre ce retour et cet équilibre. Nous sommes trop petits ; le temps, l'espace, le mouvement devant elle ne sont rien ; mais nous ne pouvons pas attendre. Ne faisons donc point alliance avec la nature, elle serait trop disproportionnée[43]. » Dans le système des physiocrates, système excessivement idéaliste, économistes et gouvernants misent sur la régularité des lois naturelles, sur la compensation qui se fera *nécessairement* d'une province à l'autre, d'une année à l'autre, entre les aléas qui interviennent dans la production des biens naturels dans les échanges. Mais, objecte Galiani, comme le joueur est ruiné par une série de coups défavorables, le peuple risque d'être accablé par une succession de mauvaises récoltes et par les spéculations des monopoleurs.

Après son retour de Langres, Diderot rencontra l'abbé Morellet chez d'Holbach au Grandval. « Il m'a laissé, dit-il à Sophie Volland, le seul exemplaire qu'il y ait de son ouvrage supprimé contre les *Dialogues* de l'abbé Galiani. Je ne l'ai pas encore ouvert[44]. » L'idée d'une réfutation de la réfutation était peut-être née. Diderot connaissait Morellet depuis l'affaire de l'abbé de Prades. Collaborateur occasionnel de l'*Encyclopédie*, il traduisit le traité *Des délits et des peines* de Beccaria avant de publier, en 1769, le *Prospectus d'un nouveau dictionnaire du commerce* en cinq volumes dont Diderot rédigea un compte rendu élogieux ; malheureusement, l'ouvrage annoncé ne fut ni achevé ni publié. En réalité, Diderot n'appréciait guère l'hargneux abbé « Mords-les » (Voltaire) à qui il reprochait en 1769 d'être « un vilain mercenaire qui vend sa plume au gouvernement contre ses concitoyens[45] ». Selon toute vraisemblance, c'est à la fin de l'année 1770 que Diderot jeta sur le papier des *Notes sur un ouvrage intitulé* Réfutation de l'ouvrage qui a pour titre *Dialogues sur le commerce des blés*, une réfutation de la *Réfutation* de Morellet baptisée plus tard *Apologie de l'abbé Galiani*. Il existe en effet deux états de ce texte qui ne fut jamais publié du vivant de Diderot. Le premier est caractérisé par une violence du ton, des invectives et des injures à l'encontre de l'abbé Morellet qui en interdisaient la publication ; c'est une critique de l'homme et de l'auteur et pas seulement de la *Réfutation*. Le deuxième, bien plus modéré, est dû à Vandeul ; Diderot n'y a aucune part. L'*Apologie de l'abbé Galiani* fut publiée pour la première fois dans sa version édulcorée en 1954 par Yves Benot.

Dans le premier chapitre de sa *Réfutation*, l'abbé Morellet critiqua la manière de procéder de Galiani dans l'examen de la question du commerce des grains. La multiplication des exemples cités pour remettre en question les principes prétendument universels des physiocrates révoltèrent son réfutateur, qui y voyait le symptôme même d'une fausse science : celui qui « ne s'appuierait que sur des exemples [...], fonderait sa théorie uniquement sur des faits, et sa doctrine ne mériterait pas même le nom de théorie[46] ». Selon Morellet, l'économie n'est pas fondamentalement une science d'observation, mais d'action et de prescription. Les faits n'infirment jamais la théorie, mais posent seulement la question de savoir ce qu'il convient de faire pour que les individus agissent comme ils devraient agir, selon leur intérêt véritable, c'est-à-dire rationnellement. Cette position suscita la contradiction de Diderot. Il y a une « distance immense », écrira-t-il plus tard, entre le système arrangé dans la tête d'un philosophe et les « obstacles de toutes les couleurs que l'expérience seule des choses apprend à connaître[47] ». L'erreur des physiocrates, répète-t-il après Galiani, est de prôner un ordre naturel et de l'ériger en modèle pour la société des hommes. Le philosophe, quant à lui, doit au contraire baser sa réflexion sur les faits : « Ce sont les faits, les phénomènes subsistants qui servent d'échelons pour s'élever, et non les spéculations abstraites de marches pour descendre[48]. » Le commerçant n'est pas nécessairement un bienfaiteur public ; il est capable, pour s'enrichir, d'affamer ses compatriotes. Tant pis pour eux, écrit Morellet en substance, car le droit de propriété, qui est inviolable, implique le droit absolu de vendre, en toutes circonstances, au plus offrant, même s'il est étranger : « Qu'il n'y ait que deux millions d'hommes occupés à produire les grains, et dix-huit millions qui les mangent, ce n'est pas une raison de décider que le superflu en blé de ces deux millions de cultivateurs doit être gardé tout entier malgré eux ; puisque ce blé superflu pour eux, quoique nécessaire en partie pour leurs concitoyens, est leur propriété[49]. » À la lecture de cette phrase, le sang de Diderot ne fait qu'un tour : « Ce principe est un principe de Tartare, de cannibale, et non d'un homme policé. Est-ce que le sentiment d'humanité n'est pas plus sacré que le droit de propriété qu'on enfreint en paix, en guerre, en une infinité de circonstances, et pour lequel Monsieur l'abbé nous prêche le respect jusqu'à nous exposer à nous tuer, à nous égorger, à mourir de faim[50] ? » Dans les cas extrêmes, quand la famine menace, le « droit sacré de la propriété » défendu vaille que vaille par Morellet doit s'effacer devant l'utilité générale : « Le droit de propriété est sacré de particulier à particulier, et s'il n'est pas sacré, il faut que la société se dissolve. C'est le contraire de ce droit de particulier relativement à la société. Ce n'est rien, car si c'était quelque chose, il ne se ferait rien de grand, d'utile à la société ; la propriété de quelques particuliers croisant sans cesse les vues générales, elle tendrait à sa ruine, parce que le droit de propriété de quelque particulier croiserait sans cesse les moyens de son opulence, de sa force et de sa sûreté[51]. » Diderot conclut que de toute façon, la nécessité n'a point de loi : « Dans le cas du blé refusé par une province qui en a, à une province qui en manque, je ne sais ce que la province disetteuse et les membres diraient. Je sais, moi, que cette province inhumaine, avare, serait pillée et le mériterait[52]. »

Liberté et propriété : ces deux mamelles de la pensée politique de Diderot ainsi que de l'immense majorité des philosophes des Lumières figureront en bonne place, comme chacun sait, dans la Déclaration des droits de l'homme de 1789. Le droit de propriété, autrement dit le droit de l'individu sur la valeur qu'il a créée par son travail, est antérieur à l'institution de la société et ne dépend pas du consentement d'autrui ou de la loi politique ; la propriété est naturelle en son essence, nullement conventionnelle, c'est-à-dire réglée et limitée par la loi. C'est contre cette vision naturaliste et essentialiste que Robespierre réclamera, dans la séance du 24 avril 1793, une redéfinition du droit de propriété, qui n'est, comme le pensait aussi Rousseau, qu'une institution sociale : « En définissant la liberté le premier des biens de l'homme, le plus sacré des droits qu'il tient de la nature, vous avez dit avec raison qu'elle avait pour bornes les droits d'autrui ; pourquoi n'avez-vous pas appliqué ce principe à la propriété, qui est une institution sociale ? [...] Vous avez multiplié les articles pour assurer la plus grande liberté à l'exercice de la propriété, et vous n'avez pas dit un seul mot pour en déterminer le caractère légitime ; de manière que votre déclaration paraît faite, non pour les hommes mais pour les riches, pour les accapareurs, pour les agioteurs et pour les tyrans[53]. » Sans aller aussi loin que Robespierre, Diderot s'interrogeait sur les limites du droit de propriété, et non seulement en période de disette où, de toute façon, c'est la faim et non la raison ou le respect de la loi qui commande aux hommes. Après son voyage à Langres et à Bourbonne, ou même pendant son séjour à Langres dans la maison paternelle, il rédigea un opuscule intitulé *Entretien d'un père avec ses enfants*, sous-titré *ou du danger de se mettre au-dessus des lois*, dans lequel il évoque plusieurs cas de conscience autour du droit de propriété qui font l'objet de discussions animées. Diderot prétend retracer une conversation au coin du feu un soir d'hiver, peut-être lors du dernier séjour du philosophe dans son pays natal. L'impression d'authenticité et de naturel qui se dégage du récit tient d'abord à l'ancrage autobiographique revendiqué dans la présentation du dialogue, à l'évocation respectueuse et émue du vieux patriarche de Langres, à la mise en scène attendrie de « sœurette » et à la raillerie plus caustique de son frère « l'abbé ». Mais Diderot conteur recrée aussi le désordre et l'imprévu que peuvent offrir la vie et la conversation : interventions répétées des auditeurs pour commenter les récits qui leur sont faits, entrée de nouveaux personnages qui font dévier la conversation ou interrompent la narration pour conter leur propre histoire ; puis le débat s'achève dans la confusion et le brouhaha d'une fin de soirée animée. Une première version de l'*Entretien* fut donnée à la *Correspondance littéraire* dès 1771, puis Diderot continua à « farcir » son texte de développements divers jusqu'en 1783, élargissant et généralisant le débat autour du respect de la loi tout en multipliant les points de vue sur des cas précis et complexes.

Le fil de la conversation initiale est constitué par le dilemme, probablement fictif, évoqué par le personnage appelé Mon père, qui mit naguère sa conscience dans un cruel embarras. À la mort du curé centenaire de Thivet[54], Diderot père, qui était alors à la tête d'une famille nombreuse, fut appelé par les parents fort pauvres du défunt afin d'être l'arbitre de la succession qui, selon toute vraisemblance, devait leur échoir. L'enjeu de cet héritage était considérable, puisqu'il se montait à une centaine de milliers de francs. Muni d'une procuration pour les représenter auprès des autorités judiciaires, il fit mettre les scellés sur les biens du curé et procéda à l'inventaire. Pendant la nuit, en passant en revue les papiers du curé, il tombe tout à coup sur un testament autographe qui désigne comme exécuteurs testamentaires des personnes mortes depuis plus de vingt ans et constitue comme héritier universel du curé un richissime libraire parisien ! Tout laissait supposer, par ailleurs, que le curé, au cours de sa longue vie, avait oublié ce testament et, entre-temps, avait changé d'idée. Que faire de ce testament ? Le père avoue avoir été tout de suite tenté de brûler cet « acte inique » qui dépouillait des gens misérables au profit d'un homme riche et sans besoins. Or en brûlant le testament, il se constituait comme une autorité judiciaire, il commettait un acte illégal. Ainsi, le père Diderot fut partagé entre l'équité morale qui voulait qu'il brûlât le testament, et le respect de la loi qui voulait qu'il le gardât au mépris des droits moraux des héritiers naturels.

Ne sachant que faire, le père Diderot, qui est un pieux et bon catholique, décide alors d'aller consulter un casuiste très distingué, le père Bouin. Celui-ci lui expose en substance que si le testament existe, c'est que la Providence divine l'a voulu ainsi. Libre au père Diderot de secourir les pauvres : « Supprimez le testament, [...] mais c'est à condition de restituer au légataire universel la somme précise dont vous l'aurez privé, ni plus, ni moins[55]. » La charité chrétienne ne va tout de même pas jusque-là. Fort de cette réponse qui lui pèse tout en le soulageant, le père Diderot retourne à Thivet et annonce aux héritiers qu'ils n'ont aucun droit sur l'héritage. Le libraire parisien cupide et nanti peut partir avec tout l'argent.

Cette décision prise par son père au moment de l'affaire révolte le personnage qui s'appelle Moi dans l'*Entretien* : « Si vous avez jamais fait une mauvaise action dans votre vie, lui lance-t-il, c'est celle-là[56]. » Mais ce n'est pas tout. Que se serait-il passé si le père avait brûlé le testament et distribué les biens du curé à ses héritiers naturels ? « Tourmenté de scrupules », comme il dit, il aurait fini par consulter le père Bouin sur sa décision, et celui-ci lui aurait fait la même réponse : l'héritage appartient au légataire institué par le testateur. Conclusion du père Diderot : « J'aurais restitué, oh, j'aurais restitué, rien n'est plus sûr, et vous étiez ruinés[57]. » Il en frissonne encore à chaque fois qu'il y pense.

Le voile se déchire enfin sur ce père exemplaire dont Diderot avait fait un portrait si émouvant au début de l'*Entretien*[58]. Après le portrait idéalisé du vieux coutelier qui ouvre le conte, le père apparaît d'un bout à l'autre du récit comme un homme dont la probité *rigoureuse* et le respect *excessif* de la religion, ou plus précisément des autorités religieuses, s'exercent au détriment de la raison et du cœur. Personne, il l'avoue lui-même, ne l'aurait *obligé* à restituer l'héritage au richissime libraire. C'est pour être en accord avec ses principes, pour retrouver le sommeil du juste, qu'il aurait ruiné sa famille de fond en comble, jetant dans la misère la plus crasse sa femme et ses cinq enfants ! « Mon fils, mon fils, déclaret-il doctement au philosophe, c'est un bon oreiller que celui de la raison, mais je trouve que ma tête repose plus doucement encore sur celui de la religion et des lois, et point de réplique là-dessus, car je n'ai pas besoin d'insomnie ». La probité rigoureuse du père ne supporte pas le doute. Aussi son fils se dépêche-t-il de le rassurer. À la question : « Si j'avais brûlé le testament, est-ce que tu m'aurais empêché de restituer ? », celui-ci répond comme il fallait s'y attendre : « Non, mon père, votre repos m'est un peu plus cher que tous les biens du monde[59]. » La probité exemplaire (?) du père Diderot était tellement empreinte de rigueur imbécile qu'à la mort de son oncle, le chanoine Vigneron, il a préféré non seulement perdre une coquette somme d'argent mais aussi priver son fils du canonicat afin d'être dans les règles : « Ton oncle meurt une heure ou deux avant l'arrivée présumée du courrier, et voilà le canonicat et dix-huit cents francs perdus. Ta mère, tes tantes, nos parents, nos amis étaient tous d'avis de celer la mort du chanoine ; je rejetai ce conseil et je fis sonner les cloches sur-le-champ. » Cette fois-ci, tout finit bien : les scrupules du père se sont révélés bénéfiques au fils qui laisse tomber un narquois « Et vous fîtes bien[60]. » Il était sans doute écrit là-haut que Diderot allait devenir philosophe…

Revenons au testament du curé de Thivet. Qu'est-ce qui permet au philosophe de critiquer la décision de son père ? Un testament, du moins selon le droit romain, est contre nature, car un mort ne doit pas commander aux vivants. L'existence des successions ne se justifie qu'à condition qu'elles accordent le bien devenu vacant à ceux qui sont censés pouvoir être les premiers à l'occuper, comme le veut le droit naturel, à savoir la famille du défunt, ses héritiers *naturels*. Il découle de là que le testament est un privilège, une violation de la loi naturelle, et c'est la raison pour laquelle l'acte de tester est entouré de toutes sortes de contraintes. Dans le cas de l'héritage du curé de Thivet, le testament, acte inique, aurait sans aucun doute fait le bonheur du père Diderot si les héritiers naturels avaient été riches et que le légataire institué par le curé eût été un pauvre hère. Jamais il n'aurait pensé le jeter au feu. C'est parce que les héritiers naturels furent spoliés par le testament au profit d'un légataire qui ne fait pas partie de la famille que son fils lui reproche de ne pas l'avoir détruit au nom de l'équité naturelle, quoique au mépris de la légalité.

Après le récit du testament du curé de Thivet, le père reçoit plusieurs visites : un gros prieur qui se connaît mieux en bon vin qu'en morale, un homme de justice, et enfin un ouvrier chapelier, accompagné d'un de ses voisins, un ingénieur. Le chapelier vient de perdre sa femme malade pendant plus de dix-huit ans. Il a dépensé pour la soigner, non seulement tout son revenu à elle, mais aussi tout le produit de son travail ; et par-dessus le marché, il a fait des dettes. Or comme il n'y a pas d'enfants ni de testament, le chapelier devrait selon la loi restituer à la famille de sa femme ce qu'elle avait apporté en dot : son trousseau de mariage bien conditionné et vingt mille francs, son revenu. S'il restitue à la famille de sa femme défunte la valeur du trousseau et le capital de vingt mille francs comme la loi l'y oblige, le chapelier est ruiné.

Les différents personnages présents à la discussion donnent alors leur avis. Le moine et l'ingénieur proposent au chapelier de tout garder ; l'homme de loi, comme on pouvait s'en douter, affirme qu'il faut respecter la loi. Le père Diderot décide qu'il vaut mieux avoir sa conscience pour soi et il conseille donc au chapelier de faire ce que la loi exige : « À l'hôpital, s'il le faut », lui conseille-t-il sans sourciller. On apprend à ce moment-là que le chapelier a déjà pris sa décision : il gardera le peu qui lui reste et s'exilera à l'étranger. « Et tu crois que tu laisseras le remords ici ? », lui demande le père. « Va où tu voudras, tu y trouveras ta conscience[61]. »

Quel est l'enjeu philosophique des deux histoires ? On aura compris que le problème, aux yeux de Diderot, n'est pas tant l'*abus* du droit de propriété (comme dans le cas du libre commerce des grains), mais son *non-respect* par la loi. Dans l'*Apologie de l'abbé Galiani*, Diderot déplore que la législation enfreint ce droit de mille manières : « On me fait prendre le mousquet ; on m'ôte la liberté, on m'enferme sur un soupçon ; on coupe mon champ en deux, on renverse ma maison, on me ruine en me déplaçant ; on abandonne ma moisson aux animaux ; on vide ma bourse par un impôt absurde ; on expose ma vie, ma fortune, par une guerre folle[62]. » À l'instar de Locke et de Le Mercier de La Rivière, Diderot définit la propriété au sens large : elle comprend la vie et la liberté (la propriété de sa propre personne), les biens acquis par le travail et la propriété foncière. Dans l'*Entretien d'un père avec ses enfants*, le personnage appelé Moi contredit son frère et sa sœur qui estiment que « sans la loi, il n'y a plus de vol », que « sans la loi, tout est à tous et il n'y a plus de propriété ». Ce qui fonde la propriété, explique-t-il, « c'est la prise de possession par le travail[63] ». C'est la raison pour laquelle le chapelier est fondé, contre la loi, à ne pas restituer la dot de sa femme. Comme il a dépensé du produit de son travail pendant dix-huit ans pour soigner sa femme, il a en somme constitué avec son travail un capital égal à celui qu'il devrait maintenant rembourser.

Le problème philosophique résolu, il en reste un deuxième, bien plus épineux en réalité, auquel le sous-titre du conte fait allusion : le père de Diderot avait-il le droit de brûler le testament du curé Thivet ? Le chapelier a-t-il le droit de s'enfuir sans rembourser ? Autrement dit : qui et quand et selon quel critère un individu a-t-il le droit, voire le devoir, de se mettre au-dessus des lois ?

Le problème n'est pas nouveau pour Diderot qui l'a déjà posé une première fois dans le *Salon de 1767*. Diderot s'y demande s'il peut ou doit accepter de se plier à des usages monstrueux prescrits par la loi. Pourquoi non, répond-il : « Je me soumettrai à la loi, et je réclamerai contre elle. » Il ne faut jamais désobéir aux lois, « de peur qu'en discutant de mon autorité privée les mauvaises lois, je n'encourage par mon exemple la multitude insensée à discuter les bonnes ». Dans une société mal gouvernée, il convient de ruser : « Je ferai ma cour aux maîtres du monde ; et peut-être en obtiendrai-je ou l'abolition de la loi mauvaise, ou la grâce de l'homme de bien qui l'aura enfreinte[64]. » Dans l'*Entretien d'un père avec ses enfants*, Diderot se prononce également contre la désobéissance, ou plutôt il met dans la bouche de l'abbé la défense du respect inconditionnel de la loi : « Les juges s'en tiennent strictement à la loi, comme mon père et le père Bouin, et font bien. Les juges ferment, en pareils cas, les yeux sur les circonstances, comme mon père et le père Bouin, par l'effroi des inconvénients qui s'ensuivraient, et font bien. Ils sacrifient quelquefois contre le témoignage de leur conscience, comme mon père et le père Bouin, l'intérêt du malheureux et de l'innocent qu'ils ne pourraient sauver sans lâcher la bride à une infinité de fripons, et font bien. Ils redoutent, comme mon père et le père Bouin, de prononcer un arrêt équitable dans un cas déterminé, mais funeste dans mille autres par la multitude de désordres auxquels il ouvrirait la porte, et font bien[65]. »

La position du frère de Diderot est diamétralement opposée à celle du philosophe, qui se prononce dans les deux cas évoqués en faveur de la désobéissance. Contre les autres participants du dialogue, il défend le point de vue de la philosophie. Le philosophe se met par abstraction à l'écart de la loi, à l'écart de la société organisée, et il juge la loi et la société. Face au docteur Bissey, le médecin de famille venu rendre visite au père Diderot, le personnage qui s'appelle Moi réclame le droit de laisser périr un criminel au lieu de le sauver : « Je regarde mon malade ; en le regardant, je reconnais un scélérat, et voici le discours que je lui tiens : "Malheureux, dépêche-toi de mourir ; c'est tout ce qui peut t'arriver de mieux pour les autres et pour toi. [...] Je ne m'occuperai point de rendre à la vie celui dont il m'est enjoint par l'équité naturelle, le bien de la société, le salut de mes semblables, d'être le dénonciateur. Meurs, et qu'il ne soit pas dit que par mon art et mes soins il existe un monstre de plus[66]." » Dans tous les cas évoqués, le personnage Diderot met l'équité naturelle au-dessus de la loi quand elle se révèle inadaptée. C'est l'équité naturelle qui s'oppose à ce qu'on puisse déshériter sa famille ; qui permet qu'un médecin tue un criminel au lieu de le sauver et veut que le chapelier garde son argent. La loi civile, en revanche, exige qu'on respecte les dernières volontés, qu'un médecin se contente de soigner les malades et qu'on protège les femmes qui n'ont pas de descendance.

Après avoir évoqué et discuté d'autres cas de conscience également difficiles à résoudre, le conte se termine par une pirouette. Après avoir embrassé son père avant d'aller se coucher, Diderot lui murmure à l'oreille : « Mon père, c'est qu'à la rigueur il n'y a point de lois pour le sage. » Et le vieillard de lui répondre tout aussi bas : « Je ne serais pas trop fâché [...] qu'il y eût dans la ville un ou deux citoyens comme toi ; mais je n'y habiterais pas s'ils pensaient tous de même[67]. »

2

Les feux de l'amour

En se rendant à Langres au cours de l'été 1770, Diderot avait moins l'intention d'écrire des contes – *Les Deux Amis de Bourbonne* et l'*Entretien d'un père avec ses enfants* – et deux récits de voyage – le *Voyage à Bourbonne* et le *Voyage à Langres* – que de rencontrer sa maîtresse Mme de Maux et d'entamer les négociations pour le mariage de sa fille. Au mois de mars, le jeune Caroillon avait demandé la main d'Angélique à son père, qui suggéra de reporter le mariage de trois ans, le temps pour sa fille d'atteindre ses dix-neuf ans et pour le promis de trouver une situation ; pendant cette période, les Diderot refuseraient de prendre en considération toute autre proposition.

On se souvient que Diderot avait engagé une aventure sentimentale avec Mme de Maux début 1769, au lendemain du décès de son amant Damilaville[1]. Nous possédons de nombreux fragments de lettres que le philosophe lui adressa à partir de ce moment : sa nouvelle maîtresse était apparemment assez versée en philosophie pour être instruite des principes matérialistes de l'auteur du *Rêve de d'Alembert*. Issue d'une famille de gens de théâtre, Jeanne-Catherine Quinaul-Dufresne avait épousé à l'âge de douze ans un avocat au parlement de Paris, qui en avait vingt-trois ; plus tard, elle fréquentait les cercles des amis de Mme d'Épinay, où Diderot fit sa connaissance vers 1760, et celui du baron d'Holbach. En 1769, les sentiments amoureux de Diderot pour Sophie Volland, sa maîtresse en titre, commençaient à se refroidir sérieusement : cela faisait longtemps que ses lettres ne s'adressaient plus seulement à elle, mais à « mesdames et bonnes amies » et qu'il reproche à Sophie de ne recevoir que de rares réponses. Dès juillet 1769, il confesse à Grimm sa passion pour Mme de Maux : « À vous parler vrai, j'oublie beaucoup de choses auprès d'elle[2]. » Lorsque Diderot arrive à Bourbonne en juillet 1770, sa maîtresse et sa fille souffrante sont en compagnie d'un M. de Foissy venu soigner une sciatique. Diderot en est vivement impressionné ; c'est, raconte-t-il à Sophie Volland, un « homme de trente ans, mais avec la raison, le jugement de quarante-cinq ; plein d'égards, de douceur, de politesse, d'ingénuité et de gaieté ». À Bourbonne, « il avait connu ces dames. Il avait pris pour elles beaucoup de goût, elles pour lui[3] ». Les deux dames se convainquent bientôt qu'il en veut à l'une ou à l'autre. Ce sera Mme de Maux, qui ne reste point insensible aux charmes du jeune homme, de quinze ans son cadet. Diderot finit par se rendre compte des assiduités de Foissy. Quand il le met devant ses responsabilités en présence de Mme de Maux, l'impensable se produit : « Quand j'ai hâté la déclaration de ce galant homme, j'ai présumé qu'elle y ferait une réponse claire, nette, franche, bien décidée, bien tranchée, qui finirait tout. » Point du tout. Incapable de choisir entre Diderot et Foissy, Mme de Maux leur propose une sorte de manège à trois qui révolte le philosophe : « Il faut donc que je partage tous les amusements que ce monsieur lui offrira ? Il y a là-dedans je ne sais quoi de vil, de bas, de perfide qui ne me va pas. [...] S'il s'interpose à l'avenir comme il a fait pendant un mois et comme on l'a autorisé à faire pendant un an, il vaut mieux que je reste chez moi[4]. » La rupture est consommée, mais Diderot ne garde pas de ressentiment envers son ancienne maîtresse. C'est du moins ce qu'il affirme : « Qu'elle s'en aille ou qu'elle me reste, je m'occuperai sincèrement de son bonheur ; l'estime que je faisais d'elle n'en sera point altérée, et je lui conserverai tout mon attachement[5]. » Dix jours plus tard, Diderot pleure sa peine sur l'épaule de Grimm : « Il n'y a donc qu'à dire à un homme : Je vous aime, je n'aime que vous, et se conduire après cela à sa fantaisie ? On le fait périr, mon ami, à coups d'épingle[6]. » Ils resteront cependant en bons termes et Diderot lui dédiera même en 1777 une « petite comédie gaie », *La Pièce et le prologue*, qui deviendra plus tard la pièce *Est-il bon ? Est-il méchant ?*

Le voyage de Diderot à Langres avait aussi pour but de mettre au point les formalités de mariage d'Angélique, qui allait fêter ses dix-sept ans au mois de septembre. Dès 1767, son père avait songé à lui chercher un mari : « J'ai un enfant qui a du sens et de la raison. [...] Incessamment cet enfant sera nubile. Autres soucis, autres soins[7]. » S'il trouvait Sedaine trop vieux[8], il voyait bien son ami Grimm dans le rôle du gendre idéal. Quand elle avait six ans, Diderot lui écrivait : « Je suis fou de ma petite fille ! Ah, mon ami, le joli caractère, la jolie âme ! Quelle femme on ferait de cet enfant, si la mère le permettait[9]. » On pense bien que la dévote Mme Diderot devait élever son enfant dans les principes de la sainte religion. Angélique « lit couramment dedans lanciens testamant », informa-t-elle sa belle-sœur de Langres quand elle avait cinq ans[10]. Mais la foi de sa fille n'était peut-être pas aussi solide que sa mère l'eût souhaité. Un an plus tard, Diderot annonce à Grimm qu'elle lui « récitera quelques chapitres de l'Ancien Testament, comme le passage du Jourdain ou l'histoire de Joseph, qu'elle appelle le meilleur de ses contes. Le mot est d'elle, et sa mère ne l'aime pas[11] ». Mais au fur et à mesure qu'Angélique grandit, et que son père s'absente de plus en plus souvent et longtemps, l'influence de Mme Diderot sur sa fille ne connaît plus de limites. Une semaine après son huitième anniversaire, Diderot se plaint de voir sa mère lui gâter l'esprit par une sotte éducation :

> J'ai l'âme flétrie de tous côtés. Il y avait environ vingt-cinq jours que je n'avais aperçu mon enfant. Je l'ai trouvée tout à fait empirée. Elle grasseye ; elle minaude ; elle grimace ; elle connaît tout le pouvoir de son humeur et de ses larmes ; et elle boude et pleure pour rien. Elle a la mémoire pleine de sots rébus ; elle dit des mots des rues ; elle est dégingandée ; on n'en peut venir à bout ; le goût du travail et de la lecture qui lui était naturel se perd. Je vois tout cela ; et je m'en désolerais si l'effet de ma présence depuis quelques jours ne me laissait espérer quelque réforme. Elle est grande ; elle est assez bien de visage ; elle a de l'aptitude à tous les exercices du corps et de l'esprit ; [...] sa mère qui s'en est emparée ne souffrira jamais que j'en fasse quelque chose. Eh bien, elle ressemblera à cent mille autres ; et si elle a un sot mari, comme il y a cent mille à parier contre un que cela arrivera, elle en sera moins mécontente que si une meilleure éducation l'eût rendue plus difficile[12].

Mais ce découragement ne dure pas. Angélique n'est pas sotte, et elle excelle au clavecin. « Je suis charmé de ma petite, avoue Diderot un an plus tard, parce qu'elle raisonne tout ce qu'elle fait. [...] Quel dommage que l'éducation réponde si mal aux talents naturels ! La jolie femme que ce serait un jour ! Mais cela n'entend du soir au matin que des quolibets, des sottises. Quoi que j'en fasse dans la suite, il restera toujours quelque vestige de cette première incrustation mauvaise[13]. » Peu de temps après, Diderot réussit à soustraire sa fille à l'influence de la mère : « Je vais [...] m'occuper un peu de l'éducation de ma petite fille. La mère, qui n'en sait plus que faire, permet enfin que je m'en mêle[14]. »

Diderot aimait beaucoup entendre Angélique jouer du clavecin et prédit qu'elle « deviendra clavecinière [*sic*], car elle a de l'oreille et aura des doigts[15] ». Sur le plan pédagogique, l'enfant manifestait sans aucun doute des dons fort au-dessus de la moyenne : « Nous commençons à étudier seule *Les Sauvages*, et cette bamboche joue des choses que j'ai bien de la peine à lire », rapporte-t-il quinze jours plus tard[16]. Après avoir accompagné les débuts de sa fille dans la pratique de l'instrument, Diderot lui chercha un professeur de métier. Début octobre 1769, il fixa son choix sur un docteur en philosophie et licencié en droit installé depuis peu à Paris, l'Alsacien Antoine Bemetzrieder, qui sera plus tard témoin au mariage d'Angélique. Les leçons durèrent huit mois ; enthousiasmé par son enseignement, Diderot entreprend, peut-être à la demande de « M. Bemetz », comme il l'appelle familièrement dans ses lettres, de rédiger ses leçons en vue de la publication. L'ouvrage paraît en avril 1771 sous le titre *Leçons de clavecin et principes d'harmonie* ; il contient, selon l'avis du co-auteur Diderot, « des vues nouvelles, une théorie plus générale que celle de la basse fondamentale qui a bien de la peine à rendre raison de plusieurs accords, par exemple de l'accord d'emprunt, au lieu que celle-ci les renferme tous sous une loi générale. Outre ce mérite, l'ouvrage en aura incontestablement un autre : c'est d'avoir donné à une science qui jusqu'à présent n'avait été que d'habitude et d'expérience, une forme où l'on passe du plus connu au moins connu, et par laquelle on arrive au dernier terme de l'art, qui est de faire de la musique très variée et sans faute, quand on manque de génie ; et d'en faire de belle, quand on a du génie[17] ». Aux dires des spécialistes, la partie théorique de l'ouvrage est loin de mériter un tel éloge[18]. Quant à la part de Diderot, elle paraît difficile à évaluer. « Il faut laisser à Bemetzrieder, estime Jean Mayer, la partie technique de l'ouvrage et le choix de la forme dialoguée ; la mise en forme animée et spirituelle appartient à Diderot, tout en reflétant l'humeur fantasque et l'esprit contrariant du maître[19]. » Un an plus tard, Diderot se brouille avec ce « petit Allemand » ombrageux, peut-être parce que celui-ci supporta mal de se voir quelque peu évincé par Johann Gottfried Eckard, une célébrité, que Diderot venait d'engager pour parachever la formation musicale de sa fille.

Pendant qu'il lui apprenait les rudiments du clavecin, Diderot donnait aussi d'utiles leçons de vie à sa fille. Un dimanche de novembre 1768, au cours d'une promenade, il se décide à aborder les questions sexuelles (Angélique, âgée alors de quinze ans, aurait déjà pu être mère de famille !) : « Je pris mon parti et lui révélai tout ce qui tient à l'état de femme, débutant par cette question : Savez-vous quelle est la différence des deux sexes ? » Gageons que la réponse fut positive... En bon père de famille, Diderot se doit de mettre en garde sa fille contre les entreprises des garçons : « De là, je pris occasion de lui commenter toutes ces galanteries qu'on adresse aux femmes. Cela signifie, lui dis-je : *Mademoiselle, voudriez-vous bien, par complaisance pour moi, vous déshonorer, perdre tout état, vous bannir de la société, vous renfermer à jamais dans un couvent et faire mourir de douleur votre père et votre mère ?* Je lui appris ce qu'il fallait dire et taire, entendre et ne pas écouter [...] ; quelle était la vraie base de la décence, la nécessité de voiler des parties de soi-même dont la vue inviterait au vice. » Les réactions de sa fille l'enchantent : « Elle remarqua qu'instruite à présent, une faute commise la rendrait bien plus coupable, parce qu'il n'y aurait plus ni l'excuse de l'ignorance, ni celle de la curiosité [...] qu'elle ne s'était jamais occupée de ces choses-là, parce qu'il viendrait apparemment un moment où il conviendrait de les lui apprendre ; qu'elle n'avait pas encore songé au mariage ; mais que, si cette fantaisie l'importunait, elle ne s'en cacherait pas, et qu'elle nous dirait nettement à sa mère et à moi : “Papa, maman, mariez-moi", parce qu'elle ne voyait point de honte à cela[20]. » Que demander de plus ?

Les principes inculqués par Diderot à sa fille fleurent bon la morale bourgeoise d'antan, mais ils ne correspondent pas vraiment à ses convictions personnelles. Les pères se préoccupant de l'éducation sexuelle de leurs jeunes filles devaient se compter sur les doigts d'une main au XVIIIe siècle. Peu de temps après leur promenade, Diderot envoya sa fille chez Mlle Marie-Marguerite Biheron, qui fabriquait et exposait chez elle de remarquables écorchés en cire, où elle put étudier l'anatomie humaine « avant que de passer dans le lit nuptial[21] ». Mais pourquoi est-il si important pour une femme de préserver sa vertu ? Parce que sa réputation en dépend. Diderot convient que la vertu d'une femme est une valeur purement arbitraire, mais l'arbitraire devient nécessité à partir du moment où il sert de base à tout le système moral de la société. Aussi, avec un réalisme qui exclut toute contradiction, admet-il la nécessité de composer, car, il le confesse, « il y a moins d'inconvénient à être fou avec des fous qu'à être sage tout seul[22] ». Au moment où il se préoccupe du mariage d'Angélique, Diderot estime que dans la société telle qu'elle est, l'honnêteté telle qu'elle se pratique est le seul moyen d'éviter un malheur total. Les jeunes filles n'y ont malheureusement pas les mêmes droits que les garçons de leur âge, sans compter que les libertés que Diderot prenait lui-même dans son couple étaient, bien entendu, à sens unique : l'amant de Sophie Volland eût mal accepté une infidélité de la part de Mme Diderot.

Chez les Legendre, Diderot avait fait vers 1760 la connaissance d'un certain Guillaume Viallet (ou Vialet), ingénieur des Ponts et Chaussées comme le mari d'Uranie, la sœur de Sophie Volland, dont il était tombé éperdument amoureux et qui le menait par le bout du nez, attisant ou soufflant tour à tour sa passion. Diderot essaya en vain de raisonner le soupirant malheureux : « Elle vous a donc dit qu'elle vous avait toujours aimé et qu'elle vous aimait toujours ? Ah, mon ami, que cela soit vrai ou non, vous êtes perdu et perdu sans ressource. Cette femme ne sait ce qu'elle sent, ce qu'elle ne sent pas ; ce qu'elle veut, ce qu'elle ne veut pas[23]. » Devant l'obstination de Viallet, Diderot prit un jour son courage à deux mains et prêcha le cœur de Mme Legendre en sa faveur : « Je l'attaque par le côté de son propre bonheur. Je descends dans son cœur. Je lui en montre le vide, comme la source des misères de sa vie, de l'ingratitude de tous ses devoirs, de l'ennui mortel de ses journées ; et sans employer d'autres expressions que les siennes, j'ose lui conseiller une trahison, un adultère, un parjure, un crime, tout ce qu'elle voudrait, pourvu qu'elle soit heureuse[24]. » Et c'est pourtant à ce même Viallet que Diderot avait songé comme mari pour sa fille ! Fin 1766, sa passion pour Uranie mit fin au projet, évitant sans doute à Angélique un mariage mal assorti, mais l'ex-futur gendre oublia apparemment d'y mettre les formes. Diderot le tança vertement dans une longue lettre pleine de sous-entendus et d'allusions peu claires : « Je suis père d'un enfant dont tu désirais être l'époux. Tu te sens entraîné d'un autre côté. À la bonne heure ; mais sache au moins répondre au témoignage d'estime que je t'ai donné, en te retirant avec décence[25]. » Malgré cela, Diderot tient à assurer Viallet de son amitié indéfectible, le plaignant sincèrement de ne pas pouvoir se libérer de sa passion pour Mme Legendre.

Après la défection de Viallet, Diderot tourne ses regards vers un autre célibataire mûrissant qui a également son estime et sa confiance : l'ami Grimm. Au détour d'une lettre sur les études musicales d'Angélique, Diderot lui écrit cet aveu surprenant : « À faire de vous mon gendre, vraiment j'y avais pensé[26]. » Grimm avait alors quarante-six ans et était l'amant officiel de Mme d'Épinay. Puis il n'en est plus question. En réalité, Diderot avait déjà envisagé un autre candidat en la personne d'Abel-François-Nicolas Caroillon de Vandeul, un des fils de ses amis d'enfance. Comme le promis est langrois, la sœur du philosophe est mise au courant dès le début du projet matrimonial : « Il ne faut pas que ma fille prenne un époux dont elle ne voudrait pas. Il ne faut pas qu'elle prenne un époux dont je ne voudrais pas. Il faut qu'elle, sa mère et moi, nous soyons d'accord[27]. » Quinze jours plus tard, le jeune Caroillon arrive à Paris. Il plaît aux parents et à Angélique, Angélique lui plaît. Il demande sa main au père qui, pour une fois, n'est pas pressé. « Il a vingt-quatre ans ; ma fille, seize. Je les ai trouvés l'un et l'autre trop jeunes. Je lui ai donc proposé d'attendre qu'il eût vingt-sept ans, et ma fille, dix-neuf, m'engageant à rejeter toute autre proposition dans cet intervalle[28]. » Mais Diderot demande aussi l'avis de son frère et de sa sœur avant de donner sa parole définitive, et dès qu'il s'adresse à son cadet, il accumule les maladresses[29]. « À présent qu'on peut vous parler et espérer une réponse, dites-moi un peu par quel motif vous vous êtes tenu si longtemps éloigné de votre belle-sœur, de votre nièce et de moi ? En quoi l'on peut vous avoir manqué ? On ne se résout pas à rompre avec les siens, et un homme sensé ne fait pas durer dix ans une rupture, sans en avoir les plus fortes raisons. S'il n'a pas une démonstration qui se le justifie à ses yeux et aux yeux des autres, il s'est rendu coupable d'une faute bien grave. » Diderot semble ignorer qu'une lettre de réconciliation ne commence pas par des reproches... Et de continuer sur le même ton : « Les mêmes conditions que vous me proposâtes autrefois, vous me les proposez aujourd'hui. Permettez d'abord, cher abbé, que je vous représente qu'on ne propose des conditions qu'à son subalterne et que je ne suis pas le vôtre. Pour être honnête, voici ce qu'il fallait dire : J'aime et j'estime mon frère. Je suis mal avec lui, et cela me peine. J'aime ma religion ; et s'il voulait, ce frère, me promettre de la respecter par son silence, j'irais au bout du monde pour l'embrasser. » Diderot reproche à son frère de ne pas tenir compte de sa promesse de ne rien publier contre la religion : « Serait-ce par hasard que vous auriez persisté, malgré mes protestations réitérées, à croire que j'avais manqué à la promesse que je vous avais faite de garder un silence public et particulier sur mes opinions ? Mais sur quoi fondé avez-vous cru que j'avais manqué à cette parole ? Est-ce que vous me connaissez menteur ? [...] Je ne me souviens plus de la date de la promesse que je vous ai faite, mais si vous découvrez jamais que j'y ai manqué, je vous permets de me tenir pour le plus malhonnête homme du monde. » Mais l'abbé, obtus, se tait. Diderot en informe sa sœur, et le ton n'est guère plus amène : « Mademoiselle Diderot, j'ai fait ce que vous m'avez dit : j'ai écrit à mon frère. Point de réponse du susdit frère. Il serait très mal à vous de m'avoir trompé. Je n'entendrais pas raillerie sur ce point, je vous en avertis[30]. » Le 2 août, Diderot quitte Paris en compagnie de Grimm pour se rendre à Langres. Malgré une nouvelle tentative, l'abbé y refuse de rencontrer son frère. Angélique écrira dans ses *Mémoires* que son oncle demanda à son père « une promesse de ne plus écrire contre la religion ; mon père s'y engagea par une lettre qu'il lui écrivit. Il exigea qu'elle fût imprimée et que mon père y ajoutât une rétractation de tout ce qu'il avait pu écrire précédemment. Mon père refusa, et la négociation fut au diable[31] ».

Les discussions sur le contrat de mariage durèrent dix-huit mois. Diderot déchanta rapidement sur son futur gendre qui se montrait ambitieux, assoiffé d'argent et peu encombré de scrupules. Qui plus est, il redoute que son futur gendre ne tienne pas sa promesse de s'établir à Paris, l'obligeant ainsi de s'installer en province à côté de sa fille : « J'aurais tout donné au monde, confie-t-il à Grimm, pour qu'elle renonçât à ce maudit état de mariage ; mais je ne lui en ai jamais dit un mot. Je ne suis pas autrement engoué de son amoureux ; cependant j'ai plaidé sa cause auprès d'elle. [...] Je pourrais faire comme tous les pères : abandonner mon enfant à son sort et l'envoyer seule dans la famille de son mari. Cependant il y a cent à parier contre un qu'au hasard de toutes les peines que vous m'avez prédites, je la suivrai[32]. » En attendant, Diderot fait des démarches parfois humiliantes auprès d'un nombre considérable de personnages influents pour trouver à son futur gendre un « état » rémunérateur dans l'administration. Cet homme, qui a vécu toute sa vie modestement et a tant prisé la simplicité, rêve pour ses enfants de richesse et de luxe : « Je veux qu'une fois Caroillon placé, ils soient riches[33]. » Le contrat fut enfin signé le 8 septembre 1771 au domicile des Diderot ; le lendemain, le mariage eut lieu à Saint-Sulpice en présence de Denise, la sœur de Diderot, qui s'était engagée à léguer tous ses biens à sa nièce. Leur frère brillait par son absence, ainsi que les amis du philosophe. « Sa mère, qui l'a privée de tous mes amis pendant toute sa vie, l'en prive jusqu'au dernier moment », s'en plaint-il à Grimm la veille[34]. Quant au cher oncle, à qui Angélique avait envoyé trois semaines avant la cérémonie une lettre dans laquelle elle l'invitait de surmonter les différends familiaux et d'assister au mariage[35], voici le billet qu'il lui écrivit en guise de remerciements : « Vous n'ignorez pas que je ne reconnais pour parents que les personnes qui ont de la religion. J'ai de violents soupçons sur vous à cet égard.

[...] Le véritable bonheur des personnes qui s'unissent par les liens sacrés du mariage consiste principalement en la conformité des sentiments, en particulier sur la religion. Personne qui ne convienne de ce principe. Il est notoire que M. Caroillon n'a point de religion. Que voulez-vous que je pense de la vôtre, vu surtout l'inclination que vous paraissez avoir pour lui ? [...] Je vous déclare donc que je n'approuve point votre mariage avec M. Caroillon ; que, s'il a lieu, je vous regarde comme une fille sans religion ; que vous n'êtes pas et que vous ne serez jamais ma nièce, et que l'entrée de ma maison vous sera interdite et à M. Caroillon, comme elle l'est à votre père, pour le même motif de religion[36]. » À la lecture de cette lettre, le sang de Diderot ne fit qu'un tour et il répliqua : « Mon cher abbé, vous avez écrit deux bien vilaines lettres, l'une à votre frère et l'autre à votre nièce. [...] Dans la lettre à votre nièce, vous lui prêchez la haine de son père. Ah ! l'abbé, parcourez toute la surface de la terre ; adressez-vous à tous les hommes ; et s'il s'en trouve un seul à qui cette action ne paraisse atroce, je vous tiens pour le plus rare personnage qu'il y ait au monde. » Puis il en vient au contrat passé entre les deux frères au sujet de la religion :

> J'avais un frère sur l'amitié duquel je pouvais compter, en remplissant quelques conditions stipulées entre nous. J'ai rempli ces conditions à la rigueur. Je n'en ai pas moins perdu mon frère. Je rentre donc dans tous mes droits. Tout pacte est donc anéanti entre nous, et je suis maître de faire tout ce qu'il me plaira, sans qu'il ait aucune raison de se plaindre. [...] Ma fille est honnête, laborieuse, intelligente et pieuse comme sa mère, qui l'a élevée. Si vous n'en croyez rien, c'est qu'il vous est doux de penser mal de votre prochain. [...] Vous êtes bourrelé, mon ami, et vous le serez tant que vous persisterez dans une conduite qui déshonore la religion, votre ministère et l'humanité. [...] Voilà la dernière lettre que tu recevras de moi. Je te dispense d'y répondre. Ne m'écris que lorsque je pourrai te servir. Alors, dispose de moi. [...] Mon cher ami, je ne saurais me persuader que la nature t'ait aussi étrangement bistourné que tu l'es. Tu t'es fait ce que tu es. Écoute, reviens sur tes pas. Sois bon, sois doux, sois honnête, sois tolérant. Songe que l'affaire de la religion est un secret entre Dieu et l'homme ; ne te mêle pas de ce qui ne te concerne pas. Opère ton

> salut à ta manière, et permets aux autres d'opérer leur salut à la leur. [...] Adieu, l'abbé. Ne va pas croire que je te haïsse au moins. Je ne hais personne, pas même les ingrats, et j'en fais quelquefois ; et ceux que je fais ne me dégoûtent pas d'en faire encore. Nous t'attendrons toujours les bras ouverts. Tu reviendras quand tu voudras ; quand tu seras las de te tourmenter. Celui qui te donne l'absolution est un homme bien méprisable. Ton frère et ton ami. Diderot[37].

Quelques jours après le mariage, au moment où elle quittait définitivement le foyer familial pour s'installer avec son époux rue des Saints-Pères, non loin de la rue Taranne, la jeune mariée reçut une lettre de son père, bréviaire de décence bourgeoise parfaitement sincère[38] : « Ma fille, vous allez quitter la maison de votre père et de votre mère pour entrer dans celle de votre époux et la vôtre. En vous accordant à Caroillon, je lui ai résigné toute mon autorité. Il ne m'en reste plus. Il n'y a qu'un moment je vous commandais, et votre devoir était de m'obéir. À présent, je n'ai plus que le droit de conseiller. Je vais en user. » Puis les conseils fusent. « Ayez pour votre époux toute la condescendance imaginable. Conformez-vous à ses goûts raisonnables. Tâchez de ne rien penser que vous ne puissiez lui dire ; qu'il soit sans cesse comme au fond de votre âme. Ne faites rien dont il ne puisse être témoin. Soyez en tout et toujours comme sous ses yeux. » Les affaires quotidiennes du ménage ne regardent personne : « Ne confiez l'intérieur de votre maison à personne. Je n'en veux moi-même savoir que ce qu'il vous importera de m'en dire. Que ce soit un mystère pour tout autre. Les succès excitent l'envie ; les malheurs n'excitent guère qu'une fausse pitié. Vous me trouverez dans tous les moments fâcheux, et je dois vous suffire. » Il faut que sa vie soit irréprochable : « Jugez de ma satisfaction par la fréquence de mes visites. Plus je serai content de vous, plus vous me verrez. Malheur à vous, malheur à moi, si je craignais de passer devant votre porte ! » Puis l'émotion prend le dessus : « Je te laisse aller avec une peine que tu ne saurais concevoir. Je te pardonne bien aisément de ne pas éprouver la pareille. Je reste seul, et tu suis un homme que tu dois adorer. [...] Adieu, ma fille, adieu, mon cher enfant. Viens que je te presse encore une fois contre mon sein. Si tu m'as trouvé quelquefois plus sévère que je ne devais, je t'en demande pardon. Sois sûre que les pères sont bien cruellement punis des larmes, justes ou injustes, qu'ils font verser à leurs enfants. Tu sauras cela un jour, et c'est alors que tu m'excuseras. [...] Je te bénis dix fois, cent fois, mille fois. Va, mon enfant. Je n'entends rien aux autres pères. Je vois que leur inquiétude cesse au moment où ils se séparent de leurs enfants ; il me semble que la mienne commence. Je te trouvais si bien sous mon aile ! Dieu veuille que le nouvel ami que tu t'es choisi soit aussi bon, aussi tendre, aussi fidèle que moi. Ton père, Diderot. »

Angélique mariée, la vie devient morne et triste pour Diderot qui exhale son immense chagrin dans un billet à Grimm : « Mon ami, je suis seul. Je suis désolé d'être seul, et je ne sens que cela. [...] Mon âme est devenue si douloureuse, que je ne vois rien, n'entends rien, sans émotion. Tout m'affecte. J'ai ouvert votre billet en pleurant ; je l'ai lu en pleurant, je vous écris en pleurant. Cependant il n'y a pas sujet, je me le dis, et je n'en pleure pas moins. Je n'oublierai jamais l'instant de la cérémonie ; mon enfant, qui ne manque ni de raison ni de courage, perdit la tête et se trouva mal à plusieurs reprises. Je vous laisse à penser ce que je devins ; il n'y eut que sa mère qui se posséda. Elle aime cependant sa fille. Dites-moi donc comment on allie tant de dureté avec quelque sensibilité. Bonjour, mon Grimm. Vous me resterez toujours, vous ; n'est-il pas vrai[39] ? »

Pour tromper son ennui, Diderot fait sa visite « dans le nid des jeunes oiseaux » pour leur « porter la plume ou le brin de paille qui y manque ». Il s'occupe de tout : « Je leur ai fait présent d'une belle cafetière d'argent. Hier, je fis décharger dans leur cour six voies de bois. [...] Il manque un bureau à Caroillon ; je lui ai défendu de l'acheter. Ce sera mon affaire. Ils ont besoin de dessus de portes ; on s'en occupe. Je veux que mon enfant ne laisse pas un talent qui lui a tant coûté de peines, et à moi tant d'argent. Il lui faut deux maîtres : un maître d'accompagnement et d'harmonie ; un maître pour les pièces. Je les paierai tous les deux, et je n'exige qu'une chose : c'est qu'on en profite[40]. » Quinze jours plus tard, Diderot doit déchanter : son gendre n'est qu'un « personnage moitié grave et moitié freluquet ». Pourquoi ? « Ce petit monsieur veut que, dès le matin, sa femme soit parée comme une poupée, et qu'elle passe la journée en décoration pour lui plaire. [...] L'enfant qui tient encore à ses anciens errements paternels, se révolte, se plaint, jette feu et flamme, et ne s'accommode point du tout de toutes les fades et plates leçons de son pédant petit-maître. [...] Mon ami, on travaille à faire de mon enfant une sotte, petite, plate, impertinente, qui incessamment ne saura rien que bien placer un pompon, minauder, médire, et sourire. Cela me désole... Partons, partons vite, mon ami. La vie me pèse. Je ne saurais ni me bannir absolument de cette maison, ni y être à mon aise[41]. » En fin de compte, il n'y a que le travail qui satisfasse pleinement Diderot, et il va pouvoir s'y consacrer avec toute l'énergie d'un père de famille esseulé.

Au début de l'année 1772, l'écrivain Antoine-Léonard Thomas publia un *Essai sur le caractère, les mœurs et l'esprit des femmes dans les différents siècles*. L'ouvrage répète les clichés traditionnels de la femme en tant que créature inconstante, volage, coquette et superficielle. Thomas affirme, comme tant d'autres avant et après lui, que la compétence intellectuelle de la femme est inférieure à celle de l'homme et qu'elle est à la merci de sa délicate et fragile constitution. Les femmes sont des créatures à la fois irrationnelles et passives, et bien plus que les hommes, elles sont dominées par leur biologie. À l'exemple de Rousseau qui enferme la femme dans le rôle d'épouse et de mère, lui interdisant le savoir et la gloire[42], Thomas exalte les vertus propres aux femmes, domesticité et maternité, et déplore la désintégration de valeurs familiales et morales causée en grande partie par d'ambitieuses femmes savantes. Certes, il adoucit et édulcore quelque peu le message de Rousseau en accordant aux femmes le droit de s'intéresser activement aux sciences et aux lettres, mais sans pour autant leur permettre de chercher à se distinguer dans ces domaines.

Le 1er avril 1772, Diderot inséra dans la *Correspondance littéraire* un bref compte rendu, fort critique, de l'*Essai sur les femmes* de Thomas. Mais le sujet le tracassait, pour les raisons qu'on devine. Il rédigea une nouvelle version – ou plutôt une réécriture – de son texte qui parut le 1er juillet 1772 sous le titre *Sur les femmes*[43]. S'il n'aime pas beaucoup le livre de Thomas, il n'est cependant pas en désaccord essentiel avec les arguments fondamentaux de l'auteur. Au contraire, il magnifie et exagère même les stéréotypes traditionnels par sa propre rhétorique enflammée et hyperbolique. Bien plus éloquemment que Thomas, Diderot présente une image inquiétante de la femme en tant que créature énigmatique et impénétrable : « Le symbole des femmes en général est celle de l'Apocalypse sur le front de laquelle il était écrit *Mystère.* » Les femmes sont des êtres incompréhensibles, extraordinairement faibles et vulnérables, et en même temps doués d'une énorme puissance. La vue d'une souris ou d'une araignée peut les faire « tomber en syncope » mais elles sont aussi capables de « braver les plus grandes terreurs de la vie ». Ce qui frappe d'abord chez les femmes, c'est l'intensité que prennent leurs sentiments et leurs actes quand les intérêts profonds de leur nature sont en cause : « C'est surtout dans la passion de l'amour, les accès de la jalousie, les transports de la tendresse maternelle, les instants de la superstition, la manière dont elles partagent les émotions épidémiques et populaires, que les femmes étonnent, belles comme les séraphins de Klopstock, terribles comme les diables de Milton. J'ai vu l'amour, la jalousie, la superstition, la colère, portés dans les femmes à un point que l'homme n'éprouva jamais. [...] La soumission à un maître qui lui déplaît est pour elle un supplice. J'ai vu une femme honnête frissonner d'horreur à l'approche de son époux ; je l'ai vue se plonger dans le bain, et ne se croire jamais assez lavée de la souillure du devoir. Cette sorte de répugnance nous est presque inconnue. Notre organe est plus indulgent. » Contrairement aux hommes, les femmes sont avant tout dominées par leur physiologie. *Tota mulier in utero* : Diderot souscrit entièrement à l'opinion médicale de son époque selon laquelle l'utérus détermine l'être des femmes : « La femme porte au-dedans d'elle-même un organe susceptible de spasmes terribles, disposant d'elle, et suscitant dans son imagination des fantômes de toute espèce. [...] La femme dominée par l'hystérisme éprouve je ne sais quoi d'infernal ou de céleste. » Mais la vision s'assombrit quand Diderot aborde la condition générale de la femme dans la société de son temps : le destin social de la femme tel que le retrace Diderot est éminemment tragique.

Avec beaucoup de lucidité, et en des termes extrêmement pessimistes, Diderot décrit alors les différentes étapes de la vie d'une femme moyenne de son époque. L'éducation de la jeune fille se réduit au strict minimum indispensable ; le plus souvent, elle est laissée à la garde des mères ou des nourrices elles-mêmes sans éducation. La puberté la rend « triste, inquiète, mélancolique », elle rêve d'amour et de mariage sans savoir ce qui l'attend. « Le moment qui la délivrera du despotisme de ses parents est arrivé ; son imagination s'ouvre à un avenir plein de chimères ; son cœur nage dans une joie secrète. Réjouis-toi bien, malheureuse créature ; le temps aurait sans cesse affaibli la tyrannie que tu quittes ; le temps accroîtra sans cesse la tyrannie sous laquelle tu vas passer. » La femme est une esclave, elle vit sous le « despotisme de ses parents » jusqu'au mariage qui est, dans la généralité des cas, un nouvel acte de despotisme : « On lui choisit un époux. » Une fois mariée, la femme est soumise au despotisme d'un époux qu'elle n'a pas choisi, et sa « fonction », c'est de mettre au monde des enfants, quel que soit le prix à payer pour être mère. « L'état de grossesse est pénible presque pour toutes les femmes. C'est dans les douleurs, au péril de leur vie, aux dépens de leurs charmes, et souvent au détriment de leur santé, qu'elles donnent naissance à des enfants. Le premier domicile de l'enfant et les deux réservoirs de sa nourriture, les organes qui caractérisent le sexe, sont sujets à deux maladies incurables. Il n'y a peut-être pas de joie comparable à celle de la mère qui voit son premier-né ; mais ce moment sera payé bien cher. Le père se soulage du soin des garçons sur un mercenaire ; la mère demeure chargée de la garde de ses filles. » Aux maternités à répétition succède l'âge de la vieillesse. « L'âge avance ; la beauté passe ; arrivent les années de l'abandon, de l'humeur et de l'ennui. C'est par le malaise que Nature les a disposées à devenir mères ; c'est par une maladie longue et dangereuse qu'elle leur ôte le pouvoir de l'être. » Arrive le jour où le mari se désintéresse de cette femme usée par l'âge, les grossesses, les maternités, par les travaux domestiques : « Négligée de son époux, délaissée de ses enfants, nulle dans la société », elle envisage le refuge qui est souvent, au XVIIIe siècle, le refuge normal des femmes : la dévotion. Diderot s'élève vivement contre le système social et juridique de son temps qui infantilise la femme en remettant aux maris tout pouvoir, économique et juridique : « Dans presque toutes les contrées, la cruauté des lois civiles s'est réunie contre les femmes à la cruauté de la nature. Elles ont été traitées comme des enfants imbéciles. » La femme est juridiquement, socialement, toute sa vie un être mineur, au sens juridique du terme. Jusqu'à son mariage elle est sous la totale autorité de son père ; à partir du mariage elle est sous la totale autorité de son mari ; si elle devient veuve et si elle a des enfants, elle passe sous l'autorité de son fils aîné. La seule période dans laquelle une femme puisse être maîtresse d'elle-même, c'est celle du veuvage quand elle n'a pas d'enfants[44]. Quant à l'infidélité conjugale – la seule vengeance qui dépend de la femme – cette infidélité est presque toujours à sens unique : l'homme peut tout se permettre, les lois religieuses et les lois civiles le couvrent, mais si la femme fait mine d'être infidèle, si peu que ce soit, tout le péché retombe sur elle : « La seule représaille qui dépende d'elle est suivie du trouble domestique, et punie d'un mépris plus ou moins marqué, selon que la nation a plus ou moins de mœurs. » Aucune échappatoire possible – telle est la condition générale de la femme dans le monde civilisé.

Après ce premier tableau, Diderot peint le tableau de la femme sauvage, et il est pire encore : « La femme, malheureuse dans les villes, est plus malheureuse encore au fond des forêts. » On remarque la dramatisation que fait Diderot à ce moment-là : plutôt que de parler de façon abstraite et théorique de la femme indienne, il lui donne la parole. Cette femme indienne devient ainsi, d'une certaine manière, le porte-parole de toutes les femmes sauvages. Au missionnaire jésuite qui lui objecte d'avoir fait mourir son enfant, elle objecte purement et simplement sa condition.

> Représente-toi bien, Père, les peines qui sont réservées à une Indienne parmi ces Indiens. Ils nous accompagnent dans les champs avec leur arc et leurs flèches. Nous y allons, nous, chargées d'un enfant qui pend à nos mamelles, et d'un autre que nous portons dans une corbeille. Ils vont tuer un oiseau, ou prendre un poisson. Nous bêchons la terre, nous ; et après avoir supporté toute la fatigue de la culture, nous supportons toute celle de la moisson. Ils reviennent le soir sans aucun fardeau ; nous, nous leur apportons des racines pour leur nourriture, et du maïs pour leur boisson. De retour chez eux, ils vont

> s'entretenir avec leurs amis ; nous, nous allons chercher du bois et de l'eau pour préparer leur souper. Ont-ils mangé, ils s'endorment ; nous, nous passons presque toute la nuit à moudre le maïs et à leur faire la chica, et quelle est la récompense de nos veilles ? Ils boivent leur chica, ils s'enivrent ; et quand ils sont ivres, ils nous traînent par les cheveux, et nous foulent aux pieds. Ah ! Père, plût à Dieu que ma mère m'eût étouffée en naissant ! Tu sais toi-même si nos plaintes sont justes. Ce que je te dis, tu le vois tous les jours. Mais notre plus grand malheur, tu ne saurais le connaître. Il est triste pour la pauvre Indienne de servir son mari comme une esclave, aux champs accablée de sueurs, et au logis privée de repos ; mais il est affreux de le voir, au bout de vingt ans, prendre une autre femme plus jeune, qui n'a point de jugement. Il s'attache à elle. Elle nous frappe, elle frappe nos enfants, elle nous commande, elle nous traite comme ses servantes ; et au moindre murmure qui nous échapperait, une branche d'arbre levée… Ah ! Père, comment veux-tu que nous supportions cet état ? Qu'a de mieux à faire une Indienne, que de soustraire son enfant à une servitude mille fois pire que la mort ? Plût à Dieu, Père, je te le répète, que ma mère m'eût assez aimée pour m'enterrer lorsque je naquis ! Mon cœur n'aurait pas tant à souffrir, ni mes yeux à pleurer !

Ce qui est remarquable, c'est qu'à quelques expressions près, le discours de la femme indienne pourrait être le discours d'une paysanne française du XVIIIe siècle. La femme est partout esclave, constate Diderot, exploitée, maltraitée et soumise au despotisme de l'autre sexe.

L'analyse de Diderot balance constamment entre l'admiration et la compassion : la femme peut être sublime, elle est aussi douée que les hommes pour commander à un vaste empire (Diderot songe notamment à Catherine II de Russie) ; mais elle est le plus souvent aliénée, principale victime de l'ordre social, d'où le fameux « Femmes, que je vous plains ! ». Dans la dernière partie du texte, Diderot revient à l'absence d'éducation des femmes pour en tirer des conclusions tout à fait inattendues : « N'oubliez pas que, faute de réflexion et de principes rien ne pénètre jusqu'à une certaine profondeur de conviction dans l'entendement des femmes ; que les idées de justice, de vertu, de vice, de bonté, de méchanceté nagent à la superficie de leur âme ; qu'elles ont conservé l'amour-propre et l'intérêt personnel avec toute l'énergie de nature, et que plus civilisées que nous en dehors, elles sont restées de vraies sauvages en dedans. »

Que faut-il penser de ce passage, assez ambigu dans sa formulation ? La Femme – telle que Diderot l'imagine dans sa réalité universelle – a pour lui l'avantage de représenter la nature pure. Comme elle n'a pas reçu d'éducation, elle n'a pas eu l'esprit gâté par les habitudes réflexives et par les principes inculqués aux hommes par le système éducatif : « Tandis que nous lisons dans des livres, elles lisent dans le grand livre du monde. Aussi leur ignorance les dispose-t-elle à recevoir promptement la vérité quand on la leur montre ; aucune autorité ne les a subjuguées ; au lieu que la vérité trouve à l'entrée de nos crânes un Platon, un Aristote, un Épicure, un Zénon en sentinelle et armés de piques pour la repousser. » Le jugement des femmes, non déformé par le savoir et les règles, est plus digne de confiance que celui des hommes. Les femmes, estime Diderot, ont su conserver une « sagacité naturelle » supérieure au savoir purement livresque de la plupart des hommes. La femme ne participe guère à la raison, parce que son éducation infirme le lui interdit, mais en revanche, elle a toute la force de l'instinct : « Les femmes ! ah ! les femmes !, s'exclame le faux médecin Desbrosses dans *Mystification.* Je l'ai dit cent fois, si elles voulaient s'en mêler, nous n'aurions qu'à fermer boutique. C'est une sagacité naturelle dont nous n'approchons pas avec tous nos livres. Tandis que nous tournons autour de la chose, elles mettent la main dessus[45]. »

Diderot termine son texte sur les femmes par une apologie de la femme comme maîtresse de style pour l'écrivain : « Thomas ne dit pas un mot des avantages du commerce des femmes pour un homme de lettres, et c'est un ingrat. [...] Elles nous accoutument encore à mettre de l'agrément et de la clarté dans les matières les plus sèches et les plus épineuses. On leur adresse sans cesse la parole, on veut en être écouté, on craint de les fatiguer ou de les ennuyer, et l'on prend une facilité particulière de s'exprimer qui passe de la conversation dans le style. » Diderot insiste ici sur l'importance de la conversation féminine dans l'apprentissage de l'écriture. Premièrement parce que, destinataire privilégié de l'écriture romanesque, le public féminin aide à développer un langage raffiné : l'écrivain apprend à soigner ses propos, et par conséquent à tout dire, mais honnêtement. Deuxièmement parce que, pour plaire aux femmes dans la conversation, les hommes doivent non seulement adapter leur langage à la décence, mais surtout à leur manière de raisonner. C'est donc en s'adressant aux femmes que les hommes apprendront à parler et à écrire autrement, et en apprenant à parler autrement, ils apprendront aussi à raisonner autrement. Du coup le philosophe a tout à gagner à fréquenter les femmes, qui peuvent le délivrer de ses préjugés. Cette idée correspond d'ailleurs à une pratique réelle : dans les salons du XVIIIe siècle, le ton était souvent donné par les femmes ; c'est d'ailleurs dans les salons que les femmes ont commencé à s'affirmer comme des personnes autonomes et dignes d'intérêt. Conclusion : « Quand elles ont du génie, je leur en crois l'empreinte plus originale qu'en nous. »

L'été de la même année 1772, Diderot écrit coup sur coup trois contes dans lesquels il aborde les mêmes problèmes à propos des femmes, du mariage, de l'amour, de la fidélité, etc. : il s'agit de *Ceci n'est pas un conte*, de *Madame de La Carlière* et du *Supplément au Voyage de Bougainville*, qui seront publiés pour la première fois dans la *Correspondance littéraire* en 1773/1774. Les deux premiers resteront à peu près en l'état après cette date, alors que le dernier volet du triptyque fera ultérieurement l'objet de remaniements et d'additions importants. Tandis que l'essai *Sur les femmes* traite ces questions de façon abstraite et théorique, les contes les abordent d'une façon concrète, dans des circonstances particulières, avec tout ce que cela signifie d'ambiguïté, de complexité et de nuances. Il est indubitable que le mariage d'Angélique a incité Diderot à approfondir ses idées sur la question des rapports entre les sexes, mais la réflexion de Diderot dépasse de loin cet élément déclencheur.

Dans *Ceci n'est pas un conte*, un narrateur anonyme raconte à son interlocuteur acariâtre deux histoires établissant, l'une la méchanceté de la femme, l'autre celle de l'homme[46]. La première raconte l'amour d'un certain Tanié, un pauvre garçon d'humble naissance, pour une Alsacienne également pauvre mais « belle à faire accourir les vieillards et à arrêter tout court les jeunes gens », une dénommée Mme Reymer[47]. Pressentant que la misère va bientôt mettre fin à leur relation, Tanié décide un jour de s'embarquer pour les colonies afin d'y acquérir la fortune lui permettant de jouir d'un bonheur tranquille auprès de son amoureuse. « Mon amie, lui dit-il, je ne saurais abuser plus longtemps de votre tendresse. J'ai pris mon parti, je m'en vais. "Vous vous en allez !" Oui. "Et où allez-vous ?" Aux Îles. Vous êtes digne d'un autre sort, et je ne saurais l'éloigner plus longtemps. [...] "Et que voulez-vous que je devienne ?" [...] Vous êtes environnée de gens qui cherchent à vous plaire. Je vous rends vos promesses. Je vous rends vos serments. Voyez quel est celui de ces prétendants qui vous est le plus agréable. Acceptez-le, c'est moi qui vous en conjure. "Ah, Tanié, c'est vous qui me proposez..." » En effet, Tanié lui propose rien moins que de se faire entretenir pendant son absence, à une seule condition : « En m'éloignant, la seule grâce que j'exige de vous, c'est de ne former aucun engagement qui nous sépare à jamais. Jurez-le-moi, ma belle amie. Quelle que soit la contrée de la terre que j'habiterai, il faudra que j'y sois bien malheureux s'il se passe une année sans vous donner des preuves certaines de mon tendre attachement. » Après avoir passé une dizaine d'années à Saint-Domingue, Tanié en revient avec une petite fortune et reprend la vie avec Mme Reymer, qui venait tout juste de renvoyer son dernier amant. Après quelques brefs instants de bonheur, poussé par l'avidité de sa compagne, il accepte à contre-cœur une charge nouvelle en Russie. Il n'a plus grande illusion sur l'amour de sa femme. Mais il part pour ne pas la mécontenter et, désespéré, meurt à Saint-Pétersbourg d'une mauvaise fièvre quatre jours après son arrivée.

Tout au long du récit, l'interlocuteur ne cesse de vilipender Mme Reymer, et le lecteur ne peut que lui donner raison. Cupide et avare, elle se serait servie de Tanié afin d'accroître sa fortune, puis l'aurait poussé à s'éloigner d'elle dès que sa présence commençait à lui peser. Mais Tanié est-il si bon, comme affirme le narrateur ? « Il y a des gens dans le monde qui vous diraient que c'est un sot », répond l'interlocuteur. Amoureux excessif voire « extravagant », Tanié fait partie de ceux que la passion amoureuse a rendus fous à tout jamais. Lui-même se qualifie d'« insensé », car il préfère mourir plutôt que de contrister son amie cruelle. Totalement soumis à Mme Reymer, il est prêt à tout pour mériter, c'est-à-dire acheter, le droit de rester auprès d'elle : d'abord il s'avilit pour soulager sa misère, puis prend l'initiative de partir en lui proposant froidement de monnayer ses charmes jusqu'à son retour. On est en droit de se demander si les actions de Tanié peuvent être qualifiées de moralement bonnes. Souvenons-nous de l'amitié exceptionnelle des deux amis de Bourbonne : l'amitié, et plus encore l'amour, rend profondément altruiste ; avant de penser à son bonheur, on pense d'abord à celui de l'autre. Ce n'est pas le cas de Tanié : son abnégation est purement intéressée, il est seulement guidé par son amour pathologique pour une femme qu'il craint de perdre s'il ne cède pas à ses caprices. La passion insensée et déraisonnable de Tanié n'est pas de l'amour, c'est la satisfaction narcissique d'un besoin démesuré d'aimer. Tanié aime aimer, et pour pouvoir continuer à aimer, il est capable du meilleur et du pire pour assouvir sa passion autodestructrice.

Si Tanié est littéralement obsédé par sa passion qui ennoblit à ses yeux toutes ses actions, même les plus viles, son amie, Mme Reymer, aime surtout elle-même, elle est moins égocentrique qu'égoïste. D'abord surprise par le marché insolite que Tanié lui propose avant de partir, elle accepte après quelques larmes d'embrasser la carrière de courtisane. Chaque année, Tanié se rappelle à son bon souvenir en lui envoyant une somme d'argent. Douze ans plus tard, devenu riche, il frappe à sa porte. Mme Reymer le reprend, lui et sa fortune, et s'astreint à une vie de couple « normale ». On apprend cependant que sa nouvelle condition de femme rangée lui pèse : « tourmentée de l'amour du faste et de la richesse », Mme Reymer commence à regretter son ancien train de vie. La passion de Tanié n'est peut-être pas sans lui déplaire, mais son amant l'a enfermée dans une cage dorée dont il est difficile de s'évader. La proposition alléchante faite à Tanié par un ministre d'établir en Russie une maison de commerce vient fort à propos : en récompense d'une absence de deux ou trois ans tout au plus, le couple n'aurait plus de soucis à se faire pour ses vieux jours. Alors que Tanié est totalement privé d'ambition, Mme Reymer en a pour deux : « Monsieur, explique-t-elle au narrateur, c'est que c'est une de ces occasions singulières qui ne se présentent qu'une fois dans la vie, et je ne veux pas qu'il ait un jour à se repentir et à me reprocher peut-être de l'avoir manquée. – Tanié ne regrettera rien, tant qu'il aura le bonheur de vous plaire. – Cela est fort honnête, mais soyez sûr qu'il sera très content d'être riche, quand je serai vieille. Le travers des femmes est de ne jamais penser à l'avenir ; ce n'est pas le mien. » Son raisonnement n'est pas sans pertinence : face à un Tanié totalement détaché des choses de la vie, mieux vaut assurer ses arrières, sans compter que de nombreux « vieux couples » sont prêts à subir une séparation momentanée si leur sacrifice est généreusement rémunéré ! En réalité, Mme Reymer ne connaît pas l'amour, elle n'a que faire du grand amour, elle profite de l'amour des autres pour son confort personnel : « S'il m'aimait, demande-t-elle au narrateur, balancerait-il à me satisfaire ? » L'amour est basé sur des échanges, c'est donnant-donnant, le reste n'est que déraison, en particulier l'amour romantique, qui ne songe qu'à l'instant sans se préoccuper de l'avenir. Mme Reymer éprouve certainement de la sympathie pour Tanié, mais sa raison pratique et son désir de liberté et d'indépendance entrent en conflit avec la passion aveugle et purement exclusive de son compagnon. L'un et l'autre sont dominés par leurs désirs, instincts et besoins : l'amour-passion, l'argent. Ils ne sont pas bons ou méchants, mais amoraux, c'est-à-dire au-dessus de la morale.

« Et puis s'il y a des femmes très méchantes et des hommes très bons, il y a aussi des femmes très bonnes et des hommes très méchants. » Le narrateur, en établissant cette balance, croit donner une leçon juste sur le réel en commentant avant de la raconter la deuxième histoire tragique de *Ceci n'est pas un conte*[48]. Le narrateur de la première histoire se dévoile enfin : il s'agit bien de Diderot, car les faits rapportés se sont passés sous ses yeux, et même avec sa participation active, à l'époque où il habitait rue de l'Estrapade, c'est-à-dire au début des années 1750. Qui plus est, dès sa première publication imprimée, dans l'édition des *Œuvres de Denis Diderot* procurée par Naigeon en 1798, celui-ci se portait garant de l'authenticité de chaque détail : Diderot, assure-t-il, « n'ajoute rien, ni aux événements, ni au caractère des personnages qu'il met en scène[49] ». Les personnages en question, Jean-Baptiste Gardeil et Mlle de la Chaux, forment un couple *a priori* mal assorti : l'une avait de « grands yeux noirs, brillants et doux », c'était une créature charmante et unique ; l'autre « un petit homme, bourru, taciturne et caustique, le visage sec, le teint basané, en tout une figure mince et chétive ; laid, si un homme peut l'être avec la physionomie de l'esprit ». Passant outre les jugements du monde sur le grand amour qu'elle porte au jeune et studieux Gardeil, Mlle de la Chaux l'aide dans son travail et lui sacrifie tout ce qu'elle possède : « Elle passait les journées à travailler pour Gardeil ; nous lui apparaissions la nuit, et à la présence de son amant tout son chagrin, toute son inquiétude étaient évanouis. » Mais Gardeil, ingrat et ambitieux, finit par se lasser d'elle : « Je suis devenue un objet insupportable ; ma présence lui pèse, ma vue l'afflige et le blesse. [...] Il m'a dit que s'il était condamné à passer vingt-quatre heures avec moi, il se jetterait par les fenêtres. » Sommé de s'expliquer par le narrateur, Gardeil répond aux reproches qu'on ne commande pas au cœur et que, s'il ne l'aime plus, il n'existe aucun remède. En entendant ce verdict, Mlle de la Chaux tombe en défaillance, une sorte de crise d'hystérie que Diderot décrit avec un luxe de détails impressionnant. Le visiteur s'affole, mais Gardeil répond en souriant et haussant les épaules : « Les femmes ne meurent pas pour si peu ; ce n'est rien, cela se passera. Vous ne les connaissez pas, elles font de leur corps tout ce qu'elles veulent. » Le narrateur essaie alors de le raisonner une dernière fois : « Quoi ? Vous croyez qu'un homme de bien n'a qu'à dépouiller une femme de tout ce qu'elle a et la laisser ? – Que voulez-vous que je fasse, je suis aussi gueux qu'elle. – Ce que je veux que vous fassiez ? Que vous associiez votre misère à celle où vous l'avez réduite. » Gardeil doit rembourser sa « dette » envers sa compagne en restant avec elle. Mais Gardeil estime ne rien devoir à Mlle de la Chaux, qui a passé un bon moment avec lui. Donnant-donnant : il a profité de ses travaux, elle, de son affection ; ils sont quittes l'un envers l'autre. À cet instant, Mlle de la Chaux se réveille et exhibe la véritable raison du dégoût de Gardeil, une vilaine tache érysipélateuse sur son épaule qu'elle affirme avoir contractée en travaillant jour et nuit pour son amant ingrat. « Le dégoût ! C'est une terrible chose que le dégoût, en amour et d'une femme », commente l'interlocuteur.

Après avoir quitté Gardeil, Mlle de la Chaux tombe grièvement malade et est soignée par le docteur Le Camus. Celui-ci devient rapidement aussi amoureux de sa patiente que celle-ci l'était de Gardeil, et ses soins assidus révèlent sa passion. Lors d'un repas en présence du narrateur, le médecin lui déclare son amour, mais Mlle de la Chaux, pleine de reconnaissance pour sa bonté, ne peut pas l'aimer. Afin de lui démonter son estime et sa gratitude, elle lui fait une proposition insolite : « Je ne connais personne qui soit plus digne que vous du bonheur que vous sollicitez, et je ne sais ce que je n'oserais pas pour vous rendre heureux. Tout le possible sans exception. Tenez, docteur, j'irais... Oui, j'irais jusqu'à coucher : jusque-là inclusivement. Voulez-vous coucher avec moi ? Vous n'avez qu'à dire. Voilà tout ce que je puis faire pour votre service ; mais vous voulez être aimé, et c'est ce que je ne saurais. » Mais le docteur Le Camus ne saurait se contenter de l'amour feint. À la fin de l'histoire, la malheureuse meurt « sur la paille dans un grenier », et Gardeil devient professeur de médecine à Toulouse.

Comment juger Gardeil, ce monstre d'ingratitude, et la malheureuse Mlle de la Chaux ? Précisons avant d'entrer dans le vif du débat quelques détails concernant les deux protagonistes de l'histoire. Selon une opinion encore largement répandue, Diderot était incapable d'inventer ; il se contentait de déguiser le réel en racontant des histoires vécues. C'est avec de petits faits vrais que se seraient construites ses œuvres de fiction : le Neveu de Rameau est un personnage bien réel, et les quelques données biographiques disponibles confirment son portrait brossé par Diderot. Gardeil et le docteur Le Camus ont bien existé, Mlle Dornet a effectivement couché avec le prince Golitsyn. « Diderot, affirme Jacques Proust, n'a, à la lettre, rien inventé dans aucun de ses contes : il a simplement amalgamé des faits, recomposé des suites chronologiques, typé des personnages[50]. » Sur la seule foi de Diderot, la savante Mlle de la Chaux figure depuis le XIXe siècle comme auteur et personnage historique dans les dictionnaires biographiques et dans les catalogues des grandes bibliothèques, quoique aucun personnage de ce nom ne soit attesté dans les documents d'époque. Diderot, se disait-on, a dû connaître une fille de ce nom qui a dû traduire des ouvrages de Hume dont il est furtivement question dans le conte[51].

En 1989, un érudit canadien, Laurence L. Bongie[52], a retrouvé Mlle de la Chaux, ou plus exactement Louise-Hortense De Lavau(x), et cette Mlle De Lavau, ainsi que le vrai Gardeil, n'ont que peu à voir avec la vie et la vérité des personnages décrits par Diderot. Dans le conte de Diderot, Mlle de la Chaux est présentée comme une « créature unique » avec de « grands yeux noirs, brillants et doux » ; sa « voix touchante » trouble le cœur. Et voici le portrait de Mlle De Lavau fait par un inspecteur de police : « Elle est de Paris, assez grande, maigre, ou pour mieux dire, très sèche ; le visage marqué de taches de rousseur, les yeux assez beaux, bruns, les sourcils et les cheveux noirs ; âgée au moins de 28 à 30 ans, point jolie ; cependant toujours bien frisée et mise coquettement[53]. » Le portrait physique de Mlle de la Chaux, on le voit, n'est guère fidèle au modèle réel. Diderot l'a transformée en créature charmante, considérablement plus jeune que Louise-Hortense, et considérablement plus jeune aussi que Gardeil qui est faussement âgé de la trentaine dans le conte, alors qu'il avait tout juste vingt-quatre ans lorsqu'il fréquenta Mlle De Lavau (ce qui est effectivement attesté). Diderot transpose plus librement encore quand il en arrive à la description de la situation de famille de Mlle de la Chaux. En réalité, Mlle De Lavau n'était point victime de parents cruels mais d'un frère incestueux qu'elle finit par dénoncer à la police. Comme la fictive Mlle de la Chaux, Louise-Hortense jouissait de quelque bien, mais ce que Diderot omet de préciser, c'est que Gardeil disposait lui aussi d'un revenu suffisant à ses propres besoins. Point ne lui était donc besoin d'arracher à sa pauvre maîtresse sa modeste fortune pour satisfaire ses « besoins et fantaisies », sans parler de lui enlever parents, réputation, santé et repos, avant de l'abandonner dans la misère, en haillons, réduite à finir ses jours sur la paille. Et ce que l'on sait du vrai Gardeil ne confirme en rien le portrait malveillant de Diderot.

Reste le Gardeil du conte, archétype de l'homme ingrat comme Mlle de la Chaux est l'archétype de la femme délaissée. Contrairement à Mme Reymer qui n'a pas une pierre à la place du cœur, Gardeil est froid et indifférent, il est aussi égoïste qu'insociable, car il ne se passionne que pour les choses de l'esprit. Insensible à l'amour qu'il considère comme une affaire de raisonnement, il avoue avoir commis une erreur en se passionnant pour Mlle de la Chaux et croit sincèrement que « tout est dit » – que l'affaire est réglée – lorsqu'il lui a annoncé son désamour : « Mademoiselle, lui dit-il, que prétendez-vous encore de moi ? Il me semble qu'après la manière nette et précise dont je me suis expliqué, tout doit être fini entre nous. Je vous ai dit que je ne vous aimais plus ; [...] l'amour est un sentiment éteint dans mon cœur pour vous, et j'ajouterai, si cela peut vous consoler, pour toute autre femme. – Mais apprenez-moi pourquoi vous ne m'aimez plus. – Je l'ignore. Tout ce que je sais, c'est que j'ai commencé sans savoir pourquoi, que j'ai cessé sans savoir pourquoi, et que je sens qu'il est impossible que cette passion revienne. » L'amour ne se commande pas, Diderot le sait autant qu'un autre. L'homme n'est pas libre, personne ne peut arrêter par sa seule volonté une passion qui commence, ou prolonger une passion qui s'est arrêtée. Personne n'est à l'abri de tomber amoureux comme Tanié ou Mlle de la Chaux. L'amour-passion, explique le narrateur à son interlocuteur, est une fatalité qui peut causer des ravages : « Mon ami, le plus sage d'entre nous est bienheureux de n'avoir pas rencontré la femme belle ou laide, spirituelle ou sotte qui l'aurait rendu fou à enfermer aux Petites-Maisons. [...] Ne pensons jamais qu'en tremblant à la violence de certains attraits de nature, surtout pour les âmes chaudes et les imaginations ardentes. L'étincelle qui tombe fortuitement sur un baril de poudre ne produit pas un effet plus terrible. » Si un rien peut allumer une passion[54], aucune force du monde n'empêchera de s'éteindre une fois que la poudre noire est consumée. L'homme est victime ou de la passion qui le domine ou de l'extinction de la passion de l'être aimé. Et que fait-on lorsqu'on n'aime plus ?

Au XVIIIe siècle, l'indissolubilité du mariage est considérée comme absolue jusqu'à la mort des époux. L'Église admet seulement la séparation de corps, qui interdit un nouveau mariage. Diderot a très souvent critiqué l'indissolubilité des unions entre époux, comme par exemple dans l'article *Indissoluble* de l'*Encyclopédie* : « L'homme sage frémit à l'idée seule d'un engagement *indissoluble*. Les législateurs qui ont préparé aux hommes des liens *indissolubles* n'ont guère connu son inconstance naturelle. Combien ils ont fait de criminels et de malheureux[55] ? » Voici comment il définissait l'inconstance dans l'article du même nom : « Indifférence ou dégoût d'un objet qui nous plaisait. Si cette indifférence ou ce dégoût naît [...] de ce que nous n'éprouvons plus dans sa possession le plaisir qu'il nous faisait ; s'il est le même, mais s'il ne nous émeut plus ; s'il est usé pour nous ; s'il ne nous fait plus cette impression qui nous enchaînait ; si la fée a perdu sa baguette, il faut que le charme cesse, et l'*inconstance* est nécessaire. Celui qui fait des vœux qu'il ne pourra rompre ; celui qui prononce un serment qui l'engage à jamais, est quelquefois un homme qui présume trop de ses forces, qui s'ignore lui-même et les choses du monde[56]. » N'est-ce pas là l'apologie de Gardeil ? Faut-il obliger un homme (ou une femme) à continuer une relation amoureuse, à partager le lit de son conjoint, une fois que « le charme a cessé » ? On peut sans doute reprocher à Gardeil de ne pas avoir fait preuve d'assez de tact lors de sa rupture avec Mlle de la Chaux, mais non d'avoir repris sa liberté.

Reste le problème de la gratitude : Gardeil aurait contracté une dette envers son ancienne compagne, ce que l'intéressé refuse de reconnaître. Dans l'esprit de Mlle de la Chaux, l'amour a droit à une récompense : en aimant Gardeil, en l'aidant dans son travail, elle a acquis des droits sur lui. Ce qui importe pour elle comme pour Tanié, c'est le fait d'aimer, plus que d'être aimée, c'est de posséder celui qu'elle aime, sans se soucier des sentiments de l'autre. Elle ne supporte pas l'idée d'être abandonnée par celui qu'elle aime, qu'on refuse son amour : « Qu'est-ce qu'il y a, lui dis-je ? Est-ce qu'il est mort ? – C'est pis : il ne m'aime plus, il m'abandonne. » Plus tard, quand elle voudra se montrer reconnaissante envers le docteur Le Camus, Mlle de la Chaux est prête à lui offrir la récompense que Gardeil lui a refusée : « Docteur, il est impossible que l'estime que j'ai pour vous s'accroisse jamais. Je suis comblée de vos services, et je serais aussi noire que le monstre de la rue Hyacinthe si je n'étais pas pénétrée de la plus vive reconnaissance. » Incapable de l'aimer, elle veut s'acquitter de sa dette par tous les moyens et lui propose l'amour physique en échange : elle est maîtresse de son corps, pas de son cœur. En assistant à cette scène pathétique, le narrateur avoue qu'il ne savait pas s'il devait en rire ou pleurer. Pleurer comme le docteur qui « l'écoutait, lui prenait la main, la baisait, la mouillait de ses larmes » ? Ou rire de cette petite scène de comédie visiblement préméditée propre à irriter les âmes les plus blasées ?

À la fin de *Ceci n'est pas un conte*, le narrateur donne la parole à son lecteur qui est prêt à trouver des circonstances atténuantes en faveur de Gardeil et de Mme Reymer : « Mais on me dira peut-être que c'est aller bien vite que de prononcer définitivement sur le caractère d'un homme d'après une seule action ; [...] qu'on peut être inconstant en amour [...] sans être dépourvu d'honneur et de probité ; qu'on n'est le maître ni d'arrêter une passion qui s'allume, ni d'en prolonger une qui s'éteint ; qu'il y a déjà assez d'hommes dans les maisons et les rues qui méritent à juste titre le nom de coquins, sans inventer des crimes imaginaires qui les multiplieraient à l'infini. » On entend clairement ici la voix de Diderot, alors que le narrateur, qu'on a identifié trop hâtivement à l'auteur du conte, prend résolument le parti des victimes de l'infidélité. C'est le narrateur qui défend une vision... étriquée de l'amour, tandis que le lecteur tire la conclusion philosophique du conte : il faut être indulgent et faire la part des choses. En un dernier sursaut, le narrateur conclut par une pirouette : « Mais mettez la main sur la conscience et dites-moi, vous, Monsieur l'apologiste des trompeurs et des infidèles, si vous prendriez le docteur de Toulouse pour votre ami. Vous hésitez ? Tout est dit ; et sur ce je prie Dieu de tenir en sa sainte garde toute femme à qui il vous prendra fantaisie d'adresser votre hommage. »

L'incapacité à faire la part des choses en amour est le sujet du deuxième conte rédigé durant l'été 1772, *Madame de La Carlière*, également connu sous le titre *Sur l'inconséquence du jugement public de nos actions particulières*[57]. Le narrateur commence par raconter à son interlocuteur l'histoire un homme solitaire aperçu dans le parc où ils se promènent, le chevalier Desroches, qui n'est plus que l'ombre de lui-même. Héritier d'une immense fortune, il se fit d'abord connaître par ses frasques et la « diversité de ses états » : ecclésiastique, il quitte l'Église lorsqu'il se rend compte que son état n'est pas compatible avec sa vie de coureur de jupons. Devenu conseiller de grand-chambre au Parlement, il est amené un jour à condamner à mort un criminel. Avant l'exécution, le malfaiteur, que la torture avait défiguré, s'adresse à Desroches en se déclarant coupable du crime tout en détruisant la justesse des preuves et par suite la justice de la sentence : « Reprenant toute la procédure, il démontra clair comme le jour qu'il n'y avait ni solidité dans les preuves, ni justice dans la sentence. Desroches, saisi d'un tremblement universel, se lève, déchire sur lui sa robe magistrale et renonce pour jamais à la périlleuse fonction de prononcer sur la vie des hommes. » Après avoir quitté la magistrature, Desroches s'engage dans l'armée. Il fait la campagne de 1745, tombe du cheval après la bataille et se fait transporter au château le plus proche. Il s'y fait soigner par la dame du lieu, Mme de La Carlière, une jeune veuve qui, mariée à un vieux mari jaloux à l'âge de quatorze ans par des parents cupides, avait patiemment supporté son infortune en affichant avec son barbon de mari « la conduite la plus réservée et la plus honnête ». Libérée de ce joug, elle mène sa vie comme elle l'entend. Desroches lui plaît. Elle le traite « avec toutes les attentions imaginables » et reste avec lui alors que des affaires pressantes la rappellent à la ville. Après la guérison de son amant, Mme de La Carlière s'installe avec lui à Paris.

Après avoir passé plusieurs années ensemble, le chevalier Desroches demande sa maîtresse en mariage. Il s'estime parfaitement guéri de son libertinage de jeunesse et désire fonder une famille. Mme de La Carlière, quant à elle, y voit surtout des inconvénients. Certes, « l'amoureux chevalier » ne lui est « pas indifférent », mais nous sommes loin de l'amour passion qui dévorait Tanié et Mlle de la Chaux dans *Ceci n'est pas un conte*. Mme de La Carlière a rempli honnêtement un premier contrat avec un partenaire indigne ; libérée par son veuvage, elle ne se soucie guère de renouveler l'expérience ! Cependant le chevalier insiste. Mme de La Carlière accepte de l'épouser à condition qu'il s'engage à lui rester fidèle. Avant de s'engager tout à fait, la veille du mariage, elle le prie, devant un groupe d'amis pris à témoin, de bien vouloir réfléchir avant de renoncer à sa liberté et de ne lui prêter serment de fidélité que s'il est tout à fait sûr d'être capable de lui être absolument fidèle : « Monsieur Desroches, écoutez-moi. Aujourd'hui nous sommes libres l'un et l'autre, demain nous ne le serons plus, et je vais devenir maîtresse de votre bonheur ou de votre malheur ; vous du mien. » Tant qu'ils vivaient en dehors des liens du mariage, chacun était libre de mettre fin à la relation. Or le mariage est une aliénation, car le conjoint est désormais tout pour l'autre : « Demain, au pied des autels, vous jurerez de m'appartenir et de n'appartenir qu'à moi. [...] Chevalier, je vais vous abandonner ma personne et mon bien, vous résigner mes volontés et mes fantaisies ; vous serez tout au monde pour moi, mais il faut que je sois tout au monde pour vous. » Mme de La Carlière est capable de faire la part de la nature, elle admet parfaitement que Desroches puisse être « inconstant » ; la question est de savoir si l'homme étant inconstant, il faut s'engager dans des liens indissolubles : « Si vous vous sentez ce même penchant à l'inconstance qui vous a dominé jusqu'à présent, si je ne suffisais pas à toute l'étendue de vos désirs, ne vous engagez pas, je vous en conjure par vous-même et par moi. » Mme de La Carlière, on le voit, a une conception quasi absolue du mariage. Non pas pour des raisons religieuses mais parce qu'il s'agit d'un engagement entre deux personnes. Elle a vécu avec Desroches en union libre pendant des années sans en éprouver la moindre gêne. Tout change lorsqu'on scelle cette union par un contrat, par la parole donnée. Si l'on ne respecte pas sa parole, si l'on se permet de tromper son partenaire, il n'y a plus de morale, ce qu'elle appelle des mœurs : « Si la supériorité de mérite, réelle ou présumée, justifiait l'inconstance, il n'y aurait plus de mœurs. J'ai des mœurs, je veux en avoir ; je veux que vous en ayez. » On se souvient que dans l'article *Inconstance* de l'*Encyclopédie*, Diderot avait justifié l'inconstance au nom de la nature. À la fin de l'article, il concédait pourtant : « Je ne blâme point l'*inconstance* qui nous fait abandonner un objet de prix pour un objet plus précieux encore, dans toutes ces bagatelles qui ne souffrent point, qui ne sentent point, et qui font notre bonheur sans le partager. Mais en amitié, en attachement de cœur, si l'on permettait cette préférence, on quitterait, on serait quitté, et la porte serait ouverte au plus étrange dérèglement[58]. » L'absence de mœurs ouvre la porte à tous les dérèglements. Si tout le monde était infidèle, il n'y aurait plus de familles, et les enfants seraient les premiers à en pâtir : « Mon ami, mon tendre ami, je vous en conjure, ne m'exposez pas à détester, à fuir le père de mes enfants, et peut-être, dans un accès de désespoir, à repousser leurs innocentes caresses. » Si Mme de La Carlière cède à la demande de Desroches, si elle se marie, c'est sans doute pour avoir des enfants légitimes, et à ce moment-là elle veut suivre toutes les règles du mariage dans ce qu'il a de plus officiel, de plus institutionnel. Mme de La Carlière ne prône pas la fidélité pour des raisons de convention, mais pour des raisons d'ordre philosophique et sociologique.

Après deux ans de bonheur parfait, Desroches est amené, un peu malgré lui, à entrer en relation, pendant que sa femme allaite leur enfant[59], avec une femme influente qu'il était important, d'après le narrateur, « d'obliger », afin de favoriser les affaires d'un ami de Desroches. Par hasard, sa femme découvre ce qu'elle ne manque pas d'interpréter comme une infidélité de son mari. Ayant réuni de nouveau les parents et les amis qui avaient été témoins de son engagement, elle annonce qu'elle le quitte. Malgré toutes les tentatives de réconciliation faites par son mari, en dépit de sa propre souffrance et de celle de l'infidèle, elle reste inflexible. Elle préfère s'enfermer, jusqu'à ce que mort s'ensuive. Desroches lui survit, mais demeure inconsolable. Le conte se termine par un échange de réflexions entre le narrateur et son interlocuteur sur le bien-fondé de l'attitude de Mme de La Carlière, « inflexible et hautaine bégueule », et la façon dont elle a été généralement jugée. L'opinion publique commença par donner tort à Desroches : auteur d'une faute légère, puis d'une trahison, il devint successivement un tigre, un monstre, un misérable, le meurtrier de toute sa famille. Voici comment on fabriqua un coupable, quoique aucune liaison logique nécessaire ne reliât la mort de son fils, de son beau-frère, de sa belle-mère et enfin de sa femme, dont on le rendit responsable : c'est le jugement public qui « fait un tissu de ces événements disparates, en les nouant tous ensemble par un même fil continu : la méchanceté du chevalier Desroches[60] ». Avec le temps qui passe, et devant ses malheurs, le narrateur est cependant prêt à parier que l'unanimité du public se fera peu à peu contre sa femme. Mme de La Carlière avait prôné respect absolu de la parole donnée afin de prévenir les désordres publics ? Mais « la faute conjugale ne produit qu'un désordre privé, où l'institution sociale ne court aucun risque, tandis que l'exigence de Madame de La Carlière provoquerait un désordre social, en ruinant l'institution du mariage[61] ». Ce n'est pas une infidélité conjugale passagère, c'est l'intransigeance qui met en péril le tissu social : « Le bel exemple à donner et à suivre !... C'est séparer les trois quarts des maris de leurs femmes. »

Comme dans *Ceci n'est pas un conte*, le conte se termine par une dernière question : « Mais si vous aviez une fille à marier, la donneriez-vous à Desroches ? » Cette fois-ci, aucune hésitation : « Sans délibérer, parce que le hasard l'avait engagé dans un de ces pas glissants dont ni vous, ni moi, ni personne ne peut se promettre de se tirer ; parce que l'amitié, l'honnêteté, la bienfaisance, toutes les circonstances possibles, avaient préparé sa faute et son excuse ; parce que la conduite qu'il a tenue depuis sa séparation volontaire d'avec sa femme a été irrépréhensible, et que, sans approuver les maris infidèles, je ne prise pas autrement les femmes qui mettent tant d'importance à cette rare qualité. » Il n'est pas vrai que la constance, comme semble le penser Mme de La Carlière, est un choix que l'on fait librement et auquel on se tient par la volonté. Diderot blâme le comportement de cette femme intransigeante, qui a exigé une promesse « intenable » de son futur époux comme fondement de leur union et qui a préféré renoncer à son mariage, ruiner sa vie et celle de son mari plutôt que de considérer « certaines actions physiques » pour ce qu'elles sont, à savoir des états qui supposent la mobilité et le changement. La promesse que Madame de La Carlière « arrache » à son futur époux a une charge totalement destructrice, dans la mesure où cette promesse porte sur le registre purement sexuel et que le sexe ne peut faire l'objet d'une promesse : il est une énergie pure, incontrôlable, dont le libre exercice est une garantie d'équilibre entre les sujets humains. C'est du moins dans ce sens que s'explique le narrateur à la fin : « Et puis j'ai mes idées, peut-être justes, à coup sûr bizarres, sur certaines actions que je regarde moins comme des vices de l'homme que comme des conséquences de nos législations absurdes, sources de mœurs aussi absurdes qu'elles et d'une dépravation que j'appellerais volontiers artificielle. Cela n'est pas trop clair, mais cela s'éclaircira peut-être une autre fois. » Diderot nous livre ici une des clés des trois contes, et en particulier du *Supplément au Voyage de Bougainville* : il veut dénoncer des vices qui ne tiennent pas à la nature humaine, mais à la législation dans un certain type de société. Voilà l'objet de sa critique, et la fable de Tahiti lui sert d'arme lui permettant de critiquer la société occidentale.

3

La fable de Tahiti

En 1767, l'officier de marine Louis-Antoine de Bougainville fut chargé par le duc de Choiseul de céder à l'Espagne la colonie qu'il avait fondée trois ans plus tôt sur un archipel de l'Atlantique Sud appelé Falkland Islands par les Anglais dès 1690, et baptisé « Îles Malouines » d'après ses premiers colons, des marins et pêcheurs de Saint-Malo[1]. En route, il devait trouver une nouvelle route vers la Chine par l'ouest et prendre possession des terres inconnues du Pacifique qui pouvaient servir à la navigation et au commerce français. Pour la première fois dans l'histoire des voyages, Bougainville emmenait avec lui plusieurs savants dont un naturaliste, un cartographe et un astronome. Le départ se fit de Nantes le 15 novembre 1766, sur la frégate *La Boudeuse* qui venait d'y être construite. Un an plus tard, *La Boudeuse* et *L'Étoile* (qui a rejoint la *Boudeuse* entre-temps) affrontent le détroit de Magellan, puis Bougainville et ses hommes se lancent dans la traversée de l'océan Pacifique. En février, les deux bateaux passent par une île appelée de nos jours Akiaki, un petit atoll de corail de 2 km de longueur et 900 m de largeur maximales, pour une superficie de 1,3 km^2. Surpris, ils y constatent la présence de sauvages brandissant des lances en leur direction. « Qui me dira, se demande Bougainville, comment ils ont été transportés jusqu'ici, quelle communication les lie à la chaîne des autres êtres, ce qu'ils deviennent en se multipliant sur une île qui n'a pas plus d'une lieue de diamètre[2] ? » Ces questions sont légitimes à ce stade du périple : le voyageur n'a pas encore vu les grandes pirogues tahitiennes qui permettent de se déplacer entre les îles. Le 6 avril 1768, Bougainville atteint Tahiti, ignorant que l'Anglais Wallis l'a découverte avant lui. Après des mois de navigation, de maladies, de misère, de souffrance, de faim, de privation sexuelle, l'équipage tombe dans un pays idyllique : il y fait un temps merveilleux, les femmes sont toutes nues et offrent leurs charmes aux marins, on trouve des fruits à profusion, du bétail à ne savoir qu'en faire – le paradis ! Le jour du départ, Bougainville notera dans son journal de bord : « Je ne saurais quitter cette île fortunée sans renouveler ici les éloges que j'en ai déjà faits. La nature l'a placée dans le plus beau climat de l'univers, embellie des plus riants aspects, enrichie de tous ses dons, couverte d'habitants beaux, grands, forts. Elle-même leur a dicté des lois, ils les suivent en paix et forment peut-être la plus heureuse société qui existe sur ce globe. Législateurs et philosophes, venez voir ici tout établi ce que votre imagination n'a pu même rêver[3]. » Tahiti représente l'âge d'or mythique que l'Europe a depuis longtemps troqué contre l'âge de fer, bien réel celui-là. Quand, à la mi-avril, il faut quitter l'île, un jeune habitant du nom d'Aotourou prie Bougainville de lui accorder l'autorisation de le prendre à bord de *La Boudeuse* pour se rendre en France. Après avoir tenté de l'en dissuader, le commandant accepte. Le jeune Tahitien enseignera à Bougainville les mœurs et institutions de son pays. En 1770, Aotourou repart vers sa patrie mais, sur le chemin du retour, il meurt de la variole.

Le tour du monde de l'expédition de Bougainville, le premier fait par un Français, se termine au printemps 1769. L'accueil à Paris est triomphal, y compris pour son compagnon Aotourou qui devient la coqueluche de la ville et de la cour. L'apport économique et scientifique de l'expédition fut plutôt mince, au point que Bougainville, dépité, se serait écrié : « Eh bien, je mets aussi l'espoir de ma renommée dans une fleur[4] ! » En revanche, les ragots colportés par ses compagnons sur les neufs jours passés à Tahiti firent sensation. « Les gens du monde, observe Jacques Proust, y trouvèrent à bon compte l'illustration de ce qu'il faut bien appeler le “rousseauisme” à la mode, quoique le mythe du “bon sauvage” n'ait aucun rapport avec la pensée de Rousseau[5]. » L'« apport » essentiel du voyage de Bougainville a été de donner sa forme canonique au mythe du « bon sauvage » et de l'âge d'or mis à la mode au début du XVIIIe siècle par des missionnaires et des voyageurs. Le *Voyage autour de monde* publié par le navigateur en 1771 essaya même d'en faire la critique, mais en vain. Bougainville n'y cachait pas la cruauté de la guerre et de la religion ni l'inégalité des conditions et des sexes, mais ces observations et réflexions passèrent inaperçues. Les lecteurs du *Voyage* n'y lurent que ce qu'ils attendaient d'y trouver : une apologie du primitivisme et de l'amour libre, la condamnation de la propriété privée, l'égalité des conditions.

Et Diderot ? Diderot a lu le *Voyage autour du monde* de Bougainville et en a écrit un compte rendu pour la *Correspondance littéraire* qui n'est pas particulièrement chaleureux. Il contient des propos courtois à l'endroit de Bougainville – Diderot avoue que le livre de Bougainville est le seul voyage qui lui « ait inspiré du goût pour une autre contrée » que la sienne[6] – et une appréciation mesurée des résultats de son expédition. La peinture idyllique de la condition des Tahitiens y a aussi sa place, mais elle cède vite le pas à la réprobation et à l'indignation suscitées par les procédés des colonisateurs. « Ah ! Monsieur de Bougainville, apostrophe-t-il le voyageur, éloignez votre vaisseau des rives de ces innocents et fortunés Tahitiens ! Ils sont heureux et vous ne pouvez que nuire à leur bonheur. [...] Vous prenez possession de leur contrée, comme si elle ne leur appartenait pas [...]. Vous êtes le plus fort ? Et qu'est-ce que cela fait ? [...] Cet homme dont vous vous emparez comme de la brute ou de la plante est un enfant de nature comme vous. Quel droit avez-vous sur lui ? Laissez-lui ses mœurs, elles sont plus honnêtes et plus sages que les vôtres. » La philippique de Diderot se termine par ce vœu qui, s'il ne fut pas entendu des Tahitiens, a peut-être été la raison pour laquelle le compte rendu ne fut pas publié dans la *Correspondance littéraire* : « Puissiez-vous, et vous et vos concitoyens et les autres habitants de notre Europe être engloutis au fond des mers plutôt que de les revoir[7]. » Écrit probablement pendant l'hiver 1771/1772, le compte rendu du *Voyage autour du monde* a ensuite servi de trame pour la première partie du *Supplément au Voyage de Bougainville*.

On retrouve, dans ce troisième conte, les personnages du narrateur et de l'interlocuteur des deux contes précédents, *Ceci n'est pas un conte* et *Madame de La Carlière*[8], sauf qu'ils s'appellent ici A. et B. La fin du deuxième conte citée plus haut[9] est analogue au sous-titre du *Supplément au Voyage de Bougainville* – « Sur l'inconséquence d'attacher des idées morales à certaines actions physiques qui n'en comportent pas » – et fait écho à sa conclusion : tant que les appétits naturels seront sophistiqués, il faut compter sur des femmes méchantes comme la Reymer, sur des hommes atroces comme Gardeil et sur des infortunés comme Tanié, Mlle de la Chaux, le chevalier Desroches et Mme de La Carlière : « Il est certain qu'on chercherait inutilement dans Tahiti des exemples de la dépravation des deux premiers et du malheur des trois derniers. » Le lecteur est donc expressément invité à lire ensemble *Ceci n'est pas un conte*, *Madame de La Carlière* et le *Supplément au Voyage de Bougainville*, qui est la suite naturelle des contes précédents.

A. et B. se promènent dans le même parc que le narrateur et son interlocuteur dans les deux contes qui précèdent. Au début, c'est B. qui est en position de savoir comme le narrateur des contes précédents, ce qui fait dire au premier, à la fin de la première partie : « Il semble que mon lot soit d'avoir tort avec vous jusque dans les moindres choses. Il faut que je sois bien bon pour vous pardonner une supériorité aussi continue[10]. » Or, si on examine le dialogue qui clôt la fin du texte, on s'aperçoit que c'est B. qui pose des questions et A. qui propose des réponses qui, pour incertaines qu'elles soient, ne le placent pas moins dans la position dominante de celui qui en sait plus. Nous avons déjà constaté un phénomène semblable à la fin de *Ceci n'est pas un conte* où ce n'est pas le narrateur conformiste et bien-pensant qui semble exprimer la « vérité » du conte, mais le lecteur, qui se fait traiter d'« apologiste des trompeurs et des infidèles ». Il est ainsi très délicat de voir dans tel ou tel personnage la « position de l'auteur », son « porte-parole » ; il vaut mieux résister à cette facilité qui peut conduire à attribuer à Diderot des opinions qui ne sont que celles de ses personnages. Dans le premier dialogue entre A. et B., Diderot reprend en l'amplifiant son compte rendu du *Voyage autour du monde* rédigé pour la *Correspondance littéraire*, procédé commode qu'il venait d'expérimenter pour l'essai *Sur les femmes* et qu'il emploiera de nouveau pour le *Paradoxe sur le comédien*. Le petit atoll baptisé île des Lanciers par Bougainville a également retenu l'attention de B. : « À l'inspection du lieu qu'elle occupe sur le globe, il n'est personne qui ne se demande : Qui est-ce qui a placé là des hommes ? Quelle communication les liait autrefois avec le reste de leur espèce ? Que deviennent-ils en se multipliant sur un espace qui n'a pas plus d'une lieue de diamètre[11] ? » Bougainville, on s'en souvient, avait laissé ces questions en suspens, pas Diderot. À la première concernant l'origine d'êtres vivants sur une île perdue dans l'océan, il répond par la théorie, vulgarisée par Buffon, de la dérive des continents due à la masse des eaux qui les a séparées[12]. Quant aux conditions de survie des habitants de l'île, Diderot reprend en les développant les conjectures proposées dans son compte rendu du *Voyage* de Bougainville :

> A. Ils s'exterminent et se mangent ; et de là peut-être une première époque très ancienne et très naturelle de l'anthropophagie, insulaire d'origine.
>
> B. Ou la multiplication y est limitée par quelque loi superstitieuse : l'enfant y est écrasé dans le sein de sa mère foulée sous les pieds d'une prêtresse.
>
> A. Ou l'homme égorgé expire sous le couteau d'un prêtre. Ou l'on a recours à la castration des mâles…
>
> B. À l'infibulation des femelles ; et de là tant d'usages d'une cruauté nécessaire et bizarre, dont la cause s'est perdue dans la nuit des temps et met les philosophes à la torture. Une observation assez constante, c'est que les institutions surnaturelles et divines se fortifient et s'éternisent en se transformant à la longue en lois civiles et nationales, et que les institutions civiles et nationales se consacrent et dégénèrent en préceptes surnaturels et divins.
>
> A. C'est une des palingénésies les plus funestes[13].

Les habitants sauvages de l'île des Lanciers sont placés dans une situation singulière. Afin de préserver leur étroit espace de vie, ils sont contraints par la nature de l'endroit où ils vivent à contrôler la population de l'île autant qu'ils le peuvent, car tout surplus de bouches à nourrir met immédiatement en danger l'ensemble de la communauté. On comprend aisément que leurs chefs et leurs prêtres aient pour principale tâche d'empêcher une explosion démographique, et ceci par tous les moyens dont ils disposent. Toutes les pratiques répugnantes qu'énumère Diderot – l'anthropophagie, l'infanticide, les mutilations sexuelles, la réglementation sévère de la sexualité – ne sont pas nées du caprice de leurs chefs mais tout simplement nécessaires à la survie des insulaires… jusqu'au jour où ils sauront contrôler les naissances par des voies plus humaines. Diderot souligne que l'opposition à toute forme de sexualité incontrôlée, chez un peuple comme les Lanciers, a un fondement naturel. Leurs « lois » civiles et religieuses, aussi barbares qu'elles paraîtraient partout ailleurs, sont parfaitement en accord avec la loi naturelle la plus fondamentale, qui est la conservation de soi.

Imaginons maintenant que quelques habitants de l'île des Lanciers réussissent à quitter leur habitat exigu et arrivent sur le continent. Leur nouvel environnement devrait entraîner l'abandon de leurs pratiques barbares qui n'ont plus lieu d'être, mais c'est le contraire qui arrive : des coutumes religieuses surannées sont érigées en lois civiles alors que des lois civiles tombées en désuétude reçoivent une consécration religieuse. Voilà pourquoi l'anthropophagie et d'autres coutumes atroces mais « nécessaires et bizarres » chez un peuple insulaire qui ne dispose que de très peu de place, se sont perpétuées au-delà de l'espace étroit où il vivait : « Lorsque ces hommes, explique Diderot ailleurs, eurent découvert le moyen de s'échapper de l'enceinte étroite où des causes physiques les avaient tenus renfermés pendant des siècles, ils portèrent leurs usages sur le continent où ils se sont perpétués d'âge en âge[14]. » Grâce à l'action concertée des autorités civiles et religieuses, les mœurs barbares des insulaires perdurent une fois que l'obligation de limiter les naissances n'est plus de mise : une *morale contre-nature* s'est substituée à la *nécessité*, métamorphose funeste qui est à l'origine de l'aliénation et du malheur des hommes.

La petite île des Lanciers nous fournira la clé pour comprendre les mœurs des Tahitiens telles qu'elles sont décrites dans un « Supplément » manuscrit au *Voyage autour du monde*, que B. a en sa possession et qu'il va parcourir en compagnie de son ami. Aucune information ne nous est fournie concernant l'auteur de ce Supplément fictif. Peut-être Bougainville lui-même, qui n'aurait pas osé – et on le comprend ! – publier ces pages (des brouillons et des notes écartés ?) subversives. Plus vraisemblablement – du point de vue de la fiction narrative, s'entend –, c'est l'aumônier de l'équipage qui l'a composé à son retour, ou du moins en partie, car non seulement il est bien le seul à avoir connaissance de tout ce qui y est rapporté, mais aussi parce que B., à plusieurs reprises, résume les dires de l'aumônier sans les lire dans le détail. En effet, nous n'avons accès qu'à des morceaux de ce Supplément mystérieux, qu'à une sélection guidée par le jugement de B. Il est composé d'une harangue d'un vieillard tahitien et de deux entretiens entre l'aumônier et un Tahitien nommé Orou.

Après l'arrivée des Français sur l'île de Tahiti, les membres de l'équipage sont logés chez les habitants, et l'aumônier va partager la cabane d'Orou et de sa famille. On imagine sa surprise quand, après le repas, il est invité à partager aussi la couche avec sa femme ou l'une de ses trois filles. Comme l'aumônier a fait vœu de chasteté, il répond à son hôte « que sa religion, son état, les bonnes mœurs et l'honnêteté ne lui permettaient pas d'accepter ses offres[15] ». Mais le bon prêtre ne résiste pas longtemps à la tentation et finit par céder aux caresses et aux instances de la jeune Thia, qui brûle d'être mère. Le lendemain, quand Orou lui demande la raison de son refus initial, il lui explique que Dieu lui a défendu, à lui et à ceux de son état, de s'adonner aux plaisirs de la chair. L'homme et la femme ne peuvent s'unir qu'à « certaines conditions requises, après certaines cérémonies préalables, en conséquence desquelles un homme appartient à une femme et n'appartient qu'à elle, une femme appartient à un homme et n'appartient qu'à lui », et cela « pour toute leur vie[16] ». Quand Orou apprend qu'en Europe, les unions entre les sexes sont non seulement indissolubles, mais que les époux infidèles pèchent à la fois contre la loi de Dieu et la loi du pays, il n'en revient pas et se lance dans un réquisitoire implacable contre la société occidentale :

Quel monstrueux tissu d'extravagances tu m'exposes là ! Et encore tu ne me dis pas tout. Car aussitôt qu'on s'est permis de disposer à son gré des idées de justice et de propriété, d'ôter ou de donner un caractère arbitraire aux choses, d'unir aux actions ou d'en séparer le bien et le mal sans consulter que le caprice, on se blâme, on s'accuse, on se suspecte, on se tyrannise, on est envieux, on est jaloux, on se trompe, on s'afflige, on se cache, on dissimule, on s'épie, on se surprend, on se querelle, on ment ; les filles en imposent à leurs parents, les maris à leurs femmes, les femmes à leurs maris. Des filles, oui, je n'en doute pas, des filles étoufferont leurs enfants, des pères soupçonneux mépriseront et négligeront les leurs, des mères s'en sépareront et les abandonneront à la merci du sort, et le crime et la débauche se montreront sous toutes sortes de formes. Je sais tout cela comme si j'avais vécu parmi vous. Cela est parce que cela doit être, et la société dont votre chef nous vante le bel ordre, ne sera qu'un ramas ou d'hypocrites qui foulent secrètement aux pieds les lois, ou d'infortunés qui sont eux-mêmes les instruments de leur supplice en s'y soumettant ; ou d'imbéciles en qui le préjugé a tout à fait étouffé la voix de la nature ; ou d'êtres mal organisés en qui la nature ne réclame pas ses droits[17].

Les Européens sont devenus des monstres aux yeux d'Orou parce qu'ils marchent à côté de la nature. Leur société est certes ordonnée, il y a des lois et des règles, mais celles-ci cachent mal le vrai caractère des relations entre les parents et les enfants, les maris et leurs femmes. L'institution du mariage, en tant qu'il exige la fidélité conjugale, produit des effets désastreux : l'imposture, l'hypocrisie, le mensonge, la vengeance, la rivalité, la souffrance. La civilisation, semble-t-il, a rendu tout le monde plus ou moins malheureux : « Crois-moi, s'exclame Orou, vous avez rendu la condition de l'homme pire que celle de l'animal[18]. » Malgré une approche semblable, Diderot s'oppose du tout au tout aux principales thèses du *Discours sur l'origine et les fondements de l'inégalité parmi les hommes* (1755) de Rousseau. Si les Européens sont devenus malheureux, ce n'est pas parce qu'ils se sont réunis en société, parce qu'ils se sont donné des autorités politiques et religieuses ou parce qu'ils ont découvert l'agriculture et la métallurgie. « Voulez-vous savoir, demande B. à A. à la fin du *Supplément*, l'histoire abrégée de presque toute notre misère ? La voici. Il existait un homme naturel ; on a introduit au-dedans de cet homme un homme artificiel, et il s'est élevé dans la caverne une guerre continuelle qui dure toute la vie. Tantôt l'homme naturel est le plus fort, tantôt il est terrassé par l'homme moral et artificiel ; et dans l'un et l'autre cas, le triste monstre est tiraillé, tenaillé, tourmenté, étendu sur la roue, sans cesse gémissant, sans cesse malheureux, soit qu'un faux enthousiasme de gloire le transporte et l'enivre, ou qu'une fausse ignominie le courbe et l'abatte[19]. » L'« homme naturel », représenté par le Tahitien, se distingue de l'« homme artificiel » en ce qu'il n'obéit pas à une morale absurde qui, dans les relations entre les sexes, érige en crimes des actions innocentes par elles-mêmes. « Ô le vilain pays !, s'écrie Orou à la fin de son entretien avec l'aumônier. Si tout y est ordonné comme ce que tu m'en dis, vous êtes plus barbares que nous[20]. »

Il est permis de douter que la plupart des lecteurs, même les plus épris de rousseauisme, soient spontanément d'accord avec ce véritable renversement des valeurs. En contrepoint aux mœurs et aux lois matrimoniales des Européens, les Tahitiens imaginaires du *Supplément* offrent sans fausse pudeur leurs femmes et leurs filles, ils font publiquement l'amour, ignorent l'adultère et vont jusqu'à pratiquer l'inceste, soit entre frères et sœurs, soit entre parents et enfants. Diderot, s'indignait en 1796 l'abbé Bourlet de Vauxcelles, le premier éditeur du *Supplément* en France, « était bien le bonhomme le plus immoral en propos, le raisonneur le plus débridé [...] que Dieu ait créé, quand il voulut donner un ridicule à la philosophie humaine[21] ». En même temps, on constate avec étonnement que les Tahitiens ont aussi leurs libertins et leurs libertines : ce sont des personnes qui ont des relations sexuelles *sans être en état de procréer*, à savoir les filles et les garçons avant la puberté, les femmes qui ont leurs règles, les femmes devenues stériles, etc.[22]. On blâme tous ceux qui se livrent au « libertinage », et des mesures sévères peuvent être prises parfois contre les « filles précoces », les jeunes garçons prépubères et les « vieilles dissolues ». À Tahiti, explique Orou, un enfant est un bien précieux et plus on en a, plus on est riche : « Un enfant qui naît occasionne la joie domestique et publique, c'est un accroissement de fortune pour la cabane, et de force pour la nation. Ce sont des bras et des mains de plus dans Tahiti : nous voyons en lui un agriculteur, un pêcheur, un chasseur, un soldat, un époux, un père[23]. »

On a souvent remarqué la proximité de ces conceptions non seulement avec les idéologies de natalité des philosophes du XVIIIe siècle hantés (à tort) par le spectre de la dépopulation, mais également, plus surprenant, avec les préceptes de l'Église catholique[24] et du corps médical, son porte-parole. « Une chose sur laquelle je n'ai jamais hésité, avoua un médecin au milieu du siècle, le Dr Procope-Couteau, c'est à regarder comme le comble des horreurs les précautions que prennent deux époux pour ne point, ou ne plus avoir d'enfants, sans renoncer pour cela au plaisir qu'ils trouvaient à en faire. C'est frauder les droits de la nature[25]. » On a également souligné à juste titre que le collectivisme sexuel des Tahitiens n'a visiblement pas pour but une maximisation de la jouissance érotique. La nature, écrit Diderot dans l'article *Voluptueux* de l'*Encyclopédie*, a certes voulu que « la conservation de l'espèce » soit aussi « un objet de plaisirs[26] », mais le but essentiel de la sexualité, chez les Tahitiens, reste la procréation. L'obligation faite aux hommes et aux femmes incapables de se reproduire de porter des voiles noirs ou gris n'est certainement pas « dans la nature », car s'ils ne servent à rien, ils ont pourtant les mêmes désirs. Elle s'explique lorsqu'on la replace dans le cadre de l'obsession nataliste du pays : il faut ménager la liqueur séminale des hommes et des femmes[27]. Les Tahitiens ne font pas l'amour pour le plaisir ou… par amour, mais pour se reproduire : « Ils mangent pour vivre et pour croître ; ils croissent pour multiplier[28]. » La raison en est que les Tahitiens ne peuvent survivre sur leur île qu'en la peuplant d'agriculteurs et de soldats : « Nous avons des terres immenses en friche, nous manquons de bras […] ; nous avons des calamités épidémiques à réparer, nous avons des ennemis voisins à combattre, un besoin de soldats[29]. » L'île de Tahiti n'est point un lieu du plaisir pour le plaisir, c'est un endroit où l'on fornique pour survivre, tout comme on tue pour survivre chez leurs voisins, les Lanciers.

Si les mœurs des Tahitiens et des Lanciers choquent légitimement les Européens, c'est parce que ceux-ci ne sont pas soumis aux mêmes impératifs de survie que les insulaires. Chez les Lanciers, on tente de limiter la démographie par des moyens drastiques alors que chez les Tahitiens, la procréation est considérée comme un devoir d'État. Si cette attitude-là nous paraît plus humaine que l'autre, elle obéit pourtant à la même logique, à la même exigence : la primauté absolue de l'intérêt général sur l'intérêt particulier. En revanche, les sociétés civilisées fourmillent de lois bizarres qui outragent la nature et soumettent les hommes à trois codes ou maîtres contradictoires qu'il est impossible de suivre en même temps. Nous touchons ici à ce qu'on appelle couramment la « théorie des trois codes » et qui tient une place tout à fait essentielle dans la pensée politique de Diderot à la fin de sa vie, et l'insistance avec laquelle il y est revenu dans d'autres textes est la preuve que nous tenons là son véritable testament politique. Voici comment cette théorie se présente dans le *Supplément au Voyage de Bougainville* : « Parcourez l'histoire des siècles et des nations tant anciennes que modernes, et vous trouverez les hommes assujettis à trois codes, le code de la nature, le code civil et le code religieux, et contraints d'enfreindre alternativement ces trois codes qui n'ont jamais été d'accord ; d'où il est arrivé qu'il n'y a eu dans aucune contrée, comme Orou l'a deviné de la nôtre, ni homme, ni citoyen, ni religieux[30]. » Diderot tient que les hommes sont assujettis à trois sortes de lois ou codes, le code de la nature, le code civil, et le code religieux. Dans l'idéal, ces trois codes devraient être à l'unisson, ou plus précisément les codes civil et religieux devraient être « calqués » sur celui de la nature : « Que le code des nations serait court, si on le conformait rigoureusement à celui de la nature ! Combien de vices et d'erreurs épargnés à l'homme[31] ! » Les lois civiles et religieuses qui ne sont pas dérivées de la nature sont subjectives, donc arbitraires, ne sont valables que si elles ne contredisent pas celui de la nature : autrement, l'être humain va toujours se trouver en conflit avec l'un de ces codes et vivre dans un désarroi total.

Prenons comme exemple les deux îles du *Supplément au Voyage de Bougainville*, celles des Lanciers et des Tahitiens. Les trois codes ne s'y contredisent pas : chez les uns, l'anthropophagie n'est pas moins « naturelle » que la fornication forcenée chez les autres, car ces pratiques imposées par les chefs et les prêtres, quoique totalement opposées, sont essentielles pour la survie de la population.

Ce que Diderot désigne par le terme de « code de la nature » est un ensemble de rapports entre les hommes et les choses qui varie en fonction des circonstances. Ce n'est pas une nouvelle Table de la Loi, il définit seulement ce qui est juste et injuste *dans une société donnée*. Chez les Lanciers, il est juste et nécessaire d'éliminer la « surproduction » au profit de ceux qui vivent déjà ; les Tahitiens, quant à eux, sont obligés de travailler de toutes leurs forces à maintenir un taux élevé de natalité. Le *code de la nature* exige que partout « le bien soit préféré au mal et le bien général au bien particulier[32] ». Les *lois* civiles et religieuses qui s'y réfèrent varient nécessairement d'une nation à l'autre, d'une époque à l'autre et d'un endroit à l'autre, car le milieu naturel dans lequel évolue une société change au fur et à mesure qu'elle progresse dans la civilisation. Ce n'est pas chez les Lanciers et les Tahitiens, c'est en Europe que les codes civil et religieux sont en contradiction avec celui de la nature.

Prenons la colonisation, que Diderot condamne évidemment sans appel. De quel droit les Français prennent-ils possession de Tahiti alors qu'ils défendraient leur patrie contre tout envahisseur ? « Ce pays est à toi ! Et pourquoi ? Parce que tu y as mis le pied ! Si un Tahitien débarquait un jour sur vos côtes et qu'il gravât sur une de vos pierres ou sur l'écorce d'un de vos arbres : *Ce pays est aux habitants de Tahiti*, qu'en penserais-tu ? » Le Tahitien et le Français sont « deux enfants de la nature », de quel droit les Français veulent-ils rendre esclaves les Tahitiens ? Il y a là une flagrante violation du code naturel qui veut que les espèces se respectent mutuellement : « Tu es venu ; nous sommes-nous jetés sur ta personne ? Avons-nous pillé ton vaisseau ? [...] Nous avons respecté notre image en toi. » Les Européens ont deux morales, ou plutôt ils définissent arbitrairement le juste et l'injuste selon leur intérêt, et non selon la nature : « Lorsqu'on t'a enlevé une des méprisables bagatelles dont ton bâtiment est rempli, tu t'es récrié, tu t'es vengé ; et dans le même instant tu as projeté au fond de ton cœur le vol de toute une contrée ! Tu n'es pas esclave, tu souffrirais plutôt la mort que de l'être, et tu veux nous asservir ! » Le vieillard tahitien qui tient ce discours à Bougainville au moment du départ récuse le recours à la violence : « Tu es le plus fort, et qu'est-ce que cela fait[33] ? » Le code de la nature ne s'identifie pas à la nature « tout court », car la nature ne connaît que le droit du plus fort, comme Hobbes l'a bien compris : « La nature a donné à tous le droit à tout, même avec offense d'un autre ; car on ne doit à personne autant qu'à soi. [...] Le droit naturel n'est autre chose que la liberté à chacun d'user de son pouvoir de la manière qui lui paraîtra la plus convenable à sa propre conservation[34]. » Ajoutons que le code de la nature interdit non seulement l'oppression et la tyrannie, mais aussi la soumission de la femme à l'homme, que la nature « tout court », la nature biologique semble au contraire légitimer. C'est en invoquant la prétendue infériorité physique de la femme que les hommes ont de tout temps justifié leur domination sur le sexe dit faible : « Chez les peuples qui n'accordent leur estime qu'à la force et au courage, la faiblesse est toujours tyrannisée, pour prix de la protection qu'on lui accorde. Les femmes y vivent dans l'opprobre. Les travaux regardés comme abjects sont leur partage. » Et ce qui vaut pour les femmes habitant sur le bord de l'Orénoque vaut aussi pour celles vivant en Europe et partout ailleurs : c'est une loi bien connue, générale et constante... de la nature[35] !

D'un côté les Européens tourmentent les autres, mais ils se tourmentent aussi eux-mêmes. La chasteté, la fidélité, la pudeur et toutes sortes d'interdits sont contre nature au même titre que l'esclavage et la tyrannie du fort sur le faible. Leurs « préceptes singuliers » qui règlent les relations entre les sexes sont « opposés à la nature, contraires à la raison, faits pour multiplier les crimes », car ils violent « la nature et la liberté du mâle et de la femelle en les enchaînant pour jamais l'un à l'autre[36] ». Diderot voit dans le caractère réputé indissoluble du mariage le vice inhérent à cette institution, dans la mesure où la permanence du lien est contraire à la nature de l'homme et à l'épanouissement de sa sexualité. C'est parce que l'amour s'inscrit dans la durée que le serment de fidélité est promis à la faillite, car il pose comme un absolu un sentiment qui relève d'une double relativité : celle de la nature qui change, et celle du temps qui passe. Le *Supplément au Voyage de Bougainville* oppose le bonheur des Tahitiens, qui ne connaissent que des unions de rencontre, à tous les drames qu'engendrent les règles inhumaines de notre société. Tout en recommandant à sa propre fille fraîchement mariée une vie de bourgeoise vertueuse au-dessus de tout soupçon, le philosophe a dénoncé la fidélité dans le mariage et même, simplement, dans l'amour comme la plus monstrueuse des déviations.

Quel est le moment où une société bascule dans la contradiction entre les codes ? C'est demander comment « le plus grand, le plus doux, le plus innocent des plaisirs, [est] devenu la source la plus féconde de notre dépravation et de nos maux ». Les trois codes ont commencé à se contredire quand la femme est devenue la propriété exclusive de l'homme[37]. Au début, les hommes vivaient en troupeaux peu organisés. Dans cet état où « la nature indécente [...] presse indistinctement un sexe vers l'autre », les hommes copulaient comme les bêtes sans attacher d'idées morales à leurs actions physiques. Tout changea lorsque les femmes comprirent la relation de cause à effet entre sexualité et reproduction :

> Mais lorsque la femme a connu, par l'expérience ou l'éducation, les suites plus ou moins cruelles d'un moment doux, son cœur frissonne à l'approche de l'homme. Le cœur de l'homme ne frissonne point ; ses sens commandent et il obéit. Les sens de la femme s'expliquent, et elle craint de les écouter. C'est l'affaire de l'homme que de la distraire de sa crainte, de l'enivrer et de la séduire. L'homme conserve toute son impulsion naturelle vers la femme ; l'impulsion naturelle de la femme vers l'homme, dirait un géomètre, est en raison composée de la directe de la passion et de l'inverse de la crainte [...]. On a consacré la résistance de la femme ; on a attaché l'ignominie à la violence de l'homme, violence qui ne serait qu'une injure légère dans Tahiti, et qui devient un crime dans nos cités[38].

L'homme attaque, la femme résiste : ce comportement « naturel » fut ensuite « consacré » par les lois et la religion. C'est alors que « la femme devint la propriété de l'homme[39] » comme s'il s'agissait d'une simple marchandise : le mâle imposa la fidélité à sa compagne, fidélité largement à sens unique. La « jouissance furtive d'une fille fut regardée comme un vol », en particulier dans le cas de relations sexuelles avant le mariage, puisque le futur mari se voit privé de la virginité de sa femme, cette virginité qui fait partie des meubles en quelque sorte. Pour éviter ce genre de vol, pour empêcher les relations sexuelles avant et hors mariage, la société a contraint les filles à la pudeur, à la retenue, aux bienséances. En dénonçant l'oppression masculine dans la société, Diderot n'est pas loin de penser que l'histoire de la civilisation occidentale est l'histoire de la lutte… des sexes. Dans le *Supplément au Voyage de Bougainville*, il démontre clairement que nos maux proviennent en grande partie de l'inégalité des sexes et de la tyrannie d'une morale sexuelle artificielle et contre nature, imposée par des législateurs corrompus et des prêtres avides de pouvoir : « J'en appelle à toutes les institutions politiques, civiles et religieuses. Examinez-les profondément, et je me trompe fort, ou vous y verrez l'espèce humaine pliée de siècle en siècle au joug qu'une poignée de fripons se promettait de lui imposer. Méfiez-vous de celui qui veut mettre de l'ordre ; ordonner, c'est toujours se rendre le maître des autres en les gênant[40]. » En imposant des règles arbitraires au corps social, en associant au sacrement du mariage la notion d'une propriété exclusive de l'humain, les législateurs ont consacré l'inégalité entre les hommes : non seulement une certaine inégalité naturelle que Diderot reconnaît volontiers, mais surtout l'inégalité entre l'homme et la femme, inégalité parfaitement artificielle. Contrairement à la thèse de Rousseau selon laquelle « le fer et le blé » ont « perdu le genre humain », la misère de la civilisation ne provient pas de la propriété privée ; c'est une affaire de morale, et plus particulièrement de morale sexuelle. Si les habitants de Tahiti échappent à la profonde misère dont les Européens sont frappés, c'est parce qu'ils ont su régler leur vie familiale, affective et sexuelle sur les préceptes de la nature : « Rien n'y était mal par l'opinion ou par la loi que ce qui était mal par sa nature. » C'est tout le contraire des nations occidentales dont les lois inspirées du puritanisme judéo-chrétien sont aussi absurdes que les mœurs qui règlent le commerce entre les hommes et les femmes. Voilà la clé de *Ceci n'est pas un conte* et de *Madame de La Carlière* : l'amour passion est un produit de la civilisation qui exacerbe les sentiments en dressant des obstacles de toutes sortes à l'appétit sexuel.

Aux dernières pages du *Supplément*, Diderot impute expressément à la dépravation artificielle de nos « appétits naturels » la méchanceté de la Reymer et de Gardeil, le malheur de Tanié, de

Mlle de La Chaux, du chevalier Desroches et de Mme de La Carlière[41]. La passion amoureuse n'est pas naturelle mais pathologique[42], car elle est indissociable de l'idée de possession exclusive de l'être aimé ; le mariage, quant à lui, est contre nature, du moins s'il implique l'idée d'indissolubilité. Les obstacles auxquels les personnages des contes se voient confrontés sont de plusieurs sortes : la pauvreté, l'inconstance, les préjugés moraux et religieux, les contraintes sociales. Au lieu de rester pures et sincères, les amours deviennent intéressées et inauthentiques : on se donne pour recevoir, on jette après usage. Tout cela, explique le vieillard tahitien à Bougainville, est inconnu sur son île :

> Nous suivons le pur instinct de la nature, et tu as tenté d'effacer de nos âmes son caractère. Ici tout est à tous, et tu nous as prêché je ne sais quelle distinction du tien et du mien. Nos filles et nos femmes nous sont communes ; tu as partagé ce privilège avec nous, et tu es venu allumer en elles des fureurs inconnues. [...] Laisse-nous nos mœurs, elles sont plus sages et plus honnêtes que les tiennes. [...] Tout ce qui nous est nécessaire et bon, nous le possédons. Sommes-nous dignes de mépris, parce que nous n'avons pas su nous faire des besoins superflus ? [...] Ne nous entête ni de tes besoins factices, ni de tes vertus chimériques. [...] Cet homme noir qui est près de toi, qui m'écoute, a parlé à nos garçons ; je ne sais ce qu'il a dit à nos filles ; mais nos garçons hésitent, mais nos filles rougissent. Enfonce-toi, si tu veux, dans la forêt obscure avec la compagne perverse de tes plaisirs, mais accorde aux bons et simples Tahitiens de se reproduire sans honte, à la face du ciel et au grand jour[43].

Tout le mal, insinue Diderot, vient d'une Église qui, main dans la main avec le pouvoir établi, sait que le moyen le plus sûr de maintenir son emprise sur la population est de l'opprimer dans l'instinct le plus profond de son être. Pour satisfaire à un minimum de vraisemblance, Diderot a pris soin de préciser que Bougainville avait la traduction espagnole du discours à la main pendant que le vieillard en colère s'adressait à lui. Mais la ficelle est un peu trop grosse : non seulement elle ne trompe personne mais l'éloquence très européenne de sa harangue, composée selon toutes les règles de l'art rhétorique, invite le lecteur à ne pas confondre les

Tahitiens du *Supplément* avec les Tahitiens réels dont Bougainville lui-même a tracé un portrait bien plus nuancé. Qu'on se rassure : Diderot n'a pas donné dans la « fable de Tahiti », il s'en est seulement servi pour critiquer la société occidentale et proposer non pas une utopie, mais un modèle idéal de la société.

Si l'origine de nos malheurs se situe dans l'éclatement des trois codes, le modèle idéal de la société est celle où les codes civil et religieux sont rigoureusement calqués sur celui de la nature. On sait depuis le *Salon de 1767* que Diderot entend par modèle idéal le fruit d'un processus de généralisation, le résultat d'une sélection opérée à partir des données de l'expérience (de la « nature subsistante ») auquel l'artiste – et même le grand comédien – *donnent corps* dans leurs créations. Pas plus que les madones de Raphaël ou le Tartuffe joué par un grand comédien, le modèle idéal de la société n'existe « dans la nature », aucune « société subsistante[44] » ne saurait jamais le réaliser. Les Tahitiens de Diderot sont aussi « vrais » qu'Olivier et Félix, qui représentent le modèle idéal de l'amitié parfaite dans les forêts de Bourbonne : chacun pense d'abord à l'autre, jamais à lui-même. Chez les Tahitiens, les relations entre les sexes sont basées sur la liberté et l'égalité, fiction qui, on l'a vu, n'est qu'en partie cautionnée par Bougainville. L'île bienheureuse de Tahiti n'est pas une utopie dans laquelle Diderot aurait projeté ses fantasmes sexuels ou eugéniques avant la lettre, pas plus que l'île affreuse des Lanciers, qui n'est que l'autre face d'une même médaille : la représentation particulière d'un modèle idéal de la société, d'une société où les codes civil et religieux ne sont pas en contradiction avec le code de la nature. La société tahitienne du *Supplément au Voyage de Bougainville* est la copie du modèle idéal de la société selon Diderot, l'équivalent de la tête idéale, évoquée dans la postface des *Deux Amis de Bourbonne*, que l'artiste « authentifie » en ajoutant une verrue à la tempe afin qu'elle ressemble à quelque chose de familier[45]. Nous sommes toujours à mille lieues d'un quelconque souci *réaliste* : ni les forêts de Bourbonne et leurs habitants généreux, ni l'île de Tahiti et ses bienheureux sauvages ne prétendent restituer fidèlement la réalité : elles réalisent un modèle purement idéal dont le rôle est, comme Diderot l'a clairement dit dans le *Paradoxe sur le comédien*, de servir de critère de jugement[46]. Il n'est pas question de prêcher aux Européens le retour à la nature, car il serait aussi absurde de vouloir imiter la société tahitienne que de copier servilement l'art grec. L'heureuse médiocrité dans laquelle vivent les Tahitiens ne convient point aux sociétés européennes du XVIIIe siècle. Dans le collectivisme sexuel des Tahitiens, l'individu est strictement subordonné à l'impératif populationniste ; l'intérêt général y annule toute autre préoccupation et même tout sentiment marital ou parental. Le but de l'union des sexes n'est pas le plaisir considéré en lui-même mais la procréation, ce qui explique les interdits et les sanctions portant sur les membres de la société qui ne peuvent accomplir leur tâche ou qui séparent l'acte sexuel de la fonction reproductrice. Les codes civil et religieux des Tahitiens et, ne l'oublions pas, des Lanciers, parfaitement calqués sur celui de la nature, n'ont évidemment pas leur place en Europe où le code de la nature n'est pas du tout le même[47]. Compte tenu du caractère exceptionnel de sa situation géographique et climatique, la société tahitienne ne connaît pas de besoins superflus, goûte le repos et le doux plaisir de vivre. Or cet état, proche de l'âge d'or, n'est qu'une fiction, au mieux un instant fugitif dans un monde constamment en évolution : « Je vois qu'aussitôt que quelques causes physiques, telles, par exemple, que la nécessité de vaincre, l'ingratitude du sol ont mis en jeu la sagacité de l'homme, cet élan le conduit bien au-delà du but, et que le terme du besoin passé, on est porté dans l'océan sans bornes des fantaisies, d'où l'on ne se tire plus[48]. » La quasi-absence de propriété privée chez les Tahitiens est une conséquence directe de leur ignorance des besoins artificiels. Or Diderot est loin de prêcher chez lui la communauté des biens ou des femmes, il estime au contraire que la propriété et même le luxe sont la condition *sine qua non* du développement de la civilisation. L'absence de propriété privée et le renoncement au luxe s'expliquent et se justifient peut-être par le code de la nature propre à Tahiti, pas par celui auquel sont soumis les Européens : « On a mal vu l'homme quand on a imaginé que pour le rendre heureux, il fallait l'accoutumer aux privations. Il est vrai que l'habitude des privations diminue la somme de nos malheurs ; mais en retranchant encore plus sur nos plaisirs que sur nos peines, elle conduit l'homme à l'insensibilité plutôt qu'au bonheur. [...] Exiger que la raison nous persuade de rejeter ce que nous pourrions ajouter à ce que nous possédons, c'est contredire la nature, c'est anéantir peut-être les premiers principes de la sociabilité, c'est transformer l'univers en un vaste monastère[49]. » L'harmonie des trois codes en Europe n'exige pas le renoncement à l'érotisme et aux autres plaisirs ; en Europe, nous marchons sur la tête parce que les codes civil et religieux, quand ils ne se contredisent pas, empêchent le libre épanouissement de l'individu. « Il apparaît clairement, conclut Sylviane Albertan-Coppola, que, pour Diderot, la meilleure solution est celle qui saura préserver la liberté des amants sans nuire à la société et sans porter atteinte aux droits de l'enfant[50]. »

La conclusion du *Supplément* est prudente, voire conservatrice : il n'est pas question de prêcher la révolte contre l'institution du mariage ou le droit de propriété. Le modèle idéal de la société imaginé par Diderot joue le rôle de contre-modèle critique des sociétés européennes, il indique la voie de réformes possibles, mais n'autorise pas la rébellion : « Nous parlerons contre les lois insensées jusqu'à ce qu'on les réforme, et en attendant nous nous y soumettrons. Celui qui, de son autorité privée, enfreint une loi mauvaise, autorise tout autre à enfreindre les bonnes[51]. » Dans l'*Entretien d'un père avec ses enfants*, on s'en souvient, Diderot avait conclu dans le même sens : il vaut mieux se plier aux lois de son pays, même si elles sont mauvaises, de peur de risquer des désordres sociaux. Mais il n'a pas encore dit son dernier mot. Grâce à l'expérience russe ainsi qu'à son travail pour l'*Histoire des deux Indes* de l'abbé Raynal, il évoluera rapidement vers des positions politiques bien plus hardies.

Il est nécessaire de remonter en arrière. Le traité de Paris de 1763, en consacrant la perte d'une grande partie des possessions d'outre-mer de l'Ancien Régime (notamment le Canada et l'Inde), met le problème colonial à l'ordre du jour. À la fin des années 1760, les compagnies des Indes sont au centre des débats en Grande-Bretagne, en France et en Hollande. Partout on assiste à une reprise générale des conflits douaniers, des guerres commerciales, des interventions des États après le naufrage du grand plan physiocratique d'une liberté universelle du commerce. Les instances gouvernementales s'interrogent sur la manière dont il faut s'y prendre pour reconstruire un nouvel empire colonial, comment l'administrer et le gouverner pour qu'il soit solide. Il est probable que le ministère des Affaires étrangères ait alors suggéré à un homme de lettres bien connu et bien en vue, l'abbé Guillaume-Thomas Raynal, d'écrire une sorte de chronique de la colonisation européenne doublée d'une encyclopédie de l'outre-mer pour les Français expatriés et les candidats à la transplantation. La signification et le but initial de l'*Histoire philosophique et politique du commerce et des établissements des Européens dans les deux Indes* (que nous désignerons plus brièvement sous le titre *Histoire des deux Indes*) sont de présenter l'histoire des entreprises européennes dans l'Inde orientale (l'Asie) et occidentale (le Nouveau Monde) ainsi qu'une analyse politique et philosophique des principes du commerce. « L'Europe a fondé partout des colonies, lit-on au tout début de l'ouvrage ; mais connaît-elle les principes sur lesquels on doit les fonder[52] ? » Raynal n'envisage pas que le droit de coloniser puisse être mis en question, bien au contraire ; il s'agit seulement d'examiner comment la colonisation pourrait être mieux organisée. La première édition de l'*Histoire des deux Indes*, publiée en six volumes in-8°, paraît sans nom d'auteur en 1770 ; elle sera diffusée seulement en 1772[53]. Raynal n'en est « que » le rédacteur en chef[54] ; le travail et la mise au point de l'ouvrage ont été faits à l'aide d'une équipe de collaborateurs dont Diderot dira plus tard : « Si l'on m'assurait que dix hommes ont passé cinquante ans de leur vie à recueillir les détails immenses de ses volumes effrayants, j'en serais encore étonné[55]. » Œuvre collective où des auteurs de tendances différentes – Pechméja, Deleyre, Saint-Lambert et quelques autres – rajoutent sans cesse du leur, la contribution de Diderot – en particulière à la troisième édition parue en 1780 – revêt une importance capitale, puisque c'est lui qui, en transformant l'*Histoire des deux Indes* d'un manuel du bon colon en un pamphlet politique pour la liberté des peuples, l'a définitivement orientée dans un sens révolutionnaire.

Diderot connaît Raynal depuis les débuts de l'*Encyclopédie*. Il a peut-être lu une partie ou tout le manuscrit de la première édition de l'*Histoire des deux Indes* dès 1766, mais son engagement dans le chantier date essentiellement de 1769. L'édition de 1770 comporte plusieurs passages de son cru comme sur la prostitution au Japon, sur la Russie, sur les flibustiers, sur l'administration de colonies françaises et les conflits entre gouverneurs et intendants, etc. La collaboration de Diderot s'intensifie en 1772/1773 pour la deuxième édition qui paraît en sept volumes in-8° au cours de l'été 1774. Elle est immédiatement mise à l'Index, ce qui constitue une forme de consécration pour l'ouvrage, qui réapparaît la même année dans une édition luxueuse de trois volumes in-4°. Pour Diderot, la collaboration à cette deuxième édition est un tournant. En mettant Diderot, comme l'a bien dit Gianluigi Goggi, « en contact direct et concret avec un horizon anthropologique qui va devenir de plus en plus, par la suite, le cadre de référence de sa réflexion[56] », l'ouvrage de l'abbé Raynal a joué un rôle décisif dans la formation de la pensée de Diderot. À travers l'*Histoire des deux Indes*, il a pu recueillir le meilleur de la littérature de voyage et des sources manuscrites provenant des archives des colonies dont Raynal s'est servi pour mettre à jour son encyclopédie du monde colonial. Rien n'a cependant filtré de son vivant concernant sa collaboration au livre de Raynal, si ce n'est seize morceaux plus ou moins brefs que le philosophe laissa s'échapper de son portefeuille pour être diffusés dans la *Correspondance littéraire* entre les mois d'août et novembre 1772, juste avant le triptyque constitué par *Ceci n'est pas un conte*, *Madame de La Carlière* et le *Supplément au Voyage de Bougainville*. Ces morceaux constituent, à n'en pas douter, des jalons essentiels dans la réflexion philosophique et politique de Diderot.

Une lettre à Grimm, qui sert d'intermédiaire entre l'abbé Raynal et le philosophe, illustre la manière de travailler de Diderot : « Voilà, mon ami, tout ce que ma pauvre tête peut faire dans ce moment pour le cher abbé. [...] Je me propose de lire l'ouvrage de l'abbé, lorsque je jouirai plus de moi. C'est à la campagne où mon âme se rafraîchira que je me prêterai aux lignes qui sont propres à m'inspirer et qu'il s'élèvera sur ma table un tas de petits papiers volants qui ne m'auront rien coûté et qui éclaireront par-ci par-là les endroits gris de son livre[57]. » Diderot est alors en train de relire la première édition de l'*Histoire des deux Indes* et écrit ses « petits papiers » en marge des passages qui l'inspirent. Raynal, quant à lui, en usera assez librement, les insérant ou non aux endroits qui ont stimulé la réflexion de son collaborateur. Une partie de ces morceaux jetés sur le papier pour la deuxième édition de l'*Histoire des deux Indes* a trouvé son entrée dans la *Correspondance littéraire* sous le titre *Pensées détachées, ou Fragments politiques échappés du portefeuille d'un philosophe*. Soucieux de ne pas froisser les sensibilités politiques de ses abonnés princiers, Grimm les accompagna de commentaires parfois désapprobateurs qui dénotent la différence profonde entre les idées de Diderot et celles du futur baron du Saint-Empire. « Je n'aime pas trop ces ébauches de théorie politique *a priori*, note-t-il par exemple à la fin du Fragment XIII. [...] Ces principes sont faits à la main et après coup, [...] plus ingénieux que solides[58]. »

Conçus comme un ensemble, puis revus et corrigés par Grimm et Mme d'Épinay avant une dernière révision par l'auteur, presque tous les *Fragments* sont organisés, malgré certaines discontinuités, autour de noyaux unitaires : le fondement de la morale, les rapports entre l'homme et la nature, les avantages de la société sauvage et de la société policée, etc. L'ensemble de ces réflexions est représentatif des préoccupations anthropologiques politiques et morales que Diderot nourrit depuis plusieurs années et dont témoignent également d'autres œuvres majeures, du *Salon de 1767* à la troisième édition de l'*Histoire des deux Indes*, en passant par le *Supplément au Voyage de Bougainville* et *Le Neveu de Rameau*. On y retrouve le débat sur le droit de propriété que Diderot avait engagé avec les physiocrates et l'abbé Galiani quelques années plus tôt. Le droit de propriété, explique Diderot dans le Fragment VII[59], c'est le *jus utendi et abutendi re sua* du droit romain : « Chacun a sa tête et sa propriété, une portion de la richesse générale dont il est le maître et maître absolu, sur laquelle il est roi, et dont il peut user ou même abuser à discrétion. Il faut qu'un particulier puisse laisser sa terre en friche, si cela lui convient, sans que ni l'administration ni la police s'en mêle. Si le maître se constitue juge de l'abus, il ne tardera pas à se constituer juge de l'us, et toute véritable notion de propriété et de liberté sera détruite. [...] Il faut abandonner à l'homme en société la liberté d'être un mauvais citoyen en ce point, parce qu'il ne tardera pas à en être sévèrement puni par la misère, et par le mépris plus cruel encore que la misère. Celui qui brûle sa denrée ou qui jette son argent par la fenêtre, est un stupide trop rare pour qu'on doive le lier par des lois prohibitives ; et ces lois prohibitives seraient trop nuisibles par leur atteinte à la notion essentielle et sacrée de la propriété. » Diderot considère la propriété comme un prolongement nécessaire de la personnalité de l'homme. Diderot s'élève vigoureusement contre la surtaxe des hauts revenus et autres impôts sur la fortune au nom de l'utilité publique, s'écriant : « Ô redoutable notion de l'utilité publique ! Parcourez les temps et les nations, et cette grande et belle idée d'utilité publique se présentera à votre imagination sous l'image symbolique d'un Hercule qui assomme une partie du peuple aux cris de joie et aux acclamations de l'autre partie qui ne sent pas qu'incessamment elle tombera écrasée sous la même massue aux cris de joie et aux acclamations des individus actuellement vexés. » C'est alors que Diderot passe brusquement à la condamnation de l'esclavage et la justification du tyrannicide : « Jamais un homme ne peut être la propriété d'un souverain, un enfant la propriété d'un père, une femme la propriété d'un mari, un domestique la propriété d'un maître, un nègre la propriété d'un colon. Il ne peut donc y avoir d'esclave, pas même par le droit de conquête, encore moins par celui de vente et d'achat. [...] Voilà donc le vrai principe qui absout le tyrannicide ; il n'en faut pas chercher d'autre. » Liberté et propriété vont indissolublement de pair pour assurer le bonheur : « Comme toutes les vérités s'enchaînent ! La nature de l'homme et la notion de la propriété concourent à l'affranchir, et la liberté conduit l'individu et la société au plus grand bonheur qu'ils puissent désirer. »

Une méconnaissance profonde de la pensée de Diderot a voulu que le *Code de la nature* de Morelly, qui prônait l'abolition de la propriété, ait pu être attribué à l'auteur des lignes qui précèdent, en qui Babeuf et les Égaux ont salué le « maître du communisme ». Cette erreur a longtemps faussé l'image du philosophe qui, à aucun moment de sa vie, n'a donné dans l'utopie communautaire. Tout au plus s'est-il laissé aller à rêver d'une vie d'« heureuse médiocrité » à la tahitienne... Dans la première édition de l'*Histoire des deux Indes*, Diderot semble préférer sans ambages l'état de nature à l'état policé : « C'est dans la nature de l'homme, affirme-t-il, qu'il faut chercher ses moyens de bonheur. Que lui faut-il pour être aussi heureux qu'il peut l'être ? La subsistance pour le présent ; et s'il pense à l'avenir, l'espoir et la certitude de ce premier bien. » C'est la liberté, en un mot, qui fait la supériorité de l'homme sauvage sur l'homme civilisé. Il est libre d'aller où il veut, autrement dit il est indépendant : « Enfin le sentiment de l'indépendance étant un des premiers instincts de l'homme, celui qui joint à la jouissance de ce droit primitif, la sûreté morale d'une subsistance suffisante, est incomparablement plus heureux que l'homme riche environné de lois, de maîtres, de préjugés et de modes qui lui font sentir à chaque instant la perte de sa liberté[60]. » Cet engouement de Diderot pour l'état sauvage reste cependant sans lendemain. L'auteur du *Supplément au Voyage de Bougainville*, on l'a déjà dit, n'a jamais donné dans la « fable de Tahiti », il n'a même jamais fait l'éloge inconditionnel de l'état sauvage qui est parfois un état misérable où la vie est précaire et rude. Et quand il essaie de peser objectivement les avantages et les inconvénients des deux, voici ce qu'il conclut : « Pour savoir si la condition de l'homme brut abandonné au pur instinct animal […] est meilleure ou pire que celle de cet être merveilleux qui […] a su multiplier, varier ses commodités et ses besoins de mille manières différentes, il faudrait, à ce que je crois, trouver une mesure commune à ces deux conditions ; et il y en a une : c'est la durée[61]. » Diderot n'en convient que sur le bout des lèvres, mais il en convient : « La vie la plus fatiguée est la plus misérable et la plus courte, quelles que soient les causes qui l'abrègent. Or je crois que la vie moyenne de l'homme policé est plus longue que celle de l'homme sauvage[62]. » Que ce soit chez les Tahitiens ou chez les Lanciers, dans les forêts du Canada ou en Europe, la société est issue de la « lutte commune et concertée contre des dangers communs et naissant du sein de la nature même qui menace l'homme de cent côtés différents[63] ». En réunissant leurs forces au sein d'une société, les hommes ont certes abandonné une portion de leur indépendance originelle, mais la propriété leur a ouvert le chemin vers les commodités de la civilisation. « Oui, Monsieur Rousseau, avoue Diderot dans la *Réfutation d'Helvétius*, j'aime mieux le vice raffiné sous un habit de soie que la stupidité féroce sous une peau de bête. J'aime mieux la Volupté entre les lambris dorés et sur la mollesse des coussins d'un palais que la Misère pâle, sale et hideuse, étendue sur la terre humide et malsaine, et recelée avec la Frayeur dans le fond d'un antre sauvage[64]. » Au fond des forêts, l'homme est certes indépendant mais, constamment assailli par la nécessité de lutter contre la nature et ses semblables, il ne peut profiter de la liberté dont jouit l'homme civilisé : le pouvoir de se rendre prospère par son travail et de faire protéger les fruits de ses efforts.

Diderot défend le mode d'appropriation bourgeois fondé sur le travail et accepte aussi, dans une certaine mesure, le droit du premier occupant. Dans ce contexte, il est tout à fait erroné de faire de Diderot un anticolonialiste inconditionnel[65]. Il condamne sans hésitation le droit de conquête ainsi que les annexions fondées sur la force, mais, tout en reconnaissant aux peuples le droit de disposer d'eux-mêmes, il défend le principe de la colonisation, à la condition qu'elle respecte la liberté et la propriété des indigènes : « La raison et l'équité permettent les colonies, mais elles tracent les principes dont il ne devrait pas être permis de s'écarter dans leur fondation. [...] Si la contrée est en partie déserte, en partie occupée, la partie déserte est à moi. J'en puis prendre possession par mon travail. L'ancien habitant serait barbare, s'il venait subitement renverser ma cabane, détruire mes plantations et piller mes champs. Je pourrais repousser son irruption par la force. Je puis étendre mon domaine jusque sur les confins du sien[66]. »

Étant donné que le progrès de la civilisation est inévitable et un bien, Diderot se prononce résolument en faveur de la prospérité des peuples : « Partout, écrit-il dès 1770 dans la première édition de l'*Histoire des deux Indes*, où la nature leur laisse une carrière libre, ils réussissent à lui donner son essor[67]. » Le *commerce*, voie essentielle de l'accumulation capitaliste à cette époque, s'inscrit par conséquent dans les grandes lois fondamentales de la nature : « Il nous donne des boissons saines et délicieuses, des commodités plus recherchées, des ameublements plus gais, quelques nouveaux plaisirs, une existence plus agréable. [...] Le commerce est l'exercice de cette précieuse liberté, à laquelle la nature a appelé tous les hommes, a attaché leur bonheur et même leurs vertus. Disons plus : nous ne les voyons libres que dans le commerce, ils ne le deviennent que par les lois qui favorisent réellement le commerce ; et ce qu'il y a d'heureux en cela, c'est qu'en même temps qu'il est le produit de la liberté, il sert à la maintenir. » Qui disait qu'il fallait se contenter, pour être heureux, du strict minimum nécessaire ? Le bonheur de l'homme réside dans la jouissance, non dans les privations : « Comment réduire l'homme à se contenter de ce peu que les moralistes prescrivent à ses besoins ? Comment fixer les limites du nécessaire, qui varie avec sa situation, ses connaissances et ses désirs ? À peine eut-il simplifié par son industrie les moyens de se procurer la subsistance, qu'il employa le temps qu'il venait de gagner à étendre les bornes de ses facultés et le domaine de ses jouissances[68]. » Le paradis tahitien touche à sa fin et son peuple sera amené à se défaire de son « trop de rusticité[69] ». C'est la civilisation seule qui permet à l'homme de sortir de l'engourdissement dans lequel il est plongé dans l'état sauvage. Diderot assigne à l'homme un rôle de démiurge, dans une nature brute et hostile : par son activité, par son industrie, il s'élève au premier rang des espèces animales et acquiert une sorte de grandeur et une dignité qui le distinguent de tous les autres êtres vivants. La civilisation rend les hommes plus heureux en les affranchissant des soucis qu'amène et alimente une condition de vie précaire. Le sauvage est plus *indépendant* au fond de sa forêt que l'homme policé, mais plus l'individu doit lutter et craindre pour sa subsistance, moins il est *libre* de jouir des bénéfices de la société policée : « Désir de jouir, liberté de jouir : il n'y a que ces deux ressorts d'activité, que ces deux principes de sociabilité, parmi les hommes[70]. » L'exigence du bonheur, de la jouissance ici-bas, reste un des points fixes de la pensée de Diderot. Les besoins artificiels – le luxe – ne sont pas mauvais en eux-mêmes, c'est l'inégale répartition qui l'est : « Je donne le nom de luxe à tout ce qui est au-delà des besoins nécessaires, relativement au rang que chaque citoyen occupe dans la société. [...] Si l'on suppose une répartition plus égale de la richesse et une aisance nationale proportionnée aux différentes conditions, si l'or cesse d'être la représentation de toutes les sortes de mérite, alors on verra naître un autre luxe. Ce luxe, que j'appelle le bon, produira des effets tout contraires au premier[71]. » Le bon luxe est celui qui ne corrompt pas la nation mais encourage le développement des forces productives. La richesse bourgeoise résulte d'une activité utile : elle s'acquiert par un travail honnête, elle ne s'amasse pas. Le mauvais luxe, le luxe indécent dont jouissent certaines personnes privilégiées en France, aggrave la pauvreté dans la masse du peuple. En 1780, Diderot apostrophe le roi Louis XVI dans une harangue qui semble sortir tout droit du *Neveu de Rameau* : « Jette les yeux sur la capitale de ton empire, et tu y trouveras deux classes de citoyens. Les uns, regorgeant de richesses, étalent un luxe qui indigne ceux qu'il ne corrompt pas ; les autres, plongés dans l'indigence, l'accroissent encore par le masque d'une aisance qui leur manque : car telle est la puissance de l'or, lorsqu'il est devenu le dieu d'une nation, qu'il supplée à tout talent, qu'il remplace toute vertu, qu'il faut avoir des richesses ou faire croire qu'on en a. Au milieu de ce ramas d'hommes dissolus, tu verras quelques citoyens laborieux, honnêtes, économes, industrieux, à demi proscrits par des lois vicieuses que l'intolérance a dictées, éloignés de toutes les fonctions publiques, toujours prêts à s'expatrier, parce qu'il ne leur est pas permis de s'enraciner par des propriétés dans un État où ils existent sans honneur civil et sans sécurité[72]. » La civilisation est un bien si elle respecte la liberté et favorise la prospérité générale, un mal si elle aggrave l'inégalité entre les hommes. Diderot est sans complaisance devant une société inégalitaire qui ne profite qu'aux forts et aux riches, corrompt les mœurs et jette le plus grand nombre dans l'indigence et la misère. Alors que le Neveu de Rameau exalte la richesse comme la seule valeur réelle, son interlocuteur en a une conception opposée : fondée sur le travail, elle apparaît comme la condition de l'indépendance.

4

Deux satires

Le Neveu de Rameau, ou plutôt l'histoire de sa publication, constitue un cas unique dans les annales de la librairie française. Écrite d'une plume particulièrement acide, la *Satire seconde* – c'est le titre original – ne fut pas donnée au public du vivant de son auteur, même pas aux lecteurs de la *Correspondance littéraire*. Le premier éditeur de Diderot, Naigeon[1], omet mystérieusement de la publier, soit qu'il n'ait aucun manuscrit disponible, soit qu'il ait jugé que la satire pouvait nuire à la tranquillité ou à la mémoire de certaines personnes – tout le clan antiphilosophique qui fréquentait assidûment la maison du financier Bertin de Blagny et sa maîtresse, la comédienne Mlle Hus, avec laquelle il rompit en octobre 1761. Après la mort de Diderot, un manuscrit du *Neveu de Rameau* fut expédié à Saint-Pétersbourg avec ses livres et ses autres manuscrits, comme il en avait été convenu vingt ans plus tôt, quand Diderot devint le « bibliothécaire » de Catherine II de Russie. Déposés à la bibliothèque de l'Ermitage, les manuscrits furent examinés dès 1798 par l'écrivain allemand Friedrich Maximilian Klinger[2], qui faisait alors une brillante carrière d'officier en Russie tout en poursuivant parallèlement ses activités littéraires. Il en copia plusieurs, dont *Le Neveu de Rameau*, et essaya de les vendre, mais en vain[3]. En 1804, Klinger confie le manuscrit du *Neveu* à l'éditeur Göschen, qui laisse traîner l'affaire. Entre-temps, Schiller a pu consulter le manuscrit et convaincre son ami Goethe de le traduire en allemand. Celui-ci ne se contente pas de traduire de nouveau un texte de Diderot[4], et ajoute à sa traduction de nombreuses notes historiques aussi circonstanciées que possibles sur les acteurs du Paris littéraire, malgré les limites de son savoir au moment où il traduit, ignorant notamment tout de l'existence réelle de Jean-François Rameau. La traduction de Goethe souffre de nombreux lapsus, contresens et autres fautes[5], mais, comme le disait très bien Roland Mortier, « l'entreprise était hardie et tenait presque de la gageure : la langue du *Neveu de Rameau* défie les traducteurs par son exubérance et sa crudité toutes rabelaisiennes, la technicité de son vocabulaire musical, le recours continuel à l'image et le ton presque "parlé" de bon nombre de passages[6] ».

La première publication du *Neveu de Rameau*, dans la traduction de Goethe, paraît à Leipzig en 1805. Elle est loin de déclencher l'enthousiasme. Après la bataille d'Austerlitz qui termine l'année, la culture française ne trouve plus guère un accueil favorable. « Les menaces de la guerre, notera Goethe plus tard, répandaient partout l'inquiétude et la crainte ; de même, l'édition projetée de l'original fut rendue inopportune, et même irréalisable, par l'invasion française. La haine excitée ainsi contre les envahisseurs et leur langue, la longue durée de cette triste époque empêchèrent la réalisation de notre dessein[7]. » En 1821, deux faussaires, de Saur et Saint-Geniès, publient à Paris *Le Neveu de Rameau, dialogue. Ouvrage posthume et inédit par Diderot*. Cette supercherie ne présente pas l'original français du *Neveu* mais une sorte de monstre littéraire fabriqué par une retraduction de la traduction de Goethe ! La retraduction amplifie parfois les erreurs commises par le traducteur allemand de telle sorte que l'intention de l'original français disparaît complètement[8]. Heureusement, deux ans plus tard, le véritable *Neveu de Rameau* voit le jour en France pour la première fois grâce à l'éditeur Brière, d'après une copie prêtée par la fille de Diderot encore en vie. Cinquante ans plus tard, *Le Neveu de Rameau* est publié, d'après une copie « très ancienne et très améliorée », par Jules Assézat au tome V de son édition des *Œuvres complètes* de Diderot ; en 1884, son successeur, Maurice Tourneux, republie le texte d'après la copie de Saint-Pétersbourg qu'il est allé consulter en Russie. On croyait enfin détenir la meilleure copie quand, en 1890, le bibliothécaire de la Comédie-Française, Georges Monval, découvrit par hasard chez les bouquinistes des quais de la Seine le manuscrit autographe de l'œuvre. Intitulé *Satire seconde* et impeccablement calligraphié de la main même de Diderot, il était caché au milieu d'une collection de tragédies et œuvres diverses faisant partie d'un ensemble d'environ trois cents volumes ! Monval publia l'année suivante une édition fondée sur ce nouveau manuscrit qui est devenu la base de toutes les éditions modernes du *Neveu de Rameau*. Il est actuellement conservé aux États-Unis, à la Pierpont Morgan Library de New York.

L'ouverture du *Neveu de Rameau* nous transporte au café de la Régence, place du Palais-Royal, où Diderot s'est installé « un après-dîner » de 1761 pour rêvasser et « voir jouer aux échecs ». Dans cet espace public, favorable à la conversation, il est abordé par une vieille connaissance, Jean-François Rameau, neveu du célèbre compositeur et lui-même musicien à ses heures[9]. Rejeté par son oncle, il se laissa aller et tomba dans la misère, devenant un bohème cynique, un parasite cultivé et passionné de musique qui donne des leçons de chant et de clavecin tout en vivant aux crochets des riches. Personnage haut en couleur, Rameau possède, entre autres talents et à un degré rare, celui de la pantomime : il peut exécuter un morceau de musique sans violon ni clavecin, faire à lui seul « les danseurs, les danseuses, les chanteurs, les chanteuses, tout un orchestre, tout un théâtre lyrique, et se divisant en vingt rôles divers, courant, s'arrêtant, avec l'air d'un énergumène, étincelant des yeux, écumant de la bouche[10] ». Diderot, cependant, avoue ne pas trop apprécier ce « composé de hauteur et de bassesse, de bon sens et de déraison[11] ». Un certain *Vaudeville sur les philosophes du siècle* composé par Bertin, Palissot et… Rameau (du moins pour la partie musicale), chanté en intermède à la Comédie-Française sept ans avant *Les Philosophes* de Palissot, y est sans doute pour quelque chose[12]. Le Neveu lui rappelle douloureusement ses propres années de jeunesse passées dans l'indigence : « Il vit au jour la journée. Triste ou gai selon les circonstances. Son premier soin, le matin, quand il est levé, est de savoir où il dînera ; après dîner, il pense où il ira souper. La nuit amène aussi son inquiétude. Ou il regagne, à pied, un petit grenier qu'il habite, à moins que l'hôtesse ennuyée d'attendre son loyer, ne lui en ait redemandé la clef ; ou il se rabat dans une taverne du faubourg où il attend le jour, entre un morceau de pain et un pot de bière[13]. » Mais contrairement au philosophe qui n'a jamais accepté de s'avilir pour manger, Rameau est capable de transgresser délibérément et ouvertement les prescriptions morales et sociales communes, les valeurs reconnues, pour complaire à quiconque le nourrit. Sans doute y a-t-il quelque outrance dans le portrait, mais elle se calque sur l'outrance du personnage qui séduit Diderot autant qu'il le scandalise.

Le dialogue entre le narrateur et son interlocuteur, qui s'appellent désormais Moi et Lui, s'ouvre par une discussion sur l'homme de génie, précisément sur sa place dans la société. Lui prétend que le génie et l'honnêteté sont sources de malheur pour les proches et pour l'humanité et qu'il vaut mieux se laisser guider en tout par le plaisir. Comme on pouvait s'y attendre, Moi défend les génies en tant que « bienfaiteurs du genre humain », même s'il reconnaît volontiers que certains d'entre eux, comme Racine, peuvent être de mauvais hommes. Il faut s'accommoder de la méchanceté de l'écrivain génial, car s'« il a fait souffrir quelques êtres qui ne sont plus, auxquels nous ne prenons presque aucun intérêt », ses ouvrages inspireront éternellement « l'humanité, la commisération, la tendresse[14] ». Or il se trouve que le Neveu de Rameau possède lui aussi une certaine « fertilité de génie », quoique dans un autre domaine que celui de la musique, où il ne brille que par sa médiocrité. Le génie du Neveu est d'un autre ordre que celui de Racine ou de son oncle, c'est le génie du parasitisme et de l'immoralisme, ce qu'il est prêt à reconnaître lui-même : « Je suis pourtant bien subalterne en musique, et bien supérieur en morale[15]. » Puisqu'il a porté le talent de s'avilir presque aussi loin qu'il est possible, il s'accorde volontiers quelque génie : « J'ai voulu [...] vous arracher l'aveu que j'étais au moins original dans mon avilissement, me placer dans votre tête sur la ligne des grands vauriens[16]. » Moi rejoint Lui dans le mépris commun de la médiocrité, mais lui reproche vivement son abjection sociale et morale. Rameau rétorque alors avec ironie : « Puisque je puis faire mon bonheur par des vices qui me sont naturels, que j'ai acquis sans travail, que je conserve sans effort, qui cadrent avec les mœurs de ma nation ; qui sont du goût de ceux qui me protègent, et plus analogues à leurs petits besoins particuliers que des vertus qui les gêneraient, en les accusant depuis le matin jusqu'au soir ; il serait bien singulier que j'allasse me tourmenter comme une âme damnée, pour me bistourner et me faire autre que je ne suis[17]. » Nous touchons là à un des points centraux du dialogue : pour se justifier de son avilissement, Rameau met à contribution la doctrine fataliste, ou plutôt Diderot n'hésite pas à la lui mettre dans la bouche. Le Neveu est « malheureusement né », il a hérité d'une nature perverse qu'il serait vain de vouloir échanger contre une autre : « Le sang de mon père et le sang de mon oncle est le même sang. Mon sang est le même que celui de mon père. La molécule paternelle était dure et obtuse ; et cette maudite molécule première s'est assimilé tout le reste[18]. » Génie et médiocrité, vice et vertu, tout est essentiellement affaire de « sang », d'hérédité. Son interlocuteur ne peut qu'abonder dans son sens : « À quoi que ce soit que l'homme s'applique, la Nature l'y destinait[19]. » Je suis « malheureusement né », affirme Lui face à Moi, et d'après votre propre philosophie (il pourrait citer telle page de *Jacques le Fataliste*[20]), il est *nécessaire* que je m'achemine vers l'ignominie. Inch'Allah ! Et puisque je dois être vil, renchérit le Neveu, je veux être sublime dans cet état : « On crache sur un petit filou ; mais on ne peut refuser une sorte de considération à un grand criminel. Son courage vous étonne. Son atrocité vous fait frémir. On prise en tout l'unité de caractère[21]. »

Le Neveu de Rameau ne fait que répéter une conviction que Diderot a déjà défendue dans la *Lettre à Landois*, puis dans *Jacques le Fataliste* : l'homme est heureusement ou malheureusement né ; parfois la nature produit des hommes extraordinaires, des génies ou des monstres. Les uns et les autres sont mus par leurs passions sans lesquelles on ne fait rien qui vaille. À partir de 1759, plusieurs lettres à Sophie Volland tournent autour de ce sujet. « Tout ce que la passion inspire, lui avoue-t-il, je le pardonne. Il n'y a que les inconséquences qui me choquent. Et puis, vous le savez, j'ai de tout temps été l'apologiste des passions fortes. Elles seules m'émeuvent. [...] Si les actions atroces qui déshonorent notre nature sont commises par elles, c'est par elles aussi qu'on est porté aux tentatives merveilleuses qui la relèvent. L'homme médiocre vit et meurt comme la brute[22]. » Les passions fortes sont dans la nature de l'homme, elles le déterminent quasi irrésistiblement au vice ou à la vertu : « Les hommes destinés par la nature aux tentatives hardies ne sont peut-être jetés les uns du côté de l'honneur, les autres du côté de l'ignominie, que par des causes bien indépendantes d'eux. Qu'est-ce qui fait notre sort ? Qui est-ce qui connaît sa destinée[23] ? » L'énergie plus ou moins grande dont nous sommes dotés par la nature détermine notre caractère, c'est elle qui nous rend capables du meilleur et du pire : « Les grandes et sublimes actions et les grands crimes portent le même caractère d'énergie. Si un homme n'était pas capable d'incendier une ville, un autre homme ne serait pas capable de se précipiter dans un gouffre pour la sauver. Si l'âme de César n'eût pas été possible, celle de Caton ne l'aurait pas été davantage[24]. »

Diderot admire les génies qui font honneur à l'espèce humaine mais ne nie pas son attrait pour les grands criminels : « Je ne pouvais m'empêcher, avoue-t-il à Sophie Volland, d'admirer la nature humaine, même quelquefois quand elle est atroce. [...] Si les méchants n'avaient pas cette énergie dans le crime, les bons n'auraient pas la même énergie dans la vertu[25]. » Le grand homme peut être bien ou malfaisant ; comme le disait le Neveu, ce qui compte, c'est l'unité de caractère, l'homme ou la femme conduits par un idéal ou une passion unique, sublime ou criminelle : « Un tout est beau lorsqu'il est un. En ce sens, Cromwell est beau, et Scipion aussi, et Médée, et Aria, et César, et Brutus[26]. » L'homme de bien qui sacrifie sa vie, le scélérat qui commet avec panache un forfait abominable, ont en commun une seule énergie qui force le respect. Apologie du vice ? Éloge du grand criminel ? Voire. L'admiration de Diderot pour le grand criminel repose sur une appréciation purement esthétique de son action : « Une seule chose, lit-on dans le *Salon de 1767*, peut nous rapprocher du méchant, c'est la grandeur de ses vues, l'étendue de son génie, le péril de son entreprise[27]. » L'artiste en Diderot ne hait pas les grands crimes, mais le philosophe supporte avec peine les turpitudes du Neveu de Rameau à qui il fait sentir plus d'une fois son mépris et sa supériorité intellectuelle. Jouant le fanfaron, Lui se vante en effet d'être « un sot, un fou, un impertinent, un paresseux, ce que nos Bourguignons appellent un fieffé truand, un escroc, un gourmand[28] », autant de « qualités » qui, dit-il, le font apprécier dans les meilleurs cercles de Paris. Rameau est en veine de confidences : malgré ses dons pour la bouffonnerie, il se désole d'avoir perdu, pour une insolence de trop, une bonne place de bouffon parasite chez Bertin, un riche financier qui entretient une actrice médiocre, Mlle Hus. Moi lui suggère d'implorer le pardon de sa protectrice : « J'irais avec ce visage défait, ces yeux égarés, ce col débraillé, ces cheveux ébouriffés, dans l'état vraiment tragique où vous voilà. Je me jetterais aux pieds de la divinité. Je me collerais la face contre terre ; et sans me relever, je lui dirais d'une voix basse et sanglotante : "Pardon, Madame ! pardon ! Je suis un indigne, un infâme. Ce fut un malheureux instant ; car vous savez que je ne suis pas sujet à avoir du sens commun, et je vous promets de n'en avoir de ma vie." » Et pendant que Moi lui tient le discours qu'on vient de lire, Lui en exécutait la pantomime : « Il s'était prosterné ; il avait collé son visage contre terre ; il paraissait tenir entre ses deux mains le bout d'une pantoufle ; il pleurait ; il sanglotait ; il disait : "Oui, ma petite reine ; oui, je le promets ; je n'en aurai de ma vie, de ma vie." » Mais tout bien réfléchi, le Neveu ne saurait accepter cette humiliation : « Aller s'humilier devant une guenon ! Crier miséricorde aux pieds d'une misérable petite histrionne que les sifflets du parterre ne cessent de poursuivre ! Moi, Rameau[29] ! » Se comparant aux autres parasites de son genre, le Neveu n'est pas peu fier de ses talents de proxénète dont il se vante pour expliquer son refus de s'abaisser devant la petite Hus :

> Est-ce que tu ne saurais pas faire entendre à la fille d'un de nos bourgeois, qu'elle est mal mise ; que de belles boucles d'oreilles, un peu de rouge, des dentelles, une robe à la polonaise, lui siéraient à ravir ? que ces petits pieds-là ne sont pas faits pour marcher dans la rue ? qu'il y a un beau monsieur, jeune et riche, qui a un habit galonné d'or, un superbe équipage, six grands laquais, qui l'a vue en passant, qui la trouve charmante ; et qui depuis ce jour-là en a perdu le boire et le manger ; qu'il n'en dort plus, et qu'il en mourra ? – Mais mon papa. – Bon, bon ; votre papa ! Il s'en fâchera d'abord un peu. – Et

> maman qui me recommande tant d'être honnête fille ? Qui me dit qu'il n'y a rien dans ce monde que l'honneur ? – Vieux propos qui ne signifient rien. – Et mon confesseur ? – Vous ne le verrez plus ; ou si vous persistez dans la fantaisie d'aller lui faire l'histoire de vos amusements, il vous en coûtera quelques livres de sucre et de café. – C'est un homme sévère qui m'a déjà refusé l'absolution, pour la chanson, *Viens dans ma cellule*. – C'est que vous n'aviez rien à lui donner… Mais quand vous lui apparaîtrez en dentelles… – J'aurai donc des dentelles ? – Sans doute, et de toutes les sortes… en belles boucles de diamants… – J'aurai donc de belles boucles de diamants ? – Oui. – Comme celles de cette marquise qui vient quelquefois prendre des gants dans notre boutique ? – Précisément… dans un bel équipage, avec des chevaux gris pommelés ; deux grands laquais, un petit nègre, et le coureur en avant, des rouges, des mouches, la queue portée. – Au bal ? – Au bal, à l'Opéra, à la Comédie… Déjà le cœur lui tressaillit de joie. Tu joues avec un papier entre tes doigts. – Qu'est cela ? – Ce n'est rien. – Il me semble que si. – C'est un billet. – Et pour qui ? – Pour vous, si vous étiez un peu curieuse. – Curieuse, je le suis beaucoup. Voyons… Elle lit… Une entrevue, cela ne se peut. – En allant à la messe. – Maman m'accompagne toujours ; mais s'il venait ici, un peu matin. Je me lève la première, et je suis au comptoir avant qu'on soit levé… Il vient ; il plaît ; un beau jour, à la brune, la petite disparaît, et l'on me compte mes deux mille écus[30]…

Après ce morceau de bravoure qui laisse Moi dans un trouble profond, la discussion repart à propos de l'éducation. Le philosophe veut apprendre à sa fille à raisonner juste ; le Neveu valorise des qualités plus prisées dans la société : « Laissez-la déraisonner tant qu'elle voudra ; pourvu qu'elle soit jolie, amusante et coquette[31]. » À la place de la grammaire, de la fable, de l'histoire, de la géographie, du dessin et de la morale, il faut lui apprendre la danse, le chant et tout ce qui sert à plaire, rétorque le Neveu ; le reste est inutile « dans un monde tel que le nôtre ». Rameau prétend que la valeur d'un individu se mesure à sa fortune, que toutes les actions humaines tendent à acquérir richesse, honneur et pouvoir, « le reste n'est que vanité[32] », ce que son interlocuteur réfute avec la dernière vigueur. En vérité, soutient-il, les riches oisifs sont malheureux : « Ils usent tout. Leur âme s'hébète. L'ennui s'en empare. Celui qui leur ôterait la vie, au milieu de leur abondance accablante, les servirait. C'est qu'ils ne connaissent du bonheur que la partie qui s'émousse le plus vite[33]. » Moi avance que pour être heureux, il faut être honnête homme et se faire « une ressource indépendante de la servitude ». Le verdict, prononcé par le Neveu, tombe alors comme un couperet :

> LUI – Indépendante ou non, celle que je me suis faite est au moins la plus aisée.
> MOI – Et la moins sûre, et la moins honnête.
> LUI – Mais la plus conforme à mon caractère de fainéant, de sot, de vaurien.
> MOI – D'accord[34].

Cet accord, commente Jean Fabre, « laisse le champ libre à Rameau[35] ». Le philosophe matérialiste est battu avec ses propres armes, sa doctrine de l'hérédité et de l'organisation, c'est-à-dire la constitution physique de l'homme. La situation est d'autant plus cocasse que le Neveu argumente exactement comme Diderot dans sa *Réfutation d'Helvétius* : le donné est plus décisif que l'acquis, l'organisation prime sur l'éducation, la nature contrecarre les efforts déployés en vain pour se soustraire à son empire. Avec des accents lyriques dignes de Dorval, Rameau enfonce le clou : « On loue la vertu ; mais on la hait ; mais on la fuit ; mais elle gèle de froid, et dans ce monde, il faut avoir les pieds chauds. Et puis cela me donnerait de l'humeur, infailliblement ; car pourquoi voyons-nous si fréquemment les dévots si durs, si fâcheux, si insociables ? C'est qu'ils se sont imposé une tâche qui ne leur est pas naturelle. Ils souffrent, et quand on souffre, on fait souffrir les autres[36]. » Au milieu du dialogue, le triomphe du Neveu, qui trouve son compte en se conformant aux usages, semble total : « Il faut que Rameau soit ce qu'il est : un brigand heureux avec des brigands opulents ; et non un fanfaron de vertu, ou même un homme vertueux, rongeant sa croûte de pain, seul, ou à côté des gueux. Et pour le trancher net, je ne m'accommode point de votre félicité, ni du bonheur de quelques visionnaires, comme vous[37]. »

Le philosophe, cela mérite d'être souligné, n'a aucune raison valable à lui opposer, il ne peut discréditer ses paroles que par un argument *ad hominem*. Si Lui s'accorde volontiers quelque génie, Moi vise plus juste lorsqu'il dit : « Vous ne retrouverez pas, quand vous voudrez, une aussi bonne maison ; mais eux, pour un fou qui leur manque, ils en retrouveront cent. » Le Neveu proteste violemment : « Cent fous comme moi ! Monsieur le philosophe, ils ne sont pas si communs. Oui des plats fous. On est plus difficile en sottise qu'en talent ou en vertu. Je suis rare dans mon espèce, oui, très rare[38]. » Mais l'argument a pris. C'est au Neveu de prouver son originalité, son « unité de caractère ». Rameau entame alors un plaidoyer enthousiaste et cynique du « sublime dans le mal », mais sa propre tentative de réaliser une ridicule et dérisoire synthèse du génie et du mal échoue lamentablement. La nature, invoquée tantôt pour justifier sa dépravation, ne lui a pas accordé le génie, et les modèles qu'il admire ne sont que des crapules. La discussion se tourne alors vers la musique, domaine où Moi reconnaît volontiers quelque supériorité à son interlocuteur. Lui discourt sur les problèmes du chant, ridiculise la musique de son oncle, et Moi convient de la justesse de ses vues. Voici la faille du Neveu : il a pour la musique une vraie passion, et il souffre de singer seulement l'acte créateur sans être capable de le réaliser. C'est encore la faute à la nature si le génie musical lui fait défaut : « Et l'astre ! l'astre ! Quand la nature fit Leo, Vinci, Pergolèse, Duni, elle sourit. Elle prit un air imposant et grave, en formant le cher oncle Rameau qu'on aura appelé pendant une dizaine d'années le grand Rameau et dont bientôt on ne parlera plus. Quand elle fagota son neveu, elle fit la grimace et puis la grimace, et puis la grimace encore [...]. Il me semble qu'il y a pourtant là quelque chose ; mais j'ai beau frapper, secouer, il ne sort rien[39]. » Rameau a du talent, non du génie. Il a la capacité d'exécuter, non de créer. « Je m'étais persuadé que j'avais du génie, se lamente-t-il ; au bout de ma ligne, je lis que je suis un sot, un sot, un sot[40]. » Face à l'artiste raté, le philosophe a-t-il pour autant gagné la partie ? Rien n'est moins sûr. L'exaspération grandissante de Moi face à Lui ne fait que masquer son impuissance. Le dernier mot est à Rameau, et il laisse suspendu le dialogue dans l'ambiguïté : « Rira bien qui rira le dernier[41]. » Pas de doute : Lui annonce prophétiquement l'avenir qui sera, quelques décennies plus tard, la société de Balzac ou « l'argent domine les lois, la politique et les mœurs[42] ».

Quelles leçons peut-on tirer de ce survol rapide du *Neveu de Rameau* qui ne prétend pas à l'exhaustivité – une œuvre aussi diffuse en apparence que ce dialogue se prête fort mal au résumé ? On a souvent remarqué que le Neveu exprimait maintes fois des convictions de Diderot, à commencer par l'empire que l'ascendance biologique est censée exercer sur les hommes. On a aussi constaté que le discours de Moi est trop abstrait et généralisateur, sans parler de son moralisme encombrant et peu praticable, ce qui interdit de substituer le personnage de Diderot au narrateur qui se met si complaisamment en scène. Ainsi que dans une joute, chacun des deux antagonistes prend tour à tour le dessus, imposant à l'autre ses vues ; à la fin, aucun des deux ne sort tout à fait indemne de la confrontation. Moi a très bien réussi à humilier le Neveu : les triomphes du vaurien sont en vérité des échecs ; son anarchisme moral ne lui apporte pas toujours le plaisir mais aussi des déceptions, et il est loin d'atteindre, malgré ses rêves, au sublime. Cependant la défaite du philosophe est patente. Il a beau assurer à Rameau que la vertu – nous dirions aujourd'hui une vie honnête – fait le bonheur de l'homme : à quoi Lui n'a pas de peine à rétorquer que les exemples du contraire sont légion. Plaisir pour plaisir, le Neveu préfère ceux de la débauche, parce que plus vifs, à ceux procurés par une vie honnête. Il a très bien saisi le point faible du philosophe : « Vous croyez que le même bonheur est fait pour tous. Quelle étrange vision ! Le vôtre suppose un certain tour d'esprit romanesque que nous n'avons pas, une âme singulière, un goût particulier. Vous décorez cette bizarrerie du nom de vertu ; vous l'appelez philosophie. Mais la vertu, la philosophie sont-elles faites pour tout le monde ? En a qui peut. En conserve qui peut. Imaginez l'univers sage et philosophe ; convenez qu'il serait diablement triste[43]. » Robert Mauzi a souligné avec raison que la plus grande force du Neveu tient en fait à la faiblesse de son adversaire : « Diderot convient qu'il n'a choisi son style de vie “philosophique” que pour y avoir rencontré toute la gamme des plaisirs. C'est son tempérament et son goût, non la vertu, qui l'ont déterminé. Or le Neveu ne dit pas autre chose : chacun prend son plaisir où il le trouve. Il n'existe donc pas de philosophie universelle, qui allierait à coup sûr la jouissance du bonheur à la pratique de la vertu. Il n'y a que des individus et des fantaisies. Certains ont le privilège ou l'innocente manie de transformer les actions vertueuses en occasions de plaisir. Mais c'est un fondement bien fragile pour y édifier une morale[44]. »

Le Neveu de Rameau – et cela le classe indiscutablement parmi les œuvres de la maturité de Diderot – marque avec éclat l'effondrement, préparé dès le *Salon de 1767*, de la morale telle qu'elle a été formulée dans la *Lettre à Landois*[45]. Désormais, le philosophe affiche un scepticisme de plus en plus grand devant une définition universelle du bonheur. Le bonheur est une notion totalement subjective : certains nagent dans la joie au milieu de l'abondance, d'autres dans la médiocrité. Et que penser des génies et autres hommes extraordinaires qui vivent pour leurs passions et goûtent d'un bonheur incompréhensible à la multitude ? Dans le compte rendu d'un livre intitulé *Le Temple du bonheur*, Diderot inflige un démenti cuisant à l'équivalent bonheur = vertu. À la question traditionnelle : « Est-ce que la pratique de la vertu n'est pas un sûr moyen d'être heureux ? », Diderot répond : « Non parbleu. Il y a tel homme si malheureusement né, si violemment entraîné par l'avarice, l'ambition, l'amour désordonné des femmes, que je le condamnerais au malheur, si je lui prescrivais une lutte continuelle contre sa passion dominante[46]. » Contrairement au personnage appelé Moi dans *Le Neveu de Rameau*, Diderot a fini par se rendre à l'évidence : la pratique de la vertu ne conduit pas nécessairement au bonheur, pis : il y a des hommes qui trouvent leur bonheur en dehors de la vertu, comme Rameau. Dans la *Réfutation d'Helvétius*, Diderot a avoué son incapacité de prouver dans un traité rigoureux que la malfaisance est préjudiciable au malfaiteur. Désormais, il n'a plus rien d'autre à proposer qu'un « à tout prendre » significatif :

> Je suis convaincu que, dans une société même aussi mal ordonnée que la nôtre, où le vice qui réussit est souvent applaudi, et la vertu qui échoue presque toujours ridicule, je suis convaincu, dis-je, qu'à tout prendre, on n'a rien de mieux à faire pour son bonheur que d'être un homme de bien. C'est l'ouvrage, à mon gré, le plus important et le plus intéressant à faire ; c'est celui que je me rappellerais avec le plus de satisfaction dans mes derniers moments. C'est une question

> que j'ai méditée cent fois et avec toute la contention d'esprit dont je suis capable ; j'avais, je crois, les données nécessaires. Vous l'avouerai-je ? Je n'ai pas même osé prendre la plume pour en écrire la première ligne. Je me disais : si je ne sors pas victorieux de cette tentative, je deviens l'apologiste de la méchanceté. J'aurai trahi la cause de la vertu. J'aurai encouragé l'homme au vice. Non, je ne me sens pas bastant pour ce sublime travail. J'y consacrerais inutilement toute ma vie[47].

Une morale matérialiste et « laïque » ne peut prétendre à remplacer la morale chrétienne basée sur les châtiments divins que si elle réussit par ailleurs à convaincre les hommes que leur bonheur ou avantage réside dans la bienfaisance envers autrui. Or du moment où il est évident que le bonheur est indépendant de la vertu, sur quoi fonder une loi morale qui n'a plus Dieu pour garant ? Ceux qui sont « malheureusement nés », comme le Neveu de Rameau, pourquoi ne s'abandonneraient-ils pas à leur nature ? Que répondre à ceux qui tiennent que si Dieu n'existe pas, tout est permis ? Les grands hommes qui ont illustré l'humanité, doit-on leur appliquer la sanction commune ? Les condamnera-t-on comme le vulgaire ?

Au début des années 1770, Diderot abandonne l'idée de définir les principes d'une morale universelle à partir de la nature de l'homme. Le *Supplément au Voyage de Bougainville* et les *Fragments politiques* constituent à cet égard un tournant décisif. Lorsque A., dans le *Supplément*, prétend que la loi de nature est « gravée au fond de nos cœurs », B. le corrige : « Cela n'est pas exact. Nous n'apportons en naissant qu'une similitude d'organisation avec d'autres êtres, les mêmes besoins, de l'attrait vers les mêmes plaisirs, une aversion commune pour les mêmes peines, ce qui constitue l'homme ce qu'il est et doit fonder la morale qui lui convient[48]. » La sociabilité, la bienveillance instinctive, la pitié et la compassion ne sont pas des sentiments innés, gravés au fond du cœur humain, ou plutôt ils s'y trouvent à côté d'autres sentiments bien moins propres à servir de base à la morale : « Beaucoup d'écrivains ont cherché les premiers principes de la morale dans les sentiments d'amitié, de tendresse, de compassion, d'honneur, de bienfaisance, parce qu'ils les trouvaient gravés dans le cœur humain. Mais n'y trouvaient-ils pas aussi la haine, la jalousie, la vengeance, l'orgueil, l'amour de la domination[49] ? » La morale universelle a certes pour fondement un « principe physique », mais ce principe, c'est la « similitude d'organisation d'un homme à l'autre[50] ». Les sentiments naturels qui inspirent la bienfaisance – l'amitié, la tendresse, la compassion et ainsi de suite – ne tournent pas toujours au profit de la société : « Comment se déterminer à punir le coupable, si l'on n'écoutait que la compassion ? Comment se défendre des partialités, si l'on ne prenait conseil que de l'amitié ? Comment ne pas favoriser la paresse, si l'on ne consultait que la bienfaisance ? Toutes ces vertus ont un terme au-delà duquel elles dégénèrent en vices ; et ce terme est marqué par les règles invariables de la justice par essence, ou, ce qui revient au même, par l'intérêt commun des hommes réunis en société[51]. » Ce n'est pas dans leur cœur, c'est dans le code de la nature que les Lanciers et les Tahitiens ont trouvé les règles de leurs sociétés respectives. L'origine de la morale n'est pas dans l'homme, mais dans l'identité des besoins, des plaisirs et des peines, dans les « rapports éternels qui subsistent entre les hommes[52] », et ces rapports sont réglés par la *justice*. L'homme est un être sociable parce qu'il a besoin du secours de ses semblables. Par conséquent, la morale doit être l'expression du lien nécessaire qui unit entre eux les êtres d'une même espèce, d'une solidarité biologique qui les oblige à confondre, pour leur conservation, leur intérêt particulier et le bien général de leur espèce.

Ce qui est relatif, c'est la vertu, ce qui est universel, c'est la justice. Tuer un brigand comme Cartouche au lieu de le sauver, comme Diderot le préconise hardiment dans l'*Entretien d'un père avec ses enfants*, n'est pas à proprement parler une action de bienfaisance, mais c'est un acte juste contre un homme dangereux pour la société : « Je ne m'occuperai point de rendre à la vie celui dont il m'est enjoint par l'équité naturelle, le bien de la société, le salut de mes semblables, d'être le dénonciateur[53]. » Diderot n'a jamais douté du caractère universel de la justice, et il pense que le sentiment de la justice prend naissance dans la raison même de l'homme, dans sa bonne ou mauvaise conscience, selon l'opinion que c'est la faculté de raisonner qui distingue l'homme de la bête : « Je consens que le fort opprime le faible, lorsqu'il n'est retenu par aucune crainte. Ce que j'ai peine à concevoir, c'est qu'il n'ait ni la conscience de son injustice, ni le remords de son action ; c'est qu'il soit sincèrement persuadé qu'il use d'un droit légitime et qu'il serait un sot de n'en pas user. Pour moi, je ne saurais revenir jusqu'à cet état ancien d'abrutissement, où l'homme n'avait ni les idées ni la langue nécessaires pour articuler ce droit. Fut-il un temps où l'homme pût être confondu avec la bête ? Je ne le pense pas. Il fut toujours un homme, c'est-à-dire un animal combinant des idées[54]. » Diderot est convaincu qu'il existe indépendamment des lois civiles et antérieurement à toutes les conventions humaines, une règle de justice immuable à laquelle tout homme est tenu de se conformer dans ses rapports avec ses semblables. Ainsi, le dilemme *moral* s'est résolu en une question *politique* : être vertueux, c'est poursuivre son bonheur conformément à la justice. « Il n'y a proprement qu'une vertu, c'est la justice, et qu'un devoir, c'est de se rendre heureux. L'homme vertueux est celui qui a les notions les plus exactes de la justice et du bonheur, et qui y conforme le plus rigoureusement sa conduite[55]. »

Si l'on appliquait rigoureusement ce critère, il resterait peu d'hommes vertueux dans la société de son temps, qui condamne le génie au malheur et fait prospérer les corrompus et les médiocres ainsi que tous ceux qui les courtisent. Tout en tirant profit de ses vices, le Neveu de Rameau fustige sans complaisance le milieu parasite qui gravite autour de la « ménagerie Bertinhus », un ramassis de lâches, de médiocres et d'envieux : « Tous les poètes qui tombent, nous les ramassons [...] ; tous les musiciens décriés ; tous les auteurs qu'on ne lit point ; toutes les actrices sifflées ; tous les acteurs hués ; un tas de pauvres honteux, plats parasites à la tête desquels j'ai l'honneur d'être, brave chef d'une troupe timide. [...] Des loups ne sont pas plus affamés ; des tigres ne sont pas plus cruels. Nous dévorons comme des loups, lorsque la terre a été longtemps couverte de neige ; nous déchirons comme des tigres, tout ce qui réussit[56]. » On vit dans un monde à l'envers où les plus grands fripons deviennent opulents et sont estimés, où quelqu'un comme le Neveu de Rameau peut se vanter de représenter « la partie la plus importante de la ville et de la cour ». Comparés à Lui qui affirme ne point s'avilir « en faisant comme tout le monde », les honnêtes gens comme Moi se distinguent par « une âme singulière, un goût particulier[57] ». La morale du philosophe est sans valeur puisqu'elle est coupée du réel, alors que validité de la « morale » du Neveu est sanctionnée par le fait qu'elle rencontre l'approbation collective. Le comportement du Neveu est l'incarnation de la norme sociale, une norme qui n'a rien à voir avec la morale. La sincérité peu commune dont il témoigne face à Moi ne choque que le philosophe et tous ceux qui croient naïvement aux principes qui prétendent régir moralement la société. « Si vous me blâmez, vous autres sages, lance-t-il à son interlocuteur, la multitude et le succès m'absoudront[58]. » Qui a tort ? Qui a raison de vivre comme il vit, de penser comme il pense ? Rameau qui se livre à une critique corrosive de la société dans laquelle il vit, foncièrement corrompue par l'argent, mais qui en même temps se conforme rigoureusement aux mœurs dépravées de la nation parce qu'il est convaincu que l'intérêt et l'opportunisme sont des règles générales, que personne n'est honnête et que la bassesse a toujours raison contre la droiture – ou le philosophe qui occupe une position d'exception dans le jeu social, qui vénère une bizarrerie décorée du nom de vertu qui non seulement n'est pas faite pour tout le monde mais rend le plus souvent malheureux celui qui la pratique ? Ne voit-on pas, demande Rameau à son interlocuteur, « une infinité d'honnêtes gens qui ne sont pas heureux ; et une infinité de gens qui sont heureux sans être honnêtes[59] » ? Rameau est monstrueux selon Moi parce qu'il est « aveugle sur les belles choses en morale » ; mais Moi est singulier et bizarre aux yeux de Lui parce qu'il vit isolé dans un monde irréel, aveugle à ce qui se passe autour de lui ; en tant que philosophe, il s'impose un idéal qui n'est pas naturel. Si la question reste en suspens, c'est peut-être qu'elle est mal posée. Ce n'est pas tant Rameau qu'il faut blâmer, mais la société qui l'a produit, lui et ses semblables.

La critique impitoyable de la société occidentale formulée par Diderot dans le *Supplément au Voyage de Bougainville* trouve son pendant dans *Le Neveu de Rameau* où l'auteur accuse de manière non moins virulente l'ordre social instauré par les forts pour mieux asservir les faibles : « Je ne vois d'un pôle à l'autre que des tyrans et des esclaves[60]. » Contrairement à Tahiti où il n'y a ni riches ni pauvres, ni rois ni sujets, tout le monde en France danse la « pantomime des gueux » : « Le roi prend une position devant sa maîtresse et devant Dieu ; il fait son pas de pantomime. Le ministre fait le pas de courtisan, de flatteur, de valet ou de gueux devant son roi. La foule des ambitieux danse vos positions, en cent manières plus viles les unes que les autres, devant le ministre. L'abbé de condition en rabat, et en manteau long, au moins une fois la semaine, devant le dépositaire de la feuille des bénéfices. [...] Chacun a sa petite Hus et son Bertin[61]. » Les progrès de la civilisation ont jeté les hommes dans « l'océan sans bornes des fantaisies, d'où l'on ne se tire plus[62] ». Au lieu de se limiter dans ses besoins, on a sacrifié la liberté à l'argent et la puissance qu'il octroie. « De l'or, de l'or, s'exclame le Neveu. L'or est tout ; et le reste, sans or, n'est rien[63]. » De la constatation que l'or mène le monde, Rameau conclut qu'il faut être riche. C'est ce qui explique cette ahurissante pédagogie de l'exemple, démarquée de l'imitation chrétienne, à laquelle se livre le Neveu devant son jeune fils : « Aussi, au lieu de lui farcir la tête de belles maximes qu'il faudrait qu'il oubliât, sous peine de n'être qu'un gueux ; lorsque je possède un louis, ce qui ne m'arrive pas souvent, je me plante devant lui. Je tire le louis de ma poche. Je le lui montre avec admiration. J'élève les yeux au ciel. Je baise le louis devant lui. Et pour lui faire entendre mieux encore l'importance de la pièce sacrée, je lui bégaye de la voix ; je lui désigne du doigt tout ce qu'on en peut acquérir, un beau fourreau, un beau toquet, un bon biscuit. Ensuite je mets le louis dans ma poche ; je me promène avec fierté ; je relève la basque de ma veste ; je frappe de la main sur mon gousset ; et c'est ainsi que je lui fais concevoir que c'est du louis qui est là, que naît l'assurance qu'il me voit[64]. » Cette scène est vraiment exemplaire car elle illustre l'inversion, voire la perversion de toutes les valeurs, philosophiques et religieuses, dans une société où l'or est la seule puissance incontestable, la seule valeur indiscutable reconnue[65]. La pratique de la vertu rapporte peu de profit quand il faut s'enrichir à n'importe quel prix. Diderot rejoint Rousseau dans la dénonciation de la corruption sociale engendrée par l'argent : « Les anciens politiques parlaient sans cesse de mœurs et de vertu ; les nôtres ne parlent que de commerce et d'argent[66]. »

L'homme est naturellement bon, disait Rousseau en substance, c'est l'ordre politique, c'est la société constituée qui l'a perverti et asservi à la satisfaction de besoins factices[67]. L'homme n'est pas naturellement bon, réplique le Neveu, il obéit à la loi de l'appétit : « Tout ce qui vit [...] cherche son bien-être aux dépens de qui il appartiendra. » Loin de le contredire, Moi abonde dans son sens : « Si [un] petit sauvage était abandonné à lui-même ; qu'il conservât toute son imbécillité et qu'il réunît au peu de raison de l'enfant au berceau, la violence des passions de l'homme de trente ans, il tordrait le col à son père, et coucherait avec sa mère[68]. » L'homme cherche avant tout son intérêt ; en tant qu'être raisonnable, il ne fait pas le mal par méchanceté mais parce qu'il a été détourné du droit chemin par une mauvaise éducation, le mauvais exemple, la mauvaise législation. Dans la *Lettre à Landois*, Diderot ne disait pas autre chose, ajoutant qu'une bonne éducation, que l'instruction atténueront l'emprise du vice sur les âmes faibles[69]. Quinze ans plus tard, il a compris qu'à côté de l'éducation et de l'instruction, c'est surtout une sage et juste législation qui peut canaliser l'énergie dans le chemin de la vertu. « Il est évident, lit-on dans les *Observations sur le Nakaz*, que dans une société bien ordonnée le méchant ne peut nuire à la société sans se nuire à lui-même[70]. » Dans une société où « le bien des particuliers [est] si étroitement lié avec le bien général, qu'un citoyen ne puisse presque pas nuire à la société sans se nuire à lui-même[71] », il n'y aurait plus de monstres sauf quelques méchants irréductibles. Les mœurs de Rameau ont des causes, elles sont conditionnées par un état de fait. Pour éviter la prolifération d'hommes abjects et cyniques comme Lui, il faut améliorer les mœurs de la société, encourager la vertu et blâmer le vice. Dans une société où l'or ne serait pas tout, le Neveu de Rameau ne perdrait pas ses dons dans le parasitisme mais serait un comédien ou musicien honnête. Cette société, hélas, est de l'ordre de l'utopie, et Diderot le sait autant qu'un autre : « Le grand problème à résoudre, ce serait que le mal que l'on fait à la société fût toujours moindre que celui qu'on se ferait à soi-même. [...] Il y a et il y aura toujours telle circonstance dont un méchant saura profiter, où il n'y a nul rapport entre le bien qu'il se fait comme méchant et le mal qu'il se fait comme citoyen[72]. » Moi peut toujours rêver dans son coin ou le tonneau de Diogène. Dans *Le Neveu de Rameau*, c'est à Lui que Diderot a laissé le dernier mot.

Un certain nombre de commentateurs prétendent que les protagonistes du *Neveu de Rameau* nous restituent la pensée éminemment conflictuelle de Diderot, que nous serions en présence d'un dialogue intérieur entre Moi et Moi. A-t-il voulu disqualifier, à travers le Neveu, sa propre philosophie matérialiste, reconnaissant que celle-ci n'aboutit qu'à une impasse ? Personne ne défend plus cette position extrémiste. À la suite de Jean Fabre, on lit encore que Moi n'est autre que le porte-parole du Diderot arrivé, embourgeoisé, et Lui celui du Diderot bohème d'autrefois[73]. Certains éléments dans la biographie de Diderot, que le Neveu ne manque d'ailleurs pas de lui rappeler, donnent effectivement à penser que l'auteur du *Neveu de Rameau*, entre vingt et trente ans, lui ressemblait à certains égards : il donnait des leçons sans trop connaître la matière, il tirait souvent le diable par la queue et jouait même quelques tours pendables à des familiers pour leur soutirer de l'argent. Il menait une vie de « bohémien », de marginal, mais s'est rattrapé au dernier moment, parce qu'il avait beaucoup de talent et un sens moral aigu qui l'a probablement empêché de sombrer. On peut fort bien imaginer Diderot rencontrer un jour de 1761 le Neveu et songer à ce qu'il aurait pu devenir s'il avait continué sur cette pente glissante – ou si la chance ne lui avait pas souri. Diderot a dû ressentir comme un frisson rétrospectif face à la déchéance sociale et morale du Neveu. Or nous ne sommes pas dans un dialogue philosophique classique, avec un vainqueur et un vaincu ; il n'y a ni victoire ni défaite définitives, aucune synthèse entre les idées de Moi et celles de Lui n'est envisageable au terme d'une dialectique serrée. Le rapport entre les deux protagonistes dans cette joute philosophique se situe à un autre niveau. Le vice de l'un met en valeur la vertu de l'autre tout en démontrant la fragilité de ses convictions. De son côté, la position du philosophe, par instants ébranlé par les extravagances de son antagoniste, déstabilise le bouffon parasite dont il se sert pour « faire sortir la vérité ». Autrement dit, le Neveu remplit la fonction de révélateur : sa présence force ceux qu'il aborde à laisser éclater leur naturel, dissimulé, réprimé par la vie en société : « Il secoue, il agite ; il fait approuver ou blâmer ; il fait sortir la vérité ; il fait connaître les gens de bien ; il démasque les coquins ; c'est alors que l'homme de bon sens écoute, et démêle son monde[74]. »

La victoire de Moi, si victoire il y a, se situe sur un autre terrain que celui de la morale. Si Lui reste esclave de ses protecteurs, le philosophe a su se faire une condition indépendante, et « je veux mourir, affirme-t-il, si cela ne [vaut] mieux que de ramper, de s'avilir et de se prostituer[75] ». Le Neveu doit accepter de jouer le rôle qu'on attend de lui, chien soumis et docile qui attend sa récompense. Il peut toujours trouver des justifications à ses bassesses et préférer le déshonneur à la liberté, il lui faut assumer sa condition de vil esclave et fouler aux pieds le peu de pudeur qui lui reste encore quand la maîtresse de la maison se comporte devant lui comme un mufle : « Autrefois, Mademoiselle avait des vapeurs ; ce sont aujourd'hui des nerfs. Je ne parle point d'autres indispositions légères dont on ne se gêne pas devant moi. [...] On en use à son aise avec ses familiers, et j'en étais ces jours-là, plus que personne[76]. » Le Neveu, malgré ses talents, est réduit à la condition d'animal domestique, à n'être qu'une « grosse bête » à laquelle on jette la nourriture. « On fait de moi, avec moi, devant moi, tout ce qu'on veut, sans que je m'en formalise », avoue-t-il non sans amertume. Et quand il préfère un instant l'indépendance de parole, il se fait impitoyablement chasser et doit retourner coucher sur la paille parmi les chevaux et les vers ! Rameau est un esclave qui rêve d'un retournement qui ferait du pauvre un riche sans rien changer au monde comme il va.

L'appât du gain dénature les hommes, soit en étouffant en eux la voix de la nature, soit en favorisant leurs penchants vicieux. L'argent dégrade et corrompt ; le désir d'en gagner mène à la servitude. Le Neveu est tombé aussi bas que les animaux parce qu'il a échangé sa liberté contre la servitude, cette liberté qui est, comme Diderot l'écrit dans un important passage de l'*Histoire des deux Indes*, « après la raison, le caractère distinctif de l'homme ». La liberté dont il est question ici est la *liberté naturelle*, le droit le plus fondamental de l'homme qui lui assure sa supériorité sur l'animal : « On enchaîne et on assujettit la brute, parce qu'elle n'a aucune notion du juste et de l'injuste, nulle idée de grandeur et de bassesse. Mais en moi la liberté est le principe de mes vices et de mes vertus. Il n'y a que l'homme libre qui puisse dire “je veux” ou “je ne veux pas”, et qui puisse par conséquent être digne d'éloge ou de blâme. » Il ne s'agit pas ici du libre arbitre, de la liberté métaphysique de la volonté, que Diderot rejette sans ambages depuis plus de vingt ans. La liberté qui distingue l'homme de l'animal n'est pas la liberté de choisir entre A et B, c'est la liberté d'agir conformément à sa volonté, c'est « la propriété de son corps et la jouissance de son esprit ». Sans cette liberté-là, il n'y a pas de vertu, « il n'y a ni époux, ni père, ni parent, ni ami. On n'a ni patrie, ni concitoyen, ni dieu ». Seule la liberté naturelle confère à l'homme sa dignité spécifique : « Celui qui abdique lâchement sa liberté, se voue au remords et à la plus grande misère qu'un être pensant et sensible puisse éprouver. » La dignité humaine réside dans le fait que contrairement à la bête, l'homme est capable de juger de l'équité ou de l'iniquité de ses actes ou de ses projets, et qu'il a la conscience de sa volonté. L'esclave n'a pas de dignité, car sa volonté propre ne compte pour rien : n'agissant que sur l'injonction de son maître, il ne peut être tenu responsable de ses actes. « Dans la main du méchant, instrument de sa scélératesse, l'esclave est au-dessous du chien que l'Espagnol lâchait contre l'Américain : car la conscience qui manque au chien, reste à l'homme[77]. » Même le Neveu de Rameau, qui consent à ramper devant ses bienfaiteurs, se rebiffe lorsqu'on veut le commander comme un chien :

LUI – [...] Je veux bien être abject ; mais je veux que ce soit sans contrainte. Je veux bien descendre de ma dignité... Vous riez.

MOI – Oui, votre dignité me fait rire.

LUI – Chacun a la sienne ; je veux bien oublier la mienne, mais à ma discrétion, et non à l'ordre d'autrui. Faut-il qu'on puisse me dire : rampe, et que je sois obligé de ramper ? C'est l'allure du ver ; c'est mon allure ; nous la suivons l'un et l'autre, quand on nous laisse aller ; mais nous nous redressons, quand on nous marche sur la queue. On m'a marché sur la queue, et je me redresserai[78].

Le Neveu a choisi une vie de parasite conforme à son caractère, puis il choisit de ne plus subir la contrainte devenue insupportable du couple Bertinhus. L'idéal serait d'être abject sans contrainte, asservi sans chaîne au cou. Le philosophe n'est donc pas le seul à revendiquer l'indépendance, même s'il est le seul à la vouloir jusqu'au bout. S'il y a divorce entre les actes du Neveu et la morale de l'intérêt qu'il préconise, s'il ne veut pas retourner chez Bertinhus où il était comme un coq en pâte, c'est au profit de la liberté. La liberté naturelle, le pouvoir d'agir en dehors de toute contrainte, est le plus grand bien : si l'homme est privé de ce pouvoir ou qu'il s'en prive lui-même, c'est alors qu'il devient misérable, « remué comme une figure de bois par des ficelles étrangères[79] » (Horace).

Le *Neveu de Rameau* s'inspire étroitement d'un dialogue entre Horace et son esclave Davus qui reproche à son maître de prêcher une philosophie stoïque de la liberté (comme Moi) tout en étant l'esclave de ses désirs et pulsions (comme Lui[80]). Le titre original du *Neveu de Rameau*, il ne faut pas l'oublier, est *Satire seconde*. Inventée par les Romains, la satire[81] est un genre sans contraintes stylistiques qui présente un mélange d'idées et de thèmes, autrement dit qui traite, sous une forme plaisante et railleuse, de sujets sérieux, de morale, de littérature, de politique, etc. Mais pourquoi *Satire seconde* ? C'est qu'il existe une *Satire première*, composée très probablement entre juin 1773 et octobre 1774, qui prépare la *Satire seconde*. L'une et l'autre sont placées sous le signe d'Horace, qui avait porté le genre à sa perfection ; en revanche, rien ne prouve qu'elles ont été composées l'une après l'autre selon un plan précis, car la série et l'ordre ont pu se penser après coup.

S'il n'a probablement pas présidé à sa rédaction, un paragraphe du livre *De l'esprit* d'Helvétius, marqué par Diderot d'un trait à la marge de son exemplaire, résume assez bien le thème général de la *Satire première* : « Chaque passion a donc ses tours, ses expressions et sa manière particulière de s'exprimer. Aussi l'homme qui, par une analyse exacte des phrases et des expressions dont se servent les différentes passions, donnerait le signe auquel on peut les reconnaître, mériterait sans doute infiniment de la reconnaissance publique. C'est alors qu'on pourrait, dans le faisceau de sentiments qui produisent chaque acte de notre volonté, distinguer du moins le sentiment qui domine en nous. Jusque-là les hommes s'ignoreront eux-mêmes, et tomberont, en fait de sentiments, dans les erreurs les plus grossières[82]. » La *Satire première*, petit morceau divertissant d'analyse psychologique, se présente comme une libre et large réflexion sur un thème cher à Diderot : il y a des « mots de caractère » qui peignent plus fortement et plus complètement un individu que tout un discours. Un observateur, par les mots de métiers, mais aussi parce que chaque situation sociale a son tic, saurait deviner sans peine qui lui parle. « Un mot, un geste, m'en ont quelquefois plus appris que le bavardage de toute une ville », prétend Jacques[83]. Ces mots ou plutôt « cris » de caractère par lesquels on trahit sa vraie nature et ses vraies pensées, sont de différentes sortes. Il y a le cri de la nature, comme ce mot de Sara quand Abraham est sur le point de sacrifier leur fils Isaac : « Dieu ne l'eût jamais demandé à sa mère[84] » ; le cri de la flatterie et de la bassesse comme cette réplique du renard au lion : « Vous leur fîtes, Seigneur, en les croquant, beaucoup d'honneur[85] » ; le cri de l'impudence, derrière lequel on reconnaît facilement le Neveu de Rameau : « Vous penserez que je suis un infâme, je m'en moque[86]. » La *Satire première*, qui énumère des « cris de la nature », annonce la *Satire seconde* où le Neveu fait entendre le cri de sa propre nature et jaillir le cri de la nature des autres. Dans l'une et l'autre *Satire*, l'homme révèle sa nature profonde. Or s'il y a, observe Colas Duflo, « une façon de parler par situation, qui peut faire rire, il est plus inquiétant d'admettre en conséquence qu'il peut y avoir aussi une façon de penser par situation. Grattant sous la surface des mots de métiers, on pourrait bien trouver une morale de métier. Que deviennent les valeurs universelles du philosophe si chaque valeur n'est que le reflet de la position occupée dans le jeu social[87] ? » La réponse à cette question se trouve dans la *Satire seconde* : la « morale de métier » du Neveu est une morale de parasite, celle du philosophe une morale… de philosophe. L'un et l'autre sont définis par leurs positions respectives : alors que la précarité de l'existence pèse sur tous les actes et toutes les pensées du Neveu, le philosophe professe la « sagesse bourgeoise de son état » : « Les valeurs que Moi défend, l'humanité, l'honorabilité, l'utilité ne sont universelles que de son point de vue[88]. »

Bien qu'elles offrent quelque similitude dans leur titre et leur thématique, les deux satires sont de nature très différentes. La

Satire première, libre digression à partir d'un poème d'Horace, tient plutôt de la lettre, et plusieurs endroits y donnent à penser qu'il s'agit effectivement d'une sorte de lettre adressée à Naigeon qui, en la publiant, l'assortit de deux notes explicatives[89]. La *Satire seconde* est un chef-d'œuvre littéraire d'une profonde originalité formelle qui porte dans l'écriture la marque du génie. Dans ce dialogue étincelant de vivacité, emporté dans un mouvement endiablé, Diderot excelle à reproduire avec une vie étonnante la mimique et la gesticulation forcenée du Neveu de Rameau, évoque avec verve les attitudes et les gestes, en une langue extrêmement colorée, un style remarquablement expressif et séduisant, plein de surprises, riche en comparaisons particulièrement pittoresques, en notations plaisantes. Il y a une véritable théâtralité du *Neveu de Rameau* qui sollicite les metteurs en scène depuis un siècle et demi[90].

À côté de son aspect littéraire, le titre original du *Neveu* met en évidence la volonté critique de Diderot. Mordante riposte à la comédie *Les Philosophes* de Palissot où Diderot était ridiculisé sous le nom de Dortidius[91], le dialogue entre Moi et Lui se plaît à tourner en dérision la clique antiphilosophique. Afin d'accentuer la crédibilité et, partant, l'efficacité de sa charge, Diderot utilise contre ses adversaires un personnage qui appartient au milieu qu'il vilipende, « dont le jugement sur la société est un produit de la société même qu'il juge[92] ». Par Rameau interposé, Diderot éreinte méchamment les pensionnaires de la maison Bertin, sans dédaigner les plaisanteries les plus grasses, comme quand son interlocuteur décrit avec gourmandise l'instant où le maître de maison faillit s'étouffer sous le poids de sa maîtresse déchaînée : « C'étaient les cris interrompus et sourds d'un homme qui étouffe : "À moi, moi ; je suffoque ; je meurs." Ces cris partaient de l'appartement du patron. On arrive ; on le secourt. Notre grosse créature dont la tête était égarée, qui n'y était plus, qui ne voyait plus, comme il arrive dans ce moment, continuait de presser son mouvement, s'élevait sur ses deux mains, et du plus haut qu'elle pouvait laissait retomber sur les parties casuelles un poids de deux à trois cents livres, animé de toute la vitesse que donne la fureur du plaisir. On eut beaucoup de peine à le dégager de là. Que diable de fantaisie à un petit marteau de se placer sous une lourde enclume[93] ! » Parfois, le ressentiment de Diderot va jusqu'à l'outrance et à la calomnie, comme à l'égard de l'abbé de la Porte, qualifié de « chien de petit prêtre avare, puant et usurier[94] ». Mais c'est Palissot qui décroche la palme des injures dans ce portrait d'une rare violence : « Un homme souillé de toutes sortes d'infamies, qui par passe-temps fait abjurer la religion à son ami ; qui s'empare du bien de ses associés ; qui n'a ni foi, ni loi, ni sentiment ; qui court à la fortune, *per fas et nefas* ; qui compte ses jours par ses scélératesses ; et qui s'est traduit lui-même sur la scène comme un des plus dangereux coquins, impudence dont je ne crois pas qu'il y ait eu dans le passé un premier exemple, ni qu'il y en ait un second dans l'avenir[95]. » En pimentant la satire des mœurs d'attaques personnelles, Diderot a indubitablement repris à son compte la phrase de son modèle Horace qui a donné lieu à la *Satire première* : « Il en est à qui je semble trop mordant dans la satire et passer les bornes[96]. »

L'entretien entre Diderot et Rameau, ou plutôt un débat qui ressemble de très loin au *Neveu de Rameau*, a pu avoir lieu au cours de l'année 1761, mais il n'est pas sûr du tout que Diderot ait alors écrit son dialogue, ou même une première version, dès ce moment-là. Rien ne s'oppose à ce qu'une première ébauche du *Neveu* remonte à cette époque, bien au contraire : on en trouve des accents très proches dans une traduction faite par Diderot en 1761 d'une pièce de l'auteur anglais Edward Moore, *The Gamester* (*Le Joueur*[97]). Mais a-t-il pour autant écrit l'*essentiel* du texte en 1761 ou 1762, l'allongeant et l'enrichissant seulement de quelques éléments *mineurs* à une époque ultérieure, comme il en avait l'habitude dans les années 1770 ? De nombreux commentateurs l'affirment encore après Jean Fabre, ce qui les oblige à concilier dans des synthèses parfois vertigineuses l'amoralisme conséquent de Lui et un certain pharisaïsme moral de Moi. Plus récemment, Henri Coulet a suggéré que Diderot a composé la quasi-totalité de son œuvre à une période plus tardive, vers 1773-1774[98], hypothèse qui a l'avantage de faire l'économie du Diderot bicéphale, déchiré entre la « conscience noble » de Moi et la « conscience vile » de Lui[99]. À y regarder de plus près, seul le contexte historique du dialogue parle en faveur d'une rédaction précoce du pamphlet de Diderot, peu de temps après sa rencontre avec le Neveu en 1761 : le philosophe venait d'être humilié sur scène par Palissot, il avait donc des comptes à régler avec le clan des antiphilosophes. Si telle page du *Neveu* fut écrite d'une main tremblante d'indignation, le règlement de comptes avec la ménagerie Bertin constitue plutôt une « excroissance du texte, un de ces bourgeonnements dont l'écriture de Diderot est coutumière[100] ». Allons plus loin. À s'en tenir au seul contexte historique, un autre dialogue de Diderot, l'*Entretien d'un père avec ses enfants*, bien situé dans le temps lui aussi, aurait pu être écrit vers 1759, après le dernier séjour de l'auteur dans sa famille à Langres. On trouverait sans trop de peine d'innombrables indices littéraires et extralittéraires pour affirmer que l'*Entretien d'un père avec ses enfants* et *Le Neveu de Rameau* non seulement sont à peu près contemporains mais témoignent également, chacun à sa manière, du profond désarroi de leur auteur... Pour ce qui nous concerne, nous pensons plutôt qu'il convient de lire l'entretien entre Lui et Moi à la lumière de la postface des *Deux Amis de Bourbonne*. Le Neveu de Rameau n'est-il pas le modèle idéal du parasite, comme Moi celui du philosophe ? Le clan antiphilosophique lui-même n'est-il pas composé d'après un modèle idéal ? Souvenons-nous aussi de la recommandation faite aux conteurs historiques d'authentifier leur tête idéale par des petits faits vrais qui font passer le mensonge. Si la confrontation dramatique entre Lui et Moi se termine sans conclusion véritable, c'est, dit-on, parce que Diderot n'a pas pu choisir. N'est-ce pas plutôt parce qu'il propose, comme il le dit dans le *Paradoxe sur le comédien*, que le modèle idéal doit servir de « règle de jugement » au lecteur ?

Après le modèle idéal, la satire. Nous avons déjà constaté la parenté des thèmes des deux *Satires* de Diderot, l'analogie des points de départ (une *Satire* d'Horace). Mentionnons dans ce contexte une *Satire contre le luxe, à la manière de Perse* ajoutée plus tard au *Salon de 1767*, ainsi que le travail de révision et de correction effectué par Diderot en 1771 sur traduction des *Satires* de Perse par l'abbé Le Monnier. Ajoutons la présence obsédante d'Horace dont il avait emporté avec lui en Russie un exemplaire de ses œuvres. Diderot traduit, adapte et imite ses poésies tout en l'accusant, dans ses dernières œuvres, d'avoir prostitué son art et d'être devenu la « sarbacane » de Mécène et d'Auguste, un « poète courtisan, toujours à l'affût de ce qui pouvait être agréable à son maître[101] » ! Mais l'essentiel n'est pas là. La défaite de Moi face à l'immoralisme claironnant de Lui n'est possible que parce que Diderot a abandonné une de ses convictions philosophiques les plus chères : que la pratique de la vertu est le meilleur moyen de se rendre heureux. Cela reste sans doute valable pour des philosophes comme Moi, espèce rare s'il en est. Le Neveu l'oblige à revenir sur terre et se rendre à l'évidence : pour le commun des mortels, le bonheur ne réside pas dans la vertu mais dans la richesse et le pouvoir. « Je veux que mon fils soit heureux, proclame Rameau ; ou, ce qui revient au même, honoré, riche et puissant[102]. » Le philosophe a beau protester pour la forme, il n'en demeure pas moins que le Neveu a raison dans la pratique. Moi n'a pas trop de mal à l'humilier en le renvoyant à sa condition de bouffon à la botte des grands. Avec un personnage moins méprisable que Lui, la partie eût été moins inégale et le débat aurait probablement abouti à l'apologie du vice que Diderot redoutait tant. *Le Neveu de Rameau* est le témoignage le plus éclatant de la révolution copernicienne, dont les prodromes remontent au moins jusqu'au *Salon de 1767*, dans les conceptions morales de Diderot. La morale de la *Lettre à Landois* est trop abstraite et intellectualiste : premièrement parce que l'équation entre bonheur et vertu se heurte à la subjectivité du bonheur, à l'opacité des situations et à la diversité infinie des individus : « Autant d'hommes, autant de cris divers[103]. » Deuxièmement parce que le comportement des individus ne peut pas seulement être jugé en termes de bienfaisance et de malfaisance. Une chose est sûre : à l'opposé des héros du *Fils naturel* et du *Père de famille*[104], la plupart des personnages créés par Diderot dans ses romans et contes de la dernière période démentent formellement le postulat moral de la *Lettre à Landois* selon lequel on n'a rien de mieux à faire pour son bonheur que d'être un homme de bien. Il n'y a pas de morale *naturelle* dont les fondements se trouveraient dans une bienveillance prétendument naturelle de l'homme ; il n'y a qu'une morale *universelle*, fondée dans les rapports non pas affectifs mais sociaux entre les hommes. Autrement dit, c'est la justice qui détermine la moralité des intentions et des actions : « Il n'y a qu'une seule vertu, la justice [...]. La justice renferme tout ce qu'on se doit à soi-même et tout ce qu'on doit aux autres, à sa patrie, à sa ville, à sa famille, à ses parents, à sa maîtresse, à ses amis, à l'homme et peut-être à l'animal[105]. »

Le Neveu de Rameau a remporté une victoire sur son antagoniste en anéantissant sa doctrine de l'hédonisme vertueux. Il est cependant loin d'avoir gagné la partie. Homme des Lumières, Moi exprime sa foi dans le progrès de la vérité et la victoire de la liberté sur l'obscurantisme et les forces conservatrices et rétrogrades ; Lui, cynique et désabusé, qui n'a de la liberté que l'apparence, préconise la soumission servile à l'ordre existant : la vraie sagesse, selon lui, est de « laisser aller le monde à sa fantaisie [...] puisque la multitude en est contente[106] ». En marge de la société, Rameau est aussi en marge de l'histoire en marche. *Le Neveu de Rameau* annonce le triomphe des Lumières sur leurs adversaires : au moment où Diderot rédige l'essentiel de son dialogue, les jésuites ont été expulsés, l'*Encyclopédie* a paru depuis longtemps, il est le protégé de Catherine II chez laquelle il est en train de se rendre avec plusieurs projets dans la tête.

5

Le matérialisme en question

En 1772, Diderot a terminé la publication des planches de l'*Encyclopédie* et marié sa fille avec une dot généreuse provenant de la vente de sa bibliothèque à Catherine II[1]. Protégé officiel de l'impératrice, Diderot s'était montré reconnaissant à son tour en envoyant en Russie des hommes de talent comme le sculpteur Falconet ou l'économiste Le Mercier de la Rivière. Devenu conseiller culturel et courtier en tableaux pour le compte de l'impératrice, il avait négocié, en 1771, l'achat de la prestigieuse collection Crozat-Thiers. C'est à Diderot que le musée de l'Ermitage doit de posséder plusieurs des plus belles œuvres d'art du monde. Il lui restait d'abandonner son grenier de la rue Taranne et d'entreprendre le voyage de Russie pour remercier personnellement sa bienfaitrice… et pour essayer d'infléchir la politique de la souveraine dans le sens d'un esprit de liberté.

On se souvient comment, dix ans plus tôt, le comte Chouvalov avait chargé Voltaire, de la part de Catherine II, d'inviter Diderot et d'Alembert à achever à Riga l'*Encyclopédie* suspendue[2]. Élu associé étranger à l'Académie impériale des arts de Saint-Pétersbourg en janvier 1767, Diderot conçut aussitôt le projet d'une *Encyclopédie* russe qui constituerait un « moyen de transporter chez une nation naissante, tous les travaux, toute la lumière, de trois ou quatre cents ans d'une nation policée[3] ». Il ne s'agissait pas moins que de porter chez un peuple jeune et non encore policé, par le véhicule d'un dictionnaire de la langue bien fait, tout l'héritage d'une nation civilisée, la France en l'occurrence. La proposition resta sans réponse mais Diderot fut invité à faire le voyage de Saint-Pétersbourg. Après beaucoup d'hésitations, il se résolut, âgé de près de soixante ans, à partir pour la lointaine Russie. Le long voyage lui répugne mais il ne veut pas s'y soustraire : « Les ingrats découragent les bienfaiteurs, et il ne faut pas faire ce rôle-là avec les souverains qui peuvent faire tant d'heureux[4]. » Au début de 1773, Falconet put annoncer à Catherine l'arrivée prochaine de son protégé.

Avant de quitter Paris, Diderot décida de léguer ses manuscrits à Naigeon, lui laissant « le soin d'arranger, de revoir et de publier tout ce qui lui paraîtra ne devoir nuire ni à [sa] mémoire, ni à la tranquillité de personne[5] ». Ayant quitté Paris le 11 juin 1773 pour un long périple qui le mènera à travers l'Europe du Nord jusqu'à la cour de l'impératrice à Saint-Pétersbourg, Diderot atteint La Haye quatre jours après son départ. Il s'installe chez son ami le prince Golitsyn (Galitzine), l'ancien protecteur de Mlle Dornet, devenu ambassadeur à La Haye en 1768. Son départ et son arrivée sont vivement commentés par ses amis et connaissances : « On n'a point eu encore de nouvelles directes du Philosophe, écrit Mme d'Épinay à l'abbé Galiani le 26 juin. Par une lettre du prince Golitsyn à Mme Geoffrin, on sait seulement qu'il est arrivé à La Haye en très bonne santé ; qu'il a été à Leyde où il a fait connaissance avec tous les professeurs ; que le prince ne le peut tirer d'auprès d'eux, et qu'il est vraiment très douteux qu'il aille en Russie. Il aime tous ces docteurs hollandais à la folie. Il passera peut-être là le reste de sa vie ; que sait-on[6] ? » Diderot a effectivement beaucoup apprécié son séjour. Dès son arrivée, il s'empressa d'aller contempler la mer, qu'il n'avait jamais vue : « Le jour même de mon arrivée, j'ai salué Neptune et son vaste empire, qui n'est qu'à une demi-lieue d'ici[7]. » Il goûte la variété des poissons – soles, lottes, harengs frais, turbots, perches « et tout ce qu'ils appellent waterfish[8] » –, va voir des tableaux à Leyde et visite plusieurs autres villes comme Haarlem, Amsterdam et Utrecht. Selon toute vraisemblance, Diderot rencontre, chez Golitsyn ou ailleurs, le haut fonctionnaire et philosophe François Hemsterhuis, qui lui remet un exemplaire de sa *Lettre sur l'homme et ses rapports* parue un an plus tôt en français. Diderot promet de le lire et de lui dire son avis, mais un autre ouvrage retient pour le moment toute son attention. Il s'agit de l'ouvrage posthume d'Helvétius, *De l'homme*, publié en mars 1773 à La Haye par les soins du prince Golitsyn. Faut-il le croire sur parole quand il prétend avoir lu trois fois le gros traité qui venait de paraître ? On peut en douter. Toujours est-il que Diderot inscrit des commentaires dans son exemplaire en vue d'une recension dans la *Correspondance littéraire* ; de retour à Paris, il transformera et complétera ses notes accumulées au fil de la lecture pour en faire un ouvrage à part qui paraîtra dans le périodique de Grimm entre 1783 et 1786 sous le titre *Réfutation suivie de l'ouvrage d'Helvétius intitulé « L'Homme »*. De Hollande, il écrit à Mme d'Épinay : « C'est, ma foi, un excellent ouvrage, plein de réflexions fines qu'il n'est pas donné à tout le monde de trouver, et d'inconséquences que tout le monde corrigerait d'un trait de plume[9]. » Or voici que l'ambassadeur Noailles le soupçonne d'être l'auteur de la préface de l'ouvrage[10], et que le duc d'Aiguillon se réfère à *De l'homme* comme « le livre qu'il a publié à son passage à La Haye[11] ». Ces allégations sont dénuées de fondement. Diderot arriva à La Haye trop tard pour jouer le moindre rôle dans la publication de l'ouvrage. Ce qui n'a pas empêché certains contemporains de Diderot, voire certains critiques du XIXe siècle, de suggérer qu'il était même l'auteur de *De l'homme*.

Fils du premier médecin de la reine, Claude-Adrien Helvétius appartenait à la haute bourgeoisie. À l'âge de vingt-trois ans, il obtint, grâce à la protection de la reine, une place de fermier général qui lui assura un revenu confortable. On le trouve bientôt en relation avec la plupart des écrivains et artistes de son temps. Voltaire annote et corrige patiemment les poésies que son jeune disciple lui envoie, dont le contenu philosophique annonce déjà les œuvres de la maturité. À trente-six ans, le jeune prodige, que Mme de Graffigny appelle le « génie », démissionne de sa charge de fermier général et se retire à la campagne pour se consacrer à la philosophie. En 1758, il publie son premier ouvrage, *De l'esprit*, qui provoque un tollé sans exemple à la cour, au sein de l'Église et parmi les autorités civiles[12]. Condamné successivement par le roi, l'archevêque de Paris, le pape, le Parlement et la Sorbonne, le livre est accusé de présenter une synthèse des plus dangereuses idées du siècle. Le matérialisme professé par l'auteur, « le plus clair, le plus absolu, le plus universel[13] », non seulement défie la religion révélée en renouant avec la philosophie d'Épicure, mais il donne un fondement théorique à un type d'État nouveau, déchristianisé, laïcisé, un État affranchi des servitudes féodales.

Mais la critique n'est pas seulement venue du côté des ennemis des Lumières. Diderot réagit immédiatement après la lecture de *De l'esprit* en rédigeant pour la *Correspondance littéraire* du 15 août 1758 un résumé critique assez sévère de l'ouvrage dans lequel il relève quatre thématiques principales qu'il considère comme des paradoxes indéfendables :

> La sensibilité est une propriété générale de la matière. Apercevoir, raisonner, juger, c'est sentir. Premier paradoxe...
>
> Il n'y a ni justice ni injustice absolue. L'intérêt général est la mesure de l'estime des talents, et l'essence de la vertu. Second paradoxe...
>
> C'est l'éducation, et non l'organisation qui fait la différence des hommes, et les hommes sortent des mains de la nature tous presque également propres à tout. Troisième paradoxe...
>
> Le dernier but des passions sont les biens physiques. Quatrième paradoxe[14].

Enfin, Diderot reproche au livre son caractère lourdement didactique. Le peu d'indulgence dont le recenseur fit preuve en 1758 s'explique peut-être par le fait que Diderot rendait son auteur indirectement responsable de la condamnation de l'*Encyclopédie* intervenue dans la foulée.

Après l'orage déclenché contre son livre, Helvétius entreprit, à partir de 1764-1765, un nouveau traité, *De l'homme*, qu'il acheva en 1770. Les relations cordiales entre les deux hommes semblent devenir moins chaleureuses à partir de 1764. Diderot lui reproche peut-être de s'être rendu à la cour du roi de Prusse Frédéric II alors que lui-même évitera de passer par Berlin et Potsdam quand il fera le voyage de Russie, au grand dam du roi[15]. Malgré sa nomination, en 1751, comme membre honoraire de l'Académie royale des Sciences et des Belles-Lettres de Berlin, Diderot détestait le roi de Prusse qui n'était pour lui qu'un despote. Dans le *Salon de*

1769, parlant d'un portrait du roi par Van Loo, il nota qu'on y voyait quelque chose du tigre : « On n'est pas tenté de l'approcher[16]. » Le Salomon du Nord, comme l'appelaient les flatteurs, se piquait de philosophie et avait même l'ambition de léguer à la postérité une grande œuvre poétique que Voltaire était chargé de corriger. Il recevait la fine fleur des philosophes français, Voltaire, La Mettrie, le marquis d'Argens, Helvétius, sans parler des encyclopédistes persécutés en France comme l'abbé de Prades. Frédéric goûtait en particulier l'irréligiosité, voire l'athéisme des esprits forts dont il s'entourait mais se rebiffait quand, en 1770, un ouvrage attribué à Du Marsais mais écrit en réalité par d'Holbach (et probablement revu et corrigé par Diderot), l'*Essai sur les préjugés*, invitait les princes à se dégager des préjugés de la noblesse et de la gloire militaire et à promouvoir l'instruction publique pour émanciper leurs sujets. On y lisait, par exemple, dans cette apostrophe aux sages :

> Frappez avec audace sur les erreurs de la terre, attaquez avec franchise le mensonge et le préjugé, faites tonner la vérité dans l'oreille des rois, secouez aux yeux des peuples son flambeau secourable, inspirez à l'homme du courage, de l'estime pour lui-même, du mépris pour ses tyrans, de l'amour pour ses maîtres. Qu'il sente enfin sa grandeur, ses forces et ses droits. Apprenez aux nations qu'elles sont libres, que leurs mains ne sont point faites pour porter d'indignes chaînes, que ni les ministres des dieux, ni les rois de la terre ne sont point autorisés à les mettre dans les fers.
>
> Apprenez à ces rois qu'ils doivent le bonheur à leurs sujets, que c'est d'eux qu'ils empruntent leur autorité, qu'elle n'est qu'une usurpation détestable lorsqu'ils s'en servent pour écraser ceux qu'ils sont destinés à protéger et défendre. Apprenez aux souverains qu'il n'est point de grandeur, de sûreté, de gloire pour eux s'ils ne commandent à des peuples heureux. Montrez-leur enfin que la vertu suppose des âmes contentes, et que des sujets que la superstition et le despotisme s'accordent à rendre infortunés et vicieux n'auront jamais la force et la vertu nécessaires au soutien des empires[17].

On imagine qu'à la lecture de l'ouvrage, le sang du roi de Prusse ne fît qu'un tour. Il laissa éclater son hostilité vis-à-vis des philosophes, « ces précepteurs du genre humain qui s'arrogent le droit de fesser princes, rois et empereurs qui désobéissent à leurs règles[18] », dans un anonyme *Examen de l'Essai sur les préjugés*, avouant : « J'ai éprouvé des sentiments répulsifs aux sentiments de l'auteur qui prétend que la vérité étant faite pour l'homme, il faut en tout temps la lui dire[19]. » Quand l'ouvrage du roi lui tombe sous la main, Diderot réagit violemment en couchant sur le papier des pages vengeresses contre le tyran de Sans-Souci. Intitulé *Lettre de M. Denis Diderot sur l'Examen de l'Essai sur les préjugés*, cet opuscule daté de 1771 fut découvert en 1937 par Franco Venturi et publié sous le titre factice *Pages inédites contre un tyran*[20]. Diderot n'y va pas de main morte : « L'auteur de la critique est un grand seigneur, du moins il plaide la cause des aïeux comme s'il en avait. Quoi qu'il en soit, nous continuerons à croire qu'il y a bien moins d'inconvénient dans l'illustration qui remonte, que dans l'illustration qui descend ; et je n'en souffrirai pas plus patiemment un faquin titré qui m'insulte parce qu'il est le dernier de sa race, moi qui suis peut-être le premier de la mienne. Je vois tant d'illustres fainéants se déshonorer sur les lauriers de leurs ancêtres, que je fais un peu plus de cas du bourgeois ou du roturier ignoré qui ne se gonfle point du mérite d'autrui. » La vérité n'est pas faite pour l'homme, comme le prétend l'illustre auteur[21] ? « Le plus inconséquent des hommes, réplique Diderot, est celui qui dit que la vérité n'est pas faite pour l'homme, et qui prend la plume en faveur de la vérité. Le plus absurde des hommes est celui qui écrit des vérités et qui écrit que l'homme est fait pour l'erreur. » La vérité ne nuit jamais, il n'y a que le mensonge qui ait des suites néfastes. Favorable à une version anticléricale mais conservatrice des Lumières, Frédéric attaquait le prosélytisme philosophique de l'auteur, lui reprochant de vouloir renverser l'ordre établi : « Il faudrait donc que notre philosophe, pour éclairer les nations, leur prêchât le glaive en main[22]. » Diderot n'est pas loin de justifier la « violence » de l'*Essai* tout en soulignant la nécessité de « convertir » d'abord les « dix ou douze individus privilégiés qui disposent du bonheur de la terre[23] ». Diderot laisse exploser son hostilité contenue jusqu'alors. Frédéric est un mauvais souverain, un mauvais poète, un homme vindicatif et mesquin, un hypocrite qui se prétend philosophe sans l'être.

On comprend que Diderot ait fustigé, dans ses commentaires sur *De l'homme* d'Helvétius, les louanges outrées et serviles que l'auteur y avait réservées au roi philosophe, ou plutôt *aurait* réservées à son encontre selon Diderot. Après avoir cité ce passage tiré de *De l'homme* : « Rien de meilleur, dit le roi de Prusse dans un discours prononcé à l'Académie de Berlin, que le gouvernement arbitraire sous des princes justes, humains et vertueux », il s'exclame, indigné : « Et c'est vous, Helvétius, qui citez en éloge cette maxime d'un tyran[24] ! » Il se trouve pourtant qu'Helvétius ne s'est point prononcé en faveur d'un régime arbitraire, bien au contraire. On lit exactement sous sa plume : « Qu'est-ce que le pouvoir arbitraire ? Un germe de calamités qui, déposé dans le sein d'un État, ne s'y développe que pour y porter les fruits de la misère et de la dévastation. Croyons-en le roi de Prusse. "Rien de meilleur, dit-il dans un discours prononcé à l'Académie de Berlin, que le gouvernement arbitraire, mais sous des princes justes, humains et vertueux ; rien de pis sous le commun des rois." Or que de rois de cette espèce ! Combien compte-t-on de Titus, de Trajan et d'Antonin ? Voilà ce que pense un grand homme[25]. » De nos jours encore, les jugements sur « Frédéric le Grand » sont partagés. On peut, comme Diderot, trouver son comportement parfaitement odieux, mais on peut aussi porter un jugement plus nuancé, à l'instar d'Helvétius, qui l'a personnellement connu, sans parler de la fascination mutuelle, au-delà des péripéties de leur relation, entre le roi Voltaire et le vieux Fritz. L'« aveu » de Frédéric a sans doute été inventé par Helvétius, qui n'hésitait pas à agrémenter ses écrits d'anecdotes et de bons mots fabriqués de toutes pièces. Il n'en est pas moins vrai qu'une bonne partie de *De l'homme* est consacrée à une condamnation vigoureuse du despotisme, fût-il éclairé, et que, fort expert lui-même en matière de flagornerie envers Catherine la Grande, cette « grande et aimable souveraine » qui possède « l'âme de César, avec toutes les séductions de Cléopâtre[26] », Diderot n'avait de leçon à donner à quiconque.

Quand Diderot feuillette en Hollande l'ouvrage posthume d'Helvétius qui vient de paraître, il en connaît déjà la teneur. D'après le témoignage de Naigeon, il aurait conseillé à l'auteur d'en remettre la publication afin d'« assurer son repos, sa liberté, sa vie même[27] ». Son jugement depuis le compte rendu critique de *De l'esprit* n'a pas varié : Helvétius, écrivit-il en 1767, « la tête enfoncée dans son bonnet, décompose des phrases et s'occupe à sa terre à prouver que son valet de chiens aurait tout aussi bien fait le livre *De l'esprit* que lui[28]. » Il n' en est rien, bien sûr, car Helvétius n'était pas l'imbécile pour lequel on le fit longtemps passer suite aux commentaires malveillants de Diderot. De nos jours encore, Helvétius apparaît bien trop souvent encore comme un grand simplificateur, un matérialiste vulgaire, un champion de la médiocrité, un behavioriste extrême avant la lettre, incomparablement moins fin que le génie Diderot. Le temps est venu de nuancer fortement le jugement injuste à son égard en analysant les divergences profondes qui opposaient les deux frères ennemis du matérialisme.

Se réclamant de l'empirisme de Locke, Helvétius proclame que nous venons au monde sans aucune notion innée : toutes les idées sont acquises grâce à l'expérience sensible. Nous avons en nous deux facultés ou « causes productrices de mes idées » : la première est « la faculté de recevoir les impressions différentes que font sur nous les objets extérieurs ; on la nomme *sensibilité physique* ». La deuxième est « la faculté de conserver l'impression que ces objets ont faite sur nous ; on l'appelle *mémoire*, et la mémoire n'est autre chose qu'une sensation continuée mais affaiblie[29] ». L'esprit n'est pas quelque chose qui existe concrètement sous une forme ou sous une autre (une substance spirituelle ou matérielle), c'est l'aptitude à découvrir des rapports entre les objets extérieurs, et aussi entre ces objets et l'homme : « Toutes les opérations de l'esprit se réduisent à l'observation des ressemblances et des différences, des convenances et des disconvenances que les divers objets ont entre eux et avec nous[30]. » L'esprit évalue, communique, compare et calcule à partir des sensations reçues et emmagasinées dans la mémoire depuis la conception : « C'est à l'instant même où l'enfant reçoit le mouvement et la vie qu'il reçoit ses premières instructions. » Une fois venu au monde, « ses yeux se dessillent, ses organes se fortifient : ils deviennent peu à peu susceptibles de toutes les impressions. Alors le sens de la vue, de l'ouïe, du goût, du toucher, de l'odorat, enfin toutes les portes de son âme sont ouvertes. Alors tous les objets de la nature s'y précipitent en foule et gravent une infinité de sensations dans sa mémoire[31] ». Le matérialisme d'Helvétius se distingue de celui de Diderot en ce qu'il ne tient aucun compte de la constitution biologique de l'homme, de son « organisation », comme on disait au XVIIIe siècle. Si l'esprit est une pure capacité, une table rase, ce n'est pas dans « l'inégale perfection des organes » mais dans « l'éducation nécessairement différente des différents hommes » qu'il faut chercher la cause de l'inégalité des talents et des esprits[32]. Un individu ne se différencie à sa naissance par aucune aptitude ou prédisposition naturelle résultant de sa constitution physique : « L'homme naît ignorant, il ne naît point sot[33]. » Diderot objecte que « l'homme naît toujours ignorant, très souvent sot. [...] La stupidité et le génie occupent les deux extrémités de l'échelle de l'esprit humain. Il est impossible de déplacer la stupidité ». Les déterminismes biologiques – on dirait aujourd'hui l'inné – rendent presque impossible tout développement des facultés intellectuelles : « Tous les hommes sont classés entre la plus grande pénétration possible et la stupidité la plus complète. [...] Et en dépit de toute institution, chacun reste à peu près sur son échelon[34]. » Les différences intellectuelles entre les hommes, leurs talents et leurs comportements sont l'effet de leur organisation nécessairement différente : on naît stupide, génial, doué pour les lettres ou les sciences, comme on naît fort ou faible, petit ou grand peintre ou musicien. Helvétius, en revanche, ne croit pas à l'efficacité d'un déterminisme interne, de type physiologique. Tous les hommes sont pourvus des mêmes aptitudes fondamentales : la sensibilité et la mémoire[35]. Ce qui fait que ces deux facultés sont supérieures chez les uns et inférieures chez les autres, la raison de l'inégalité des esprits, est à chercher dans l'inégalité d'attention portée aux phénomènes qui nous environnent : « La justesse de l'esprit dépend de l'attention plus ou moins grande avec laquelle on fait [des] observations[36]. » Mais notre attention n'est pas une donnée naturelle originaire, elle dépend de notre motivation qui, à son tour, ne se développe qu'autant qu'elle est excitée par des agents extérieurs qui tiennent aux circonstances différentes dans lesquelles l'existence nous place. C'est pourquoi l'homme est le produit de son *éducation*, entendue à la fois au sens strict (ce qu'enseignent les maîtres et les parents) et aussi comme l'ensemble des connaissances, des impressions et des expériences qui forment sa personnalité, ses capacités intellectuelles et physiques ainsi que ses valeurs morales.

Prenons l'exemple de Jacques Vaucanson, ce créateur génial d'automates qui firent l'admiration de l'Europe au XVIIIe siècle. Dira-t-on avec Diderot que son immense talent était un don de la nature ? Helvétius propose une autre explication. Pendant que sa mère dévote passait des heures auprès de son directeur de conscience, le jeune Vaucanson observe tout en s'ennuyant le mouvement toujours égal d'un balancier. Intrigué, il veut en connaître la cause. « Sa curiosité s'éveille : pour la satisfaire il s'approche des planches où l'horloge est renfermée. Il voit à travers les fentes l'engrènement des roues, découvre une partie de ce mécanisme, devine le reste ; projette une pareille machine, l'exécute avec un couteau et du bois, et parvient enfin à faire une horloge plus ou moins parfaite. Encouragé par ce premier succès, son goût pour les mécaniques se décide, ses talents se développent, et le même génie qui lui avait fait exécuter une horloge en bois, lui laisse entrevoir dans la perspective la possibilité du flûteur automate[37]. » Le génie de Vaucanson n'était pas un don de la nature mais… du hasard.

La théorie, ainsi présentée, n'a pas manqué pas de susciter le scepticisme et l'agacement de Diderot. « Persuadez cela à qui vous voudrez, répond-il, mais non pas à moi. […] Monsieur Helvétius, une petite question. Voilà cinq cents enfants qui viennent de naître. On va vous les abandonner pour être élevés à votre discrétion. Dites-moi combien nous rendrez-vous d'hommes de génie. Pourquoi pas cinq cents[38] ? » Cette remarque est typique de la mauvaise foi de Diderot car Helvétius ne propose nulle part, on s'en doute, de faire un génie de n'importe quel individu, et encore moins de produire cinq cents génies de cinq cents enfants rassemblés au hasard. Il pose comme hypothèse que la différence entre les hommes tient uniquement au nombre d'idées que l'esprit contient ainsi qu'au nombre de leurs combinaisons. Par voie de conséquence, l'inégalité entre les hommes n'est pas naturelle, donc pas fatale ; elle est née de leur histoire, elle est un produit des conditions sociales. Si Vaucanson n'avait pas pu observer des horloges pendant des heures, il serait peut-être devenu un honnête artisan sans pouvoir développer son grand talent mécanique. Le génie, explique Helvétius en substance, est le produit d'une « attention forte et concentrée dans un art ou une science », et cette attention n'est pas innée mais acquise. On concédera que l'argumentation et les exemples choisis ne parlent pas toujours en faveur de sa thèse et qu'il lui arrive de donner à l'éducation un pouvoir absolu, allant jusqu'à proclamer de manière volontairement excessive et provocante : « L'éducation peut tout[39]. » En même temps, il est indéniable que l'auteur de *De l'homme* fut le premier à proposer une éducation digne de ce nom à tous les membres de la société sans exception, car il était convaincu que personne n'est destiné, par sa naissance, à occuper telle ou telle place jusqu'au reste de sa vie.

Si on lit *De l'homme* sans parti-pris, deux principales thèses sur l'éducation s'en dégagent :

1. Les grandes différences intellectuelles (d'esprit, de talents, etc.) entre les hommes ne sont pas dues en premier lieu à leur « organisation », c'est-à-dire à leur nature, mais à l'éducation, à l'influence du milieu. L'esprit est un pur produit des circonstances, à commencer par l'éducation.

2. Tous les hommes de bonne constitution ont la même aptitude à l'esprit, en d'autres termes : tout homme « communément bien organisé » est susceptible, après sa naissance, de devenir un homme d'esprit, à condition d'éveiller en lui le désir d'apprendre.

La publication posthume de la *Réfutation d'Helvétius* dans les *Œuvres complètes de Diderot* éditées par Assézat et Tourneux en 1875-1877 a largement contribué à discréditer un philosophe original qui, aux dires de Stendhal, lui a « ouvert les portes de l'homme à deux battants[40] ». Helvétius eut la malchance d'avoir Diderot comme réfutateur qui a pour longtemps fermé les portes à une meilleure compréhension de sa philosophie. Car les thèses que Diderot a cru – à tort – trouver dans *De l'homme* sont passablement caricaturales :

1. Les hommes réagissent pareillement – ou sont pareillement influençables – aux mêmes événements.

2. Chacun peut à tout moment tout apprendre s'il le veut.
3. Une bonne éducation peut faire un génie de tous les hommes.
4. L'éducation répare tous les maux.

La philosophie d'Helvétius, dans son ensemble, trouve sa véritable signification seulement lorsqu'on sait contre qui il a écrit. Une bonne partie de son traité *De l'homme* est dirigée contre ceux qui « rapportent à l'inégale perfection des sens l'inégale supériorité des esprits[41] ». Si Rousseau est plus particulièrement visé dans un chapitre, Helvétius s'en prend derrière lui à tous les philosophes, matérialistes ou non, pour qui la nature est la suprême instance. Ouvrons le *Système de la nature* du baron d'Holbach. On y lit dès la première page : « L'homme est l'ouvrage de la nature, il existe dans la nature, il est soumis à ses lois, il ne peut s'en affranchir [...]. Tout ce que nous faisons ou pensons, tout ce que nous sommes et ce que nous serons, n'est jamais qu'une suite de ce que la nature universelle nous a faits. Toutes nos idées, nos volontés, nos actions sont des effets nécessaires de l'essence et des qualités que cette nature a mises en nous, et des circonstances par lesquelles elle nous oblige de passer et d'être modifiés[42]. » D'Holbach reconnaît lui aussi le rôle des influences extérieures, les effets d'une bonne ou mauvaise éducation, mais tout comme Diderot, il met l'accent principal sur l'inégalité foncière des hommes contre laquelle l'éducation est impuissante : « La diversité qui se trouve entre les individus de l'espèce humaine met entre eux de l'inégalité, et cette inégalité fait le soutien de la société[43]. » L'enjeu du débat dans lequel les dispositions naturelles des hommes « jouent constamment contre le projet pédagogique[44] », est d'ordre politique. D'Holbach et Diderot restent foncièrement conservateurs par rapport à Helvétius. Estimant que la nature n'a pas donné à tous les hommes les mêmes dispositions à l'intelligence, ils sanctionnent l'inégalité sociale et un type de société qui y est fondé. « En conséquence de la diversité des hommes et de leur inégalité, écrit d'Holbach, le faible est forcé de se mettre sous la sauvegarde du plus fort ; c'est elle qui oblige celui-ci à recourir aux lumières, aux talents, à l'industrie du plus faible lorsqu'il les juge utiles pour lui-même[45]. » Chacun doit occuper la place qui lui revient en fonction de ses talents et de ses besoins, qui dépendent de son organisation particulière donnée une fois pour toutes. Le rôle de la société est donc de garantir le fonctionnement d'un libéralisme où chacun est récompensé selon son mérite pour la communauté, c'est-à-dire d'abord selon les richesses qu'il produit. Et d'Holbach de conclure : « La liberté ne consiste donc pas, comme quelques gens l'imaginent, dans une égalité prétendue entre les concitoyens ; cette chimère adorée dans les États démocratiques, mais totalement incompatible avec notre nature, qui nous rend inégaux pour les facultés, soit du corps, soit de l'esprit. Cette égalité serait encore injuste, et dès lors incompatible avec le bien de la société, qui veut que les citoyens les plus utiles à la chose publique soient les plus honorés, les mieux récompensés, sans être pour cela dispensés de la loi générale qui prescrit à tous des règles uniformes[46]. » Une bonne partie du libéralisme politique que professent d'Holbach et Diderot repose sur cette conception particulière d'une nature uniforme et invariable de l'homme. C'est contre cette vision étroite et hautement *idéologique* de la nature humaine qu'a protesté Helvétius dans son traité *De l'homme*.

Avant le problème de l'aptitude humaine à l'instruction, l'opposition entre les deux frères ennemis du matérialisme des Lumières s'exprime dans un autre domaine de la science de l'homme : l'origine et le mécanisme de nos connaissances. Disciple enthousiaste de Locke, Helvétius reproche à son maître à penser de n'avoir « point réduit toutes les facultés de l'esprit à la capacité de sentir[47] ». Le père de l'empirisme anglais avait en effet admis à côté de l'expérience sensible (la perception sensorielle) une faculté interne appelée réflexion, qu'il considérait comme propre à l'homme : « Cette source d'idées, chacun l'a entièrement en lui ; et bien qu'elle ne soit pas un sens, puisqu'elle n'a pas affaire aux objets extérieurs, elle s'en approche cependant beaucoup et le nom de "sens interne" semble assez approprié. Mais comme j'appelle l'autre source *sensation*, j'appellerai celle-ci RÉFLEXION. [...] Voici donc la première capacité de l'intellect humain : l'esprit est fait pour recevoir les impressions qu'il subit, soit des objets extérieurs par le biais des *sens*, soit par ses propres opérations quand il *réfléchit* sur elles[48]. » On se souvient que Condillac rejetait comme Helvétius le sens interne de Locke et s'attachait à montrer que les facultés de l'âme étaient acquises et dérivées de la seule sensation. Or le sensualisme de l'abbé de Condillac, pas plus que l'empirisme Locke, ne remettait en question la spiritualité et l'immortalité de l'âme, et encore moins l'existence de Dieu. En ramenant toute l'activité pensante à la seule sensibilité, Helvétius professa un sensualisme matérialiste et athée qui éliminait tout élément spirituel et surnaturel de l'activité cognitive de l'homme.

D'après le système d'Helvétius, toutes les opérations de l'esprit se réduisent à des jugements, et le jugement lui-même n'est rien d'autre que la perception de ressemblances et de différences : « Juger est sentir[49]. » L'avis de Diderot est plus nuancé : « Cette assertion, comme elle est énoncée, ne me paraît pas rigoureusement vraie. Le stupide sent, mais peut-être ne juge-t-il pas. L'être totalement privé de mémoire sent, mais il ne juge pas. Le jugement suppose la comparaison de deux idées. La difficulté consiste à savoir comment se fait cette comparaison, car elle suppose deux idées présentes. Helvétius aurait coupé un terrible nœud s'il nous avait expliqué bien clairement comment nous avons deux idées présentes à la fois, ou comment ne les ayant pas présentes à la fois, cependant nous les comparons[50]. » Helvétius ne s'embarrasse pas de ces subtilités-là. La réduction de toutes les opérations intellectuelles aux sensations, la restriction du rôle de l'esprit à la faculté d'observer des ressemblances et des différences entre les objets débouche sur cette thèse étonnante selon laquelle l'*intérêt* préside à tous nos jugements : « Toute comparaison des objets entre eux suppose attention. Toute attention suppose peine, et toute peine un motif pour se la donner. S'il était un homme sans désir et qu'un tel homme pût exister, il ne comparerait point les corps entre eux, il ne prononcerait aucun jugement[51]. » L'homme réagit activement aux objets extérieurs, aux impressions qui peuvent lui être agréables, désagréables ou indifférentes. Mû par son intérêt personnel, il évite les sensations désagréables et recherche les sensations agréables. L'intérêt personnel et les passions auxquelles il préside détermineront le degré d'attention manifestée par l'homme à l'égard des objets et de leurs propriétés. L'homme fixera son attention sur ce qui touche le plus son intérêt personnel. « Tous les jugements occasionnés par la comparaison des objets entre eux supposent en nous intérêt de les comparer. Or cet intérêt nécessairement fondé sur l'amour de notre bonheur ne peut être qu'un effet de la sensibilité physique, puisque toutes nos peines et nos plaisirs y prennent leur source. Cette question examinée, j'en conclurai que la douleur et le plaisir physiques sont le principe ignoré de toutes les actions de l'homme[52]. »

Diderot n'a certainement pas tort de critiquer cette vision réductionniste et simpliste de la nature humaine, qui ramène toutes les fonctions intellectuelles et morales de l'homme à la sensibilité physique, propriété commune à tous les êtres vivants, aux plantes, aux animaux et à l'homme. « Voilà une conclusion tirée de bien loin. Elle convient plutôt à l'animal en général qu'à l'homme. Passer brusquement de la sensibilité physique, c'est-à-dire de ce que je ne suis pas une plante, une pierre, un métal, à l'amour du bonheur ; de l'amour du bonheur à l'intérêt ; de l'intérêt à l'attention ; de l'attention à la comparaison des idées ; je ne saurais m'accommoder de ces généralités-là. Je suis homme, et il me faut des causes propres à l'homme[53]. » La nature animale et la nature humaine ne se situent pas au même niveau de complexité, elles ne se résument pas à une proposition du genre : « Je sens, donc je veux sentir agréablement. » Les animaux sont guidés par leur instinct alors que l'homme est capable de mettre à profit la réflexion. C'est le cerveau qui distingue l'homme de la bête, et Helvétius a eu tort de négliger cet organe : « C'est qu'il ne faut pas examiner les sens relativement à l'effet général de leur concours, sans y faire entrer l'organe corrélatif, la tête. Séparer dans cette comparaison un des termes de l'autre, c'est le moyen d'arriver à l'erreur. » Tel homme, par exemple, « a ses cinq sens excellents ; mais la tête est mal organisée. Les témoins sont fidèles ; mais le juge est corrompu. Il ne sera jamais qu'un sot[54] ». Allons plus loin. La différence entre l'homme et l'animal ne réside pas seulement dans le cerveau (certains animaux en sont pourvus aussi). L'animal est gouverné par un « sens despote » – le chien par son nez, l'aigle par son œil, la taupe par son oreille, etc. – alors que le cerveau humain commande aux sens : « Il est entre ses sens une telle harmonie, qu'aucun ne prédomine assez sur les autres pour donner la loi à son entendement ; c'est son entendement, au contraire, ou l'organe de sa raison qui est le plus fort. C'est un juge qui n'est ni corrompu ni subjugué par aucun des témoins. Il conserve toute son autorité ; et il en use pour se perfectionner. » Grâce à la prédominance de son cerveau, l'homme est « perfectible » alors que l'animal reste réduit à son instinct. L'hirondelle naît bonne architecte mais produit toujours le même nid. L'homme doit d'abord apprendre l'architecture, mais il est ensuite capable de bâtir des constructions autrement plus complexes qu'un nid d'oiseau. Conclusion : « Il est bien difficile de faire de la bonne métaphysique et de la bonne morale, sans être anatomiste, naturaliste, physiologiste et médecin[55]. »

Le caractère radical de la pensée d'Helvétius résulte de ce qu'il réduit tout, non seulement à la sensibilité, mais à la sensibilité physique. L'individu n'est animé que par deux sentiments fondamentaux, le plaisir et la douleur, c'est-à-dire des caractéristiques immédiates de la faculté de sentir. Sans cet amour de soi qu'il appelle intérêt, l'espèce humaine n'aurait ni survécu ni progressé. La recherche des objets capables de nous satisfaire va dès lors régler tous nos comportements. Ce que nous tenons d'ordinaire pour des qualités morales a pour origine le plaisir ou la souffrance physiques. C'est là notre intérêt, l'unique mobile de nos actions. Helvétius considère qu'il est faux de prétendre qu'un individu pourrait aimer le bien pour le bien, ou le mal pour le mal : si nous sondions les plus secrets replis de notre cœur, nous verrions que nos intentions ne sont pas aussi pures qu'elles le paraissent. En conséquence de ces principes, le dévouement à la patrie n'est que le triomphe d'une passion sur l'autre ; l'amitié et l'amour, la bienfaisance et la reconnaissance s'expliquent de la même manière. Pourquoi soulage-t-on les malheureux, demande Helvétius ? En voici les raisons qu'il propose :

1. Pour s'arracher à la douleur physique de les voir souffrir.
2. Pour jouir du spectacle d'une reconnaissance qui produit du moins en nous l'espoir confus d'une utilité éloignée.
3. Pour faire un acte de puissance, dont l'exercice nous est toujours agréable, parce qu'elle rappelle toujours à notre esprit l'image des plaisirs attachés à cette puissance.
4. Parce que l'idée de bonheur s'associe toujours dans une bonne éducation avec l'idée de bienfaisance, et que cette bienfaisance, en

> nous conciliant l'estime et l'affection des hommes, peut, ainsi que les richesses, être regardée comme un pouvoir ou un moyen de se soustraire à des peines et de se procurer des plaisirs.
> Voilà comme d'une infinité de sentiments divers se forme le sentiment total de plaisir qu'on éprouve dans l'exercice de la bienfaisance[56].

Diderot rejette vigoureusement l'idée que la sensibilité physique, réductible au plaisir et à la douleur, puisse motiver toutes les actions humaines. Une fois de plus, on est en droit de douter qu'il ait réellement compris ou voulu comprendre l'argumentation de son adversaire. Comme dans le cas de l'éducation, son commentaire plus que malveillant déforme excessivement les propos d'Helvétius :

> Il faut être bien étrangement entêté d'une opinion pour assurer que celui qui ouvre sa bourse à l'indigent, se propose secrètement d'avoir un bon lit, un bon souper et de coucher avec sa voisine.
> J'en demande pardon au lecteur, je vais dire une chose ordurière, une chose sale, du plus mauvais ton, du plus mauvais goût, un propos de la halle, mais plus décisif que mille raisonnements. Eh bien ! monsieur Helvétius, tous les projets d'un grand roi, toutes les fatigues d'un grand ministre ou d'un grand magistrat, toutes les méditations d'un politique, d'un homme de génie, se réduisent donc à foutre un coup le matin et à faire un étron le soir. Et vous appelez cela faire de la morale et connaître l'homme[57] ?

Il va de soi qu'Helvétius n'a jamais proféré ou même pensé pareille sottise. Helvétius prétend que les plaisirs moraux les plus sublimes ont pour *fondement* les plaisirs sensibles ; il n'affirme aucunement qu'une action qui passe pour désintéressée est accomplie dans le *but* d'obtenir des plaisirs purement physiques. Diderot n'en a cure. Contre l'auteur de *De l'homme*, il tient à affirmer qu'il existe une loi différente de l'intérêt personnel et qui en exige souvent le sacrifice ; et dans la conduite de l'homme nous rencontrons des actions qui ne peuvent s'expliquer par la recherche du plaisir et la répugnance pour la douleur : « Que se propose celui qui sacrifie sa vie ? [...] Le malfaiteur qui s'achemine au lieu de son supplice éprouve sans doute une douleur physique. Mais est-ce la seule ? Ne la distinguez-vous point des coups de barre du bourreau ? [...]

Il y a des peines et des plaisirs de pure opinion qui nous transportent ou qui nous désolent, sans aucun rapport soit implicite soit explicite à des suites physiques. J'aurais souvent préféré une attaque de goutte à une marque légère de mépris[58]. » Cette réflexion est intéressante car elle nous mène tout droit au cœur de la controverse entre les deux philosophes. « La distinction du physique et du moral, demande Diderot, n'est-elle pas aussi solide que celle d'animal qui sent et d'animal qui raisonne[59] ? » Sentir et juger sont deux opérations distinctes ; en affirmant leur identité, Helvétius confond les impressions des sens et le raisonnement et oublie la fonction essentielle du cerveau par-dessus le marché, « organe d'où émanent les étonnantes différences des hommes, relativement aux opérations intellectuelles[60] ». Bien sûr, l'homme est un animal, mais c'est « un animal combinant des idées[61] ». Aucun animal n'accusera jamais un autre de lui avoir « volé » sa nourriture, car pour porter cette accusation, il faut connaître les idées de propriété et de vol, et partant de justice. Lorsque Helvétius prétend que « l'homme des forêts, l'homme nu et sans langage, peut bien acquérir une idée claire et nette de la force ou de la faiblesse, mais non de la justice et de l'équité[62] », Diderot se rebiffe : « Je ne voudrais ni assurer ni nier que l'homme sauvage ait ou n'ait aucune idée de justice, et qu'il pût massacrer son semblable avec aussi peu de répugnance qu'il perce de sa flèche le cerf ou le taureau[63]. » Plus loin, il s'en explique de manière détaillée :

> Il me semble qu'avant toute convention sociale, s'il arrive à un sauvage de monter sur un arbre et d'y cueillir des fruits, et qu'il survienne un autre sauvage qui s'empare des fruits et du labeur du premier, celui-là s'enfuira avec son vol ; que par sa fuite il décèlera la conscience d'une injustice ou d'une action qui doit exciter le ressentiment ; qu'il s'avouera punissable et qu'il se donnera à lui-même dans la forêt le nom honteux dont nous nous servons dans la société. Il me semble que le spolié s'indignera, se hâtera de descendre de l'arbre, poursuivra le voleur, et aura pareillement la conscience de l'injure qu'on lui a faite. Il me semble qu'ils auront l'un et l'autre quelque idée de la propriété ou possession prise par le travail. Sans s'être expliqués, il me semble qu'il y a entre ces deux sauvages une loi primitive qui caractérise les actions, et dont la loi écrite n'est que l'interprète, l'expression

> et la sanction. Le sauvage n'a point de mots pour désigner le juste et l'injuste ; il crie, mais son cri est-il vide de sens ? N'est-ce que le cri de l'animal ? La chose se passerait, comme il la peint, entre deux bêtes féroces ; mais l'homme n'est point une bête. Il ne faut pas négliger cette différence dans le jugement que l'on porte de ses actions. Conclure de l'homme à l'homme par comparaison d'un animal à un animal, de l'aigle à la colombe, du lion au cerf, du requin à la dorade, et même de l'aigle à l'aigle ou du cerf au cerf, serait-ce bien conclure ? Je ne prononce pas. J'interroge. Je voudrais bien ne pas autoriser les méchants à appeler de la loi éternelle de la nature, à la loi créée et conventionnelle. Je voudrais bien qu'il ne lui fût pas permis de dire aux autres et de se dire à lui-même : Après tout, que fais-je ? Je rentre dans mes premiers droits[64].

Pour Diderot, le sentiment de la justice prend naissance dans la raison même de l'homme, dans sa bonne ou mauvaise conscience qui ne se laisse pas réduire à un produit issu de la sensibilité physique. Selon Helvétius, les notions de justice et d'injustice ne prennent un sens concret qu'à la lumière du critère de l'utilité sociale : « Qu'est-ce en effet qu'une injustice ? la violation d'une convention ou d'une loi faite pour l'avantage du plus grand nombre. L'injustice ne précède donc pas l'établissement d'une convention, d'une loi et d'un intérêt commun. Avant la loi, il n'est donc pas d'injustice[65]. » Les lois sont contraires ou conformes à l'intérêt général, il n'y a que deux formes de gouvernement, les bons et les mauvais. La nature des lois n'est pas de dire le droit ou le juste ; les bonnes lois sont celles qui parviennent à unir l'intérêt personnel à l'intérêt général. L'intérêt général et l'intérêt particulier, objecte Diderot dès 1758, « *métamorphosent* l'idée de juste et d'injuste ; mais son *essence* en est indépendante[66] ». Il existe, indépendamment des lois civiles et antérieurement à toutes les conventions humaines, une règle de justice immuable à laquelle tout homme est tenu de se conformer dans ses rapports avec ses semblables. Nous l'avons rencontrée plus haut : c'est la protection de la propriété issue du travail[67].

L'enjeu, dans l'affrontement des deux philosophies matérialistes, est de nature politique. Puisque tout individu fuit la douleur et recherche le plaisir, l'État, estime Helvétius, doit créer des conditions propres à faire que tout individu trouve son plaisir à concourir au plaisir d'autrui, c'est-à-dire au bonheur commun. Il est d'accord avec La Rochefoucauld pour dire que l'amour de soi détermine le cours de nos pensées et de nos actions, sans pour autant conclure de ce constat que la nature humaine est irrémédiablement corrompue. L'égoïsme n'est pas une chose répréhensible et négative par elle-même. L'amour de soi et l'intérêt personnel sont moralement neutres, c'est-à-dire qu'ils peuvent être source de vices tout comme ils peuvent également devenir source de vertu ; ils sont, comme le voulait Mandeville[68], non seulement nécessaires et inévitables, mais aussi utiles. L'unique critère de la morale, c'est l'utilité : un comportement sera licite ou vertueux selon qu'il est utile ou nuisible au public. Le principe de l'utilité doit convaincre l'homme de la nécessité d'allier son intérêt personnel aux intérêts personnels d'autrui. La société va mal non pas parce que la nature humaine est égoïste ou mauvaise ; elle va mal parce que les formes d'existence de la communauté humaine sont imparfaites et injustes. Le vice et les crimes ont pour cause les formes politiques dominantes, et non les passions et l'intérêt. Par voie de conséquence, une bonne politique doit avant tout s'occuper de l'instruction des citoyens, s'efforcer de rendre hommes altruistes, les contraindre en quelque sorte, tout en cherchant leur intérêt personnel, à contribuer au bien public. Seule une éducation rationnelle peut enseigner que le véritable intérêt personnel est inséparable de l'intérêt général, elle est la cause ou le remède à toutes les injustices sociales. « Si je démontrais, écrit-il au début de son traité, que l'homme n'est vraiment que le produit de son éducation, j'aurais sans doute révélé une grande vérité aux nations. Elles sauraient qu'elles ont entre leurs mains l'instrument de leur grandeur et de leur félicité, et que pour être heureuses et puissantes, il ne s'agit que de perfectionner la science de l'éducation[69]. »

Le culturalisme d'Helvétius, une sorte de matérialisme hyperbolique où la part de l'organique se trouve réduite à une pulsion de plaisir, est une critique approfondie de l'idéologie bourgeoise défendue peu ou prou par ses amis de la coterie holbachique. Helvétius ne cherche pas à prouver que tous les hommes sont identiques, et il prétend encore moins les rendre tels par une éducation uniforme. Il s'agit pour lui de montrer qu'*a priori*, tous les hommes sont capables d'apprendre et de développer leur raison, que personne n'est exclu, par la conformation de ses organes, de la culture. Il n'est pas question de faire des hommes des automates par un tour de baguette magique ; il faut façonner l'environnement pour qu'il devienne le plus stimulant possible au développement mental. L'esprit, écrit Helvétius, « est fils du désir et du besoin[70] » : or, « de tous les obstacles à la perfection de l'éducation, le plus grand, c'est de regarder les talents et les vertus comme un effet de l'organisation. Nulle opinion ne favorise plus la paresse et la négligence des instituteurs. Si l'organisation nous fait presque en entier ce que nous sommes, à quel titre reprocher au maître l'ignorance et la stupidité de ses élèves ? "Pourquoi, dira-t-il, imputer à l'instruction les torts de la nature[71] ?" » Diderot, en revanche, tient que l'organisation résiste au milieu. La société n'a pas à introduire une égalité artificielle, elle doit permettre à chacun de trouver son « échelon » assigné par la nature duquel il ne bouge plus :

> Il y a entre les hommes une inégalité originelle à laquelle rien ne peut remédier. Il faut qu'elle dure éternellement ; et tout ce qu'on peut obtenir de la meilleure législation, ce n'est pas de la détruire ; c'est d'en empêcher les abus.
>
> Mais en partageant ses enfants en marâtre, en créant des enfants débiles et des enfants forts, la nature n'a-t-elle pas formé elle-même le germe de la tyrannie ? Je ne crois pas qu'on puisse le nier, surtout si l'on remonte à un temps antérieur à toute législation, temps où l'on verra l'homme aussi passionné, aussi déraisonnable que la brute[72].

Diderot et Helvétius s'affrontent donc principalement sur le terrain de l'égalité. Le point capital de la divergence de pensée entre eux est que l'un est un champion intraitable de l'*inégalité naturelle*, tandis que l'autre se prononce fermement pour l'*égalité naturelle* de tous les hommes, soutien de l'ordre social et politique. Diderot affirme qu'il existe entre tous les individus des différences initiales dans la structure organique qui rendront aussi différentes leurs activités comme membres de la société. La société, comme la nature, établit une nécessaire et légitime inégalité parmi ses membres, une inégalité basée sur le « mérite » et non sur la naissance. Helvétius, lui, tend à minimiser le facteur génétique, comme on dirait aujourd'hui, qui condamne d'avance une bonne partie de l'humanité aux bas échelons de la société : le Tiers-État sous l'Ancien Régime, les races dites inférieures depuis l'apparition du raci(ali)sme au XIXe siècle[73]. Considérer exclusivement l'esprit et l'homme comme des produits permet à Helvétius d'échapper à l'idée d'une nature humaine éternisée dans ses déterminations essentielles. La seule instance « naturelle » dans l'homme, c'est l'amour-propre : partant de là, Helvétius avance une théorie de la société beaucoup plus radicale et ouverte au changement social que ne le fait le naturalisme de Diderot et de d'Holbach basé sur le principe de conservation au sein d'une société autoritaire.

Résumons-nous : si Helvétius s'est attiré la contradiction de Diderot, c'est qu'il s'est efforcé de réduire tout ce qui, dans l'homme, semble relever de la sphère naturelle. En accordant un rôle déterminant à l'action des circonstances, des rapports sociaux et de l'éducation, sa pensée occupe une place atypique dans la philosophie des Lumières et parmi les matérialistes eux-mêmes. Gardons-nous cependant de figer dans l'airain d'une « pensée définitive » les propos tenus par l'auteur de la *Réfutation d'Helvétius*. « Le dispositif antinomique [est] trop beau pour être crédible », nous avertit Annie Ibrahim[74]. Le véritable intérêt de la *Réfutation* est précisément dans la démarche de l'esprit, dans l'opposition des opinions contradictoires, non dans la défense et l'illustration d'un matérialisme dogmatique. Malgré certaines formulations excessives et injustes, la *Réfutation* est tout sauf un pamphlet acariâtre et sarcastique contre un philosophe de deuxième catégorie. Une fois l'agacement passé, la critique devient plus nuancée. Diderot multiplie les éloges à l'égard d'Helvétius et se révèle beaucoup plus proche des thèses qu'il fait mine de combattre. « C'est un véritable système de morale expérimentale dont il ne s'agit que de restreindre un peu les conclusions trop générales, ce que tout esprit ordinaire peut faire. Et pourquoi chicaner cet auteur ? Après tout, les moyens qu'il propose ne sont-ils pas les meilleurs qu'on puisse employer pour multiplier chez une nation les gens de bien et les grands hommes[75] ? » Or s'il ne s'agissait que de restreindre les conclusions trop générales d'Helvétius « d'un trait de plume », comme il le dit à plusieurs reprises, toute la *Réfutation d'Helvétius* se réduirait à une dizaine de pages situées au milieu du texte et où il avoue : « Je le jugeai trop sévèrement sur le manuscrit. [...] J'ai changé d'avis. Je fais cas et très grand cas de ce traité *De l'homme.* J'y reconnais toutes les sortes de mérite d'un bon littérateur, et toutes les vertus qui caractérisent l'honnête homme et le bon citoyen. J'en recommande la lecture à mes compatriotes, mais surtout aux chefs de l'État, afin qu'ils connaissent une fois toute l'influence d'une bonne législation sur l'éclat et la félicité de l'empire, et la nécessité d'une meilleure éducation publique[76]. » On croit rêver ! Voici un échantillon des corrections qu'il propose :

> Il dit : L'éducation fait tout. Dites : L'éducation fait beaucoup.
>
> Il dit : L'organisation ne fait rien. Dites : L'organisation fait moins qu'on ne pense.
>
> Il dit : Nos peines et nos plaisirs se résolvent toujours en peines et plaisirs sensuels. Dites : Assez souvent. [...]
>
> Il dit : Le hasard fait les hommes de génie. Dites : Il les place dans des circonstances heureuses.
>
> Il dit : Il n'y a rien dont on ne vienne à bout avec de la contention d'esprit et du travail. Dites : On vient à bout de beaucoup de choses.
>
> Il dit : L'instruction est la source unique de la différence entre les esprits. Dites : C'est une des principales. [...]
>
> Il dit : Tout ce qui émane de l'homme se résout en dernière analyse à de la sensibilité physique. Dites : Comme condition, mais non comme motif[77].

Et ainsi de suite. Tout bien considéré, semble dire Diderot, Helvétius n'a pas démérité du matérialisme, il a seulement eu le tort de substituer à l'empire de la nature un déterminisme de type sociologique. « La différence qu'il y a entre vous et Rousseau, confie-t-il au défunt auteur de *De l'homme* comme s'il se trouvait face à lui, c'est que les principes de Rousseau sont faux et ses conséquences vraies ; au lieu que vos principes sont vrais et vos conséquences fausses. Les disciples de Rousseau en exagérant ses principes ne seront que des fous ; et les vôtres en tempérant vos conséquences seront des sages[78]. » Bien vu : quinze ans après la mort d'Helvétius, l'abbé Grégoire se réclamera de ses théories pour montrer que le peuple juif ne présente pas d'« obstacles invincibles dans son organisation physique » pour être vertueux et devenir patriote : « Si nous ne disons pas avec Helvétius que l'homme en total est le produit de son éducation, nous conviendrons au moins qu'il est en grande partie le résultat des circonstances[79]. » Mais le 5 décembre 1792, Robespierre fera détruire le buste d'Helvétius qui ornait le club des Jacobins, au double motif que le philosophe fut « un des plus cruels persécuteurs de ce bon J.-J. Rousseau » – il avait osé le critiquer dans la section V de *De l'homme* – et que, s'il était encore vivant, il serait l'un de ces « intrigants beaux esprits qui désolent aujourd'hui la patrie[80] ».

Telle qu'elle se présente dans son ensemble, la *Réfutation d'Helvétius* apparaît comme une sorte de dialogue philosophique, voire une conversation entre l'auteur, Helvétius et un lecteur qui plus d'une fois est pris à témoin. Il est évident que l'ouvrage de Diderot ne s'adresse pas à l'auteur du livre qu'il réfute, qui est déjà mort depuis plusieurs années, mais précisément à ce lecteur pour qui Diderot déploie tous les registres de son art. On ne s'ennuie pas une seconde. D'allure philosophique, la *Réfutation d'Helvétius* est en même temps une véritable œuvre littéraire mélangeant dialogues et portraits, confidences et souvenirs personnels, où une histoire sérieuse est suivie d'un petit conte gai. Il ne serait pas trop difficile de couler le texte de la *Réfutation* dans une forme dialoguée en introduisant, à la manière de *Ceci n'est pas un conte*, le personnage d'un interlocuteur fictif appelé Helvétius qui défendrait, face à l'interlocuteur principal, ses théories sur l'inné et l'acquis, sur l'éducation, et d'autres sujets encore. On peut aussi songer à l'allure sinueuse du *Neveu de Rameau* où Moi et Lui représentent et ne représentent pas des personnages réels. Car malgré les apparences, les deux philosophes qui s'affrontent dans la *Réfutation d'Helvétius* ne correspondent pas à leurs homonymes, Helvétius et Diderot en l'occurrence. L'auteur du dialogue expose deux points de vue extrêmes, esquisse même un point de rencontre possible au beau milieu du texte, mais ne conclut pas : c'est au lecteur de juger.

Le 20 août 1773, après deux mois d'intense labeur chez les Golitsyn à La Haye – il y a achevé sans doute la *Satire première*, travaillé probablement au *Neveu de Rameau* et à *Jacques le Fataliste*, rédigé la deuxième version du *Paradoxe sur le comédien* et ébauché le *Voyage en Hollande*, sans parler du projet, qui ne put aboutir, de publier une collection de ses œuvres comprenant plusieurs inédits –, Diderot se met en route pour la Russie. Il est accompagné du chambellan de Sa Majesté impériale, Alexis V. Narychkine, qu'il avait connu à Paris et qui lui proposa de voyager avec lui. Dans ses bagages, il emporte le chantier des futurs *Éléments de physiologie*, une version du *Rêve de d'Alembert* destinée à l'impératrice, ainsi que l'ouvrage de Hemsterhuis, qu'il corrigera et annotera pendant son séjour à la cour de la Grande Catherine.

Destinées à un lecteur unique, à savoir l'auteur de la *Lettre sur l'homme et ses rapports*, les observations de Diderot sont écrites soit sous forme de notes en marge de l'exemplaire qui lui a été confié, soit sur des feuilles intercalaires. Malgré l'interdiction formelle de Diderot de communiquer ses remarques à quiconque sans exception[81], Hemsterhuis a cédé en 1785 le précieux volume à son ancienne élève, la princesse Golitsyn qui, ayant quitté son mari en 1779, s'était installée à Munster où elle le donna ou légua à son médecin et ami le baron von Druffel. L'exemplaire passa ensuite en vente à plusieurs reprises avant d'atterrir dans une collection américaine. Ce n'est qu'en 1964 qu'un professeur de Yale, Georges May, a pu en faire l'édition. Il est aujourd'hui déposé à la Pierpont Morgan Library à New York, en compagnie du manuscrit autographe du *Neveu de Rameau*.

Les observations manuscrites de Diderot sont d'une ampleur et d'un intérêt tels qu'elles constituent un véritable ouvrage philosophique original. Le but avoué de la *Lettre sur l'homme* est de combattre le matérialisme athée[82], même s'il laisse paraître ici et là un grand détachement, pour ne pas dire son hostilité vis-à-vis des religions révélées et du christianisme. Intransigeant dans son matérialisme, Diderot de son côté ne fait pas la moindre concession au spiritualisme de Hemsterhuis, que ce soit dans la question de la liberté ou dans celle du dualisme du corps et de l'âme. Pour démontrer l'existence de Dieu et de l'âme, Hemsterhuis a recours à une batterie de preuves fondées sur une interprétation erronée de la physique newtonienne. Si l'univers était purement matériel, les forces d'attraction et d'inertie agiraient de telle sorte qu'il se réduise, tôt ou tard, à une masse unique, en parfait équilibre. Ce qui empêche cette union totale, c'est la force centrifuge. Selon Hemsterhuis, l'existence de deux forces contraires dément le monisme matérialiste : « Comme il est contradictoire qu'une chose qui existe par elle-même ait deux principes opposés, [...] l'univers ne saurait exister par soi-même, et [...] par conséquent il existe par un autre. » L'auteur du *Rêve de d'Alembert* réplique immédiatement : « Mais l'attraction et la force centrifuge ne sont point deux principes incompatibles ; l'attraction est une propriété de la matière. Son action entre plusieurs corps donne naissance à une translation circulaire, et à la force centrifuge[83]. » Hemsterhuis propose une démonstration « géométrique » semblable pour expliquer comment le corps de l'homme passe du repos au mouvement. Selon le principe d'inertie, un corps demeure au repos ou animé d'un mouvement uniforme tant qu'il n'est pas soumis à une force extérieure. Dans l'acte par lequel les êtres vivants mettent en mouvement leur corps et changent la direction de ce mouvement, se révèle « l'action d'une chose qui n'est pas ce corps », un « principe moteur que nous appelons l'âme ». Diderot, quant à lui, rejette cette démonstration absurde qui réduit les corps, et spécialement le corps vivant, à une portion de matière inerte et homogène, et affirme le dynamisme de la matière et son hétérogénéité. Le repos absolu n'existe pas, tout corps est soumis à une force potentielle (morte) et/ou motrice (vive) : « Il y a deux forces dans la nature : une *force morte* et une *force vive*. Par la force morte, le corps tend à se mouvoir ; par la force vive, il se meut[84]. »

Le débat entre Diderot et Hemsterhuis, on le voit, touche au cadre conceptuel et aux présupposés philosophiques des deux penseurs : face au philosophe hollandais, qui se situe dans le royaume abstrait et réduit de la matière homogène, Diderot poursuit sa polémique contre le newtonianisme et la généralisation abusive des lois de la mécanique classique engagée quelques années plus tôt dans les *Principes philosophiques sur la matière et le mouvement*. « Le vice de tous ces raisonnements, constate Diderot, est toujours de confondre une matière activement sensible, avec une matière brute, inerte, inorganisée, inanimalisée ; le bois avec la chair[85]. » La même opposition irréductible entre les deux penseurs se retrouve au sujet de la nature de l'homme. Hemsterhuis estime que l'âme est une substance spirituelle et éternelle qui existe par soi-même, contrairement à la matière qui a eu un commencement et n'existe que par un autre. Enfermée dans un corps, l'âme subit les nécessités de sa condition terrestre : pour sentir et pour connaître, elle a besoin d'organes, c'est-à-dire d'intermédiaires entre elle et les choses. Ces organes sont pour elle des moyens ; sans eux, elle ne saurait se mettre en rapport avec les objets qui l'entourent, et les objets ne sauraient agir sur elle. Mais ces organes constituent aussi des obstacles, car ils ne permettent à l'âme qu'une action imparfaite, successive, bornée. Si l'âme était affranchie du corps, si elle pouvait se déployer dans toute la liberté de sa divine nature, ni le temps ni l'espace, aucune des conditions imposées aux êtres matériels n'existeraient pour elle. Sans se référer expressément à la théorie de la métempsycose, la doctrine du « Socrate batave », comme on avait surnommé Hemsterhuis à l'époque, est beaucoup plus proche de celle de Platon que de l'orthodoxie chrétienne en ce qu'elle est prête à accorder aux animaux la même âme éternelle qu'aux hommes. Ce qui distingue l'homme de la bête, c'est la faculté de se créer et de se rappeler à volonté des signes arbitraires ; l'animal, quant à lui, est essentiellement réduit à la faculté intuitive, sa faculté intellectuelle se limitant au « raisonnement » sur les objets présents. Hemsterhuis compare l'âme de l'homme et celle de l'animal à un ressort, une « cause du mouvement[86] ». Ainsi l'âme de la chenille est ce principe vital qui la pousse à devenir papillon, mais seul l'homme semble vraiment agir librement, sa volonté n'étant pas l'effet d'une cause étrangère. S'inspirant du mécanisme newtonien, Hemsterhuis réduit le corps humain à sa masse ou quantité de matière homogène et postule que la volonté seule est capable de vaincre son inertie. Le propre de l'homme réside dans l'exercice de la volonté libre (appelée improprement « velléité ») qui prouve la spiritualité de l'âme et atteste le caractère créateur de l'activité humaine. Faux, rétorque Diderot : l'homme, étant matière, n'échappe point à l'enchaînement nécessaire des phénomènes matériels. Quelle illusion de croire qu'en choisissant A plutôt que B, on choisit librement !

> Vous demandez : « Est-ce que je ne suis pas libre de prendre A ou B ? » Je vous réponds : « Non. Vous ne pouvez prendre que B. » À l'instant, vous portez votre main sur A, et vous me dites : « Je suis libre. » Et moi, je ris de votre exclamation. Ce n'est pas vous qui avez pris A. C'est moi qui me suis emparé par ma contradiction de votre main et qui en ai disposé.
>
> « Quoi, je ne suis pas le maître de me jeter par cette fenêtre ? »... « Non. »... « Et si je m'y jette ? »... « Vous me prouverez que vous êtes un fou et non pas un homme libre. »... Lorsque sur ma contradiction, vous vous précipitez, c'est moi qui vous précipite, et aussi violemment que si j'y employais la force[87].

L'homme n'est pas libre de vouloir ou de ne vouloir pas, on ne peut pas vouloir librement se jeter par la fenêtre, car l'instinct de survie s'y oppose, du moins chez les hommes normalement constitués. Le libre arbitre du dualisme cartésiano-chrétien, la faculté qu'aurait l'homme de choisir sans motif, est une chimère. Pour se décider sans motif déterminant, il faudrait être désincarné, il faudrait posséder un pur esprit détaché de son corps, de ses désirs, passions et besoins, autrement dit une âme spirituelle. Si nos actions dépendent toujours d'un ou plusieurs motifs qui les conditionnent, l'homme n'est pas pour autant une marionnette dont on tire les ficelles, c'est une « cause une ». Chaque homme est unique et réagit de manière unique parce que l'histoire de sa vie est unique :

> J'ai tout à l'heure soixante ans. Quelle que soit la multitude des causes qui aient concurré à me faire ce que je suis, je suis une cause une. Je n'ai jamais au moment où je parle qu'un effet à produire. Cet effet est le résultat nécessaire de ce que j'ai été depuis l'instant le plus éloigné de l'instant présent, jusqu'à cet instant présent.
>
> La velléité n'est autre chose que mon acquiescement nécessaire à faire ce que je fais nécessairement, dans l'instant présent.
>
> Il en est de même de l'instant qui a précédé.
>
> Et ainsi de suite, en rétrogradant au-delà du terme de toute imagination. [...] Supposez cent mille femmes parfaitement identiques. Supposez qu'une seule ira coucher ce soir avec son amant. Toutes iront.

> Parce qu'il n'y a aucune raison pour les autres de n'y pas aller, et qu'au contraire, il y a la raison de la première pour qu'elles y aillent toutes.
>
> L'acquiescement à produire l'effet qu'on produit nécessairement, comme cause une, n'est autre chose que la conscience de ce qu'on est au moment où l'on agit. Alors « Je veux » est synonyme à « Je suis tel[88] ».

Vingt ans plus tôt, Diderot croyait encore que le motif qui nous détermine « nous est toujours extérieur, étranger, attaché ou par une nature ou par une cause quelconque, qui n'est pas nous[89] ». À partir du *Rêve de d'Alembert*, il fait remonter la cause initiale de nos déterminations à ce que nous sommes et non seulement à ce qui vient de l'extérieur : « L'homme ne fait rien de lui-même. C'est toujours une cause ou qui lui est intérieure ou qui lui est extérieure qui le meut[90]. » Ces « causes propres à l'homme[91] » interdisent de comparer notre volonté à une boule dont la trajectoire est modifiée par des chocs reçus. La « cause une » n'est pas une machine, elle se déploie petit à petit comme le grand rouleau dans *Jacques le Fataliste* sur lequel rien n'est écrit d'avance.

La publication, par Georges May, de la *Lettre sur l'homme et ses rapports* de Hemsterhuis avec, en regard, le commentaire de Diderot, fut saluée comme un événement important par la critique. Le livre parut à une époque où l'on admettait encore volontiers que la pensée de Diderot, dans les années 1770, s'était inclinée aux atténuations et aux compromis. La *Réfutation d'Helvétius*, révélée au public à la fin du XIXe siècle, semblait marquer un tournant dans l'histoire de la pensée de Diderot, un changement de registre philosophique, voire la renonciation aux grands thèmes matérialistes qui parcourent *Le Rêve de d'Alembert*. À travers le système d'Helvétius, et notamment sa morale hédoniste, Diderot aurait mis en question les fondements mêmes du matérialisme. Si la *Réfutation* n'est pas une rétractation en bonne et due forme, c'est, du moins, « un commencement de retour en arrière » : « C'est le cœur du philosophe qui se révolte ; c'est son âme généreuse et passionnée qui prend parti contre une des conséquences les plus évidentes et les plus fâcheuses du système matérialiste[92]. » Il est vrai que Diderot s'exprimait de manière plus nuancée dans la *Réfutation d'Helvétius* que dans son grand poème philosophique de

1769, mais il savait très bien faire la distinction entre rêve et certitude. La sensibilité de la matière, hypothèse fondamentale du matérialisme diderotien, est une hypothèse féconde pour expliquer le passage qui s'opère de la matière morte à la matière vivante, et de la matière vivante à la pensée, mais Diderot précise avec beaucoup d'honnêteté que cela reste une supposition :

> Si, partant du seul phénomène de la sensibilité physique, propriété générale de la matière ou résultat de l'organisation, il en eût déduit avec clarté toutes les opérations de l'entendement, il eût fait une chose neuve, difficile et belle.
>
> J'estimerai davantage encore celui qui, par l'expérience ou l'observation, démontrera rigoureusement ou que la sensibilité physique appartient aussi essentiellement à la matière que l'impénétrabilité, ou qui la déduira sans réplique de l'organisation.
>
> J'invite tous les physiciens et tous les chimistes à rechercher ce que c'est que la substance animale, sensible et vivante.
>
> Je vois clairement dans le développement de l'œuf et quelques autres opérations de la nature, la matière inerte en apparence, mais organisée, passer par des agents purement physiques de l'état d'inertie à l'état de sensibilité et de vie, mais la liaison nécessaire de ce passage m'échappe.
>
> Il faut que les notions de matière, d'organisation, de mouvement, de chaleur, de chair, de sensibilité et de vie soient encore bien incomplètes.
>
> Il faut en convenir, l'organisation ou la coordination de parties inertes ne mène point du tout à la sensibilité ; et la sensibilité générale des molécules de la matière n'est qu'une supposition qui tire toute sa force des difficultés dont elle débarrasse, ce qui ne suffit pas en bonne philosophie[93].

Rappelant avec gourmandise le célèbre fragment de lettre déjà cité dans laquelle Diderot exprimait sa rage « d'être empêtré d'une diable de philosophie » que son esprit ne pouvait « s'empêcher d'approuver » et son cœur de « démentir[94] », on prétendait que Diderot, révolté par le sectarisme de ses amis de la coterie holbachique, avait fini par prendre ses distances avec le matérialisme professé dans ses œuvres antérieures. « Par derrière les avatars de sa doctrine matérialiste se retrouve un scepticisme constant qui marque aussi bien ses derniers que ses premiers écrits et qui est sans doute son testament spirituel[95]. » Las ! Loin de dépasser ou de renier le matérialisme du *Rêve*, Diderot affirme avec force la sensibilité de la matière face au philosophe idéaliste qui explique la pensée et la vie par le recours à une âme spirituelle :

> Vous expliquez un phénomène par une chimère. Est-ce là de la philosophie ? Qui est-ce qui vous a dit que toute la matière n'était pas sensible ?
>
> Il y aura deux sortes de sensibilité, comme il y a deux sortes de forces. Une sensibilité inerte ; une sensibilité active. Une sensibilité active qui peut passer à l'état d'inertie. Une sensibilité inerte qui peut passer et qui passe à ma volonté à une sensibilité active.
>
> Ce phénomène qui s'exécute sous mes yeux, une fois admis, avec la mémoire et l'imagination, plus de difficultés.
>
> Et quand je ne pourrais expliquer comment une sensibilité inerte passe à l'état d'une sensibilité active, que s'ensuivrait-il de là ? Serais-je autorisé à imaginer un agent inintelligible, un mot vide de sens ? Ne suffit-il pas que le fait soit ?
>
> Je ne puis expliquer la communication du mouvement ; mais le fait est[96].

La découverte des « Observations sur Hemsterhuis » opposa un démenti cinglant à la thèse d'un Diderot insatisfait de ses propres convictions ; elle apporte, écrivait Georges May, « de nouvelles preuves du sérieux fondamental avec lequel, sans rien perdre de l'énergie intellectuelle de sa jeunesse, le Diderot de soixante ans savait suivre et poursuivre ses idées[97] ». Nous l'avons souvent constaté : Diderot n'assénait pas ses convictions de manière dogmatique et ne faisait pas passer ses conjectures pour des certitudes. Dès les *Pensées philosophiques*, il avait présenté le sceptique, qui compte et pèse les raisons, comme le véritable héros de la philosophie, qui consiste plutôt dans la recherche de la vérité que dans sa connaissance. À la différence de la multitude, des « esprits bouillants » et des « imaginations ardentes », le sceptique est capable « d'un examen profond et désintéressé » ; il possède la patience et le courage de douter qui sont refusés aux fanatiques[98]. Jean-Claude Bourdin a bien vu que l'attitude sceptique, c'est-à-dire antidogmatique, expliquait certaines singularités de l'œuvre de Diderot et de son écriture philosophique, « tel que le travail sur les formes d'énonciation (mises en scène de la pensée, recours à des personnages, jeu de l'interprétation et de l'intertextualité, caractère non linéaire de son discours, etc.) qui semblent affaiblir la valeur des énoncés matérialistes. Comme si Diderot avait toujours maintenu une mise en suspens ironique de la vérité de ses thèses[99]. » La profession de foi sceptique de la *Réfutation d'Helvétius* doit être interprétée dans ce sens, elle n'a rien à voir avec un quelconque désenchantement lié à l'âge. Aucun doute n'est permis là-dessus : la *Réfutation de Hemsterhuis* (comme on appelle parfois les annotations de Diderot) atteste d'abord la fidélité de l'auteur du *Rêve de d'Alembert* à lui-même. Retour sur soi par réaction à autrui, Diderot écrit pour lui-même en se frottant contre l'idéalisme du philosophe hollandais. Ce n'est pas le seul auteur, tant s'en faut, avec lequel Diderot ait dialogué pendant cette période : la *Réfutation d'Helvétius*, les *Observations sur le Nakaz* ou encore les additions à l'*Histoire des deux Indes* ont été écrites en marge de textes qui revêtaient une importance capitale à ses yeux. On pourrait penser que le petit livre assez obscur de Hemsterhuis n'avait *a priori* rien pour mériter le même traitement de faveur. Mais force est de constater que Diderot a accordé un soin particulier à ses commentaires qu'il a relus et complétés peut-être à plusieurs reprises. Ce n'est pas qu'il se faisait des illusions sur le philosophe hollandais qui, à travers ses écrits et lettres, apparaît fort imbu de ses opinions et peu enclin à accepter la critique. Diderot ne corrige pas le texte de Hemsterhuis pour le convaincre, il dialogue autant avec Hemsterhuis qu'avec lui-même. Le matérialisme n'est pas pour lui un système figé : face à Helvétius, il réagit fermement contre ce qu'il considère comme une simplification excessive du postulat moniste. La confrontation avec Hemsterhuis, en revanche, permet à Diderot de réaffirmer, voire de clarifier ses positions fondamentales sur la nature, sur l'homme, la liberté et la religion. En cela, le Socrate batave ne lui a pas rendu un piètre service.

6

La civilisation de la Russie

Diderot quitta La Haye le 20 août 1773, en compagnie du jeune chambellan de Catherine II, Alekseï V. Narychkine. Il se remet en route sans grand plaisir : « À vous parler vrai, écrit-il à Mme d'Épinay, je ne suis pas gai. J'ai l'âme troublée. Je souffre à mettre entre mes amis et moi un demi-diamètre terrestre. Mais le sort en est jeté, et il est trop tard pour regarder en arrière[1]. » La route de La Haye à Saint-Pétersbourg était l'itinéraire habituel au XVIIIe siècle pour se rendre en Russie. Nous connaissons toutes les étapes des voyageurs d'après les quelques feuillets intitulés *Route que nous avons suivie de La Haye à Saint-Pétersbourg* jalonnant le chemin suivi par Diderot à l'aller et au retour. L'écrivain nota soigneusement les jours, les stations, les lieues et les « verstes » en même temps que quelques rares impressions sur ses malaises, sur les accidents de la route, sur les villes, fleuves et rivières traversés. Au trente-septième jour du voyage, excédé, fatigué, cahoté, plein de noirs pressentiments pour sa fille qui attendait un bébé, il notera : « À Teiglitz. Ma vision, Marie Frejacques morte en couche. La rivière noire ; la maison noire. Je me suis écrié : Ô ma fille. On est superstitieux malgré soi[2]. »

Le 24 août, quatre jours après leur départ, les deux voyageurs arrivent en Allemagne. Ils s'arrêtent à Düsseldorf où Diderot est accueilli par le philosophe Friedrich Heinrich Jacobi à qui il laisse des souvenirs plutôt mitigés : « Diderot a été ici la semaine dernière, et j'ai fait assez intimement sa connaissance. Cet homme célèbre a une âme ardente, un esprit audacieux et vif ; mais ce n'est certes pas le sentiment dominant du beau et du vrai qui en fait un génie, s'il en est un[3]. » À Duisbourg, il tombe sérieusement malade pour la première fois : « J'ai été attaqué d'une colique, écrit-il à sa femme, plus violente qu'aucune de celles que j'aie jamais essuyées. J'avais le ventre dur et tendu. Je souffrais tout ce qu'il est possible de souffrir. Mais beaucoup de lavages par haut et par bas, amenèrent à la fin une espèce de craquement au-dedans de moi, semblable à celui de plusieurs anneaux qui se sépareraient les uns des autres, et à la suite de ce craquement, des vents qui ne finissaient point. Ces vents rendus, il ne me restait de cette indisposition que de la douleur dans toute la capacité du ventre, douleur qui ne m'empêcha pas de me remettre en voiture, et que les cahots dissipèrent[4]. » Un incident arrivé en cours de route lui révéla la vraie nature du royaume de Prusse :

Nous allions de Hamm à Lippstadt. Nous avions à choisir, ou d'une grande route fort spacieuse, mais très gâtée, ou d'une contre-allée fort unie, mais fort étroite. Nous prîmes la contre-allée.

D'autres voyageurs à qui nous allions et qui venaient à nous s'étaient engagés dans la même contre-allée, qui était bordée de droite et de gauche par un fossé et qui ne laissait pas le passage à deux voitures. Nous crions au postillon : « Postillon, sonne donc du cor, sonne donc pour arrêter ces gens-là et les avertir de nous faire place et de gagner comme ils pourront la grande route !

— Moi, *nix* sonner du cor. »

Ils vont, nous allons ; nos chevaux se trouvent nez à nez, on jette à bras dans le fossé la plus légère des deux voitures – c'était la leur – et nous passons. Je demande au postillon : « Mais, dis-moi donc, mon ami, pourquoi tu n'as pas voulu sonner du cor ? »

Il me répond en mauvais français-allemand : « Pourquoi ? Est-ce que vous n'avez pas reconnu à l'uniforme les officiers du roi ?... Diable, ils auraient bien su me revaloir cela tôt ou tard. »

D'où je conclus qu'un État sous le despotisme n'était qu'une longue suite d'esclaves dont aucun n'osait sonner du cor devant son supérieur, depuis le dernier des valets jusqu'au premier vizir, dont le cor se taisait devant le sultan, et que les cors ne sonnaient jamais qu'en descendant. Il peut arriver que le premier cor sonne juste ; mais les autres ?... Ce n'est pas en Russie, c'est en Prusse que le postillon m'a donné cette leçon[5].

Bienvenue chez les Prussiens ! Diderot n'avait que fort peu envie de s'arrêter plus que nécessaire en chemin, et encore moins de passer par Berlin pour y saluer Frédéric II. Grimm l'y poussait pourtant, et le roi s'y attendait. Au vu et au su de l'Europe entière, Diderot effectua un long détour par le sud, infligeant un affront cuisant au monarque habitué à recevoir les hommages des philosophes français. Le despote se vengea en faisant circuler des bruits malveillants au sujet du voyageur illustre. Plus tard, Grimm essaiera de recoller les morceaux en écrivant ingénument au chambellan de Frédéric, le comte de Nesselrode : « Il avait écrit à Paris qu'il ferait le voyage à Pétersbourg d'une traite, excepté huit jours qu'il donnerait à Berlin et Potsdam[6]. »

Début septembre, le philosophe s'arrête à Leipzig où il fait sensation en prêchant publiquement l'athéisme devant sa porte, au milieu d'une foule de professeurs et de marchands. Le témoin de la scène, le frère cadet du célèbre écrivain Lessing, en frémit encore :

> C'est ainsi qu'un pasteur français de l'endroit, qui avait élevé son fils dans l'orthodoxie religieuse, mais lui avait pourtant donné une haute idée de la sagesse de Diderot, et qui de ce fait n'avait pas voulu manquer l'occasion de le lui montrer, a été mis dans un grand embarras par ses propos athées inconvenants. Diderot serait le plus grand sophiste que l'on puisse imaginer. [...] Je me l'étais toujours représenté comme un vrai philosophe. Il est vrai qu'on peut être bon philosophe et athée ; mais ce n'en est pas moins de la sottise de venir épancher son cœur dans une ville que l'on ne connaît pas. Ou bien la sottise s'accorde-t-elle avec la philosophie ? La Russie peut le conserver, ce grand philosophe[7] !

On imagine mal notre philosophe prêcher publiquement l'athéisme devant sa porte, comme l'assure Karl Lessing. Se croyant en sécurité loin de Paris, emporté par son tempérament, peut-être mis en confiance par un ou plusieurs interlocuteurs rencontrés au hasard, Diderot a dû se laisser aller dans un de ces monologues enflammés dont il avait le secret, sans se rendre compte qu'il n'était pas dans le salon de d'Holbach mais dans les rues de Leipzig. « Ces bourgeois timorés, commente Roland Mortier, adeptes de l'*Aufklärung* frédéricienne qui se bornait à rationaliser la foi sans mettre en cause ses principes fondamentaux, dont l'audace suprême était d'être déiste voltairien, ces professeurs et ces marchands furent horrifiés par le jeu de massacre auquel le Philosophe s'était, en toute candeur, livré devant eux[8]. » Plus curieusement, le long voyage est propice aux poésies. À l'aller comme au retour, Diderot compose plusieurs morceaux comme ces vers à une *Servante de l'Auberge du Pied fourchu* inspirés par une halte à Riga :

> Elle est jolie et très jolie ;
> De tout Riga c'est la folie.
> La servante du *Pied fourchu*.
> Pour une obole, un jour, je levai son fichu.
> Pour un double teston… – Pour ce double teston,
> Eh bien ! que fîtes-vous ? – Je lui pris un téton.
> Pour un écu… – Pour votre écu,
> Après que fîtes-vous ? – Après je vis son cul.
> Pour deux écus… – Que fîtes-vous ?
> Je lui prends le con ; je la fous,
> Et pour mes trois écus, deux testons, une obole,
> J'eus un téton, un cul, le con et la vérole.
> Le tout en un instant – notez bien ce point-là ! –
> Car son maître, fort galant homme,
> Y mit dix fois la même somme
> Et six mois de soupirs pour n'avoir que cela[9].

Après avoir parcouru près de sept cents lieues (environ 2 600 km) en deux semaines de voyage, Diderot arrive enfin à destination, plus mort que vivant : depuis Narva, à une soixantaine de lieues de Saint-Pétersbourg, il est tourmenté par une deuxième attaque de colique, qu'il dissimulait pourtant de peur de mettre dans l'embarras son compagnon pressé d'arriver au mariage du grand-duc Paul. On imagine l'enfer qu'il vécut les soixante dernières lieues : « À chaque cahot, et à chaque instant c'était un cahot plus ou moins fort, si l'on m'avait fourré un couteau dans le ventre et qu'on m'eût scié le boyau, on ne m'aurait pas fait plus de mal[10]. » À son arrivée, une immense déception attend Diderot : croyant s'installer chez Falconet près de l'Ermitage, il apprend que la chambre qui lui était réservée est occupée par le fils du sculpteur qui vient de débarquer inopinément dans la capitale russe. Seul, dans un pays dont il ne parle pas la langue, le voilà contraint à demander l'asile à son compagnon de voyage, qui lui offre aussitôt l'hospitalité[11]. Diderot ne rompit pas avec son ancien ami mais son âme était « blessée pour jamais » aux dires de sa fille[12].

Le lendemain de son arrivée, le 9 octobre, l'héritier présomptif, le grand-duc Paul Pétrovitch, épouse la princesse allemande Wilhelmine de Hesse-Darmstadt. Malade comme son hôte, Diderot suit, de ses fenêtres seulement, les fastes du mariage. Il n'a d'ailleurs ni linge ni vêtements, car il a perdu sa perruque en route et sa malle est restée bloquée à la douane. Il était de notoriété publique que le mariage royal avait été agencé par Grimm, qui dirigeait alors l'éducation du prince héréditaire Ludwig de Hesse-Darmstadt, le frère de la mariée. Au début des années 1770, la vie et la carrière de l'ami de Diderot ont pris un tournant décisif. La *Correspondance littéraire* était devenue sous sa direction une affaire florissante ; les princes les plus importants d'Europe recevaient et lisaient régulièrement ses feuilles envoyées de Paris. Grâce aux bons offices de la grande landgrave Caroline de Hesse-Darmstadt, une abonnée de la première heure, Grimm put entrer en contact direct avec Catherine II, « cette glorieuse et auguste souveraine dont le nom retentit d'un bout de l'hémisphère à l'autre ; qui gouverne son empire avec la sagesse de Solon, et le défend avec le génie et la fortune des Scipions[13] ». Après son premier séjour passé à Pétersbourg en compagnie de Diderot, il abandonna définitivement la fatigante *Correspondance littéraire* à Meister pour devenir le confident et l'agent culturel de Catherine II en Occident. Il prend alors la place du prince Golitsyn et de Diderot qui s'occupaient jusqu'alors de ces sortes d'affaires. Dans cet emploi où il excellait, Grimm va accomplir une étonnante carrière qui l'aménera en quelques années à devenir un intermédiaire obligé dans les contacts de l'élite artistique française avec la Russie[14].

Lors de la visite de Diderot, Saint-Pétersbourg avait soixante-dix ans d'existence. Déjà de beaux palais, des cathédrales, des églises et des hôtels particuliers dus aux meilleurs architectes du XVIIIe siècle, se dressaient isolés un peu partout. Au cours des cinq mois de son séjour pétersbourgeois, c'est-à-dire pendant le long hiver russe, Diderot n'a cependant pas vu grand-chose. D'abord claquemuré pour cause de dysenterie provoquée par l'absorption d'eau polluée, il ne sort pas beaucoup du palais Narychkine sis place Saint-Isaac, non loin de la Néva. Quinze jours après son arrivée, il visite en compagnie de la tsarine le couvent Smolny (Smolny Monastyr), son école pour demoiselles nobles où il fait sensation, puis Tsarskoïe Selo le 3 décembre pour une réception officielle. Mais il n'aura vu ni Moscou ni la campagne ni le peuple. Bloqué dans une capitale excentrique, surveillé par le chargé des affaires français Durand de Distroff et par le chancelier Nikita Panine, les contacts de Diderot se limitent essentiellement à un seul milieu, étroit et marginal, l'élite russe qui parle français, et à la colonie française, qui le déçoit : « La plupart des Français qui y sont se déchirent et se haïssent, se font mépriser et rendent la nation méprisable ; c'est la plus indigne racaille que vous puissiez imaginer[15]. » Ce qui ne l'empêcha pas, d'après le secrétaire du grand-duc Paul, le strasbourgeois Nicolay, de s'amuser un peu : « Il était de toutes les fêtes, de tous les galas, toujours en habit noir. Cette singularité décide ici le jugement des personnes sur son compte. [...] Les uns le regardent avec enthousiasme ; les autres disent : "Quoi ! n'est-ce que cela[16] ?" »

Le 5 novembre 1773, Diderot fut élu en même temps que Grimm comme membre associé étranger à l'Académie impériale des sciences où ils rejoignaient Voltaire, La Condamine, d'Alembert, Euler et Lalande. « Je vis donc pour la première fois ce M. de Grimm », racontera Johann Albrecht Euler, le fils aîné du grand Leonard Euler et secrétaire de l'Académie, « accompagné d'un petit homme avec une perruque noire et ronde, habillé en brun depuis les souliers jusqu'à la cravate, qui se disait Diderot (Dionysius Diderot de l'Académie royale des sciences et belles-lettres de Prusse et de l'Académie impériale des beaux-arts de Pétersbourg[17]) ». Le seul épisode marquant fut la séance de réception qui eut lieu une semaine plus tard, où il lut des questions sur l'histoire naturelle de la Sibérie, sans doute préparées en vue de la refonte de l'*Encyclopédie* qu'il espérait toujours entreprendre sous l'égide de Catherine II. Le naturaliste Erik Laxmann y répondit dans un mémoire écrit en allemand qui ne semble pas avoir été transmis à Diderot. Malgré ces débuts prometteurs, les relations entre le philosophe français et les membres de l'Académie sont restées fort limitées. Ainsi que Georges Dulac le souligne, Diderot n'accordait que peu de crédit à l'Académie « dont l'éclat masquait mal l'absence des mesures de fond qui auraient pu donner une base sociale au développement économique et culturel de la Russie[18] ». Dès 1772, il avait compris que les étrangers de grande compétence qu'il avait lui-même un temps sollicité à partir en Russie perdaient fréquemment leur temps à Saint-Pétersbourg, car la société russe était incapable d'en tirer parti : « Vous voulez civiliser vos peuples, leur inspirer le goût des lettres, la passion des beaux-arts ; mais vous commencez votre édifice par le faîte, en appelant auprès de vous des hommes de génie de toutes les contrées. Que produiront ces rares plantes exotiques ? Rien. Elles périront dans le pays comme les plantes étrangères périssent dans nos serres[19]. » L'Académie, ou plutôt certains académiciens, lui rendaient bien le peu d'estime que Diderot témoignait à leur égard. Très tôt des anecdotes malveillantes commencent à circuler, comme celles racontées par Euler à son correspondant allemand, Samuel Formey :

> On raconte ici pour sûr que l'impératrice, étant avec Diderot dans un des appartements du palais où, outre les bustes des divers grands hommes, on voit aussi celui de Diderot, qui est à tête chauve, lui a dit : « Ce buste ne vous ressemble guère. » Là-dessus M. Diderot, après avoir tout de suite jeté sa perruque par terre, répondit gravement : « Pardonnez-moi, Madame, et envisagez bien mes traits, ce buste ne saurait mieux ressembler. »
>
> Encore une anecdote de cet original. Après avoir composé un drame, *Le Nom n'y fait rien*, destiné à être représenté par les demoiselles nobles du couvent, il demanda à Madame la supérieure la permission de lire sa pièce à ces demoiselles, ce qui lui fut accordé. La supérieure fit assembler dans une vaste salle les demoiselles de la première classe, qui toutes sont habillées en taffetas blanc, avec leurs inspectrices et les dames de

> classe. On fit un grand cercle et Diderot, après s'être assis au centre, commença d'abord à ôter sa cravate, ensuite à délier sa chemise et à déboutonner sa veste. Enfin, il jeta encore par terre sa pauvre perruque, et toute la salle retentit de sa déclamation. Aucune de ces demoiselles [n']osa rire, la supérieure était présente ; mais à peine avait-il fini de déclamer qu'une d'elles n'y pouvant plus tenir, jeta un éclat de rire et dit : « Voilà une bien mauvaise pièce très bien déclamée. » Effectivement la pièce doit être très médiocre, on l'a cependant représentée, mais aussi n'a-t-elle pas eu le moindre succès[20].

Diderot déplaît à l'élite intellectuelle pétersbourgeoise ainsi qu'aux courtisans à cause de son irréligion et de son débraillé réel ou supposé ; le philosophe français « fait peuple ». La faveur dont il jouit auprès de l'impératrice paraît excessive à beaucoup. Mon père, écrit Mme de Vandeul, « était si peu fait pour vivre à une cour, qu'il a dû y faire un grand nombre de gaucheries. [...] Il n'avait jamais pensé, qu'il fallût s'habiller d'une autre manière dans un palais que dans son grenier ; il allait donc présenter ses respects à la princesse, vêtu de noir[21] ». On va jusqu'à imaginer des scènes grotesques auxquelles la tsarine, par souci de drôlerie, donnera plus tard une couleur d'authenticité. C'est ainsi qu'un auteur autrichien du XIXe siècle, Leopold von Sacher-Masoch, dont le roman *La Vénus à la fourrure* lui vaudra l'honneur de donner son nom à la perversion sexuelle qu'il y décrit, insérera dans ses *Histoires de la cour russe* (1873) une farce simiesque intitulée *Diderot à Pétersbourg*. Il imagine que le philosophe prétend devant l'Académie des sciences qu'il existe des singes parlants. Mis au défi par Catherine II de produire un de ces animaux miraculeux, Diderot se déguise lui-même en singe pour échapper au ridicule et pour satisfaire l'impératrice dont il est entre-temps éperdument tombé amoureux (!). Jouant trop mal son rôle, le philosophe cousu dans la peau de singe est confié à l'académicien Lagetchnikov qui, ayant découvert l'imposture, s'apprête à disséquer le faux singe, qui ne sera sauvé qu'*in extremis*...

Plus sérieusement, Diderot enquête à Saint-Pétersbourg sur les ressources de la Russie, la population, les manufactures, l'activité commerciale, les conditions sociales, les établissements d'éducation.

Après avoir lu son questionnaire sur la production de la Sibérie à l'Académie des sciences, il soumet un autre questionnaire à Catherine II sur la situation démographique, sociale, religieuse et économique de la Russie. L'impératrice lui répond et quand elle ne sait pas ou ne veut pas répondre elle renvoie le philosophe au comte de Münnich, son directeur des douanes. Jacques Proust[22] a conjecturé avec vraisemblance que les renseignements que Diderot cherchait à obtenir étaient destinés à alimenter une édition russe de l'*Encyclopédie* dont le projet le hantait depuis plusieurs années, comme en témoigne par exemple ce morceau intitulé « De l'*Encyclopédie* » dans les *Mélanges philosophiques* : « Il serait bien digne de Sa Majesté impériale de faire le rôle contraire à celui qu'on a fait en France et de porter l'*Encyclopédie*, qui n'est qu'un précieux manuscrit, à l'état d'un bel ouvrage. J'avoue que j'aurais grand plaisir d'écrire au frontispice : "Ce sont les Français qui l'ont voulu mauvais ; c'est la souveraine des Russes qui l'a rendu bon[23]." » Diderot se flattait de retrouver tous ses anciens collaborateurs et prétendait mener le projet à son terme dans les six années qui suivraient son retour à Paris. Au retour, il emporta des livres, parmi lesquels un lexique français, allemand, latin et russe, ainsi qu'une méthode pour apprendre les mots les plus nécessaires. L'impératrice, écrit-il à sa femme, lui a promis quarante mille roubles, ou deux cent mille francs : « Ainsi, bonne amie, prépare-toi incessamment à déménager. Je t'avertirai lorsqu'il en sera temps, afin que tu trouves un logement dans un quartier qui s'arrange avec cette affaire. Cette fois-ci, cette *Encyclopédie* me vaudra quelque chose et ne me causera aucun chagrin ; car je travaillerai pour une cour étrangère, et sous la protection d'une souveraine. Le ministère de France n'y verra que la gloire et l'intérêt de la nation, et j'emploierai utilement pour toi, pour nos enfants, les dernières années de ma vie[24]. » Jacques Proust estime que l'impératrice ne faisait que le faire lanterner, car on craignait trop la liberté de parole du philosophe en matière de politique et de religion. L'*Encyclopédie* russe ne devait jamais voir le jour.

Une semaine après son arrivée, Diderot est présenté à Catherine II au cours d'un bal masqué au Palais d'hiver. On imagine la réaction des courtisans devant ce Diogène vêtu de noir qui semble sortir tout droit de son tonneau ! Mais entre le philosophe et l'impératrice, la séduction a été réciproque dès les premières entrevues. Pendant plus de quatre mois, ils se rencontrent régulièrement plusieurs fois par semaine pour des entretiens de deux ou trois heures en tête-à-tête. Diderot a été très discret sur le déroulement de ces séances de travail, mais la tsarine aurait rapporté à Mme Geoffrin : « Votre Diderot est un homme extraordinaire ; je ne me tire pas de mes entretiens avec lui sans avoir les cuisses meurtries et toutes noires. J'ai été obligée de mettre une table entre lui et moi pour me mettre moi et mes membres à l'abri de sa gesticulation[25]. » Même son de cloche dans une lettre de l'abbé Galiani, qui témoigne que les cancans malveillants sont arrivés jusqu'à Naples : « Que dites-vous de notre philosophe ? On débite sur sa conduite près de la tsarine des choses épouvantables. On dit qu'il a osé lui jeter sa perruque au nez, lui pincer le genou, etc., etc.[26]. » Quoi qu'il en soit, le philosophe prend au sérieux son rôle de conseiller du prince. L'objet de chaque entretien est fixé à l'avance et Diderot effectue jour après jour, en vue de ces séances, un travail considérable de préparation : il rédige un certain nombre de feuillets, de longueur très diverse, qui font l'objet d'une lecture suivie d'une discussion. Pour nous représenter les échanges entre Catherine et Diderot dans le cabinet de Saint-Pétersbourg, nous disposons des *Mélanges philosophique, historiques, etc.*, titre authentique du manuscrit devenu *Entretiens avec* ou *Mémoires pour Catherine II*. Il s'agit d'un cahier de 388 pages écrites en moins de deux mois, relu, complété et classé début décembre, que Diderot remit à l'impératrice peu de temps avant son départ vers la fin de février[27]. La page de titre porte la mention : « Depuis le 15 octobre jusqu'au 3 décembre », sans doute parce que Diderot avait l'intention de quitter la Russie dès le mois de janvier. Mais de nouveaux feuillets retrouvés par Émile Lizé en 1977 montrent que les entretiens ont repris après cette date, jusqu'à la fin du séjour du philosophe.

Retrouvé grâce à l'indiscrétion d'un bibliothécaire, publié pour la première fois par Maurice Tourneux en 1899, le somptueux manuscrit compte soixante-six mémoires ou feuillets. La variété des matières est étonnante. Dans le premier, Diderot retrace longuement l'évolution historique, politique et institutionnelle de la monarchie française dont il dénonce les incohérences et les dysfonctionnements. Vivement sollicité par Durand de Distroff, il se voit obligé de proposer, dans le deuxième chapitre, un plan de paix russo-turc appuyé par la cour de France, ce qui provoqua la colère de l'impératrice. Le projet de société proposé par Diderot réclame de faire émerger un tiers état urbain et commerçant, ce qui suppose une révolution dans l'habitat et dans l'urbanisme : il faut « faire des rues[28] » puis attirer des ouvriers dans les villes en les affranchissant, créer des industries, non plus, à l'instar de Pierre le Grand, des industries de luxe – porcelaine, verrerie, tapisserie, etc. – mais des forges et des fonderies utiles à tout le peuple. Dans l'un des derniers chapitres, Diderot prend à part la tsarine au sujet d'un impôt de huit kopecks qu'elle impose aux maîtres de forges, ce qui les amène à surcharger leurs fourneaux, au détriment du produit. Et puisqu'il est au chapitre des récriminations, il critique le fonctionnement du fourneau d'affinerie, l'absence d'une industrie de serrurerie et de clouterie pour absorber la production de fer, et le fait que la Russie abandonne à l'Angleterre l'industrie lucrative du plomb laminé[29]. Ailleurs, il est question de l'administration de la justice et de l'établissement d'une fonction publique avec concours général. La capitale doit profiter d'un urbanisme aéré. Elle doit occuper une situation centrale dans l'empire, ce qui est le cas de Moscou, que Diderot préfère à la capitale artificielle de Pétersbourg : « Une capitale à l'extrémité d'un empire est comme un animal où le cœur serait au bout du doigt, ou l'estomac au bout du gros orteil[30]. » Quant à la monarchie, Diderot suggère qu'elle soit assurée par élection populaire. Il insiste sur la nécessité d'établir des institutions représentatives qui mettent fin au « despotisme » traditionnel en Russie, il préconise l'égalité civile et l'abaissement des privilèges nobiliaires ; il se risque même à suggérer une réduction systématique du servage. Ce ne sont pas d'ailleurs les seules idées audacieuses qu'il émet, car il recommande également le divorce et l'enseignement aux jeunes filles de l'anatomie, à l'aide des maquettes de cire de Mlle Biheron qui ont si bien éclairé Angélique : « C'est ainsi que j'ai coupé racine à la curiosité dans ma fille. Quand elle a tout su, elle n'a plus rien cherché à savoir. Son imagination s'est assoupie et ses mœurs n'en sont restées que plus pures[31]. » L'éducation tient une place importante dans les *Mélanges*. Un siècle avant Jules Ferry, Diderot préconise l'instruction publique, obligatoire et gratuite, souligne la valeur de l'émulation parmi les élèves et dénonce les punitions corporelles. Il dénonce également le théâtre des collèges et recommande à sa place les exercices scientifiques publics. Assez curieusement, il blâme la danse, la musique et la gymnastique, qu'il considère comme frivoles. Il préfère accorder aux élèves la liberté de jouer dehors et de s'exercer à la course, aux barres, à la paume. Ces idées étaient neuves à une époque où l'on astreignait les élèves à six jours et demi d'étude par semaine, onze mois par année, avec une demi-heure de récréation par jour. L'éducation en France, note-t-il, « a été jusqu'à présent monastique. On dirait que tous les enfants renfermés dans nos collèges sont destinés ou à la magistrature ou à l'Église. [...] Les choses sont restées jusque sous le règne présent telles qu'elles ont été instituées sous Charlemagne[32] ». Avec une naïveté feinte ou réelle, le philosophe est mû par l'espoir d'être utile par ses réflexions et ses propositions. Voici par exemple sa conclusion, écrite vers la fin de novembre 1773, quand il croit les entrevues terminées :

> Et puis voilà Votre Majesté impériale délivrée de toute la balbutie de l'enfant bien né qui parle sur des matières graves et que j'appelle le philosophe. S'il y a par hasard dans tous ces feuillets une bonne ligne, ou s'il n'y a rien qui vaille, et que Votre Majesté impériale se soit seulement délassée de ses occupations importantes par le spectacle des efforts aussi puérils que singuliers d'un spéculateur qui s'avise dans sa petite tête de régir un grand empire, il sera plus que suffisamment récompensé de ses rêveries et de ses veilles par l'indulgence incompréhensible de Votre Majesté impériale. Ce qui ne l'empêche pas de se prosterner à ses pieds et de lui demander mille pardons de l'indiscrétion de son caquet politique[33].

Le dialogue entre le philosophe français des Lumières et la Sémiramis du Nord était soumis à des contraintes sévères fort bien analysées par Georges Dulac[34]. L'autodérision n'y est pas rare, et le philosophe ridicule est un des rôles que Diderot y joue le plus volontiers. Lorsqu'il se risque à théoriser, il multiplie excuses et précautions, car il n'ignore pas que le philosophe ne peut prétendre à exercer une sorte de tutelle sur la tsarine. Avec une apparente naïveté, usant de formules flatteuses à l'égard de son interlocutrice, il a recours à des registres discursifs très élaborés et variés – exposés historiques, dialogues, scènes de comédie, fables, prosopopée – pour masquer le rôle auquel il aspire secrètement. Dans cette « rhétorique pour un despote », la figure de l'auteur est souvent dévalorisée : il est un rêveur, « un fol enfant », « un aveugle qui jugeait des couleurs », voire un « perroquet qui crie »... Mais ces images qui bafouent sa dignité tout en dissimulant son ambition coexistent avec d'autres rôles, celui du philosophe qui parle au nom de ses pairs ou même celui du « bon roi Denis » qui, l'air de rien, esquisse pour la France un programme de réformes. En face de son interlocuteur, le personnage de Catherine est lui aussi travaillé comme celui d'une fiction : elle apparaît comme un autre Henri IV, figure antithétique du roi « méchant par principe », Frédéric II de Prusse. « On a trop souvent reproché au philosophe, conclut Georges Dulac, ses illusions et ses naïvetés pour qu'il ne soit pas inutile de rappeler qu'en s'adressant à l'impératrice, il avait moins l'intention de lui découvrir ingénument sa pensée que de lui tenir un discours efficace. » Derrière toute cette petite comédie de soumission et d'autodérision que Diderot s'est imposée face à la tsarine, perce l'ambition de travailler à une « refondation radicale de la politique suivie par l'impératrice pour “civiliser” son empire[35] ». L'enjeu de l'entreprise était de taille : il s'agissait de « civiliser », c'est-à-dire d'amener à l'état civilisé, un pays encore « barbare », la Russie.

Les *Mélanges philosophiques* destinés à Catherine II sont le premier, ou un des tout premiers écrits, où Diderot use du mot nouveau de « civilisation » au sens d'action ou de processus en vue de civiliser[36]. Au XVIIIe siècle, le débat sur la civilisation – la première occurrence du mot ne date que de 1757[37] – n'est pas seulement lié à l'action des missionnaires auprès des peuples sauvages, mais aussi à l'empire de Russie, en particulier concernant la politique de civilisation de Pierre le Grand. Selon Voltaire[38], Pierre le Grand est le prototype du législateur, car il a formé son pays de rien.

Civiliser la Russie, c'était la remodeler « par le haut » suivant le modèle des sociétés de l'Europe occidentale. Rousseau, qui tient que la civilisation est un signe de vieillesse et de décadence de la société, rejette radicalement cette conception de la civilisation : en imposant à la Russie des modèles étrangers, écrit-il dans le *Contrat social*, Pierre le Grand a fini par pousser son pays vers cet état de décadence générale qui caractérise précisément les sociétés occidentales. Son erreur fondamentale a été d'avoir voulu « faire des Allemands, des Anglais, quand il fallait commencer par faire des Russes » ; le tsar « a voulu civiliser » son peuple « quand il ne fallait que l'aguerrir[39] ».

Au milieu des années 1760, la position de Diderot est bien plus proche de celle de Voltaire que de celle de Rousseau. Le sauvage est certes plus indépendant que l'homme policé mais c'est ce dernier qui, grâce à la propriété, est plus heureux et, en fin de compte, plus libre[40]. En se réunissant en sociétés, les hommes abandonnent une portion de leur indépendance, mais la propriété leur ouvre le chemin vers les commodités de la civilisation. C'est la civilisation seule qui permet à l'homme de sortir de l'engourdissement dans lequel il est plongé dans l'état sauvage : « On ne saurait commencer de trop bonne heure à fortifier l'homme civil et policé contre l'homme sauvage et naturel », lit-on dans les *Mélanges philosophiques*[41]. Dès la première édition de l'*Histoire des deux Indes*, Diderot a inséré, à côté de l'éloge du commerce cité plus haut, un véritable hymne à la force créatrice de l'homme civilisé :

> Quels sentiments de patriotisme ne devrait-on pas en effet attendre d'un peuple qui peut se dire à lui-même : Cette terre que j'habite, c'est moi qui l'ai rendue féconde, c'est moi qui l'ai embellie, c'est moi qui l'ai créée. Cette mer menaçante qui couvrait nos campagnes, se brise contre les digues puissantes que j'ai opposées à sa fureur. J'ai purifié cet air que des eaux croupissantes remplissaient de vapeurs mortelles. C'est par moi que des villes superbes pressent la vase et le limon où flottait l'océan. Les ports que j'ai construits, les canaux que j'ai creusés, reçoivent toutes les productions de l'univers que je dispense à mon gré. Les héritages des autres peuples ne sont que des possessions que l'homme dispute à l'homme ; celui que je laisserai à mes enfants, je l'ai arraché aux éléments conjurés contre ma demeure, et j'en suis resté

> le maître. C'est ici que j'ai établi un nouvel ordre physique, un nouvel ordre moral. J'ai tout fait où il n'y avait rien. L'air, la terre, le gouvernement, la liberté : tout est ici mon ouvrage[42].

On sait que peu après son avènement, Catherine II avait affiché de grandes ambitions quant au développement de son empire, ainsi que son désir de s'appuyer pour ce faire sur des hommes et des idées venus d'Occident. À partir de 1766, Diderot s'engagea corps et âme dans la politique menée par Catherine II pour « transplanter » les sciences et les arts en Russie. Il recrutait, non sans mal parfois, des techniciens, des artisans et des artistes qu'il tâchait de convaincre de partir pour la Russie, et veillait d'autre part sur les jeunes artistes russes accueillis comme pensionnaires par l'Académie royale de peinture et de sculpture. Il ne tarda cependant pas à mettre en cause une partie de son programme civilisateur. La raison en est que les artistes, les techniciens et les professeurs revenaient le plus souvent mécontents de s'être trouvés plus ou moins inutiles dans une société peu préparée à les recevoir. En 1772, le philosophe tira de cette expérience ratée des conclusions très critiques dans un manifeste publié par la *Correspondance littéraire* dans la livraison du 15 novembre. Intitulé « Qu'il faut commencer par le commencement[43] » et ostensiblement destiné à l'impératrice, il peut être considéré comme une sorte de déclaration de principes préalable au voyage du philosophe en Russie. Diderot y explique qu'on a commencé l'« édifice par le faîte » en important des talents de l'étranger, alors qu'il aurait fallu « commencer par le commencement », c'est-à-dire commencer par favoriser le peuple producteur de richesse, pour que la Russie ait un jour des savants et des artistes indigènes : « Sachez cultiver la terre, travailler les peaux, fabriquer les laines, faire des souliers ; et avec le temps, sans même que vous vous en mêliez, on fera chez vous des tableaux et des statues, parce que de ces conditions basses il s'élèvera des maisons riches et des familles nombreuses. » Les transformations dont la Russie a besoin doivent s'effectuer grâce à une mise en mouvement de l'ensemble de la société à partir de son centre, bien plus que par des apports étrangers que la nouvelle capitale, essentiellement cosmopolite, a été destinée à faciliter. Hors de cette voie, Diderot est convaincu que les efforts de l'impératrice ne pourront que « s'épuiser sans fruit[44] ». Rousseau avait raison sur un point : la Russie ne se civilisera pas en imitant un modèle subsistant, les Russes ne doivent pas se rendre Allemands, Anglais, Français mais rester russes. Le modèle idéal de la société, une société où les codes civil et religieux sont rigoureusement calqués sur celui de la nature, n'existe nulle part au monde[45]. Chaque peuple doit élaborer sa propre voie vers ce modèle idéal en tenant compte des particularités résultant de son état de civilisation, de sa situation géographique[46], etc. On se souvient sous quelles couleurs sinistres Diderot a peint, dans le *Supplément au Voyage de Bougainville*, l'état déplorable des sociétés occidentales, où les trois codes se contredisent à chaque instant. Quelle folie de vouloir imiter la France ou n'importe quelle autre civilisation européenne qui a « rendu la condition de l'homme pire que celle de l'animal[47] » !

Pendant un certain temps, Diderot a probablement cru que la Russie était comme une table rase sur laquelle un législateur philosophe – lui-même en l'occurrence ? – pouvait tracer la route vers une société nouvelle, non pas d'en haut et de l'extérieur, mais d'en bas et de l'intérieur du pays. Le programme de réformes économiques et sociales qu'il présente à Pétersbourg doit tout d'abord amener à supprimer le servage puis à faire naître une couche sociale nouvelle d'artistes et de commerçants, c'est-à-dire un tiers état urbain et commerçant, qui doit garantir un développement autochtone en Russie. S'opposant à Voltaire qui avait vanté la politique interventionniste de Pierre Ier, Diderot rejette toute forme de dirigisme en faveur d'un développement auto-organisateur du corps social. Une société doit évoluer sans contrainte, sans modèle subsistant imposé, en ne respectant que quelques règles fondamentales. À l'instar d'un organisme vivant, elle n'obéit pas aux règles de la mécanique des solides ; sa complexité est telle que plus le législateur impose de réglementations, plus le tout finit par se dérégler : « Il ne faut se mêler de rien, tout s'ordonnera de soi-même et est suffisamment protégé. Un moyen de rendre un problème insoluble, c'est d'en augmenter les conditions : pas trop gouverner[48]. » Le point de départ dans l'œuvre de la civilisation n'est pas donné par une action venant du sommet de l'État ; Diderot conseille que l'on donne l'exemple de manière active : « Jeté chez des sauvages, je ne leur dirais pas : Construisez des cabanes qui vous assurent une retraite commode contre l'inclémence des saisons. Ils se moqueraient de moi. Mais je bâtirais ma cabane. Les temps rigoureux arriveraient. Je jouirais de ma prévoyance. Le sauvage le verrait, et l'année suivante il m'imiterait[49]. » Il en va de même chez un peuple esclave comme les Russes, à qui il faut mettre sous les yeux les avantages de la liberté : « Il en faut user avec un peuple esclave comme avec un peuple sauvage : c'est à l'exemple à les convertir. [...] Je ne dirai pas à un peuple esclave : Sois libre, mais je lui mettrai sous les yeux les avantages de la liberté, et il la désirera[50]. » Civiliser un peuple, c'est le rendre libre. Dans ce but précis, Diderot suggère à l'impératrice de relancer le projet de colonisation aux environs de Saratov sur les rives de la basse Volga (l'ancien royaume d'Astrakan), projet avorté dans un premier temps parce que les autorités russes avaient mis des entraves considérables à l'essor de toute administration autonome de la part des colons[51]. C'est pourtant à partir de ces colonies d'étrangers libres, mêlés aux nationaux, que le levain de la liberté pourra se répandre dans tout l'empire : « Si j'avais à créer une nation à la liberté, que ferais-je ? Je planterais au milieu d'elle une colonie d'hommes libres, très libres, tels, par exemple, que les Suisses, à qui je conserverais bien strictement ses privilèges, et j'abandonnerais le reste au temps et à l'exemple. [...] Peu à peu, ce levain précieux changerait toute la masse, et son esprit deviendrait l'esprit général[52]. » Il ne faut donc pas commencer l'édifice « par le faîte », mais « commencer par le commencement » : créer une colonie conçue pour former le peuple à la liberté et qui deviendra le point de départ d'un programme de civilisation qui depuis l'intérieur du pays doit parvenir à assurer la prospérité de la nation. Ainsi seulement pourra-t-on sortir d'une situation où il n'y a que des tyrans cupides et des esclaves abrutis.

Diderot resta pendant cinq longs mois dans la capitale russe. Bien que magnifiquement logé, et qu'ayant ses entrées chez l'impératrice, il se surprend à tout moment soupirant après les siens. La veille du Nouvel An, il écrit à sa femme et à sa fille : « Je vous souhaite à toutes les deux, pour étrennes, de la santé, de la gaîté, du bonheur, et mon retour le plus prompt[53]. » Quand l'heure du départ approche, pour couper court à tous les bavardages, Diderot limite volontairement la générosité de l'impératrice à trois faveurs : les frais de son voyage aller et retour, un objet appartenant à Catherine II et l'escorte d'un officier jusqu'à La Haye. C'est ainsi que le 5 mars Diderot quitte Saint-Pétersbourg en compagnie d'un gentilhomme grec, Athanasius Balla, que la tsarine avait désigné pour l'accompagner. Le trajet du retour s'effectue dans d'assez bonnes conditions, mis à part quelques incidents qui ont failli coûter la vie aux voyageurs, comme il écrit de La Haye :

> Nous avons eu le temps le plus favorable, les plus beaux chemins et nous jouissons de la meilleure santé. [...] Un froid très vif et des neiges très abondantes jusqu'à Riga. De Riga jusqu'ici, des nuits sereines et des journées plutôt d'été que de printemps ; et, ce dont je remercierais presque aussi volontiers la Providence si elle se souciait un peu de nos remerciements, assez de ces événements fâcheux qui font les beaux règnes et les voyages intéressants, comme des trous où l'on tombe et où l'on est menacé de passer la nuit ; des hôtes maussades, de mauvais gîtes, des voitures fracassées ; de temps en temps de ces pas dangereux où l'on apprend à se connaître soi-même, et où l'on peut montrer une âme grande et forte, quand on l'a reçue de la nature. Il est si doux d'en être sorti ; on s'en souvient avec tant de plaisir ; on en parle si longtemps et avec tant de satisfaction, qu'à regarder les choses de près, les moments périlleux de notre vie ne sont presque jamais ceux que nous en voudrions effacer[54].

L'allusion aux « pas dangereux » est expliquée dans une autre lettre : « Quand je me rappelle le passage de la Dvina, à Riga, sur des glaces entrouvertes d'où l'eau jaillissait autour de nous, qui s'abaissaient et s'élevaient sous le poids de notre voiture et craquaient de tous côtés, je frémis encore de ce péril. J'ai pensé me briser un bras et une épaule en passant dans un bac à Mitau, où une trentaine d'hommes étaient occupés à porter en l'air notre voiture, au hasard de tomber et de nous précipiter tous pêle-mêle dans la rivière[55]. » Pas plus qu'à l'aller Diderot ne daigne s'arrêter à la cour du roi de Prusse, malgré les démarches entreprises par ce dernier pour obtenir que le philosophe récalcitrant passe par

Potsdam et Berlin. « Moi, j'étais bien résolu d'arriver par le plus court chemin, de ne me point arrêter, et surtout d'éviter le roi de Prusse qui ne m'aime pas, à qui je le rends bien, dont le bon accueil ne m'aurait pas fait grand plaisir, et dont une froideur marquée m'aurait singulièrement mortifié. Quoi qu'en dise Grimm, après avoir eu le bonheur de ne pas déplaire à Pétersbourg, je crois que j'aurais fait une bonne étourderie d'aller chercher un désagrément à Berlin. Ce roi est certainement un grand homme ; mais quinteux comme une perruche, malfaisant comme un singe, et capable en même temps des plus grandes et des plus petites choses. C'est une méchante âme, et, je trancherai le mot : une tête mal faite par quelque coin[56]. » Cette fois-ci, il passa au nord de Berlin, par Stettin (Szczecin) et Hambourg, mettant Frédéric dans une colère noire : « Un grand phénomène encyclopédique, en décrivant une ellipse, a frisé les bords de notre horizon ; les rayons de sa lumière ne sont pas parvenus jusqu'à nous. Les astronomes de Stettin l'ont observé, et ont calculé sa marche, qui se dirigeait sur Hambourg ; les observateurs de La Haye l'ont depuis vu sur leur horizon, d'où son influence bénigne s'est répandue sur les libraires hollandais. Pompée fut assez heureux pour voir et pour entendre Posidonius, quoique le philosophe eût la goutte ; pour moi, je n'ai vu ni entendu le grand Diderot, quoiqu'il fût plein de santé[57]. »

Après près d'un mois de voyage fatigant, souvent le jour et la nuit, Diderot et son compagnon font escale dans la ville libre d'empire Hambourg du 29 au 31 mars. Et contrairement à ses nombreuses visites effectuées à l'aller, le philosophe n'a qu'une envie : passer inaperçu. Les deux voyageurs descendent à l'hôtel « À la ville de Londres » sous une fausse identité : « Monsieur le commandant de Denisch et monsieur le lieutenant de Ballah, au service de Sa Majesté impériale russe[58] », mais les journaux locaux ont vite fait d'annoncer à leurs lecteurs l'arrivée du voyageur illustre : « Il y a quelques jours, annonce le *Hamburger Neue Zeitung* du 1er avril, M. Diderot et M. le conseiller Balla venant de Pétersbourg sont arrivés ici. Ils sont partis aujourd'hui pour La Haye[59]. » Tout en évitant de se montrer en public, Diderot profite de l'occasion pour adresser une requête à Carl Philipp Emanuel Bach, le plus célèbre parmi les fils du grand compositeur allemand et maître de chapelle très renommé à Hambourg. Décidé de ne rendre visite à personne, il prétexte maladroitement de ne pas disposer de vêtements convenables pour aller voir le musicien auquel il demande un service :

Je suis Français. Je m'appelle Diderot. Je jouis de quelque considération dans mon pays comme homme de lettres. Je suis l'auteur de quelques pièces de théâtre, parmi lesquelles *Le Père de famille* ne vous sera peut-être pas inconnu. C'est moi qui ai publié l'*Encyclopédie.* Je suis l'ami de Jean Bach, et il y a longtemps que ma fille, qui joue vos ouvrages, m'a appris à vous admirer. Je n'ai que cet enfant. Elle est bonne clavecinière et elle est plus savante harmoniste qu'on n'a coutume de l'être quand on ne professe pas la musique. En lui envoyant un piano-forte de Londres, Jean Bach lui envoya une sonate manuscrite de sa façon. Je reviens de Pétersbourg, en robe de chambre et sous une pelisse, en poste et sans aucun autre vêtement ; sans cela, je n'aurais pas manqué d'aller voir un homme aussi célèbre qu'Emanuel. Si cet Emanuel est père, et qu'il sache combien un père est heureux quand il peut faire quelque chose d'agréable pour son enfant, il aura égard à la prière que je vais lui faire : c'est de m'envoyer quelques sonates pour le clavecin, s'il en a de manuscrites et qui n'aient point encore été publiées. Il aura la bonté d'y attacher un prix que je remettrai à la personne qui m'apportera ces sonates de sa part. La seule observation qu'il me permettra de lui faire, c'est que j'ai plus de réputation que de fortune, conformité malheureuse qui m'est commune avec la plupart des hommes de génie, sans y avoir le même titre. Je suis avec respect etc. Diderot[60].

À en croire le catalogue thématique des œuvres du compositeur, celui-ci semble avoir accédé à la demande du philosophe. On lit en effet sur la première page d'une *Sonata per il cembalo solo*, quoique écrite d'une main inconnue, la mention : « Pour Diderot à Paris[61]. » La fière réponse du musicien dont il accompagna son don ne fut exhumée que récemment :

Je suis Hermandure, peut-être Ostrogoth, et pourtant le nom de Diderot ne m'est pas inconnu. J'ai pleuré quelquefois avec *Le Père de famille*, et j'ai cherché souvent la vérité dans l'*Encyclopédie* ; mais supposant que je ne connusse ni le père de la tendre Sophie, ni l'éditeur fameux de ce livre admirable, au moins, Monsieur, nous autres musi-

> ciens ignorants, nous lisons la *Gazette [littéraire de Berlin* – G.S.]. J'aurais donc appris par elle que le philosophe français est à la cour du feu Attila, au milieu des Sarmates, des Huns et des Alains ; par elle j'aurais su que Platon oublie quelquefois ses pensées philosophiques au pied du trône de Sémiramis. Pardonnez, Monsieur, ces transitions à un maître de chapelle : elles font un grand effet dans l'harmonie. Vous me demandez de la musique : vous en aurez. Je vous ferai copier tout ce que je crois avoir fait de mieux. Le père tendre d'une fille aimable a le droit d'en demander, quand même il ne s'appellerait pas Diderot. Mais, Monsieur, vous m'offrez pour cela un honoraire : y pensez-vous ? Est-ce que les travaux de génie se payent ? Si cela était de mode, céderiez-vous le pas au financier le plus opulent ? Vous me faites entrevoir clairement que vous n'êtes pas riche, parce que vous avez du génie. Ainsi, je vous conjure, Monsieur, ne me rendez pas plus riche, et vous plus pauvre : vous en auriez trop alors, et moi trop peu. J'irais vous rendre mes devoirs, quand même je n'aurais qu'une robe de chambre dans ma garde-robe ; oui, j'irais en chemise pour voir un homme aussi fameux que vous, mais la goutte me retient au lit. La cruelle maladie ! Je suis etc. Bach[62].

Diderot lui répondit quelques jours plus tard en s'excusant du ton un peu hautain de sa première lettre : « N'ayant point l'honneur de vous être connu, j'ai été forcé de vous parler de moi avec un peu moins de modestie qu'il ne me convenait. Il a fallu que je me recommandasse moi-même. Mon nom n'est pas tout à fait ignoré, mais il est permis de n'avoir pas votre célébrité. » Puis un certain agacement perce : « Monsieur Emanuel, je compte sur votre parole. Ce n'est pas assez d'être homme de génie, il faut encore être strict à ses promesses[63]. » Il ne fallait tout de même pas trop titiller le conseiller de la Grande Catherine !

De retour à La Haye le 5 avril 1774, Diderot se réinstalle chez les Golitsyn pour un séjour de plusieurs mois. À Pétersbourg, il s'était engagé à publier la traduction française des édits de Catherine II pour l'établissement des diverses institutions de charité et d'enseignement : il s'agit d'une publication quasi officielle destinée à donner à l'Europe l'image la plus flatteuse de la politique civilisatrice de l'impératrice de Russie. Cette besogne est pour lui une source de tracas, comme l'a bien résumé Georges Dulac : « Il s'agissait d'en donner deux éditions, dont une in-4° d'un grand luxe typographique et ornée de nombreuses gravures ; l'organisation de l'ouvrage était complexe, puisque les textes et documents rassemblés concernaient treize établissements différents ; en outre le docteur Clerc, non content de son rôle de traducteur, avait ajouté des développements généreux et des notes ; enfin, [...] le manuscrit apporté de Pétersbourg avait dû être sérieusement revu[64]. » Diderot avait déjà pris connaissance de cette œuvre, rédigée pour l'essentiel par Betski, lors de son séjour à Pétersbourg et s'en était inspiré pour écrire plusieurs mémoires à l'intention de la tsarine. Il a dû constater avec satisfaction en revoyant la traduction des *Plans et statuts* que plusieurs arguments de son *Fragment politique* de 1772 intitulé « Qu'il faut commencer par le commencement » y figuraient en bonne place, même si les conclusions politiques que Catherine II, ou Betski en son nom, en tirait différaient sensiblement des siennes. Alors que Diderot avait préconisé d'abolir le servage pour permettre au peuple de travailler à s'enrichir de manière progressive, le porte-parole de la tsarine proclamait à la manière d'Helvétius : « Tous les biens et tous les maux de la société viennent de la bonne ou de la mauvaise éducation[65]. » Les recommandations de Diderot formulées dès avant son départ pour la Russie n'étaient donc pas tombées dans l'oreille d'une sourde. Il serait trop simple de croire, conclut Georges Dulac, « que l'intérêt de l'impératrice pour la philosophie des Lumières tenait principalement à un souci de propagande. Elle y puisait notamment de quoi nourrir ses projets de modernisation de l'état russe, et savait fort bien l'accommoder selon ses vues[66] ».

Avec la publication des *Plans et statuts*, Diderot n'en avait pas pour autant achevé son travail pour sa bienfaitrice. Dès 1769, celle-ci s'était adressée à Voltaire pour lui suggérer de réfléchir à une réforme de l'université : « La mauvaise opinion que vous avez de la plupart des universités me confirme dans l'opinion que j'en avais. Toutes ses fondations ont été faites dans des temps bien peu philosophiques. Ce serait un ouvrage digne d'un homme de génie de prescrire une réforme sur laquelle l'on pourrait modeler ses écoles à l'avenir[67]. » L'homme de génie ne donnant pas suite, l'impératrice s'adressa à Diderot après son départ de Saint-Pétersbourg, qui dut s'exécuter. Dès son retour à Paris, il élabora un *Plan d'une université ou d'une éducation publique dans toutes les sciences* dont il envoya le manuscrit à l'impératrice de Russie par l'intermédiaire de Grimm en été 1775. Diderot refusa obstinément de communiquer son travail à quiconque, estimant qu'il appartenait strictement à la tsarine. Son texte ne sera publié qu'en 1813 et 1814, et encore de manière partielle, par Guizot, dans sa revue *Annales de l'éducation*.

Au début de son *Plan*, Diderot situe parfaitement l'originalité de son approche par rapport à ses prédécesseurs : « Tous ont assez bien connu les vices de notre éducation publique ; aucun d'eux qui nous ait indiqué les vrais moyens de la rectifier. Nulle distinction entre ce qu'il importe à tous de savoir, et ce qu'il n'importe d'enseigner qu'à quelques-uns. Nul égard ni à l'utilité plus ou moins générale des connaissances, ni à l'ordre des études qui devait en être le corollaire. Partout la liaison essentielle des sciences ou ignorée ou négligée[68]. » Le premier critère qu'il convient de prendre en compte lorsqu'on réfléchit sur l'éducation, c'est l'*utilité*. Quoique imbu de culture classique, Diderot n'a pas de mots assez durs vis-à-vis du système d'enseignement français, caractérisé par l'étude de « deux langues mortes qui ne sont utiles qu'à un très petit nombre de citoyens » ; où l'on « enseigne l'art de parler avant l'art de penser ». On y cultive à l'excès l'étude de la métaphysique, mais « pas un mot d'histoire naturelle ; pas un mot de bonne chimie ; très peu de chose sur le mouvement et la chute des corps ; très peu d'expériences ; moins encore d'anatomie ; rien de géographie ». Bref, il n'y a « presque rien qui vaille la peine d'être retenu et qu'on n'apprît beaucoup mieux en quatre fois moins de temps[69] ». Diderot veut jeter les bases d'une institution universitaire en rupture avec son passé de communauté de savants. C'est la raison pour laquelle il recommande à la tsarine la création d'écoles professionnelles « du type ENA, X, Navale ou HEC[70] », sous le nom d'écoles de « politique et d'affaires publiques », de « génie ou art miltaire », de marine, d'agriculture et de commerce, des beaux-arts, etc. Au-delà de ce projet, il propose ses idées sur l'éducation publique, c'est-à-dire une instruction dirigée par l'État, adaptée à ses besoins, laïque et destinée à tous. Son but : former « des hommes vertueux et éclairés[71] ».

Qu'est-ce qu'une université ? C'est, répond Diderot, « une école dont la porte est ouverte *indistinctement* à tous les enfants d'une nation, et où des maîtres stipendiés par l'État les initient à la connaissance élémentaire de toutes les sciences[72] ». Le caractère révolutionnaire de cette définition mérite d'être souligné quand on songe que l'instruction, au XVIIIe siècle, est réservée aux privilégiés et essentiellement dispensée par des hommes d'Église. Au début de la Révolution, deux Français sur trois sont encore illettrés[73]. Ouverte à tous, l'instruction publique et généralisée n'est pas destinée à former l'élite sociale du pays mais consiste à découvrir les aptitudes individuelles : « Il serait aussi cruel qu'absurde de condamner à l'ignorance les conditions subalternes de la société. Dans toutes, il est des connaissances dont on ne saurait être privé sans conséquence. Le nombre des chaumières et des autres édifices particuliers étant à celui des palais dans le rapport de dix mille à un, il y a dix mille à parier contre un que le génie, les talents et la vertu sortiront plutôt d'une chaumière que d'un palais. » On imagine sans peine la mine incrédule des courtisans devant lesquels Diderot a peut-être tenu de tels propos… Et puis, la vertu ne serait qu'un produit de l'éducation ? Apprend-on la vertu à l'école ? Oui, « parce qu'il faut plus de raison, plus de lumières et de force qu'on ne le suppose communément pour être vraiment homme de bien. Est-on homme de bien sans justice ? Et a-t-on de la justice sans lumières[74] ? » Tout en rompant une lance en faveur d'une démocratisation du savoir, le plan d'éducation élaboré par Diderot s'accommode, comme Roland Desné l'a montré, « d'un relatif conservatisme social[75] ». Certes, les élèves issus des milieux sociaux les moins favorisés peuvent bénéficier de bourses « accordées à un mérite constaté par un examen rigoureux ». Mais en même temps, Diderot prend soin de préconiser, dans l'esprit de la *Réfutation d'Helvétius*, qu'« il ne faut pas perdre de temps et des soins à cultiver l'esprit bouché d'un enfant à qui la nature n'a donné que des bras qu'on enlèverait à des travaux utiles ». Diderot entend donc limiter la mobilité sociale par le biais d'une sélection sévère, car rien n'est plus ridicule que l'ambition « de parents jaloux de tirer leurs enfants de la condition subalterne qu'ils exercent » ; rien n'est

« plus funeste à la société que ce dédain des pères pour leur profession et que ces émigrations insensées d'un état dans un autre[76] ».

L'université imaginée par Diderot comprend une faculté des arts, par laquelle chacun passera obligatoirement – elle correspond donc à notre actuel enseignement secondaire –, et plusieurs facultés spécialisées, comprenant la médecine, la jurisprudence et la théologie. Deux sortes de connaissances : « essentielles ou primitives » et « secondaires ou de convenance ». L'enseignement doit procéder du facile au difficile, ce qui, dans l'ordre des valeurs, doit conduire du plus utile au moins utile : « Celui qui n'aura pas ou la force ou le courage de suivre la carrière de l'université jusqu'à sa fin, plus tôt il l'abandonnera, et moins les connaissances qu'il laissera en arrière, plus celles qu'il emportera, lui étaient nécessaires[77]. » Il convient de proportionner le savoir à l'usage qu'on en fera : chaque adolescent, quel que soit son niveau de formation, doit pouvoir quitter l'université en possédant un bagage qu'il pourra utiliser dans la profession de son choix. Au tout début, en première classe de la faculté des arts, l'élève sera initié aux mathématiques : arithmétique, algèbre, calcul des probabilités, géométrie ; en deuxième classe, on passe à la physique ; puis on avance petit à petit, en passant par d'autres matières scientifiques comme la chimie et l'histoire naturelle, la logique et la grammaire russe jusqu'au grec et au latin, enseignés seulement en huitième classe, autrement dit en terminale. Parallèlement, les élèves étudieront les premiers principes de la métaphysique, le dessin, la musique et la danse, sans oublier ce que nous appelons aujourd'hui l'éducation physique et sportive : l'escrime, l'équitation et la nage. Très au fait des nécessités concrètes de l'enseignement, Diderot recommande les salles « rondes », c'est-à-dire en amphithéâtre, aérées et salubres. Les horaires sont fixés conformément aux habitudes des collèges français : lever à cinq heures et demie, coucher à neuf heures et quart, après la prière[78].

On sait que le *Plan* de Diderot ne fut pas retenu par l'impératrice, qui lui préféra celui de l'Autrichien Jankovič de Mirievo[79]. Sans doute ce dernier tenait-il davantage compte des besoins de l'Empire et de la réalité russe, que Diderot connaissait mal. Le philosophe partait du mythe de la table rase : Catherine arrive à un moment où le fanatisme est vaincu (c'est du moins ce que Diderot semble penser). Tout est possible : « Le goût de la vraie science règne de toute part. [...] Point de vieilles institutions qui s'opposent à ses vues. Elle a devant elle un champ vaste, un espace libre de tout obstacle sur lequel elle peut édifier à son gré[80]. » Si à certains égards le *Plan* de Diderot peut être considéré comme la suite de ses *Mélanges philosophiques pour Catherine II*, où abondent des suggestions d'ordre pédagogique, il a toujours gardé en vue la situation en France où ses principes allaient bientôt connaître une première tentative de mise en pratique. Pendant la Révolution, c'est Condorcet qui, se fondant sur ses cinq *Mémoires sur l'instruction publique* (1791), s'efforcera de réaliser, tout en les ignorant, les principes du programme de Diderot. Il ira même plus loin en réclamant la même éducation pour les garçons et les filles, alors que Diderot envisageait pour les filles une éducation spéciale après l'école primaire en vue de leur mariage éventuel et de leurs futurs devoirs de mères – du moins en Russie.

Arrivé à La Haye début avril, Diderot est impatient de rentrer chez lui. Mais la publication des *Plans et statuts* dont il a la charge se prolonge. Diderot se remet alors à écrire – il travaille notamment à la *Réfutation d'Helvétius* et compose les *Observations sur le Nakaz*, les *Principes de politique des souverains* et l'*Entretien d'un philosophe avec la maréchale de* *** – et reprend ses contacts dans la ville hollandaise. Le « bon Hemsterheus » [*sic*] le reçoit chez lui, le laissant seul dans son cabinet d'antiques où il médite en face d'un plâtre du *Milon de Crotone* de Falconet[81]. Ont-ils discuté de la *Lettre sur l'homme* que Diderot a remise à son auteur avec ses observations ? On ne le sait pas. Hemsterhuis, en revanche, fut plus prolixe au sujet de son ami français. Lors de son deuxième séjour à La Haye, le philosophe lui est apparu « triste » au point de donner l'impression que la gaieté « ne séjourna jamais dans cette âme sombre[82] ». Une autre fois, il le décrit comme un « composé aussi bizarre que singulièrement riche », ce qui n'est pas sans faire songer aux termes employés par Diderot lui-même pour caractériser le Neveu de Rameau[83]. Après son passage en Russie, Diderot a sans doute fini par se rendre compte que le reste de l'Europe ne ressemblait pas à la France, ou plus précisément au milieu qu'il fréquentait à Paris : la liberté dont il jouit en Hollande est compensée par une hostilité à peine voilée. « La nation est superstitieuse, ennemie de la philosophie et de la liberté de penser en matière de religion ; cependant on ne persécute personne. Le matérialisme y est en horreur, mais y vit en paix. La distribution des livres impies y est plus difficile qu'en France, et les incrédules plus rares et plus haïs[84]. » Au mois d'août, Diderot est toujours bloqué à La Haye. Il reprend les négociations avec l'éditeur Marc-Michel Rey en vue d'une publication de ses œuvres, mais rien n'avance de ce côté-là ; il relance le général Betski pour l'*Encyclopédie* russe mais celui-ci traîne visiblement les pieds. Au milieu de ces déconvenues, Diderot découvre que son ami Golitsyn a forcé ses malles et volé un manuscrit dont il lui avait peut-être parlé de manière imprudente. Cet épisode, qui n'est connu que grâce à une lettre de Naigeon adressée à Mme de Vandeul en 1786[85], a jeté un froid dans les relations entre les deux amis. Plus tard, il lui arrivera encore de correspondre avec lui mais leurs relations, si étroites jusqu'en 1773, seront désormais très distantes : leur amitié était finie.

Ce n'est finalement qu'à la mi-octobre que Diderot se met enfin en route en compagnie de son ami Grimm, qui venait d'arriver de Russie. Ils voyagent ensemble jusqu'à Bruxelles, puis Diderot rentre tout seul à Paris le 21 octobre 1774. À la fin de l'année, Diderot présente ses vœux à Catherine II et l'assure qu'on dit le plus grand bien d'elle en France. Puis il l'informe qu'il a eu la « hardiesse » d'annoter son *Instruction à la commission chargée de dresser le nouveau code de lois* (dite le *Nakaz*[86]). Il s'agit du manuscrit au contenu explosif que Golitsyn a cru bon de dérober à son hôte, qui en avait heureusement gardé une copie. Diderot a commencé à tirer les leçons de son séjour à Pétersbourg. Les dix années qui lui restent encore à vivre seront marquées par cette expérience.

7

Ni Dieu ni maître

Quand on considère rétrospectivement le voyage de Diderot en Russie, on s'aperçoit que le philosophe a passé huit mois et demi en Hollande, contre un peu moins de cinq à Saint-Pétersbourg. Est-ce la raison pour laquelle nous n'avons pas de *Voyage de Russie* mais un *Voyage de Hollande*[1] ? Diderot a en effet rédigé un ouvrage de ce nom après son retour à Paris qui n'a pas cessé d'intriguer les spécialistes. Très peu connu du grand public – une seule édition disponible en dehors des collections d'*Œuvres complètes*[2] – il se présente de manière déroutante. Dans une introduction intitulée « Préliminaire : Des moyens de voyager utilement », Diderot recommande entre autres au voyageur de faire d'abord le tour de son propre pays, d'apprendre les rudiments de la langue du pays où il compte se rendre et de se documenter à fond avant de partir – il ne l'a pas fait, loin de là. C'est seulement quand il sera de retour à Paris qu'il compulsera la littérature sur la Hollande, ou plutôt qu'il la pillera « servilement et sans références[3] » pour son propre *Voyage*, y compris lorsqu'il prétend raconter une observation ou anecdote personnelle ! Circonstance aggravante, Diderot « utilise » des ouvrages qui commencent à vieillir et commet un certain nombre d'erreurs plus ou moins graves en les démarquant. Mystification ? C'est ce que pense Yves Benot qui suggère que Diderot a ainsi brouillé les pistes afin de protéger le « noyau d'idées sérieuses et graves » qui se cachent dans ce prétendu récit de voyage[4]. Quoi qu'il en soit, il est certain que Diderot a parsemé son texte de plusieurs réflexions critiques quant à la France et à la Russie. Malgré ses imperfections, la Hollande lui apparaît comme un modèle politique qu'il n'a pas hésité à donner en exemple dans ses entretiens avec Catherine II. Dans le *Voyage de Hollande*, il se prononce sans ambages contre le stathoudérat, qui constitue une menace pour la liberté : « Les funestes effets de ce gouvernement commencent à se faire sentir, de jour en jour ils s'accroîtront avec l'autorité du stathouder, jusqu'à ce que par des progrès insensibles cette autorité conduite à l'extrême amène l'esclavage et la misère[5]. »

La liberté, l'esclavage : Diderot est comme hanté par ce couple antinomique. Pendant son séjour en Hollande, rapporte un savant qui l'a rencontré, il lui a récité un poème, *Éleuthéromanie ou Ivresse de la liberté*[6]. Il s'agit du poème dithyrambique des *Éleuthéromanes* publié dans la *Correspondance littéraire* du 1er mars 1772 dans lequel Diderot s'abandonne à un élan révolutionnaire que ne désavoueront pas les révolutionnaires les plus excités. Qu'on en juge :

  J'ai connu par l'expérience
Que celui qui peut tout, rarement veut le bien.
[…]
Une douleur muette, une haine profonde
Affaisse tour à tour et révolte mon cœur,
Quand je vois des brigands dont le pouvoir se fonde
  Sur la bassesse et la terreur
Ordonner le destin et le malheur du monde.
[…]
Je veux, lâche oppresseur, insulter à ta rage.
Le jour, j'attacherai la crainte à ton côté ;
La Haine s'offrira partout sur ton passage ;
  Et la nuit, poursuivi, troublé,
Lorsque de ses malheurs ton esclave accablé
  Cède au repos qui le soulage,
Tu verras la Révolte, aux poings ensanglantés,
Tenir à ton chevet ses flambeaux agités.
[…]
L'enfant de la nature abhorre l'esclavage.
Implacable ennemi de toute autorité,
Il s'indigne du joug, la contrainte l'outrage.

Liberté, c'est son vœu ; son cri, c'est Liberté.
[...]
La nature n'a fait ni serviteur ni maître.
[...]
Et ses mains ourdiraient les entrailles du prêtre,
Au défaut d'un cordon pour étrangler les rois.
[...]
Quel moment ! qu'il est doux pour une muse altière !
L'homme libre, votre ennemi,
Vous a montré son âme fière ;
Ô cruels artisans de la longue misère
Dont tous les siècles ont gémi,
Il vous voit, il se rit d'une vaine colère ;
Il est content, si vous avez frémi[7]. [...]

L'exil forcé des parlementaires suite à la prise de pouvoir par Maupeou a agi comme un révélateur, car la tyrannie s'est montrée sans fard : « Il y avait entre la tête du despote et nos yeux une grande toile d'araignée sur laquelle la multitude adorait une grande image de la liberté. [...] On a déchiré la toile, et la tyrannie s'est montrée à face découverte. Quand un peuple n'est pas libre, c'est encore une chose précieuse que l'opinion qu'il a de sa liberté. Il avait cette opinion. Il fallait la lui laisser. À présent il est esclave, et il le sent et il le voit. [...] Nous avons sauté de l'état monarchique à l'état despotique le plus parfait[8]. » Diderot déteste tous les despotes, même les vertueux, comme il ne manque pas de le souligner dans un *Fragment politique* de 1772 : « On a dit quelquefois que le gouvernement le plus heureux serait celui d'un despote juste et éclairé : c'est une assertion très téméraire. Il pourrait aisément arriver que la volonté de ce maître absolu fût en contradiction avec la volonté de ses sujets. Alors, malgré toute sa justice et toutes ses lumières, il aurait tort de les dépouiller de leurs droits, même pour leur avantage. On peut abuser de son pouvoir pour faire le bien comme pour faire le mal ; et il n'est jamais permis à un homme, quel qu'il soit, de traiter ses commettants comme un troupeau de bêtes. [...] Un roi, même un bon roi, n'est point un père dans la société : il n'en est que l'intendant. » Et Diderot se fait de nouveau l'avocat du tyrannicide : « Des enfants qui se constituent juges d'un mauvais père et qui le condamnent à mourir, sont des parricides. Des sujets qui s'assemblent et qui se font justice d'un mauvais souverain, ne méritent point ce nom odieux ; ils ne le mériteraient même pas en faisant justice d'un bon souverain qui aurait fait le bien contre la volonté générale. Il serait punissable par la seule raison qu'il aurait outrepassé ses droits ; il serait criminel de lèse-société pour le présent et pour l'avenir : car s'il est éclairé et juste, son successeur, sans hériter de sa raison et de sa vertu, héritera sûrement de son autorité dont les peuples seront les victimes[9]. »

À quel souverain Diderot fait-il allusion ? Le tyrannicide a connu des apologistes parmi les « monarchomaques » du XVIe siècle qui allaient parfois jusqu'à légitimer l'assassinat d'un roi devenu tyran (du côté protestant) ou à glorifier les régicides perpétrés à l'encontre d'Henri III et Henri IV (du côté catholique). Au XVIIe siècle, le roi d'Angleterre, d'Écosse et d'Irlande Charles Ier fut traduit en justice devant un tribunal spécial, condamné à mort pour trahison, meurtre et tyrannie et décapité à Londres le 30 janvier 1649. « Il en a coûté sans doute pour établir la liberté en Angleterre, commentera Voltaire ; c'est dans des mers de sang qu'on a noyé l'idole du pouvoir despotique, mais les Anglais ne croient point avoir acheté trop cher de bonnes lois[10]. » Plus près de lui, Diderot pense certainement à Frédéric II, incarnation vivante du despote éclairé, qui aimait à se présenter comme premier serviteur de l'État. On se souvient de l'hostilité qui opposait depuis longtemps les deux hommes et qui s'est ravivée pendant le voyage de Diderot en Russie. Au cours de son deuxième séjour en Hollande, Diderot en a profité pour lui régler son compte, ainsi qu'à tous les despotes, éclairés ou pas, dans un petit ouvrage au titre évocateur, *Principes de politique des souverains*. Œuvre énigmatique à vrai dire, car comme un autre titre l'indique, Diderot invente des *Notes écrites de la main d'un souverain à la marge de Tacite*[11], sauf qu'il semble avoir oublié en cours de route son projet initial. Selon Naigeon, Diderot aurait d'abord imaginé un souverain – Frédéric II très concrètement, que l'on identifie grâce à sa flûte – commentant les maximes du despotisme recueillies dans Tacite ; puis changeant son fusil d'épaule, il aurait composé un recueil de maximes où il mettait à nu la politique des despotes, les « secrets de l'empire » comme il dit après Tacite et Machiavel, et leur opposait les principes éternels de la morale et du droit. « On y trouve néanmoins çà et là quelques paragraphes où, sans nommer le roi de Prusse, sans même le désigner par aucune opinion qui lui soit particulière, il fait parler ce prince à la première personne et dans les principes qu'on lui attribue assez unanimement à tort ou à droit[12]. » La réalité est plus prosaïque : Diderot s'est contenté pour l'essentiel d'imiter la démarche d'un savant allemand très connu en Hollande, Arnoldus Clapmarius, qui prétendait dévoiler, dans *De arcanis rerum publicarum* (1605), les secrets de la conservation du pouvoir à partir de citations extraites d'auteurs antiques. Certes, Diderot traite de thèmes qui lui sont chers à cette époque, mais les nombreuses références aux dires et méfaits des empereurs romains, et parfois jusqu'aux prétendues « notes écrites à la marge » attribuées à un souverain de la trempe de Frédéric II, proviennent de l'ouvrage de Clapmarius ; seul l'habillage prussien de certaines maximes absolutistes est réellement attribuable à Diderot[13].

On connaît le mot de Louis XIV : « L'État, c'est moi. » Diderot fait dire au souverain : « Il n'y a qu'une personne dans l'Empire, c'est moi. » La maxime qui précède en est le corollaire : « Point de ministre chez soi, mais des commis[14]. » Cette prétention du souverain – pour ne pas dire du despote – trouve trop souvent son appui dans un préjugé populaire qui est comme la racine de la servitude, et que pour cette raison même le souverain place au rang d'un dogme sacré et indiscutable : « Attacher le salut de l'État à une personne : préjugé populaire qui renferme tous les autres. Attaquer ce préjugé : crime de lèse-majesté au premier chef[15]. » Plus tard, on parlera de culte de la personnalité… ce qui montre que la vénération pour les petits pères des peuples, quels qu'ils soient, prend sa source dans les abus de l'Empire romain[16]. L'irresponsabilité du souverain – l'absolutisme de droit divin postule en effet que le monarque n'est pas responsable devant ses sujets mais uniquement devant Dieu – est bien caractérisée par le trait suivant : « Un souverain ne s'accuse jamais qu'à Dieu ; mais c'est qu'il ne pèche jamais qu'envers lui : cela est clair[17]. » Un être investi d'une telle puissance peut-il encore être un homme ? Écoutons Diderot : « Un roi n'est ni père, ni fils, ni frère, ni parent, ni époux, ni ami. Qu'est-il donc ? Roi, même quand il doit[18]. »

Pour maintenir un pareil pouvoir, qui place un homme au-dessus de toutes les lois divines et humaines, le préjugé populaire ne suffit pas ; la force et la ruse, la terreur et la dissimulation, la contrainte et la corruption sont également nécessaires. Une armée puissante et disciplinée est l'indispensable instrument de la tyrannie. On croirait entendre Frédéric II quand on lit : « Celui qui n'est pas maître du soldat n'est maître de rien[19]. » Ou bien : « Tout sacrifier à l'état militaire ; il faut du pain aux sujets, il me faut des troupes et de l'argent[20]. » Si la crainte de la force armée dont il dispose ne suffit pas au despote pour contenir ses sujets, il doit y joindre la terreur qu'impriment les supplices ou d'autres peines. « Savoir faire des coupables » est une de ses maximes ; et celle-ci, qui en est le commentaire : « Sévir contre les innocents, quand il en est besoin : il n'y a point d'honnête homme que ne puisse faire trembler cette maxime qu'on ne manque jamais de colorer de l'intérêt public. » Mais la force et la terreur ne sont pas des moyens toujours sûrs. Il est donc nécessaire d'y joindre la ruse et la dissimulation : « Toujours demander l'approbation dont on peut se passer ; c'est un moyen très sûr de dérober au peuple sa servitude[21]. »

Les *Principes de politique des souverains* respirent la haine du despotisme et l'horreur de la servitude. Diderot y dénonce les pratiques de la tyrannie et en décrit tout l'arsenal pour montrer ce que valent les gouvernements despotiques… y compris celui de la Russie. Il est difficile de savoir si Diderot fut jamais dupe des intentions de sa bienfaitrice. S'il a vraiment cru pouvoir se rendre utile à la tsarine, ce qui semble peu probable, il déchanta au plus tard pendant son séjour à Saint-Pétersbourg. S'agit-il d'un dernier appel du pied en direction de la tsarine quand il lui fit part, à La Haye, de son « insolence » d'avoir relu et commenté son *Nakaz*[22] ? On se souvient que ces notes, plus ou moins rédigées, avaient été dérobées par son hôte, le prince Golitsyn, qui les fit disparaître[23]. « Il est évident, commente Alexandre Stroev, qu'il avait dû considérer comme particulièrement dangereuse, pour lui-même mais aussi pour son auteur, cette œuvre écrite chez lui et qui concernait les faux-semblants de la politique impériale et la “calamité générale” que Diderot avait découverts en Russie[24]. » La version définitive de ces observations a tout de même trouvé le chemin de Saint-Pétersbourg, quoique après la mort de Diderot, avec la bibliothèque et l’ensemble des manuscrits préparés pour la tsarine. Celle-ci lut son texte en 1785 et en éprouva une vive irritation. C’est, écrivit-elle à Grimm le 23 novembre, « un vrai babil, dans lequel on ne trouve ni connaissance des choses, ni prudence, ni prévoyance. Si mon *Instruction* avait été du goût de Diderot, elle aurait été propre à mettre toutes les choses sens dessus dessous ». Grimm répondit six mois plus tard qu’il s’agissait de « rêvasseries d’un imbécile » et qu’il n’en existait pas d’autre manuscrit[25]. Considérées comme dangereuses non seulement par Catherine II et Grimm mais aussi par la famille du philosophe, les *Observations sur le Nakaz* ne furent publiées de manière à peu près complète qu’en 1920.

Trois ans après son arrivée au pouvoir, Catherine II avait composé une *Instruction de l’impératrice de Russie aux députés pour la confection des lois* adressée aux députés formant la commission chargée de rédiger un code de lois – qui ne vit jamais le jour, l’expérience ayant été abandonnée au début de la guerre russo-turque. Rédigé par l’impératrice en français, ce texte, appelé *Nakaz* en russe, fut publié parallèlement en russe et en allemand en 1767 ; une version française parut à Pétersbourg en 1769, immédiatement interdite en France – les audaces, somme toute assez limitées, de Catherine y étaient vues d’un très mauvais œil. Mélange curieux et contradictoire d’idées libérales et rétrogrades, le *Nakaz* tente d’enraciner dans le sol russe certaines idées des Lumières européennes. Tout en affichant un réformisme de bon ton, inspiré de Montesquieu et de Beccaria, l’*Instruction* de Catherine s’en tenait pour l’essentiel au principe de l’absolutisme, clairement indiqué dans le préambule : « Tout pouvoir émane du souverain, et il n’y a d’autre souverain que le monarque[26]. » La tsarine explique que c’est pour le bien général que s’exerce le pouvoir absolu, seul au monde capable d’assurer le bonheur. C’est contre cette thèse que Diderot lancera ses critiques les plus percutantes.

À l’instar des *Principes de politique des souverains*, les *Observations sur le Nakaz* paraissent souvent obscures, et non seulement à cause de son probable inachèvement et d'une certaine technicité, sur les questions économiques notamment. La raison en est que l'ouvrage de Diderot, qui se présente sous forme de commentaire d'articles choisis du *Nakaz*, est en réalité un dialogue entre Diderot lui-même et deux livres, le *Nakaz* de la souveraine russe et un commentaire anonyme du *Nakaz* intitulé *L'Esprit de l'instruction de Sa Majesté Impériale de Russie, pour la formation d'un code de lois, ou Développement de ses principes puisés dans ladite Instruction*. On sait maintenant grâce à Georges Dulac[27] que l'auteur de ce commentaire adressé à l'impératrice est un physiocrate français, Guillaume-François Le Trosne (ou Letronne), et que Diderot, après en avoir pris connaissance, a remis le manuscrit de l'ouvrage au prince Orlov en août 1775. Selon toute vraisemblance, c'est à ce moment-là qu'il a rouvert le dossier des *Observations*, commencées dès son deuxième séjour à La Haye, afin d'y intégrer ses propres réflexions inspirées par le commentaire physiocratique de l'*Instruction* impériale. Une troisième et dernière étape dans la constitution des *Observations sur le Nakaz* est intervenue quelques années plus tard, entre 1777 et 1780, au moment où il préparait ses contributions à la troisième édition de l'*Histoire des deux Indes*. Conçues à l'origine comme un prolongement des entretiens de l'Ermitage, avec ce que cela suppose de déférence vis-à-vis de Sa Majesté impériale, les *Observations*, dont la version finale se révèle très critique à l'égard de la Sémiramis du Nord, traduisent en maints endroits l'exaspération du philosophe causée par la contradiction entre les idées affichées et la réalité politique, et surtout par la tendance au despotisme de la tsarine : « Je vois dans l'*Instruction* de Sa Majesté impériale un projet d'un code excellent ; mais pas un mot sur le moyen d'assurer la stabilité de ce code. J'y vois le nom de despote abdiqué ; mais la chose conservée, mais le despotisme appelé monarchie[28]. »

Avant d'éplucher un certain nombre d'articles du *Nakaz*, Diderot pose ses propres principes qui sont bien différents de ceux énoncés par l'impératrice. On comprend que la tsarine se soit étranglée en lisant : « Il n'y a point de vrai souverain que la nation ; il ne peut y avoir de vrai législateur que le peuple. » Belle entrée en la matière, digne du « L'homme est né libre, et partout il est dans les fers » de Rousseau[29]. Les lois doivent être justes et lier tous les membres de la société. Personne n'est au-dessus d'elles, pas même le souverain : toutes les lois « sont vaines, si elles ne commandent pas également à tous ; elles sont vaines, s'il y a un seul membre dans la société qui puisse les enfreindre impunément. » Partout où la loi ainsi conçue existe, les peuples sont libres. Le souverain devient un despote lorsqu'il essaie d'imposer son bon plaisir au lieu d'être au service de la volonté générale. Diderot exige qu'il prête serment sur un code qui commence ainsi : « Nous peuple, et nous souverain de ce peuple, jurons conjointement ces lois par lesquelles nous serons également jugés ; et s'il nous arrivait, à nous souverain, de les changer ou de les enfreindre, ennemi de notre peuple, il est juste qu'il soit le nôtre, qu'il soit délié du serment de fidélité, qu'il nous poursuive, qu'il nous dépose et même qu'il nous condamne à mort si le cas l'exige. [...] Tout souverain qui se refuse à ce serment se déclare d'avance despote et tyran. » Diderot prend soin de ne pas faire semblant d'exclure d'avance la tsarine de ses maximes. Son intention est on ne peut plus claire : « Si en lisant ce que je viens d'écrire et en écoutant sa conscience, son cœur tressaillit de joie, elle ne veut plus d'esclaves ; si elle frémit, si son sang se retire, si elle pâlit, elle s'est crue meilleure qu'elle n'était[30]. »

Tous les articles où Catherine, paraphrasant Montesquieu et Beccaria, s'était crue libérale, sont démolis sans pitié par le philosophe. Au numéro 19 du *Nakaz* par exemple, la tsarine avait repris à son compte la célèbre définition de la monarchie qu'on lit dans *L'Esprit des lois* : « J'ai dit : les pouvoirs intermédiaires, subordonnés et dépendants du pouvoir suprême ; en effet, le souverain est la source de tout pouvoir politique et civil[31]. » Diderot savait-il que les mots « et dépendants » étaient une addition de dernière minute apportée par Montesquieu alors que l'ouvrage était déjà imprimé ? Quoi qu'il en soit, il est prêt à accepter la subordination mais refuse catégoriquement la dépendance : « Il serait à propos de fixer les droits des *pouvoirs intermédiaires*, et de les fixer d'une manière irrévocable pour le législateur même et pour ses successeurs. S'ils sont dépendants du pouvoir suprême, ils ne sont rien. [...] Il n'y a ni droits, ni lois, ni liberté où le souverain dispose à son gré des droits et des lois[32]. » Et puis, est-il vrai que le souverain est la source de tout pouvoir politique et civil ? « Je n'entends pas cela, grommelle-t-il. Il me semble que c'est le consentement de la nation, représentée par des députés ou assemblée en corps, qui est la source de tout pouvoir politique et civil[33]. » Il ne s'agira donc pas d'établir en Russie une commission sur le modèle français ; le devoir de Catherine II est bien plutôt de « réinventer à *l'envers* », selon l'expression de Bertrand Binoche[34], le Parlement français : « Qu'au lieu que notre Parlement enregistrait les volontés du souverain, il faudrait au contraire que ce fût le souverain qui enregistrât les volontés de la commission[35]. » En opposition totale à l'esprit de l'*Instruction*, Diderot trace les contours d'un régime qui, bien qu'ayant à sa tête un souverain, a beaucoup de traits de la *démocratie*. La liberté, affirme-t-il, « est dans les démocraties[36] » ; dans les monarchies, les sujets sont divisés et partagés en ordres et états différents pour permettre au souverain de mieux régner ou dominer sur eux. Seule la démocratie fait de l'homme l'artisan de son destin ; en elle seule résident le mouvement et la vie :

> L'État démocratique peut être représenté par une grande multitude de boules à peu près égales posées sur un même plan et pressées les unes contre les autres ; le niveau est le même, mais la pression varie selon la masse des boules. Dans l'État monarchique, les boules sont en pyramide ; la boule du sommet presse sur trois ou quatre qui forment le plan au-dessous d'elle ; ce plan presse sur un autre plan ; sous celui-ci en est un troisième ; et ainsi jusqu'à la base ou au dernier plan qui touche à la terre, et qui est écrasé du poids de tous les autres.
>
> Dans les révolutions, si l'État est démocratique, les boules s'isolent ; si l'État est monarchique, la pyramide se renverse avec un fracas effroyable. Là, chacun tend à demeurer ferme sur son plan, et la boule du sommet reste tranquille à sa place.
>
> Lorsque les boules sont horizontales, les secousses se font latéralement. Lorsqu'elles sont en pyramide, les secousses se font de bas en haut. Là, chacun veut avoir ses coudées franches. Ici chacun veut gagner le plan supérieur au sien. Là, l'émulation est d'occuper de la place ; ici, l'ambition est de s'élever. Là, il y a un centre ; ici, un sommet[37].

On s'est souvent étonné du silence de Diderot sur l'insurrection de Pougatchev qui constituait, en 1773, « la plus spectaculaire manifestation de mécontentement social qu'ait connu l'Europe à cette époque[38] ». Il est vrai que Diderot n'évoqua jamais la révolte présente pendant son séjour à la cour de Catherine II, mais les *Observations sur le Nakaz* n'en sont pas moins claires : « Il y a un excellent moyen de prévenir la révolte des serfs contre les maîtres : c'est qu'il n'y ait point de serfs[39]. » La solution des problèmes posés par le servage est… l'élimination des maîtres.

Pendant que Diderot séjourne à La Haye, une nouvelle électrisante se répand en Europe. Le nouveau roi, Louis XVI, qui vient de succéder à son grand-père le 10 mai 1774, a appelé le comte de Maurepas au ministère. Le 24 août, dans la « Saint-Barthélemy des ministres » à Versailles[40], Maupeou et l'abbé Terray sont démis de leurs fonctions (le duc d'Aiguillon, le troisième membre du Triumvirat haï, avait démissionné dès le 2 juin) ; un ami des philosophes, Turgot, est nommé contrôleur général des Finances, puis deux mois plus tard, ministre de la Marine. Enfin, le 12 novembre, le nouveau roi rappelle les anciens parlements. Ce fut, commentera rétrospectivement un pilier du parti dévot, « quoique sourdement et sans révolution, le plus grand coup porté à la religion, peut-être, depuis Clovis. Les Voltaire, Diderot, d'Alembert et tant d'encyclopédistes, avaient tout bien préparé[41] ». Diderot exulte. N'avait-il pas expliqué à Catherine II que Turgot était le seul homme capable de redresser la situation en France ? « Malheureusement, ajouta-t-il, il ne sortira jamais de Limoges ; et s'il en sort, j'en pousserai un cri de joie, car il faut que l'esprit de notre ministère soit tout à fait changé, et que l'état des choses s'amende d'une manière presque miraculeuse[42]. » Quelques mois plus tard, le miracle a bel et bien eu lieu : « Il est arrivé sur votre horizon un grand événement qui sera sans doute suivi de beaucoup d'autres[43]. » Profondément pessimiste sur l'avenir de la France à Pétersbourg, il déborde d'optimisme à La Haye après l'annonce de la bonne nouvelle. Quand il lit dans *De l'homme* d'Helvétius que « la nation [française] est aujourd'hui le mépris de l'Europe » et que « nulle crise ne lui rendra sa liberté », il proteste : « L'expérience actuelle prouve le contraire. Que les honnêtes gens qui occupent à présent les premières places de l'État les conservent seulement pendant dix ans, et tous nos malheurs seront réparés[44]. »

La tentative de Turgot, aidé par Condorcet, de redresser la France suscita une espérance presque démesurée dans le camp des philosophes.

Le plan de Turgot débordait le cadre de réformes partielles, propres à boucher momentanément les lézardes. Son premier souci fut de procéder aux réformes économiques : première uniformisation des poids et mesures ; suppression des corvées et des corporations ; refonte totale du système de perception des impôts. Le 13 septembre, Turgot instaura la liberté du commerce des grains à l'intérieur du royaume. L'idée était heureuse en elle-même, mais impopulaire, et l'exécution s'avéra malaisée : l'année suivante, la crise frumentaire entraîna une suite d'agitations populaires en région parisienne, la fameuse « guerre des farines », qui peut être considérée comme le signe avant-coureur de la Révolution française. L'idée de libéralisation du commerce des grains est discréditée.

En matière d'administration, Turgot reprit et développa les plans agités depuis le début du siècle. Il envisageait une hiérarchie d'assemblées censitaires chargées de la répartition de l'impôt, des travaux publics et de l'aide sociale. Il préconisait l'uniformisation des circonscriptions judiciaires et administratives. Il voulait créer une représentation nationale sous la forme d'assemblées élues, les municipalités, qui présenteraient au gouvernement les vœux de la nation et auraient une part dans l'administration du royaume. Menées à leur terme, les réformes envisagées par Turgot devaient conduire d'une monarchie absolue à une monarchie constitutionnelle, mais lentement et par degrés insensibles.

Mais le temps lui manquait et ses projets blessaient trop d'intérêts particuliers. Tous, ou presque, étaient contre lui : les dévots, les parlements, la reine, la Cour, les financiers. Turgot était un homme seul, sans coterie, sans parti ni cabale. Il était surtout un homme trop orgueilleux, trop autoritaire, trop sûr de la justesse de sa doctrine, il manquait de sens politique et d'habileté. En 1775, la révolte des colonies anglaises d'Amérique échauffa les esprits en France. Pour Turgot, la cause était entendue : « Je crois fermement que toutes les métropoles seront forcées d'abandonner tout empire sur leurs colonies, de leur laisser une entière liberté de commerce avec toutes les nations, de se contenter de partager avec les autres cette liberté, et de conserver avec leurs colonies les liens de l'amitié et de la fraternité[45]. » À ses yeux, la victoire des Américains n'était qu'une question de temps. Aussi l'entrée en guerre de la France lui paraissait-elle inutile à la cause des insurgés et néfaste à la réforme de l'État. La participation de la France à la guerre d'indépendance américaine contrariait ses projets d'économie et allait causer directement sa chute : le 9 mai 1776, un conseil secret, dont Turgot était exclu, décidait l'entrée dans la guerre ; le 12, le contrôleur général était renvoyé après un ministère de moins de deux ans.

Si Diderot salua avec joie l'arrivée de Turgot au pouvoir, il garda le silence devant les réformes mises en place pendant les deux ans de son gouvernement. Il en profita néanmoins pour lui demander aide et assistance en faveur de sa famille : « J'ai fait ce que vous m'avez demandé, mes enfants. J'ai écrit à M. Turgot. [...] Il aura reçu ma lettre dimanche passé au plus tard. Allez le voir tous les deux ensemble. Je vous avoue que je n'ai pas la moindre inquiétude sur votre sort. Je ne sais pas ce que vous seriez devenus sous son prédécesseur, auprès duquel je n'avais à proprement parler qu'un appui en sous-ordre ; au lieu que mes sollicitations s'adresseront à présent tout droit au premier supérieur qui sera toujours disposé à m'écouter favorablement. [...] C'est d'ailleurs un homme d'un caractère ferme et solide. Son élévation ne lui tournera pas la tête. Il était destiné aux premières places et par son mérite personnel, et par l'illustration de ses pères[46]. » Quand éclate la guerre des farines suite à la libéralisation du commerce des grains et – une fois de plus – à de mauvaises récoltes, Diderot se tait, constatant l'échec d'une politique économique trop libérale. Alors que les émeutes sont à leur comble, l'adversaire de Turgot, le financier genevois Jacques Necker, soutenu par le parti philosophique, publie *Sur la législation et le commerce des grains* (1775), un ouvrage qui attaque la politique du ministre. Diderot écrivit à Necker pour le féliciter. En passant, il s'interroge sur le rôle des intellectuels dans la formation de l'opinion publique :

> Qui est-ce qui décidera la querelle des Économistes et de leurs adversaires ? la raison ? Et où est la raison ? dans les hommes d'État ?

> Assurément elle y est en puissance, mais ceux qui croient tout savoir n'ont guère la tentation de s'instruire. Dans le peuple ? Il n'a malheureusement pas le temps de la cultiver, de l'étendre et de s'en servir. [...] À qui vous êtes-vous donc adressé ? Qui est-ce qui parlera de votre travail et en parlera dignement ? [...] C'est l'homme de lettres, le littérateur, le philosophe.
>
> Songez que les ouvrages que nous feuilletons le moins, avec le plus de négligence et de partialité, ce sont ceux de nos collègues. La chose dont on parle le plus est celle qu'on sait le moins, et cela n'est pas si extravagant qu'on croirait bien. On se tait naturellement de ce qu'on croit avoir approfondi. Quoi qu'il en soit, nous sommes ce petit nombre de têtes qui, placées sur le cou du grand animal, traînent après elles la multitude aveugle de ses queues[47].

Après la chute de Turgot, Diderot se réjouit de l'arrivée de Necker aux Finances. Fait inouï, le riche banquier renonce à ses gages : « M. Necker a refusé généreusement l'honoraire de sa place. Il a dit que, si n'ayant qu'un enfant une fortune de cent mille écus de revenus ne lui suffisait pas, il serait le plus malheureux de tous les hommes [...]. M. Necker a des lumières, de la justice, de la fermeté, de l'élévation, et je fais, avec tous les honnêtes gens, des vœux pour la durée de son administration. Je souhaite que l'impossibilité de faire le bien ne le dégoûte pas de la simple fonction d'empêcher le mal[48]. » L'éloge de Necker est certainement sincère, mais au moment où il l'écrit, Diderot a définitivement perdu sa confiance en la réussite d'une politique réformiste. En 1780, il s'installe pour la dernière fois à la place de conseiller politique pour montrer au jeune roi (il a alors 26 ans) les lumières brillantes et les ombres profondes de la situation dans laquelle se trouve le pays, et pour proposer ensuite un programme de réformes inspiré par les Lumières.

Diderot prend la parole en tant qu'un des « meilleurs sujets » du roi[49]. Il représente le parti de l'intégrité à la recherche du bien général. C'est à ce titre qu'il supplie le roi de l'écouter : « Jeune prince, toi qui as pu conserver l'horreur du vice et de la dissipation, au milieu de la Cour la plus dissolue, et sous le plus inepte des instituteurs, daigne m'écouter avec indulgence. » Diderot ose tutoyer Sa Majesté pour dire toute la vérité, même si celle-ci est amère : « La hardiesse avec laquelle je te dirai des vérités que ton prédécesseur n'entendit jamais de la bouche de ses flatteurs, et que tu n'entendras pas davantage de ceux qui t'entourent, est le plus grand éloge que je puisse faire de ton caractère. » Son discours commence par un noir tableau de la situation de la France au-dehors et au-dedans : les défaites, les banqueroutes, l'inégalité sociale, les protestants sans état-civil : « Jette les yeux sur la capitale de ton empire, et tu y trouveras deux classes de citoyens. Les uns, regorgeant de richesses, étalent un luxe qui indigne ceux qu'il ne corrompt pas ; les autres, plongés dans l'indigence, l'accroissent encore par le masque d'une aisance qui leur manque : car telle est la puissance de l'or, lorsqu'il est devenu le dieu d'une nation, qu'il supplée à tout talent, qu'il remplace toute vertu, qu'il faut avoir des richesses ou faire croire qu'on en a. Au milieu de ce ramas d'hommes dissolus, tu verras quelques citoyens laborieux, honnêtes, économes, industrieux, à demi proscrits par des lois vicieuses que l'intolérance a dictées, éloignés de toutes les fonctions publiques, toujours prêts à s'expatrier, parce qu'il ne leur est pas permis de s'enraciner par des propriétés dans un État où ils existent sans honneur civil et sans sécurité. » Diderot passe ensuite à la description de la misère dans les campagnes qui croulent sous le poids des impôts. Abaisse tes yeux, apostrophe-t-il le roi, « sur les campagnes et considère d'un œil sec, si tu le peux, celui qui nous enrichit condamné à mourir de misère, l'infortuné laboureur auquel il reste à peine, des terres qu'il a cultivées, assez de paille pour couvrir sa chaumière et se faire un lit. [...] Vois des troupes d'hommes, qui n'ont rien, quitter dès l'aurore leur habitation et s'acheminer, eux, leurs femmes, leurs enfants, leurs bestiaux, sans salaire, sans nourriture, à la confection des routes, dont l'avantage n'est que pour ceux qui possèdent tout ». Pour remédier à ces maux, Diderot réclame des économies sur les dépenses du palais, les voyages, les chevaux du roi, les pensions, l'égalité devant l'impôt et la fin des privilèges des nobles et du clergé. Mais ce qui compte le plus à ses yeux, c'est la fermeté, la volonté d'agir – le volontarisme politique, dirait-on aujourd'hui – du jeune souverain, soutenu dans sa politique par les États généraux. C'est la première fois qu'un philosophe de l'importance de Diderot réclamait « l'assemblée des états d'une grande nation, le retour à la liberté primitive, l'exercice respectable des premiers actes de la justice naturelle ». La suite est connue.

L'apostrophe à Louis XVI parut dans la troisième édition de l'*Histoire des deux Indes*, signée pour la première fois du nom de l'abbé Raynal. Diderot y avait travaillé au cours de l'hiver 1776-1777, puis de nouveau de la moitié de 1778 jusqu'aux premiers mois de 1780. Sur les conditions de travail qui caractérisent cette dernière période, Diderot s'est ouvert dans une lettre à sa fille : « Ma journée, qui commence communément entre quatre et cinq du matin, est toute d'une pièce. Si le cher abbé continue, je ne sais plus quand nous serons débarrassés l'un de l'autre : le dessin de sa tapisserie s'étend d'un bout et se raccourcit de l'autre sur le métier ; d'où il suit que lui défaisant autant que je fais, je ressemble au courrier Hohoye qui piétine sans cesse, et se retrouve toujours à la même place[50]. » Imprimés à partir de mars-avril 1780, les dix volumes de la troisième édition de l'*Histoire des deux Indes* furent distribués vers mars 1781. L'ouvrage, véritable encyclopédie de la colonisation du Nouveau Monde, fut rapidement et avidement absorbé et diffusé sur la grande échelle de l'industrie éditoriale en plein essor des dernières décennies du siècle[51]. L'arrêt du Parlement du 25 mai condamna l'ouvrage à être lacéré et brûlé par la main du bourreau, « comme impie, blasphématoire, séditieux, tendant à soulever les peuples contre l'autorité souveraine, et à renverser les fondements de l'ordre civil[52] ». Privé d'un soutien puissant par le renvoi de Necker en mai 1781, l'abbé Raynal, maître d'œuvre plutôt qu'auteur de l'*Histoire*, fut décrété d'arrestation et dut prendre le chemin de l'exil jusqu'en août 1784, c'est-à-dire peu après la mort de Diderot. Quelques années plus tard, il sera fêté comme « père de la Révolution », un titre qui lui assurera sa survie pendant la Terreur.

On se souvient que Diderot avait collaboré à l'ouvrage de l'abbé dès la première édition parue en 1770, et plus encore à la deuxième, revue et augmentée, de 1774. Après son retour de Russie, après l'échec de Turgot et devant l'état catastrophique de la France, il profite de la notoriété de l'*Histoire des deux Indes* pour s'y exprimer sans retenue sur l'actualité politique de la France et des colonies, pour développer des idées qui lui sont chères et de les faire parvenir à un public très large. C'est à lui qu'il faut rendre la plupart des morceaux qui ont fait la célébrité de l'ouvrage à la veille de la Révolution : tableau de l'Europe, dénonciation du despotisme, attaques contre les prêtres, l'Inquisition et l'intolérance. Diderot critique sans ménagement la colonisation française aux Indes, dans les îles américaines et au Canada. En piétinant le « penchant violent » des peuples à « se gouverner eux-mêmes[53] », en écrasant les pays conquis sous les « privilèges exclusifs » des « compagnies exclusives », les Français, comme tous les peuples européens, avaient fini par créer une séparation toujours plus profonde entre la métropole et les colonies. Mais les prises de position les plus radicales et les plus hardies sont celles qui condamnent la pratique de l'esclavage des nègres et celles qui légitiment, voire appellent les peuples à la révolte contre les colonisateurs. J'aime, dira-t-il plus tard, les livres qui font « naître des Brutus[54] ». La contribution du philosophe – un cinquième du texte environ sur les dix volumes ! – le hisse au rang des tribuns de la Révolution : « Tels mots de Diderot, écrira Joseph Fabre, sont comme les premiers grondements du tonnerre de Danton[55]. »

Dès 1772, Diderot stipulait que l'homme étant son propre maître, nul ne pouvait être la propriété d'un autre : « Jamais un homme ne peut être la propriété d'un souverain, un enfant la propriété d'un père, une femme la propriété d'un mari, un domestique la propriété d'un maître, un nègre la propriété d'un colon[56]. » Dans la troisième édition de l'*Histoire des deux Indes*, ce passage est intégré dans une flamboyante diatribe contre l'esclavage des Noirs[57]. L'Europe, constate Diderot, est pénétrée depuis un siècle de l'esprit des Lumières, les cruautés d'antan y sont maintenant en horreur. « Des malheurs même imaginaires nous arrachent des larmes dans le silence du cabinet et surtout au théâtre. Il n'y a que la fatale destinée des malheureux nègres qui ne nous intéresse pas. On les tyrannise, on les mutile, on les brûle, on les poignarde ; et nous l'entendons dire froidement et sans émotion. Les tourments d'un peuple à qui nous devons nos délices ne vont jamais jusqu'à notre cœur. » En effet, beaucoup de gens, et jusqu'à une époque récente, trouvaient la traite des Noirs et leur mise en esclavage parfaitement légitimes. Peu de temps avant le tristement célèbre Code noir édicté en 1685, un négociant et économiste français, Jacques Savary, expliquait doctement : « Ce commerce paraît inhumain à ceux qui ne savent pas que ces pauvres gens sont idolâtres ou mahométans, et que les marchands chrétiens, en les achetant de leurs ennemis, les tirent d'un cruel esclavage et leur font trouver dans les îles où ils sont portés, non seulement une servitude plus douce, mais même la connaissance du vrai Dieu et la voie du salut par les bonnes instructions que leur donnent des prêtres et religieux qui prennent le soin de les faire chrétiens ; et il y a lieu de croire que sans ces considérations, on ne permettrait point ce commerce[58]. » Même des autorités religieuses justifiaient l'esclavage : Bossuet par exemple soutenait que la servitude venait des lois d'une juste guerre, et qu'elle avait été primitivement un bienfait, une marque de clémence[59].

Les raisons pour lesquelles les colons européens faisaient travailler des esclaves noirs dans leurs plantations de sucre – nos « délices » mentionnés par Diderot – sont connues : il fut permis, expliquait un historien contemporain, « d'acheter et de vendre des esclaves nègres [...] parce qu'il n'est guère possible de faire cultiver les terres, et de faire travailler au sucre des hommes libres, en Amérique, où il n'y en a pas assez ; outre que le climat brûlant, sous lequel les nègres sont nés, les rend infiniment plus propres à travailler dans les terres qui sont entre les tropiques que les Européens, nés en des climats plus tempérés[60] ». Déjà Montesquieu s'était insurgé contre cet argument honteux dans son célèbre faux plaidoyer dans *De l'esprit des lois* : « Le sucre serait trop cher, faisait-il dire à son apologiste de l'esclavagisme, si l'on ne faisait travailler la plante qui le produit par des esclaves. » Comprenons que si nous voulons continuer à mettre du sucre dans notre café et nos pâtisseries, nous devons accepter l'inconvénient qui consiste à le faire produire par des esclaves. Le défenseur de l'esclavagisme auquel Montesquieu donne la parole sait fort bien que nous ne voulons pas payer le sucre à son juste prix, qui augmenterait sans doute si l'on payait des ouvriers libres pour le produire. Ce n'est donc pas notre confort qui est en jeu mais bien plutôt notre avarice, notre refus de payer plus cher une marchandise dont nous ne pouvons plus nous passer. Plutôt que d'élever le prix du sucre, nous préférons abaisser le travail humain, c'est-à-dire de le rendre inhumain. Ce qui condamne les nègres à l'esclavage, c'est le prix du sucre ; s'ils étaient traités en hommes et non en esclaves, le sucre serait nécessairement plus cher[61].

En 1758, Helvétius confrontait dans *De l'esprit* son lecteur avec le prix *payé par les esclaves* pour que le coût réel du sucre payé par les Européens ne soit pas trop élevé : « Il n'arrive point de barrique de sucre en Europe qui ne soit teinte de sang humain. » En lisant cette page, Diderot a écrit en marge du passage mentionnant les barriques de sucre : « Ces deux lignes ont empoisonné tout le sucre que je mangerai de ma vie et je l'aime beaucoup[62]. » Un an plus tard, Voltaire donna à l'observation amère d'Helvétius tout l'éclat en redoublant la force polémique qu'elle recèle. Au début du chapitre 19 de *Candide*, le héros éponyme du roman et son compagnon Cacambo rencontrent en Guyane hollandaise un esclave noir, le fameux nègre de Surinam, à qui il manque la jambe gauche et la main droite. Les mutilations, explique la victime, ont deux origines, l'accident et la répression : « Quand nous travaillons aux sucreries, et que la meule nous attrape le doigt, on nous coupe la main ; quand nous voulons nous enfuir, on nous coupe la jambe : je me suis trouvé dans les deux cas. C'est à ce prix que vous mangez du sucre en Europe[63]. »

Mais c'est Diderot qui s'exprime avec la plus grande force dans le long chapitre consacré à l'esclavage dans l'*Histoire des deux Indes*. La liberté étant définie comme la propriété de soi, Diderot se dresse indigné contre les marchands d'esclaves. Il énumère un à un leurs arguments pro-esclavagistes pour y répondre longuement. Deux siècles avant Hannah Arendt, il découvre avec horreur la « banalité du mal » dans les activités des armateurs, hommes ordinaires transformés en bourreaux : « Voyez cet armateur qui, courbé sur son bureau, règle, la plume à la main, le nombre des attentats qu'il peut faire commettre sur les côtes de Guinée ; qui examine à loisir de quel nombre de fusils il aura besoin pour obtenir un nègre, de chaînes pour le tenir garrotté sur son navire, de fouets pour le faire travailler ; qui calcule, de sang-froid, combien lui vaudra chaque goutte de sang dont cet esclave arrosera son habitation ; qui discute si la négresse donnera plus ou moins à sa terre par les travaux de ses faibles mains que par les dangers de l'enfantement. Vous frémissez… » D'aucuns pensent que « les nègres sont une espèce d'hommes nés pour l'esclavage » ; on dit qu'ils sont « bornés, fourbes, méchants ». Diderot s'emporte : « Les nègres sont bornés, parce que l'esclavage brise tous les ressorts de l'âme. Ils sont méchants, pas assez avec vous. Ils sont fourbes, parce qu'on ne doit pas la vérité à ses tyrans. » Après avoir écarté la mise à mort des colonisateurs dans le *Supplément au Voyage de Bougainville*[64], il estime désormais que l'esclavage rend toute insurrection légitime et termine sa tirade avec la vision d'un « Spartacus noir » qui mènera une révolte des esclaves contre leurs oppresseurs.

Sous la plume de Diderot, le mot « esclave » est appliqué tantôt aux Noirs asservis par les Blancs, tantôt aux Blancs asservis par les Blancs. Cet emploi indifférencié du même terme est sans équivoque : lorsque Diderot parle des esclaves blancs, c'est le plus souvent pour dénoncer les lois politiques qui régissent les colonies ; mais quelquefois, il s'agit autant du destin de la France et de l'Europe que de ces colonies-prétextes.

Diderot, nous l'avons dit, ne remet pas en cause le principe même de la colonisation. C'est un droit légitime si la terre est inhabitée et déserte : « La première découverte bien constatée fut une prise de possession légitime[65]. » En revanche, l'usurpation, la colonisation par la force, est contraire au droit de propriété. Européens, demande Diderot, « pouvez-vous nous apprendre à quelle distance de votre séjour ce titre sacré s'anéantit ? » La colonisation a rendu les Européens plus sauvages que les fauves qui peuplent les forêts : « Passé l'Équateur, l'homme n'est ni anglais, ni hollandais, ni français, ni espagnol, ni portugais. Il ne conserve de sa patrie que les principes et les préjugés qui autorisent ou excusent sa conduite. […] C'est un tigre domestique qui rentre dans la forêt. La soif du sang le reprend. Tels se sont montrés tous les Européens, tous indistinctement, dans les contrées du Nouveau Monde, où ils ont porté une fureur commune, la soif de l'or[66]. » Quand il voit arriver les Européens en Afrique du Sud, il s'écrie : « Fuyez, malheureux Hottentots, fuyez ! Enfoncez-vous dans vos forêts. » Les Blancs sont des « bêtes féroces », astuce et dissimulation sont les armes des conquérants : « En vous abordant, ils s'inclineront. Ils auront une main placée sur la poitrine. Ils tourneront l'autre vers le ciel, ou vous la présenteront avec amitié. Leur geste sera celui de la bienfaisance ; leur regard celui de l'humanité : mais la cruauté, mais la trahison sont au fond de leur cœur. Ils disperseront vos cabanes ; ils se jetteront sur vos troupeaux ; ils corrompront vos femmes ; ils séduiront vos filles. Ou vous vous plierez à leurs folles opinions, ou ils vous massacreront sans pitié. Ils croient que celui qui ne pense pas comme eux est indigne de vivre. » Et contrairement à ce qu'il avait laissé entendre dans le *Supplément au Voyage de Bougainville*, l'appel du philosophe est maintenant sans ambiguïté : « Prenez vos haches, tendez vos arcs, faites pleuvoir sur ces étrangers vos flèches empoisonnées. [...] Hâtez-vous donc, embusquez-vous ; et lorsqu'ils se courberont d'une manière suppliante et perfide, percez-leur la poitrine. Ce ne sont pas les représentations de la justice qu'ils n'écoutent pas, ce sont vos flèches qu'il faut leur adresser[67]. »

Au moment où Diderot écrit ces lignes, la colonisation est terminée. Le problème posé concerne d'un côté l'action des colons venus de l'Europe, de l'autre, le sort des habitants du Nouveau Monde. Paradoxalement, les colons sont à la fois oppresseurs et opprimés : s'ils oppriment les populations en les soumettant au monarque européen et à l'esclavage, ils dépendent politiquement et commercialement de la métropole. En fait, la situation des colons n'a rien d'enviable, car les vrais profiteurs sont restés en Europe. Tôt ou tard, prédit Diderot, les colonies finiront par se gouverner eux-mêmes. Rien de plus légitime que les révolutions : ayant eux-mêmes traîné un roi sur l'échafaud et déposé un autre par un arrêt de la nation, les Anglais n'ont aucun droit de qualifier les Américains de rebelles. En plaçant la révolution américaine au cœur de son *Histoire*, Raynal en fit, avec l'aide décisive de Diderot, un modèle, un exemple pour toutes les colonies, le signe annonciateur d'une profonde mutation du rapport entre les continents. « L'autorité d'une nation sur une autre, conclut-il, ne peut être fondée que sur la conquête, le consentement général, ou des conditions proposées et acceptées. La conquête ne lie pas plus que le vol. Le consentement des aïeux ne peut obliger les descendants ; et il n'y a point de condition qui ne soit exclusive du sacrifice de la liberté. La liberté ne s'échange pour rien, parce que rien n'est d'un prix qui lui soit comparable. C'est le discours que vous avez tenu à vos tyrans, et nous vous le tenons pour vos colons. » Du reste, ce ne sont pas les discours ou spéculations philosophiques qui déclenchent les révolutions, mais les exactions des despotes : « Si les peuples sont heureux sous la forme de leur gouvernement, ils le garderont. S'ils sont malheureux, ce ne seront ni vos opinions, ni les miennes, ce sera l'impossibilité de souffrir davantage et plus longtemps qui les déterminera à la changer, mouvement salutaire que l'oppresseur appellera révolte, bien qu'il ne soit que l'exercice légitime d'un droit inaliénable et naturel de l'homme qu'on opprime, et même de l'homme qu'on n'opprime pas[68]. » Comme il le disait déjà dans les *Fragments politiques* : un despote, même juste et éclairé, qui méprise la volonté générale de ses sujets doit être considéré comme « criminel de lèse-société[69] ».

Diderot est convaincu que le despotisme finit toujours par être renversé pour laisser place à un nouvel ordre des choses. Cependant le danger est grand que la liberté conquise ne dégénère en licence ou en un nouveau despotisme. C'est la raison pour laquelle le philosophe ne prise guère les révolutions violentes. Il mise sur l'avenir d'un meilleur roi tant que sa conscience le lui permet : « Le philosophe attend le cinquantième bon roi qui profitera de ses travaux. En attendant, il éclaire les hommes sur leurs droits inaliénables. Il tempère le fanatisme religieux. Il dit aux peuples qu'ils sont les plus forts et que, s'ils vont à la boucherie, c'est qu'ils s'y laissent mener. Il prépare aux révolutions, qui surviennent toujours à l'extrémité du malheur, des suites qui compensent le sang répandu[70]. » L'appel à l'insurrection qui parcourt la troisième édition de l'*Histoire des deux Indes* n'est pas lancé par goût de la violence pour la violence, mais au terme d'une analyse lucide. La société est un organisme vivant, qui naît, croît, dépérit, se dissout et se régénère. Les révoltes sanglantes sont inévitables lorsqu'une nation a atteint le stade suprême dans la dégénérescence, la décrépitude. C'est le cas de la France, estime Diderot, arrivée au dernier terme de son développement ; vouloir la restaurer, c'est se proposer de « bâtir sur une aire couverte de ruines », c'est tenter « la guérison d'un cadavre gangrené ». Le restaurateur d'une nation corrompue « prêche la réforme à des endurcis. Il n'a que de la haine et des persécutions à obtenir de la génération présente ». La conclusion tombe comme un couperet : « Une nation ne se régénère que dans un bain de sang. C'est l'image du vieil Éson, à qui Médée ne rendit la jeunesse qu'en le dépeçant et en le faisant bouillir. Quand elle est déchue, il n'appartient pas à un homme de la relever. Il semble que ce soit l'ouvrage d'une longue suite de révolutions[71]. » Quand le corps social n'est plus qu'un cadavre gangrené, il n'y a nul autre moyen de le guérir que par une médecine de cheval. Le bain de sang libérateur devient inévitable pour que la nation opprimée puisse se rajeunir comme le vieil Éson dans le mythe. « Non, non, s'exclame Diderot dans un élan prophétique, il faut que, tôt ou tard, la justice soit faite. S'il en arrivait autrement, je m'adresserais à la populace. Je lui dirais : Peuples, dont les rugissements ont fait trembler tant de fois vos maîtres, qu'attendez-vous ? Pour quel moment réservez-vous vos flambeaux et les pierres qui pavent vos rues ? Arrachez-les[72]... » Il va de soi que la question de savoir si les crises violentes sont nécessaires ou trop dangereuses n'a pas de sens : la loi de la nature veut que les révolutions se succèdent et que toutes les sociétés gravitent vers le despotisme et la dissolution. Les philosophes dénoncent le joug imposé à l'espèce humaine par une « poignée de fripons » qui la gouvernent à leur profit, mais ils ne sont point responsables des révolutions : la nature finit toujours par revendiquer ses droits.

On a souvent dit avec raison que Diderot était bien moins « obsédé » par la religion que d'Holbach ou Voltaire. Tandis que le premier inondait l'Europe d'écrits antichrétiens et que le second menait l'assaut contre l'Infâme depuis son exil de Ferney, l'ancien étudiant en théologie écrivait tranquillement ses *Salons* dans lesquels il avouait en passant son enthousiasme irrationnel pour les belles cérémonies catholiques. L'artiste en lui a bien perçu tout le parti qu'on pouvait tirer de la vie religieuse du point de vue esthétique : « Il y a là-dedans je ne sais quoi de grand, de sombre, de solennel, de mélancolique[73]. » Quelles furent les raisons qui ont conduit Diderot à sortir de son silence ? Il y a d'abord les relations avec son frère l'intransigeant abbé qui continuaient à se détériorer après la mort de leur père jusqu'à atteindre un point de non-retour lors de la visite du philosophe à Langres pendant l'été 1770. Deux ans plus tard, la rupture est consommée suite au refus exprimé par le chanoine de marier sa nièce Angélique Diderot et le jeune Caroillon de Vandeul. Une autre raison, plus déterminante sans doute, d'une attitude plus combative de Diderot vis-à-vis de la religion est sa conviction, tardive mais d'autant plus forte, que la société et les institutions françaises ont besoin d'être renouvelées de fond en comble. Les rapports orageux avec son frère lui ont douloureusement fait sentir que l'un des principaux obstacles à ce renouveau était « la superstition », ou plus précisément le joug que l'Église faisait peser sur les consciences ainsi que l'autorité qu'elle exerçait sur le corps politique et le gouvernement. Dès 1770, la réflexion politique de Diderot se double d'une sévère critique religieuse dénonçant l'emprise de l'Église sur le gouvernement et les mœurs : tandis que les œuvres de fiction mettent à jour l'incompatibilité entre la loi naturelle et la loi religieuse, d'autres textes – en particulier ses contributions à l'*Histoire des deux Indes* et les écrits de la « période russe » – soulignent la nocivité de la religion. Le dernier livre de l'*Histoire des deux Indes*, qui dresse entre autres un bilan du progrès des Lumières, commence par la religion. La faiblesse et la misère de l'homme, ont engendré « différents systèmes également absurdes ». Le malheur des hommes de bien et la prospérité des méchants ont donné naissance à la doctrine de l'immortalité de l'âme et à la croyance d'une vie après la mort. Puis, la religion fut mise à profit pour dominer les peuples[74] :

> Par les superstitions, la ruse a partagé l'empire avec la force. Quand l'une a tout conquis, tout soumis, l'autre vient et lui donne des lois à son tour. Elles traitent ensemble ; les hommes baissent la tête et se laissent lier les mains. S'il arrive que ces deux puissances mécontentes se soulèvent l'une contre l'autre, c'est alors qu'on voit ruisseler dans les rues le sang des citoyens. Une partie se range sous l'étendard de la superstition ; l'autre marche sous les drapeaux du souverain. Les pères égorgent les enfants ; les enfants enfoncent, sans hésiter, le poignard dans le sein des pères. Toute idée de justice cesse ; tout sentiment

> d'humanité s'anéantit. L'homme semble tout à coup métamorphosé en bête féroce. L'on crie d'un côté : « Rebelles, obéissez à votre monarque. » On crie de l'autre : « Sacrilèges, impies, obéissez à Dieu, le maître de votre roi, ou mourez. » Je m'adresserai donc à tous les souverains de la terre, et j'oserai leur révéler la pensée secrète du sacerdoce. Qu'ils sachent que si le prêtre s'expliquait franchement, il dirait : « Si le souverain n'est pas mon licteur, il est mon ennemi. Je lui ai mis la hache à la main, mais c'est à condition que je lui désignerais les têtes qu'il faudrait abattre[75]. »

Pour remédier au fanatisme religieux, Diderot imagine la séparation des Églises et de l'État, la laïcité : « Il y aurait peut-être un remède : ce serait une si parfaite indifférence des gouvernements que sans aucun égard à la diversité des cultes, les talents et la vertu conduisissent seuls aux places de l'État et aux faveurs du souverain. Alors peut-être les différentes Églises se réduiraient à des différences insignifiantes d'école[76]. » Ailleurs, Diderot va jusqu'à préconiser un droit de regard de l'État sur les doctrines religieuses : « L'État, ce me semble, n'est point fait pour la religion, mais la religion est faite pour l'État. [...] C'est donc à cette autorité et à cette autorité seule qu'il appartient d'examiner les dogmes et la discipline d'une religion ; les dogmes, pour s'assurer si, contraires au sens commun, ils n'exposeraient point la tranquillité à des troubles d'autant plus dangereux que les idées d'un bonheur à venir s'y compliqueront avec le zèle pour la gloire de Dieu et la soumission à des vérités qu'on regardera comme révélées ; la discipline, pour voir si elle ne choque pas les mœurs régnantes, n'éteint pas l'esprit patriotique, n'affaiblit pas le courage, ne dégoûte point de l'industrie, du mariage et des affaires publiques, ne nuit pas à la population et à la sociabilité, n'inspire pas le fanatisme et l'intolérance[77]. » Même les auteurs de la Déclaration des droits de l'homme n'osèrent pas aller aussi loin, préconisant seulement, dans l'article 10, que « nul ne doit être inquiété pour ses opinions, même religieuses, pourvu que leur manifestation ne trouble pas l'ordre public établi par la loi ». Cet article, qui est l'ancêtre de la laïcité « à la française », fonda la liberté religieuse en proclamant premièrement que la religion n'est qu'une opinion, n'ayant aucun statut particulier[78], et deuxièmement que toute religion peut être admise à partir du moment où elle n'atteint pas à la sûreté publique. Dès qu'une religion porte atteinte aux droits de l'homme et risque d'être un facteur de troubles par rapport à l'ordre public ou de compromettre le bien commun du groupe social, c'est à l'État de faire respecter la loi. Diderot le disait on ne peut plus clairement : « L'État a la suprématie en tout. La distinction d'une puissance temporelle et d'une puissance spirituelle est une absurdité palpable ; et il ne peut et ne doit y avoir qu'une seule et unique juridiction, partout où il ne convient qu'à l'utilité publique d'ordonner ou de défendre. Quand l'État a prononcé, l'Église n'a plus rien à dire[79]. »

En 1777, l'éditeur hollandais Marc-Michel Rey fait paraître un curieux volume, prétendument imprimé à Londres, intitulé *Pensées philosophiques, en français et en italien, auxquelles on a ajouté un Entretien d'un Philosophe avec Mme la Duchesse de* ***. Aux dires de Naigeon, Diderot lui-même, par crainte du clergé et du Parlement, « avait eu la prudence de faire traduire ce Dialogue en italien », et y avait lui-même joint un *Avis au lecteur* « dans lequel, pour mieux donner le change au lecteur, il parle de l'original comme d'une traduction d'un ouvrage posthume de Crudeli, célèbre poète italien ». Naigeon précise aussi que c'est le traducteur italien qui a fait précéder cet ouvrage des anciennes *Pensées philosophiques* et de leur traduction en italien[80]. Rédigé en Hollande, le dernier conte de Diderot avait été publié dès 1775 sous son vrai titre, *Entretien d'un philosophe avec la maréchale de* ***, dans la *Correspondance littéraire* ; en 1796, il est à nouveau publié dans un recueil intitulé *Opuscules philosophiques et littéraires*, où il côtoie un autre inédit de Diderot, le *Supplément au Voyage de Bougainville*[81]. Dans son introduction, l'abbé Bourlet de Vauxcelles présente ainsi les circonstances qui ont présidé à sa rédaction : Diderot « a rédigé, sous le nom de Crudeli, la conversation qu'on va lire, et qu'il eut véritablement, ou à peu près, avec Mme la maréchale de Broglie. Le hasard fit que j'en fus instruit par l'un et l'autre, dans la journée même où elle avait eu lieu. Diderot [...] avait, pendant une heure et demie, exhorté cette Vierge à l'impiété, et se flattait de l'avoir laissée un peu contente de lui. Je l'assurai, en riant, du contraire. Elle est, lui dis-je, fort scandalisée[82] ». Fille du collectionneur Louis Antoine Crozat baron de Thiers, Louise Augustine Salbigothon Crozat de Thiers avait épousé en 1752 le maréchal Victor François duc de Broglie. Après la mort de son père, Diderot suggéra à Golitsyn que Catherine II achetât sa célèbre collection. Il engagea des experts compétents et commença à fréquenter l'hôtel du maréchal de Broglie, l'un des héritiers du baron décédé. Après près d'un an de négociations, le contrat de vente fut signé le 4 janvier 1772 ; le 17 avril, Diderot annonça à Falconet l'achat de quelque cinq cents tableaux pour la somme de 460 000 livres.

Nous ne savons rien de la teneur exacte du ou des entretiens que Diderot a pu avoir avec la maréchale de Broglie en 1770 ou 1771, car il ne faut évidemment pas prendre au pied de la lettre le récit tendancieux de l'abbé de Vauxcelles cité plus haut, selon lequel le philosophe aurait exhorté son interlocutrice à l'impiété pendant une heure et demie. Plus vraisemblablement, l'*Entretien* est un souvenir de son voyage en Russie au cours duquel Diderot a pu mesurer l'abîme qui séparait un homme éclairé comme Hemsterhuis, qui continuait à mettre en doute la réalité d'un athéisme vertueux, et les convives de la coterie holbachique. Le dialogue fictif avec la maréchale de Broglie semble directement issu des observations critiques sur la *Lettre sur l'homme et ses rapports* de Hemsterhuis, elles-mêmes nourries de la collaboration au *Système de la nature* de d'Holbach.

L'*Entretien d'un philosophe avec la maréchale de **** est tout entier consacré au rapport entre la religion et la morale. Selon la maréchale, il est impossible d'être vertueux sans la croyance en un Dieu rémunérateur et vengeur. Diderot cherche à lui prouver que la religion n'est pas un motif de faire le bien, ni l'incrédulité un motif de faire le mal. Pour prouver à son interlocuteur qu'il faut un intérêt puissant pour se conduire comme il faut, la maréchale allègue naïvement son propre exemple : « Si je n'avais rien à espérer ni à craindre, quand je n'y serai plus, il y a bien de petites douceurs dont je ne me priverais pas, à présent que j'y suis. » L'athée, qui n'attend ni peines ni récompenses après sa mort, n'a aucune raison de se priver ici-bas selon elle, car « quel motif peut avoir un incrédule d'être bon, s'il n'est pas fou[83] ? »

Cette part d'intérêt dans la croyance de la maréchale n'est pas une invention de Diderot : l'acte de croire est tout autant profane que religieux et s'est investi, depuis le droit romain, dans le domaine des obligations. *Créance* et *croyance* ne formaient qu'un seul mot en bas latin *(credentia)* et le premier sens du verbe *credere* (croire) était « confier en prêt ». Le *Credo* et le *crédit* relèvent d'une même confiance entre débiteur et créancier, ce que la prière du Notre-Père exprime à sa manière : « Remets-nous nos dettes comme nous les avons remises à ceux qui nous devaient » (Mt 6.13). La croyance et le crédit supposent une préférence pour l'avenir : on prête à Dieu, futur créancier indulgent de l'homme, une part de sa vie actuelle comme on prête à un emprunteur une part de son argent dans l'espoir d'un gain futur[84]. Le taux d'intérêt est même particulièrement avantageux à en croire l'Évangile puisque la mise sera « rendue au centuple » (Mt 19.29) dans le monde à venir. La foi est un investissement rentable, explique en substance le P. Rapin, justifiant quelques privations : « Dès qu'un moyen me paraîtra, en mon particulier, propre pour *gagner le Ciel*, [...] je m'en servirai au dépens de mon plaisir, de ma réputation, de ma paix, et de mes autres intérêts temporels[85]. » L'amour du Dieu, explique le P. Louis-François d'Argentan, « est une usure où l'on gagne infiniment ». Pourquoi ? Parce qu'un seul acte d'amour suffit pour faire pardonner tous les péchés : « Que je sois coupable d'un million des plus abominables [péchés] ; si j'offre à Dieu un seul acte de son amour, il me remet toute la somme immense de mes dettes. N'est-ce point là une usure qui m'apporte un gain admirable[86] ? » On précisera que ce marchandage, qualifié d'*usure* par le personnage Diderot, l'interlocuteur de la maréchale, a été sévèrement condamné par les protestants, qui ont traité d'amour-propre et de dévotion trop intéressée la vue de la récompense future. Les privations comme la vie monacale, l'ascèse, les mortifications, les actions ou les œuvres humaines, la piété et la charité même sont vaines pour obtenir le salut. On ne peut pas acheter le paradis ; l'amour et le pardon de Dieu ne dépendent pas des croyants, d'un quelconque mérite ou effort de sa part, mais de l'œuvre accomplie une fois pour toutes par Jésus-Christ. Se réclamant d'un passage de la lettre de l'apôtre Paul aux Éphésiens (2.8-9), les protestants estiment que l'homme est sauvé « par la grâce de Dieu » et seulement « au moyen de la foi ».

Condamnée par le concile de Trente, la doctrine protestante de la justification par la foi seule est diamétralement opposée au principe catholique du salut par les œuvres. « Car de tous les moyens de se sauver, écrit le P. Rapin, le plus certain et le plus facile pour les riches est la compassion que la foi leur inspire pour les pauvres, qui deviennent leurs protecteurs dans le Ciel, après les secours qu'ils en ont reçus sur la terre, et qui leur mettront la couronne sur la tête pour leur faire part de leur gloire[87]. » C'est bien dans cette perspective mercantile que le curé Papin, dans *Les Deux Amis de Bourbonne*, situe l'intérêt porté par Madame de *** à Félix et Olivier. Certes, leur mande-t-il, « l'évangile ne cesse de nous recommander la commisération pour les pauvres », mais aux yeux de Dieu, l'aumône a plus ou moins de valeur selon les destinataires : « On double le mérite de sa charité par un bon choix des misérables. » En banquier avisé, le curé lui propose alors un placement plus rentable sur le marché du salut : « Si Madame daignait m'honorer de sa confiance, je placerais peut-être les marques de sa bienfaisance d'une manière plus utile pour les malheureux, et plus méritoire pour elle[88]. » *Do ut des*, disaient les Romains au moment de certains actes religieux : je te donne afin que tu me donnes. « On peut faire l'usure avec Dieu tant qu'on veut », ajoute la maréchale, sans compter que, « notre mise sera toujours bien mesquine en comparaison de la rentrée que nous attendons[89] ».

Au grand scandale de la maréchale, son interlocuteur athée estime que la religion n'est pas un motif suffisant pour faire le bien, voire qu'elle est intrinsèquement mauvaise. Premièrement, parce qu'elle est source d'intolérance et de haine : « Songez qu'elle a créé et qu'elle perpétue la plus violente antipathie entre les nations. Il n'y a pas un musulman qui n'imaginât faire une action agréable à Dieu et à son Prophète en exterminant tous les chrétiens, qui de leur côté ne sont guère plus tolérants. Songez qu'elle a créé et qu'elle perpétue dans une même contrée, des divisions qui se sont rarement éteintes sans effusion de sang. Notre histoire ne nous en offre que de trop récents et de trop funestes exemples. Songez qu'elle a créé et qu'elle perpétue dans la société entre les citoyens, et dans les familles entre les proches, les haines les plus fortes et les plus constantes. Le Christ a dit qu'il était venu pour séparer l'époux de la femme, la mère de ses enfants, le frère de sa sœur, l'ami de l'ami, et sa prédiction ne s'est que trop fidèlement accomplie[90]. » Deuxièmement, parce qu'une morale religieuse trop restrictive, inventée par des « hommes mélancoliques qui l'ont calquée sur leur caractère », ne peut durablement s'imposer contre la nature humaine… ou la mode du moment. La maréchale est pieuse mais elle n'est pas dévote, pas plus que la belle voisine de son interlocuteur qui persiste à s'habiller selon l'usage, quitte à commettre un péché grave en exposant son prochain à la tentation. La tentation est trop proche, tandis que l'enfer est trop loin : pour diminuer les crimes, il vaut mieux punir et récompenser ici et maintenant. Il y a donc deux morales religieuses : une morale officielle, sévère, qu'on ne suit pas, et une morale laxiste, que tout le monde adopte. C'est la raison pour laquelle l'athéisme n'est pas plus dangereux pour la société que la croyance en un Dieu rémunérateur et vengeur, bien au contraire. Les croyants sont loin de se comporter toujours de manière irréprochable alors que l'athée peut être vertueux par nature, par éducation et par principe… ou par la peur du gendarme. Ce ne sont pas les préceptes religieux ni les traités de morale qui forment les hommes, mais une sage et juste législation qui encourage les citoyens au bien et les détourne du mal. Dans le passage central du dialogue, Diderot esquisse une législation grâce à laquelle les hommes, à moins d'être entraînés par une « nature perverse, que rien ne peut corriger », trouvent leur intérêt à faire coïncider leur bonheur particulier avec le bonheur général, de sorte « qu'un citoyen ne puisse presque pas nuire à la société sans se nuire à lui-même[91] ». Le testament moral de Diderot tient précisément en ces quelques lignes qui répètent dans une autre formulation la fameuse théorie des trois codes énoncée à maintes reprises depuis le *Salon de 1767* : une société ne peut garantir le bonheur de ses membres que si les codes civil et religieux sont calqués sur celui de la nature.

Confondue mais non persuadée, la maréchale fait valoir l'espoir consolant d'une vie après la mort : Diderot lui réplique que le concept d'âme spirituelle et immortelle est aussi inconcevable que l'idée d'un Dieu esprit créateur de la matière. L'argument est un peu court, mais l'important n'est pas là. À l'objection de son interlocutrice qu'il pourrait se tromper, il répond par la parabole du Mexicain qui avait douté de l'existence d'une contrée au-delà des mers. Lorsqu'il y aborde, il est accueilli par un vieillard vénérable :

> DIDEROT – [...] Il lui demanda où il était et à qui il avait l'honneur de parler. « Je suis le souverain de la contrée », lui répondit le vieillard. À l'instant le jeune homme se prosterne. « Relevez-vous, lui dit le vieillard. Vous avez nié mon existence ? – Il est vrai. – Et celle de mon empire ? – Il est vrai. – Je vous le pardonne, parce que je suis celui qui voit le fond des cœurs et que j'ai lu au fond du vôtre que vous étiez de bonne foi ; mais le reste de vos pensées et de vos actions n'est pas également innocent. » Alors le vieillard, qui le tenait par l'oreille, lui rappelait toutes les erreurs de sa vie, et à chaque article le jeune Mexicain s'inclinait, se frappait la poitrine et demandait pardon... Là, madame la maréchale, mettez-vous pour un moment à la place du vieillard et dites-moi ce que vous auriez fait. Auriez-vous pris ce jeune insensé par les cheveux et vous seriez-vous complu à le traîner à toute éternité sur le rivage ?
>
> LA MARÉCHALE – En vérité non[92].

Si Dieu existe, il ne lui tiendra pas rigueur de son incroyance puisqu'il était de bonne foi. Beau joueur, Diderot avoue avant de quitter son interlocutrice de se soumettre aux cérémonies de l'Église sur son lit de mort – la double morale de l'athée fait écho à la double morale de la société qui se dit chrétienne sans l'être réellement. Ainsi, la maréchale a le dernier mot mais elle ne considérera plus les athées comme des hommes de sac et de corde. De toute façon, Diderot ne tenait pas à la convertir à ses vues ni à plaider en public la cause des athées vertueux. Tant que les hommes restent « ignorant[s] et peureux », la religion est un mal nécessaire[93]. Dans une société corrompue, écrira-t-il même un peu plus tard, l'athéisme ne convient qu'à l'homme de bien[94].

8

L'ultime combat

La fin de l'année 1774 est une période difficile pour Diderot. Suite à son long voyage, il se sent vieux et malade, et le Tout-Paris se gausse de ses étourderies, imaginées ou réelles, à la cour de l'impératrice. Le journaliste Fréron, ennemi des philosophes, publie dans *L'Année littéraire* une lettre dans laquelle sont violemment dénoncées les « arlequinades » du philosophe « en robe de chambre ». L'auteur anonyme paraît étonnamment bien informé de certains détails : il y est question de l'arrêt de Diderot à Leipzig « où il voulait faire des prosélytes de tous les professeurs de l'université » ; ailleurs « il parcourait les jardins publics, les édifices, les galeries de tableaux, vêtu de la manière la plus bizarre ; ici en robe de chambre, là en mules jaunes, partout en bonnet de nuit, publiant en chaque ville où il arrivait qu'il avait oublié sa perruque dans celle qu'il venait de quitter[1] ». Encore, s'il n'y avait que les médisances… Diderot a enfin fini par comprendre que son projet de publier une nouvelle *Encyclopédie* en Russie a été définitivement enterré. Pour se faire un peu d'argent, mais plus encore de manière symbolique, il propose à la Bibliothèque du roi les livres qu'il avait acquis ou reçus à Saint-Pétersbourg. Il en tira 900 francs. Et à défaut de minerais, pierres et échantillons divers qu'il avait réclamés pour l'*Encyclopédie* russe, il reçut quelques années plus tard un joli coffret de Chine, contenant deux livres de thé.

De retour dans son cabinet de travail, Diderot commence par revoir et terminer ses œuvres commencées à l'étranger et rapportées dans ses caisses. Plus que jamais, l'idée le taraude de publier ses œuvres complètes à Amsterdam chez le libraire-éditeur hollandais Marc-Michel Rey, ce qui implique la mise au net de tout ce qu'il a donné à Grimm ou gardé dans ses tiroirs. Il convient de rappeler dans ce contexte qu'entre la *Lettre sur les aveugles* de 1749 et les deux moutures de la *Vie de Sénèque* parues trente ans plus tard, Diderot n'a rien publié en France, si l'on exclut ses œuvres et essais dramatiques de 1757-1758, l'*Encyclopédie* et quelques textes anodins. Il est resté fidèle à sa promesse donnée à la sortie de prison, et un pan essentiel de sa création demeurait inédit sous forme de manuscrits impubliables de son vivant. Pendant une dizaine d'années, Diderot va s'occuper de ses œuvres : pour l'essentiel, il procède à un travail de « bourrage », c'est-à-dire d'intégration et d'absorption où de nouveaux textes, récits et anecdotes, sont insérés dans les manuscrits qui dorment dans ses tiroirs après leur publication dans la *Correspondance littéraire*. Au cours de cette révision, il retravaille aussi à *Jacques le Fataliste*, *La Religieuse*, les *Éléments de physiologie*, etc., écrit trois chapitres supplémentaires aux *Bijoux indiscrets* et une *Addition à la Lettre sur les aveugles*. Mais Diderot n'oublie pas sa famille : en juillet 1775, il signe une procuration en faveur de sa femme pour percevoir une rente viagère de 1 000 livres et entreprend plusieurs démarches plus ou moins humiliantes pour son gendre. L'été 1776, Diderot fait de fréquents séjours à Sèvres dans la maison de campagne d'un ami, l'orfèvre Étienne Belle, où il jouit, en compagnie de sa femme, d'un petit appartement. Il y emporte plusieurs volumes empruntés à la Bibliothèque du roi pour travailler aux *Éléments de physiologie*. C'est là sans doute qu'il apprend la déclaration d'indépendance des colonies anglaises d'Amérique proclamée le 4 juillet. Parmi ses autres joies, il y a les représentations du *Père de famille* à la Comédie-Française qui rencontrent un vif succès ; parmi ses peines, on peut citer la mort des deux protagonistes du *Rêve de d'Alembert*, Julie de Lespinasse et le docteur Bordeu, ainsi que du secrétaire du baron d'Holbach, Lagrange, décédé avant d'avoir terminé sa traduction des œuvres philosophiques de Sénèque qu'il préparait depuis 1768. Achevée par Naigeon, l'édition paraîtra fin 1778 (postdatée 1779) en sept volumes. Le dernier est entièrement constitué d'une sorte de longue postface ou plutôt introduction à la lecture de Sénèque de plus de cinq cents pages, intitulée *Essai sur la vie de Sénèque le philosophe, sur ses écrits et sur les règnes de Claude et de Néron*. C'est la dernière œuvre de Diderot, mais non encore son dernier combat.

Qu'est-ce qui a pu pousser Diderot à écrire tout un volume sur Sénèque ? Quand il commence à se plonger dans ses écrits à partir de l'été 1777, il connaît mal ce philosophe romain qu'il n'a pas ménagé trente ans plus tôt dans sa traduction de Shaftesbury. Maintenant, il découvre son erreur : Sénèque lui apparaît comme une âme sœur. Diderot lui-même n'a pas dissimulé que c'était un livre à tendance autobiographique : « C'est autant mon âme que je peins que celle des différents personnages qui s'offrent à mon esprit », dira-t-il plus tard[2]. À en juger par les réactions violentes de la presse périodique, les critiques contemporains du philosophe ne s'y trompèrent pas, qui prirent Sénèque pour ce qu'il était, le représentant de son auteur. Derrière une étude sur la vie de Sénèque, le philosophe ministre de Néron, Diderot se livre à une justification de ses rapports avec Catherine II, et plus généralement à une réflexion sur le rôle du philosophe conseiller du prince. « Le soin de venger un grand homme calomnié, assurait Meister, était digne du philosophe qui fut exposé si souvent lui-même aux traits les plus envenimés de la calomnie et de la persécution[3]. » Les détracteurs de Sénèque l'accusent en ces termes : non seulement il n'a pas empêché les crimes de Néron ; tardant à se retirer d'une cour qui lui permettait de mener un train de vie enviable, il a supporté, voire justifié les forfaits de l'empereur devenu fou. Diderot jette feu et flamme pour montrer que ce jugement est injuste, que Sénèque ministre est resté philosophe, qu'il a en somme limité le mal autant qu'il a pu, qu'il n'a conclu que des compromis nécessaires et utiles (historiquement, la thèse n'est guère soutenable). La défense s'articule en deux parties. Dans la première, l'ouvrage suit l'ordre chronologique de la vie de Sénèque, ce qui entraîne Diderot à évoquer avec Tacite et Suétone, ses principales sources anciennes, le cadre historique de la cour des empereurs Claude et Néron, pleine de crimes et de fureur. Dans la deuxième partie, Diderot résume et commente les œuvres philosophiques de

Sénèque suivant l'ordre d'apparition choisi par Naigeon dans les volumes précédents.

Une question primordiale hante la *Vie de Sénèque*, elle a trait à la philosophie et au philosophe. Que peut le philosophe ? Que vaut la philosophie de celui qui participe, fût-ce pour le modérer, d'un pouvoir cruel ? Que vaut sa leçon de renoncement stoïcien quand lui-même vit dans l'abondance ? L'échec de Sénèque signe-t-il aussi l'échec de sa ou même de la philosophie ? Sans doute ne suffit-il pas, pour mettre fin à la controverse sur la cohérence de la conduite et de la pensée de Sénèque, de s'exclamer : « Mais à quoi bon toutes ces disputes pour ou contre les mœurs d'un philosophe ? Que nous importe la contradiction vraie ou fausse de la conduite de Sénèque avec sa morale ? Quelles qu'aient été ses actions, ses principes en sont-ils moins certains[4] ? » Une chose est sûre : quelqu'un comme l'altier Jean-Jacques, l'exemple de vertu, n'eût pas manqué de condamner les compromissions, réelles ou imaginaires, du philosophe romain – ni du protégé de Catherine II. Rousseau qui, au lendemain du succès de son *Devin du village*, refusa une pension du roi de peur, disait-il, de devoir sa subsistance à son prince : « Je perdais, il est vrai, la pension qui m'était offerte en quelque sorte ; mais je m'exemptais aussi du joug qu'elle m'eût imposé. Adieu la vérité, la liberté, le courage. Comment oser désormais parler d'indépendance et de désintéressement ? Il ne fallait plus que flatter ou me taire en recevant cette pension [...]. Je crus donc, en y renonçant, prendre un parti très conséquent à mes principes, et sacrifier l'apparence à la réalité[5]. » Rousseau vient de mettre le doigt sur une question importante, sur « l'écart perpétuel qui sépare la conscience pure du sage des exigences impures de l'action[6] ». L'un des enjeux de la *Vie de Sénèque* va consister dans la réfutation de l'accusation d'inconséquence, voire de vénalité lancée par Rousseau aux philosophes regroupés autour de Diderot, Grimm et d'Holbach[7]. En défendant Sénèque, Diderot ne justifie pas seulement sa propre action ; il se prémunit aussi contre l'effet dévastateur que provoquerait la publication annoncée des *Confessions* dont Rousseau a commencé à lire des extraits dans différents salons parisiens. Réhabiliter Sénèque, c'est se justifier devant la postérité en tant que philosophe et répondre d'avance aux calomnies de Rousseau.

Et Diderot prend des risques. Après un demi-silence de vingt ans, il publie un livre avec « approbation et privilège », c'est-à-dire le plus légalement du monde, qui peut lui valoir de gros ennuis. Car abstraction faite de son côté auto-justification, derrière la démarche intime de la confrontation avec soi-même, de l'examen de conscience, la *Vie de Sénèque* est d'abord un texte politique : c'est un acte d'accusation contre tous les tyrans, doublé d'une méditation sur les défenses qu'on peut tenter de leur opposer. En témoigne par exemple cette apostrophe aux insurgents d'Amérique, glissée au milieu du texte et qui apparaît comme une pure provocation :

> Après des siècles d'une oppression générale, puisse la révolution qui vient de s'opérer au-delà des mers, en offrant à tous les habitants de l'Europe un asile contre le fanatisme et la tyrannie, instruire ceux qui gouvernent les hommes, sur le légitime usage de leur autorité ! Puissent ces braves Américains, qui ont mieux aimé voir leurs femmes outragées, leurs enfants égorgés, leurs habitations détruites, leurs champs ravagés, leurs villes incendiées, verser leur sang et mourir, que de perdre la plus petite portion de leur liberté, prévenir l'accroissement énorme et l'inégale distribution de la richesse, le luxe, la mollesse, la corruption des mœurs, et pourvoir au maintien de leur liberté et à la durée de leur gouvernement ! Puissent-ils reculer, au moins pour quelques siècles, le décret prononcé contre toutes les choses de ce monde ; décret qui les a condamnés d'avoir leur naissance, leur temps de vigueur, leur décrépitude et leur fin ! Puisse la terre engloutir celle de leurs provinces, assez puissante un jour et assez insensée pour chercher les moyens de subjuguer les autres ! Puisse dans chacune d'elles ou ne jamais naître, ou mourir sur-le-champ sous le glaive du bourreau, ou par le poignard d'un Brutus, le citoyen assez puissant un jour et assez ennemi de son propre bonheur, pour former le projet de s'en rendre le maître[8] !

Diderot s'attendait à des critiques et des injures, et il fut servi. L'ouvrage « contient la morale des *philosophes*, l'apologie de l'apologie du meurtre d'Agrippine, et des bassesses de Sénèque et de sa charlatanerie », notait sobrement le journaliste Linguet[9]. « Amas informe de sophismes, de fausses allégations, de maximes pernicieuses », s'étrangla Fréron fils dans *L'Année littéraire*[10]. Dans la conclusion de l'article, l'auteur de la *Vie de Sénèque* était directement visé :

> Il avait dans son cœur le germe des vertus ; mais les délices de la cour, l'amour des richesses, la soif des honneurs, l'orgueil d'une fausse philosophie étouffèrent bientôt ces précieuses semences.
>
> Apôtres insensés d'une philosophie mille fois plus dangereuse que celle de Sénèque, ne songerez-vous jamais aux coups mortels que vous portez à la société et aux armes redoutables que vous prêtez à la tyrannie, objet éternel de vos fougueuses déclamations ? [...] En sapant les fondements de la religion, vous renversez la seule barrière qui existe contre la tyrannie[11].

Piqué au vif par ces critiques, Diderot se remet au travail pour produire une nouvelle mouture de son œuvre, plus audacieuse encore que celle qui lui a valu une première volée de bois vert. Cette seconde version, amplifiée de moitié, et principalement augmentée de réponses aux commentaires divers et virulents de la presse et du public, est terminée en 1780 ; elle paraîtra deux ans plus tard, sans passer par la censure cette fois, sous le nouveau titre *Essai sur les règnes de Claude et de Néron, et sur les mœurs et les écrits de Sénèque, pour servir d'introduction à la lecture de ce philosophe*. Déjà fortement présente dans la version initiale, l'apologie du philosophe ministre de Néron est accentuée par la seconde. Diderot disculpe Sénèque des accusations de concussion et de lâcheté lancées contre lui, et diabolise le despotisme. Comme l'a remarqué Franco Venturi : « Le problème, on pourrait même dire le cauchemar du despotisme, continua à hanter les dernières années de Diderot[12]. » Et tout laisse à penser qu'entre la Rome des Césars, ce lointain Iᵉʳ siècle après J.-C., et le monde contemporain, la différence n'est pas si grande.

Composée en même temps que les contributions à la troisième édition de l'*Histoire des deux Indes*, la version définitive de l'*Essai* s'en prend au despotisme et aux despotes. « Le désespoir des esclaves immole autant d'hommes que les caprices des rois », avait écrit Sénèque dans les *Lettres à Lucilius* ; « Je le désirerais », renchérit Diderot dans son commentaire. « L'esclave a-t-il sur son maître le droit de vie et de mort ? », se demandait Sénèque ; Diderot répond sans hésiter : « Qui peut en douter ? Puissent tous ces malheureux enlevés, vendus, achetés, revendus, et condamnés au rôle de bête de somme, en être un jour aussi fortement persuadés que moi[13] ! » Le philosophe pense ici à la traite des Noirs, mais pas seulement. La « violation des droits de l'homme » et l'« oubli des prérogatives des sujets » autorisent la résistance à l'oppression, l'insurrection des Noirs esclaves contre leurs maîtres, des peuples esclaves contre leurs oppresseurs. « Qui est-ce qui se rendit coupable du crime de lèse-majesté ? Fut-ce les Romains ou Néron[14] ? » Dix ans avant la Révolution, Diderot exalte le rôle du philosophe engagé qui aide les peuples à triompher de leurs tyrans. Il ne s'agit plus d'orienter les choix du prince ou d'infléchir la politique du despote, mais de se mettre au-dessus du souverain : « Le philosophe, affirme-t-il sans sourciller, apprend au souverain quelle est l'origine et la limite de son autorité[15]. » L'échec final de Sénèque a montré que la place du philosophe auprès du tyran n'est pas sans danger, ni pour sa réputation, ni pour sa vie. En restant trop longtemps à ses côtés, il a eu le déshonneur et la défaite, pour paraphraser un mot de Churchill. La « vertu » du philosophe consiste à s'opposer à l'injustice, à dire sa vérité au tyran et à éclairer le peuple, même au risque de mourir : « Si le philosophe ne croyait pas que la périlleuse vérité qu'il va dire fructifierait dans l'avenir, il se tairait. Il parle en attendant un grand prince, un grand ministre qui exécute ; il aime la vertu ; il la pratique : il fait peu de cas de la vie, il méprise la mort. [...] S'il peut conserver la vie en attaquant le vice, il le fera ; mais s'il est impossible de vivre et de dire la vérité, il fera son métier. Quoi ! l'apôtre de la vérité n'aurait pas le même courage que l'apôtre du mensonge[16] ! »

Forfanterie d'un philosophe vieillissant, installé bien au chaud dans son cabinet de travail ? Voire. L'ancien prisonnier de Vincennes, l'homme qui a mené l'*Encyclopédie* à son terme en bravant toutes les autorités liguées contre la plus grande entreprise intellectuelle de son siècle, pouvait légitimement se targuer d'avoir montré un peu de courage dans sa vie. Mais l'essentiel n'est pas là. Au moment où il relit et réfléchit sur Sénèque, Diderot ajoute cette conclusion aux *Éléments de physiologie* qui n'a pas grand-chose à voir avec le sujet plutôt aride de l'ouvrage qu'il est en train de revoir :

> Un autre apprentissage de mort est la philosophie, méditation habituelle et profonde qui nous enlève à tout ce qui nous environne, et qui nous anéantit. La crainte de la mort, dit le stoïcien, est une anse par laquelle le robuste nous saisit et nous mène où il lui plaît. Rompez l'anse, et trompez la main du robuste.
>
> Il n'y a qu'une vertu, la justice ; qu'un devoir, de se rendre heureux ; qu'un corollaire, de ne pas se surfaire la vie, et de ne pas craindre la mort[17].

Dans l'*Essai sur les règnes de Claude et de Néron* dont le texte qu'on vient de lire est certainement contemporain, l'idée de la mort affleure presque à chaque page. Non parce que Diderot sent sa fin proche, mais parce que le spectacle du philosophe mort pour la vérité l'obsède littéralement depuis une dizaine d'années. Ce n'est pas que le philosophe se sente une âme de martyr. S'il fallait mourir pour la vérité, avoue-t-il en 1769, il reculerait probablement comme les autres : « J'en aurais peut-être la lâcheté, mais je m'en mépriserais[18]. » Fidèle à sa théorie du modèle idéal, Diderot nous présente derrière Sénèque, qui en est l'incarnation, le modèle idéal du philosophe citoyen, voire du citoyen tout court. Le Sénèque de Diderot n'est pas le portrait historique du vrai Sénèque, pas plus que le Tartuffe de Molière n'est le portrait fidèle d'un tartuffe particulier[19], pas plus qu'un tableau de Raphaël ne représente le portait exact d'une femme ayant réellement existé. On comprend dès lors pourquoi l'auteur de la *Vie de Sénèque* a pris certaines libertés avec la figure historique du personnage qu'il décrivait, pourquoi il en a *idéalisé* le comportement – et parfois contre l'évidence – au point de s'exposer aux critiques les moins malveillantes. Le Sénèque de Diderot représente en réalité le portrait du citoyen exemplaire ; le *modèle idéal* d'après lequel il a été forgé est esquissé dans la troisième édition de l'*Histoire des deux Indes*. Affranchi de toutes les servitudes, l'homme juste et vertueux ne cherche pas son bonheur dans la fortune ou les dignités mais dans l'accomplissement de son devoir de « défenseur des droits de l'humanité[20] » :

> En effet, quelle récompense, assez importante à ses yeux, pourrait le déterminer à tromper les hommes et à renoncer à son caractère ? La fortune ? Il est assez riche, s'il a de quoi satisfaire à ses besoins singulièrement bornés. L'ambition ? S'il a le bonheur d'être sage, on peut lui porter envie, mais il n'y a rien sous le ciel qu'il puisse envier. Les dignités ? On ne les lui offrira pas, il le sait, et on les lui offrirait, qu'il ne les accepterait pas sans la certitude de faire le bien. La flatterie ? Il ignore l'art de flatter, et il en dédaigne les méprisables avantages. La réputation ? En peut-il obtenir autrement que par la franchise ? La crainte ? Il ne craint rien, pas même de mourir. S'il est jeté dans le fond d'un cachot, il sait bien que ce ne sera pas la première fois que des tyrans ou des fanatiques y ont conduit la vertu et qu'elle n'en est sortie que pour aller sur un échafaud. C'est lui qui échappe à la main du destin qui ne sait par où le prendre, parce qu'il a brisé, comme dit le stoïcien, les anses par lesquelles le fort saisit le faible, pour en disposer à son gré[21].

Comme Diderot l'avait déjà laissé entendre dans *Le Neveu de Rameau*, le philosophe ne danse pas la « pantomime des gueux[22] », il ne s'asservit pas, il n'a rien et ne sollicite rien. Son bonheur est incompatible avec l'esclavage : « Pour être heureux, il faut être libre : le bonheur n'est pas fait pour celui qui a d'autres maîtres que son devoir. […] C'est avec les chaînes du devoir qu'on brise toutes les autres. […] L'homme heureux du stoïcien est celui qui ne connaît d'autre bien que la vertu, d'autre mal que le vice ; qui n'est abattu ni enorgueilli par les événements ; qui dédaigne tout ce qu'il n'est ni le maître de se procurer, ni le maître de garder, et pour qui le mépris des voluptés et la volupté même[23]. » Quand la patrie est en danger, il ne parle pas de loin aux peuples et aux rois. Citoyen exemplaire, il se jette dans l'arène, il se révolte le cas échéant au nom de la liberté, sans laquelle il n'y a ni bonheur ni vertu véritables : « On est philosophe ou stoïcien dans toute la rigueur du terme lorsqu'on sait dire comme le jeune Spartiate : je ne serai point esclave[24]. » La liberté du citoyen exemplaire, c'est le pouvoir de dire non au despote. Impartial et désintéressé, celui-ci ose parler franchement sans craindre la mort :

> « Le sage ne provoquera point le courroux des Grands »… Maxime pusillanime ; c'est le condamner à taire la vérité.
>
> On dit : *Vivre d'abord, ensuite philosopher.* C'est le peuple qui parle ainsi ; mais le sage dit : philosopher d'abord, et vivre ensuite, si l'on peut, ou aimer la vertu avant la vie[25].

Diderot blâme vivement la discrétion que Sénèque recommande au sage. Le philosophe ne peut l'emporter sur le despote que s'il préfère la mort à toute solution de compromis. À l'instar du stoïcien, il ne tient pas à la vie, il fait confiance au jugement de la postérité qui l'honorera après sa mort et flétrira la mémoire de ses ennemis. Nous sommes loin du « vivre caché » d'Épicure, de son célèbre jardin où il rassemblait ses élèves à l'écart de la vie politique et des affaires de la Cité. Cette attitude « épicurienne » ou « matérialiste » (au sens vulgaire du terme) fut prônée au XVIIIe siècle par l'enfant terrible de la philosophie des Lumières, Julien Offroy de La Mettrie. Médecin de formation, il avait commencé sa carrière littéraire par critiquer sans ménagement la science incertaine et l'esprit de lucre de ses confrères, qui lui en tinrent rigueur par la suite. En 1746, Son *Histoire naturelle de l'âme* fut condamnée au bûcher en même temps que les *Pensées philosophiques* de Diderot, de quatre ans son cadet. Mais leurs destins ne se sont jamais croisés. Suite à la publication d'un violent pamphlet au titre évocateur, *La Politique du médecin de Machiavel, ou le Chemin de la fortune ouvert aux médecins* (1746), La Mettrie se vit contraint de prendre le chemin de l'exil. Il s'arrêta d'abord à Leyde où il fit paraître en 1747 son œuvre la plus scandaleuse, *L'Homme-machine*, puis accepta l'invitation de Frédéric II à venir s'installer en Prusse. Il se lia d'amitié avec le roi et devint l'hôte permanent de la société d'esprits libres célèbres que le monarque réunissait autour de lui à sa table, au château de Sans-Souci. À l'abri du besoin mais non de la censure (la libre parole du philosophe finit par indisposer quelque peu le roi de Prusse), il publia, avant de mourir accidentellement au moment du dîner en 1751, plusieurs œuvres dont l'*Anti-Sénèque*, dans lequel il prenait le contre-pied des moralistes habituels, stoïciens et chrétiens confondus, qui condamnent la joie de vivre et revendiquait le droit pour l'homme de jouir du bonheur dans l'épanouissement de tout son être[26]. La Mettrie professait un amoralisme qu'il destinait aux *happy few* de son siècle. Tout en réclamant le bonheur pour tous les hommes, il ne croyait pas que le peuple puisse accéder à la culture et s'en remettait pour lui à l'autorité éclairée d'un prince philosophe.

Personne au XVIIIe siècle, sauf Sade, n'éprouvait de la sympathie pour ce précurseur original de la pensée athée et matérialiste des Lumières. La Mettrie fut regardé comme un traître, mais contrairement à Rousseau qui était censé être passé dans le camp ennemi, le chantre de l'épicurisme à la manière d'Horace[27], pensait-on, avait déshonoré le matérialisme en l'assimilant à un immoralisme de bas étage, semblable à l'attitude foncièrement conservatrice du Neveu de Rameau qui renonce à toute action qui tendrait à modifier l'ordre social. Diderot ne reproche pas à La Mettrie son éloge des plaisirs. Lui aussi a aimé la vie et puisé à pleines mains dans la corne d'abondance qu'elle lui offrait : les trépidations de la ville, ses innombrables ressources intellectuelles, la bonne chère, les bons vins, en bonne compagnie. Or La Mettrie fut totalement étranger aux besoins de la lutte philosophique. Incapable de fonder une morale et une politique matérialistes, il se contenta d'approuver vaguement la répression pour garantir l'ordre dans la société. Dans l'*Essai sur les règnes de Claude et de Néron*, Diderot prononça contre le philosophe mort en Prusse en protégé de Frédéric II un véritable réquisitoire accablant tout autant l'homme que le penseur :

> La M*** est un auteur sans jugement, qui a parlé de la doctrine de Sénèque sans la connaître ; qui lui a supposé toute l'âpreté du stoïcisme, ce qui est faux ; [...] dont on reconnaît la frivolité de l'esprit dans ce qu'il dit, et la corruption du cœur dans ce qu'il n'ose dire ; qui prononce ici que l'homme est pervers par sa nature, et qui fait ailleurs de la nature des êtres la règle de leurs devoirs et la source de leur félicité ; qui semble s'occuper à tranquilliser le scélérat dans le crime, le corrompu dans ses vices ; dont les sophismes grossiers, mais dangereux par la gaieté dont il les assaisonne, décèlent un écrivain qui

> n'a pas les premières idées des vrais fondements de la morale [...] ; dont le chaos de raison et d'extravagance ne peut être regardé sans dégoût que par ces lecteurs futiles qui confondent la plaisanterie avec l'évidence, et à qui l'on a tout prouvé quand on les a fait rire ; dont les principes poussés jusqu'à leurs dernières conséquences renverseraient la législation, dispenseraient les parents de l'éducation de leurs enfants, renfermeraient aux Petites-Maisons l'homme courageux qui lutte sottement contre ses penchants déréglés, assureraient l'immortalité au méchant qui s'abandonnerait sans remords aux siens ; et dont la tête est si troublée et les idées sont à tel point décousues, que dans la même page une assertion sensée est heurtée par une assertion folle, et une assertion folle par une assertion sensée, en sorte qu'il est aussi facile de le défendre que de l'attaquer. La M***, dissolu, impudent, bouffon, flatteur, était fait pour la vie des cours et la faveur des Grands. Il est mort comme il devait mourir, victime de son intempérance et de sa folie ; il s'est tué par ignorance de ce qu'il professait[28].

Quand Diderot écrivit ces lignes, La Mettrie est mort depuis trente ans. En revanche, Rousseau et Voltaire viennent tout juste de disparaître, au moment où la première édition de l'*Essai* allait être imprimée. Après s'en être pris à son ancien ami dans une page de la *Vie de Sénèque* qui fit grincer bien des dents chez les adulateurs de Jean-Jacques, Diderot récidive en développant une simple note de la première édition sur une dizaine de pages dans l'*Essai*[29]. Et la liste des récriminations est longue : Rousseau se fit catholique parmi les protestants, protestant parmi les catholiques ; il plaida la cause des Iroquois à Paris comme il eût plaidé la nôtre au Canada ; il écrivit contre les spectacles, après avoir fait des comédies ; il se déchaîna contre les lettres qu'il avait cultivées toute sa vie ; il prêcha contre la licence des mœurs tout en composant un roman licencieux ; il écrivait la même semaine deux lettres à Genève, par l'une desquelles il exhortait ses concitoyens à la paix, et par l'autre il soufflait dans leurs esprits la vengeance et la révolte. Dire tout et son contraire, contredire par goût de contradiction, sacrifier ses idées pour affirmer à tout prix son originalité, une vanité sans bornes et un orgueil sans scrupule : autant de traits singuliers de la personnalité de Jean-Jacques qui expliquent à la fois les bizarreries de son comportement et les contradictions de son œuvre. L'enjeu du match entre « saint Sénèque » (*alias* Diderot) et « saint Jean-Jacques[30] », on l'a compris, est la cohérence entre la doctrine et la vie, la théorie et la pratique, les rapports entre les philosophes et le pouvoir. Rousseau prétendait que la conséquence qu'il essayait de maintenir entre ses principes et ses actes faisaient de lui un philosophe exemplaire qui condamnait par contraste ses anciens amis, qui avaient choisi de ruser avec le pouvoir, à apparaître comme des hypocrites et des prostitués : « À moins d'être homme d'intrigues, quand on veut consacrer des livres au vrai bien de la patrie, il ne faut point les composer dans son sein[31]. » Faux, répond Diderot : l'important était de ruser avec les persécutions et de faire quand même l'*Encyclopédie*. Il est vrai que lui-même ne s'est pas toujours comporté en citoyen idéal, raide et inflexible comme le modèle idéal du philosophe qu'il a construit dans ses dernières œuvres. Mais Diderot assume : il a agi comme Sénèque, comme Voltaire, d'Alembert et quelques autres, qui ont fréquenté le pouvoir politique à leurs risques et périls. Jusqu'à quel point devait et pouvait-il se compromettre avec Catherine II ? Diderot a accepté de l'argent, mais uniquement dans l'intérêt de sa fille ; en revanche, il n'a pas accepté de s'expatrier pour continuer l'*Encyclopédie* à Riga mais est resté en France, là aussi à ses risques et périls. En devenant le courtier de l'impératrice, en faisant le voyage à Pétersbourg, il s'est laissé instrumentaliser tout en essayant de se rendre utile. On pensera du succès de l'entreprise ce qu'on voudra : Rousseau, de son côté, n'a rien fait, rien tenté. Après avoir donné des verges aux adversaires des Lumières pour battre ses anciens amis, il s'apprête maintenant à publier ses *Confessions* pour les salir une deuxième fois, et pour toujours. Ce faisant, il touche à une valeur sacrée chez Diderot, la postérité, qu'il a défendue contre vents et marées au milieu des années 1760 dans un échange de lettres avec le sculpteur Falconet que l'on connaît habituellement sous le titre *Dispute sur la postérité* ou *Le Pour et le contre*.

Le début du débat entre Diderot et Falconet est précisément daté dans une lettre à Sophie Volland de la fin de l'année 1765 : « Quelques plaisanteries du sculpteur Falconet m'ont fait entreprendre très sérieusement la défense du sentiment de l'immortalité et du respect de la postérité[32]. » Le philosophe et le sculpteur entamèrent leur discussion dans l'appartement de la rue Taranne, puis ils continuèrent de mettre leurs points de vue par écrit, et à s'envoyer des lettres. Le départ de Falconet pour Saint-Pétersbourg le 12 septembre 1766 mit fin à la discussion. Arrivé en Russie, Falconet propose à Diderot de publier leur correspondance ; il avait emporté à cet effet les lettres originales de Diderot et des doubles des siennes. Mais Diderot demande à revoir son texte, peut-être pour effacer de nombreuses redites sur lesquelles Falconet avait attiré son attention. La mise au net va se prolonger… jusqu'aux calendes grecques. En 1866, la petite-fille du sculpteur, Mme de Jankowitz, mourait et léguait au Musée lorrain de Nancy les manuscrits conservés par son grand-père : on y trouve les lettres de l'édition projetée par Falconet en Russie. Un siècle plus tard, en 1958 et 1959, la copie des lettres originales envoyée par Falconet à Diderot, chargée de corrections et d'additions de sa main, fut publiée presque simultanément par Yves Benot puis Herbert Dieckmann et Jean Seznec.

La dispute sur la postérité commence par la lettre du 4 décembre 1765 où Diderot compare le plaisir de l'homme de lettres avide de louanges de la postérité à l'amateur de musique qui éprouve de la douceur à « entendre pendant la nuit un concert de flûtes qui s'exécute au loin[33] ». Ce concert de la postérité « enivre » : « Dites à un homme : *si tu fais ainsi, ton nom sera béni dans tous les siècles*, et ses entrailles en tressailleront[34]. » À quoi Falconet répond : « Dieu sait ce que sont devenus en peu de siècles, peut-être en peu d'années, des noms, des ouvrages, et des réputations : et je me reposerais sur la postérité ? Comme sur mes rêves, mon ami, comme sur mes rêves[35]. » En somme, Falconet nie que l'amour de la postérité soit le seul véritable moteur de la création artistique : lui-même sollicite les suffrages – et les commandes ! – du public contemporain, et s'en satisfait. De la défense de la postérité, on passe à celle de Pline l'Ancien, et de là, à celle de deux tableaux disparus de Polygnote et reconstitués par le graveur Le Lorrain. Le débat déraille alors contre les problèmes d'histoire de l'art, et s'envenime même sur la question des compétences du littérateur en matière d'art. La joute érudite entre les deux hommes devient rapidement une succession de monologues voire un dialogue de sourds dans lequel Diderot l'emporte de loin sur son antagoniste. Sur ce point, l'analyse d'Yves Benot est accablante : « On s'aperçoit vite que Diderot *n'écoute pas* les arguments de Falconet, qu'il continue, de lettre en lettre, à développer des thèses dont il est parti, mais qu'à aucun moment il ne parvient à écouter les remarques du sculpteur qui montre, preuves en main, que l'art grec ne peut plus nous satisfaire ; qui montre que les œuvres célèbres en leur temps et auxquelles tout le monde promettait la postérité ont sombré corps et biens ; qui montre, par son expérience d'artiste, que le créateur vivant ne peut trouver aucune garantie raisonnable de survie, et que cette croyance en la postérité est un pari hasardeux[36]. » Si Diderot attache alors tant d'importance à cette notion de postérité, c'est parce que les sons de ce « concert de flûtes qui s'exécute au loin » qui parviennent dans son imagination le dédommagent dès à présent de ses déceptions.

Quand Diderot entame le débat avec Falconet en 1765, il est essentiellement connu du grand public comme l'éditeur malheureux de l'*Encyclopédie*, comme concepteur d'une théorie dramatique et auteur d'un drame représenté sans grand succès, *Le Père de famille*. Qui se souvient encore des sulfureuses *Pensées philosophiques*, des *Bijoux indiscrets* à la mode de Crébillon et de la *Lettre sur les aveugles* qui l'a naguère conduit en prison ? Bilan honnête sans doute mais pas de quoi pavoiser non plus quand on estime avec raison être l'un des grands auteurs du siècle[37]. Diderot sait que l'*Encyclopédie* sera bientôt distribuée aux souscripteurs, et il espère que la révolution théâtrale à laquelle il rêve sans doute trop tôt finira par arriver ; mais quand lira-t-on *La Religieuse*, les *Salons* et ses *Essais sur la peinture*, ou encore *Le Neveu de Rameau* peut-être déjà esquissé ? Au milieu des années 1760, il n'a qu'une douzaine de rois et de princes européens qui sont bien les lecteurs les plus inattendus. La postérité va devenir pour Diderot le juge suprême de l'histoire humaine.

Ce qu'implique aussi ce sentiment de la postérité que Diderot brandit d'une main ferme, c'est que d'ores et déjà, ce monde est en mouvement, et qu'il est juste et nécessaire de prendre aujourd'hui des risques pour jeter les bases du monde de demain, que l'on ne verra pas. Pour le philosophe athée qu'il est, la postérité se substitue à l'autre monde du christianisme, elle représente la certitude que la bataille philosophique n'est pas vaine, que les défaites ou les difficultés présentes préparent la victoire future : « Je conviens avec vous qu'après la mort l'âme sortie de la sphère humaine ne recueille aucun fruit de son action ; mais avant de faire cette action, la contemplation des suites qu'elle aura est un spectacle délicieux. L'homme courageux et juste se représente que les fruits de sa mort seront la liberté de sa patrie, la conservation de tous ceux auxquels il fait le sacrifice de sa vie[38]. » La conviction de Diderot est résumée de manière particulièrement nette dans la *Réfutation d'Helvétius* : « Hommes rares à qui la nature a départi du génie et du courage, votre lot est assuré : une longue mémoire, des bénédictions qui ne cesseront jamais. Hommes envieux, hommes ignorants, hommes hypocrites, hommes féroces, hommes lâches, le vôtre l'est aussi ; l'exécration des siècles vous attend, et vos noms, ou seront oubliés ou ne seront jamais prononcés, sans les épithètes que je vous donne ici[39]. »

On mesure la menace que les *Confessions* de Rousseau font peser sur le combat mené par Diderot et ses amis en faveur des Lumières. Falconet avait bien mis le doigt sur le danger inhérent à l'idée pieuse que la postérité conservera le nom et le souvenir des grands hommes en admirant leur œuvre. Qui me garantit, objectait-il en substance, que ma bonne action, mon sacrifice, mon ouvrage seront effectivement reconnus, appréciés et célébrés par les générations futures ? En 1768, la confiance de Diderot que l'avenir réparera les torts du présent est intacte : « Le despote le plus puissant de la terre est maître de ma vie, de ma fortune, de ma liberté ; mais non de mon honneur et de ma réputation. J'ai la plus haute confiance dans la vertu, le talent et la probité, et jusqu'à présent cette confiance n'a point été trompée ; et si un méchant pouvait jamais réussir à faire passer un habile homme pour un sot, un homme vertueux pour un de ses semblables, où en serait l'univers[40] ? » Dix ans plus tard, les perspectives ont changé : « Que Jean-Jacques dédaigne tant qu'il lui plaira le jugement de la postérité, mais qu'il ne suppose pas ce mépris dans les autres[41]. » Toute l'apologie de Sénèque, résume Yves Citton, s'inscrit « sous les sombres auspices d'un monde où les calomniateurs ont la main haute[42] ». Suilius, le calomniateur de Sénèque, et Rousseau, même combat. Le paradis des chrétiens n'est qu'une chimère que Diderot, pour son compte, a remplacé par le concert lointain de la postérité dont quelques sons parviennent dès à présent à ses oreilles ; l'enfer, comme dira Sartre, c'est les autres…

En 1782, Diderot rend un hommage plutôt surprenant à Voltaire, mort quatre ans plus tôt, quelques semaines avant son ennemi intime Rousseau. Surprenant parce que les rapports entre les deux hommes ne furent jamais au beau fixe pendant leur vie. En 1749, Diderot avait envoyé au grand homme sa *Lettre sur les aveugles* que celui-ci reçut avec bienveillance tout en affirmant, contre Saunderson, sa croyance en l'existence d'un Être suprême[43]. Les difficultés autour de l'*Encyclopédie* provoquèrent les premières divergences, la réforme théâtrale envisagée par Diderot à travers le drame bourgeois, peu goûté de Voltaire, ne fera rien pour les rapprocher. Désormais, le sentiment de Diderot à l'égard de Voltaire est partagé « entre attraction et répulsion, sympathie admirative et agacement[44] ». En 1769, quand Voltaire se fait attaquer par un écrivain de second rayon, dom Chaudon, Diderot réplique vivement en louant l'universalité de son génie, la délicatesse et la variété infinie de son écriture, la supériorité de son goût et de sa finesse. L'éloge se clôt par une réserve : le grand homme a eu le tort de « s'être donné la peine d'exercer une justice dont il fallait se reposer sur l'avenir » qui lui assurera l'immortalité[45] : allusion transparente aux nombreuses polémiques engagées par Voltaire contre ses ennemis, en particulier Rousseau. La seule rencontre entre Diderot et Voltaire eut lieu quelques semaines avant la mort du patriarche de Ferney, mais ils firent en sorte qu'elle passât presque inaperçue. Interdit d'approcher de la capitale à partir de 1753, celui-ci avait pris le chemin de Paris pour y mourir en début de 1778. Après la mort de Voltaire, Diderot prendra sa plus belle plume pour écrire, dans l'*Essai sur les règnes de Claude et de Néron*, le grand panégyrique funèbre que voici :

> Quoi ! Tu t'es immortalisé par une multitude d'ouvrages sublimes dans tous les genres de littérature ; ton nom, prononcé avec admiration

> et respect dans toutes les contrées du globe policé, passera à la postérité la plus reculée, et ne périra qu'au milieu des ruines du monde [...] : tu as fait entendre la voix de la philosophie sur la scène, tu l'as rendue populaire. [...] Après avoir soutenu le bon goût par tes préceptes et par tes écrits, tu t'es illustré par des actions éclatantes : on t'a vu prendre courageusement la défense de l'innocence opprimée ; tu as restitué l'honneur à une famille flétrie par des magistrats imprudents ; tu as jeté les fondements d'une ville à tes dépens ; [...] toute une nation t'a rendu des hommages que ses souverains ont rarement obtenus d'elle : tu as reçu les honneurs du triomphe dans ta patrie, la capitale la plus éclairée de l'univers ; quel est celui d'entre nous qui ne donnât sa vie pour un jour comme le tien ? Et la piqûre d'un insecte envieux, jaloux, malheureux, pourra corrompre ta félicité ? Ou tu ignores ce que tu vaux, ou tu ne fais pas assez de cas de nous : connais enfin ta hauteur, et sache qu'avec quelque force que les flèches soient lancées, elles n'atteignent point le ciel. C'est exiger des méchants et des fous une tâche trop difficile, que de prétendre qu'ils s'abstiendront de nuire ; leur impuissance ne me les rend pas moins haïssables : un vêtement impénétrable m'a garanti du poignard, mais celui qui m'a frappé n'en est pas moins un lâche assassin[46].

À défaut d'être un grand génie – Diderot fut assez réservé sur plusieurs ouvrages de l'immense production littéraire de Voltaire, notamment sur ses dernières tragédies – le « défenseur des Calas » s'est assuré l'immortalité par son action en faveur de l'innocence opprimée. Le citoyen exemplaire passe avant le génie : c'est presque dans ses derniers moments que Diderot a enfin tranché la rivalité entre la belle page et la belle action en faveur de la dernière : « Parmi les idées de Sénèque, je me plais encore plus à citer celles qui montrent la bonté de son âme que celles qui montrent la beauté de son esprit, parce que je fais plus de cas de l'une de ces qualités que de l'autre, parce que j'aimerais mieux avoir fait une belle action qu'une belle page, parce que c'est la défense des Calas et non la tragédie de *Mahomet* que j'envierais à Voltaire[47]. » L'homme éclairé, soutenait-il dans l'*Entretien d'un père avec ses enfants*, peut à la rigueur enfreindre en catimini une loi injuste pour faire le bien et empêcher le mal, mais en public sa conduite irréprochable doit servir d'exemple à ses concitoyens qui, eux, sont tenus de respecter les lois, même mauvaises. Dix ans plus tard, Diderot affirme que le plus beau devoir du citoyen exemplaire n'est pas la seule bienfaisance, mais la lutte pour l'avènement d'une meilleure société. Méprisant les honneurs et la fortune, intrépide devant la mort, le citoyen exemplaire descend dans l'arène pour affronter le tyran. Libre de toute attache, il consacre sa vie à l'exercice de la justice, ce qui lui confère le suprême bonheur.

La publication de la version remaniée de la *Vie de Sénèque* ne risquait pas de passer inaperçue. Rendant compte de l'*Essai* dans la *Correspondance littéraire*, Meister trouve même que Diderot s'est trop aventuré dans l'audace que lui permettait le recours à la permission tacite : « L'auteur a eu la liberté d'y insérer beaucoup de choses qu'il avait été forcé de supprimer de la première [édition] ; on pourra même trouver que cette liberté a été portée fort loin dans plusieurs endroits, comme dans le parallèle du caractère de Claude et de celui d'un roi qu'il n'est pas difficile de reconnaître[48] » – le défunt Louis XV en l'occurrence. Au mois de mai, les *Mémoires secrets* signalent « une violente tempête contre le moderne Tacite » qui a osé « différentes allusions au règne précédent[49] ». Diderot échappe sans doute de peu à la Bastille. En effet, rapporte le lieutenant de police Le Noir, le garde des sceaux avait demandé « les ordres du roi et Sa Majesté, sans s'expliquer plus positivement, avait dit qu'il fallait punir ce philosophe ennemi de la religion. M. de Miromesnil, par considération pour sa vieillesse, voulut d'abord l'entendre. Il le fit venir devant lui en ma présence, il lui parla avec une dignité ferme dont Diderot parut confondu. À l'instant il me fit une espèce d'amende honorable et fléchit le genou ; il rappela à M. le garde des sceaux qu'il avait été à Vincennes, il prononça ces mots : “Je mérite encore davantage d'être châtié pour les fautes de ma vieillesse que pour mes anciennes extravagances. Daignez recevoir cet aveu et l'acte de mon repentir[50].” » Voilà un geste de soumission auquel Rousseau n'aurait jamais consenti. Quand on sait, commente Jean Varloot, les connivences qui existaient entre Diderot et le lieutenant de police, cette « scène de comédie » était de pure forme, destinée à amadouer le ministre[51]. Il n'en reste pas moins que pendant plusieurs mois encore, des pamphlétaires font tout pour salir Diderot avant qu'on leur ordonne de se taire.

Le coup de poignard dans le dos ne provient pas de ses ennemis mais de son ami intime, Grimm. La troisième édition de l'*Histoire des deux Indes* venait de paraître, augmentée d'une quantité de contributions parfois très virulentes de la main de Diderot. Débité à Paris dans les premières semaines de 1781, signé pour la première fois du nom de l'abbé Raynal, l'ouvrage s'attira les foudres de la censure et la réprobation de plusieurs hommes de lettres, qui le jugeaient maladroit. Le compte rendu qu'en fit Meister, le successeur de Grimm à la tête de la *Correspondance littéraire*, au mois d'avril est empreint de perfidies[52] : il y déplore des « digressions inutiles ou déplacées » et de « froides déclamations » qui blessent le bon goût. Un passage a l'air de viser Diderot en particulier : « On dirait que l'auteur, après avoir fini son ouvrage, craignant que le fonds n'en fût pas assez intéressant par lui-même, s'est empressé d'y jeter au hasard toutes les fleurs de philosophie et de rhétorique qu'il a pu trouver dans ses recueils et dans ceux de ses amis. Le peu d'art avec lequel ces ornements sont placés en fait précisément ce qu'on appelle des taches dans un tableau. » Déjà un mois plus tôt, Grimm avait rencontré l'abbé Raynal chez la maîtresse de Meister, Mme de Vermenoux, et interpellé sans ménagement : « Ou vous croyez, lui disait-il, que ceux que vous attaquez ne pourront se venger de vous, et c'est une lâcheté de les attaquer ; ou vous croyez qu'ils pourront et voudront se venger, et c'est une folie que de s'exposer à leur ressentiment[53]. » Quelques jours plus tard, nouvelle rencontre entre les deux hommes en présence de Diderot, cette fois-ci chez sa propre fille. Grimm y réitéra sa provocation : critiquer les puissances de ce monde n'est, pour un homme de lettres, qu'aberration ou lâcheté. Blessé jusqu'au fond de l'âme, Diderot éclate alors d'indignation et, rentré chez lui, écrit une *Lettre apologétique de l'abbé Raynal à M. Grimm* ou *Réponse au dilemme que M. Grimm a fait à l'abbé Raynal, chez Mme de Vermenoux, et qu'il m'a répété chez Mme de Vandeul, ma fille*[54]. Il s'y insurge contre le cynisme et l'opportunisme politique de son ancien ami, odieux arriviste que les titres et les pensions de Prusse et de Russie ont transformé en serviteur et courtisan, voire en *antiphilo-*

sophe, reproche adressé auparavant à Rousseau[55] : « Ah, mon ami, je vois bien, votre âme s'est amenuisée à Pétersbourg, à Potsdam, à l'Œil de bœuf et dans les antichambres des grands. [...] Vous me fîtes grande pitié lorsque vous me dîtes à Pétersbourg : "Savez-vous bien que si vous voyez l'impératrice tous les après-dîners, moi, je la vois tous les soirs ?" Mon ami, je ne vous reconnais plus. Vous êtes devenu un des plus cachés, mais un des plus dangereux antiphilosophes. » Il est fort vraisemblable que cette lettre, datée du 25 mars 1781, ne fut jamais expédiée ; le post-scriptum plus tardif évoque dramatiquement l'arrêt du 25 mai qui ordonne la prise de corps de Raynal : « J'entends crier sous ma fenêtre la condamnation de l'abbé. Je la lis. Je l'ai lue. Tombent sur la tête de ces infâmes et du vieil imbécile qu'ils ont servi l'ignominie et les exécrations qui tombèrent autrefois sur la tête des Athéniens qui firent boire la ciguë à Socrate. Mon ami, on est incapable des actions héroïques, quand on les blâme ; et on ne les blâme, que parce qu'on en est incapable. » Quelle autre déception n'aurait pas causé au philosophe engagé l'attitude de son ami Raynal qui, dans une lettre adressée à l'Assemblée nationale en mai 1791, se désolidarisera de la politique révolutionnaire et fera surgir Diderot comme l'un des principaux auteurs de l'*Histoire des deux Indes* et, partant, un précurseur de la Révolution !

Malgré l'immense déception causée par Grimm, Diderot continue à alimenter les feuilles de la *Correspondance littéraire*, maintenant sous la direction de Meister. Depuis son retour de Russie, il lui a donné plusieurs textes comme les *Principes de politique des souverains*, l'*Entretien d'un philosophe avec la maréchale de* ***, *Jacques le Fataliste*, *La Religieuse* et le *Voyage de Hollande*. *Le Rêve de d'Alembert* est publié en 1782 ; un an plus tard, c'est le tour de la *Réfutation d'Helvétius* dont la publication s'échelonnera au-delà de la mort du philosophe. En revanche, on constate un énorme changement dans la série des *Salons*. Après le grandiose *Salon de 1767* où il était parvenu au sommet de son art, Diderot montre de moins en moins d'enthousiasme à l'égard de sa tâche de salonnier. Grimm avait peut-être mis un frein à l'éloquence débordante de Diderot, car les grands *Salons* lui avaient coûté cher en copistes, et une remarque de Diderot à propos des tableaux de La Grenée laisse supposer que l'éditeur de la *Correspondance littéraire* avait prié son ami de raccourcir dans la mesure du possible ses observations : « Miséricorde ! quelle multitude de tableaux de M. La Grenée ! Mon ami, pour peu que je m'en occupe, vous êtes ruiné[56]. » Grimm a désiré qu'il soit court, il sera servi : « Je suis devenu vieux et paresseux ; j'ai vidé mon sac ; ce qui me reste d'observations à faire sur l'art est si peu de chose qu'il me sera facile de vous contenter[57]. » Il n'en reste pas moins que la pauvreté des observations que nous constatons dans les derniers *Salons* va de pair avec l'explosion créatrice dans le domaine de la philosophie et de la fiction romanesque. Désormais, le compte rendu du Salon biennal se réduit à un devoir d'amitié entrepris par habitude et exécuté d'une façon presque mécanique.

Le *Salon de 1769* est relativement court, comparé aux *Salons* précédents. Les descriptions détaillées des œuvres sont rares, et les digressions sur les questions esthétiques et philosophiques sont réduites à de brèves parenthèses. Diderot critique maintenant des peintres qu'il avait admirés auparavant. « Je n'aime plus Greuze », laisse-t-il tomber en passant[58]. Vernet et Hubert Robert, dont les toiles l'avaient inspiré en 1767, sont accueillis froidement. En revanche, il rend pleinement justice à Chardin et même à Boucher, qui vient de décéder : « Le vieil athlète n'a pas voulu mourir sans se montrer une fois encore sur l'arène[59]. » Dans le *Salon de 1771*, la plupart des jugements sur les différentes œuvres d'art sont probablement issus d'un amateur d'art anonyme ; ils sont accompagnés de commentaires plus sévères entre parenthèses dans lesquels on reconnaît la plume de Diderot[60]. On lit par exemple dans le texte principal du portrait de *Gustave, roi de Suède, dans son cabinet d'étude, s'entretenant sur des plans de fortifications avec les princes Charles et Adolphe, ses frères* de Roslin : « Il est sans doute bien flatteur pour M. Roslin d'emporter un suffrage universel, et son tableau prouve de quels efforts un artiste est capable lorsque, encouragé par son prince, l'amour et le génie viennent encore se joindre au talent. M. Roslin n'a rien fait de plus beau ni d'aussi beau. Il égale Rigaud et va plus loin. » Le commentaire entre parenthèses proteste violemment contre cette appréciation positive : « Une conversation ? Cela vous plaît à dire ; ils se montrent et regardent. Tête du roi mal coupée en deux parties[61]. » Comme il n'a pas été incorporé à la *Correspondance littéraire* et qu'il se distingue si fortement de tous les autres *Salons*, l'authenticité de cette œuvre à deux voix a été mise en doute.

Le voyage en Russie empêcha Diderot de faire le compte rendu du Salon de 1773. Le *Salon de 1775* revêt la forme d'un dialogue entre Diderot et un jeune artiste, élève de Boucher, Jacques-Philippe-Joseph Saint-Quentin. C'est une critique sèchement négative dans laquelle Saint-Quentin prend l'initiative et Diderot réplique de façon vaguement molle et laconique, sans chercher à lui donner tort. Le Salon de 1777 ne fit pas l'objet d'un compte rendu dans la *Correspondance littéraire* ; celui de 1779 est présenté par un autre collaborateur de la revue. Le *Salon de 1781*, particulièrement court, doit beaucoup à trois pamphlets dans lesquels Diderot puisa de nombreuses observations. Le renoncement aux formes dialoguées qui l'ont servi dans les précédents *Salons* trahit peut-être les défaillances d'un homme aux prises avec la maladie et la fatigue. Comme l'écrit Meister : « Le *Salon de 1781* a été un des derniers efforts de la plume de M. Diderot ; sa santé, dérangée depuis cette époque, ne lui a presque plus permis aucune espèce de travail[62]. »

Il ne faut pas croire que le désintérêt de Diderot pour les Salons soit le signe d'un désintérêt plus général pour les arts plastiques. De retour de Russie, il se met à rédiger entre 1776 et 1777 des *Pensées détachées sur la peinture, la sculpture, l'architecture et la poésie pour servir de suite aux Salons.* Pendant son voyage, Diderot a eu l'occasion de visiter des galeries de tableaux comme celles de Düsseldorf, de Dresde ou de Leyde où il a découvert la peinture italienne, hollandaise et flamande, des artistes peu connus ou incompris en France ou dont il ne connaissait que les gravures, par exemple celles de Rubens et de Rembrandt. À Saint-Pétersbourg, l'Ermitage lui offrit quotidiennement sa riche collection ; Diderot y renouvela sa connaissance d'un de ses peintres préférés, Poussin. Mais l'inspiration la plus immédiate n'est pas issue de ces tableaux ; elle provient de la lecture d'un ouvrage du collectionneur et critique d'art allemand Christian Ludwig von Hagedorn, dont les *Betrachtungen über die Malerei* datant de 1762 venaient d'être traduites en français[63]. Diderot y a puisé de nombreuses pensées, souvent présentées sous forme de maximes, se contentant même parfois de simples transcriptions. Diderot suit le plan des *Réflexions* de Hagedorn, présente les mêmes titres de chapitre avec de menues modifications. Il leur emprunte aussi des anecdotes, des exemples, des opinions, une notice, une citation, des faits que le critique allemand a lui-même puisés dans *Le Grand livre des peintres* (1707) de l'artiste et théoricien de l'art hollandais Gérard de Lairesse, ainsi que beaucoup de détails et de termes techniques. Malgré tous les emprunts, l'œuvre est personnelle par sa verve et par ses idées essentielles : Diderot se reconnaît dans ce théoricien qu'il a peut-être rencontré à Dresde et chez lequel il retrouve fréquemment ses propres idées. Il met Hagedorn à contribution pour développer ses dernières vues sur la création artistique, mais ne le suit pas servilement. Il commente, discute et réfute plus qu'il ne paraphrase ou copie. Il réitère, en somme, le procédé bien rôdé des *Principes de politique des souverains*.

Les *Pensées détachées sur la peinture* traitent du goût, des procédés techniques du dessin, de la composition et du clair-obscur, et rouvre une fois de plus le débat sur les mérites respectifs des différentes écoles de peinture et de sculpture. On y trouve de nombreuses remarques, tirées de Hagedorn, sur la ressemblance et la différence entre les arts, surtout entre la poésie et la peinture. « On retrouve les poètes dans les peintres, et les peintres dans les poètes. La vue des tableaux des grands maîtres est aussi utile à un auteur que la lecture des grands ouvrages à un artiste[64]. » Les différents arts traduisent la réalité avec les mêmes techniques, chacun à sa manière : « Nous avons notre clair-obscur comme les peintres, si son principal effet est d'empêcher l'œil de s'égarer en le fixant sur certains sujets. [...] Tacite est le Rembrandt de la littérature : des ombres fortes et des clairs éblouissants[65]. » La littérature et la peinture n'expriment cependant pas la même chose de la même manière. Chaque art a un rôle spécifique à jouer et réclame une forme d'expression appropriée. Le tableau montre alors que le discours peint : « Le peintre est précis ; le discours qui peint est toujours vague. Je ne puis rien ajouter à l'imitation de l'artiste ; mon œil ne peut y voir que ce qui y est. Mais dans le tableau du littérateur, quelque fini qu'il puisse être, tout est à faire pour l'artiste qui se proposerait de le transporter de son discours sur la toile[66]. » Diderot revendique pour le peintre les trois unités de la poésie dramatique, de temps, de lieu et d'action, ajoutant que cette loi est plus rigoureuse pour le peintre que pour le poète, puisque le premier « n'a qu'un instant presque indivisible ». Une page plus loin, il précise cependant : « J'ai dit que l'artiste n'avait qu'un instant ; mais cet instant peut subsister avec des traces de l'instant qui a précédé et des annonces de celui qui suivra. On n'égorge pas encore Iphigénie ; mais je vois approcher le victimaire avec le large bassin qui doit recevoir son sang, et cet accessoire me fait frémir[67]. »

On ne sera pas étonné de retrouver pour la dernière fois la théorie du modèle idéal, appelé ici « modèle intérieur », si importante dans la théorie et la création esthétiques de Diderot à partir de 1767. Une fois de plus, il affirme que l'art n'est pas une imitation mais une recréation, une construction à partir de la nature phénoménale : « Toute composition digne d'éloge est en tout et partout d'accord avec la nature ; il faut que je puisse dire : "Je n'ai pas vu ce phénomène, mais il est[68]." » Nulle part ailleurs il n'a mieux décrit la manière dont le modèle idéal fut inventé par les Grecs : « La nature commune fut le premier modèle de l'art. Le succès de l'imitation d'une nature moins commune fit sentir l'avantage du choix, et le choix le plus rigoureux conduisit à la nécessité d'embellir ou de rassembler dans un seul objet les beautés que la nature ne montrait éparses que dans un grand nombre. Mais comment établit-on l'unité entre tant de parties empruntées de différents modèles ? Ce fut l'ouvrage du temps[69]. » Et Diderot d'appeler à la liberté de l'artiste par cette formule frappante et concise : « Éclairez vos objets selon votre soleil, qui n'est pas celui de la nature. Soyez le disciple de l'arc-en-ciel, mais n'en soyez pas l'esclave[70]. »

Parallèlement à ses derniers *Salons*, Diderot trouve le temps de s'occuper de théâtre. C'est probablement à cette époque qu'il rédige le plan d'un drame philosophique intitulé *Les Deux Amis*, d'après une ancienne fable sur le thème du philosophe face au tyran qui inspirera à Schiller une ballade immortelle[71], ainsi qu'à l'intention du conseiller genevois François Tronchin, qui avait des ambitions d'auteur dramatique, l'ébauche très élaborée d'une tragédie d'inspiration shakespearienne autour de la conjuration de Catilina, *Térentia*[72]. « Ah, monsieur, lui confie-t-il, ce Shakespeare était un terrible mortel. Ce n'est pas le gladiateur antique ni l'Apollon du Belvédère, mais c'est l'informe et grossier saint Christophe de Notre-Dame ; colosse gothique, mais entre les jambes duquel nous passerions tous, sans que le sommet de notre tête touchât à ses testicules[73]. » En réalité, Diderot a esquissé plus d'un plan dans sa vie. Sans parler du *Plan d'un opéra-comique* ou du *Mari libertin puni*, deux comédies à ariettes dans le style du Théâtre de la Foire, Diderot a esquissé en 1759 toute une série de canevas dramatiques, dont *Le Shérif*, sur lequel il travaillait quand il apprit la mort de son père[74]. En novembre 1775, Diderot donna à la *Correspondance littéraire* le *Plan d'un divertissement domestique*. Deux ans plus tard, la même *Correspondance littéraire* en publia une nouvelle version intitulée *La Pièce et le prologue*, pièce en un acte dédiée à Mme de Maux, son ancienne maîtresse[75]. À une date ultérieure et impossible à préciser, Diderot s'attacha à rédiger une « pièce de société, en quatre actes et en prose », d'abord appelé *Le Bienfaiteur inconsidéré*, puis *L'Officieux persifleur* et, finalement, *Est-il bon ? Est-il méchant ? ou Celui qui les sert tous et qui n'en contente aucun*. Le texte de *La Pièce et le prologue* est entièrement conservé ; Diderot y a ajouté deux intrigues supplémentaires et des pantomimes illustrées par l'orchestre.

La dernière pièce de Diderot est toute entière dominée par le personnage de M. Hardouin, littérateur aimable et harassé derrière lequel Diderot a voulu qu'on le reconnaisse. « Voilà en effet une belle récompense, lui dit un personnage, pour un homme de lettres qui a consumé les trois quarts de sa vie d'une manière honorable et utile, à qui le ministère n'a pas encore donné le moindre signe d'attention, et qui, sans la munificence d'une souveraine étrangère[76]… » Chargé d'écrire une comédie pour une fête amicale, Hardouin trouve quelqu'un pour le remplacer tandis qu'il mène de front, alors que le temps lui manque, plusieurs intrigues pour aider une série de personnes en difficulté. Tout aussi consciemment manipulateur et trompeur que Diderot, il passe son temps à mystifier les uns et les autres pour les divertir, les édifier ou les servir. Mais peut-on dire que le service qu'on rend aux autres en les dupant et les diffamant est encore un service ? « Mon ami, lui dit M. de Crancey, je vous embrasse encore. Je vous dois plus que la vie qui n'est rien sans le bonheur ; et point de bonheur pour moi, sans mon Henriette. Mais dites-moi donc : tenez-vous les âmes des mortels dans votre main ? Êtes-vous un dieu ? Êtes-vous un démon[77] ? » La réponse d'Hardouin est évasive : « L'un plutôt que l'autre », ce qui peut laisser entendre que les termes sont indifférents, malgré leur opposition apparente. Lui-même se décrit tantôt comme un « sot » tantôt comme « dur, méchant, pervers », « un fieffé monstre[78] ». À la question finale : « Est-il bon ? Est-il méchant ? », la première réponse est : « L'un après l'autre », et la seconde : « Comme vous, comme moi, comme tout le monde[79]. » Tout le monde est alternativement bon ou méchant, mais il existe des individus comme Diderot et son double, Hardouin, qui savent jouer avec adresse des ressources de l'hypocrisie.

Découverte en Russie et publiée pour la première fois en 1834, la pièce, pourtant drôle et efficace, ne fut pas jouée malgré l'enthousiasme d'Arsène Houssaye, de Champfleury et de Baudelaire. Elle est entrée au répertoire de la Comédie-Française en 1955 et a été remise en scène en 1984, déclaré « année Diderot » à l'occasion du bicentenaire de sa mort.

Quand Diderot publie la *Vie de Sénèque* fin 1778, il ne lui reste qu'un peu plus de cinq années de vie. Il les emploie en grande partie à terminer la révision de son œuvre commencée après son retour de voyage, et à procéder à la mise au net de ses manuscrits. L'entreprise est d'envergure, car il s'agit d'établir *deux* collections d'œuvres complètes[80] : la première, destinée à Catherine II pour honorer la promesse donnée en 1765 de lui envoyer après sa mort l'ensemble de ses manuscrits en même temps que sa bibliothèque, dont l'impératrice venait de faire l'acquisition ; la seconde, à sa fille Angélique et à son gendre, M. de Vandeul, avec la mission d'en assurer, en temps utile, la publication. Vers 1780, Diderot s'assure les services d'un calligraphe de talent, Roland Girbal, un ancien domestique de Mme d'Épinay devenu le copiste préféré de Meister pour la *Correspondance littéraire*. Girbal s'entoure de quelques copistes professionnels qu'il dirige, se chargeant lui-même de la plupart des manuscrits destinés à la collection de Saint-Pétersbourg.

Pressé par le besoin de rétribuer les copistes de ses œuvres, Diderot appelle un ami au secours : « Je travaille à une édition complète de mes ouvrages. J'ai quatre copistes, qui me coûtent près de 120 livres par mois. Je suis épuisé, et je vous supplie de venir à mon secours. Vous me devez 349 livres. Si vous pouvez me les rendre sans vous gêner, tant mieux ; s'il faut que vous vous gêniez, gênez-vous[81]. » Les soucis d'argent furent sans doute un peu calmés par les honneurs tardifs. Fin août 1780, le conseil municipal de Langres accepta le don d'un « citoyen distingué », la première édition de l'*Encyclopédie*, qu'on devait déposer à l'hôtel de ville afin que tout citoyen pût la consulter. À cette occasion, le conseil vota, sur proposition du maire, la décision d'acquérir un portrait de l'enfant illustre de la ville pour l'accrocher dans une salle de l'hôtel de ville. Flatté de l'hommage qui lui fut rendu, Diderot donna à Langres un buste de bronze fait par Houdon. Le 1er août 1781, la Société des antiquaires d'Écosse informe Diderot qu'elle l'a nommé membre honoraire de leur Société. Celui-ci remercie son président en se plaignant de ses « misères » : « J'aurais eu l'honneur de vous répondre plus tôt, si je n'en avais été empêché par une maladie plus incommode que douloureuse, mais dont on n'a guère d'espérance de guérir. Votre lettre est venue fort à propos pour me dédommager des misères passées et me donner de la fermeté contre les misères à venir[82]. » Depuis quelques semaines, Diderot est effectivement souffrant. Cela ne l'empêche pas de recevoir des visites comme celle de Samuel Romilly qui écrira plus tard : « Diderot [...] était toute cordialité, toute ardeur, et me parlait avec aussi peu de réserve que si j'avais été intimement lié avec lui depuis longtemps. Rousseau, la politique, la religion étaient ses principaux sujets de conversation. On s'attendait, à l'époque, à ce que *Les Confessions* de Rousseau sortissent prochainement ; et il était manifeste, d'après l'amertume avec laquelle Diderot parlait de l'ouvrage et de son auteur, qu'il redoutait cette publication. Sur la religion, il ne déguisait rien ; ou plutôt il affichait avec ostentation une incroyance totale en l'existence d'un Dieu. Il parlait avec beaucoup de passion de la politique, et se déchaînait avec une grande ardeur contre la tyrannie du gouvernement français[83]. »

Comme Diderot l'avait craint, les six premiers volumes des *Confessions* paraissent au mois d'avril 1782. On ne connaît aucune réaction de Diderot, mais un an plus tard, deux adulateurs de Jean-Jacques, Gabriel Brizard et Jean-Baptiste Cloots, après avoir touché aux reliques – les sabots et la tabatière de Rousseau – et admiré le monument dans le parc d'Ermenonville où l'« homme de la nature et de la vérité » fut inhumé par le marquis de Girardin, brûlèrent sur place l'*Essai sur les règnes de Claude et de Néron*, le « libelle infernal » de Diderot[84]. Comme quoi il n'y avait pas que « la religion et le gouvernement » qui en voulaient à Diderot... À partir de 1783, les deuils se succèdent dans son entourage. Le 15 avril, c'est Mme d'Épinay qui tire sa révérence, le 29 octobre, d'Alembert. L'hiver de 1783-1784 est terrible. On compte soixante-dix jours consécutifs de gelée et de neige, du 10 décembre au 20 février. Pendant que Diderot est au plus mal après une première attaque d'apoplexie, Sophie Volland meurt le 22 février 1784 ; dans son testament, elle lègue à son ancien amant « sept petits volumes des *Essais* de Montaigne, reliés en maroquin rouge, plus une bague que j'appelle ma pauline ». Quatre jours plus tard, Diderot est frappé d'une nouvelle attaque d'apoplexie. Il court à son miroir qui lui renvoie brutalement un pauvre visage déformé. Il s'étend sur son lit où il restera trois jours et trois nuits consécutifs, prend congé des siens et, en proie à un « délire continuel très froid et très raisonné[85] », se récite pêle-mêle les vers d'Horace et de Virgile. Une semaine plus tard, sa santé paraît rétablie. À la mi-mars, sa petite-fille, Marie-Anne, appelée Minette, qui vit le jour en septembre 1773 pendant que son grand-père séjournait à Pétersbourg, décède subitement[86] ; vraisemblablement le philosophe n'a jamais pris connaissance de cette perte douloureuse. Pendant ce temps-là, Grimm suggère à Catherine II de louer une résidence au rez-de-chaussée, vu que le philosophe se déplaçait de plus en plus mal – en fait plus du tout depuis quelques semaines – à cause de ses jambes enflées et d'un emphysème qui lui interdisait de monter les quatre étages de son logement rue Taranne. Mme Diderot insiste pour que le philosophe reçoive le curé de Saint-Sulpice, qui lui fait des visites assez fréquentes. Mon père, rapporte Mme de Vandeul, « lui parla sans cesse des bonnes actions qu'il avait faites et de celles qui lui restaient à faire. Il lui recommanda les indigents de son quartier et le curé les soulagea ». Le 16 avril, la tsarine ordonne à Grimm de louer pour Diderot un « appartement convenable », et c'est ainsi qu'à la mi-juillet, après un dernier séjour à la campagne, les Diderot emménagent dans leur nouveau logement au 39 rue de Richelieu – à deux pas de la Bibliothèque du roi. « Il en a joui douze jours ; il en était enchanté. Ayant toujours logé dans un taudis, il se trouvait dans un palais. » Quelques jours avant sa mort, on lui apporta un lit plus commode : « Mes amis, dit-il aux ouvriers, vous prenez là bien de la peine pour un meuble qui ne servira pas quatre jours. » Diderot mourut subitement le 31 juillet vers midi alors qu'il était à table. Au dessert, rapporte sa fille, il prit un abricot, et, comme sa femme voulait l'empêcher de manger ce fruit il lui dit : « Mais quel diable de mal veux-tu que cela me fasse ? » Il appuya son coude sur la table et toussa légèrement. « Ma mère lui fit une question ; comme il gardait le silence, elle leva la tête, le regarda : il n'était plus. » Les derniers mots qu'Angélique lui entendit prononcer devant des amis venus lui rendre visite la veille, étaient : « Le premier pas vers la philosophie, c'est l'incrédulité[87]. »

Diderot est mort paisiblement et probablement sans avoir conscience de l'instant final. Selon ses dernières volontés, le cadavre a été autopsié le lendemain. Suivant le rapport établi par trois médecins, « la tête était aussi parfaite, aussi bien conservée que celle d'un homme de vingt ans. Un des poumons était plein d'eau ; son cœur, les deux tiers plus gros que celui des autres personnes. Il avait la vésicule du fiel entièrement sèche ; il n'y avait plus de matière bilieuse, mais elle contenait vingt et une pierres dont la moindre était grosse comme une noisette[88]. » D'après le témoignage d'un médecin retrouvé par Jean Starobinski, Diderot serait mort d'une angine de poitrine dont il avait éprouvé les symptômes dès son voyage en Russie[89]. Après l'autopsie, Diderot fut enterré le soir même en l'église Saint-Roch dans le caveau de la Chapelle de la Vierge ; il y sera rejoint en 1789 par d'Holbach. La *Correspondance littéraire* rapporte que le curé de la paroisse, l'abbé Marduel, « a bien cru devoir faire d'abord quelques difficultés, fondées sur la réputation trop bien établie du philosophe et sur la doctrine répandue dans ses écrits, doctrine qui n'avait été démentie par aucune profession publique ; mais ces scrupules ont cédé aux considérations qui lui ont été présentées par le gendre du défunt, M. de Vandeul, et surtout à la demande, assez intéressante pour un curé, d'un convoi de 1 500 à 1 800 livres[90] ». Même son de cloche dans une lettre de Grimm à Catherine II, avec en prime une insolence à peine contenue à l'égard de son ami défunt : « Le gendre n'a rien épargné pour l'enterrement, et les prêtres de la paroisse Saint-Roch, moyennant l'argent, n'ont fait aucune difficulté de l'enterrer avec pompe en terre sainte, tandis que le curé de Saint-Sulpice, s'il fût resté sur sa paroisse, eût sans doute voulu jouer le second acte de l'enterrement de M. de Voltaire. Ainsi le pauvre Diderot doit à son auguste bienfaitrice jusqu'à cette pelletée de terre sainte dont il est couvert[91]. » On chercha les restes du philosophe un siècle plus tard, en 1879, à l'occasion de travaux entrepris dans la chapelle, mais on n'y trouva rien. Le cercueil de Diderot fut probablement profané comme bien d'autres pendant la Révolution pour en tirer du plomb[92].

Un mois plus tard, le 1er septembre 1784, Mme de Vandeul informe l'impératrice de Russie Catherine II du décès de son père : « J'ai perdu, Madame, celui dont vous aviez bien voulu assurer l'existence, qui vous devait et sa fortune et la douceur de sa vie ; il l'a finie dans l'asile que vous lui avez accordé, ses dernières expressions furent celles de la plus vive reconnaissance, et le dernier ordre qu'il m'ait donné, fut celui d'assurer Votre Majesté Impériale qu'il mourait pénétré de gratitude et de respect pour elle[93]. » La lettre ne sera transmise à Catherine par Grimm que deux mois plus tard ; en même temps, celui-ci annonce à la tsarine que « deux énormes cartons » de manuscrits se trouvaient en sa possession, prêts à partir pour Saint-Pétersbourg en vertu du « contrat » établi entre elle et Diderot en 1765[94]. « Je pense, ajoute-t-il, qu'il y a sans doute des choses précieuses ; mais il faudrait un éditeur bien sévère et d'un grand goût pour en retrancher tout ce qui serait de moindre valeur ; et puis il serait encore à craindre que les choses hardies qu'il ne faudrait pas retrancher, ne causassent du chagrin aux éditeurs et à la famille. Mon avis serait donc que préalablement on ne publiât rien, c'est aussi l'avis de la fille[95]. » Georges Dulac a certainement raison de penser que Grimm voulait garder la haute main sur une future édition des œuvres de Diderot, préparée – c'est-à-dire corrigée et expurgée – par ses soins. Début mars, Catherine accuse réception de la lettre de la fille de Diderot tout en rejetant l'idée d'une éventuelle publication des œuvres de Diderot : « J'ai trouvé la lettre de la fille de Diderot parfaitement bien écrite et avec force. [...] Faites-moi avoir les œuvres de Diderot ; vous les payerez ce qu'on en demandera ; assurément elles ne sortiront pas de mes mains et ne feront tort à personne[96]. » Au mois de juin, Grimm informe l'impératrice que plus de vingt caisses renfermant la bibliothèque et les manuscrits de Diderot sont parties de Rouen sur le navire Le Neptune. La cargaison arriva à destination en octobre. Les livres qu'elle contenait furent répartis entre diverses sections et mélangés avec d'autres fonds, si bien qu'il est quasiment impossible de les retrouver ; les précieux manuscrits furent enterrés dans la bibliothèque bien close de l'Ermitage. Du vivant de l'impératrice, rien n'en transpira ; après sa mort en 1796, la surveillance se relâcha et plusieurs voyageurs y prendront des copies qui seront diffusées au cours du XIXe siècle[97].

Dix ans après sa mort, l'œuvre de Diderot tombe dans le domaine public grâce à une loi de la Convention votée en 1793. Grâce à cette loi limitant la propriété de l'héritage littéraire à dix ans, paraissent sous le Directoire, de 1795 à 1798, toute une série d'œuvres qui vont petit à petit corriger l'image de Diderot qui s'était formée de son vivant en France : le *Salon de 1765* et les *Essais sur la peinture*, le *Supplément au Voyage de Bougainville* et l'*Entretien d'un philosophe avec la maréchale de* ***, sans parler de *Jacques le Fataliste* et de *La Religieuse*. Avant la fin du siècle, la première édition sinon complète, du moins considérable des écrits de Diderot voit enfin le jour. Publiée par Naigeon en quinze volumes, elle précise en sous-titre qu'elle est essentiellement basée sur les manuscrits de l'auteur, ce qui n'est d'ailleurs qu'à moitié vrai. Toujours est-il que celui qui reçut de Diderot lui-même en 1773 la mission de publier ses œuvres au cas où il ne reviendrait pas vivant de son voyage en Russie[98], disposait d'un grand nombre de manuscrits autographes ou de copies faites par lui-même qui servit de base à l'édition des *Œuvres de Denis Diderot* publiées par ses soins en 1798, contre la volonté des Vandeul qui ne tenaient pas forcément à ce que certaines envolées lyriques de Diderot à l'accent révolutionnaire viennent compromettre leurs relations avec le pouvoir politique. Au début de la Révolution, Naigeon s'était fait de nombreux ennemis à cause de ses prises de position radicales et extrémistes. On le considérait comme la voix posthume de son maître en athéisme et matérialisme auquel on attribuait parfois indistinctement le *Système de la nature*, le *Testament* du curé athée Meslier et le *Code de la nature* de Morelly dont se réclamèrent les babouvistes[99]. Devenu membre de l'Institut, Naigeon publia en 1821 la première biographie de Diderot, les *Mémoires historiques et philosophiques sur la vie et les ouvrages de D. Diderot*, dans lesquels il analysait tout en les résumant plusieurs écrits qu'il n'avait pas voulu ou pu publier vingt ans plus tôt, tels que *Le Rêve de d'Alembert* et la *Réfutation d'Helvétius*. Les *Mémoires* de la fille de Diderot, Mme de Vandeul, ne paraîtront qu'après sa mort, en 1830. Entre-temps, elle et son mari avaient tenté en vain de préparer de leur côté une édition des œuvres de leur illustre ancêtre.

Quand Grimm fit envoyer en Russie la bibliothèque de Diderot avec ses manuscrits, il n'était pas sans ignorer que ses héritiers disposaient d'un jeu à peu près équivalent de copies préparées du vivant du philosophe, le fameux « fonds Vandeul ». Dès le lendemain de la mort de Diderot, la fille et le gendre de Diderot s'attelèrent à la tâche de préparer les manuscrits en leur possession en vue d'une édition… selon les critères philosophiques et esthétiques de leur époque. En effet, les époux de Vandeul n'hésitèrent pas à pratiquer sur les manuscrits des raturages, des coupures et autres corrections souvent puritaines afin de rendre l'œuvre de Diderot plus « présentable » à un public conformiste ; il n'est cependant pas exclu qu'ils aient agi d'après des notes ou des instructions verbales données par Diderot lui-même, car leurs interventions n'ont rien de systématique – souvenons-nous de la lettre à Naigeon mentionnée plus haut dans laquelle il l'autorisait à arranger et à revoir ses manuscrits pour la publication. Mais le projet ne vit pas le jour, pour des raisons qui tiennent probablement au caractère trop scandaleux des écrits d'un philosophe dénoncé dès 1796 comme l'un des précurseurs de la Révolution. L'espoir d'Angélique que son fils, ou même les enfants de son fils, feraient une nouvelle édition des œuvres de leur aïeul ne s'est pas réalisé. Relégué dans l'oubli, le fonds Vandeul resta durant le XIXe siècle en possession des descendants de Diderot, pour entrer au XXe dans celle de la famille Le Vavasseur, alliée aux Vandeul. En 1948, l'universitaire américain d'origine allemande Herbert Dieckmann découvrit les manuscrits au château des Ifs (Seine-Maritime) où ils avaient successivement échappé à l'occupation des lieux par la Wehrmacht puis par l'état-major américain, et à un incendie[100]. Dieckmann obtint des derniers héritiers de Diderot l'autorisation d'emporter sa découverte aux États-Unis pour une durée de deux ans, temps minimum nécessaire à l'étude approfondie de ces manuscrits. Après plusieurs péripéties, les manuscrits retournèrent en France au début de l'année 1951. Le 5 décembre, un arrêté du Conseil d'État classa les manuscrits monuments historiques « comme collection de pièces intéressant l'histoire nationale ». Le 7 mai 1952, les manuscrits furent remis à la Bibliothèque nationale. C'est alors qu'on put envisager une nouvelle édition complète destinée à faire autorité. Le 4 août 1964, un Comité national d'édition des œuvres de Diderot fut créé, qui devint en 1971 le Comité de publication des œuvres complètes de Diderot, composé de Herbert Dieckmann, Jean Fabre, Jacques Proust et Jean Varloot et réunissant près de soixante spécialistes. Connue sous le sigle DPV, les premiers volumes de cette édition virent le jour en 1975 ; au moment où ce livre s'achève, elle n'est pas encore terminée.

Notes

Sigles et abréviations utilisés

CL : *Correspondance littéraire, philosophique et critique par Grimm, Diderot, Raynal, Meister, etc.*, éditée par M. Tourneux, Paris, Garnier, 1877-1882, 16 vol. Une nouvelle édition sous la direction d'U. Kölving est actuellement en cours au Centre international d'étude du XVIIIe siècle à Ferney-Voltaire (une vingtaine de volumes prévus).

Corr. : Diderot, *Correspondance*, édition établie par G. Roth et J. Varloot, Paris, Éditions de Minuit, 1955-1970, 16 vol.

Dict. D. : *Dictionnaire de Diderot*. Sous la direction de R. Mortier et R. Trousson, Paris, Champion, 1999.

DHS : *Dix-huitième siècle*

DPV : Diderot, *Œuvres complètes*, éditées par H. Dieckmann, J. Proust, J. Varloot *et al.*, Paris, Hermann, 1975 et suiv., 34 vol. prévus.

DS : *Diderot Studies*

Enc. : *Encyclopédie, ou Dictionnaire raisonné des sciences, des arts et des métiers*, Paris et Neufchâtel, 1751-1766, 28 vol.

FP : Diderot, *Pensées détachées* ou *Fragments politiques échappés du portefeuille d'un philosophe*. Textes établis et présentés par G. Goggi. Postface de G. Dulac, Paris, Hermann, 2011. Les fragments sont également publiés au t. III des *Œuvres* éditées par L. Versini (*Vers.*, III, 587-611).

HDI : Raynal, *Histoire philosophique et politique du commerce et des établissements des Européens dans les deux Indes*, Genève, Pellet, 1780, 10 vol. Les références aux livres et aux chapitres sont uniquement données d'après cette troisième édition.

Mémoires : *Mémoires pour servir à l'histoire de la vie et des ouvrages de M. Diderot par Mme de Vandeul, sa fille*, DPV, I, 1-39.

OCR : Rousseau, *Œuvres complètes*, éd. B. Gagnebin et M. Raymond, Paris, Gallimard, « Pléiade », 1959-1995, 5 vol.

OCV : Voltaire, *Œuvres complètes*, Genève-Oxford, 1968 et suiv. Conformément à l'usage, toutes les références à la Correspondance renvoient à l'édition Th. Besterman, *Correspondence and related documents*, tomes 85-135. Elles seront indiquées par la lettre D (*definitive edition*) suivie du numéro que porte la lettre.

PUF : Presses universitaires de France

RDE : *Recherches sur Diderot et sur l'*Encyclopédie

RHLF : *Revue d'histoire littéraire de la France*
SVEC : *Studies on Voltaire and the Eighteenth Century*
Vers. : Diderot, *Œuvres*, édition établie par L. Versini, Paris, Robert Laffont, coll. « Bouquins », 1994-1997, 5 vol.
Wilson : Arthur M. Wilson, *Diderot. Sa vie et son œuvre*, Paris, Laffont-Ramsay, 1985.

Le numéro des tomes est indiqué en chiffres romains, la ou les pages en chiffres arabes. Nous avons systématiquement modernisé la ponctuation et la graphie, y compris celle des noms propres. Nous gardons l'habitude d'orthographier *d'*Alembert bien que la particule nobiliaire n'ait pas de sens et qu'Alembert ne soit pas un lieu géographique. Malgré quelques tentatives, la graphie plus correcte D'Alembert ne s'est pas imposée, du moins dans les ouvrages destinés à un public non-spécialiste*.

En ce qui concerne les noms russes, nous suivons la transcription proposée par G. Dulac dans « Les relations de Diderot avec la Russie : transcription et identification des noms de personnes », SVEC, 254, 1988, p. 317-341. Les citations et la datation des lettres à Sophie Volland ont été revues et corrigées d'après la nouvelle édition procurée par M. Buffat et O. Richard-Pauchet (Paris, Non-Lieu, 2010). Toutes les traductions, sauf indication contraire, sont de nous.

Avant-propos

1. J. Proust, *Lectures de Diderot*, Paris, Armand Colin, 1974, p. 5.
2. J. Proust, *op. cit.*, p. 7.
3. J. Proust, *Diderot et l'Encyclopédie*, Paris, Armand Colin, 1962, p. 124. Sur la girouette, voir plus loin, p. 14.
4. Denis Diderot, *Enzyklopädie. Philosophische und politische Texte aus der « Encyclopédie » sowie Prospekt und Ankündigung der letzten Bände*, Munich, dtv, 1969.
5. Notice nécrologique publiée dans *Calypso, ou les babillards*, t. II, 1784, p. 22. Voir R. Trousson, *Images de Diderot en France 1784-1913*, Paris, Champion, 1997, p. 18.
6. Lettre au lieutenant de police Berryer de la mi-septembre 1749, *Corr.*, I, 96.
7. *L'Année littéraire*, 1784, t. VI, p. 287.
8. Cette information fut révélée dans plusieurs journaux. Voir R. Trousson, *op. cit.*, p. 17.
9. J. Varloot, « À propos de l'édition des Œuvres complètes », dans *Diderot und die Aufklärung*. Hg. von H. Dieckmann, Munich, Kraus International Publications, 1980, p. 28. Comme Diderot avait l'habitude de retoucher ses ouvrages, il en existe souvent différentes versions, portant des corrections plus ou moins longues, parmi lesquelles il n'est pas toujours aisé de déterminer le dernier état « admis par l'auteur ».
10. Il s'agit des initiales des trois responsables du comité de publication, tous décédés entre-temps : Herbert Dieckmann, Jacques Proust et Jean Varloot.
11. En dehors de la *Correspondance*, seuls trois volumes sont encore en chantier.

* Sur les multiples changements de nom de Jean Le Rond, qui signait d'Alembert (et non D'Alembert) à partir de 1739, voir F. Launay, « Les identités de D'Alembert », RDE, 47, 2012, p. 243-289.

NOTES

PREMIÈRE PARTIE

NAISSANCE D'UN PHILOSOPHE

1. Une famille langroise

1. *Diderot. Sa vie et ses œuvres. Discours prononcé au théâtre de la ville de Langres à la fête du bicentenaire le 19 octobre 1913 par Camille Flammarion*, Langres, Imprimerie moderne, 1913, p. 18-19. Voir G. Viard, « Les Langrois et Diderot : de l'incompréhension à l'indifférence », dans *Actualité de Diderot. Actes du Forum 2000 à Langres*, Langres, Dominique Guéniot, 2002, p. 75.

2. Voir *ibid.*, p. 82.

3. *Mémoires*, DPV, I, 36-37.

4. *Entretien d'un père avec ses enfants*, DPV, XII, 465.

5. Lettre à Sophie Volland du 27 juillet 1759, *Corr.*, II, 185.

6. Lettre à Sophie Volland du 31 juillet 1759, *Corr.*, II, 189.

7. Lettre à Sophie Volland du 11 août 1759, *Corr.*, II, 207-208. Le lendemain, Diderot recopie presque mot pour mot ce passage dans une lettre à son ami Grimm (*Corr.*, II, 211).

8. G. Lanson et P. Tuffrau, *Manuel illustré d'histoire de la littérature française*, Paris, Hachette, s.d., p. 426. La première édition de ce manuel parut en 1894.

9. Une situation d'énonciation est constituée par un locuteur, qui transmet un message à un destinataire, dans un lieu donné, à un moment donné, dans une certaine disposition d'esprit, avec une certaine intention. Dans notre cas, il n'est pas interdit de penser que Diderot, séparé de sa maîtresse, veut lui donner des gages de sa fidélité tout en l'avertissant, mi-sérieux mi-facétieux, du caractère versatile, *supposé ou réel*, des Langrois. On notera que Diderot avait avoué dès 1743 à sa future femme : « Je suis toujours le même ; mais combien je vous trouve changée ! » (*Corr.*, I, 46) ; en 1777, Angélique de Vandeul recevra ces mots de son père : « Je suis l'homme du monde le moins inconstant. » (*Corr.*, XV, 44). De manière générale, note B. Melançon, « la constance est un sentiment que Diderot épistolier promeut fréquemment, auprès de femmes différentes [...]. Elle le distingue des Langrois. » *(Diderot épistolier. Contribution à une poétique de la lettre familière au* XVIII*e siècle*, Montréal, Éditions Fides, 1996, p. 102-103, n. 35).

10. É. Faguet, *Dix-huitième siècle*, Paris, Boivin-Hatier, 1890, p. 320.

11. Voir *Voyage à Langres*, DPV, XX, 177. G. Viard, estime sa population à environ 8 000 habitants au XVIIIe siècle. (*Tradition et Lumières au pays de Diderot. Langres au* XVIII*e siècle*, Langres, Dominique Guériot 1985, p. 138-141.)

12. Stendhal, *Mémoires d'un touriste* (9 mai 1837), dans *Voyages en France*, Paris, Gallimard, 1992, p. 57-58.

13. Lettre à Madame Caroillon La Salette du 25 août 1752, *Corr.*, I, 145. En patois régional : « Denis Diderot, fils de maître Diderot, coutelier à l'enseigne de *La Perle* à Langres. » Le cachet du coutelier est apposé sur l'enveloppe du testament du chanoine Didier-Pierre Diderot : deux marteaux croisés au-dessus d'une enclume, à droite la perle, à gauche une rose, entourés de la devise *Virtus et labor patrum fasti* (« Vertu et labeur, les fastes de nos pères »). Voir L. Marcel, *Le Frère de Diderot, Didier-Pierre Diderot*, Paris, Champion, 1913, p. 18, avec reprod., et p. 168. Sur les origines de la famille Diderot, installée à Langres depuis le XVe siècle au moins, voir R. Trousson, *Denis Diderot, ou le vrai Prométhée*, Paris, Tallandier, 2005, p. 17-18, et R. Trousson, *Diderot jour après jour. Chronologie*, Paris, Champion, 2006, p. 11-13.

14. *Réfutation d'Helvétius*, DPV, XXIV, 691.

15. *Entretien d'un père avec ses enfants*, DPV, XII, 465.

16. *Voyage à Bourbonne*, DPV, XX, 145-146.

17. *Le Père de famille*, DPV, X, 232. Il n'est pas impossible que Diderot évoque ici un souvenir de famille. Au moment de leur mariage le 19 janvier 1712, Didier Diderot avait vingt-six ans alors qu'Angélique Vigneron était de neuf ans son aînée, ce qui n'était pas très fréquent à l'époque.

18. Lettre du 29 novembre 1757, *Corr.*, II, 20.

19. *Corr.*, II, 119.

20. Un premier garçon est né le 5 novembre 1712, mort presque aussitôt. Parmi les enfants morts en bas âge, citons encore une Catherine, décédée le 30 août 1718 âgée de deux ans environ, et une autre Catherine, dont Denis est le parrain et qui mourra également en bas âge.

21. En 1884, à l'occasion du centième anniversaire de la mort du philosophe, la place Chambeau fut renommée place Diderot ; une statue en bronze, œuvre de Bartholdi, fut érigée en son centre.

22. Née le 12 octobre 1677, elle se maria avec Didier Diderot le 19 janvier 1712.

23. Lettre à Sophie Volland du 31 juillet 1759, *Corr.*, II, 188. L'« esprit » de l'abbé, en dehors de ses études religieuses, s'est manifesté au moins deux fois dans les réflexions qu'il a couchées en marge de deux ouvrages de son frère. Voir R. Mortier, « Réflexions sur l'essai sur le mérite et la vertu », RDE, 10, 1991, p. 25-39, et L. Perol, « Didier Diderot lecteur de Denis : ses Réflexions sur *le Fils naturel* », RDE, 11, 1991, p. 33-47.

24. *Corr.*, II, 188.

25. Mémorandum d'environ 1821 de Mme de Vandeul à son médecin. Voir Wilson, p. 13.

26. *Émile*, livre II, OCR, IV, 301.

27. *Mémoires*, DPV, I, 9.

28. Lettre non datée, *Corr.*, XVI, 64.

29. Il s'agit du peigne de Mlle Lambercier que Rousseau fut accusé à tort d'avoir cassé, et d'un châtiment corporel mérité. Voir *Confessions*, livre I, OCR, I, 14-20.

30. *Essais sur la peinture*, DPV, XIV, 369.

31. *Mélanges philosophiques*, *Vers.*, III, 335 et 337. Selon G. Viard, « Maîtres et collégiens langrois au temps de la jeunesse de Diderot », RDE, 2, 1987, p. 41, la rivalité de Langres et de Chaumont est l'une des constantes de l'histoire de la région.

32. *Réfutation d'Helvétius*, DPV, XXIV, 752-753.

33. *Réfutation d'Helvétius*, DPV, XXIV, 582.

34. Sur les circonstances exactes de cette affaire, voir plus loin, p. 492.

35. *Mémoires*, DPV, I, 10.

36. « Un des moments les plus doux de ma vie, racontera Diderot plus tard, ce fut, il y a plus de trente ans et je m'en souviens comme d'hier, lorsque mon père me vit arriver du collège les bras chargés des prix que j'avais remportés et les épaules chargées des couronnes qu'on m'avait données et qui, trop larges pour mon front, avaient laissé passer ma tête. Du plus loin qu'il m'aperçut, il laissa son ouvrage, il s'avança sur sa porte, et se mit à pleurer. » (Lettre à Sophie Volland du 18 octobre 1760, *Corr.*, III, 157).

37. Sur l'incertitude de la date, voir B.T. Hanna, « Denis Diderot : formation traditionnelle et formation moderne », RDE, 5, 1988, p. 4-5.

2. Un bohémien à Paris

1. Selon d'autres sources, Diderot fut d'abord à Louis-le-Grand, ce qui ne paraît cependant guère probable. Voir B.T. Hanna, art. cité, p. 6-8.

2. *Mémoires*, DPV, I, 11.

3. DPV, XX, 96.

4. Voir B.T. Hanna, « Diderot théologien », RHLF, 78, 1978, p. 19-35.

5. *Lettres philosophiques. Derniers écrits sur Dieu*, éd. G. Stenger, Paris, Flammarion, 2006, p. 96-97. L'expression « faire l'amour » signifie faire la cour.

6. M. Souviron, « La "crise mystique" du jeune Diderot », DHS, 19, 1987, p. 317.

7. *Réfutation d'Helvétius*, DPV, XXIV, 670.

8. *Mémoires*, DPV, I, 12.

9. *Pensées philosophiques*, XVII, DPV, II, 23.

10. *Réfutation d'Helvétius*, DPV, XXIV, 753.

11. Article *Collège* de l'*Encyclopédie*, *Enc.*, III, 635.

12. DPV, I, 11.

13. Art. *Encyclopédie* de l'*Encyclopédie*, DPV, VII, 197.

14. Voir R. Trousson, *Denis Diderot, ou le vrai Prométhée*, Paris, Tallandier, 2005, p. 42.

15. Voir *Mémoires*, DPV, I, 13.

16. DPV, XII, 101.

17. DPV, II, 231-338. Voir plus loin, p. 160.

18. *Romans et contes en vers et en prose*, Paris, Gallimard, 1994, p. 323-324. Glycère est le nom d'une jeune Romaine qui hantait les rêves érotiques d'Horace (voir *Odes*, I, 19).

19. R. Darnton, *Bohème littéraire et révolution. Le monde des livres au* XVIIIe *siècle*, Paris, Gallimard et Le Seuil, 1983, p. 32.

20. *Mémoires*, DPV, I, 16.

21. *Ibid.*, 13-14.

22. Voir *Mémoires*, DPV, I, 13.

23. Voir DPV, XIII, 3-5. L'identité du destinataire n'est pas établie avec certitude.

24. Voir *Corr.*, I, 86. J. de Booy a naguère publié plusieurs soi-disant *Écrits inconnus de jeunesse* de Diderot qui n'ont jamais été authentifiés par les spécialistes.

25. *Mémoires et journal de Jean-Georges Wille*, Paris, Renouard, 1857, t. I, p. 91.

26. *Mémoires*, DPV, I, 16.

27. Lettre à Sophie Volland du 28 octobre 1760, *Corr.*, III, 201.

28. *Mémoires*, DPV, I, 17.

3. Orages non désirés

1. Lettre de Pierre La Salette du 4 septembre 1741, *Corr.*, I, 26.

2. *Corr.*, I, 29. Lettre non datée.

3. Lettre à Anne-Toinette Champion du 17 décembre 1742, *Corr.*, I, 35.

4. Lettre du 24 décembre 1742, *Corr.*, I, 37.

5. *Corr.*, I, 40.

6. *Corr.*, I, 41-42.

7. A. Garnier, « La séquestration arbitraire de Denis Diderot en janvier 1743 », RDE, 2, 1987, p. 46.

8. Voir A. Garnier, art. cité, p. 50-51.

9. *Mémoires*, DPV, I, 18.

10. *Salon de 1767*, DPV, XVI, 381.

11. *Mémoires*, DPV, I, 18.

4. Le modèle anglais : Shaftesbury

1. *Mémoires*, DPV, I, 25.

2. Cet essai parut pour la première fois dans le tome II des *Characteristics of Men, Manners, Opinions, Times* (Londres, 1711, 3 vol.) du même auteur. Diderot a traduit la version corrigée de la deuxième édition des *Characteristics* publiée en 1714.

3. *Essai sur le mérite et la vertu*, DPV, I, 300.

4. DPV, I, 280.

5. Anthony Ashley Cooper Shaftesbury (Earl of), *Characteristics of Men, Manners, Opinions, Times*, Cambridge University Press, 1999, t. II, p. 167.

6. *Essai sur le mérite et la vertu*, DPV, I, 309.

7. Voir *Éthique*, dans *Œuvres*, éd. Ch. Apputin, Paris, Garnier-Flammarion, 1964-1966, t. III, p. 53 (livre I, propr. 29, sc.).

8. On aura remarqué que l'expression « le chef-d'œuvre de la nature » n'a aucun équivalent dans l'original anglais.

9. La date présumée de composition n'a rien de contraignant. Vauvenargues, à qui le texte fut attribué en 1770, est mort précisément en 1747, un an après la publication des *Pensées philosophiques*. Passé maître dans l'art de la mystification, il n'est pas impossible que Diderot ait inséré un passage des *Pensées* dans son opuscule afin de brouiller les pistes. Il n'est même pas interdit de penser qu'il l'ait rédigé exprès pour figurer dans le *Recueil philosophique* de 1770 dont le caractère plutôt modéré se distingue d'un pamphlet athée comme le *Système de la nature* de d'Holbach paru la même année. Voir G. Stenger, « *De la suffisance de la religion naturelle* : un manifeste déiste de Diderot ? », *La Lettre clandestine*, 21, 2013.

10. *De la suffisance de la religion naturelle*, DPV, II, 192.

11. *Essai sur le mérite et la vertu*, DPV, I, 334.

12. DPV, I, 358.

13. DPV, I, 318.

14. DPV, I, 326.

15. DPV, I, 368.

16. DPV, I, 325-326.

17. *Lettre sur les sourds et muets*, DPV, IV, 202.

18. *Essai sur le mérite et la vertu*, DPV, I, 321. Selon le *Dictionnaire de l'Académie française* (1698), le mot « affection » désigne une inclination ou passion « qui fait qu'on veut du bien à quelqu'un, ou qu'on se plaît à quelque chose ». De manière plus générale, les affections comprennent le plaisir, la douleur, et les émotions proprement dites. Quelques lignes avant le passage cité, Shaftesbury emploie le terme dans les deux sens : « Dans une créature capable de former des notions générales des choses, non seulement les êtres extérieurs qui s'offrent à la sensation sont les objets de l'affection, mais les actions elles-mêmes et les affections de pitié, bienveillance, gratitude, et leurs contraires, étant portés dans l'esprit par réflexion, en deviennent des objets. » (Trad. L. Jaffro). La traduction de Diderot (DPV, I, 320) est moins fidèle.

19. DPV, I, 343.

20. DPV, I, 319.

21. DPV, I, 318.

22. DPV, I, 319.

23. DPV, I, 331.

24. L'article figure au tome V paru en 1755. Seule la substance incorporelle est une concession à la doxa officielle.

25. Article *Droit naturel*, DPV, VII, 28.

26. Article *Hobbisme* de l'*Encyclopédie*, DPV, VII, 400.

27. Article *Droit naturel*, DPV, VII, 26.

28. DPV, VII, 26-28.

29. *Essai sur le mérite et la vertu*, DPV, I, 346.

30. Article *Droit naturel*, DPV, VII, 29.

5. Un auteur subversif

1. Voir *Mémoires*, DPV, I, 20-21.

2. L'arrêt est reproduit en fac-similé dans R. Morin, *Les* Pensées philosophiques *de Diderot devant leurs principaux contradicteurs au* XVIII*e siècle*, Paris, 1975, p. 162-168.

3. Le jansénisme était à l'origine un mouvement théologique à l'intérieur du catholicisme dont les adeptes prônaient une morale austère et s'opposaient aux jésuites qu'ils considéraient comme trop laxistes. Aujourd'hui encore, écrit C. Maire, « les historiens se partagent en deux camps : ceux qui tirent le jansénisme du côté de la "Réforme" protestante et ceux qui au contraire y voient la quintessence du Grand Siècle, l'étoile de la "Contre-Réforme" catholique. » (« Les que-

relles jansénistes de la décennie 1730-1740 », RDE, 38, 2005, p. 75.)

4. DPV, II, 47.

5. *Journal historique et anecdotique du règne de Louis XV*, éd. A. de La Villegille, Paris, Renouard, 1847-1856, t. II, p. 4.

6. Il reparaîtra légèrement remanié sous le titre *Traité de l'âme* en 1750 dans les *Œuvres philosophiques*.

7. *Extraits des registres du Parlement*, cités dans F. Venturi, *Jeunesse de Diderot (de 1713 à 1753)*, Genève, Slatkine, 1967, p. 168.

8. *Réflexions sur les* Pensées philosophiques *de Diderot*, dans *Œuvres*, éd. G. Schelle, Paris, Alcan, 1913-1923, t. I, p. 87.

9. Il s'agit de cette créature hybride bien connue qui ne propose que des énigmes insolubles.

10. Voltaire, éd. citée, p. 236.

11. Cette expression a sans doute été forgée par A.-F.-B. Deslandes quelques années plus tôt d'après un passage de Macrobe (*Saturnales*, III, 16, 4). Dans *Pygmalion, ou la Statue animée* (Londres, 1741, p. vij), elle est précédée de cette paraphrase sous forme d'explication : « Il y a un certain ton qui fait passer la vérité ; mais ce ton n'est pas entendu de tout le monde, et même il ne doit pas l'être. »

12. *Pensées philosophiques*, DPV, II, 17.

13. *Essai sur le mérite et la vertu*, DPV, I, 289.

14. Ce commentaire, conservé à la B.M. de Langres, a été publié par R. Mortier dans « Didier Diderot lecteur de Denis : ses *Réflexions sur l'Essai sur le mérite et la vertu* », RDE, 10, 1991, p. 21-39, d'où nos citations sont extraites.

15. *Pensées philosophiques*, DPV, II, 19-20.

16. *Essai sur le mérite et la vertu*, DPV, I, 355. L'original anglais est moins percutant : « whom he does not merely call good, but of whom in reality he believes nothing beside real good » (*op. cit.*, p. 189).

17. *Pensées philosophiques*, DPV, II, 20.

18. *Ibid.* On sait qu'il a fallu que Dieu s'incarne dans un homme, Jésus, pour que celui-ci soit torturé et exécuté afin d'expier le péché originel.

19. Le pessimisme augustinien, qui marqua de son influence le protestantisme naissant et le jansénisme, considère le monde comme radicalement mauvais, comme tout entier livré au péché, à la méchanceté et à l'erreur. Le mal étant dans la nature de l'homme, toutes les valeurs terrestres sont tenues pour vaines et trompeuses.

20. Pascal, *Pensées*, dans *Œuvres complètes*, éd. M. Le Guern, Paris, Gallimard, 1998-2000, t. II, p. 580-581.

21. *Pensées philosophiques*, DPV, II, 19.

22. *Pensées philosophiques*, DPV, II, 17.

23. *Essai sur le mérite et la vertu*, DPV, I, 311.

24. *Pensées philosophiques*, DPV, II, 18.

25. DPV, II, 20-21.

26. *Corr.*, I, 180.

27. *Pensées philosophiques*, DPV, II, 42.

28. *Enquête sur l'entendement humain*. Introduction, texte, traduction et notes par M. Malherbe, Paris, Vrin, 2008, p. 297.

29. Voir *Pensées philosophiques*, DPV, II, 45.

30. DPV, II, 43.

31. DPV, II, 45.

32. DPV, II, 34.

33. *Liberté de conscience resserrée dans les bornes légitimes*, Londres, 1754, t. I, p. 16 et 86.

34. D'après M. Souviron, « Les *Pensées philosophiques* de Diderot ou les "Provinciales" de l'athéisme », SVEC, 238, 1985, p. 251-254.

35. *Pensées philosophiques*, DPV, II, 51.

36. *Supplément au Voyage de Bougainville*, DPV, XII, 643.

37. *Pensées philosophiques*, DPV, II, 25.

38. DPV, II, 24-25.

39. DPV, II, 27-28.

40. L'argument du Boeing 747 et sa réfutation sont exposés dans R. Dawkins, *Pour en finir avec Dieu*, Paris, Perrin, 2008 [2006], p. 146-206.

41. La sélection naturelle, explique Dawkins, « est un processus cumulatif qui décom-

pose le problème de l'improbabilité en petits éléments. Chacun de ces petits éléments est légèrement improbable sans que ce soit rédhibitoire. Quand de nombreux événements légèrement improbables de ce genre s'accumulent en série, le résultat en bout de course est effectivement fort improbable, suffisamment en tout cas pour être hors d'atteinte du hasard » (*op. cit.*, p. 157). C'est ici qu'intervient le calcul des probabilités, autrement dit la science des statistiques : « Si les chances que la vie apparaisse spontanément sur une planète étaient d'une sur un milliard, malgré tout, cet événement d'une improbabilité stupéfiante se produirait sur un milliard de planètes » (p. 179). On verra que Diderot ne disait pas autre chose...

42. R. Dawkins, *op. cit.*, p. 205.

43. *Pensées philosophiques*, DPV, II, 21.

44. DPV, II, 25-56.

45. Pour Aristote, voir notamment l'*Histoire des animaux*, V, 1, 539a. Pour l'épicurisme, voir Lucrèce, *De la nature*, chant II, v. 870-930.

46. « Les méditations sublimes de Malebranche et de Descartes étaient moins propres à ébranler le matérialisme qu'une observation de Malpighi », prétend ingénument Diderot dans la Pensée XVIII (DPV, II, 24).

47. Voir par exemple Malebranche, *De la recherche de la vérité*, II, 1, 7 : « Les enfants sont déjà presque tout formés avant même l'action par laquelle ils sont conçus ; [...] leurs mères ne font que leur donner l'accroissement ordinaire dans le temps de la grossesse » (*Œuvres*, Paris, 1979, t. I, p. 181). C'est Malebranche qui a acclimaté l'idée de Swammerdam que les germes étaient emboîtés les uns dans les autres, autrement dit que chaque femelle contenait dans ses ovaires des œufs renfermant d'autres femelles avec leurs ovaires et leurs œufs, et ainsi de suite.

48. Voir notamment la lettre à Sophie Volland du 15 octobre 1759, *Corr.*, II, 282-283.

49. C'est au début de 1637 que Gassendi a introduit le néologisme de molécule pour traduire le mot ὄγκος (corpuscule). Voir O. Bloch, *La Philosophie de Gassendi. Nominalisme, matérialisme et métaphysique*, La Haye, 1971, p. 259, et H. Kubbinga, « La théorie moléculaire chez Gassendi », dans *Quadricentenaire de la naissance de Pierre Gassendi. 1592-1992*, Digne-les-Bains, 1994, p. 283-302. Grâce à l'*Abrégé* que son disciple François Bernier fit du *Syntagma philosophicum*, la philosophie gassendienne pénétra dans les milieux littéraires et mondains de la deuxième moitié du XVIIe siècle.

50. F. Bernier, *Abrégé de la philosophie de Gassendi*, Paris, Fayard, 1992 [1684], t. III, p. 234.

51. *Abrégé*, t. V, p. 342-343.

52. *Éléments de physiologie*, DPV, XVII, 319.

53. *Pensées philosophiques*, DPV, II, 28-30.

54. Cité dans DPV, II, 57.

6. Érotisme et philosophie

1. *Mémoires*, DPV, I, 20. L'anecdote est avérée par ailleurs mais il va de soi que l'indication « quinze jours » n'est pas à prendre au pied de la lettre. L'idée plaisante du roman se rencontre pour la première fois dans un fabliau du XIIIe siècle, *Du Chevalier qui fist les cons parler* ; Diderot a pu la trouver dans *Nocrion, conte allobroge* (1747), réimprimé en 1750 sous un nouveau titre significatif : *L'Origine des Bijoux indiscrets, ou Nocrion*. Nocrion est un anagramme de con noir.

2. J.-A. Naigeon, *Mémoires historiques et philosophiques sur la vie et les ouvrages de Diderot*, Paris, Brière, 1821, p. 37.

3. Voir DPV, III, 9.

4. DPV, III, 71.

5. DPV, III, 38.

6. DPV, III, 52-53.

7. DPV, III, 98.

8. DPV, III, 32.

9. DPV, III, 59.

10. DPV, III, 208.

11. DPV, III, 187. Il n'est pas impossible que Diderot se soit lui-même embrouillé dans son dispositif machiavélique.

12. DPV, III, 88.

13. DPV, III, 180.

14. DPV, III, 86.

15. DPV, III, 195.

16. Diderot prend même la peine de citer, dès l'adresse liminaire à Zima, les titres de quelques œuvres visées : « on sait que *Le Sopha*, le *Tanzaï* et *Les Confessions* ont été sous votre oreiller » (DPV, III, 32). Il s'agit des contes *Le Sopha, conte moral* (1742) et *L'Écumoire, ou Tanzaï et Néadarné* (1734) de Crébillon, et des *Confessions du comte de* *** (1741) de Duclos.

17. DPV, III, 249.

18. « Je ne suis pas grand faiseur de portraits », avoue l'auteur africain au début d'un chapitre… avant de déroger à sa critique implicite pour faire le portrait de la petite jument (DPV, III, 128).

19. DPV, III, 163.

20. O. Richard, « *Les Bijoux indiscrets* : variation secrète sur un thème libertin », RDE, 24, 1998, p. 35.

21. DPV, III, 52-54.

22. Lettre au lieutenant général de la police Berryer du 13 août 1749, *Corr.*, I, 90.

23. Voir DPV, III, 294.

24. Voir plus loin, p. 121.

25. *Mémoires*, DPV, I, 24.

26. Voir DPV, II, 69. Seuls les derniers paragraphes, où le spinoziste Oribaze semble l'emporter sur ses adversaires, sont présentés de manière différente.

27. DPV, II, 73-84.

28. Cléobule fut l'un des Sept Sages de la Grèce.

29. DPV, II, 91.

30. DPV, II, 123-124.

31. DPV, II, 128.

32. Voir plus haut, p. 63-64.

33. DPV, II, 131.

34. DPV, II, 136-137.

35. Voir *Dict. D.*, p. 493.

36. DPV, II, 138.

37. *La Religion vengée*, Paris, 1757-1763, t. I, p. 11-12.

38. J. Proust, *Diderot et l'Encyclopédie*, *op. cit.*, 1962, p. 233.

39. *Ibid.*, p. 237.

7. Critique de la raison aveugle

1. Voir *Le Neveu de Rameau*, DPV, XII, 101. Le Neveu n'a pas choisi cette locution par hasard. Selon Furetière, elle « ne se dit que de ceux qui sont venus de bas lieu et qui ont fait de grandes fortunes ».

2. *Salon de 1767*, DPV, XVI, 210.

3. L'*Essay concerning Human Understanding* de John Locke fut publié en 1690 ; la traduction en français de Pierre Coste parut pour la première fois en 1700. Il s'agit de l'un des livres qui ont le plus profondément marqué la philosophie des Lumières en Europe.

4. *Essai sur l'entendement humain*. Traduction, préface, notes et index par J.-M. Vienne, Paris, Vrin, 2001-2005, t. I, p. 164 (II, I, 2).

5. Locke, écrit Diderot dans l'article qu'il lui a consacré dans l'*Encyclopédie*, a réhabilité le vieil axiome selon lequel « il n'y a rien dans l'entendement qui n'ait été auparavant dans la sensation » (DPV, VII, 712).

6. *Extrait raisonné du Traité des sensations*, dans *Œuvres*, Paris, 1769, t. III, p. 497-498.

7. *Œuvres*, t. III, p. 5.

8. Condillac, on le voit, admet l'existence d'une substance spirituelle, radicalement distincte du corps ; il repousse vivement l'hypothèse de Locke d'après laquelle la matière aurait pu être douée par Dieu de la faculté de penser.

9. « Un animal dans la Lune », *Fables*, VII, 18..

10. *Œuvres*, t. I, p. 22 (I, II, 1, 4).

11. *Œuvres*, t. I, p. 12-13 (I, I, 2, 11).

12. Locke, *Essai sur l'entendement humain*, éd. citée, t. I, p. 236-237 (II, IX, 8).

13. *Ibid.*, p. 237-238.

14. É.-E. Schmitt, *Diderot ou la philosophie de la séduction*, Paris, Albin Michel, 1997, p. 170-171.

15. *Éléments de la philosophie de Newton*, OCV, XV, 319-320 (II, 7). À comparer avec le résumé fait par Diderot dans la *Lettre sur les aveugles*, DPV, IV, 60-61.

16. *Œuvres*, t. I, p. 214-215 (I, VI, 14).

17. *Œuvres*, t. I, p. 215-216 (I, VI, 14).

18. Condillac reviendra d'ailleurs sur son jugement dans le *Traité des sensations*, où il donnera raison à Locke et Molyneux.

19. DPV, IV, 19.

20. DPV, IV, 22.

21. DPV, IV, 22.

22. Au sens kantien de tribunal, mais sans la prétention du philosophe allemand à instaurer un ordre de certitudes indubitables.

23. DPV, IV, 23.

24. DPV, IV, 23.

25. DPV, IV, 28.

26. DPV, IV, 26.

27. DPV, IV, 27.

28. DPV, IV, 59.

29. DPV, IV, 59-60.

30. DPV, IV, 61-62.

31. *Œuvres,* éd. G. Brykman, Paris, PUF, 1985-1992, t. I, p. 24 (§ 79). Cette thèse va plus loin que celle de Locke sur l'intervention du jugement dans la sensation.

32. *Essai sur l'origine des connaissances humaines*, dans *Œuvres*, t. I, p. 213 (I, VI, 14).

33. DPV, IV, 29.

34. DPV, IV, 32.

35. DPV, IV, 56.

36. DPV, IV, 63.

37. C. Duflo, *Diderot philosophe*, Paris, Champion, 2003, p. 145.

38. DPV, IV, 66-67.

39. DPV, IV, 68.

40. DPV, IV, 69.

41. DPV, IV, 68.

42. DPV, IV, 72.

43. Article *Pyrrhonienne* de l'*Encyclopédie*, DPV, VIII, 160.

44. Nous empruntons cette expression à Pascal.

45. Voir DPV, IV, 50.

46. DPV, IV, 50.

47. DPV, IV, 48-52.

48. Voir *De la nature*, livre VII, v. 419-431.

49. Entré dans le *Dictionnaire de l'Académie française* en 1762, le mot « dépuration » apparaît dès le XVIIe siècle et désigne l'action de débarrasser un corps des impuretés qu'il contient, ainsi que le résultat de cette action.

50. « C'est à partir de la "soupe primordiale", produit d'une évolution chimique, que la vie est censée avoir pris naissance. Quelque complexe moléculaire a dû devenir capable d'utiliser certains des ingrédients de cette solution organique pour se reproduire » (F. Jacob, *Le Jeu des possibles. Essai sur la diversité du vivant*, Paris, Fayard, 1981, p. 44).

51. Rousseau, *Émile*, OCR, IV, 578-579.

52. Voir les *Entretiens sur la pluralité des mondes*, éd. Ch. Martin, Paris, Flammarion, 1998, p. 155 : « Si les roses qui ne durent qu'un jour faisaient des histoires, et se laissent des mémoires les unes aux autres, les premières auraient fait le portrait de leur jardinier d'une certaine façon, et de plus de quinze mille âges de roses, les autres qui l'auraient encore laissé à celles qui les devaient suivre, n'y auraient rien changé. Sur cela, elles diraient : *Nous avons toujours vu le même jardinier, de mémoire de rose on n'a vu que lui, il a toujours été fait comme il est, assurément il ne meurt point comme nous, il ne change seulement pas.* »

53. Lettre à Voltaire du 11 juin 1749, *Corr.*, I, 77-78.

54. Nous n'utilisons pas le mot « évolution » comme synonyme de transformisme ou darwinisme, mais dans le sens de progrès, qui implique un développement conduisant à des êtres ou états inférieurs vers des êtres ou états supérieurs.

8. Inversions

1. Un deuxième tirage, publié quelques mois plus tard, comporte des *Additions pouvant servir d'éclaircissements à quelques endroits de la Lettre sur les sourds et muets.*

2. *Prospectus de l'Encyclopédie*, DPV, V, 117.

3. Voir *Lettre sur les sourds et muets*, DPV, IV, 182. En 1766, Diderot écrira de manière tout à fait explicite : « La nature ne fait rien d'incorrect. Toute forme belle ou laide a sa cause, et de tous les êtres qui existent, il n'y en a pas un qui ne soit comme il doit être. [...] Si les causes et les effets nous étaient évidents, nous n'aurions rien de mieux à faire que de représenter les êtres tels qu'ils sont. Plus l'imitation serait parfaite et analogue aux causes, plus nous en serions satisfaits » (*Essais sur la peinture*, DPV, XIV, 343-344). Deux ans plus tard, le *Salon de 1767* fera entendre un tout autre son de cloche.

4. DPV, IV, 133.

5. DPV, IV, 131.

6. « L'ordre, écrit le P. Lamy, demande que dans toute proposition le nom qui en exprime le sujet soit placé le premier ; s'il est accompagné d'un adjectif, que cet adjectif le suive de près ; que l'attribut soit mis après le verbe qui fait la liaison du sujet avec l'attribut [...]. Dans notre langue, le nom qui exprime le sujet de la proposition va devant ; après on place le verbe, et suit le nom qui marque l'attribut. Cet ordre est naturel, et c'est un des avantages de notre langue de ne point souffrir qu'on s'en écarte. Elle veut qu'on parle comme on pense » (Bernard Lamy, *La Rhétorique ou l'Art de parler*, Paris, Poirion, 1741 [1675], p. 64-65).

7. *Éloge de Térence*, DPV, XIII, 462.

8. Voir DPV, IV, 152 : « À l'origine du langage, les hommes ont commencé par donner des noms aux principaux objets des sens, aux fruits, à l'eau, aux arbres, aux animaux. »

9. DPV, IV, 135. L'abstraction, lit-on dans la *Lettre sur les aveugles*, « ne consiste qu'à séparer par la pensée les qualités sensibles des corps, ou les unes des autres, ou du corps même qui leur sert de base ; et l'erreur naît de cette séparation mal faite, ou faite mal à propos » (DPV, IV, 32).

10. DPV, IV, 135. Même reproche dans l'*Essai* de Condillac, qui accuse les philosophes d'être tombés « dans une erreur qui a eu de grandes suites : ils ont réalisé toutes leurs abstractions, ou les ont regardées comme des êtres qui ont une existence réelle, indépendamment de celle des choses » (*Œuvres*, t. I, p. 182, I, V, 5).

11. DPV, IV, 136.

12. Lorsque le prêtre consacre le pain et le vin au moment de l'Eucharistie, il répète les paroles prononcées par Jésus au moment du dernier repas (voir Mc 14, 23-24). Plusieurs théories s'opposaient, au cours des siècles, pour expliquer la transformation du pain (c'est-à-dire de l'hostie) et du vin en corps et en sang du Christ. L'impanation et la consubstantiation affirmaient que le Christ était présent à côté, sur ou dans la substance du pain et du vin, tandis que la transsubstantiation déclarait que le pain et le vin s'étaient réellement mués en corps et en sang du Christ.

13. Voir P. Redondi, *Galilée hérétique*, Paris, Gallimard, 1981. La thèse de Redondi est cependant loin d'être unanimement acceptée.

14. Galilée y dépouille les corps de leur réalité substantielle, opérant la distinction entre ce qu'il est nécessaire d'attribuer aux corps – une figure géométrique, une position et une vitesse – et les saveurs, odeurs, couleurs qu'il renvoyait au sujet ou à l'animal dont les sens seraient activés par des particules infimes émises par les corps.

15. DPV, IV, 137.

16. DPV, IV, 164. C'était déjà la thèse d'un certain Louis Le Laboureur qui avait prétendu, un siècle plus tôt, que « les Romains pensaient en français devant que de parler en latin » (*Avantages de la langue française sur la langue latine*, Paris, 1669, p. 156).

17. DPV, IV, 155. *Serpentem fuge* signifie : « Fuyez le serpent ! ».

18. DPV, IV, 156-157.

19. DPV, IV, 158.

20. « Si nous n'avons pas plusieurs perceptions à la fois, il est impossible de raisonner et de discourir » (DPV, IV, 162).

21. J. Chouillet, *La Formation des idées esthétiques de Diderot, 1745-1763*, Paris, Armand Colin, 1973, p. 193.

22. DPV, IV, 158.

23. DPV, IV, 161.

24. DPV, IV, 150.

25. DPV, IV, 165.

26. DPV, IV, 165.

27. DPV, IV, 142.

28. DPV, IV, 143.

29. DPV, IV, 158.

30. DPV, IV, 161-162.

31. DPV, IV, 169. Diderot abandonnera plus tard le terme de hiéroglyphe, destiné à désigner l'union du son et du sens, au profit de celui, musical et esthétique, d'harmonie. Voir M. Leca-Tsiomis, « Hiéroglyphe poétique. L'oreille et la glose », RDE, 46, 2011, p. 42.

32. « Diderot et la philosophie du polype », *Revue des sciences humaines*, 182, 1981, p. 22-23.

33. « L'ordre du désordre », *Europe*, 661, 1984, p. 35.

DEUXIÈME PARTIE

L'ENCYCLOPÉDISTE

1. Diderot en prison

1. Les jugements divergent sur les raisons de son abandon ainsi que sur l'ampleur de ses réalisations comme premier éditeur de l'ouvrage. Voir F. A. Kafker et J. Loveland, « La vie agitée de l'abbé De Gua de Malves et sa direction de l'*Encyclopédie* », RDE, 47, 2012, p. 187-205.

2. Cité dans E. Boussuge et A. Mothu, « Autour de Diderot. Archives policières de la Bastille, 1748-1749 », *La Lettre clandestine*, 19, 2011, p. 323. L'ouvrage en question est la *Lettre sur les aveugles*

3. Cité dans E. Boussuge, « Retour à Vincennes. Diderot et la politique de la librairie autour de 1749 », *La Lettre clandestine*, 19, 2011, p. 90. *L'Allée des idées* désigne *La Promenade du sceptique*. On notera la confusion entre la future *Encyclopédie* et le *Dictionnaire de médecine*, traduit par Diderot, Toussaint et Eidous.

4. *Mémoires*, DPV, I, 21.

5. Il s'agit de Marc-Pierre de Voyer de Paulmy, comte d'Argenson, secrétaire d'État à la Guerre et directeur de la Librairie (donc responsable de la censure).

6. Cité dans DPV, V, 21.

7. Voir J. Proust, *Diderot et l'Encyclopédie*, *op. cit.*, p. 51.

8. Ce n'est qu'en 1751, trois ans après le scandale provoqué par la publication de L'Esprit des lois, qu'on découvrira Les Lettres persanes convaincues d'impiété (par l'abbé Gaultier).

9. Voir plus haut, p. 52-53.

10. Une douzaine d'années plus tôt, le Saint-Office avait déjà commencé à s'inquiéter des dangers que représentait la nouvelle philosophie en mettant à l'Index l'*Essai sur l'entendement humain* et le *Christianisme raisonnable* de Locke, qui n'éveillèrent pourtant pas l'attention lors de leur parution en anglais à la fin du XVIIe siècle. Le premier homme de lettres français parmi les philosophes des Lumières à connaître les honneurs de l'Index fut le marquis d'Argens dont les *Lettres cabalistiques* (1737-1738), *Lettres chinoises* (1739-1740) et *Lettres juives* (1735-1737) furent censurées en 1742 et 1743. Voir C. Maire, « L'entrée des "Lumières" à l'Index : le tournant de la

double censure de l'*Encyclopédie* en 1759 », RDE, 42, 2007, p. 113-114

11. *Journal et mémoires du marquis d'Argenson, de 1725 à 1757*, Paris, 1856-1867, t. VI, p. 10-11.

12. Voir plus haut, p. 77.

13. Toutes les citations de la lettre proviennent de *Corr.*, I, p. 88-89.

14. Voir DPV, I, 23.

15. *Les Confessions*, livre VIII, OCR, I, 350.

16. *Deuxième lettre à Malesherbes*, OCR, I, 1135-1136.

17. *Les Confessions*, livre VIII, OCR, I, 351.

18. Voir *Dictionnaire de Jean-Jacques Rousseau*, éd. par R. Trousson et F.S. Eigeldinger, Paris, Champion, 2006, p. 435-436.

19. *Réfutation d'Helvétius*, DPV, XXIV, 497-498.

20. Voir R. Galliani, *Rousseau, le luxe et l'idéologie nobiliaire*, Oxford, Voltaire Foundation, 1989, p. 17-62.

21. Voir R. Trousson, « Diderot helléniste », DS, 12, 1969, p. 141-326.

22. *Lettre à Voltaire* du 19 février 1758, Corr., II, 39.

23. Voir DPV, X, 340-341 et 412-416.

24. *Correspondance littéraire* du 1er août 1762, CL, V, 134.

25. DPV, VIII, 317.

26. *Corr.*, I, 92-94.

27. Les nouvelles n'étaient pas exactes. En 1749, seul François-Jacques-Denis était en vie. Il mourra le 30 juin 1750.

28. *Corr.*, I, 96.

29. *Corr.*, I, 83.

30. On peut les lire dans DPV, V, 21-26.

2. Les débuts de l'*Encyclopédie*

1. DPV, V, 85.

2. DPV, V, 86-87. Au milieu du XVIIIe siècle, souligne M. Leca-Tsiomis, « les dictionnaires français monolingues sont encore, sinon des nouveautés, tout au moins des créations récentes. [...] Avec ces dictionnaires monolingues – et ce fut leur immense apport – on quitta la traduction des mots d'une langue dans une autre, pour aborder un savoir sur la chose désignée, sur l'objet : ce n'est plus désormais de traduire, mais de définir qu'il s'agira. » (« Une tentative de conciliation entre ordre alphabétique et ordre encyclopédique », RDE, 40-41, 2006, p. 58).

3. DPV, V, 90.

4. Voir M. Leca-Tsiomis, art. cité, p. 61-63.

5. *Enc.*, XII, 539.

6. *Principes de la philosophie*, dans *Œuvres et lettres*, éd. A. Bridoux, Paris, Gallimard, 1953, p. 566.

7. Sur les astuces de cette classification, voir V. Le Ru, « De la science de Dieu à la superstition : un enchaînement de l'arbre encyclopédique qui donne à penser », RDE, 40-41, 2006, p. 69-71.

8. Cette classification des sciences est donnée en deux versions différentes, à la fin du *Prospectus* de 1750 et en tête du premier volume de l'*Encyclopédie*.

9. Article *Encyclopédie*, DPV, VII, 212-213.

10. *Ibid.*, 222.

11. Voir DPV. Il n'est pas exclu que l'auteur de cette réponse soit d'Alembert.

12. DPV, V, 32.

13. DPV, V, 539.

14. *Nouvelles ecclésiastiques*, 27 février 1752, p. 33. Cité dans C. Maire, art. cité, p. 120.

15. *Journal historique et anecdotique du règne de Louis XV*, éd. de la Villegille, Paris, Renouard, 1851, t. III, p. 333-334. La thèse de l'abbé Jean-Martin de Prades avait été soutenue le 18 novembre.

16. Cité dans DPV, V, 37.

17. Voir Barbier, *Journal*, t. III, p. 355.

18. Elle se fera représenter, en 1755, par Quentin La Tour, avec le tome IV de l'*Encyclopédie* et *L'Esprit des lois* sur une console.

19. En réalité, d'Alembert n'a jamais eu l'intention de tout abandonner, comme en témoigne une lettre à Maupertuis du 4 août 1752 : « J'ai enfin cédé aux sollicitations sans nombre qui m'ont engagé à reprendre cet ouvrage. Entre nous, je n'ai jamais été absolument déterminé à le quitter. Mais je voulais me faire prier assez pour qu'on craignît de me dégoûter deux fois. » (Voir A.-M. Chouillet, « Du nouveau sur l'*Encyclopédie* : une lettre inédite de d'Alembert », RDE, 11, 1991, p. 30-31.)

20. L'intéressé venait d'écrire une défense de sa thèse intitulée *Apologie de Monsieur l'abbé de Prades*. Un an plus tard, il renia sa thèse, entre autres pour des raisons financières. Le pape accepta de le réintégrer au sein de l'Église, et la Faculté de théologie lui restitua tous ses degrés.

21. DPV, IV, 316.

22. DPV, IV, 325.

23. DPV, IV, 337.

24. DPV, IV, 337-338.

25. DPV, IV, 338-339.

26. DPV, IV, 339.

27. Cité d'après Diderot, DPV, IV, 326-327.

28. DPV, IV, 328.

29. Jusqu'à la fin du XVIIIe siècle, la philosophie matérialiste était le plus souvent désignée par le terme d'épicurisme.

30. Voir Voltaire, *Lettres philosophiques. Derniers écrits sur Dieu*, éd. G. Stenger, Paris, Flammarion, 2006, p. 130-145.

31. DPV, IV, 328.

32. DPV, IV, 329. La scolastique (parfois désignée sous le nom de l'École) s'inscrivait dans la lignée de la philosophie aristotélicienne, notamment sous la forme qui fut développée par saint Thomas d'Aquin et enseignée dans les universités médiévales.

33. Article *Locke* de l'*Encyclopédie* (DPV, VII, 712-715).

3. Une querelle et de nouveaux amis

1. En voici une scène croquée sur le vif : « Mme de Saint-Aubin était assise et accoudée sur une table. [L'abbé] alla se pencher et s'accouder sur la même table, vis-à-vis d'elle, car il est familier. Mme d'Aine, invitée par la commodité de sa posture et la largeur de sa croupe, prend un fauteuil, l'approche de lui, lui dit : "L'abbé, tiens-toi bien !", et d'un saut elle enfourche l'abbé, jambe de ça, jambe de là ; et de le piquer des talons, de l'exciter de la voix et des doigts ; et lui de hennir, de regimber, de ruer, et son habit de remonter vers ses épaules, et les cotillons de la dame de se relever devant et derrière, en sorte qu'elle était presque à poil sur sa monture, et sa monture à cru sous elle ; et nous de rire ; et la dame de rire, et de rire plus fort, et de rire plus fort encore, et de se tenir les côtes, et enfin de s'étendre en devant sur l'abbé et de s'écrier : "Miséricorde, miséricorde, je n'y tiens plus ; tout va partir, l'abbé, ne remue pas !" Et l'abbé, qui n'y entendait rien encore, de ne pas remuer et de se laisser inonder d'un déluge d'eau tiède qui entrait dans ses souliers par la ceinture de sa culotte, et de crier à son tour : "Au secours, au secours ; je me noie !" Et chacun de nous de tomber sur les canapés et d'étouffer. Cependant Mme d'Aine, toujours en selle, d'appeler sa femme de chambre : "Anselme, Anselme, tirez-moi de dessus ce prêtre. L'abbé, mon petit abbé, console-toi, tu n'en as pas perdu une goutte." L'abbé ne se fâcha point, et fit bien. C'était encore une figure à voir que Mlle Anselme. C'est l'innocence, la pudeur et la timidité même. Elle ouvrait ses grands yeux, elle regardait à terre ; une mare énorme, et elle disait d'un ton de surprise : "Eh ! mais, Madame... – Eh ! mais oui... C'est moi, c'est l'abbé, c'est tous les deux... Cela m'a bien soulagée... Des souliers, des bas, des cotillons, du linge..." » (Lettre à Sophie Volland du 30 octobre 1759, *Corr.*, II, 307-308).

2. A. Morellet, *Mémoires sur le dix-huitième siècle et sur la Révolution française*, Paris, Ladvocat, 1821, t. I, p. 128-129.

3. Voir plus loin, p. 344-347.

4. Préface à *L'Art des mines* de J.-G. Lehmann (Paris, Hérissant, 1759, t. I, p. i-iv).

5. F.A. Kafker, « L'*Encyclopédie* et le cercle du baron d'Holbach », RDE, 3, 1987, p. 119.

6. Lettre à Sophie Volland du 1er octobre 1759, *Corr.*, II, 264.

7. *Ibid.*, 264-265.

8. Lettre à Sophie Volland du 3 novembre 1760, *Corr.*, III, 217.

9. Lettre à Sophie Volland du 9 octobre 1759, *Corr.*, II, 269.

10. Lettre du 25 juillet 1762, *Corr.*, IV, 69.

11. Sur la biographie de Grimm, voir l'introduction générale au tome I de la *Correspondance littéraire*, Ferney-Voltaire, Centre international d'étude du XVIIIe siècle, 2006, p. xxi-xxxviii.

12. *Les Confessions*, livre VIII, OCR, I, 350.

13. *Les Confessions*, livre VIII, OCR, I, 370.

14. *Les Confessions*, livre VIII, OCR, I, 369.

15. Lettre de Grimm à Diderot du 30 juin (et non juillet) 1756, *Corr.*, I, 218.

16. Lettre à Sophie Volland du 24 septembre 1759, *Corr.*, II, 262.

17. Lettre du 14 juillet 1762, *Corr.*, IV, 44. La Briche est un château qui appartient au domaine d'Épinay.

18. Lettre du 9 octobre 1759, *Corr.*, II, 268-269.

19. Voir plus loin, p. 692-693.

20. Lettre à Sophie Volland du 25 novembre 1760, *Corr.*, III, 267.

21. *Les Confessions*, livre VIII, OCR, I, 383.

22. Voir B. Didier, *La Musique des Lumières. Diderot – L'Encyclopédie – Rousseau*, Paris, PUF, 1985, p. 177.

23. *Les Confessions*, livre VIII, OCR, I, 384.

24. D'Alembert, *De la liberté de la musique*, dans *Œuvres*, t. I, p. 520-521.

25. Lettre à Gottsched du 23 juin 1753, citée dans *Correspondance littéraire*, éd. citée, p. xxvii.

26. Dans DPV, XIX, 7.

27. Voir *Sur les leçons de clavecin et principes d'harmonie par M. Bemetzrieder*, DPV, XIX, 397.

28. OCR, V, 328.

29. Lettre à Grimm du 5 juin 1759, *Corr.*, II, 151.

30. Lettre de Grimm à Catherine II du 8/19 juin 1786, dans G. Dulac, « Le discours politique de Pétersbourg », RDE, 1, 1986, p. 51-52.

4. De l'interprétation de la nature

1. M. Malherbe, « Mathématiques et sciences physiques dans le "Discours préliminaire" de l'*Encyclopédie* », RDE, 9, 1990, p. 137-138.

2. DPV, XXIV, 670. En 1749, Diderot écrit au lieutenant de police Berryer : « Il y a dix-huit ans que je suis à Paris. J'en ai passé dix à l'étude des mathématiques et des belles-lettres » (*Corr.*, I, 85).

3. *Les Cinq années littéraires, ou Lettres de M. Clément sur les ouvrages de littérature qui ont paru dans les années 1748, 1749, 1750, 1751 et 1752*, Berlin, 1756, t. I, p. 101.

4. Fontenelle, *Entretiens sur la pluralité des mondes*, éd. Ch. Martin, Paris, Flammarion, 1998, p. 63-64.

5. Galilée, *L'Essayeur*, éd. C. Chauviré, Paris, Les Belles Lettres, 1980, p. 141.

6. Voir plus haut, p. 131.

7. Voir F. Bacon, *Novum Organum*, I, 95. On retrouve cette image dans les *Pensées sur l'interprétation de la nature* de Diderot (DPV, IX, 34).

8. Voltaire, *Lettres philosophiques*, éd. citée, p. 126.

9. XIVe *Lettre philosophique*, éd. citée, p. 151.

10. Fontenelle, *Éloge de Newton* dans *Œuvres complètes*, éd. A. Niderst, Paris, Fayard, 1990-2001, t. VII, p. 121.

11. *Suite de l'apologie de l'abbé de Prades*, DPV, IV, 335-336.

12. *Pensées sur l'interprétation de la nature*, DPV, IX, 28-29. Le mot *physicien* désigne ici l'homme de science.

13. Voir M. Guédès, « L'édition originale des *Pensées sur l'interprétation de la nature* de Diderot (1753-1754) », *Revue française d'histoire du livre*, 33, 1981, p. 625-634.

14. *Les Cinq années littéraires*, t. II, p. 445 (31 décembre 1753).

15. « Dynamique des formes et interprétation de la nature », RDE, 1991, p. 49-50.

16. DPV, IX, p. 29.

17. DPV, IX, 40-41.

18. DPV, IX, 30.

19. Voir *ibid.*

20. Voltaire, *Dieu. Réponse au Système de la nature*, dans *Lettres philosophiques*, éd. citée, p. 327.

21. Voltaire, *Éléments de la philosophie de Newton*, OCV, XV, 196 (I, 1).

22. Leibniz, à l'inverse, trouvait inconcevable de penser que Dieu revenait réparer son univers, parce que cela signifiait que Dieu aurait commis des erreurs dans sa Création.

23. *Pensées sur l'interprétation de la nature*, DPV, IX, 32.

24. DPV, IX, 28.

25. M. Malherbe, art. cité, p. 141.

26. *Pensées sur l'interprétation de la nature*, DPV, IX, 46.

27. DPV, IX, 92-93.

28. *Enc.*, III, 414.

29. Article *Principes*, *Enc.*, XIII, 376.

30. DPV, IX, 42.

31. DPV, IX, 39.

32. DPV, IX, 67 et 50.

33. DPV, VIII, 366.

34. DPV, VIII, 367. Diderot cite plus loin Paracelse, Fludd, Böhme et Van Helmont parmi les théosophes modernes ; il n'y a évidemment aucun rapport entre cette théosophie-là et le courant ésotérique professé par la Société théosophique fondée en 1875.

35. DPV, II, 28. Voir aussi plus haut, p. 62-63.

36. DPV, IX, 35.

37. DPV, IX, 36.

38. DPV, V, 381-382.

39. DPV, V, 392.

40. DPV, V, 91 et DPV, VII, 210-211.

41. « L'entêtement des principes répand sur tout ce qui environne un prestige qui défigure les objets. On ne les voit plus comme ils sont, mais comme il conviendrait qu'ils fussent. Au lieu de réformer ses notions sur les êtres, il semble qu'on prenne à tâche de modeler les êtres sur ses notions. » (*Pensées sur l'interprétation de la nature*, DPV, IX, 75-76).

42. DPV, IX, 88.

43. DPV, IX, 94.

44. Lettre à Rousseau vers le 22 ou 23 mars 1757, *Corr.*, I, 240.

45. J.-C. Guédon, « Chimie et matérialisme : la stratégie anti-newtonienne de Diderot », DHS, 11, 1979, p. 195.

5. Sophie Volland

1. *Les Confessions*, livre VII, OCR, I, 347. D'après le témoignage de son propre mari, elle aurait dit un jour : « Je ne suis qu'une bête, je ne sais point écrire, je parle assez mal » (*Corr.*, X, 179).

2. Lettre à Meister de 1814, citée dans Diderot, *Correspondance inédite*, éd. A. Babelon, Paris, Gallimard, 1931, t. II, p. 14.

3. *Mémoires*, DPV, I, 20.

4. Cité dans *Denis Diderot. Mémoire de la critique,* textes réunis et présentés par R. Trousson, Paris, PUPS, 2005, p. 60-61.

5. Les informations sur le déménagement de Diderot et ses deux voyages à Langres sont connues depuis la publication de la cor-

respondance du marquis d'Adhémar. Voir E. Mass, *Le Marquis d'Adhémar : la correspondance inédite d'un ami des philosophes à la cour de Bayreuth*, Banbury, Voltaire Foundation, 1973, p. 37-40 et 96-98.

6. *Mémoires*, DPV, I, 19.

7. Voir L.L. Bongie, « Diderot and the rue Taranne », SVEC, 189, 1980, p. 179-190. Le logis de Diderot aurait eu son emplacement au 149 boulevard Saint-Germain, à proximité de la brasserie Lipp. C'est là que se trouve actuellement sa statue, inaugurée en 1886 à l'initiative de la Libre Pensée.

8. Lettre à Sophie Volland du 7 octobre 1760, *Corr.*, III, 117.

9. Lettre à Sophie Volland du 1er novembre 1760, *Corr.*, III, 211.

10. Lettre à Sophie Volland du 22 septembre 1761, *Corr.*, III, 313.

11. Lettre à Sophie Volland du 20 mai 1765, *Corr.*, V, 37.

12. Selon une autre hypothèse, la rencontre eut lieu en 1757, pendant que Mme Diderot et sa fille étaient à Langres pour rendre visite au père de Diderot qui, sentant sa fin proche, avait souhaité les revoir une dernière fois.

13. Lettre du 13 octobre 1759, *Corr.*, II, 277.

14. Lettres du 25 juillet et du 15 août 1762, *Corr.*, IV, 72 et 107.

15. Lettres du 8 octobre 1768, et du 28 septembre 1761, *Corr.*, VIII, 189 et III, 315.

16. Elle prendra le nom de Mme de Blacy après la banqueroute de son mari en 1762.

17. Lettre à Grimm du 1er mai 1759, *Corr.*, II, 125.

18. Lettre à Sophie Volland du 6 novembre 1760, *Corr.*, III, 239.

19. Ce surnom vient soit de la muse de la géométrie (Mme Legendre était mariée à un ingénieur), soit de la Vénus Uranie, amour intellectuel (ou céleste) pédérastique, que Platon et Xénophon distinguent de la Vénus Pandémos, amour populaire, bisexuel ou hétérosexuel.

20. Lettre du 17 septembre 1760, *Corr.*, III, 74. Le mot « aimable », précise l'éditeur, se lit en surcharge. Il est douteux, ajoute-t-il, qu'il soit de la main de Diderot.

21. Voir J. Geffriaud Rosso, « Les demi-silences de Mademoiselle Volland : sur la jalousie », DS, 26, 1995, p. 109-124.

22. Lettre du 15 septembre 1760, *Corr.*, III, 69. L'apostrophe « Madame » s'adresse peut-être à Mme Legendre.

23. Lettre du 7 octobre 1760, *Corr.*, III, 121.

24. Lettre du 3 août 1759, *Corr.*, II, 193.

25. Lettre du 10 novembre 1765, *Corr.*, V, 169.

26. J. Geffriaud Rosso, art. cité, p. 124.

27. Voir G. Daniel, « Visages d'Uranie », DS, 23, 1988, p. 26.

28. Lettre du 2 septembre 1760, *Corr.*, III, 52, le jour du septième anniversaire de sa fille Angélique.

29. Lettre du 15 septembre 1760, *Corr.*, III, 70.

30. Lettre du 10 juin 1759, *Corr.*, II, 168-169.

31. Lettre du 5 août 1762, *Corr.*, IV, 93.

32. Lettre du 24 septembre 1767, *Corr.*, VII, 144.

33. Lettre à Sophie Volland du 27 janvier 1766, *Corr.*, VI, 35.

34. O. Richard-Pauchet, *Diderot dans les* Lettres à Sophie Volland. *Une esthétique épistolaire*, Paris, Champion, 2007, p. 297.

35. *Ibid.*

36. Lettre à Grimm du 1er mai 1759, *Corr.*, II, 124.

37. Lettre à Grimm du 1er mai 1759, *Corr.*, II, 125.

38. Wilson, *Diderot*, p. 192.

39. Lettre du 21 novembre 1762, *Corr.*, IV, 224-225.

40. J. Chouillet, *Denis Diderot – Sophie Volland. Un dialogue à une voix*, Paris, Champion, 1986.

41. M. Proust, *À la recherche du temps perdu. Le Temps retrouvé*, Paris, Gallimard, 1954, t. III, p. 713. Jugement excessif sans nul doute. L'auteur de *La Recherche* connaissait en réalité fort mal l'œuvre de Diderot.

42. Lettre à Catherine II du 29 juin 1785, citée dans G. Dulac, « L'envoi des livres et des manuscrits de Diderot en Russie », DHS, 12, 1980, p. 238.

43. Lettre du 3 novembre 1759, *Corr.*, II, 321.

44. Lettre du 20 juillet 1765, *Corr.*, V, 47-48.

45. O. Richard-Pauchet, *op. cit.*, p. 46.

46. Lettre à Sophie Volland du 26 octobre 1760, *Corr.*, III, 188.

47. O. Richard-Pauchet, *op. cit.*, p. 49.

48. Lettre du 9 septembre 1767, *Corr.*, VII, 110-111. La « Belle dame » est Mlle Dornet.

49. O. Richard-Pauchet, *op. cit.*, p. 124.

50. Lettre du 14 juillet 1762, *Corr.*, IV, 43.

51. Lettre du 12 octobre 1761, *Corr.*, III, 335-336.

52. Lettre du 26 mai 1759, *Corr.*, II, 145.

53. Lettre du 5 juin 1765, *Corr.*, V, 39.

54. O. Richard-Pauchet, *op. cit.*, p. 17.

55. *Ibid.*, p. 20.

56. J. Chouillet, *op. cit.*, p. 25.

6. Pour une morale sans Dieu

1. DPV, IV, 27.

2. P. Bayle, *Pensées diverses sur la comète*, éd. J. et H. Bost, Paris, Flammarion, 2007, p. 293.

3. *Pensées diverses*, éd. citée, p. 291.

4. P. Jurieu, *Courte Revue des maximes et morales et des principes de religion de l'auteur des Pensées diverses sur les comètes [...]*, s.l., 1691, p. 363.

5. *Épître à l'auteur du livre des Trois Imposteurs* (1768).

6. *Réfutation d'Helvétius*, DPV, XXIV, 589. « Bastant » signifie capable.

7. Le texte fut publié dans la *Correspondance littéraire* du 1er janvier 1763. Voir DPV, IX, 353-371.

8. On sait qu'il a fallu que Dieu s'incarne dans un homme, Jésus, pour que celui-ci soit torturé et exécuté afin d'expier le péché originel.

9. N.-S. Bergier, *Théologie*, Paris et Liège, Panckoucke, 1788-1790, t. III, p. 15 (article *Offense*).

10. N.-S. Bergier, *op. cit.*, t. III, p. 154. Les citations qui suivent proviennent du même article (*Péché*).

11. N. Lemaître, M.-T. Quinson, V. Sot, *Dictionnaire culturel du christianisme*, Paris, Cerf, 1994, articles *Péché mortel* et *Péché véniel*.

12. N.-S. Bergier, *op. cit.*, t. III, p. 57. Les citations qui suivent proviennent du même article (*Originel*).

13. Bergier donne la référence : *De peccatis meritis et remissis*, III, 4, 7 (*Du mérite et de la rémission des péchés*).

14. N.-S. Bergier, *op. cit.*, t. II, p. 433 (article *Liberté*).

15. J.-B. Bossuet, *Traité du libre arbitre*, chap. II.

16. *Ibid.*

17. *Enc.*, IX, 469.

18. *Les Passions de l'âme*, I, 16, dans *Œuvres et lettres*, *op. cit.*, p. 704.

19. A. Collins, *Paradoxes métaphysiques sur le principe des actions humaines, ou Traduction libre de la Dissertation philosophique sur la liberté de l'homme*, Eleuthéropolis, 1754, p. 78 et 84.

20. *Enc.*, IX, 470.

21. Lettre à Frédéric II du 2 août 1770 dans *Œuvres*, Paris, Belin, 1821-1822, t. V, p. 297.

22. Voir J. Proust, *Diderot et l'Encyclopédie*, *op. cit.*, p. 316.

23. DPV, IX, 258. Les citations qui suivent sont extraites de la lettre (DPV, IX, 253-260).

24. Voir R. Desné, « Autour de la lettre de Diderot à Landois », *Vérité et littérature au XVIIIe siècle. Mélanges rassemblés en l'honneur de Raymond Trousson*, Paris, Champion, 2001, p. 102.

25. Article *Vertu* du *Dictionnaire philosophique*, éd. G. Stenger, Paris, Flammarion, 2010, p. 516.

26. Voir David Hume, *Traité de la nature humaine*, éd. A. Leroy, Paris, Aubier, 1946, t. II, p. 525 (II, III, 3).

27. *Pensées diverses sur la comète*, éd. citée, p. 297.

28. Lettre à Falconet du 6 septembre 1768, *Corr.*, VIII, 120. La célèbre phrase de Médée se trouve dans les *Métamorphoses*, livre VII, v. 20-21.

29. *Le Temple du bonheur*, DPV, XVIII, 344.

30. *Entretiens sur le Fils naturel*, DPV, X, 121.

31. Voir plus haut, p. 47-48.

32. Voir plus loin, p. 335 et 457.

33. *Corr.*, I, 78.

34. DPV, IX, 366.

35. *Discours sur la poésie dramatique*, DPV, X, 338.

7. L'invention du drame bourgeois

1. Devenu presque aveugle, l'auteur de *L'Esprit de lois* a dû limiter sa contribution à l'*Encyclopédie* au seul article *Goût*.

2. *Le Fils naturel*, DPV, X, 14.

3. Dans le *Discours sur la poésie dramatique*, Diderot l'appellera une « espèce de roman » (DPV, X, 364).

4. DPV, X, 84.

5. DPV, X, 16.

6. DPV, X, 17.

7. DPV, X, 19-20.

8. Lettre à d'Alembert du 5 avril 1766 (D13235). À partir de 1764, Voltaire publiera lui-même un *Dictionnaire philosophique* autrement plus subversif que l'*Encyclopédie*.

9. A. Ménil, *Diderot et le drame*, Paris, PUF, 1995, p. 9.

10. *Le Fils naturel*, DPV, X, 64.

11. Beaumarchais, *Le Barbier de Séville*, acte I, sc. 3.

12. DPV, X, 16.

13. DPV, X, 85.

14. *L'Année littéraire*, t. III, p. 318.

15. Lettre à Voltaire du 23 février 1761, *Corr.*, III, 291-292.

16. Lettre à Sophie Volland du 23 août 1769, *Corr.*, IX, 118-119.

17. L.S. Mercier, *De la littérature et des littérateurs, suivi d'un Nouvel examen de la tragédie française*, Yverdon, 1778, p. 114.

18. DPV, X, 305-306.

19. DPV, X, 305.

20. J. Barbey d'Aurevilly, *Gœthe et Diderot*, Paris, 1913, p. 180.

21. Voir A.-M. Chouillet, « Dossier du *Fils naturel* et du *Père de famille* », SVEC, 208, 1982, p. 73-166.

22. L. Petit de Bachaumont, *Mémoires secrets*, éd. C. Cave, Paris, Champion, 2009, t. II, p. 994-995.

23. DPV, X, 84.

24. Voir la description des conditions du spectacle par P. Larthomas dans *Le Théâtre en France au XVIIIe siècle*, Paris, PUF, 1980, p. 25-34.

25. DPV, III, 163 et 165.

26. Diderot n'est ni le premier ni le seul à avoir critiqué l'irréalisme des codes de la représentation théâtrale. De multiples voix critiques convergèrent, vers le milieu du siècle, pour aiguiser la conscience d'un besoin de réformes. Mais c'est Diderot théoricien et réformateur qui laissa sa plus grande marque sur le monde des spectacles.

27. *Entretiens sur le fils naturel*, DPV, X, 101-102.

28. DPV, X, 144.

29. DPV, X, 66.

30. DPV, X, 338.

31. DPV, X, 337-338.

32. DPV, X, 106.

33. DPV, X, 100.

34. DPV, X, 102.

35. DPV, X, 112.

36. DPV, X, 125.

8. Dans la tourmente

1. Lettre au pasteur Vernes du 23 novembre 1755 (CCR, III, 209).

2. *La Religion vengée, ou Réfutation des auteurs impies*, Paris, Chaubert et Hérissant, 1757, t. I, feuilles non paginées. Le premier volume avait paru dès le mois de janvier.

3. Voir *L'Année littéraire*, t. IV, p. 145-173.

4. *Enc.*, VII, 578 D. Le socinianisme est un mouvement à l'intérieur de l'Église qui prône un christianisme rationaliste et une très large tolérance dans l'interprétation des dogmes.

5. Lettre à Voltaire du 11 janvier 1758, dans *Œuvres*, éd. citée, t. V, p. 53.

6. Lettre du 19 février 1758, *Corr.*, II, 37.

7. Livre VIII, OCR, I, 381.

8. Lettre à Mme d'Épinay du 19 avril 1756, CCR, IV, 6. On comprend que Rousseau reproche à Diderot de flatter ou caresser les hommes importants.

9. DPV, X, 61-62.

10. Lettre à Mme d'Épinay du 13 mars 1757, CCR, IV, 171. Diderot avait écrit : « Vous n'êtes pas de mon avis sur les ermites ; dites-en du bien tant qu'il vous plaira ; vous serez le seul au monde dont j'en penserai » (*Corr.*, I, 233).

11. Voir *Corr.*, I, 248-250.

12. Lettre à Diderot du 2 mars 1758, CCR, V, 47. Cité aussi dans *Corr.*, II, 44.

13. Voir CCR, V, 281-283.

14. La chanson entière est citée dans Helvétius, *Correspondance générale*, éd. D. Smith *et al.*, Toronto et Oxford, 1981-2004, t. II, p. 303.

15. L'arrêt est cité dans la *Correspondance générale* d'Helvétius, t. II, p. 355-370.

16. Voir *ibid.*, p. 370-372.

17. Lettre à Sophie Volland du 17 septembre 1760, *Corr.*, III, 73. Voir la couverture.

18. DPV, XVI, 83.

19. Lettre à Sophie Volland du 27 septembre 1760, *Corr.*, III, 94.

TROISIÈME PARTIE

LE BON, LE VRAI ET LE BEAU

1. De la scène au roman

1. DPV, XI, 81.

2. *Correspondance littéraire* du 1er septembre 1772 (CL, X, 47).

3. Tous les détails de l'histoire de Marguerite Delamarre nous sont connus grâce au livre de G. May, *Diderot et « La Religieuse »*, Paris et New Haven, 1954.

4. Nous devons ces renseignements, inconnus de G. May, aux recherches d'A. Flandreau publiées dans « Du nouveau sur Marguerite Delamarre et *La Religieuse* de Diderot », DHS, 24, 1992, p. 411-419.

5. *Corr.*, III, 221.

6. DPV, XI, 29-30.

7. Voir DPV, XI, 39.

8. DPV, XI, 30.

9. DPV, XI, 30-31.

10. Lettre à Meister du 27 septembre 1780 (*Corr.*, XV, 190).

11. DPV, XI, 66-67.

12. DPV, XI, 67-68. Il nous semble regrettable que les derniers éditeurs aient placé cette « Préface-annexe » avant et non après le roman, comme ce fut apparemment la volonté de l'auteur.

13. Voir plus loin, p. 434-435.

14. DPV, XI, 83.

15. DPV, XI, 91.

16. DPV, XI, 92-93.

17. DPV, XI, 126.

18. DPV, XI, 132.

19. DPV, XI, 133-134.

20. DPV, XI, 161-162.

21. DPV, XI, 181.

22. DPV, XI, 181.

23. En réalité Saint-Eutrope, Diderot s'étant trompé (?) sur le sexe de ce saint. On a vu que Marguerite Delamarre y a effectivement passé une partie de sa vie.

24. DPV, XI, 227-228.

25. DPV, XI, 261.

26. DPV, XI, 288.

27. DPV, XI, 31.

28. *La Décade philosophique, littéraire et politique* du 21 octobre 1796. Rappelons que nous sommes alors au début de la campagne d'Italie.

29. J. Proust, « Nouvelles recherches sur *La Religieuse* », DS, 6, 1964, p. 202. On sait que les querelles autour du jansénisme ont empoisonné la vie religieuse et politique en France à partir du milieu du XVIIe siècle jusqu'à la Révolution.

30. *Ibid.*, p. 202, n. 1.

31. DPV, XI, 162.

32. Notice sur l'édition de *La Religieuse*, dans *Œuvres* de Denis Diderot, Paris, 1798, t. XII.

33. G. May, *op. cit.*, p. 125.

34. J. Proust, art. cité, p. 210.

35. Comme les femmes furent généralement considérées comme moins aptes à résister à la tentation que les hommes, la clôture devint de plus en plus sévère pour elles au cours de l'Ancien Régime. En même temps, la chasteté fut imposée avec plus de rigueur aux religieuses qu'aux moines. Voir Geneviève Reynes, *Couvents de femmes. La vie des religieuses cloîtrées dans la France des XVIIe et XVIIIe siècles*, Paris, Fayard, 1987.

36. Voir DPV, XI, 183-184.

37. *Sur les femmes*, *Vers.*, I, 952.

38. DPV, XI, 140-141.

39. DPV, XI, 271.

40. Ch. Martin, *« La Religieuse » de Diderot*, Paris, Gallimard, 2010, p. 63.

41. Lettre à Sophie Volland du 1er août 1765, *Corr.*, V, 76. Les vœux monastiques furent interdits par l'Assemblé constituante en février 1790, en même temps que furent supprimés les ordres et congrégations réguliers autres que d'éducation publique et de charité. Les derniers ordres religieux furent abolis le 18 août 1792.

42. Lettre de Diderot à Meister du 27 septembre 1780, *Corr.*, XV, 191.

43. DPV, XI, 32.

44. DPV, XI, 184.

45. A. Camus, *L'Homme révolté*, Paris, Gallimard, 1951, p. 25.

46. DPV, XI, 95.

47. DPV, XI, 155 et 154.

48. DPV, XI, 130.

49. DPV, XI, 141.

50. *Enc.*, VIII, 701.

51. Voir C. Cusset, « Suzanne ou la liberté », RDE, 21, 1996, p. 30-31.

52. DPV, XI, 153.

53. Lorsqu'elle écrit, au début de son récit, qu'elle fera la peinture de ses malheurs « avec la naïveté d'un enfant de [son] âge » (DPV, XI, 82), Suzanne a en réalité plus de vingt-cinq ans selon la chronologie interne du roman.

54. Ch. Martin, *op. cit.*, p. 132.

55. DPV, XI, 274. Suzanne est maintenant si bien éclairée qu'elle s'occupe désormais, comme elle dit « à lui dérober l'horreur qu'elle m'inspirait depuis que par une heureuse ou fatale curiosité j'avais appris à la mieux connaître » (DPV, XI, 275).

56. Suzanne, précise É. de Fontenay, « n'est peut-être pas à l'abri de tout soupçon : hypothèse qui atténue singulièrement la responsabilité scandaleuse de la supérieure. [...] La jeune fille accumule les comportements équivoques, les phrases à double sens, les coquetteries demi-virginales. Son ingénuité excite le libertinage, sa manière de ne pas comprendre les mots et les gestes relève de la provocation plus que d'une véritable innocence. Ce roman, dans sa dernière partie du moins, doit donc aussi être lu comme un récit érotique, car la dénonciation qu'il illustre se mêle de complaisance coquine » (*Diderot ou le matérialisme enchanté*, Paris, Grasset, 1981, p. 153).

57. DPV, XI, 153.

58. DPV, XI, 82.

59. « *La Religieuse* de Diderot : mémoires ou journal intime ? », dans *Le Journal intime et ses formes littéraires*, éd. V. Del Litto, Genève, Droz, 1978, p. 35.

60. Lettre à Meister du 27 septembre 1780, *Corr.*, XV, 191.

61. Dans le *Paradoxe sur le comédien*, Diderot reviendra sur les réticences du public à son entreprise dramaturgique : « N'ayant pas obtenu le succès que je m'en étais promis, et ne me flattant pas de faire beaucoup mieux, je me dégoûtai d'une carrière pour laquelle je ne me crus pas assez de talent » (DPV, XX, 100).

62. « [...] Un homme d'un peu de goût, écrira-t-il plus tard, ne s'avisera jamais de comparer son *Héloïse* avec les romans de Richardson qu'il a pris pour modèle » (*Essai sur les règnes de Claude et de Néron*, I, 65, DPV, XXV, 125).

63. *Éloge de Richardson*, DPV, XIII, 192.

64. Voir sa lettre au comte d'Argental du 16 mai 1767 : « Je n'aime pas assurément les longs et insupportables romans de Paméla et de Clarisse. Ils ont réussi parce qu'ils ont excité la curiosité du lecteur, à travers un fatras d'inutilités, mais si l'auteur avait été assez malavisé pour annoncer dès le commencement que Clarisse et Paméla aimaient leurs persécuteurs, tout était perdu, le lecteur aurait jeté le livre » (D14179).

65. Il s'agit de *Paméla ou la Vertu récompensée* (1740), *Clarisse Harlowe* (1747-1748) et de l'*Histoire du chevalier Grandisson* (1755-1758). S. Charles a montré de façon irréfutable que Diderot a lu Richardson dès 1756. Voir « Les mystères d'une lecture : quand et comment Diderot a-t-il lu Richardson ? », RDE, 45, 2010, p. 23-39.

66. *Éloge de Richardson*, DPV, XIII, 192-193.

67. *Éloge de Richardson*, DPV, XIII, 194.

68. *Éloge de Richardson*, DPV, XIII, 193.

69. *Entretiens sur le Fils naturel*, DPV, X, 83-84.

70. *Salon de 1759*, DPV, XIII, 70-71.

71. *Diderot et le roman, ou le démon de la présence*, Paris, Seuil, 1964, p. 62.

72. *Éléments de physiologie*, DPV, XVII, 475.

73. *Entretiens sur le Fils naturel*, DPV, X, 147.

74. Ainsi, la traduction de *Clarisse Harlowe*, qui est au centre de l'*Éloge de Richardson*, comportait 381 lettres, pour 537 lettres dans le texte original !

75. *Éloge de Richardson*, DPV, XIII, 197.

76. DPV, XIII, 198.

77. *Salon de 1761*, DPV, XIII, 221.

78. *Éloge de Richardson*, DPV, XIII, 201-202.

79. Voir Aristote, *Poétique*, 1451a.

80. Voir plus loin, p. 431-438.

81. *Éloge de Richardson*, DPV, XIII, 205-206.

82. DPV, XIII, 194.

83. *Éloge de Richardson*, DPV, XIII, 194.

84. DPV, XIII, 195.

85. *Salon de 1767*, DPV, XVI, 197-198.

86. *Salon de 1767*, DPV, XVI, 200.

87. DPV, XX, 89-90.

88. Voir plus haut, p. 237.

89. Voir *Diderot et la religieuse*, p. 218.

2. Diderot critique d'art

1. Sur les précurseurs de Diderot, voir J.-Ch. Abramovici *et al.*, *Diderot. Salons*, Neuilly, Atlande, 2007, p. 32-35.

2. DPV, XIII, 214. C'est par une formule semblable que se termine le *Salon de 1763* : « Voilà, mon ami, tout ce que j'ai vu au Salon. Je vous l'écris au courant de la plume » (DPV, XIII, 414).

3. *Le Neveu de Rameau*, DPV, XII, 70.

4. Sur l'histoire des Salons au XVIIIe siècle et la condition des artistes, voir S. Lojkine, *L'Œil révolté. Les* Salons *de*

Diderot, Paris, Éditions Jacqueline Chambon, 2007, p. 29-58.

5. Le mot *Salon* (que Diderot orthographie constamment *Sallon*), genre littéraire désignant le compte rendu d'une exposition artistique, n'est entré que dans la huitième édition du *Dictionnaire de l'Académie* (1932-1935).

6. Sur cette littérature qui a existé avant les *Salons* de Diderot puis concurremment aux siens, voir R. Démoris et F. Ferran, *La Peinture en procès. L'invention de la critique d'art au* XVIIIe *siècle*, Paris, Presses de la Sorbonne Nouvelle, 2001.

7. DPV, XIV, 21.

8. Lettre à Sophie Volland du 10 novembre 1765, *Corr.*, V, 168.

9. *Ibid.*, 167-168.

10. *Causeries du lundi*, t. III, Paris, Garnier, 1929, p. 304-305.

11. Précisons que pour des raisons essentiellement techniques, les œuvres d'un même artiste étaient dispersées dans l'exposition.

12. *Op. cit.*, p. 87.

13. *Ibid.*, p. 101. Le mot grec *ekphrasis* désigne la description d'œuvres d'art, c'est la version textuelle, écrite, d'une image picturale ou sculpturale et quasi œuvre d'art à son tour.

14. *Ibid.*, p. 100-102.

15. DPV, XIII, 222.

16. *L'Œil révolté,* p. 178.

17. DPV, XIII, 68.

18. DPV, XIII, 74-75.

19. DPV, XIII, 75.

20. DPV, X, 92.

21. *Art poétique*, v. 361.

22. *Corr.*, II, 246.

23. DPV, XIII, 79.

24. DPV, XIII, 235. Il s'agit de Jean-Baptiste Henri Deshays, dit « le Romain ».

25. DPV, XIII, 236 et 238.

26. DPV, XIII, 226.

27. DPV, XIII, 237-238.

28. DPV, XIV, 386.

29. *Salon de 1761*, DPV, XIII, 244.

30. DPV, XIII, 230.

31. DPV, XIII, 261-262.

32. Voir DPV, XIII, 222.

33. *L'Année littéraire*, 27 juin 1761, t. VI, p. 209.

34. *Recherches sur les beautés de la peinture, et sur les mérites des plus célèbres peintres anciens et modernes*, Paris, 1765, p. 152.

35. Voir DPV, XIII, 266-270.

36. DPV, XIII, 272.

37. *Salon de 1763*, DPV, XIII, 393 et 399.

38. DPV, XIII, 352.

39. DPV, XIII, 372. Les réflexions capitales qui suivent sont une digression insérée par Diderot dans son compte rendu de Deshays.

40. DPV, XIII, 373.

41. DPV, XIII, 379-380.

42. Voir DPV, XIII, 386-389.

43. DPV, XIII, 81.

44. *Salon de 1761*, DPV, XIII, 222.

45. *Salon de 1763*, DPV, XIII, 357.

46. DPV, XIII, 355.

47. Voir DPV, XIV, 54-61 pour ce qui suit.

48. « Le système du dégoût. Diderot critique de Boucher », RDE, 29, 2000, p. 92.

49. C. Duflo, art. cité, p. 96.

50. Le romanesque, c'est tout ce qui joue l'imagination contre la vérité : « Quand il fait des enfants, il les groupe bien ; mais qu'ils restent à folâtrer sur les nuages ! Dans toute cette innombrable famille, vous n'en trouverez pas un à employer aux actions réelles de la vie, à étudier sa leçon, à lire, à écrire, à tiller du chanvre ; ce sont des natures romanesques, idéales, de petits bâtards de Bacchus et de Silène. » (DPV, XIV, 56). Boucher, on l'a compris, est l'antithèse parfaite de Richardson.

51. DPV, XIV, 392.

52. DPV, XIV, 196.

53. DPV, XIV, 391-392.

54. DPV, XIV, 198-199. L'esquisse de Greuze – le tableau ne sera peint qu'en 1778 – fait suite à l'esquisse *Le Fils ingrat*, que Diderot vient de décrire. Notons que J.-P. Sartre a fait, dans *La Nausée*, un pastiche de cette description intitulé « La mort du célibataire ».

55. DPV, XIV, 182-183.

56. DPV, XIV, 180-182.

57. W. Rex a judicieusement rapproché ce texte d'un passage du *Neveu de Rameau* où celui-ci persuade une jeune fille de surmonter ses scrupules afin de devenir la maîtresse d'un jeune homme riche (voir plus loin, p. 561-562) : « Le rôle du narrateur, tandis qu'il feint de lire la pensée de la jeune fille, de compatir avec elle et de l'excuser d'avoir cédé aux charmes de son séducteur [...] s'apparente à celui d'un maquereau ou d'un entremetteur. [...] Il s'imagine jouant avec les sentiments de la jeune fille, manipulant ses réponses ; vers la fin, il semble même se moquer d'elle, suggérant qu'elle est une proie facile. On a presque l'impression que le narrateur est en train de la séduire lui-même – ce qui, avoue-t-il dans sa déclaration finale, est exactement ce qu'il voudrait faire » (« Diderot contre Greuze ? », RDE, 24, 1998, p. 14-15).

58. A. Lalande, *Vocabulaire technique et critique de la philosophie*, Paris, PUF, 1991, p. 302.

59. Titre du livre de J. Chouillet paru en 1974.

60. *Supplément à l'Encyclopédie*, t. II (1776), p. 872.

61. Abbé Du Bos, *Réflexions critiques sur la poésie et sur la peinture*, Paris, Pissot, 1755 [1719], t. II, p. 324.

62. DPV, IV, 27.

63. DPV, IV, 19.

64. *Tentamen novæ theoriæ musicæ*, cité d'après J. Chouillet, *L'Esthétique des Lumières*, Paris, PUF, 1974, p. 99. Diderot s'y réfère constamment dans ses *Principes généraux d'acoustique*.

65. *Op. cit.*, p. 99.

66. DPV, II, 256.

67. DPV, II, 235-236.

68. DPV, VI, 154. On se souvient que Diderot défendra cette même idée dans la *Lettre sur les sourds et muets*.

69. *Pensées détachées sur la peinture*, Vers., IV, 1017.

70. DPV, VI, 156.

71. DPV, VI, 158.

72. DPV, VI, 159.

73. Article *Laideur* de l'*Encyclopédie*, DPV, VII, 671.

74. *Lettre sur les sourds et muets*, DPV, IV, 182.

75. *La Manière de bien penser dans les ouvrages d'esprit*, Paris, Desprez et Cavelier, 1743, p. 188-189. L'auteur paraphrase un passage de la *Rhétorique* d'Aristote (I, 11).

76. Article *Imitation* de l'*Encyclopédie*, DPV, VII, 500.

77. DPV, XIV, 343-344.

78. *Les Beaux-Arts réduits à un même principe*, Paris, Durand, 1746, p. 22.

79. *Ibid.*, p. 8.

80. DPV, VI, 147.

81. DPV, IV, 165.

82. DPV, IV, 112.

83. DPV, IV, 169.

84. Voir DPV, IV, 169.

85. Le *Dictionnaire de l'Académie française* définit dès 1694 le discours comme « assemblage de paroles pour expliquer ce que l'on pense ».

86. Voir plus haut, p. 113-114.

87. *La Henriade*, II, 356-357.

88. DPV, IV, 169.

89. DPV, IV, 179.

90. DPV, IV, 185.

91. *Salon de 1765*, DPV, XVI, 328.

92. Lettre du 17 septembre 1796, citée dans *Correspondance entre Gœthe et Schiller*, éd. Saint-René Taillandier, Paris, Charpentier, 1863, t. I, p. 323. Gœthe répondait à une lettre du 12 septembre dans laquelle Schiller décrivait ainsi l'effet que lui faisait la lecture des *Essais* : « L'insomnie et le triste état de ma santé viennent encore de me faire perdre plusieurs journées de travail. Pour m'en dédommager, je me suis mis à lire Diderot dont j'ai été enchanté. Chaque mot est un trait de lumière qui éclaire les secrets de l'art ; et ses observations découlent si intimement de tout ce qu'il y a de plus élevé dans cet art, qu'elles touchent à tout ce qui lui est plus ou moins allié. Aussi cet ouvrage

contient-il presque autant de conseils utiles pour le poète que pour le peintre » (p. 321).

93. DPV, XIV, 345.

94. DPV, XIV, 343.

95. DPV, XIV, 346.

96. DPV, XIV, 345-348.

97. DPV, XIV, 350.

98. DPV, XIV, 341.

99. Voir plus haut, p. 273-274.

100. DPV, XIV, 345.

101. DPV, XIV, 344.

102. Voir DPV, XIV, 358-362.

103. DPV, XIV, 371.

104. Voir *De l'esprit des lois*, livres II et III. Au livre III, chap. 1, Montesquieu précise : « Il y a cette différence entre la nature du gouvernement et son principe, que sa nature est ce qui le fait être tel, et son principe ce qui le fait agir. L'une est sa structure particulière, et l'autre les passions humaines qui le font mouvoir. »

105. DPV, XIV, 374.

106. DPV, XIV, 388-389.

107. La composition est définie par Diderot dans l'*Encyclopédie* comme l'art de faire des diverses parties d'un tableau un tout aussi organisé que peut l'être un corps animal.

108. DPV, X, 416. Voir aussi le *Salon de 1767*, DPV, XVI, 108-111.

109. DPV, XIV, 394.

110. DPV, XIV, 403.

111. À comparer avec cette remarque de Diderot concernant la littérature : « Tout ouvrage de littérature doit avoir un modèle subsistant dans la nature. C'est l'imitation de quelque chose » (*Analyse d'un petit roman*, DPV, XIII, 159-160).

112. DPV, XIV, 403.

113. DPV, XIV, 405.

114. DPV, XIV, 345 et 407.

115. DPV, XIV, 407.

116. DPV, XIV, 343-344.

117. DPV, XIV, 395.

118. DPV, XIV, 356.

119. DPV, XIV, 334.

120. Lettre du 2 septembre 1762, *Corr.*, IV, 129.

121. Voir *Essais sur la peinture*, DPV, XIV, 407.

122. Lettre à Sophie Volland du 2 septembre 1762, *Corr.*, IV, 129.

123. *Salon de 1765*, DPV, XIV, 126.

124. *Essais sur la peinture*, DPV, XIV, 405.

125. DPV, XIV, 408.

126. DPV, XIV, 408.

127. DPV, XIV, 408.

128. DPV, XIV, 408 et 410.

129. DPV, XIV, 411.

130. Voir DPV, XIV, 406.

131. DPV, XIV, 411.

3. La fin de l'*Encyclopédie*

1. J. Proust, *L'Encyclopédie*, Paris, Armand Colin, 1965, p. 65. La permission tacite, qui consistait à permettre officieusement l'impression d'un ouvrage en France, ou encore à fermer officiellement les yeux sur l'impression d'un ouvrage, était une pratique tout à fait courante sous l'Ancien Régime. Le gouvernement estimait non sans tort qu'il valait mieux suivre et encadrer une diffusion restreinte que la punir trop bruyamment, au risque de donner une audience plus large à des thèses qui restaient jusqu'alors cantonnées à un cercle restreint.

2. Lettre à Sophie Volland du 23 février 1760, *Corr.*, III, 22.

3. *Le Pauvre Diable*, dans *Romans et contes en vers et en prose*, éd. É. Guitton, Paris, Gallimard, 1994, p. 326.

4. Cité dans *Lumières voilées. Œuvres choisis d'un magistrat chrétien du* XVIIIe *siècle. Textes de Le Franc de Pompignan présentés par Th. Braun et G. Robichez*, Saint-Étienne, 2007, p. 222.

5. « *Que* Paul Lefranc de Pompignan / Ait fait en pleine Académie / Un discours fort impertinent, / Et qu'elle en soit tout endormie [...] » ; « *Quoi !* verrait-on patiemment /

Tant de pauvretés emphatiques ? [...] ; « *Oui*, ce Lefranc de Pompignan / Est un terrible personnage [...] », etc. L'ensemble des textes se trouve dans Voltaire, *Mélanges*, éd. J. van den Heuvel, Paris, Gallimard, 1961, p. 369-377.

6. Voir Ch. Palissot, *La Comédie des* Philosophes *et autres textes*, éd. O. Ferret, Saint-Étienne, 2002.

7. Ch. Collé, *Journal et mémoires*, éd. H. Bonhomme, Paris, Didot, 1868, t. II, p. 235-236.

8. Ch. Palissot, *op. cit.*, p. 69 (acte III, sc. 4).

9. *Ibid.*, p. 52 (acte II, sc. 5).

10. E. Showalter propose avec beaucoup de vraisemblance une autre salonnière de Paris, Mme de Graffigny, comme modèle de Cydalise. Voir « "Madame a fait un livre" : Madame de Graffigny, Palissot et *Les Philosophes* », RDE, 23, 1997, p. 109-125.

11. *Op. cit.*, p. 77 (acte III, sc. 8).

12. Cité dans Ch. Palissot, *op. cit.*, p. 109-110. La phrase en italiques est une parodie de l'Évangile de Luc 2, 29-30. D'après une lettre de Voltaire à d'Alembert du 23 juin 1760, la princesse, qui ignorait l'état véritable de sa santé, apprit dans la *Vision* qu'elle était en train de se mourir.

13. Lettre à Malesherbes du 1er juin 1760, *Corr.*, III, 33-34.

14. *Le Neveu de Rameau*, DPV, XII, 148.

15. Lettre à Voltaire du 23 février 1760, *Corr.*, III, 292.

16. Nommé en 1754 supérieur des Missions françaises de l'Amérique du Sud, le père Antoine de La Valette se lança dans le commerce, sans autorisation de ses supérieurs ni des autorités ecclésiastiques. Associé à un marchand de l'île de la Dominique, il fonda une compagnie et ses affaires auraient sans doute continué à prospérer sans la guerre de Sept Ans. Ses vaisseaux étant tombés aux mains des Anglais, il déclara la compagnie en faillite, laissant un passif de 1,8 million de livres. Les commerçants lésés attaquèrent non seulement La Valette, mais tous les jésuites établis en France, considérés comme solidaires. Condamnés en mai 1760 pour banqueroute frauduleuse, les jésuites, mal conseillés, firent appel devant le parlement de Paris, dont ils savaient pourtant que les magistrats leur étaient depuis longtemps hostiles. En mai 1761, le Parlement condamna les jésuites à rembourser les dettes de La Valette et à payer aux créanciers 50 000 livres de dommages et intérêts.

17. Arrêt du parlement de Paris du 6 août 1762.

18. Lettre du 12 août 1762, *Corr.*, IV, 98. Dans la foulée, Diderot rédige l'article *Jésuites* pour l'insérer dans un des derniers volumes de l'*Encyclopédie*. C'était, « pour une oraison funèbre, un bilan d'une rare objectivité sur les vertus et les vices des "bons Pères" » (J. Proust, *op. cit.*, p. 72).

19. *Mercure historique et politique,* t. CLIV, p. 57. Le frère en question eut de la chance : il n'a été exécuté qu'en effigie.

20. La Compagnie sera dissoute en 1773 par le pape Clément XIV avant d'être rétablie en 1814 par Pie VII.

21. Lettre du 29 septembre 1762, *Corr.*, IV, 175-176.

22. Lettre à Voltaire du 25 septembre 1762 (D10731).

23. Lettre du général Betski à Grimm du 16 mars 1765, *Corr.*, V, 26.

24. Lettre de Catherine II à Voltaire du 28 novembre/9 décembre 1765 (D13032).

25. Les informations qui suivent proviennent de J. Proust, *Diderot et l'Encyclopédie*, *op. cit.*, p. 109-110.

26. Lettre du 8 septembre 1765, *Corr.*, V, 110.

27. En 1768, il célébra le génie et les entreprises de Catherine II dans le sixième volume du *Recueil des planches* (voir DPV, VIII, 463-464).

28. Lettre à Falconet du 17 avril 1772, *Corr.*, XII, 49.

29. Voir la lettre d'avril ou mai 1767, *Corr.*, VII, p. 54.

30. Lettre de juillet 1767, *Corr.*, VII, 91-92.

31. *Mélanges philosophiques*, *Vers.*, III, 363-365.

32. J. Proust, *L'Encyclopédie*, *op. cit.*, p. 198.

33. Lettre à Grimm du 1er mai 1759, *Corr.*, 120.

34. *Ibid.*, 122.

35. *Ibid.*, 129.

36. Lettre à Grimm du 9 juin 1759, *Corr.*, II, 156.

37. Voir la lettre à Grimm du 25 juin 1759, *Corr.*, II, 158-161.

38. Lettre à Grimm du 3 juillet 1759, *Corr.*, II, 167.

39. Lettre à Grimm du 13 juillet 1759, *Corr.*, II, 172.

40. Voir plus haut, p. 16.

41. DPV, XII, 465-466.

42. *Le Neveu de Rameau*, DPV, XII, 87.

43. *Entretien d'un père avec ses enfants*, DPV, XII, 482-483.

44. Voir la lettre à sa femme du 29 juillet 1759, *Corr.*, II, 186.

45. Lettre à Sophie Volland du 4 août 1759, *Corr.*, II, 201.

46. L'acte de partage signé par les trois héritiers était fondé sur le principe de l'indivision, indivision à laquelle il fut mis partiellement fin le 1er septembre 1762 quand le frère abbé se sépara de sa sœur et se retira de l'association pour la garantie et la rente de la maison de Langres. Lorsque Denise demandera en 1768 à son frère aîné de mettre fin à l'indivision de l'héritage, le philosophe refusera en alléguant deux motifs : le non-respect de la volonté paternelle et les avantages accordés à l'abbé à son détriment. Mis devant l'ultimatum de « sœurette » qui le menace de tout vendre et de se « fourrer dans un couvent », Diderot acceptera contraint et forcé la proposition. Voir G. Cammagre, « Lettres d'un philosophe à sa sœur », RDE, 43, 2008, p. 23-24.

47. Voir Jean Haechler, *L'Encyclopédie de Diderot et de… Jaucourt. Essai biographique sur le chevalier Louis de Jaucourt*, Paris, Champion, 1995.

48. *Enc.*, VIII, j, et *Corr.*, V, 82.

49. On appelle Librairie le commerce du livre, de son impression à sa diffusion.

50. Voir le fragment de lettre à Mme ***, *Corr.*, XIV, 127-128. Il est connu de nos jours sous le titre *Lettre sur le commerce de la librairie*.

51. DPV, VIII, 470.

52. Le scandale du livre *De l'esprit* d'Helvétius publié « avec privilège du roi » en 1758 a cruellement montré les limites et les failles de ce système.

53. Voir plus haut, p. 731, note 1.

54. *Lettre à un premier commis*, OCV, IX, 320. Même idée chez Diderot : « Les vrais livres illicites, prohibés, pernicieux, […] ce sont les livres qu'on imprime ailleurs que dans notre pays et que nous achetons de l'étranger, tandis que nous pourrions les prendre chez nos manufacturiers » (DPV, VIII, 547).

55. Diderot, *Lettre sur le commerce de la librairie*, DPV, VIII, 556.

56. Lettre à Sophie Volland du 12 septembre 1761, *Corr.*, III, 300.

57. Voici un « fait actuel » rapporté par Diderot : « Avant l'annonce de l'édition de Corneille par les Genevois, cet auteur avec le privilège se vendait à la chambre syndicale cinquante sols ou trois livres le volume. Depuis que des souscriptions de l'édition genevoise ont été distribuées sous les yeux des libraires, malgré leurs représentations et contre le privilège des propriétaires qui est expiré et dont on a refusé le renouvellement, le prix du même volume dans deux ventes consécutives est tombé à douze sols, et dans une troisième du mois de septembre 1763, à six sols. Cependant les magasins des associés au *Corneille* sont pleins de deux éditions en grand et en petit in-12 » (DPV, VIII, 519).

58. DPV, VIII, 521.

59. DPV, VIII, 517.

60. Ajoutons que le travail intellectuel est encore mal rétribué. Jusqu'en 1777, aucune législation ne fixe le droit de propriété littéraire. Les auteurs peu connus végètent misérablement. Les auteurs célèbres ne sont guère plus favorisés : Montesquieu ne tire

aucun profit matériel de son œuvre maîtresse, *De l'esprit des lois*, éditée pourtant vingt-deux fois en moins de deux ans et traduite dans toutes les langues. Seul Voltaire réussit à faire fortune... grâce à ses spéculations financières et ses propriétés qu'il avait pu acquérir grâce à elles.

61. D. Malo, « Diderot et la librairie : l'impensable propriété », RDE, 10, 1991, p. 72.

62. *Ibid.*, p. 73.

63. DPV, VIII, 510. Sous l'Ancien Régime, l'auteur n'était pas le propriétaire de son œuvre, qui appartenait au libraire dûment muni d'un privilège.

64. DPV, VIII, 532. Denis Malo fait remarquer que Diderot néglige le fait que le délai habituel de six ans a été instauré pour laisser à la première édition le temps de s'écouler à son juste prix (art. cité, p. 75).

65. Art. cité, p. 79.

66. DPV, VIII, 508.

67. DPV, VIII, 530.

68. Voir L.-Ph. May, *Histoire et sources de l'*Encyclopédie *d'après le registre de délibérations et de comptes des éditeurs et un mémoire inédit*, Paris, Albin Michel, 1938, p. 21. Pour les *Pensées philosophiques* et *Les Bijoux indiscrets*, Diderot toucha 1 200 livres chaque fois. À titre de comparaison, un ouvrier gagnait environ 1 livre par jour.

69. Voir J. Proust, *Diderot et l'Encyclopédie, op. cit.*, p. 95.

70. Lettre à d'Alembert du 25 avril 1760 (D8872).

71. Lettre au comte d'Argental du 12 mars 1758 (D7676).

72. Lettre du 14 juin 1758, *Corr.*, II, 61.

73. J. Proust, *Diderot et l'Encyclopédie, op. cit.*, p. 107.

74. Chef d'atelier dans une imprimerie. Celui qui assista Le Breton dans sa basse besogne s'appelait Brullé.

75. Il s'agissait de l'article *Sarrasins*.

76. CL, IX, 207-208.

77. CL, IX, 209.

78. Lettre du 12 novembre 1764, *Corr.*, IV, 300-305.

79. *Mémoires*, DPV, I, 23.

80. Voir D.H. Gordon et N.L. Torrey, *The Censoring of Diderot's* Encyclopédie *and the Re-established Text*, New York, Columbia University Press, 1947.

81. Cité dans Gordon et Torrey, *op. cit.*, p. 72-73.

82. Gordon et Torrey, *op. cit.*, p. 39.

83. Lettre à Sophie Volland, *Corr.*, V, 64.

84. Lettre à Sophie Volland du 18 août 1765, *Corr.*, V, 91.

85. Lettre à Damilaville du 12 septembre 1765, *Corr.*, V, 119.

86. *Salon de 1765*, DPV, XIV, 319.

87. Voir J. Proust, *Diderot et l'Encyclopédie, op. cit.*, p. 58.

88. Voir plus haut, p. 135-137.

4. L'originalité du *Salon de 1767*

1. DPV, XVI, 55.
2. DPV, XVI, 76 et 55.
3. DPV, XVI, 83.
4. DPV, XVI, 85.
5. DPV, XVI, 88.
6. DPV, XVI, 91-92.
7. DPV, XVI, 93.
8. Voir DPV, XVI, 127-128.
9. DPV, XVI, 158-159.
10. DPV, XVI, 163.
11. DPV, XVI, 164.
12. DPV, XVI, 174.
13. DPV, XVI, 179.
14. DPV, XVI, 179.
15. DPV, XVI, 230.
16. DPV, XVI, 230.
17. DPV, XVI, 233.
18. DPV, XVI, 237.
19. Voir DPV, XVI, 517-518.
20. DPV, XVI, 535.
21. DPV, XVI, 539.
22. DPV, XVI, 539.
23. Voir plus haut, p. 287-288.
24. DPV, XIV, 407.

25. DPV, XVI, 283-284.
26. DPV, XVI, 226-227.
27. *Essais sur la peinture*, DPV, XIV, 343.
28. DPV, XVI, 179.
29. DPV, XVI, 178.
30. DPV, XVI, 62-63.
31. DPV, XVI, 69.
32. *Histoire des deux Indes*, livre XIX, chap. 12, *Vers.*, III, 757.
33. *Ibid.*
34. Voir plus haut, p. 288.
35. *Les Beaux-Arts réduits à un même principe*, Paris, Durand, 1746, p. 24-25.
36. DPV, XVI, 73.
37. Voir *La République*, livre VII, 596-599.
38. DPV, XVI, 67.
39. DPV, XVI, 64. Le mot « fantôme » est à comprendre ici au sens platonicien du terme : une apparence, ce qui n'a point de réalité.
40. DPV, XVI, 67.
41. On sait que les figures géométriques comme le point, la ligne ou le triangle sont des objets purement abstraits et immatériels. Les mathématiciens, écrit par exemple d'Alembert, sont obligés « de considérer ces corps dans un état de perfection abstraite qu'ils n'ont pas réellement ». Dans la nature, « les lignes qu'on considère en géométrie ne sont ni parfaitement droites ni parfaitement courbes, les surfaces ne sont ni parfaitement planes ni parfaitement curvilignes » (article *Géométrie* de l'*Encyclopédie*, *Enc.*, VII, 632-633).
42. *Histoire des deux Indes*, livre XIX, chap. 12, *Vers.*, III, 756-757.
43. DPV, XVI, 64 et 66. Dans les *Pensées détachées sur la peinture*, Diderot l'appelle fort pertinemment « modèle intérieur » (*Vers.*, IV, 1057).
44. *Salon de 1767*, DPV, XVI, 330.
45. Lettre du 6 décembre 1773, *Corr.*, XIII, 116.
46. Voir DPV, XVI, 177-180, pour ce qui suit.
47. DPV, XVI, 187.
48. *Continu et discontinu en physique moderne*, Paris, Albin Michel, 1941, p. 59.
49. *Essai philosophique sur les probabilités*, Paris, Gonthiers-Villars, 1921, p. 3. De nos jours, les scientifiques estiment généralement que les états futurs de systèmes complexes ne sont pas calculables à partir des états présents. Dans les années 1970, les mathématiciens et les physiciens ont totalement dissocié déterminisme et prédictibilité dans la théorie du « chaos déterministe ». Dans le chaos déterministe, les lois microscopiques sont déterministes mais les trajectoires prennent un aspect aléatoire. Une particule n'a plus une trajectoire unique, mais différentes trajectoires sont possibles, auxquelles s'attache chaque fois une probabilité.
50. Voir plus haut, p. 166-168.
51. Voir DPV, XIV, 343, et plus haut, p. 291.
52. *Lettre sur les aveugles*, DPV, IV, 50. Voir aussi plus haut, p. 102.
53. *Salon de 1767*, DPV, XVI, 186.
54. *Éléments de physiologie*, DPV, XVII, 319.
55. *Pensées sur l'interprétation de la nature*, DPV, IX, 94.
56. *Salon de 1767*, DPV, XVI, 206.
57. DPV, XVI, 207.
58. DPV, XVI, 208.
59. DPV, XVI, 206-207.
60. DPV, XVI, 81-82.
61. DPV, XVI, 82-83.
62. Voir DPV, XVI, 82, n. 63.
63. Cité dans DPV, XVIII, 43.
64. Lettre à Grimm du 12 (?) novembre 1769, *Corr.*, IX, 207.
65. Le texte entier est reproduit dans DPV, XVIII, 51-60.
66. Cité dans DPV, XVIII, 45.

5. L'ordre de la nature

1. Lettre à Sophie Volland du 22 novembre 1768, *Corr.*, VIII, 234.
2. L'original intitulé *Letters to Serena* avait paru en 1704.

3. Bachaumont, *Mémoires secrets*, éd. citée, vol. II, p. 1183. Le premier ouvrage cité est de d'Holbach, le deuxième est un conte de Voltaire et le dernier une tragédie de Joseph-Gaspard Dubois-Fontanelle. Diderot avait mentionné ce jugement dans la lettre à Sophie Volland du 8 octobre 1768, *Corr.*, VIII, 186.

4. *Correspondance littéraire* du 15 juillet 1766, CL, VII, 75.

5. Lettre à Falconet de septembre 1766, DPV, XV, 181 ; *Corr.*, VI, 254.

6. Lettre à Voltaire du 9 septembre 1766 (D13544). Il ajoute cependant que la plupart des conseillers du parlement de Paris étaient « honteux de ce jugement ».

7. Lettre à Voltaire du 8 ou 10 octobre 1766, *Corr.*, VI, 334-335.

8. Lettre à Sophie Volland du 10 novembre 1765, *Corr.*, V, 166.

9. J.-F. de La Harpe, *Correspondance littéraire*, lettre LXXXVI. Dans *Œuvres*, Paris, 1820-1821, t. XI, p. 41.

10. On a recensé quatorze ouvrages originaux dus à la plume de d'Holbach, une douzaine de traductions de l'anglais ainsi que cinq éditions d'ouvrages inédits. Voir J. Vercruysse, *Bibliographie descriptive des écrits du Baron d'Holbach*, Paris, Minard, 1971.

11. Lettre de Voltaire à Diderot du 13 mai 1772, *Corr.*, XII, 62 (D17749).

12. D'Holbach, *Système de la nature*, Londres, 1771, t. I, p. 43.

13. *Ibid.*, p. 269.

14. *Ibid.*, p. 2.

15. *Ibid.*, p. 242.

16. *Ibid.*, t. II, p. 436-438.

17. Voir Voltaire, *Lettres philosophiques. Derniers écrits sur Dieu*, éd. G. Stenger, Paris, Flammarion, 2006, p. 335.

18. *Ibid.*, p. 323.

19. *Ibid.*, p. 324-325. Le physicien en question est Maupertuis.

20. Voir d'Holbach, *op. cit.*, t. II, p. 456-457 et 465.

21. CL, XV, 417.

22. Voir A. Sandrier, *Le Style philosophique du baron d'Holbach. Conditions et contraintes du prosélytisme athée en France dans la seconde moitié du* XVIII*e siècle*, Paris, Champion, 2004.

23. Lettre à Sophie Volland du 2 novembre 1769, *Corr.*, IX, 194.

24. Lettre à Naigeon (?) d'avril 1772, *Corr.*, XII, 46.

25. *D'Holbach et la philosophie scientifique au* XVIII*e siècle*, Paris, Gallimard, 1967, p. 236.

26. *Diderot, de l'athéisme à l'anticolonialisme*, Paris, Maspero, 1970, p. 44 et 46.

27. *Corr.*, IX, 126-127.

28. *Corr.*, IX, 140. La date a été rectifiée par J. Varloot (DPV, XVII, 26).

29. Voir J.-A. Naigeon, *Mémoires historiques et philosophiques sur la vie et les ouvrages de D. Diderot*, *op. cit.*, p. 409.

30. *Mémoires*, DPV, I, 23-24.

31. Julie avait alors une liaison avec le fils de l'ambassadeur d'Espagne, le marquis de Mora. À partir de 1772, elle brûlera d'un amour malheureux pour le comte de Guibert, avec lequel elle entretiendra une correspondance que Stendhal placera, dans *De l'Amour*, aux côtés de *La Nouvelle Héloïse*, du *Werther* et des *Lettres de la religieuse portugaise*. Ajoutons, pour ne rien omettre, que d'Alembert était réputé impuissant.

32. Marmontel, *Mémoires*, éd. J. Renwick, Paris, Champion, 2008, p. 45.

33. Bordeu avait publié, dès l'âge de vingt-neuf ans, ses célèbres *Recherches anatomiques sur la position des glandes et sur leur action* (1751).

34. Voir plus haut, p. 102-104.

35. On sait que le matérialisme antique, fondé par Démocrite, nous est essentiellement connu à travers l'œuvre du poète romain Lucrèce, *De rerum natura* (*De la nature*).

36. Voir *Mélanges*, éd. citée, p. 319.

37. *Ibid.*, p. 320. Le Dieu de Voltaire préfigure le « dessein intelligent » préconisé de nos jours par les adeptes d'une évolution non pas aveugle, comme le voulait Darwin, mais animée d'une intention, c'est-à-dire dirigée par Dieu. Dans un article programmatique

publié dans le *New York Times* du 7 juillet 2005, le cardinal viennois Christoph Schönborn a précisé comme il suit l'affirmation du pape Jean-Paul II selon laquelle la théorie de l'évolution était « plus qu'une hypothèse » : « L'évolution au sens d'un ancêtre commun est *peut-être* vraie, mais l'évolution au sens néo-darwinien – un processus non guidé et non planifié de variation aléatoire et de sélection naturelle – ne l'est pas. Tout système de pensée qui nie ou tente de trouver des explications aux preuves *surabondantes* de cette planification en biologie est de l'idéologie, pas de la science » (c'est nous qui soulignons). Le bon cardinal est-il conscient de marcher dans les pas de Voltaire ? Les voies de l'histoire des idées sont parfois aussi impénétrables que celles du bon Dieu…

38. DPV, VIII, 47-48.

39. Lettre du 10 octobre 1765, *Corr.*, V, 140-141. La sensibilité, la faculté de sentir, c'est la *vie*.

40. DPV, XVII, 89-90.

41. C'était bien la position du d'Alembert réel, exprimée dans une lettre à Voltaire du 29 août 1769, au moment même où Diderot rédigeait *Le Rêve de d'Alembert* : « À foi et à serment, je ne trouve dans toutes ces ténèbres métaphysiques de parti raisonnable que le scepticisme ; je n'ai d'idée distincte et encore d'idée complète, ni de la matière, ni d'autre chose » (D15848).

42. DPV, XVII, 106-107.

43. DPV, XVII, 90.

44. Descartes, lettre à Newcastle du 23 novembre 1646, dans *Œuvres et lettres*, *op. cit.*, p. 1256.

45. Descartes, *Traité de l'homme*, dans *Œuvres et lettres*, *op. cit.*, p. 807.

46. Descartes, *Méditations*, II, dans *Œuvres et lettres*, *op. cit.*, p. 278.

47. Descartes, *Méditations*, VI, dans *Œuvres et lettres*, *op. cit.*, p. 326.

48. Descartes, *Entretien avec Burman*, dans *Œuvres et lettres*, *op. cit.*, p. 1379.

49. La Mettrie, *L'Homme-machine*, éd. P.-L. Assoun, Paris, Denoël/Gonthier, 1981, p. 100.

50. *Ibid.*, p. 132 et 134.

51. Voltaire, *Traité de métaphysique*, dans *Mélanges*, éd. citée, p. 171.

52. *Ibid.*, p. 169-170.

53. *Le Rêve de d'Alembert*, DPV, XVII, 90. À comparer avec les *Dialogues entre Lucrèce et Posidonius* de Voltaire : « Si la matière possédait par elle-même la pensée, il faudrait que vous dissiez qu'elle la possède nécessairement. Or, si cette propriété lui était nécessaire, elle l'aurait en tout temps et en tous lieux : car ce qui est nécessaire à une chose ne peut jamais en être séparé. Un morceau de boue, le plus vil excrément penserait ; or certainement vous ne diriez pas que du fumier pense : la pensée n'est donc pas un attribut nécessaire de la matière » (*Mélanges*, éd. citée, p. 321).

54. La force vive est à l'action lorsqu'un corps est déplacé, la force morte (ou cachée) est l'énergie potentielle qui se manifeste par la pression qu'exerce un corps en repos : ce corps a une tendance au mouvement qui se libère dès que l'obstacle qui l'immobilise est levé.

55. DPV, XVII, 92-93.

56. Diderot est parfaitement conscient du caractère hypothétique de son expérience de pensée : « Si je ne résous pas le problème que vous m'avez proposé, concède-t-il à d'Alembert, du moins j'en approche beaucoup » (DPV, XVII, 95).

57. C. Duflo, *Diderot philosophe*, *op. cit.*, p. 204.

58. DPV, XVII, 95.

59. DPV, XVII, 99-102.

60. Marmontel, *Éléments de littérature*, dans *Œuvres*, Paris, Belin, 1819, t. IV, p. 378.

61. DPV, XVII, 98-99.

62. Le concept de hasard créateur ou « bruit » occupe une place centrale dans les sciences modernes, comme en témoigne par exemple Jacques Monod : « Le hasard, seul, est à la source de toute nouveauté, de toute création dans la biosphère. Le hasard pur, le seul hasard, liberté absolue mais aveugle, à la racine même du prodigieux édifice de

l'évolution [...]. Cette notion est aussi, de toutes celles de toutes les sciences, la plus destructive de tout anthropocentrisme, la plus inacceptable intuitivement pour les êtres intensément téléonomiques que nous sommes. » *(Le Hasard et la nécessité. Essai sur la philosophie naturelle de la biologie moderne*, Paris, Seuil, 1970, p. 148.)

63. DPV, XVII, 97-98.

64. DPV, XVII, 130.

65. DPV, XVII, 103-104.

66. DPV, XVII, 107-108. Une serinette est un petit orgue de Barbarie.

67. DPV, XVII, 190.

68. DPV, XVII, 189-190.

69. DPV, XVII, 176.

70. DPV, XVII, 169.

71. Voir DPV, XVII, 185.

72. DPV, XVII, 179-180.

73. DPV, XVII, 111.

74. DPV, XVII, 125. L'hôpital des Petites-Maisons était destiné en particulier aux fous.

75. Voir P.-A. Cahné, « Rêve et songe. Lexique et idéologie », *Revue des sciences humaines*, 82, 1988, p. 196.

76. Voir plus haut, p. 171-172.

77. DPV, IX, 49 et 67.

78. DPV, XVII, 122.

79. DPV, XVII, 117. Cette idée de fusion entre molécules est empruntée à la chimie. Diderot n'a pas songé à la possibilité d'une division.

80. DPV, XVII, 117-118.

81. Voir plus haut, p. 66-68.

82. DPV, XVII, 119-122. Diderot reprend ici une idée cruciale de l'école de Montpellier, qui envisage le corps humain comme un assemblage infini de petits corps semblables, également vivants, également animés, qui ont chacun une vie, une sensibilité propre et particulière, et en même temps, une vie et une sensibilité communes et générales. L'unité de l'organisme est la somme de ces vies juxtaposées et combinées.

83. DPV, XVII, 123. Contrairement à ce qu'affirme Diderot, le serpent n'est pas divisible.

84. *L'Homme-machine*, éd. citée, p. 147.

85. Lettre du 15 octobre 1759, *Corr.*, II, 284.

86. DPV, XVII, 134. Cette théorie, appelée épigenèse, pose que l'être vivant se forme par adjonction successive de parties grâce à l'assimilation de matières nutritives. Elle s'oppose à la théorie de la préformation selon laquelle l'enfant préexiste déjà dans le germe. Dieu, en créant le monde, a créé tous les êtres vivants à venir : ils sont préexistants dans les germes qui contiennent non seulement un individu, mais les germes portés par cet individu, qui eux-mêmes contiennent d'autres germes, etc. Dans une lettre à Mme de Maux (?) de l'été 1769, Diderot s'est moqué de cette théorie en plaisantant : « Nous tombâmes sur la question des germes préexistants. Savez-vous ce que c'est que ces bêtes-là ? C'est vous, c'est moi, ce sont tous les hommes qui sont, qui ont été, et qui seront, emboîtés les uns dans les autres jusqu'à l'ovaire d'Ève ou au testicule d'Adam, qui furent les deux premières boîtes d'où sortirent avec le temps tant de sots, sans compter les défenseurs de ce système » (*Corr.*, IX, 94-95).

87. DPV, XVII, 145. On aura reconnu les cordes vibrantes du clavecin sensible.

88. Voir DPV, XVII, 154-155.

89. DPV, XVII, 141.

90. DPV, XVII, 141-142.

91. *Op. cit.*, t. I, p. 56.

92. Voir plus haut, p. 334.

93. *Pensées sur l'interprétation de la nature*, DPV, IX, 88.

94. Voir DPV, IX, 32 et 48.

95. DPV, XVII, 127-128.

96. DPV, VII, 273-274.

97. *Lettre sur les aveugles*, DPV, IV, 51.

98. On notera que l'étude des corps, petits et grands, ne se fait pas dans le cadre conceptuel de la mécanique des solides. Là encore, le modèle de Diderot est fluide, le grand corps du monde est fait de molécules sensibles et vivantes fondues les unes dans les autres.

99. Voir plus haut, p. 68-69.

100. *Du calcul des probabilités*, DPV, II, 341 et 351.

101. *Le Rêve de d'Alembert*, DPV, XVII, 163.

102. DPV, XVII, 128. La phrase en latin, forgée d'après Virgile et Ovide, signifie en substance : « Un nouvel ordre renaît sans cesse ».

103. *Réflexions sur une difficulté proposée contre la manière dont les Newtoniens expliquent la cohésion des corps, et les autres phénomènes qui s'y rapportent*, DPV, IX, 343. Voir G. Stenger, *Nature et liberté chez Diderot après l'*Encyclopédie, Paris, Universitas, 1994, p. 130-132.

104. *Notice sur Clairaut*, DPV, IX, 404.

105. Ce n'est pas à l'astronome français mais à Leibniz que revient en quelque sorte la primauté de ce qu'on appellera plus tard le « démon de Laplace », que Diderot décrivit comme il suit dans l'article *Leibnizianisme* de l'*Encyclopédie* : « Tout étant plein, tous les êtres liés, tout mouvement se transmet avec plus ou moins d'énergie à raison de la distance, tout être reçoit en lui l'impression de ce qui se passe partout, il en a la perception, et Dieu qui voit tout, peut lire en un seul être ce qui arrive en tout, ce qui y est arrivé et ce qui y arrivera » (DPV, VII, 698).

106. Voir H. Dieckmann, *Inventaire du fonds Vandeul et inédits de Diderot*, Genève, Droz, et Lille, Giard, 1951, p. 256.

107. J.-C. Bourdin, *Diderot : le matérialisme*, Paris, PUF, 1998, p. 50.

108. DPV, XVII, 137-139.

109. DPV, XVII, 139.

110. DPV, XVII, 135-136.

111. DPV, XVII, 136. À comparer avec la deuxième loi énoncée par Lamarck : « La production d'un nouvel organe dans un corps animal résulte d'un nouveau besoin survenu qui continue de se faire sentir, et d'un nouveau mouvement que ce besoin fait naître et entretient » (*Histoire naturelle des animaux sans vertèbres*, Paris, Verdière, 1815, t. I, p. 181 et 185).

112. DPV, XVII, 137.

113. DPV, XVII, 125 et 127.

114. Dans *Le Meilleur des mondes* (1932), il imagine que la reproduction des citoyens est assurée dans des éprouvettes où chaque classe sociale est préconditionnée à son rôle futur. Une différence d'oxygénation produit des types Alpha, Bêta, Gamma, etc.

115. *Diderot, la figuration du philosophe*, Paris, José Corti, 2003, p. 187.

116. DPV, XVII, 195-196.

117. Voir plus loin, p. 500-501.

118. DPV, XVII, 198-199. Le Cynique qui se passe éventuellement de femmes quand le désir sexuel le submerge est le philosophe grec Diogène. Les propos de Diderot sont d'autant plus révolutionnaires quand on sait que la lutte contre la masturbation occupe une place de choix au XVIIIe siècle dans le discours répressif sur la sexualité.

119. DPV, XVII, 202.

120. DPV, XVII, 205.

121. DPV, XVII, 204.

122. Diderot anticipe sur *L'Île du docteur Moreau* de H. G. Wells (1896) où un savant élabore, en mélangeant les espèces, des créatures monstrueuses comme un homme-satyre, un homme-singe, un homme-léopard, un homme-taureau, etc.

123. *L'Encyclopédie du* Rêve de D'Alembert *de Diderot*, sous la direction de S. Audidière, J.-C. Bourdin et C. Duflo, Paris, CNRS Éditions, 2006, p. 23.

124. DPV, XVII, 130.

125. DPV, XVII, 153 et 152.

126. DPV, XVII, 153. L'information de Diderot provient de Buffon.

127. L'université d'État de Wayne, à Détroit (États-Unis), après avoir analysé les 97 gènes fonctionnels de l'homme et du chimpanzé, a découvert que la coïncidence entre les deux génomes était de 99,4 %. Devant tant de ressemblances ils ont proposé de classer les *Pan troglodytes* (chimpanzé commun) et les *Pan paniscus* (bonobo) dans le genre *Homo*. (Pour mémoire, actuellement, l'*Homo sapiens* est l'unique représentant du genre). Voir Z. Cheng, M. Ventura *et al.*, « A genome-wide comparison of recent

chimpanzee and human segmental duplications », *Nature*, 437, septembre 2005, p. 88-93.

128. *L'Année littéraire*, 27 août 1770, t. IV, p. 174.

129. *Système de la nature*, éd. citée, t. I, p. 11.

130. Voir plus haut, p. 371-372.

131. *Système de la nature*, éd. citée, t. I, p. 62.

132. N.-S. Bergier, *Examen du matérialisme, ou Réfutation du Système de la nature*, Paris, Humblot, 1771, t. I, p. iii.

133. Cité dans DPV, XVII, 10.

134. Lettre à Jean-Jacques Trouillet du 6 juin 1770, citée dans *Un théologien au siècle des Lumières : Bergier. Correspondance avec l'abbé Trouillet, 1770-1790*, présentée par A. Jobert, Lyon, Centre André Latreille, 1987, p. 58.

135. Cité dans DPV, XVII, 10. Naigeon fait allusion aux cours de chimie de Rouelle que Diderot a assidûment fréquentés entre 1754 et 1757. Voir aussi plus haut, p. 176.

136. Voir DPV, IX, 92-98.

137. *Principes philosophiques sur la matière et le mouvement*, DPV, XVII, 14. On se souvient comment Descartes a basé, dans les *Principes de la philosophie*, la définition de la matière sur l'extension seule : la nature des corps « ne consiste pas en la dureté que nous sentons quelquefois à leur occasion, ni aussi en la pesanteur, chaleur et autres qualités de ce genre ; car si nous examinons quelque corps que ce soit, nous pouvons penser qu'il n'a en soi aucune de ces qualités, et cependant nous connaissons clairement et distinctement qu'il a tout ce qui le fait corps, pourvu qu'il ait de l'extension en longueur, largeur et profondeur : d'où il suit aussi que, pour être, il n'a besoin d'elles en aucune façon et que sa nature consiste en cela seul qu'il est une substance qui a de l'extension » (*Œuvres et lettres*, *op. cit.*, p. 613).

138. DPV, XVII, 16 et 13.

139. Voir *Système de la nature*, éd. citée, t. I, p. 18-21.

140. DPV, XVII, 18.

141. DPV, XVII, 147.

142. DPV, XVII, 151. Il s'agit du cas classique de *situs inversus*, une maladie congénitale dans laquelle les principaux viscères et organes sont inversés dans une position en miroir par rapport à leur situation normale.

143. DPV, XVII, 269.

144. On sait par ailleurs que Diderot a procédé lui-même à une mise au net de la deuxième version des *Éléments de physiologie*. Il s'agit peut-être d'un *troisième* état de son traité dont la trace s'est malheureusement perdue au XIXe siècle. Le manuscrit en question, connu grâce à une description détaillée (voir DPV, XVII, 269-271) confirme en revanche l'hypothèse que l'ouvrage fini devait s'intituler *Physiologie*.

145. Dans cette dédicace facétieuse, La Mettrie critiquait les présupposés religieux du pieux savant tout en présentant son propre ouvrage comme une sorte de traité de physiologie. La réplique que Haller adressa au *Journal des savants* mérite d'être citée : « L'auteur anonyme de *L'Homme-machine* m'ayant dédié cet ouvrage, également dangereux et peu fondé, je crois devoir à Dieu, à la religion et à moi-même, la présente déclaration [...]. Je désavoue ce livre comme entièrement opposé à mes sentiments. Je regarde la dédicace comme un affront plus cruel que tous ceux que l'auteur anonyme a fait à tant d'honnêtes gens, et je prie le public d'être assuré que [...] je regarderais comme le plus grand des malheurs toute conformité d'opinion avec lui. » (Voir La Mettrie, *L'Homme-machine*, éd. citée, p. 169.)

146. *Elementa physiologiæ corporis humani*, 1757-1766 (8 tomes).

147. Il apparaît furtivement dans *Ceci n'est pas un conte* où il campe le personnage le plus sympathique du conte.

148. Voir DPV, XVII, 267 et 546-547.

149. DPV, XVII, 510.

150. Jean Mayer, *Diderot, homme de science*, Rennes, Imprimerie bretonne, 1959, p. 212.

151. DPV, XVII, 374. Il s'agissait, dans le dernier cas, d'un enfant mort-né.

152. DPV, XVII, 295.

153. Voir plus haut, p. 334.

154. DPV, XVII, 444.

155. *Système de la nature*, t. I, p. 67-68.

156. Voir la note 158.

157. DPV, XVII, 444.

158. Il n'y a pas, observe Diderot à la fin des *Éléments*, « sur toute la surface de la terre un seul homme parfaitement constitué, parfaitement sain. L'espèce humaine n'est qu'un amas d'individus plus ou moins contrefaits, plus ou moins malades » (DPV, XVII, 515).

159. « Diderot et le problème du changement », RDE, 2, 1987, p. 63.

160. DPV, XVII, 295. Voir plus haut, p. 173.

161. DPV, XVII, 296-297.

162. DPV, XVII, 295.

163. J.-B. Lamarck, *Système des animaux sans vertèbres, ou Tableau général des classes, des ordres et des genres de ces animaux*, Paris, 1801, p. 16.

164. *Éléments de physiologie*, DPV, XVII, 296.

165. *Op. cit.*, p. 12.

166. *Le Rêve de d'Alembert*, DPV, XVII, 98.

167. « Mais, outre qu'à la suite de beaucoup de temps, la totalité des individus de telle espèce change comme les circonstances qui agissent sur elle, ceux de ces individus qui, par des causes particulières, sont transportés dans des situations très différentes de celles où se trouvent encore les autres, et y éprouvent constamment d'autres influences ; ceux-là, dis-je, prennent de nouvelles formes par suite d'une longue habitude de cette autre manière d'être, et alors il constituent une nouvelle *espèce*, qui comprend tous les individus qui se trouvent dans la même circonstance » (J.-B. Lamarck, *Recherches sur l'organisation des corps vivants*, Paris, 1802, p. 148).

168. *Éléments de physiologie*, DPV, XVII, 322. « La nature se plie à l'habitude, lit-on vers la fin. Peut-être la longue suppression d'un bras amènerait-elle une race manchote » (DPV, XVII, 507).

169. « On sait que cet animal, le plus grand des mammifères, habite l'intérieur de l'Afrique, et qu'il vit dans des lieux où la terre, presque toujours aride et sans herbage, l'oblige de brouter le feuillage des arbres, et de s'efforcer continuellement d'y atteindre. Il est résulté de cette habitude, soutenue, depuis longtemps, dans tous les individus de sa race, que ses jambes de devant sont devenues plus longues que celles de derrière, et que son col s'est tellement allongé, que la girafe, sans se dresser sur les jambes de derrière, élève sa tête et atteint à six mètres de hauteur » (J.-B. Lamarck, *Philosophie zoologique*, Paris, 1809, t. I, p. 256-257).

170. DPV, XVII, 137. Voir plus haut, p. 382-383.

171. Cité dans P. Flourens, *Des manuscrits de Buffon*, Paris, Garnier, 1860, p. 269.

172. Lettre à Louis Agassiz du 10 avril 1845.

173. *Éléments de physiologie*, DPV, XVII, 515-516.

174. DPV, XVII, 308-309.

175. DPV, XVII, 306.

176. DPV, XVII, 332-333. Diderot se réfère au livre *De l'homme* (1773) du médecin et futur révolutionnaire Jean-Paul Marat.

177. DPV, XVII, 334-335.

178. DPV, XVII, 535.

179. DPV, XVII, 462.

180. Voir J. Mayer, *op. cit.*, p. 7.

6. L'art de la mystification

1. Lettre à Sophie Volland du 14 février 1766, *Corr.*, VI, 54.
2. Lettre du 7 ou 8 mai 1761 (D9771).
3. Lettre du 8 avril 1765 (D12532).
4. Lettre du 6 mars 1765 (D12441).
5. Lettre du 10 septembre 1768, *Corr.*, VIII, 161.
6. Lettre du 8 octobre 1768, *Corr.*, VIII, 188.
7. *Mystification*, DPV, XII, 389.
8. Ces anecdotes furent publiées pour la première fois en 1906-1914 par Camille Piton dans *Paris sous Louis XV*. Le rapport concernant Mlle Dornet est résumé dans Y. Benot, *Diderot. De l'athéisme à l'anticolonialisme*, Paris, Maspéro, 1970, p. 116-117.
9. Lettre à Sophie Volland du 13 septembre 1767, *Corr.*, VII, 125.
10. Lettre du 24 septembre 1767, *Corr.*, VII, 145.
11. Lettre du 21 septembre 1768, *Corr.*, VIII, 179-180.
12. Lettre du 1er octobre 1768, *Corr.*, VIII, 184.
13. DPV, XII, 390.
14. DPV, XII, 400-402.
15. DPV, XII, 411.
16. Lettre du 26 octobre 1768, *Corr.*, VIII, 205-206.
17. Lettre à Sophie Volland du 15 novembre 1768, *Corr.*, VIII, 223.
18. DPV, XII, 411.
19. Voir plus haut, p. 235-236.
20. *Corr.*, III, 18-19.
21. Voir DPV, XI, 36, var. L.
22. DPV, XI, 45.
23. *Correspondance littéraire* du 15 février 1770, CL, VIII, 460.
24. Nous avons essayé de prouver la pertinence de notre hypothèse dans « La *Préface-annexe* : un conte oublié de Diderot ? », SVEC, 260, 1989, p. 311-322.
25. *Supplément au roman comique*, Londres, 1772, Avis « Au public » non paginé. L'ouvrage raconte à la fin plusieurs mystifications ayant pour victime un certain Antoine-Henri Poinsinet, dit Poinsinet le Jeune, d'une niaiserie et d'une ignorance prodigieuses, à qui l'on faisait croire qu'il était coupable de quelque faute. Après sa mort accidentelle survenue en 1769, Grimm (ou Diderot ?) a commis, dans la *Correspondance littéraire*, une oraison funèbre bouffonne dans le ton du *Neveu de Rameau*.
26. DPV, XX, 74.
27. Cette comédie gaie s'inspire du *Plan d'un divertissement domestique*, sorte de canevas pour une *commedia dell' arte* à la française que Diderot a rédigé avant novembre 1775. Une version plus tardive de *La Pièce* sera rédigée entre 1779 et 1784 sous le titre *Est-il bon ? Est-il méchant ?*
28. DPV, XXIII, 355-356.
29. Lettre du 20 octobre 1765, *Corr.*, V, 144.
30. Lettre du 27 janvier 1766, *Corr.*, VI, 35.
31. DPV, XII, 394 et 397-398.
32. DPV, XII, 408-409.
33. Voir DPV, XII, 437.
34. *Dict. D.*, p. 137.
35. *Les Deux Amis de Bourbonne*, DPV, XII, 442.
36. DPV, XII, 442-443.
37. DPV, XII, 443, n. 12. On aura compris que la « petite sœur » et le « petit frère » désignent Mme de Prunevaux et Naigeon.
38. DPV, XII, 453, n. 28.
39. DPV, XII, 433.

7. Le paradoxe du « mentir-vrai »

1. Voir DPV, XIII, 205-206. On sait, grâce à la lettre à Sophie Volland du 17 septembre 1761, que le héros de cette pantomime n'était pas Damilaville mais Diderot lui-même.

2. DPV, XIII, 193.

3. *Paradoxe sur le comédien*, DPV, XX, 58.

4. DPV, XX, 61-62.

5. *Corr.*, IX, 213. Le compte rendu de Diderot paraîtra dans les livraisons de la *Correspondance littéraire* datées du 15 octobre et du 1er novembre 1770.

6. Lettre à Mme d'Épinay du 18 août 1773, *Corr.*, XIII, 46.

7. Au sens étymologique du mot, le « paradoxe » est un point de vue qui s'oppose à l'opinion couramment reçue. L'article *Paradoxe* de l'*Encyclopédie* le définit comme « une proposition absurde en apparence, à cause qu'elle est contraire aux opinions reçues et qui, néanmoins, est vraie au fond » (*Enc.*, XI, 894-895).

8. La première version parut à Londres en 1750, un an après la mort de l'auteur. La traduction de Sticotti est basée sur la deuxième édition, parue en 1755, profondément remaniée par un auteur anonyme.

9. *Observations sur une brochure intitulée* Garrick, ou les Acteurs anglais, DPV, XX, 40.

10. *Paradoxe sur le comédien*, DPV, XX, 55.

11. Voir DPV, XX, 48.

12. B. Dussane, *Le Comédien sans paradoxe*, Paris, Plon, 1933, p. 1-23.

13. L. Jouvet, *Le Comédien désincarné*, Paris, Flammarion, 2009 [1954], p. 98.

14. *Mémoires d'Hippolyte Clairon et réflexions sur l'art dramatique*, Paris, Buisson, 1799, p. 29-30.

15. *Le Rêve de d'Alembert*, DPV, XVII, 179. Selon la science médicale de l'époque, le diaphragme régit le système sympathique. Il est, précise Diderot, « le siège de toutes nos peines et de tous nos plaisirs ; ses oscillations sont plus ou moins fortes dans un être que dans un autre ». C'est la sensibilité du diaphragme « qui caractérise les âmes pusillanimes et les âmes fortes » (*Réfutation d'Helvétius*, DPV, XXIV, 577-578).

16. DPV, XVII, 179-180.

17. *Paradoxe sur le comédien*, DPV, XX, 109.

18. DPV, XX, 52.

19. DPV, XX, 79.

20. DPV, XX, 53.

21. DPV, XX, 80-81.

22. *Entretiens sur le Fils naturel*, DPV, X, 104.

23. *Paradoxe sur le comédien*, DPV, XX, 48.

24. DPV, XX, 50.

25. Voir DPV, XX, 122.

26. DPV, XX, 89.

27. DPV, XX, 59 et 45.

28. DPV, XX, 59.

29. *Salon de 1767*, DPV, XVI, 75.

30. *Paradoxe sur le comédien*, DPV, XX, 128.

31. DPV, XX, 83-84.

32. DPV, XX, 123.

33. DPV, XX, 45-46.

34. DPV, XX, 94.

35. *Salon de 1767*, DPV, XVI, 197-198.

36. Voir le *Salon de 1767*, DPV, XVI, 199-200.

37. *Paradoxe sur le comédien*, DPV, XX, 101.

38. DPV, XX, 104.

39. Voir plus haut, p. 297-298.

40. *Le Rêve de d'Alembert*, DPV, XVII, 181.

41. *Le Théâtre de sciences*, Paris, CNRS Éditions, 2005, p. 19.

42. Voir plus haut, p. 252-253.

43. *Éloge de Richardson*, DPV, XIII, 200.

44. Dans la nouvelle *Le mentir-vrai* publiée en 1980, Louis Aragon illustre sa thèse selon laquelle la narration consiste dans la transformation de faits réels dans une composition fictionnelle qui, bien que produit d'un mensonge et donc « menteuse », transporte une vérité qui s'approche plus de la réalité que la reproduction apparemment directe et immédiate de la réalité telle quelle.

45. DPV, XIII, 193.

46. *Salon de 1767*, DPV, XVI, 516.

47. Voir DPV, XII, 454-457, pour ce qui suit.

48. Le conte historique est appelé ainsi non parce qu'il a pour thématique des sujets tirés de l'histoire mais parce qu'il ne raconte

que des faits réalistes, c'est-à-dire vraisemblables.

49. DPV, XII, 521.

50. *Ibid.*

51. *Les Deux Amis de Bourbonne*, DPV, XII, 442.

52. DPV, XII, 455.

53. Voir plus haut, p. 238. Rappelons que ce petit texte fut publié dans la *Correspondance littéraire* de 1770.

54. DPV, XII, 455-456.

55. *Éloge de Richardson*, DPV, XIII, 197.

56. DPV, XIII, 198.

57. Voir *Petit organon pour le théâtre* (1949).

58. *Observations sur Hemsterhuis*, DPV, XXIV, 360.

59. DPV, XXIII, 171.

60. Voir plus haut, p. 237-238.

8. Le roman de la liberté

1. Lettre de Meister père à Bodmer du 12 septembre 1771, DPV, XXIII, 3.

2. DPV, XXIII, 6.

3. Diderot ne se contente pas de corriger son texte, il procède à un « travail d'intégration et d'absorption où de nouveaux textes, récits et anecdotes, d'inspiration souvent différente, mais liés par quelques connotations à l'ouvrage principal, sont insérés et absorbés non sans quelque risque de disparate. Le rôle de Diderot est alors de prévoir le lieu exact d'insertion et surtout de ménager des transitions et des points de suture qui ne soient pas trop visibles » (P. Vernière, « Le choix du meilleur texte dans l'édition des œuvres de Diderot », dans *Diderot. Autographes, copies, éditions*, sous la direction de B. Didier et J. Neefs, Presses universitaires de Vincennes, 1986, p. 16).

4. Lettre à Merck du 7 mai 1780.

5. Une traduction allemande parut dès 1792.

6. P.L. Rœderer, *Journal d'économie politique* du 21 octobre 1796.

7. *Gœthe et Diderot*, Paris, Dentu, 1880, p. 167-168.

8. Lettre du 26 septembre 1762, *Corr.*, IV, 172.

9. DPV, XXIII, 23.

10. DPV, XXIII, 35.

11. DPV, XXIII, 24-25.

12. Voir H. Curial, *Diderot. Jacques le Fataliste*, Paris, Hatier, 1992, p. 62-63.

13. DPV, X, 356. Diderot, rappelons-le, écrit ces lignes sous l'influence de sa lecture de Richardson. Voir plus haut, p. 253-257.

14. DPV, XXIII, 230. C'est peut-être pour satisfaire le désir romanesque sans cesse bafoué du lecteur que Diderot a multiplié, de manière moqueuse bien sûr, les procédés romanesques traditionnels à la fin de son *Jacques* : duel, mort violente, séparation du couple emblématique, emprisonnement de Jacques, etc. Qu'il est facile d'écrire un roman !

15. « La parodie romanesque dans *Jacques le Fataliste* », DS, 6, 1961, p. 97.

16. DPV, XXIII, 234.

17. On trouvera un dispositif de narration semblable dans *Ceci n'est pas un conte* et le *Supplément au Voyage de Bougainville*.

18. Blessé au genou lors de la bataille de Fontenoy (1745), Jacques affirme boiter depuis vingt ans (DPV, XXIII, 27). Le voyage est donc censé se dérouler vers 1765, mais la vraisemblance chronologique est parfois fort malmenée. De même, le nom de la ville étape de Conches permet de penser qu'il s'agit de Conches-en-Ouche, en Normandie.

19. DPV, XXIII, 101-102.

20. DPV, XXIII, 287-288.

21. « Je hais les portraits à la mort, s'exclame Jacques. [...] Ils ressemblent si peu, que, si par hasard on vient à rencontrer les originaux, on ne les reconnaît pas. Racontez-moi les faits, rendez-moi fidèlement les

propos, et je saurai bientôt à quel homme j'ai à faire. Un mot, un geste m'en ont quelquefois plus appris que le bavardage de toute une ville » (DPV, XXIII, 264-265).

22. Faire vrai ne signifie pas anticiper sur le roman réaliste du XIXe siècle. Le réalisme chez Diderot est plus souvent interne qu'externe. Le décor, la couleur locale, n'existent qu'en fonction des personnages et de leurs idées.

23. DPV, XXIII, 247.

24. Au XVIIIe siècle, le nom de Jacques est surdéterminé : c'est d'abord un domestique et un rustre, ensuite un paysan prêt à se révolter dans une jacquerie, enfin quelqu'un qui aime jacasser.

25. DPV, XXIII, 180.

26. DPV, XXIII, 183-184.

27. DPV, XXIII, 188.

28. F. Fukuyama, *La Fin de l'histoire et le Dernier Homme*, Paris, Flammarion, 1992.

29. DPV, XXIII, 187.

30. DPV, XXIII, 173.

31. DPV, XXIII, 185.

32. DPV, XXIII, 40.

33. DPV, XXIII, 29.

34. DPV, XXIII, 189.

35. Voir par exemple le *Prométhée enchaîné* d'Eschyle, v. 515-520.

36. Coran 6:59.

37. Coran 57:22.

38. *Jacques le Fataliste*, DPV, XXIII, 28.

39. Voir *Jacques le Fataliste*, DPV, XXIII, 23 et 33. Mahomet, notait Diderot dans l'article *Sarrasins* de l'*Encyclopédie*, « prêcha le dogme de la fatalité, parce qu'il n'y a point de doctrine qui donne tant d'audace et de mépris de la mort, que la persuasion que le danger est égal pour celui qui combat et pour celui qui dort ; que l'heure, l'instant, le lieu de notre sortie de ce monde est fixé, et que toute notre prudence est vaine devant celui qui a enchaîné les choses de toute éternité d'un lien que sa volonté même ne peut relâcher » (DPV, VIII, 272-273).

40. DPV, XXIII, 28.

41. Lettre à Mme de Maux de fin septembre 1769 (?), *Corr.*, IX, 154.

42. « Le hasard, la nécessité et "une diable de philosophie" », dans *Enlightenment Studies in Honour of Lester G. Crocker*, Oxford, Voltaire Foundation, 1979, p. 59 et 66.

43. *Jacques le Fataliste de Diderot*, Paris, Hachette, 1975, p. 74 et 76.

44. Contrairement au terme de fatalité, le mot « fatalisme » est un néologisme propre au XVIIIe siècle dont l'usage a crû progressivement de 1730 à 1750. À partir de 1750, de nombreux textes se mirent à désigner sous le nom de « fatalisme moderne » l'ensemble des doctrines qui menaçaient la conception chrétienne de la liberté.

45. Article *Fatalité* de l'*Encyclopédie*, *Enc.*, VI, 425 et 427.

46. Le tremblement de terre du 1er novembre 1755 a provoqué le même choc émotif que deux siècles plus tard la découverte des camps de la mort.

47. CL, III, 206-207.

48. DPV, XXIII, 189-190.

49. DPV, XXIII, 24.

50. DPV, XXIII, 230.

51. DPV, XXIII, 112.

52. DPV, XXIII, 28. Nul ne connaît sa destinée, dit Jacques, « avant d'être arrivé au dernier mot de la dernière ligne de la page *qu'on remplit* dans le grand rouleau » (DPV, XXIII, 270. C'est nous qui soulignons).

53. DPV, XXIII, 33.

54. Leibniz, *Essais de théodicée*, éd. J. Brunschwig, Paris, Garnier-Flammarion, 1969, p. 134 (I, 55).

55. Voir plus haut, p. 372 et 738, note 90.

56. Voir la postface de son édition de *Jacques le Fataliste*, Paris, LGF, 1983, p. 323.

57. DPV, XXIII, 270.

58. La comparaison, courante au XVIIIe siècle, de l'homme à une machine signifie seulement que l'homme est fait d'une seule substance, la matière, non qu'il agit comme un automate ou un robot.

59. *Observations sur Hemsterhuis*, DPV, XXIV, 308 et 402.

60. *Des délits et des peines*, Traduction par Maurice Chevallier, Paris, Garnier-Flammarion, 1991, p. 75-76.

61. *Ibid.*, p. 146.
62. DPV, XXIII, 189-190.
63. *Le Rêve de d'Alembert*, DPV, XVII, 102-103.
64. *Éléments de physiologie*, DPV, XVII, 243.
65. *Jacques le Fataliste*, DPV, XXIII, 190.
66. Voir, pour ce qui suit, É. Walter, *op. cit.*, p. 83-84, et Y. Citton, « *Jacques le fataliste* : une ontologie spinoziste de l'écriture pluraliste », *Archives de philosophie*, 71, 2008, p. 77-93.
67. DPV, XXIII, 45.

QUATRIÈME PARTIE

LE BOURGEOIS RÉVOLUTIONNAIRE

1. L'ordre de la société

1. Lettre à la princesse Dachkov du 3 avril 1771, *Corr.*, XI, 20.
2. Lettre de Voltaire à d'Argental du 17 mars 1765 (D12468).
3. Voir plus haut, p. 322-323.
4. Lettre à Saint-Lambert du 7 avril 1771 (D17128).
5. En 1773, Diderot n'aura pas de mots assez durs pour qualifier ce corps de magistrats, « resté gothique dans ses usages, opposé à toute bonne réforme, trop esclave des formes, intolérant, bigot, superstitieux, jaloux du prêtre et ennemi du philosophe, partial, vendu aux grands, dangereux et incommode voisin » (*Mélanges philosophiques*, *Vers.*, III, 215).
6. Lettre du 3 avril 1771, *Corr.*, XI, 19 et 21.
7. *Mélanges philosophiques*, *Vers.*, III, 215-216.
8. Article *Autorité politique* de l'*Encyclopédie*, DPV, V, 542.
9. Lettre à Sophie Volland du 6 octobre 1765, *Corr.*, V, 129-130.
10. Lettre à Sophie Volland du 12 novembre 1765, *Corr.*, V, 173. La « balance » désigne l'équilibre des trois pouvoirs : législatif, exécutif et judiciaire.
11. DPV, XX, 413.
12. DPV, XX, 412.
13. Lettre à Falconet du mois de juillet 1767, *Corr.*, VII, 94-95.
14. Lettre à Falconet du mois de mai 1768, *Corr.*, VIII, 36-37.
15. Voir P.P. Le Mercier de La Rivière, *L'Ordre naturel et essentiel des sociétés politiques*, Paris, Nourse, 1767, p. 12-13.
16. Voir *Deuxième traité sur le gouvernement civil*, dans *Deux Traités du gouvernement civil*, éd. B. Gilson, Paris, Vrin, 1997, p. 152-154 (§ 5).
17. *Op. cit.*, p. 13.
18. *Ibid.*, p. 6 et 8.
19. *Ibid.*, p. 27.
20. *Ibid.*, p. 31-33.
21. *Ibid.*, p. 36.
22. *Ibid.*, p. 351.
23. *Ibid.*, p. 379-380.
24. « Tout homme qui agit s'enrichit, ou en enrichit un autre. Au contraire tout homme qui ne fait rien s'appauvrit, ou appauvrit celui aux dépens duquel il vit. Ces deux mots, laisser faire et laisser passer, étant deux sources continuelles d'actions, seraient donc pour nous deux sources continuelles de richesses » (Vincent de Gournay, « Réflexions sur la contrebande » (1753), dans *Mémoires et lettres de Vincent de Gournay*, éd. par Takumi Tsuda, Tokyo, Kinokuniya, 1993, p. 34).
25. Le Mercier de La Rivière, *op. cit.*, p. 447-448.
26. Lettre à Damilaville de juin ou juillet 1767, *Corr.*, VII, 76-77.
27. Lettre du mois de juillet 1767, *Corr.*, VII, 94.

28. F. Venturi, *L'Europe des Lumières. Recherches sur le* XVIIIe *siècle*, La Haye et Paris, Mouton & Co et École pratique des hautes études, 1971, p. 173-174.

29. Lettre à Sophie Volland du 30 septembre 1760, *Corr.*, III, 104.

30. *Ibid.*, 105.

31. F. Galiani, *Dialogues sur le commerce des blés*, Londres [Paris], 1770, p. 298.

32. *Ibid.*, p. 22.

33. Lettre de Galiani à Suard du 8 septembre 1770, citée dans G. Goggi, « Galiani et l'Angleterre. Sur la genèse des *Dialogues sur les blés* », DHS, 26, 1994, p. 307. Goggi a montré de façon convaincante que le revirement de Galiani dans la question de la libéralisation du commerce des grains s'explique non seulement par la disette française mais également par les événements de la protestation populaire anglaise de 1768, connue sous le nom de « Wilkes and liberty ». Selon Galiani, l'expérience anglaise montre que l'établissement de la liberté du commerce des blés entraîne l'égalité des conditions et la démocratie politique.

34. Lettre à Sophie Volland du 22 novembre 1768, *Corr.*, VIII, 233.

35. Lettre à Sophie Volland du 1er octobre 1769, *Corr.*, IX, 166.

36. En 1968, Philip Koch a publié un manuscrit autographe des *Dialogues* dont la version est antérieure au texte imprimé de 1770 et, parfois, assez différente. Ses marges sont constellées de commentaires, corrections et annotations dont la plupart peuvent être attribués à Diderot.

37. F. Galiani et L. d'Épinay, *Correspondance*, éd. G. Dulac et D. Maggetti, Paris, Desjonquères, 1992-1996, t. I, p. 294.

38. DPV, XX, 249 et 252.

39. F. Galiani et L. d'Épinay, *Correspondance*, *op. cit.*, t. I, p. 127.

40. *Voyage à Bourbonne*, DPV, XX, 158.

41. Voir plus haut, p. 372-380.

42. F. Galiani, *op. cit.*, p. 236-237.

43. *Ibid.*, p. 235.

44. Lettre du 2 novembre 1770, *Corr.*, X, 159-160.

45. Lettre à Sophie Volland du 23 août 1769, *Corr.*, IX, 120.

46. A. Morellet, *Réfutation de l'ouvrage qui a pour titre Dialogues sur le commerce des blés*, Londres [Paris], 1770, p. 28.

47. *Mélanges philosophiques*, *Vers.*, III, 271.

48. *Apologie de l'abbé Galiani*, DPV, XX, 291-292.

49. A. Morellet, *op. cit.*, p. 274 et DPV, XX, 331.

50. DPV, XX, 331.

51. DPV, XX, 307-308.

52. DPV, XX, 335.

53. *Œuvres de Maximilien Robespierre.* Tome IX : *Discours*, éd. M. Bouloiseau, G. Lefebvre, A. Soboul, Paris, PUF, 1957, p. 461.

54. Il s'agit d'un village situé à mi-chemin entre Langres et Chaumont. On a pu identifier avec quelque vraisemblance le curé en question, un certain Antoine Charles, mort en 1733 à l'âge d'environ quatre-vingts ans. Le père de Diderot avait alors quarante-huit ans, sa famille était composée de sa femme et de cinq enfants (dont deux devaient mourir dans les années à venir).

55. DPV, XII, 474.

56. DPV, XII, 485.

57. DPV, XII, 475.

58. Voir plus haut, p. 16.

59. DPV, XII, 489.

60. DPV, XII, 490.

61. DPV, XII, 482.

62. DPV, XX, 288-289.

63. DPV, XII, 484.

64. DPV, XVI, 204.

65. DPV, XII, 488.

66. DPV, XII, 471.

67. DPV, XII, 495.

2. Les feux de l'amour

1. Voir plus haut, p. 406.

2. Lettre à Grimm du 31 juillet 1769, *Corr.*, IX, 89-90.

3. Lettre du 12 octobre 1770, *Corr.*, X, 136.

4. Lettre à Grimm du 2 novembre 1770, *Corr.*, X, 151-152.

5. Lettre à Grimm du 21 octobre 1770, *Corr.*, X, 145.

6. Lettre du 2 novembre 1770, *Corr.*, X, 151-152.

7. Lettre à Falconet du 15 mai 1767, *Corr.*, VII, 67.

8. Après la lecture de sa pièce intitulée *Le Philosophe sans le savoir* (1765), Diderot, rapporte Grimm, se serait précipité dans les bras de l'auteur, s'exclamant : « Oui, mon ami, si tu n'étais pas si vieux, je te donnerais ma fille ! » (cité dans DPV, XIII, 478). Le dramaturge célibataire avait alors quarante-six ans, Angélique douze et demi.

9. Lettre à Grimm de fin avril-1er mai 1759, *Corr.*, II, 129.

10. Cité dans Wilson, *Diderot*, p. 378 et 687-688.

11. Lettre du 5 juin 1759, *Corr.*, II, 154.

12. Lettre à Sophie Volland du 12 septembre 1761, *Corr.*, III, 299-300.

13. Lettre à Sophie Volland du 31 juillet 1762, *Corr.*, IV, 86.

14. Lettre à Sophie Volland du 19 septembre 1762, *Corr.*, IV, 156.

15. Lettre à Sophie Volland du 7 octobre 1762, *Corr.*, IV, 188.

16. Lettre à Sophie Volland du 24 octobre 1762, *Corr.*, IV, 203. *Les Sauvages* sont un rondeau de Rameau qui fait partie des *Nouvelles Suites de Pièces de clavecin.*

17. Lettre à Charles Burney du 15 mai 1771, *Corr.*, XI, 38-39.

18. Voir DPV, XIX, xx-xxi.

19. *Dict. D.*, p. 271.

20. Lettre à Sophie Volland du 22 novembre 1768, *Corr.*, VIII, 231-233.

21. Lettre à l'abbé Diderot du 13 novembre 1772 (?), *Corr.*, XII, 164. Selon L. Perol et A.-M. Chouillet, « L'abbé Diderot et le philosophe », RDE, 9, 1990, p. 40, n. 19, la date indiquée n'est pas rigoureusement exacte.

22. *Supplément au Voyage de Bougainville*, DPV, XII, 643.

23. Lettre à Viallet du mois de décembre (et non avril/mai) 1766, *Corr.*, VI, 177. La datation de la correspondance entre Diderot et Viallet a été corrigée par G. Daniel, « Visages d'Uranie », DS, 23, 1988, p. 9, n. 1.

24. *Corr.*, VII, 183-184.

25. *Corr.*, VII, 187.

26. Lettre à Grimm du 12 novembre (?) 1769, *Corr.*, IX, 206.

27. Lettre à Denise Diderot du 5 mars 1770, *Corr.*, X, 31.

28. Lettre à Denise Diderot du 23 mars 1770, *Corr.*, X, 42.

29. Lettre à l'abbé Diderot du 24 mai 1770, *Corr.*, X, 58-64.

30. Lettre de fin juin ou début juillet 1770, *Corr.*, X, 81.

31. DPV, I, 36. D'après le brouillon d'une lettre envoyée à sa sœur Denise, l'oncle d'Angélique a effectivement exigé de son frère le philosophe un « ouvrage imprimé par lequel il désavoue tous les écrits qu'il a faits contre la religion et les mœurs et [qu'] il déclare qu'il veut vivre en chrétien et mourir dans la religion de ses pères ». Voir L. Perol et A.-M. Chouillet, art. cité, p. 17.

32. Lettre à Grimm du mois d'août 1771, *Corr.*, XI, 85.

33. Lettre à Madame Caroillon La Sallette du 25 septembre 1772, *Corr.*, XII, 137.

34. Lettre du 8 septembre 1772, *Corr.*, XII, 121.

35. Voir *Corr.*, XII, 105-107.

36. *Corr.*, XII, 112-113. Le brouillon de cette lettre a été publié par L. Perol et A.-M. Chouillet, art. cité, p. 17-18.

37. Lettre à son frère du 25 septembre 1772, *Corr.*, XII, 132-134. L'abbé ne manqua pas de répliquer à son frère dans une longue lettre, publiée pour la première fois dans L. Perol et A.-M. Chouillet, art. cité, p. 21-

28. Le philosophe rompit tout lien avec son frère dans sa réponse (*Corr.*, XII, 158-181).

38. « À Mme Caroillon, née Diderot », *Corr.*, XII, 123-127.

39. Lettre du 19 septembre 1772, *Corr.*, XII, 127-128.

40. Lettre à Denise Diderot du 25 septembre 1772, *Corr.*, XII, 140.

41. Lettre à Grimm du 9 octobre 1772, *Corr.*, XII, 178-129.

42. Pour Rousseau, « la femme est faite spécialement pour plaire et pour être subjuguée, elle doit se rendre agréable à l'homme » (*Émile*, OCR, V, 693) ; une femme bel esprit, une femme qui pense est, selon ses termes, le « fléau de son mari, de ses enfants, de ses amis, de ses valets, de tout le monde » (*ibid.*, 768).

43. Nous citons le texte d'après *Vers.*, I, 949-961. Diderot a encore retravaillé son texte à une date ultérieure.

44. Ce qui est le cas de Mme de la Pommeraye dans *Jacques le Fataliste* et de Mme de La Carlière dans le conte éponyme.

45. DPV, XII, 403.

46. Sur la structure narrative du conte, voir plus loin, p. 436-437.

47. Voir DPV, XII, 523-529.

48. Voir DPV, XII, 530-546.

49. Cité dans DPV, XII, 529, n. 14.

50. Diderot, *Quatre contes*, éd. J. Proust, Genève, Droz, 1964, p. xli.

51. Voir DPV, XII, 541. « Aucune trace de cette traduction n'a été retrouvée à ce jour, lit-on dans une note. On pourrait en conclure que Mlle de la Chaux n'a jamais existé. » Mais puisque Diderot ne sait pas inventer, les éditeurs préfèrent s'en tenir « aux seuls indices fournis par le conte ».

52. Voir « Retour à Mademoiselle de la Chaux, ou Faut-il encore marcher sur des œufs ? », RDE, 6, 1989, p. 62-104.

53. Cité dans L. L. Bongie, art. cité, p. 75.

54. « Un souris, un mot, un regard, un geste, un tour de tête, un clin d'œil, un je ne sais quoi », précise Mlle Dornet dans *Mystification* (DPV, XII, 403).

55. DPV, VII, 526.

56. DPV, VII, 515.

57. Voir DPV, XII, 549-575.

58. DPV, VII, 515.

59. Dans un certain nombre de familles, il allait de soi que les époux s'abstenaient de tout rapport sexuel pendant le temps de l'allaitement de l'enfant. Plus l'allaitement était long – et les théories rousseauistes, dans la deuxième moitié du siècle, voulaient que les mères allaitent elles-mêmes leurs enfants – plus l'abstinence était longue elle aussi.

60. Ch. Frémont, *Que me contez-vous là ? Diderot, la fabrique du réel*, Brest, editions-dialogue.fr, 2010, p. 52.

61. *Ibid.*, p. 48.

3. La fable de Tahiti

1. Sur la colonisation des Malouines, voir L.-A. de Bougainville, *Voyage autour du monde par la frégate du Roi « La Boudeuse » et la flûte « L'Étoile »*, éd. J. Proust, Paris, Gallimard, 1982, p. 78-85.

2. Voir *Bougainville et ses compagnons autour du monde, 1766-1769*. Journaux de navigation établis et commentés par É. Taillemite, Paris, Imprimerie nationale, 1977, t. I, p. 326.

3. L.-A. de Bougainville, *op. cit.*, p. 216.

4. Il devait cet honneur au naturaliste Philibert Commerson, qui avait accompagné Bougainville dans son périple. Tout au long du voyage, le savant baptisait de nombreuses espèces, jusqu'alors inconnues, de noms latins dérivés de personnalités pour lesquelles il éprouvait une vive admiration. On peut citer, outre la *Bougainvillée*, la *Dalembertiana* et la *Diderota amphicarpa*, une plante qui pousse essentiellement sur l'île de la Réunion. Voir M. Pinault, « *La Diderota amphicarpa* de Commerson », RDE, 6, 1989, 149-152.

5. Dans l'introduction à son édition du *Voyage autour du monde*, p. 13.

6. DPV, XII, 518.

7. DPV, XII, 515-516.

8. Une première version du *Supplément au Voyage de Bougainville* fut diffusée, en 1773-1774, dans la *Correspondance littéraire* qui le présenta comme la « Suite des Contes de M. Diderot » qui avaient paru en 1773. Une version augmentée fut publiée pour la première fois en 1796 par l'abbé Bourlet de Vauxcelles. La version définitive se trouve sous forme de manuscrit dans le fonds Vandeul.

9. Voir p. 526-527.

10. *Supplément au Voyage de Bougainville*, DPV, XII, 588.

11. DPV, XII, 583.

12. Dans le *Second Discours* ou *Histoire et théorie de la Terre* (1749), Buffon estime que l'identité des lits de terre prouve « que l'Angleterre a été séparée de la France, l'Espagne de l'Afrique, la Sicile de l'Italie » et qu'elles furent séparées « par un coup de mer » (*Histoire naturelle, générale et particulière*, Paris, Imprimerie royale, 1749-1767, t. I, p. 252-253). On sait que l'expression « dérive des continents » ne date que du début du XXe siècle.

13. DPV, XII, 583-584. Le terme de palingénésie, qui signifie ici métamorphose, renvoie à la biologie du naturaliste suisse Charles Bonnet, et notamment à sa conception de la chaîne des êtres telle qu'elle se trouve exprimée en 1770 dans son ouvrage *Palingénésie philosophique, ou Idées sur l'état passé et sur l'état futur des êtres vivants*. Bonnet passe généralement pour un précurseur de l'évolutionnisme moderne, mais le mécanisme de la transformation des êtres vivants est celui de la métamorphose, non de la transmutation.

14. HDI, livre III, chap. 1 ; *Vers.*, III, 710.

15. DPV, XII, 600. Cette « hospitalité tahitienne » si particulière n'est qu'en partie cautionnée par Bougainville. Sensible comme ses compagnons aux charmes d'une île où la jalousie est « un sentiment si étranger que le mari est ordinairement le premier à presser sa femme de se livrer », il a su percer à jour, derrière la façade d'une prétendue liberté sexuelle, la réalité d'un pouvoir masculin cruellement oppresseur : « Les femmes doivent à leurs maris une soumission entière : elles laveraient dans leur sang une infidélité commise sans l'aveu de l'époux » (*Voyage autour du monde*, p. 258).

16. DPV, XII, 603.

17. DPV, XII, 608-609.

18. DPV, XII, 605.

19. DPV, XII, 637.

20. DPV, XII, 626.

21. *Opuscules philosophiques et littéraires*, Paris, Chevet, 1796, p. 271.

22. Voir DPV, XII, 618-619.

23. DPV, XII, 609.

24. Comme le rappela fort opportunément, en 1930, le pape Pie XI dans son encyclique *Casti conubii* sur le sens authentique du mariage chrétien, c'est au moins depuis saint Augustin que la sexualité n'est censée prendre sens que lorsqu'elle vise la procréation. En dehors de cette finalité, quand elle est exercée pour le seul plaisir, elle tombe sous la condamnation de péché : « Puisque l'acte du mariage est, par sa nature même, destiné à la génération des enfants, ceux qui, en l'accomplissant, s'appliquent délibérément à lui enlever sa force et son efficacité, agissent contre la nature ; ils font une chose honteuse et intrinsèquement déshonnête. Aussi ne faut-il pas s'étonner de voir les Saintes Écritures attester que la divine Majesté déteste au plus haut point ce forfait abominable, et qu'elle l'a parfois puni de mort, comme le rappelle saint Augustin : "Même avec la femme légitime, l'acte conjugal devient illicite et honteux dès lors que la conception de l'enfant y est évitée. C'est ce que faisait Onan, fils de Judas, ce pourquoi Dieu l'a mis à mort." »

25. *L'Art de faire des garçons, ou Nouveau tableau de l'amour conjugal*, Montpellier, Maugiron, 1755, p. 133-134.

26. DPV, VIII, 446.

27. C'est de la même manière que s'explique aussi la pratique « eugéniste » des Tahitiens de prélever du sang frais chez les marins européens afin d'éviter la consanguinité.

28. *Supplément au Voyage de Bougainville*, DPV, XII, 594.

29. DPV, XII, 624.
30. DPV, XII, 629-630.
31. DPV, XII, 637.
32. DPV, XII, 607.
33. DPV, XII, 591.
34. Article *Hobbisme* de l'*Encyclopédie*, DPV, VII, 400.
35. Voir *Sur les femmes*, *Vers.*, I, 954-956.
36. DPV, XII, 604-605.
37. Dans l'histoire des civilisations, la prise de pouvoir de l'homme sur la femme correspond à la victoire du patriarcat sur le matriarcat à la fin du néolithique. Il a fallu attendre l'ouvrage fondamental de J.-J. Bachofen sur *Le Droit maternel* (1861) pour vérifier les intuitions de Diderot.
38. DPV, XII, 635.
39. DPV, XII, 633.
40. DPV, XII, 639.
41. Voir DPV, XII, 642-643.
42. On sait que le mot « pathologique » a la même racine que le mot passion, qui signifie à l'origine souffrance.
43. DPV, XII, 590-594.
44. *Supplément au Voyage de Bougainville*, DPV, XII, 636.
45. Voir plus haut, p. 435-436.
46. Voir DPV, XX, 104.
47. Ni d'ailleurs en Russie, où les conditions climatiques pariculières sont en relation directe avec son sous-développement démographique. Voir plus loin, p. 627-628.
48. *Supplément au Voyage de Bougainville*, DPV, XII, 628.
49. HDI, livre V, chap. 33. Passage non retenu par Versini.
50. *Supplément au Voyage de Bougainville*, Paris, Hatier, 2002, p. 45.
51. DPV, XII, 643.
52. HDI, livre I, Introduction.
53. Voir C. P. Courtney, « Les métamorphoses d'un best-seller : l'*Histoire des deux Indes* de 1770 à 1820 », dans *Raynal, de la polémique à l'histoire*. Textes réunis et présentés par G. Bancarel et G. Goggi, Oxford, Voltaire Foundation, 2000, p. 109-120.
54. Voir G. Goggi, « La méthode de travail de Raynal dans l'*Histoire des deux Indes* », dans *L'*Histoire des deux Indes : *réécriture et polygraphie*. Textes présentés par H.-J. Lüsebrink et A. Strugnell, Oxford, Voltaire Foundation, 1995, p. 325-356.
55. *Lettre apologétique de l'abbé Raynal à M. Grimm* du 25 mars 1781, *Corr.*, XV, 222.
56. Voir FP, p. 24.
57. Lettre 15 août 1772, *Corr.*, XII, 101-102.
58. FP, p. 152.
59. FP, p. 121-124 ; *Vers.*, III, 591-592.
60. HDI, livre XVII, chap. 4 ; *Vers.*, III, 677.
61. FP, p. 113 ; *Vers.*, III, 588.
62. FP, p. 145 ; *Vers.*, III, 601.
63. FP, p. 112 ; *Vers.*, III, 587.
64. DPV, XXIV, 688.
65. Comme le fait par exemple Y. Benot dans *Diderot, de l'athéisme à l'anticolonialisme*, *op. cit.*
66. HDI, livre VIII, chap. 1 ; *Vers.*, III, 690-691.
67. HDI, livre XIII, chap. 37. Passage non retenu par Versini.
68. HDI, livre V, chap. 33. Passage non retenu par Versini.
69. *Supplément au Voyage de Bougainville*, DPV, XII, 630.
70. HDI, livre V, chap. 33. Passage non soutenu par Versini.
71. *Réfutation d'Helvétius*, DPV, XXIV, 693-694.
72. HDI, livre IV, chap. 18 ; *Vers.*, III, 638.

4. Deux satires

1. Voir plus loin, p. 584.
2. Il avait donné en 1776 le drame *Sturm und Drang*, qui devait donner son titre à tout un mouvement littéraire.
3. Sur l'histoire du manuscrit en Russie et en Allemagne, voir R. Mortier, *Diderot en Allemagne, 1750-1870*, Paris, PUF, 1954, p. 255-263.

4. Il avait déjà traduit deux chapitres des *Essais sur la peinture*.

5. Par exemple, Goethe oublie ou ignore la différence entre « canne » et « cane » ; « se meut » devient « se meurt », « l'imprudence » se transforme en « impudence », et ainsi de suite.

6. *Diderot en Allemagne, op. cit.*, p. 269. On peut consulter la traduction de Goethe avec le texte français en regard dans Goethe, *Rameaus Neffe. Ein Dialog von Denis Diderot. Übersetzt von Goethe. Zweisprachige Ausgabe,* édité par Günther Horst, Francfort-sur-le-Main, Insel Verlag, 1996.

7. *Über Kunst und Altertum* (1823), cité dans R. Mortier, *op. cit.*, p. 269.

8. « Si je faisais aussi des citations, s'esclaffera Brière, pour indiquer toutes les fautes du traducteur de l'ouvrage de Diderot dont je vais publier l'original sous huit jours, il me faudrait citer le volume entier. Que M. Saur m'explique, par exemple, ce que c'est que cette *Théologie de Roch* dont il parle à la page 78 de son livre, et qui remplace si sottement la *Théologie en quenouille*, comédie du P. Bougeant, qui a fourni à Palissot l'idée de sa comédie des *Philosophes* ? » (Lettre au *Corsaire* du 10 août 1823). La bévue de Saur s'explique par la traduction de Goethe qui, ignorant et le titre de la comédie à laquelle Diderot fait allusion dans le *Neveu* et l'expression « tomber en quenouille » traduisit « théologie en quenouille » par *Rocktheologie* (« théologie en tunique »).

9. Plusieurs témoignages contemporains confirment que le Neveu a réellement existé, même s'il n'eut que peu de choses en commun avec le personnage créé par Diderot. André Magnan a rassemblé une soixantaine de documents à son sujet, de sa naissance à Dijon en 1716 jusqu'à sa mort à l'hospice des Bons-Fils d'Armentières en 1777 où sa sœur l'avait fait enfermer huit ans plus tôt. Voir *Rameau le Neveu*. Textes et documents réunis et commentés par A. Magnan, Paris, CNRS Éditions et Publications de l'Université de Saint-Étienne, 1993.

10. DPV, XII, 166.

11. DPV, XII, 70.

12. Voir *Rameau le Neveu*, p. 61-66, et plus haut, p. 300-302.

13. DPV, XII, 71.

14. DPV, XII, 82.

15. DPV, XII, 177.

16. DPV, XII, 156.

17. DPV, XII, 118-119.

18. DPV, XII, 172.

19. DPV, XII, 188.

20. Voir DPV, XXIII, 189-190.

21. *Le Neveu de Rameau*, DPV, XII, 151.

22. Lettre du 31 juillet 1762, *Corr.*, IV, 81.

23. Lettre du 15 octobre 1760, *Corr.*, III, 142.

24. *Salon de 1765*, DPV, XIV, 178.

25. Lettre du 30 septembre 1760, *Corr.*, III, 98.

26. Lettre à Sophie Volland du 11 août 1759, *Corr.*, II, 208.

27. DPV, XVI, 197.

28. *Le Neveu de Rameau*, DPV, XII, 87.

29. DPV, XII, 90-91.

30. DPV, XII, 93-94.

31. DPV, XII, 103.

32. *Le Neveu de Rameau*, DPV, XII, 114.

33. DPV, XII, 116.

34. DPV, XII, 118.

35. Voir *Le Neveu de Rameau*, Genève, Droz, 1963, p. 186, n. 159.

36. DPV, XII, 119.

37. DPV, XII, 121.

38. DPV, XII, 143-144.

39. DPV, XII, 179-181.

40. DPV, XII, 181.

41. DPV, XII, 196.

42. H. de Balzac, *Eugénie Grandet,* éd. E. Roy-Reverzy, Paris, GF Flammarion, 2000, p. 142.

43. *Le Neveu de Rameau*, DPV, XII, 114.

44. R. Mauzi, « Les rapports du bonheur et de la vertu dans l'œuvre de Diderot », *Cahiers de l'Association internationale des études françaises*, 13, 1961, p. 266.

45. Voir plus haut, p. 338-339.

46. *Le Temple du bonheur*, DPV, XVIII, 343.

47. DPV, XXIV, 589.

48. DPV, XII, 630.

49. HDI, livre XIX, chap. 14. Passage non retenu par Versini.

50. FP, p. 112 ; *Vers.*, III, 587.

51. HDI, livre XIX, chap. 14. Passage non retenu par Versini.

52. *Supplément au Voyage de Bougainville*, DPV, XII, 629.

53. Voir DPV, XII, 470-471.

54. *Réfutation d'Helvétius*, DPV, XXIV, 667.

55. HDI, livre XIX, chap. 14 ; *Vers.*, III, 629.

56. *Le Neveu de Rameau*, DPV, XII, 133-134.

57. DPV, XII, 114.

58. DPV, XII, 176.

59. DPV, XII, 118.

60. DPV, XII, 114.

61. DPV, XII, 190-191.

62. *Supplément au Voyage de Bougainville*, DPV, XII, 628.

63. *Le Neveu de Rameau*, DPV, XII, 175.

64. DPV, XII, 175.

65. Voir L. Adert, « "L'or est tout". La représentation de l'argent dans *Le Neveu de Rameau* », dans *Être riche au siècle de Voltaire*. Publié par J. Berchtold et M. Porret, Genève, Droz, 1996, p. 299.

66. *Discours sur les sciences et les arts*, OCR, III, 19.

67. Voir par exemple la *Lettre à Christophe de Beaumont*, OCR, IV, 935-937.

68. DPV, XII, 178. Diderot a déjà exprimé cette idée dans l'article *Hobbisme* de l'*Encyclopédie*, ajoutant : « L'homme devient bon à mesure qu'il s'instruit » (DPV, VII, 407). Il y reviendra encore dans les *Mélanges philosophiques* (*Vers.*, III, 399). On sait que Freud a cité le passage du *Neveu* à propos du complexe d'Œdipe dans *Conférences d'introduction à la psychanalyse (1915-1917)*, Paris, Gallimard, 1999, p. 428-429.

69. Voir plus haut, p. 203-204.

70. *Vers.*, III, 513.

71. *Entretien d'un philosophe avec la maréchale de* ***, *Vers.*, I, 936.

72. *Observations sur le Nakaz*, *Vers.*, III, 513.

73. Rameau est « un autre Diderot, un Diderot sans politesse, ni conséquence, qui ne songerait pas à se surveiller. » Mieux encore : Rameau « est resté ce que Diderot a été, ce qu'il a failli devenir, ce qu'il se félicite, mais aussi regrette parfois, de n'être pas devenu. » (J. Fabre, Introduction à Diderot, *Le Neveu de Rameau*, Genève, Droz, 1963, p. lxvi).

74. DPV, XII, 72.

75. DPV, XII, 193.

76. DPV, XII, 145-146.

77. HDI, livre XI, chap. 24 ; *Vers.*, III, 738. Dans l'*Essai sur les règnes de Claude et de Néron*, Diderot écrit de même : « L'esclave a perdu son âme quand il a perdu son maître ; comme le chien égaré dans les rues, il crie jusqu'à ce qu'il ait retrouvé la maison où il est nourri d'eau et de pain, et assommé de coups de bâton » (DPV, XXV, 357).

78. *Le Neveu de Rameau*, DPV, XII, 121-122.

79. Horace, *Satires*, II, 7 (trad. Leconte de Lisle).

80. Voir la *Satire* 7 du livre II, dont Diderot cite quelques mots en guise d'épigraphe.

81. Le mot latin *satura* signifie à l'origine mélange, pot-pourri.

82. Voir DPV, IX, 297. Le passage est tiré d'Helvétius, *De l'esprit*, discours IV, chap. 11.

83. *Jacques le Fataliste*, DPV, XXIII, 265.

84. DPV, XII, 12. Ce mot, lit-on dans la note 4, figure en réalité dans la *Mérope* du marquis Maffei, au sujet du sacrifice d'Iphigénie par Agamemnon.

85. DPV, XII, 16. Voir La Fontaine, *Les Animaux malades de la peste* (*Fables*, VII, 1).

86. DPV, XII, 15.

87. C. Duflo, *Diderot philosophe*, *op. cit.*, p. 482-483.

88. *Ibid.*, p. 484 et 486.

89. La *Satire première* parut pour la première fois en 1778 dans la *Correspondance littéraire* sous le titre « Satire par M. Diderot ». Naigeon l'inséra dans son édition des

Œuvres de Diderot, et c'est lui qui lui donna vraisemblablement son sous-titre : « Sur les caractères et les mots de caractère, de profession, etc. ».

90. Voir *Dict. D.*, p. 351.

91. Voir plus haut, p. 300-302.

92. H. Coulet, DPV, XII, 42.

93. *Le Neveu de Rameau*, DPV, XII, 150-151. L'expression « parties casuelles » désigne Bertin, trésorier des parties casuelles, un impôt sous l'Ancien Régime.

94. DPV, XII, 140.

95. DPV, XII, 148.

96. Voir DPV, XII, 11, et Horace, *Satires*, II, 1.

97. Voir DPV, XI, 327-328. Dans une étude pertinente, M.F. Morris a détecté de nombreuses – trop nombreuses sans doute pour être fortuites – correspondances entre le tome VIII de l'*Encyclopédie*, rédigé pour l'essentiel entre 1757 et 1762, et *Le Neveu de Rameau*. Voir « Le huitième volume de l'*Encyclopédie* et *Le Neveu de Rameau* », RDE, 5, 1988, p. 33-44.

98. Voir DPV, XII, 35-36.

99. Hegel, *Phénoménologie de l'esprit*, Paris, Aubier, 1991, p. 349-356.

100. S. Albertan-Coppola, « Les anti-philosophes dans *Le Neveu de Rameau* », dans *Études sur* Le Neveu de Rameau *et le* Paradoxe sur le comédien *de Denis Diderot. Actes du Colloque organisé à l'Université Paris VII les 15 et 16 novembre 1991.* Textes réunis par G. Benrekassa, M. Buffat, P. Chartier, Cahiers *Textuel*, 11, 1992, p. 37.

101. *Lettre à l'abbé Galiani sur la sixième ode du troisième livre d'Horace*, DPV, XX, 597. Voir M. Mat-Hasquin, « Diderot et Horace », DS, 19, 1978, p. 119-120.

102. DPV, XII, 176.

103. *Satire première*, DPV, XII, 12.

104. Dorval et Rosalie par exemple, les deux principaux personnages du *Fils naturel*, finissent bien, malgré les affres traversées, par récupérer le bonheur auquel ils juraient avoir renoncé.

105. *Mélanges philosophiques*, *Vers.*, III, 345.

106. DPV, XII, 77.

5. Le matérialisme en question

1. Voir plus haut, p. 307-308.

2. Voir plus haut, p. 306-307.

3. Lettre à Falconet d'avril ou mai 1767, *Corr.*, VII, 54.

4. Lettre à sa fille du 25 ou 26 octobre 1773, *Corr.*, XIII, 78.

5. Lettre à Naigeon du 3 juin 1773, *Corr.*, XII, 231.

6. F. Galiani et L. d'Épinay, *Correspondance*, éd. G. Dulac et D. Maggetti, Paris, Desjonquères, 1992-1996, t. IV, p. 28.

7. Lettre à Sophie Volland du 18 juin 1773, *Corr.*, XIII, 15.

8. Lettre aux dames Volland du 22 juillet 1773, *Corr.*, XIII, 31.

9. Lettre du 22 juillet 1773, *Corr.*, XIII, 37.

10. On y lit par exemple : « Ma patrie a reçu enfin le joug du despotisme : elle ne produira donc plus d'écrivains célèbres. Le propre du despotisme est d'étouffer la pensée dans les esprits et la vertu dans les âmes » (*De l'homme, de ses facultés intellectuelles et de son éducation*, éd. G. Stenger et D. Smith, Paris, Champion, 2011, p. 32).

11. Lettre du duc d'Aiguillon à Durand de Distroff du 2 décembre 1773, citée dans *Corr.*, XIII, 102.

12. Voir plus haut, p. 228-230.

13. *Journal de Trévoux*, octobre 1758, p. 2661.

14. « Réflexions sur le livre *De l'esprit* d'Helvétius », DPV, IX, 310.

15. Voir D. Smith, « Diderot et Helvétius : une amitié sans atomes crochus », dans *Sciences, musiques, Lumières. Mélanges offerts à Anne-Marie Chouillet*, publiés par U. Kölving et I. Passeron, Ferney-Voltaire,

Centre international d'étude du XVIIIe siècle, 2002, p. 355.

16. DPV, XVI, 597.

17. *Essai sur les préjugés*, dans d'Holbach, *Œuvres philosophiques complètes*, éd. Jean-Pierre Jackson, Paris, Alive, 1998-2001, t. II, p. 93.

18. Lettre à Voltaire du 24 mai 1770, dans Frédéric le Grand, *Œuvres*, Berlin, Decker, 1846-1857, t. XXIII, p. 156 (D16362).

19. Lettre à d'Alembert du 17 mai 1770, *ibid.*, p. 484.

20. *Vers.*, III, 165-172.

21. Voir *Examen de l'Essai sur les préjugés*, dans Frédéric le Grand, *Œuvres*, t. IX, p. 133.

22. *Examen de l'Essai sur les préjugés*, *op. cit.*, p. 153.

23. *Vers.*, III, 168.

24. DPV, XXIV, 642.

25. *De l'homme*, p. 212.

26. Lettre aux dames Volland du 30 mars 1774, *Corr.*, XIII, 209.

27. J.-A. Naigeon, *Mémoires historiques et philosophiques sur la vie et les ouvrages de D. Diderot*, *op. cit.*, p. 317.

28. Lettre à Sophie Volland du 3 octobre 1767, *Corr.*, VII, 159.

29. *De l'esprit*, éd. J. Moutaux, Paris, Fayard, 1988, p. 5 (I, 1).

30. *De l'homme*, p. 115 (II, 4).

31. *De l'homme*, p. 59-60 (I, 2).

32. *De l'homme*, p. 59 (titre de la section I).

33. *De l'homme*, p. 54 (Introduction, 3).

34. *Réfutation d'Helvétius*, DPV, XXIV, 485-486. Institution signifie ici éducation.

35. Dans *De l'esprit*, I, 1, Helvétius a montré que la différence entre l'homme et l'animal tient à l'organisation du corps humain et aux ressources issues de la conformation de ses mains : « Ces facultés que je regarde comme les causes productrices de nos pensées, et qui nous sont communes avec les animaux, ne nous occasionneraient cependant qu'un très petit nombre d'idées, si elles n'étaient jointes en nous à une certaine organisation extérieure. Si la nature, au lieu de mains et de doigts flexibles, eût terminé nos poignets par un pied de cheval, qui doute que les hommes, sans art, sans habitations, sans défense contre les animaux, tout occupés du soin de pourvoir à leur nourriture et d'éviter les bêtes féroces, ne fussent encore errants dans les forêts comme des troupeaux fugitifs ? » (éd. citée, p. 16).

36. *De l'homme*, p. 115 (II, 4).

37. *De l'homme*, p. 68 (I, 8). Le flûteur automate fut présenté par Vaucanson à l'Académie des sciences en 1738.

38. *Réfutation d'Helvétius*, DPV, XXIV, 488. Helvétius s'est bien gardé de cette interprétation abusive dans une note dont Diderot n'a pas voulu tenir compte : « À quelque degré de perfection qu'on portât l'éducation, qu'on n'imagine cependant pas qu'on fît des gens de génie de tous les hommes à portée de la recevoir. On peut par son secours exciter l'émulation des citoyens, les habituer à l'attention, ouvrir leurs cœurs à l'humanité, leur esprit à la vérité, faire enfin de tous les citoyens, sinon des gens de génie, du moins des gens d'esprit et de sens. Mais comme je le prouverai dans la suite de cet ouvrage, c'est tout ce que peut la science perfectionnée de l'éducation et c'est assez » (*De l'homme*, p. 92-93).

39. *De l'homme*, p. 503 (X, 1).

40. *Journal littéraire*, éd. V. del Litto, Genève, 1940, t. I, p. 1224 (3 février 1803).

41. *De l'homme*, p. 277 (titre de la section V).

42. Éd. citée, t. I, p. 1 et 3 (I, 1).

43. *Ibid.*, p. 130 (I, 9).

44. R. Desné, « Deux conceptions matérialistes de l'homme. À propos de la *Réfutation d'Helvétius* par Diderot », dans S. Jüttner (Hg.), *Neue Bilder vom Menschen in der Literatur der europäischen Aufklärung*, Francfort-sur-le-Main, Peter Lang, 1998, p. 35.

45. *Système de la nature*, éd. citée, p. 131.

46. D'Holbach, *Système social*, éd. J. Boulad-Ayoub, Paris, Fayard, 1994, p. 268-269 (II, 3).

47. *De l'homme*, p. 107 (II, 1, note).

48. J. Locke, *Essai sur l'entendement humain*. Traduction, préface, notes et index par J.-M. Vienne, Paris, Vrin, 2001-2005, t. I, p. 165 et 184 (II, 1, 4 et 24). Voir aussi plus haut, p. 140-141.

49. Helvétius, *De l'homme*, p. 116 (II, 4).

50. *Réfutation d'Helvétius*, DPV, XXIV, 521-522.

51. Helvétius, *De l'homme*, p. 119 (II, 6).

52. *Ibid.*, p. 121-122.

53. *Réfutation d'Helvétius*, DPV, XXIV, 522-523.

54. DPV, XXIV, 551-552.

55. DPV, XXIV, 555 et 557.

56. *De l'homme*, p. 123 (II, 7, note).

57. DPV, XXIV, 528-529.

58. DPV, XXIV, 529-530.

59. DPV, XXIV, 526.

60. DPV, XXIV, 576.

61. DPV, XXIV, 667.

62. *De l'homme*, p. 185 (II, note 12).

63. DPV, XXIV, 606.

64. DPV, XXIV, 652-653.

65. *De l'homme*, p. 223 (IV, 8).

66. « Réflexions sur le livre *De l'esprit* d'Helvétius », DPV, IX, 307. Souligné par nous.

67. Voir p. 493-494.

68. On se souvient du sous-titre de son ouvrage *La Fable des abeilles* : *Private Vices, Public Benefits* (« Les vices privés font le bien public »). Mais contrairement à Mandeville, Helvétius n'estime pas que la société trouve son équilibre par la libre affirmation des désirs de chacun.

69. *De l'homme*, p. 52 (Introduction, 2).

70. *De l'homme*, p. 97 (I, note 21).

71. *De l'homme*, p. 53 (Introduction, 2).

72. HDI, livre XVIII, chap. 42 ; *Vers.*, III, 713-714.

73. Aujourd'hui encore, certains se réclament de la fameuse courbe en cloche (Ch. Murray et R. Herrnstein, *The Bell Curve. Intelligence and Class Structure in American Life*, New York, Free Press, 1994) pour prétendre que les inégalités sociales entre Noirs et Blancs aux États-Unis sont le produit direct des différences d'intelligences mesurées par des tests de Q.I. Constatant que les programmes d'*affirmative action* (discrimination positive) qui visent à réduire les inégalités frappant les minorités dans l'enseignement et l'emploi n'ont parfois que des effets faibles et éphémères, ils concluent qu'ils sont dénués d'intérêt.

74. *Diderot : un matérialisme éclectique*, Paris, Vrin, 2010, p. 217.

75. DPV, XXIV, 664.

76. DPV, XXIV, 610.

77. DPV, XXIV, 607-609.

78. *Réfutation d'Helvétius*, DPV, XXIV, 546.

79. *Essai sur la régénération physique, morale et politique des Juifs*, Paris, Éditions du Boucher, 2002 [1789], p. 94. L'ouvrage de l'abbé Grégoire est la réponse à la question présentée en 1785 par la Société royale des Sciences et des Arts de Metz pour le concours de 1787 : *Est-il des moyens de rendre les Juifs plus heureux et plus utiles en France ?* Il fut l'un des trois lauréats du concours.

80. Voir *Œuvres de Maximilien Robespierre. Tome IX : Discours*, éd. citée, p. 144.

81. Voir DPV, XXIV, 248.

82. Bien qu'il ne soit pas fait référence à d'Holbach, on peut voir dans l'ouvrage du philosophe hollandais une des nombreuses réactions suscitées par la parution du *Système de la nature*.

83. DPV, XXIV, 321.

84. DPV, XXIV, 275.

85. DPV, XXIV, 304.

86. DPV, XXIV, 298.

87. DPV, XXIV, 309-310.

88. DPV, XXIV, 301-302.

89. *Lettre à Landois*, DPV, IX, 257.

90. *Observations sur Hemsterhuis*, DPV, XXIV, 276. Notre volonté, précise *Le Rêve de d'Alembert*, « naît toujours de quelque motif intérieur ou extérieur, de quelque impression présente, de quelque réminiscence du passé, de quelque passion, de quelque projet dans l'avenir. » (DPV, XVII, 185-186).

91. *Réfutation d'Helvétius*, DPV, XXIV, 523.

92. P. Janet, « La philosophie de Diderot. Le dernier mot d'un matérialiste », dans P. Janet, *Les Maîtres de la pensée moderne*, Paris, Calmann Lévy, 1883, p. 359 et 356.

93. *Réfutation d'Helvétius*, DPV, XXIV, 524-525. Quelques années plus tard, Diderot ironisera de nouveau sur les visées conjecturales semblables à celle qui est au centre du *Rêve de d'Alembert*, l'hypothèse de la sensibilité comme propriété universelle de la matière : « Que le physicien fasse une hypothèse ; qu'il s'occupe à étayer ou à abattre cette hypothèse par des expériences ; qu'il nous apporte ensuite le résultat de ses tentatives, j'y consens ; mais qu'il nous épargne l'inutile et fastidieux détail de ses visions. Il ne s'agit pas de qui s'est passé dans sa tête, mais de ce qui se passe dans la nature. C'est à elle-même à s'expliquer ; il faut l'interroger, et non répondre pour elle. Suppléer à son silence par une analogie, par une conjecture, ce sera rêver ingénieusement, grandement, si l'on veut, mais ce sera rêver. » (*Essai sur les règnes de Claude et de Néron*, DPV, XXV, 388).

94. *Corr.*, IX, 154. Voir plus haut, p. 476-477 et 493-494.

95. R. Niklaus, « Présence de Diderot », DS, 6, 1964, p. 16.

96. DPV, XXIV, 298.

97. Voir F. Hemsterhuis, *Lettre sur l'homme et ses rapports, avec le commentaire inédit de Diderot*, éd. G. May, New Haven, Yale University Press, et Paris, PUF, 1964, p. 16.

98. Voir DPV, II, 31 et 33.

99. « Matérialisme et scepticisme chez Diderot », RDE, 26, 1999, p. 88.

6. La civilisation de la Russie

1. Lettre du 18 août 1774, *Corr.*, XIII, 48.

2. Cité dans H. Dieckmann, *Inventaire du fonds Vandeul et inédits de Diderot*, Genève, Droz, et Lille, Giard, 1951, p. 272. Teiglitz ou Teilitz s'appelle Tõlliste (en Estonie) de nos jours.

3. Lettre de Jacobi à Sophie von La Roche du 30 août 1773, citée dans *Corr.*, XIII, 52.

4. Lettre à Mme Diderot du 9 octobre 1773, *Corr.*, XIII, 64-65.

5. *Vers.*, III, 321-322.

6. Lettre de Grimm au comte de Nesselrode du 25 septembre 1773, citée dans *Corr.*, XIII, 58.

7. Lettre de Karl Lessing à Gotthold Ephraïm Lessing du 21 octobre 1773, citée dans *Corr.*, XIII, 54-55.

8. *Op. cit.*, p. 36.

9. Cité dans *Corr.*, XIII, 59.

10. Lettre à Mme Diderot du 9 octobre 1773, *Corr.*, XIII, 65.

11. Depuis 1991, une plaque commémorative au 9, place Saint-Isaac indique la demeure pétersbourgeoise du philosophe.

12. *Mémoires*, DPV, I, 30.

13. *Correspondance littéraire* du 1er janvier 1770, CL, VIII, 431.

14. Un des premiers résultats de l'activité commissionnaire de Grimm fut l'achat par Catherine II de la bibliothèque de Voltaire mort en 1778.

15. Lettre à M. M*** du 9 avril 1774, *Corr.*, XIII, 227.

16. Lettre à Ring citée dans *Corr.*, XIII, 73.

17. Lettre de J.A. Euler à S. Formey du 19 novembre 1773, citée dans G. Dulac, « Un nouveau La Mettrie à Pétersbourg : Diderot vu de l'Académie impériale des sciences », RDE, 16, 1994, p. 34.

18. Art. cité, p. 20-21.

19. FP, p. 167 ; *Vers.*, III, 610.

20. Lettre de J.A. Euler à S. Formey du 8 février 1774, citée dans G. Dulac, art. cité, p. 40. « Assurément caricatural, commente G. Dulac, le récit apparemment bien informé de J.A. Euler n'est pas dépourvu de vraisemblance. »

21. *Mémoires*, DPV, I, 30-31.

22. Voir « Diderot, l'Académie de Pétersbourg et le projet d'une *Encyclopédie* russe », DS, 12, 1969, p. 126-127.

23. *Mélanges philosophiques*, *Vers.*, III, 363.

24. Lettre du 9 avril 1774, *Corr.*, XIII, 231.

25. Voir F.-L. d'Escherny, *Mélanges de littérature, d'histoire, de morale et de philosophie*, Paris, 1811, t. III, p. 131.

26. Lettre à Thomas du 24 décembre 1773, citée dans *Corr.*, XIII, 134.

27. Diderot lui laissa également une version déguisée du *Rêve de d'Alembert* suivie de vingt-six « fragments » qui contiennent en germe les futurs *Éléments de physiologie*.

28. *Mélanges philosophiques, Vers.*, III, 239 et 325-326.

29. Voir *Vers.*, III, 359.

30. *Vers.*, III, 314.

31. *Vers.*, III, 257.

32. *Vers.*, III, 286.

33. *Vers.*, III, 361-362.

34. G. Dulac, « Le discours politique de Pétersbourg », RDE, 1, 1986, p. 32-58. Nous résumons sommairement les p. 44-48. Notre connaissance de la « période russe » et des dernières années de Diderot a été profondément renouvelée grâce aux innombrables travaux de G. Dulac et de G. Goggi. Les nombreuses références dans ce chapitre expriment modestement notre immense dette à l'égard des deux infatigables chercheurs.

35. G. Dulac, « Diderot et le "mirage russe" : quelques préliminaires à l'étude de son travail politique de Pétersbourg », dans *Le Mirage russe au XVIIIe siècle.* Textes publiés par S. Karp et L. Wolff, Ferney-Voltaire, Centre d'étude du XVIIIe siècle, 2001, p. 179 et 166.

36. Pour ce qui suit, voir G. Goggi, « Diderot et le concept de civilisation », DHS, 29, 1997, p. 353-373.

37. G. Goggi (art. cité, p. 367-370) pense que Diderot a rencontré le concept de civilisation dans les articles de l'abbé Nicolas Baudeau publiés en 1766 dans le périodique des physiocrates, *Les Éphémérides du citoyen.*

38. Voir l'*Histoire de l'empire de Russie sous Pierre le Grand* (1759 et 1763).

39. *Du Contrat social*, OCR, III, 386.

40. Voir plus haut, p. 551-552.

41. *Vers.*, III, 343.

42. HDI, livre II, chap. 27. Passage non retenu par Versini.

43. C'est le dernier des *Fragments politiques échappés du portefeuille d'un philosophe.* Une autre version du texte porte le titre « Sur la Russie ». Faute de place, nous ne pouvons développer ici tout ce que Diderot doit aux réflexions d'un médecin d'origine portugaise, le Dr Ribeiro Sanches, qu'il fréquentait dans la deuxième moitié des années 1760. Voir G. Dulac, « Quelques exemples de transferts européens du concept de "civilisation" (1765-1780) », dans *Les Équivoques de la civilisation*, sous la direction de B. Binoche, Seyssel, Champ Vallon, 2005, p. 106-135.

44. FP, p. 168-169 ; *Vers.*, III, 610-611.

45. Voir plus haut, p. 544.

46. La Russie n'est pas une île comme celle des Lanciers ou Tahiti, bien au contraire, mais sa situation géographique et son climat posent là aussi à la démographie un certain nombre de problèmes comme l'existence d'immenses forêts favorisant le sous-développement de la population. Le blocage de la Russie, estime Diderot, « résulte de l'âpreté du climat russe et de la nécessité de disposer de bois de chauffage pour la combattre. On pourrait lever l'obstacle que les forêts immenses opposent au développement géographique, mais, en coupant les forêts, on exposerait les hommes au froid. Telle est donc la situation bloquée où se trouve la Russie : d'une part, des forêts immenses qui enlèvent beaucoup d'espace aux hommes et qu'il faudrait couper pour accroître la population ; de l'autre, la nécessité de ces forêts pour fournir à la population le bois de chauffage qui lui sert à se défendre du froid » (G. Goggi, « Diderot et l'abbé

Baudeau : les colonies de Saratov et la civilisation de la Russie », RDE, 14, 1993, p. 24).

47. *Supplément au Voyage de Bougainville*, DPV, XII, 605.

48. *Observations sur le Nakaz*, *Vers.*, III, 547.

49. FP, 166 ; *Vers.*, III, 609.

50. HDI, livre V, chap. 23. Passage non retenu par Versini.

51. En 1762 et 1763, l'impératrice avait publié deux manifestes proposant aux étrangers des conditions avantageuses pour s'installer en Russie. En France l'embauchage fut interdit par les autorités dès 1765. Ce fut en Allemagne que le recrutement fut le plus actif. Accusés à tort de collaboration avec l'ennemi, la plupart des « Allemands de la Volga » furent déportés en Sibérie en 1941 ; ils ne retournèrent jamais dans la région qui leur avait donné leur nom. À partir des années 1980, la plupart des Allemands de la Volga émigrèrent pour l'Allemagne, en profitant du droit au retour : la citoyenneté allemande était donnée à tous ceux qui pouvaient prouver que leurs ancêtres avaient été allemands.

52. *Mélanges philosophiques*, *Vers.*, III, 326-327.

53. Lettre du 30 décembre 1773, *Corr.*, XIII, 142.

54. Lettre à Catherine II du 8 ou 9 avril 1774, *Corr.*, XIII, 217-218.

55. Lettre aux dames Volland du 9 avril 1774, *Corr.*, XIII, 223. Mit(t)au s'appelle de nos jours Jelgava.

56. Lettre à Mme d'Épinay du 9 avril 1774, *Corr.*, XIII, 238.

57. Lettre à d'Alembert du 15 mai 1774, citée dans Frédéric le Grand, *Œuvres*, Berlin, Decker, 1846-1857, t. XXIV, p. 624.

58. À Osnabrück où ils arriveront le 2 avril, les voyageurs se feront connaître comme « Monsieur le colonel Dennis et Monsieur le lieutenant Balle, affectés aux services russes ». Voir J. Lietz, « Le passage de Diderot par l'Allemagne en 1774 », RDE, 24, 1998, p. 155-156.

59. J. Lietz, art. cité, p. 157.

60. Lettre à Carl Philipp Emanuel Bach de fin mars 1774. Cette lettre et la suivante ont été publiées pour la première fois le 8 avril 1774 dans le journal allemand *Neuer gelehrter Mercurius*, reproduites dans J. Lietz, art. cité, p. 160-161. Voir aussi J.-U. Fechner, « Diderots Briefe an Carl Philipp Emanuel Bach im ursprünglichen Wortlaut. Funktionen der zeitgenössischen Rezeption », dans S. Jüttner (Hg.), *Présence de Diderot. Internationales Kolloquium zum 200. Todestag an der Universität-GH-Duisburg vom 3.-5. Oktober 1984*, Francfort-sur-le-Main, Peter Lang, 1990, p. 33-57.

61. Voir J. Lietz, art. cité, p. 161.

62. Voir M. Fontius, « Musiker als Zeitungsleser? Zu einem vergessenen Brief Emanuel Bachs an Diderot in Hamburg », *Die Musikforschung*, 63, 2010, p. 6.

63. Voir J. Lietz, art. cité, p. 160-161.

64. G. Dulac, « Diderot, éditeur des *Plans et statuts des établissements de Catherine II* », DHS, 16, 1984, p. 323.

65. I. Betski, *Les Plans et les statuts des différents établissements ordonnés par Sa Majesté Impériale Catherine II pour l'éducation de la jeunesse et l'utilité générale de son empire*, Amsterdam, 1775, t. II, p. 3 de l'édition in-4°. Rappelons que *De l'homme* avait été dédicacé à la tsarine par l'éditeur posthume du livre, Lefebvre de La Roche.

66. G. Dulac, art. cité, p. 333-334.

67. Lettre du 14 juillet 1769 (D15775).

68. *Plan d'une université ou d'une éducation publique dans toutes les sciences*, *Vers.*, III, 416.

69. *Vers.*, III, 420-421.

70. L. Versini, « Diderot et la Russie », dans *L'Influence française en Russie au XVIIIe siècle*. Publié sous la direction de Jean-Pierre Pousson, Anne Mézin et Yves Perret-Gentil, Paris, Institut d'études slaves, 2004, p. 230.

71. *Vers.*, III, 423.

72. *Vers.*, III, 418. Le mot *universitas* (rassemblement, communauté) était habituel au Moyen Âge pour désigner diverses associations. À Paris, l'*Universitas magistrorum et*

scholarium, la première en date des universités européennes avec celle de Bologne, rassemblait les maîtres et les étudiants.

73. Voir P. Goubert et D. Roche, *Les Français et l'Ancien Régime. T. II : culture et société*, Paris, Colin, 1984, p. 203.

74. *Vers.*, III, 418.

75. R. Desné, art. cité, p. 37.

76. *Vers.*, III, 493-494.

77. *Vers.*, III, 426.

78. Voir *Vers.*, III, 490-491.

79. Voir C. Porset, « Diderot et la réforme de l'Université russe », dans *Éclectisme et cohérence des Lumières. Mélanges offerts à Jean Ehrard.* Textes recueillis et publiés par J.-L. Jam, Paris, Nizet, 1992, p. 144.

80. *Plan d'une université*, *Vers.*, III, 425.

81. Voir la lettre au prince Golitsyn du 10 mai 1774, *Corr.*, XIV, 20-25.

82. Lettre à la princesse Golitsyn du 20 décembre 1784, citée dans *Corr.*, XIV, 87.

83. Lettre à la princesse Golitsyn du 9 mai 1785, citée dans DPV, XXIV, 220. Voir *Le Neveu de Rameau*, DPV, XII, 70.

84. *Voyage de Hollande*, DPV, XXIV, 140.

85. Voir *Corr.*, XIV, 65-66.

86. Lettre du 17 décembre 1774, *Corr.*, XIV, 122.

7. Ni Dieu ni maître

1. Un *Voyage de Russie* a vraisemblablement existé mais fut détruit par les soins mêmes de son auteur.

2. Diderot, *Voyage en Hollande*. Introduction et notes d'Y. Benot, Paris, Maspero, 1982. Les manuscrits conservés s'intitulent soit *Voyage de* soit *Voyage en Hollande*.

3. *Dict. D.*, p. 530.

4. *Op. cit.*, p. 13.

5. *Voyage de Hollande*, DPV, XXIV, 84-85.

6. J.J. Björnståhl, *Reize door Europa en het Oosten*, cité dans DPV, XXIV, 15, n. 61.

7. *Les Éleuthéromanes*, DPV, XX, 562-568.

8. *Mélanges philosophiques*, *Vers.*, III, 216-217 et 224.

9. FP, 118-119 ; *Vers.*, III, 590-591.

10. *Lettres philosophiques*, éd. G. Stenger, Paris, Flammarion, 2006, p. 106.

11. Paru sous le titre *Notes écrites à la marge de Tacite par M. Diderot* dans la *Correspondance littéraire* en 1775, une version fort augmentée de ce texte se trouve sous forme manuscrite, avec en faux-titre *Principes de politique des souverains*, dans le fonds Leningrad. Dans son édition des *Œuvres* de Diderot, Naigeon précise que Diderot a lui-même substitué le premier titre au second.

12. *Œuvres de Diderot*, t. IX, p. 328.

13. Voir G. Stenger, « La source inconnue des *Principes de politique des souverains* », RDE, 47, 2012, p. 293-297.

14. *Notes écrites de la main d'un souverain à la marge de Tacite*, *Vers.*, III, 182.

15. *Vers.*, III, 179.

16. Sous Tibère, rapporte Suétone, « quelqu'un avait enlevé la tête d'une statue d'Auguste pour lui en substituer une autre. L'affaire fut débattue au Sénat et, comme il y avait doute, on eut recours à la torture. L'inculpé ayant été condamné, ce genre d'accusation fut insensiblement porté si loin qu'on fit un crime capital même d'avoir battu un esclave ou changé de vêtements près d'une statue d'Auguste, d'avoir été aux latrines ou dans un lieu de débauche avec une pièce de monnaie ou une bague portant son effigie, d'avoir critiqué l'une de ses paroles ou de ses actions » (*Vie des douze Césars*, « Tibère », trad. H. Ailloud).

17. *Vers.*, III, 177.

18. *Vers.*, III, 184.

19. *Vers.*, III, 179.

20. *Vers.*, III, 182.

21. *Vers.*, III, 175-176.

22. Voir la lettre à Catherine II du 13 septembre 1774, *Corr.*, XIV, 84-85. Il y reviendra encore trois mois plus tard (*Corr.*, XIV, 122).

23. Voir plus haut, p. 641.

24. A. Stroev, « Diderot en 1775 vu par Grimm. Deux lettres inédites à la princesse Golitsyna et au comte Roumiantsev », DHS, 25, 1993, p. 278.

25. Cité dans G. Dulac, « Le discours politique de Pétersbourg », RDE, 1, 1986, p. 49.

26. Cité dans A.-M. et J. Chouillet, « Diderot et les despotes », *Mots*, 7, 1983, p. 38.

27. Voir G. Dulac, « Pour reconsidérer l'histoire des *Observations sur le Nakaz* (à partir des réflexions de 1775 sur la physiocratie) », SVEC, 254, 1988, p. 467-514.

28. *Observations sur le Nakaz, Vers.*, III, 578.

29. *Du contrat social*, OCR, III, 351.

30. *Vers.*, III, 507-508.

31. Cité dans G. Dulac, art. cité, p. 488.

32. *Vers.*, III, 518. Voir *De l'esprit des lois*, livre II, chap. 4 : « Les pouvoirs intermédiaires, subordonnés et dépendants constituent la nature du gouvernement monarchique, c'est-à-dire de celui où un seul gouverne par des lois fondamentales. J'ai dit les pouvoirs intermédiaires, subordonnés et dépendants : en effet, dans la monarchie, le prince est la source de tout pouvoir politique et civil. »

33. *Vers.*, III, 516.

34. « Diderot et Catherine II ou les deux histoires », dans *Sens du devenir et pensée de l'histoire au temps des Lumières*, sous la direction de B. Binoche et F. Tinland, Seyssel, Champ Vallon, 2000, p. 151.

35. *Vers.*, III, 280.

36. *Vers.*, III, 516.

37. *Vers.*, III, 529-530.

38. M. Anderson, *L'Europe au XVIIIe siècle*, Paris, Sirey, 1968, p. 35.

39. *Vers.*, III, 547.

40. Voir J.-P. Poirier, *Turgot. Laisser-faire et progrès social*, Paris, Perrin, 1999, p. 193.

41. *Journal inédit du duc de Croÿ, 1718-1784*. Publié par le vicomte de Grouchy et P. Cottin, Paris, Flammarion, 1906-1907, t. III, p. 153.

42. *Mélanges philosophiques, Vers.*, III, 303.

43. Lettre aux dames Volland du 31 mai 1774, *Corr.*, XIV, 34.

44. *Réfutation d'Helvétius*, DPV, XXIV, 481-482.

45. *Réflexions rédigées à l'occasion du mémoire remis par de Vergennes au roi sur la manière dont la France et l'Espagne doivent envisager les suites de la querelle entre la Grande-Bretagne et ses colonies*, dans *Œuvres*, éd. G. Schelle, Paris, Alcan, 1913-1923, t. V, p. 416.

46. Lettre à M. et Mme Caroillon de Vandeul du 3 septembre 1774, *Corr.*, XIV, 62-63.

47. Lettre du 10 juin 1775, *Corr.*, XIV, 144-146.

48. Lettre à Grimm du 17 novembre 1776, *Corr.*, XV, 16-17. L'enfant en question, c'est Germaine Necker, la future Mme de Staël.

49. HDI, livre IV, chap. 18 ; *Vers.*, III, 636-641.

50. Lettre du 31 mai 1779, *Corr.*, XV, 146.

51. G. Bancarel a identifié quarante-huit éditions entre 1770 et 1795. Voir son étude « L'apport de la bibliographie matérielle à l'histoire éditoriale de l'*Histoire des deux Indes* », dans *L'*Histoire des deux Indes *: réécriture et polygraphie*. Textes présentés par H.-J. Lüsebrink et A. Stugnell, Oxford, Voltaire Foundation, 1995, p. 44.

52. Cité dans *Réquisitoire de M. Séguier sur lequel est intervenu l'arrêt du Parlement du 25 mai 1781, qui condamne un imprimé, en dix vol. in-8^c ayant pour titre :* Histoire philosophique et politique des établissements et du commerce des Européens dans les deux Indes *par Guillaume-Thomas Raynal [...] à être lacéré et brûlé par l'exécuteur de la Haute-Justice*, Paris, Simon, 1781, p. 17.

53. HDI, livre XIII, chap. 1 ; *Vers.*, III, 695.

54. *Lettre apologétique de l'abbé Raynal à M. Grimm* du 25 mars 1781, *Corr.*, XV, 223.

55. J. Fabre, *Les Pères de la Révolution*, Paris, Alcan, 1910, p. 433.

56. *Fragments politiques*, FP, p. 123 ; *Vers.*, III, 592.

57. HDI, livre IX, chap. 22 et 24. Voir *Vers.*, III, 737-744.

58. J. Savary, *Le Parfait négociant*, Paris, Billaine, 1679, p. 106.

59. Voir *Œuvres de Bossuet*, Paris, Coignard, 1747-1749, t. IV, p. 214.

60. J. Le Clerc, *Histoire des Provinces-Unies et des Pays-Bas*, Amsterdam, Châtelain, 1728, t. II, p. 172.

61. Reformulons l'argument en nous référant à la réalité contemporaine : « Nos baskets seraient trop chères, si l'on ne les faisait fabriquer par des enfants du tiers monde. » Depuis le XVIIIe siècle, on le voit, le problème est resté inchangé : les nations industrialisées ne peuvent conserver leur niveau de vie élevé que si une partie du monde vit et travaille dans des conditions inhumaines et indignes. Notre luxe est à ce prix.

62. « Réflexions sur le livre *De l'esprit* d'Helvétius », DPV, IX, 278.

63. *Romans et contes en vers et en prose*, éd. É. Guitton, Paris, Gallimard, 1994, p. 261. Il convient de noter que la censure sous Louis XV comme sous Louis XVI ne s'est jamais opposée à la critique de la traite et de l'esclavage des Noirs. Quand le livre de Raynal sera condamné en 1781 par le parlement de Paris, le réquisitoire ne mentionnera pas les chapitres qui en traitent.

64. Voir plus haut, p. 539.

65. HDI, livre XVIII, chap. 1 ; *Vers.*, III, 691.

66. HDI, livre IX, chap. 1 ; *Vers.*, III, 692-693.

67. HDI, livre II, chap. 18 ; *Vers.*, III, 680.

68. HDI, livre XVIII, chap. 42 ; *Vers.*, III, 716 et 714.

69. FP, p. 119 ; *Vers.*, III, 590.

70. *Mélanges philosophiques*, *Vers.*, III, 348.

71. HDI, livre XI, chap. 4 ; *Vers.*, III, 636.

72. HDI, livre III, chap. 41. Passage non retenu par Versini.

73. *Salon de 1765*, DPV, XVI, 246.

74. Voir HDI, livre XIX, chap. 1 ; *Vers.*, III, 612-613.

75. HDI, livre III, chap. 15 ; *Vers.*, III, 618-619.

76. HDI, livre XIX, chap. 17 ; *Vers.*, III, 615.

77. HDI, livre XIX, chap. 2 ; *Vers.*, III, 616-617.

78. De tout temps, les catholiques ont vigoureusement contesté la doctrine selon laquelle les opinions religieuses n'appartiennent qu'à la conscience. Quand la Vérité est vécue comme unique et intangible, il n'y a pas de place pour l'opinion, le sentiment particulier, synonymes d'erreur doctrinale. Comme le disait Bossuet : « L'hérétique est celui qui a une opinion : et c'est ce que le mot même signifie. Qu'est-ce à dire, avoir une opinion ? C'est suivre sa propre pensée et son sentiment particulier. Mais le catholique est catholique : c'est-à-dire qu'il est universel ; et sans avoir de sentiment particulier, il suit sans hésiter celui de l'Église » (*Instruction pastorale sur les promesses de l'Église*, dans *Œuvres complètes*, éd. F. Lachat, Paris, Louis Vivès, 1862-1866, t. XVII, p. 112). La Vérité ne peut pas être objet d'opinions ; avoir une opinion concernant la Vérité, c'est être « hérétique », le catholique étant précisément celui qui n'a pas d'opinion.

79. HDI, livre XIX, chap. 2 ; *Vers.*, III, 617.

80. Voir J.-A. Naigeon, *op. cit.*, p. 377-379.

81. Voir plus haut, p. 536.

82. *Opuscules philosophiques et littéraires*, Paris, Chevet, 1796, p. 69.

83. *Entretien d'un philosophe avec la maréchale de* ***, *Vers.*, I, 930.

84. C'est aussi la leçon du pari de Pascal : en se conduisant en bon chrétien ici-bas on gagne, si Dieu existe réellement, « une éternité de vie et de bonheur » (*Pensées*, éd. citée, t. II, p. 678, n° 233).

85. R. Rapin, *L'Importance du salut*, dans *Œuvres diverses*, La Haye, Gosse, 1725, t. III, p. 313.

86. L.-F. d'Argentan, *Conférences théologiques et spirituelles sur les grandeurs de Dieu*, Avignon, 1750 [1674], p. 494.

87. *La Vie des Prédestinés dans la bienheureuse Éternité*, dans *Œuvres diverses*, t. III, p. 654.

88. *Les Deux Amis de Bourbonne*, DPV, XII, 453.

89. *Entretien d'un philosophe avec la maréchale de ****, *Vers.*, I, 930.

90. *Vers.*, I, 932-933.

91. *Vers.*, I, 936.

92. *Vers.*, I, 941-942.

93. *Vers.*, I, 937.

94. « Il n'appartient qu'à l'honnête homme d'être athée » (*Essai sur les règnes de Claude et de Néron*, DPV, XXV, 330, var. A).

8. L'ultime combat

1. *Lettre [...] sur le voyage de Messieurs D*** et G*** dans le Nord* parue dans *L'Année littéraire* de novembre 1774, t. VII, p. 115-122.

2. *Essai sur les règnes de Claude et de Néron*, DPV, XXV, 36.

3. *Correspondance littéraire*, décembre 1778, CL, XII, 194.

4. DPV, XXV, 196.

5. *Les Confessions*, livre VIII, OCR, I, 380. Voir l'excellent article d'Y. Citton, « Retour sur la misérable querelle Rousseau-Diderot : position, conséquence, spectacle et sphère publique », RDE, 36, 2004, p. 57-95.

6. P. Casini, « Diderot apologiste de Sénèque », DHS, 11, 1979, p. 242.

7. Voir par exemple ce passage tiré de *Rousseau juge de Jean-Jacques* : « Que d'autres usent de leurs talents comme il leur plaît, je ne les en blâme pas : mais pour moi, je n'ai jamais voulu prostituer les miens tels quels en les mettant à prix, sûr que cette vénalité même les aurait anéantis. Je vends le travail de mes mains, mais les productions de mon âme ne sont point à vendre » (OCR, I, 839-840).

8. DPV, XXV, 355.

9. *Annales politiques, civiles et littéraires du dix-huitième siècle*, t. VI, p. 546.

10. *L'Année littéraire*, 9 janvier 1779, t. I, p. 38.

11. *Ibid.*, p. 68-69.

12. F. Venturi, « La vieillesse de Diderot », RDE, 13, 1992, p. 15.

13. *Essai sur les règnes de Claude et de Néron*, DPV, XXV, 234-235.

14. DPV, XXV, 133.

15. DPV, XXV, 281.

16. DPV, XXV, 238.

17. *Éléments de physiologie*, DPV, XVII, 516.

18. Lettre à Mme de Maux, *Corr.*, IX, 114.

19. Voir plus haut, p. 428.

20. *Essai sur les règnes de Claude et de Néron*, XXV, 51.

21. HDI, livre V, chap. 33 ; *Vers.*, III, 749-750.

22. *Le Neveu de Rameau*, DPV, XII, 191. Voir plus haut, p. 574.

23. *Essai sur les règnes de Claude et de Néron*, DPV, XXV, 346-347. « Voilà peut-être l'homme parfait, ajoute Diderot ; mais l'homme parfait est-il l'homme de la nature ? » Manière de dire qu'il s'agit de l'*idéal* du philosophe, impossible à réaliser dans la pratique.

24. DPV, XXV, 283.

25. DPV, XXV, 238.

26. Cet ouvrage majeur de La Mettrie est à l'origine une longue préface à sa traduction du *De vita beata* de Sénèque : *Traité de la vie heureuse par Sénèque, avec un discours du traducteur sur le même sujet* (1748). Remanié plusieurs fois, il fut publié en 1750 et en 1751 sous le titre *Anti-Sénèque ou le Souverain Bien*.

27. On connaît le mot du poète latin : « Si tu veux rire, viens me visiter ; tu verras un homme gras, poli, fort occupé de sa peau,

un pourceau d'Épicure » (*Épîtres* I, 4. Trad. H. Patin). En réalité, cette expression ne concernait que ceux qui interprétaient mal la doctrine épicurienne mais elle devint rapidement une injure commode pour dénigrer toute philosophie matérialiste et/ou athée.

28. *Essai sur les règnes de Claude et de Néron*, DPV, XXV, 247-248.

29. Voir DPV, XXV, 119-131.

30. DPV, XXV, 123.

31. *Les Confessions*, livre IX, OCR, I, 406.

32. Lettre à Sophie Volland du 21 novembre 1765, *Corr.*, V, 190.

33. *Le Pour et le contre*, DPV, XV, 3 ; *Corr.*, VI, 63.

34. DPV, XV, 29 ; *Corr.*, V, 232.

35. DPV, XV, 7.

36. Y. Benot, *op. cit.*, p. 103-104.

37. « Dites à votre mère », enjoint Diderot à Sophie Volland le 26 mai 1759, que « la plus grande considération dans la mémoire des hommes m'est assurée » (*Corr.*, II, 147).

38. *Le Pour et le contre*, DPV, XV, 274.

39. DPV, XXIV, 744.

40. Lettre à Falconet du 6 septembre 1768, *Corr.*, VIII, 106-107.

41. *Essai sur les règnes de Claude et de Néron*, DPV, XXV, 121.

42. Y. Citton, art. cité, p. 91.

43. Voir plus haut, p. 102-103 et 716, note 53.

44. *Dict. D.*, p. 144.

45. « *Les Grands hommes vengés* par M. Des Sablons », DPV, XVIII, 272.

46. DPV, XXV, 372-373.

47. DPV, XXV, 319.

48. CL, XIII, 104. Sur la permission tacite, voir plus haut, p. 731, note1.

49. Bachaumont, *Mémoires secrets*, *op. cit.*

50. Cité dans *Corr.*, XV, 301.

51. Voir *Corr.*, XV, 302.

52. CL, XIII, 498-500.

53. *Lettre apologétique de l'abbé Raynal*, *Corr.*, XV, 211.

54. *Corr.*, XV, 210-227.

55. Voir *Essai sur les règnes de Claude et de Néron*, DPV, XXV, 127.

56. *Salon de 1769*, DPV, XVI, 587.

57. DPV, XVI, 574.

58. DPV, XVI, 644.

59. DPV, XVI, 574.

60. Mais la chose se complique lorsqu'on sait que Diderot s'est inspiré, dans près d'un tiers de ces commentaires, des appréciations d'un certain Daudet de Jossan, auteur de fictions fantaisistes sur les œuvres exposées aux Salons.

61. *Salon de 1771*, *Vers.*, IV, 897.

62. *Correspondance littéraire*, CL, XIII, 376.

63. Ch. L. von Hagedorn, *Réflexions sur la peinture*, Leipzig, Fritsch, 1775, 2 vol.

64. *Pensées détachées sur la peinture*, *Vers.*, IV, 1013.

65. *Vers.*, IV, 1038.

66. *Vers.*, IV, 1057.

67. *Vers.*, IV, 1024-1025.

68. *Vers.*, IV, 1024.

69. *Vers.*, IV, 1014.

70. *Vers.*, IV, 1023.

71. *Die Bürgschaft* (« La caution »), 1799.

72. Tronchin n'eut plus qu'à versifier le tout et à développer certains passages. Sa tragédie fut représentée à Genève en 1786.

73. Lettre à François Tronchin du 18 décembre 1776, *Corr.*, XV, 38-39.

74. Voir plus haut, p. 310.

75. Voir plus haut, p. 412.

76. *Est-il bon ? Est-il méchant ?*, DPV, XXIII, 432.

77. DPV, XXIII, 448.

78. DPV, XXIII, 403 et 438.

79. DPV, XXIII, 479.

80. Naigeon, le disciple et ami de Diderot, avait de son côté fait ou fait faire des copies dont il tirera son édition d'*Œuvres de Denis Diderot* parue en 1798.

81. Lettre à Sedaine du 11 octobre 1781, *Corr.*, XV, 279.

82. Lettre à James Cummyng du 7 octobre 1781, *Corr.*, XV, 270-271.

83. *Memoirs of the life of Sir Samuel Romilly, written by himself*, London, John Murray, 1840, t. I, p. 63 (traduction française dans Wilson, p. 587).

84. Voir B. Bazcko, « Brûler Diderot », *Annales de la Société Jean-Jacques Rousseau*, 42, 1999, p. 352.

85. *Mémoires*, DPV, I, 32.

86. Le second enfant des Vandeul, Denis-Simon, né en juin 1775, vivra jusqu'en 1850.

87. *Mémoires*, DPV, I, 33-35. À comparer avec cette remarque des *Pensées philosophiques* : « Le sceptisme est [...] le premier pas vers la vérité » (DPV, II, 35).

88. *Mémoires*, DPV, I, 35.

89. Voir J. Starobinski, « Note sur l'angine de poitrine et la mort subite (une conversation de Diderot avec le docteur de la Roche) », RDE, 12, 1992, p. 178-180.

90. CL, XIV, 18.

91. Lettre du 4 mai 1785, citée dans G. Dulac, « L'envoi des livres et des manuscrits de Diderot en Russie », DHS, 12, 1980, p. 236.

92. Voir Wilson, p. 776, n. 91.

93. Lettre du 1er septembre 1784, citée dans G. Dulac, art. cité, p. 234.

94. Voir plus haut, p. 307.

95. Lettre de Grimm à Catherine II du 8 novembre 1784, citée dans G. Dulac, « Les manuscrits de Diderot en URSS », SVEC, 254, 1988, p. 36.

96. Lettre de Catherine II à Grimm du 5 mars 1785. Voir Dulac, « L'envoi des livres et des manuscrits de Diderot en Russie », p. 235.

97. C'est notamment le cas du *Neveu de Rameau*, du *Rêve de d'Alembert*, des *Éléments de physiologie*, des *Mélanges philosophiques* pour Catherine II et des Lettres à Sophie Volland.

98. Voir plus haut, p. 584.

99. Voir P. Pellerin, « Naigeon : une certaine image de Diderot sous la Révolution », RDE, 29, 2000, p. 25-44.

100. Herbert Dieckmann, à qui nous devons le sauvetage des manuscrits de Diderot conservés dans le fonds Vandeul, a parfaitement résumé l'histoire mouvementée de sa découverte au château des Ifs (Seine-Maritime) en 1948 dans l'introduction de son *Inventaire du fonds Vandeul et inédits de Diderot*. Voir aussi A. Angremy « Les manuscrits de Diderot à la Bibliothèque nationale », dans *Diderot. Autographes, copies, éditions*. Études réunies et présentées par B. Didier et J. Neefs, Presses universitaires de Vincennes, p. 23-37.

Bibliographie

ADAMS (David), *Bibliographie des œuvres de Denis Diderot 1739-1900*, Ferney-Voltaire, Centre d'étude du XVIIIe siècle, 2000, 2 vol.

SPEAR (Frederick A.), *Bibliographie de Diderot. Répertoire analytique international*, Genève, Droz, 1980. (L'ouvrage contient 3 967 références de livres et d'articles parus des origines à 1975).

SPEAR (Frederick A.), *Bibliographie de Diderot. Répertoire analytique international*, vol. 2 : 1976-1986, Genève, Droz, 1988.

Depuis 1986, la revue *Recherches sur Diderot et sur l'*Encyclopédie publie un complément bibliographique dans presque chaque numéro.

Œuvres de Diderot

DIDEROT, *Contes et romans*. Édition publiée sous la direction de Michel Delon, avec la collaboration de Jean-Christophe Abramovici, Henri Lafon et Stéphane Pujol, Paris, Gallimard, « Pléiade », 2004.

DIDEROT, *Correspondance*. Édition établie par Georges Roth et Jean Varloot, Paris, Éditions de Minuit, 1955-1970, 16 vol.

DIDEROT, *Correspondance inédite*, publiée d'après les manuscrits originaux, avec des introductions et des notes, par André Babelon, Paris, Gallimard, 1931, 2 vol.

DIDEROT, *Lettres à Sophie Volland*. Nouvelle édition établie, présentée et annotée par Marc Buffat et Odile Richard-Pauchet, Paris, Non-Lieu, 2010.

DIDEROT, *Le Neveu de Rameau*. Édition critique avec notes et lexique par Jean Fabre, Genève, Droz, 1963.

DIDEROT, *Œuvres*. Édition établie par Laurent Versini, Paris, Robert Laffont, « Bouquins », 1994-1997, 5 vol.

DIDEROT, *Œuvres complètes*. Éditées par Herbert Dieckmann, Jacques Proust, Jean Varloot, *et al.*, Paris, Hermann, 1975 et suiv., 34 vol. prévus.

DIDEROT, *Œuvres philosophiques*. Édition sous la direction de Michel Delon, avec la collaboration de Barbara de Negroni, Paris, Gallimard, « Pléiade », 2010.

DIDEROT, *Œuvres, publiées sur les manuscrits de l'auteur, par Jacques André Naigeon*, Paris, Déterville, 1798, 15 vol.

DIDEROT

DIDEROT, *Pensées détachées* ou *Fragments politiques échappés du portefeuille d'un philosophe*. Textes établis et présentés par Gianluigi Goggi. Postface de Georges Dulac, Paris, Hermann, 2011.

DIDEROT, *Quatre contes*. Édition critique avec notes et lexique par Jacques Proust, Genève, Droz, 1964.

DIDEROT, *Voyage en Hollande*. Introduction et notes d'Yves Benot, Paris, Maspero, 1982.

HEMSTERHUIS (François), *Lettre sur l'homme et ses rapports, avec le commentaire inédit de Diderot*. Texte établi, présenté et annoté par Georges May, New Haven, Yale University Press, et Paris, PUF, 1964.

Autres œuvres

ALEMBERT (Jean le Rond d'), *Œuvres*, Paris, Belin, 1821-1822, 5 vol.

L'Année littéraire, ou Suite des lettres sur quelques écrits de ce temps, Amsterdam et Paris, 1754-1790.

ARGENSON (Rene-Louis de Voyer d'), marquis, *Journal et mémoires*, Paris, Renouard, 1856-1867, 9 vol.

ARGENTAN (père Louis-François d'), *Conférences théologiques et spirituelles sur les grandeurs de Dieu*, Avignon, 1750 [1764].

BACHAUMONT (Louis Petit de), *Mémoires secrets pour servir à l'histoire de la république des Lettres en France depuis 1762 jusqu'à nos jours*, sous la direction de Christophe Cave et Suzanne Cornand, Paris, Champion, 2009 et suiv.

BARBEY D'AUREVILLY (Jules), *Gœthe et Diderot*, Paris, 1913.

BARBIER (Edmond Jean François), *Journal historique et anecdotique du règne de Louis* XV, éd. A. de La Villegille, Paris, Renouard, 1847-1856, 4 vol.

BATTEUX (Charles), *Les Beaux-Arts réduits à un même principe*, Paris, Durand, 1746.

BAYLE (Pierre), *Pensées diverses sur la comète*. Introduction, notes, glossaire, bibliographie et index par Joyce et Hubert Bost, Paris, Flammarion, 2007 [1683].

BECCARIA (Cesare), *Des délits et des peines*. Traduction par Maurice Chevallier, préface de Robert Badinter, Paris, GF-Flammarion, 1991.

BERGIER (Nicolas-Sylvestre), *Théologie*, Paris et Liège, Panckoucke, 1788-1790, 3 vol. [*Encyclopédie méthodique*].

BERKELEY (George), *Œuvres*. Édition publiée sous la direction de Geneviève Brykman, Paris, PUF, 1985-1992, 3 vol.

BOSSUET (Jacques-Bénigne), *Œuvres complètes*, éd. F. Lachat, Paris, Louis Vivès, 1862-1866, 31 vol.

BOUGAINVILLE (Louis-Antoine de), *Voyage autour du monde par la frégate du Roi « La Boudeuse » et la flûte « L'Étoile »*, éd. Jacques Proust, Paris, Gallimard, 1982 [1771].

BOUHOURS (Dominique), *La Manière de bien penser dans les ouvrages d'esprit*, Paris, Desprez et Cavelier, 1743.

BUFFON (Georges-Louis Leclerc de), comte, *Histoire naturelle, générale et particulière*, Paris, Imprimerie royale, 1749-1767, 15 vol.

Les Cinq Années littéraires, ou Lettres de M. Clément sur les ouvrages de littérature qui ont paru dans les années 1748, 1749, 1750, 1751 et 1752, Berlin, 1756.

COLLÉ (Charles), *Journal et mémoires sur les hommes de lettres, les ouvrages dramatiques et les événements les plus mémorables du règne de Louis XV (1748-1772)*, éd. Honoré Bonhomme, Paris, Didot, 1868, 3 vol.

COLLINS (Anthony), *Paradoxes métaphysiques sur le principe des actions humaines, ou Traduction libre de la Dissertation philosophique sur la liberté de l'homme*, Eleuthéropolis, 1754.

CROŸ (Emmanuel de), duc, *Journal inédit, 1718-1784*. Publié par le vicomte de Grouchy et Paul Cottin, Paris, Flammarion, 1906-1907, 4 vol.

DESCARTES (René), *Œuvres et lettres*. Textes présentés par André Bridoux, Paris, Gallimard, 1953.

DU BOS (Jean-Baptiste), abbé, *Réflexions critiques sur la poésie et sur la peinture*, Paris, Pissot, 1755 [1719], 3 vol.

ESCHERNY (François-Louis d'), comte, *Mélanges de littérature, d'histoire, de morale et de philosophie*, Paris, 1811, 3 vol.

FONTENELLE (Bernard Le Bovier de), *Œuvres complètes*. Texte revu par Alain Niderst, Paris, Fayard, 1990-2001, 9 vol.

FONTENELLE (Bernard Le Bovier de), *Entretiens sur la pluralité des mondes*. Présentation par Christophe Martin, Paris, Flammarion, 1998 [1696-1697].

FRÉDÉRIC LE GRAND, *Œuvres*, Berlin, Decker, 1846-1857, 33 vol.

GALIANI (Ferdinando) et D'ÉPINAY (Louise), *Correspondance*. Texte établi par Daniel Magetti et annoté par Daniel Magetti en collaboration avec Georges Dulac, Paris, Desjonquères, 1992-1996, 5 vol.

GALIANI (Ferdinando), abbé, *Dialogues sur le commerce des blés*, Londres [Paris, Merlin], 1770.

GRÉGOIRE (Henri), abbé, *Essai sur la régénération physique, morale et politique des Juifs*, Paris, Éditions du Boucher, 2002 [1789].

GRIMM (Friedrich Melchior), *Correspondance littéraire, philosophique et critique par Grimm, Diderot, Raynal, Meister, etc.*, éditée par Maurice Tourneux, Paris, Garnier, 1877-1882, 16 vol.

GRIMM (Friedrich Melchior), *Correspondance littéraire*. Sous la direction d'Ulla Kölving, Ferney-Voltaire, Centre international d'étude du XVIIIe siècle, 2006, 6 vol. parus.

HELVÉTIUS (Claude-Adrien), *De l'esprit*. Texte revu par Jacques Moutaux, Paris, Fayard, 1988 [1758].

HELVÉTIUS (Claude-Adrien), *De l'homme, de ses facultés intellectuelles et de son éducation*, éd. Gerhardt Stenger et David Smith, Paris, Champion, 2011 [1773].

HOLBACH (Paul-Henri-Thiry d'), baron, *Système de la nature, ou des Lois du monde physique et du monde moral*, Londres, 1771, 2 vol. (Cette édition comprend en annexe le Réquisitoire prononcé par l'avocat-général Séguier en 1770.)

HOLBACH (Paul-Henri-Thiry d'), baron, *Système social*. Texte revu par Josiane Boulad-Ayoub, Paris, Fayard, 1994 [1772].

HOLBACH (Paul-Henri-Thiry d'), baron, *Œuvres philosophiques complètes*. Textes édités par Jean-Pierre Jackson, Paris, Alive, 1998-2001, 3 vol. parus.

HUME (David), *Enquête sur l'entendement humain*. Introduction, texte, traduction et notes par Michel Malherbe, Paris, Vrin, 2008 [1748].

HUME (David), *Traité de la nature humaine*. Traduction, préface et notes d'André Leroy, Paris, Aubier, 1946 [1739-1740], 2 vol.

LA HARPE (Jean-François de), *Œuvres*, Paris, 1820-1821, 16 vol.

LA METTRIE (Julien Offroy de), *L'Homme-machine*. Édition présentée et établie par Paul-Laurent Assoum, Paris, Denoël/Gonthier, 1981 [1748].

LAPLACE (Pierre-Simon), *Essai philosophique sur les probabilités*, Paris, Gonthier-Villars, 1921 [1814].

LE FRANC DE POMPIGNAN (Jean-Jacques), *Lumières voilées. Œuvres choisis d'un magistrat chrétien du XVIIIe siècle*. Textes de Le Franc de Pompignan présentés par Theodore E.D. Braun et Guillaume Robichez, Publications de l'Université de Saint-Étienne, 2007.

LEIBNIZ (Gottfried W.), *Essais de théodicée sur la bonté de Dieu, la liberté de l'homme et l'origine du mal.* Chronologie et introduction par Jacques Brunschwig, Paris, Garnier-Flammarion, 1969.

LOCKE (John), *Deux Traités du gouvernement civil.* Traduction et présentation par Bernard Gilson, Paris, Vrin, 1997.

LOCKE (John), *Essai sur l'entendement humain.* Traduction, préface, notes et index par Jean-Michel Vienne, Paris, Vrin, 2001-2005 [1690], 3 vol.

MALEBRANCHE (Nicolas), *Œuvres*, Paris, Gallimard, 1979, 2 vol.

MARMONTEL (Jean-François), *Mémoires.* Édition critique par John Renwick, Paris, Champion, 2008 [1804].

MARMONTEL (Jean-François), *Œuvres*, Paris, Belin, 1819-20, 7 vol.

MORELLET (André), *Mémoires sur le dix-huitième siècle et sur la Révolution française*, Paris, Ladvocat, 1821.

MORELLET (André), *Réfutation de l'ouvrage qui a pour titre Dialogues sur le commerce des blés*, Londres [Paris], 1770.

NAIGEON (Jacques-André), *Mémoires historiques et philosophiques sur la vie et les ouvrages de D. Diderot*, Paris, Brière, 1821.

Opuscules philosophiques et littéraires, éd. J.-B.-A. Suard et S.-J. Bourlet de Vauxcelles, Paris, Chevet, 1796.

PALISSOT DE MONTENOY (Charles), *La Comédie des* Philosophes *et autres textes*, réunis, présentés et annotés par Olivier Ferret, Publications de l'Université de Saint-Étienne, 2002.

PASCAL (Blaise), *Œuvres complètes.* Texte établi, présenté et annoté par Michel Le Guern, Paris, Gallimard, 1998-2000, 2 vol.

PROCOPE-COUTEAU (Michel), *L'Art de faire des garçons, ou Nouveau tableau de l'amour conjugal*, Montpellier, Maugiron, 1755 [1748].

RAPIN (René), père, *Œuvres diverses*, La Haye, Gosse, 1725, 3 vol.

RAYNAL (Guillaume-Thomas), abbé, *Histoire philosophique et politique des établissements et du commerce des Européens dans les deux Indes*, Genève, Pellet, 1780, 10 vol. (Il s'agit de la troisième édition de l'ouvrage, communément appelé *Histoire des deux Indes.*)

La Religion vengée, ou Réfutation des auteurs impies [...] par une société de gens de lettres, Paris, Chaubert et Hérissant, 1757-1763, 21 vol.

ROMILLY (Samuel), *Memoirs of the life of Sir Samuel Romilly, written by himself*, London, John Murray, 1841, 3 vol.

SPINOZA (Baruch), *Œuvres.* Traduction et notes par Charles Appuhn, Paris, Garnier-Flammarion, 1964-1966, 4 vol.

TURGOT (Anne Robert Jacques), *Œuvres de Turgot et documents le concernant*, par Gustave Schelle, Paris, Alcan, 1913-1923, 5 vol.

YVON (Claude), abbé, *Liberté de conscience resserrée dans les bornes légitimes*, Londres, 1754, 3 tomes en un vol.

VOLTAIRE, *Mélanges.* Préface par Emmanuel Berl. Texte établi et annoté par Jacques van den Heuvel, Paris, Gallimard, 1961.

VOLTAIRE, *Romans et contes en vers et en prose*, Préface, notices et notes d'Édouard Guitton, Paris, Gallimard, 1994.

VOLTAIRE, *Lettres philosophiques. Derniers écrits sur Dieu.* Présentation, notes, choix de variantes, chronologie, bibliographie et index par Gerhardt Stenger, Paris, Flammarion, 2006.

VOLTAIRE, *Dictionnaire philosophique.* Présentation, notes, choix de variantes, chronologie, bibliographie et index par Gerhardt Stenger, Paris, Flammarion, 2010.

Ouvrages critiques

ABRAMOVICI (Jean-Christophe), GOULEMOT (Jean), FRANTZ (Pierre) et CALAS (Frédéric), *Diderot. Salons*, Neuilly, Atlande, 2007.

ADERT (Laurent), « "L'or est tout". La représentation de l'argent dans *Le Neveu de Rameau* », dans *Être riche au siècle de Voltaire*. Publié par Jacques Berchtold et Michel Porret, Genève, Droz, 1996, p. 297-310.

Affaire des Cacouacs (L'). Trois pamphlets contre les philosophes des Lumières. Présentation et notes de Gerhardt Stenger, Publications de l'Université de Saint-Étienne, 2004.

ALBERTAN-COPPOLA (Sylviane), « Les anti-philosophes dans *Le Neveu de Rameau* », dans *Études sur* Le Neveu de Rameau *et le* Paradoxe sur le comédien *de Denis Diderot. Actes du Colloque organisé à l'Université Paris VII les 15 et 16 novembre 1991*. Textes réunis par Georges Benrekassa, Marc Buffat, Pierre Chartier, *Cahiers Textuel*, 11, 1992, p. 33-41.

ALBERTAN-COPPOLA (Sylviane), *Supplément au Voyage de Bougainville*, Paris, Hatier, 2002.

ANDERSON (Matthew), *L'Europe au XVIIIe siècle*, Paris, Sirey, 1968.

ANGREMY (Annie), « Les manuscrits de Diderot à la Bibliothèque nationale », dans *Diderot. Autographes, copies, éditions*, p. 23-37.

BANCAREL (Gilles), « L'apport de la bibliographie matérielle à l'histoire éditoriale de l'*Histoire des deux Indes* », dans *L'*Histoire des deux Indes : *réécriture et polygraphie*. Textes présentés par Hans-Jürgen Lüsebrink et Anthony Strugnell, Oxford, Voltaire Foundation, 1995, p. 43-56.

BAZCKO (Bronislaw), « Brûler Diderot », *Annales de la Société Jean-Jacques Rousseau*, 42, 1999, p. 351-401.

BENOT (Yves), *Diderot, de l'athéisme à l'anticolonialisme*, Paris, Maspéro, 1970 (éd. augmentée 1981).

BINOCHE (Bertrand), « Diderot et Catherine II ou les deux histoires », dans *Sens du devenir et pensée de l'histoire au temps des Lumières*, sous la direction de Bertrand Binoche et Franck Tinland, Seyssel, Champ Vallon, 2000, p. 143-162.

BONGIE (Laurence L.), « Diderot and the rue Taranne », SVEC, 189, 1980, p. 179-190.

BONGIE (Laurence L.), « Retour à Mademoiselle de la Chaux, ou Faut-il encore marcher sur des œufs ? », RDE, 6, 1989, p. 62-104.

BOOY (Jean de) et FREER (Alan), « *Jacques le Fataliste* et *La Religieuse* devant la critique révolutionnaire », SVEC, 33, 1965.

BOOY (Jean de), « Inventaire provisoire des contributions de Diderot à la *Correspondance littéraire* », DHS, 1, 1969, p. 353-397.

Bougainville et ses compagnons autour du monde, 1766-1769. Journaux de navigation établis et commentés par Étienne Taillemite, Paris, Imprimerie nationale, 1977, 2 vol.

BOURDIN (Jean-Claude), *Diderot : le matérialisme*, Paris, PUF, 1998.

BOURDIN (Jean-Claude), « Matérialisme et scepticisme chez Diderot », RDE, 26, 1999, p. 85-97.

BOUSSUGE (Emmanuel), « Retour à Vincennes. Diderot et la politique de la librairie autour de 1749 », *La Lettre clandestine*, 19, 2011, p. 61-94.

BOUSSUGE (Emmanuel) et MOTHU (Alain), « Autour de Diderot. Archives policières de la Bastille, 1748-1749 », *La Lettre clandestine*, 19, 2011, p. 317-364.

CAMMAGRE (Geneviève), *Roman et histoire de soi. La notion de sujet dans la Correspondance de Diderot*, Paris, Champion, 2000.

CAMMAGRE (Geneviève), « Lettres d'un philosophe à sa sœur », RDE, 43, 2008, p. 21-32.

CAMMAGRE (Geneviève), « Une poétique de la connaissance : Diderot et le rêve », RDE, 33, 2002, 135-147.

CASINI (Paolo), « Diderot apologiste de Sénèque », DHS, 11, 1979, p. 235-248.

CASINI (Paolo), « Le hasard, la nécessité et "une diable de philosophie" », dans *Enlightenment Studies in Honour of Lester G. Crocker*, Oxford, Voltaire Foundation, 1979, p. 59-70.

CHARLES (Shelly), « Les mystères d'une lecture : quand et comment Diderot a-t-il lu Richardson ? », RDE, 45, 2010, p. 23-39.

CHERNI (Amor), *Diderot. L'ordre et le devenir*, Genève, Droz, 2002.

CHOUILLET (Anne-Marie), « Dossier du *Fils naturel* et du *Père de famille* », SVEC, 208, 1982, p. 73-166.

CHOUILLET (Anne-Marie), « Du nouveau sur l'*Encyclopédie* : une lettre inédite de D'Alembert », RDE, 11, 1991, p. 19-31.

CHOUILLET (Jacques), *L'Esthétique des Lumières*, Paris, PUF, 1974.

CHOUILLET (Jacques), *La Formation des idées esthétiques de Diderot, 1745-1763*, Paris, Colin, 1973.

CHOUILLET (Jacques), *Denis Diderot – Sophie Volland. Un dialogue à une voix*, Paris, Champion, 1986.

CHOUILLET (Anne-Marie et Jacques), « Diderot et les despotes », *Mots*, 7, 1983, p. 31-49.

CITTON (Yves), « Retour sur la misérable querelle Rousseau-Diderot : position, conséquence, spectacle et sphère publique », RDE, 36, 2004, p. 57-95.

CITTON (Yves), « *Jacques le fataliste* : une ontologie spinoziste de l'écriture pluraliste », *Archives de philosophie*, 71, 2008, p. 77-93.

COULET (Henri), « Diderot et le problème du changement », RDE, 2, 1987, p. 59-67.

COURTNEY (Cecil P.), « Les métamorphoses d'un best-seller : l'*Histoire des deux Indes* de 1770 à 1820 », dans *Raynal, de la polémique à l'histoire*. Textes réunis et présentés par Gilles Bancarel et Gianluigi Goggi, Oxford, Voltaire Foundation, 2000, p. 109-120.

CUSSET (Catherine), « Suzanne ou la liberté », RDE, 21, 1996, p. 23-39.

DANIEL (Georges), « Autour du *Rêve de d'Alembert* : réflexions sur l'esthétique de Diderot », DS, 12, 1969, 13-73.

DANIEL (Georges), « Visages d'Uranie », DS, 23, 1988, p. 9-38.

DARMON MEYER (Martine), *Lettres et réponses de Diderot à Sophie Volland. Échos personnels, politiques et littéraires*, Paris, Minard, 1967.

DARNTON (Robert), *Bohème littéraire et révolution. Le monde des livres au XVIIIe siècle*, Paris, Gallimard et Seuil, 1983.

DARNTON (Robert), « Les encyclopédistes et la police », RDE, 1, 1986, p. 94-109.

DÉMORIS (René) et FERRAN (Florence), *La Peinture en procès. L'invention de la critique d'art au XVIIIe siècle*, Paris, Presses de la Sorbonne Nouvelle, 2001.

Denis Diderot. Mémoire de la critique. Textes réunis et présentés par Raymond Trousson, Paris, Presses de l'université Paris-Sorbonne, 2005.

DESNÉ (Roland), « Deux conceptions matérialistes de l'homme. À propos de la *Réfutation d'Helvétius* par Diderot », dans Siegfried Jüttner (Hg.), *Neue Bilder vom Menschen in der Literatur der europäischen Aufklärung*, Frankfurt am Main u.a., Peter Lang, 1998, p. 29-44.

DESNÉ (Roland), « Autour de la lettre de Diderot à Landois », dans *Vérité et littérature au XVIIIe siècle. Mélanges rassemblés en l'honneur de Raymond Trousson*, réunis par Paul Aron, Sophie Basch, Manuel Couvreur, Jacques Marx, Éric Van der Schueren, Valérie van Crugten-André, Paris, Champion, 2001, p. 101-118.

Diderot. Autographes, copies, éditions. Études réunies et présentées par Béatrice Didier et Jacques Neefs, Presses Universitaires de Vincennes, 1986.

DIDIER (Béatrice), *La Musique des Lumières. Diderot – L'Encyclopédie – Rousseau*, Paris, PUF, 1985.

DIDIER (Béatrice), *« Jacques le Fataliste et son maître » de Diderot*, Paris, Gallimard, 1998.

DIDIER (Béatrice), *Diderot dramaturge du vivant*, Paris, PUF, 2001.

DIECKMANN (Herbert), *Inventaire du fonds Vandeul et inédits de Diderot*, Genève, Droz, et Lille, Giard, 1951.

DUFLO (Colas), « Le système du dégoût. Diderot critique de Boucher », RDE, 29, 2000, p. 85-101.

DUFLO (Colas), *Diderot philosophe*, Paris, Champion, 2003.

DUFLO (Colas), « Diderot et Ménuret de Chambaud », RDE, 34, 2003, p. 25-44.

DULAC (Georges), « Le discours politique de Pétersbourg », RDE, 1, 1986, p. 32-58.

DULAC (Georges), « Les relations de Diderot avec la Russie : transcription et identification des noms de personnes », SVEC, 254, 1988, p. 317-341.

DULAC (Georges), « Pour reconsidérer l'histoire des *Observations sur le Nakaz* (à partir des réflexions de 1775 sur la physiocratie) », SVEC, 254, 1988, 467-514.

DULAC (Georges), « Un nouveau La Mettrie à Pétersbourg : Diderot vu de l'Académie impériale des sciences », RDE, 16, 1994, p. 19-43.1.

DULAC (Georges), « Quelques exemples de transferts européens du concept de "civilisation" (1765-1780) », dans *Les Équivoques de la civilisation*, sous la direction de Bertrand Binoche, Seyssel, Champ Vallon, 2005, p. 106-135.

Éditer Diderot. Études recueillies par Georges Dulac. Avant-propos de Jean Varloot, Oxford, Voltaire Foundation, 1988.

Encyclopédie du Rêve de d'Alembert *de Diderot*. Sous la direction de Sophie Audidière, Jean-Claude Bourdin, Colas Duflo, Paris, CNRS Éditions, 2006.

FABRE (Jean), « Deux frères ennemis : Diderot et Jean-Jacques », DS, 3, 1961, p. 155-213.

FECHNER (Jörg-Ulrich), « Diderots Briefe an Carl Philipp Emanuel Bach im ursprünglichen Wortlaut. Funktionen der zeitgenössischen Rezeption », dans Siegfried Jüttner (Hg.), *Présence de Diderot. Internationales Kolloquium zum 200. Todestag an der Universität-GH-Duisburg vom 3.-5. Oktober 1984*, Frankfurt am Main u.a., Peter Lang, 1990, p. 33-57.

FINK (Béatrice), « Des mets et des mots de Suzanne », dans *Diderot. Digression and Dispersion. A Bicentennial Tribute*, édité par Jack Undank et Herbert Josephs, Lexington, French Forum, 1884, p. 88-105.

FONTENAY (Élisabeth de), *Diderot ou le matérialisme enchanté*, Paris, Grasset, 1981.

FONTIUS (Martin), « Musiker als Zeitungsleser? Zu einem vergessenen Brief Emanuel Bachs an Diderot in Hamburg », *Die Musikforschung*, 63, 2010, p. 1-19.

FRÉMONT (Christiane), *Que me contez-vous là ? Diderot, la fabrique du réel*, Brest, editions-dialogue.fr, 2010.

GARNIER (André), « La séquestration arbitraire de Denis Diderot en janvier 1743 », RDE, 2, 1987, p. 46-52.

GEFFRIAUD ROSSO (Jeannette), « Les demi-silences de Mademoiselle Volland : sur la jalousie », DS, 26, 1995, p. 109-124.

GOGGI (Gianluigi), « Galiani et l'Angleterre. Sur la genèse des *Dialogues sur les blés* », DHS, 26, 1994, p. 295-316.

GOGGI (Gianluigi), « Civilisation et expériences de référence : à propos de la genèse du fragment politique *Sur la Russie* », *Studi settecenteschi*, 14, 1994, p. 329-398.

GOGGI (Gianluigi), « La méthode de travail de Raynal dans l'*Histoire des deux Indes* », dans *L'*Histoire des deux Indes : *réécriture et polygraphie*. Textes présentés par Hans-Jürgen Lüsebrink et Anthony Strugnell, Oxford, Voltaire Foundation, 1995, p. 325-356.

GOGGI (Gianluigi), « Diderot et le concept de civilisation », DHS, 29, 1997, p. 353-373.

GUÉSDÈS (Michel), « L'édition originale des *Pensées sur l'interprétation de la nature* de Diderot (1753-1754) », *Revue française d'histoire du livre*, 33, 1981, p. 625-634.

GUÉDON (Jean-Claude), « Chimie et matérialisme : la stratégie anti-newtonienne de Diderot », DHS, 11, 1979, p. 185-200.
HAECHLER (Jean), *L'Encyclopédie de Diderot et de… Jaucourt. Essai biographique sur le chevalier Louis de Jaucourt*, Paris, Champion, 1995.
HANNA (Blake T.), « Diderot théologien », RHLF, 78, 1978, p. 19-35.
HANNA (Blake T.), « Le frère Ange, carme déchaussé », RHLF, 84, 1984, p. 373-389.
HANNA (Blake T.), « Denis Diderot : formation traditionnelle et formation moderne », RDE, 5, 1988, p. 3-18.
HARTMANN (Pierre), *Diderot, la figuration du philosophe*, Paris, José Corti, 2003.
HÄSELER (Jens), « Intégration ou conquête ? Le public francophone en Prusse : les lecteurs de la *Gazette littéraire de Berlin* », dans *La Vie intellectuelle aux refuges protestants. Actes de la Table ronde de Münster*, éd. Jens Häseler et Antony McKenna, Paris, 1999, p. 111-136.
HYTIER (Adrienne), « Le philosophe et le despote : histoire d'une inimitié. Diderot et Frédéric II », DS, 6, 1964, p. 55-87.
IBRAHIM (Annie), *Diderot : un matérialisme éclectique*, Paris, Vrin, 2010.
JANET (Paul), « La philosophie de Diderot. Le dernier mot d'un matérialiste », dans P. Janet, *Les Maîtres de la pensée moderne*, Paris, Calmann Lévy, 1883, p. 333-360.
JOBERT (Ambroise), *Un théologien au siècle des Lumières : Bergier. Correspondance avec l'Abbé Trouillet, 1770-1790*, Lyon, Centre André Latreille, 1987.
KAFKER (Frank A.), « L'*Encyclopédie* et le cercle du baron d'Holbach », RDE, 3, 1987, p. 118-124.
KAFKER (Frank A.) et LOVELAND (Jeff), « La vie agitée de l'abbé De Gua de Malves et sa direction de l'*Encyclopédie* », RDE, 47, 2012, p. 187-205.
KEMPF (Roger), *Diderot et le roman, ou le démon de la présence*, Paris, Seuil, 1964.
KÖLVING (Ulla) et CARRIAT (Jeanne), *Inventaire de la « Correspondance littéraire » de Grimm et Meister*, Oxford, Voltaire Foundation, 1984, 3 vol.
LAUNAY (Françoise), « Les identités de D'Alembert », RDE, 47, 2012, p. 243-289.
LE RU (Véronique), « De la science de Dieu à la superstition : un enchaînement de l'arbre encyclopédique qui donne à penser », RDE, 40-41, 2006, p. 67-76.
LECA-TSIOMIS (Marie), « Une tentative de conciliation entre ordre alphabétique et ordre encyclopédique », RDE, 40-41, 2006, p. 55-66.
LECA-TSIOMIS (Marie), « Hiéroglyphe poétique. L'oreille et la glose », RDE, 46, 2011, p. 41-55.
LIETZ (Jutta), « Le passage de Diderot par l'Allemagne en 1774 », RDE, 24, 1998, p. 154-163.
LOJKINE (Stéphane), *L'Œil révolté. Les* Salons *de Diderot*, Paris, Éditions Jacqueline Chambon, 2007.
MAIRE (Catherine), « Les querelles jansénistes de la décennie 1730-1740 », RDE, 38, 2005, p. 71-92.
MAIRE (Catherine), « L'entrée des "Lumières" à l'Index : le tournant de la double censure de l'*Encyclopédie* en 1759 », RDE, 42, 2007, p. 107-139.
MALHERBE (Michel), « Mathématiques et sciences physiques dans le "Discours préliminaire" de l'*Encyclopédie* », RDE, 9, 1990, p. 109-146.
MALL (Laurence), « L'égo-philosophie à la manière de Diderot (*Réfutation d'Helvétius*) », *Littérature*, 165, 2012, p. 16-30.
MALO (Denis), « Diderot et la librairie : l'impensable propriété », RDE, 10, 1991, p. 58-90.
MARCEL (Louis), *Le Frère de Diderot, Didier-Pierre Diderot*, Paris, Champion, 1903.
MARTIN (Christophe), La Religieuse *de Diderot*, Paris, Gallimard, 2010.

MASS (Edgar), *Le Marquis d'Adhémar : la correspondance inédite d'un ami des philosophes à la cour de Bayreuth*, Banbury, Voltaire Foundation, 1978.

MAT-HASQUIN (Michèle), « Diderot et Horace », DS, 19, 1978, p. 103-127.

MAUZI (Robert), « Les rapports du bonheur et de la vertu dans l'œuvre de Diderot », *Cahiers de l'Association internationale des études françaises*, 13, 1961, p. 255-268.

MAY (Georges), *Diderot et « La Religieuse »*, Paris et New Haven, 1954.

MAY (Gita), « Diderot misogyne ? », dans *Vérité et littérature au XVIIIe siècle. Mélanges rassemblés en l'honneur de Raymond Trousson*, réunis par Paul Aron, Sophie Basch, Manuel Cauvreur, Jacques Marx, Éric Van der Schueren, Valérie van Crugten-André, Paris, Champion, 2001, p. 193-198.

MAY (Louis-Philippe), *Histoire et sources de l'« Encyclopédie » d'après le registre de délibérations et de comptes des éditeurs et un mémoire inédit*, Paris, Albin Michel, 1938.

MAYER (Jean), *Diderot, homme de science*, Rennes, Imprimerie bretonne, 1959.

MELANÇON (Benoît), *Diderot épistolier. Contribution à une poétique de la lettre familière au XVIIIe siècle*, Montréal, Éditions Fides, 1996.

MÉNIL (Alain), *Diderot et le drame. Théâtre et politique*, Paris, PUF, 1995.

MORIN (Robert), *Les* Pensées philosophiques *de Diderot devant leurs principaux contradicteurs au XVIIIe siècle*, Paris, Les Belles Lettres, 1975.

MORRIS (Madeleine F.), « Le huitième volume de l'*Encyclopédie* et le *Neveu de Rameau* », RDE, 5, 1988, p. 33-44.

MORTIER (Roland), *Diderot en Allemagne. 1750-1850*, Genève, Slatkine, 2000 (1re éd. Paris, PUF, 1954).

MORTIER (Roland), « Didier Diderot lecteur de Denis : ses *Réflexions sur l'Essai sur le mérite et la vertu* », RDE, 10, 1991, p. 21-39.

NAVILLE (Pierre), *D'Holbach et la philosophie scientifique au XVIIIe siècle.* Nouvelle édition revue et augmentée, Paris, Gallimard, 1967.

NIKLAUS (Robert), « Présence de Diderot », DS, 6, 1964, p. 13-28.

PELLERIN (Pascale), « Naigeon : une certaine image de Diderot sous la Révolution », RDE, 29, 2000, p. 25-44.

PEROL (Lucette) et CHOUILLET (Anne-Marie), « L'abbé Diderot et le philosophe », RDE, 9, 1990, p. 10-40.

PEROL (Lucette), « Didier Diderot lecteur de Denis : ses Réflexions sur *le Fils naturel* », RDE, 11, 1991, p. 33-47.

PINAULT (Madeleine), « La *Diderota amphicarpa* de Commerson », RDE, 6, 1989, p. 149-152.

POIRIER (Jean-Pierre), *Turgot. Laisser-faire et progrès social*, Paris, Perrin, 1999.

PROUST (Jacques), *Diderot et l'Encyclopédie*, Paris, Armand Colin, 1962.

PROUST (Jacques), « Nouvelles recherches sur *La Religieuse* », DS, 6, 1964, p. 197-214.

PROUST (Jacques), *L'Encyclopédie*, Paris, Colin, 1765.

PROUST (Jacques), « Diderot, l'Académie de Pétersbourg et le projet d'une *Encyclopédie* russe », DS, 12, 1969, p. 103-140.

PROUST (Jacques), *Lectures de Diderot*, Paris, Colin, 1974.

PROUST (Jacques), *L'Objet et le texte. Pour une poétique de la prose française du XVIIIe siècle*, Genève, Droz, 1980.

PROUST (Jacques), « Diderot et la philosophie du polype », *Revue des sciences humaines*, 182, 1981, p. 21-30.

PUJOL (Stéphane), « Quand *le substantif n'est rien et l'adjectif est tout…* Inversions et détournements dans l'écriture philosophique de Diderot », RDE, 46, 2011, p. 9-24.

Rameau le Neveu. Textes et documents réunis et commentés par André Magnan, Paris, CNRS Éditions, et Publications de l'Université de Saint-Étienne, 1993.

REX (Walter E.), « Diderot contre Greuze ? », RDE, 24, 1998, p. 7-25.

REY (Roselyne), « Dynamique des formes et interprétation de la nature », RDE, 11, 1991, p. 49-62.

RICHARD (Odile), « *Les Bijoux indiscrets* : variation secrète sur un thème libertin », RDE, 24, 1998, p. 27-37.

RICHARD-PAUCHET (Odile), *Diderot dans les* Lettres à Sophie Volland. *Une esthétique épistolaire*, Paris, Champion, 2007.

RUSTIN (Jacques), « *La Religieuse* de Diderot : mémoires ou journal intime ? », dans *Le Journal intime et ses formes littéraires*, éd. Victor Del Litto, Genève, Droz, 1978, p. 27-46.

SANDRIER (Alain), *Le Style philosophique du baron d'Holbach. Conditions et contraintes du prosélytisme athée en France dans la seconde moitié du XVIII*e *siècle*, Paris, Champion, 2004.

SCHMITT (Éric-Emmanuel), *Diderot ou la philosophie de la séduction*, Paris, Albin Michel, 1997.

SCHMITT (Éric-Emmanuel), « L'ordre du désordre », *Europe*, 661, 1984, p. 35-41.

SGARD (Jean), « L'échelle des revenus », DHS, 14, 1982, p. 425-433.

SHOWALTER (English), « "Madame a fait un livre" : Madame de Graffigny, Palissot et *Les Philosophes* », RDE, 23, 1997, p. 109-125.

SMITH (David), « Diderot et Helvétius : une amitié sans atomes crochus », dans *Sciences, musiques, Lumières. Mélanges offerts à Anne-Marie Chouillet*, publiés par Ulla Kölving et Irène Passeron, Ferney-Voltaire, Centre international d'étude du XVIIIe siècle, 2002, p. 349-358.

SOUVIRON (Marie), « Les *Pensées philosophiques* de Diderot ou les "Provinciales" de l'athéisme », SVEC, 238, 1985, p. 197-267.

SOUVIRON (Marie), « La "crise mystique" du jeune Diderot », DHS, 19, 1987, p. 313-326.

SOUVIRON (Marie), « Diderot, Langres et la religion », RDE, 4, 1988, p. 7-36.

STAROBINSKI (Jean), « Note sur l'angine de poitrine et la mort subite (une conversation de Diderot avec le docteur de la Roche) », RDE, 12, 1992, p. 178-180.

STENGER (Gerhardt), « La *Préface-annexe* : un conte oublié de Diderot ? », SVEC, 260, 1989, p. 311-322.

STENGER (Gerhardt), « Sur la chronologie des premières œuvres de Diderot », DHS, 25, 1993, p. 411-421.

STENGER (Gerhardt), *Nature et liberté chez Diderot après l'« Encyclopédie »*, Paris, Universitas, 1994.

STENGER (Gerhardt), « Diderot et la théorie des trois codes », dans *Ici et ailleurs : le dix-huitième siècle au présent. Mélanges offerts à Jacques Proust*. Textes recueillis et publiés par Hisayasu Nakagawa, Shin-ichi Ichikawa, Yoichi Sumi, Jun Okami, Tokyo, 1996, p. 139-158.

STENGER (Gerhardt), « La théorie de la connaissance dans la *Lettre sur les aveugles* », RDE, 26, 1999, p. 99-111.

STENGER (Gerhardt), « Diderot traducteur de Shaftesbury : éléments pour une lecture critique de l'*Essai sur le mérite et la vertu* », dans *Shaftesbury. Philosophie et politesse*. Actes du Colloque (Université de Nantes, 1996). Textes réunis par Fabienne Brugère et Michel Malherbe, Paris, Champion, 2000, p. 213-226.

STENGER (Gerhardt), « La source inconnue des *Principes de politique des souverains* », RDE, 47, 2012, p. 293-297.

STENGER (Gerhardt), « *De la suffisance de la religion naturelle* : un manifeste déiste de Diderot ? », *La Lettre clandestine*, 21, 2013.

STROEV (Alexandre), « Diderot en 1775 vu par Grimm. Deux lettres inédites à la princesse Golitsyna et au comte Roumiantsev », DHS, 25, 1993, p. 275-293.

TROUSSON (Raymond), « Diderot helléniste », DS, 12, 1969, p. 141-326.

TROUSSON (Raymond), *Images de Diderot en France 1784-1913*, Paris, Champion, 1997.

TROUSSON (Raymond), *Denis Diderot, ou le vrai Prométhée*, Paris, Tallandier, 2005.

TROUSSON (Raymond), *Diderot jour après jour. Chronologie*, Paris, Champion, 2006.

VARLOOT (Jean), « À propos de l'édition des Œuvres complètes », dans *Diderot und die Aufklärung*. Hg. von Herbert Dieckmann, Munich, Kraus International Publications, 1980, p. 25-33.

VENTURI (Franco), *Jeunesse de Diderot (de 1713 à 1753)*, Genève, Slatkine, 1967 (1re éd. Paris, Skira, 1939).

VENTURI (Franco), *L'Europe des Lumières. Recherches sur le XVIIIe siècle*, La Haye et Paris, Mouton & Co et École pratique des hautes études, 1971.

VENTURI (Franco), « La vieillesse de Diderot », RDE, 13, 1992, p. 9-30.

VERCRUYSSE (Jeroom), *Bibliographie descriptive des écrits du Baron d'Holbach*, Paris, Minard, 1971.

VERNIÈRE (Paul), « Le choix du meilleur texte dans l'édition des œuvres de Diderot », dans *Diderot. Autographes, copies, éditions*, p. 15-21.

VERSINI (Laurent), « Diderot et la Russie », dans *L'Influence française en Russie au XVIIIe siècle*. Publié sous la direction de Jean-Pierre Pousson, Anne Mézin et Yves Perret-Gentil, Paris, Institut d'études slaves, 2004, p. 223-235.

VIARD (Georges), *Tradition et Lumières au pays de Diderot. Langres au XVIIIe siècle*, Langres, Dominique Guéniot, 1985.

VIARD (Georges), « Maîtres et collégiens langrois au temps de la jeunesse de Diderot », RDE, 2, 1987, p. 19-45.

VIARD (Georges), « Les Langrois et Diderot : de l'incompréhension à l'indifférence », dans *Actualité de Diderot. Actes du Forum 2000 à Langres*, Langres, Dominique Guéniot, 2002, p. 75-87.

VOLPILHAC-AUGER (Catherine), « Quelques notes à la marge des *Notes à la marge de Tacite* », dans *L'Édition du dernier Diderot*. Textes réunis et publiés par Gianluigi Goggi et Didier Kahn, Paris, Hermann, 2007, p. 37-48.

WALTER (Éric), Jacques le Fataliste *de Diderot*, Paris, Hachette, 1975.

WILSON (Arthur M.), *Diderot. Sa vie et son œuvre*, Paris, Laffont-Ramsay, 1985.

Index

Œuvres de Diderot

Parcours thématique

Afin de faciliter une étude suivie de la pensée de Diderot, nous avons regroupé ci-après les principaux thèmes et notions que nous avons abordés dans ce livre. Les chiffres romains renvoient aux parties, les chiffres arabes aux chapitres.

Table

TROISIÈME PARTIE

LE BON, LE VRAI ET LE BEAU

QUATRIÈME PARTIE

LE BOURGEOIS RÉVOLUTIONNAIRE

Composition et mise en page

NORD COMPO
multimédia

Cet ouvrage a été achevé d'imprimer en janvier 2013
dans les ateliers de Normandie Roto Impression s.a.s.
61250 Lonrai
N° d'édition : 2870
N° d'impression : 13-0086
Dépôt légal : janvier 2013

Imprimé en France